中国部分省市
三类残疾人职业适应性状况调查

主　编◎刘艳虹
副主编◎李　强　李雪梅　朱　楠

图书在版编目(CIP)数据

中国部分省市三类残疾人职业适应性状况调查/刘艳虹主编. —北京:华夏出版社,2013.5
ISBN 978-7-5080-7056-8

Ⅰ.①中… Ⅱ.①刘… Ⅲ.①残疾人-就业问题-调查报告-中国 Ⅳ.①D669.2

中国版本图书馆 CIP 数据核字(2012)第 135952 号

中国部分省市三类残疾人职业适应性状况调查

主　　编	刘艳虹
责任编辑	刘　娲
出版发行	华夏出版社
经　　销	新华书店
印　　刷	三河市万龙印装有限公司
装　　订	三河市万龙印装有限公司
版　　次	2013 年 5 月北京第 1 版 2013 年 5 月北京第 1 次印刷
开　　本	880×1230　1/16 开
印　　张	68.5
字　　数	2074 千字
定　　价	166.00 元

华夏出版社　网址:www.hxph.com.cn　地址:北京市东直门外香河园北里 4 号　邮编:100028
若发现本版图书有印装质量问题,请与我社营销中心联系调换。电话:(010)64663331(转)

编委会名单

主　编：刘艳虹

副主编：李　强　李雪梅　朱　楠

编　委：（按姓氏音序排序）

陈华新　陈　伟　陈忠琴　符大伟　高建伟　高伟民　侯淑芬　胡作鸿
黄曼丽　劳国民　李和明　李克洁　李　强　李树青　李　伟　李　鑫
李锡新　李雪梅　练进纹　林　涛　刘　京　刘艳虹　罗　薇　穆桂英
潘循东　覃　波　阮爱华　石红明　孙俊明　王　芳　王国峰　王美丽
王　宁　王善峰　王　韵　叶　霆　杨希洁　姚　远　赵伟时　赵晓红
张建平　张石磊　张玉昆　褚乃信　朱　楠

现场主要调查人员（按姓氏音序排序）

白　静　蔡利荣　蔡　玲　蔡耀恒　曹锦晖　曹乐怡　曹慕卿　曹三弟　曹少忠　陈　兵
陈　健　陈　玲　陈　伟　陈蓓琴　陈　聪　陈华彪　陈华新　陈荣发　陈世标　陈万香
陈文超　陈文勇　陈小红　陈小科　陈秀兰　陈秀明　陈雪英　陈雨消　陈玉明　陈远华
陈忠琴　程　珂　储智娟　褚楚环　褚乃信　从　智　戴东红　戴佳丽　邓丹璐　邓杰亮
邓雪娟　丁　倩　丁　勇　董慧敏　窦如林　杜　文　杜　宪　段志明　范榕毅　方翠霞
方景雷　方艳红　方一新　冯国红　冯金潮　冯立明　冯千马　冯秋萍　冯雯莉　冯小红
符大伟　傅向阳　甘　英　高　藾　高其光　高伟民　高宇翔　葛德荣　葛旭峰　龚丽华
古剑红　谷　伶　顾　红　顾　铮　顾　艳　顾贫红　顾荣华　顾振刚　关　晶　关佩君
关艳红　管卫红　郭畅元　郭小霞　韩　铖　何　成　何　晓　何福男　何国远　何宏兵
何建洪　何锦钊　何维维　何伟荣　何昱颖　何兆发　侯　婷　侯淑芬　胡　博　胡道明
胡清莲　胡天学　黄　超　黄　劲　黄　珏　黄　祺　黄　雯　黄春蝉　黄贵祥　黄家添
黄建忠　黄金英　黄曼丽　黄美琴　黄敏莲　黄权敏　黄日琼　黄锐华　黄伟军　黄咏多
黄友云　黄月坚　黄志斌　黄壮茂　甲忠好　贾　玲　江惠甜　姜建州　姜勤兰　蒋满严

蒋婷婷　金正兵　巨　红　瞿　峰　柯年谱　劳国民　黎　东　黎　武　黎文才　黎秀锋
黎旭诚　黎育芳　李　峰　李　莉　李　敏　李　强　李　伟　李　鑫　李　衍　李长文
李和明　李金莲　李　军　李克洁　李　良　李良龙　李　伦　李晴霞　李秋霞　李少文
李士芬　李素娟　李伟斌　李文涛　李锡新　李先树　李湘军　李晓厌　李雪梅　李艳芬
李应国　李永华　李月红　连　兢　练进纹　梁臣凤　梁国庆　梁　媚　梁荣开　梁艺恒
廖　敏　林　瀚　林　江　林彩云　林丹蓉　林汉平　林建聪　林劲光　林露华　林晓玲
林秀瑜　林志彬　凌媛媛　刘　宝　刘　京　刘　沙　刘　骏　刘　翔　刘彩虹　刘福定
刘付钊　刘家良　刘建平　刘金花　刘镜传　刘连尤　刘明群　刘明学　刘伟增　刘雯雯
刘晓云　刘艳虹　刘依佳　柳　玉　龙正祥　卢培勇　卢庆荣　卢秀娟　陆　慧　陆　俊
陆春天　陆海云　陆建良　陆钦粽　陆素云　陆夏凤　陆益民　罗　斌　罗　薇　罗南鹏
罗秋月　马广英　马国华　马青霞　马秋生　马小兰　马云英　马志华　毛松高　毛小燕
蒙云燕　磨金燕　莫瑞英　莫扬兵　穆桂英　倪维　牛韧　牛美心　区焕第　欧　雪
欧阳永明　潘国章　潘循东　潘依群　潘越胜　庞　昕　彭　露　彭飞扬　彭莎莎　钱晨阳
钱亚男　覃　波　覃杰百　覃明系　秦锡权　庆祖杰　邱国焚　邱妙萍　邱淑永　全学进
任媛媛　邵乐琴　申洪桦　申湘萍　沈建平　沈群芳　沈仁慧　沈维燕　石　奕　石单丹
石红民　史吟燕　舒海燕　宋落星　苏朝玲　苏永光　宿佳敏　孙家文　孙俊明　孙新英
孙志成　谭庆艳　谭月芳　唐乃辉　唐晓晖　涂　星　涂穗平　万　利　万青青　汪啸芬
王　芳　王　华　王　娟　王　娟　王　科　王　珑　王　宁　王　韵　王见心　王立霞
王美丽　王明珠　王善峰　王书玉　王玮玮　王文明　王秀利　王月芬　韦　玮　韦　武
韦焕珠　魏　峰　魏　敏　魏文菁　温志平　翁伟强　翁晓燕　翁志强　吴　胜　吴　兴
吴进国　吴娟敏　吴永强　吴月明　伍颖宇　夏赞曙　向　艳　项国珍　肖　菲　肖新生
谢　军　谢细女　邢　宽　邢学端　徐　恒　徐　敏　徐　尧　许　浩　许　静　许　芹
许瑞芬　许文妃　薛永洁　鄂志萍　严　芳　严桂初　严子正　阎东亚　杨　错　杨　滢
杨德昌　杨贵良　杨建平　杨丽琼　杨秋月　杨希洁　杨晓来　杨叶池　杨志刚　姚其秋
叶　霆　叶　丹　叶声勇　殷海凤　殷丽娜　尹华萍　尤晓燕　游余芳　余琼琳　俞秀芬
庾文香　郁松华　袁海霞　袁训鹏　曾桥枫　曾庆兴　曾群兰　曾银芳　翟泉明　翟秀清
张　健　张　洁　张　艳　张　燕　张　耀　张春林　张广林　张国栋　张慧华　张家豪
张建良　张建平　张林威　张清保　张荣华　张石磊　张小芹　张艳红　张燕春　张玉珍
张志坚　章建庆　赵　健　赵伟时　赵文斌　赵晓红　赵子龙　郑　栋　郑豪葵　郑欢华
郑　静　郑瑞芬　郑雪红　郑永旭　钟仁辉　仲　磊　周　珉　周　宇　周　政　周岸标
周成宽　周汇文　周建立　周伟芳　周修富　朱　楠　朱海英　朱金平　朱锦玲　朱丽琴
朱梦莹　朱琴娣　朱晓刚　朱永彬　朱兆松　庄建英　邹　婷　邹　夏　邹富安　邹广讯

序　言

我们国家的教育体系有三个大块，即基础教育、高等教育、职业教育。如果从教育对象看有普通教育和有特殊教育需要人的特殊教育（即残疾人教育）。在三个大块的教育中都包含有特殊教育；在特殊教育基础教育、高等教育和专门的职业教育中也有(是)职业教育。

在一百多年前的太平天国时期，洪仁玕的《资政新编》中提出的、经洪秀全批示的"兴跛盲聋哑院"的建议中就提出对各类残疾人"教以鼓乐书数杂技，不致为废人也"。在1874年中国建立的第一所盲校、1887年建立的第一所聋校和以后建立的私立、公立各类特殊教育学校中都有劳动职业或技术教育，当然，当时的目的是通过学习简单劳动技术，使这些残疾人能糊口谋生和生存。1949年新中国建立后，特殊教育学校纳入了国家教育体系，改变了过去特殊教育学校的慈善救济施舍的性质，劳动职业教育的性质也有了改变，成为了学生全面发展的一项重要内容，为培养学生生活自理自立、心理健康发展、进入社会就业、参加生产劳动打下了基础。改革开放以后，由于对残疾和残疾人的正确认识，新的"残疾人观"的形成和宣传，党和国家在一系列法律、法规和政策(如《宪法》《残疾人保障法》《职业教育法》等)中对残疾人的职业教育和就业、康复等有了新的规定和内涵。在1989年就把"职业技术教育"列入了特殊教育发展的基本方针中。在以后的发展特殊教育的文件中多次提出职业教育。这是教育公平、社会和谐、残疾人平等参与社会的重要标志之一，是体现残疾人作为平等公民对社会的价值和贡献的重要途径。特殊教育与职业教育的密切结合是中国特殊教育的一个特色。不同时代对职业教育目的、内容、地位等的不同，所有方面都在与时俱进。

职业劳动教育本身不是目的，目的是他们受教育训练后能在社会找到适合的位置、发挥其才能，为社会发展进步作出实际贡献，只有这样，职业教育才有价值。而如何评估各类残疾人的能力、兴趣、可能，使他们能到最适合每一个残疾个体才能发挥的地方是一个很大的科研课题，也是社会文明、进步、人道、平等的体现之一。过去我们在这方面的工作还比较薄弱。实际上，多半是让残疾人从事一些简单的工作或让残疾人适应某一不复杂的工作，而不管其本人能力(给他们的工作多半是大大低于本人能力和可能性)和兴趣(多是本人不甚了解、不甚喜欢的)。残疾人常常没有选择自己喜欢职业和工作的可能，而且社会单位也不能科学地了解他们的可能与兴趣。这是我们良好的、人道的就业政策与残疾人实际可能的矛盾。

奉献给读者的这项研究成果恰恰就是在新的历史条件下在这方面做的有益尝试和艰苦的工作。

首先，这项研究首次在国内历时3年大规模调查了十六个城市，近万名肢体、听力、言语三类残疾人的职业适应的情况。了解肢体残疾、听力残疾和言语残疾三个群体的残疾人能做什么，适合做什么，喜欢做什么，为残疾人就业导航，为落实残疾人按比例就业政策服务，使残疾人就业指导的服务工作更具有针对性。也为残疾人特殊教育中的职业教育指出了方向和根据。

其次，该研究研制了中国大陆第一套残疾人职业适应性测评的专业工具。研制者有从事残疾人心理与教育研究的工作者，熟悉残疾人就业工作的残联机构管理者和从事残疾人基层工作的工作者。测评的内容上，增加了感知觉的测评，强化其感知外界的信息、规避风险的能力；肢体残疾人增加了解ADL(技工板)；听力残疾人士和言语残疾人士，增加了解交流方式。测评的形式上，采取适合聋人特点的低阅读水平，非文字的图片，答题示例。测试过程中，允许被试举手提问；允许被试使用辅助器具。

这为残疾人的相关评价学科丰富了内容。

再次,本研究呈现的数据,对被测试的残疾人而言,可以了解个体适合做哪些方面的工作,需要加强哪些方面的功能训练以及职业培训;对用人单位而言,应该提供哪些环境准备或提供哪些方面的条件;对残疾人的职介部门而言,应怎样做好跟踪性的随访以及协调性工作;对特殊教育部门,可以提供选择适合当地该时期的适合的职业种类和教学内容。各方面的共同努力,切实有效的支持性服务,是保证残疾人高品质工作和平等参与社会和谐生活的保障。

残疾人的职业教育、安置、就业等是一个全社会的系统工程,是一个全世界有残疾人的地方都会遇到的问题,是一个需要多学科长时间不断研究探索的问题。虽有众多学科的众多专业人员和热心人士在研究、探索,但这方面还有很多问题需要研究解决,况且时代在前进,新问题还会不断出现,需要再研究探索。这个研究是一个好的开始,成果也仅是初步的,绝不是终结。祝贺在我国残疾人职业教育和就业上的新的良好开端,更希望众多学科的学者和热心人士继续努力,为建立有中国特色的残疾人职业教育事业和学科作出更大的贡献!

朴永馨
(中国高等教育学会特殊教育分会理事长、
北京师范大学教授)
2010年12月25日
深圳翠竹园

前　言

　　社会分工产生了不同行业,行业的进一步分工产生了不同的岗位,不同的岗位对工作者的素质有不同的要求。而每一个工作者在从事自己能够做、适合做、喜欢做的事情时,其乐无穷,其智慧最易于展示,其效益无疑为最高。残疾人就业不仅是增加经济收入,更是残疾人融入社会、获得自我认同和社会认同的重要途径,也是构建和谐社会的必然要求。了解残疾人职业适应性的状况,有利于科学引导残疾人就业。

　　要了解个体职业适应性的情况,首先要有职业适应性测评工具。1935年,美国劳工部就业服务局组织了性向(能力倾向)测验研究,并于1947年发表了"一般能力倾向成套测验"(General Aptitude Test Battery, GATB),主要用于职业指导和咨询。20世纪80年代,GATB已被翻译成十几种语言,并在近二十个国家进行验证和标准化等一系列工作。我国先后引进或开发了职业测评系统,如2003年,北森测评网引进了美国麻省理工斯隆管理学院的《职业锚测评系统》;2004年我国劳动部推行的CETTIC职业素质测评系统;2005年北京师范大学辅仁心理咨询中心开发的开拓者心理素质测评系统等。这些职业测评系统通过对被试职业适应性的评估,对个人的职业选择和指导以及机构的人员的录用、选拔与配置发挥了良好的启示与预测作用。但是,这些职业测评系统都是针对健全人开发的,并未特别考虑到残疾人的特殊需求。

　　要了解残疾人职业适应性的情况,首先要开发针对不同类型残疾人的职业适应性测评工具。这套测评工具在借鉴一般职业测评系统内容的基础上,应充分考虑到各类残疾人的特殊需求,主要表现为:①评估残疾人的功能障碍。有些能力是健全人自然拥有的,而残疾人在完成测评时也被假定是拥有这些能力的;而事实上残疾人因为身体原因,可能并不具备这些能力,因此,在没有任何辅助工具的情况下也不可能从事相关职业。在最后的测评报告中,应该呈现残疾个体不能获得从事这些职业的功能障碍说明,以及所需辅助手段的建议或者按照扬长避短的原则选择其他职业的建议。②评估残疾人从事某一职业所需的辅助。"新残疾人观"让我们更多地看到残疾人能做什么,而不是不能做什么,更让我们认识到残疾本身不是残疾人个人的问题,是我们的社会环境让残疾成为一道障碍。旧观念以为残疾人不能从事某些职业,但只要为其提供一定的辅助手段,残疾人是可以很好地完成任何工作的。但究竟需要提供什么辅助手段,是要根据每个残疾人的具体情况而定的(个体差异很大)。③考虑残疾人的认知特点和社会经济地位(social economic status, SES)。

　　依托北京师范大学教育学部985项目,2007年北京师范大学特殊教育研究中心与北京市残联合作研制了中国大陆第一套专为残疾人使用的《肢体残疾人职业适应性测评量表》,继之又研制了《听力残疾人职业适应性测评量表》。2008年,作为"十一五"国家科技支撑计划重点项目"中国残疾人信息无障碍关键技术支撑体系及示范应用"的子课题之一"残疾人职业能力评估"的项目承担单位,北京师范大学特殊教育研究中心在前期工作的基础上,研制了分别针对肢体残疾人和听力残疾/言语残疾人的职业适应性在线测评系统。本系统利用计算机完成分数转换、常模使用等专业性较强的一些繁琐程序,简化数据统计与分析的过程,提高测评工作的效率,方便残疾人个体和基层职业介绍工作者的使用。

　　在成功研发残疾人职业适应性测评系统的前提下,我们历时3年,在16个城市完成近万名残疾人的职业适应性的测评工作。这是一件很不容易的事情。中残联就业服务指导中心的李强主任、刘京处长,北京市残联就业服务指导中心的李雪梅主任,上海市残联就业服务指导中心的高伟民主任,广州市残联就业服务指导中心的符大伟主任等样本省市残联的各级领导给予高度的支持,各地方残联系统的基层工作人员做了大量的细致性工作,许多志愿者为本项目付出了辛勤劳动,广大残疾人的密切配合也是保证测试工作顺利进行的必要条件。在此,谨向中残联残疾人就业服务指导中心,北京市残联、上海市残联、广东省残联、广西壮族自治区残联、湖南省残联、江苏省残联、山东省残联,和北京市各区残联、上海市各区残联、佛山市残联、广州市残联、江门市残联、深圳市残联、柳州市残联、南宁市残联、钦州市残联、长沙市残联、岳阳市残联、株洲市残联、南京市残联、苏州市残联、无锡市残联、青岛市残联,以及本项目的所有参与者致以崇高的谢意!

本研究获得了肢体残疾人、听力残疾人和言语残疾人职业适应性的大量基础数据资料,课题组将这些资料整理编辑成书,共分四部分。第一部分为总体设计,介绍了本研究的背景、研究内容、研究方法、调查工作、施测方法和质量控制;第二部分为研究结果与分析,分别呈现了肢体残疾人、听力残疾人和言语残疾人的职业能力的特征、职业人格的特征和职业兴趣的特征。考虑各地区的差异,我们对各个城市不同类型残疾人的数据进行了分开统计与分析,并进行小结;第三部分为数据汇总;第四部分为附件,呈现了广东省培英中专残疾学生职业适应性的调查报告。

希望本书能为科学引导残疾人就业,提高残疾人就业率,提升残疾人的生活品质作些微薄的贡献。由于个人的水平有限,时间比较仓促,书中存在的问题和错误,敬请读者批评指正!

刘艳虹

2011年1月于北京师范大学英东教育楼

目 录

第一部分 总体设计 ··· 1
一、研究背景 ··· 1
二、研究内容 ··· 2
（一）理论基础 ··· 2
（二）基本内容 ··· 2
三、研究方法 ··· 4
（一）研究工具的设计 ··· 4
（二）调查地区与对象 ··· 36
四、调查工作 ··· 37
（一）组织工作流程 ··· 37
（二）测试人员选择与培训 ··· 37
（三）测试环境 ··· 38
五、施测方法 ··· 39
（一）纸笔测试 ··· 39
（二）网络测试 ··· 41
（三）身体功能测试 ··· 41
六、质量控制 ··· 50
（一）现场质量控制 ··· 50
（二）数据录入质量控制 ··· 50

第二部分 研究结果与分析 ··· 51
一、残疾人职业适应性状况 ··· 51
（一）肢体残疾人职业适应性状况 ··· 53
（二）听力残疾人职业适应性状况 ··· 87
（三）言语残疾人职业适应性状况 ··· 121
二、北京市残疾人职业适应性状况 ··· 150
（一）北京市肢体残疾人职业适应性状况 ··· 153
（二）北京市听力残疾人职业适应性状况 ··· 210
（三）北京市言语残疾人职业适应性状况 ··· 253
三、上海市残疾人职业适应性状况 ··· 265
（一）上海市肢体残疾人职业适应性状况 ··· 269
（二）上海市听力残疾人职业适应性状况 ··· 301
（三）上海市言语残疾人职业适应性状况 ··· 334

- 四、广州市残疾人职业适应性状况 ········· 362
  - (一)广州市肢体残疾人职业适应性状况 ········· 365
  - (二)广州市听力残疾人职业适应性状况 ········· 397
  - (三)广州市言语残疾人职业适应性状况 ········· 429
- 五、广东省残疾人职业适应性状况 ········· 456
  - (一)广东省肢体残疾人职业适应性状况 ········· 457
  - (二)广东省听力残疾人职业适应性状况 ········· 482
  - (三)广东省言语残疾人职业适应性状况 ········· 509
- 六、广西壮族自治区残疾人职业适应性状况 ········· 531
  - (一)广西壮族自治区肢体残疾人职业适应性状况 ········· 532
  - (二)广西壮族自治区听力残疾人职业适应性状况 ········· 557
  - (三)广西壮族自治区言语残疾人职业适应性状况 ········· 580
- 七、江苏省残疾人职业适应性状况 ········· 598
  - (一)江苏省肢体残疾人职业适应性状况 ········· 599
  - (二)江苏省听力残疾人职业适应性状况 ········· 623
  - (三)江苏省言语残疾人职业适应性状况 ········· 646
- 八、山东省残疾人职业适应性状况 ········· 650
  - (一)山东省肢体残疾人职业适应性状况 ········· 651
  - (二)山东省听力与言语残疾人职业适应性状况 ········· 653
- 九、湖南省残疾人职业适应性状况 ········· 656
  - (一)湖南省肢体残疾人职业适应性状况 ········· 656
  - (二)湖南省听力与言语残疾人职业适应性状况 ········· 658

第三部分　数据资料汇总 ········· 660
- 一、残疾人职业适应性状况 ········· 660
  - (一)肢体残疾人职业适应性状况 ········· 660
  - (二)听力残疾人职业适应性状况 ········· 678
  - (三)言语残疾人职业适应性状况 ········· 697
- 二、北京市残疾人职业适应性状况 ········· 712
  - (一)北京市肢体残疾人职业适应性状况 ········· 712
  - (二)北京市听力残疾人职业适应性状况 ········· 728
  - (三)北京市言语残疾人职业适应性状况 ········· 747
- 三、上海市残疾人职业适应性状况 ········· 757
  - (一)上海市肢体残疾人职业适应性状况 ········· 757
  - (二)上海市听力残疾人职业适应性状况 ········· 773
  - (三)上海市言语残疾人职业适应性状况 ········· 789
- 四、广州市残疾人职业适应性状况 ········· 799
  - (一)广州市肢体残疾人职业适应性状况 ········· 799
  - (二)广州市听力残疾人职业适应性状况 ········· 815
  - (三)广州市言语残疾人职业适应性状况 ········· 831
- 五、广东省残疾人职业适应性状况 ········· 841
  - (一)广东省肢体残疾人职业适应性状况 ········· 841
  - (二)广东省听力残疾人职业适应性状况 ········· 872
  - (三)广东省言语残疾人职业适应性状况 ········· 902

六、广西壮族自治区残疾人职业适应性状况 ……………………………………………… 918
　（一）广西壮族自治区肢体残疾人职业适应性状况 ………………………………… 918
　（二）广西壮族自治区听力残疾人职业适应性状况 ………………………………… 948
　（三）广西壮族自治区言语残疾人职业适应性状况 ………………………………… 978

七、江苏省残疾人职业适应性状况 ……………………………………………………… 994
　（一）江苏省肢体残疾人职业适应性状况 …………………………………………… 994
　（二）江苏省听力残疾人职业适应性状况 …………………………………………… 1021
　（三）江苏省言语残疾人职业适应性状况 …………………………………………… 1049

八、山东省残疾人职业适应性状况 ……………………………………………………… 1055
　（一）山东省肢体残疾人职业适应性状况 …………………………………………… 1055
　（二）山东省听力与言语残疾人职业适应性状况 …………………………………… 1057

九、湖南省残疾人职业适应性状况 ……………………………………………………… 1060
　湖南省肢体残疾人职业适应性状况 …………………………………………………… 1060

附录　广州市中职中专残疾学生职业适应性的调查研究 ……………………………… 1063

第一部分　总体设计

一、研究背景

就业是民生之本。对于残疾人而言,就业不仅可以使他们为社会创造更多的物质财富和精神财富,同时获得劳动报酬,改善生活条件,提高社会地位,而且使他们实实在在地参与社会生活,回归社会主流,增强生活勇气和自信心,优化社会环境,促进社会的安定团结。

保护残疾人的就业权利是一个国际性话题。联合国1975年《残疾人权利宣言》中宣告:"残疾人有权享有经济和社会保障,并过上像样的生活。他们有权按照其能力获得并保有职业,或担任有用处的、生产的、有报酬的工作,并加入工会。"此外,联合国发布了一系列有关的宣言和行动纲领,如《禁止一切无视残疾人的社会条件的决议》、《关于残疾人恢复职业技能的建议书》、《在联合国残疾人十年(1982–1993)》、《关于残疾人人力资源开发的国际行动纲领》、《残疾人机会均等标准规则》等。1983年国际劳工大会先后通过了《残疾人职业康复和就业公约》、《残疾人职业康复和就业建议书》。残疾人能否与健全人一样平等地参与社会生活中、分享社会进步成果是消灭对残疾人歧视的关键因素,是保障残疾人权益的根本。

我国历来十分重视残疾人的就业工作。新中国成立后,我国建立了当时与计划经济体制相适应的集中就业型的残疾人福利企业,为解决广大残疾人就业作出了极大的贡献。改革开放后,随着个体及私营经济的兴起,国家开始鼓励和扶持残疾人自谋职业,残疾人就业向多渠道、多层次、多种形式演进。1990年我国颁布的《中华人民共和国残疾人保障法》进一步规定:"机关、团体、企业事业组织、城乡集体经济组织应当按一定比例安排残疾人就业,并为其选择适当的工种和岗位。"从此开始在全国实行按比例分散残疾人就业。2007年的《残疾人就业条例》和2008年的《中华人民共和国就业促进法》都明确规定对残疾人就业要给予特别的扶持、优惠和保护,并通过完善政策法规、强化职业培训和服务、积极开发新的就业岗位等多种措施,推进残疾人就业工作。目前,我国残疾人劳动就业方针是:集中与分散相结合,采取优惠政策与扶持保护措施,通过多渠道、多层次、多种形式,使残疾人劳动就业逐步普及、稳定、合理。全国各地已建立各级残疾人就业服务机构,为残疾人提供各种服务,成为残疾人就业的重要途径。截至2009年底,全国城镇残疾人就业人数达443万余人,其中,集中就业约113万人,按比例就业约116万人,个体就业214万余人,农村残疾人就业人数为1757万余人。

然而,安排残疾人就业的工作任重而道远。截至2006年底,我国就业年龄段残疾人有3400多万。2006年第二次全国残疾人抽样调查数据显示,就业年龄段未参加工作城镇残疾人占60%以上,其中40%以上是具有就业能力和就业需求的残疾人。国家为促进残疾人就业制定了优惠政策,采取了积极措施,但社会上仍有一部分人对残疾人就业的可能性和必要性重视不够,怀疑残疾人的劳动能力,对残疾人就业带有歧视的观点。有的人虽然对残疾人同样作为劳动者参与到社会劳动和财富分配中、从被动的财物保障到主动的就业保障的认识上有所转变,但不知怎样给残疾人安排一个合适的岗位,因此就出现了不愿接受残疾人就业,或名义上接受残疾人就业而不安排实际工作的岗位,或残疾人工作一段时间后又下岗待业的现象。重庆市的一项调查报告指出,在落实按比例就业的过程中出现两种不正常现象:一是企业只缴钱,不接受残疾人,把按比例就业改称"按比例救济";二是企业接受残疾人,却发给生活费让其回家"离岗休息"。

残疾人同样是国家的建设者,同样是宝贵的人力资源。通过调查呈现残疾人职业适应性的状况,一方面使用人单位了解残疾人职业适应性水平,知道他们能做什么(职业能力),适合做什么(职业人格特征),喜欢做什么(职业兴趣),知人善用;另一方面有助于残疾人个体更好地明确自己的职业目标,规划自己的职业生涯;这样,用人单位和雇员之间形成一个互动、平衡的关系,双方都获得最大的利益。对于残疾人职业培训机构而言,职业适应性的测评结果有助于提供针对性的技能培训,实实在在地落实按比例安置残疾人就业的政策,真正意义上提高残疾人的生活质量。

二、研究内容

(一)理论基础

1. 工作适应理论

Yeatts&Fotts 提出了工作适应理论。该理论认为,每一个工作都要求雇员具有知识、技能和能力水平的标准;同样,工作必须给予雇员相应的需要、价值和兴趣的满足。因而工作和雇员之间就形成一个互动、平衡的关系,这就是个体与工作的匹配,匹配的结果带来雇员和雇主双方的满足感。

2. 二因素结构理论

英国心理学家 C.E. 斯皮尔曼提出了智力结构理论。该理论认为,智力由一般因素和特殊因素构成。一般因素是完成任何一种作业都必备的共同因素,特殊因素是完成某种性质作业必备的特有因素。成功完成某种活动必须同时具备这两种因素,一般因素是智力结构中第一位的首要因素,特殊因素是决定各种不同能力的因素。每一种作业专门的能力是由一定比例的一般因素和特殊因素共同决定的。

3. 职业测评理论

美国著名心理学家、职业生涯指导专家霍兰德(John L. Holland)提出了职业测评理论。该理论核心是假设把人分为六大类,即现实型、研究型、社会型、传统型、企业型、艺术型;并将庞杂的职业归为数量有限、适合操作、名称同样的六大类。该理论认为,个体对职业的选择受到动机、知识、爱好等因素的支配,最主要的是一个人之所以选择某职业领域基本上是受其人格和兴趣的影响,人格与职业环境相匹配是形成职业满意度、成就感的基础。同一类型的人与同一类型的职业互相结合,才能达到适应状态,劳动者的才能与积极性才会以很好的发挥。

4. ICF 视角

《国际功能、残疾和健康分类》(International Classification of Functioning, Disability and Health,简称ICF)是世界卫生组织(WHO)于本世纪初正式发布的、国际通用的在个体和人群水平上描述和测量健康的理论性框架结构,是认识人群和个体健康及其所在的环境如何阻碍或促进其生活以发挥最大潜能的广泛而又非常准确的工具。在 2001 年世界卫生大会上,中国与其他 190 个成员国一致签署了协议,同意广泛应用 ICF。ICF 按两部分组织信息:第一部分是功能和残疾,又分为"身体构成"与"活动和参与"两个方面;第二部分是背景因素,又分为"环境因素"和"个人因素"两个方面。ICF 认为,所有的成分都是相互关联、交互作用的,仅描述一种残疾而不与其所处的环境或参与受限状况及造成原因相关联是不可能清楚的。

(二)基本内容

劳动者是指具有一定生产经验和劳动技能,使用工具,从事社会物质生产的人。劳动者的本质是体力和智力的总和,这种以体力与智力表现出来的劳动能力又称为劳动力。智力包括一般智力因素和特殊智力因素,对应为职业能力的一般职业能力和特殊职业能力。一般职业能力是存在一切职业中,从事任何工作都需要的、具有一定共性的能力。特殊能力表现在某些特定的工作领域中,差异性很大。本研究借鉴一般职业测评系统内容,重点研究肢体残疾人、听力残疾人和言语残疾人的一般职业能力、职业人格和职业兴趣的现状,并分析年龄、性别、残疾等级、城乡地域等因素对各类残疾人的影响;同时也调查了被试感知觉的状况,以评价其感知外界、规避风险的能力。在基本信息收集方面,除一般共性的年龄、性别、文化水平、残疾类型、残疾等级等信息外,不同残疾类型的残疾人各有特色,如对肢体残疾人收集其一般基本生活自理能力(如吃、洗、穿衣裤等)、社区生活自理能力(购物、乘车等)的信息,对于使用轮椅者,还要了解其轮椅转移的情况;针对听力残疾人和言语残疾人对声信号接收困难(多数言语残疾也是由听力残疾导致的)以及与人交流障碍的特点,收集他们主要与人交流方式、口语交流水平的信息。

表1-2-1 残疾人职业适应性指标体系

一级指标	二级指标	目的
基本信息	一般情况	了解年龄、性别、残疾类型、残疾等级、居住地等基本情况
	交往方式	了解听力残疾人和言语残疾人与人交往的方式
身体功能	感知觉 嗅觉	
	感知觉 实体觉	了解接受信息渠道的灵敏性;评价感知外界、规避风险的能力
	感知觉 听力	(听力测试只对肢体残疾者进行)
	感知觉 视力	
	感知觉 色觉	了解对色彩的灵敏性及视觉搜索速度
	ADL	评价身体各部分的代偿、协调、自我照顾能力(肢体残疾)
	体能	评价工作所具备的体力,预测每天可以工作的时间及劳动强度(肢体残疾)
	上肢功能	评价上肢握持及灵活运用工具的能力(肢体残疾)
	下肢功能	评价下肢持重、移动的能力(下肢残疾)
职业能力	言语能力	评价字词知识、言语运用、言语推理等的能力
	数理能力	评价对基本数学规律的掌握以及解决应用问题的能力
	知觉能力	评价符号知觉、空间关系、平面图形知觉和推理能力
	运动协调能力	评价手眼协调能力
职业人格	坚持性	评价做事的耐心和专心,抗拒外界诱惑或干扰的能力
	严谨性	评价做事有条理,注意检查和纠正错误的能力
	情绪稳定性	评价自我调整情绪的能力
	自信心	评价安全感及对未来的信心
	责任心	评价做事认真负责,自觉遵守规章制度的能力
	管理能力	评价做事的计划性以及调动他人工作积极性的能力
	交际能力	评价表达和沟通的能力
	抗挫折能力	评价遇到困难时沉着镇定、想办法解决问题的能力
职业兴趣	现实型	评价对有规则的劳动和需要基本操作技能的工作的兴趣
	艺术型	评价对借助于音乐、文字、形体、色彩等形式表达自己感受的类型工作的兴趣
	研究型	评价对理性思考的方式探究事物,独立地解决问题的类型工作的兴趣
	社会型	评价对社会交往类型工作的兴趣
	企业型	评价对追求经济效益和个人成就类型工作的兴趣
	常规型	评价对偏爱按部就班的活动,不太喜欢过多的冒险和创新活动类型工作的兴趣

三、研究方法

（一）研究工具的设计

本研究的研究工具为自编的三套量表：《肢体残疾人职业适应性量表》《听力残疾人职业适应性量表》和《语言残疾人职业适应性量表》。

1. 量表编制

第一步骤：研究者在广泛查阅有关文献，参考国内外职业适应性测验及其对应的职业索引的基础上，构建量表的框架，并结合中国文化背景、不同残疾类型群体的身心条件及其所从事的具体职业类型，收集、设计出具体的项目。

第二步骤：召开专家组会议，对每个部分的题目逐条筛查，符合要求的保留，对不符合要求的进行修改或调整，无法修改或调整的则被删除。

第三步骤：请残联部门负责残疾人就业的相关人士对这些题目从意义、必要性、现实性、可行性等多个方面进行评价和比较，根据他们的意见，再作进一步的修改、添加或删减。

第四步骤：选取北京市3000多名残疾人实施初测，并听取他们测后的意见。分析初测的数据，结合被测残疾人的意见，修改问卷题目。

第五步骤：再一次召开专家组会议，确定测验题目。针对不同残疾类型人群的身心特点以及考虑不同类型残疾人就业的实际情况，每套量表的内容表达有所不同。如同样是言语能力的调查，肢体残疾者主要从字词知识、语法掌握、语言推理等方面展开，而听力残疾者和言语残疾者则从词语运用、语法掌握、段落理解和基本言语的表达能力等方面展开。随着聋人受教育水平的提高和电脑等现代技术手段的普及，选择艺术设计、视觉传媒、房屋装修设计等职业的聋人越来越多，因此，辨认颜色的准确性和速度也应作为一个重要因素予以考虑。

（1）肢体残疾人职业适应性量表初测结果

①肢体残疾人职业能力测验

A. 项目分析

根据初测样本的数据，统计出量表83题的难度和区分度，如表1-3-1所示。全量表的难度值分布在0.04~0.88之间，均值为0.54，总体而言题项的难度值适宜。

采用题目总分相关法和极端组比较法计算各项目的区分度，获得相关系数和t值这两个指标值，两个指标均不显著的题项共有2题（占全部题目的2.4%）。其中，第一部分的第6题和第21题均为言语能力分测验的题目。

表1-3-1 肢体残疾人职业能力初测测验项目区分度

项目	难度	t	题总相关系数	项目	难度	t	题总相关系数	项目	难度	t	题总相关系数
（一）1	.78	−5.159**	.327**	（二）1	.57	−6.292**	.446**	（四）10	.70	−12.432**	.593**
（一）2	.49	−.143	−0.006	（二）2	.84	−10.528**	.334**	（四）11	.36	−5.566**	.318**
（一）3	.62	−6.162**	.345**	（二）3	.75	−12.499**	.553**	（四）12	.70	−16.674**	.686**
（一）4	.61	−4.392**	.247**	（二）4	.63	−9.518**	.440**	（四）13	.70	−17.667**	.676**
（一）5	.45	−2.650**	.188**	（二）5	.50	−6.292**	.487**	（四）14	.65	−14.643**	.628**
（一）6	.21	.835	−0.012	（二）6	.25	−10.528**	.280**	（四）15	.68	−18.039**	.678**
（一）7	.42	−9.140**	.405**	（二）7	.57	−12.499**	.543**	（四）16	.34	−6.642**	.354**
（一）8	.45	−6.478**	.294**	（二）8	.55	−9.518**	.449**	（四）17	.61	−16.975**	.641**

(续表)

项目	难度	t	题总相关系数	项目	难度	t	题总相关系数	项目	难度	t	题总相关系数
(一)9	.30	-3.355**	.203**	(二)9	.63	-6.292**	.481**	(四)18	.32	-6.815**	.373**
(一)10	.36	-6.019**	.279**	(二)10	.69	-10.528**	.549**	(四)19	.58	-18.181**	.640**
(一)11	.54	-4.341**	.277**	(三)1	.55	-12.499**	.403**	(四)20	.58	-19.461**	.645**
(一)12	.68	-11.940**	.539**	(三)2	.62	-9.518**	.431**	(四)21	.59	-20.293**	.633**
(一)13	.28	-3.019**	.186**	(三)3	.58	-6.292**	.420**	(四)22	.30	-6.832**	.350**
(一)14	.52	-2.880**	.189**	(三)4	.58	-10.528**	.472**	(四)23	.58	-22.983**	.668**
(一)15	.70	-9.922**	.531**	(三)5	.63	-12.499**	.530**	(四)24	.63	-17.349**	.648**
(一)16	.72	-11.665**	.574**	(三)6	.26	-9.518**	.105*	(五)1	.85	-6.209**	.367**
(一)17	.70	-13.594**	.625**	(三)7	.61	-6.292**	.429**	(五)2	.88	-7.362**	.495**
(一)18	.68	-12.223**	.569**	(三)8	.63	-10.528**	.425**	(五)3	.82	-7.492**	.453**
(一)19	.43	-11.853**	.502**	(三)9	.51	-12.499**	.403**	(五)4	.80	-8.403**	.508**
(一)20	.48	-12.897**	.507**	(三)10	.44	-9.518**	.328**	(五)5	.59	-8.776**	.437**
(一)21	.13	-.206	.043	(四)1	.66	-6.292**	.388**	(五)6	.75	-8.090**	.481**
(一)22	.38	-6.019**	.326**	(四)2	.04	-10.528**	-.111*	(五)7	.56	-5.279**	.260**
(一)23	.16	-6.019**	.258**	(四)3	.09	-12.499**	-.246**	(五)8	.30	-6.146**	.344**
(一)24	.20	-4.491**	.144**	(四)4	.15	-9.518**	-0.083	(五)9	.29	-6.389**	.297**
(一)25	.37	-2.739**	.393**	(四)5	.62	-6.292**	.353**	(五)10	.66	-6.972**	.422**
(一)26	.78	-8.615**	.378**	(四)6	.57	-10.528**	.321**				
(一)27	.49	-8.019**	.215**	(四)7	.71	-12.499**	.544**				
(一)28	.62	-4.604**	.364**	(四)8	.75	-9.518**	.589**				
(一)29	.61	-7.139**	.355**	(四)9	.75	-6.292**	.473**				

注：**表示0.01水平差异显著；*表示0.05水平差异显著。

B. 信度分析

为进一步考察上述区分度不显著的题目是否应该保留，进而采用内部一致性系数（α）作为量表信度的指标，考察保留或删除相关题项时量表的信度，如表1-3-2所示。因删除第6题、删除第21题或同时删除两题均使得分量表的内部一致性系数和分半信度降低，因此，保留第一部分言语能力分测验的第6题和第21题。

表1-3-2 肢体残疾人职业能力初测测验的内部一致性系数和分半信度表

维度	α系数	分半信度	备注
言语能力	.803	.683	不删除
	.788	.674	删除第6题
	.783	.668	删除第21题
	.790	.675	删除两道题

C. 效度分析

肢体残疾人职业能力测验五个因素之间相关都在0.01水平上达到了显著差异；各个因素之间的相关大部分在0.4~0.7之间，存在中等程度的相关；各个因素与总分之间的相关在0.7~0.9之间，存在较高程度的相关。结构效度分析符合心理测量学的数据要求（见表1-3-3）。

表1-3-3　肢体残疾人职业能力初测测验的因素相关矩阵

	言语能力	数理能力	空间关系	符号知觉	形状知觉	总量表
言语能力	1					
数理能力	.614**	1				
空间关系	.566**	.678**	1			
符号知觉	.621**	.571**	.499**	1		
形状知觉	.554**	.571**	.533**	.590**	1	
总量表	.806**	.849**	.807**	.816**	.793**	1

注：**表示0.01水平差异显著；*表示0.05水平差异显著。

②肢体残疾人职业人格测验

A.项目分析

根据初测样本的数据，统计出96个项目的难度和区分度，如表1-3-4所示。全测验的难度值分布在0.19～0.94之间，均值0.66，总体而言题项的难度值适宜。采用题目总分相关法和极端组比较法计算各项目的区分度，获得相关系数和t值这两个指标值，不存在两个指标值均不显著的题项，说明本测验各项目区分度良好。

表1-3-4　肢体残疾人职业人格初测测验项目区分度

项目	难度	t	题总相关系数	项目	难度	t	题总相关系数	项目	难度	t	题总相关系数
(六)1	.93	−2.846**	.164**	(六)33	.46	−6.573**	.512**	(六)65	.84	−4.361**	.376**
(六)2	.80	−3.189**	.198**	(六)34	.53	−5.679**	.524**	(六)66	.80	−13.771**	.289**
(六)3	.80	−5.928**	.338**	(六)35	.36	−12.876**	.428**	(六)67	.41	−6.432**	.330**
(六)4	.62	−12.800**	.549**	(六)36	.81	−13.948**	.213**	(六)68	.46	−4.792**	.581**
(六)5	.50	−14.761**	.563**	(六)37	.85	−8.935**	.344**	(六)69	.79	−6.742**	.196**
(六)6	.83	−6.270**	.344**	(六)38	.54	−4.361**	.673**	(六)70	.91	−14.678**	.349**
(六)7	.50	−16.135**	.586**	(六)39	.85	−5.614**	.279**	(六)71	.92	−2.792**	.253**
(六)8	.77	−1.753**	.142**	(六)40	.76	−22.001**	.322**	(六)72	.91	−5.158**	.315**
(六)9	.80	−7.094**	.346**	(六)41	.65	−4.689**	.298**	(六)73	.87	−4.027**	.286**
(六)10	.37	−5.352**	.289**	(六)42	.47	−5.285**	.631**	(六)74	.85	−3.992**	.370**
(六)11	.63	−15.054**	.564**	(六)43	.85	−5.073**	.250**	(六)75	.66	−4.361**	.216**
(六)12	.73	−3.690**	.252**	(六)44	.83	−18.952**	.351**	(六)76	.49	−5.626**	.651**
(六)13	.36	−12.254**	.559**	(六)45	.62	−3.715**	.650**	(六)77	.72	−3.773**	.380**
(六)14	.67	−2.449**	.186**	(六)46	.52	−5.981**	.608**	(六)78	.61	−18.954**	.635**
(六)15	.61	−1.133	.093**	(六)47	.76	−18.156**	.383**	(六)79	.80	−6.449**	.259**
(六)16	.81	−2.887**	.165**	(六)48	.46	−17.744**	.510**	(六)80	.72	−17.513**	.267**
(六)17	.70	.569	−.020**	(六)49	.47	−6.671**	.470**	(六)81	.84	−3.666**	.267**
(六)18	.82	−6.558**	.374**	(六)50	.54	−11.432**	.607**	(六)82	.77	−4.430**	.162**
(六)19	.61	−6.307**	.639**	(六)51	.35	−10.440**	.359**	(六)83	.87	−4.212**	.279**
(六)20	.37	−16.014**	.365**	(六)52	.54	−16.451**	.489**	(六)84	.47	−2.735**	.489**
(六)21	.62	−15.556**	.531**	(六)53	.55	−6.911**	.659**	(六)85	.54	−5.000**	.669**
(六)22	.63	−6.524**	.603**	(六)54	.75	−10.088**	.317**	(六)86	.46	−11.052**	.082**

(续表)

项目	难度	t	题总相关系数	项目	难度	t	题总相关系数	项目	难度	t	题总相关系数
(六)23	.53	-11.877**	.449**	(六)55	.30	-20.139**	0.045	(六)87	.33	-22.925**	.497**
(六)24	.52	-15.941**	.667**	(六)56	.63	-6.001**	.589**	(六)88	.71	-1.776	.383**
(六)25	.94	-9.100**	.278**	(六)57	.42	-.631**	.482**	(六)89	.19	-10.516**	.152**
(六)26	.87	-20.363**	.341**	(六)58	.75	-13.692**	.139**	(六)90	.78	-7.037**	.353**
(六)27	.60	-3.684**	.623**	(六)59	.87	-12.031**	.371**	(六)91	.77	-2.878**	.318**
(六)28	.54	-5.784**	.620**	(六)60	.84	-1.939	.385**	(六)92	.64	-6.110**	.333**
(六)29	.86	-18.076**	.346**	(六)61	.51	-5.314**	.609**	(六)93	.30	-5.331**	.397**
(六)30	.81	-16.949**	.284**	(六)62	.90	-6.736**	.315**	(六)94	.79	-5.963**	.355**
(六)31	.86	-5.306**	.410**	(六)63	.87	-17.244**	.297**	(六)95	.40	-8.377**	.510**
(六)32	.75	-3.772**	.314**	(六)64	.47	-4.328**	.555**	(六)96	.83	-6.424**	.266**

注：**表示0.01水平差异显著；*表示0.05水平差异显著。

B. 信度分析

肢体残疾人职业人格测验的总体α系数为0.943，分半信度为0.884。各量表的α系数为0.45~0.90之间，分半信度为0.40~0.85之间。总体和八个因素的信度系数均较高，说明了本测验具有较高的信度，作为肢体残疾人职业人格的测量工具是稳定可信的（见表1-3-5）。

表1-3-5 肢体残疾人职业人格初测测验的同质信度和分半信度

因素	α系数	分半信度
坚持性	.835	.747
严谨性	.645	.446
情绪稳定性	.867	.810
自信心	.496	.428
责任心	.711	.443
交际能力	.667	.522
管理能力	.626	.559
抗挫折能力	.779	.744
总量表	.943	.884

C. 效度分析

肢体残疾人职业人格测验八个因素之间相关都在0.01水平上，达到了显著差异；各个因素之间的相关大部分在0.1~0.8之间，存在中等程度的相关；各个因素与总分之间的相关在0.6~0.9之间，存在较高程度的相关。结构效度分析符合心理测量学的数据要求（见表1-3-6）。

表1-3-6 肢体残疾人职业人格初测测验的因素相关矩阵

	坚持性	严谨性	情绪稳定性	自信心	责任心	交际能力	管理能力	抗挫折能力
坚持性	1							
严谨性	.692**	1						

(续表)

	坚持性	严谨性	情绪稳定性	自信心	责任心	交际能力	管理能力	抗挫折能力
情绪稳定性	.768**	.577**	1					
自信心	.447**	.456**	.373**	1				
责任心	.789**	.661**	.600**	.536**	1			
交际能力	.532**	.461**	.415**	.512**	.553**	1		
管理能力	.338**	.416**	.173**	.548**	.469**	.511**	1	
抗挫折能力	.805**	.616**	.851**	.435**	.671**	.495**	.261**	1
总量表	.898**	.785**	.824**	.653**	.851**	.705**	.542**	.870**

注：** 表示 0.01 水平差异显著；* 表示 0.05 水平差异显著。

③肢体残疾人职业兴趣测验

A. 项目分析

根据初测样本的数据，统计出60个项目的难度和区分度（见表1-3-7）。全测验的难度均值0.52，总体而言题项的难度值适宜。采用题目总分相关法和极端组比较法计算各项目的区分度，获得相关系数和t值这两个指标值，共存在十一个两指标值均不显著的题项（占总题项的20%）。其中，第5题、第29题属于常规型，第2题、第48题属于现实型，第8题、第31题属于研究型，第16题属于企业型，第1题、第15题属于社会型，第9题、第32题属于艺术型。

表1-3-7 肢体残疾人职业兴趣初测测验项目区分度

项目	难度	t	题总相关系数	项目	难度	t	题总相关系数	项目	难度	t	题总相关系数
（七）1	0.04	−1.713	0.085	（七）21	0.45	−7.690**	.395**	（七）41	0.54	−3.592**	.208**
（七）2	0.81	0.183	0.013	（七）22	0.70	−6.409**	.352**	（七）42	0.73	−5.082**	.275**
（七）3	0.47	−7.720**	.356**	（七）23	0.54	−14.555**	.570**	（七）43	0.76	−4.935**	.288**
（七）4	0.44	−3.463**	.216**	（七）24	0.69	−5.260**	.265**	（七）44	0.35	−3.896**	.170**
（七）5	0.22	−0.916	0.064	（七）25	0.50	−12.867**	.512**	（七）45	0.53	−10.248**	.454**
（七）6	0.74	−2.918**	.213**	（七）26	0.79	−4.419**	.304**	（七）46	0.36	−2.010**	.145**
（七）7	0.72	−3.348**	.191**	（七）27	0.28	−5.537**	.299**	（七）47	0.35	−7.015**	.371**
（七）8	0.42	−0.297	0.024	（七）28	0.84	−4.442**	.299**	（七）48	0.26	−0.170	−0.012
（七）9	0.43	−1.919	0.105	（七）29	0.53	0.737	0.011	（七）49	0.70	−5.071**	.307**
（七）10	0.46	−4.125**	.224**	（七）30	0.76	−4.487**	.266**	（七）50	0.47	2.987**	.193**
（七）11	0.53	−4.827**	.277**	（七）31	0.34	0.619	0.06	（七）51	0.76	−4.908**	.321**
（七）12	0.48	−9.743**	.423**	（七）32	0.29	−0.170	0.033	（七）52	0.46	−3.303**	.247**
（七）13	0.8	−4.850**	.280**	（七）33	0.37	−0.155	0.022**	（七）53	0.39	−10.78**	.461**
（七）14	0.39	−8.507**	.393**	（七）34	0.58	−2.856**	.175**	（七）54	0.68	−2.493**	.161**
（七）15	0.23	1.164	−0.041	（七）35	0.70	−6.050**	.381**	（七）55	0.38	−5.608**	.287**
（七）16	0.22	0.183	−0.013	（七）36	0.36	−0.900	.126*	（七）56	0.43	−7.298**	.392**
（七）17	0.37	−3.865**	.212**	（七）37	0.79	−4.850**	.333**	（七）57	0.74	−4.487**	.296**
（七）18	0.40	−8.587**	.421**	（七）38	0.46	−2.072**	.155**	（七）58	0.44	−12.867**	.523**

(续表)

项目	难度	t	题总相关系数	项目	难度	t	题总相关系数	项目	难度	t	题总相关系数
(七)19	0.54	−2.225**	.174**	(七)39	0.59	−4.484**	.235**	(七)59	0.78	−4.804**	.304**
(七)20	0.64	−6.065**	.352**	(七)40	0.41	−7.073**	.364**	(七)60	0.54	−5.810**	.367**

注：**表示0.01水平差异显著；*表示0.05水平差异显著。

B. 信度分析

为进一步考察上述区分度不显著的题目是否应该保留,进而采用内部一致性系数(α)和分半信度作为量表信度的指标,考察保留或删除相关题项时量表的信度,如表1-3-8所示。在常规型上,因删除第5题、删除第29题或同时删除两题均使得分量表的内部一致性系数和分半信度降低,因此,保留常规型的第5题和第29题。在现实型上,因删除第2题、删除第48题或同时删除两题均使得分量表的内部一致性系数和分半信度降低,因此,保留现实型的第2题和第48题。在研究型上,因删除第8题、删除第31题或同时删除两题均使得分量表的内部一致性系数和分半信度降低,因此,保留研究型的第8题和第31题。在企业型上,删除第16题使得分量表的内部一致性系数和分半系数升高,但为保持问卷结构的完整性,对此题进行修改。在社会型上,因删除第1题、删除第15题或同时删除两题均使得分量表的内部一致性系数和分半信度降低,因此,保留社会型的第1题和第15题。在艺术型上,删除第9题会使分量表内部一致性系数和分半信度降低,而删除第32题或删除两道题会使分量表内部一致性系数和分半信度升高,但为保持问卷结构的完整性保留此两道题,并对其进行修改。

表1-3-8 肢体残疾人职业兴趣初测测验的内部一致性系数和分半信度表

维度	α系数	分半信度	备注
常规型	.493	.436	不删除
	.351	.325	删除第5题
	.314	.120	删除第29题
	.383	.257	删除两道题
现实型	.574	.475	不删除
	.341	.271	删除第2题
	.417	.407	删除第48题
	.446	.186	删除两道题
研究型	.590	.587	不删除
	.465	.360	删除第8题
	.450	.408	删除第31题
	.543	.132	删除两道题
企业型	.404	.378	不删除
	.448	.419	删除第16题
社会型	.593	.323	不删除
	.489	.088	删除第1题
	.548	.315	删除第15题
	.552	.211	删除两道题
艺术型	.400	.394	不删除
	.330	.259	删除第9题
	.473	.516	删除第32题
	.421	.451	删除两道题

C. 效度分析

除艺术型因子外,肢体残疾人职业兴趣测验其余五个因素及总量表之间的相关都在0.01水平上,达到了显著差异;各个因素之间的相关大部分在 0.2-0.5 之间,存在中等程度的相关;各个因素与总分之间的相关均达到 0.01 水平上的显著相关,在 0.6-0.8 之间,存在较高程度的相关。结构效度分析符合心理测量学的数据要求(见表 1-3-9)。

表 1-3-9 肢体残疾人职业兴趣初测测验的因素相关矩阵

	常规型	现实型	研究型	企业型	社会型	艺术型	总量表
常规型	1						
现实型	.350**	1					
研究型	.351**	.453**	1				
企业型	.326**	.277**	.371**	1			
社会型	.314**	.498**	.453**	.365**	1		
艺术型	.064	.020	.093	.298**	0.055	1	
总量表	.616**	.673**	.714**	.697**	.703**	.415**	1

注:** 表示 0.01 水平差异显著;* 表示 0.05 水平差异显著。

(2)听力残疾人职业适应性量表初测结果

①听力残疾人职业能力测验

A. 项目分析

根据初测样本的数据,统计出量表 61 题的难度和区分度,如表 1-3-10 所示。全量表的难度值分布在 0.19~0.91 之间,均值为 0.59,总体而言题项的难度值适宜。采用题目总分相关法和极端组比较法计算各项目的区分度,获得相关系数和 t 值这两个指标值,不存在指标显著的题项。因此,说明量表题目具有良好的区分度。

表 1-3-10 听力残疾人职业能力初测测验项目区分度

项目	难度	t	题总相关系数	项目	难度	t	题总相关系数	项目	难度	t	题总相关系数
(一)1	.65	−15.434**	.644**	(一)22	.68	−20.800**	.713**	(三)5	.67	−23.062**	.727**
(一)2	.69	−3.143**	.193**	(一)23	.71	−15.057**	.677**	(三)6	.44	−16.961**	.607**
(一)3	.55	−10.068**	.481**	(一)24	.53	−16.438**	.589**	(三)7	.48	−13.854**	.530**
(一)4	.50	−16.479**	.603**	(一)25	.70	−25.565**	.763**	(三)8	.68	−6.219**	.366**
(一)5	.72	−21.581**	.764**	(一)26	.72	−20.623**	.735**	(三)9	.41	−6.083**	.283**
(一)6	.49	−2.916**	.167**	(一)27	.86	−6.041**	.383**	(三)10	.36	−12.187**	.511**
(一)7	.42	−10.555**	.449**	(一)28	.39	−3.757**	.223**	(四)1	.79	−6.964**	.495**
(一)8	.56	−19.445**	.626**	(二)1	.41	−13.388**	.528**	(四)2	.79	−9.483**	.579**
(一)9	.44	−11.158**	.486**	(二)2	.74	−23.589**	.786**	(四)3	.69	−10.720**	.603**
(一)10	.56	−22.105**	.681**	(二)3	.65	−24.022**	.735**	(五)1	.91	−5.261**	.401**
(一)11	.35	−7.157**	.328**	(二)4	.61	−17.471**	.653**	(五)2	.91	−5.784**	.436**
(一)12	.57	−5.083**	.276**	(二)5	.46	−6.270**	.303**	(五)3	.71	−27.094**	.792**
(一)13	.60	−13.623**	.603**	(二)6	.19	−5.925**	.282**	(五)4	.76	−19.414**	.769**
(一)14	.38	−8.295**	.380**	(二)7	.58	−21.042**	.662**	(五)5	.55	−17.205**	.660**
(一)15	.60	−14.462**	.605**	(二)8	.52	−20.233**	.643**	(五)6	.73	−19.238**	.727**
(一)16	.78	−14.455**	.708**	(二)9	.64	−21.263**	.696**	(五)7	.54	−11.263**	.499**

(续表)

项目	难度	t	题总相关系数	项目	难度	t	题总相关系数	项目	难度	t	题总相关系数
(一)17	.75	-3.332**	.200**	(二)10	.76	-8.024**	.459**	(五)8	.42	-18.377**	.605**
(一)18	.67	-22.257**	.726**	(三)1	.63	-5.842**	.330**	(五)9	.40	-14.221**	.541**
(一)19	.43	-10.723**	.454**	(三)2	.60	-19.627**	.668**	(五)10	.69	-15.388**	.659**
(一)20	.29	-8.559**	.365**	(三)3	.55	-14.907**	.581**				
(一)21	.71	-22.650**	.769**	(三)4	.63	-29.930**	.738**				

注：** 表示0.01水平差异显著；* 表示0.05水平差异显著。

B. 信度分析

听力残疾人职业能力初测测验的总体α系数为0.796，分半信度为0.759，各量表的α系数为0.75~0.95之间，各量表的分半信度为0.70~0.90之间。总体和5个因素的信度系数均较高，说明了本测验具有较高的信度，作为听力残疾人职业能力的测量工具是稳定可信的（见表1-3-11）。

表1-3-11 听力残疾人职业能力初测测验的内部一致性系数和分半信度表

因素	α系数	分半信度
因素一：言语能力	.919	.874
因素二：数理能力	.829	.829
因素三：空间关系	.793	.743
因素四：符号知觉	.856	.801
因素五：形状知觉	.871	.871
总量表	.796	.759

C. 效度分析

听力残疾人职业能力测验五个因素之间相关都在0.01水平上，达到了显著差异；各个因素之间的相关大部分在0.4~0.7之间，存在中等程度的相关；各个因素与总分之间的相关在0.7~0.9之间，存在较高程度的相关。结构效度分析符合心理测量学的数据要求（见表1-3-12）。

表1-3-12 听力残疾人职业能力初测测验的因素相关矩阵

	言语能力	数理能力	空间关系	符号知觉	形状知觉	总量表
言语能力	1					
数理能力	.796**	1				
空间关系	.784**	.816**	1			
符号知觉	.442**	.476**	.446**	1		
形状知觉	.788**	.812**	.790**	.408**	1	
总量表	.896**	.920**	.905**	.637**	.898**	1

注：** 表示0.01水平差异显著。

②听力残疾人职业人格测验

A. 项目分析

根据初测样本的数据，统计出96个项目的难度和区分度，如表1-3-13所示。全测验的难度值分布在0.33~0.96之间，均值0.71，总体而言题项的难度值适宜。采用题目总分相关法和极端组比较法计算各项目的区分度，获得相关系数和t值这两个指标值，不存在两个指标值均不显著的题项。说明本测验各项目区分度良好。

表1-3-13 听力残疾人职业人格初测测验项目区分度

项目	难度	t	题总相关系数	项目	难度	t	题总相关系数	项目	难度	t	题总相关系数
(六)1	.92	-3.018**	.177**	(六)33	.45	-6.867**	.352**	(六)65	.87	-4.261**	.292**
(六)2	.78	-3.840**	.198**	(六)34	.59	-8.417**	.387**	(六)66	.78	-3.262**	.165**
(六)3	.82	-5.790**	.314**	(六)35	.43	-5.714**	.326**	(六)67	.34	-2.479**	.165**
(六)4	.71	-5.893**	.299**	(六)36	.71	-1.446**	0.088	(六)68	.53	-7.285**	.393**
(六)5	.62	-5.665**	.309**	(六)37	.93	-4.372**	.321**	(六)69	.63	-3.363**	.187**
(六)6	.85	-6.233**	.385**	(六)38	.74	-8.219**	.426**	(六)70	.93	-3.747**	.320**
(六)7	.55	-12.029**	.447**	(六)39	.81	-5.014**	.312**	(六)71	.93	-3.391**	.249**
(六)8	.69	-2.898**	.189**	(六)40	.79	-7.115**	.396**	(六)72	.95	-3.042**	.254**
(六)9	.85	-5.624**	.335**	(六)41	.70	-4.931**	.240**	(六)73	.89	-3.942**	.273**
(六)10	.36	-3.905**	.229**	(六)42	.54	-8.477**	.452**	(六)74	.85	-3.813**	.286**
(六)11	.76	-5.134**	.261**	(六)43	.88	-4.594**	.298**	(六)75	.65	-1.834**	.135*
(六)12	.69	-1.418**	0.096	(六)44	.91	-5.498**	.379**	(六)76	.64	-5.527**	.283**
(六)13	.49	-7.720**	.407**	(六)45	.73	-8.814**	.457**	(六)77	.84	-5.755**	.391**
(六)14	.70	-2.975**	.187**	(六)46	.64	-7.328**	.383**	(六)78	.82	-7.776**	.489**
(六)15	.40	-2.225**	.137*	(六)47	.82	-5.459**	.329**	(六)79	.85	-2.590**	.203**
(六)16	.84	-3.097**	.201**	(六)48	.57	-8.943**	.440**	(六)80	.82	-4.745**	.293**
(六)17	.62	-2.750**	.158**	(六)49	52	-6.907**	.363**	(六)81	.89	-3.575**	.250**
(六)18	.94	-3.042**	.179**	(六)50	.69	-10.910**	.486**	(六)82	.67	-4.371**	.250**
(六)19	.82	-5.459**	.293**	(六)51	.45	-7.749**	.366**	(六)83	.90	-3.747**	.218**
(六)20	.43	-4.456**	.253**	(六)52	.64	-2.954**	.177**	(六)84	.38	-3.616**	.240**
(六)21	.55	-6.145**	.302**	(六)53	.67	-6.354**	.399**	(六)85	.61	-12.515**	.551**
(六)22	.57	-7.557**	.364**	(六)54	.78	-5.302**	.305**	(六)86	.60	-1.789**	.125*
(六)23	.54	-5.170**	.291**	(六)55	.33	-2.297**	.148**	(六)87	.44	-5.328**	.310**
(六)24	.58	-11.408**	.486**	(六)56	.77	-7.043**	.383**	(六)88	.78	-6.139**	.357**
(六)25	.94	-2.824**	.248**	(六)57	.53	-9.743**	.457**	(六)89	.37	-.917**	0.066
(六)26	.96	-3.692**	.280**	(六)58	.72	-2.022**	.149**	(六)90	.79	-5.898**	.354**
(六)27	.72	-9.810**	.463**	(六)59	.88	-4.918**	.338**	(六)91	.83	-4.487**	.257**
(六)28	.43	-3.801**	.257**	六)60	.90	-4.594**	.278**	(六)92	.74	-6.758**	.354**
(六)29	.86	-3.866**	.242**	(六)61	.58	-9.994**	.481**	(六)93	.48	-3.787**	.226**
(六)30	.85	-4.360**	.310**	(六)62	.90	-5.115**	.321**	(六)94	.89	-4.626**	.274**
(六)31	.91	-3.920**	.276**	(六)63	.94	-3.421**	.274**	(六)95	.70	-5.426**	.304**
(六)32	.81	-5.138**	.297**	(六)64	.55	-4.305**	.263**	(六)96	.87	-6.743**	.454**

注：**表示0.01水平差异显著；*表示0.05水平差异显著。

B. 信度分析

听力残疾人职业人格初测测验的总体α系数为0.889，分半信度为0.838。各量表的α系数为

0.45~0.70之间,各量表的分半信度为0.35~0.75之间。总体和八个因素的信度系数均较高,说明了本测验具有较高的信度,作为听力残疾人职业人格的测量工具是稳定可信的(见表1-3-14)。

表1-3-14 听力残疾人职业人格初测测验的同质信度和分半信度

因素	α系数	分半信度
坚持性	.670	.502
严谨性	.493	.375
情绪稳定性	.741	.732
自信心	.464	.495
责任心	.574	.504
交际能力	.605	.508
管理能力	.670	.637
抗挫折能力	.616	.592
总量表	.889	.838

C. 效度分析

除管理能力和情绪稳定性因素之间未存在显著相关之外,听力残疾人职业人格初测测验其余因素之间相关都在0.01水平上达到了显著差异;各个因素之间的相关大部分在0.1~0.7之间,存在中等程度的相关;各个因素与总分之间的相关在0.5~0.8之间,存在较高程度的相关。结构效度分析符合心理测量学的数据要求(见表1-3-15)。

表1-3-15 听力残疾人职业人格初测测验的因素相关矩阵

	坚持性	严谨性	情绪稳定性	自信心	责任心	交际能力	管理能力	抗挫折能力
坚持性	1							
严谨性	.461**	1						
情绪稳定性	.599**	.371**	1					
自信心	.292**	.336**	.207**	1				
责任心	.564**	.476**	.341**	.348**	1			
交际能力	.257**	.278**	.161**	.423**	.356**	1		
管理能力	.251**	.410**	0.088	.461**	.417**	.534**	1	
抗挫折能力	.635**	.343**	.675**	.257**	.397**	.255**	.185**	1
总量表	.777**	.667**	.694**	.589**	.706**	.593**	.589**	.729**

注:** 表示0.01水平差异显著;* 表示0.05水平差异显著。

③听力残疾人职业兴趣测验

A. 项目分析

根据初测样本的数据,统计出60个项目的难度和区分度,如表1-3-16所示。全测验的难度值分布在0.03~0.91之间,均值0.60,总体而言题项的难度值适宜。采用题目总分相关法和极端组比较法计算各项目的区分度,获得相关系数和t值这两个指标值,共存在五个两指标值均不显著的题项(占总题项的8.3%)。其中,第29题和第40题属于常规型,第30题属于研究型,第1题和第27题属于社会型。

表 1-3-16　听力残疾人职业兴趣初测测验项目区分度

项目	难度	t	题总相关系数	项目	难度	t	题总相关系数	项目	难度	t	题总相关系数
(七)1	.08	1.459	-0.072	(七)21	.51	-2.973**	.183**	(七)41	.77	-4.226**	.226**
(七)2	.80	-2.079**	.124*	(七)22	.92	-4.658**	.312**	(七)42	.84	-4.802**	.266**
(七)3	.60	-5.637**	.310**	(七)23	.79	-4.324**	.278**	(七)43	.91	-1.812	.113*
(七)4	.55	-7.179**	.401**	(七)24	.71	-4.440**	.249**	(七)44	.54	1.437**	-.092
(七)5	.34	-.096**	.046	(七)25	.74	-4.988**	.258**	(七)45	.59	-2.358**	.181**
(七)6	.77	-4.816**	.288**	(七)26	.80	-3.886**	.270**	(七)46	.34	-2.512**	.095
(七)7	.71	-3.628**	.266**	(七)27	.19	.227	-.032	(七)47	.57	-4.511**	.226**
(七)8	.45	-3.049**	.154**	(七)28	.92	-3.403**	.259**	(七)48	.34	1.295	-.111*
(七)9	.44	-2.698**	.189**	(七)29	.60	-1.279	.116*	(七)49	.83	-5.633**	.361**
(七)10	.52	-3.131**	.240**	(七)30	.81	.156	.015	(七)50	.61	-4.737**	.318**
(七)11	.88	-4.490**	.250**	(七)31	.40	-4.085**	.251**	(七)51	.89	-2.534**	.224**
(七)12	.43	-2.218**	.117*	(七)32	.34	1.761**	-.130*	(七)52	.53	-6.139**	.341**
(七)13	.86	-4.967**	.332**	(七)33	.42	-1.314**	.117*	(七)53	.55	-3.789**	.235**
(七)14	.53	-4.470**	.266**	(七)34	.77	-5.403**	.292**	(七)54	.74	-1.920	.116*
(七)15	.21	4.724**	-.278**	(七)35	.79	-5.480**	.291**	(七)55	.55	-5.010**	.266**
(七)16	.24	-.802**	.060	(七)36	.42	-3.132**	.241**	(七)56	.53	-2.343**	.156**
(七)17	.61	-5.105**	.321**	(七)37	.85	-5.328**	.269**	(七)57	.73	-4.598**	.246**
(七)18	.49	-.522**	.031	(七)38	.47	-2.818**	.167**	(七)58	.64	-7.421**	.354**
(七)19	.64	-4.497**	.276**	(七)39	.86	-3.054**	.216**	(七)59	.82	-3.648**	.236**
(七)20	.90	-6.356**	.354**	(七)40	.41	1.121	-.039	(七)60	.79	-7.203**	.401**

注：**表示 0.01 水平差异显著；*表示 0.05 水平差异显著。

B. 信度分析

为进一步考察上述区分度不显著的题目是否应该保留，进而采用内部一致性系数（α）和分半信度作为量表信度的指标，考察保留或删除相关题项时量表的信度，如表 1-3-17 所示。在常规型上，因删除第 29 题、删除第 40 题或同时删除两题均使得分量表的内部一致性系数和分半信度降低，因此，保留常规型的第 29 题和第 40 题。在研究型上，删除第 30 题使得分量表的内部一致性系数和分半系数升高，但为保持问卷结构的完整性，对此题进行修改。在社会型上，因删除第 1 题、删除第 27 题或同时删除两题均使得分量表的内部一致性系数和分半信度降低，因此，保留社会型的第 1 题和第 27 题。

表 1-3-17　听力残疾人职业兴趣初测测验的内部一致性系数和分半信度表

维度	α 系数	分半信度	备注
常规型	.500	.490	不删除
	.422	.342	删除第 29 题
	.201	.177	删除第 40 题
	.143	.127	删除两道题

(续表)

维度	α系数	分半信度	备注
研究型	.530	.521	不删除
	.570	.536	删除第30题
社会型	.540	.527	不删除
	.476	.366	删除第1题
	.438	.339	删除第27题
	.478	.314	删除两道题

C. 效度分析

除艺术型与现实型、社会型与常规型、社会型与现实型、研究型与常规型、艺术型和社会型因子外，听力残疾人职业兴趣测验其余各因素间及总量表之间的相关都达到了显著水平；各个因素之间的相关大部分在0.1~0.4之间，存在中低等程度的相关；各个因素与总分之间的相关均达到0.01水平上的显著相关，在0.4~0.8之间，存在较高程度的相关。结构效度分析符合心理测量学的数据要求（见表1-3-18）。

表1-3-18 听力残疾人职业兴趣初测测验的因素相关矩阵

	常规型	现实型	研究型	企业型	社会型	艺术型	总量表
常规型	1						
现实型	.141*	1					
研究型	0.086	.135*	1				
企业型	.133*	.144**	.313**	1			
社会型	-0.014	0.043	.178**	.130*	1		
艺术型	.147**	0.043	.111	.203**	-0.067	1	
总量表	.460**	.559**	.604**	.725**	.491**	.527**	1

注：** 表示0.01水平差异显著；* 表示0.05水平差异显著。

(3) 言语残疾人职业适应性量表初测结果

① 言语残疾人职业能力测验

A. 项目分析

根据初测样本的数据，统计出量表61题的难度和区分度，如表1-3-19所示。全量表的难度值分布在0.35~0.97之间，均值为0.62，总体而言题项的难度值适宜。采用题目总分相关法和极端组比较法计算各项目的区分度，获得相关系数和t值这两个指标值，不存在两项指标不显著的题项。因此，说明量表题目具有良好的区分度。

表1-3-19 言语残疾人职业能力初测测验项目区分度

项目	难度	t	题总相关系数	项目	难度	t	题总相关系数	项目	难度	t	题总相关系数
(一)1	.69	-2.110*	.301*	(一)22	.69	-5.701**	.301*	(三)5	.63	-6.904**	.659**
(一)2	.62	-2.419*	.349*	(一)23	.75	-4.837**	.349*	(三)6	.42	-3.551**	.373*
(一)3	.54	-2.954**	.328*	(一)24	.54	-5.204**	.328*	(三)7	.44	-3.038**	.423**
(一)4	.52	-8.832**	.629**	(一)25	.75	-4.457**	.629**	(三)8	.63	-3.787**	.344*
(一)5	.73	-3.787**	.607**	(一)26	.81	-4.837**	.607**	(三)9	.35	-3.787**	.424**

(续表)

项目	难度	t	题总相关系数	项目	难度	t	题总相关系数	项目	难度	t	题总相关系数
(一)6	.52	-.374*	-0.083*	(一)27	.75	-4.163**	-0.083	(三)10	.46	-4.298**	.493**
(一)7	.37	-3.232**	.389**	(一)28	.40	-2.550**	.389**	(四)1	.96	-3.857**	.666**
(一)8	.56	-6.520**	.558**	(二)1	.48	-1.955*	.558**	(四)2	.97	-4.979**	.710**
(一)9	.35	-4.457**	.419**	(二)2	.77	-5.701**	.419**	(四)3	.83	-8.409**	.804**
(一)10	.63	-6.904**	.604**	(二)3	.73	-6.904**	.604**	(五)1	.92	-2.280*	.594**
(一)11	.38	-2.747*	.338*	(二)4	.73	-5.701**	.338*	(五)2	.87	-3.122**	.463**
(一)12	.50	-2.954**	.477**	(二)5	.44	-2.954**	.477**	(五)3	.77	-5.701**	.739**
(一)13	.63	-6.904**	.575**	(二)6	.35	-1.593*	.575**	(五)4	.81	-4.837**	.732**
(一)14	.37	-.422*	0.159*	(二)7	.62	-4.298**	0.159	(五)5	.62	-5.204**	.591**
(一)15	.46	-5.316**	.543**	(二)8	.48	-3.606**	.543**	(五)6	.81	-3.787**	.710**
(一)16	.83	-3.606**	.647**	(二)9	.71	-2.110*	.647**	(五)7	.54	-6.520**	.613**
(一)17	.65	-1.202*	0.241*	(二)10	.69	-4.457**	0.241	(五)8	.46	-3.787**	.503**
(一)18	.67	-5.701**	.600**	(三)1	.58	-1.955*	.600**	(五)9	.48	-5.204**	.514**
(一)19	.52	-2.954**	.358**	(三)2	.71	-5.701**	.358**	(五)10	.75	-5.701**	.714**
(一)20	.38	-1.593**	.325*	(三)3	.62	-3.551**	.325*				
(一)21	.75	-4.837**	.645**	(三)4	.75	-4.457**	.645**				

注:** 表示 0.01 水平差异显著;* 表示 0.05 水平差异显著。

B. 信度分析

言语残疾人职业能力初测测验的 α 总体系数为 0.811,分半信度为 0.831。各量表的 α 系数为 0.75~0.95 之间,各量表的分半信度为 0.65~0.90 之间。总体和五个因素的信度系数均较高,说明了本测验具有较高的信度,作为言语残疾人职业能力的测量工具是稳定可信的(见表 1-3-20)。

表 1-3-20 言语残疾人职业能力初测测验的内部一致性系数和分半信度表

因素	α 系数	分半信度
因素一:言语能力	.899	.850
因素二:数理能力	.766	.788
因素三:空间关系	.752	.655
因素四:符号知觉	.910	.872
因素五:形状知觉	.860	.891
总量表	.811	.831

C. 效度分析

言语残疾人职业能力测验五个因素之间相关都在 0.01 水平上,达到了显著差异;各个因素之间的相关大部分在 0.5~0.8 之间,存在中等程度的相关;各个因素与总分之间的相关在 0.75~0.95 之间,存在较高程度的相关。结构效度分析符合心理测量学的数据要求(见表 1-3-21)。

表1-3-21 言语残疾人职业能力初测测验的因素相关矩阵

	言语能力	数理能力	空间关系	符号知觉	形状知觉	总量表
言语能力	1					
数理能力	.773**	1				
空间关系	.733**	.777**	1			
符号知觉	.617**	.621**	.569**	1		
形状知觉	.786**	.799**	.775**	.622**	1	
总量表	.888**	.906**	.879**	.790**	.911**	1

注:**表示0.01水平差异显著;*表示0.05水平差异显著。

②言语残疾人职业人格测验

A.项目分析

根据初测样本的数据,统计出96个项目的难度和区分度,如表1-3-22所示。全测验的难度值分布在0.22~0.94之间,均值0.64,总体而言题项的难度值适宜。采用题目总分相关法和极端组比较法计算各项目的区分度,获得相关系数和t值这两个指标值,不存在两个指标值均不显著的题项。说明本测验各项目区分度良好。

表1-3-22 言语残疾人职业人格初测测验项目区分度

项目	难度	t	题总相关系数	项目	难度	t	题总相关系数	项目	难度	t	题总相关系数
(六)1	.90	−1.871*	.373**	(六)33	.40	−1.713**	.262**	(六)65	.86	−.072**	.045**
(六)2	.78	−.698**	.254	(六)34	.54	−2.141**	.272**	(六)66	.76	−.111**	.218**
(六)3	.78	−2.256**	.297	(六)35	.44	−1.713**	.215**	(六)67	.22	−.994**	.238
(六)4	.64	−1.301**	.204	(六)36	.50	−.173**	.141**	(六)68	.38	−2.601**	.375**
(六)5	.62	−2.223**	.383**	(六)37	.76	−3.500**	.449**	(六)69	.46	−1.349**	.22**
(六)6	.70	−3.054**	.454**	(六)38	.68	−6.205**	.578**	(六)70	.86	−1.414**	.371**
(六)7	.60	−4.110**	.438**	(六)39	.64	−2.368**	.238**	(六)71	.94	−1.871**	.407**
(六)8	.52	−2.122**	.261**	(六)40	.70	−2.368**	.386**	(六)72	.88	−.394**	.171**
(六)9	.72	−3.054**	.387**	(六)41	.50	−3.294**	.319**	(六)73	.88	−1.871**	.176**
(六)10	.34	−1.794**	.25**	(六)42	.52	−3.294**	.379**	(六)74	.82	−1.808**	.418**
(六)11	.72	−4.000**	.355**	(六)43	.82	−3.055**	.418**	(六)75	.64	−.986**	.204
(六)12	.62	−2.368**	.332*	(六)44	.88	−2.256**	.373**	(六)76	.58	−1.301**	.248
(六)13	.42	−2.613**	.325*	(六)45	.54	−2.122**	.375**	(六)77	.72	−.803**	.11*
(六)14	.70	−1.820**	.332*	(六)46	.52	−1.280**	.300*	(六)78	.70	−2.368**	.432**
(六)15	.26	1.440**	−.192**	(六)47	.72	−1.440**	.351**	(六)79	.88	−2.256**	.297
(六)16	.82	−1.808**	.23**	(六)48	.64	−2.652**	.402**	(六)80	.76	−2.203**	.314**
(六)17	.58	−3.544**	.357**	(六)49	.62	−2.368**	.379**	(六)81	.84	−.803**	.229**
(六)18	.86	−2.256**	.201**	(六)50	.62	−2.601**	.464**	(六)82	.60	−1.963**	.224**
(六)19	.68	−2.368**	.289**	(六)51	.44	−2.122**	.278**	(六)83	.78	−.803**	.202**
(六)20	.34	−.512**	.035*	(六)52	.64	−1.349**	.330*	(六)84	.38	−2.662**	.311**
(六)21	.48	−1.691**	.268**	(六)53	.60	−3.155**	.412**	(六)85	.56	−3.294**	.460**

(续表)

项目	难度	t	题总相关系数	项目	难度	t	题总相关系数	项目	难度	t	题总相关系数
(六)22	.58	-2.613**	.374**	(六)54	.70	-1.963**	.314*	(六)86	.54	-.199**	.075*
(六)23	.44	.230**	-.033*	(六)55	.24	-.803**	.068**	(六)87	.26	1.071**	.203*
(六)24	.44	-2.652**	.274**	(六)56	.68	-1.820**	.318*	(六)88	.68	-3.544**	.497**
(六)25	.94	-1.871**	.428**	(六)57	.50	-2.601**	.328*	(六)89	.42	-.904**	.191*
(六)26	.90	-2.256**	.581**	(六)58	.66	-1.314**	.111**	(六)90	.78	-1.808**	.206*
(六)27	.56	-5.667**	.493**	(六)59	.80	-3.054**	.609**	(六)91	.80	-1.808**	.301*
(六)28	.34	-.510**	.084	(六)60	.84	-.803**	.157**	(六)92	.74	-3.054**	.432**
(六)29	.82	-3.055**	.379**	(六)61	.46	-4.530**	.571**	(六)93	.54	-.151**	.118*
(六)30	.78	-3.500**	.504**	(六)62	.84	-1.808**	.341*	(六)94	.80	-2.203**	.412**
(六)31	.80	-1.578**	.396**	(六)63	.90	-1.871**	.373**	(六)95	.64	-1.729**	.351*
(六)32	.68	-2.613**	.282*	(六)64	.36	-.892**	.138**	(六)96	.88	-2.646**	.489**

注：** 表示0.01水平差异显著；* 表示0.05水平差异显著。

B. 信度分析

言语残疾人职业人格初测测验的总体α系数为0.881，分半信度为0.813。各量表的α系数为0.30～0.80之间，各量表的分半信度为0.35～0.80之间。总体和八个因素的信度系数均较高，说明了本测验具有较高的信度，作为言语残疾人职业人格的测量工具是稳定可信的(见表1-3-23)。

表1-3-23 言语残疾人职业人格初测测验的同质信度和分半信度

因素	α系数	分半信度
坚持性	.564	.489
严谨性	.580	.442
情绪稳定性	.710	.782
自信心	.587	.599
责任心	.654	.628
交际能力	.349	.350
管理能力	.788	.796
抗挫折能力	.581	.598
总量表	.881	.813

C. 效度分析

除交际能力、管理能力与坚持性、情绪稳定性、抗挫折能力，抗挫折能力与自信心之间未存在显著相关之外，言语残疾人职业人格初测测验其余因素之间相关都在0.01水平上达到了显著差异；各个因素之间的相关大部分在0.3～0.7之间，存在中等程度的相关；各个因素与总分之间的相关在0.5～0.9之间，存在较高程度的相关。结构效度分析符合心理测量学的数据要求(见表1-3-24)。

表 1-3-24　言语残疾人职业人格初测测验的因素相关矩阵

	坚持性	严谨性	情绪稳定性	自信心	责任心	交际能力	管理能力	抗挫折能力
坚持性	1							
严谨性	.365**	1						
情绪稳定性	.567**	0.213	1					
自信心	.363**	.326*	−0.026	1				
责任心	.685**	.443**	.378**	.549**	1			
交际能力	0.157	.440**	0.136	.315*	.324*	1		
管理能力	0.256	.446**	−0.113	.567**	.453**	.531**	1	
抗挫折能力	.646**	.344	.655**	0.199	.593**	0.247	0.207	1
总量表	.766**	.661**	.563**	.582**	.823**	.571**	.618**	.748**

注：**表示0.01水平差异显著；*表示0.05水平差异显著。

③言语残疾人职业兴趣测验

A. 项目分析

根据初测样本的数据,统计出60个项目的难度和区分度,如表1-3-25所示。全测验的难度值分布在0.11~0.87之间,均值0.57,总体而言题项的难度值适宜。采用题目总分相关法和极端组比较法计算各项目的区分度,获得相关系数和t值这两个指标值,不存在两指标值均不显著的题项。

表 1-3-25　言语残疾人职业兴趣初测测验项目区分度

项目	难度	t	题总相关系数	项目	难度	t	题总相关系数	项目	难度	t	题总相关系数
(七)1	.11	.640*	−.134**	(七)21	.38	−1.350**	.180**	(七)41	.80	−1.767**	.199**
(七)2	.87	−.640**	.080**	(七)22	.84	−2.204**	.399**	(七)42	.80	−2.915**	.452**
(七)3	.47	−1.497**	.232**	(七)23	.62	−.884**	.214**	(七)43	.87	−1.062**	.252**
(七)4	.60	−3.223**	.436**	(七)24	.51	−1.029**	.206**	(七)44	.51	−2.366**	.245**
(七)5	.38	.145**	−.118**	(七)25	.62	−1.686**	.238**	(七)45	.64	−.473**	.126**
(七)6	.82	−3.289**	.492**	(七)26	.76	−2.557**	.288**	(七)46	.29	−.170**	.137**
(七)7	.84	−1.062**	.087**	(七)27	.18	−1.820**	.222**	(七)47	.64	−2.112**	.142**
(七)8	.29	−.315**	.172**	(七)28	.84	−1.420**	.367**	(七)48	.31	1.362**	−.195**
(七)9	.36	.772**	−.102**	(七)29	.58	.727**	.023**	(七)49	.80	−1.420**	.287**
(七)10	.40	−3.123**	.439**	(七)30	.73	−.473*	.158**	(七)50	.56	−5.309**	.621**
(七)11	.80	−2.557**	.365*	(七)31	.24	−.170**	.030**	(七)51	.80	−4.123**	.608**
(七)12	.42	.145**	.016**	(七)32	.44	−.147**	−.032**	(七)52	.49	−1.350**	.246**
(七)13	.80	−2.112**	.423**	(七)33	.42	.299**	−.039**	(七)53	.36	−2.204**	.273**
(七)14	.51	−2.204**	.378**	(七)34	.64	−2.360**	.322*	(七)54	.73	−2.465**	.237**
(七)15	.18	2.915**	−.339*	(七)35	.67	−1.403**	.317**	(七)55	.62	−1.067**	.094**
(七)16	.22	.473**	−.108**	(七)36	.47	−.585**	.264**	(七)56	.56	−2.725**	.283**
(七)17	.53	−.585**	.151**	(七)37	.78	−1.040**	.249**	(七)57	.76	−1.420**	.124**
(七)18	.38	−1.833**	.196**	(七)38	.36	−1.532**	.249**	(七)58	.62	−1.686**	.174**
(七)19	.49	−2.770**	.301*	(七)39	.87	−2.915**	.447**	(七)59	.71	−4.610**	.508**
(七)20	.73	−1.362**	.290**	(七)40	.33	−1.041**	.212**	(七)60	.80	−2.112**	.452**

注：**表示0.01水平差异显著；*表示0.05水平差异显著。

B. 信度分析

言语残疾人职业兴趣测验的总体 α 系数为 0.637,分半信度为 0.671。各分量表的 α 系数在 0.40~0.60 之间,各量表的分半信度为 0.20~0.60 之间。总体和 6 个因素的信度系数均较高,说明了本测验具有较高的信度,作为言语残疾人职业兴趣的测量工具是稳定可信的(见表 1-3-26)。

表 1-3-26 言语残疾人职业人格测验的同质信度和分半信度

因素	α 系数	分半信度
常规型	.520	.503
现实型	.434	.474
研究型	.379	.324
企业型	.518	.436
社会型	.249	.241
艺术型	.437	.567
总量表	.637	.671

C. 效度分析

除研究型与社会型、艺术型因子无显著相关外,言语残疾人职业兴趣测验其余各因素间及总量表之间的相关都达到了显著水平;各个因素之间的相关大部分在 0.3~0.5 之间,存在中低等程度的相关;各个因素与总分之间的相关均达到 0.01 水平上的显著相关,在 0.4~0.7 之间,存在较高程度的相关。结构效度分析符合心理测量学的数据要求(见表 1-3-27)。

表 1-3-27 言语残疾人职业兴趣初测测验的因素相关矩阵

	常规型	现实型	研究型	企业型	社会型	艺术型	总量表
常规型	1						
现实型	.422*	1					
研究型	.346*	.330*	1				
企业型	.301*	.357*	.400**	1			
社会型	.404*	.250*	.045	.367**	1		
艺术型	.490**	.275*	.029	.359**	.385**	1	
总量表	.583**	.605**	.577**	.643**	.442**	.568**	1

注:** 表示 0.01 水平差异显著;* 表示 0.05 水平差异显著。

2. 量表技术参数

本量表的技术参数取自于北京市、上海市和广州市 4000 多名残疾人样本。在样本容量的确定方面,按照置信水平和允许误差可以计算出不同的样本容量。

表 1-3-28 不同置信水平和允许误差所需的样本容量

允许误差	置信水平	
	95%	99%
1%	9604	16589
2%	2401	4147
3%	1067	1849
4%	600	1037
5%	384	663

一般来说,样本越大,越接近总体,抽样的误差也越小。由于残疾人分散住居、集中较难,结合本次调查现有的人力、物力、财力以及时间等因素选择适合的样本容量,对肢体残疾人和听力残疾人选取在99%的置信区间和3%的最大允许误差下的最小样本容量,各为1849人。为了适当提高估计的精度,决定抽取肢体残疾人和听力残疾人样本各2000人。由于言语残疾是2006年全国第二次残疾人抽样调查从原来的听力言语残疾新分出来的一类残疾类型,一些残疾人尚未更换新的残疾人证,对自己的残疾类型划分不太确定,另一方面,言语残疾人人数较少,因此,选取在95%的置信区间和5%的最大允许误差下的最小样本容量,为384人,为了适当提高估计的精度,决定抽取语言残疾人样本430人。本次样本分为15岁~29岁、30岁~39岁、40岁~49岁、50岁~59岁(女性为54岁)四个年龄段,从发展眼光考虑,年轻人的比例大,故各年龄段的比例为4:3:2:1;男女比例的确定是参考第二次全国残疾人抽样调查各地方各年龄段的性别比。

(1)肢体残疾人职业适应性量表

①肢体残疾人职业能力测验

A. 项目分析

采用了高低分组,检验两组的差异显著性。结果显示,除个别项目外,其他各项目的 t 值均达显著性。整体来讲,组成测验的项目的鉴别性较高。根据测验结果进行项目分析,以项目的分数与校标分数的相关为指标,采用 SPSS 系统中的皮尔逊相关系数处理,结果显示所有项目的区分度指数都在0.01水平上显著,说明本测验各项目区分度良好(见表1-3-29)。

表1-3-29 肢体残疾人职业能力测验项目区分度

项目	t	区分度	项目	t	区分度	项目	t	区分度
(一)1	-15.37**	0.39**	(二)1	-24.68**	0.47**	(四)10	-29.81**	0.64**
(一)2	-1.43	0.03**	(二)2	-13.25**	0.41**	(四)11	-29.42**	0.59**
(一)3	-8.23**	0.25**	(二)3	-22.10**	0.53**	(四)12	-30.62**	0.65**
(一)4	-11.25**	0.27**	(二)4	-22.62**	0.49**	(四)13	-32.19**	0.65**
(一)5	-12.55**	0.29**	(二)5	-26.52**	0.51**	(四)14	-28.05**	0.57**
(一)6	-3.07**	0.09**	(二)6	-16.44**	0.36**	(四)15	-34.94**	0.67**
(一)7	-22.54**	0.46**	(二)7	-25.12**	0.49**	(四)16	-29.93**	0.59**
(一)8	-20.55**	0.42**	(二)8	-24.29**	0.49**	(四)17	-37.09**	0.66**
(一)9	-11.43**	0.18**	(二)9	-29.00**	0.53**	(四)18	-38.27**	0.62**
(一)10	-18.65**	0.38**	(二)10	-13.90**	0.39**	(四)19	-45.14**	0.67**
(一)11	-16.51**	0.35**	(三)1	-20.37**	0.43**	(四)20	-46.07**	0.68**
(一)12	-26.77**	0.55**	(三)2	-13.11**	0.32**	(四)21	-45.75**	0.69**
(一)13	-6.37**	0.13**	(三)3	-16.98**	0.38**	(四)22	-38.98**	0.63**
(一)14	-10.26**	0.28**	(三)4	-21.37**	0.45**	(四)23	-28.39**	0.60**
(一)15	-23.02**	0.57**	(三)5	-19.87**	0.46**	(四)24	-48.11**	0.70**
(一)16	-23.42**	0.57**	(三)6	-13.43**	0.31**	(五)1	-15.24**	0.37**
(一)17	-25.95**	0.60**	(三)7	-21.35**	0.44**	(五)2	-15.17**	0.43**
(一)18	-24.11**	0.56**	(三)8	-22.29**	0.46**	(五)3	-20.19**	0.42**
(一)19	-35.18**	0.57**	(三)9	-27.23**	0.50**	(五)4	-17.05**	0.44**
(一)20	-34.46**	0.58**	(三)10	-21.69**	0.43**	(五)5	-24.54**	0.48**
(一)21	-4.88**	0.13**	(四)1	-19.97**	0.47**	(五)6	-18.40**	0.46**

(续表)

项目	t	区分度	项目	t	区分度	项目	t	区分度
(一)22	-17.34**	0.38**	(四)2	-4.03**	0.09**	(五)7	-9.68**	0.23**
(一)23	-7.81**	0.17**	(四)3	-7.56**	0.15**	(五)8	-18.65**	0.39**
(一)24	-3.27**	0.10**	(四)4	-4.01**	0.07**	(五)9	-10.54**	0.24**
(一)25	-21.39**	0.42**	(四)5	-11.78**	0.33**	(五)10	-19.25**	0.43**
(一)26	-27.10**	0.51**	(四)6	-16.96**	0.28**			
(一)27	-15.74**	0.36**	(四)7	-30.85**	0.60**			
(一)28	-11.72**	0.28**	(四)8	-29.17**	0.57**			
(一)29	-20.08**	0.42**	(四)9	-9.88**	0.31**			

注:** 表示0.01水平差异显著;* 表示0.05水平差异显著。

B. 信度分析

肢体残疾人职业能力测验的信度,采用经典测量理论中常见的反映题目一致性的同质信度(Cronbach, α系数)和反映题目取样误差影响的分半信度作为指标。其结果表明信度系数符合心理测量学的要求,总体α系数为0.9390、分半信度为0.8611。各量表的α系数为0.6532~0.9236之间,各量表的分半信度为0.5936~0.7798之间。总体和五个因素的信度系数均较高,说明了本测验具有较高的信度,作为肢体残疾人职业能力的测量工具是稳定可信的(见表1-3-30)。

表1-3-30 肢体残疾人职业能力测验的同质信度和分半信度

因素	α系数	分半信度
因素一:言语能力	0.8029	0.7272
因素二:数理能力	0.7374	0.7208
因素三:空间关系	0.6869	0.6504
因素四:符号知觉	0.9236	0.7798
因素五:形状知觉	0.6532	0.5936
总量表	0.9390	0.8611

C. 效度分析

肢体残疾人职业能力测验五个因素之间相关都在0.01水平上,达到了显著差异;各个因素之间的相关大部分在0.5~0.7之间,存在中等程度的相关;各个因素与总分之间的相关在0.7~0.9之间,存在较高程度的相关。结构效度分析符合心理测量学的数据要求(见表1-3-31)。

表1-3-31 肢体残疾人职业能力测验的因素相关矩阵

	言语能力	数理能力	空间关系	符号知觉	形状知觉	总量表
言语能力	1					
数理能力	.637**	1				
空间关系	.581**	.651**	1			
符号知觉	.621**	.579**	.540**	1		
形状知觉	.509**	.563**	.568**	.546**	1	
总量表	.809**	.845**	.818**	.825**	.774**	1

注:** 表示0.01水平差异显著;* 表示0.05水平差异显著。

②肢体残疾人职业人格测验

A.项目分析

采用了高低分组,检验两组的差异显著性。结果表明,本测验各项目的t值均达显著性。即组成测验的项目的鉴别性较高。根据测验结果进行项目分析难度,以项目的分数与校标分数的相关为指标,在SPSS中采用皮尔逊相关系数处理,结果显示,所有项目的区分度指数都在.01水平上显著,说明本测验各项目区分度良好(见表1-3-32)。

表1-3-32 肢体残疾人职业人格测验项目区分度

项目	t	区分度	项目	t	区分度	项目	t	区分度
(六)1	-8.78**	0.27**	(六)33	-23.02**	0.47**	(六)65	-15.09**	0.41**
(六)2	-8.45**	0.23**	(六)34	-23.63**	0.46**	(六)66	-11.18**	0.27**
(六)3	-12.67**	0.32**	(六)35	-13.18**	0.31**	(六)67	-11.91**	0.29**
(六)4	-18.32**	0.43**	(六)36	-9.85**	0.26**	(六)68	-21.02**	0.45**
(六)5	-20.28**	0.42**	(六)37	-12.79**	0.37**	(六)69	-7.32**	0.21**
(六)6	-13.57**	0.37**	(六)38	-26.03**	0.51**	(六)70	-13.94**	0.43**
(六)7	-27.15**	0.50**	(六)39	-10.97**	0.31**	(六)71	-10.93**	0.37**
(六)8	-8.91**	0.24**	(六)40	-14.16**	0.39**	(六)72	-10.48**	0.35**
(六)9	-18.06**	0.45**	(六)41	-12.84**	0.32**	(六)73	-13.25**	0.39**
(六)10	-8.41**	0.22**	(六)42	-26.68**	0.49**	(六)74	-13.13**	0.39**
(六)11	-18.73**	0.40**	(六)43	-11.72**	0.36**	(六)75	-8.14**	0.21**
(六)12	-6.87**	0.18**	(六)44	-13.84**	0.41**	(六)76	-23.79**	0.48**
(六)13	-23.28**	0.45**	(六)45	-23.48**	0.53**	(六)77	-18.39**	0.44**
(六)14	-6.21**	0.17**	(六)46	-25.12**	0.48**	(六)78	-24.15**	0.52**
(六)15	-6.69**	0.19**	(六)47	-16.09**	0.44**	(六)79	-11.09**	0.31**
(六)16	-9.16**	0.24**	(六)48	-16.10**	0.37**	(六)80	-13.66**	0.35**
(六)17	-0.07	0.01**	(六)49	-17.22**	0.38**	(六)81	-10.39**	0.29**
(六)18	-14.39**	0.38**	(六)50	-25.21**	0.51**	(六)82	-13.67**	0.34**
(六)19	-20.12**	0.46**	(六)51	-14.71**	0.33**	(六)83	-10.94**	0.32**
(六)20	-10.12**	0.26**	(六)52	-15.42**	0.36**	(六)84	-15.35**	0.35**
(六)21	-19.72**	0.42**	(六)53	-25.34**	0.51**	(六)85	-31.78**	0.59**
(六)22	-23.03**	0.50**	(六)54	-13.43**	0.35**	(六)86	-2.08*	0.06**
(六)23	-18.14**	0.40**	(六)55	-5.02**	0.16**	(六)87	-17.31**	0.37**
(六)24	-25.27**	0.50**	(六)56	-20.33**	0.46**	(六)88	-13.80**	0.35**
(六)25	-10.03**	0.31**	(六)57	-19.69**	0.40**	(六)89	-7.42**	0.17**
(六)26	-11.94**	0.35**	(六)58	-10.17**	0.28**	(六)90	-12.91**	0.32**
(六)27	-24.27**	0.50**	(六)59	-14.48**	0.41**	(六)91	-8.24**	0.23**
(六)28	-21.11**	0.44**	(六)60	-13.56**	0.40**	(六)92	-12.34**	0.30**
(六)29	-13.37**	0.38**	(六)61	-24.00**	0.49**	(六)93	-9.12**	0.22**
(六)30	-14.19**	0.38**	(六)62	-13.33**	0.41**	(六)94	-13.61**	0.40**
(六)31	-13.51**	0.42**	(六)63	-11.55**	0.36**	(六)95	-17.99**	0.39**
(六)32	-11.30**	0.31**	(六)64	-20.22**	0.42**	(六)96	-12.55**	0.38**

注:**表示0.01水平差异显著;*表示0.05水平差异显著。

B. 信度分析

肢体残疾人职业人格测验的总体 α 系数为 0.9280，分半信度为 0.8880。各量表的 α 系数为 0.50~0.90 之间，各量表的分半信度为 0.50~0.80 之间。总体和八个因素的信度系数均较高，说明了本测验具有较高的信度，作为肢体残疾人职业人格的测量工具是稳定可信的（见表 1-3-33）。

表 1-3-33 肢体残疾人职业人格测验的同质信度和分半信度

因素	α 系数	分半信度
坚持性	0.7651	0.6913
严谨性	0.6060	0.5132
情绪稳定性	0.8062	0.7795
自信心	0.5702	0.5142
责任心	0.6913	0.6594
交际能力	0.6493	0.6309
管理能力	0.7115	0.6844
抗挫折能力	0.7010	0.6694
总量表	0.9280	0.8880

C. 效度分析

肢体残疾人职业人格测验八个因素之间相关都在 0.01 水平上，达到了显著差异；各个因素之间的相关大部分在 0.1~0.7 之间，存在中等程度的相关；各个因素与总分之间的相关在 0.6~0.9 之间，存在较高程度的相关。结构效度分析符合心理测量学的数据要求（见表 1-3-34）。

表 1-3-34 肢体残疾人职业人格测验的因素相关矩阵

	坚持性	严谨性	情绪稳定性	自信心	责任心	交际能力	管理能力	抗挫折能力	总量表
坚持性	1								
严谨性	.601**	1							
情绪稳定性	.658**	.433**							
自信心	.393**	.438**	.311**	1					
责任心	.703**	.609**	.451**	.478**	1				
交际能力	.407**	.392**	.304**	.493**	.446**	1			
管理能力	.393**	.509**	.176**	.517**	.563**	.532**	1		
抗挫折能力	.701**	.508**	.740**	.383**	.551**	.403**	.307**	1	
总量表	.839**	.748**	.731**	.657**	.801**	.662**	.647**	.801**	1

注：** 表示 0.01 水平差异显著；* 表示 0.05 水平差异显著。

③肢体残疾人职业兴趣测验

A. 项目分析

采用了高低分组，检验两组的差异显著性，结果表明，该量表大部分项目的 t 值均达显著性。整体来讲，组成测验的项目的鉴别性较高。根据测验结果进行项目分析，以项目的分数与校标分数的相关为指标，在 SPSS 中采用皮尔逊相关系数处理，结果显示，仅有两个项目（占总项目数的 3%）的目的区分度指数未达到显著，说明本测验各项目区分度良好（见表 1-3-35）。

表 1-3-35　肢体残疾人职业兴趣测验项目区分度

项目	t	区分度	项目	t	区分度	项目	t	区分度
（七）1	0.84	-0.03	（七）21	-10.46**	0.29**	（七）41	-7.94**	0.20**
（七）2	-2.23**	0.06**	（七）22	-15.65**	0.37**	（七）42	-15.16**	0.33**
（七）3	-13.04**	0.32**	（七）23	-16.09**	0.39**	（七）43	-8.18**	0.22**
（七）4	-10.71**	0.26**	（七）24	-12.97**	0.30**	（七）44	-0.92	0.07**
（七）5	0.80**	-0.03	（七）25	-14.62**	0.36**	（七）45	-10.50**	0.27**
（七）6	-8.73**	0.24**	（七）26	-13.14**	0.31**	（七）46	-2.30**	0.06**
（七）7	-7.15**	0.18**	（七）27	-4.14**	0.12**	（七）47	-8.16**	0.22**
（七）8	-2.30**	0.06**	（七）28	-13.31**	0.34**	（七）48	4.42**	-0.10**
（七）9	-4.60**	0.12**	（七）29	-3.04**	0.07**	（七）49	-10.92**	0.30**
（七）10	-9.21**	0.23**	（七）30	-8.19**	0.23**	（七）50	-11.35**	0.30**
（七）11	-13.15**	0.30**	（七）31	-6.10**	0.16**	（七）51	-11.40**	0.34**
（七）12	-9.00**	0.25**	（七）32	6.99**	-0.15**	（七）52	-13.47**	0.31**
（七）13	-12.06**	0.31**	（七）33	0.81	0.01	（七）53	-13.52**	0.33**
（七）14	-8.81**	0.21**	（七）34	-6.06**	0.18**	（七）54	-8.05**	0.21**
（七）15	6.51**	-0.15**	（七）35	-15.33**	0.36**	（七）55	-8.99**	0.22**
（七）16	0.77	0.00**	（七）36	-2.00**	0.07**	（七）56	-10.32**	0.25**
（七）17	-9.65**	0.23**	（七）37	-13.06**	0.35**	（七）57	-12.97**	0.32**
（七）18	-13.51**	0.31**	（七）38	-3.35**	0.10**	（七）58	-17.44**	0.39**
（七）19	-8.53**	0.19**	（七）39	-4.94**	0.15**	（七）59	-14.10**	0.35**
（七）20	-17.57**	0.38**	（七）40	-5.05**	0.14**	（七）60	-14.55**	0.34**

注：** 表示 0.01 水平差异显著；* 表示 0.05 水平差异显著。

B. 信度分析

肢体残疾人职业兴趣测验的总体 α 系数为 0.8293，分半信度为 0.8207。各分量表的 α 系数在 0.60~0.80 之间，各量表的分半信度为 0.60~0.80 之间。总体和六个因素的信度系数均较高，说明了本测验具有较高的信度，作为肢体残疾人职业兴趣的测量工具是稳定可信的（见表 1-3-36）。

表 1-3-36　肢体残疾人职业兴趣测验的同质信度和分半信度

因素	α 系数	分半信度
常规型	0.6776	0.6890
现实型	0.6532	0.6715
研究型	0.7483	0.7343
企业型	0.7248	0.6459
社会型	0.6945	0.6523
艺术型	0.6991	0.6841
总量表	0.8293	0.8207

C. 效度分析

肢体残疾人职业兴趣测验六个因素之间相关都在 0.01 水平上，达到了显著差异；各个因素之间的相关大部分在 0.3～0.6 之间,存在中等程度的相关;除艺术型因素外,其他各因素与总分之间的相关在 0.7～0.8 之间,存在较高程度的相关。结构效度分析符合心理测量学的数据要求(见表 1-3-37)。

表 1-3-37 肢体残疾人职业兴趣测验的因素相关矩阵

	常规型	现实型	研究型	企业型	社会型	艺术型	总量表
常规型	1						
现实型	.475**	1					
研究型	.472**	.499**	1				
企业型	.426**	.387**	.462**	1			
社会型	.426**	.475**	.482**	.470**	1		
艺术型	.215**	.244**	.257**	.406**	.249**	1	
总量表	.712**	.721**	.755**	.749**	.726**	.567**	1

注:** 表示 0.01 水平差异显著

(2)听力残疾人职业适应性量表
①听力残疾人职业能力测验
A.项目分析

采用了高低分组,检验两组的差异显著性,结果表明,该量表各项目的 t 值均达显著性。即组成测验的项目的鉴别性较高。根据测验结果进行项目分析难度,以项目的分数与校标分数的相关为指标,在 SPSS 中采用皮尔逊相关系数处理,结果显示,所有项目的区分度指数都在 0.01 水平上显著,说明本测验各项目区分度良好(见表 1-3-38)。

表 1-3-38 听力残疾人职业能力测验项目区分度

项目	t	区分度	项目	t	区分度	项目	t	区分度
(一)1	−23.532**	0.48**	(一)22	−26.01**	0.56**	(三)5	−24.614**	0.52**
(一)2	−14.784**	0.35**	(一)23	−20.588**	0.50**	(三)6	−21.086**	0.44**
(一)3	−23.081**	0.46**	(一)24	−28.701**	0.53**	(三)7	−17.543**	0.40**
(一)4	−25.513**	0.49**	(一)25	−28.41**	0.61**	(三)8	−18.498**	0.42**
(一)5	−24.335**	0.53**	(一)26	−23.534**	0.56**	(三)9	−16.597**	0.38**
(一)6	−12.306**	0.29**	(一)27	−19.539**	0.47**	(三)10	−18.081**	0.41**
(一)7	−17.304**	0.39**	(一)28	−10.968**	0.27**	(四)1	−26.052**	0.61**
(一)8	−23.81**	0.49**	(二)1	−20.583**	0.45**	(四)2	−28.929**	0.66**
(一)9	−15.83**	0.37**	(二)2	−25.476**	0.59**	(四)3	−38.708**	0.69**
(一)10	−24.088**	0.49**	(二)3	−37.522**	0.61**	(五)1	−11.597**	0.32**
(一)11	−14.998**	0.34**	(二)4	−31.363**	0.55**	(五)2	−16.695**	0.46**
(一)12	−21.473**	0.44**	(二)5	−18.37**	0.39**	(五)3	−27.127**	0.56**
(一)13	−27.526**	0.54**	(二)6	−2.349**	0.09**	(五)4	−18.897**	0.53**
(一)14	−16.266**	0.36**	(二)7	−29.664**	0.53**	(五)5	−20.438**	0.45**
(一)15	−19.547**	0.44**	(二)8	−28.145**	0.51**	(五)6	−20.028**	0.51**
(一)16	−21.048**	0.54**	(二)9	−29.662**	0.54**	(五)7	−11.399**	0.29**
(一)17	−17.312**	0.39**	(二)10	−30.523**	0.58**	(五)8	−21.289**	0.44**
(一)18	−29.317**	0.54**	(三)1	−16.991**	0.36**	(五)9	−11.418**	0.27**

(续表)

项目	t	区分度	项目	t	区分度	项目	t	区分度
(一)19	−14.81**	0.34**	(三)2	−23.727**	0.48**	(五)10	−22.465**	0.50**
(一)20	−15.904**	0.36**	(三)3	−16.694**	0.38**			
(一)21	−27.904**	0.58**	(三)4	−32.699**	0.57**			

注:** 表示0.01水平差异显著;* 表示0.05水平差异显著。

B. 信度分析

听力残疾人职业能力测验的总体α系数为0.7696,分半信度为0.8018。各量表的α系数为0.70~0.90之间,各量表的分半信度为0.65~0.85之间。总体和五个因素的信度系数均较高,说明了本测验具有较高的信度,作为听力残疾人职业能力的测量工具是稳定可信的(见表1-3-39)。

表1-3-39 听力残疾人职业能力测验的同质信度和分半信度

因素	α系数	分半信度
因素一:言语能力	0.8968	0.8015
因素二:数理能力	0.7616	0.7641
因素三:空间关系	0.7178	0.6898
因素四:符号知觉	0.8377	0.7795
因素五:形状知觉	0.7407	0.7136
总量表	0.7696	0.8018

C. 效度分析

听力残疾人职业能力测验五个因素之间相关都在0.01水平上,达到了显著差异;各个因素之间的相关大部分在0.5~0.7之间,存在中等程度的相关;各个因素与总分之间的相关在0.7~0.9之间,存在较高程度的相关。结构效度分析符合心理测量学的数据要求(见表1-3-40)。

表1-3-40 听力残疾人职业能力测验的因素相关矩阵

	言语能力	数理能力	空间关系	符号知觉	形状知觉	总量表
言语能力	1					
数理能力	.715**	1				
空间关系	.677**	.693**	1			
符号知觉	.558**	.543**	.479**	1		
形状知觉	.616**	.622**	.566**	.498**	1	
总量表	.862**	.870**	.828**	.760**	.794**	1

注:** 表示0.01水平差异显著;* 表示0.05水平差异显著。

②听力残疾人职业人格测验

A. 项目分析

采用了高低分组,检验两组的差异显著性,结果表明,该量表大多数项目(93个项目,总项目数的97%)的t值均达显著性。整体来讲,组成测验的项目的鉴别性较高。根据测验结果进行项目分析难度,以项目的分数与校标分数的相关为指标,在SPSS中采用皮尔逊相关系数处理,结果显示,所有项目的区分度指数都在0.01水平上显著,说明本测验各项目区分度良好(见表1-3-41)。

表 1-3-41　听力残疾人职业人格测验项目区分度

项目	t	区分度	项目	t	区分度	项目	t	区分度
(六)1	-8.16**	0.26**	(六)33	-14.03**	0.33**	(六)65	-14.16**	0.38**
(六)2	-8.40**	0.23**	(六)34	-16.83**	0.36**	(六)66	-9.28**	0.24**
(六)3	-13.06**	0.33**	(六)35	-11.69**	0.27**	(六)67	-3.62**	0.12**
(六)4	-14.19**	0.33**	(六)36	-5.63**	0.16**	(六)68	-12.02**	0.31**
(六)5	-15.35**	0.35**	(六)37	-12.99**	0.40**	(六)69	-7.67**	0.21**
(六)6	-14.33**	0.37**	(六)38	-17.66**	0.39**	(六)70	-13.23**	0.38**
(六)7	-15.60**	0.36**	(六)39	-11.35**	0.33**	(六)71	-12.36**	0.37**
(六)8	-10.25**	0.26**	(六)40	-19.23**	0.44**	(六)72	-12.37**	0.35**
(六)9	-16.42**	0.39**	(六)41	-12.07**	0.31**	(六)73	-13.16**	0.38**
(六)10	-4.41**	0.12**	(六)42	-17.77**	0.39**	(六)74	-14.05**	0.39**
(六)11	-15.54**	0.34**	(六)43	-16.49**	0.42**	(六)75	-4.66**	0.15**
(六)12	-8.61**	0.22**	(六)44	-15.41**	0.42**	(六)76	-11.62**	0.26**
(六)13	-13.52**	0.32**	(六)45	-18.83**	0.42**	(六)77	-16.57**	0.42**
(六)14	-7.78**	0.21**	(六)46	-13.82**	0.32**	(六)78	-17.22**	0.40**
(六)15	-2.08**	0.08**	(六)47	-16.19**	0.40**	(六)79	-10.52**	0.28**
(六)16	-10.56**	0.29**	(六)48	-13.60**	0.30**	(六)80	-12.59**	0.35**
(六)17	-5.20**	0.13**	(六)49	-12.44**	0.28**	(六)81	-13.06**	0.35**
(六)18	-9.88**	0.30**	(六)50	-17.70**	0.37**	(六)82	-11.11**	0.29**
(六)19	-13.93**	0.32**	(六)51	-11.09**	0.28**	(六)83	-9.43**	0.28**
(六)20	-8.52**	0.21**	(六)52	-10.29**	0.24**	(六)84	-10.40**	0.25**
(六)21	-9.73**	0.25**	(六)53	-15.65**	0.37**	(六)85	-26.08**	0.51**
(六)22	-17.06**	0.38**	(六)54	-12.04**	0.30**	(六)86	-0.64	0.04**
(六)23	-12.19**	0.28**	(六)55	-0.30	0.02**	(六)87	-7.64**	0.18**
(六)24	-17.08**	0.38**	(六)56	-17.89**	0.39**	(六)88	-12.71**	0.31**
(六)25	-9.11**	0.26**	(六)57	-17.27**	0.38**	(六)89	-1.51	0.04**
(六)26	-12.43**	0.38**	(六)58	-4.80**	0.14**	(六)90	-15.43**	0.36**
(六)27	-18.62**	0.40**	(六)59	-13.25**	0.36**	(六)91	-11.76**	0.31**
(六)28	-11.69**	0.28**	(六)60	-13.00**	0.36**	(六)92	-9.49**	0.26**
(六)29	-13.83**	0.33**	(六)61	-19.21**	0.39**	(六)93	-7.60**	0.18**
(六)30	-14.09**	0.40**	(六)62	-14.96**	0.38**	(六)94	-14.57**	0.39**
(六)31	-12.01**	0.33**	(六)63	-11.80**	0.36**	(六)95	-12.98**	0.28**
(六)32	-13.71**	0.33**	(六)64	-8.02**	0.20**	(六)96	-12.18**	0.35**

注：**表示0.01水平差异显著；*表示0.05水平差异显著。

B.信度分析

听力残疾人职业人格测验的总体α系数为0.9497，分半信度为0.9415。各量表的α系数为0.7~0.9之间，各量表的分半信度为0.6~0.9之间。总体和八个因素的信度系数均较高，说明了本测验具有较高的信度，作为听力残疾人职业人格的测量工具是稳定可信的(见表1-3-42)。

表1-3-42　听力残疾人职业人格测验的同质信度和分半信度

因素	α系数	分半信度
坚持性	0.7526	0.7663
严谨性	0.7176	0.6866
情绪稳定性	0.7827	0.7739
自信心	0.7040	0.7083
责任心	0.7936	0.7713
交际能力	0.7095	0.7364
管理能力	0.8423	0.8451
抗挫折能力	0.7170	0.6919
总量表	0.9497	0.9415

C. 效度分析

听力残疾人职业人格测验八个因素之间相关都在0.01水平上,达到了显著差异;各个因素之间的相关大部分在0.1~0.6之间,存在中等程度的相关;各个因素与总分之间的相关在0.6~0.8之间,存在较高程度的相关。结构效度分析符合心理测量学的数据要求(见表1-3-43)。

表1-3-43　听力残疾人职业人格测验的因素相关矩阵

	坚持性	严谨性	情绪稳定性	自信心	责任心	交际能力	管理能力	抗挫折能力	总量表
坚持性	1								
严谨性	.476**	1							
情绪稳定性	.530**	.274**	1						
自信心	.267**	.383**	.166**	1					
责任心	.583**	.572**	.304**	.411**	1				
交际能力	.278**	.341**	.193**	.442**	.406**	1			
管理能力	.307**	.498**	.134**	.519**	.551**	.513**	1		
抗挫折能力	.576**	.371**	.614**	.239**	.435**	.229**	.216**	1	
总量表	.757**	.707**	.601**	.610**	.776**	.594**	.655**	.701**	1

注:**表示0.01水平差异显著;*表示0.05水平差异显著。

③听力残疾人职业兴趣测验

A. 项目分析

采用了高低分组,检验两组的差异显著性,结果表明,除个别项目外,本测验大多数项目的t值均达显著性。整体来讲,组成测验的项目的鉴别性较高。根据测验结果进行项目分析难度,以项目的分数与校标分数的相关为指标,在SPSS中采用皮尔逊相关系数处理,结果显示,各项目的区分度指数都在0.01水平上显著,说明本测验各项目区分度良好(见表1-3-44)。

表1-3-44　听力残疾人职业兴趣测验项目区分度

项目	t	区分度	项目	t	区分度	项目	t	区分度
(七)1	-5.05**	0.16**	(七)21	-6.76**	0.22**	(七)41	-11.36**	0.35**
(七)2	-6.43**	0.21**	(七)22	-11.90**	0.36**	(七)42	-14.01**	0.42**
(七)3	-9.18**	0.29**	(七)23	-10.99**	0.34**	(七)43	-8.12**	0.26**

(续表)

项目	t	区分度	项目	t	区分度	项目	t	区分度
(七)4	-14.80**	0.44**	(七)24	-11.21**	0.35**	(七)44	3.12**	0.10**
(七)5	-2.17**	0.07**	(七)25	-9.51**	0.30**	(七)45	-3.84**	0.13**
(七)6	-10.17**	0.32**	(七)26	-9.71**	0.30**	(七)46	-3.33**	0.11**
(七)7	-8.98**	0.28**	(七)27	2.91**	0.10**	(七)47	-6.63**	0.21**
(七)8	-3.20**	0.11**	(七)28	-12.36**	0.37**	(七)48	-4.66**	0.15**
(七)9	-4.24**	0.14**	(七)29	-5.52**	0.18**	(七)49	-12.54**	0.38**
(七)10	-6.62**	0.21**	(七)30	-5.51**	0.18**	(七)50	-13.96**	0.42**
(七)11	-13.08**	0.39**	(七)31	-7.87**	0.25**	(七)51	-10.58**	0.33**
(七)12	-4.02**	0.13**	(七)32	-6.66**	0.21**	(七)52	-13.08**	0.40**
(七)13	-11.90**	0.36**	(七)33	-2.27**	0.07**	(七)53	-7.83**	0.25**
(七)14	-7.00**	0.22**	(七)34	-7.60**	0.24**	(七)54	-5.80**	0.19**
(七)15	-7.60**	0.24**	(七)35	-13.35**	0.40**	(七)55	-9.17**	0.29**
(七)16	-0.01**	0.00**	(七)36	-7.68**	0.25**	(七)56	-5.06**	0.16**
(七)17	-11.96**	0.37**	(七)37	-9.67**	0.30**	(七)57	-9.32**	0.29**
(七)18	-5.83**	0.19**	(七)38	-4.63**	0.15**	(七)58	-13.12**	0.40**
(七)19	-10.90**	0.34**	(七)39	-7.21**	0.23**	(七)59	-13.20**	0.40**
(七)20	-13.62**	0.41**	(七)40	1.63**	0.05**	(七)60	-13.93**	0.41**

注：**表示0.01水平差异显著；*表示0.05水平差异显著。

B. 信度分析

听力残疾人职业兴趣测验的总体α系数为0.8293，分半信度为0.8207。各分量表的α系数在0.60~0.80之间，各量表的分半信度为0.60~0.80之间。总体和六个因素的信度系数均较高，说明了本测验具有较高的信度，作为听力残疾人职业兴趣的测量工具是稳定可信的（见表1-3-45）。

表1-3-45 听力残疾人职业兴趣测验的同质信度和分半信度

因素	α系数	分半信度
常规型	0.5262	0.5227
现实型	0.5503	0.5444
研究型	0.5462	0.4739
企业型	0.5443	0.4698
社会型	0.5086	0.5037
艺术型	0.5583	0.5562
总量表	0.8548	0.8582

C. 效度分析

听力残疾人职业兴趣测验六个因素之间相关都在0.01水平上，达到了显著差异；各个因素之间的相关在0.2~0.6之间，存在中等程度的相关；各因素与总分之间的相关在0.6~0.8之间，存在中高程度的相关。结构效度分析符合心理测量学的数据要求（见表1-3-46）。

表1-3-46 听力残疾人职业兴趣测验的因素相关矩阵

	常规型	现实型	研究型	企业型	社会型	艺术型	总量表
常规型	1						
现实型	.550**	1					
研究型	.527**	.528**	1				
企业型	.515**	.519**	.550**	1			
社会型	.449**	.411**	.476**	.443**	1		
艺术型	.442**	.389**	.381**	.505**	.269**	1	
总量表	.781**	.761**	.778**	.793**	.666**	.681**	1

注：**表示0.01水平差异显著；*表示0.05水平差异显著。

(3) 言语残疾人职业适应性量表

①言语残疾人职业能力测验

A. 项目分析

采用了高低分组，检验两组的差异显著性，结果表明本测验所有项目的t值均达显著性。根据测验结果进行项目分析难度，以项目分数与校标分数的相关为指标，在SPSS中采用皮尔逊相关系数处理，结果显示，各项目区分度指数都在0.01水平上显著，说明本测验各项目区分度良好（见表1-3-47）。

表1-3-47 言语残疾人职业能力测验项目区分度

项目	t	区分度	项目	t	区分度	项目	t	区分度
(一)1	-7.89**	0.41**	(一)22	-10.20**	0.49**	(三)5	-8.09**	0.42**
(一)2	-7.47**	0.37**	(一)23	-10.89**	0.49**	(三)6	-6.95**	0.37**
(一)3	-7.74**	0.35**	(一)24	-18.85**	0.60**	(三)7	-9.23**	0.43**
(一)4	-11.98**	0.46**	(一)25	-14.89**	0.61**	(三)8	-10.41**	0.44**
(一)5	-7.98**	0.40**	(一)26	-11.70**	0.54**	(三)9	-9.16**	0.42**
(一)6	-7.21**	0.34**	(一)27	-10.00**	0.49**	(三)10	-9.22**	0.41**
(一)7	-6.90**	0.33**	(一)28	-7.87**	0.34**	(四)1	-14.35**	0.65**
(一)8	-8.89**	0.38**	(二)1	-12.25**	0.50**	(四)2	-15.62**	0.66**
(一)9	-5.47**	0.30**	(二)2	-12.32**	0.58**	(四)3	-22.44**	0.74**
(一)10	-8.77**	0.42**	(二)3	-15.09**	0.58**	(五)1	-7.40**	0.38**
(一)11	-7.67**	0.37**	(二)4	-14.98**	0.58**	(五)2	-7.92**	0.45**
(一)12	-12.73**	0.49**	(二)5	-9.38**	0.41**	(五)3	-13.45**	0.56**
(一)13	-8.69**	0.41**	(二)6	-2.59**	0.16**	(五)4	-8.90**	0.54**
(一)14	-5.30**	0.29**	(二)7	-15.75**	0.55**	(五)5	-11.58**	0.49**
(一)15	-7.83**	0.38**	(二)8	-12.77**	0.50**	(五)6	-9.75**	0.53**
(一)16	-9.95**	0.52**	(二)9	-14.28**	0.53**	(五)7	-5.08**	0.27**
(一)17	-7.92**	0.39**	(二)10	-16.67**	0.59**	(五)8	-8.93**	0.38**
(一)18	-11.34**	0.47**	(三)1	-6.82**	0.32**	(五)9	-5.20**	0.27**
(一)19	-5.47**	0.30**	(三)2	-10.91**	0.47**	(五)10	-10.70**	0.50**
(一)20	-8.35**	0.37**	(三)3	-7.82**	0.37**			
(一)21	-11.70**	0.56**	(三)4	-15.09**	0.55**			

注：**表示0.01水平差异显著；*表示0.05水平差异显著。

B. 信度分析

言语残疾人职业能力测验的总体α系数为0.7686,分半信度为0.8111。各量表的α系数为0.6~0.9之间,分半信度为0.6~0.8之间。总体和5个因素的信度系数均较高,说明了本测验具有较高的信度,作为肢体残疾人职业能力的测量工具是稳定可信的(见表1-3-48)。

表1-3-48　言语残疾人职业能力测验的同质信度和分半信度

因素	α系数	分半信度
因素一:言语能力	0.8830	0.7657
因素二:数理能力	0.7754	0.7553
因素三:空间关系	0.6770	0.6802
因素四:符号知觉	0.8318	0.7655
因素五:形状知觉	0.7204	0.7162
总量表	0.7686	0.8111

C. 效度分析

言语残疾人职业能力测验五个因素之间相关都在0.01水平上,达到了显著差异;各个因素之间的相关大部分在0.5~0.7之间,存在中等程度的相关;各个因素与总分之间的相关在0.75~0.90之间,存在较高程度的相关。结构效度分析符合心理测量学的数据要求(见表1-3-49)。

表1-3-49　言语残疾人职业能力测验的因素相关矩阵

	言语能力	数理能力	空间关系	符号知觉	形状知觉	总量表
言语能力	1					
数理能力	.709**					
空间关系	.654**	.690**	1			
符号知觉	.560**	.561**	.528**	1		
形状知觉	.584**	.602**	.587**	.584**	1	
总量表	.842**	.865**	.832**	.791**	.806**	1

注:**表示0.01水平差异显著;*表示0.05水平差异显著。

②言语残疾人职业人格测验

A. 项目分析

采用了高低分组,检验两组的差异显著性,结果表明本测验大多数项目的t值均达显著性。根据测验结果进行项目分析难度,以项目的分数与校标分数的相关为指标,在SPSS中采用皮尔逊相关系数处理,结果显示,各项目的区分度指数都在0.01水平上显著,说明本测验各项目区分度良好(见表1-3-50)。

表1-3-50　言语残疾人职业人格测验项目区分度

项目	t	区分度	项目	t	区分度	项目	t	区分度
(六)1	−5.06**	0.28**	(六)33	−4.93**	0.27**	(六)65	−6.22**	0.33**
(六)2	−2.98**	0.19**	(六)34	−6.41**	0.28**	(六)66	−5.40**	0.28**
(六)3	−5.92**	0.33**	(六)35	−2.06**	0.13**	(六)67	−0.56	0.09**
(六)4	−4.44**	0.19**	(六)36	−3.37**	0.18**	(六)68	−5.99**	0.30**
(六)5	−6.27**	0.33**	(六)37	−7.88**	0.44**	(六)69	−3.63**	0.18**
(六)6	−7.87**	0.39**	(六)38	−9.60**	0.45**	(六)70	−8.19**	0.46**

(续表)

项目	t	区分度	项目	t	区分度	项目	t	区分度
(六)7	-6.41**	0.31**	(六)39	-6.28**	0.33**	(六)71	-6.77**	0.36**
(六)8	-5.59**	0.30**	(六)40	-8.42**	0.46**	(六)72	-7.60**	0.41**
(六)9	-8.26**	0.39**	(六)41	-4.56**	0.24**	(六)73	-6.97**	0.39**
(六)10	0.79	0.01**	(六)42	-7.79**	0.36**	(六)74	-7.43**	0.41**
(六)11	-7.69**	0.34**	(六)43	-7.34**	0.37**	(六)75	-5.79**	0.28**
(六)12	-3.97**	0.22**	(六)44	-8.37**	0.42**	(六)76	-4.99**	0.29**
(六)13	-4.81**	0.23**	(六)45	-7.51**	0.38**	(六)77	-7.19**	0.37**
(六)14	-4.80**	0.24**	(六)46	-4.73**	0.26**	(六)78	-8.85**	0.39**
(六)15	-0.06**	0.03**	(六)47	-8.98**	0.45**	(六)79	-6.19**	0.32**
(六)16	-3.35**	0.21**	(六)48	-5.11**	0.28**	(六)80	-7.72**	0.39**
(六)17	-5.02**	0.25**	(六)49	-6.52**	0.31**	(六)81	-4.73**	0.24**
(六)18	-5.40**	0.27**	(六)50	-8.09**	0.35**	(六)82	-6.13**	0.30**
(六)19	-6.65**	0.31**	(六)51	-4.04**	0.20**	(六)83	-5.04**	0.31**
(六)20	-2.75**	0.17**	(六)52	-5.27**	0.29**	(六)84	-4.19**	0.23**
(六)21	-3.64**	0.23**	(六)53	-6.09**	0.31**	(六)85	-8.60**	0.39**
(六)22	-7.12**	0.33**	(六)54	-4.56**	0.23**	(六)86	-0.37	0.05**
(六)23	-3.03**	0.18**	(六)55	0.94**	0.01**	(六)87	-1.11**	0.06**
(六)24	-7.34**	0.35**	(六)56	-5.67**	0.31**	(六)88	-6.83**	0.30**
(六)25	-5.19**	0.30**	(六)57	-6.92**	0.33**	(六)89	-4.03**	0.21**
(六)26	-6.36**	0.38**	(六)58	-1.29**	0.08**	(六)90	-5.54**	0.30**
(六)27	-9.16**	0.40**	(六)59	-9.68**	0.45**	(六)91	-6.51**	0.36**
(六)28	-4.49**	0.22**	(六)60	-6.81**	0.41**	(六)92	-5.15**	0.30**
(六)29	-6.43**	0.37**	(六)61	-7.42**	0.36**	(六)93	-3.75**	0.20**
(六)30	-7.11**	0.40**	(六)62	-7.57**	0.42**	(六)94	-7.01**	0.35**
(六)31	-6.69**	0.34**	(六)63	-6.20**	0.38**	(六)95	-5.97**	0.32**
(六)32	-7.43**	0.38**	(六)64	-3.23**	0.18**	(六)96	-6.24**	0.34**

注：**表示0.01水平差异显著；*表示0.05水平差异显著。

B. 信度分析

言语残疾人职业人格测验的总体α系数为0.9502，分半信度为0.9484。各量表的α系数为0.70~0.90之间，分半信度为0.65~0.85之间。总体和八个因素的信度系数均较高，说明了本测验具有较高的信度，作为言语残疾人职业人格的测量工具是稳定可信的（见表1-3-51）。

表1-3-51 言语残疾人职业人格测验的同质信度和分半信度

因素	α系数	分半信度
坚持性	0.7433	0.7428
严谨性	0.7259	0.6958
情绪稳定性	0.7539	0.7647

(续表)

因素	a 系数	分半信度
自信心	0.7044	0.6852
责任心	0.7878	0.8135
交际能力	0.7075	0.7105
管理能力	0.8545	0.8450
抗挫折能力	0.7003	0.6848
总量表	0.9502	0.9484

C. 效度分析

言语残疾人职业人格测验八个因素之间相关都在0.01水平上,达到了显著差异;各个因素之间的相关大部分在0.35~0.75之间,存在中等程度的相关;各个因素与总分之间的相关在0.65~0.90之间,存在较高程度的相关。结构效度分析符合心理测量学的数据要求(见表1-3-52)。

表1-3-52 言语残疾人职业人格测验的因素相关矩阵

	坚持性	严谨性	情绪稳定性	自信心	责任心	交际能力	管理能力	抗挫折能力	总量表
坚持性	1								
严谨性	.651**	1							
情绪稳定性	.659**	.456**	1						
自信心	.562**	.660**	.351**	1					
责任心	.732**	.747**	.498**	.719**	1				
交际能力	.514**	.595**	.330**	.674**	.648**	1			
管理能力	.553**	.703**	.294**	.725**	.764**	.692**	1		
抗挫折能力	.733**	.611**	.692**	.518**	.702**	.560**	.562**	1	
总量表	.836**	.836**	.666**	.802**	.898**	.773**	.823**	.832**	1

注:**表示0.01水平差异显著;*表示0.05水平差异显著。

③言语残疾人职业兴趣测验

A. 项目分析

采用了高低分组,检验两组的差异显著性,结果表明,除个别项目外,大多数项目的t值均达显著性。根据测验结果进行项目分析难度,以项目的分数与校标分数的相关为指标,在SPSS中采用皮尔逊相关系数处理,结果显示,各项目的区分度指数都在0.01水平上显著,说明本测验各项目区分度良好(见表1-3-53)。

表1-3-53 言语残疾人职业人格测验项目区分度

项目	t	区分度	项目	t	区分度	项目	t	区分度
(七)1	-1.48**	0.04**	(七)21	-0.85**	0.22**	(七)41	-5.96**	0.44**
(七)2	-3.43**	0.45**	(七)22	-7.81**	0.57**	(七)42	-5.56**	0.47**
(七)3	-4.05**	0.36**	(七)23	-5.07**	0.41**	(七)43	-4.56**	0.55**
(七)4	-5.37**	0.34**	(七)24	-6.00**	0.35**	(七)44	-0.46**	0.23**
(七)5	0.12**	0.16**	(七)25	-2.07**	0.35**	(七)45	-1.57**	0.32**

(续表)

项目	t	区分度	项目	t	区分度	项目	t	区分度
(七)6	-5.32**	0.46**	(七)26	-5.17**	0.38**	(七)46	-2.64**	0.19**
(七)7	-4.45**	0.44**	(七)27	2.08**	0.05**	(七)47	-2.93**	0.33**
(七)8	-3.85**	0.26**	(七)28	-9.00**	0.57**	(七)48	3.04**	0.09**
(七)9	-0.96**	0.19**	(七)29	-3.05**	0.29**	(七)49	-7.64**	0.52**
(七)10	-3.23**	0.28**	(七)30	-2.54**	0.42**	(七)50	-8.34**	0.42**
(七)11	-8.02**	0.52**	(七)31	-3.33**	0.25**	(七)51	-6.92**	0.59**
(七)12	-0.79**	0.22**	(七)32	3.00**	0.09**	(七)52	-4.75**	0.32**
(七)13	-6.27**	0.54**	(七)33	-2.32**	0.23**	(七)53	-3.79**	0.35**
(七)14	-3.04**	0.31**	(七)34	-4.44**	0.40**	(七)54	-2.75**	0.31**
(七)15	4.96**	0.02**	(七)35	-8.37**	0.48**	(七)55	-2.60**	0.33**
(七)16	-1.62	0.09**	(七)36	-1.66**	0.23**	(七)56	-1.81**	0.27**
(七)17	-6.40**	0.39**	(七)37	-5.70**	0.45**	(七)57	-5.33**	0.41**
(七)18	-2.30**	0.30**	(七)38	-2.80**	0.24**	(七)58	-3.70**	0.35**
(七)19	-6.15**	0.37**	(七)39	-4.91**	0.54**	(七)59	-6.94**	0.50**
(七)20	-8.76**	0.48**	(七)40	-0.34	0.21**	(七)60	-5.83**	0.47**

注:** 表示0.01水平差异显著;* 表示0.05水平差异显著。

B. 信度分析

言语残疾人职业兴趣测验的总体α系数为0.8688,分半信度为0.8683。各分量表的α系数在0.50~0.60之间,分半信度为0.40~0.70之间。总体和六个因素的信度系数均较高,说明了本测验具有较高的信度,作为言语残疾人职业兴趣的测量工具是稳定可信的(见表1-3-54)。

表1-3-54 言语残疾人职业人格测验的同质信度和分半信度

因素	α系数	分半信度
常规型	0.5452	0.5609
现实型	0.5928	0.6087
研究型	0.5651	0.4516
企业型	0.5603	0.5479
社会型	0.5850	0.4846
艺术型	0.5806	0.5673
总量表	0.8688	0.8683

C. 效度分析

言语残疾人职业兴趣测验六个因素之间相关都在0.01水平上,达到了显著差异;各个因素之间的相关在0.2~0.6之间,存在中等程度的相关;各因素与总分之间的相关在0.6~0.8之间,存在中高程度的相关。结构效度分析符合心理测量学的数据要求(见表1-3-55)。

表 1-3-55　言语残疾人职业兴趣测验的因素相关矩阵

	常规型	现实型	研究型	企业型	社会型	艺术型	总量表
常规型	1						
现实型	.631**	1					
研究型	.584**	.572**	1				
企业型	.554**	.532**	.559**	1			
社会型	.527**	.454**	.440**	.508**	1		
艺术型	.495**	.374**	.366**	.512**	.383**	1	
总量表	.828**	.780**	.773**	.801**	.705**	.692**	1

注：**表示 0.01 水平差异显著；*表示 0.05 水平差异显著。

（二）调查地区与对象

本研究在北京市、上海市、广东省（广州市、深圳市、佛山市和江门市）、广西壮族自治区（南宁市、柳州市和钦州市）、江苏省（南京市、无锡市和苏州市）、湖南省（长沙市、株洲市和岳阳市）以及山东省青岛市计 16 个城市进行。

表 1-3-56　十六城市调查地区的分布

城市	调查地区
北京市	西城区、东城区、崇文区、宣武区、石景山区、海淀区、朝阳区、丰台区、昌平区、大兴区、密云县
上海市	黄浦区、卢湾区、徐汇区、长宁区、静安区、普陀区、闸北区、虹口区、杨浦区、闵行区、宝山区、嘉定区、浦东区、金山区、松江区、青浦区、南汇区、奉贤区、崇明区
广州市	天河区、萝岗区、黄埔区、增城区、越秀区、南沙区、荔湾区、白云区、海珠区、从化区、花都区、番禺区
深圳市	福田区 罗湖区、南山区、盐田区、宝安区、龙岗区、坪山新区、光明区
佛山市	禅城区、南海区
江门市	蓬江区、江海区、新会区
南京市	玄武区、白下区、秦淮区、建邺区、鼓楼区、下关区、浦口区 栖霞区 雨花台区、江宁区、六合区
无锡市	崇安区、南长区、北塘区、锡山区、惠山区、滨湖区、江阴市
苏州市	沧浪区、平江区、金阊区、高新区
南宁市	清秀区、兴宁区、江南区、良庆区、邕宁区、西乡塘区
柳州市	柳北区、城中区、鱼峰区、柳南区
钦州市	钦南区、钦北区
青岛市	崂山区、市南区、四方区、黄岛区、城阳区、市北区、李沧区
长沙市	芙蓉区、天心区、岳麓区、开福区、雨花区
株洲市	天元区、荷塘区、芦淞区、石峰区
岳阳市	岳阳楼区、君山区、云溪区、岳阳经济开发区、岳阳风景区

调查地区中，采用随机抽样抽取劳动年龄段（男 15~59 岁，女 15~54 岁），具有初中文化、能独立完成卷子的肢体残疾人、听力残疾人和言语残疾人（不含多重残疾）。

四、调查工作

(一)组织工作流程

依托各级残联系统的组织网络,按要求落实被试。由中国残疾人联合会就业服务指导中心下发文件至各调研省(直辖市)的残疾人联合会,由各省(直辖市)安排调研城市的残疾人联合会依据调研工作安排抽取样本,并由各城市样本对象所在区残联直接执行调研工作,收集各项数据(北京、上海两直辖市则由市残联直接根据调研工作安排抽取样本,由区残联工作人员直接执行调研工作)。

组织工作流程示意图如下:

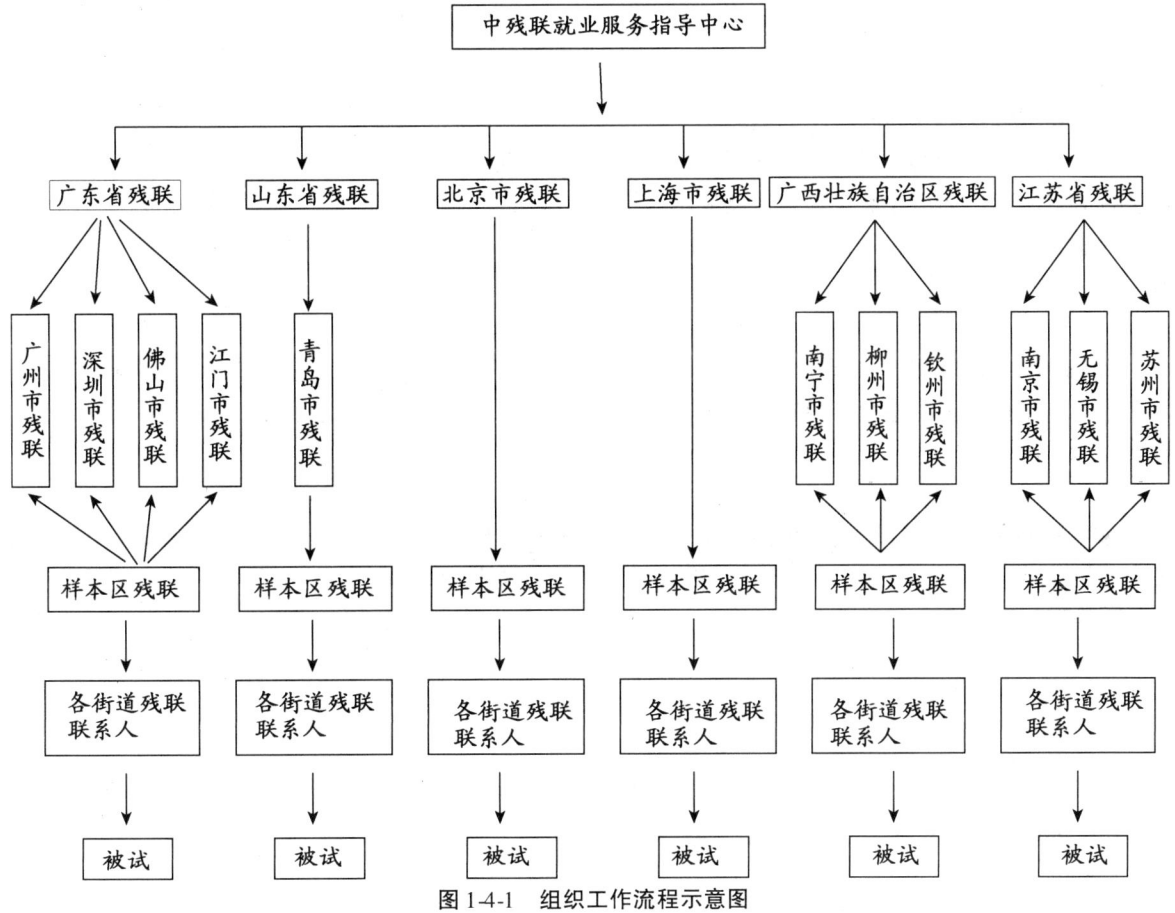

图 1-4-1 组织工作流程示意图

每个测试点建立应急预案。

全部数据收集工作分三个阶段,第一阶段自 2007 年 5 月至 2008 年 5 月,这个阶段为量表预测阶段;第二阶段自 2009 年 5 月中旬至 2009 年 6 月上旬,这个阶段为纸笔测试阶段;第三阶段自 2010 年 4 月上旬至 2010 年 4 月底,这个阶段为网络测试阶段。

(二)测试人员选择与培训

1. 选择测试人员

主持测试人员(简称主试,下同)由课题组成员以及调查地区各市/区残联的工作人员组成。主试应具备与残疾人打交道的经验,了解被试的特殊性,具备良好的沟通能力、组织能力以及应付突发事件的能力。听力残疾人和言语残疾人测试的现场,根据现场的规模配备 2~4 个手语翻译。

2. 培训测试人员

所有的主试都必须经过课题组研究人员的正规培训,熟悉测验的内容、测试方法和测试流程。测试方式分为纸笔测试和网络测试两种。职业人格和职业兴趣测试为文档测试,职业能力测试分为文档测试和操作测试两部分,其中纸笔测试的操作部分采取一对一的个别测试。

所有主试的培训工作分两个阶段:第一个阶段,在测试前一周进行工作任务培训;第二阶段,现场职责培训。

(1)工作任务培训

所有主试第一阶段工作任务的培训是一样的,包括以下几个方面的内容:①了解测试的目的和基本要求。②了解测试环境的要求。③熟悉测验的内容、测试方法和测试流程,每个主试最好能做一遍全套量表,至少要做一部分测试题,积累经验,便于现场指导。④学习与不同类型残疾人的交往技巧。⑤熟悉应急预案。

(2)现场职责培训

不同测试形式的现场职责培训内容不一样。

纸笔测试(文档测验)现场主试的职责培训内容主要包括以下几个方面:①指导被试填写每部分问卷的基本信息。②指导被试理解答题要求。③根据要求,控制测试时间。④巡回测试现场、回答被试测试过程中的问题。⑤确保每个被试独立完成测试。⑥收卷时,检查每套卷子有效性。⑦测试完毕,引导被试有序退场。

纸笔测试(操作测验)现场主试的职责培训内容主要包括以下几个方面:①熟悉操作测试的流程。②熟悉操作器材。③熟悉操作内容每一个步骤的具体要求。④动手操练,熟练使用计时器。⑤正确记录测试者的成绩。

网络测试现场主试的职责培训内容主要包括以下几个方面:①测试前,检查计算机及网络的工作状况,保证测试工作顺利进行。②将测试网址设为主页。③巡回测试现场、回答被试测试过程中的问题。④确保每个被试独立完成测试。⑤测试完毕,引导被试有序退场。

(三)测试环境

1. 地段

测试房间应设在通行方便和安全安静的地段,最好远离大厅入口、卫生间和楼梯等人员嘈杂的环境。在主要路口或分岔之处,应贴上醒目的指示路标。

2. 房间

测试房间应光线充足、通风良好、温度适宜、环境安静。要求每人独立使用一张桌子。网络测试必须满足每个被试独立使用一台电脑。桌椅最好是固定的,减少移动桌椅造成的干扰。坐轮椅被试的位置要相对集中在便于轮椅行驶的地方,并保证每个座位之间要有1.5米×1.5米的轮椅回旋余地。尽量选择封闭不透明、隔音效果好的门,减少室外人员活动对被试的影响。

3. 无障碍设施

为方便肢体残疾人的通行,无障碍的设施包括以下几个方面:

(1)坡度

室内外地面高度差超过20厘米时应采用坡道连接。坡道的坡高(高/长)为1/12,坡道两侧应设有高度0.9米的扶手。坡道的起点和终点应留有不小于1.5米×1.5米的轮椅回转缓冲地带。

(2)电梯

一楼以上的楼层要有电梯,电梯开启后净宽不小于0.8米,电梯厢面积不能小于1.4米×1.1米。走道宽度不小于1.2米(一轮椅宽度),如两轮椅同时使用不小于1.8米。

(3)走道

两侧应设0.9米高的扶手,并保持扶手的连贯;走道两侧不能设置突出墙面影响通行的障碍物。

(4)大门

不能采用旋转门或弹簧门,门扇打开后要固定(测试时除外),门洞净宽不小于1.2米。

(5)楼梯与台阶

楼梯净宽不小于1.2米,踏步无踢面,楼梯两侧设有挡板以防止拐杖滑出,楼梯两侧设有0.9米高的扶手并保持其扶手的连贯。

(6)地面

室内外及坡道的地面应平整,地面采用不滑不松动的材料。

为了使被试能够专注于测验本身,避免环境中无关刺激影响其真实水平的发挥,测试开始后,测试房间不允许无关人员随便进入房间。最好在测试房间的门上挂一面"测试过程中,请勿打扰"的牌子。

五、施测方法

为保证测试工作顺利进行,要求被试人员做到如下几点:

①提前十分钟进测试房间,到指定位置就座。
②独立完成测试过程。
③听从主试的指导,不明白的可举手询问。
④可自带辅助器具。
⑤保持室内安静,不能交头接耳,不能吸烟。
⑥手机关闭。

(一)纸笔测试

纸笔测试是指采用试题本和答题卡的形式进行测试。各测试点统一施测流程如下:

第一步:确定主试与被试

①根据主试人数、被试人数和测试房间的条件,将主试和被试按照恰当的比例安排在相对固定的位置内,实行专人负责。

②由主试通过口语或手语(适用于听力/言语障碍者)形式向被试解释测试的目的和基本要求。

第二步:明确测试信号

①对于没有听力问题的被试:可直接发出"开始"、"结束"的声信号,也可用铃声和吹哨声示意;

②对于有听力问题的被试:主试高高举起一只手、迅速落下表示"开始"。或者主试双手竖立靠拢,掌心向外,然后作开门动作,表示"开始";主试敲两下桌子(提醒被试抬头),一手平伸,掌心向下,另一手竖伸,指尖抵于其掌心下,模仿裁判叫停的动作表示"结束"。或者主试一手拇指与四指相对,逐渐并拢,再向下一甩,表示"结束"。

第三步:发放试题本

①发给每个被试3个试题本:1本职业能力测验、1本职业人格测验以及1本职业兴趣测验。
②发给每个被试1张白纸和1支笔。

第四步:填写说明

①填好三个试题本的基本信息。
②职业能力测试由五个分测验组成,每个分测验单独计时;职业人格测验以及职业兴趣测验不计时。

第五步:测试开始

①统一开始做职业能力测验。时间一到,将职业能力测验的试题本放在测试桌的右上方。
②做职业人格测验,将做完的职业人格测验试题本放在测试桌右上方。
③做职业兴趣测验。

第六步:收回试题本
①测验完毕,统一收回每个被试的3个试题本。
②收卷时,主试认真检查每套卷子的答卷情况,并及时指导被试按要求完善卷子。

1. 肢体残疾人职业适应性测验

总指导语:本次测验的目的是为了了解被测试个体能做哪些事,适合做哪些事,喜欢做哪些事,使就业指导的服务工作更具有针对性;同时,测试的过程也是自我认识的过程,有助于个体更好地明确自己的职业目标;测试的结果有助于用人单位能用人所长,使工作者快乐地工作。这样,用人单位和雇员之间形成一个互动、平衡的关系,双方都获得最大的利益。本测验分为职业能力测验、职业人格测验以及职业兴趣测验三个部分。基本信息填写大约5分钟,职业能力测验约60分钟,职业人格测验约20分钟、职业兴趣测验约15分钟,全套测验大约在100分钟内完成。

(1)肢体残疾人职业能力测验

指导语:本测验共分为言语能力、数理能力、空间知觉、形状知觉、符号知觉五个分测验,各分测验用各种颜色区分,测验按此顺序进行。各分测验各有限定的答题时间,其中,分测验一限定时间为20分钟,分测验二、分测验三和分测验四各限定时间为10分钟,分测验五限定时间为6分钟。大约1小时完成本部分测验。

测试题均采用"四选一"的选择题型,每题只有1个正确答案,多选或不选均不得分。每个分测验答题之前会对题目进行相应的说明,有的部分出示例题。请仔细阅读题目和例题,独立思考和作答。请务必将答案填涂在答题卡相应的题号上。如果遇到不会做的题目,可以先跳过去做其他题目。

请您一定在听到"开始计时"的提示音时开始作答,听到"这部分测试结束"的提示音停笔。

主试现场操作步骤:①请被试将职业能力测验试题本放在测验桌中央。②指导被试填写自己的基本信息。③指导被试仔细阅读指导语,回答他(她)们提出的有关问题。④发出分测验一"开始计时"的信号。⑤加强现场巡视,及时回答被试的提问。发现答题人困惑于某题时,及时指导其跳过此题,继续做下面的题。⑥发出分测验一"时间到,测验结束"的信号。⑦巡视现场,保证每个被试停止答题并将试题本翻到下一个分测验(试题纸张颜色一致)。⑧重复步骤④⑤⑥⑦,完成分测验二、分测验三、分测验四以及分测验五。⑨职业能力测验测试完毕,将试题本放在桌面的右上方。待全部测验完毕统一收回。

(2)肢体残疾人职业人格测验

指导语:本测验有96道试题。请您按自己的实际情况回答所有项目。答案不存在对或错的问题,只有符合或不符合两种情况,您不需要考虑能力高低,也不需要考虑利益多少,仅从"是"和"否"两个选项中择其一划"〇"。所有题目都必须回答,并且只能选择一个答案。本部分测验不限时,建议时间约20分钟。

主试的现场操作步骤:①请被试将职业兴趣测验试题本及答题卡放在测验桌中央。②指导被试填写自己的姓名、性别、年龄等基本信息。③指导被试仔细阅读指导语,回答他(她)们提出的有关问题。④提醒被试逐条读量表中的项目,根据自己的实际情况在答题卡上填涂"是"或"否"。⑤提醒被试检查是否有漏答的情况,若有,请他(她)补答;如在"是"和"否"两个答案上都进行了填涂,请他(她)去掉其中的一个。⑥待被试检查完毕,请被试将试题本放在桌子右上方,待全部测验完毕统一收回。

(3)肢体残疾人职业兴趣测验

指导语:本测验有60道试题。请您按自己的实际情况回答所有项目。如果某些活动您没有参加过,请凭着您对该活动的认识回答。选择答案时请不要想您能不能参加,也不要想该活动对您有没有好处,仅仅想你是否喜欢。若题目所描述的情况您喜欢,请在答题卡上对应题号答案的"是"上划"〇";若题目所描述的情况您"不喜欢",请在"否"上划"〇"。所有题目都必须回答,并且只能选择一个答案。本部分测验不限时,建议时间约15分钟。

主试的现场操作步骤:①请被试将职业兴趣测验试题本及答题卡放在测验桌中央。②指导被试填写自己的姓名、性别、年龄等基本信息。③指导被试仔细阅读指导语,回答他(她)们提出的有关问题。

④提醒被试逐条读量表中的项目,根据自己的实际情况在答题卡上填涂"是"或"否"。⑤提醒被试检查是否有漏答的情况,若有,请他(她)补答;如在"是"和"否"两个答案上都进行了填涂,请他(她)去掉其中的一个。⑥待被试检查完毕,收回所有的试题本及答题卡。检查被试的基本信息以及职业人格测验和职业兴趣测验的答题卡是否有漏题未答,如有,请被试按要求补充完毕。⑦引导被试有序退场。

2. 听力/言语残疾人职业适应性测试

(1)听力/言语残疾人职业能力测验

指导语:本部分测验共分为言语能力、数理能力、空间知觉、形状知觉和符号知觉五个分测验,各分测验用不同颜色区分,测验按此顺序进行。每个分测验各有限定的答题时间,其中,分测验一限定时间为20分钟,分测验二、分测验三和分测验四各限定时间为10分钟;分测验五限定时间为5分钟;大约1小时完成本部分测验。

测试题采用"四选一"的选择题型,每题只有1个正确答案,多选或不选均不得分。每个部分答题之前会对题目进行相应的说明,有的部分出示例题。请仔细阅读题目和例题,独立思考和作答。如果遇到不会做的题目,可以先跳过去做其他题目。

请您一定在得知"开始"的信号时开始作答,得知"结束"的信号时停笔。

主试现场操作步骤:①请被试将职业能力测验试题本放在测验桌中央。②指导被试填写自己的基本信息。③指导被试仔细阅读指导语,回答他(她)们提出的有关问题。④发出分测验一"开始计时"的信号。⑤加强现场巡视,及时回答被试的提问。发现答题人困惑于某题时,及时指导其跳过此题,继续做下面的题。⑥发出分测验一"时间到,测验结束"的信号。⑦巡视现场,保证每个被试停止答题并将试题本翻到下一个分测验(试题纸张颜色一致)。⑧重复步骤④⑤⑥⑦,完成分测验二、分测验三、分测验四以及分测验五。⑨职业能力测验测试完毕,将试题本放在桌面的右上方。待全部测验完毕统一收回。

(2)听力/言语残疾人职业人格测验

指导语:参见肢体残疾人职业人格测验。

主试的现场操作步骤:参见肢体残疾人职业人格测验。

(3)听力/言语残疾人职业兴趣测验

指导语:参见肢体残疾人职业兴趣测验。

主试的现场操作步骤:参见肢体残疾人职业兴趣测验。

(二)网络测试

主试的现场操作步骤:①指导被试登陆残疾人职业测评网址。②指导被试注册,按要求填好基本信息。③提醒被试按自上而下的顺序点击屏幕左面的栏目,按对话框的要求完成所有测试。④加强现场巡视,及时回答被试的提问。⑤不许交头接耳,确保每个残疾人独立完成测试。⑥测试完毕,引导被试有序退场。

(三)身体功能测试

身体测试包括感知觉测验(嗅觉、实体觉、听力、视力、色觉)、体能测验、日常生活基本动作测验(ADL)、上肢功能测验、下肢功能测验、手眼协调测验以及手指手腕灵活性测验。每一个被试都需进行嗅觉和实体觉的测试。每一个肢体残疾者还必须进行听力、视力、体能、ADL以及上肢功能的测试,下肢残疾人加测下肢功能的测试。听力/言语残疾者需进行色觉测验、手眼协调测验以及手指手腕灵活性测验。

操作测试耗时较长,须采取一对一的测试方式,测试工作只在北京市测试点进行。从ICF的视角出发,本部分内容全部在实际环境中进行操作性测试。

说明:进行这部分测试时,被试可以使用身体的任何一部分,可以请求他人的帮助,可以提出改变环境条件的要求,也可以使用辅助器具,但主试在记录时要详细注明是使用身体的哪一部位,需要随同人员还是主试的帮助,需要提供什么样的环境条件,辅助器具的名称等。例如,被试可以用嘴咬筷子完成电话按键的任务,备注要记录:"用嘴咬筷子完成";在实施每一个项目的测试前,由主试首先向被试说明测试的要求与步骤(动口不动手),确定被试听明白后即开始测试。

1. 感知觉测试

(1)嗅觉测试

目的:评价嗅觉的敏锐性能。

器材:小瓶3个,各盛酒精、水、白醋。

步骤:①被试取坐位。

②主试随机拿出一个小瓶子,打开盖子,请被试闻后说出瓶子里面装的是什么。

③主试从剩下的两个小瓶中随机拿出1个,打开盖子,请被试说出瓶子里面装的是什么。

④主试拿起最后1个小瓶子,打开盖子,请被试说出瓶子里面装的是什么。

记录:根据测试内容在感知觉记录卡相应的位置上,回答正确划"√",错误划"×"。

注意:每瓶只测1次;不要有任何暗示动作。

(2)实体觉测试

目的:评价实体觉的敏锐性能。

器材:1枚曲别针,1枚回形针。

步骤:①被试取坐位。

②请被试闭上眼睛,主试随机拿一件小物品放在被试手中,请被试说出物品的名称。

③重复步骤②两次。

记录:用判断准确的次数为分子,用测试的次数为分母,在感知觉记录卡相应的位置上划"√"。

注意:测试的全过程被试不能睁开眼睛看物品;在测试过程中,不要纠正错误。

(3)听力测试(限于肢体残疾者)

目的:评价听力的敏锐性能。

器材:两张质地、大小、形状相同的干燥纸片。

步骤:①被试取坐位。

②主试位于被试身后,两手用拇指和食指各持一张纸片。

③主试两手分别置于被试两侧外耳道口的水平延长线外约1厘米处,其中一只手的拇指搓纸片发出响声(不能让被试看见),请被试说出哪侧耳听到声音。

④主试换手或不换手,重复步骤③。

⑤重复步骤④(如步骤④没换手,此步骤必须换手,保证每侧耳至少被测听一次)。

记录:用每侧耳准确判断声源位置的次数为分子,每耳测听的次数为分母,在感知觉记录卡相应的位置上划"√"。

注意:保持室内安静,不要让被试看到手搓纸的动作。

保证每侧耳至少要测听1次,不能听见搓纸声侧耳至少测听2次。

(4)视力测试*

目的:评价近视力的敏锐性能。

器材:小五号字卡片。

步骤:①被试取坐位。

②卡片与眼相距30厘米。

---

* 由于对远视力有一定要求的工作一般都需要远距离移动,不适合肢体残疾人,而且远视力测查对环境要求较高,不易施行,因此本量表仅考虑阅读视力——近视力部分的测查。

③每一行指认一个字,一共指认3-5个字。

记录:被试能够迅速地正确认出所有主试指的字符者,则在近视力≥0.6的位置上划"√",否则在<0.6的位置上划"√"。

注意:室内光线充足;戴眼镜者不必摘眼镜。

主试要排除非视力因素引起的误读/错读。

(5)色觉测试(限于听力残疾者)

目的:评价对颜色的敏锐性。

器材:彩色积木1副,样本图1个。

步骤:①被试取坐位。

②出示样本图。

③被试在规定的2分钟内用积木搭出样本图形。

记录:在规定时间内正确完成拼图视为正常,否则,详细记录错误的种类,如超时多长时间,图形错误样式、混淆哪些颜色的积木等。

注意:待被试理解测试要求后再计时。

测试过程中不纠正错误,不给提示。

2. 日常基本活动的测试

(1)戴帽子

目的:测查上肢上举、上肢与头部协调能力。

器材:帽子1顶。

要求:戴正帽子并取下放回原处。

(2)穿外套

目的:测查伸展上肢、上肢与躯干协调、双手协调、精细动作的能力。

器材:外套1件。

要求:穿整齐外套(拉拉链,扣扣子)并脱下外套放回原处。

(3)穿裤子

目的:测查屈伸下肢以及上肢、躯干、下肢协调能力。

器材:运动裤1条。

要求:穿整齐裤子(将带子系成活扣)并脱下裤子放回原处。

(4)穿袜子

目的:测查手脚协调能力。

器材:袜子1双。

要求:将袜子穿上并脱下放回原处。

记录:能独立完成的项目在日常基本活动测试记录卡的"独立完成"一栏划"√",不能完成的项目在"不能完成"一栏划"√",辅助完成的项目在"辅助完成"一栏详细注明辅助情况。

3. 体能测试

目的:评价工作所具备的体力,预测每天可以工作的时间及劳动强度。

器材:可调式哑铃1个。

步骤:①连续三次提起10磅哑铃至腰部。

②如能完成步骤①则继续让被试连续三次提起20磅哑铃至腰部;不能,则停止测试。

记录:用成功提起哑铃的次数为分子,提哑铃的次数为分母,在体能记录卡的相应位置上划"√"。

4. 上肢功能测试

说明:上肢的功能主要是握持及灵活运用工具。在调查北京市肢体残疾人的现实就业情况基础上,结合肢体残疾者的身心特点及其所从事的具体职业类型,上肢功能主要从文秘、技工和其他职业所必须的基本动作技能进行测试。文秘类职业基本技能包括写信封、整理信件和打电话三个项目;技工类职业基本技能包括拧阀门、装卸螺丝、插棒、去电线皮、连电线、插电源以及钉钉子等项目(这部分项目在一块操作板上完成)。其他部分包括绘图、拼图、碎图复原三个项目,主要考察手眼协调的能力。

(1) 写信封

目的:测查书写、使用工具书、手眼协调的能力。

器材:铅笔1支,橡皮1块,卡片8张(印有地址,其中4张带有"＊"号),信封4个,邮编册1本,胶水1瓶。

要求:①将带星号卡片的地址分别抄在4个信封上。
②查找每一个信封上地址的邮编,并抄在信封相应的位置上。
③将八张卡片中同一省市的卡片装入对应的信封。
④用胶水粘上信封。

记录:记录时间及辅助情况。

(2) 整理信件

目的:测查使用剪刀、整理资料、使用文件夹能力。

器材:信封4个,剪刀1把,文件夹1个,废纸篓1个。

要求:①沿着信封的一端剪开信封,取出卡片。
②按卡片左下角的数字从小到大排序卡片。
③将整理好的卡片用文件夹夹好,放在桌子右上角。
④整理桌面,将废弃的信封和纸屑扔进废纸篓。

记录:记录时间及辅助情况。

(3) 打电话

目的:测查打电话(击键)的能力。

器材:按键电话机1台,印有电话号码的卡片1张。

要求:按主试指定的卡片上的号码拨电话。

记录:能否以正常速度拨打电话以及需要辅助器具的情况。

注意:拨出的电话号码以显示屏显示的数字为准。
每拨完一个号码后,放下话筒,待显示屏号码不呈现号码时再拨新号码。

(4) 技工板工艺

目的:测查手的抓握力及使用工具的能力,手指操作小物件的能力。

器材:技工操作板1块,[阀门环1个,螺丝2套,三相电源插头1套,二相电源插头1套,插棒8根(4根长棒、4根短棒),接线端子两个,电线2根],扳手1个,螺丝刀1把,去电线皮钳子1把。

要求:①将阀门拧开至开口最大后再拧紧。
②将2个螺丝上的螺母卸下来放在桌上,并将垫圈取出(垫圈下面的螺母不要动),再将垫圈和螺母装回原处,并用扳手拧紧。
③将8根插棒从插板抽起,再插到对应的插孔上(深浅不一),露出插棒高度一致。
④将2个电源插头从插板拔起,再还原插在插板上(与插板无间隙)。
⑤用钳子将红黑2根电线一头的塑料皮去掉1厘米,暴露里面的铜线,再将红黑两根电线分别连接在各自的输出端上。

记录:分别记录各个环节所用的时间以及辅助情况。

(5) 钉钉子

目的:测查使用工具(榔头)的能力。

器材:榔头1把,钉子数枚,木方1块。

要求:将钉子钉在木方上指定的位置。

记录:能或否。

(6)绘图

目的:测查使用三角板、圆规的能力。

器材:三角板1副,圆规1个,铅笔1支,橡皮1块,样本图1副,绘图纸1张。

要求:绘制尺寸与样板图一致的图形。限时15分钟。

记录:时间以及辅助情况。

(7)碎图复原

目的:测查思维、注意、工作习惯以及视觉综合能力。

器材:拼图1副。

要求:用零散的拼板将凹陷的图案复原;限时5分钟。

记录:完整复原图案所用的时间及辅助情况。

(8)拼立体图

目的:测查空间定向、色觉、视觉运动综合协调能力。

器材:彩色积木1副,样本图1个。

要求:用积木搭出样本图;限时5分钟。

记录:搭出样本图所用的时间及辅助情况。

5.**下肢功能测试**

说明:允许被试使用辅助器具。只有(偶尔或经常)使用轮椅者才测试轮椅转移的项目。做好安全保护工作。

(1)站立

目的:测查下肢持重与身体平衡能力。

要求:立正姿势站立3分钟。

记录:立正姿势站立3分钟为正常;不到3分钟者,记录从开始到身体开始摇晃的时间及辅助情况。

(2)行走

目的:测查步行能力。

要求:行走50米(根据实际情况确定往返次数)。

记录:行走50米所需的时间及辅助情况。

(3)蹲起

目的:测查屈髋、屈膝的能力。

要求:最大限度屈髋、屈膝蹲下再起立。

记录:1分钟的蹲起次数及辅助情况。

(4)上、下台阶

目的:测查步行能力。

要求:上、下台阶各8级。

记录:完成任务所需的时间及辅助情况。

(5)轮椅转移

目的:测查移动能力。

要求:从轮椅转移到普通座椅上,再从椅子转移到轮椅上。

记录:完成往返一次轮椅转移所需要的时间及辅助情况。

说明:仅测试坐轮椅者。

6.**手眼协调测验**

器材:回形图一张,铅笔一支。

说明:本测验采取操作形式,主要考察被试的手眼协调能力。由主试通过口语、手语等形式向被试解释测试的要求和步骤(有条件者,测验前请主试播放回形图测验的示范录像),确定被试明白以后即开始测试。

要求:①在图中灰色的地方画一条连续的线,不允许中途停笔,不允许转动纸。

②从箭头方向进入,从起始位置 A 处划到末端 B 处。

③笔尖不允许碰两边。

④不准修改。

记录:笔尖碰壁前所通过的线段数。

7.手指手腕灵活性测验

器材:珠子 25 颗(其中 5 颗作为备用),外包有塑料皮的细铜线一根,计时表 1 个,指导语卡片一张。

说明:本测验采取操作形式,主要考察被试的手指和手腕灵活度。测验前请主试播放穿珠子测验的示范录像,或者由主试出示该部分的指导语卡片,并通过口语、手语等形式向被试解释测试的要求和步骤,确定被试明白以后即开始测试。

要求:①用准备好的细铜线连续穿 20 颗珠子。

②如果中途珠子掉了,不管它,用备用珠子代替,直至穿满 20 颗珠子。

②穿完珠子后,仿照线的另一端,把线头对折起来,再拧三下。

记录:被试完成任务所需要的时间及完成情况。

肢体残疾者身体功能测试记录卡(A)

姓名：_____   性别：_____   出生年月：_____

联系电话：_____   家庭住址：_____

残疾部位：A 上肢　　　　　　B 下肢　　　　　　C 上肢和下肢　　　　　D 躯干

残疾等级：A 一级　　　　　　B 二级　　　　　　C 三级　　　　　　　　D 四级

文化程度：A 小学　　　　　　B 初中　　　　　　C 高中　　　　　　　　D 大专及以上

(一)感知觉测试记录卡

序号	测试项目	结　果		
1	听力测试	左耳：1/1；0/2；1/2；2/2		右耳：1/1；0/2；1/2；2/2
2	视力测试	近视力：　≥0.6；　　<0.6		
3	嗅觉测试	酒精：正常；异常	白醋：正常；异常	水：正常；异常
4	实体觉测试	0/3；　　1/3；　　2/3；　　3/3		
备　注				

(二)日常基本活动测试记录卡

序号	测试项目		独立完成	辅助完成 需要他人帮助；需要辅助器具(品名)；需要特殊环境(具体)；速度慢；非常规使用身体其他部位(具体)等	不能完成
1		戴帽子			
2-1	穿外套	套上衣			
2-2		拉拉链			
2-3		扣扣子			
2-4		脱外套			
3-1	穿裤子	脚进裤腿			
3-2		上提裤子			
3-3		系活扣			
3-4		脱裤子			
4		穿袜子			

(三)体能测试记录卡

序号	测试项目	结　果			
1	10磅哑铃	0；	1/3；	2/3；	3/3
2	20磅哑铃	0；	1/3；	2/3；	3/3
备　注					

肢体残疾者身体功能测试记录卡(B)

(一) 上肢功能测试记录卡

序号	测试项目		时间	备注:是否需要他人帮助？是否需要辅助器具(品名)？是否需要特殊环境(具体)？是否速度正常？是否非常规使用身体其他部位(具体)？是否有重大操作错误？
1-1	写信封	抄地址		
1-2		查邮编		
1-3		分卡片		
1-4		粘信封		
2-1	整理信件	剪信封		
2-2		排序		
2-3		使用文件夹		
2-4		整理桌面		
3	打电话*			
4-1	操作板	工艺		
4-2		拧阀门		
4-3		卸装螺丝		
4-4		插棒		
4-5		插电源		
4-6		去电线皮		
		连电线		
5	钉钉子*			
6-1	描图	使用三角板		
6-2		使用圆规		
7	碎图复原			
8	拼立体图			

*钉钉子与打电话2项只记录能或否。

(二) 下肢功能测试记录卡

测试项目	时间	备注:是否需要他人帮助？是否需要辅助器具(品名)？是否需要特殊环境(具体)？是否速度正常？
站立		
行走		
蹲起		
上下台阶		
轮椅转移		

听力/言语残疾者操作测试记录卡

姓名：_____ 性别：_____ 出生年月：_____

联系电话：_____ 家庭住址：_____

残疾类别：A 听力残疾　　　　B 言语残疾　　　　C 听力/言语残疾　　　　D 躯体

残疾等级：A 一级　　　　　　B 二级　　　　　　C 三级　　　　　　　　D 四级

文化程度：A 小学　　　　　　B 初中　　　　　　C 高中　　　　　　　　D 大专及以上

主要交流方式：A 手语　　　　B 口语　　　　　　C 笔谈　　　　　　　　D 其他
　　　　　　　　　　　　　　　　　　　　　　　（EMAIL/QQ/MSN/手机短信等）

口语交流水平：A 好　　　　　B 一般　　　　　　C 差

序号	测试项目	结　果		
1	嗅觉测试	酒精：正常；异常	白醋：正常；异常	水：正常；异常
2	实体觉测试	0/3；　　　1/3；　　　2/3；　　　3/3		
3	色觉测试	正常；　　超时；　　图形错误；　　色彩错误 备注（详细记录错误的细节）：		
4	手眼协调（回形图）			
5	手指手腕灵活性（串珠子）			

六、质量控制

(一)现场质量控制

1. 领导重视

中残联就业服务指导中心的领导以及各省市残联非常重视此项工作。省、市、区各级设计了完善的工作方案,各级领导亲临现场视察,保证了调查工作的顺利开展。

2. 主试培训

所有的主试来自于当地残联系统富有与残疾人交往经验的工作人员。主试必须接受两个阶段的培训:第一个阶段是工作任务培训,第二阶段是现场职责培训。确保每位主试都有能力完成自己所负责的测试工作。各个测试现场严格按照统一的施测程序进行测查,保证问卷收取的完整性和统一性。

3. 志愿者服务

针对残疾人的需求,如有的肢体残疾者行动不便,有的听力/言语残疾者听不见声音指令等,志愿者引导他们进入各个测试现场;在测试完毕,引导他们回到各街道的集合点。志愿者的工作保证了测试现场环境安静、有序。

4. 合理安排被试

在有不同残疾类型被试的测试现场,将同一类型的残疾人集中安置,即将测试现场划分为肢体残疾人测试处和听力/言语残疾人测试处。依每个测试场所的大小,分配2~5名主试进入各个测试现场。有听力/言语残疾人的现场配置2~4名手语翻译。每个测试现场由1名主试宣读指导语或讲解,其他主试现场巡回指导,保证现场测试的有序进行。

5. 现场把关

在收集纸笔测试的问卷时,检查各部分的基本信息以及职业人格测验和职业兴趣测验是否有漏题未答,如有,请被试按要求补充完毕。

6. 当日审核

每一场的纸笔测试完成之后,工作人员都要作现场总结。研究人员对当天问卷进行全部审核,发现问题及时纠正和调整。

(二)数据录入质量控制

1. 统一编号

对回收的有效问卷依据省市地点和残疾类别进行统一编号。

2. 统一数据输入模板

为了便于数据的处理,数据输入由课题组统一建立数据输入模版。

3. 培训数据录入人员

为保证数据录入的准确性,首先对数据的录入人员进行统一培训,统一规则。虽然调查工作分批进行,但数据录入人员的队伍是稳定的,所有的数据由这群经验丰富的数据录入人员进行分批录入,每个数据录入人员的责任是明确的。

4. 随机抽查

每批数据输入完成之后,由专人对每个测试点的录入数据进行随机抽查,即对照原始问卷逐一进行核对。如错误率大于5%者,这个测试点的所有数据重新录入。个别错误及时改正后予以确认。

第二部分 研究结果与分析

本项目样本覆盖了北京和上海两个直辖市以及广东省(广州市、深圳市、江门市和佛山市)、江苏省(南京市、无锡市和苏州市)、广西壮族自治区(南宁市、钦州市和柳州市)、山东省(青岛市)以及湖南省(长沙市、株洲市和岳阳市)计十六个城市。测试内容包括职业能力测验(含文档测验和操作测验)、职业人格测验和职业兴趣测验三大部分。其中,广东省(广州市除外)、江苏省、广西壮族自治区、山东省和湖南省的被试采取网络测试的方式,北京市、上海市和广州市的被试采取纸笔测试的方式。来自不同城市、使用不同测试方式的残疾人,只要残疾类型相同,其职业能力的文档测验、职业人格测验和职业兴趣测验的内容是一样的,但职业能力的操作测验有所差异:网络测试的职业能力操作测验只含手眼协调性一个内容;在采取纸笔测试的三大城市中,只有北京市的肢体残疾人被试增加了身体功能测试(感知觉、体能、日常生活自理能力、上肢功能和下肢功能),听力残疾人增加了感知觉测试和职业能力的操作测验(包括手眼协调性和手腕手指灵活性两个内容);北京市言语残疾人和上海市、广州市的所有被试只做了职业能力的文档测验,没有做操作测验。

一、残疾人职业适应性状况

本项目抽取样本覆盖北京市、上海市、广东省、广西壮族自治区、江苏省、湖南省和山东省计七个省、直辖市、自治区,共测查就业年龄段的肢体残疾人、听力残疾人和言语残疾人有效样本9115人,样本详情见表2-1-1~表2-1-6。

表 2-1-1 残疾人样本残疾类型分布情况

	肢体残疾人		听力残疾人		言语残疾人		合计
	n	%	n	%	n	%	
北京	1782	57.0	1294	41.4	52	1.7	3128
上海	772	44.0	804	46.0	193	11.0	1769
广东	1197	48.3	1027	41.2	269	10.8	2493
广西	395	57.2	193	28.0	102	14.8	690
江苏	334	38.1	385	43.9	157	17.9	876
湖南	63	86.3	7	9.6	3	4.1	73
山东	48	55.8	29	33.7	9	10.5	86
总计	4591	50.4	3739	41.0	785	8.6	9115

表 2-1-2 残疾人样本性别分布情况

	男		女		合计
	n	%	n	%	
北京	1806	57.7	1322	42.3	3128
上海	1005	56.8	764	43.2	1769

(续表)

	男		女		合计
	n	%	n	%	
广东	1457	58.4	1036	41.6	2493
广西	438	63.5	252	36.5	690
江苏	476	54.3	400	45.7	876
湖南	50	68.0	23	55.8	73
山东	38	44.2	48	55.8	86
总计	5270	57.8	3845	42.2	9115

表2-1-3 残疾人样本年龄段分布情况

地区	15~29岁		30~39岁		40~49岁		50~59岁		合计
	n	%	n	%	n	%	n	%	
北京	994	31.9	526	16.9	1108	35.6	488	15.7	3116
上海	714	40.4	523	29.6	366	20.7	166	9.4	1769
广东	1360	54.6	632	25.4	390	15.6	111	4.5	2493
广西	404	58.6	166	24.1	109	15.8	11	1.6	690
江苏	575	65.6	181	20.7	114	13.0	6	0.7	876
湖南	53	72.6	13	17.8	6	8.2	1	1.4	73
山东	47	54.7	19	22.1	18	20.9	3	3.5	86
总计	4147	45.6	2060	22.6	2111	23.2	786	8.6	9103

注:年龄段缺失样本12人。

表2-1-4 残疾人样本残疾等级分布情况

地区	四级		三级		二级		一级		合计
	n	%	n	%	n	%	n	%	
北京	342	14.4	917	38.6	592	24.9	523	22.0	2374
上海	230	16.3	632	44.9	236	16.8	310	22.0	1408
广东	723	29.9	881	36.5	474	19.6	325	13.5	2416
广西	139	20.1	250	36.2	143	20.7	158	22.9	690
江苏	52	5.9	269	30.7	137	15.6	418	47.7	876
湖南	16	21.9	32	43.8	14	19.2	11	15.1	73
山东	9	10.5	38	44.2	20	23.3	19	22.1	86
总计	1511	19.1	3019	38.1	1616	20.4	1764	22.3	7923

注:缺失样本1192人(本项目实施时正处于一二代残疾人证更替时期,残疾人所持残疾人证版本纷杂,对残疾等级的名称描述和评定较混乱,故样本中的部分残疾人残疾等级信息缺失)。

表 2-1-5 残疾人样本文化水平分布情况

	小学及以下		初中		高中/中专		大专及以上		合计
	n	%	n	%	n	%	n	%	
北京	276	8.9	841	27.2	1084	35.0	896	28.9	3097
上海	140	8.1	643	37.0	618	35.6	335	19.3	1736
广东	379	15.3	874	35.3	782	31.6	441	17.8	2476
广西	93	13.5	186	27.0	370	53.6	41	5.9	690
江苏	67	7.6	311	35.5	110	12.6	388	44.3	876
湖南	0	0.0	16	21.9	7	9.6	50	68.5	73
山东	2	2.3	14	16.3	38	44.2	32	37.2	86
总计	957	10.6	2885	31.9	3009	33.3	2183	24.2	9034

注:缺失样本81人。

表 2-1-6 三城市残疾人样本城郊分布情况

	城市男性		城市女性		郊区男性		郊区女性		合计
	n	%	n	%	n	%	n	%	
北京	1021	32.6	774	24.7	785	25.1	548	17.5	3128
上海	497	28.1	353	20.0	508	28.7	411	23.2	1769
广州	396	24.1	249	15.1	251	15.3	166	10.1	314
总计	1914	36.7	1376	26.4	1544	29.6	1125	21.6	5211

(一)肢体残疾人职业适应性状况

本项目测查就业年龄段的肢体残疾人共计4591人,样本详情见表2-1-7～表2-1-11。

表 2-1-7 肢体残疾人样本性别分布

	男		女		合计
	n	%	n	%	
北京	1098	61.6	684	38.4	1782
上海	471	61.0	301	39.0	772
广东	732	61.2	465	38.8	1197
广西	262	66.3	133	33.7	395
江苏	198	59.3	136	40.7	334
湖南	41	65.1	22	34.9	63
山东	23	47.9	25	52.1	48
总计	2825	61.5	1766	38.5	4591

表 2-1-8 肢体残疾人样本年龄段分布

	15-29 岁		30-39 岁		40-49 岁		50-59 岁		合计
	n	%	n	%	n	%	n	%	
北京	252	14.1	365	20.5	828	46.5	337	18.9	1782
上海	321	41.6	215	27.8	161	20.9	75	9.7	772
广东	538	44.9	352	29.4	238	19.9	69	5.8	1197
广西	178	45.1	120	30.4	86	21.8	11	2.8	395
江苏	119	35.6	121	36.2	88	26.3	6	1.8	334
湖南	45	71.4	11	17.5	6	9.5	1	1.6	63
山东	22	45.8	12	25.0	13	27.1	1	2.1	48
总计	1475	32.1	1196	26.1	1420	30.9	500	10.9	4591

表 2-1-9 肢体残疾人样本残疾等级分布

	四级		三级		二级		一级		合计
	n	%	n	%	n	%	n	%	
北京	130	11.5	657	58.3	308	27.4	31	2.8	1126
上海	141	22.1	368	57.6	105	16.4	25	3.9	639
广东	250	21.1	608	51.4	280	23.6	46	3.9	1184
广西	112	28.4	210	53.2	67	17.0	6	1.5	395
江苏	43	12.9	237	71.0	41	12.3	13	3.9	334
湖南	16	25.4	31	49.2	13	20.6	3	4.8	63
山东	5	10.4	28	58.3	13	27.1	2	4.2	48
总计	697	18.4	2139	56.5	827	21.8	126	3.3	3789

注:残疾等级缺失样本802人。

表 2-1-10 肢体残疾人样本文化水平分布

	小学及以下		初中		高中/中专		大专及以上		合计
	n	%	n	%	n	%	n	%	
北京	106	6.0	540	30.6	853	48.3	268	15.2	1767
上海	23	3.1	277	37.5	284	38.4	155	21.0	739
广东	99	8.4	367	31.1	447	37.9	267	22.6	1180
广西	24	6.1	92	23.3	243	61.5	36	9.1	395
江苏	49	14.7	155	46.4	80	24.0	50	15.0	334
湖南	-	-	13	20.6	6	9.5	44	69.8	63
山东	-	-	6	12.5	24	50.0	18	37.5	48
总计	301	6.7	1450	32.0	1937	42.8	838	18.5	4526

注:文化水平缺失样本65人。

表 2-1-11　三城市肢体残疾人样本城郊分布

	城市男性		城市女性		郊区男性		郊区女性		合计
	n	%	n	%	n	%	n	%	
北京	489	27.4	292	16.4	609	34.2	392	22.0	1782
上海	224	29.0	133	17.2	247	32.0	168	21.8	772
广州	396	37.3	249	23.4	251	23.6	166	15.6	1062
总计	1109	30.7	674	18.6	1107	30.6	726	20.1	3616

1. 肢体残疾人职业能力状况

(1) 测试人群分布

本项目共选取3174名有效被试进行了肢体残疾人职业能力测验,其基本信息见表2-1-12。

表 2-1-12　肢体残疾人职业能力测验的样本分布　　　　　　　　　　　　　　（单位:人）

年龄(岁)	性别		总计
	男	女	
15-29	770	515	1285
30-39	542	369	911
40-49	472	282	754
50-59	167	57	224
总计	1951	1223	3174

北京、上海和广州三城市肢体残疾人职业能力测验样本共1761人,其城郊信息见表2-1-13。

表 2-1-13　三城市肢体残疾人职业能力测验的城郊样本分布　　　　　　　　　（单位:人）

年龄(岁)	城区			郊区			合计
	男	女	小计	男	女	小计	
15-29	221	145	366	159	128	287	653
30-39	149	92	241	141	86	227	468
40-49	151	90	241	132	75	207	448
50-59	82	21	103	59	30	89	192
合计	603	348	951	491	319	810	1761

(2) 总体情况

在职业能力文档测试部分,被测试的肢体残疾人在各分测验的得分情况从高到低依次为:形状知觉>数理能力>符号知觉>空间知觉>言语能力。在不同年龄段的男性肢体残疾人中,15-29岁年龄组在言语能力、符号知觉和形状知觉分测验得分及文档计分与职业能力总分上高于其他年龄组;30-39岁年龄组在空间知觉分测验和手眼协调操作测验的得分高于其他组。在不同年龄的女性肢体残疾人中,15-29岁年龄组在言语能力、空间知觉、符号知觉和形状知觉分测验得分和文档计分高于其他年龄组;而30-39岁年龄组在数理能力分测验的得分和手眼协调操作测验及职业能力总分上高于其他年龄组。肢体残疾人职业能力的基本情况见表2-1-14。

表 2-1-14　肢体残疾人职业能力测验的平均数和标准差

		n	言语能力		数理能力		空间知觉		符号知觉		形状知觉		文档计分	
			M	Std	M	Std	M	Std	M	Std	M	Std	M	Std
	总体	3174	9.16	4.00	12.44	5.13	11.35	4.79	12.22	5.90	12.88	4.42	58.05	19.74
	男性	1951	9.04	4.04	12.53	5.18	11.47	4.88	11.87	6.03	12.70	4.49	57.62	20.28
	女性	1223	9.36	3.94	12.29	5.04	11.15	4.64	12.77	5.65	13.16	4.28	58.74	18.82
男	15-29	770	9.93	3.84	13.25	4.94	11.98	4.86	13.17	5.51	13.11	4.41	61.44	19.26
	30-39	542	9.57	3.83	13.25	4.85	12.06	4.63	12.39	5.96	12.91	4.40	60.17	19.54
	40-49	472	7.72	3.99	11.42	5.22	10.58	4.83	10.21	6.08	12.33	4.34	52.27	19.45
	50-59	167	6.94	4.10	10.00	5.80	9.76	5.21	8.92	6.41	11.19	5.15	46.80	22.53
女	15-29	515	10.19	3.63	12.73	4.67	11.50	4.62	14.06	4.85	13.64	4.11	62.12	17.37
	30-39	369	9.21	3.74	12.76	5.09	11.31	4.64	12.49	5.92	13.32	4.27	59.09	19.14
	40-49	282	8.65	4.12	11.52	5.13	10.82	4.53	11.44	5.87	12.53	4.06	54.97	18.11
	50-54	57	6.41	4.70	8.95	5.80	8.70	4.73	9.58	6.52	10.88	5.82	44.51	23.00

表 2-1-14　肢体残疾人职业能力测验的平均数和标准差（续）

		n	手眼协调（网络测试）		职业能力总分（网络测试）	
			M	Std	M	Std
	总体	1256	14.98	7.18	69.28	21.18
	男性	775	15.01	7.27	69.03	22.47
	女性	481	14.93	7.04	69.68	18.93
男	15-29	331	15.58	7.13	72.20	23.01
	30-39	241	15.60	6.87	71.15	20.81
	40-49	183	13.50	7.63	62.15	21.03
	50-59	20	12.33	8.65	54.15	27.03
女	15-29	190	14.57	7.26	70.72	19.84
	30-39	175	15.37	6.60	70.75	18.85
	40-49	111	15.14	7.10	66.75	17.36
	50-54	5	8.80	10.27	57.60	11.75

北京、上海和广州三城市城区的肢体残疾人在职业能力各个分测验上的得分高于郊区的肢体残疾人。不论城区还是郊区，女性在言语能力、符号知觉和形状知觉分测验上的得分高于男性，在数理能力、空间知觉分测验得分和文档计分低于男性。城郊肢体残疾人职业能力测验情况见表2-1-15。

表 2-1-15　三城市肢体残疾人职业能力文档测验城郊样本的平均数和标准差

		n	言语能力		数理能力		空间知觉		符号知觉		形状知觉		文档计分	
			Std	M	Std	M	Std	M	Std	M	Std	M	Std	M
	城区	951	9.29	4.29	12.67	5.35	11.85	5.04	11.93	5.81	13.20	4.77	58.94	21.10
	郊区	810	8.72	4.12	11.88	5.24	10.89	4.94	11.82	6.08	12.72	4.46	56.03	20.53
城区	男	603	9.14	4.33	12.80	5.28	11.92	5.07	11.77	5.91	12.97	4.82	58.59	21.35
	女	348	9.57	4.21	12.44	5.46	11.72	4.99	12.20	5.62	13.60	4.65	59.53	20.68
郊区	男	491	8.59	4.00	11.91	5.32	10.99	4.95	11.38	6.23	12.48	4.43	55.36	20.75
	女	319	8.92	4.28	11.84	5.12	10.72	4.92	12.51	5.79	13.08	4.49	57.07	20.17

(3) 肢体残疾人职业能力特征

1) 性别差异比较分析

肢体残疾人职业能力各分测验得分的均数比较发现,男性肢体残疾人在言语能力、符号知觉和形状知觉分测验的得分低于女性,在数理能力、空间知觉和手眼协调操作测验的得分高于女性(见图 2-1-1)。

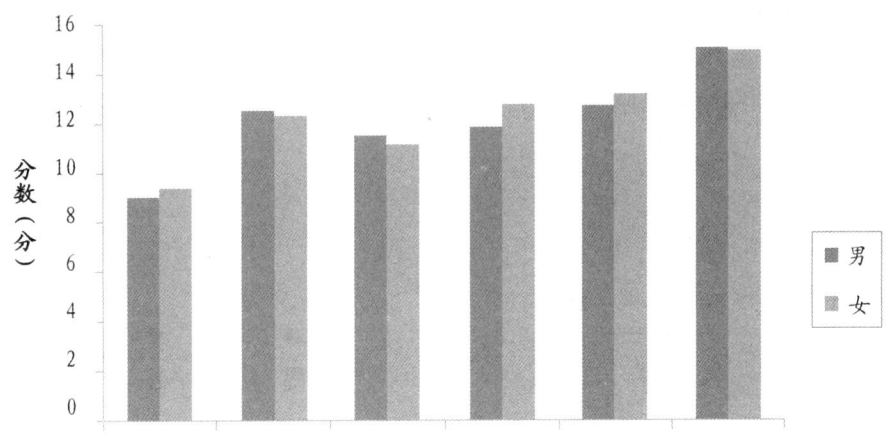

图 2-1-1　肢体残疾人职业能力的性别比较

进一步差异性检验发现,肢体残疾人在言语能力分测验的得分存在显著的性别差异,在符号知觉和形状知觉分测验的得分存在极显著性别差异(见表 2-1-16)。

表 2-1-16　肢体残疾人职业能力的性别差异检验

	名称	性别	人数	平均数	标准差	t	p
文档测验	言语能力	男	1951	9.04	4.04	−2.251*	.024
		女	1223	9.36	3.94		
	数理能力	男	1951	12.53	5.18	1.304	.192
		女	1223	12.29	5.04		

(续)

名称		性别	人数	平均数	标准差	t	p
文档测验	空间知觉	男	1951	11.47	4.88	1.838	.066
		女	1223	11.15	4.64		
	符号知觉	男	1951	11.87	6.03	-4.248**	.000
		女	1223	12.77	5.65		
	形状知觉	男	1951	12.70	4.49	-2.856**	.004
		女	1223	13.16	4.28		
	文档计分	男	1951	57.62	20.28	-1.581	.114
		女	1223	58.74	18.82		
操作测验	手眼协调	男	775	15.01	7.27	.194	.846
		女	481	14.93	7.04		
	职业能力总分	男	775	69.03	22.47	-.545	.586
		女	481	69.68	18.93		

注：* 表示在 0.05 水平上有显著差异，** 表示在 0.01 水平上有显著差异。

2）年龄差异比较分析

肢体残疾人在职业能力各分测验的得分随着年龄的增长而呈下降趋势。在数理能力和手眼协调操作测验，15-29 岁年龄段的肢体残疾人的得分与 30-39 岁年龄段的得分差别不大（见图 2-1-2）。

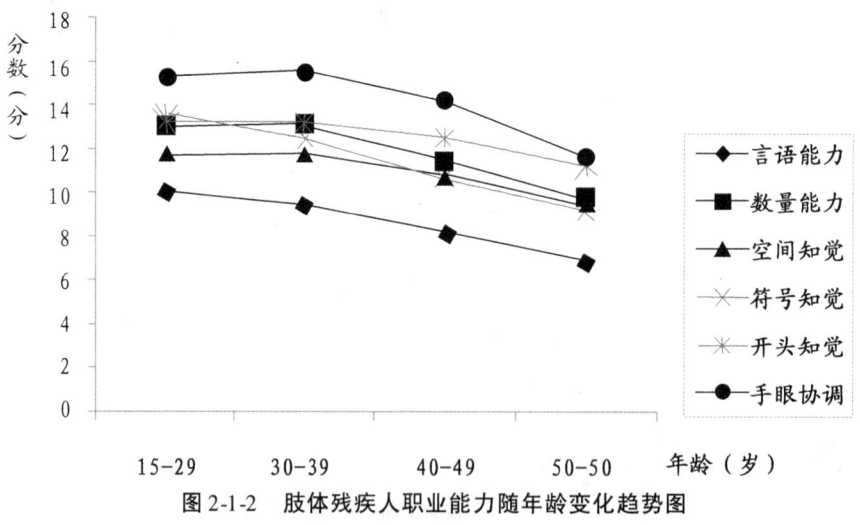

图 2-1-2 肢体残疾人职业能力随年龄变化趋势图

进一步差异性检验发现，肢体残疾人在职业能力的各个分测验及总测验得分上存在极其显著的年龄差异。多重比较可以看出，在言语能力、符号知觉分测验得分和文档计分上，各个年龄段的肢体残疾人的得分均存在显著性差异。在数理能力和空间知觉分测验和职业能力总分上，40 岁之前的两个年龄段的肢体残疾人的得分显著高于 40 岁之后的两组肢体残疾人群体，且 40-49 岁年龄段的得分显著高于 50-59 岁年龄段的肢体残疾人。在形状知觉分测验和手眼协调操作测验上，40 岁之前的两个年龄段与 40 岁之后的两个年龄段间存在显著差异，即 40 岁之前年龄段的肢体残疾人在形状知觉和手眼协调测验上的得分显著高于 40 岁之后的两个年龄段（见表 2-1-17）。

表 2-1-17 肢体残疾人职业能力的年龄差异检验

	名称	年龄(岁)	人数	平均值	标准差	F	p	多重比较
文档测验	言语能力	15-29	1285	10.03	3.76	70.460**	.000	1>2,1>3 1>4,2>3 2>4,3>4
		30-39	911	9.42	3.79			
		40-49	754	8.07	4.06			
		50-59	224	6.80	4.25			
	数理能力	15-29	1285	13.05	4.84	41.978**	.000	1>3,1>4 2>3,2>4 3>4
		30-39	911	13.05	4.95			
		40-49	754	11.46	5.18			
		50-59	224	9.73	5.81			
	空间知觉	15-29	1285	11.79	4.77	22.397**	.000	1>3,1>4 2>3,2>4 3>4
		30-39	911	11.75	4.65			
		40-49	754	10.67	4.72			
		50-59	224	9.49	5.10			
	符号知觉	15-29	1285	13.52	5.27	63.177**	.000	1>2,1>3 1>4,2>3 2>4,3>4
		30-39	911	12.43	5.94			
		40-49	754	10.67	6.03			
		50-59	224	9.08	6.43			
	形状知觉	15-29	1285	13.32	4.29	20.182**	.000	1>3,1>4 2>4,3>4
		30-39	911	13.07	4.35			
		40-49	754	12.41	4.24			
		50-59	224	11.11	5.32			
	文档计分	15-29	1285	61.72	18.52	61.870**	.000	1>2,1>3 1>4,2>3 2>4,3>4
		30-39	911	59.73	19.37			
		40-49	754	53.28	18.99			
		50-59	224	46.22	22.62			
操作测验	手眼协调	15-29	521	15.21	7.18	4.179**	.006	1>3,1>4 2>3,2>4
		30-39	416	15.50	6.75			
		40-49	294	14.12	7.47			
		50-59	25	11.63	8.88			
	职业能力总分	15-29	521	71.66	21.90	13.734**	.000	1>3,1>4 2>3,2>4 3>4
		30-39	416	70.98	19.99			
		40-49	294	63.88	19.82			
		50-59	25	54.84	24.57			

注:① * 表示在 0.05 水平上有显著差异,** 表示在 0.01 水平上有显著差异(下同)。
② 1 表示 15-29 岁年龄段的肢体残疾人组,2 表示 30-39 岁年龄段的肢体残疾人组,3 表示 40-49 岁年龄段的肢体残疾人组,4 表示 50-59 岁年龄段的肢体残疾人组。

3)残疾等级比较分析

随着残疾程度的加重,肢体残疾人在数理能力、空间知觉、符号知觉和形状知觉分测验的得分呈现平稳的波动状态;在言语能力分测验,三级和一级肢体残疾者的得分高于四级和二级肢体残疾者;在手眼协调操作测验,四级组得分最高,一级组、二级组和三级组的得分差别不大(见图2-1-3)。

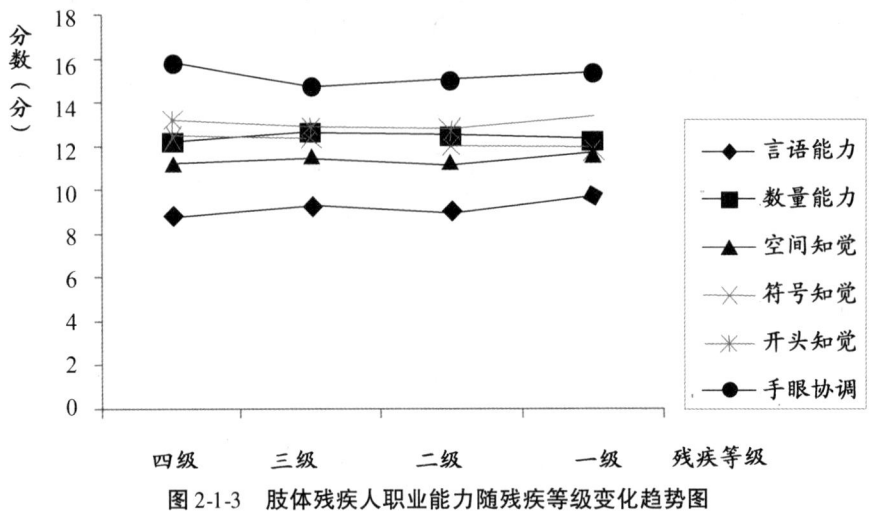

图2-1-3 肢体残疾人职业能力随残疾等级变化趋势图

进一步差异检验发现,在言语能力分测验上,不同残疾等级的肢体残疾人的得分存在显著性差异。多重比较显示,三级和一级两组的肢体残疾人与四级肢体残疾人组在言语能力分测验的得分存在显著性差异(见表2-1-18)。

表2-1-18 肢体残疾人职业能力的残疾等级差异检验

	名称	残疾等级	人数	平均值	标准差	F	p	多重比较
职业能力文档测验	言语能力	四级	608	8.83	3.88	3.212*	.022	2>1,4>1
		三级	1637	9.30	3.96			
		二级	584	8.98	4.15			
		一级	107	9.76	4.26			
	数理能力	四级	608	12.17	5.05	1.121	.339	
		三级	1637	12.59	5.10			
		二级	584	12.40	5.13			
		一级	107	12.21	5.34			
	空间知觉	四级	608	11.19	4.79	.835	.474	
		三级	1637	11.46	4.72			
		二级	584	11.18	4.76			
		一级	107	11.61	5.34			
	符号知觉	四级	608	12.51	5.89	.756	.519	
		三级	1637	12.29	5.80			
		二级	584	12.05	5.97			
		一级	107	11.93	6.24			

（续表）

名称		残疾等级	人数	平均值	标准差	F	p	多重比较
职业能力文档测验	形状知觉	四级	608	13.16	4.32	1.722	.160	
		三级	1637	12.80	4.38			
		二级	584	12.74	4.20			
		一级	107	13.40	5.01			
	文档计分	四级	608	57.86	19.32	.532	.660	
		三级	1637	58.43	19.29			
		二级	584	57.36	19.97			
		一级	107	58.91	22.66			
操作测验	手眼协调	四级	311	15.76	6.64	1.770	.151	
		三级	717	14.65	7.37			
		二级	198	14.89	7.26			
		一级	30	15.29	7.08			
职业能力总分		四级	311	70.04	20.39	2.177	.089	
		三级	717	68.15	21.25			
		二级	198	71.33	21.27			
		一级	30	75.01	25.24			

注：① * 表示在 0.05 水平上有显著差异。
② 1 表示四级肢体残疾人组，2 表示三级肢体残疾人组，3 表示二级肢体残疾人组，4 表示一级肢体残疾人组。

4）文化水平比较分析

肢体残疾人职业能力各分测验的得分随着文化水平的升高而呈现上升趋势（见图 2-1-4）。

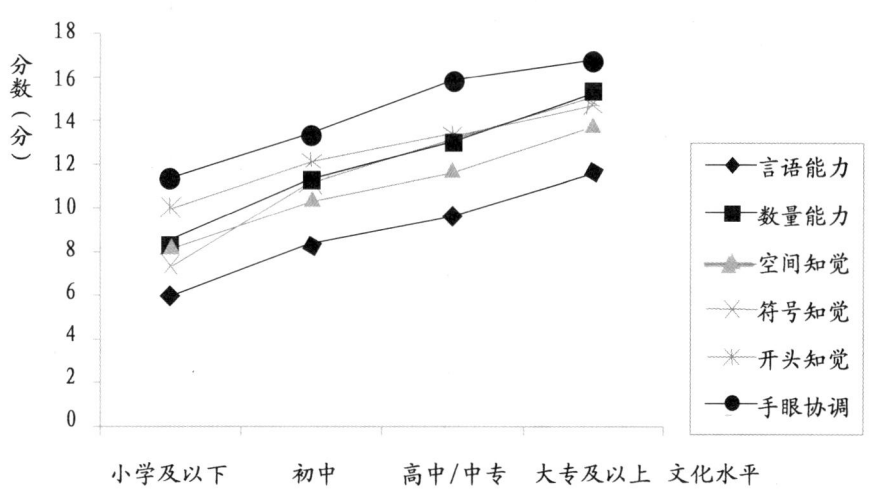

图 2-1-4　肢体残疾人职业能力随文化水平变化趋势图

进一步差异检验显示，职业能力各分测验的得分及总分均存在极显著性的文化水平差异。多重比较可以看出，在言语能力、数理能力、空间知觉、符号知觉与形状知觉分测验的得分和文档计分及职业能力总分，各组间均存在显著性差异，即大专及以上＞高中/中专＞初中＞小学及以下。在手眼协调操作测验，小学及以下组与初中组的肢体残疾人的得分不存在显著的差异，其余各组间均存在显著的差异，即大专及以上组的肢体残疾人的得分显著高于其余三组，且高中/中专组的得分显著高于初中组和小学及以下组(见表2-1-19)。

表2-1-19 肢体残疾人职业能力的文化水平差异检验

名称		文化水平	人数	平均值	标准差	F	p	多重比较
职业能力文档测验	言语能力	小学及以下	245	5.93	4.03	178.739**	.000	4>1,4>2 4>3,3>1 3>2,2>1
		初中	1055	8.26	3.90			
		高中/中专	1188	9.49	3.59			
		大专及以上	621	11.60	3.29			
	数理能力	小学及以下	245	8.31	5.25	163.040**	.000	4>1,4>2 4>3,3>1 3>2,2>1
		初中	1055	11.28	4.97			
		高中/中专	1188	12.98	4.75			
		大专及以上	621	15.29	4.03			
	空间知觉	小学及以下	245	8.15	4.32	118.125**	.000	4>1,4>2 4>3,3>1 3>2,2>1
		初中	1055	10.37	4.64			
		高中/中专	1188	11.75	4.62			
		大专及以上	621	13.75	4.26			
	符号知觉	小学及以下	245	7.38	5.89	136.476**	.000	4>1,4>2 4>3,3>1 3>2,2>1
		初中	1055	11.09	5.94			
		高中/中专	1188	12.90	5.50			
		大专及以上	621	15.02	4.64			
	形状知觉	小学及以下	245	10.02	5.12	93.187**	.000	4>1,4>2 4>3,3>1 3>2,2>1
		初中	1055	12.07	4.41			
		高中/中专	1188	13.29	4.12			
		大专及以上	621	14.70	3.58			
	文档计分	小学及以下	245	39.79	20.08	219.139**	.000	4>1,4>2 4>3,3>1 3>2,2>1
		初中	1055	53.07	19.06			
		高中/中专	1188	60.41	17.57			
		大专及以上	621	70.37	14.87			
操作测验	手眼协调	小学及以下	93	11.37	8.16	23.428**	.000	4>1,4>2 4>3,3>1 3>2
		初中	355	13.30	7.61			
		高中/中专	514	15.80	6.69			
		大专及以上	294	16.71	6.31			
职业能力总分		小学及以下	93	53.17	21.75	79.289**	.000	4>1,4>2 4>3,3>1 3>2,2>1
		初中	355	62.14	21.20			
		高中/中专	514	69.87	18.94			
		大专及以上	294	81.98	17.16			

注:1表示小学及以下肢体残疾人组,2表示初中肢体残疾人组,3表示高中/中专肢体残疾人组,4表示大专及以上肢体残疾人组。

5）残疾部位比较分析

职业能力各分测验得分的均数比较发现,在言语能力、数理能力分测验,躯干残疾者得分最高,下肢残疾者得分最低;在空间知觉分测验,躯干残疾者得分最高,上肢残疾者得分最低;在符号知觉分测验,上肢残疾者得分最高,上肢&下肢残疾者得分最低;在形状知觉分测验,躯干残疾者得分最高,上肢和上肢&下肢残疾者得分最低;在手眼协调分测验,下肢残疾者得分最高,上肢&下肢残疾者得分最低(见图2-1-5)。

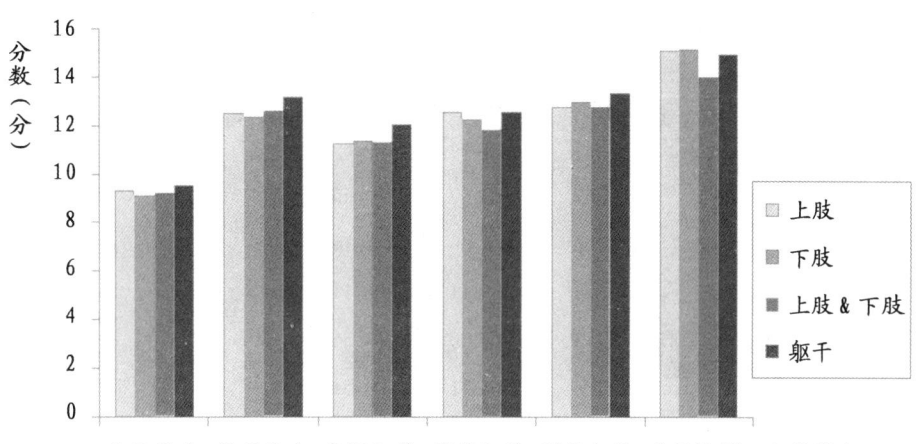

图 2-1-5　不同残疾部位的肢体残疾人职业能力的比较

进一步差异性检验发现,肢体残疾人在职业能力总分上存在显著性的残疾部位差异。多重比较发现,躯干残疾者的职业能力总分显著高于其他三组肢体残疾人群体(见表2-1-20)。

表 2-1-20　不同残疾部位肢体残疾人职业能力的差异检验

名称		残疾部位	人数	平均值	标准差	F	p	多重比较
职业能力文档测验	言语能力	上肢	647	9.31	3.79	.692	.557	
		下肢	1897	9.14	4.03			
		上肢&下肢	385	9.21	3.98			
		躯干	167	9.53	4.19			
	数理能力	上肢	647	12.53	5.22	1.381	.247	
		下肢	1897	12.38	5.11			
		上肢&下肢	385	12.62	4.88			
		躯干	167	13.17	5.11			
	空间知觉	上肢	647	11.30	4.77	1.215	.303	
		下肢	1897	11.39	4.79			
		上肢&下肢	385	11.34	4.75			
		躯干	167	12.07	4.82			
	符号知觉	上肢	647	12.58	5.81	1.438	.230	
		下肢	1897	12.26	5.87			
		上肢&下肢	385	11.83	6.00			
		躯干	167	12.54	5.91			

(续表)

名称		残疾部位	人数	平均值	标准差	F	p	多重比较
职业能力 文档测验	形状知觉	上肢	647	12.75	4.55	1.157	.325	
		下肢	1897	12.98	4.27			
		上肢&下肢	385	12.75	4.53			
		躯干	167	13.35	4.69			
	文档计分	上肢	647	58.47	19.64	.971	.405	
		下肢	1897	58.15	19.43			
		上肢&下肢	385	57.74	19.89			
		躯干	167	60.67	20.66			
操作测验	手眼协调	上肢	266	15.09	7.15	.940	.421	
		下肢	816	15.11	7.11			
		上肢&下肢	135	14.00	7.56			
		躯干	39	14.91	7.51			
职业能力总分		上肢	266	69.30	21.65	3.594*	.013	4>1,4>2 4>3
		下肢	816	68.59	20.87			
		上肢&下肢	135	70.42	20.14			
		躯干	39	79.71	25.40			

注:①* 表示在 0.05 水平上有显著差异。
②1 表示上肢残疾组,2 表示下肢残疾组,3 表示上肢和下肢残疾组,4 表示躯干残疾组。

6) 城郊差异比较分析

肢体残疾人在职业能力各分测验得分的均数比较发现,在言语能力和形状知觉分测验,城区女性肢体残疾人得分最高,郊区男性肢体残疾人得分最低;在数理能力和空间知觉分测验,城区男性肢体残疾人得分最高,郊区女性肢体残疾人得分最低;在符号知觉分测验,郊区女性肢体残疾人得分最高,郊区男性肢体残疾人得分最低(见图 2-1-6)。

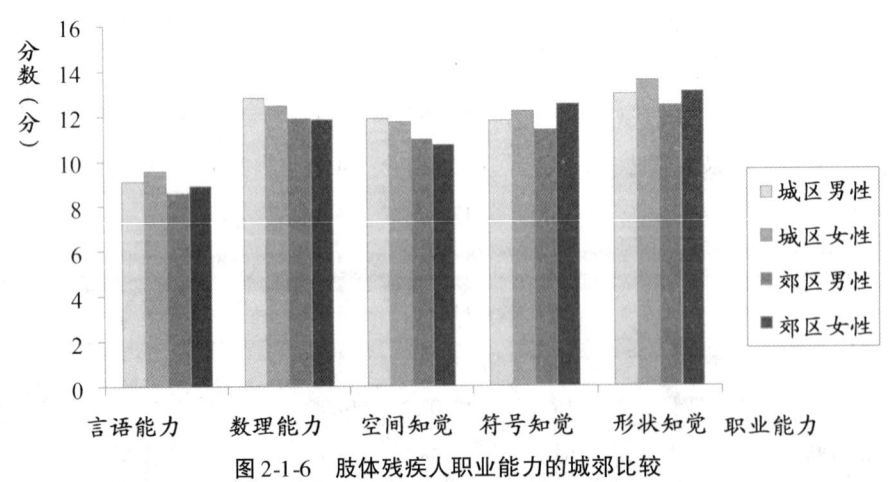

图 2-1-6 肢体残疾人职业能力的城郊比较

进一步差异性检验发现,城区男性、城区女性、郊区男性和郊区女性四个群体在数理能力、符号知觉分测验的得分及文档测验总分上存在显著性差异,在言语能力、空间知觉和形状知觉分测验的得分存在着极显著性差异。

多重比较可以看出,在言语能力分测验,城区男性得分显著高于郊区男性,且城区女性的得分显著高于郊区肢体残疾人;在数理能力分测验,城区男性得分显著高于郊区的肢体残疾人;在空间知觉分测验,城区肢体残疾人的得分显著高于郊区;在符号知觉分测验,女性肢体残疾人的得分显著高于郊区男性;在形状知觉分测验,城区女性得分显著高于城区和郊区肢体残疾人;在文档计分上,城区的肢体残疾人显著高于郊区男性肢体残疾人(见表2-1-21)。

表2-1-21 肢体残疾人职业能力的城郊差异检验

	名称	城郊*性别	人数	平均值	标准差	F	p	多重比较
职业能力	言语能力	城区男性	603	9.14	4.33	3.874	.009**	1>3,2>3 2>4
		城区女性	348	9.57	4.21			
		郊区男性	491	8.59	4.00			
		郊区女性	319	8.92	4.28			
	数理能力	城区男性	603	12.80	5.28	3.534	.014*	1>3,1>4
		城区女性	348	12.44	5.46			
		郊区男性	491	11.91	5.32			
		郊区女性	319	11.84	5.12			
	空间知觉	城区男性	603	11.92	5.07	5.724	.001**	1>3,1>4 2>3,2>4
		城区女性	348	11.72	4.99			
		郊区男性	491	10.99	4.95			
		郊区女性	319	10.72	4.92			
	符号知觉	城区男性	603	11.77	5.91	2.791	.039*	2>3,4>3
		城区女性	348	12.20	5.62			
		郊区男性	491	11.38	6.23			
		郊区女性	319	12.51	5.79			
	形状知觉	城区男性	603	12.97	4.82	4.070	.007**	2>1,2>3
		城区女性	348	13.60	4.65			
		郊区男性	491	12.48	4.43			
		郊区女性	319	13.08	4.49			
	文档计分	城区男性	603	58.59	21.35	3.419	.017*	1>3,2>3
		城区女性	348	59.53	20.68			
		郊区男性	491	55.36	20.75			
		郊区女性	319	57.07	20.17			

注:①* 表示在0.05水平上有显著差异,** 表示在0.01水平上有显著差异。
②1表示城区男性肢体残疾人组,2表示城区女性肢体残疾人组,3表示郊区男性肢体残疾人组,4表示郊区女性肢体残疾人组。

(4)结论

① 肢体残疾人在职业能力各分测验的得分情况从高到低依次为:形状知觉>数理能力>符号知觉>空间知觉>言语能力。

② 男性在言语能力分测验的得分低于女性,二者存在显著性的性别差异($p<0.05$);男性在符号知觉和形状知觉分测验的得分低于女性,二者存在极显著性的性别差异($p<0.01$)。

③ 肢体残疾人在职业能力各分测验的得分随着年龄的增长而呈下降趋势,各个分测验及总测验得分上存在极其显著的年龄差异($p<0.01$)。

④ 三级和一级两组的肢体残疾人与四级肢体残疾人组在言语能力分测验的得分存在显著性差异($p<0.05$)。

⑤ 肢体残疾人职业能力各分测验的得分随着文化水平的升高而呈现上升趋势,各分测验的得分及总分均存在极显著性的文化水平差异($p<0.01$)。

⑥ 躯干残疾者的职业能力总分显著高于其他三组肢体残疾人群体($p<0.05$)。

⑦ 北京、上海和广州三城市城区的肢体残疾人在职业能力各个分测验上的得分高于郊区的肢体残疾人。在言语能力分测验,城区男性的得分显著高于郊区男性,且城区女性的得分显著高于郊区肢体残疾人($p<0.05$);在数理能力分测验,城区男性的得分显著高于郊区的肢体残疾人($p<0.05$);在空间知觉分测验,城区的肢体残疾人的得分显著高于郊区($p<0.05$);在符号知觉分测验,女性肢体残疾人的得分显著高于郊区男性($p<0.05$);在形状知觉分测验,城区女性的得分显著高于城区和郊区肢体残疾人($p<0.05$);在文档计分上,城区的肢体残疾人显著高于郊区男性肢体残疾人的得分($p<0.05$)。

2. 肢体残疾人职业人格状况

(1)测试人群分布

本项目共选取3125名有效被试进行了肢体残疾人职业人格测验,其基本信息见2-1-22。

表 2-1-22　肢体残疾人职业人格测验有效样本分布表　　　　　(单位:人)

年龄(岁)	性别		总计
	男	女	
15-29	763	511	1274
30-39	535	363	898
40-49	460	279	739
50-59	162	52	214
总计	1920	1205	3125

北京、上海和广州三城市肢体残疾人职业人格测验样本共1717人,其城郊信息见表2-1-23。

表 2-1-23　三城市肢体残疾人职业人格测验城郊样本分布表　　(单位:人)

年龄(岁)	城区			郊区			合计
	男	女	小计	男	女	小计	
15-29	219	143	362	157	126	283	645
30-39	146	88	234	138	85	223	457
40-49	142	88	230	129	74	203	433
50-59	79	18	97	57	28	85	182
合计	586	337	923	481	313	794	1717

(2)总体情况

被测试的肢体残疾人在职业人格各维度的得分从高到低依次为:责任心>管理能力>严谨性>自信心>坚持性>交际能力>抗挫折能力>情绪稳定性,说明肢体残疾者的责任心和管理能力的人格特征表现最为突出。在不同年龄的男性肢体残疾人中,30-39岁年龄组在坚持性、严谨性、情绪稳定性、自信心、责任心和交际能力维度的得分高于其他年龄组;15-29岁年龄组在抗挫折能力维度的得分高于其他三组;50-59岁年龄组在管理能力上的得分最高。在不同年龄段的女性肢体残疾人中,15-29岁年龄组在责任心、交际能力和抗挫折能力维度的得分高于其他组;30-39岁的年龄组在坚持性、严谨性和情绪稳定性维度的得分高于其他三组;在自信心维度,30-39岁和40-49岁的年龄组得分高于另两组;在管理能力上,50-59岁年龄组的得分最高。肢体残疾人职业人格测验情况见表2-1-24。

表2-1-24 肢体残疾人职业人格测验的平均数和标准差

		n	坚持性		严谨性		情绪稳定性		自信心	
			M	Std	M	Std	M	Std	M	Std
	总体	3125	8.63	2.71	8.75	2.08	6.75	3.12	8.72	2.21
	男性	1920	8.52	2.73	8.73	2.10	6.83	3.08	8.69	2.15
	女性	1205	8.79	2.67	8.79	2.05	6.62	3.20	8.78	2.29
男	15-29	763	8.61	2.63	8.68	2.11	6.89	2.93	8.63	2.16
	30-39	535	8.94	2.63	8.91	1.98	7.31	3.16	8.90	2.10
	40-49	460	8.16	2.84	8.67	2.13	6.44	3.03	8.64	2.19
	50-59	162	7.73	2.88	8.51	2.27	6.08	3.33	8.41	2.15
女	15-29	511	8.88	2.64	8.72	2.14	6.59	3.16	8.69	2.39
	30-39	363	8.93	2.56	8.94	1.85	6.87	3.20	8.84	2.25
	40-49	279	8.51	2.89	8.80	2.10	6.37	3.25	8.84	2.21
	50-54	52	8.44	2.42	8.52	2.07	6.44	3.14	8.83	1.84

表2-1-24 肢体残疾人职业人格测验的平均数和标准差(续)

		n	责任心		交际能力		管理能力		抗挫折能力	
			M	Std	M	Std	M	Std	M	Std
	总体	3125	9.53	2.06	8.56	2.40	9.36	2.16	7.85	2.64
	男性	1920	9.42	2.11	8.53	2.43	9.34	2.20	7.87	2.66
	女性	1205	9.71	1.97	8.60	2.36	9.40	2.11	7.81	2.60
男	15-29	763	9.45	2.07	8.51	2.48	9.09	2.23	8.15	2.57
	30-39	535	9.61	2.03	8.85	2.39	9.51	2.11	8.10	2.67
	40-49	460	9.26	2.17	8.37	2.38	9.42	2.24	7.41	2.64
	50-59	162	9.09	2.27	8.06	2.32	9.73	2.11	7.07	2.81
女	15-29	511	9.78	1.91	8.70	2.45	9.20	2.16	8.09	2.65
	30-39	363	9.75	1.93	8.61	2.27	9.47	2.09	7.83	2.57
	40-49	279	9.53	2.12	8.43	2.36	9.59	2.01	7.39	2.54
	50-54	52	9.75	1.95	8.46	2.04	9.87	2.02	7.23	2.33

城区肢体残疾人在责任心、交际能力和管理能力三个人格维度上的得分低于郊区肢体残疾人,在其他五个人格特征维度上的得分高于郊区肢体残疾人。城区或郊区的女性在坚持性、严谨性、自信心、责任心、交际能力维度上的得分均高于城区或郊区的男性肢体残疾人,而在情绪稳定性和抗挫折能力维度上的得分低于男性;在管理能力维度,城区的女性和郊区的男性得分相对较高。城郊肢体残疾人职业人格测验情况见表2-1-25。

表 2-1-25　肢体残疾人职业人格测验城郊样本的平均数和标准差

		n	坚持性		严谨性		情绪稳定性		自信心	
			M	Std	M	Std	M	Std	M	Std
	城区	923	8.48	2.71	8.82	2.30	6.47	3.14	8.48	2.19
	郊区	794	8.23	2.92	8.73	2.16	6.10	3.44	8.39	2.18
城区	男	586	8.44	2.77	8.87	2.36	6.57	3.12	8.47	2.15
	女	337	8.55	2.58	8.74	2.19	6.30	3.18	8.50	2.25
郊区	男	481	8.09	2.91	8.72	2.15	6.13	3.38	8.32	2.04
	女	313	8.44	2.94	8.75	2.16	6.04	3.54	8.51	2.37

表 2-1-25　肢体残疾人职业人格测验城郊样本的平均数和标准差(续)

		n	责任心		交际能力		管理能力		抗挫折能力	
			M	Std	M	Std	M	Std	M	Std
	城区	923	9.43	2.23	8.30	2.61	9.59	2.27	7.82	2.53
	郊区	794	9.52	2.25	8.35	2.39	9.65	2.36	7.42	2.72
城区	男	586	9.36	2.30	8.18	2.69	9.58	2.35	7.96	2.55
	女	337	9.55	2.10	8.51	2.44	9.63	2.13	7.59	2.48
郊区	男	481	9.39	2.27	8.34	2.37	9.71	2.35	7.45	2.67
	女	313	9.73	2.21	8.38	2.42	9.56	2.37	7.37	2.79

(3) 肢体残疾人职业人格特征

1) 性别差异比较分析

职业能力各分测验得分的均数比较显示,男性肢体残疾人在情绪稳定性和抗挫折能力维度的得分高于女性,而在坚持性、严谨性、自信心、责任心、交际能力和管理能力维度的得分低于女性(见图 2-1-7)。

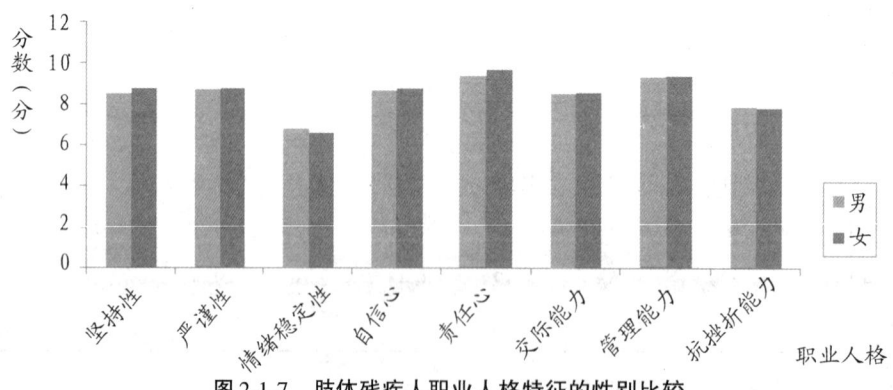

图 2-1-7　肢体残疾人职业人格特征的性别比较

进一步差异检验发现,肢体残疾人在坚持性和责任心维度存在着极显著性的性别差异,即男性组在坚持性和责任心维度的得分显著低于女性组(见表 2-1-26)。

表 2-1-26 肢体残疾人职业人格特征的性别差异检验

	名称	性别	人数	平均数	标准差	t	p
职业人格	坚持性	男	1920	8.52	2.73	-2.750**	.006
		女	1205	8.79	2.67		
	严谨性	男	1920	8.73	2.10	-.841	.401
		女	1205	8.79	2.05		
	情绪稳定性	男	1920	6.83	3.08	1.857	.063
		女	1205	6.62	3.20		
	自信心	男	1920	8.69	2.15	-1.015	.310
		女	1205	8.78	2.29		
	责任心	男	1920	9.42	2.11	-3.922**	.000
		女	1205	9.71	1.97		
	交际能力	男	1920	8.53	2.43	-.792	.428
		女	1205	8.60	2.36		
	管理能力	男	1920	9.34	2.20	-.739	.460
		女	1205	9.40	2.11		
	抗挫折能力	男	1920	7.87	2.66	.549	.583
		女	1205	7.81	2.60		

2）年龄差异比较分析

随着年龄的增长，肢体残疾人在坚持性、严谨性、情绪稳定性、责任心、交际能力维度的得分呈现先升后降的趋势，且30-39岁年龄段的肢体残疾人在这些人格维度上的得分最高，40岁之前的肢体残疾人在坚持性、情绪稳定性、责任心和交际能力维度的得分高于40岁之后的肢体残疾人；管理能力维度的得分呈现随着年龄的增长而逐渐上升的趋势；在抗挫折能力维度的得分呈现随着年龄的增长而逐渐下降的趋势；在自信心维度的得分水平波动（见图2-1-8）。

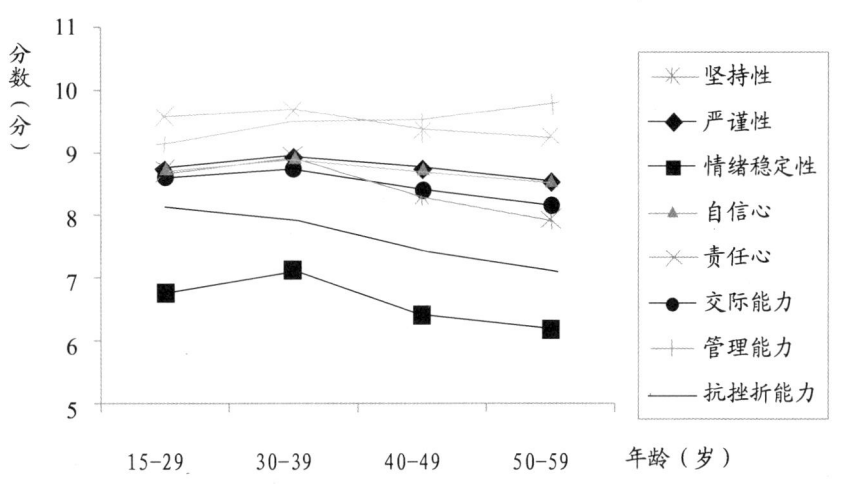

图 2-1-8 肢体残疾人职业人格特征随年龄变化趋势图

进一步差异性检验发现，肢体残疾人在严谨性维度的得分存在着显著性的年龄差异，在坚持性、情绪稳定性、责任心、交际能力、管理能力和抗挫折能力维度的得分存在着极其显著性的年龄差异，各年龄段的肢体残疾人在自信心维度的得分不存在显著性差异。多重比较可看出，在坚持性、责任心和抗挫折能力维度,40岁之前的肢体残疾人得分显著高于40岁之后的两组肢体残疾人;在严谨性维度,30-39岁年龄段的肢体残疾人得分显著高于其他三组;在情绪稳定性维度,30-39岁年龄段的肢体残疾人得分显著高于其他三组,且15-29岁年龄段的坚持性得分显著高于40岁之后的两组肢体残疾人,说明40岁之前的肢体残疾人的情绪稳定性人格特征更明显。在交际能力维度,30-39岁年龄段肢体残疾人的得分显著高于40岁之后的两组肢体残疾人,且15-29岁年龄段的肢体残疾人的得分显著高于50-59岁年龄段肢体残疾人。在管理能力维度,15-29岁年龄段的肢体残疾人的得分显著低于其他三个年龄段的肢体残疾人(见表2-1-27)。

表2-1-27 肢体残疾人职业人格特征的年龄差异检验

	名称	年龄(岁)	人数	平均值	标准差	F	p	多重比较
职业人格	坚持性	15-29	1274	8.72	2.64			
		30-39	898	8.94	2.60	13.374**	.000	1>3,1>4
		40-49	739	8.29	2.86			2>3,2>4
		50-59	214	7.91	2.79			
	严谨性	15-29	1274	8.70	2.12			
		30-39	898	8.92	1.93	3.350*	.018	2>1,2>3
		40-49	739	8.72	2.12			2>4
		50-59	214	8.51	2.22			
	情绪稳定性	15-29	1274	6.77	3.03			1>3,1>4
		30-39	898	7.13	3.18	9.779**	.000	2>1,2>3
		40-49	739	6.42	3.11			2>4
		50-59	214	6.17	3.28			
	自信心	15-29	1274	8.66	2.26			
		30-39	898	8.88	2.16	2.462	.061	
		40-49	739	8.72	2.20			
		50-59	214	8.51	2.08			
	责任心	15-29	1274	9.58	2.02			
		30-39	898	9.66	1.99	4.521**	.004	1>3,1>4
		40-49	739	9.36	2.15			2>3,2>4
		50-59	214	9.25	2.21			
	交际能力	15-29	1274	8.59	2.47			
		30-39	898	8.75	2.34	5.220**	.001	1>4,2>3
		40-49	739	8.39	2.37			2>4
		50-59	214	8.15	2.26			
	管理能力	15-29	1274	9.13	2.20			
		30-39	898	9.49	2.10	9.246**	.000	2>1,3>1
		40-49	739	9.49	2.16			4>1
		50-59	214	9.77	2.09			

(续表)

名称		年龄(岁)	人数	平均值	标准差	F	p	多重比较
职业人格	抗挫折能力	15-29	1274	8.12	2.60	18.337**	.000	1>3,1>4 2>3,2>4
		30-39	898	7.99	2.63			
		40-49	739	7.40	2.60			
		50-59	214	7.11	2.70			

注:1 表示 15-29 岁年龄段的肢体残疾人组,2 表示 30-39 岁年龄段的肢体残疾人组,3 表示 40-49 岁年龄段的肢体残疾人组,4 表示 50-59 岁年龄段的肢体残疾人组。

3)残疾等级比较分析

肢体残疾人职业人格各维度的得分随残疾程度的加重呈平稳波动(见图2-1-9)。

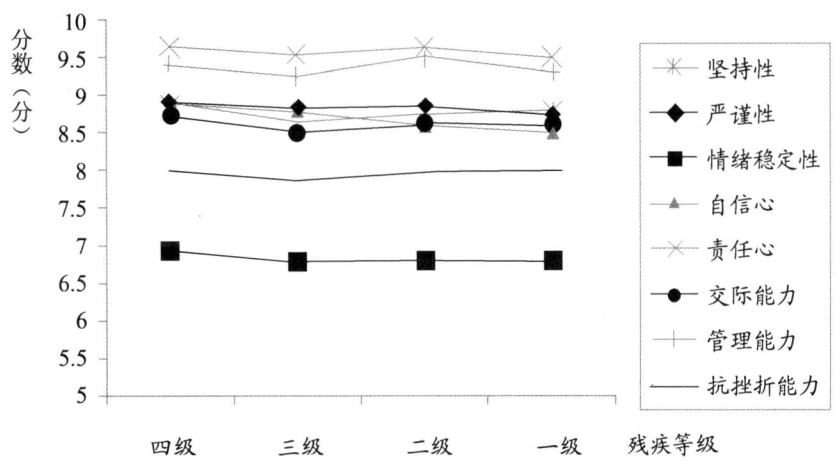

图 2-1-9 肢体残疾人职业人格特征随残疾等级变化趋势图

进一步差异性检验显示,肢体残疾人在职业人格各维度得分残疾等级差异均不显著(见表2-1-28)。

表 2-1-28 肢体残疾人职业人格特征的残疾等级差异检验

	名称	残疾等级	人数	平均数	标准差	t	p
职业人格	坚持性	四级	602	8.86	2.66	1.281	.279
		三级	1621	8.62	2.69		
		二级	574	8.74	2.58		
		一级	100	8.78	2.69		
	严谨性	四级	602	8.83	2.01	.261	.853
		三级	1621	8.76	2.06		
		二级	574	8.83	2.05		
		一级	100	8.73	2.29		
	情绪稳定性	四级	602	6.93	3.04	.354	.786
		三级	1621	6.79	3.06		
		二级	574	6.78	3.12		
		一级	100	6.81	3.04		

(续表)

名称		残疾等级	人数	平均数	标准差	t	p
职业人格	自信心	四级	602	8.88	2.22	1.763	.152
		三级	1621	8.75	2.18		
		二级	574	8.62	2.18		
		一级	100	8.51	2.43		
	责任心	四级	602	9.63	2.08	.782	.504
		三级	1621	9.51	2.05		
		二级	574	9.62	1.96		
		一级	100	9.48	2.13		
	交际能力	四级	602	8.72	2.31	1.287	.277
		三级	1621	8.50	2.43		
		二级	574	8.60	2.40		
		一级	100	8.60	2.37		
	管理能力	四级	602	9.41	2.12	2.166	.090
		三级	1621	9.25	2.17		
		二级	574	9.50	2.09		
		一级	100	9.30	2.31		
	抗挫折能力	四级	602	7.96	2.66	.348	.791
		三级	1621	7.86	2.62		
		二级	574	7.96	2.54		
		一级	100	7.99	2.60		

4）文化水平比较分析

肢体残疾人在职业人格各维度的得分呈现随着文化水平的提高而升高的趋势（见图2-1-10）。

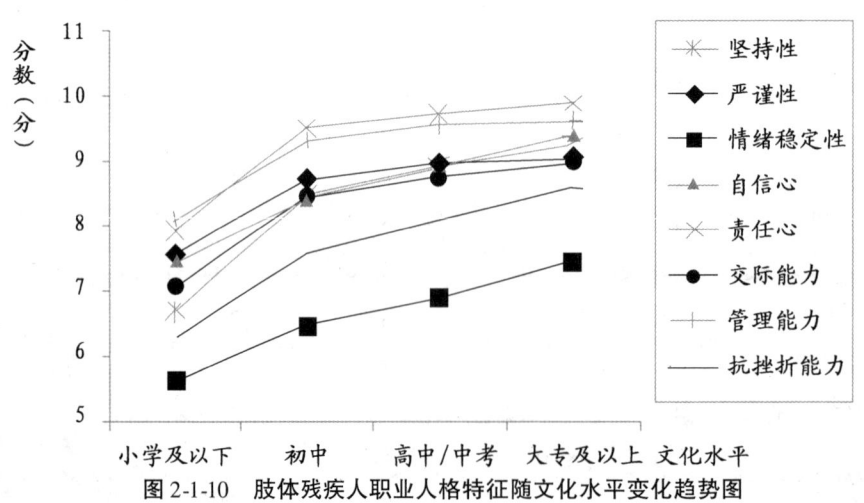

图2-1-10　肢体残疾人职业人格特征随文化水平变化趋势图

进一步差异检验显示，不同文化水平的肢体残疾人在职业人格的各个维度的得分均存在极显著性差异。多重比较可以看出，在坚持性、情绪稳定性、自信心、交际能力和抗挫折能力维度的得分，各组间均存在显著差异，即大专及以上组>高中/中专组>初中组>小学及以下组；在严谨性、责任心和管理能力维度,高中/中专组和大专及以上组的得分显著高于小学及以下组和初中组,且初中组的得分显著高于小学及以下组的肢体残疾人(见表2-1-29)。

表2-1-29 肢体残疾人职业人格特征的文化水平差异检验

名称		文化水平	人数	平均值	标准差	F	p	多重比较
职业人格	坚持性	小学及以下	235	6.71	2.60	56.833**	.000	4>1,4>2 4>3,3>1 3>2,2>1
		初中	1034	8.46	2.71			
		高中/中专	1178	8.89	2.63			
		大专及以上	618	9.21	2.47			
	严谨性	小学及以下	235	7.53	2.14	34.439**	.000	4>1,4>2 3>1,3>2 2>1
		初中	1034	8.71	2.04			
		高中/中专	1178	8.94	2.04			
		大专及以上	618	8.98	1.96			
	情绪稳定性	小学及以下	235	5.62	2.60	24.747**	.000	4>1,4>2 4>3,3>1 3>2,2>1
		初中	1034	6.47	3.12			
		高中/中专	1178	6.89	3.11			
		大专及以上	618	7.45	3.09			
	自信心	小学及以下	235	7.52	2.39	53.402**	.000	4>1,4>2 4>3,3>1 3>2,2>1
		初中	1034	8.43	2.14			
		高中/中专	1178	8.90	2.13			
		大专及以上	618	9.39	2.10			
	责任心	小学及以下	235	7.94	2.41	59.899**	.000	4>1,4>2 3>1,3>2 2>1
		初中	1034	9.50	2.14			
		高中/中专	1178	9.72	1.88			
		大专及以上	618	9.88	1.74			
	交际能力	小学及以下	235	7.09	2.43	40.465**	.000	4>1,4>2 4>3,3>1 3>2,2>1
		初中	1034	8.46	2.33			
		高中/中专	1178	8.75	2.37			
		大专及以上	618	8.98	2.33			
	管理能力	小学及以下	235	8.07	2.56	34.779**	.000	4>1,4>2 3>1,3>2 2>1
		初中	1034	9.31	2.26			
		高中/中专	1178	9.54	2.00			
		大专及以上	618	9.60	1.92			
	抗挫折能力	小学及以下	235	6.28	2.40	52.073**	.000	4>1,4>2 4>3,3>1 3>2,2>1
		初中	1034	7.57	2.66			
		高中/中专	1178	8.04	2.58			
		大专及以上	618	8.58	2.45			

注:1表示小学及以下肢体残疾人组,2表示初中肢体残疾人组,3表示高中/中专肢体残疾人组,4表示大专及以上肢体残疾人组。

5) 残疾部位比较分析

职业人格各维度得分的均数比较发现,上肢残疾者在情绪稳定性、自信心、管理能力和抗挫折能力维度的得分最高;下肢残疾者在交际能力维度的得分最高;躯干残疾者在坚持性、严谨性和责任心的得分最高;上肢&下肢残疾者在职业人格格维度的得分均为最低(见图2-1-11)。

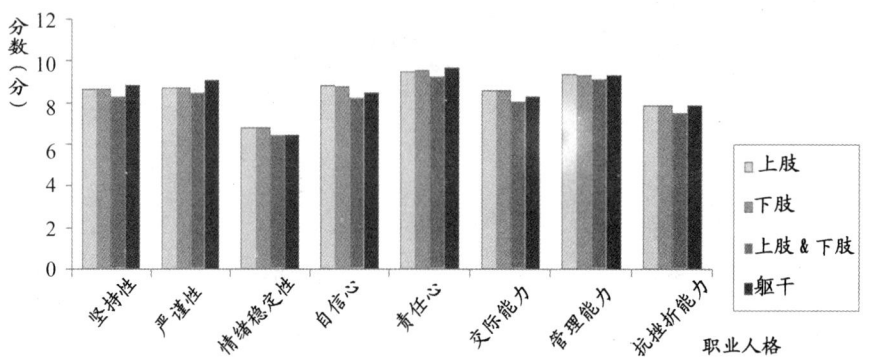

图2-1-11 不同残疾部位肢体残疾人职业人格特征的比较

进一步差异性检验显示,不同残疾部位的肢体残疾人在严谨性维度的得分存在显著性的差异,在自信心和交际能力维度的得分存在极显著性的差异。多重比较可看出,在严谨性维度,上肢&下肢残疾者的得分显著低于躯干残疾人组和下肢残疾人组;在自信心和交际能力维度,上肢残疾者和下肢残疾者的得分显著高于上肢&下肢残疾者(见表2-1-30)。

表2-1-30 不同残疾部位肢体残疾人职业人格特征的差异性检验

	名称	残疾部位	人数	平均值	标准差	F	p	多重比较
职业人格	坚持性	上肢	637	8.68	2.74	2.506	.057	
		下肢	1874	8.69	2.70			
		上肢&下肢	377	8.31	2.62			
		躯干	165	8.85	2.70			
	严谨性	上肢	637	8.76	2.04	2.968*	.031	4>3,2>3
		下肢	1874	8.78	2.06			
		上肢&下肢	377	8.54	2.15			
		躯干	165	9.11	2.26			
	情绪稳定性	上肢	637	6.86	3.15	1.728	.159	
		下肢	1874	6.82	3.10			
		上肢&下肢	377	6.50	3.15			
		躯干	165	6.48	3.24			
	自信心	上肢	637	8.86	2.15	7.314**	.000	1>3,2>3
		下肢	1874	8.81	2.19			
		上肢&下肢	377	8.28	2.26			
		躯干	165	8.53	2.26			
	责任心	上肢	637	9.54	2.10	2.055	.104	
		下肢	1874	9.58	2.02			
		上肢&下肢	377	9.33	2.11			
		躯干	165	9.75	1.94			

(续表)

名称		残疾部位	人数	平均值	标准差	F	p	多重比较
职业人格	交际能力	上肢	637	8.66	2.34	6.161**	.000	1>3,2>3
		下肢	1874	8.67	2.37			
		上肢&下肢	377	8.12	2.55			
		躯干	165	8.35	2.42			
	管理能力	上肢	637	9.45	2.09	1.262	.286	
		下肢	1874	9.38	2.17			
		上肢&下肢	377	9.18	2.23			
		躯干	165	9.35	2.12			
	抗挫折能力	上肢	637	7.93	2.67	2.092	.099	
		下肢	1874	7.90	2.62			
		上肢&下肢	377	7.55	2.55			
		躯干	165	7.90	2.78			

注：① * 表示在0.05水平上有显著差异，** 表示在0.01水平上有显著差异。
② 1表示上肢残疾人组，2表示下肢残疾人组，3表示上肢&下肢残疾人组，4表示躯干残疾人组。

6）城郊差异比较分析

肢体残疾人在职业人格各维度得分的均数比较发现，城区男性组在严谨性、情绪稳定性和抗挫折能力维度的得分最高，在责任心和交际能力维度得分最低；城区女性组在坚持性、自信心和交际能力三个维度的得分最高；郊区男性组在管理能力维度得分最高，在坚持性、严谨性和自信心维度得分最低；郊区女性组在责任心维度的得分最高，在情绪稳定性、抗挫折能力和管理能力维度的得分最低（见图2-1-12）。

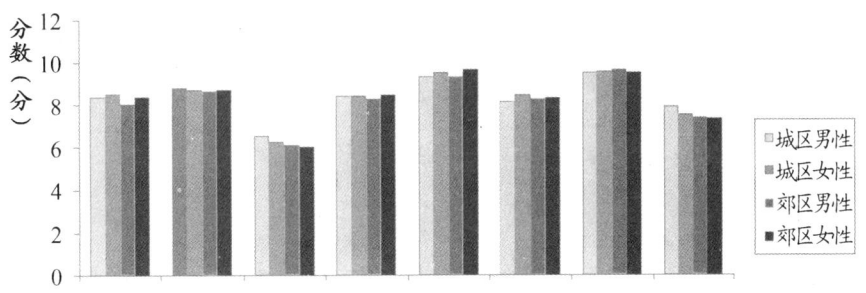

图2-1-12 肢体残疾人职业人格特征的城郊比较

进一步差异性检验显示，城区男性、城区女性、郊区男性和郊区女性四个群体在抗挫折能力维度的得分存在极其显著性差异，在其他人格特征维度上，四个群体之间并不存在显著性差异。多重比较可以看出，在抗挫折能力维度，城区男性组的得分显著高于其他三组，说明城区男性肢体残疾人的抗挫折能力人格特征更为突出（见表2-1-31）。

表 2-1-31 肢体残疾人职业人格特征的城郊差异检验

名称		城郊*性别	人数	平均值	标准差	F	p	多重比较
职业人格	坚持性	城区男性	586	8.44	2.77	2.220	.084	
		城区女性	337	8.55	2.58			
		郊区男性	481	8.09	2.91			
		郊区女性	313	8.44	2.94			
	严谨性	城区男性	586	8.87	2.36	.446	.720	
		城区女性	337	8.74	2.19			
		郊区男性	481	8.72	2.15			
		郊区女性	313	8.75	2.16			
	情绪稳定性	城区男性	586	6.57	3.12	2.391	.067	
		城区女性	337	6.30	3.18			
		郊区男性	481	6.13	3.38			
		郊区女性	313	6.04	3.54			
	自信心	城区男性	586	8.47	2.15	.725	.537	
		城区女性	337	8.50	2.25			
		郊区男性	481	8.32	2.04			
		郊区女性	313	8.51	2.37			
	责任心	城区男性	586	9.36	2.30	2.183	.088	
		城区女性	337	9.55	2.10			
		郊区男性	481	9.39	2.27			
		郊区女性	313	9.73	2.21			
	交际能力	城区男性	586	8.18	2.69	1.300	.273	
		城区女性	337	8.51	2.44			
		郊区男性	481	8.34	2.37			
		郊区女性	313	8.38	2.42			
	管理能力	城区男性	586	9.58	2.35	.374	.772	
		城区女性	337	9.63	2.13			
		郊区男性	481	9.71	2.35			
		郊区女性	313	9.56	2.37			
	抗挫折能力	城区男性	586	7.96	2.55	4.930**	.002	1>2,1>3 1>4
		城区女性	337	7.59	2.48			
		郊区男性	481	7.45	2.67			
		郊区女性	313	7.37	2.79			

注:1 表示城区男性肢体残疾人组,2 表示城区女性肢体残疾人组,3 表示郊区男性肢体残疾人组,4 表示郊区女性肢体残疾人组。

(4）结论

①肢体残疾人在职业人格各维度的得分从高到低依次为：责任心>管理能力>严谨性>自信心>坚持性>交际能力>抗挫折能力>情绪稳定性。

②男性在坚持性和责任心维度的得分显著低于女性，二者存在着极显著性的性别差异（$p<0.01$）。

③肢体残疾人在坚持性、严谨性、情绪稳定性、责任心、交际能力维度的得分呈现先升后降的趋势，且30-39岁年龄段的肢体残疾人在这些人格维度上的得分最高，40岁之前的肢体残疾人在坚持性、情绪稳定性、责任心和交际能力维度的得分高于40岁之后的肢体残疾人；管理能力维度的得分呈现随着年龄的增长而逐渐上升的趋势；在抗挫折能力维度的得分呈现随着年龄的增长而逐渐下降的趋势。肢体残疾人在严谨性维度的得分存在着显著性的年龄差异（$p<0.05$），在坚持性、情绪稳定性、责任心、交际能力、管理能力和抗挫折能力维度的得分存在着极其显著性的年龄差异（$p<0.01$）。

④肢体残疾人在职业人格各维度的得分呈现随着文化水平的提高而升高的趋势，不同文化水平的肢体残疾人在职业人格的各个维度的得分均存在极显著性差异（$p<0.01$）。

⑤上肢残疾者在自信心维度的得分最高；下肢残疾者在交际能力维度的得分最高；躯干残疾者在严谨性维度得分最高；上肢&下肢残疾者在职业人格维度的得分均为最低，且不同残疾部位的肢体残疾人在严谨性维度的得分存在显著性差异（$p<0.05$），在自信心和交际能力维度的得分存在极显著差异（$p<0.01$）。

⑥北京、上海和广州三城市城区的男性肢体残疾人在抗挫折能力维度的得分显著高于城区女性和郊区的肢体残疾人（$p<0.05$）。

3. 肢体残疾人职业兴趣状况

（1）测试人群分布

本项目共选取3105名有效被试进行了肢体残疾人职业兴趣测验，其基本信息见表2-1-32。

表2-1-32　肢体残疾人职业兴趣测验有效样本分布表　　　　（单位：人）

年龄（岁）	性别		总计
	男	女	
15-29	758	508	1266
30-39	533	365	898
40-49	455	277	732
50-59	156	53	209
总计	1902	1203	3105

北京、上海和广州三城市肢体残疾人职业兴趣测验的样本中城郊区有效被试共1700人，其基本信息见表2-1-33。

表2-1-33　三城市肢体残疾人职业兴趣测验有效城郊样本分布表　　　　（单位：人）

年龄（岁）	城区			郊区			合计
	男	女	小计	男	女	小计	
15-29	214	144	358	157	125	282	640
30-39	146	89	235	136	85	221	456
40-49	140	86	226	127	74	201	427
50-59	75	19	94	55	28	83	177
合计	575	338	913	475	312	787	1700

(2) 总体情况

被测试的肢体残疾人在职业兴趣各类型的得分从高到低依次为:现实型>常规型>社会型>研究型>企业型>艺术型,说明肢体残疾者更喜欢从事现实型和常规型的职业。在不同年龄的男性肢体残疾人中,15-29岁年龄组在企业型和艺术型得分最高;30-39岁年龄组在现实型、研究型和社会型的得分均高于其他年龄组;50-59岁年龄组在常规型的得分最高。在不同年龄的女性肢体残疾人中,15-39岁年龄组在研究型、企业型和艺术型的得分高于其他三组;30-39岁年龄组在社会型的得分最高;50-59岁年龄组在常规型和现实型的得分高于女性其他年龄组群。肢体残疾人职业兴趣测验情况见表2-1-34。

表2-1-34 肢体残疾人职业兴趣测验的平均数和标准差

		n	常规型		现实型		研究型		企业型		社会型		艺术型	
			M	Std	M	Std	M	Std	M	Std	M	Std	M	Std
总体		3105	6.09	1.73	6.54	1.76	6.03	1.91	5.62	1.86	6.07	1.81	5.01	1.98
男性		1902	6.05	1.76	6.69	1.81	6.23	1.89	5.77	1.81	6.00	1.81	4.84	1.99
女性		1203	6.16	1.68	6.31	1.67	5.72	1.91	5.39	1.91	6.18	1.80	5.29	1.94
男	15-29	758	5.94	1.77	6.72	1.80	6.23	1.95	5.86	1.77	6.03	1.83	4.96	1.98
	30-39	533	6.10	1.82	6.81	1.82	6.43	1.82	5.79	1.84	6.20	1.75	4.76	1.99
	40-49	455	6.14	1.70	6.64	1.80	6.11	1.86	5.70	1.84	5.92	1.84	4.88	1.97
	50-59	156	6.15	1.65	6.28	1.73	5.84	1.79	5.49	1.77	5.37	1.77	4.39	2.03
女	15-29	508	6.17	1.66	6.27	1.60	5.85	1.93	5.57	1.94	6.12	1.82	5.52	1.94
	30-39	365	6.03	1.73	6.29	1.78	5.68	1.94	5.24	1.85	6.48	1.75	5.17	1.99
	40-49	277	6.25	1.65	6.37	1.66	5.55	1.90	5.24	1.91	6.03	1.75	5.19	1.83
	50-54	53	6.45	1.72	6.57	1.67	5.66	1.51	5.40	1.92	5.45	1.78	4.40	1.79

北京、上海和广州三城市的城区肢体残疾人在职业兴趣各类型的得分高于郊区肢体残疾人。城区男性组在常规型、研究型、企业型的得分高于城区女性组,而在现实型、社会型和艺术型上的得分低于女性组。郊区男性组在研究型、企业型的得分高于郊区女性组,在常规型上两个群体相当,而在现实型、社会型和艺术型的得分低于郊区女性组。城郊肢体残疾人职业兴趣测验情况见表2-1-35。

表2-1-35 三城市肢体残疾人职业兴趣测验城郊样本的平均数和标准差

		n	常规型		现实型		研究型		企业型		社会型		艺术型	
			M	Std	M	Std	M	Std	M	Std	M	Std	M	Std
城区		913	6.40	1.67	6.31	1.49	5.89	1.84	5.64	1.83	5.46	1.63	4.65	1.92
郊区		787	6.24	1.57	6.01	1.57	5.80	1.79	5.63	1.72	5.34	1.57	4.58	1.86
城区	男	575	6.44	1.70	6.24	1.51	6.05	1.84	5.83	1.82	5.34	1.66	4.41	1.88
	女	338	6.34	1.63	6.43	1.46	5.62	1.82	5.31	1.80	5.66	1.55	5.06	1.92
郊区	男	475	6.24	1.60	5.93	1.59	5.91	1.83	5.74	1.68	5.29	1.54	4.47	1.89
	女	312	6.24	1.52	6.13	1.53	5.65	1.72	5.46	1.76	5.43	1.63	4.76	1.81

(3) 肢体残疾人职业兴趣特征

1) 性别差异比较分析

肢体残疾人职业兴趣各类型得分的均数比较显示,男性组在现实型、研究型和企业型的得分高于女性组,在常规型、社会型和艺术型的得分低于女性组(见图2-1-13)。

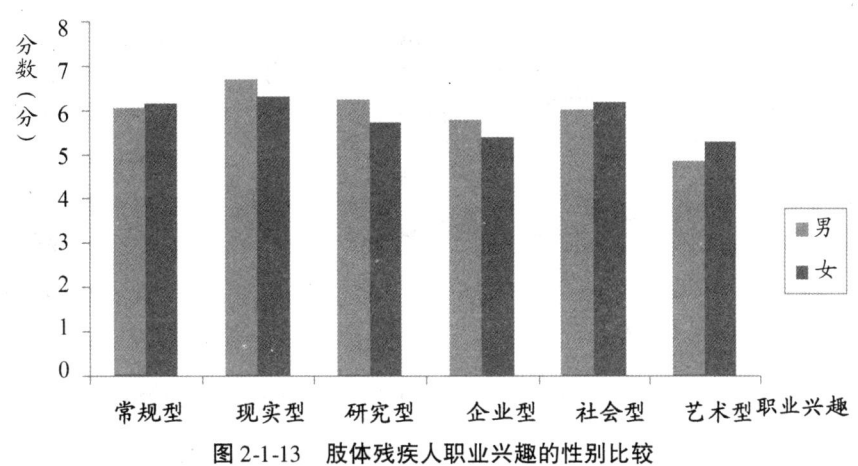

图2-1-13 肢体残疾人职业兴趣的性别比较

进一步差异性检验发现,肢体残疾者在现实型、研究型、企业型、社会型和艺术型存在极其显著的性别差异,即男性肢体残疾人更喜欢从事现实型、研究型和企业型职业,而女性更偏好于社会型和艺术型职业(见表2-1-36)。

表2-1-36 肢体残疾人职业兴趣的性别差异显著性检验

	名称	性别	人数	平均数	标准差	t	p
职业兴趣	常规型	男	1902	6.05	1.76	-1.681	.093
		女	1203	6.16	1.68		
	现实型	男	1902	6.69	1.81	5.947**	.000
		女	1203	6.31	1.67		
	研究型	男	1902	6.23	1.89	7.231**	.000
		女	1203	5.72	1.91		
	企业型	男	1902	5.77	1.81	5.619**	.000
		女	1203	5.39	1.91		
	社会型	男	1902	6.00	1.81	-2.694**	.007
		女	1203	6.18	1.80		
	艺术型	男	1902	4.84	1.99	-6.218**	.000
		女	1203	5.29	1.94		

2)年龄差异比较分析

随着年龄的增长,肢体残疾人在常规型和现实型的得分水平波动;在研究型和社会型,肢体残疾人40岁之前的得分随着年龄的增长缓慢升高,而在40岁之后的得分随着年龄的增长逐渐下降,且40岁之前两个年龄组的得分高于40岁之后的两组;在企业型和艺术型,肢体残疾人的得分大体上随年龄增长逐渐下降,但30~39岁年龄段的肢体残疾人在艺术型的得分略低于40~49岁年龄段(见图2-1-14)。

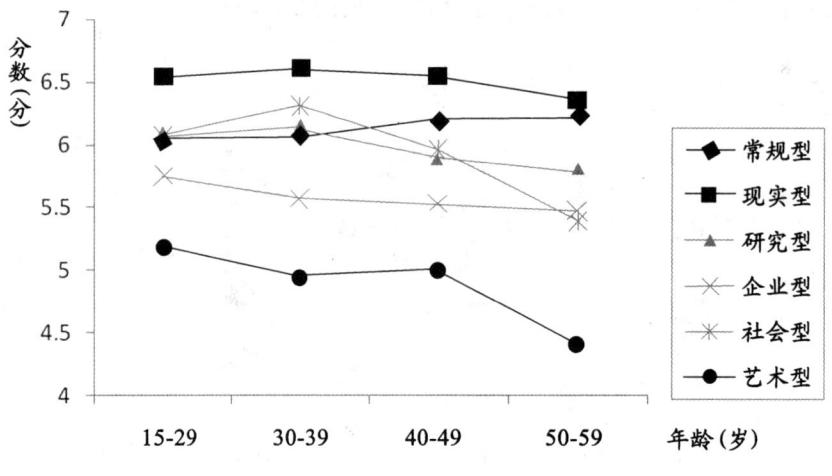

图 2-1-14 肢体残疾人职业兴趣随年龄变化趋势图

进一步差异检验发现,在研究型和企业型,不同年龄段的肢体残疾人得分差异达到显著水平;在社会型和艺术型,年龄差异达到极其显著水平。多重比较可以看出,在研究型,40岁之前两个年龄段的肢体残疾人的得分显著高于40岁之后两个年龄段群体;在企业型,15-29岁年龄组的得分显著高于其他三组,即15-29岁年龄段的肢残人更喜欢从事企业型职业。在社会型,30-39岁年龄组的得分显著高于其他三组,且15-29岁和40-49岁年龄组的得分显著高于50-59岁年龄组,因此,相比而言,30-39岁的肢体残疾人更喜欢从事社会型的职业。在艺术型,15-29岁年龄组的得分显著高于其他三组,且30-39岁和40-49岁年龄组的得分显著高于50-59岁年龄组,说明相较于其他年龄段的肢体残疾人,15-29岁年龄段的肢体残疾者更喜欢从事艺术型的职业(见表2-1-37)。

表 2-1-37 肢体残疾人职业兴趣的年龄差异检验

	名称	年龄(岁)	人数	平均值	标准差	F	p	多重比较
职业兴趣	常规型	15-29	1266	6.04	1.73			
		30-39	898	6.07	1.78	1.519	.208	
		40-49	732	6.18	1.68			
		50-59	209	6.23	1.67			
	现实型	15-29	1266	6.54	1.74			
		30-39	898	6.60	1.82	1.114	.342	
		40-49	732	6.54	1.75			
		50-59	209	6.35	1.72			
	研究型	15-29	1266	6.08	1.95			
		30-39	898	6.12	1.91	3.190*	.023	1>3,1>4
		40-49	732	5.90	1.89			2>3,2>4
		50-59	209	5.79	1.72			
	企业型	15-29	1266	5.75	1.84			
		30-39	898	5.57	1.86	3.260*	.021	1>2,1>3
		40-49	732	5.53	1.88			1>4
		50-59	209	5.47	1.81			

（续表）

名称		年龄(岁)	人数	平均值	标准差	F	p	多重比较
职业兴趣	社会型	15-29	1266	6.07	1.83	16.250**	.000	2>1,1>4 2>3,2>4 3>4
		30-39	898	6.31	1.75			
		40-49	732	5.96	1.79			
		50-59	209	5.39	1.77			
	艺术型	15-29	1266	5.18	1.98	10.581**	.000	1>2,1>3 1>4,2>4 3>4
		30-39	898	4.93	2.00			
		40-49	732	5.00	1.92			
		50-59	209	4.39	1.97			

注：①*表示在0.05水平上有显著差异，**表示在0.01水平上有显著差异。
②1表示15-29岁年龄段的肢体残疾人组，2表示30-39岁年龄段的肢体残疾人组，3表示40-49岁年龄段的肢体残疾人组，4表示50-59岁年龄段的肢体残疾人组。

3）残疾等级比较分析

随残疾等级的变化，肢体残疾人在常规型、现实型、研究型、企业型和艺术型的得分呈水平波动状，社会型的得分随着残疾程度的加重逐渐降低（见图2-1-15）。

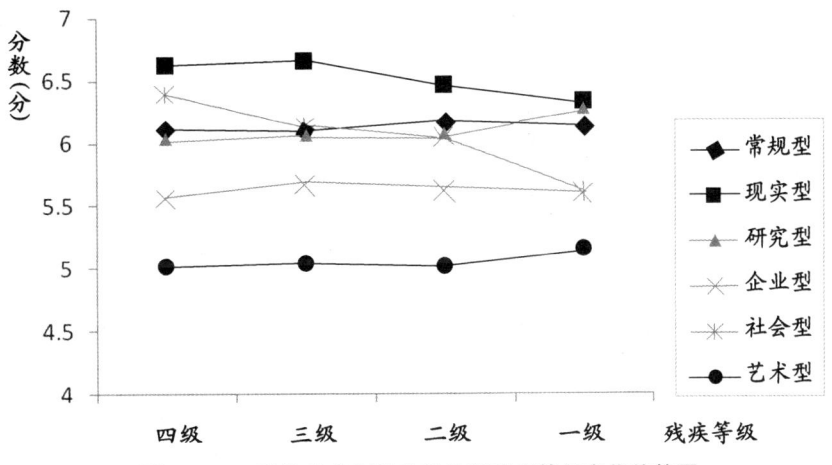

图2-1-15 肢体残疾人职业兴趣随残疾等级变化趋势图

进一步差异检验发现，肢体残疾人在社会型的得分存在极其显著的残疾等级差异。多重比较发现，在社会型，四级残疾者的得分显著高于其他三组，说明相比其他三个残疾等级的肢体残疾者，四级残疾者更喜欢社会型的职业活动（见表2-1-38）。

表2-1-38 肢体残疾人职业兴趣的残疾等级差异检验

名称		残疾等级	人数	平均值	标准差	F	p	多重比较
职业兴趣	常规型	四级	593	6.11	1.80	.301	.825	
		三级	1614	6.08	1.71			
		二级	572	6.16	1.79			
		一级	103	6.13	1.69			

(续表)

名称		残疾等级	人数	平均值	标准差	F	p	多重比较
职业兴趣	现实型	四级	593	6.62	1.86	2.274	.078	
		三级	1614	6.65	1.76			
		二级	572	6.47	1.71			
		一级	103	6.32	1.62			
	研究型	四级	593	6.02	1.95	.433	.730	
		三级	1614	6.07	1.95			
		二级	572	6.06	1.85			
		一级	103	6.25	1.77			
	企业型	四级	593	5.56	1.95	.540	.655	
		三级	1614	5.67	1.84			
		二级	572	5.62	1.85			
		一级	103	5.60	1.77			
	社会型	四级	593	6.39	1.84	7.430**	.000	1>2,1>3 1>4
		三级	1614	6.13	1.80			
		二级	572	6.04	1.74			
		一级	103	5.61	1.82			
	艺术型	四级	593	5.02	1.99	.129	.943	
		三级	1614	5.04	1.98			
		二级	572	5.02	1.96			
		一级	103	5.15	2.17			

注：1 表示四级肢体残疾人组，2 表示三级残疾人组，3 表示二级残疾人组，4 表示一级残疾人组。

4）文化水平比较分析

在常规型和现实型，随着文化水平的提高，肢体残疾人的得分呈现先升后降的趋势，高中/中专组的得分最高，小学及以下组的得分最低；在研究型、企业型和社会型，随着文化水平的提高，肢体残疾者的得分逐渐升高，即大专及以上组>高中/中专组>初中组>小学及以下组；在艺术型，随着文化水平的提高，肢体残疾者的得分呈现先降后升的"V"趋势，初中组的肢体残疾人得分最低（见图2-1-16）。

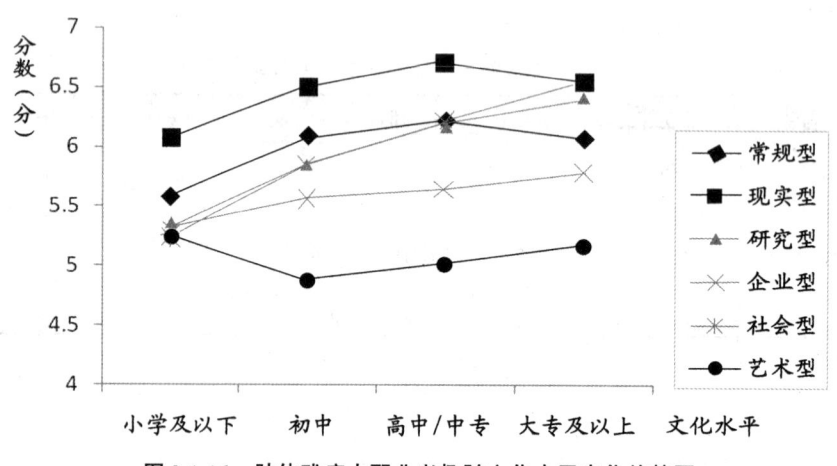

图 2-1-16　肢体残疾人职业兴趣随文化水平变化趋势图

进一步差异检验显示,肢体残疾人在职业兴趣各类型的得分均存在极其显著的文化水平差异。多重比较可以看出,在常规型和企业型,小学及以下组的肢体残疾人的得分显著低于其他三组。在现实型,小学及以下组的肢体残疾人的得分显著低于其他三组,且高中/中专组的得分显著高于初中组的肢体残疾人。在研究型和社会型,不同文化水平的肢体残疾人间均存在显著差异,即大专及以上组的肢体残疾人的得分显著高于其他三组,且高中/中专组的肢体残疾人的得分显著高于初中组和小学及以下组的肢体残疾人群体,初中组的得分显著高于小学及以下组。在艺术型,初中组的肢体残疾人的得分显著低于小学及以下组和大专及以上组的肢体残疾人群体(见表2-1-39)。

表2-1-39 肢体残疾人职业兴趣的文化水平差异检验

	名称	文化水平	人数	平均值	标准差	F	p	多重比较
职业兴趣	常规型	小学及以下	232	5.58	1.74	8.705**	.000	4>1,3>1 2>1
		初中	1028	6.08	1.63			
		高中/中专	1171	6.21	1.74			
		大专及以上	616	6.07	1.85			
	现实型	小学及以下	232	6.07	1.86	9.103**	.000	4>1,2>1 3>1,3>2
		初中	1028	6.49	1.73			
		高中/中专	1171	6.71	1.73			
		大专及以上	616	6.55	1.83			
	研究型	小学及以下	232	5.31	1.80	24.754**	.000	4>1,4>2 4>3,3>1 3>2,2>1
		初中	1028	5.85	1.84			
		高中/中专	1171	6.18	1.91			
		大专及以上	616	6.40	1.96			
	企业型	小学及以下	232	5.31	1.67	4.232**	.005	4>1,3>1 4>2
		初中	1028	5.57	1.82			
		高中/中专	1171	5.64	1.89			
		大专及以上	616	5.79	1.93			
	社会型	小学及以下	232	5.23	1.77	39.895**	.000	4>1,4>2 4>3,3>2 3>1,2>1
		初中	1028	5.85	1.68			
		高中/中专	1171	6.22	1.82			
		大专及以上	616	6.54	1.84			
	艺术型	小学及以下	232	5.25	1.94	4.224**	.005	4>2,1>2
		初中	1028	4.87	1.98			
		高中/中专	1171	5.01	1.99			
		大专及以上	616	5.16	1.97			

注:1表示小学及以下肢体残疾人组,2表示初中肢体残疾人组,3表示高中/中专残疾人组,4表示大专及以上残疾人组。

5)残疾部位比较分析

职业兴趣各类型得分的均数比较发现,在常规型,躯干残疾者得分最高,上下肢残疾者的得分最低;在现实型和企业型,上肢残疾者得分最高,上下肢残疾者得分最低;在研究型,上肢残疾者和上下肢残疾者得分较高,而躯干残疾者得分最低;在社会型,下肢残疾者得分最高,躯干残疾者得分最低;在艺术型,上肢残疾者得分最高,躯干残疾者得分最低(见图2-1-17)。

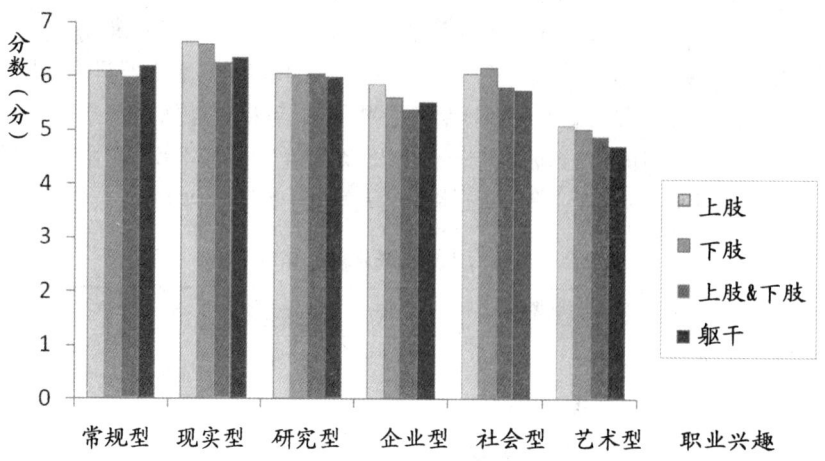

图 2-1-17　不同残疾部位的肢体残疾人职业兴趣的比较

进一步差异检验发现,肢体残疾人在现实型、企业型和社会型的得分存在极其显著的残疾部位差异。多重比较可以看出,在现实型和社会型,单纯的上或下肢残疾者的得分显著高于上下肢残疾者,且上肢残疾者的现实型得分显著高于躯干残疾者,下肢残疾者的社会型得分显著高于躯干残疾者;在企业型,上肢残疾者的得分显著高于其他三组,且下肢残疾者的得分显著高于上下肢残疾者(见表 2-1-40)。

表 2-1-40　不同残疾部位肢体残疾人职业兴趣的差异检验

	名称	残疾部位	人数	平均值	标准差	F	p	多重比较
职业兴趣	常规型	上肢	632	6.11	1.66	.684	.562	
		下肢	1862	6.10	1.73			
		上肢和下肢	376	5.98	1.87			
		躯干	164	6.19	1.76			
	现实型	上肢	632	6.65	1.75	5.180**	.001	1>3,1>4 2>3
		下肢	1862	6.60	1.77			
		上肢和下肢	376	6.27	1.80			
		躯干	164	6.34	1.66			
	研究型	上肢	632	6.06	1.84	.118	.950	
		下肢	1862	6.03	1.92			
		上肢和下肢	376	6.06	2.05			
		躯干	164	5.98	1.82			
	企业型	上肢	632	5.86	1.81	5.542**	.001	1>2,1>3 1>4,2>3
		下肢	1862	5.61	1.86			
		上肢和下肢	376	5.39	1.91			
		躯干	164	5.53	1.95			

(续表)

名称		残疾部位	人数	平均值	标准差	F	p	多重比较
职业兴趣	社会型	上肢	632	6.05	1.83	5.960**	.000	1>3,2>3 2>4
		下肢	1862	6.17	1.80			
		上肢和下肢	376	5.82	1.84			
		躯干	164	5.75	1.76			
	艺术型	上肢	632	5.09	1.99	2.080	.101	
		下肢	1862	5.03	1.98			
		上肢和下肢	376	4.90	1.96			
		躯干	164	4.71	2.01			

注:①* 表示在0.05水平上有显著差异,** 表示在0.01水平上有显著差异。
②1表示上肢残疾人组,2表示下肢残疾人组,3表示上肢和下肢残疾人组,4表示躯干残疾人组。

6) 城郊差异比较分析

肢体残疾人在职业兴趣各类型得分的均数比较发现,在常规型,城区男性组的得分最高,郊区男性组和女性组的得分最低;在现实型和社会型,城区女性组的得分最高,郊区男性组的得分最低;在研究型和企业型,城区男性组的得分最高,城区女性组的得分最低;在艺术型,城区女性组的得分最高,城区男性组的得分最低(见图2-1-18)。

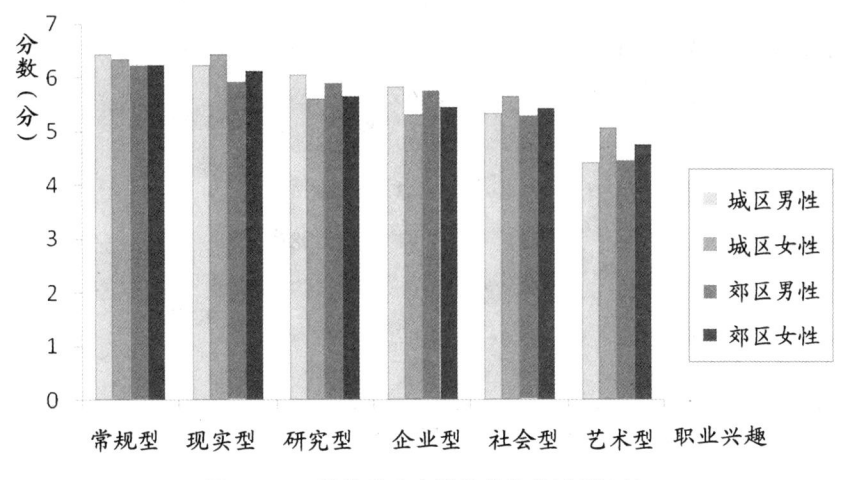

图2-1-18 肢体残疾人职业兴趣的城郊比较

进一步差异性检验显示,城区男性、城区女性、郊区男性和郊区女性肢体残疾人在现实型、研究型、企业型、社会型和艺术型的得分存在极显著性差异。多重比较可以看出,在现实型,城市男性组的得分显著高于郊区男性组,且城市女性组的得分显著高于郊区的两组;在研究型,城市男性组的得分显著高于女性群体,且郊区男性组的得分显著高于城区女性组;在企业型,城区男性组和郊区男性组的得分显著高于城区女性组和郊区女性组;在社会型,城区女性组的得分显著高于城区男性组和郊区男性组;在艺术型,城区女性组的得分显著高于其他三组,且郊区女性组的得分显著高于城区男性组和郊区的男性组(见表2-1-41)。

表 2-1-41　肢体残疾人职业兴趣的城郊差异检验

	名称	城郊*性别	人数	平均值	标准差	F	p	多重比较
职业兴趣	常规型	城区男性	575	6.44	1.70	1.608	.186	
		城区女性	338	6.34	1.63			
		郊区男性	475	6.24	1.60			
		郊区女性	312	6.24	1.52			
	现实型	城区男性	575	6.24	1.51	7.781**	.000	1>3,2>3 2>4
		城区女性	338	6.43	1.46			
		郊区男性	475	5.93	1.59			
		郊区女性	312	6.13	1.53			
	研究型	城区男性	575	6.05	1.84	5.531**	.001	1>2,1>4 3>2
		城区女性	338	5.62	1.82			
		郊区男性	475	5.91	1.83			
		郊区女性	312	5.65	1.72			
	企业型	城区男性	575	5.83	1.82	7.631**	.000	1>2,1>4 3>2,3>4
		城区女性	338	5.31	1.80			
		郊区男性	475	5.74	1.68			
		郊区女性	312	5.46	1.76			
	社会型	城区男性	575	5.34	1.66	4.192**	.006	2>1,2>3
		城区女性	338	5.66	1.55			
		郊区男性	475	5.29	1.54			
		郊区女性	312	5.43	1.63			
	艺术型	城区男性	575	4.41	1.88	9.998**	.000	2>1,2>3 2>4,4>1 4>3
		城区女性	338	5.06	1.92			
		郊区男性	475	4.47	1.89			
		郊区女性	312	4.76	1.81			

注:1 表示城区男性肢体残疾人组,2 表示城区女性肢体残疾人组,3 表示郊区男性肢体残疾人组,4 表示郊区女性肢体残疾人组。

(4)结论

①肢体残疾人在职业兴趣各类型的得分从高到低依次为:现实型>常规型>社会型>研究型>企业型>艺术型。

②男性肢体残疾人在现实型、研究型和企业型的得分高于女性,女性在常规型、社会型和艺术型的得分高于男性,且二者存在极其显著的性别差异($p<0.01$)。

③不同年龄段的肢体残疾人在研究型和企业型的得分差异达到显著水平($p<0.05$),在社会型和艺术型,年龄差异达到极其显著水平($p<0.01$)。在研究型,40 岁之前的两个年龄段的肢体残疾人的得分显著高于 40 岁之后两个年龄段群体($p<0.05$);在企业型,15-29 岁年龄组的得分显著高于其他三组($p<0.05$);在社会型,30-49 岁年龄组的得分显著高于其他三组($p<0.05$),且 15-29 岁和 40-49 岁年龄组的得分显著高于 50-59 岁年龄组;在艺术型,15-29 岁年龄组的得分显著高于其他三组($p<0.05$),且 30-39 岁和 40-49 岁年龄组的得分显著高于 50-59 岁年龄组($p<0.05$)。

④肢体残疾人在社会型上存在极其显著的残疾等级差异($p<0.01$),四级残疾者在社会型的得分显著高于一级、二级和三级残疾者($p<0.05$)。

⑤随着文化水平的提高,肢体残疾人在常规型和现实型的得分呈现先升后降的趋势,高中/中专组的得分最高,小学及以下组的得分最低;在研究型、企业型和社会型,呈现如下规律:大专及以上组>高中/中专组>初中组>小学及以下组;在艺术型,肢体残疾者的得分呈现先降后升的"V"趋势,初中组的肢体残疾人得分最低。肢体残疾人在职业兴趣各类型的得分均存在极其显著的文化水平差异($p<0.01$)。

⑥肢体残疾人在现实型、企业型和社会型的得分存在极其显著的残疾部位差异($p<0.01$)。

⑦北京、上海和广州三城市的城区男性、城区女性、郊区男性和郊区女性肢体残疾人在现实型、研究型、企业型、社会型和艺术型的得分存在极显著性差异($p<0.01$)。

(二)听力残疾人职业适应性状况

本项目测查就业年龄段的听力残疾人共计3739人,样本详情见表2-1-42~表2-1-46。

表2-1-42 听力残疾人样本性别分布情况

	男		女		合计
	n	%	n	%	
北京	680	52.6%	614	47.4%	1294
上海	429	53.4%	375	46.6%	804
广东	563	54.8%	464	45.2%	1027
广西	119	61.7%	74	38.3%	193
江苏	190	49.4%	195	50.6%	385
湖南	6	85.7%	1	14.3%	7
山东	13	44.8%	16	55.2%	29
总计	2000	53.5%	1739	46.5%	3739

表2-1-43 听力残疾人样本年龄段分布情况

	15-29岁		30-39岁		40-49岁		50-59岁		合计
	n	%	n	%	n	%	n	%	
北京	704	54.9%	156	12.2%	273	21.3%	149	11.6%	1282
上海	310	38.6%	251	31.2%	167	20.8%	76	9.5%	804
广东	683	66.5%	199	19.4%	117	11.4%	28	2.7%	1027
广西	144	74.6%	34	17.6%	15	7.8%	—	—	193
江苏	306	79.5%	55	14.3%	24	6.2%	—	—	385
湖南	5	71.4%	2	28.6%	—	—	—	—	7
山东	20	69.0%	4	13.8%	4	14.8%	1	3.4	29
总计	2172	58.3%	701	18.8%	600	16.1%	254	6.8%	3727

注:缺失样本12人。

表 2-1-44　听力残疾人样本残疾等级分布情况

	四级		三级		二级		一级		合计
	n	%	n	%	n	%	n	%	
北京	180	15.0%	257	21.5%	270	22.5%	491	41.0%	1198
上海	72	12.3%	167	28.5%	114	19.5%	232	39.7%	585
广东	362	37.6%	220	22.8%	155	16.1%	226	23.5%	963
广西	13	6.7%	19	9.8%	53	27.5%	108	56.0%	193
江苏	8	2.1%	19	4.9%	71	18.4%	287	74.5%	385
湖南	–	–	–	–	1	14.3%	6	85.7%	7
山东	2	6.9%	6	20.7%	5	17.2%	16	55.2%	29
总计	637	19.0%	688	20.5%	669	19.9%	1366	40.7%	3360

注：缺失样本 379 人。

表 2-1-45　听力残疾人样本文化水平分布情况

	小学及以下		初中		高中/中专		大专及以上		合计
	n	%	n	%	n	%	n	%	
北京	159	12.4%	292	22.8%	227	17.8%	600	46.9%	1278
上海	94	11.7%	297	36.9%	258	32.1%	155	19.3%	804
广东	203	19.8%	400	38.9%	287	27.9%	137	13.3%	1027
广西	52	26.9%	58	30.1%	78	40.4%	5	2.6%	193
江苏	16	4.2%	147	38.2%	28	7.3%	194	50.4%	385
湖南	–	–	1	14.3%	1	14.3%	5	71.4%	7
山东	2	6.9%	5	17.2%	8	27.6%	14	48.3%	29
总计	526	14.1%	1200	32.2%	887	23.8%	1110	29.8%	3723

注：缺失样本 16 人。

表 2-1-46　三城市听力残疾人样本城郊分布情况

	城市男性		城市女性		郊区男性		郊区女性		合计
	n	%	n	%	n	%	n	%	
北京	509	39.3	467	36.1	171	13.2	147	11.4	1294
上海	219	27.2	178	22.1	210	26.1	197	24.5	804
广州	94	28.6	82	24.9	87	26.4	66	20.1	329
总计	822	33.9	727	30.0	468	19.3	410	16.9	2427

1. 听力残疾人职业能力状况

（1）测试人群分布

本项目共选取 2801 名被试进行了听力残疾人职业能力测验，其基本信息见表 2-1-47。

表 2-1-47 听力残疾人有效样本分布表 (单位：人)

年龄(岁)	性别		总计
	男	女	
15-29	902	810	1712
30-39	308	278	586
40-49	206	171	377
50-59	95	31	126
总计	1511	1290	2801

北京、上海和广州三城市听力残疾人职业能力测验样本中城郊区信息有效被试共1489人，其基本信息见表2-1-48。

表2-1-48 三城市听力残疾人职业能力测验有效城郊样本分布表 (单位：人)

年龄(岁)	城区			郊区			合计
	男	女	小计	男	女	小计	
15-29	212	186	398	134	143	277	675
30-39	107	88	195	93	96	189	384
40-49	89	89	178	73	57	130	308
50-59	58	11	69	35	18	53	122
合计	466	374	840	335	314	649	1489

（2）总体情况

被测试听力残疾人在职业能力文档测验各分测验的得分情况从高到低依次为：符号知觉>形状知觉>言语能力>数理能力>空间知觉。在不同年龄的男性听力残疾人中，15-29岁年龄组在数理能力、空间知觉、符号知觉、形状知觉和文档计分上高于其他三个年龄组，30-39岁年龄组在言语能力上得分最高。在不同年龄的女性听力残疾人中，15-29岁年龄组在各个分测验上的得分以及文档测验总分高于其他三个年龄组。在手眼协调操作测试部分，男性得分高于女性，且30-39岁年龄组的得分最高。在职业能力总分上，15-29岁年龄段女性听力残疾人的得分高于男性相对应的年龄组，30-39岁年龄段和40-49岁年龄段的男性听力残疾人的得分高于女性相对应的年龄组。听力残疾人职业能力测验情况见表2-1-49。

表2-1-49 听力残疾人职业能力测验的平均数和标准差

		n	言语能力		数理能力		空间知觉		符号知觉		形状知觉		文档计分	
			M	Std	M	Std	M	Std	M	Std	M	Std	M	Std
	总体	2801	11.24	4.78	10.15	5.23	9.40	4.91	13.52	6.08	12.79	4.56	57.10	20.61
	男性	1511	10.86	4.77	10.23	5.28	9.56	4.95	13.23	6.15	12.75	4.48	56.63	20.63
	女性	1290	11.68	4.76	10.06	5.17	9.21	4.85	13.86	5.97	12.85	4.66	57.65	20.60
男	15-29	902	11.14	4.37	10.85	5.12	10.12	4.74	14.14	5.74	13.51	4.10	59.77	18.91
	30-39	308	11.23	4.78	10.21	5.05	9.04	5.06	12.71	6.22	12.48	4.29	55.67	20.33
	40-49	206	9.50	5.60	8.32	5.64	8.43	5.25	10.98	6.90	10.86	4.88	48.09	23.35
	50-59	95	9.92	5.72	8.55	5.35	8.42	5.10	11.20	6.14	10.40	5.52	48.50	23.27

(续表)

		n	言语能力		数理能力		空间知觉		符号知觉		形状知觉		文档计分	
			M	Std	M	Std	M	Std	M	Std	M	Std	M	Std
女	15-29	810	12.21	4.30	10.68	4.88	9.73	4.70	14.66	5.65	13.69	4.18	60.98	18.63
	30-39	278	11.27	5.24	9.65	5.36	8.85	4.95	13.24	6.03	12.21	4.81	55.22	21.71
	40-49	171	10.24	5.33	8.33	5.58	7.65	5.02	11.91	6.18	10.51	5.15	48.63	22.70
	50-54	31	9.38	5.66	6.77	4.94	7.35	4.74	9.34	7.47	9.48	5.51	42.33	23.03

表 2-1-49 听力残疾人职业能力测验的平均数和标准差(续)

		n	手眼协调(网络测试)		职业能力总分(网络测试)	
			M	Std	M	Std
	总体	959	14.80	7.49	69.98	21.72
	男性	521	15.13	7.32	69.21	21.46
	女性	438	14.42	7.67	70.88	22.02
男	15-29	387	15.22	7.34	68.90	21.00
	30-39	98	15.50	7.00	71.36	22.14
	40-49	36	13.07	7.72	66.64	24.41
	50-59	-	-	-	-	-
女	15-29	333	14.39	7.75	71.61	22.16
	30-39	84	15.10	7.17	70.09	20.74
	40-49	20	12.67	7.99	64.40	22.99
	50-54	1	0.00	-	24.67	-

北京、上海和广州三城市听力残疾人的城区男性组和城区女性组在空间知觉、符号知觉分测验的得分高于郊区男性组和郊区女性组,城区与郊区听力残疾人的数理能力相当,而在言语能力和形状知觉分测验,城区听力残疾人的得分低于郊区听力残疾人。女性群体在言语能力、符号知觉和形状知觉分测验上的得分高于男性群体,在空间知觉分测验的得分低于男性群体;在数理能力分测验,城区男性组得分高于城区女性组,而郊区女性组的得分高于郊区男性组。三城市城郊听力残疾人职业能力测验情况见表 2-1-50。

表 2-1-50 三城市听力残疾人职业能力文档测验城郊样本的平均数和标准差

		n	言语能力		数理能力		空间知觉		符号知觉		形状知觉		文档计分	
			Std	M	Std	M	Std	M	Std	M	Std	M	Std	M
	城区	840	11.53	5.34	10.56	5.88	10.18	5.53	14.54	5.94	12.79	5.37	59.59	24.02
	郊区	649	11.65	4.63	10.56	5.01	9.34	4.86	14.10	5.65	12.95	4.43	58.61	19.82
城区	男	466	11.17	5.42	10.75	5.98	10.33	5.64	14.19	6.14	12.76	5.31	59.19	24.30
	女	374	11.97	5.23	10.32	5.76	9.98	5.40	14.99	5.65	12.82	5.44	60.08	23.69
郊区	男	335	11.15	4.57	10.43	4.92	9.51	4.70	13.74	5.82	12.90	4.33	57.73	19.50
	女	314	12.18	4.64	10.70	5.10	9.17	5.02	14.49	5.45	13.01	4.54	59.55	20.15

(3) 听力残疾人职业能力特征

1) 性别差异比较分析

听力残疾人职业能力各分测验的均数比较显示,男性在言语能力、符号知觉、形状知觉的得分低于女性,而在数理能力、空间知觉及手眼协调操作测验的得分高于女性(见图2-1-19)。

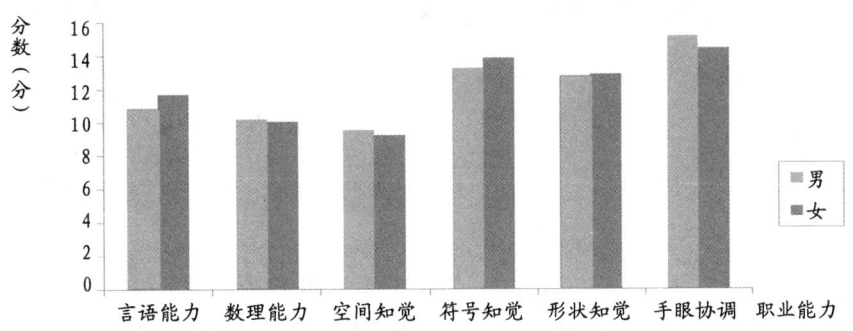

图 2-1-19 听力残疾人职业能力的性别比较

进一步差异检验发现,听力残疾人在言语能力和符号知觉分测验的得分存在极其显著的性别差异,即男性的言语能力和符号知觉能力极其显著地低于女性听力残疾者(见表2-1-51)。

表 2-1-51 听力残疾人职业能力的性别差异检验

	名称	性别	人数	平均数	标准差	t	p
文档测验	言语能力	男	1511	10.86	4.77	-4.538**	.000
		女	1290	11.68	4.76		
	数理能力	男	1510	10.23	5.28	.868	.386
		女	1290	10.06	5.17		
	空间知觉	男	1511	9.56	4.95	1.881	.060
		女	1290	9.21	4.85		
	符号知觉	男	1511	13.23	6.15	-2.740**	.006
		女	1290	13.86	5.97		
	形状知觉	男	1511	12.75	4.48	-.578	.563
		女	1290	12.85	4.66		
	文档计分	男	1510	56.63	20.63	-1.309	.191
		女	1290	57.65	20.60		
操作测验	手眼协调	男	521	15.13	7.32	1.459	.145
		女	438	14.42	7.67		
	职业能力总分	男	520	69.21	21.46	-1.189	.235
		女	438	70.88	22.02		

注:*表示在0.05水平上有显著差异,**表示在0.01水平上有显著差异。

2) 年龄差异比较分析

听力残疾人在各分测验的得分表现出随着年龄的增长而逐渐降低的趋势,即15-29岁>30-39岁>40-49岁>50-59岁,但50-59岁年龄段的听力残疾人在空间知觉分测验的得分略高于40-49岁年龄段的群体(见图2-1-20)。

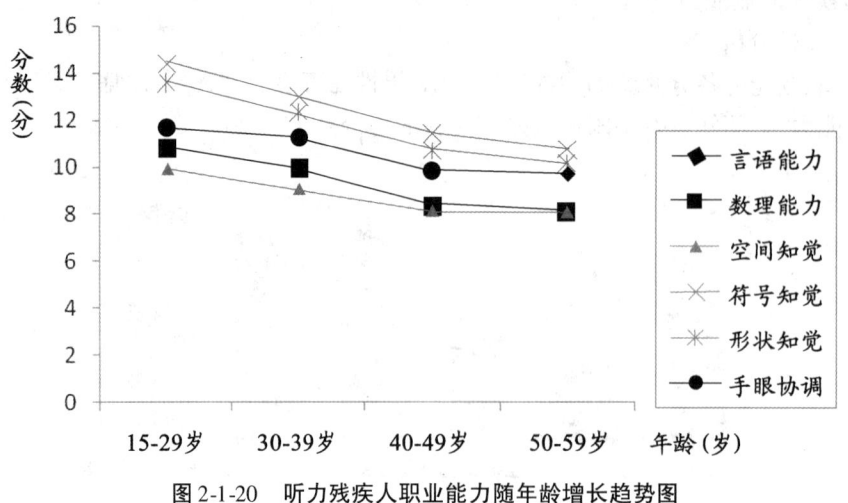

图 2-1-20 听力残疾人职业能力随年龄增长趋势图

进一步差异检验显示,年龄差异在五个文档分测验和文档测验计分上表现出极显著的差异;在手眼协调操作测验上存在显著的差异。多重比较可以看出,在言语能力分测验,40岁之前的两个年龄段的听力残疾人的得分显著高于40岁之后的两个年龄段的群体;在数理能力、符号知觉、形状知觉分测验以及文档测验总分上,15-29岁年龄段的听力残疾人的得分显著高于其他三个年龄组,且30-39岁年龄组的得分显著高于40岁之后的两个年龄组;在空间知觉分测验,15-29岁年龄组人得分显著高于其他三个年龄组,且30-39岁年龄组的得分显著高于40-49岁年龄组;在手眼协调操作测验,15-29岁年龄组的得分显著高于40-49岁年龄组(见表2-1-52)。

表2-1-52 听力残疾人职业能力的年龄差异检验

名称		年龄(岁)	人数	平均值	标准差	F	p	多重比较
文档测验	言语能力	15-29	1712	11.65	4.37			
		30-39	586	11.25	5.00	19.333**	.000	1>3,1>4
		40-49	377	9.83	5.48			2>3,2>4
		50-59	126	9.79	5.69			
	数理能力	15-29	1711	10.77	5.01			
		30-39	586	9.95	5.21			1>2,1>3
		40-49	377	8.32	5.61	30.979**	.000	1>4,2>3
		50-59	126	8.11	5.29			2>4
	空间知觉	15-29	1712	9.93	4.72			
		30-39	586	8.95	5.01			1>2,1>3
		40-49	377	8.07	5.16	20.695**	.000	1>4,2>3
		50-59	126	8.16	5.02			
	符号知觉	15-29	1712	14.39	5.70			
		30-39	586	12.96	6.13			1>2,1>3
		40-49	377	11.40	6.59	38.820**	.000	1>4,2>3
		50-59	126	10.75	6.51			2>4

(续表)

名称		年龄(岁)	人数	平均值	标准差	F	p	多重比较
文档测验	形状知觉	15-29	1712	13.60	4.14	63.643**	.000	1>2,1>3 1>4,2>3 2>4
		30-39	586	12.35	4.54			
		40-49	377	10.71	5.00			
		50-59	126	10.17	5.51			
	文档计分	15-29	1711	60.34	18.79	50.729**	.000	1>2,1>3 1>4,2>3 2>4
		30-39	586	55.46	20.98			
		40-49	377	48.34	23.03			
		50-59	126	46.98	23.27			
操作测验	手眼协调	15-29	720	14.84	7.54	2.775*	.040	1>3
		30-39	182	15.31	7.06			
		40-49	56	12.93	7.75			
职业能力总分		15-29	719	70.16	21.57	2.235	.083	
		30-39	182	70.77	21.46			
		40-49	56	65.84	23.72			

注:1表示15-29岁年龄段的听力残疾人组,2表示30-39岁年龄段的听力残疾人组,3表示40-49岁年龄段的听力残疾人组,4表示50-59岁年龄段的听力残疾人组。

3) 残疾等级比较分析

随着残疾程度的加重,听力残疾人在空间知觉、符号知觉和手眼协调分测验的得分呈水平波动;在言语能力和数理能力分测验的得分呈现先升后降的趋势,三级残疾者的得分最高;在形状知觉分测验的得分呈现先降低后升高再降低的趋势(见图2-1-21)。

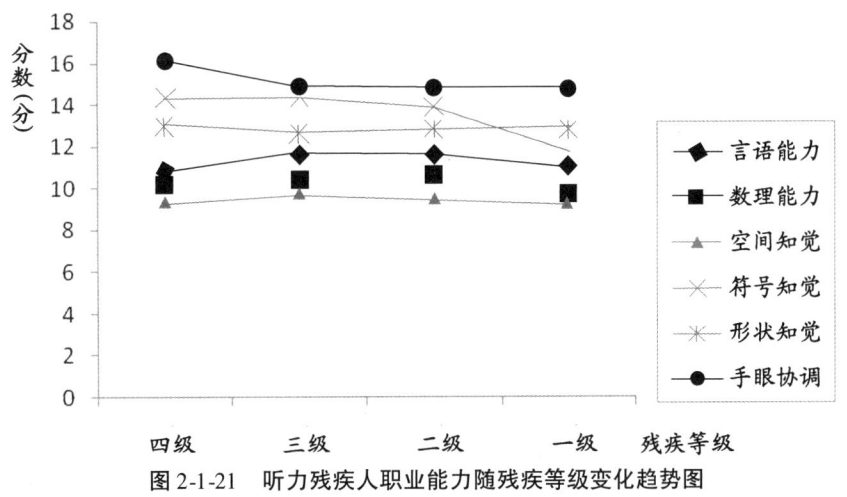

图2-1-21 听力残疾人职业能力随残疾等级变化趋势图

进一步差异检验发现,听力残疾人在言语能力分测验、符号知觉分测验、文档计分和职业能力总分上存在极其显著的残疾等级差异;在数理能力分测验的残疾等级差异达到显著水平。多重比较可以看出,在言语能力分测验,三级听力残疾者的得分显著高于四级和一级听力残疾者,且二级听力残疾者的得分显著高于四级听力残疾者;在数理能力分测验,三级和二级听力残疾者的得分显著高于一级听力残疾者;在符号知觉分测验和文档计分,一级听力残疾者的得分显著低于其他三组,说明一级听力残疾者在符号知觉和文档计分上的表现水平较低;在职业能力总分,四级听力残疾者的得分显著高于其他三组,说明相较于一级、二级、三级听力残疾者,四级听力残疾者的总体职业能力水平更高(见表2-1-53)。

表 2-1-53 听力残疾人职业能力的残疾等级差异检验

	名称	残疾等级	人数	平均值	标准差	F	p	多重比较
职业能力文档测验	言语能力	四级	743	10.80	4.84	4.447**	.004	2>1,2>4 3>1
		三级	447	11.67	5.08			
		二级	503	11.56	4.82			
		一级	733	11.03	4.38			
	数理能力	四级	743	10.12	5.34	3.468*	.016	2>4,3>4
		三级	447	10.35	5.46			
		二级	502	10.60	5.14			
		一级	733	9.68	4.95			
	空间知觉	四级	743	9.33	5.19	1.311	.269	
		三级	447	9.71	5.28			
		二级	503	9.41	4.74			
		一级	733	9.14	4.41			
	符号知觉	四级	743	14.31	5.56	30.344**	.000	1>4,2>4 3>4
		三级	447	14.29	5.80			
		二级	503	13.81	6.08			
		一级	733	11.65	6.57			
	形状知觉	四级	743	12.94	4.78	.685	.561	
		三级	447	12.57	4.62			
		二级	503	12.80	4.36			
		一级	733	12.73	4.13			
	文档计分	四级	743	57.51	21.13	6.144**	.000	1>4,2>4 3>4
		三级	447	58.59	21.97			
		二级	502	58.19	20.17			
		一级	733	54.22	18.68			
操作测验	手眼协调	四级	34	16.12	6.64	0.402	0.752	
		三级	85	14.85	7.46			
		二级	212	14.80	7.32			
		一级	628	14.73	7.60			
职业能力总分		四级	34	82.88	19.05	5.358**	0.001	1>2,1>3 1>4
		三级	85	72.64	22.54			
		二级	211	70.04	21.53			
		一级	628	68.89	21.60			

注:1 表示四级残疾人组,2 表示三级残疾人组,3 表示二级残疾人组,4 表示一级残疾人组。

4）文化水平比较分析

职业能力的各个分测验的得分表现从高到低依次为大专及以上>高中/中专>初中>小学及以下，也就是说这些能力得分随着文化水平的提高而呈现上升趋势。但在手眼协调操作测验上，初中组得分略高于高中/中专组（见图2-1-22）。

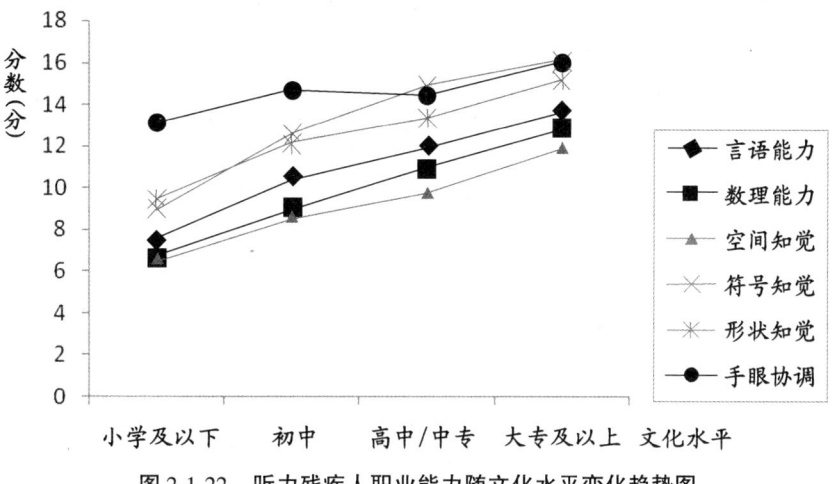

图2-1-22 听力残疾人职业能力随文化水平变化趋势图

进一步差异检验显示，听力残疾人在职业能力各分测验及总测验上的文化水平差异均达到极显著水平。多重比较可以看出，在言语能力、数理能力、空间知觉、符号知觉、形状知觉和文档计分，各组间均存在显著差异，即大专及以上>高中/中专>初中>小学及以下。在手眼协调操作测验，大专及以上组的得分显著高于其他三组。在职业能力总分，大专及以上组的得分显著高于其他三组，且高中/中专组和初中组的得分显著高于小学及以下组。因此，在职业能力，文化水平越高的听力残疾人，其职业能力水平表现越好（见表2-1-54）。

表2-1-54 听力残疾人职业能力的文化水平差异检验

名称		文化水平	人数	平均值	标准差	F	p	多重比较
职业能力文档测验	言语能力	小学及以下	401	7.43	4.70	194.074**	.000	4>1,4>2 4>3,3>1 3>2,2>1
		初中	969	10.46	4.64			
		高中/中专	711	11.99	4.32			
		大专及以上	720	13.66	3.74			
	数理能力	小学及以下	401	6.63	4.76	169.205**	.000	4>1,4>2 4>3,3>1 3>2,2>1
		初中	969	9.07	5.03			
		高中/中专	710	10.85	4.78			
		大专及以上	720	12.87	4.56			
	空间知觉	小学及以下	401	6.51	4.31	131.070**	.000	4>1,4>2 4>3,3>1 3>2,2>1
		初中	969	8.58	4.64			
		高中/中专	711	9.67	4.69			
		大专及以上	720	11.83	4.61			
	符号知觉	小学及以下	401	8.97	6.41	158.856**	.000	4>1,4>2 4>3,3>1 3>2,2>1
		初中	969	12.55	6.13			
		高中/中专	711	14.88	5.34			
		大专及以上	720	16.03	4.60			

(续表)

名称		文化水平	人数	平均值	标准差	F	p	多重比较
职业能力文档测验	形状知觉	小学及以下	401	9.46	5.10	170.767**	.000	4>1,4>2 4>3,3>1 3>2,2>1
		初中	969	12.07	4.40			
		高中/中专	711	13.31	3.93			
		大专及以上	720	15.11	3.57			
	文档计分	小学及以下	401	39.00	20.12	273.304**	.000	4>1,4>2 4>3,3>1 3>2,2>1
		初中	969	52.74	19.39			
		高中/中专	710	60.70	17.57			
		大专及以上	720	69.50	15.61			
操作测验	手眼协调	小学及以下	107	13.08	7.78	4.422**	.004	4>1,4>2 4>3
		初中	370	14.67	7.30			
		高中/中专	220	14.43	7.70			
		大专及以上	262	16.01	7.29			
职业能力总分		小学及以下	107	56.79	21.09	39.885**	.000	4>1,4>2 4>3,3>1 2>1
		初中	370	67.57	22.13			
		高中/中专	219	67.97	19.94			
		大专及以上	262	80.44	18.22			

注:1 表示小学及以下听力残疾人组,2 表示初中听力残疾人组,3 表示高中/中专听力残疾人组,4 表示大专及以上听力残疾人组。

5）交流方式比较分析

依据听力残疾者的主要交流方式分成以手语为主要交流方式（简称手语），以口语为主要交流方式（简称口语），手语与口语并用的交流方式（简称手语&口语）和其他类型交流方式（简称其他）四种类型。

在言语能力、数理能力、符号知觉和手眼协调操作分测验上,听力残疾人的得分从高到低依次是口语>手语&口语>手语>其他,在空间知觉分测验,听力残疾人的得分从高到低依次是手语&口语>口语>手语>其他(见图2-1-23)。

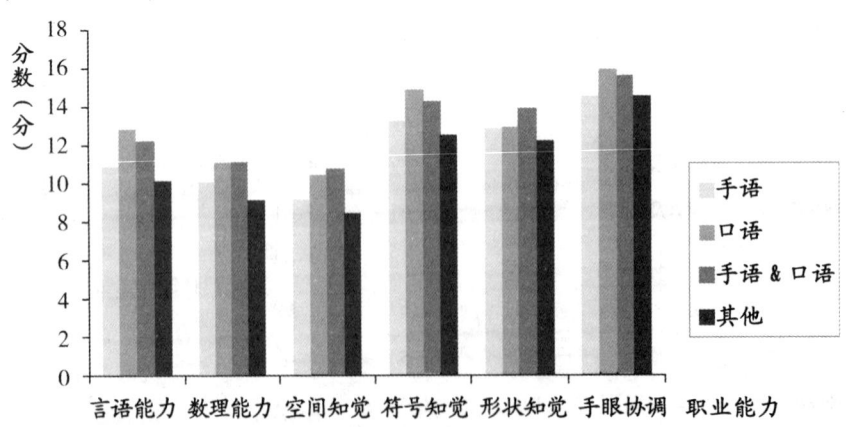

图 2-1-23　不同交流方式听力残疾人职业能力的比较

进一步差异检验发现,不同交流方式的听力残疾人在文档测验的各分测验、文档计分及职业能力总分上的差异均达到极其显著水平。多重比较显示,在言语能力、数理能力、空间知觉、符号知觉分测验和文档计分上,其他交流方式组的听力残疾人的得分显著低于手语组、口语组和手语&口语组,且口语组和手语&口语组的听力残疾人的得分显著高于手语组的听力残疾人。在形状知觉分测验,手语&口语组的听力残疾人的得分显著高于其他三组,且手语组和口语组的听力残疾人的得分显著高于其他为主要方式的听力残疾人。在职业能力总分上,口语组的听力残疾人的得分显著高于其他三组听力残疾人群体,且手语组和其他组听力残疾人的得分显著高于手语&口语组(见表2-1-55)。

表2-1-55 不同交流方式听力残疾人职业能力的差异检验

	名称	交流方式	人数	平均值	标准差	F	p	多重比较
职业能力文档测验	言语能力	手语	1427	10.86	4.38	37.024**	.000	2>1,3>1 2>4,3>4 1>4
		口语	573	12.76	5.22			
		手语&口语	276	12.17	4.88			
		其他	525	10.11	4.79			
	数理能力	手语	1426	10.01	5.09	14.928**	.000	2>1,3>1 2>4,3>4 1>4
		口语	573	11.03	5.42			
		手语&口语	276	10.98	5.32			
		其他	525	9.13	5.13			
	空间知觉	手语	1427	9.12	4.72	22.921**	.000	2>1,3>1 2>4,3>4 1>4
		口语	573	10.37	5.03			
		手语&口语	276	10.70	5.21			
		其他	525	8.42	4.81			
	符号知觉	手语	1427	13.24	6.04	16.632**	.000	2>1,3>1 2>4,3>4 1>4
		口语	573	14.85	5.59			
		手语&口语	276	14.20	6.26			
		其他	525	12.49	6.32			
	形状知觉	手语	1427	12.80	4.41	8.186**	.000	3>1,3>2 3>4,2>4 1>4
		口语	573	12.84	4.58			
		手语&口语	276	13.84	4.66			
		其他	525	12.17	4.80			
	文档计分	手语	1426	56.02	19.50	26.508**	.000	2>1,2>4 3>1,3>4 1>4
		口语	573	61.86	21.06			
		手语&口语	276	61.88	21.83			
		其他	525	52.33	20.95			
操作测验	手眼协调	手语	599	14.50	7.58	1.626	.182	
		口语	141	15.86	7.10			
		手语&口语	97	15.52	6.68			
		其他	122	14.49	7.97			

（续表）

名称	交流方式	人数	平均值	标准差	F	p	多重比较
职业能力总分	手语	598	68.53	21.36	15.182**	.000	2>1,2>3 2>4,1>3 4>3
	口语	141	80.00	21.13			
	手语&口语	97	62.79	20.10			
	其他	122	71.17	21.75			

注:1 表示使用手语听力残疾人组,2 表示使用口语听力残疾人组,3 表示使用手语&口语听力残疾人组,4 表示使用其他方式听力残疾人组。

6) 城郊差异比较分析

听力残疾人在职业能力文档测验各个分测验得分的均数比较发现,郊区女性组在言语能力和形状知觉分测验的得分最高,在空间知觉分测验的得分最低;郊区男性组在言语能力、符号知觉分测验的得分最低;城区女性组在符号知觉分测验的得分最高,在数理能力分测验的得分最低;城区男性组在数理能力、空间知觉分测验的得分最高,在形状知觉分测验的得分最低(见图 2-1-24)。

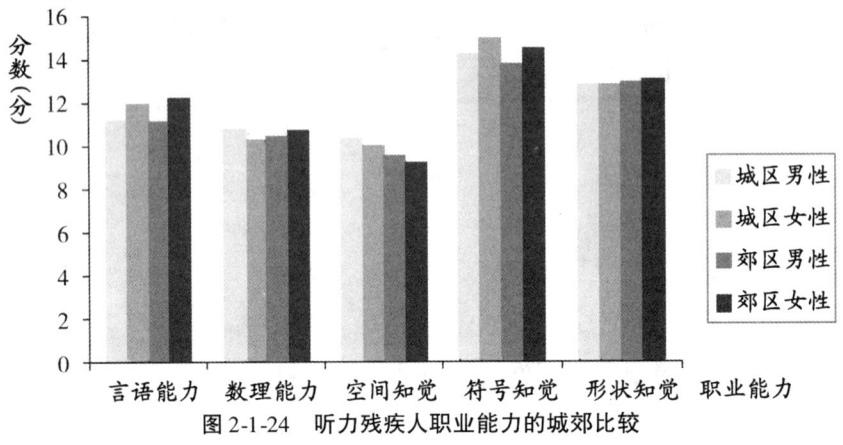

图 2-1-24　听力残疾人职业能力的城郊比较

进一步差异性检验显示,城区男性、城区女性、郊区男性和郊区女性四个群体在空间和符号知觉分测验的得分存在显著性差异,在言语能力分测验的得分存在着极显著性差异。多重比较可以看出,城区女性组和郊区女性组在言语能力上的得分显著高于城区男性组和郊区男性组;在空间知觉分测验,城区男性组的得分显著高于郊区组,城区女性组的得分显著高于郊区女性组;在符号知觉,城区女性组的得分显著高于城郊男性组(见表 2-1-56)。

表 2-1-56　听力残疾人职业能力的城郊差异检验

名称		城郊*性别	人数	平均值	标准差	F	p	多重比较
职业能力文档测验	言语能力	城区男性	466	11.17	5.42	4.057**	0.007	2>1,2>3 4>1,4>3
		城区女性	374	11.97	5.23			
		郊区男性	335	11.15	4.57			
		郊区女性	314	12.18	4.64			
	数理能力	城区男性	466	10.75	5.98	0.542	0.653	
		城区女性	374	10.32	5.76			
		郊区男性	335	10.43	4.92			
		郊区女性	314	10.70	5.10			

(续表)

名称	城郊*性别	人数	平均值	标准差	F	p	多重比较
职业能力文档测验	空间知觉 城区男性	466	10.33	5.64	3.603*	0.013	1>3,1>4 2>4
	城区女性	374	9.98	5.40			
	郊区男性	335	9.51	4.70			
	郊区女性	314	9.17	5.02			
	符号知觉 城区男性	466	14.19	6.14	2.931*	0.033	2>1,2>3
	城区女性	374	14.99	5.65			
	郊区男性	335	13.74	5.82			
	郊区女性	314	14.49	5.45			
	形状知觉 城区男性	466	12.76	5.31	0.179	0.911	
	城区女性	374	12.82	5.44			
	郊区男性	335	12.90	4.33			
	郊区女性	314	13.01	4.54			
	文档计分 城区男性	466	59.19	24.30	0.708	0.547	
	城区女性	374	60.08	23.69			
	郊区男性	335	57.73	19.50			
	郊区女性	314	59.55	20.15			

注：1 表示城区男性听力残疾人组，2 表示城区女性听力残疾人组，3 表示郊区男性听力残疾人组，4 表示郊区女性听力残疾人组。

(4) 结论

① 听力残疾人在职业能力文档测验各分测验的得分情况从高到低依次为：符号知觉>形状知觉>言语能力>数理能力>空间知觉。

② 男性在言语能力、符号知觉上的得分低于女性，且二者存在极其显著的性别差异（p<0.01）。

③ 听力残疾人在各分测验的得分表现出随着年龄的增长而逐渐降低的趋势，年龄差异在五个文档分测验和文档测验计分上表现出极显著差异（p<0.01）；在手眼协调操作测验上存在显著差异（p<0.05）。

④ 随着残疾程度的加重，听力残疾人在言语能力和数理能力分测验的得分呈现先升后降的趋势，三级残疾者的得分最高；在符号知觉分测验的得分逐渐下降。听力残疾人在言语能力分测验、符号知觉分测验、文档计分和职业能力总分上存在极其显著的残疾等级差异（p<0.01）；在数理能力分测验的残疾等级差异达到 0.05 的水平（p<0.05）。

⑤ 不同文化水平的听力残疾人，职业能力的各个分测验的得分表现从高到低依次为大专及以上>高中/中专>初中>小学及以下。听力残疾人在职业能力各分测验及总测验上的文化水平差异均达到极显著水平（p<0.01）。

⑥ 不同交流方式的听力残疾人在文档测验的各分测验、文档计分及职业能力总分上的差异均达到极其显著水平（p<0.01）。听力残疾人在言语能力、数理能力、符号知觉和手眼协调操作分测验上的得分从高到低依次是口语>手语&口语>手语>其他；在空间知觉分测验，听力残疾人的得分从高到低依次是手语&口语>口语>手语>其他。

⑦ 北京、上海、广州三城市的肢体残疾人中城区男性、城区女性、郊区男性和郊区女性四个群体在空间和符号知觉分测验的得分存在显著性差异（p<0.05），在言语能力分测验的得分存在着极显著性差异（p<0.01）。城区女性组和郊区女性组在言语能力上的得分显著高于城区男性组

和郊区男性组(p<0.05);在空间知觉分测验,城区男性组的得分显著高于郊区组(p<0.05),城区女性组的得分显著高于郊区女性组(p<0.05);在符号知觉,城区女性组的得分显著高于城郊男性组(p<0.05)。

2. 听力残疾人职业人格状况

(1)测试人群分布

本项目共选取2711名有效被试进行了听力残疾人职业人格测验,其基本信息见表2-1-57。

表2-1-57 听力残疾人职业人格测验有效样本分布表　　　　　　　　(单位:人)

年龄(岁)	性别		总计
	男	女	
15-29	893	801	1694
30-39	299	268	567
40-49	188	157	345
50-59	81	24	105
总计	1461	1250	2711

北京、上海和广州三城市肢体残疾人职业人格测验样本中城郊区有效被试共1415人,其基本信息见表2-1-58。

表2-1-58 三城市听力残疾人职业人格测验有效城郊样本分布表　　　　(单位:人)

年龄(岁)	城区			郊区			合计
	男	女	小计	男	女	小计	
15-29	209	185	394	131	137	268	662
30-39	102	82	184	90	94	184	368
40-49	79	83	162	70	51	121	283
50-59	52	8	60	27	15	42	102
合计	442	358	800	318	297	615	1415

(2)总体情况

被测试的听力残疾人职业人格各维度的得分从高到低依次为:责任心>管理能力>自信心>严谨性>坚持性>交际能力>抗挫折能力>情绪稳定性。在不同年龄的男性听力残疾人中,15-29岁年龄组在交际能力和抗挫折能力维度的得分高于其他三组男性;40-49岁年龄组在自信心和管理能力上的得分高于其他三组;50-59岁年龄组在坚持性、严谨性、情绪稳定性和责任心维度的得分高于其他三组。在不同年龄段的女性听力残疾人中,15-29岁年龄组在抗挫折能力上的得分高于其他组;30-39岁龄组在坚持性、严谨性、情绪稳定性、自信心和责任心维度的得分高于其他三组;50-59岁年龄组在交际能力和管理能力上的得分最高。听力残疾人职业人格测验情况见表2-1-59。

表 2-1-59　听力残疾人职业人格测验的平均数和标准差

		n	责任心		严谨性		情绪稳定性		自信心	
			M	Std	M	Std	M	Std	M	Std
	总体	2711	7.93	2.37	8.38	1.96	6.22	2.79	8.43	2.06
	男性	1461	7.88	2.40	8.37	1.96	6.28	2.76	8.48	2.07
	女性	1250	7.99	2.35	8.40	1.97	6.15	2.83	8.36	2.06
男	15-29	893	7.87	2.23	8.31	1.81	6.15	2.60	8.41	2.02
	30-39	299	7.93	2.56	8.40	2.02	6.43	2.87	8.70	2.15
	40-49	188	7.59	2.64	8.47	2.18	6.38	3.05	8.66	1.99
	50-59	81	8.53	2.83	8.64	2.65	6.85	3.23	8.06	2.33
女	15-29	801	7.98	2.26	8.35	1.86	6.19	2.73	8.27	2.12
	30-39	268	8.16	2.48	8.65	2.02	6.32	2.88	8.61	1.95
	40-49	157	7.84	2.55	8.24	2.33	5.93	3.08	8.29	1.90
	50-54	24	7.33	2.50	8.00	2.19	4.50	3.32	9.21	1.74

表 2-1-59　听力残疾人职业人格测验的平均数和标准差（续）

		n	责任心		交际能力		管理能力		抗挫折能力	
			M	Std	M	Std	M	Std	M	Std
	总体	2711	9.15	2.01	7.89	2.12	8.92	2.32	7.47	2.39
	男性	1461	8.97	2.08	7.79	2.13	8.94	2.31	7.42	2.35
	女性	1250	9.35	1.90	8.01	2.11	8.90	2.33	7.53	2.45
男	15-29	893	8.93	1.95	7.84	2.08	8.77	2.20	7.49	2.31
	30-39	299	9.04	2.20	7.83	2.06	9.09	2.34	7.45	2.45
	40-49	188	9.01	2.16	7.63	2.18	9.33	2.28	7.14	2.36
	50-59	81	9.06	2.77	7.49	2.77	9.26	3.18	7.19	2.26
女	15-29	801	9.34	1.83	8.07	2.04	8.74	2.20	7.74	2.38
	30-39	268	9.47	1.98	8.05	2.11	9.16	2.37	7.41	2.48
	40-49	157	9.22	2.12	7.62	2.45	9.11	2.76	6.80	2.54
	50-54	24	9.42	2.02	8.13	1.90	9.96	2.37	6.54	2.50

北京、上海和广州三城市的城区听力残疾人职业人格的八个人格特征维度的得分均高于郊区的听力残疾人。城区男性组在自信心、责任心和交际能力维度的得分低于城区女性，在其他五个人格特征维度的得分高于城区女性组。郊区男性组在抗挫折能力维度的得分高于郊区女性组，在其他七个维度的得分低于郊区女性组。三城市城郊听力残疾人职业人格测验情况见表2-1-60。

表 2-1-60 听力残疾人职业人格测验城郊样本的平均数和标准差

		n	责任心		严谨性		情绪稳定性		自信心	
			M	Std	M	Std	M	Std	M	Std
	城区	800	8.14	2.38	8.62	2.10	6.83	3.03	8.50	2.03
	郊区	615	7.98	2.50	8.40	2.04	6.30	3.00	8.36	1.97
城区	男	442	8.18	2.41	8.72	2.11	6.91	2.99	8.45	2.04
	女	358	8.09	2.36	8.50	2.08	6.72	3.07	8.56	2.02
郊区	男	318	7.92	2.54	8.36	2.01	6.38	3.00	8.41	1.95
	女	297	8.04	2.46	8.44	2.06	6.21	3.01	8.31	2.00

表 2-1-60 听力残疾人职业人格测验城郊样本的平均数和标准差（续）

		n	责任心		交际能力		管理能力		抗挫折能力	
			M	Std	M	Std	M	Std	M	Std
	城区	800	9.57	2.03	8.34	2.27	9.66	2.48	7.93	2.30
	郊区	615	9.29	2.15	7.91	2.18	9.46	2.35	7.38	2.39
城区	男	442	9.49	2.08	8.26	2.26	9.66	2.45	7.98	2.26
	女	358	9.68	1.97	8.44	2.29	9.65	2.52	7.87	2.35
郊区	男	318	8.98	2.23	7.76	2.21	9.43	2.35	7.39	2.34
	女	297	9.61	2.02	8.07	2.14	9.50	2.35	7.36	2.46

（3）听力残疾人职业人格特征

1）性别差异比较分析

听力残疾人职业人格各维度的均数比较显示，女性在坚持性、严谨性、责任心、交际能力和抗挫折能力维度的得分高于男性，在情绪稳定性、自信心和管理能力维度的得分低于男性（见图2-1-25）。

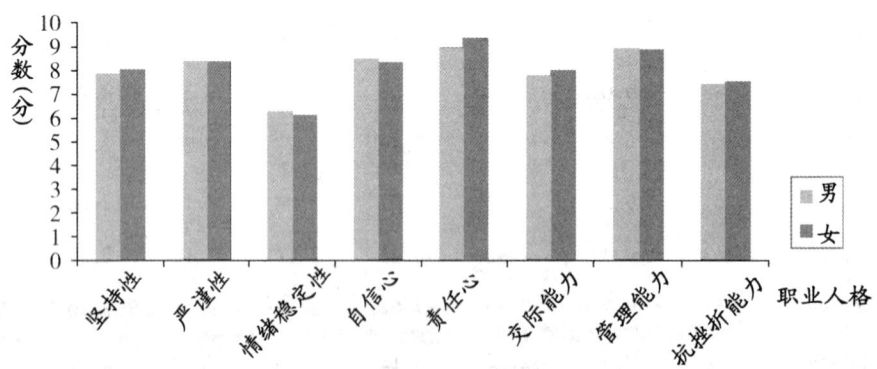

图 2-1-25 听力残疾人职业人格特征的性别比较

进一步差异检验发现，听力残疾人在责任心和交际能力维度的得分存在极显著性性别差异（见表2-1-61）。

表 2-1-61　听力残疾人职业人格特征的性别差异检验

名称		性别	人数	平均数	标准差	t	p
职业人格	坚持性	男	1461	7.88	2.40	-1.182	.237
		女	1250	7.99	2.35		
	严谨性	男	1461	8.37	1.96	-.387	.699
		女	1250	8.40	1.97		
	情绪稳定性	男	1461	6.28	2.76	1.149	.251
		女	1250	6.15	2.83		
	自信心	男	1461	8.48	2.07	1.530	.126
		女	1250	8.36	2.06		
	责任心	男	1461	8.97	2.08	-5.018**	.000
		女	1250	9.35	1.90		
	交际能力	男	1461	7.79	2.13	-2.651**	.008
		女	1250	8.01	2.11		
	管理能力	男	1461	8.94	2.31	.380	.704
		女	1250	8.90	2.33		
	抗挫折能力	男	1461	7.42	2.35	-1.179	.239
		女	1250	7.53	2.45		

注:*表示在 0.05 水平上有显著差异,**表示在 0.01 水平上有显著差异。

2)年龄差异比较分析

随着年龄的增长,听力残疾人的坚持性、严谨性和情绪稳定性维度的得分呈现"N"型趋势,即 30-39 岁年龄组和 50-59 岁年龄组的得分较高,而 15-29 岁年龄组和 40-49 岁年龄组的得分较低;在自信心和责任心维度的得分呈现先升后降的趋势,40-49 岁年龄组的得分最高;在交际能力和抗挫折能力维度的得分逐渐下降;在管理能力维度的得分逐渐上升(见图 2-1-26)。

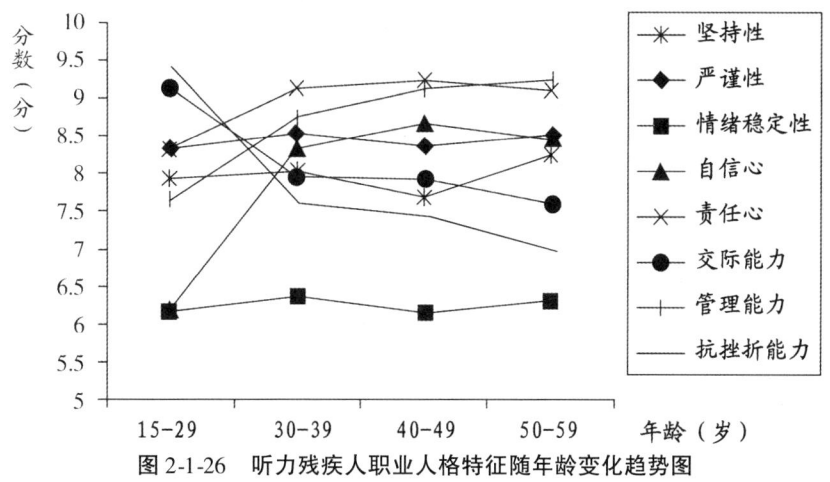

图 2-1-26　听力残疾人职业人格特征随年龄变化趋势图

进一步差异检验发现,听力残疾人在自信心和交际能力维度表现出显著的年龄差异,在管理能力和抗挫折能力维度表现出极其显著的年龄差异。多重比较可以看出,在自信心维度,30-39 岁年龄组的得分显著高于 15-29 岁年龄组;在交际能力维度,40 岁之前的两组的得分显著高于 40-49 岁年龄组;在管理能力维度,15-29 岁年龄组的得分显著低于其他三组;在抗挫折能力维度,15-29 岁年龄组的得分显著高于 40 岁之后的两个年龄组,且 30-39 岁年龄组的得分显著高于 40-49 岁年龄组(见表 2-1-62)。

表 2-1-62 听力残疾人职业人格特征的年龄差异检验

名称		年龄(岁)	人数	平均值	标准差	F	p	多重比较
职业人格	坚持性	15-29	1694	7.92	2.24	2.120	.096	
		30-39	567	8.04	2.52			
		40-49	345	7.70	2.60			
		50-59	105	8.26	2.79			
	严谨性	15-29	1694	8.33	1.83	1.494	.214	
		30-39	567	8.52	2.02			
		40-49	345	8.37	2.25			
		50-59	105	8.50	2.55			
	情绪稳定性	15-29	1694	6.17	2.66	.880	.451	
		30-39	567	6.38	2.87			
		40-49	345	6.17	3.07			
		50-59	105	6.31	3.39			
	自信心	15-29	2711	6.22	2.79	3.372*	.018	2>1
		30-39	1694	8.35	2.07			
		40-49	567	8.65	2.06			
		50-59	345	8.49	1.95			
	责任心	15-29	105	8.32	2.26	.553	.646	
		30-39	1694	9.12	1.90			
		40-49	567	9.24	2.11			
		50-59	345	9.11	2.14			
	交际能力	15-29	105	9.14	2.61	2.801*	.039	1>3,2>3
		30-39	1694	7.95	2.06			
		40-49	567	7.93	2.09			
		50-59	345	7.62	2.30			
	管理能力	15-29	105	7.64	2.60	7.849**	.000	3>1,2>1
		30-39	1694	8.76	2.20			4>1
		40-49	567	9.12	2.35			
		50-59	345	9.23	2.51			
	抗挫折能力	15-29	105	9.42	3.02	7.890**	.000	1>3,1>4
		30-39	1694	7.61	2.35			2>3
		40-49	567	7.43	2.46			
		50-59	345	6.99	2.44			

注:1 表示 15-29 岁年龄段的听力残疾人组,2 表示 30-39 岁年龄段的听力残疾人组,3 表示 40-49 岁年龄段的听力残疾人组,4 表示 50-59 岁年龄段的听力残疾人组。

3）残疾等级比较分析

随着残疾程度的加重,听力残疾人在坚持性、严谨性和责任心维度的得分水平波动;在自信心和交际能力维度的得分呈现先降后升再降的趋势;在情绪稳定性、管理能力和抗挫折能力维度的得分逐渐降低(见图2-1-27)。

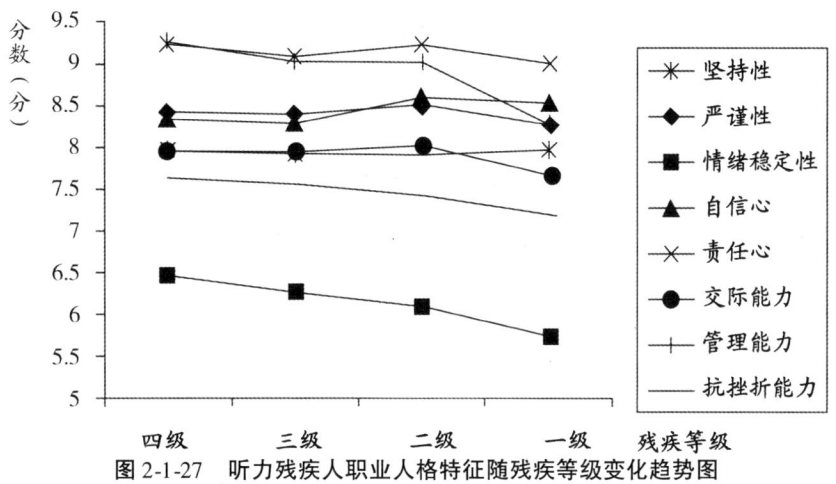

图2-1-27 听力残疾人职业人格特征随残疾等级变化趋势图

进一步差异检验发现,听力残疾人在自信心和交际能力维度存在显著的残疾等级差异,在情绪稳定性、管理能力和抗挫折能力维度存在极其显著的残疾等级差异。多重比较显示,在情绪稳定性维度,一级听力残疾者的得分显著低于其他三组,且四级听力残疾者的得分显著高于二级听力残疾者;在自信心维度,二级听力残疾者的得分显著高于四级和三级听力残疾者;在交际能力和管理能力维度,一级听力残疾者的得分显著低于其他三组;在抗挫折能力维度,一级听力残疾者的得分显著低于四级和三级听力残疾者(见表2-1-63)。

表2-1-63 听力残疾人职业人格特征的残疾等级差异检验

	名称	残疾等级	人数	平均值	标准差	F	p	多重比较
职业人格	坚持性	四级	716	7.96	2.20	.090	.966	
		三级	431	7.91	2.58			
		二级	486	7.91	2.53			
		一级	718	7.96	2.27			
	严谨性	四级	716	8.41	1.89	2.021	.109	
		三级	431	8.39	2.16			
		二级	486	8.51	1.93			
		一级	718	8.24	1.87			
	情绪稳定性	四级	716	6.46	2.90	8.499**	.000	1>3,1>4 3>4,2>4
		三级	431	6.28	3.09			
		二级	486	6.10	2.79			
		一级	718	5.74	2.36			

(续表)

	名称	残疾等级	人数	平均值	标准差	F	p	多重比较
职业人格	自信心	四级	716	8.34	1.96			
		三级	431	8.29	2.12	2.742*	.042	3>1,3>2
		二级	486	8.59	2.05			
		一级	718	8.53	2.10			
	责任心	四级	716	9.23	1.96			
		三级	431	9.09	2.17	1.974	.116	
		二级	486	9.22	2.03			
		一级	718	9.00	1.83			
	交际能力	四级	716	7.96	2.09			
		三级	431	7.94	2.34	3.533*	.014	1>4,2>4 3>4
		二级	486	8.01	2.08			
		一级	718	7.67	1.88			
	管理能力	四级	716	9.26	2.44			
		三级	431	9.03	2.36	26.154**	.000	1>4,2>4 3>4
		二级	486	9.01	2.22			
		一级	718	8.27	1.87			
	抗挫折能力	四级	716	7.63	2.27			
		三级	431	7.56	2.62	4.433**	.004	1>4,2>4
		二级	486	7.43	2.45			
		一级	718	7.19	2.35			

注：1 表示四级听力残疾人组，2 表示三级听力残疾人组，3 表示二级听力残疾人组，4 表示一级听力残疾人组。

4）文化水平比较分析

总体来讲，听力残疾人各个职业人格维度的得分表现基本遵循如下的规律：大专及以上>高中/中专>初中>小学及以下，也就是说随着文化水平的提高，听力残疾人的职业人格特征越来越突出；但初中组听力残疾人在情绪稳定性维度的得分略低于小学及以下组（见图2-1-28）。

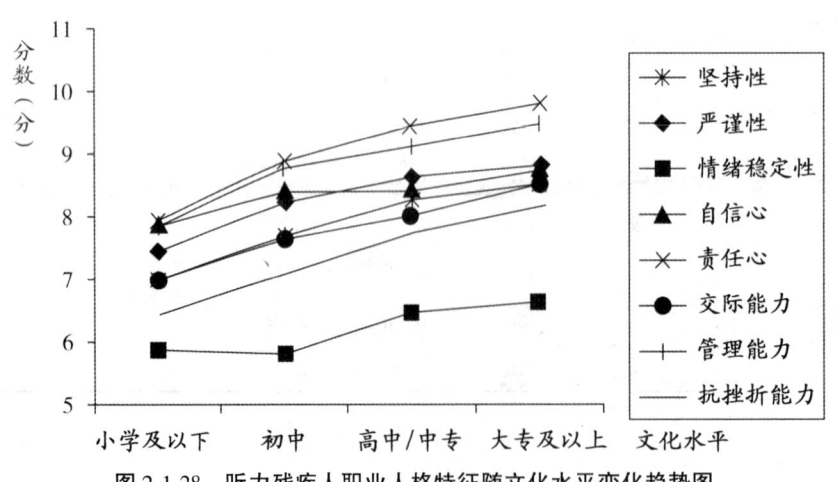

图 2-1-28　听力残疾人职业人格特征随文化水平变化趋势图

进一步差异检验显示,不同文化水平的听力残疾人在职业人格各个维度存在极其显著的差异。多重比较可以看出,在坚持性维度,高中/中专组和大专及以上组的听力残疾人的得分显著高于初中组和小学及以下组,且初中组的得分显著高于小学及以下组;在严谨性、责任心、交际能力、管理能力和抗挫折能力维度,各组间均存在显著差异,即大专及以上>高中/中专>初中>小学及以下;在情绪稳定性维度,大专及以上组的听力残疾人的得分显著高于其他三组,且高中/中专组的听力残疾人的得分显著高于初中组和小学及以下组;在自信心维度,大专及以上组的听力残疾人的得分显著高于其他三组,且高中/中专组和初中组的听力残疾人的得分显著高于小学及以下组(见表2-1-64)。

表2-1-64 听力残疾人职业人格特征的文化水平差异检验

	名称	文化水平	人数	平均值	标准差	F	p	多重比较
职业人格	坚持性	小学及以下	361	7.03	2.15			
		初中	939	7.63	2.40	40.577**	.000	4>1,4>2 3>1,3>2 2>1
		高中/中专	698	8.27	2.38			
		大专及以上	713	8.46	2.26			
	严谨性	小学及以下	361	7.47	1.93			
		初中	939	8.22	1.98	45.793**	.000	4>1,4>2 4>3,3>1 3>2,2>1
		高中/中专	698	8.62	1.95			
		大专及以上	713	8.82	1.78			
	情绪稳定性	小学及以下	361	5.89	2.84			
		初中	939	5.85	2.75	14.328**	.000	4>1,4>2 4>3,3>2 3>1
		高中/中专	698	6.46	2.77			
		大专及以上	713	6.64	2.77			
	自信心	小学及以下	361	7.89	2.09			
		初中	939	8.41	2.00	13.371**	.000	4>1,4>2 4>3,3>1 2>1
		高中/中专	698	8.43	2.10			
		大专及以上	713	8.73	2.05			
	责任心	小学及以下	361	7.97	2.07			
		初中	939	8.89	2.04	82.836**	.000	4>1,4>2 4>3,3>1 3>2,2>1
		高中/中专	698	9.43	1.94			
		大专及以上	713	9.80	1.66			
	交际能力	小学及以下	361	7.01	1.97			
		初中	939	7.65	2.07	49.845**	.000	4>1,4>2 4>3,3>1 3>2,2>1
		高中/中专	698	8.02	2.17			
		大专及以上	713	8.53	2.01			
	管理能力	小学及以下	361	7.84	2.76			
		初中	939	8.77	2.31	44.728**	.000	4>1,4>2 4>3,3>1 3>2,2>1
		高中/中专	698	9.11	2.19			
		大专及以上	713	9.48	1.99			

(续表)

名称		文化水平	人数	平均值	标准差	F	p	多重比较
职业人格	抗挫折能力	小学及以下	361	6.45	2.27	57.025**	.000	4>1,4>2 4>3,3>1 3>2,2>1
		初中	939	7.10	2.40			
		高中/中专	698	7.77	2.38			
		大专及以上	713	8.18	2.17			

注:1 表示小学及以下听力残疾人组,2 表示初中听力残疾人组,3 表示高中/中专听力残疾人组,4 表示大专及以上听力残疾人组。

5)交流方式比较分析

依据听力残疾者的主要交流方式分成以手语为主要交流方式(简称手语),以口语为主要交流方式(简称口语),手语与口语并用的交流方式(简称手语&口语)和其他类型交流方式(简称其他)四种类型。

口语组在坚持性、严谨性、情绪稳定性、责任心和抗挫折能力维度的得分最高;手语&口语组在自信心、交际能力和管理能力维度的得分最高;使用其他交流方式的听力残疾人在职业人格维度的得分均为最低(见图2-1-29)。

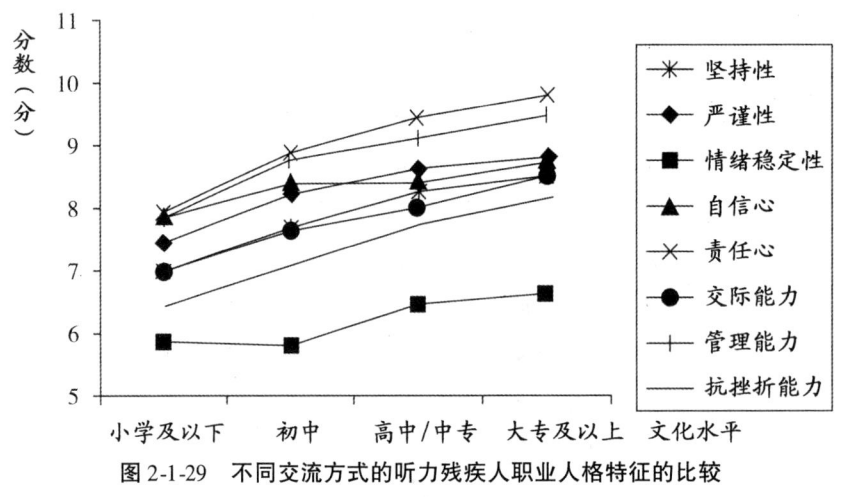

图2-1-29 不同交流方式的听力残疾人职业人格特征的比较

进一步差异检验发现,不同交流方式的听力残疾人在职业人格的各个维度的差异均极其显著。多重比较发现,在坚持性维度,口语组的得分显著高于其他三组;在严谨性、自信心、交际能力和管理能力维度,手语&口语组和口语组的得分显著高于手语组和其他交流方式组;在情绪稳定性维度,口语组的得分显著高于手语组和其他交流方式组;在责任心维度,口语组的得分显著高于其他三组,且手语&口语组的得分显著高于手语组和其他组;在抗挫折能力维度,口语组的得分显著高于手语组和其他组听力残疾人,且手语&口语组的听力残疾人的得分显著高于其他组听力残疾人(见表2-1-65)。

表 2-1-65 不同交流方式的听力残疾人职业人格特征的差异检验

	名称	交流方式	人数	平均值	标准差	F	p	多重比较
职业人格	坚持性	手语	1391	7.73	2.18			
		口语	549	8.60	2.70	19.110**	.000	2>1,2>3
		手语&口语	270	7.89	2.27			2>4
		其他	501	7.77	2.43			
	严谨性	手语	1391	8.20	1.88			
		口语	549	8.89	2.10	19.967**	.000	2>1,2>4
		手语&口语	270	8.64	1.73			3>1,3>4
		其他	501	8.19	2.03			
	情绪稳定性	手语	1391	6.10	2.64			
		口语	549	6.56	3.10	4.152**	.006	2>1,2>4
		手语&口语	270	6.39	2.75			
		其他	501	6.09	2.85			
	自信心	手语	1391	8.37	2.02			
		口语	549	8.63	2.08	6.554**	.000	2>1,2>4
		手语&口语	270	8.76	2.07			3>1,3>4
		其他	501	8.20	2.13			
	责任心	手语	1391	9.00	1.96			2>1,2>4
		口语	549	9.62	2.12	15.460**	.000	2>3,3>1
		手语&口语	270	9.33	1.83			3>4
		其他	501	8.93	2.05			
	交际能力	手语	1391	7.80	2.03			
		口语	549	8.06	2.31	7.555**	.000	2>1,2>4
		手语&口语	270	8.36	2.14			3>1,3>4
		其他	501	7.72	2.11			
	管理能力	手语	1391	8.71	2.30			
		口语	549	9.35	2.29	14.155**	.000	2>1,2>4
		手语&口语	270	9.37	2.14			3>1,3>4
		其他	501	8.79	2.42			
	抗挫折能力	手语	1391	7.36	2.31			
		口语	549	7.85	2.55	7.328**	.000	2>1,2>4
		手语&口语	270	7.64	2.35			3>4
		其他	501	7.28	2.42			

注:1 表示使用手语听力残疾人组,2 表示使用口语听力残疾人组,3 表示使用手语&口语听力残疾人组,4 表示使用其他方式听力残疾人组。

6) 城郊差异比较分析

听力残疾人在职业人格测验各维度得分的均数比较发现,在坚持性、严谨性、情绪稳定性和管理能力维度,城区男性组的得分最高,郊区男性组的得分最低;在自信心维度,城区女性组的得分最高,郊区女性组的得分最低;在责任心维度,城区女性组得分最高,郊区男性组的得分最低;在交际能力维度,城区女性组得分最高,郊区男性组得分最低;在抗挫折能力维度,城区男性组得分最高,郊区女性组得分最低(见图2-1-30)。

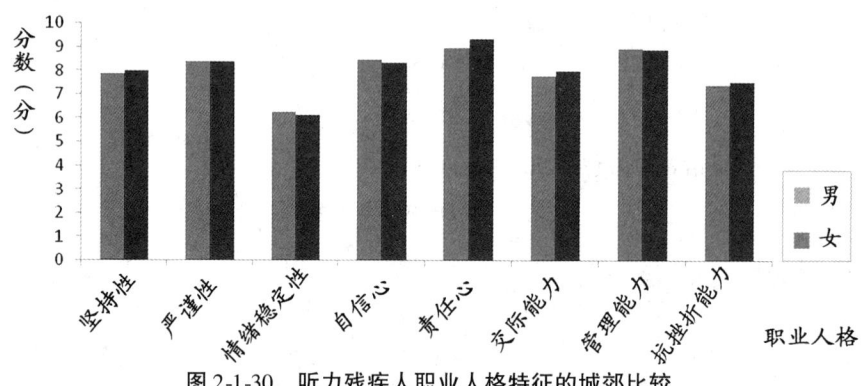

图2-1-30 听力残疾人职业人格特征的城郊比较

进一步差异性检验显示,城区男性、城区女性、郊区男性和郊区女性四个群体在情绪稳定性、责任心、交际能力和抗挫折能力维度的得分存在极其显著性差异。多重比较可以看出,在情绪稳定性维度,城区男性组的得分显著高于郊区群体;在责任心维度,郊区男性组的得分显著低于其他三组人群;在交际能力维度上,城区女性组的得分显著高于郊区群体,且城区男性组的得分显著高于郊区男性组;在抗挫折能力维度,城区群体的得分显著高于郊区群体,说明城区听力残疾人的抗挫折能力显著高于郊区听力残疾者(见表2-1-66)。

表2-1-66 听力残疾人职业人格特征的城郊差异检验

	名称	城郊*性别	人数	平均值	标准差	F	p	多重比较
职业人格	坚持性	城区男性	442	8.18	2.41			
		城区女性	358	8.09	2.36	.704	.550	
		郊区男性	318	7.92	2.54			
		郊区女性	297	8.04	2.46			
	严谨性	城区男性	442	8.72	2.11			
		城区女性	358	8.50	2.08	2.163	.091	
		郊区男性	318	8.36	2.01			
		郊区女性	297	8.44	2.06			
	情绪稳定性	城区男性	442	6.91	2.99			
		城区女性	358	6.72	3.07	3.972**	.008	1>3,1>4
		郊区男性	318	6.38	3.00			2>4
		郊区女性	297	6.21	3.01			
	自信心	城区男性	442	8.45	2.04			
		城区女性	358	8.56	2.02	.868	.457	
		郊区男性	318	8.41	1.95			
		郊区女性	297	8.31	2.00			

(续表)

名称		城郊*性别	人数	平均值	标准差	F	p	多重比较
职业人格	责任心	城区男性	442	9.49	2.08	7.531**	.000	1>3,2>3 4>3
		城区女性	358	9.68	1.97			
		郊区男性	318	8.98	2.23			
		郊区女性	297	9.61	2.02			
	交际能力	城区男性	442	8.26	2.26	5.652**	.001	1>3,2>3 2>4
		城区女性	358	8.44	2.29			
		郊区男性	318	7.76	2.21			
		郊区女性	297	8.07	2.14			
	管理能力	城区男性	442	9.66	2.45	.806	.490	
		城区女性	358	9.65	2.52			
		郊区男性	318	9.43	2.35			
		郊区女性	297	9.50	2.35			
	抗挫折能力	城区男性	442	7.98	2.26	6.652**	.000	1>3,1>4 2>3,2>4
		城区女性	358	7.87	2.35			
		郊区男性	318	7.39	2.34			
		郊区女性	297	7.36	2.46			

注:1表示城区男性听力残疾人组,2表示城区女性听力残疾人组,3表示郊区男性听力残疾人组,4表示郊区女性听力残疾人组。

(4)结论

①听力残疾人职业人格各维度的得分从高到低依次为:责任心>管理能力>自信心>严谨性>坚持性>交际能力>抗挫折能力>情绪稳定性。

②女性在责任心、交际能力和抗挫折能力维度的得分高于男性,性别差异极其显著($p<0.01$)。

③听力残疾人在自信心维度的得分随年龄的增长呈现先升后降的趋势,40-49岁年龄组的得分最高;在交际能力和抗挫折能力维度的得分逐渐下降;在管理能力维度的得分逐渐上升。听力残疾人在自信心和交际能力维度表现出显著的年龄差异($p<0.05$),在管理能力和抗挫折能力维度表现出极其显著的年龄差异($p<0.01$)。

④随着残疾程度的加重,听力残疾人在自信心和交际能力维度的得分呈现先降后升再降的趋势;在情绪稳定性、管理能力和抗挫折能力维度的得分逐渐降低。且在自信心和交际能力维度的得分存在显著的残疾等级差异($p<0.05$),在情绪稳定性、管理能力和抗挫折能力维度的得分存在极其显著的残疾等级差异($p<0.01$)。

⑤不同文化水平的听力残疾人各个职业人格维度的得分表现基本遵循如下的规律:大专及以上>高中/中专>初中>小学及以下。不同文化水平的听力残疾人在职业人格各个维度存在极其显著的差异($p<0.01$)。

⑥不同交流方式的听力残疾人在职业人格的各个维度均达到极其显著水平差异($p<0.01$)。口语组在坚持性、严谨性、情绪稳定性、责任心和抗挫折能力维度的得分最高;手语&口语组在自信心、交际能力和管理能力的得分最高;使用其他交流方式的听力残疾人在职业人格维度的得分为最低。

⑦北京、上海和广州三城市听力残疾人中,城区男性、城区女性、郊区男性和郊区女性四个群体在情绪稳定性、责任心、交际能力和抗挫折能力维度的得分存在极其显著性差异($p<0.01$)。在情绪稳定性维度,城区男性组的得分最高,郊区男性组的得分最低;在责任心维度,城区女性组得分最高,郊区男

性组的得分最低;在交际能力维度,城区女性组得分最高,郊区男性组得分最低;在抗挫折能力维度,城区男性组得分最高,郊区女性组得分最低。

3. 听力残疾人职业兴趣状况

(1)测试人群分布

本项目共选取2708名有效被试进行了听力残疾人职业兴趣测验,其基本信息见表2-1-67。

表2-1-67 听力残疾人职业兴趣测验有效样本分布表 （单位:人）

年龄(岁)	性别		总计
	男	女	
15-29	888	797	1685
30-39	301	271	572
40-49	188	154	342
50-59	86	23	109
总计	1463	1245	2708

北京、上海和广州三城市听力残疾人职业兴趣测验的样本中城郊区信息有效被试共1411人,其基本信息见表2-1-68。

表2-1-68 三城市听力残疾人职业兴趣测验有效城郊样本分布表 （单位:人）

年龄(岁)	城区			郊区			合计
	男	女	小计	男	女	小计	
15-29	204	185	389	131	136	267	656
30-39	105	84	189	89	94	183	372
40-49	78	82	160	68	49	117	277
50-59	54	8	62	30	14	44	106
合计	441	359	800	318	293	611	1411

(2)总体情况

被测试的听力残疾人职业兴趣各类型的得分从高到低排序依次为:现实型>常规型>研究型>企业型>艺术型>社会型。在不同年龄的男性听力残疾人中,15-29岁年龄组在现实型、研究型、企业型、社会型和艺术型的得分高于其他三个年龄组,50-59岁年龄组在常规型的得分最高。在不同年龄的女性听力残疾人中,15-29岁年龄组在企业型、社会型和艺术型的得分高于其他三个年龄组,40-49岁年龄组在现实型的得分最高,50-59岁年龄组在常规型和研究型的得分最高(见表2-1-69)。

表2-1-69 听力残疾人职业兴趣测验的平均数和标准差

	n	常规型		现实型		研究型		企业型		社会型		艺术型	
		M	Std	M	Std	M	Std	M	Std	M	Std	M	Std
总体	2708	6.40	1.61	6.67	1.60	6.23	1.78	6.01	1.69	5.54	1.66	5.72	1.92
男性	1463	6.46	1.63	6.74	1.62	6.39	1.78	6.08	1.63	5.48	1.70	5.60	1.96
女性	1245	6.32	1.57	6.58	1.57	6.04	1.76	5.94	1.75	5.62	1.62	5.87	1.86

(续表)

		n	常规型		现实型		研究型		企业型		社会型		艺术型	
			M	Std	M	Std	M	Std	M	Std	M	Std	M	Std
男(岁)	15-29	888	6.46	1.61	6.80	1.61	6.51	1.74	6.24	1.66	5.56	1.74	5.78	1.91
	30-39	301	6.46	1.65	6.73	1.67	6.29	1.85	5.84	1.54	5.35	1.71	5.41	1.97
	40-49	188	6.43	1.66	6.65	1.54	6.12	1.75	5.97	1.48	5.41	1.52	5.43	2.00
	50-59	86	6.52	1.74	6.43	1.68	6.12	1.85	5.47	1.71	5.26	1.51	4.71	2.02
女(岁)	15-29	797	6.28	1.58	6.59	1.60	6.05	1.76	6.11	1.73	5.69	1.65	6.08	1.78
	30-39	271	6.52	1.61	6.53	1.53	6.07	1.82	5.72	1.68	5.67	1.58	5.65	1.90
	40-49	154	6.14	1.52	6.66	1.55	5.92	1.73	5.36	1.83	5.20	1.51	5.23	1.99
	50-54	23	6.78	1.20	6.43	1.24	6.13	1.39	6.48	1.53	5.17	1.34	5.78	1.86

北京、上海和广州三城市城区的听力残疾人在常规型、现实型、研究型、企业型和艺术型的得分高于郊区听力残疾人,而在社会型的得分低于郊区听力残疾人。城区男性组在常规型、现实型、研究型、企业型的得分高于城区女性组,而在社会型和艺术型的得分低于城区女性组。郊区男性组在研究型、企业型的得分高于郊区女性组,而在常规型、现实型、社会型和艺术型的得分低于郊区女性组(见表2-1-70)。

表2-1-70 三城市听力残疾人职业兴趣测验城郊样本的平均数和标准差

		n	常规型		现实型		研究型		企业型		社会型		艺术型	
			M	Std	M	Std	M	Std	M	Std	M	Std	M	Std
城区		800	6.42	1.56	6.63	1.45	6.23	1.66	6.09	1.71	4.95	1.52	5.39	1.91
郊区		611	6.30	1.56	6.51	1.52	5.95	1.72	5.90	1.52	5.10	1.44	5.36	1.87
城区	男	441	6.62	1.53	6.65	1.48	6.34	1.72	6.10	1.65	4.84	1.55	5.32	1.96
	女	359	6.18	1.57	6.59	1.41	6.11	1.59	6.08	1.79	5.09	1.47	5.47	1.86
郊区	男	318	6.26	1.60	6.44	1.60	6.00	1.74	5.94	1.49	5.04	1.42	5.29	1.99
	女	293	6.33	1.52	6.58	1.44	5.91	1.70	5.85	1.55	5.16	1.46	5.43	1.73

(3)听力残疾人职业兴趣特征

1)性别差异比较分析

听力残疾人职业兴趣各类型的均数比较显示,男性听力残疾者在常规型、现实型、研究型和企业型的得分高于女性,在社会型和艺术型的得分低于女性(见图2-1-31)。

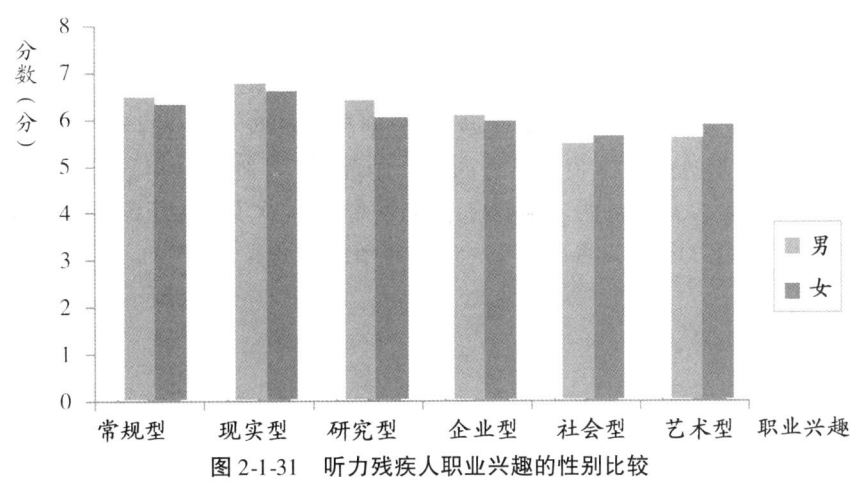

图2-1-31 听力残疾人职业兴趣的性别比较

进一步差异性检验发现,听力残疾者在职业兴趣类型中的现实型、研究型和艺术型存在极其显著的性别差异,即男性听力残疾人在现实型和研究型的得分显著高于女性听力残疾人,在艺术型的得分显著低于女性;在企业型和社会型,听力残疾者存在显著的性别差异,即男性听力残疾人的企业型得分显著高于女性,社会型得分显著低于女性。

表2-1-71 听力残疾人职业兴趣的性别差异检验

名称		性别	人数	平均数	标准差	t	p
职业人格	常规型	男	1463	6.46	1.63	2.230	.026
		女	1245	6.32	1.57		
	现实型	男	1463	6.74	1.62	2.636**	.008
		女	1245	6.58	1.57		
	研究型	男	1463	6.39	1.78	5.200**	.000
		女	1245	6.04	1.76		
	企业型	男	1463	6.08	1.63	2.163*	.031
		女	1245	5.94	1.75		
	社会型	男	1463	5.48	1.70	-2.156*	.031
		女	1245	5.62	1.62		
	艺术型	男	1463	5.60	1.96	-3.802**	.000
		女	1245	5.87	1.86		

2)年龄差异比较分析

随着年龄的增长,听力残疾人在常规型、现实型和研究型的得分呈水平波动;但在企业型、社会型和艺术型的得分呈逐渐降低的趋势(见图2-1-32)。

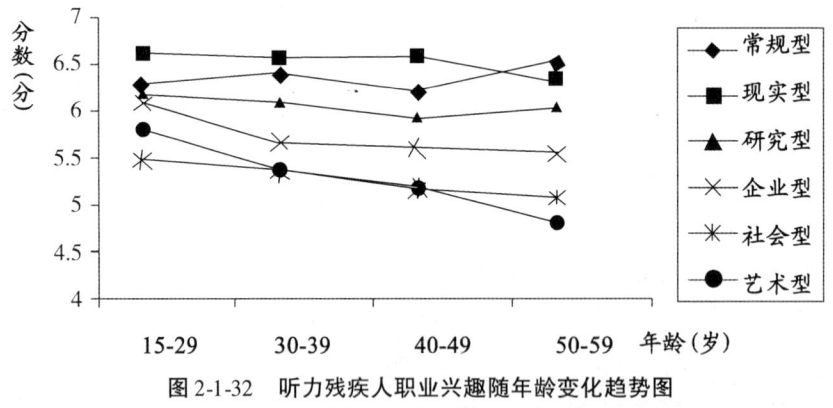

图2-1-32 听力残疾人职业兴趣随年龄变化趋势图

进一步差异检验发现,听力残疾人在企业型、社会型和艺术型的得分存在极其显著的年龄差异。多重比较可以看出,在企业型,15-29岁年龄组的得分显著高于其他三个年龄组;在社会型,15-29岁年龄组的得分显著高于40岁之后的两个年龄组;在艺术型,15-29岁年龄组的得分显著高于其他三个年龄组,且30-39岁年龄组的得分显著高于50-59岁年龄组(见表2-1-72)。

表 2-1-72 听力残疾人职业兴趣的年龄差异检验

	名称	年龄(岁)	人数	平均值	标准差	F	p	多重比较
职业人格	常规型	15-29	1685	6.37	1.60	1.601	.187	
		30-39	572	6.49	1.63			
		40-49	342	6.30	1.60			
		50-59	109	6.58	1.64			
	现实型	15-29	1685	6.70	1.61	1.075	.359	
		30-39	572	6.63	1.61			
		40-49	342	6.66	1.54			
		50-59	109	6.43	1.59			
	研究型	15-29	1685	6.29	1.76	2.393	.067	
		30-39	572	6.18	1.84			
		40-49	342	6.03	1.74			
		50-59	109	6.12	1.76			
	企业型	15-29	1685	6.18	1.70	14.403**	.000	1>2,1>3 1>4
		30-39	572	5.78	1.61			
		40-49	342	5.70	1.67			
		50-59	109	5.68	1.72			
	社会型	15-29	1685	5.62	1.70	4.626**	.003	1>3,1>4
		30-39	572	5.50	1.65			
		40-49	342	5.32	1.51			
		50-59	109	5.24	1.47			
	艺术型	15-29	1685	5.92	1.86	19.155**	.000	1>2,1>3 1>4,2>4
		30-39	572	5.52	1.94			
		40-49	342	5.34	1.99			
		50-59	109	4.94	2.03			

注:1 表示 15-29 岁年龄段的听力残疾人组,2 表示 30-39 岁年龄段的听力残疾人组,3 表示 40-49 岁年龄段的听力残疾人组,4 表示 50-59 岁年龄段的听力残疾人组。

3)残疾等级比较分析

随着残疾程度的加重,听力残疾人在常规型和企业型的得分水平波动;在研究型和艺术型的得分先降低后升高;在现实型和社会型的得分逐渐升高(见图2-1-33)。

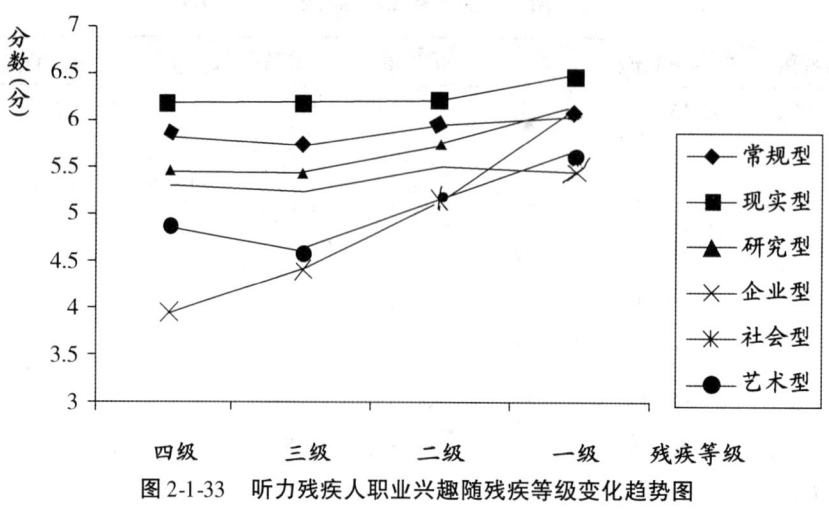

图 2-1-33 听力残疾人职业兴趣随残疾等级变化趋势图

进一步差异检验发现,听力残疾人在职业兴趣的现实型的得分存在显著的残疾等级差异;在研究型、社会型和艺术型维度存在极其显著的残疾等级差异。多重比较发现,在现实型,一级组的得分显著高于其他三组;在研究型和艺术型,一级组的得分显著高于其他三组,且二级组的得分显著高于三级和四级组;在社会型,各个残疾等级的听力残疾人组间均存在显著的差异(见表 2-1-73)。

表 2-1-73 听力残疾人职业兴趣的残疾等级差异检验

	名称	残疾等级	人数	平均值	标准差	F	p	多重比较
职业兴趣	常规型	四级	710	6.39	1.55			
		三级	429	6.28	1.61	1.249	.290	
		二级	487	6.43	1.64			
		一级	723	6.46	1.67			
	现实型	四级	710	6.61	1.50			
		三级	429	6.62	1.56	3.129*	.025	4>1,4>2
		二级	487	6.64	1.65			4>3
		一级	723	6.84	1.71			
	研究型	四级	710	6.04	1.68			
		三级	429	6.02	1.75	12.501**	.000	4>1,4>2
		二级	487	6.31	1.72			4>3,3>1
		一级	723	6.54	1.88			3>2
	企业型	四级	710	5.95	1.65			
		三级	429	5.88	1.67	1.692	.167	
		二级	487	6.09	1.72			
		一级	723	6.06	1.77			
	社会型	四级	710	4.91	1.46			
		三级	429	5.25	1.60	125.169**	.000	4>1,4>2
		二级	487	5.83	1.65			4>3,3>1
		一级	723	6.42	1.52			3>2,2>1

(续表)

名称		残疾等级	人数	平均值	标准差	F	p	多重比较
职业兴趣	艺术型	四级	710	5.62	1.83	19.173**	.000	4>1,4>2 4>3,3>1 3>2
		三级	429	5.40	2.02			
		二级	487	5.86	1.88			
		一级	723	6.19	1.88			

注:1表示四级听力残疾人组,2表示三级听力残疾人组,3表示二级听力残疾人组,4表示一级听力残疾人组。

4) 文化水平比较分析

随着文化水平的提高,听力残疾人在常规型、现实型、研究型、企业型和社会型的得分大体呈上升趋势,大专及以上组的得分最高,小学及以下组的得分最低,初中组和高中/中专组的得分差别不大;艺术型的得分随着年龄的增长呈升–降–升的变化特点,高中/中专组的得分最低,大专及以上组的得分最高(见图2-1-34)。

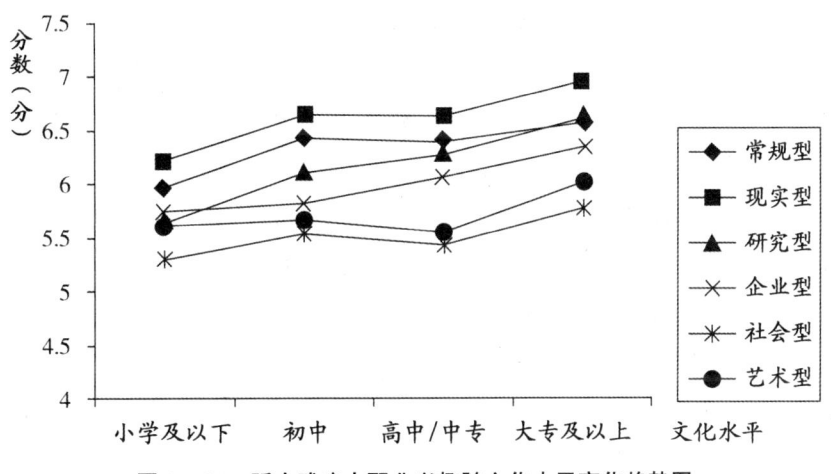

图2-1-34 听力残疾人职业兴趣随文化水平变化趋势图

进一步差异检验显示,听力残疾人在职业兴趣各个类型上的得分存在极其显著的文化水平差异。多重比较可以看出,小学及以下组在常规型的得分显著低于其他三组,且大专及以上组的听力残疾人的得分显著高于高中/中专组;大专及以上组的听力残疾人在现实型的得分显著高于其他三组,且初中组和高中/中专组的听力残疾人的得分显著高于小学及以下组;在研究型和企业型,各组间均存在显著的差异;在社会型和艺术型,大专及以上组的得分显著高于其他三组,且初中组在社会型的得分显著高于小学及以下组(见表2-1-74)。

表2-1-74 听力残疾人职业兴趣的文化水平差异检验

名称		文化水平	人数	平均值	标准差	F	p	多重比较
职业兴趣	常规型	小学及以下	360	5.98	1.57	10.837**	.000	4>1,4>3 3>1,2>1
		初中	937	6.42	1.65			
		高中/中专	699	6.40	1.55			
		大专及以上	712	6.57	1.59			

(续表)

名称		文化水平	人数	平均值	标准差	F	p	多重比较
职业兴趣	现实型	小学及以下	360	6.24	1.59			
		初中	937	6.64	1.62			4>1,4>2
		高中/中专	699	6.64	1.52	16.403**	.000	4>3,3>1
		大专及以上	712	6.95	1.59			2>1
	研究型	小学及以下	360	5.68	1.62			
		初中	937	6.10	1.81			4>1,4>2
		高中/中专	699	6.28	1.70	25.534**	.000	4>3,3>2
		大专及以上	712	6.62	1.80			3>1,2>1
	企业型	小学及以下	360	5.74	1.58			
		初中	937	5.83	1.70			4>1,4>2
		高中/中专	699	6.06	1.69	16.092**	.000	4>3,3>2
		大专及以上	712	6.34	1.68			3>1,2>1
	社会型	小学及以下	360	5.30	1.58			
		初中	937	5.52	1.60			4>1,4>2
		高中/中专	699	5.45	1.70	8.024**	.000	4>3,2>1
		大专及以上	712	5.78	1.73			
	艺术型	小学及以下	360	5.61	1.84			
		初中	937	5.67	1.95			4>1,4>2
		高中/中专	699	5.55	1.93	8.239**	.000	4>3
		大专及以上	712	6.02	1.88			

注:1 表示小学及以下听力残疾人组,2 表示初中听力残疾人组,3 表示高中/中专听力残疾人组,4 表示大专及以上听力残疾人组。

5）交流方式比较分析

手语 & 口语组在常规型、研究型、企业型、社会型和艺术型的得分最高；手语组在现实型的得分最高；口语组在社会型的得分与手语 & 口语组一样；使用其他交流手段的听力残疾人各种职业兴趣类型的得分均为最低（见图 2-1-35）。

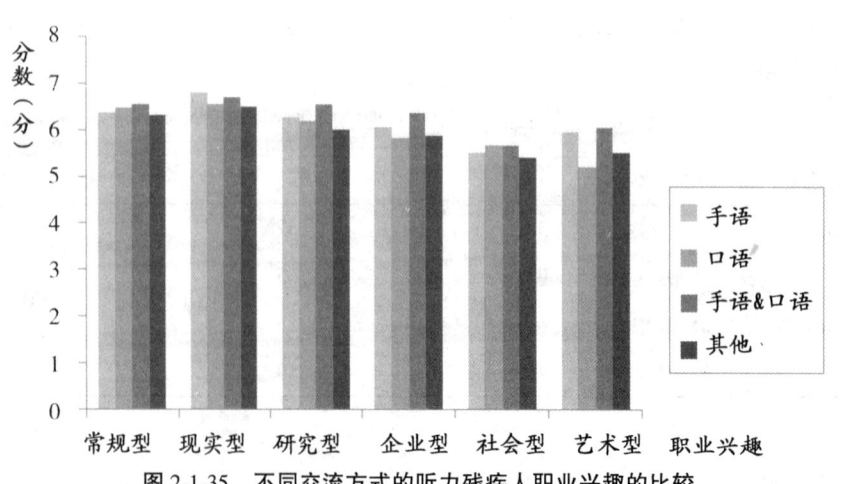

图 2-1-35 不同交流方式的听力残疾人职业兴趣的比较

进一步差异检验发现,不同交流方式的听力残疾人在现实型、研究型、企业型和艺术型的得分存在极显著性的差异。多重比较可以看出,手语组在现实型的得分显著高于口语组和其他组;在研究型,手语＆口语组的得分显著高于其他三组,且手语组的得分显著高于其他组;在企业型,手语＆口语组的得分显著高于其他三组,且手语组的得分显著高于口语组和其他组;在艺术型,手语组和手语＆口语组的得分显著高于口语组和其他组(见表2-1-75)。

表2-1-75 不同交流方式的听力残疾人职业兴趣的差异检验

	名称	性别	人数	平均数	标准差	t	p	
职业兴趣	常规型	手语	1393	6.37	1.59			
		口语	549	6.47	1.67			
		手语＆口语	272	6.54	1.45	1.527	.206	
		其他	494	6.32	1.66			
	现实型	手语	1393	6.79	1.60			
		口语	549	6.53	1.60			
		手语＆口语	272	6.68	1.51	5.974**	.000	1>2,1>4
		其他	494	6.49	1.62			
	研究型	手语	1393	6.26	1.78			
		口语	549	6.19	1.82			1>4,3>1
		手语＆口语	272	6.55	1.64	5.803**	.001	3>2,3>4
		其他	494	6.01	1.76			
	企业型	手语	1393	6.06	1.67			
		口语	549	5.83	1.75			1>2,1>4
		手语＆口语	272	6.36	1.57	7.286**	.000	3>1,3>2
		其他	494	5.88	1.72			3>4
	社会型	手语	1393	5.51	1.69			
		口语	549	5.66	1.58			
		手语＆口语	272	5.66	1.63	2.275	.078	
		其他	494	5.42	1.69			
	艺术型	手语	1393	5.94	1.87			
		口语	549	5.21	1.97			1>2,1>4
		手语＆口语	272	6.04	1.84	23.918**	.000	3>2,3>4
		其他	494	5.52	1.91			

注:1表示主要使用口语的听力残疾人组,2表示主要使用手语的听力残疾人组,3表示使用手语＆口语的听力残疾人组,4表示使用其他交流方式的听力残疾人组。

6)城郊差异比较分析

北京、上海和广州三城市的听力残疾人在职业兴趣各类型得分的均数比较发现,城区男性组常规型的得分最高,城区女性组得分最低;城区男性组现实型的得分最高,郊区男性组得分最低;在研究型和企业型,城区男性组得分最高,郊区女性组得分最低;在社会型,郊区女性组得分最高,城区男性组得分最低;在艺术型,女性群体的得分高于男性群体,且城区群体的得分高于郊区群体(见图2-1-36)。

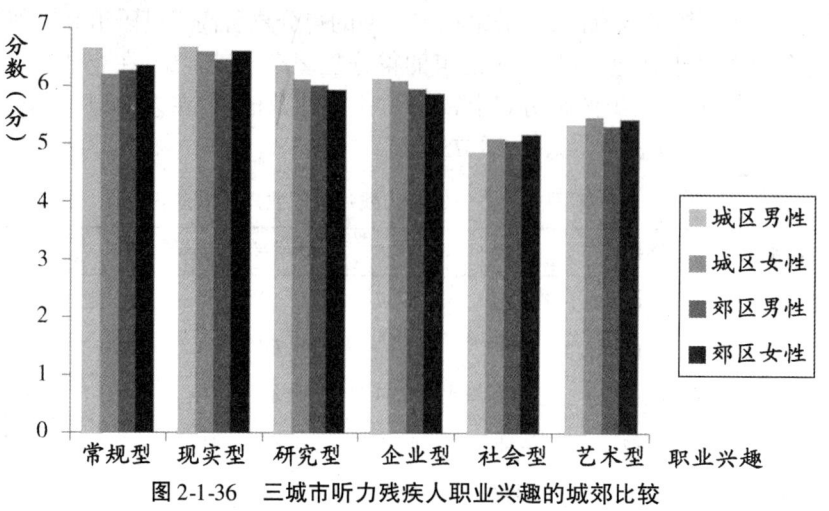

图 2-1-36　三城市听力残疾人职业兴趣的城郊比较

进一步差异性检验发现,城区男性组、城区女性组、郊区男性组和郊区女性组在常规型和研究型维度存在极其显著性差异,在社会型维度存在显著性差异。多重比较可以看出,在常规型,城区男性组的得分显著高于其他三组;在研究型,城区男性组的得分显著高于郊区组;在社会型,城区女性组和郊区女性组的得分显著高于城区男性组(见表2-1-76)。

表 2-1-76　三城市听力残疾人职业兴趣的城郊差异检验

	名称	城郊*性别	人数	平均值	标准差	F	p	多重比较
职业兴趣	常规型	城区男性	441	6.62	1.53	6.110**	.000	1>2,1>3 1>4
		城区女性	359	6.18	1.57			
		郊区男性	318	6.26	1.60			
		郊区女性	293	6.33	1.52			
	现实型	城区男性	441	6.65	1.48	1.302	.272	
		城区女性	359	6.59	1.41			
		郊区男性	318	6.44	1.60			
		郊区女性	293	6.58	1.44			
	研究型	城区男性	441	6.34	1.72	4.509**	.004	1>3,1>4
		城区女性	359	6.11	1.59			
		郊区男性	318	6.00	1.74			
		郊区女性	293	5.91	1.70			
	企业型	城区男性	441	6.10	1.65	1.849	.136	
		城区女性	359	6.08	1.79			
		郊区男性	318	5.94	1.49			
		郊区女性	293	5.85	1.55			
	社会型	城区男性	441	4.84	1.55	3.428*	.017	2>1,4>1
		城区女性	359	5.09	1.47			
		郊区男性	318	5.04	1.42			
		郊区女性	293	5.16	1.46			

(续表)

名称		城郊*性别	人数	平均值	标准差	F	p	多重比较
职业兴趣	艺术型	城区男性	441	5.32	1.96	.692	.557	
		城区女性	359	5.47	1.86			
		郊区男性	318	5.29	1.99			
		郊区女性	293	5.43	1.73			

注:1 表示城区男性听力残疾人组,2 表示城区女性听力残疾人组,3 表示郊区男性听力残疾人组,4 表示郊区女性听力残疾人组。

(4) 结论

①听力残疾人职业兴趣各类型的得分从高到低排序依次为:现实型>常规型>研究型>企业型>艺术型>社会型。

②男性听力残疾人在现实型和研究型的得分显著高于女性听力残疾人,在艺术型的得分显著低于女性;男性听力残疾人的企业型得分显著高于女性,社会型得分显著低于女性。

③随着年龄的增长,听力残疾人在企业型、社会型和艺术型的得分呈逐渐降低的趋势,且存在极其显著的年龄差异($p<0.01$)。

④随着残疾程度的加重,听力残疾人在研究型和艺术型的得分先降低后升高;在现实型和社会型的得分逐渐升高,且在现实型的得分存在显著的残疾等级差异($p<0.05$);在研究型、社会型和艺术型维度存在极其显著的残疾等级差异($p<0.01$)。

⑤随着文化水平的提高,听力残疾人在常规型、现实型、研究型和企业型和社会型的得分大体上呈上升的趋势,大专及以上组的得分最高,小学及以下组的得分最低,初中组和高中/中专组的得分差别不大;艺术型的得分随着年龄的增长呈升-降-升的变化特点,高中/中专组的得分最低,大专及以上组的得分最高,且听力残疾人在职业兴趣各个类型上的得分存在极其显著的文化水平差异($p<0.01$)。

⑥不同交流方式的听力残疾人在现实型、研究型、企业型和艺术型的得分存在极显著的差异($p<0.01$)。手语&口语组在研究型、企业型和艺术型的得分最高;手语组在现实型的得分最高。

⑦北京、上海和广州城区男性组的听力残疾人在常规型得分显著高于其他三组($p<0.05$);在研究型,城区男性组的得分显著高于郊区组($p<0.05$);在社会型,城区女性组和郊区女性组的得分显著高于城区男性组($p<0.05$)。

(三) 言语残疾人职业适应性状况

本项目测查就业年龄段的言语残疾人共计 785 人,样本详情见表 2-1-77 ~ 表 2-1-81。

表 2-1-77 言语残疾人样本性别分布情况

	男		女		合计
	n	%	n	%	
北京	28	53.8%	24	46.2%	52
上海	105	54.4%	88	45.6%	193
广东	162	60.2%	107	39.8%	269
广西	57	55.9%	45	44.1%	102
江苏	88	56.1%	69	43.9%	157
湖南	3	100.0%	-	-	3
山东	2	22.2%	7	77.8%	9

(续表)

	男		女		合计
	n	%	n	%	
总计	445	56.7%	340	43.3%	785

表 2-1-78 言语残疾人样本年龄段分布情况

	15–29 岁		30–39 岁		40–49 岁		50–59 岁		合计
	n	%	n	%	n	%	n	%	
北京	38	73.1%	5	9.6%	7	13.5%	2	3.8%	52
上海	83	43.0%	57	29.5%	38	19.7%	15	7.8%	193
广东	139	51.7%	81	30.1%	35	13.0%	14	5.2%	269
广西	82	80.4%	12	11.8%	8	7.8%	–	–	102
江苏	150	95.5%	5	3.2%	2	1.3%	–	–	157
湖南	3	100.0%	–	–	–	–	–	–	3
山东	5	55.6%	3	33.3%	1	11.1%	–	–	9
总计	500	63.7%	163	20.8%	91	11.6%	31	3.9%	785

表 2-1-79 言语残疾人样本残疾等级分布情况

	四级		三级		二级		一级		合计
	n	%	n	%	n	%	n	%	
北京	32	64.0%	3	6.0%	14	28.0%	1	2.0%	50
上海	17	9.2%	97	52.7%	17	9.2%	53	28.8%	184
广东	111	43.4%	53	20.7%	39	15.2%	53	20.7%	269
广西	14	13.7%	21	20.6%	23	22.5%	44	43.1%	102
江苏	1	0.6%	13	8.3%	25	15.9%	118	75.2%	157
湖南	–	–	1	33.3%	–	–	2	66.7%	3
山东	2	22.2%	4	44.4%	2	22.2%	1	11.1%	9
总计	177	22.9%	192	24.8%	120	15.5%	272	35.1%	774

注：缺失样本 11 人。

表 2-1-80 言语残疾人样本文化水平分布情况

	小学及以下		初中		高中/中专		大专及以上		合计
	n	%	n	%	n	%	n	%	
北京	11	21.2%	9	17.3%	4	7.7%	28	53.8%	52
上海	23	11.9%	69	35.8%	76	39.4%	25	13.0%	193
广东	77	28.6%	107	39.8%	48	17.8%	37	13.8%	269
广西	17	16.7%	36	35.3%	49	48.0%	–	–	102
江苏	2	1.3%	9	5.7%	2	1.3%	144	91.7%	157
湖南	–	–	2	66.7%	–	–	1	33.3%	3

(续表)

	小学及以下		初中		高中/中专		大专及以上		合计
	n	%	n	%	n	%	n	%	
山东	-	-	3	33.3%	6	66.7%	-	-	9
总计	130	16.6%	235	29.9%	185	23.6%	235	29.9%	785

表2-1-81 三城市言语残疾人样本城郊分布情况

	城市男性		城市女性		郊区男性		郊区女性		合计
	n	%	n	%	n	%	n	%	
北京	23	44.2	15	28.8	5	9.6	9	17.3	52
上海	54	28.0	42	21.8	51	26.4	46	23.8	193
广州	36	33.0	21	19.3	31	28.4	21	19.3	109
总计	113	31.9	78	22.0	87	24.6	76	21.5	354

1. 言语残疾人职业能力状况

(1) 测试人群分布

本项目选取了785名有效被试进行了言语残疾人职业能力测验,其基本信息见表2-1-82。

表2-1-82 言语残疾人有效样本分布表 （单位:人）

年龄(岁)	性别		总计
	男	女	
15-29	276	224	500
30-39	87	76	163
40-49	56	35	91
50-59	26	5	31
总计	445	340	785

北京、上海和广州三城市言语残疾人职业兴趣测验的样本中城郊区信息有效被试共354人,其基本信息见表2-1-83。

表2-1-83 三城市言语残疾人职业能力测验有效城郊样本分布表 （单位:人）

年龄(岁)	城区			郊区			合计
	男	女	小计	男	女	小计	
15-29	43	33	76	42	42	84	160
30-39	30	27	57	20	22	42	99
40-49	22	16	38	19	9	28	66
50-59	18	2	20	6	3	9	29
合计	113	78	191	87	76	163	354

(2) 总体情况

被测试的言语残疾人在职业能力文档测验各分测验的得分情况从高到低依次为:形状知觉>符号知觉>言语能力>数理能力>空间知觉。在不同年龄的男性言语残疾人中,15-29岁年龄组在形状知觉分测验的得分最高;30-39岁年龄组在言语能力、数理能力、空间知觉、符号知觉分测验和手眼协调操作测试的得分及文档测验总分与职业能力总分最高；在不同年龄的女性言语残疾人中，15-29岁年龄组在言语能力、形状知觉分测验和手眼协调操作测试的得分及文档计分高于其他三组；30-39岁年龄组在数理能力、空间知觉和符号知觉分测验及职业能力总分的得分最高（见表2-1-84）。

表2-1-84 言语残疾人职业能力测验的平均数和标准差

		n	言语能力		数理能力		空间知觉		符号知觉		形状知觉		文档计分	
			Std	M	Std	M	Std	M	Std	M	Std	M	Std	M
	总体	785	10.49	4.71	9.81	5.24	8.99	4.62	12.33	6.44	12.34	4.66	53.95	20.62
	男性	445	10.18	4.60	10.06	5.23	9.24	4.80	11.81	6.57	12.37	4.78	53.66	21.25
	女性	340	10.90	4.82	9.47	5.24	8.65	4.36	13.02	6.21	12.29	4.52	54.33	19.80
男（岁）	15-29	276	10.16	3.77	10.27	4.83	9.16	4.50	12.07	6.44	13.19	4.14	54.85	18.73
	30-39	87	10.77	5.07	10.48	5.17	10.16	4.69	12.60	6.19	12.28	4.56	56.29	20.75
	40-49	56	10.21	6.27	9.61	6.11	9.00	5.62	10.75	7.25	10.14	5.78	49.72	26.53
	50-59	26	8.28	6.34	7.46	6.78	7.54	5.89	8.64	6.80	8.85	6.33	40.77	29.73
女（岁）	15-29	224	11.33	4.20	9.76	4.76	8.86	4.08	13.13	6.18	12.96	4.09	56.03	18.08
	30-39	76	10.99	5.92	9.92	6.22	8.89	4.68	13.96	5.81	11.92	4.31	55.69	21.80
	40-49	35	8.23	5.27	6.74	5.47	7.31	5.13	10.60	6.62	9.49	5.97	42.37	22.04
	50-54	5	8.67	4.06	8.80	3.35	5.20	3.63	10.76	7.58	7.60	4.56	41.02	17.20

表2-1-84 言语残疾人职业能力测验的平均数和标准差（续）

		n	手眼协调（网络测试）		职业能力总分（网络测试）	
			M	Std	M	Std
	总体	358	15.41	6.93	66.50	20.35
	男性	202	15.91	6.52	65.80	20.31
	女性	156	14.76	7.41	67.40	20.44
男（岁）	15-29	157	15.98	6.54	65.24	20.06
	30-39	33	16.00	6.16	68.44	20.60
	40-49	12	14.78	7.64	65.93	23.87
女（岁）	15-29	120	15.17	7.25	66.79	17.96
	30-39	26	14.92	7.37	75.70	26.88
	40-49	10	9.47	8.18	53.13	22.15

北京、上海和广州三城市城区言语残疾人的言语能力、数理能力、空间知觉、形状知觉分测验的得分以及文档计分高于郊区的言语残疾人，而在符号知觉分测验的得分低于郊区的言语残疾人。城区女性组在言语能力、数理能力、符号知觉分测验的得分高于男性组，在空间知觉和形状知觉分测验的得分和文档计分低于城区男性组。郊区女性组在言语能力分测验的得分高于郊区男性组，在数理能力、空间知觉、符号知觉、形状知觉分测验的得分以及文档计分低于郊区男性组（见表2-1-85）。

表2-1-85　三城市言语残疾人职业能力文档测验城郊样本的平均数和标准差

		n	言语能力		数理能力		空间知觉		符号知觉		形状知觉		文档计分	
			Std	M	Std	M	Std	M	Std	M	Std	M	Std	M
城区		191	11.18	5.17	10.59	5.89	10.08	5.61	13.79	6.05	12.49	5.52	58.13	24.59
郊区		163	10.69	5.07	10.39	5.63	9.41	4.67	14.52	6.07	12.31	4.94	57.31	22.31
城区	男	113	11.01	5.32	10.58	6.09	10.67	5.71	13.40	6.32	12.62	5.90	58.28	26.36
	女	78	11.42	4.96	10.59	5.64	9.23	5.39	14.35	5.61	12.31	4.96	57.90	21.93
郊区	男	87	10.38	4.72	10.80	5.50	10.11	4.67	14.58	6.22	12.34	4.80	58.22	21.89
	女	76	11.04	5.45	9.92	5.77	8.61	4.57	14.44	5.94	12.26	5.13	56.27	22.89

(2) 言语残疾人职业能力特征

1) 性别差异比较分析

言语残疾人职业能力各分测验的均数比较显示,男性群体在言语能力、符号知觉分测验的得分低于女性群体,在数理能力、空间知觉、形状知觉以及手眼协调分测验上的得分高于女性群体(见图2-1-37)。

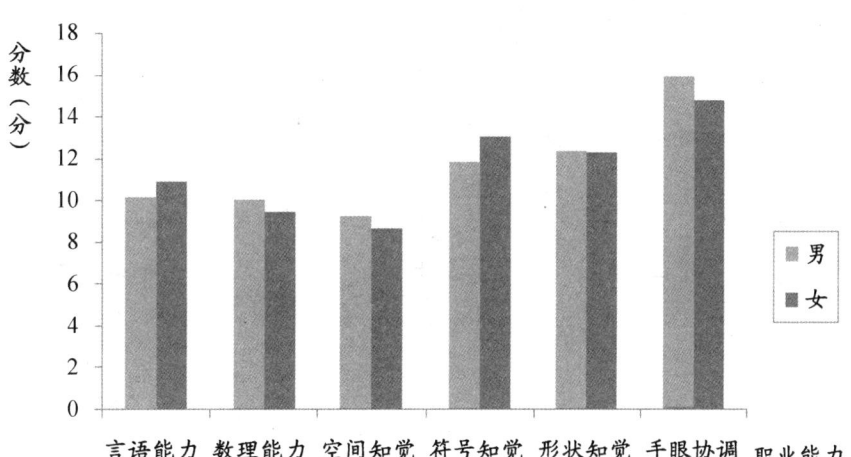

图2-1-37　言语残疾人职业能力的性别比较

进一步差异检验发现,不同性别的言语残疾人在言语能力的得分存在显著性差异,在符号知觉分测验的得分存在极显著性差异,即男性言语残疾人群体的言语能力和符号知觉分测验的得分显著低于女性群体(见表2-1-86)。

表2-1-86　言语残疾人职业能力的性别差异检验

	名称	性别	人数	平均数	标准差	t	p
职业能力文档测验	言语能力	男	445	10.18	4.60	-2.129*	.034
		女	340	10.90	4.82		
	数理能力	男	445	10.06	5.23	1.572	.116
		女	340	9.47	5.24		
	空间知觉	男	445	9.24	4.80	1.791	.074
		女	340	8.65	4.36		
	符号知觉	男	445	11.81	6.57	-2.638**	.009
		女	340	13.02	6.21		

(续表)

名称		性别	人数	平均数	标准差	t	p
职业能力操作测验	形状知觉	男	445	12.37	4.78	.252	.801
		女	340	12.29	4.52		
	文档计分	男	445	53.66	21.25	-.448	.654
		女	340	54.33	19.80		
	手眼协调	男	202	15.91	6.52	1.538	.125
		女	156	14.76	7.41		
	职业能力总分	男	202	65.80	20.31	-.735	.463
		女	156	67.40	20.44		

2) 年龄差异比较分析

随着年龄的增长,言语残疾人在言语能力、数理能力和空间知觉分测验的得分呈现先升后降的趋势,即 30-39 岁>15-29 岁>40-49 岁>50-59 岁;在符号知觉分测验的得分呈现升-降-升的"N"趋势;而形状知觉和手眼协调分测验的得分逐渐下降(见图 2-1-38)。

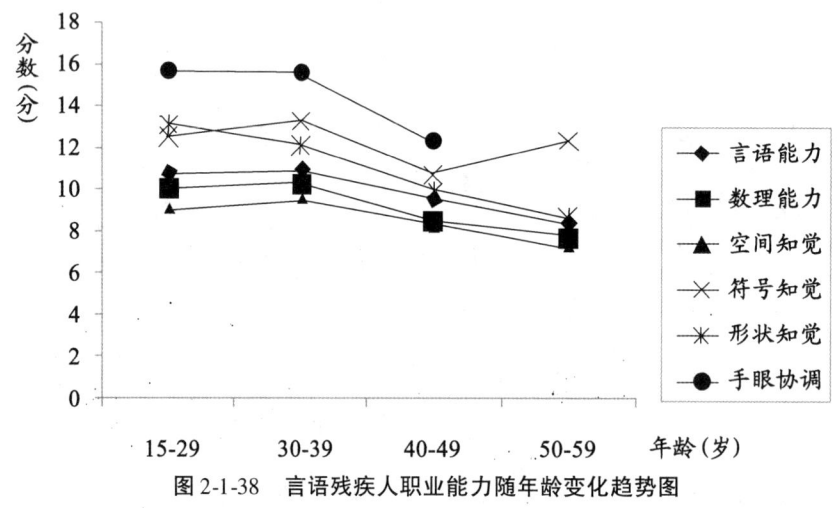

图 2-1-38 言语残疾人职业能力随年龄变化趋势图

进一步差异检验显示,年龄差异在言语能力、数理能力、符号知觉和形状知觉分测验的得分及文档测验计分存在极显著性差异,在空间知觉分测验的得分和职业能力总分存在显著性差异。多重比较发现,在言语能力、数理能力、符号知觉、形状知觉分测验的得分和文档计分,40 岁之前的两个年龄组的得分显著高于 40 岁之后的两个年龄组;在空间知觉分测验,15-29 岁年龄组的得分显著高于 50-59 岁年龄组,且 30-39 岁年龄组的得分显著高于 40 岁之后的两组;在职业能力总分,30-39 岁年龄组的得分显著高于 15-29 岁年龄组和 40-49 岁年龄组(见表 2-1-87)。

表 2-1-87 言语残疾人职业能力的年龄差异检验

	名称	年龄(岁)	人数	平均值	标准差	F	p	多重比较
职业能力文档测验	言语能力	15-29	500	10.68	4.01	4.314**	.005	1>3,2>3 1>4,2>4
		30-39	163	10.87	5.46			
		40-49	91	9.45	5.96			
		50-59	31	8.34	5.98			

(续表)

	名称	年龄(岁)	人数	平均值	标准差	F	p	多重比较
职业能力文档测验	数理能力	15-29	500	10.04	4.80	4.306**	.005	1>4,1>3 2>3,2>4
		30-39	163	10.22	5.67			
		40-49	91	8.51	6.00			
		50-59	31	7.68	6.33			
	空间知觉	15-29	500	9.02	4.32	3.090*	.026	1>4,2>3 2>4
		30-39	163	9.57	4.71			
		40-49	91	8.35	5.47			
		50-59	31	7.16	5.60			
	符号知觉	15-29	500	12.55	6.34	6.137**	.000	1>3,1>4 2>3,2>4
		30-39	163	13.24	6.04			
		40-49	91	10.69	6.97			
		50-59	785	12.33	6.44			
	形状知觉	15-29	500	13.08	4.12	20.684**	.000	1>3,1>4 2>3,2>4
		30-39	163	12.11	4.43			
		40-49	91	9.89	5.83			
		50-59	31	8.65	6.03			
	文档计分	15-29	500	55.38	18.43	9.381**	.000	1>3,1>4 2>3,2>4
		30-39	163	56.01	21.19			
		40-49	91	46.89	25.03			
		50-59	31	40.81	27.85			
职业能力操作测验	手眼协调	15-29	277	15.63	6.85	2.287	.103	
		30-39	59	15.53	6.68			
		40-49	22	12.36	8.16			
职业能力总分		15-29	277	65.91	19.16	3.116*	.046	2>1,2>3
		30-39	59	71.64	23.64			
		40-49	22	60.11	23.48			

注:1表示15-29岁年龄段的言语残疾人组,2表示30-39岁年龄段的言语残疾人组,3表示40-49岁年龄段的言语残疾人组,4表示50-59岁年龄段的言语残疾人组。

3)残疾等级比较分析

随着残疾程度的加重,言语残疾人在言语能力、数理能力、空间知觉、符号知觉和形状知觉分测验的得分呈现降-升-降的趋势,二级言语残疾者的得分最高;在手眼协调操作测验的得分呈水平波动(见图2-1-39)。

进一步差异检验显示,言语残疾人在言语能力、数理能力、空间知觉和符号知觉分测验和文档计分表现出极显著性的残疾等级差异,在形状知觉分测验的得分表现出显著性的残疾等级差异。多重比较发现,在言语能力分测验,二级言语残疾人组的得分显著高于其他三组;在数理能力分测验,二级言语残疾人组的得分显著高于三级和一级言语残疾人组,且四级言语残疾人组的得分显著高于三级组;在空间知觉分测验,二级言语残疾人组的得分显著高于三级组和一级组,且四级言语残疾人组的得分显

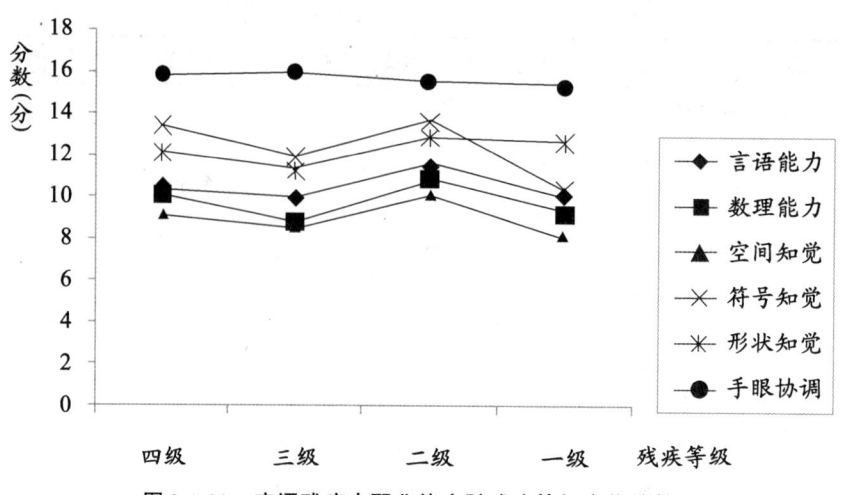

图 2-1-39 言语残疾人职业能力随残疾等级变化趋势图

著高于一级组;在符号知觉分测验,一级言语残疾人组的得分显著低于其他三组,且四级组和二级组的得分显著高于三级组;在形状知觉分测验,一级组和二级组的得分显著高于三级组;在文档测验计分,四级组和二级组的得分显著高于三级组和一级组(见表2-1-88)。

表 2-1-88 言语残疾人职业能力的残疾等级差异检验

	名称	残疾等级	人数	平均值	标准差	F	p	多重比较
职业能力文档测验	言语能力	四级	213	10.43	4.89	4.249**	.005	3>1,3>2 3>4,
		三级	112	9.93	5.38			
		二级	200	11.46	4.62			
		一级	236	10.00	4.20			
	数理能力	四级	213	10.08	5.42	5.453**	.001	1>2,3>2 3>4
		三级	112	8.77	5.64			
		二级	200	10.87	5.41			
		一级	236	9.22	4.60			
	空间知觉	四级	213	9.20	5.05	7.485**	.000	1>4,3>2 3>4
		三级	112	8.43	4.54			
		二级	200	10.06	4.81			
		一级	236	8.08	3.90			
	符号知觉	四级	213	13.40	6.40	12.682**	.000	1>2,1>4 2>4,3>2 3>4
		三级	112	11.88	6.64			
		二级	200	13.60	5.95			
		一级	236	10.35	6.40			
	形状知觉	四级	213	12.09	5.12	3.195*	.023	3>2,4>2
		三级	112	11.23	5.02			
		二级	200	12.83	4.52			
		一级	236	12.57	4.20			

(续表)

名称		残疾等级	人数	平均值	标准差	F	p	多重比较
职业能力文档测验	文档计分	四级	213	55.21	22.73	7.894**	.000	1>2,1>4 3>2,3>4
		三级	112	50.25	21.79			
		二级	200	58.83	20.89			
		一级	236	50.21	17.03			
职业能力操作测验	手眼协调	四级	29	15.82	6.13	.189	.904	
		三级	54	15.93	6.86			
		二级	63	15.45	6.96			
		一级	212	15.21	7.08			
职业能力总分		四级	29	72.99	22.06	2.382	.069	
		三级	54	69.47	21.98			
		二级	63	68.33	21.29			
		一级	212	64.31	19.18			

注:1表示四级言语残疾人组,2表示三级言语残疾人组,3表示二级言语残疾人组,4表示一级言语残疾人组。

4)文化水平比较分析

随着文化水平的提高,职业能力测验的文档部分各分测验的得分大体呈现上升的趋势,但在言语能力、空间知觉和符号知觉分测验,高中/中专组的得分略高于大专及以上组;在手眼协调操作测验的得分呈现先升高后降低再升高的"N"型趋势,即大专及以上组>初中组>高中/中专组>小学及以下组(见图2-1-40)。

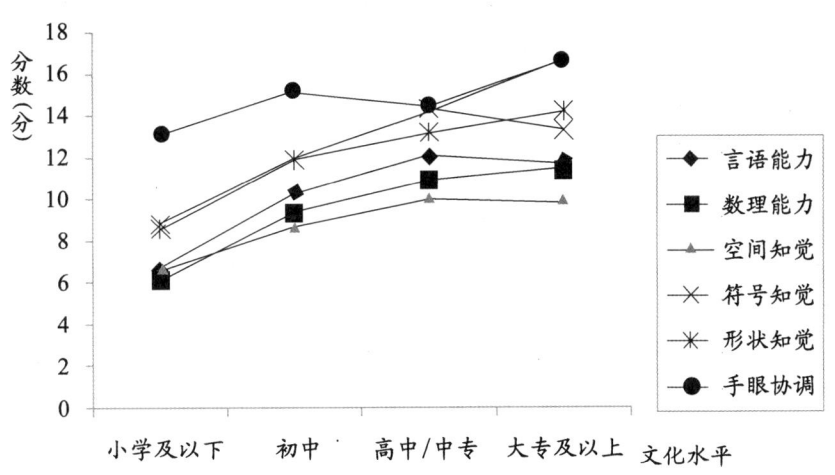

图2-1-40 言语残疾人职业能力随文化水平变化趋势图

进一步差异检验显示,不同文化水平的言语残疾人在文档部分各分测验、文档测验计分及职业能力总分上存在极显著性差异,在手眼协调操作测验上存在显著性差异。多重比较发现,在言语能力、数理能力、符号知觉和空间知觉分测验及文档测验计分,大专及以上组和高中/中专组的得分显著高于初中组和小学及以下组,且初中组的得分高于小学及以下组;在形状知觉分测验的得分,各组间均存在显著性差异;在手眼协调操作测验,大专及以上组的得分显著高于高中/中专组和小学及以下组(见表2-1-89)。

表 2-1-89 言语残疾人职业能力的文化水平差异检验

名称		文化水平	人数	平均值	标准差	F	p	多重比较
职业能力文档测验	言语能力	小学及以下	130	6.64	5.09	46.764**	.000	4>1,4>2 3>1,3>2 2>1
		初中	235	10.30	4.88			
		高中/中专	185	11.95	4.04			
		大专及以上	235	11.66	3.48			
	数理能力	小学及以下	130	6.12	5.02	36.600**	.000	4>1,4>2 3>1,3>2 2>1
		初中	235	9.35	5.41			
		高中/中专	185	10.94	4.81			
		大专及以上	235	11.40	4.39			
	空间知觉	小学及以下	130	6.63	4.67	19.525**	.000	4>1,4>2 3>1,3>2 2>1
		初中	235	8.54	4.47			
		高中/中专	185	9.99	4.56			
		大专及以上	235	9.94	4.26			
	符号知觉	小学及以下	130	8.79	6.82	22.598**	.000	4>1,4>2 3>1,3>2 2>1
		初中	235	11.84	6.31			
		高中/中专	185	14.28	5.78			
		大专及以上	235	13.27	6.01			
	形状知觉	小学及以下	130	8.58	5.73	51.813**	.000	4>1,4>2 4>3,3>1 3>2,2>1
		初中	235	11.88	4.58			
		高中/中专	185	13.18	3.60			
		大专及以上	235	14.20	3.38			
	文档计分	小学及以下	130	36.77	22.49	53.566**	.000	4>1,4>2 3>1,3>2 2>1
		初中	235	51.91	20.04			
		高中/中专	185	60.33	17.36			
		大专及以上	235	60.47	16.26			
职业能力操作测验	手眼协调	小学及以下	40	13.17	7.86	3.499*	.016	4>1,4>3
		初中	95	15.16	6.66			
		高中/中专	71	14.44	7.76			
		大专及以上	152	16.61	6.24			
	职业能力总分	小学及以下	40	53.86	21.01	9.762**	.000	4>1,4>2 4>3,3>1 2>1
		初中	95	63.52	23.24			
		高中/中专	71	66.53	21.28			
		大专及以上	152	71.67	15.63			

注：1 表示小学及以下言语残疾人组，2 表示初中言语残疾人组，3 表示高中/中专言语残疾人组，4 表示大专及以上言语残疾人组。

5）城郊差异比较分析

言语残疾人在职业能力各分测验得分的均数比较发现，城区男性组在空间知觉和形状知觉分测验的得分最高,在符号知觉分测验的得分最低;城区女性组在言语能力分测验的得分最高;郊区男性组在数理能力和符号知觉分测验的得分最高,在言语能力分测验的得分最低;郊区女性组在数理能力、空间知觉和形状知觉的得分最低(见图2-1-41)。

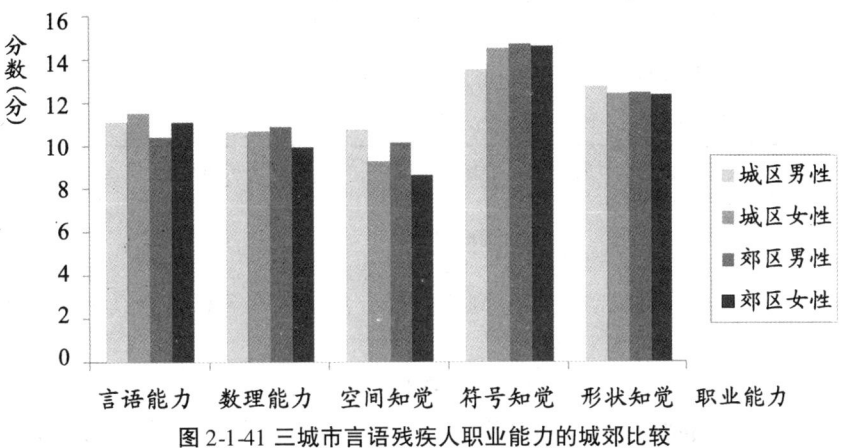

图 2-1-41 三城市言语残疾人职业能力的城郊比较

进一步差异性检验发现,城区男性组、城区女性组、郊区男性组和郊区女性组在空间知觉分测验的得分存在显著性差异。多重比较可以看出,城区男性组在空间知觉分测验的得分显著高于郊区女性组(见表2-1-90)。

见表 2-1-90 三城市言语残疾人职业能力的城郊差异检验

名称		城郊*性别	人数	平均值	标准差	F	p	多重比较
职业能力文档测验	言语能力	城区男性	113	11.01	5.32	.594	.619	
		城区女性	78	11.42	4.96			
		郊区男性	87	10.38	4.72			
		郊区女性	76	11.04	5.45			
	数理能力	城区男性	113	10.58	6.09	.349	.790	
		城区女性	78	10.59	5.64			
		郊区男性	87	10.80	5.50			
		郊区女性	76	9.92	5.77			
	空间知觉	城区男性	113	10.67	5.71	2.853*	.037	1>4
		城区女性	78	9.23	5.39			
		郊区男性	87	10.11	4.67			
		郊区女性	76	8.61	4.57			
	符号知觉	城区男性	113	13.40	6.32	.814	.487	
		城区女性	78	14.35	5.61			
		郊区男性	87	14.58	6.22			
		郊区女性	76	14.44	5.94			
	形状知觉	城区男性	113	12.62	5.90	.093	.964	
		城区女性	78	12.31	4.96			
		郊区男性	87	12.34	4.80			
		郊区女性	76	12.26	5.13			

(续表)

名称		城郊*性别	人数	平均值	标准差	F	p	多重比较
职业能力文档测验	文档计分	城区男性	113	58.28	26.36	.131	.941	
		城区女性	78	57.90	21.93			
		郊区男性	87	58.22	21.89			
		郊区女性	76	56.27	22.89			

注:1 表示城区男性言语残疾人组,2 表示城区女性言语残疾人组,3 表示郊区男性言语残疾人组,4 表示郊区女性言语残疾人组。

(4)结论

①言语残疾人在职业能力文档测验各分测验的得分情况从高到低依次为:形状知觉>符号知觉>言语能力>数理能力>空间知觉。

②男性言语残疾人群体的言语能力和符号知觉分测验的得分显著低于女性群体,且二者在言语能力的得分存在显著性差异($p<0.05$),在符号知觉分测验的得分存在极显著性差异($p<0.01$)。

③随着年龄的增长,言语残疾人在言语能力、数理能力和空间知觉分测验的得分呈现先升后降的趋势,即 30-39 岁>15-29 岁>40-49 岁>50-59 岁;在符号知觉分测验的得分呈现升–降–升的"N"趋势,而形状知觉和手眼协调分测验的得分逐渐下降。

④随着残疾程度的加重,言语残疾人在言语能力、数理能力、空间知觉、符号知觉和形状知觉分测验的得分呈现降–升–降的趋势,二级言语残疾者的得分最高,且在言语能力、数理能力、空间知觉和符号知觉分测验和文档计分表现出极显著性的残疾等级差异($p<0.01$),在形状知觉分测验的得分表现出显著性的残疾等级差异($p<0.05$)。

⑤随着文化水平的提高,职业能力测验的文档部分各分测验的得分大体呈现上升的趋势,且不同文化水平的言语残疾人在文档部分各分测验、文档测验计分及职业能力总分上存在极显著性差异($p<0.01$),在手眼协调操作测验上存在显著性差异($p<0.05$)。

⑥城区男性组在空间知觉分测验的得分显著高于郊区女性组($p<0.05$)。

2. 言语残疾人职业人格状况

(1)测试人群分布

本项目共选取 763 名有效被试进行了言语残疾人职业人格测验,其基本信息见表 2-1-91。

表 2-1-91 言语残疾人职业人格测验有效样本分布表 (单位:人)

年龄(岁)	性别		总计
	男	女	
15-29	274	223	497
30-39	85	73	158
40-49	49	34	83
50-59	20	5	25
总计	428	335	763

北京、上海和广州三城市言语残疾人职业人格测验的样本中城郊区信息有效被试共 333 人,其基本信息见表 2-1-92。

表 2-1-92　三城市言语残疾人职业人格测验城郊样本分布表　　　　　　　　（单位：人）

年龄（岁）	城区			郊区			合计
	男	女	小计	男	女	小计	
15–29	42	33	75	41	41	82	157
30–39	29	26	55	19	20	39	94
40–49	18	16	34	17	8	25	59
50–59	12	2	14	6	3	9	23
合计	101	77	178	83	72	155	333

（2）总体情况

被测试的言语残疾人在职业人格各维度的得分从高到低依次为：责任心＞管理能力＞严谨性＞自信心＞坚持性＞交际能力＞抗挫折能力＞情绪稳定性。不同年龄的男性言语残疾人，15–29岁年龄组在抗挫折能力维度的得分最高，30–39岁年龄组在坚持性、严谨性、情绪稳定性、自信心、责任心、交际能力、管理能力维度的得分最高。不同年龄的女性言语残疾人，15–29岁年龄组在责任心和抗挫折能力维度的得分最高，30–39岁年龄组在坚持性、严谨性、情绪稳定性、交际能力、管理能力和抗挫折能力维度的得分最高，40–49岁年龄组在自信心维度的得分最高（见表2-1-93）。

表 2-1-93　残疾人职业人格测验的平均数和标准差

		n	坚持性		严谨性		情绪稳定性		自信心	
			M	Std	M	Std	M	Std	M	Std
总体		763	7.77	2.34	8.24	1.88	5.92	2.56	8.21	2.11
男性		428	7.62	2.33	8.30	1.80	5.94	2.56	8.36	2.10
女性		335	7.96	2.34	8.16	1.97	5.88	2.55	8.01	2.10
男（岁）	15–29	274	7.61	2.15	8.15	1.75	5.89	2.41	8.18	2.08
	30–39	85	7.96	2.41	8.80	1.76	6.44	2.69	8.86	1.98
	40–49	49	7.59	2.68	8.55	1.80	5.53	2.86	8.63	2.08
	50–59	20	6.30	3.05	7.70	2.20	5.65	3.05	8.05	2.58
女（岁）	15–29	223	8.05	2.33	7.97	2.02	5.91	2.45	7.69	2.10
	30–39	73	8.25	2.22	8.71	1.82	6.19	2.82	8.59	1.95
	40–49	34	6.85	2.46	8.18	1.77	5.15	2.65	8.91	1.83
	50–54	5	7.40	2.07	8.40	2.41	5.00	1.58	8.00	2.92

表 2-1-93　言语残疾人职业人格测验的平均数和标准差（续）

	n	坚持性		严谨性		情绪稳定性		自信心	
		M	Std	M	Std	M	Std	M	Std
总体	763	9.00	1.92	7.71	2.00	8.69	2.28	7.20	2.34
男性	428	8.94	1.89	7.79	1.97	8.81	2.27	7.27	2.29
女性	335	9.07	1.95	7.61	2.02	8.54	2.28	7.11	2.41

(续表)

		n	坚持性		严谨性		情绪稳定性		自信心	
			M	Std	M	Std	M	Std	M	Std
男（岁）	15—29	274	8.91	1.72	7.72	1.83	8.51	2.13	7.40	2.24
	30—39	85	9.14	2.07	8.20	1.96	9.38	2.28	7.14	2.46
	40—49	49	9.00	2.07	7.94	2.02	9.43	2.34	7.10	2.29
	50—59	20	8.35	2.78	6.75	3.19	8.90	3.24	6.40	2.06
女（岁）	15—29	223	9.16	1.81	7.55	1.96	8.31	2.16	7.27	2.41
	30—39	73	9.08	2.24	7.88	2.05	8.95	2.49	7.27	2.43
	40—49	34	8.50	2.03	7.44	2.36	9.06	2.46	5.85	2.20
	50—54	5	8.80	2.59	7.80	2.17	9.40	1.82	6.40	1.14

北京、上海和广州三城市城区的言语残疾人在职业人格各维度的得分均高于郊区的言语残疾人。城区男性组在自信心、责任心和交际能力维度的得分低于城区女性组，在坚持性、严谨性、情绪稳定性、管理能力和抗挫折能力维度的得分高于城区女性组。郊区男性组在抗挫折能力维度的得分高于郊区女性组，在坚持性、严谨性、情绪稳定性、自信心、交际能力、管理能力和抗挫折能力维度的得分低于郊区女性组（见表2-1-94）。

表2-1-94 三城市言语残疾人职业人格测验城郊样本的平均数和标准差

		n	坚持性		交际能力		管理能力		抗挫折能力	
			M	Std	M	Std	M	Std	M	Std
	城区	178	7.87	2.43	8.49	1.94	6.45	2.87	8.28	2.16
	郊区	155	7.57	2.39	8.32	2.11	5.72	2.79	8.27	1.87
城区	男	101	7.88	2.45	8.60	2.00	6.56	2.91	8.29	2.18
	女	77	7.84	2.42	8.34	1.87	6.30	2.83	8.26	2.14
郊区	男	83	7.61	2.46	8.55	1.87	5.83	2.73	8.47	1.91
	女	72	7.51	2.32	8.04	2.34	5.58	2.88	8.04	1.81

表2-1-94 三城市言语残疾人职业人格测验城郊样本的平均数和标准差（续）

		n	坚持性		交际能力		管理能力		抗挫折能力	
			M	Std	M	Std	M	Std	M	Std
	城区	178	9.30	2.10	8.08	2.28	9.54	2.52	7.57	2.26
	郊区	155	9.27	2.09	7.67	2.06	9.41	2.44	7.19	2.32
城区	男	101	9.31	2.19	8.26	2.34	9.86	2.47	7.80	2.20
	女	77	9.29	1.98	7.86	2.19	9.12	2.53	7.26	2.31
郊区	男	83	9.27	1.99	7.89	2.14	9.35	2.39	7.35	2.34
	女	72	9.28	2.22	7.42	1.95	9.47	2.52	7.01	2.29

(3) 言语残疾人职业人格特征

1) 性别差异比较分析

言语残疾人职业人格各维度得分的均数比较显示,男性群体在坚持性和责任心维度的得分低于女性群体,在严谨性、情绪稳定性、自信心、交际能力、管理能力和抗挫折能力维度的得分高于女性群体(见图2-1-42)。

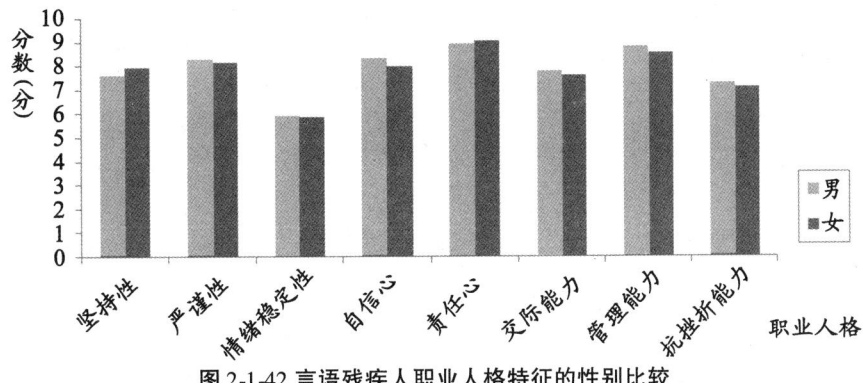

图 2-1-42 言语残疾人职业人格特征的性别比较

进一步差异检验发现,言语残疾人在坚持性和自信心维度存在显著的性别差异(见表2-1-95)。

表 2-1-95 言语残疾人职业人格特征的性别差异性检验

名称		性别	人数	平均数	标准差	t	p
职业人格	坚持性	男	428	7.62	2.33	−2.010*	.045
		女	335	7.96	2.34		
	严谨性	男	428	8.30	1.80	1.046	.296
		女	335	8.16	1.97		
	情绪稳定性	男	428	5.94	2.56	.324	.746
		女	335	5.88	2.55		
	自信心	男	428	8.36	2.10	2.236*	.026
		女	335	8.01	2.10		
	责任心	男	428	8.94	1.89	−.925	.355
		女	335	9.07	1.95		
	交际能力	男	428	7.79	1.97	1.254	.210
		女	335	7.61	2.02		
	管理能力	男	428	8.81	2.27	1.597	.111
		女	335	8.54	2.28		
	抗挫折能力	男	428	7.27	2.29	.895	.371
		女	335	7.11	2.41		

2)年龄差异比较分析

言语残疾人在坚持性、严谨性、责任心和交际能力维度的得分随着年龄的增长呈现先升后降的趋势,其中30-39岁年龄组在这四个维度上的得分最高;在情绪稳定性维度,40岁之前的言语残疾人的得分高于40岁之后的言语残疾人,且30-39岁年龄组的得分最高;在自信心和管理能力维度的得分呈现先升后降的趋势,40-49岁年龄段的言语残疾人得分最高;在抗挫折能力维度的得分随着年龄的增长呈现逐渐降低的趋势(见图2-1-43)。

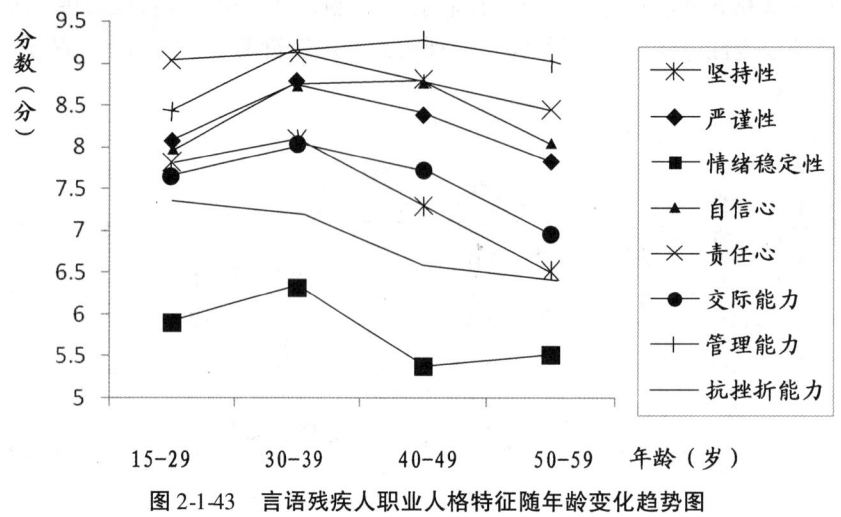

图 2-1-43 言语残疾人职业人格特征随年龄变化趋势图

进一步差异检验发现,言语残疾人在坚持性、严谨性、自信心和管理能力维度的得分表现出极显著性的年龄差异,在情绪稳定性、交际能力和抗挫折能力维度的得分表现出显著的年龄差异。多重比较可以看出,在坚持性维度,15-29 岁年龄组和 30-39 岁年龄组的得分显著高于 50-59 岁年龄组,且 30-39 岁年龄组的得分显著高于 40-49 岁年龄组;在严谨性和交际能力维度,30-39 岁年龄组的得分显著高于 15-29 岁和 50-59 岁年龄组;在情绪稳定性维度,30-39 岁年龄组的得分显著高于 40-49 岁年龄组;在自信心和管理能力维度,30-39 岁年龄组和 40-49 岁年龄组的得分显著高于 15-29 岁年龄组;在抗挫折能力维度,15-29 岁年龄组的得分显著高于 40 岁之后的两个年龄段的言语残疾人群体(见表 2-1-96)。

表 2-1-96 言语残疾人职业人格特征的年龄差异检验

名称		年龄(岁)	人数	平均值	标准差	F	p	多重比较
职业人格	坚持性	15-29	497	7.81	2.24	4.684**	.003	1>4,2>3 2>4
		30-39	158	8.09	2.32			
		40-49	83	7.29	2.60			
		50-59	25	6.52	2.87			
	严谨性	15-29	497	8.07	1.87	6.147**	.000	2>1,2>4
		30-39	158	8.76	1.78			
		40-49	83	8.40	1.79			
		50-59	25	7.84	2.21			
	情绪稳定性	15-29	497	5.90	2.43	2.808*	.039	2>3
		30-39	158	6.32	2.75			
		40-49	83	5.37	2.77			
		50-59	25	5.52	2.80			
	自信心	15-29	497	7.96	2.10	7.695**	.000	2>1,3>1
		30-39	158	8.73	1.97			
		40-49	83	8.75	1.97			
		50-59	25	8.04	2.59			

(续表)

名称		年龄	人数	平均值	标准差	F	p	多重比较
职业人格	责任心	15-29	497	9.02	1.76	1.232	.297	
		30-39	158	9.11	2.14			
		40-49	83	8.80	2.06			
		50-59	25	8.44	2.69			
	交际能力	15-29	497	7.64	1.89	2.929*	.033	2>1,2>4
		30-39	158	8.05	2.00			
		40-49	83	7.73	2.17			
		50-59	25	6.96	3.01			
	管理能力	15-29	497	8.42	2.14	6.805**	.000	2>1,3>1
		30-39	158	9.18	2.38			
		40-49	83	9.28	2.38			
		50-59	25	9.00	2.99			
	抗挫折能力	15-29	497	7.34	2.32	3.469*	.016	1>3,1>4
		30-39	158	7.20	2.44			
		40-49	83	6.59	2.33			
		50-59	25	6.40	1.89			

注:1 表示 15-29 岁年龄段言语残疾人组,2 表示 30-39 岁年龄段言语残疾人组,3 表示 40-49 岁年龄段言语残疾人组,4 表示 50-59 岁年龄段言语残疾人组。

3) 残疾等级比较分析

言语残疾人在坚持性、严谨性、自信心和交际能力维度的得分随着残疾程度的加重呈水平波动;在情绪稳定性、责任心、管理能力和抗挫折能力维度,四级和二级残疾者的得分较高,三级和一级残疾者的得分较低(见图2-1-44)。

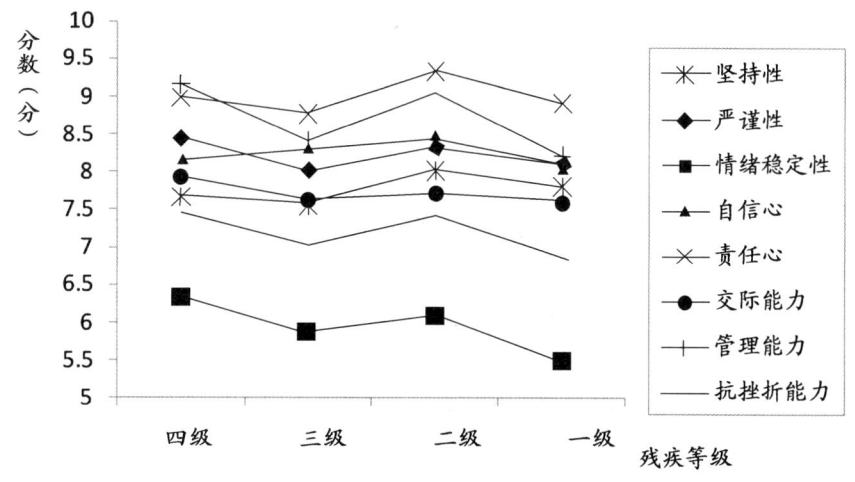

图 2-1-44 言语残疾人职业人格特征随残疾等级变化趋势图

进一步差异检验显示,言语残疾人在情绪稳定性和管理能力维度的得分存在极显著性的残疾等级差异;在抗挫折能力维度的得分存在显著性的残疾等级差异;在责任心维度,不同残疾人等级的言语残疾人间的差异达到边缘显著水平。多重比较可以看出,在情绪稳定性维度,四级和二级言语残疾人的得分显著高于一级言语残疾人;在责任心维度,二级言语残疾人的得分显著高于三级和一级言语残疾人;在管理能力维度,四级和二级言语残疾人的得分显著高于三级和一级言语残疾人;在抗挫折能力维度,一级言语残疾人的得分显著低于四级和二级言语残疾人(见表2-1-97)。

表2-1-97 言语残疾人职业人格特征的残疾等级差异检验

名称		残疾等级	人数	平均值	标准差	F	p	多重比较
职业人格	坚持性	四级	202	7.67	2.46			
		三级	108	7.55	2.63	1.149	.328	
		二级	195	8.01	2.23			
		一级	234	7.81	2.14			
	严谨性	四级	202	8.44	1.91			
		三级	108	8.01	1.98	1.873	.133	
		二级	195	8.32	1.94			
		一级	234	8.10	1.74			
	情绪稳定性	四级	202	6.34	2.75			
		三级	108	5.80	2.69	4.769**	.003	1>4,3>4
		二级	195	6.04	2.48			
		一级	234	5.46	2.22			
	自信心	四级	202	8.13	2.19			
		三级	108	8.26	1.97	.983	.400	
		二级	195	8.43	2.05			
		一级	234	8.12	2.13			
	责任心	四级	202	9.00	2.02			
		三级	108	8.77	2.02	2.620*	.050	3>2,3>4
		二级	195	9.33	1.91			
		一级	234	8.91	1.72			
	交际能力	四级	202	7.94	2.16			
		三级	108	7.63	2.09	1.213	.304	
		二级	195	7.71	2.10			
		一级	234	7.59	1.70			
	管理能力	四级	202	9.15	2.56			
		三级	108	8.42	2.20	8.727**	.000	1>2,1>4 3>2,3>4
		二级	195	9.03	2.28			
		一级	234	8.22	1.68			
	抗挫折能力	四级	202	7.49	2.23			
		三级	108	7.02	2.52	3.434*	.017	1>4,3>4
		二级	195	7.41	2.26			
		一级	234	6.85	2.43			

注:1表示四级言语残疾人组,2表示三级言语残疾人组,3表示二级言语残疾人组,4表示一级言语残疾人组。

4) 文化水平比较分析

言语残疾人在严谨性、情绪稳定性、责任心、管理能力维度的得分随着文化水平的提高逐渐升高，即大专及以上>高中/中专>初中>小学及以下；在坚持性、交际能力和抗挫折能力维度的得分随着文化水平的提高呈现先升后降的趋势，高中/中专组的言语残疾人得分最高，即高中/中专>大专及以上>初中>小学及以下；在自信心维度的得分呈水平波动（见图2-1-45）。

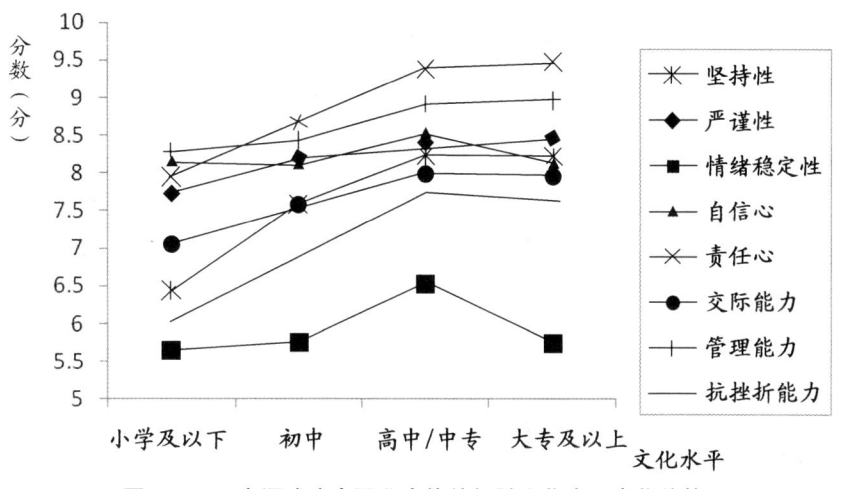

图2-1-45 言语残疾人职业人格特征随文化水平变化趋势图

进一步差异检验显示，不同文化水平的言语残疾人在坚持性、严谨性、情绪稳定性、责任心、交际能力、管理能力和抗挫折能力维度的得分存在极显著差异。多重比较可以看出，在坚持性、责任心、交际能力和抗挫折能力维度，大专及以上组和高中/中专组的言语残疾人的得分显著高于小学及以下组和初中组，且初中组的得分显著高于小学及以下组的言语残疾人。在严谨性维度，小学及以下组的言语残疾人的得分显著低于其他三组；在情绪稳定性维度，高中/中专组的言语残疾人的得分显著高于其他三组。在管理能力维度，大专及以上组和高中/中专组的言语残疾人的得分显著高于小学及以下组和初中组（见表2-1-98）。

表2-1-98 言语残疾人职业人格特征的文化水平差异检验

	名称	文化水平	人数	平均值	标准差	F	p	多重比较
职业人格	坚持性	小学及以下	116	6.44	2.37			
		初中	228	7.59	2.39	19.836**	.000	4>1,4>2 3>1,3>2 2>1
		高中/中专	184	8.24	2.24			
		大专及以上	235	8.23	2.07			
	严谨性	小学及以下	116	7.73	1.89			
		初中	228	8.19	1.90	4.037**	.007	4>1,3>1 2>1
		高中/中专	184	8.38	2.01			
		大专及以上	235	8.43	1.69			
	情绪稳定性	小学及以下	116	5.65	2.75			
		初中	228	5.75	2.56	4.797**	.003	3>4,3>2 3>1
		高中/中专	184	6.53	2.50			
		大专及以上	235	5.74	2.43			

（续表）

名称		文化水平	人数	平均值	标准差	F	p	多重比较
职业人格	自信心	小学及以下	116	8.14	2.14	1.496	.214	
		初中	228	8.08	2.06			
		高中/中专	184	8.49	2.02			
		大专及以上	235	8.14	2.19			
	责任心	小学及以下	116	7.95	2.10	22.032**	.000	4>1,4>2 3>1,3>2 2>1
		初中	228	8.73	2.02			
		高中/中专	184	9.38	1.77			
		大专及以上	235	9.47	1.55			
	交际能力	小学及以下	116	7.05	2.29	7.036**	.000	4>1,4>2 3>1,3>2 2>1
		初中	228	7.58	1.98			
		高中/中专	184	7.99	2.01			
		大专及以上	235	7.95	1.76			
	管理能力	小学及以下	116	8.29	2.44	3.840*	.010	4>1,4>2 3>1,3>2
		初中	228	8.44	2.44			
		高中/中专	184	8.92	2.39			
		大专及以上	235	8.96	1.86			
	抗挫折能力	小学及以下	116	6.02	2.31	17.532**	.000	4>1,4>2 3>1,3>2 2>1
		初中	228	6.94	2.28			
		高中/中专	184	7.73	2.37			
		大专及以上	235	7.62	2.16			

注：1 表示小学及以下言语残疾人组,2 表示初中言语残疾人组,3 表示高中/中专言语残疾人组,4 表示大专及以上言语残疾人组。

5）城郊差异比较分析

均数比较发现,在坚持性和情绪稳定性维度,城区男性的得分最高,郊区女性的得分最低;在严谨性、交际能力、抗挫折能力维度,男性得分高于女性,且城区得分高于郊区得分;在自信心维度,郊区男性得分最高,郊区女性得分最低;在责任心维度,城区男性得分最高,郊区男性得分最低;在管理能力维度,城区男性得分最高,城区女性得分最低(见图 2-1-46)。

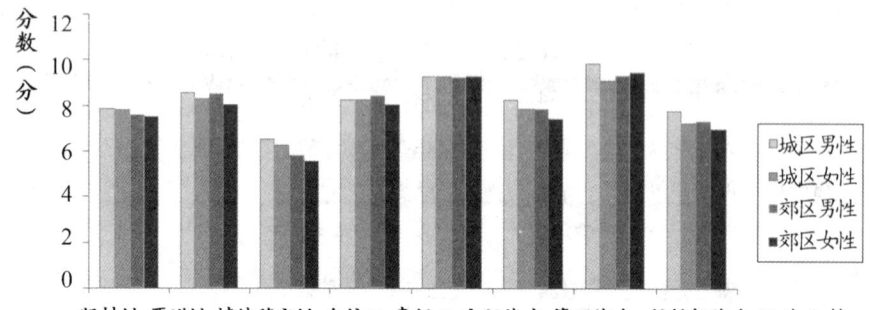

图 2-1-46 三城市言语残疾人职业人格特征的城郊比较

进一步差异性检验发现,城区男性、城区女性、郊区男性和郊区女性四组在职业人格各维度的得分均不存在显著差异(见表2-1-99)。

表2-1-99 三城市言语残疾人职业人格特征的城郊差异检验

	名称	城郊*性别	人数	平均值	标准差	F	p
职业人格	坚持性	城区男性	101	7.88	2.45	.444	.722
		城区女性	77	7.84	2.42		
		郊区男性	83	7.61	2.46		
		郊区女性	72	7.51	2.32		
	严谨性	城区男性	101	8.60	2.00	1.284	.280
		城区女性	77	8.34	1.87		
		郊区男性	83	8.55	1.87		
		郊区女性	72	8.04	2.34		
	情绪稳定性	城区男性	101	6.56	2.91	2.068	.104
		城区女性	77	6.30	2.83		
		郊区男性	83	5.83	2.73		
		郊区女性	72	5.58	2.88		
	自信心	城区男性	101	8.29	2.18	.575	.632
		城区女性	77	8.26	2.14		
		郊区男性	83	8.47	1.91		
		郊区女性	72	8.04	1.81		
	责任心	城区男性	101	9.31	2.19	.006	.999
		城区女性	77	9.29	1.98		
		郊区男性	83	9.27	1.99		
		郊区女性	72	9.28	2.22		
	交际能力	城区男性	101	8.26	2.34	2.101	.100
		城区女性	77	7.86	2.19		
		郊区男性	83	7.89	2.14		
		郊区女性	72	7.42	1.95		
	管理能力	城区男性	101	9.86	2.47	1.428	.234
		城区女性	77	9.12	2.53		
		郊区男性	83	9.35	2.39		
		郊区女性	72	9.47	2.52		
	抗挫折能力	城区男性	101	7.80	2.20	1.844	.139
		城区女性	77	7.26	2.31		
		郊区男性	83	7.35	2.34		
		郊区女性	72	7.01	2.29		

(4)结论

①言语残疾人在职业人格各维度的得分从高到低依次为:责任心>管理能力>严谨性>自信心>坚持性>交际能力>抗挫折能力>情绪稳定性。

②男性在坚持性维度的得分低于女性,在自信心维度的得分高于女性,且二者在坚持性和自信心维度的得分存在显著的性别差异($p<0.05$)。

③言语残疾人在坚持性、严谨性和交际能力维度的得分随着年龄的增长呈现先升后降的趋势,其中30-39岁年龄组在这四个维度上的得分最高;在情绪稳定性维度,40岁之前的言语残疾人的得分高于40岁之后的言语残疾人,且30-39岁年龄组的得分最高;在自信心和管理能力维度的得分呈现先升后降的趋势,40-49岁年龄段的言语残疾人得分最高;在抗挫折能力维度的得分随着年龄的增长呈现逐渐降低的趋势;且在坚持性、严谨性、自信心和管理能力维度的得分表现出极显著性的年龄差异($p<0.01$),在情绪稳定性、交际能力和抗挫折能力维度的得分表现出显著的年龄差异($p<0.05$)。

④言语残疾人在情绪稳定性、责任心、管理能力和抗挫折能力维度,四级和二级残疾人的得分较高,三级和一级残疾人的得分较低;且在情绪稳定性和管理能力维度的得分存在极显著性的残疾等级差异($p<0.01$);在抗挫折能力维度的得分存在显著性的残疾等级差异($p<0.05$);在责任心维度,不同残疾等级的言语残疾人间的差异达到边缘显著水平($p=0.05$)。

⑤言语残疾人在严谨性、情绪稳定性、责任心、管理能力维度的得分随着文化水平的提高逐渐升高,即大专及以上>高中/中专>初中>小学及以下;在坚持性、交际能力和抗挫折能力维度的得分随着文化水平的提高呈现先升后降的趋势,高中/中专组的言语残疾人得分最高,即高中/中专>大专及以上>初中>小学及以下;不同文化水平的言语残疾人在坚持性、严谨性、情绪稳定性、责任心、交际能力、管理能力和抗挫折能力维度维度的得分存在极显著差异($p \leq 0.01$)。

3. 言语残疾人职业兴趣状况

(1)测试人群分布

本项目共选取758名有效被试进行了言语残疾人职业兴趣测验,其基本信息见表2-1-100。

表2-1-100 言语残疾人职业兴趣测验的有效样本分布表 (单位:人)

年龄(岁)	性别		总计
	男	女	
15-29	272	221	493
30-39	82	70	152
40-49	50	34	84
50-59	24	5	29
总计	428	330	758

北京、上海和广州三城市言语残疾人职业兴趣测验的样本中城郊区信息有效被试共329人,其基本信息见表2-1-101。

表2-1-101 三城市言语残疾人职业兴趣测验的城郊样本分布表 (单位:人)

年龄(岁)	城区			郊区			总计
	男	女	小计	男	女	小计	
15-29	40	32	72	41	40	81	153
30-39	27	25	52	18	19	37	89
40-49	18	16	34	18	8	26	60
50-59	16	2	18	6	3	9	27
合计	101	75	176	83	70	153	329

(2)总体情况

被测试的言语残疾人职业兴趣各类型的得分从高到低依次为:现实型>常规型>研究型>企业型>

艺术型>社会型。在不同年龄的男性言语残疾人中,15-29岁年龄组在现实型、研究型、企业型、社会型和艺术型的得分最高;30-39岁年龄组在常规型的得分最高。不同年龄的女性言语残疾人中,15-29岁年龄组在常规型、现实型、研究型、社会型和艺术型的得分最高,40-49岁年龄组在企业型的得分最高。言语残疾人职业兴趣测验情况见表2-1-102。

表2-1-102 言语残疾人职业兴趣测验

		n	常规型		现实型		研究型		企业型		社会型		艺术型	
			M	Std	M	Std	M	Std	M	Std	M	Std	M	Std
总体		758	6.38	1.62	6.71	1.70	6.23	1.86	5.95	1.73	5.72	1.69	5.89	1.97
男性		428	6.38	1.62	6.82	1.75	6.49	1.90	6.14	1.66	5.74	1.67	5.92	1.93
女性		330	6.39	1.61	6.57	1.62	5.90	1.75	5.70	1.79	5.70	1.73	5.85	2.02
男(岁)	15-29	272	6.40	1.68	6.99	1.77	6.67	1.89	6.31	1.61	5.91	1.70	6.13	1.94
	30-39	82	6.43	1.50	6.89	1.54	6.29	1.90	5.96	1.62	5.59	1.61	5.76	1.77
	40-49	50	6.30	1.40	6.20	1.80	6.16	1.95	5.96	1.86	5.34	1.62	5.54	2.01
	50-59	24	6.04	1.81	5.92	1.69	5.83	1.63	5.29	1.57	5.21	1.35	5.00	1.82
女(岁)	15-29	221	6.51	1.57	6.70	1.62	5.92	1.80	5.67	1.79	5.90	1.73	6.10	1.95
	30-39	70	6.29	1.45	6.31	1.68	5.90	1.70	5.71	1.93	5.40	1.70	5.43	2.04
	40-49	34	5.85	2.06	6.26	1.54	5.79	1.34	5.82	1.64	5.15	1.64	5.18	2.15
	50-54	5	6.20	1.92	6.40	1.14	6.00	2.55	6.00	1.00	4.60	0.89	5.20	2.28

北京、上海和广州三城市城区言语残疾人在现实型、研究型的得分高于郊区言语残疾人,在常规型的得分相当,而在企业型、社会型和艺术型的得分低于郊区言语残疾人。城区男性组在职业兴趣的各个维度上的得分均高于城区女性组;郊区男性组在职业兴趣的各类型的得分也高于郊区女性组;三城市城郊样本言语残疾人职业人格测验情况见表2-1-103。

表2-1-103 三城市言语残疾人职业兴趣测验城郊样本的平均数和标准差

		n	常规型		现实型		研究型		企业型		社会型		艺术型	
			M	Std	M	Std	M	Std	M	Std	M	Std	M	Std
城区		176	6.28	1.52	6.54	1.48	6.21	1.74	5.68	1.72	4.84	1.47	5.11	1.89
郊区		153	6.28	1.55	6.46	1.58	5.75	1.64	5.86	1.63	4.86	1.33	5.44	1.99
城区	男	101	6.32	1.48	6.56	1.43	6.44	1.67	5.85	1.60	5.02	1.48	5.23	1.77
	女	75	6.24	1.58	6.51	1.55	5.91	1.79	5.45	1.87	4.59	1.42	4.96	2.06
郊区	男	83	6.41	1.41	6.48	1.64	5.86	1.73	5.93	1.50	4.90	1.37	5.64	1.93
	女	70	6.13	1.71	6.44	1.52	5.63	1.52	5.79	1.77	4.80	1.29	5.21	2.04

(3)言语残疾人职业兴趣特征

1)性别差异比较分析

言语残疾人职业兴趣各类型得分的均数比较显示,男性群体在现实型、研究型、企业型、社会型和艺术型的得分普遍高于女性群体,而在常规型的得分低于女性群体(见图2-1-47)。

进一步差异检验发现,言语残疾人在研究型和企业型的得分存在极显著的性别差异,在现实型的得分存在显著的性别差异,即男性言语残疾人更偏向于现实型、研究型和企业型的职业活动(见表2-1-104)。

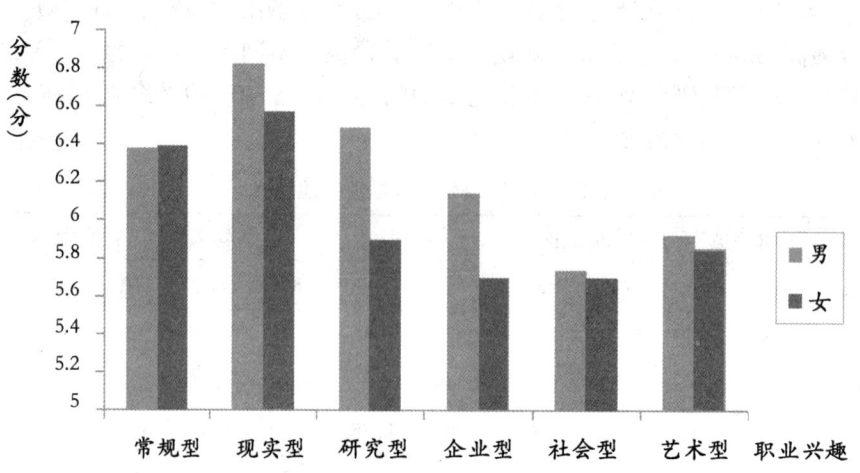

图 2-1-47 言语残疾人职业兴趣的性别比较

表 2-1-104 言语残疾人职业兴趣的性别差异检验

名称		性别	人数	平均数	标准差	t	p
职业兴趣	常规型	男	428	6.38	1.62	-.124	.901
		女	330	6.39	1.61		
	现实型	男	428	6.82	1.75	2.019*	.044
		女	330	6.57	1.62		
	研究型	男	428	6.49	1.90	4.421**	.000
		女	330	5.90	1.75		
	企业型	男	428	6.14	1.66	3.487**	.001
		女	330	5.70	1.79		
	社会型	男	428	5.74	1.67	.328	.743
		女	330	5.70	1.73		
	艺术型	男	428	5.92	1.93	.516	.606
		女	330	5.85	2.02		

2) 年龄差异比较分析

言语残疾人在常规型、研究型和企业型的得分随着年龄的增长水平波动；在现实型、社会型和艺术型的得分随着年龄的增长逐渐降低(见图2-1-48)。

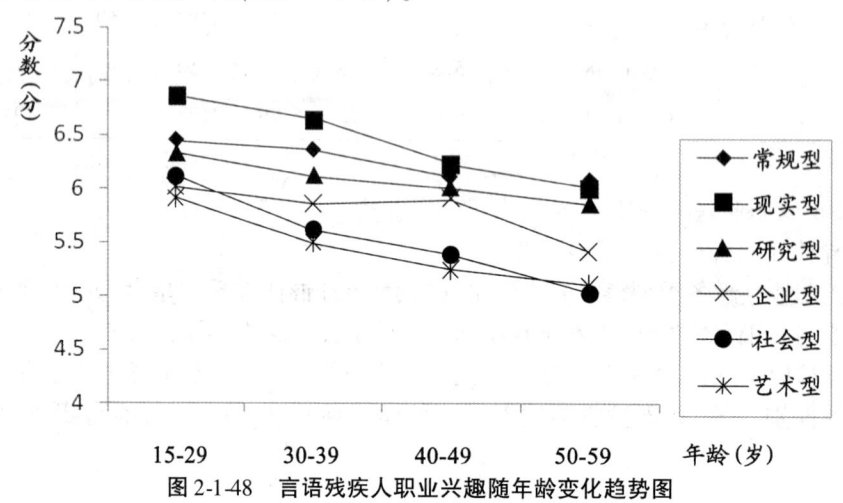

图 2-1-48 言语残疾人职业兴趣随年龄变化趋势图

进一步差异检验显示,言语残疾人在职业兴趣的现实型、社会型和艺术型的得分存在极显著的年龄差异。多重比较发现,在现实型,15-29岁年龄组的得分显著高于40岁之后的两组言语残疾人群体;在社会型和艺术型,15-29岁年龄组的得分显著高于其他三组,说明相对于其他三个年龄段的言语残疾人,15-29岁年龄段的言语残疾人更偏向于从事社会型和艺术型职业(见表2-1-105)。

表2-1-105 言语残疾人职业兴趣的年龄差异检验

	名称	年龄(岁)	人数	平均值	标准差	F	p	多重比较
职业兴趣	常规型	15-29	493	6.45	1.63	1.424	.234	
		30-39	152	6.36	1.47			
		40-49	84	6.12	1.70			
		50-59	29	6.07	1.79			
	现实型	15-29	493	6.86	1.71	5.412**	.001	1>3,1>4
		30-39	152	6.63	1.63			
		40-49	84	6.23	1.69			
		50-59	29	6.00	1.60			
	研究型	15-29	493	6.33	1.89	1.475	.220	
		30-39	152	6.11	1.82			
		40-49	84	6.01	1.73			
		50-59	29	5.86	1.77			
	企业型	15-29	493	6.02	1.72	1.398	.242	
		30-39	152	5.85	1.77			
		40-49	84	5.90	1.77			
		50-59	29	5.41	1.50			
	社会型	15-29	493	5.91	1.71	6.327**	.000	1>2,1>3 1>4
		30-39	152	5.50	1.65			
		40-49	84	5.26	1.62			
		50-59	29	5.10	1.29			
	艺术型	15-29	493	6.11	1.94	6.951**	.000	1>2,1>3 1>4
		30-39	152	5.61	1.90			
		40-49	84	5.39	2.07			
		50-59	29	5.03	1.86			

注:1表示15-29岁年龄段的言语残疾人组,2表示30-39岁年龄段的言语残疾人组,3表示40-49岁年龄段的言语残疾人组,4表示50-59岁年龄段的言语残疾人组。

3) 残疾等级比较分析

言语残疾人在常规型的得分随着残疾程度的加重呈现水平波动的趋势;在现实型的得分随着残疾程度的加重呈现先降低后上升的趋势;在研究型的得分随着残疾程度的加重逐渐上升;在企业型的得分随着残疾程度的加重呈现先降低后上升的趋势;在社会型和艺术型的得分随着残疾程度的加重呈现先升高后降低再升高的趋势(见图2-1-49)。

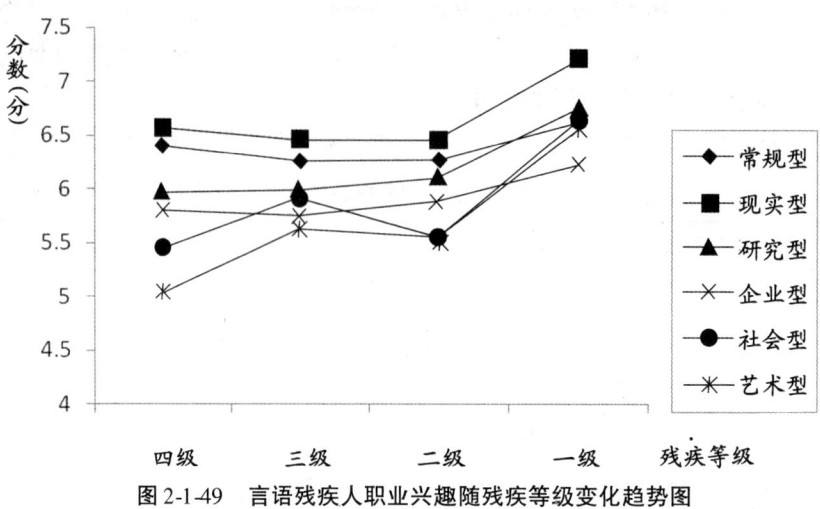

图 2-1-49 言语残疾人职业兴趣随残疾等级变化趋势图

进一步差异检验显示,不同残疾程度的言语残疾人在现实型、研究型、社会型和艺术型的得分存在极其显著差异,在企业型的得分存在显著差异。多重比较显示,在现实型、研究型和企业型,一级言语残疾人组的得分显著高于其他三组;在社会型和艺术型,一级组与其他三组间存在显著差异,即一级组的得分显著高于其他三组;三级和二级言语残疾者在社会型的得分显著高于四级组,三级组在艺术型的得分显著高于四级组,即相对于其他三组言语残疾人而言,一级残疾人更喜欢从事社会型的职业活动(见表2-1-106)。

表 2-1-106 言语残疾人职业兴趣的残疾等级差异检验

名称		残疾级别	人数	平均值	标准差	F	p	多重比较
职业兴趣	常规型	四级	199	6.41	1.44	1.902	.128	
		三级	107	6.25	1.49			
		二级	195	6.27	1.63			
		一级	234	6.60	1.76			
	现实型	四级	199	6.58	1.61	9.708**	.000	4>1,4>2
		三级	107	6.46	1.66			4>3
		二级	195	6.46	1.61			
		一级	234	7.21	1.79			
	研究型	四级	199	5.98	1.73	8.131**	.000	4>1,4>2
		三级	107	5.99	1.88			4>3
		二级	195	6.11	1.89			
		一级	234	6.74	1.87			
	企业型	四级	199	5.82	1.59	3.043*	.028	4>1,4>2
		三级	107	5.75	1.78			4>3
		二级	195	5.89	1.75			
		一级	234	6.23	1.76			
	社会型	四级	199	5.04	1.62	35.611**	.000	4>1,4>2
		三级	107	5.63	1.75			4>3,2>1
		二级	195	5.52	1.62			3>1
		一级	234	6.57	1.45			

(续表)

名称		残疾级别	人数	平均值	标准差	F	p	多重比较
职业兴趣	艺术型	四级	199	5.45	2.09	18.648**	.000	4>1,4>2 4>3,2>1
		三级	107	5.92	1.72			
		二级	195	5.54	1.86			
		一级	234	6.66	1.81			

注:1 表示四级言语残疾人组,2 表示三级言语残疾人组,3 表示二级言语残疾人组,4 表示一级言语残疾人组。

4) 文化水平比较分析

随着文化水平的提高,言语残疾人在常规型和社会型的得分呈现如下趋势:大专及以上>初中>高中/中专>小学及以下;在现实型、研究型和企业型的得分逐渐升高;在艺术型的得分先下降后上升(见图2-1-50)。

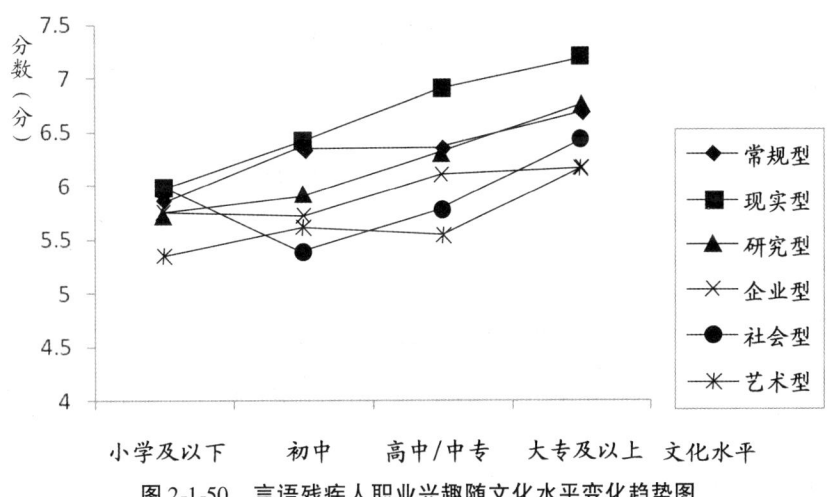

图 2-1-50　言语残疾人职业兴趣随文化水平变化趋势图

进一步差异检验显示,言语残疾人的常规型、现实型、研究型、社会型和艺术型的得分存在极其显著的文化水平差异,在企业型的得分存在显著的文化水平差异。多重比较可以看出,在常规型、研究型和艺术型,大专及以上组的言语残疾人的得分显著高于其他三组,且初中组和高中/中专组的得分显著高于小学及以下组;在现实型,小学及以下组的得分显著低于其他三组,且初中组的得分显著低于高中/中专组和大专及以上组;在企业型,大专及以上组的得分显著高于小学及以下组和初中组;在社会型,大专及以上组的得分显著高于其他三组(见表2-1-107)。

表 2-1-107　言语残疾人职业兴趣的文化水平差异检验

名称		文化水平	人数	平均值	标准差	F	p	多重比较
职业兴趣	常规型	小学及以下	115	5.86	1.49	6.860**	.000	4>1,4>2 4>3,3>1 2>1
		初中	229	6.37	1.72			
		高中/中专	183	6.34	1.60			
		大专及以上	231	6.68	1.52			
	现实型	小学及以下	115	5.98	1.52	17.576**	.000	4>1,4>2 3>1,3>2 2>1
		初中	229	6.42	1.79			
		高中/中专	183	6.90	1.53			
		大专及以上	231	7.20	1.65			

（续表）

名称		文化水平	人数	平均值	标准差	F	p	多重比较
职业兴趣	研究型	小学及以下	115	5.74	1.78	11.550**	.000	4>1,4>2 4>3,3>1 3>2
		初中	229	5.90	1.94			
		高中/中专	183	6.32	1.74			
		大专及以上	231	6.74	1.77			
	企业型	小学及以下	115	5.74	1.63	3.678*	.012	4>1,4>2 3>2
		初中	229	5.72	1.85			
		高中/中专	183	6.10	1.64			
		大专及以上	231	6.16	1.68			
	社会型	小学及以下	115	5.36	1.51	8.075**	.000	4>1,4>2 4>3
		初中	229	5.62	1.81			
		高中/中专	183	5.54	1.57			
		大专及以上	231	6.16	1.68			
	艺术型	小学及以下	115	5.99	1.91	11.996**	.000	4>1,4>2 4>3,3>2 1>2
		初中	229	5.38	1.94			
		高中/中专	183	5.77	2.01			
		大专及以上	231	6.44	1.85			

注：1表示小学及以下言语残疾人组，2表示初中言语残疾人组，3表示高中/中专言语残疾人组，4表示大专及以上言语残疾人组。

5）城郊差异比较分析

北京、上海、广州三城市的言语残疾人职业兴趣各类型得分的均数比较发现，在常规型，郊区男性的得分最高，郊区女性得分最低；在现实型和研究型，城区得分高于郊区得分，男性组得分高于女性组，即城区男性得分最高，郊区女性得分最低；在企业型和艺术型，郊区得分高于城区，男性组得分高于女性组，即郊区男性组得分最高，城区女性组得分最低；在社会型，城区男性得分最高，城区女性得分最低（见图2-1-51）。

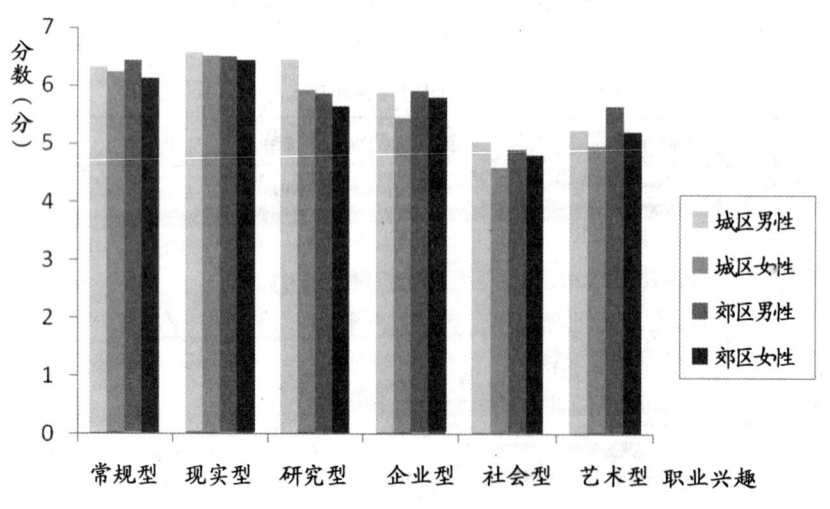

图2-1-51　三城市言语残疾人职业兴趣的城郊比较

进一步差异性检验发现,城区男性、城区女性、郊区男性和郊区女性四组的言语残疾人在研究型的得分存在显著性差异。多重比较可以看出,城区男性组在研究型的得分显著高于其他三组,说明,相对于其他三组而言,城区的男性言语残疾人对研究型职业的兴趣最高(见表2-1-108)。

表2-1-108　三城市言语残疾人职业兴趣的城郊差异检验

	名称	城郊＊性别	人数	平均值	标准差	F	p	多重比较
职业兴趣	常规型	城区男性	101	6.32	1.48	.459	.711	
		城区女性	75	6.24	1.58			
		郊区男性	83	6.41	1.41			
		郊区女性	70	6.13	1.71			
	现实型	城区男性	101	6.56	1.43	.095	.963	
		城区女性	75	6.51	1.55			
		郊区男性	83	6.48	1.64			
		郊区女性	70	6.44	1.52			
	研究型	城区男性	101	6.44	1.67	3.660*	.013	1>2,1>3 1>4
		城区女性	75	5.91	1.79			
		郊区男性	83	5.86	1.73			
		郊区女性	70	5.63	1.52			
	企业型	城区男性	101	5.85	1.60	1.216	.304	
		城区女性	75	5.45	1.87			
		郊区男性	83	5.93	1.50			
		郊区女性	70	5.79	1.77			
	社会型	城区男性	101	5.02	1.48	1.450	.228	
		城区女性	75	4.59	1.42			
		郊区男性	83	4.90	1.37			
		郊区女性	70	4.80	1.29			
	艺术型	城区男性	101	5.23	1.77	1.680	.171	
		城区女性	75	4.96	2.06			
		郊区男性	83	5.64	1.93			
		郊区女性	70	5.21	2.04			

注:1表示城区男性言语残疾人组,2表示城区女性言语残疾人组,3表示郊区男性言语残疾人组,4表示郊区女性言语残疾人组。

(4)结论

①言语残疾人职业兴趣各类型的得分从高到低依次为:现实型>常规型>研究型>企业型>艺术型>社会型。

②男性在现实型、研究型和企业型的得分高于女性,且二者在研究型和企业型的得分存在极显著差异($p<0.01$),在现实型的得分存在显著差异($p<0.05$)。

③言语残疾人在现实型、社会型和艺术型的得分随着年龄的增长逐渐降低,且存在极显著的年龄差异($p<0.01$)。

④言语残疾人在现实型的得分随着残疾程度的加重呈现先降低后上升的趋势;在研究型的得分随

着残疾程度的加重逐渐上升;在企业型的得分随着残疾程度的加重呈现先降低后上升的趋势;在社会型和艺术型的得分随着残疾程度的加重呈现先升高后降低再升高的趋势。不同残疾程度的言语残疾人在现实型、研究型、社会型和艺术型的得分存在极其显著差异($p<0.01$),在企业型的得分存在显著差异($p<0.05$)。

⑤随着文化水平的提高,言语残疾人在常规型和社会型的得分呈现如下趋势:大专及以上>初中>高中/中专>小学及以下;在现实型、研究型和企业型的得分逐渐升高;在艺术型的得分呈现先下降后上升的趋势。言语残疾者在常规型、现实型、研究型、社会型和艺术型的得分存在极其显著的文化水平差异($p<0.01$),在企业型的得分存在显著的文化水平差异($p<0.05$)。

⑥北京、上海、广州三城市的城区男性言语残疾人在研究型的得分显著高于城区女性、郊区男性和郊区女性。

二、北京市残疾人职业适应性状况

本项目覆盖北京市十一个区县,共计测查就业年龄段的肢体残疾者、听力残疾者和言语残疾者有效样本 3128 人,样本详情见表 2-2-1 ~ 表 2-2-6。

表 2-2-1　北京市残疾人样本残疾类型分布情况

	肢体残疾人		听力残疾人		言语残疾人		合计
	n	%	n	%	n	%	
西城	157	58.1	113	41.9	0	0.0	270
东城	149	61.1	95	38.9	0	0.0	244
崇文	85	39.5	130	60.5	0	0.0	215
宣武	101	58.7	71	41.3	0	0.0	172
朝阳	339	76.9	102	23.1	0	0.0	441
海淀	450	39.8	642	56.8	38	3.4	1130
石景山	107	100.0	0	0.0	0	0.0	107
丰台	152	74.5	52	25.5	0	0.0	204
昌平	59	100.0	0	0.0	0	0.0	59
密云	95	79.2	22	18.3	3	2.5	120
大兴	88	53.0	67	40.4	11	6.6	166
总计	1782	57.0	1294	41.4	52	1.7	3128

表 2-2-2　北京市残疾人样本性别情况

	男		女		合计
	n	%	n	%	
西城	152	56.3	118	43.7	270
东城	147	60.2	97	39.8	244
崇文	118	54.9	97	45.1	215
宣武	94	54.7	78	45.3	172
朝阳	284	64.4	157	35.6	441
海淀	639	56.5	491	43.5	1130

(续表)

	男		女		合计
	n	%	n	%	
石景山	69	64.5	38	35.5	107
丰台	119	58.3	85	41.7	204
昌平	30	50.8	29	49.2	59
密云	70	58.3	50	41.7	120
大兴	84	50.6	82	49.4	166
总计	1806	57.7	1322	42.3	3128

表 2-2-3　北京市残疾人样本年龄段分布情况

	15-29 岁		30-39 岁		40-49 岁		50-59 岁		合计
	n	%	n	%	n	%	n	%	
西城	57	22.1	25	9.7	115	44.6	61	23.6	258
东城	60	24.6	36	14.8	100	41.0	48	19.7	244
崇文	56	26.0	59	27.4	81	37.7	19	8.8	215
宣武	14	8.1	23	13.4	85	49.4	50	29.1	172
朝阳	56	12.7	80	18.1	204	46.3	101	22.9	441
海淀	648	57.3	144	12.7	247	21.9	91	8.1	1130
石景山	69	64.5	38	35.5	0	0.0	0	0.0	107
丰台	25	12.3	45	22.1	81	39.7	53	26.0	204
昌平	0	0.0	0	0.0	30	50.8	29	49.2	59
密云	14	11.7	23	19.2	45	37.5	38	31.7	120
大兴	39	23.5	51	30.7	66	39.8	10	6.0	166
总计	994	31.9	526	16.9	1108	35.6	488	15.7	3116

注:缺失样本 12 人。

表 2-2-4　北京市残疾人样本残疾等级分布情况

	四级		三级		二级		一级		合计
	n	%	n	%	n	%	n	%	
西城	42	19.8	84	39.6	49	23.1	37	17.5	212
东城	25	11.5	98	45.2	66	30.4	28	12.9	217
崇文	13	7.7	44	26.2	46	27.4	65	38.7	168
宣武	16	12.0	47	35.3	44	33.1	26	19.5	133
朝阳	56	18.6	132	43.9	65	21.6	48	15.9	301
海淀	106	11.3	330	35.1	206	21.9	298	31.7	940
石景山	69	64.5	38	35.5	0	0.0	0	0.0	107
丰台	22	25.9	20	23.5	22	25.9	21	24.7	85
昌平	0	0.0	0	0.0	30	50.8	29	49.2	59

(续表)

	四级		三级		二级		一级		合计
	n	%	n	%	n	%	n	%	
密云	16	23.5	21	30.9	17	25.0	14	20.6	68
大兴	12	10.3	68	58.1	20	17.1	17	14.5	117
总计	311	13.1	928	39.1	581	24.5	554	23.3	2374

注：缺失样本754人。

表2-2-5　北京市残疾人样本文化水平分布情况

	小学及以下		初中		高中/中专		大专及以上		合计
	n	%	n	%	n	%	n	%	
西城	22	8.2	73	27.3	130	48.7	42	15.7	267
东城	11	4.5	53	21.9	154	63.6	24	9.9	242
崇文	34	15.9	71	33.2	78	36.4	31	14.5	214
宣武	16	9.5	61	36.3	73	43.5	18	10.7	168
朝阳	27	6.2	131	29.8	213	48.5	68	15.5	439
海淀	78	6.9	179	15.9	220	19.6	646	57.5	1123
石景山	69	64.5	38	35.5	0	0.0	0	0.0	107
丰台	31	15.3	68	33.5	82	40.4	22	10.8	203
昌平	0	0.0	0	0.0	30	50.8	29	49.2	59
密云	16	14.0	48	42.1	39	34.2	11	9.6	114
大兴	30	18.6	94	58.4	25	15.5	12	7.5	161
总计	276	8.9	841	27.2	1084	35.0	896	28.9	3097

注：缺失样本31人。

表2-2-6　北京市残疾人样本城郊分布情况

	城市男性		城市女性		郊区男性		郊区女性		合计
	n	%	n	%	n	%	n	%	
西城	152	56.3	118	43.7	0	0.0	0	0.0	270
东城	147	60.2	97	39.8	0	0.0	0	0.0	244
崇文	118	54.9	97	45.1	0	0.0	0	0.0	215
宣武	94	54.7	78	45.3	0	0.0	0	0.0	172
朝阳	0	0.0	0	0.0	284	64.4	157	35.6	441
海淀	441	39.0	346	30.6	198	17.5	145	12.8	1130
石景山	69	64.5	38	35.5	0	0.0	0	0.0	107
丰台	0	0.0	0	0.0	119	58.3	85	41.7	204
昌平	0	0.0	0	0.0	30	50.8	29	49.2	59
密云	0	0.0	0	0.0	70	58.3	50	41.7	120
大兴	0	0.0	0	0.0	84	50.6	82	49.4	166
总计	1021	32.6	774	24.7	785	25.1	548	17.5	3128

(一)北京市肢体残疾人职业适应性状况

本项目测查北京市就业年龄段的肢体残疾者有效样本1782人,样本详情见表2-2-7～表2-2-11。

表2-2-7 北京市肢体残疾人样本性别情况

	男		女		合计
	n	%	n	%	
西城	97	61.8%	60	38.2%	157
东城	103	69.1%	46	30.9%	149
崇文	42	49.4%	43	50.6%	85
宣武	65	64.4%	36	35.6%	101
朝阳	222	65.5%	117	34.5%	339
海淀	268	59.6%	182	40.4%	450
石景山	69	64.5%	38	35.5%	107
丰台	91	59.9%	61	40.1%	152
昌平	30	50.8%	29	49.2%	59
密云	56	58.9%	39	41.1%	95
大兴	55	62.5%	33	37.5%	88
总计	1098	61.6%	684	38.4%	1782

表2-2-8 北京市肢体残疾人样本年龄分布情况

	15-29岁		30-39岁		40-49岁		50-59岁		合计
	n	%	n	%	n	%	n	%	
西城	17	10.8	19	12.1	84	53.5	37	23.6	157
东城	15	10.1	23	15.4	76	51.0	35	23.5	149
崇文	22	25.9	33	38.8	28	32.9	2	2.4	85
宣武	10	9.9	8	7.9	52	51.5	31	30.7	101
朝阳	33	9.7	53	15.6	166	49.0	87	25.7	339
海淀	78	17.3	100	22.2	201	44.7	71	15.8	450
石景山	10	9.3	26	24.3	59	55.1	12	11.2	107
丰台	22	14.5	43	28.3	64	42.1	23	15.1	152
昌平	15	25.4	14	23.7	25	42.4	5	8.5	59
密云	11	11.6	15	15.8	38	40.0	31	32.6	95
大兴	19	21.6	31	35.2	35	39.8	3	3.4	88
总计	252	14.1	365	20.5	828	46.5	337	18.9	1782

表 2-2-9　北京市肢体残疾人样本残疾等级分布情况

	四级		三级		二级		一级		合计
	n	%	n	%	n	%	n	%	
西城	24	24.2	47	47.5	27	27.3	1	1.0	99
东城	4	3.3	75	61.0	41	33.3	3	2.4	123
崇文	1	2.6	28	73.7	8	21.1	1	2.6	38
宣武	2	3.1	35	54.7	26	40.6	1	1.6	64
朝阳	31	15.6	110	55.3	50	25.1	8	4.0	199
海淀	33	10.0	205	62.3	79	24.0	12	3.6	329
石景山	1	1.0	61	61.0	38	38.0	0	0.0	100
丰台	13	39.4	11	33.3	8	24.2	1	3.0	33
昌平	2	6.1	23	69.7	8	24.2	0	0.0	33
密云	14	28.0	19	38.0	14	28.0	3	6.0	50
大兴	5	8.6	43	74.1	9	15.5	1	1.7	58
总计	130	11.5	657	58.3	308	27.4	31	2.8	1126

注：残疾等级缺失样本 656 人。

表 2-2-10　北京市肢体残疾人样本文化水平分布情况

	小学及以下		初中		高中/中专		大专及以上		合计
	n	%	n	%	n	%	n	%	
西城	5	3.2	39	24.8	90	57.3	23	14.6	157
东城	3	2.0	34	22.8	97	65.1	15	10.1	149
崇文	3	3.5	16	18.8	50	58.8	16	18.8	85
宣武	2	2.0	24	23.8	63	62.4	12	11.9	101
朝阳	8	2.4	97	28.6	189	55.8	45	13.3	339
海淀	49	11.0	124	27.8	172	38.6	101	22.6	446
石景山	5	4.7	36	33.6	53	49.5	13	12.1	107
丰台	9	5.9	46	30.3	78	51.3	19	12.5	152
昌平	6	10.2	27	45.8	17	28.8	9	15.3	59
密云	7	7.9	40	44.9	32	36.0	10	11.2	89
大兴	9	10.8	57	68.7	12	14.5	5	6.0	83
总计	106	6.0	540	30.6	853	48.3	268	15.2	1767

注：文化水平缺失样本 15 人。

表 2-2-11　北京市肢体残疾人样本城郊分布情况

	城市男性		城市女性		郊区男性		郊区女性		合计
	n	%	n	%	n	%	n	%	
西城	97	61.8	60	38.2	0	0.0	0	0.0	157
东城	103	69.1	46	30.9	0	0.0	0	0.0	149
崇文	42	49.4	43	50.6	0	0.0	0	0.0	85

(续表)

	城市男性		城市女性		郊区男性		郊区女性		合计
	n	%	n	%	n	%	n	%	
宣武	65	64.4	36	35.6	0	0.0	0	0.0	101
朝阳	0	0.0	0	0.0	222	65.5	117	34.5	339
海淀	113	25.1	69	15.3	155	34.4	113	25.1	450
石景山	69	64.5	38	35.5	0	0.0	0	0.0	107
丰台	0	0.0	0	0.0	91	59.9	61	40.1	152
昌平	0	0.0	0	0.0	30	50.8	29	49.2	59
密云	0	0.0	0	0.0	56	58.9	39	41.1	95
大兴	0	0.0	0	0.0	55	62.5	33	37.5	88
总计	489	27.4	292	16.4	609	34.2	392	22.0	1782

1. 北京市肢体残疾人身体功能状况

身体功能测试在北京市西城区、崇文区、石景山区、丰台区、东城区、宣武区、海淀区、朝阳区和昌平区进行,共测查肢体残疾人1630名,其中有效样本1417人,基本信息见表2-2-12。

表2-2-12 北京市肢体残疾人身体功能测试有效样本基本情况

年龄(岁)	城区			郊区			合计
	男	女	小计	男	女	小计	
15~29	49	25	74	66	50	116	190
30~39	54	55	109	103	73	176	285
40~49	183	116	299	206	161	367	666
50~59	90	27	117	123	36	159	276
合计	376	223	599	498	320	818	1417

(1)感知觉

感知觉测试包括嗅觉、实体觉、听力、视力四个测查项目,各项目的有效样本基本信息见表2-2-13。

表2-2-13 北京市肢体残疾人感知觉测试有效样本基本情况 (单位:人)

感知觉测试	性别	年龄(岁)				合计
		15~29	30~39	40~49	50~59	
嗅觉1	男	115	155	368	208	846
	女	73	125	268	61	527
	总	188	280	636	269	1373
实体觉2	男	112	153	354	192	811
	女	69	123	258	58	508
	总	181	276	612	250	1319
听力3	男	115	153	365	203	836
	女	71	124	265	61	521
	总	186	277	630	264	1357

(续表)

感知觉测试	性别	年龄(岁)				合计
		15-29	30-39	40-49	50-59	
视力4	男	113	152	360	205	830
	女	72	124	261	58	515
	总	185	276	621	263	1345

注:1 嗅觉测试有效样本1373人,缺失值44人;2 实体觉测试有效样本1319人,缺失值98人;3 听力测试有效样本1357人,缺失值60人;4 视力测试有效样本1345人,缺失值72人。

1)评价标准

①嗅觉测试:被试出现一次及以上判断错误即视为嗅觉不正常(感冒、过敏者除外);三次均判断正确视为嗅觉正常。

②实体觉测试:被试出现一次及以上判断错误即视为实体觉不正常,三次判断均正确视为实体觉正常。

③听力测试:左右耳均出现一次及以上判断错误视为双耳听力损失;只有一侧耳出现一次及以上判断错误视为单耳听力损失;左右耳均未出现判断错误视为听力正常。

④视力测试*:所有指认的字符均能正确认出者,其近视力≥0.6(能够顺利阅读小五号字);出现一次及以上判断错误者,其近视力<0.6(主试要排除非视力因素引起的误读或错读)。

2)测试结果与差异分析

①嗅觉:83.9%被测试的肢体残疾者嗅觉正常(见表2-2-14)。

表2-2-14 北京市不同年龄段的肢体残疾人嗅觉测试结果 (单位:人)

嗅觉测试		年龄(岁)								合计	
		15-29		30-39		40-49		50-59			
		n	%	n	%	n	%	n	%	n	%
男	异常	15	13.0	23	14.8	52	14.1	45	21.6	135	16.0
	正常	100	87.0	132	85.2	316	85.9	163	78.4	711	84.0
	小计	115	100.0	155	100.0	368	100.0	208	100.0	846	100.0
女	异常	12	16.4	15	12.0	44	16.4	15	24.6	86	16.3
	正常	61	83.6	110	88.0	224	83.6	46	75.4	441	83.7
	小计	73	100.0	125	100.0	268	100.0	61	100.0	527	100.0
总	异常	27	14.4	38	13.6	96	15.1	60	22.3	221	16.1
	正常	161	85.6	242	86.4	540	84.9	209	77.7	1152	83.9
	小计	188	100.0	280	100.0	636	100.0	269	100.0	1373	100.0

肢体残疾人嗅觉异常率整体上呈现随年龄的增长而增高的趋势。在30-39岁年龄段,男性异常率高于女性,其余年龄段反之。50岁之前的男性嗅觉异常率呈水平波动,无显著差异,在50岁之后异常率快速升高。30岁之后的女性嗅觉异常率呈现随年龄增长而增高的趋势,在30-39岁年龄段嗅觉异常率最低(见图2-2-1)。

---

* 注由于对远视力有一定要求的工作一般都需要远距离移动,不适合肢体残疾人,而且远视力测查不便,故仅考虑近视力部分的测查。

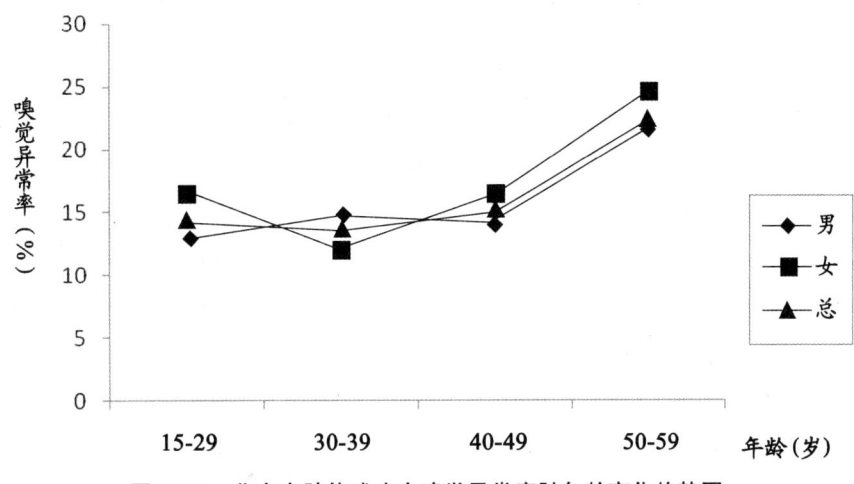

图 2-2-1　北京市肢体残疾人嗅觉异常率随年龄变化趋势图

不同残疾等级的肢体残疾人的嗅觉正常的百分比是不一样的(见表 2-2-15)。

表 2-2-15　北京市不同残疾等级的肢体残疾人嗅觉测试结果　　　　　　　　　(单位:人)

嗅觉	残疾等级							
	一级		二级		三级		四级	
	n	%	n	%	n	%	n	%
不正常	2	10.5	33	14.0	75	15.5	15	17.0
正常	17	89.5	203	86.0	410	84.5	73	83.0
小计	19	100.0	236	100.0	485	100.0	88	100.0

注:嗅觉测试有效样本中有 545 人残疾等级信息缺失。

肢体残疾人嗅觉异常率随残疾程度的减轻呈现上升趋势(见图 2-2-2)。究其原因,可能是各残疾等级样本量分布不均所致。

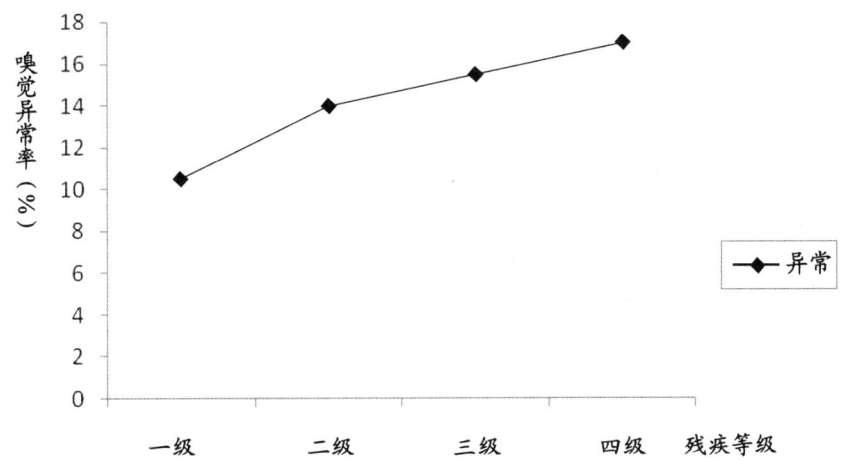

图 2-2-2　北京市肢体残疾人嗅觉异常率随残疾等级变化趋势图

②实体觉:99.4% 被测试的肢体残疾人实体觉正常(见表 2-2-16)。

表2-2-16　北京市不同年龄段肢体残疾人实体觉测试结果

实体觉测试		年龄（岁）								合计	
		15-29		30-39		40-49		50-59			
		n	%	n	%	n	%	n	%	n	%
男	不正常	0	0.0	1	0.7	3	0.8	0	0.0	4	0.5
	正常	112	100.0	152	99.3	351	99.2	192	100.0	807	99.5
	小计	112	100.0	153	100	354	100	192	100.0	811	100
女	不正常	0	0.0	2	1.6	2	0.8	0	0.0	4	0.8
	正常	69	100.0	121	98.4	256	99.2	58	100.0	504	99.2
	小计	69	100.0	123	100	258	100	58	100.0	508	100
总	不正常	0	0.0	3	1.1	5	0.8	0	0.0	8	0.6
	正常	181	100.0	273	98.9	607	99.2	250	100.0	1311	99.4
	小计	181	100.0	276	100	612	100	250	100.0	1319	100

注：实体觉测试有效样本中有530人残疾等级信息缺失。

北京市肢体残疾人实体觉的异常率总体上随着年龄的变化呈单峰型态势，即15-29岁和50-59岁一头一尾的两个年龄组没有发现实体觉异常者，仅在30-49岁和40-49岁两个年龄组发现个别的实体觉异常情况，且30-39岁年龄组实体觉异常率最高，女性异常率高于男性（见图2-2-3）。

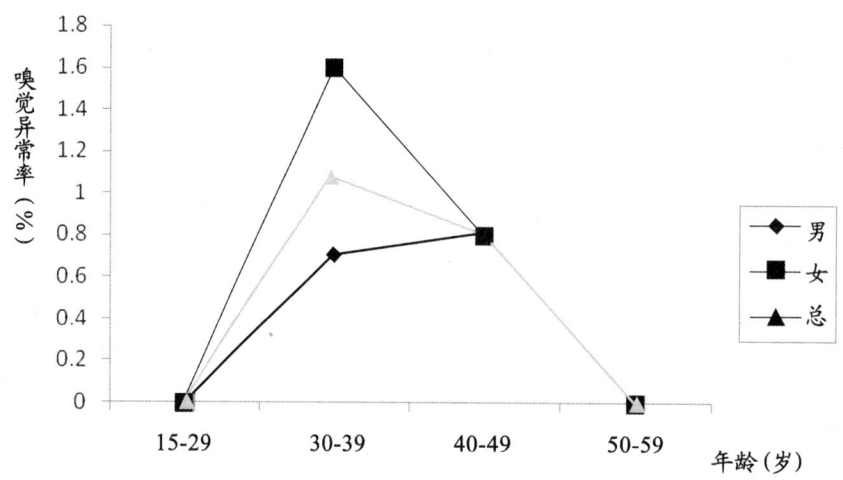

图2-2-3　北京市肢体残疾人实体觉异常率随年龄变化趋势图

不同残疾等级的肢体残疾人的实体觉正常的百分比是不一样的（见表2-2-17）。

表2-2-17　北京市不同残疾等级肢体残疾人实体觉测试结果　　　　　　　　　　（单位：人）

听力测试	残疾等级							
	一级		二级		三级		四级	
	n	%	n	%	n	%	n	%
不正常	1	6.3	1	0.4	3	0.6	2	2.4
正常	15	93.8	223	99.6	461	99.4	83	97.6
小计	16	100.0	224	100.0	464	100.0	85	100.0

虽然肢体残疾人实体觉异常率随残疾程度变化呈现两头高中间低的曲线,但数据显示,一级肢体残疾人实体觉异常率最高,即残疾程度越严重其实体觉异常率越高(见图2-2-4)。

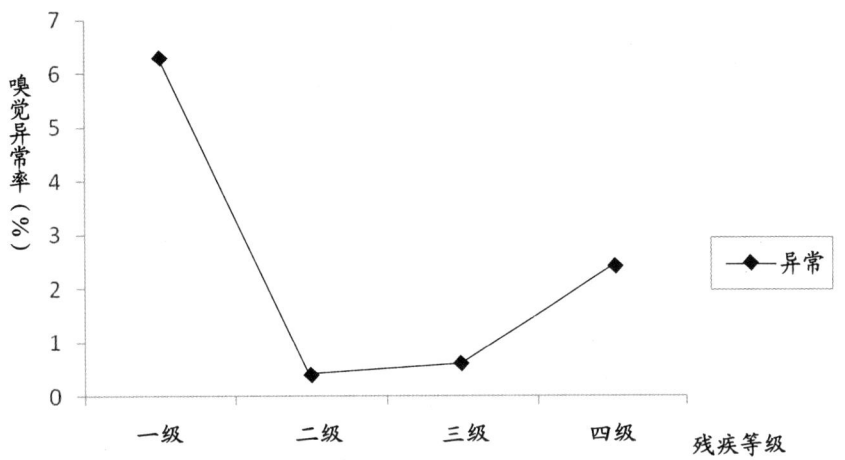

图2-2-4 北京市肢体残疾人实体觉异常率随残疾等级变化趋势图

③听力:82.1%被测试的肢体残疾人听力正常,有13.4%单侧耳的听力有问题,4.5%双耳听力都有问题(见表2-2-18)。

表2-2-18 北京市不同年龄段肢体残疾人听力测试结果　　　　　　(单位:人)

	听力测试	年龄(岁)								合计	
		15-29		30-39		40-49		50-59			
		n	%	n	%	n	%	n	%	n	%
男	双耳听力损失	2	1.7	3	2.0	20	5.5	23	11.3	48	5.7
	单耳听力损失	8	7.0	20	13.1	56	15.3	38	18.7	122	14.6
	正常	105	91.3	130	85.0	289	79.2	142	70.0	666	79.7
	小计	115	100.0	153	100.0	365	100.0	203	100.0	836	100.0
女	双耳听力损失	2	2.8	3	2.4	6	2.3	2	3.3	13	2.5
	单耳听力损失	9	12.7	13	10.5	25	9.4	13	21.3	60	11.5
	正常	60	84.5	108	87.1	234	88.3	46	75.4	448	86.0
	小计	71	100.0	124	100.0	265	100.0	61	100.0	521	100.0
总	双耳听力损失	4	2.2	6	2.2	26	4.1	25	9.5	61	4.5
	单耳听力损失	17	9.1	33	11.9	81	12.9	51	19.3	182	13.4
	正常	165	88.7	238	85.9	523	83.0	188	71.2	1114	82.1
	小计	186	100.0	277	100.0	630	100.0	264	100.0	1357	100.0

注:听力测试有效样本中有541人残疾等级信息缺失。

总体而言,听力异常率随年龄的增长呈增高趋势,且30岁之后男性肢体残疾人的听力异常率高于女性。50岁之前的女性肢体残疾人的听力异常率随年龄增长而降低,50-59岁年龄组听力异常率最高(见图2-2-5)。

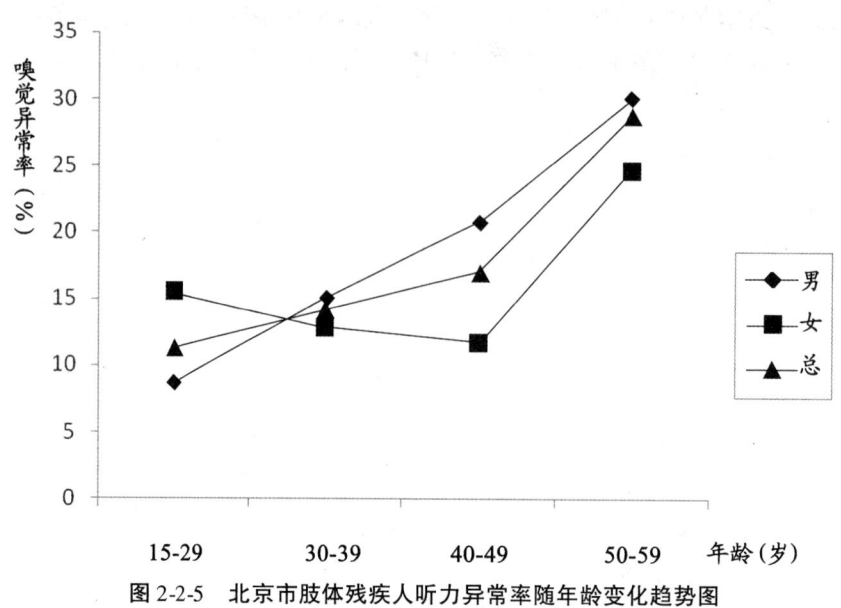

图 2-2-5 北京市肢体残疾人听力异常率随年龄变化趋势图

不同残疾等级肢体残疾人听力测试结果是不一样的,其结果见表 2-2-19。

表 2-2-19 北京市不同残疾等级肢体残疾人听力测试结果

听力测试	残疾等级							
	一级		二级		三级		四级	
	n	%	n	%	n	%	n	%
双耳听力损失	2	11.8	12	5.2	16	3.3	3	3.5
单耳听力损失	2	11.8	33	14.2	53	11.0	12	14.1
正常	13	76.5	188	80.7	412	85.7	70	82.4
小计	17	100.0	233	100.0	481	100.0	85	100.0

北京市一级和二级肢体残疾人的听力异常率高于三级和四级肢体残疾人,单耳听力损失异常率高于双耳听力损失异常率(见图 2-2-6)。

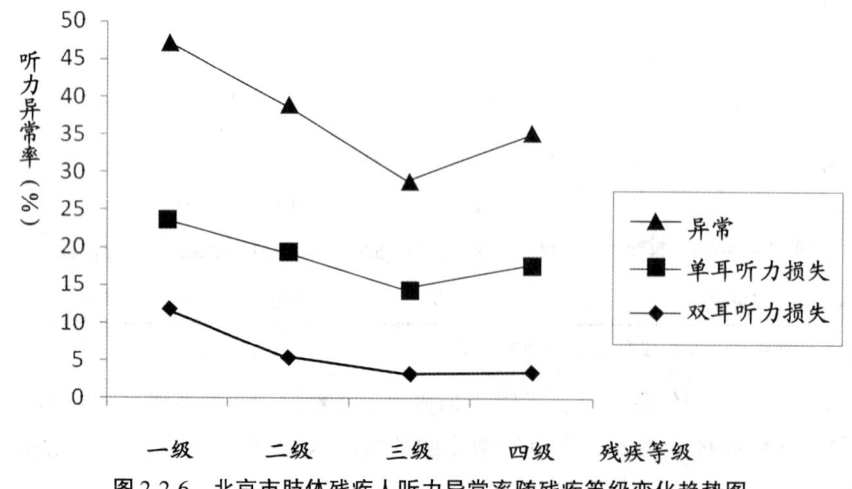

图 2-2-6 北京市肢体残疾人听力异常率随残疾等级变化趋势图

④视力:95.7%被测试的肢体残疾人近视力正常,即能在一尺距离看清小五号以上字体,大部分的肢体残疾人在工作中处理普通的文字任务以及完成一些精细活动时,不会存在视力方面的困难(见表

表 2-2-20　北京市不同年龄段肢体残疾人视力测试结果　　　　　　　　　　（单位：人）

听力测试		年龄（岁）								合计	
		15-29		30-39		40-49		50-59			
		n	%	n	%	n	%	n	%	n	%
男	不正常	1	0.9	1	0.7	10	2.8	22	10.7	34	4.1
	正常	112	99.1	151	99.3	350	97.2	183	89.3	796	95.9
	小计	113	100.0	152	100.0	360	100.0	205	100.0	830	100.0
女	不正常	1	1.4	3	2.4	14	5.4	6	10.3	24	4.7
	正常	71	98.6	121	97.6	247	94.6	52	89.7	491	95.3
	小计	72	100.0	124	100.0	261	100.0	58	100.0	515	100.0
总	不正常	2	1.1	4	1.4	24	3.9	28	10.6	58	4.3
	正常	183	98.9	272	98.6	597	96.1	235	89.4	1287	95.7
	小计	185	100.0	276	100.0	621	100.0	263	100.0	1345	100.0

随着年龄的增长，北京市肢体残疾人的视力异常率呈现上升趋势，且在50岁之前女性肢体残疾人的视力异常率高于男性（见图2-2-7）。

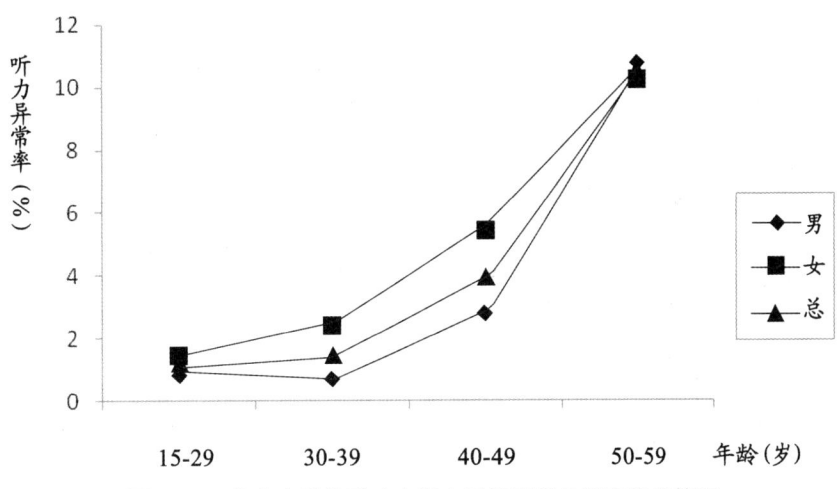

图 2-2-7　北京市肢体残疾人视力异常率随年龄变化趋势图

不同残疾等级肢体残疾人视力测试结果是不一样的，见表2-2-21。

表 2-2-21　北京市不同残疾等级肢体残疾人视力测试结果　　　　　　　　　　（单位：人）

听力测试	残疾等级							
	一级		二级		三级		四级	
	n	%	n	%	n	%	n	%
看不见/看不清	0	0	8	3.5	23	4.8	5	5.8
正常	17	100.0	223	96.5	454	95.2	81	94.2
小计	17	100.0	231	100.0	476	100.0	86	100.0

注：视力测试有效样本中有535人残疾等级信息缺失。

随着残疾等级从一级到四级的变化，北京市肢体残疾人中的视力异常率呈现逐渐上升趋势

（见图2-2-8）。

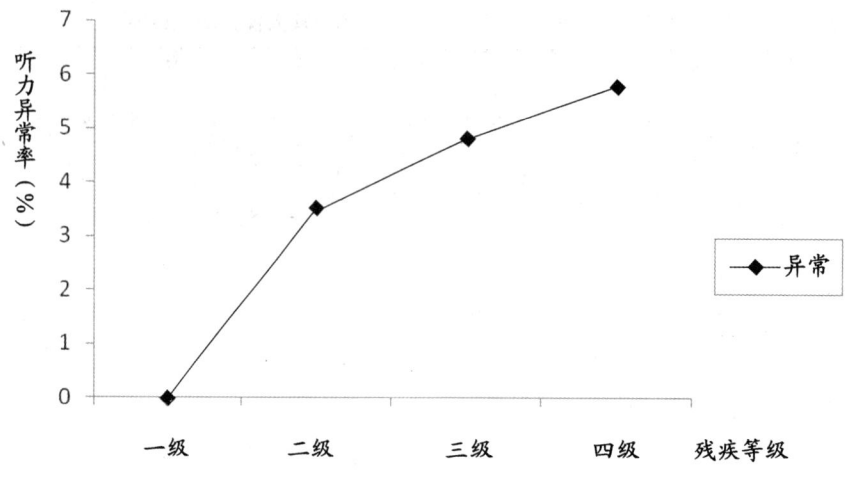

图2-2-8 北京市肢体残疾人视力异常率随残疾等级变化趋势图

总之,绝大多数肢残者感知觉是正常的。肢体残疾人的致残原因主要集中于运动系统的损伤或残疾,与感觉系统关系不大,因此,大部分肢体残疾人的感知觉并未受到损伤,基本具备感知外界信息、在工作中规避风险的能力。

（2）体能

1）评价标准

根据《职业岗位分类词典》*的规定:体力活动既表示职业对身体的要求,也表示从业人员为适应这种要求必需具备的体力。

坐着工作（S）：至多举起10磅（4.5公斤重）的物体,有时需要举起或携带诸如公文档案夹和小工具等物。坐着工作的职业在执行任务时也时常需要走路或站立,如走路和站立只是偶尔有之,总的符合坐着工作的条件,即视为坐着工作的职业。

轻型工作（L）：最多举起20磅（9公斤）的重物,但经常需要举起和或携带可重达10磅（4.5公斤）的物体,即使举起的重物重量不大,如果符合下列条件之一,仍列入此类：（a）需要较多的行走和站立；（b）工作大部分时间坐着,但是要用手和或脚推、拉进行控制。

注：对体力工作的五个级别的描述均涉及"举、搬、推、拉"等术语,这四个术语表明对体力条件的基本要求,一般说来,能从事其中一项的职工,就能从事其余各项,这些体力活定义如下：

举：把物体从一个高度升或降到另一个高度（包括向上牵引）

搬：搬运物体,通常持在手中,或以手臂抱住以肩扛

推：施力于物体,使其离开施力者运动（包括拍打、打击、脚踢和脚踏踏板）

拉：施力于物体,使其朝向施力者运动（包括猛拉）

2）测试结果

本项目共选取了1417名北京市劳动年龄段的肢体残疾人进行了体能测试,其中10磅测试有效样本1186人,具有有效残疾等级信息的样本为702人；20磅测试有效样本1275人（有部分人10磅免试,直接进入20磅测试）,具有有效残疾等级信息的样本为766人。测试结果与能够完成工作类型的关系见表2-2-22。

---

* 注：国家教育委员会教育规划办编译,《职业岗位分类词典》,高等教育出版社,1998年6月第1版1563页。

表 2-2-22　测试结果与能够完成的工作类型的关系

	测试结果	能够完成的工作类型
10 磅	提起 0 次	不具备做"坐着工作"的体能
	提起 1 次	具备做 1/3 天"坐着工作"的体能
	提起 2 次	具备做 2/3 天"坐着工作"的体能
	提起 3 次	具备做全天"坐着工作"的体能
20 磅	提起 0 次	不具备做"轻型工作"的体能
	提起 1 次	具备做 1/3 天"轻型工作"的体能
	提起 2 次	具备做 2/3 天"轻型工作"的体能
	提起 3 次	具备做全天"轻型工作"的体能

95.9% 的肢体残疾人可以连续三次提起 10 磅的重物，"提不起来"、"提起一次"和"提起两次"所占比例分别为 2.2%、1.2% 和 0.8%；84.7% 的肢体残疾人可以连续三次提起 20 磅的重物，"提不起来"、"提起一次"和"提起两次"所占比例分别为 12.3%、1.5% 和 1.5%（见表 2-2-23）。

表 2-2-23　北京市肢体残疾人体能测试结果

	体能测试	n	%
10 磅	提起 0 次	26	2.2
	提起 1 次	14	1.2
	提起 2 次	9	0.8
	提起 3 次	1137	95.9
	总计	1186	100.0
20 磅	提起 0 次	157	12.3
	提起 1 次	19	1.5
	提起 2 次	19	1.5
	提起 3 次	1080	84.7
	总计	1275	100.0

95.9% 被测试的劳动年龄段的肢体残疾人具备从事全天"坐着工作"的体能，0.8% 被测试的肢体残疾人具备从事 2/3 天"坐着工作"的体能，1.2% 被测试的肢体残疾人具备从事 1/3 天"坐着工作"的体能；约 85% 被测试的肢体残疾人具备从事全天"轻型工作"的体能。1.5% 被测试的肢体残疾人具备从事 2/3 天"轻型工作"的体能，1.5% 被测试的肢体残疾人具备从事 1/3 天"坐着工作"的体能（见图 2-2-9）。

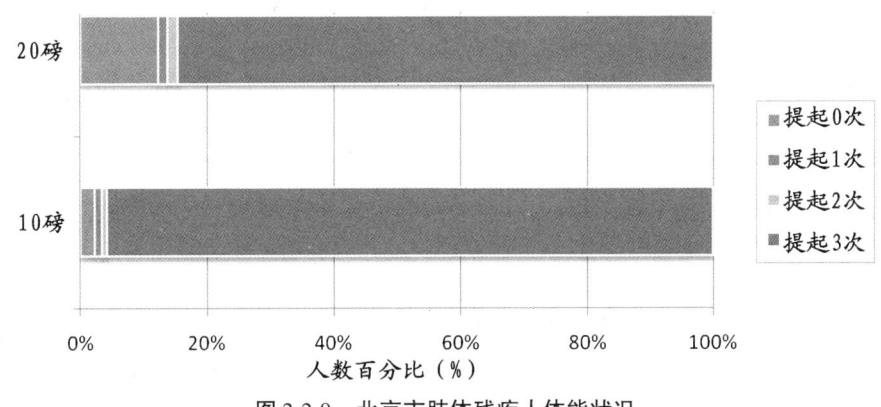

图 2-2-9　北京市肢体残疾人体能状况

被测试的劳动年龄段的肢体残疾人的残疾程度对体能的影响是显而易见的,其结果见表2-2-24。

表2-2-24　北京市不同残疾等级的肢体残疾人体能测试结果　　　　　　　（单位:人）

体能测试		残疾等级							
		一级		二级		三级		四级	
		n	%	n	%	n	%	n	%
10磅	提起0次	2	11.8	5	2.6	10	2.4	2	2.4
	提起1次	3	17.6	2	1.1	3	0.7	1	1.2
	提起2次	0	0.0	1	0.5	2	0.5	0	0.0
	提起3次	12	70.6	182	95.8	396	96.4	81	96.4
	总计	17	100.0	190	100.0	411	100.0	84	100.0
20磅	提起0次	4	25.0	38	17.4	56	12.6	7	8.1
	提起1次	0	0.0	3	1.4	4	0.9	3	3.5
	提起2次	1	6.3	4	1.8	5	1.1	0	0.0
	提起3次	11	68.8	173	79.4	381	85.4	76	88.4
	总计	16	100.0	218	100.0	446	100.0	86	100.0

在10磅体能测试中,二级、三级、四级肢体残疾人差异并不大,但一级肢体残疾者的体能显著低于其他残疾等级的肢体残疾人。在20磅体能测试中,呈现随着残疾程度的减轻而体能上升趋势(见图2-2-10)。

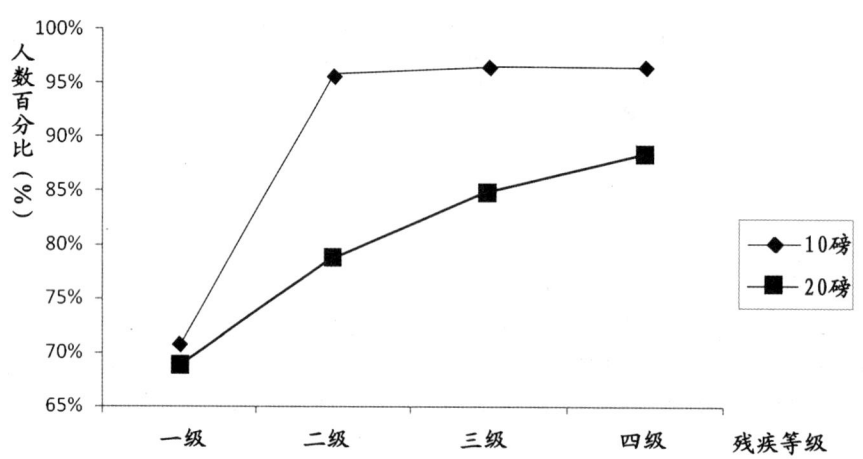

图2-2-10　北京市肢体残疾人体能随残疾等级变化趋势曲线(提起3次)

(3)生活自理能力

1)测试说明

本项目测试时允许被试使用身体的任何一部分,也可以使用辅助器具,但在记录时必须注明非常规使用身体部分或辅助器具的品名。例如,用脚完成戴帽子的动作,这一项记录为通过,但必须注明是用脚完成的。

2)测试结果

本项目共选取了北京市劳动年龄段的肢体残疾人1417名进行了生活自理能力测试,其中戴帽子测试有效样本1373人,缺失值44人;穿外套有效样本1374人,缺失值43人;穿裤子有效样本1373人,缺失值44人;穿袜子有效样本1370人,缺失值47人。99%左右的肢体残疾人能独自完成戴帽子、穿外套、穿裤子等日常活动,3.4%的肢体残疾人不能自己穿袜子,需要他人的帮助(见表2-2-25和图2-2-11)。

表 2-2-25　北京市肢体残疾人日常基本活动测试结果　　　　　　　　　　　　　　　　　（单位：人）

日常基本活动	戴帽子		穿外套		穿裤子		穿袜子	
	n	%	n	%	n	%	n	%
不可以	3	0.2	7	0.5	11	0.8	46	3.4
速度慢或需帮助	0	0	2	0.1	6	0.4	7	0.5
可以	1370	99.8	1365	99.3	1356	98.8	1317	96.1
总计	1373	100.0	1374	100.0	1373	100.0	1370	100.0

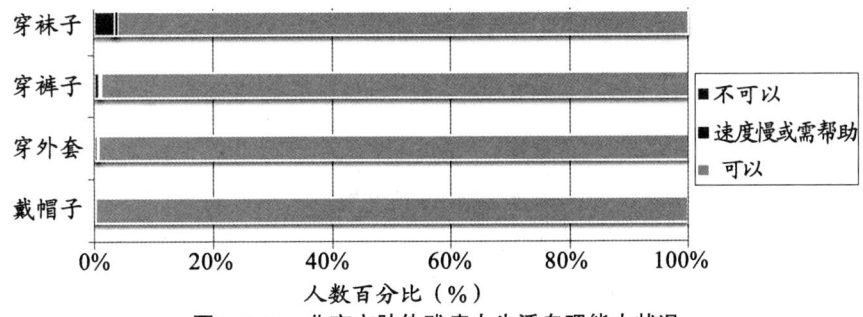

图 2-2-11　北京市肢体残疾人生活自理能力状况

（4）上肢功能

上肢功能测试项目包括文秘（写信封、整理信件和打电话）和技工（操作板工艺、绘图、碎图复原和拼立体图）两大类。具体有效样本分布信息见表 2-2-26。

表 2-2-26　北京市肢体残疾人上肢功能测试的有效样本分布

上肢功能	性别	年龄（岁）				合计
		15–29	30–39	40–49	50–59	
写信封 1	男	105	145	320	178	748
	女	68	119	230	53	470
	总	173	264	550	231	1218
整理信件 2	男	102	144	317	172	735
	女	68	116	235	52	471
	总	170	260	552	224	1206
打电话 3	男	106	144	346	194	790
	女	72	123	251	57	503
	总	178	267	597	251	1293
操作板工艺 4	男	105	149	357	198	809
	女	72	120	253	59	504
	总	177	269	610	257	1313
绘图 5	男	87	116	259	144	606
	女	56	90	200	43	389
	总	143	206	459	187	995

(续表)

上肢功能	性别	年龄(岁)				合计
		15-29	30-39	40-49	50-59	
碎图复原6	男	105	142	330	183	760
	女	65	112	241	55	473
	总	170	254	571	238	1233
拼立体图7	男	105	137	337	177	756
	女	68	113	240	55	476
	总	173	250	577	232	1232

注：样本总数为1417，1 缺失值199人；2 缺失值211人；3 缺失值124人；4 缺失值104人；5 缺失值422人；6 缺失值184人；7 缺失值185人。

1) 写信封

① 测试结果

被测试劳动年龄段肢体残疾人写信封的基本情况见表2-2-26。对不同性别、年龄、文化程度及残疾等级的肢体残疾人写信封测试所用时间进行了差异检验，结果见表2-2-27。

在性别维度：被测试的北京市劳动年龄段的肢体残疾人男性书写信封的平均时间为10.28分钟，女性书写信封的平均时间为9.57分钟，经差异性检验发现，两者有显著性差异（$p<0.05$），即女性完成写信封的时间显著少于男性。

在年龄维度：描述性的统计呈现，四个年龄段肢体残疾人完成写信封测试所用时间的顺序为：30-39岁<15-29岁<50-59岁<40-49岁。经方差分析，四组存在极其显著性差异（$p<0.01$）。多重比较显示，15-29岁年龄组与30-39岁年龄组之间、15-29岁年龄组与50-59岁年龄组之间、30-39岁年龄组与40-49岁年龄组之间、30-39岁年龄组与50-59岁年龄组之间以及50-59岁年龄组与40-49岁年龄组之间的测试平均数均存在显著性差异（$p<0.05$），而15-29岁年龄组与40-49岁年龄组之间没有显著性差异。

在文化程度维度：描述性的统计呈现，四组完成写信封测试所用时间的顺序为：大专及以上<高中/中专<初中<小学及以下。经方差分析，四组存在极其显著性差异（$p<0.01$）。多重比较显示，小学及以下组、初中组、高中/中专组均与大专及以上组存在显著差异，初中组与高中/中专组也存在显著性差异（$p<0.05$）。

在残疾等级维度：描述性的统计呈现，一级组和二级组的用时比三级组和四级组长。经方差分析（不考虑未分级的人员），不同残疾等级之间存在极其显著性差异（$p<0.01$）。多重比较显示，一级组和二级组与三级组间存在显著性差异（$p<0.05$），三级与四级组间不存在显著性差异。

表2-2-27　北京市肢体残疾人写信封的测试结果　　（单位：人）

		人数(人)	M±SD	F	p	多重比较
性别	男	748	10.28±5.14	2.392*	0.017	
	女	470	9.57±4.85			
年龄(岁)	15-29(1)	173	9.65±4.90	14.961**	0.000	1>2,4>1 3>2,4>2 4>3
	30-39(2)	264	8.47±4.30			
	40-49(3)	550	10.30±4.99			
	50-59(4)	231	10.00±5.04			

(续表)

		人数(人)	M±SD	F	p	多重比较
文化程度	小学及以下(1)	21	10.99±4.54			
	初中(2)	320	11.66±5.69	24.279**	0.000	1>4,2>4
	高中/中专(3)	672	9.81±4.81			3>4,2>3
	大专及以上(4)	205	8.00±3.79			
残疾等级	未分级	479	10.04±5.49			
	四级(1)	76	10.14±5.11			
	三级(2)	446	9.44±4.47	5.060**	0.002	4>2,3>2
	二级(3)	201	10.94±4.84			
	一级(4)	16	12.56±5.92			
	总数	1218	10.01±5.04			

无论男女,30-39岁年龄组在写信封测试项目上所用时间最少,30岁之后的肢体残疾人在写信封测试项目上所用时间随年龄增长而呈现延长的趋势(见图2-2-12)。

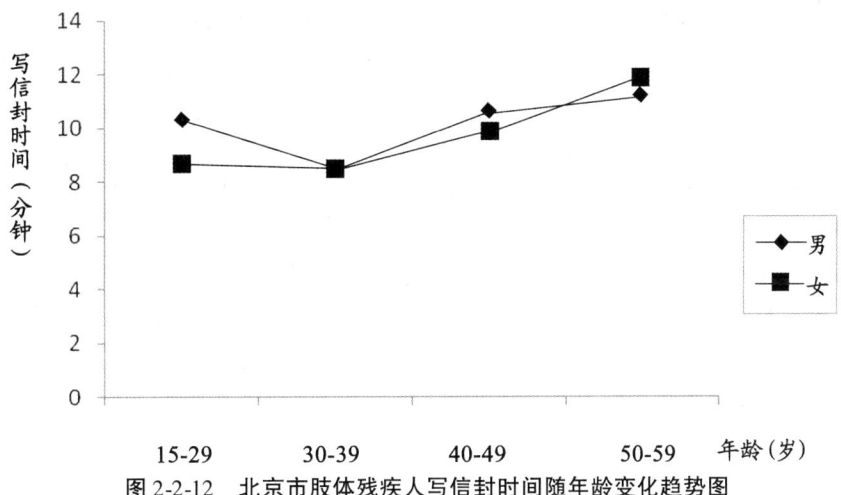

图2-2-12 北京市肢体残疾人写信封时间随年龄变化趋势图

②辅助情况

写信封测试包含抄地址、查邮编、装卡片和粘信封四个环节。80%左右的被试能如期完成写信封的测试,少数被试需要他人帮助或速度较慢。而未完成的原因多为看不清,不会做或因上肢体残疾的限制而不能做。写信封各环节的基本情况见表2-2-28。

表2-2-28 北京市肢体残疾人写信封的辅助情况　　　　　　　　　　　　　　　　(单位:人)

	辅助情况	抄地址		查邮编		装卡片		粘信封	
		n	%	n	%	n	%	n	%
完成	不需帮助、速度正常	1106	78.1	1175	82.9	1197	84.5	1207	85.2
	需要帮助	74	5.1	34	2.4	15	1.1	9	.6
	速度慢	38	2.7	14	1.0	11	.8	10	.7
	小计	1218	85.9	1223	86.3	1223	86.4	1226	86.5

(续表)

辅助情况		抄地址		查邮编		装卡片		粘信封	
		n	%	n	%	n	%	n	%
未完成	看不清	38	2.7	35	2.5	34	2.4	33	2.3
	超时	12	.8	11	.8	11	.8	11	.8
	不会做	39	2.8	37	2.6	37	2.6	37	2.6
	不能做	18	1.3	17	1.2	17	1.2	17	1.2
	小计	107	7.6	100	7.1	99	7	98	6.9

注：样本总数为1417人。抄地址缺失值为92人，查邮编缺失值为94人，装卡片缺失值为95人，粘信封缺失值为93人。

总体而言，随着年龄的增长，肢体残疾人写信封测试所用时间越来越长；且随着文化程度的升高，肢体残疾人写信封测试所用时间逐渐减少；随着残疾程度的减轻，肢体残疾人写信封测试所用时间逐渐缩短。

2）整理信件

①测试结果

被测试劳动年龄段肢体残疾人整理信件的基本情况见表2-2-26。对不同性别、年龄、文化程度及残疾等级的肢体残疾人整理信件测试所用时间进行了差异检验，结果见表2-2-29。

在性别维度：男性完成整理信件测试时间的平均数为1.77分钟，女性完成整理信件测试时间的平均数为1.66分钟；经差异性检验发现，两者不存在显著性差异。

在年龄维度：描述性的统计呈现四个年龄段肢体残疾人完成整理信件测试所用的时间顺序为：15-29岁<30-39岁<40-49岁<50-59岁。经方差分析，四组平均数存在极显著差异（p<0.01）。多重比较显示，15-29岁年龄组、30-39岁年龄组、40-49岁年龄组与50-59岁年龄组的测试平均数都存在显著差异（p<0.05），15-29岁年龄组与40-49岁年龄组的测试平均数存在显著差异（p<0.05）。

在文化程度维度：描述性的统计呈现，四组完成整理信件测试所用的时间顺序为：大专及以上<高中/中专<初中<小学及以下。经方差分析，四组平均数存在极其显著差异（p<0.01）。多重比较显示，小学及以下组与初中组、高中/中专组以及大专及以上组之间均存在极显著差异（p<0.01），初中组与高中/中专组和大专及以上组之间存在极显著性差异（p<0.01），而高中/中专组与大专及以上组之间不存在显著性差异。

在残疾等级维度：描述性的统计呈现，一级组和三级组的用时比二级组和四级组少。经方差分析（不考虑未分级的人员），不同残疾等级组间存在显著差异（p<0.05）。多重比较显示，一级组、三级组与四级组之间存在显著差异（p<0.05），二级组与三级组之间存在显著差异（p<0.05），即四级组所用时间显著多于一级组和三级组，二级组所用时长显著多于三级组。

表2-2-29 北京市肢体残疾人整理信件的测试结果

		人数(人)	M±SD	F	p	多重比较
性别	男	735	1.77±1.46	1.285	0.199	
	女	471	1.66±1.26			
年龄(岁)	15-29(1)	170	1.51±1.10			
	30-39(2)	260	1.56±1.28	6.032**	0.000	4>1,4>2
	40-49(3)	552	1.76±1.36			4>3,3>1
	50-59(4)	224	2.01±1.66			

(续表)

		人数(人)	M±SD	F	p	多重比较
文化程度	小学及以下(1)	23	3.38±2.24			
	初中(2)	321	1.88±1.59	15.682**	0.000	1>2,1>3
	高中/中专(3)	656	1.67±1.24			1>4,2>3
	大专及以上(4)	206	1.47±1.17			2>4
残疾等级	未分级	471	1.71±1.35			
	四级(1)	76	2.02±1.85			1>4,1>2
	三级(2)	441	1.63±1.30	2.579*	0.035	3>2
	二级(3)	202	1.89±1.44			
	一级(4)	16	1.27±0.69			
	总体	1206	1.73±1.38			

注:残疾等级维度的方差分析将"未分级人员"排除。

无论男女,被测肢体残疾人在整理信件测试上所用时间随年龄增长而呈现延长的趋势(见图2-2-13)。

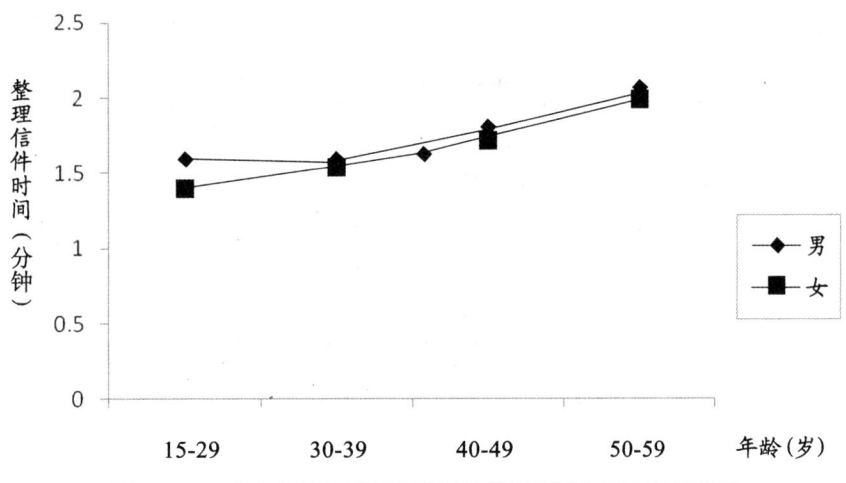

图2-2-13　北京市肢体残疾人整理信件时间随年龄变化趋势图

②辅助情况

整理信件包括剪信封、排序、使用文件夹和整理桌面四个环节。80%以上的被试能如期完成整理信件的测试,少数被试需要他人帮助或速度较慢。而未完成的原因多为看不清,不会做或因上肢体残疾的限制而不能做。整理信件各环节的基本情况见表2-2-30。

表2-2-30　北京市肢体残疾人整理信件的辅助情况　　　　　　　　　　(单位:人)

辅助情况		剪信封		排序		使用文件夹		整理桌面	
		n	%	n	%	n	%	n	%
完成	不需帮助、速度正常	1190	84.0	1172	82.7	1187	83.8	1193	84.2
	需要帮助	6	.4	22	1.6	11	.8	5	.3
	速度慢	4	.3	6	.4	5	.4	5	.4
	小计	1200	84.7	1200	84.7	1203	84.9	1203	84.9

(续表)

辅助情况		剪信封		排序		使用文件夹		整理桌面	
		n	%	n	%	n	%	n	%
未完成	看不清	34	2.4	33	2.3	33	2.3	33	2.3
	超时	17	1.2	17	1.2	17	1.2	17	1.2
	不会做	36	2.5	37	2.6	35	2.5	35	2.5
	不能做	19	1.3	19	1.3	18	1.3	18	1.3
	小计	106	7.4	106	7.4	103	7.3	103	7.3

注:样本总数为1417人,缺失值为211人。

总体而言,随着年龄的增长,肢体残疾人整理信件测试所用时间越来越长;随着文化程度的升高,肢体残疾人整理信件测试所用时间也越来越短;由于样本残疾等级分布不均,一级和四级肢体残疾人样本量较少,仅从描述性统计而言,本样本中一级肢体残疾人所用时间最短、四级残疾人所用时间最长;但从二级和三级的样本统计而言,仍能发现,随残疾等级的加重肢体残疾人整理信件的时间逐渐增长的趋势。

3)打电话

除了个别的被试外,99.5%的肢体残疾人都能独立完成打电话的测试项目(见表2-2-31)。

表2-2-31 北京市肢体残疾人打电话的测试结果

	n	%
可以	1308	99.5
速度慢	1	0.1
不可以	5	0.4
总计	1314	100.0

注:样本总数为1417人,有效样本1314人,缺失值为103人。

4)操作板工艺

①测试结果

北京市肢体残疾人操作板工艺测试的基本情况见表2-2-26。对不同性别、年龄、文化程度及残疾等级的肢体残疾人操作板工艺测试所用时间进行了差异检验,结果见表2-2-32。

在性别维度:男性完成操作板工艺测试时间的平均数为3.49分钟,女性完成操作板工艺测试时间的平均数为4.05分钟;经差异性检验,两者存在极其显著性差异($p<0.01$)。

在年龄维度:描述性的统计呈现,四个年龄段肢体残疾人完成操作板工艺测试所用的时间顺序为:30-39岁<40-49岁<50-59岁<15-29岁。经方差分析,四组平均数存在极其显著性差异($p<0.01$)。多重比较显示,30-39岁年龄组、40-49岁年龄组、50-59岁年龄组与15-29岁年龄组的测试平均数都存在极其显著性差异($p<0.01$),30-39岁年龄段、40-49岁年龄段、50-59岁年龄段之间的测试平均数不存在显著性差异。

在文化程度维度:描述性的统计呈现,四组完成操作板工艺测试所用的时间顺序为:高中/中专<大专以上<初中<小学及以下。经方差分析,四组平均数存在显著性差异($p<0.05$)。多重比较显示,小学及以下组与高中/中专组存在显著性差异($p<0.05$)。

在残疾等级维度:描述性的统计显示,一级组和三级组的用时比二级组和四级组少。经方差分析(不考虑未分级的人员),不同残疾等级之间不存在显著性差异。

表 2-2-32　北京市肢体残疾人操作板工艺测试结果　　　　　　　　　　　　　　　　（单位：人）

		人数(人)	M±SD	F	p	多重比较
性别	男	809	3.49±1.47	6.337**	0.000	
	女	504	4.05±1.66			
年龄(岁)	15-29(1)	177	4.17±1.76			
	30-39(2)	269	3.70±1.68	6.502**	0.000	1>2,1>3
	40-49(3)	610	3.60±1.46			1>4
	50-59(4)	257	3.63±1.52			
文化程度	小学及以下(1)	46	4.24±1.78			
	初中(2)	357	3.78±1.67	2.937*	0.032	1>3
	高中/中专(3)	706	3.61±1.49			
	大专及以上(4)	204	3.76±1.60			
残疾等级	未分级	515	3.69±1.51			
	四级	81	3.76±2.13			
	三级	470	3.64±1.52	1.041	0.385	
	二级	230	3.87±1.59			
	一级	15	3.41±1.59			
	总数	1313	3.70±1.57			

注：样本总体人数为1417人，其中有效样本1313人，缺失值为104人。

在各个年龄段，男性肢体残疾人在操作板工艺测试上所用时间均少于女性肢体残疾人。无论男女，15-29岁年龄组完成操作板工艺测试所用的时间最长。30岁以后，男性肢体残疾人操作板工艺测试所用时间缩短，此后维持比较稳定状态，而女性肢体残疾人操作板工艺测试所用时间的变化则呈现出先降后升的趋势，50岁以前下降，50岁之后呈上升状态（见图2-2-14）。

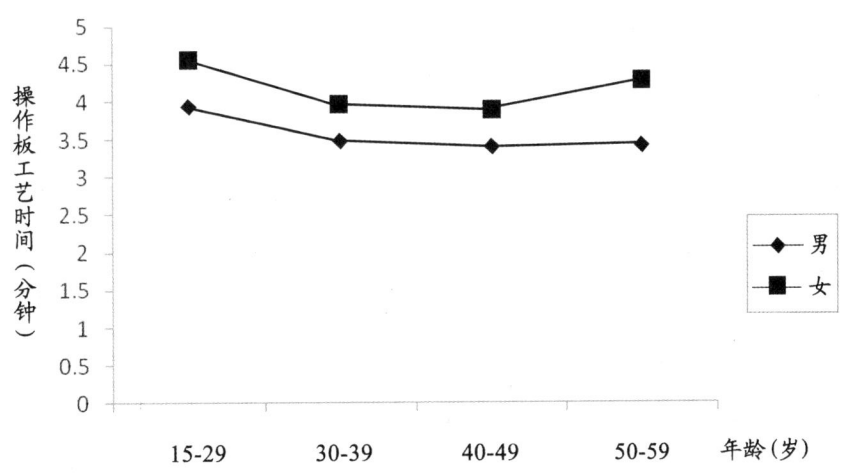

图 2-2-14　北京市肢体残疾人操作板工艺测试时间随年龄变化趋势图

②辅助情况

操作板工艺测试包括拧阀门、卸装螺丝、插棒、插电源、去电线皮、接电线以及钉钉子七项。90%左右的被试能完成此项测试。其中，有个别被试需要人帮助或速度较慢。而未完成的原因多为超时、不会做或肢体残疾的限制。其中，在去电线皮和连电线测试中，未完成的原因多为不会做或肢体残疾的限制(见表2-2-33)。

表2-2-33 北京市肢体残疾人操作工艺板的辅助情况

辅助情况(操作板)		拧阀门		卸装螺丝		插棒		插电源	
		n	%	n	%	n	%	n	%
完成	不需帮助,速度正常	1308	92.3	1298	91.6	992	70.0	1311	92.5
	需要帮助	5	0.4	10	0.7	3	0.2	2	0.1
	速度慢	1	0.1	5	0.4	2	0.1	2	0.1
	小计	1314	92.7	1313	92.7	997	70.4	1315	92.8
未完成	看不清	1	0.1	1	0.1	0	0.0	1	0.1
	超时	8	0.6	7	0.5	8	0.6	8	0.6
	不会做	8	0.6	9	0.6	10	0.7	7	0.5
	残疾限制	18	1.3	19	1.3	18	1.3	17	1.2
	小计	35	2.5	36	2.5	36	2.5	33	2.3
	缺失值	68	4.8	68	4.8	384	27.1	69	4.9

注:样本总体人数为1417人,各项操作任务有效样本不同,拧阀门缺失值为68人,卸装螺丝缺失值为68人,插棒缺失值为384人,插电源缺失值为69人。

表2-2-34 肢体残疾人操作工艺板的辅助情况(续)

辅助情况(操作板)		去电线皮		连电线		钉钉子	
		n	%	n	%	n	%
完成	不需帮助、速度正常	1259	88.8	1245	87.9	1289	91.0
	需要帮助	24	1.7	33	2.3	13	0.9
	速度慢	9	0.6	11	0.8	2	0.1
	小计	1292	91.2	1284	91.0	1304	92.0
未完成	看不清	2	0.1	5	0.4	1	0.1
	超时	8	0.6	9	0.6	8	0.6
	不会做	17	1.2	13	0.9	11	0.8
	肢体残疾	31	2.2	30	2.1	21	1.5
	小计	58	4.1	57	4.0	41	2.9
	缺失值	67	4.7	76	5.0	72	4.9

注:样本总体人数为1417人,各项操作任务有效样本不同,去电线皮缺失值为67人,连电线缺失值为76人,钉钉子缺失值为72人。

插棒重点考察对手工操作活动的灵活调整、快速适应的能力。北京市肢体残疾人操作板工艺测试的插棒测试的详细情况见表2-2-42。各年龄段男性肢体残疾人完成插棒测试所用时间差异不大。女性肢体残疾人随年龄变化呈现先升后降的趋势,50岁之前的女性肢体残疾人插棒测试所用时间随着年龄的增长延长,50岁之后随年龄增长减少,50~55岁年龄段的女性肢体残疾人在插棒测试上所用时间最短(见图2-2-15)。

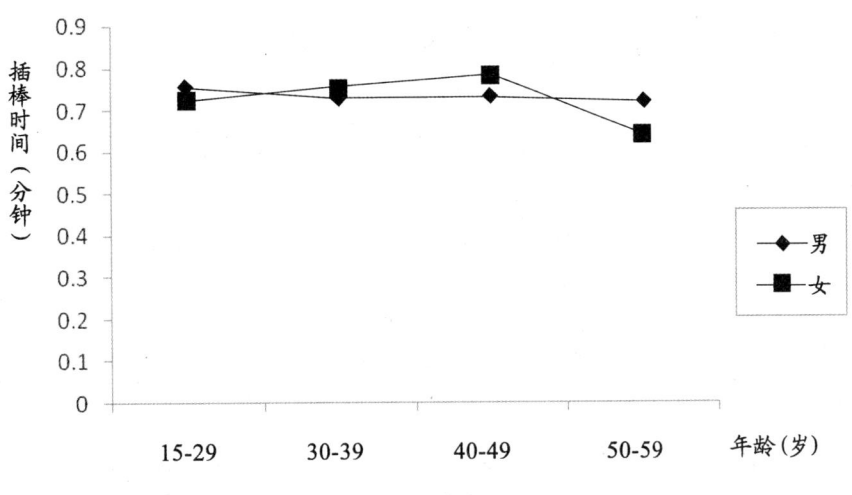

图2-2-15 北京市肢体残疾人插棒时间随年龄变化趋势图

对不同性别、年龄、文化程度及残疾等级的肢体残疾人插棒测试所用时间进行了差异检验,见表2-2-35。

在性别维度:男性肢体残疾人完成插棒测试所用的平均时间为0.73分钟,女性肢体残疾人完成插棒测试所用的平均时间为0.75分钟。经差异性检验发现,两者不存在显著性性别差异。

在年龄维度:描述性统计呈现,各年龄段肢体残疾人完成插棒测试所用时间的平均数顺序为:50-59岁<15-29岁<30-39岁<40-49岁。经方差分析,四组平均数之间不存在显著性年龄差异。

在文化程度维度:描述性的统计呈现,四组完成插棒测试所用时间的平均数顺序为:大专及以上<高中/中专<初中<小学及以下。经方差分析,四组平均数存在显著性差异($p<0.05$)。多重比较显示,小学及以下组肢体残疾人完成插棒测试所用的时间与初中组、高中组、本科/大专组间存在显著性差异($p<0.05$)。

在残疾等级维度:描述性的统计呈现,一级组和二级组完成插棒测试所用时间多于三级组和四级组。经方差分析(不考虑未分级的人员),不同残疾等级之间不存在显著性残疾等级的差异。

表2-2-35 北京市肢体残疾人插棒测试结果

		人数(人)	M±SD(分钟)	F	p	多重比较
性别	男	613	0.73±0.40	0.670	0.503	
	女	382	0.75±0.54			
年龄(岁)	15-29	140	0.73±0.47	0.545	0.652	
	30-39	213	0.74±0.62			
	40-49	455	0.75±0.39			
	50-59	187	0.70±0.37			
文化程度	小学及以下(1)	36	0.95±0.50	3.389*	0.018	1>2,1>3 1>4
	初中(2)	273	0.75±0.42			
	高中/中专(3)	532	0.73±0.47			
	大专及以上(4)	154	0.68±0.43			

(续表)

		人数(人)	M±SD(分钟)	F	p	多重比较
残疾等级	未分级	401	0.76±0.54			
	四级	53	0.65±0.29			
	三级	364	0.72±0.37	0.902	0.462	
	二级	163	0.74±0.41			
	一级	14	0.73±0.70			
	总数	995	0.74±0.46			

样本总体人数为1417人,缺失值为422人。

总体而言,随着年龄的增长,肢体残疾人操作板工艺测试所用时间越来越少,男性所用时间少于女性。究其原因,与生活经验及熟练度有关。操作板工艺测试所涉及内容多与日常生活实践操作有关,年长者具有丰富的操作经验,故在操作板工艺测试上所用时间较短。且日常生活中各种操作活动多由男性操作,因此,男性较女性更熟练,所用时间更短。

5)绘图

①测试结果

北京市肢体残疾人绘图测试的详细情况见表2-2-42。对不同性别、年龄、文化程度及残疾等级的肢体残疾人绘图测试所用时间进行了差异检验,结果见表2-2-36。

在性别维度:男性肢体残疾人绘图测试所用的平均时间为5.60分钟,女性肢体残疾人绘图测试所用的平均时间为5.56分钟。经差异性检验,两者不存在显著的性别差异。

在年龄维度:描述性的统计呈现,四组的肢体残疾人完成绘图测试所用的时间顺序为:40-49岁<30-39岁<15-29岁<50-59岁。经方差分析,四组平均数不存在显著的年龄差异。

在文化程度维度:描述性的统计呈现,四组的肢体残疾人完成绘图测试所用的时间顺序为:高中/中专<初中<大专及以上<小学及以下。经检验,四组平均数不存在显著的文化程度差异。

在残疾等级维度:描述性的统计呈现,二级组和四级组完成绘图测试所用时间相等,且多于一级组和三级组的用时。经检验,不同残疾等级之间不存在显著差异。

表2-2-36 北京市肢体残疾人绘图测试结果

		人数(人)	M±SD(分钟)	F	p
性别	男	606	5.60±2.46	0.286	0.774
	女	389	5.56±2.39		
年龄(岁)	15-29	143	5.62±2.71		
	30-39	206	5.55±2.41	0.679	0.565
	40-49	459	5.50±2.24		
	50-59	187	5.79±2.68		
文化程度	小学及以下	22	3.75±2.02		
	初中	242	3.43±1.70	0.503	0.680
	高中/中专	559	3.41±1.63		
	大专及以上	172	3.58±1.72		

(续表)

		人数(人)	M±SD(分钟)	F	p
残疾等级	未分级	394	5.62±2.48		
	四级	58	5.72±2.88		
	三级	364	5.47±2.29	0.490	0.802
	二级	166	5.72±2.51		
	一级	12	5.46±1.96		
	总数	995	5.58±2.43		

注:样本总体人数为1417人,缺失值为422人。

各年龄段的男性肢体残疾人在绘图测试上所用时间差异不大。50岁之前,各年龄段女性肢体残疾人绘图测试所用时间差异不大,50岁之后,用时随着年龄增长延长,50-55岁年龄段的女性肢体残疾人在绘图测试上所用时间最长(见图2-2-16)。

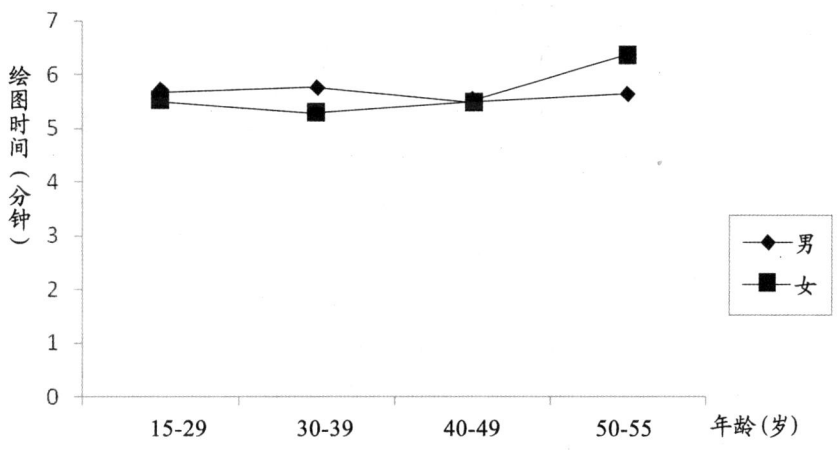

图2-2-16 北京市肢体残疾人绘图时间随年龄变化趋势图

②辅助情况

近70%的被试都能完成绘图的操作测试,其中部分人需要帮助或速度慢,而未完成的原因多为不会做或超时(见表2-2-37)。

表2-2-37 北京市肢体残疾人绘图的辅助情况

	辅助情况 (单位:人)	绘图			
		使用三角板		使用圆规	
		n	%	n	%
完成	不需帮助、速度正常	870	61.4	941	66.4
	需要帮助	30	2.1	12	.8
	速度慢	55	3.9	39	2.8
	小计	955	67.4	992	70
未完成	操作错误	97	6.8	40	2.8
	看不清	13	.9	14	1.0
	超时	123	8.7	113	8.0
	不会做	40	2.8	42	3.0
	肢体残疾	16	1.1	16	1.1
	小计	192	13.5	185	13.1

注:样本总体人数为1417人,使用三角板缺失值为173人,使用圆规缺失值为200人。

6) 碎图复原

① 测试结果

北京市肢体残疾人碎图复原测试的详细情况见表2-2-42。对不同性别、年龄、文化程度及残疾等级的肢体残疾人绘图测试所用时间进行了差异检验,结果见表2-2-38。

在性别维度:男性和女性肢体残疾人碎图复原测试所用的平均时间均为2.66分钟。

在年龄维度:描述性的统计呈现,四个年龄段肢体残疾人完成碎图复原测试所用的平均时间顺序为:15-29岁<30-39岁<40-49岁<50-59岁。经方差分析,四组平均数存在极显著性差异($p<0.01$)。多重比较显示,15-29岁年龄组、30-39岁年龄组与40-49岁年龄组、50-59岁年龄组的测试平均数都存在显著性差异($p<0.05$),15-29岁年龄组与30-39岁年龄组之间、40-49岁年龄组与50-59岁年龄组之间的测试平均数不存在显著差异。

在文化程度维度:描述性的统计呈现,四组肢体残疾人完成碎图复原测试所用的平均时间的顺序为:大专及以上<高中/中专<初中<小学及以下。经方差分析,四组平均数存在极显著性差异($p<0.01$)。多重比较显示,每两组之间均存在显著性差异($p<0.05$)。

在残疾等级维度:描述性的统计呈现,四组肢体残疾人完成碎图复原测试所用的平均时间的顺序为:四级<三级<二级<一级。经方差分析,不同残疾等级之间不存在显著性差异。

表2-2-38 北京市肢体残疾人碎图复原的测试结果

		人数(人)	M±SD(分钟)	F	p	多重比较
性别	男	760	2.66±1.31	0.077	0.939	
	女	473	2.66±1.37			
年龄(岁)	15-29(1)	170	2.43±1.54	5.914**	0.001	4>1,4>2
	30-39(2)	254	2.45±1.11			3>1,3>2
	40-49(3)	571	2.76±1.32			
	50-59(4)	238	2.80±1.37			
文化程度	小学及以下(1)	34	3.70±1.45	16.990**	0.000	1>2,1>3
	初中(2)	324	2.92±1.28			1>4,2>3
	高中/中专(3)	674	2.58±1.31			2>4,3>4
	大专及以上(4)	201	2.32±1.32			
残疾等级	未分级	477	2.70±1.36	2.475	0.060	
	四级	77	2.43±1.33			
	三级	448	2.58±1.19			
	二级	218	2.81±1.54			
	一级	13	2.94±1.00			

注:样本总体人数为1417人,缺失值为184人。

被测试的肢体残疾人完成碎图复原测试所用时间随年龄增长而延长。40岁之前的男性肢体残疾人完成碎图复原测试的速度较女性快;40岁之后,女性肢体残疾人在碎图复原测试的速度较男性快(见图2-2-17)。

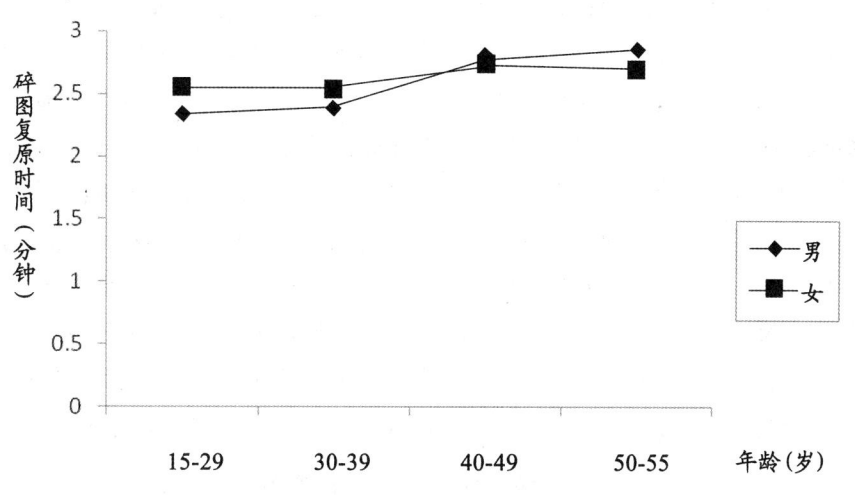

图 2-2-17　北京市肢体残疾人碎图复原时间随年龄变化趋势图

②辅助情况

在碎图复原测试中,85%以上的被试能够独立完成任务,部分被试需要帮助或速度慢。未完成的原因多为超时、不会做以及肢体残疾的限制(见表 2-2-39)。

表 2-2-39　肢体残疾人碎图复原测试的辅助情况

辅助情况 (单位:人)		碎图复原	
		n	%
完成	不需帮助、速度正常	1196	84.4
	需要帮助	13	.9
	速度慢	23	1.6
	小计	1232	86.9
未完成	操作错误	3	.2
	看不清	0	0
	超时	82	5.8
	不会做	19	1.3
	肢体残疾	2	.1
	小计	103	7.2

注:样本量 1417 人,缺失值 79 人。

总体而言,随着年龄的增长,肢体残疾人碎图复原测试所用时间越来越少,且随着文化程度的升高,肢体残疾人碎图复原测试所用时间也越来越少。

7)拼立体图

①测试结果

北京市肢体残疾人拼立体图测试的详细情况见表 2-2-42。对不同性别、年龄、文化程度及残疾等级的肢体残疾人绘图测试所用时间进行了差异检验,结果见表 2-2-40。

在性别维度:男性肢体残疾人完成拼立体图测试所用的平均时间为 2.32 分钟,女性肢体残疾人完成拼立体图测试所用的平均时间为 2.29 分钟,经检验,两者不存在显著性差异。

在年龄维度:描述性的统计呈现,四个年龄段肢体残疾人完成拼立体图测试所用时间的顺序为:

15-29岁<30-39岁<40-49岁<50-59岁。经方差分析,四组平均数存在极显著差异。多重比较显示,15-29岁年龄组、30-39岁年龄组以及40-49岁年龄组与50-59岁年龄组的测试平均数都存在显著差异;15-29岁年龄组以及30-39岁年龄组与40-49岁年龄组的测试平均数都存在显著差异;15-29岁年龄组与30-39岁年龄组之间的测试平均数不存在显著性差异。

在文化程度维度:描述性的统计呈现,四组完成拼立体图测试所用时间的顺序为:大专及以上<高中/中专<初中<小学及以下。经方差分析,四组平均数存在极显著差异。多重比较显示,小学及以下组与高中/中专组、大专及以上组存在显著差异;初中组与高中/中专组、大专及以上组存在显著差异;高中/中专组与大专及以上组也存在显著差异,但小学及以下组与初中组之间不存在显著性差异。

在残疾等级维度:描述性的统计呈现,四组完成拼立体图测试所用时间的顺序为:四级<三级<二级<一级。经方差分析(不考虑未分级的人员),不同残疾等级之间不存在显著性差异。

表 2-2-40　北京市肢体残疾人拼立体图的测试结果表

		人数(人)	M±SD(分钟)	F	p	多重比较
性别	男	756	2.32±1.31	0.400	0.690	
	女	476	2.29±1.14			
年龄	15-29(1)	173	1.93±0.92	18.733**	0.000	4>1,4>2
	30-39(2)	250	2.02±0.89			4>3,3>1
	40-49(3)	577	2.39±1.27			3>2
	50-59(4)	232	2.69±1.55			
文化程度	小学及以下(1)	35	2.95±1.18	13.649**	0.000	1>3,1>4
	初中(2)	318	2.59±1.35			2>3,2>4
	高中/中专(3)	678	2.23±1.24			3>4
	大专及以上(4)	201	2.01±0.96			
残疾等级	未分级	462	2.48±1.40	1.747	1.137	
	四级	79	2.16±1.11			
	三级	456	2.22±1.01			
	二级	220	2.33±1.34			
	一级	15	2.69±1.48			

注:样本总数为1417人,缺失值185人。

男性和女性肢体残疾人在拼立体图测试上所用时间随年龄增长延长。40岁之前,男性肢体残疾人在拼立体图测试上所用时间少于女性肢体残疾人,40岁之后则反之(见图2-2-18)。

综合以上结果,我们可以发现,总体而言,随着年龄的增长和文化程度的升高,肢体残疾人拼立体图测试所用时间越来越少。

②辅助情况

在拼立体图测试中,约83%以上的被试能够独立完成,在需要帮助的被试中,部分人需要帮助或速度慢。而未完成的原因为超时、不会做或肢体残疾限制(见表2-2-41)。

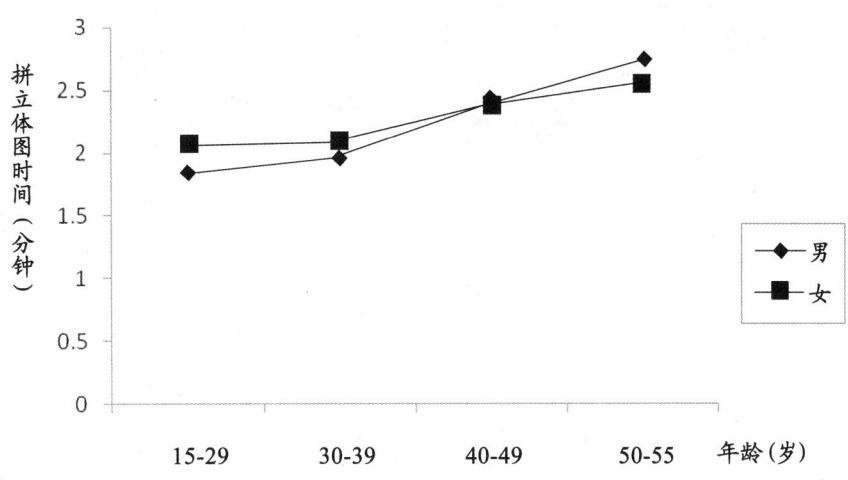

图 2-2-18　北京市肢体残疾人拼立体图时间随年龄变化趋势图

表 2-2-41　肢体残疾人拼立体图测试的辅助情况

辅助情况		拼立体图	
		n	%
完成	不需帮助、速度正常	1157	81.7
	需要帮助	17	1.2
	速度慢	11	.8
	小计	1185	83.7
未完成	操作错误	62	4.4
	看不清	3	.2
	超时	54	3.8
	不会做	25	1.8
	肢体残疾	5	.4
	小计	87	6.2

注：样本总数为 1417 人，缺失值为 83 人。

表 2-2-42　北京市肢体残疾人上肢功能测试时间的平均值与标准差　　　　　　　　（单位：分钟）

		写信封		整理信件		操作板工艺	
		平均值	标准差	平均值	标准差	平均值	标准差
15-29 岁	男	10.30	5.22	1.59	1.19	3.93	1.69
	女	8.66	4.19	1.40	0.94	4.54	1.80
30-39 岁	男	8.49	4.55	1.57	1.28	3.47	1.45
	女	8.48	4.00	1.54	1.29	3.98	1.91
40-49 岁	男	10.60	4.90	1.78	1.41	3.41	1.44
	女	9.89	5.10	1.72	1.31	3.88	1.44
50-59 岁	男	11.15	5.63	2.02	1.76	3.42	1.40
	女	11.80	5.40	1.99	1.25	4.29	1.75

表 2-2-42　北京市肢体残疾人上肢功能测试时间的平均值与标准差（续）　　　　　　　　　（单位：分钟）

		绘图		碎图复原		拼立体图		插棒	
		平均值	标准差	平均值	标准差	平均值	标准差	平均值	标准差
15–29 岁	男	5.69	2.68	2.34	1.46	1.84	0.80	0.75	0.53
	女	5.51	2.78	2.56	1.67	2.07	1.08	0.72	0.37
30–39 岁	男	5.75	2.59	2.38	1.13	1.94	0.80	0.73	0.42
	女	5.30	2.18	2.54	1.09	2.10	0.97	0.75	0.82
40–49 岁	男	5.50	2.22	2.80	1.24	2.40	1.32	0.73	0.36
	女	5.51	2.26	2.74	1.43	2.38	1.21	0.78	0.43
50–59 岁	男	5.62	2.65	2.81	1.43	2.73	1.64	0.72	0.38
	女	6.37	2.72	2.66	1.21	2.55	1.18	0.64	0.35

（5）下肢功能

从被测试的1417名肢体残疾人中选取下肢残疾者640人，其中参加站立测试388人，蹲起测试252人，轮椅转移测试（只测试经常或有时使用轮椅者）252人，行走测试327人，上下楼梯测试290人。

1）站立、蹲起及轮椅转移

97.4%的下肢残疾者能独立站立；38.1%的下肢残疾者不能完成蹲起动作或需要他人帮助才能完成蹲起动作；94%的轮椅使用者能独自进行轮椅与普通座椅之间的转移，仅6%的人需要他人的帮助（见表2-2-43）。

表 2-2-43　北京市下肢残疾人站立、蹲起及轮椅转移的测试结果与辅助情况

	站立		蹲起		轮椅转移	
	n	%	n	%	n	%
独立完成	378	97.4	156	61.9	237	94
需要帮助或速度慢	0	0	45	17.9	15	6
不能完成	10	2.6	51	20.2	0	0
总计	388	100	252	100	252	100

2）行走与上下楼梯

近1/10的下肢残疾者行走需要辅助，1/3的下肢残疾者上下楼梯需要辅助（见表2-2-44）。

表 2-2-44　北京市下肢残疾人行走与上下楼梯的测试结果与辅助情况

		人数（人）	百分比（%）	最小值（秒）	最大值（秒）	M±SD（秒）
行走	不需帮助	297	90.8	27	114.29	56.04±15.90
	拄拐	29	8.9	35.71	142.86	86.43±26.31
	扶手	1	0.3	57.14	57.14	57.14
	小计	327	100	27	142.86	58.74
上下楼梯	不需帮助	196	67.6	5	40	11.51±4.30
	拄拐	6	2.1	20	37	27.00±8.89
	扶手	68	23.5	8	52	19.22±7.80
	双侧辅助	20	7.0	23	24	23.50±0.70
	小计	290	100.0	5	52	13.56

(6) 结论

① 依据国家教育委员会教育规划办编译的《职业岗位分类词典》,95.6%的肢体残疾人具备从事全天"坐着工作"的体能;85%左右的肢体残疾人具备从事全天"轻型工作"的体能。

② 绝大多数的肢体残疾人能独自完成日常生活基本活动;95%以上的肢体残疾人的感知觉正常,具有规避外界风险的能力。

③ 80%左右的肢体残疾人能完成文秘类职业基本动作的操作性测试,其中少数人需要他人或工具的帮助,部分人速度慢。性别差异不显著;存在显著性年龄组差异:15-29岁<30-39岁<40-49岁<50-59岁。存在显著性文化程度差异:本科/大专<高中/中专<初中<小学及以下。存在显著性残疾等级差异:一级<三级<二级<四级。未完成的原因多为看不清,不会做或因上肢体残疾的限制而不能做。

④ 90%以上的肢体残疾人能完成技工类职业基本动作的操作性测试,其中个别需要他人帮助或速度较慢。性别差异不显著;年龄组差异不显著。存在显著性文化程度差异:本科/大专<小学及以下<高中/中专<初中。存在显著性残疾等级差异:一级<三级<二级<四级。未完成的原因多为超时,不会做或肢体残疾的限制。

⑤ 多数肢体残疾人能完成手眼协调的操作性测试项目,其中一部分人需要他人的帮助或速度慢。性别差异不显著。存在年龄差异、文化程度差异和残疾等级差异。未完成的原因多为超时,不会做或肢体残疾的限制。

⑥ 绝大多数下肢残疾者能独立站立;2/5的下肢残疾者不能完成蹲起动作或需要他人帮助才能完成蹲起动作;94%的轮椅使用者能独自进行轮椅与普通座椅之间的转移,仅6%的人需要他人的帮助;近1/10的下肢残疾者行走需要辅助;1/3的下肢残疾者上下楼梯需要辅助。

2. 北京市肢体残疾人职业能力状况

(1) 测试人群分布

本项目在北京共选取了365名有效被试进行了肢体残疾人职业能力测验,其中城区182人,郊区183人;男性224人,女性141人。其基本信息见表2-2-45。

表2-2-45 北京市肢体残疾人职业能力文档测验的有效样本分布表

年龄(岁)	城区			郊区			合计
	男	女	小计	男	女	小计	
15-29	13	19	32	19	11	30	62
30-39	17	17	34	27	19	46	80
40-49	57	32	89	44	29	73	162
50-59	26	1	27	21	13	34	61
合计	113	69	182	111	72	183	365

(2) 总体情况

被测试的肢体残疾人在各分测验的得分情况从高到低排序为:形状知觉>数理能力>空间知觉>符号知觉>言语能力。男性职业能力各分测验得分以及总分均低于女性。在不同年龄段的男性肢体残疾人中,15-29岁年龄组在数理能力、空间知觉、符号知觉和形状知觉分测验的得分以及职业能力总分优于其他年龄组;而30-39岁年龄组在言语能力分测验的得分最高。在不同年龄段的女性肢体残疾人中,15-29岁年龄组在言语能力和空间知觉分测验的得分以及职业能力测验总分上高于其他年龄组;30-39岁年龄组在数理能力、符号知觉和形状知觉分测验的得分最高(见表2-2-46)。

表 2-2-46 北京市不同性别与年龄肢体残疾人职业能力测验的平均数和标准差

		n	言语能力		数理能力		空间知觉		符号知觉		形状知觉		文档计分	
			M	Std	M	Std	M	Std	M	Std	M	Std	M	Std
	总体	365	8.82	3.83	11.97	5.04	10.81	4.79	10.56	5.29	13.02	4.45	55.18	19.08
	男性	224	8.34	3.59	11.83	5.11	10.46	4.77	9.98	5.35	12.61	4.48	53.22	19.23
	女性	141	9.59	4.08	12.20	4.94	11.36	4.78	11.48	5.07	13.67	4.35	58.30	18.48
男(岁)	15-29	32	9.10	3.28	13.69	4.93	11.75	4.51	12.34	4.70	13.63	4.50	60.51	18.28
	30-39	44	9.56	3.25	12.91	4.85	11.27	4.77	11.59	5.07	12.73	4.00	58.06	18.98
	40-49	101	8.27	3.71	12.12	4.77	10.32	4.61	9.87	5.17	12.89	4.47	53.47	18.29
	50-59	47	6.84	3.38	8.94	5.17	9.15	5.07	7.09	5.16	11.19	4.73	43.21	18.45
女(岁)	15-29	30	11.42	4.53	13.33	4.62	13.40	4.40	12.75	3.79	14.80	4.60	65.71	17.95
	30-39	36	10.04	3.15	13.78	4.11	11.89	4.38	13.43	4.34	14.94	2.89	64.07	14.19
	40-49	61	8.86	3.78	11.70	5.00	10.75	4.86	10.36	5.26	13.05	3.99	54.73	17.43
	50-54	14	7.67	5.07	7.86	4.74	8.29	4.50	8.63	6.10	10.71	6.45	43.15	22.12

城区肢体残疾人的职业能力各分测验得分以及文档计分均高于郊区的肢体残疾人。在城区肢体残疾人中,女性组在言语能力、数理能力、空间知觉、符号知觉和形状知觉分测验的得分以及总分上高于男性组。在郊区肢体残疾人中,女性组在言语能力、空间知觉、符号知觉和形状知觉分测验的得分以及总分上高于男性组,在数理能力分测验的得分低于男性组(见表2-2-47)。

表 2-2-47 北京市不同地区肢体残疾人职业能力文档测验的平均数和标准差

		n	言语能力		数理能力		空间知觉		符号知觉		形状知觉		文档计分	
			M	Std	M	Std	M	Std	M	Std	M	Std	M	Std
	城区	182	8.96	3.94	12.51	4.91	11.44	4.70	9.07	4.53	13.49	4.38	55.47	18.31
	郊区	183	8.69	3.72	11.44	5.12	10.19	4.81	12.04	5.57	12.44	4.38	54.79	19.77
城区	男	113	8.22	3.77	12.07	4.94	10.88	4.79	8.37	4.46	12.87	4.37	52.41	18.03
	女	69	10.17	3.94	13.22	4.82	12.35	4.43	10.21	4.44	14.52	4.22	60.47	17.79
郊区	男	111	8.47	3.42	11.59	5.29	10.04	4.74	11.61	5.69	12.34	4.60	54.05	20.42
	女	72	9.03	4.15	11.22	4.88	10.42	4.94	12.70	5.36	12.58	4.05	55.95	18.82

(3)北京市肢体残疾人职业能力特征

1)性别差异比较分析

北京市肢体残疾人职业能力各分测验得分的均数比较显示,女性组在职业能力各分测验的得分均高于男性(见图2-2-19)。

进一步差异检验显示,男性肢体残疾人和女性肢体残疾人在言语能力和符号知觉两个分测验的得分上存在极显著性差异,在形状知觉分测验和职业能力测验的文档总分上存在显著性差异(见表2-2-48)。

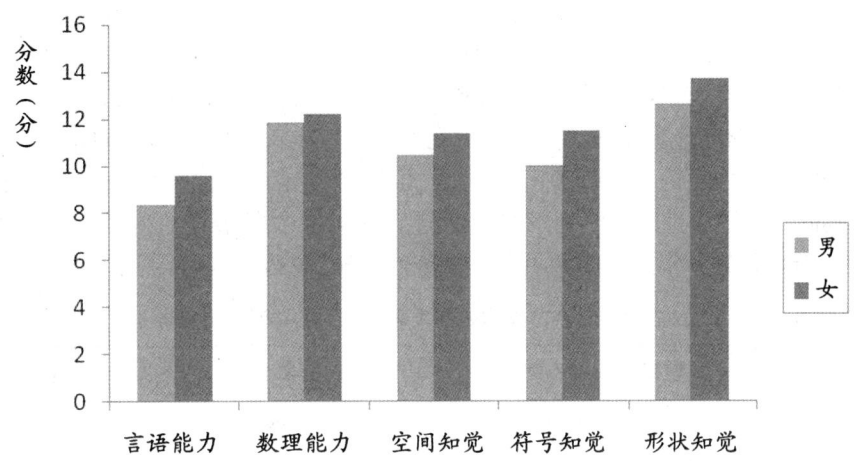

图 2-2-19 北京市肢体残疾人职业能力的性别比较

表 2-2-48 肢体残疾人职业能力的性别差异检验

名称		性别	人数	平均数	标准差	t	p
职业能力文档测验	语言能力	男	224	8.34	3.59	-3.063**	.002
		女	141	9.59	4.08		
	数理能力	男	224	11.83	5.11	-.679	.498
		女	141	12.20	4.94		
	空间知觉	男	224	10.46	4.77	-1.748	.081
		女	141	11.36	4.78		
	符号知觉	男	224	9.98	5.35	-2.694**	.007
		女	141	11.48	5.07		
	形状知觉	男	224	12.61	4.48	-2.240*	.026
		女	141	13.67	4.35		
	文档计分	男	224	53.22	19.23	-2.494*	.013
		女	141	58.30	18.48		

2）年龄差异比较分析

言语能力、符号知觉、数理能力、空间知觉和形状知觉五个分测验表现从高到低依次为 15–29 岁>30–39 岁>40–49 岁>50–59 岁，也就是说这些能力得分随着年龄的增长而呈现下降趋势（见图 2-2-20）。

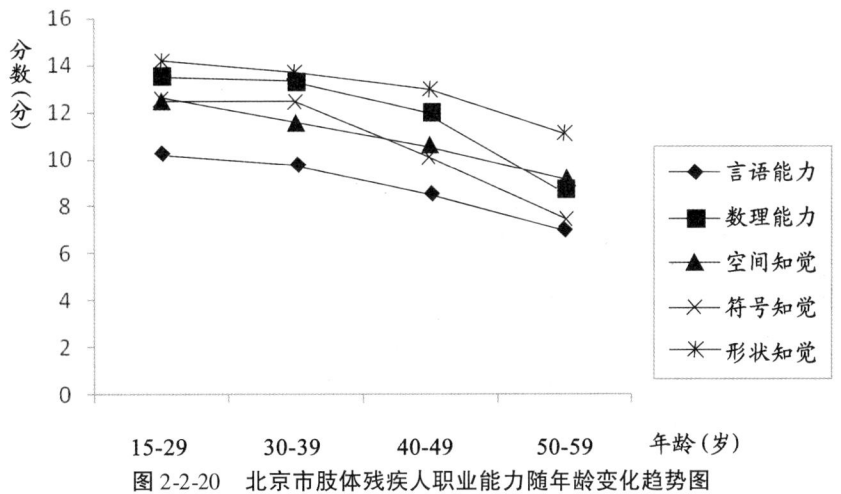

图 2-2-20 北京市肢体残疾人职业能力随年龄变化趋势图

进一步差异检验显示,年龄差异在五个分测验以及职业能力文档测验总分上均存在极显著性差异。多重比较可以看出,在言语能力、数理能力和符号知觉分测验的得分以及职业能力总分上,40岁之前的两个年龄组间不存在显著差异,其余各年龄组均存在显著性差异。在空间知觉测验,15-29岁年龄组的得分高于40岁之后的两个年龄组的得分,30-39岁年龄组和40-49岁年龄组的得分高于50-59岁年龄组,其间存在显著性差异。在形状知觉测验,50-59岁年龄组的得分低于其他三个年龄组,其间存在显著性差异,其他各年龄组间均不存在显著性差异(见表2-2-49)。

表2-2-49 北京市肢体残疾人职业能力的年龄差异检验

	名称	年龄段	人数	平均值	标准差	F	p	多重比较
职业能力文档测验	言语能力	15-29	62	10.23	4.08	9.981**	.000	2>3,2>4 1>3,1>4 3>4
		30-39	80	9.78	3.19			
		40-49	162	8.49	3.73			
		50-59	61	7.03	3.80			
	数理能力	15-29	62	13.52	4.75	13.715**	.000	2>3,2>4 1>3,1>4 3>4
		30-39	80	13.30	4.52			
		40-49	162	11.96	4.85			
		50-59	61	8.69	5.06			
	空间知觉	15-29	62	12.55	4.50	7.006**	.000	1>3,1>4 2>4 3>4
		30-39	80	11.55	4.58			
		40-49	162	10.48	4.70			
		50-59	61	8.95	4.92			
	符号知觉	15-29	62	12.54	4.25	15.381**	.000	2>3,2>4 1>3,1>4 3>4
		30-39	80	12.42	4.82			
		40-49	162	10.05	5.20			
		50-59	61	7.45	5.37			
	形状知觉	15-29	62	14.19	4.55	6.223**	.000	2>4 1>4 3>4
		30-39	80	13.73	3.69			
		40-49	162	12.95	4.28			
		50-59	61	11.08	5.12			
	文档计分	15-29	62	63.02	18.16	15.742**	.000	2>3,2>4 1>3,1>4 3>4
		30-39	80	60.77	17.15			
		40-49	162	53.94	17.93			
		50-59	61	43.19	19.16			1>3,1>4

注:1表示15-29岁年龄段肢体残疾人组,2表示30-39岁年龄段肢体残疾人组,3表示40-49岁年龄段肢体残疾人组,4表示50-59岁年龄段肢体残疾人组。

3)残疾等级比较分析

言语能力、符号知觉、数理能力、空间知觉和形状知觉五个分测验及职业能力测验的总分表现从高到低依次为:四级>三级>二级>一级,也就是肢体残疾人的职业能力随着残疾程度的加重而呈现下降趋势(见图2-2-21)。

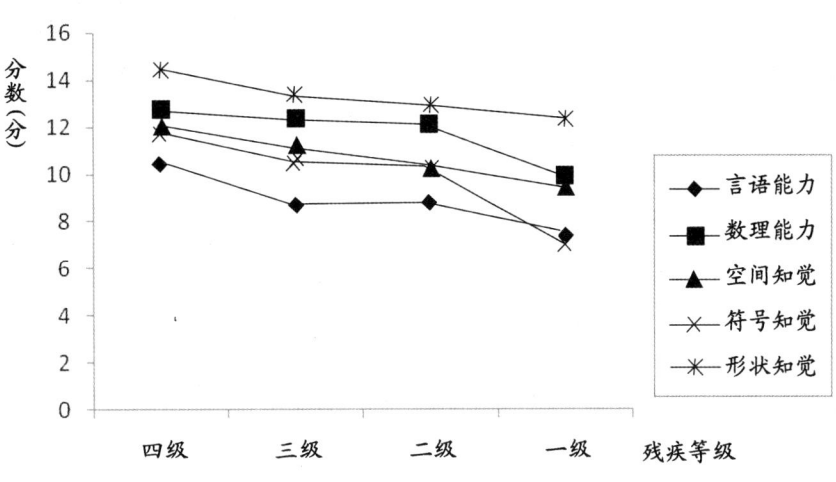

图 2-2-21　北京市肢体残疾人职业能力随残疾等级变化趋势图

进一步差异检验显示,北京市肢体残疾人在言语能力和符号知觉分测验的得分存在显著性差异。多重比较可以看出,在言语能力分测验中,四级组的得分显著高于其他三组;在符号知觉分测验的得分,一级组的得分显著低于其他三组(见表 2-2-50)。

表 2-2-50　北京市肢体残疾人职业能力的残疾等级差异检验

	名称	残疾级别	人数	平均值	标准差	F	p	多重比较
职业能力文档测验	言语能力	四级	41	10.39	3.84	3.089*	.028	2<1
		三级	155	8.72	3.63			
		二级	65	8.77	3.61 3<1			
		一级	12	7.39	3.66 4<1			
	数理能力	四级	41	12.73	4.89	1.178	.318	
		三级	155	12.36	4.92			
		二级	65	12.06	4.74			
		一级	12	9.83	4.71			
	空间知觉	四级	41	11.90	4.75	1.478	.221	
		三级	155	11.15	4.42			
		二级	65	10.25	5.29			
		一级	12	9.50	6.04			
	符号知觉	四级	41	11.67	4.34	2.779*	.042	1>4
		三级	155	10.49	5.13 2>4			
		二级	65	10.19	4.91 3>4			
		一级	12	7.01	5.51			
	形状知觉	四级	41	14.44	4.55	1.384	.248	
		三级	155	13.38	4.00			
		二级	65	12.95	4.03			
		一级	12	12.33	4.89			

(续表)

名称		残疾级别	人数	平均值	标准差	F	p	多重比较
职业能力文档测验	文档计分	四级	41	61.13	17.95	2.535	.057	
		三级	155	56.11	17.64			
		二级	65	54.22	18.03			
		一级	12	46.07	22.79			

注:1 表示四级残疾人组,2 表示三级残疾人组,3 表示二级残疾人组,4 表示一级残疾人组。

4) 文化水平比较分析

职业能力各分测验的得分及总分从高到低依次为:大专及以上>高中/中专>初中>小学及以下,也就是说肢体残疾人职业能力得分随着文化水平的升高而呈现上升趋势(见图 2-2-22)。

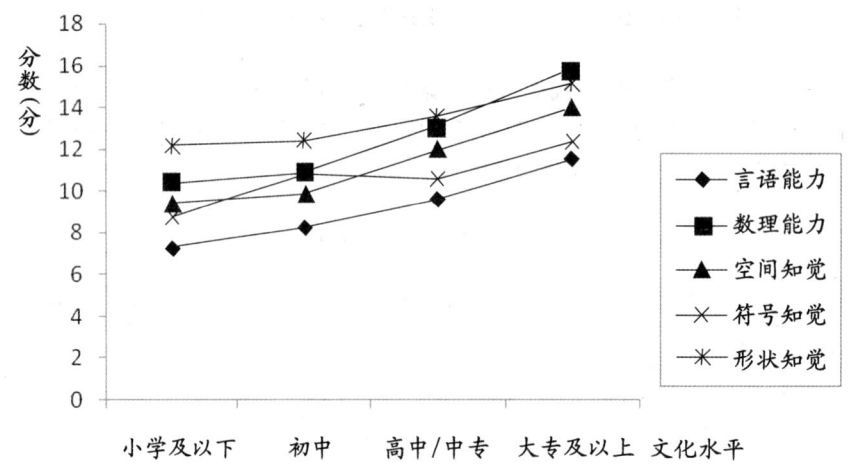

图 2-2-22 北京市肢体残疾人职业能力随文化水平变化趋势图

进一步差异检验显示,职业能力各分测验的得分以及文档计分存在极显著的文化水平差异。多重比较可以看出,在言语能力、数理能力和空间知觉分测验的得分以及职业能力总分上,小学及以下和初中组间不存在显著性差异,其余各组间均存在显著差异,即小学及以下组和初中组得分显著低于高中/中专和大专及以上组,高中/中专组得分显著低于大专及以上组;在符号知觉上,小学及以下组得分显著低于其余三组,高中/中专组得分显著低于大专及以上组;形状知觉分测验的得分,大专及以上组显著高于小学组和初中组(见表 2-2-51)。

表 2-2-51 肢体残疾人职业能力的文化水平差异检验

名称		文化水平	人数	平均值	标准差	F	p	多重比较
职业能力文档测验	言语能力	小学及以下	50	7.32	3.43	15.478**	.000	1<3,1<4 2<3,2<4 3<4
		初中	145	8.22	3.76			
		高中/中专	104	9.58	3.33			
		大专及以上	51	11.50	3.48			
	数理能力	小学及以下	50	10.40	5.21	17.453**	.000	1<3,1<4 2<3,2<4 3<4
		初中	145	10.86	4.65			
		高中/中专	104	13.02	4.84			
		大专及以上	51	15.73	3.46			

(续表)

名称		文化水平	人数	平均值	标准差	F	p	多重比较
职业能力文档测验	空间知觉	小学及以下	50	9.32	4.44	14.562**	.000	1<3,1<4 2<3,2<4 3<4
		初中	145	9.78	4.52			
		高中/中专	104	11.92	4.63			
		大专及以上	51	13.92	4.16			
	符号知觉	小学及以下	50	8.77	5.08	4.114**	.007	1<2,1<3, 1<4,3<4
		初中	145	10.77	5.46			
		高中/中专	104	10.54	5.15			
		大专及以上	51	12.35	4.29			
	形状知觉	小学及以下	50	12.12	4.86	6.503**	.000	1<4,2<4
		初中	145	12.39	4.26			
		高中/中专	104	13.54	4.46			
		大专及以上	51	15.18	3.45			
	文档计分	小学及以下	50	47.93	19.23	15.454**	.000	1<3,1<4 2<3,2<4 3<4
		初中	145	52.01	18.17			
		高中/中专	104	58.61	17.90			
		大专及以上	51	68.68	13.65			

注:1 表示小学及以下残疾人组,2 表示初中残疾人组,3 表示高中/中专残疾人组,4 表示大专及以上残疾人组。

5) 残疾部位比较分析

在言语能力分测验中,上下肢残疾者的得分最低,上肢残疾者得分最高;在数理能力分测验,上肢残疾者得分最高,下肢残疾者得分最低;在空间知觉分测验,上下肢残疾者得分最高,下肢残疾者得分最低;在符号知觉分测验,上肢残疾者得分最高,上下肢残疾者得分最低;在形状知觉分测验,上肢残疾者得分最高,躯干残疾者得分最低(见图2-2-23)。

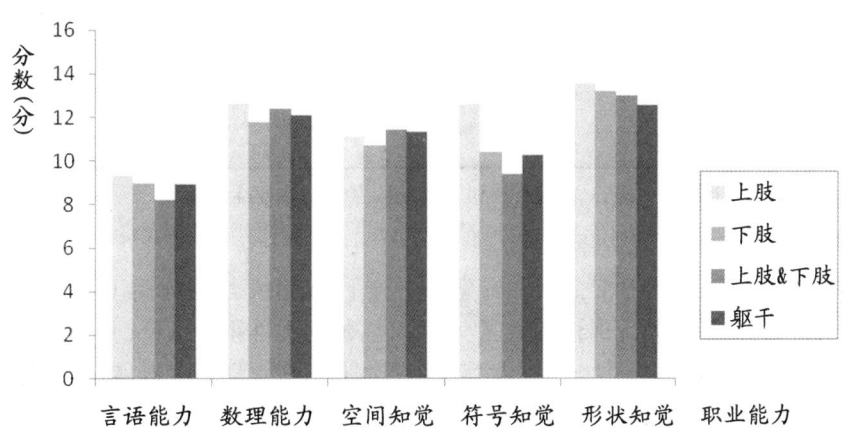

图 2-2-23　北京市不同残疾部位肢体残疾人职业能力的比较

进一步差异检验显示,不同部位残疾的肢体残疾人在数理能力、空间知觉、符号知觉和形状知觉分测验以及职业能力总分上并不存在显著性差异,说明残疾部位的差异对肢体残疾人这些方面能力水平及其能力发展并无显著影响。但不同部位残疾的肢体残疾人在符号知觉分测验的得分上存在极显著性差异。多重比较可以看出,上肢残疾者的得分显著高于其他三组肢体残疾人,其他各组间在职业能力各分测验的得分以及总分都不存在显著性差异(见表2-2-52)。

表2-2-52 北京市不同残疾部位肢体残疾人职业能力的差异检验

名称		残疾部位	人数	平均值	标准差	F	p	多重比较
职业能力文档测验	言语能力	上肢	66	9.36	3.42	.878	.452	
		下肢	192	8.99	3.80			
		上肢 & 下肢	50	8.23	3.53			
		躯干	37	8.95	4.56			
	数理能力	上肢	66	12.70	5.41	.600	.615	
		下肢	192	11.81	4.86			
		上肢 & 下肢	50	12.44	4.77			
		躯干	37	12.11	5.33			
	空间知觉	上肢	66	11.15	5.05	.423	.736	
		下肢	192	10.74	4.68			
		上肢 & 下肢	50	11.44	4.55			
		躯干	37	11.35	4.85			
	符号知觉	上肢	66	12.63	4.83	4.428**	.005	1>2,1>3 1>4
		下肢	192	10.41	5.22			
		上肢 & 下肢	50	9.40	5.13			
		躯干	37	10.29	5.29			
	形状知觉	上肢	66	13.58	4.14	.431	.731	
		下肢	192	13.24	4.29			
		上肢 & 下肢	50	13.04	4.68			
		躯干	37	12.59	4.52			
	文档计分	上肢	66	59.41	18.85	.971	.406	
		下肢	192	55.19	18.26			
		上肢 & 下肢	50	54.55	18.39			
		躯干	37	55.30	20.93			

注:1表示上肢残疾组,2表示下肢残疾组,3表示上肢和下肢残疾组,4表示躯干残疾组。

6)城郊差异比较分析

在言语能力、数理能力、空间知觉和形状知觉分测验上,城区女性得分高于其他三组;在符号知觉分测验上,郊区女性得分最高,郊区男性和城区女性次之,城区男性得分最低(见图2-2-24)。

进一步差异检验显示,城区男性、城区女性、郊区男性和郊区女性四个群体在言语能力、空间知觉、符号知觉和形状知觉分测验的得分存在极显著性差异,四个群体在职业能力测验的总分上存在显著性差异。多重比较可以看出,在言语能力分测验和职业能力测验的总分上,城区女性的得分显著高于男性群体;在数理能力分测验,城区女性的得分显著高于郊区群体;在空间知觉和形状知觉分测验,城区女性的得分显著高于其他三组;在符号知觉分测验,城区男性的得分显著低于其他三组(见表2-2-53)。

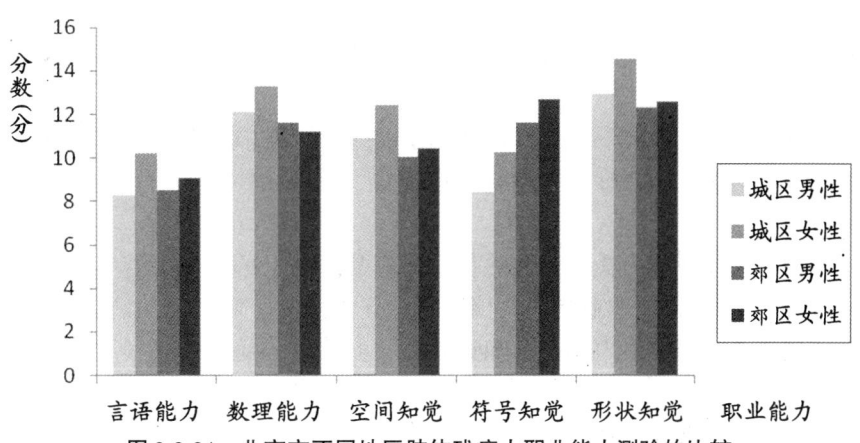

图 2-2-24 北京市不同地区肢体残疾人职业能力测验的比较

表 2-2-53 北京市肢体残疾人职业能力的城郊差异检验

名称		城郊＊性别	人数	平均值	标准差	F	p	多重比较
职业能力文档测验	言语能力	城区男性	113	8.22	3.77			
		城区女性	69	10.17	3.94	4.302**	.005	2>1
		郊区男性	111	8.47	3.42			2>3
		郊区女性	72	9.03	4.15			
	数理能力	城区男性	113	12.07	4.94			
		城区女性	69	13.22	4.82	2.187	.089	2>3
		郊区男性	111	11.59	5.29			2>4
		郊区女性	72	11.22	4.88			
	空间知觉	城区男性	113	10.88	4.79			2>1
		城区女性	69	12.35	4.43	3.582**	.014	2>3
		郊区男性	111	10.04	4.74			2>4
		郊区女性	72	10.42	4.94			
	符号知觉	城区男性	113	8.37	4.46			
		城区女性	69	10.21	4.44	13.160**	.000	1<2,1<3
		郊区男性	111	11.61	5.69			1<4,2<4
		郊区女性	72	12.70	5.36			
	形状知觉	城区男性	113	12.87	4.37			1<2
		城区女性	69	14.52	4.22	3.903**	.009	3<2
		郊区男性	111	12.34	4.60			4<2
		郊区女性	72	12.58	4.05			
	文档计分	城区男性	113	52.41	18.03			
		城区女性	69	60.47	17.79	2.779*	.041	1<2
		郊区男性	111	54.05	20.42			3<2
		郊区女性	72	55.95	18.82			

注:1 表示城区男性肢体残疾人组,2 表示城区女性肢体残疾人组,3 表示郊区男性肢体残疾人组,4 表示郊区女性肢体残疾人组。

(4)结论

①北京市肢体残疾人在各分测验的得分情况从高到低排序为:形状知觉>数理能力>空间知觉>符号知觉>言语能力。

②北京市男性肢体残疾人在言语能力和符号知觉两个分测验的得分上低于女性,且存在极显著差异($p<0.01$);男性在形状知觉分测验和职业能力测验的文档总分上显著低于女性($p<0.05$)。

③北京市肢体残疾人职业能力文档测验的各分测验及总分上的表现随着年龄的增长而呈下降趋势,且年龄差异在五个分测验以及职业能力文档测验总分上均极显著($p<0.01$)。

④北京市肢体残疾人在言语能力和符号知觉分测验上的得分随着残疾程度的加重而呈现下降趋势,且存在显著差异($p<0.05$)。

⑤北京市肢体残疾人职业能力文档测验各分测验得分及文档总分随文化水平的升高而呈现上升趋势,且存在极显著的文化水平差异($p<0.01$)。

⑥北京市上肢残疾者在符号知觉上的得分显著高于下肢、上下肢和躯干残疾人($p<0.05$)。

⑦北京市肢体残疾人中城区女性在言语能力和职业能力测验总分上显著高于男性($p<0.05$);城区女性在数理能力分测验上的得分显著高于郊区群体($p<0.05$);城区女性在空间知觉和形状知觉分测验的得分显著高于其他三组($p<0.01$);城区男性在符号知觉分测验上的得分显著低于城区女性和郊区肢体残疾人($p<0.05$)。

3.北京市肢体残疾人职业人格状况

(1)测试人群分布

本项目在北京市共选取了357名有效被试进行了肢体残疾人职业人格测验,其中城区179人,郊区178人;男性219人,女性138人,其基本信息见表2-2-54。

表2-2-54 北京市肢体残疾人职业人格测验有效样本分布表

年龄(岁)	城区			郊区			总计
	男	女	小计	男	女	小计	
15-29	13	19	32	19	10	29	61
30-39	16	17	33	27	19	46	79
40-49	56	31	87	41	29	70	157
50-59	26	1	27	21	12	33	60
合计	111	68	179	108	70	178	357

(2)总体情况

被测试的肢体残疾人职业人格各维度的得分从高到低排列的次序为:管理能力>责任心>自信心>严谨性>交际能力>坚持性>抗挫折能力>情绪稳定性。在不同的性别上,男性的管理能力得分高于女性,而坚持性、严谨性、情绪稳定性、自信心、责任心、交际能力和抗挫折者能力维度的得分低于女性。在不同年龄段的男性肢体残疾人中,30-39岁年龄组除在情绪稳定性和抗挫折能力维度外,其他人格特征维度上的表现均优于其他年龄组。在不同年龄段的女性肢体残疾人中,30-39岁的年龄组在坚持性、严谨性、情绪稳定性和抗挫折能力维度的得分高于其他年龄组;50-59岁年龄组在自信心、责任心、交际能力和管理能力维度的得分最高。全体肢体残疾人职业人格测验得分情况见表2-2-55。

表 2-2-55　北京市肢体残疾人职业人格测验的平均数和标准差

		n	坚持性		严谨性		情绪稳定性		自信心	
			M	Std	M	Std	M	Std	M	Std
	总体	357	7.49	3.22	8.56	2.32	5.50	3.76	8.57	1.96
	男性	219	7.33	3.27	8.51	2.37	5.44	3.78	8.56	1.92
	女性	138	7.73	3.14	8.63	2.26	5.59	3.73	8.59	2.02
男（岁）	15-29	32	7.22	3.05	8.28	2.43	5.69	3.34	8.56	1.79
	30-39	43	7.91	3.16	9.02	2.17	5.67	4.01	8.86	1.77
	40-49	97	7.64	3.46	8.57	2.57	5.93	3.87	8.65	1.96
	50-59	47	6.26	2.91	8.09	2.03	4.04	3.43	8.11	2.03
女（岁）	15-29	29	7.03	3.34	8.28	2.66	6.07	3.72	7.62	1.78
	30-39	36	8.44	2.68	9.03	1.92	6.42	3.55	8.94	2.23
	40-49	60	7.68	3.27	8.58	2.22	4.95	3.71	8.62	1.92
	50-54	13	7.54	3.15	8.54	2.44	5.23	4.13	9.69	1.60

表 2-2-55　北京市肢体残疾人职业人格测验的平均数和标准差（续）

		n	责任心		交际能力		管理能力		情绪稳定性	
			M	Std	M	Std	M	Std	M	Std
	总体	357	9.03	2.39	7.84	2.51	9.77	2.04	6.73	2.97
	男性	219	8.96	2.44	7.72	2.61	9.78	2.12	6.70	2.98
	女性	138	9.14	2.30	8.03	2.33	9.76	1.90	6.78	2.95
男（岁）	15-29	32	8.88	2.15	7.78	2.21	9.09	2.02	7.16	2.74
	30-39	43	9.30	2.21	8.26	2.46	10.30	1.82	6.98	3.07
	40-49	97	9.13	2.58	7.69	2.74	9.78	2.26	7.01	3.04
	50-59	47	8.36	2.50	7.23	2.70	9.74	2.06	5.51	2.69
女（岁）	15-29	29	8.66	2.65	7.90	2.26	8.76	1.86	6.69	3.34
	30-39	36	9.44	2.18	8.19	2.40	9.69	2.04	7.22	2.88
	40-49	60	9.05	2.29	7.87	2.44	10.15	1.66	6.65	2.85
	50-54	13	9.77	1.79	8.62	1.89	10.38	2.02	6.31	2.93

城区的肢体残疾人在坚持性、严谨性、情绪稳定性和抗挫折能力维度的得分高于郊区的肢体残疾人，但在自信心、责任心、交际能力和管理能力维度的得分低于郊区肢体残疾人。城区女性肢体残疾人在各人格特征维度的得分均高于城区男性；郊区男性肢体残疾人在自信心、交际能力和管理能力三个维度的得分高于郊区女性，在坚持性、严谨性、情绪稳定性、责任心和抗挫折能力五个维度的得分低于郊区女性（见表2-2-56）。

表2-2-56　北京市肢体残疾人职业人格测验城郊样本的的平均数和标准差

		n	坚持性		严谨性		情绪稳定性		自信心	
			M	Std	M	Std	M	Std	M	Std
	城区	179	7.82	3.04	8.60	2.50	6.58	3.17	8.41	2.04
	郊区	178	7.15	3.36	8.51	2.14	4.42	3.99	8.74	1.87
城区	男	111	7.74	3.14	8.59	2.60	6.45	3.31	8.39	2.13
	女	68	7.96	2.89	8.63	2.35	6.78	2.94	8.46	1.90
郊区	男	108	6.92	3.35	8.44	2.11	4.40	3.97	8.74	1.68
	女	70	7.51	3.36	8.63	2.18	4.44	4.06	8.73	2.14

表2-2-56　北京市肢体残疾人职业人格测验城郊样本的的平均数和标准差（续）

		n	责任心		交际能力		管理能力		情绪稳定性	
			M	Std	M	Std	M	Std	M	Std
	城区	179	8.81	2.68	7.62	2.73	9.42	2.10	7.35	2.61
	郊区	178	9.25	2.04	8.06	2.24	10.12	1.91	6.11	3.17
城区	男	111	8.79	2.79	7.38	2.85	9.34	2.23	7.29	2.69
	女	68	8.84	2.50	8.01	2.50	9.56	1.88	7.46	2.49
郊区	男	108	9.14	2.02	8.06	2.30	10.22	1.90	6.10	3.15
	女	70	9.43	2.07	8.04	2.18	9.96	1.92	6.11	3.22

（3）北京市肢体残疾人职业人格特征

1）性别差异比较分析

北京市不同性别的肢体残疾人在职业人格的各个维度上得分的均数比较发现，除管理能力外，女性肢体残疾人在其他各个人格特征维度的得分高于男性（见图2-2-25）。

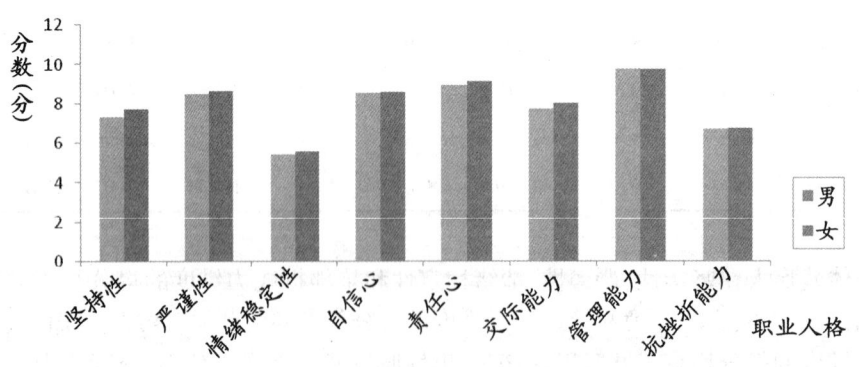

图2-2-25　北京市肢体残疾人职业人格特征的性别比较

进一步差异检验显示，北京市肢体残疾人在职业人格的各个维度均不存在显著的性别差异（见表2-2-57）。

表 2-2-57　肢体残疾人职业人格特征的性别差异检验

名称		性别	人数	平均数	标准差	t	p
职业人格	坚持性	男	219	7.33	3.27	-1.140	.255
		女	138	7.73	3.14		
	严谨性	男	219	8.51	2.37	-.471	.638
		女	138	8.63	2.26		
	情绪稳定性	男	219	5.44	3.78	-.381	.703
		女	138	5.59	3.73		
	自信心	男	219	8.56	1.92	-.153	.879
		女	138	8.59	2.02		
	责任心	男	219	8.96	2.44	-.671	.503
		女	138	9.14	2.30		
	交际能力	男	219	7.72	2.61	-1.146	.253
		女	138	8.03	2.33		
	管理能力	男	219	9.78	2.12	.069	.945
		女	138	9.76	1.90		
	抗挫折能力	男	219	6.70	2.98	-.224	.823
		女	138	6.78	2.95		

2）年龄差异比较分析

随着年龄的增长，北京市肢体残疾人在职业人格各个维度上的得分呈现先升高再下降的趋势，即30-39岁年龄段的肢体残疾人的得分最高（见图2-2-26）。

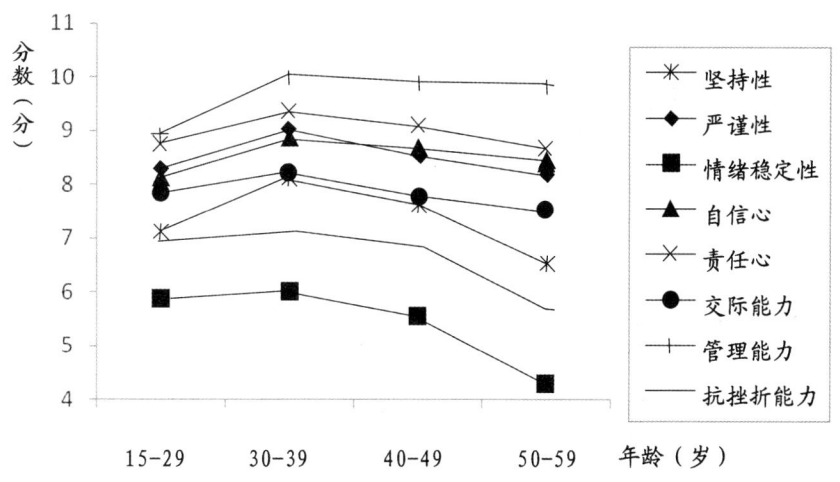

图2-2-26　北京市肢体残疾人职业人格特征随年龄变化趋势图

经差异性检验发现，不同年龄段的肢体残疾人在管理能力的得分上存在极显著性差异，在坚持性、情绪稳定性和抗挫折能力上存在显著性差异。多重比较可以看出，30-39岁和40-49岁两个年龄组均与50-59岁年龄组在坚持性维度的得分上存在显著性差异；50-59岁年龄组在情绪稳定性和抗挫折能力上的得分显著低于其他三个年龄组；15-29岁年龄组在管理能力维度上的得分显著低于其他三个年龄组（见表2-2-58）。

表 2-2-58 北京市肢体残疾人职业人格特征的年龄差异检验

	名称	年龄(岁)	人数	平均值	标准差	F	p	多重比较
职业人格	坚持性	15-29	61	7.13	3.16			
		30-39	79	8.15	2.94	3.340*	.019	2>4
		40-49	157	7.66	3.38			3>4
		50-59	60	6.53	2.98			
	严谨性	15-29	61	8.28	2.52			
		30-39	79	9.03	2.04	1.893	.130	
		40-49	157	8.57	2.43			
		50-59	60	8.18	2.11			
	情绪稳定性	15-29	61	5.87	3.50			
		30-39	79	6.01	3.80			1>4
		40-49	157	5.55	3.83	2.777*	.041	2>4
		50-59	60	4.30	3.59			3>4
	自信心	15-29	61	8.11	1.84			
		30-39	79	8.90	1.98	1.993	115	
		40-49	157	8.64	1.94			
		50-59	60	8.45	2.05			
	责任心	15-29	61	8.77	2.38			
		30-39	79	9.37	2.18	1.278	.282	
		40-49	157	9.10	2.47			
		50-59	60	8.67	2.42			
	交际能力	15-29	61	7.84	2.21			
		30-39	79	8.23	2.42	.986	.400	
		40-49	157	7.76	2.62			
		50-59	60	7.53	2.59			
	管理能力	15-29	61	8.93	1.94			
		30-39	79	10.03	1.93			1<2
		40-49	157	9.92	2.05	4.318**	.005	1<3
		50-59	60	9.88	2.05			1<4
	抗挫折能力	15-29	61	6.93	3.02			
		30-39	79	7.09	2.97			1>4
		40-49	157	6.87	2.97	3.151*	.025	2>4
		50-59	60	5.68	2.74			3>4

注:1 表示 15-29 岁年龄段的肢体残疾人组,2 表示 30-39 岁年龄段的肢体残疾人组,3 表示 40-49 岁年龄段的肢体残疾人组,4 表示 50-59 岁年龄段的肢体残疾人组。

3)残疾等级比较分析

北京市肢体残疾人职业人格各维度的得分随残疾程度的加重呈两头低、中间高的分布(见图2-2-27)。

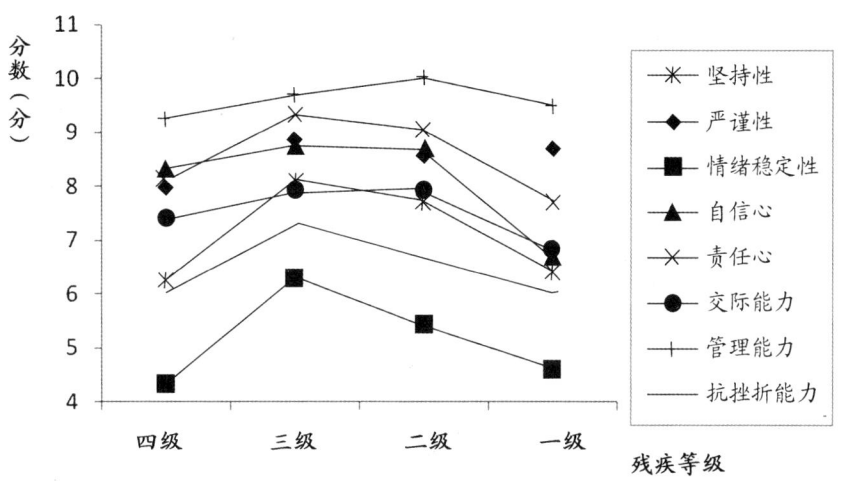

图2-2-27　北京市肢体残疾人职业人格特征随残疾等级变化趋势图

进一步差异检验显示,不同残疾等级的肢体残疾人在坚持性、自信心和责任心三个维度的得分存在极显著性差异,在情绪稳定性和抗挫折能力两个维度的得分存在显著性差异。多重比较可以看出,在坚持性维度,四级组的得分显著低于二级组和三级组;在情绪稳定性和抗挫折能力两个维度,仅四级组和三级组之间存在显著性差异;在自信心维度,一级组得分显著低于其他三组;在责任心维度,三级组的得分显著高于四级组和一级组(见表2-2-59)。

表2-2-59　北京市肢体残疾人职业人格特征的残疾等级差异检验

	名称	残疾等级	人数	平均值	标准差	F	p	多重比较
职业人格	坚持性	四级	41	6.27	3.15	4.648**	.003	1<2 1<3
		三级	153	8.14	3.08			
		二级	63	7.76	2.98			
		一级	10	6.40	2.88			
	严谨性	四级	41	7.98	2.32	1.519	.210	
		三级	153	8.86	2.50			
		二级	63	8.59	2.06			
		一级	10	8.70	2.06			
	情绪稳定性	四级	41	4.34	3.66	3.763*	.011	1<2
		三级	153	6.28	3.66			
		二级	63	5.43	3.47			
		一级	10	4.60	1.96			
	自信心	四级	41	8.32	1.97	4.020**	.008	1<4 2<4 3<4
		三级	153	8.75	1.92			
		二级	63	8.68	1.71			
		一级	10	6.70	2.11			

(续表)

名称		残疾等级	人数	平均值	标准差	F	p	多重比较
职业人格	责任心	四级	41	8.10	2.58	3.999**	.008	2>1 2>4
		三级	153	9.33	2.37			
		二级	63	9.03	2.21			
		一级	10	7.70	2.36			
	交际能力	四级	41	7.41	2.31	1.035	.378	
		三级	153	7.92	2.59			
		二级	63	7.92	2.37			
		一级	10	6.80	1.75			
	管理能力	四级	41	9.27	2.50	1.131	.337	
		三级	153	9.71	2.02			
		二级	63	10.02	1.87			
		一级	10	9.50	1.65			
	抗挫折能力	四级	41	5.98	2.93	2.923*	.034	1<2
		三级	153	7.29	2.88			
		二级	63	6.65	2.72			
		一级	10	6.00	2.67			

注:1表示四级肢体残疾人组,2表示三级肢体残疾人组,3表示二级肢体残疾人组,4表示一级肢体残疾人组。

4) 文化水平比较分析

总体来讲,肢体残疾人职业人格特征各维度的得分从高到低依次为:大专及以上>中学(初中和高中/中专)>小学及以下,也就是说随着文化水平的升高,肢体残疾人的职业人格特征越来越明显(见图2-2-28)。

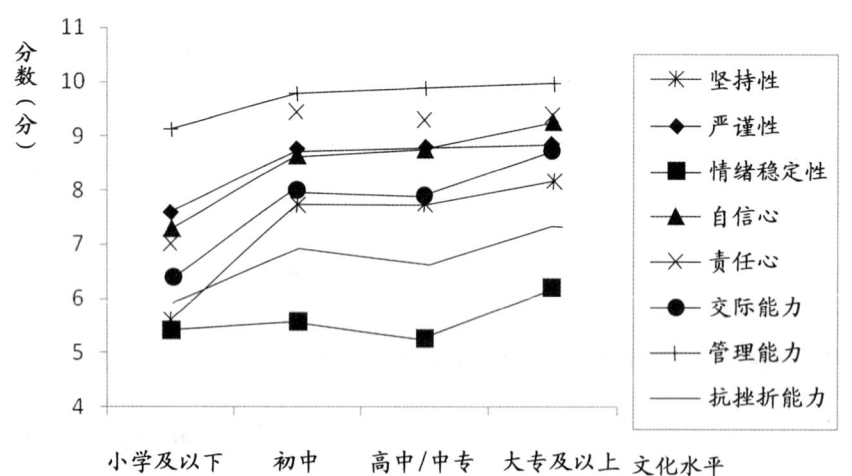

图2-2-28 北京市肢体残疾人职业人格特征随文化水平变化趋势图

进一步差异检验显示,在不同文化水平组间,坚持性、自信心、责任心和交际能力四个维度存在着极显著性差异,严谨性存在显著性差异。多重比较可以看出,在坚持性、严谨性、自信心、交际能力和管理能力上,小学组肢体残疾人的得分显著低于其他三组(见表2-2-60)。

表 2-2-60 肢体残疾人职业人格特征的文化水平差异检验

名称		文化水平	人数	平均值	标准差	F	p	多重比较
职业人格	坚持性	小学及以下	48	5.58	2.09	7.286**	.000	1<2 1<3 1<4
		初中	142	7.74	3.24			
		高中/中专	104	7.75	3.24			
		大专及以上	50	8.18	3.37			
	严谨性	小学及以下	48	7.58	2.15	3.771*	.011	1<2 1<3 1<4
		初中	142	8.75	2.13			
		高中/中专	104	8.77	2.52			
		大专及以上	50	8.84	2.30			
	情绪稳定性	小学及以下	48	5.44	2.47	.724	.539	
		初中	142	5.58	3.78			
		高中/中专	104	5.26	3.93			
		大专及以上	50	6.20	4.28			
	自信心	小学及以下	48	7.31	1.95	9.940**	.000	1<2 1<3 1<4
		初中	142	8.65	1.94			
		高中/中专	104	8.78	1.78			
		大专及以上	50	9.24	1.73			
	责任心	小学及以下	48	7.00	2.11	15.346**	.000	1<2 1<3 1<4
		初中	142	9.41	2.22			
		高中/中专	104	9.28	2.35			
		大专及以上	50	9.36	2.15			
	交际能力	小学及以下	48	6.38	2.06	8.492**	.000	1<2 1<3 1<4 3<4
		初中	142	8.04	2.39			
		高中/中专	104	7.88	2.69			
		大专及以上	50	8.76	2.34			
	管理能力	小学及以下	48	9.13	1.94	1.962	.119	1<2 1<3 1<4
		初中	142	9.80	2.18			
		高中/中专	104	9.91	2.01			
		大专及以上	50	9.98	1.74			
	抗挫折能力	小学及以下	48	5.90	1.99	2.252	.082	
		初中	142	6.92	2.98			
		高中/中专	104	6.60	3.08			
		大专及以上	50	7.32	3.18			

注:1 表示小学及以下肢体残疾人组,2 表示初中肢体残疾人组,3 表示高中/中专肢体残疾人组,4 表示大专及以上肢体残疾人组。

5）残疾部位比较分析

北京市不同残疾部位的肢体残疾人在职业人格的各个维度上得分的均数比较显示,职业人格测验各个维度均为上肢残疾者的得分最高。上肢和下肢残疾者在责任心和抗挫折能力两个维度的得分最低;躯干残疾者在坚持性、严谨性、情绪稳定性、自信心、交际能力和管理能力维度的得分最低(见图2-2-29)。

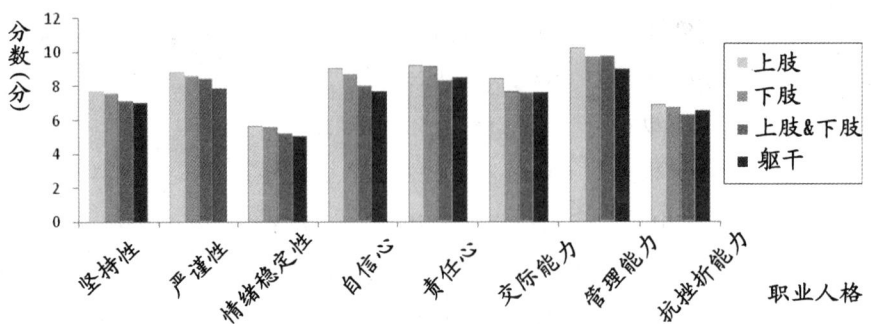

图2-2-29 北京市不同残疾部位的肢体残疾人职业人格特征的比较

进一步差异性检验显示,不同残疾部位的肢体残疾人在自信心维度的得分存在极显著性差异;不同残疾部位的肢体残疾人在管理能力维度的得分存在着显著性差异。多重比较可以看出,在自信心维度,上肢残疾者和下肢残疾者的得分显著高于上下肢残疾者和躯干残疾者;在管理能力维度,上肢残疾者和下肢残疾者的得分显著高于躯干残疾者($p<0.05$)(见表2-2-61)。

表2-2-61 北京市不同残疾部位的肢体残疾人职业人格特征的差异检验

名称		残疾部位	人数	平均值	标准差	F	p	多重比较
职业人格	坚持性	上肢	65	7.68	3.67			
		下肢	190	7.59	3.27	.510	.676	
		上肢&下肢	47	7.17	2.89			
		躯干	37	7.05	2.75			
	严谨性	上肢	65	8.85	2.53			
		下肢	190	8.62	2.26	1.391	.245	
		上肢&下肢	47	8.45	2.13			
		躯干	37	7.89	2.72			
	情绪稳定性	上肢	65	5.68	4.12			
		下肢	190	5.59	3.72	.303	.824	
		上肢&下肢	47	5.26	3.70			
		躯干	37	5.08	3.62			
	自信心	上肢	65	9.06	1.71			1>3
		下肢	190	8.69	1.91	5.173**	.002	1>4
		上肢&下肢	47	8.04	2.18			2>3
		躯干	37	7.73	2.05			2>4
	责任心	上肢	65	9.25	2.55			
		下肢	190	9.17	2.36	2.119	.098	
		上肢&下肢	47	8.38	2.23			
		躯干	37	8.51	2.45			

(续表)

名称		残疾部位	人数	平均值	标准差	F	p	多重比较
职业人格	交际能力	上肢	65	8.45	2.42	1.589	.192	
		下肢	190	7.71	2.58			
		上肢&下肢	47	7.66	2.34			
		躯干	37	7.65	2.60			
	管理能力	上肢	65	10.26	2.10	3.130*	.026	1>4
		下肢	190	9.72	2.06			2>4
		上肢&下肢	47	9.81	1.81			
		躯干	37	9.00	1.89			
	抗挫折能力	上肢	65	6.95	3.37	.433	.730	
		下肢	190	6.76	2.82			
		上肢&下肢	47	6.34	2.99			
		躯干	37	6.57	2.96			

注：1表示上肢残疾人组，2表示下肢残疾人组，3表示上肢和下肢残疾人组，4表示躯干残疾人组。

6）城郊差异比较分析

城区女性组在坚持性、严谨性、情绪稳定性和抗挫折能力维度的得分最高；城区男性组在自信心、责任心、管理能力和抗挫折能力维度的得分最低；郊区男性组在自信心、交际能力和管理能力维度的得分最高，在坚持性、严谨性、情绪稳定性和抗挫折能力维度的得分最低；郊区女性组在责任心维度的得分最高，在严谨性维度的得分和城区女性组并列为最高（见图2-2-30）。

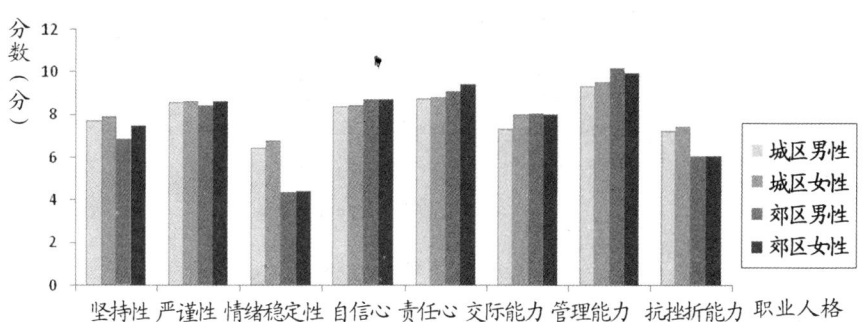

图2-2-30 北京市肢体残疾人职业人格特征的城郊比较

进一步差异性检验显示，城区男性、城区女性、郊区男性和郊区女性四组在情绪稳定性、管理能力和抗挫折能力三个维度存在极其显著差异。多重比较发现，在情绪稳定性和抗挫折能力两个维度，城区群体的得分显著高于郊区群体；在管理能力维度，郊区男性的得分极显著高于城区群体，郊区女性的得分显著高于城区男性（见表2-2-62）。

表2-2-62 北京市肢体残疾人职业人格特征的城郊差异检验

名称		城郊*性别	人数	平均值	标准差	F	p	多重比较
职业人格	坚持性	城区男性	111	7.74	3.14	1.854	.137	
		城区女性	68	7.96	2.89			
		郊区男性	108	6.92	3.35			
		郊区女性	70	7.51	3.36			

（续表）

名称		城郊*性别	人数	平均值	标准差	F	p	多重比较
职业人格	严谨性	城区男性	111	8.59	2.60	.149	.930	
		城区女性	68	8.63	2.35			
		郊区男性	108	8.44	2.11			
		郊区女性	70	8.63	2.18			
	情绪稳定性	城区男性	111	6.45	3.31	10.752**	.000	1>3
		城区女性	68	6.78	2.94			1>4
		郊区男性	108	4.40	3.97			2>3
		郊区女性	70	4.44	4.06			2>4
	自信心	城区男性	111	8.39	2.13	.824	.482	
		城区女性	68	8.46	1.90			
		郊区男性	108	8.74	1.68			
		郊区女性	70	8.73	2.14			
	责任心	城区男性	111	8.79	2.79	1.238	.296	
		城区女性	68	8.84	2.50			
		郊区男性	108	9.14	2.02			
		郊区女性	70	9.43	2.07			
	交际能力	城区男性	111	7.38	2.85	1.820	.143	
		城区女性	68	8.01	2.50			
		郊区男性	108	8.06	2.30			
		郊区女性	70	8.04	2.18			
	管理能力	城区男性	111	9.34	2.23	3.947**	.009	1<3
		城区女性	68	9.56	1.88			1<4
		郊区男性	108	10.22	1.90			2<3
		郊区女性	70	9.96	1.92			
	抗挫折能力	城区男性	111	7.29	2.69	5.492**	.001	1>3
		城区女性	68	7.46	2.49			1>4
		郊区男性	108	6.10	3.15			2>3
		郊区女性	70	6.11	3.22			2>4

注：1表示城区男性残疾人组，2表示城区女性残疾人组，3表示郊区男性残疾人组，4表示郊区女性残疾人组。

(4) 结论

①北京市肢体残疾人职业人格各维度的得分从高到低排列的次序为：管理能力>责任心>自信心>严谨性>交际能力>坚持性>抗挫折能力>情绪稳定性。

②北京市50-59岁年龄段的肢体残疾人在坚持性维度的得分显著低于30-39岁和40-49岁两个年龄段（$p<0.05$）；50-59岁年龄组在情绪稳定性和抗挫折能力的得分显著低于50岁以下的三个年龄组（$p<0.05$）；15-29岁年龄组在管理能力维度上的得分显著低于30岁以上的三个年龄组（$p<0.05$）。

③北京市肢体残疾人职业人格各维度的得分随残疾程度的加重大体上呈两头低、中间高的分布；

四级残疾人在坚持性维度的得分显著低于二级和三级残疾人（$p<0.05$）；四级残疾人在情绪稳定性和抗挫折能力两个维度的得分显著低于三级残疾人（$p<0.05$）；一级残疾人在自信心维度的得分显著低于其他三组（$p<0.05$）；三级残疾人在责任心维度的得分显著高于四级和一级残疾人（$p<0.05$）。

④北京市肢体残疾人职业人格特征随着文化水平的升高而越发明显，且不同文化水平的肢体残疾人在坚持性、自信心、责任心和交际能力四个维度存在着极显著性差异（$p<0.01$），在严谨性维度存在显著性差异（$p<0.05$）。

⑤北京市上肢残疾者和下肢残疾者在自信心维度的得分显著高于上下肢残疾者和躯干残疾者，在管理能力维度的得分显著高于躯干残疾者（$p<0.05$）。

⑥北京市城区肢体残疾人在情绪稳定性和抗挫折能力两个维度的得分显著高于郊区肢体残疾人（$p<0.05$）；郊区男性肢体残疾人在管理能力维度的得分显著高于城区群体，且郊区女性的得分显著高于城区男性（$p<0.05$）。

4. 北京市肢体残疾人职业兴趣状况

(1) 测试人群分布

本项目在北京市共选取了341名有效被试进行了肢体残疾人职业兴趣测验，其中城区171人，郊区170人；男性206人，女性135人，其详细资料如表2-2-63所示。

表2-2-63 北京市肢体残疾人职业兴趣测验有效样本分布表

年龄（岁）	城区			郊区			总计
	男	女	小计	男	女	小计	
15-29	11	18	29	18	9	27	56
30-39	17	17	34	26	19	45	79
40-49	52	30	82	39	29	68	150
50-59	25	1	26	18	12	30	56
合计	105	66	171	101	69	170	341

(2) 总体情况

被测试肢体残疾人职业兴趣各类别的得分从高到低排序依次为：常规型>研究型>现实型>企业型>社会型>艺术型。在15-29岁年龄段，男性肢体残疾人得分较高的前三位依次为企业型、常规型、现实型，女性肢体残疾人得分较高的前三位依次为常规型、研究型和现实型；在30-39岁年龄段，男性肢体残疾人得分较高的前三位依次为常规型、研究型、企业型，女性肢体残疾人得分较高的前三位依次为现实型、常规型和社会型；在40-49岁年龄段，男性肢体残疾人得分较高的前三位依次为常规型、研究型、企业型，女性肢体残疾人得分较高的前三位依次为常规型、现实型和研究型；在50-59岁年龄段，男性肢体残疾人得分较高的前三位依次为常规型、现实型和企业型，女性肢体残疾人得分较高的前三位依次为常规型、企业型和现实型（见表2-2-64）。

表 2-2-64　北京市肢体残疾人职业兴趣测验的平均数和标准差

		n	常规型		现实型		研究型		企业型		社会型		艺术型	
			M	Std	M	Std	M	Std	M	Std	M	Std	M	Std
总体		341	5.94	1.69	5.58	1.75	5.63	1.85	5.52	1.85	5.06	1.83	5.03	1.90
男性		206	5.92	1.80	5.50	1.76	5.77	1.80	5.70	1.81	4.93	1.91	4.92	1.97
女性		135	5.96	1.53	5.70	1.73	5.41	1.91	5.24	1.89	5.25	1.69	5.19	1.77
男(岁)	15–29	29	5.28	1.71	5.21	1.70	5.55	1.90	5.66	1.34	4.76	1.60	4.62	1.90
	30–39	43	6.12	1.83	5.49	1.74	5.93	1.65	5.74	2.00	5.23	1.73	5.16	2.07
	40–49	91	6.16	1.85	5.62	1.87	5.99	1.99	5.84	1.94	4.98	2.07	4.75	1.93
	50–59	43	5.65	1.60	5.49	1.62	5.30	1.34	5.42	1.62	4.65	1.94	5.23	2.00
女(岁)	15–29	27	5.81	1.75	5.33	1.66	5.44	2.17	5.04	2.07	5.11	2.01	5.07	1.82
	30–39	36	5.75	1.44	5.81	1.89	5.19	1.91	5.11	1.92	5.69	1.51	4.92	1.70
	40–49	59	6.07	1.53	5.78	1.70	5.49	1.85	5.25	1.85	5.15	1.62	5.42	1.85
	50–54	13	6.31	1.25	5.77	1.64	5.62	1.71	6.00	1.53	4.77	1.69	5.15	1.57

城区的肢体残疾人在六种职业兴趣类型的得分均高于郊区肢体残疾人。城区男性肢体残疾人在研究型和企业型上的得分高于城区女性肢体残疾人,而在常规型、现实型、社会型和艺术型得分低于城区女性肢体残疾人;郊区男性肢体残疾人在研究型、企业型和艺术型得分高于郊区女性肢体残疾人,在常规型、现实型和社会型得分低于郊区女性肢体残疾人(见表 2-2-65)。

表 2-2-65　北京市肢体残疾人职业兴趣测验城郊样本的平均数和标准差

		n	常规型		现实型		研究型		企业型		社会型		艺术型	
			M	Std	M	Std	M	Std	M	Std	M	Std	M	Std
城区		171	5.98	1.85	5.82	1.70	5.78	1.92	5.64	2.01	5.23	1.83	5.05	1.83
郊区		170	5.89	1.51	5.34	1.77	5.48	1.77	5.40	1.68	4.88	1.82	5.00	1.97
城区	男	105	5.97	2.02	5.80	1.73	5.95	1.91	5.87	1.95	5.13	1.97	4.66	1.80
	女	66	6.00	1.57	5.86	1.67	5.50	1.91	5.29	2.06	5.39	1.58	5.68	1.70
效区	男	101	5.87	1.53	5.20	1.76	5.58	1.66	5.53	1.65	4.72	1.83	5.19	2.11
	女	69	5.91	1.49	5.54	1.79	5.33	1.91	5.20	1.72	5.12	1.79	4.72	1.72

(3)北京市肢体残疾人职业兴趣特征

1)性别差异比较分析

北京市不同性别肢体残疾人在职业兴趣各类别上得分的均数比较发现,在常规型、现实型、社会型和艺术型四种职业兴趣类型方面,女性肢体残疾人的得分高于男性肢体残疾人;在研究型和企业型两种职业兴趣类型方面,男性肢体残疾人的得分高于女性肢体残疾人(见图 2-2-31)。

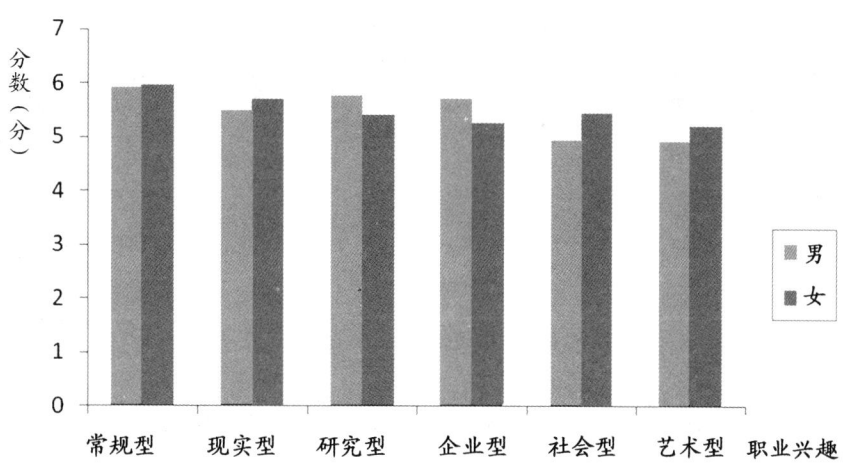

图 2-2-31 北京市肢体残疾人职业兴趣的性别比较

进一步差异性检验显示,在企业型上,不同性别肢体残疾人之间存在着显著性差异,即男性肢体残疾人在企业型的得分显著高于女性,说明男性更喜欢从事企业型职业(见表2-2-66)。

表 2-2-66 北京市肢体残疾人职业兴趣的性别差异检验

	名称	性别	人数	平均数	标准差	t	p
职业兴趣	常规型	男	206	5.92	1.80	-.177	.859
		女	135	5.96	1.53		
	现实型	男	206	5.50	1.76	-.987	.324
		女	135	5.70	1.73		
	研究型	男	206	5.77	1.80	1.751	.081
		女	135	5.41	1.91		
	企业型	男	206	5.70	1.81	2.253*	.025
		女	135	5.24	1.89		
	社会型	男	206	4.93	1.91	-1.583	.114
		女	135	5.25	1.69		
	艺术型	男	206	4.92	1.97	-1.312	.191
		女	135	5.19	1.77		

2)年龄差异比较分析

总体看来,除艺术型外,北京市劳动年龄段的肢体残疾人在其他五种职业兴趣类型上的得分有着先升后降的变化特点,常规型、现实型、研究型和企业型在15-29岁年龄组得分比较低,30-39岁和40-49岁这两个年龄组得分比较高,50岁之后得分又下降,但仍高于15-29岁年龄组;社会型在30-39岁年龄组得分最高,之后下降,至50-59岁年龄组得分最低;而在艺术型的得分随着年龄增长缓慢增加(见图2-2-32)。

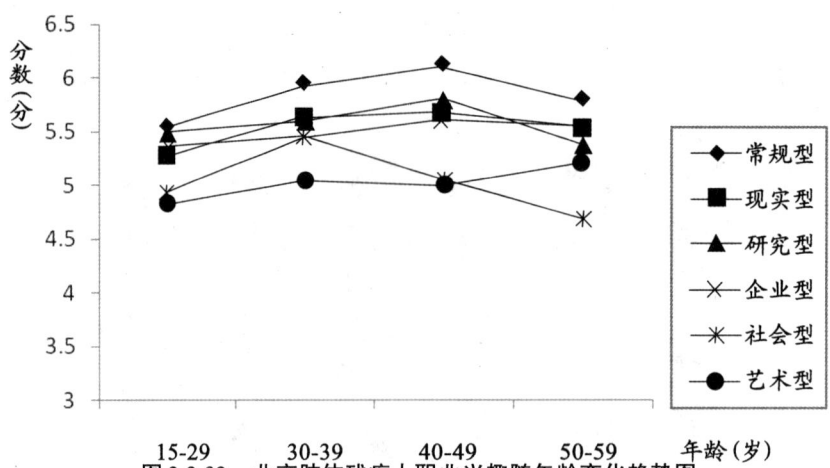

图 2-2-32 北京肢体残疾人职业兴趣随年龄变化趋势图

进一步差异性检验显示,不同年龄段的北京市肢体残疾人在职业兴趣的各个类型之间均不存在显著性差异(见表 2-2-67)。

表 2-2-67 北京市肢体残疾人职业兴趣的年龄差异检验

	名称	年龄组	人数	平均数	标准差	t	p
职业兴趣	常规型	15-29	56	5.54	1.74		
		30-39	79	5.95	1.66	1.810	.145
		40-49	150	6.13	1.73		
		50-59	56	5.80	1.54		
	现实型	15-29	56	5.27	1.67		
		30-39	79	5.63	1.81	.783	.504
		40-49	150	5.68	1.80		
		50-59	56	5.55	1.62		
	研究型	15-29	56	5.50	2.02		
		30-39	79	5.59	1.80	.848	.468
		40-49	150	5.79	1.94		
		50-59	56	5.38	1.42		
	企业型	15-29	56	5.36	1.74		
		30-39	79	5.46	1.98	.290	.833
		40-49	150	5.61	1.92		
		50-59	56	5.55	1.61		
	社会型	15-29	56	4.93	1.80		
		30-39	79	5.44	1.64	2.087	.102
		40-49	150	5.05	1.90		
		50-59	56	4.68	1.87		
	艺术型	15-29	56	4.84	1.86		
		30-39	79	5.05	1.90	.370	.775
		40-49	150	5.01	1.92		
		50-59	56	5.21	1.89		

3) 残疾等级比较分析

除艺术型外,北京市肢体残疾人其他五种职业兴趣类型整体上呈现随残疾程度加重而得分减少的变化趋势。二级组在常规型和研究型的得分最高;三级组在现实型的得分最高;而在艺术型上,随残疾程度加重呈现先降后升的特点,即一级组兴趣最高,而三级组得分最低(见图2-2-33)。

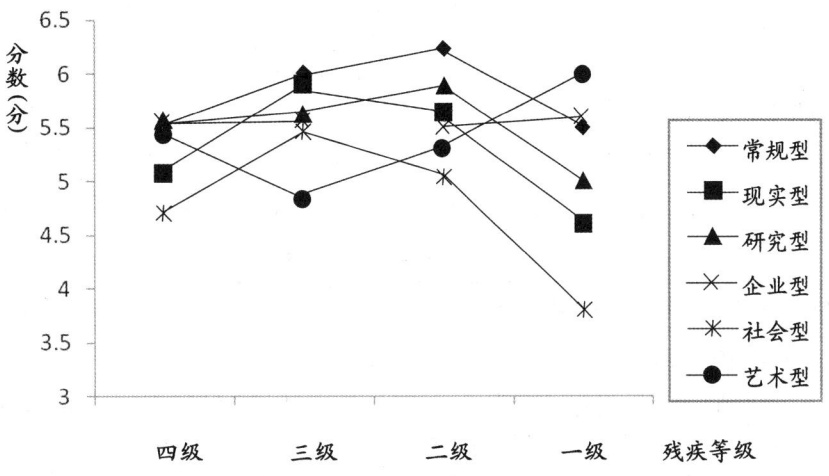

图2-2-33 北京市肢体残疾人职业兴趣随残疾等级变化趋势图

进一步检验发现,不同残疾等级的肢体残疾人在社会型的得分存在着极显著性差异;不同残疾等级的肢体残疾人在现实型的得分存在着显著性差异。多重比较可以看出,在现实型和社会型上,三级组的得分显著高于四级组和一级组(见表2-2-68)。

表2-2-68 北京市肢体残疾人职业兴趣的残疾等级差异检验

	名称	残疾级别	人数	平均值	标准差	F	p	多重比较
职业兴趣	常规型	四级	38	5.50	1.50			
		三级	149	6.01	1.84	1.692	.169	
		二级	60	6.23	1.57			
		一级	10	5.50	1.27			
	现实型	四级	38	5.08	1.81			
		三级	149	5.91	1.69	3.735*	.012	1<2
		二级	60	5.65	1.81			4<2
		一级	10	4.60	1.43			
	研究型	四级	38	5.53	1.75			
		三级	149	5.62	1.99	.748	.524	
		二级	60	5.88	1.89			
		一级	10	5.00	1.05			
	企业型	四级	38	5.53	1.67			
		三级	149	5.54	1.96	.010	.999	
		二级	60	5.50	1.81			
		一级	10	5.60	2.59			

(续表)

名称		残疾级别	人数	平均值	标准差	F	p	多重比较
职业兴趣	社会型	四级	38	4.71	1.92	4.002**	.008	1<2 4<2
		三级	149	5.46	1.89			
		二级	60	5.03	1.70			
		一级	10	3.80	1.55			
	艺术型	四级	38	5.45	1.52	2.516	.059	
		三级	149	4.83	1.95			
		二级	60	5.32	1.90			
		一级	10	6.00	1.83			

注:1表示四级肢体残疾人组,2表示三级肢体残疾人组,3表示二级肢体残疾人组,4表示一级肢体残疾人组。

4) 文化水平比较分析

随着文化水平的提高,研究型的得分呈上升的趋势;常规型和现实型得分呈先升后降的变化特点,即小学及以下组得分最低,初中组得分最高,高中/中专组和大专及以上组得分渐降;企业型和社会型得分呈"N"型变化曲线,即小学及以下组得分最低,初中组得分升高,高中/中专组得分下降,而大专及以上组得分最高;艺术型得分呈两头高中间低的"U"型变化曲线,即小学及以下和大专及以上两组的得分较高,而初中和高中/中专两组得分较低(见图2-2-34)。

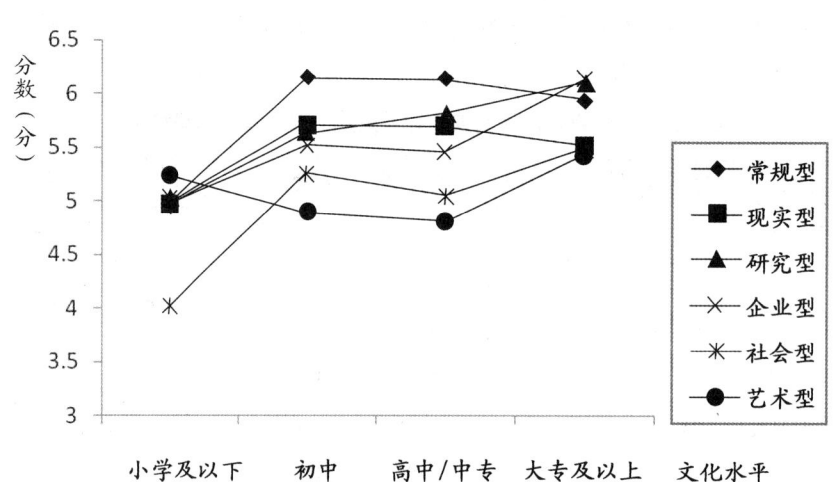

图2-2-34 北京市肢体残疾人职业兴趣随文化水平变化趋势图

进一步差异检验显示,不同文化水平组在常规型和社会型的得分上存在极显著差异,在研究型和企业型的得分上存在显著差异。多重比较可以看出,小学及以下组在常规型和社会型上的得分显著低于其他三组;小学及以下组在研究型得分显著低于高中/中专组和大专及以上组;大专及以上组在企业型得分显著高于小学及以下组和高中/中专组(见表2-2-69)。

表2-2-69 北京市肢体残疾人职业兴趣的文化水平差异检验

	名称	文化水平	人数	平均值	标准差	F	p	多重比较
职业兴趣	常规型	小学及以下	45	4.96	1.74	6.476**	.000	1<2 1<3 1<4
		初中	132	6.16	1.61			
		高中/中专	100	6.13	1.58			
		大专及以上	50	5.94	1.85			

（续表）

名称		文化水平	人数	平均值	标准差	F	p	多重比较
职业兴趣	现实型	小学及以下	45	4.96	1.66	2.416	.066	
		初中	132	5.71	1.73			
		高中/中专	100	5.71	1.75			
		大专及以上	50	5.52	1.75			
	研究型	小学及以下	45	4.96	1.52	3.419*	.018	1<3
		初中	132	5.65	1.73			1<4
		高中/中专	100	5.79	1.86			
		大专及以上	50	6.10	2.15			
	企业型	小学及以下	45	5.02	1.66	3.002*	.031	1<4
		初中	132	5.54	1.86			3<4
		高中/中专	100	5.45	1.97			
		大专及以上	50	6.14	1.74			
	社会型	小学及以下	45	4.02	1.78	6.660**	.000	1<2
		初中	132	5.26	1.75			1<3
		高中/中专	100	5.05	1.74			1<4
		大专及以上	50	5.50	1.92			
	艺术型	小学及以下	45	5.24	1.96	1.702	.166	
		初中	132	4.90	1.96			
		高中/中专	100	4.81	1.85			
		大专及以上	50	5.46	1.69			

注:1表示小学及以下肢体残疾人组,2表示初中肢体残疾人组,3表示高中/中专肢体残疾人组,4表示大专及以上肢体残疾人组。

5）残疾部位比较分析

北京市不同残疾部位肢体残疾人在职业兴趣各类型上得分的均数比较显示,上肢残疾者得分较高的前三位依次为:常规型、企业型和现实型;下肢残疾者得分较高的前三位依次为:常规型、研究型和现实型;上肢和下肢残疾者得分较高的前三位依次为:常规型、现实型和企业型;躯干残疾者得分较高的前三位依次为:常规型、现实型和研究型(见图2-2-35)。

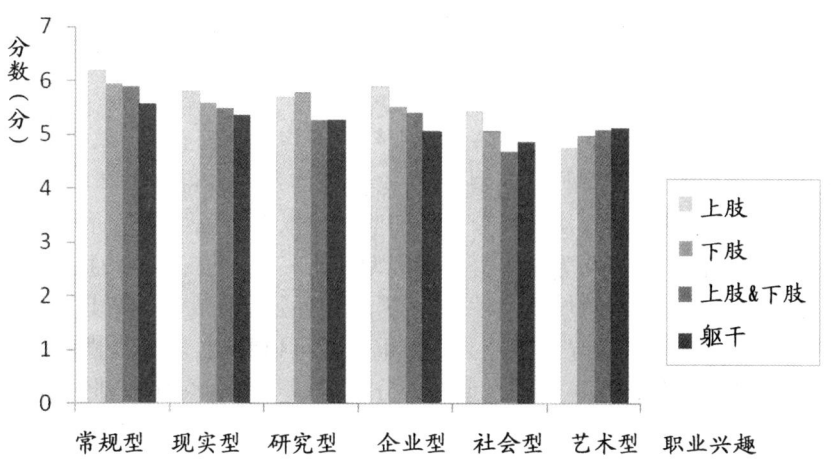

图2-2-35 北京市不同残疾部位肢体残疾人职业兴趣的比较

进一步差异检验发现,肢体残疾人职业兴趣的各个类型均不存在不同残疾部位组间的显著性差异(见表2-2-70)。

表2-2-70 不同残疾部位肢体残疾人职业兴趣的差异检验

名称		残疾部位	人数	平均数	标准差	t	p
职业兴趣	常规型	上肢	64	6.20	1.56		
		下肢	179	5.94	1.70	1.148	.330
		上肢 & 下肢	45	5.91	1.78		
		躯干	36	5.56	1.70		
	现实型	上肢	64	5.80	1.71		
		下肢	179	5.59	1.78	.551	.648
		上肢 & 下肢	45	5.49	1.74		
		躯干	36	5.36	1.71		
	研究型	上肢	64	5.70	1.89		
		下肢	179	5.79	1.81	1.486	.218
		上肢 & 下肢	45	5.27	1.91		
		躯干	36	5.28	1.98		
	企业型	上肢	64	5.91	1.58		
		下肢	179	5.51	1.84	1.765	.154
		上肢 & 下肢	45	5.40	1.85		
		躯干	36	5.06	2.24		
	社会型	上肢	64	5.44	1.79		
		下肢	179	5.06	1.87	1.688	.169
		上肢 & 下肢	45	4.69	1.77		
		躯干	36	4.86	1.66		
	艺术型	上肢	64	4.75	1.75		
		下肢	179	4.99	1.93	.429	.732
		上肢 & 下肢	45	5.09	1.55		
		躯干	36	5.11	2.19		

6) 城郊差异比较分析

北京市城郊地区肢体残疾人在职业兴趣各类型上得分的均数比较显示,城区男性肢体残疾人得分较高的前三位依次为:常规型、研究型和企业型;城区女性肢体残疾人得分较高的前三位依次为:常规型、现实型和艺术型;郊区男性肢体残疾人得分较高的前三位依次为:常规型、研究型和企业型;郊区女性肢体残疾人得分较高的前三位依次为:常规型、现实型和研究型(见图2-2-36)。

进一步差异检验发现,城区男性、城区女性、郊区男性和郊区女性在职业兴趣的艺术型得分存在着极显著性差异,在现实型得分存在着显著性差异。多重比较可以看出,城区男性和城区女性在现实型的得分上显著高于郊区男性;城区男性在艺术型的得分显著低于城区女性和郊区男性,且城区女性艺术型的得分显著高于郊区女性(见表2-2-71)。

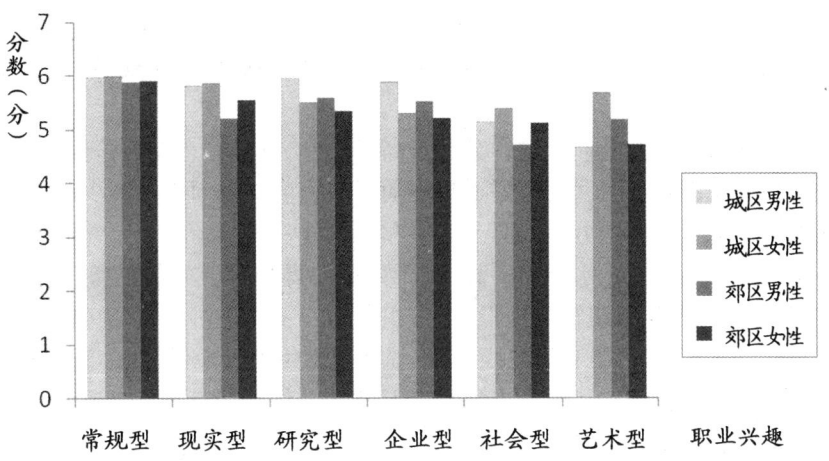

图 2-2-36 北京市城郊地区的肢体残疾人职业兴趣的比较

表 2-2-71 北京市肢体残疾人职业兴趣的城郊差异检验

名称		城郊*性别	人数	平均值	标准差	F	p	多重比较
职业兴趣	常规型	城区男性	105	5.97	2.02	.100	.960	
		城区女性	66	6.00	1.57			
		郊区男性	101	5.87	1.53			
		郊区女性	69	5.91	1.49			
	现实型	城区男性	105	5.80	1.73	2.788*	.041	1>3
		城区女性	66	5.86	1.67			2>3
		郊区男性	101	5.20	1.76			
		郊区女性	69	5.54	1.79			
	研究型	城区男性	105	5.95	1.91	1.803	.146	
		城区女性	66	5.50	1.91			
		郊区男性	101	5.58	1.66			
		郊区女性	69	5.33	1.91			
	企业型	城区男性	105	5.87	1.95	2.272	.080	
		城区女性	66	5.29	2.06			
		郊区男性	101	5.53	1.65			
		郊区女性	69	5.20	1.72			
	社会型	城区男性	105	5.13	1.97	1.973	.118	
		城区女性	66	5.39	1.58			
		郊区男性	101	4.72	1.83			
		郊区女性	69	5.12	1.79			
	艺术型	城区男性	105	4.66	1.80	4.949**	.002	1<2
		城区女性	66	5.68	1.70			1<3
		郊区男性	101	5.19	2.11			4<2
		郊区女性	69	4.72	1.72			

注：1 表示城区男性肢体残疾人组,2 表示城区女性肢体残疾人组,3 表示郊区男性肢体残疾人组,4 表示郊区女性肢体残疾人组。

(4）结论

①北京市肢体残疾人职业兴趣各类别的得分从高到低排序依次为:常规型>研究型>现实型>企业型>社会型>艺术型。

②北京市男性肢体残疾人在企业型的得分显著高于女性,且二者存在显著性差异($p<0.05$)。

③北京市肢体残疾人在社会型和现实型上呈现随残疾程度加重而得分减少的变化趋势,且三级肢体残疾人在现实型和社会型上的得分显著高于四级和一级残疾人($p<0.05$)。

④北京市肢体残疾人随着文化水平的提高,在研究型的得分呈上升的趋势;在常规型的得分呈先升后降的变化特点,即小学及以下组得分最低,初中组得分最高,高中/中专组和大专及以上组得分渐降;在企业型和社会型得分呈"N"型变化曲线,即小学及以下组得分最低,初中组得分升高,高中/中专组得分下降,而大专及以上组得分最高;且小学及以下组在常规型和社会型上的得分显著低于其他三组($p<0.05$);小学及以下组在研究型得分显著低于高中/中专组和大专及以上组($p<0.05$);大专及以上组在企业型得分显著高于小学及以下组和高中/中专组($p<0.05$)。

⑤北京市肢体残疾人中的城区男性和城区女性在现实型的得分上显著高于郊区男性($p<0.05$);城区男性艺术型的得分显著低于城区女性和郊区男性,且城区女性艺术型的得分显著高于郊区女性($p<0.05$)。

(二)北京市听力残疾人职业适应性状况

本项目测查北京市就业年龄段的听力残疾人共计1294名。样本详情见表2-2-72~表2-2-76。

表2-2-72 北京市听力残疾人样本性别分布情况

	男		女		合计
	n	%	n	%	
西城	55	48.7%	58	51.3%	113
东城	44	46.3%	51	53.7%	95
崇文	76	58.5%	54	41.5%	130
宣武	29	40.8%	42	59.2%	71
朝阳	62	60.8%	40	39.2%	102
海淀	348	54.2%	294	45.8%	642
丰台	28	53.8%	24	46.2%	52
密云	13	59.1%	9	40.9%	22
大兴	25	37.3%	42	62.7%	67
总计	680	52.6%	614	47.4%	1294

表2-2-73 北京市听力残疾人样本年龄分布情况

	15-29岁		30-39岁		40-49岁		50-59岁		合计
	n	%	n	%	n	%	n	%	
西城	40	39.6%	6	5.9%	31	30.7%	24	23.8%	101
东城	45	47.4%	13	13.7%	24	25.3%	13	13.7%	95
崇文	34	26.2%	26	20.0%	53	40.8%	17	13.1%	130
宣武	4	5.6%	15	21.1%	33	46.5%	19	26.8%	71

(续表)

	15-29岁		30-39岁		40-49岁		50-59岁		合计
	n	%	n	%	n	%	n	%	
朝阳	23	22.5%	27	26.5%	38	37.3%	14	13.7%	102
海淀	536	83.5%	43	6.7%	45	7.0%	18	2.8%	642
丰台	3	5.8%	2	3.8%	17	32.7%	30	57.7%	52
密云	2	9.1%	8	36.4%	5	22.7%	7	31.8%	22
大兴	17	25.4%	16	23.9%	27	40.3%	7	10.4%	67
总计	704	54.9%	156	12.2%	273	21.3%	149	11.6%	1282

注:缺失样本12人。

表 2-2-74 北京市听力残疾人样本残疾等级分布情况

	四级		三级		二级		一级		合计
	n	%	n	%	n	%	n	%	
西城	18	15.9%	37	32.7%	22	19.5%	36	31.9%	113
东城	21	22.3%	23	24.5%	25	26.6%	25	26.6%	94
崇文	12	9.2%	16	12.3%	38	29.2%	64	49.2%	130
宣武	14	20.3%	12	17.4%	18	26.1%	25	36.2%	69
朝阳	25	24.5%	22	21.6%	15	14.7%	40	39.2%	102
海淀	72	12.5%	116	20.2%	125	21.8%	261	45.5%	574
丰台	9	17.3%	9	17.3%	14	26.9%	20	38.5%	52
密云	2	13.3%	1	6.7%	2	13.3%	10	66.7%	15
大兴	7	14.3%	21	42.9%	11	22.4%	10	20.4%	49
总计	180	15.0%	257	21.5%	270	22.5%	491	41.0%	1198

注:缺失样本96人。

表 2-2-75 北京市听力残疾人样本文化水平分布情况

	小学及以下		初中		高中/中专		大专及以上		合计
	n	%	n	%	n	%	n	%	
西城	17	15.5%	34	30.9%	40	36.4%	19	17.3%	110
东城	8	8.6%	19	20.4%	57	61.3%	9	9.7%	93
崇文	31	24.0%	55	42.6%	28	21.7%	15	11.6%	129
宣武	14	20.9%	37	55.2%	10	14.9%	6	9.0%	67
朝阳	19	19.0%	34	34.0%	24	24.0%	23	23.0%	100
海淀	24	3.8%	51	8.0%	46	7.2%	518	81.1%	639
丰台	22	43.1%	22	43.1%	4	7.8%	3	5.9%	51
密云	8	36.4%	7	31.8%	6	27.3%	1	4.5%	22
大兴	16	23.9%	33	49.3%	12	17.9%	6	9.0%	67
总计	159	12.4%	292	22.8%	227	17.8%	600	46.9%	1278

注:缺失样本16人。

表 2-2-76 北京市听力残疾人样本城郊分布情况

	城市男性		城市女性		郊区男性		郊区女性		合计
	n	%	n	%	n	%	n	%	
西城	55	48.7%	58	51.3%	0	0.0%	0	0.0%	113
东城	44	46.3%	51	53.7%	0	0.0%	0	0.0%	95
崇文	76	58.5%	54	41.5%	0	0.0%	0	0.0%	130
宣武	29	40.8%	42	59.2%	0	0.0%	0	0.0%	71
朝阳	0	0.0%	0	0.0%	62	60.8%	40	39.2%	102
海淀	305	47.5%	262	40.8%	43	6.7%	32	5.0%	642
丰台	0	0.0%	0	0.0%	28	53.8%	24	46.2%	52
密云	0	0.0%	0	0.0%	13	59.1%	9	40.9%	22
大兴	0	0.0%	0	0.0%	25	37.3%	42	62.7%	67
总计	509	39.3%	467	36.1%	171	13.2%	147	11.4%	1294

1. 北京市听力残疾人感知觉状况

北京市听力残疾人感知觉测试主要包括完成工作所必须的规避外界危险的嗅觉和实体觉以及辨别颜色的色觉能力共三部分的测定。所有项目均通过操作性测试完成。

(1) 测试人群分布

共获取北京市听力残疾人的有效样本 401 人,其中嗅觉测试有效样本 182 人,实体觉测试有效样本 206 人,色觉测试有效样本 371 人(有的被试完成一项测试,有的被试完成两项测试,有的被试完成三项测试)。北京市听力残疾人感知觉测试有效样本基本情况见表 2-2-77。

表 2-2-77 北京市听力残疾人感知觉测试有效样本基本情况

感知觉测试	性别	年龄(岁)				合计
		15-29	30-39	40-49	50-59	
嗅觉	男	17	22	31	26	96
	女	11	21	34	20	86
	总	28	43	65	46	182
实体觉	男	23	20	31	27	101
	女	19	23	40	23	105
	总	42	43	71	50	206
色觉	男	42	31	56	62	190
	女	30	42	74	34	180
	总	72	73	130	96	371

(2) 评价标准

① 嗅觉测试:被试出现一次及以上判断错误即视为嗅觉不正常(感冒、过敏者除外);三次均判断正确视为嗅觉正常。

② 实体觉测试:被试出现一次及以上判断错误即视为实体觉不正常,三次判断均正确视为实体觉正常。

③ 色觉测试:被试在规定时间内正确完成拼图视为色觉正常,超时、图形错误、颜色错误均为不正常。

（3）测试结果

1）嗅觉

97.3%被测试的听力残疾人嗅觉正常,其中男性听力残疾人嗅觉异常率(3.1%)略高于女性听力残疾人嗅觉异常率(2.3%)(见表2-2-78)。

表2-2-78 北京市听力残疾人嗅觉测试结果

		样本量	正常		异常	
			n	%	n	%
15-29岁	男	17	17	100.0	0	0.0
	女	11	11	100.0	0	0.0
	总	28	28	100.0	0	0.0
30-39岁	男	22	22	100.0	0	0.0
	女	21	20	95.2	1	4.8
	总	43	42	97.7	1	2.3
40-49岁	男	31	29	93.5	2	6.5
	女	34	34	100.0	0	0.0
	总	65	63	96.9	2	3.1
50-59岁	男	26	25	96.2	1	3.8
	女	20	19	95.0	1	5.0
	总	46	44	95.7	2	4.3
总计	男	96	93	96.9	3	3.1
	女	86	84	97.7	2	2.3
	总	182	177	97.3	5	2.7

无论男性或女性,15-29岁年龄段的听力残疾人都不存在嗅觉异常情况(可能与样本量较少有关)。30岁以后,听力残疾人嗅觉异常率整体上呈现随年龄的增长而增高的趋势；男性嗅觉异常率呈现低-高-低的"∧"形走向,在40-49岁嗅觉异常率最高；女性嗅觉异常率呈现高-低-高的"∨"形走向,在40-49岁嗅觉异常率最低(见图2-2-37)。

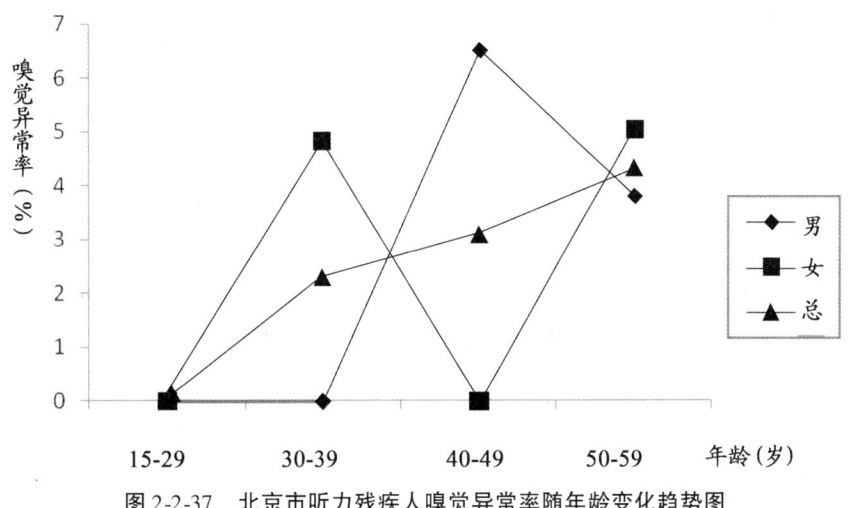

图2-2-37 北京市听力残疾人嗅觉异常率随年龄变化趋势图

2)实体觉

89.3%被测试的听力残疾人实体觉正常,其中男性听力残疾人实体觉异常率(7.9%)低于女性听力残疾人实体觉异常率(13.3%)(见表2-2-79)。

表2-2-79 北京市听力残疾人实体觉测试结果

实体觉		样本量	正常		异常	
			n	%	n	%
15-29岁	男	23	21	91.3	2	8.7
	女	19	18	94.7	1	5.3
	总	42	39	92.9	3	7.1
30-39岁	男	20	20	100.0	0	0.0
	女	23	21	91.3	2	8.7
	总	43	41	95.3	2	4.7
40-49岁	男	31	28	90.3	3	9.7
	女	40	34	85.0	6	15.0
	总	71	62	87.3	9	12.7
50-59岁	男	27	24	88.9	3	11.1
	女	23	18	78.3	5	21.7
	总	50	42	84.0	8	16.0
总计	男	101	93	92.1	8	7.9
	女	105	91	86.7	14	13.3
	总	206	184	89.3	22	10.7

除15-29岁这一年龄组外(可能与样本量较少有关),听力残疾人实体觉异常率呈现随年龄的增长而增高的趋势,并且在30岁以后女性各年龄组的实体觉异常率都高于男性(见图2-2-38)。

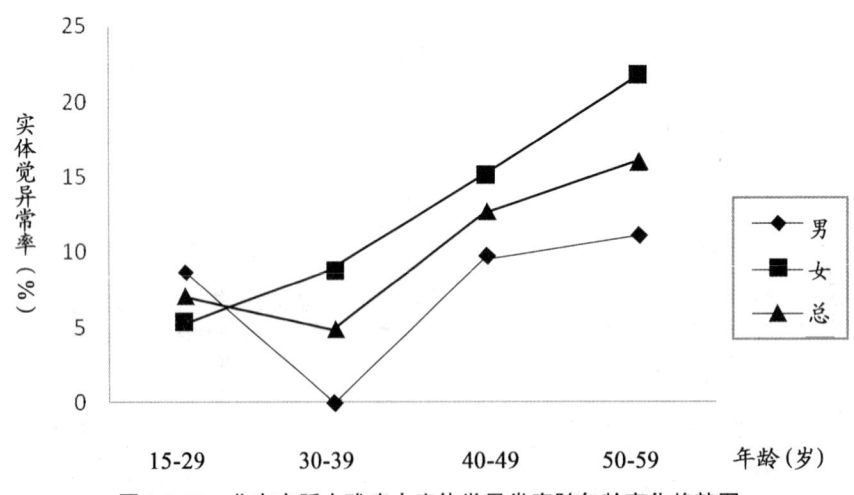

图2-2-38 北京市听力残疾人实体觉异常率随年龄变化趋势图

3)色觉测试

86%被测试的听力残疾人色觉正常,其中男性听力残疾人色觉异常率(15.7%)高于女性听力残疾人色觉异常率(12.2%)(见表2-2-80)。

表 2-2-80　北京市听力残疾人色觉测试结果

		样本量	正常		异常	
			n	%	n	%
15–29 岁	男	42	41	97.6	1	2.4
	女	30	28	93.3	2	6.7
	总	72	69	95.8	3	4.2
30–39 岁	男	31	28	90.3	3	9.7
	女	42	35	83.3	7	16.7
	总	73	63	86.3	10	13.7
40–49 岁	男	56	44	78.6	12	21.4
	女	74	64	86.5	10	13.5
	总	130	108	83.1	22	16.9
50–59 岁	男	62	48	77.4	14	22.6
	女	34	31	91.2	3	8.8
	总	96	79	82.3	17	17.7
总计	男	191	161	84.3	30	15.7
	女	180	158	87.8	22	12.2
	总	371	319	86.0	52	14.0

听力残疾人色觉异常率总体上呈现随年龄的增长而增高的趋势，特别是男性这种增高的趋势尤为突出。女性的色觉异常率呈现先高后低的趋势，且在 40 岁以前高于男性，而 40 岁以后低于男性（见图 2-2-39）。

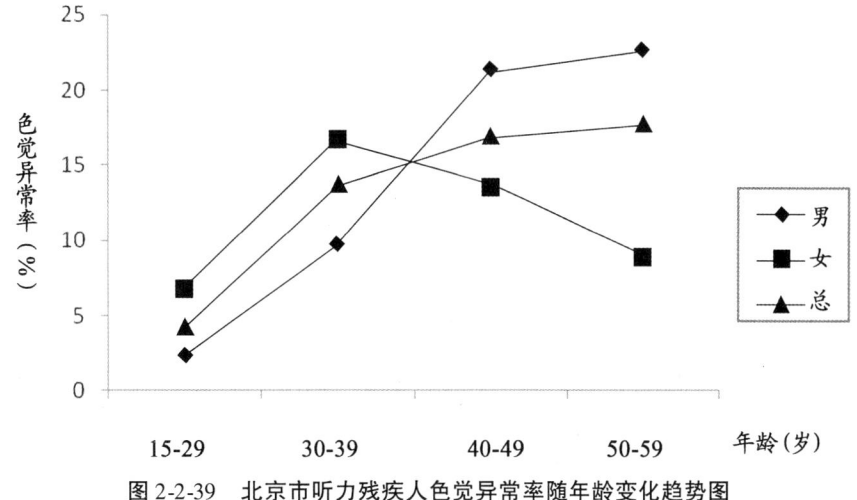

图 2-2-39　北京市听力残疾人色觉异常率随年龄变化趋势图

（4）结论

北京市绝大多数听力残疾人感知觉是正常的，在工作中具备基本的规避风险的能力，但感知觉水平随年龄增长而呈下降趋势。

2. 北京市听力残疾人职业能力状况

（1）测试人群分布

本项目在北京市共选取了 356 名有效被试进行了听力残疾人职业能力文档测验，其中城区 267

人,郊区89人;男性191人,女性165人,其详细情况如表2-2-81所示。

表2-2-81 北京市听力残疾人文档测验有效样本分布表

文档测验	城区			郊区			总计
	男	女	小计	男	女	小计	
15-29岁	128	97	225	7	12	19	244
30-39岁	9	8	17	10	14	24	41
40-49岁	10	8	18	14	18	32	50
50-59岁	6	1	7	7	7	14	21
合计	153	114	267	38	51	89	356

本项目在北京市共选取了938名有效被试进行了听力残疾人职业能力操作测验,其中城区709人,郊区229人;男性489人,女性449人。其详细资料如表2-2-82所示。

表2-2-82 北京市听力残疾人操作测验有效样本分布表

操作测验	城区			郊区			总计
	男	女	小计	男	女	小计	
15-29岁	216	207	423	25	12	37	460
30-39岁	27	33	60	29	26	55	115
40-49岁	62	79	141	42	40	82	223
50-59岁	51	34	85	37	18	55	140
合计	356	353	709	133	96	229	938

(2)总体情况

1)文档测验

被测试的听力残疾人在各分测验的得分情况从高到低排序为:符号知觉>形状知觉>言语能力>数理能力>空间知觉。男性的言语能力、符号知觉、形状知觉及能力总分低于女性,而数理能力、空间知觉略高于女性。无论男性或女性,15-29岁年龄段的听力残疾人在各个分测验以及职业能力文档测验总分均高于其他三个年龄段;男性的其他三个年龄段均是以符号知觉测验得分最高;女性30-39岁年龄段和40-49岁年龄段以符号知觉测验得分最高,50-54岁年龄段以形状知觉测验得分最高(见表2-2-83)。

表2-2-83 北京市不同性别与年龄听力残疾人职业能力文档测验的平均数和标准差

		n	言语能力		数理能力		空间知觉		符号知觉		形状知觉		文档计分	
			M	Std	M	Std	M	Std	M	Std	M	Std	M	Std
总体		356	11.58	5.46	11.11	5.91	10.89	5.75	15.51	5.19	13.22	6.01	62.32	24.23
男性		191	11.22	5.68	11.27	6.34	11.27	5.99	15.48	5.37	13.06	6.23	62.29	25.55
女性		165	12.00	5.17	10.93	5.39	10.45	5.45	15.55	4.99	13.42	5.76	62.35	22.69
男(岁)	15-29	135	13.01	4.66	13.44	5.38	13.45	5.05	17.22	3.30	15.35	4.99	72.47	19.37
	30-39	19	7.33	5.53	6.21	4.98	6.53	4.51	14.07	5.88	8.11	4.92	42.25	19.86
	40-49	24	6.75	5.96	5.75	5.51	5.83	4.93	9.61	7.86	8.33	5.98	36.28	25.13
	50-59	13	6.51	5.49	6.31	6.05	5.54	4.63	10.27	5.40	5.23	4.73	33.86	17.80

(续表)

		n	言语能力		数理能力		空间知觉		符号知觉		形状知觉		文档计分	
			M	Std	M	Std	M	Std	M	Std	M	Std	M	Std
女（岁）	15-29	109	13.78	4.27	13.10	4.44	12.75	4.64	16.99	3.88	15.82	4.32	72.44	17.18
	30-39	22	8.48	4.91	7.45	4.75	6.09	3.57	15.11	4.57	9.18	5.58	46.32	19.17
	40-49	26	8.77	5.72	6.31	4.48	5.85	4.52	12.19	5.27	8.00	5.18	41.11	20.72
	50-54	8	8.00	3.36	6.00	4.28	6.00	2.83	8.06	7.03	10.00	5.66	38.06	11.40

北京市城区听力残疾人在职业能力文档测验各分测验及总分上的得分均高于郊区的听力残疾人。城区女性听力残疾人在言语能力、数理能力、符号知觉和形状知觉各分测验的得分以及职业能力的总分高于城区男性听力残疾人，空间知觉测验的得分低于城区男性听力残疾人。郊区女性听力残疾人在言语能力、符号知觉和形状知觉分测验的得分以及职业能力的总分高于郊区男性听力残疾人，而在数理能力和空间知觉上的得分低于郊区男性听力残疾人（见表2-2-84）。

表2-2-84 北京市不同地区听力残疾人职业能力文档测验的平均数和标准差

		n	言语能力		数理能力		空间知觉		符号知觉		形状知觉		文档计分	
			M	Std	M	Std	M	Std	M	Std	M	Std	M	Std
	城区	267	11.83	5.77	11.68	6.23	11.81	5.94	16.68	3.96	13.69	6.38	65.69	24.85
	郊区	89	10.85	4.33	9.42	4.45	8.11	4.03	11.98	6.66	11.84	4.49	52.20	19.07
城区	男	153	11.37	5.88	11.67	6.55	11.92	6.16	16.67	4.09	13.44	6.45	65.07	25.81
	女	114	12.44	5.59	11.68	5.80	11.67	5.66	16.71	3.79	14.02	6.29	66.52	23.59
郊区	男	38	10.61	4.80	9.63	5.15	8.63	4.36	10.68	7.06	11.53	5.02	51.08	21.31
	女	51	11.03	3.99	9.25	3.90	7.73	3.75	12.95	6.25	12.08	4.10	53.04	17.40

2）操作测验

男性听力残疾人的手眼协调能力得分高于女性，而手指手腕灵活性测验用时高于女性。无论男女，30-39岁年龄段的听力残疾人手眼协调测验得分最高，而手指手腕灵活性测验用时最短，即30-39岁年龄组的听力残疾人在操作测验分测验上的表现优于其他年龄组人群；而50岁以上的听力残疾人在操作测验分测验的表现劣于其他年龄组人群（见表2-2-85）。

表2-2-85 北京市不同性别与年龄听力残疾人职业能力操作测验的平均数和标准差

		手眼协调			手指手腕灵活性（单位：秒）		
		n	M	Std	n	M	Std
	总体	938	16.19	6.21	895	76.80	31.64
	男性	489	16.28	6.16	468	79.54	37.17
	女性	449	16.07	6.28	427	73.80	23.87
男（岁）	15-29	241	16.31	6.32	231	73.27	42.45
	30-39	56	17.57	5.01	54	72.43	17.25
	40-49	104	16.03	6.21	99	81.85	28.47
	50-59	88	15.71	6.31	84	98.62	33.43

(续表)

		手眼协调			手指手腕灵活性(单位:秒)		
		n	M	Std	n	M	Std
女（岁）	15-29	219	15.99	6.85	206	70.35	26.23
	30-39	59	17.24	5.40	56	70.11	18.70
	40-49	119	16.45	5.23	117	74.98	18.49
	50-54	52	14.23	6.59	48	90.00	23.83

北京市城区听力残疾人在手眼协调上的得分低于郊区的听力残疾人,在手指手腕灵活性上优于郊区的听力残疾人。城区女性听力残疾人在手眼协调上的得分低于男性,在手指手腕灵活性上优于男性。郊区女性听力残疾人在手眼协调上的得分高于男性,且在手指手腕灵活性上优于男性(见表2-2-86)。

表2-2-86 北京市不同地区听力残疾人职业能力操作测验的平均数和标准差

		手眼协调			手指手腕灵活性(单位:秒)		
		n	M	Std	n	M	Std
	城区	709	15.99	6.47	669	74.21	25.50
	郊区	229	16.79	5.32	226	84.46	44.37
城区	男	356	16.13	6.37	336	75.03	26.46
	女	353	15.85	6.57	333	73.38	24.52
郊区	男	133	16.71	5.57	132	91.00	54.32
	女	96	16.89	4.96	94	75.27	21.45

(3)听力残疾人职业能力特征

1)性别差异比较分析

在文档测验部分,在言语能力、形状知觉和符号知觉上,女性听力残疾人的得分高于男性;而在数理能力和空间知觉上,男性听力残疾人的得分高于女性;在操作测验部分,男性听力残疾人在手眼协调测验上的得分高于女性,女性听力残疾者在手指手腕灵活性测验上所用时间少于男性(见图2-2-40)。

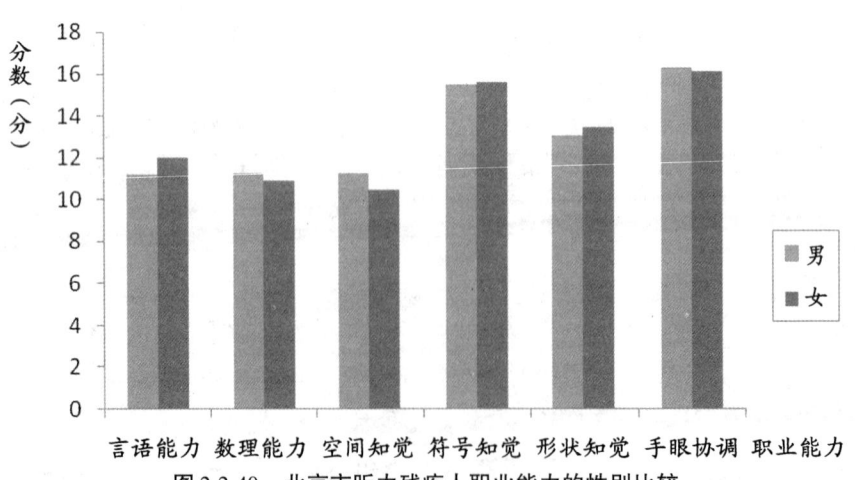

图2-2-40 北京市听力残疾人职业能力的性别比较

进一步差异性检验显示,听力残疾人在职业能力文档测验及手眼协调测验上不存在显著的性别差异;在手指手腕灵活性上存在极其显著的性别差异,即女性手指手腕灵活性比男性好(见表2-2-87)。

表 2-2-87　北京市肢体残疾人职业能力的性别差异检验

	名称	性别	人数	平均数	标准差	t	p
职业能力文档测验	言语能力	男	191	11.22	5.68	-1.366	.173
		女	165	12.00	5.17		
	数理能力	男	191	11.27	6.34	.537	.592
		女	165	10.93	5.39		
	空间知觉	男	191	11.27	5.99	1.341	.181
		女	165	10.45	5.45		
	符号知觉	男	191	15.48	5.37	-.131	.896
		女	165	15.55	4.99		
	形状知觉	男	191	13.06	6.23	-.564	.573
		女	165	13.42	5.76		
	文档计分	男	191	62.29	25.55	-.026	.979
		女	165	62.35	22.69		
职业能力操作测验	手眼协调	男	489	16.29	6.17	.839	.360
		女	449	16.07	6.28		
	手指手腕灵活性（单位:秒）	男	468	79.54	37.17	2.720**	.007
		女	427	73.80	23.86		

2）年龄差异比较分析

在文档测验部分,言语能力、符号知觉、数理能力、空间知觉和形状知觉五个分测验及职业能力文档测验的得分表现从高到低依次为:15-29 岁>30-39 岁>40-49 岁>50-59 岁,也就是说这些能力得分随着年龄的增长而呈现下降趋势(见图 2-2-41)。

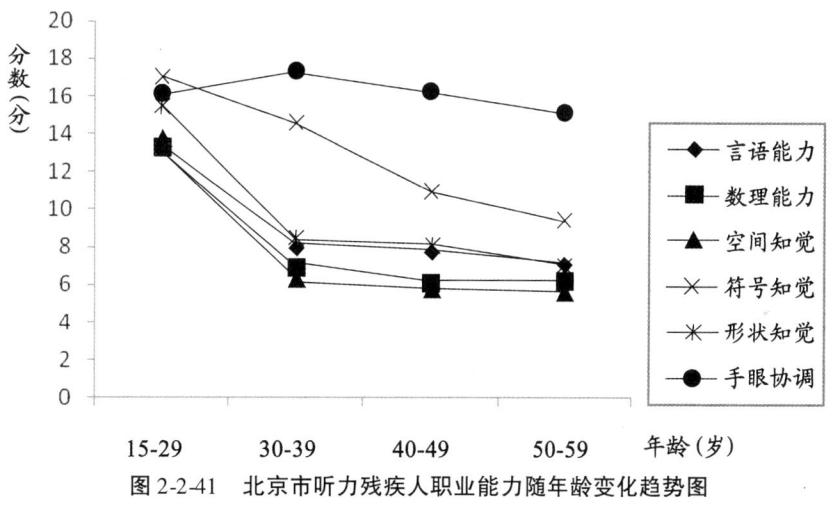

图 2-2-41　北京市听力残疾人职业能力随年龄变化趋势图

在操作测验部分,手眼协调测验数据表明,听力残疾人的手眼协调能力在 30-39 岁达到最佳水平。手指手腕灵活性操作测验数据显示,40 岁以前,听力残疾人手指和手腕的灵活性最好(见图 2-2-42)。

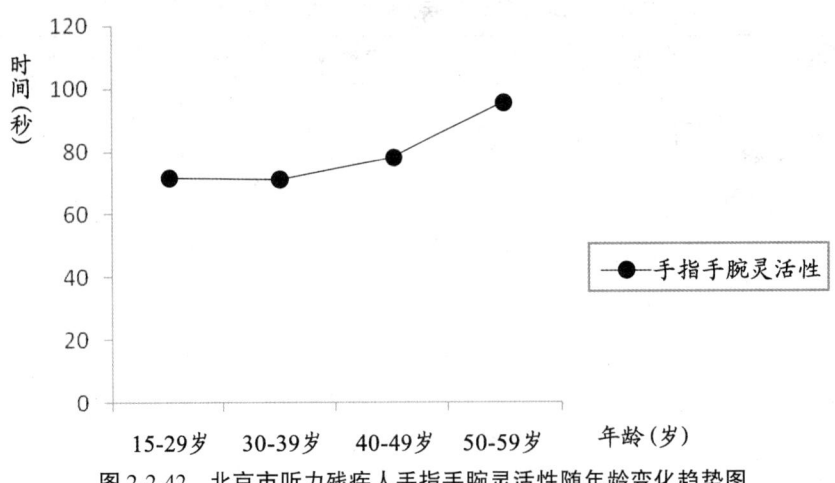

图2-2-42 北京市听力残疾人手指手腕灵活性随年龄变化趋势图

进一步差异性检验显示,在五个文档分测验、文档测验总分以及手指手腕灵活性测验上存在极显著年龄差异;在手眼协调测验存在显著年龄差异。多重比较可以看出,在言语能力、数理能力、空间知觉和形状知觉及文档测验总分上,15-29岁年龄组的得分显著高于其余三个年龄组。在符号知觉上,除40岁之后的两个年龄组间不存在显著的差异,其他各年龄组间均存在显著性差异,即15-29岁年龄组的得分显著高于其他三个年龄组,30-39岁年龄组的得分显著高于40岁之后的两个年龄组。

操作测验部分,在手眼协调分测验中,只有30-39岁年龄组与50-59岁年龄组得分存在显著性差异,其他年龄组之间得分均无显著性差异。手指手腕灵活性测验中,30-39岁年龄组与15-29岁和40-49岁两个年龄组间不存在显著性差异,其他年龄组间存在显著性差异(见表2-2-88)。

表2-2-88 北京市听力残疾人职业能力的年龄差异检验

名称		年龄组	人数	平均值	标准差	F	p	多重比较
职业能力文档测验	言语能力	15-29	244	13.36	4.50	35.351**	.000	1>2 1>3 1>4
		30-39	41	7.95	5.17			
		40-49	50	7.80	5.87			
		50-59	21	7.08	4.75			
	数理能力	15-29	244	13.29	4.98	49.551**	.000	1>2 1>3 1>4
		30-39	41	6.88	4.84			
		40-49	50	6.04	4.96			
		50-59	21	6.19	5.33			
	空间知觉	15-29	244	13.14	4.88	5.274**	.000	1>2 1>3 1>4
		30-39	41	6.29	3.99			
		40-49	50	5.84	4.67			
		50-59	21	5.71	3.96			
	符号知觉	15-29	244	17.11	3.56	41.049**	.000	1>2,1>3 1>4,2>3 2>4
		30-39	41	14.63	5.18			
		40-49	50	10.95	6.69			
		50-59	21	9.43	6.00			

(续表)

名称		年龄组	人数	平均值	标准差	F	p	多重比较
职业能力文档测验	形状知觉	15-29	244	15.56	4.70	58.296**	.000	1>2 1>3 1>4
		30-39	41	8.68	5.25			
		40-49	50	8.16	5.52			
		50-59	21	7.05	5.50			
	文档计分	15-29	244	72.45	18.38	74.559**	.000	1>2 1>3 1>4
		30-39	41	44.43	19.36			
		40-49	50	38.79	22.83			
		50-59	21	35.46	15.49			
职业能力操作测验	手眼协调	15-29	460	16.16	6.58	1.700*	.043	2>4
		30-39	115	17.40	5.19			
		40-49	223	16.25	5.70			
		50-59	140	15.16	6.43			
	手指手腕灵活性（单位：秒）	15-29	437	71.89	35.72	11.525**	.000	4>1,4>2 4>3,3>1
		30-39	110	71.25	17.96			
		40-49	216	78.13	23.79			
		50-59	132	95.48	30.48			

注:1 表示15-29岁年龄组残疾人组,2 表示30-39岁年龄组残疾人组,3 表示40-49岁年龄组残疾人组,4 表示50-59岁年龄组残疾人组。

3) 残疾等级比较分析

总体来讲,在文档测验部分,随着残疾程度的加重,听力残疾人的职业能力得分呈下降趋势,但在符号知觉分测验上,三级组的得分最高(见图2-2-43)。

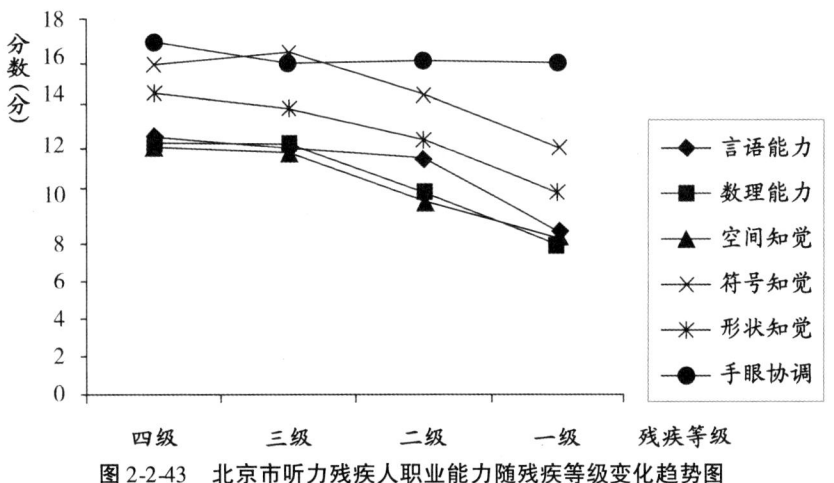

图2-2-43 北京市听力残疾人职业能力随残疾等级变化趋势图

在操作测验部分,随着残疾程度的加重,听力残疾人的手眼协调操作测验得分呈下降趋势,但三级组的得分略低于二级组(见图2-2-43)。在手指手腕灵活性测验上,听力残疾人所用时间随着残疾等级的加重呈现先上升后下降的趋势,即三级组用时最长(见图2-2-44)。

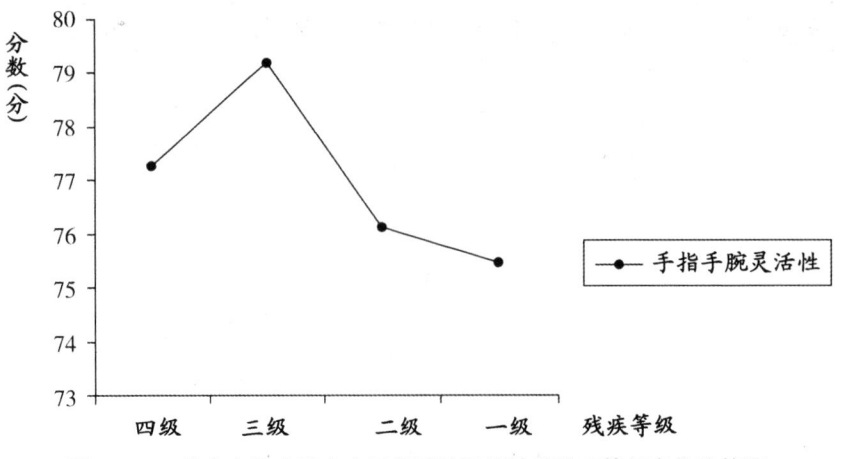

图 2-2-44　北京市听力残疾人手指手腕灵活性随残疾等级变化趋势图

进一步差异性检验发现,北京市听力残疾人在职业能力文档测验的各分测验和文档计分均存在极其显著的残疾等级差异。手眼协调和手指手腕灵活性操作性测验与残疾等级之间不存在显著性差异。多重比较可以看出,在言语能力和符号知觉分测验,一级组的得分显著低于其他三组;在数理能力和空间知觉分测验,一级组和二级组的得分显著低于三级组和四级组;在形状知觉分测验,一级组的得分显著低于三级组和四级组,二级组的得分显著低于四级组;在职业能力文档测验总分,除四级组和三级组间不存在显著差异,其他各组间均存在显著差异,即一级组得分显著低于其他三组,二级组得分低于四级组和三级组。在操作测验部分,各残疾等级间均不存在显著性差异(见表2-2-89)。

表2-2-89　北京市听力残疾人职业能力的残疾等级差异检验

名称		残疾等级	人数	平均值	标准差	F	p	多重比较
职业能力文档测验	言语能力	四级	126	12.46	5.16	4.037**	.008	4<3,4<2 4<1
		三级	69	11.91	5.49			
		二级	51	11.39	5.25			
		一级	18	7.89	5.59			
	数理能力	四级	126	12.11	5.73	5.420**	.001	4<2,4<1 3<2,3<1
		三级	69	12.03	5.96			
		二级	51	9.80	5.02			
		一级	18	7.33	5.40			
	空间知觉	四级	126	11.92	5.75	5.051**	.002	4<3,4<1 3<2,3<1
		三级	69	11.68	5.56			
		二级	51	9.41	5.25			
		一级	18	7.67	4.67			
	符号知觉	四级	126	15.93	4.45	4.572**	.004	4<3,4<2 4<1
		三级	69	16.44	4.61			
		二级	51	14.50	6.04			
		一级	18	12.01	7.55			

(续表)

名称		残疾等级	人数	平均值	标准差	F	p	多重比较
职业能力文档测验	形状知觉	四级	126	14.56	5.39	5.123**	.002	4<2,4<1 3<1
		三级	69	13.83	5.58			
		二级	51	12.27	5.89			
		一级	18	9.78	5.35			
	文档计分	四级	126	66.97	22.82	6.482**	.000	4<3,4<2 4<1 3<2,3<1
		三级	69	65.89	23.59			
		二级	51	57.37	22.37			
		一级	18	44.68	22.11			
职业能力操作测验	手眼协调	四级	162	17.05	5.19	1.015	.385	
		三级	206	16.05	6.14			
		二级	201	16.11	6.59			
		一级	365	15.98	6.42			
	手指手腕灵活性（单位:秒）	四级	158	77.27	25.37	.254	.859	
		三级	204	79.19	28.61			
		二级	185	76.12	47.39			
		一级	347	75.48	24.78			

注：1 表示四级听力残疾人组，2 表示三级听力残疾人组，3 表示二级听力残疾人组，4 表示一级听力残疾人组。

4）文化水平比较分析

总体来讲，在文档测验部分，听力残疾人职业能力的得分表现从高到低依次为：大专及以上>高中>初中>小学，也就是说这些能力得分随着文化水平的升高而呈现上升趋势，但是在言语能力上，高中组的得分低于初中组（见图2-2-45）。

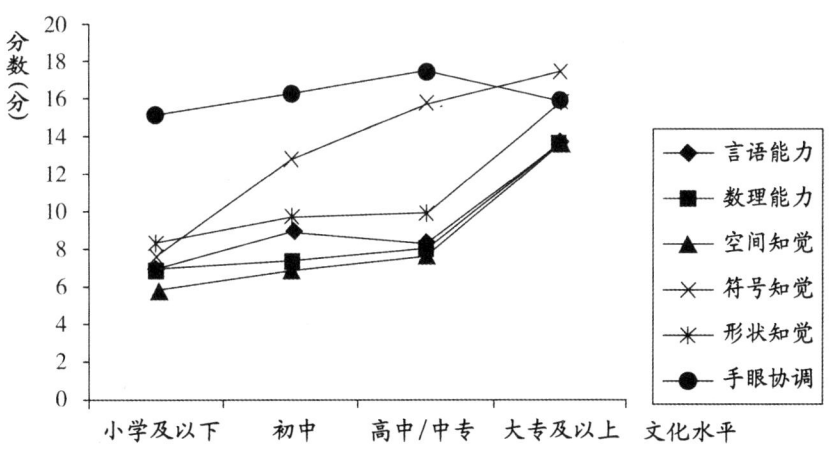

图2-2-45 北京市听力残疾人职业能力随文化水平变化趋势图

操作测验部分，手眼协调测验的得分表现为中学（高中/中专、初中）高于小学及以下和大专及以上（见图2-2-45）。手指手腕灵活性测验中，听力残疾人完成的速度从慢到快依次为：小学及以下>初中>高中/中专>大专及以上（见图2-2-46）。

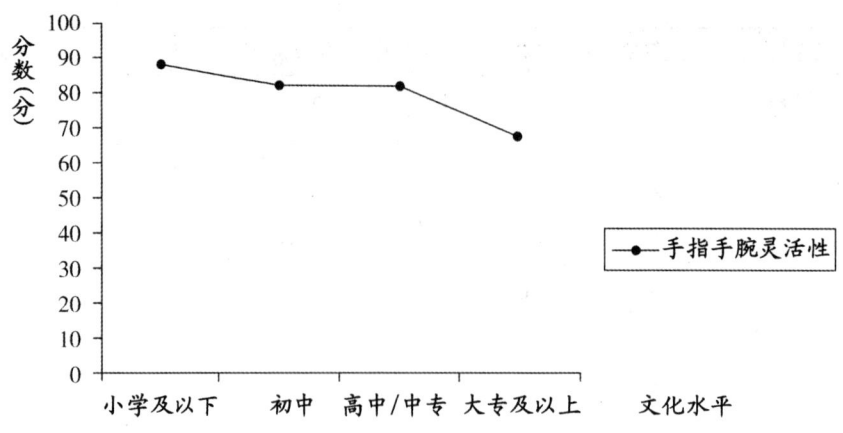

图 2-2-46 北京市听力残疾人手指手腕灵活性随文化水平变化趋势图

进一步差异检验显示,职业能力测验的文档部分的各分测验及总测验均存在极显著的文化水平差异。在操作部分,手指手腕灵活性存在极显著的文化水平差异,手眼协调存在着显著的文化水平差异。多重比较可以看出,在职业能力测验的文档部分的言语能力、数理能力、空间知觉、符号知觉和形状知觉分测验的得分及文档计分,大专及以上组的得分显著高于其他三组听力残疾人;在言语能力、数理能力和空间知觉分测验,各组之间均存在显著的差异;在符号知觉分测验,各组之间均存在显著的差异;在操作测验部分的手眼协调分测验中,高中/中专组与小学及以下组和大专及以上的组听力残疾人得分存在显著差异,其他各组间不存在显著性差异。在手指手腕灵活性测验中,大专及以上组的听力残疾人与其他三组听力残疾人间均存在显著性差异(见表 2-2-90)。

表 2-2-90 北京市听力残疾人职业能力的文化水平差异检验

	名称	文化水平	人数	平均值	标准差	F	p	多重比较
职业能力文档测验	言语能力	小学及以下	34	6.94	5.18	41.606**	.000	1<4 2<4 3<4
		初中	61	8.95	5.44			
		高中/中专	51	8.41	5.31			
		大专及以上	210	13.87	4.23			
	数理能力	小学及以下	34	6.94	5.99	40.680**	.000	1<4 2<4 3<4
		初中	61	7.44	5.36			
		高中/中专	51	8.04	5.65			
		大专及以上	210	13.60	4.75			
	空间知觉	小学及以下	34	5.94	4.44	60.389**	.000	1<4 2<4 3<4
		初中	61	6.82	4.85			
		高中/中专	51	7.65	5.39			
		大专及以上	210	13.66	4.50			
	符号知觉	小学及以下	34	7.67	7.13	63.271**	.000	1<4,2<4 3<4,2<3 2<4,3<4
		初中	61	12.86	5.69			
		高中/中专	51	15.76	3.80			
		大专及以上	210	17.49	2.99			

(续表)

名称		文化水平	人数	平均值	标准差	F	p	多重比较
职业能力文档测验	形状知觉	小学及以下	34	8.35	6.14	44.552**	.000	1<4 2<4 3<4
		初中	61	9.70	5.52			
		高中/中专	51	9.96	6.06			
		大专及以上	210	15.83	4.58			
	文档计分	小学及以下	34	35.84	24.16	72.149**	.000	1<4 2<4 3<4
		初中	61	45.77	21.62			
		高中	51	49.81	21.89			
		大专及以上	210	74.44	16.64			
职业能力操作测验	手眼协调	小学及以下	125	15.16	6.35	2.728*	.043	3>1 3>4
		初中	231	16.29	5.98			
		高中/中专	176	17.49	5.03			
		大专及以上	390	15.91	6.69			
	手指手腕灵活性（单位:秒）	小学及以下	119	87.81	28.02	13.411**	.000	1>4,2>4 3>4
		初中	219	82.27	45.40			
		高中/中专	157	81.64	30.53			
		大专及以上	387	67.46	17.76			

注:1 表示小学及以下听力残疾人组,2 表示初中听力残疾人组,3 表示高中听力残疾人组,4 表示大专及以上听力残疾人组。

5) 交流方式比较分析

依据听力残疾人的主要交流方式分成以手语为主要交流方式(简称手语),以口语为主要交流方式(简称口语),手语与口语并用的交流方式(简称手语 & 口语)和其他类型交流方式(简称其他)四种类型。

在文档测验中,职业能力各分测验及文档测验总分的得分表现从高到低依次为:手语 & 口语>手语>口语>其他,也就是说同时运用手语和口语与他人交流的听力残疾者在这些能力方面表现最佳,而只用一种方式与他人进行交流的听力残疾者在这些能力方面表现相对较差(见图2-2-47)。

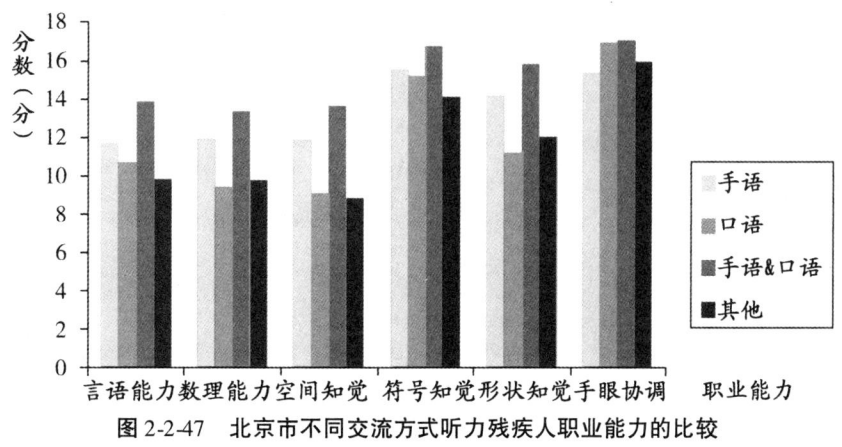

图 2-2-47 北京市不同交流方式听力残疾人职业能力的比较

在操作测验中,听力残疾人在手眼协调测验上的得分从高到低依次为:手语 & 口语>口语>其他>手语。手指手腕灵活性测验中,听力残疾人完成的速度从慢到快依次为:其他>口语>手语>手语 & 口语,即手语口语并用的听力残疾人在手指手腕灵活性方面表现最佳(见图2-2-48)。

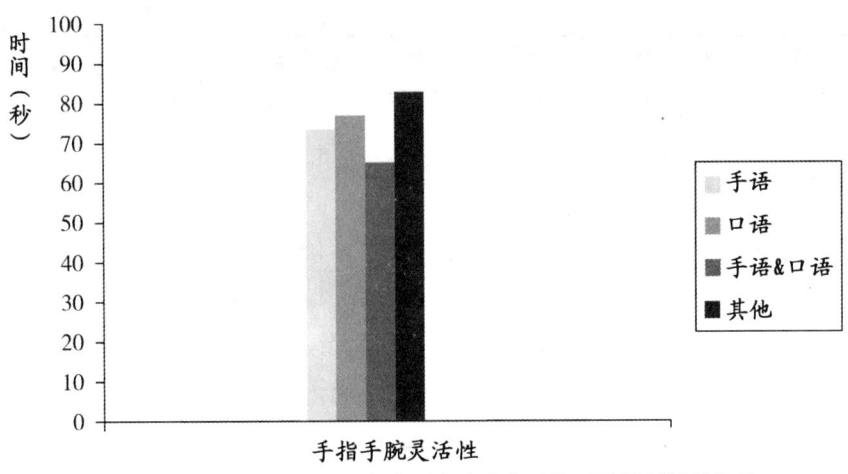

图 2-2-48　北京市不同交流方式听力残疾人手指手腕灵活性的比较

进一步差异检验显示,符号知觉测验存在显著性差异,其余职业能力各分测验及文档测验的总分均存在极其显著性水平差异。多重比较可以看出,在言语能力分测验,手语&口语组的得分显著高于其他三组;在数理能力、形状知觉分测验和文档计分,手语&口语组的得分显著高于口语组和其他组,且手语组得分显著高于口语组;在空间知觉分测验,手语&口语组的得分显著高于口语组和其他组,且手语组的得分显著高于口语组和其他组;在符号知觉分测验,手语&口语组显著高于其他组的得分。操作测验部分中,在手眼协调分测验,手语和口语及手语&口语组间存在显著性差异,即手语&口语组和手语组的得分显著高于口语组。在手指手腕灵活性测验,手语和口语组表现显著优于其他三组,手语组的表现显著优于其他组(见表2-2-91)。

表 2-2-91　北京市不同交流方式听力残疾人职业能力的差异检验

名称		交流方式	人数	平均值	标准差	F	p	多重比较
职业能力文档测验	言语能力	手语	106	11.70	5.02	7.878**	.000	1<3 2<3 4<3
		口语	120	10.73	5.97			
		手语&口语	77	13.92	4.27			
		其他	53	9.87	5.60			
	数理能力	手语	106	11.96	6.03	8.952**	.000	1>2 3>2 3>4
		口语	120	9.48	5.78			
		手语&口语	77	13.38	4.79			
		其他	53	9.81	6.18			
	空间知觉	手语	106	11.87	5.69	14.596**	.000	1>2 1>4 3>2 3>4
		口语	120	9.12	5.43			
		手语&口语	77	13.69	4.89			
		其他	53	8.87	5.74			
	符号知觉	手语	106	15.60	5.11	3.000*	.031	3>4
		口语	120	15.22	5.28			
		手语&口语	77	16.78	4.33			
		其他	53	14.12	5.93			

(续表)

名称		交流方式	人数	平均值	标准差	F	p	多重比较
职业能力文档测验	形状知觉	手语	106	14.17	5.95	12.060**	.000	1>2 3>2 3>4
		口语	120	11.20	5.94			
		手语&口语	77	15.87	4.86			
		其他	53	12.08	6.06			
	文档计分	手语	106	65.31	24.02	11.785**	.000	1>2 3>2 3>4
		口语	120	55.75	23.61			
		手语&口语	77	73.64	19.28			
		其他	53	54.75	25.69			
职业能力操作测验	手眼协调	手语	426	15.39	6.81	4.479**	.004	2>1 3>1
		口语	204	16.95	5.21			
		手语&口语	241	17.07	5.66			
		其他	63	16.00	6.24			
	手指手腕灵活性（单位:秒）	手语	404	77.54	26.98	6.877**	.000	1>3,2>3 4>3,4>1
		口语	202	81.37	27.64			
		手语&口语	230	68.72	20.70			
		其他	58	87.40	75.38			

注:1 表示主要使用手语的听力残疾人组,2 表示主要使用口语的听力残疾人组,3 表示同时使用手语和口语的听力残疾人组,4 表示使用其他交流方式的听力残疾人组。

6)城郊差异比较分析

在言语能力和形状知觉分测验中,城区女性组的得分最高;在数理能力、空间知觉和符号知觉分测验,城区男性组的得分最高。在手指手腕灵活性,郊区男性组用时最长(见图 2-2-49、图 2-2-50)。

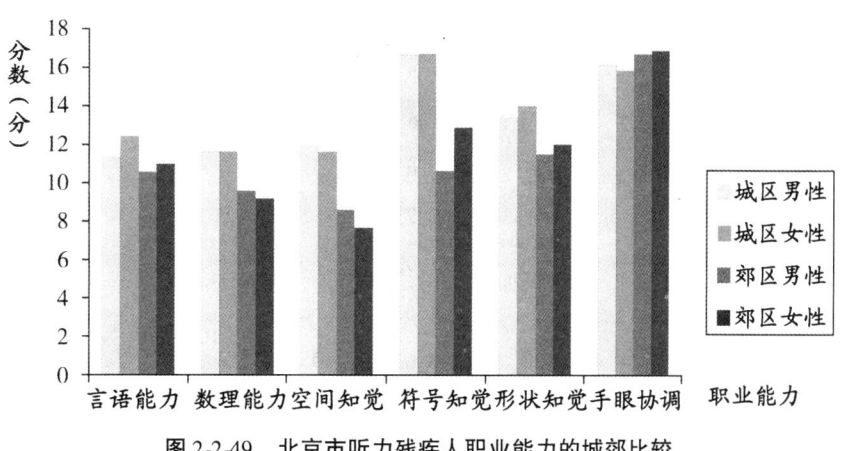

图 2-2-49　北京市听力残疾人职业能力的城郊比较

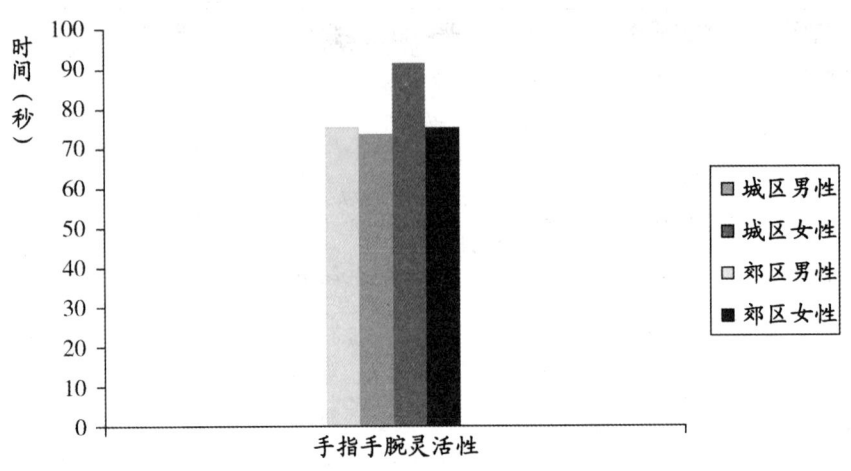

图 2-2-50 北京市听力残疾人手指手腕灵活性的城郊比较

进一步差异检验显示,北京市听力残疾人在数理能力分测验的得分存在显著的城郊差异,在空间知觉、符号知觉、手指手腕灵活性分测验的得分及文档测验总分存在极显著差异。多重比较可以看出,在数理能力分测验,城区听力残疾人的得分显著高于郊区女性;在空间知觉分测验和文档总分上,郊区听力残疾人的得分显著低于城区,说明城区听力残疾人在空间知觉上的能力更强;在符号知觉分测验,郊区听力残疾人的得分显著低于城区,且郊区女性的得分显著低于郊区男性的得分。在手指手腕灵活性上,郊区男性所用时间极显著多于其他三组,说明郊区男性的手指手腕灵活性较低(见表2-2-92)。

表 2-2-92 北京市听力残疾人职业能力的城郊差异检验

名称		城郊*性别	人数	平均值	标准差	F	p	多重比较
职业能力文档测验	言语能力	城区男性	153	11.37	5.88	1.593	.191	
		城区女性	114	12.44	5.59			
		郊区男性	38	10.61	4.80			
		郊区女性	51	11.03	3.99			
	数理能力	城区男性	153	11.67	6.55	3.353*	.019	1>4 2>4
		城区女性	114	11.68	5.80			
		郊区男性	38	9.63	5.15			
		郊区女性	51	9.25	3.90			
	空间知觉	城区男性	153	11.92	6.16	10.171**	.000	1>3 1>4 2>3 2>4
		城区女性	114	11.67	5.66			
		郊区男性	38	8.63	4.36			
		郊区女性	51	7.73	3.75			
	符号知觉	城区男性	153	16.67	4.09	23.437**	.000	1>3,1>4 2>3,2>4 4>3
		城区女性	114	16.71	3.79			
		郊区男性	38	10.68	7.06			
		郊区女性	51	12.95	6.25			

(续表)

名称		城效*性别	人数	平均值	标准差	F	p	多重比较
职业能力文档测验	形状知觉	城区男性	153	13.44	6.45	2.382	.069	
		城区女性	114	14.02	6.29			
		郊区男性	38	11.53	5.02			
		郊区女性	51	12.08	4.10			
	文档计分	城区男性	153	65.07	25.81	7.390**	.000	1>3
		城区女性	114	66.52	23.59			1>4
		郊区男性	38	51.08	21.31			2>3
		郊区女性	51	53.04	17.40			2>4
职业能力操作测验	手眼协调	城区男性	356	16.13	6.37	1.083	.355	
		城区女性	353	15.85	6.57			
		郊区男性	133	16.71	5.57			
		郊区女性	96	16.89	4.96			
	手指手腕灵活性（单位:秒）	城区男性	336	75.03	26.46	10.931**	.000	3>1,3>2
		城区女性	333	73.38	24.52			3>4
		郊区男性	132	91.00	54.32			
		郊区女性	94	75.27	21.45			

注:1表示城区男性听力残疾人组,2表示城区女性听力残疾人组,3表示郊区男性听力残疾人组,4表示郊区女性听力残疾人组。

(4)结论

①北京市听力残疾人在各分测验的得分情况从高到低排序为:符号知觉>形状知觉>言语能力>数理能力>空间知觉。

②北京市听力残疾人在职业能力文档测验及手眼协调测验上不存在显著的性别差异,但女性听力残疾人的手指手腕灵活性比男性好,且存在极其显著的性别差异($p<0.01$)。

③北京市听力残疾人在职业能力文档测验各分测验上的得分及总分上随着年龄的增长而呈现下降趋势;在操作测验部分,30~39岁的听力残疾人的手眼协调能力达到最佳水平,40岁之前的听力残疾人手指手腕灵活性最好。

④北京市听力残疾人在职业能力文档测验部分,随着残疾程度的加重,职业能力得分呈下降趋势,但在符号知觉分测验上,三级听力残疾人的得分最高。

⑤北京市听力残疾人在职业能力文档测验部分和手指手腕灵活性测验上的得分随着文化水平的升高而呈现上升趋势,但是在言语能力上,高中组的得分低于初中组;中学(高中/中专、初中)组的听力残疾人的手眼协调测验得分高于小学及以下和大专及以上组。

⑥北京市听力残疾人中同时运用手语和口语与他人交流的听力残疾人在职业能力的各个方面表现最佳。

⑦北京市听力残疾人在数理能力分测验的得分存在显著城郊差异($p<0.05$),其中城区听力残疾人的得分显著高于郊区女性;在空间知觉、符号知觉、手指手腕灵活性分测验的得分及文档测验总分存在极显著差异($p<0.01$),其中城区听力残疾人在空间知觉和符号知觉上的能力更强,郊区男性的手指手腕灵活性最低。

3. 北京市听力残疾人职业人格状况

(1) 测试人群分布

本项目在北京市共选取了341名有效被试进行了听力残疾人职业人格测验,其中城区266人,郊区75人;男性184人,女性157人。其详细资料如表2-2-93所示。

表2-2-93 北京市听力残疾人职业人格测验有效样本分布表

年龄(岁)	城区			郊区			合计
	男	女	小计	男	女	小计	
15-29	127	97	224	7	10	17	241
30-39	9	8	17	9	14	23	40
40-49	10	8	18	12	14	26	44
50-59	6	1	7	4	5	9	16
合计	152	114	266	32	43	75	341

(2) 总体情况

被测试的听力残疾人职业人格各维度的得分从高到低依次为:管理能力>责任心>严谨性>自信心>交际能力>坚持性>抗挫折能力>情绪稳定性。在不同年龄组的男性肢体残疾人中,除30-39岁年龄组在自信心维度的得分高于其他年龄组外,其余的各维度均表现为15-29岁年龄组的人得分最高。在不同年龄组的女性听力残疾人中,15-29岁年龄组情绪稳定性和抗挫折能力得分最高;30-39岁年龄组在坚持性、严谨性、责任心、交际能力和管理能力上得分最高;50-59岁年龄组在自信心上得分最高(见表2-2-94)。

表2-2-94 北京市听力残疾人职业人格测验

		n	坚持性		严谨性		情绪稳定性		自信心	
			M	Std	M	Std	M	Std	M	Std
	总体	341	8.15	2.43	8.73	1.94	6.61	2.98	8.55	1.89
	男性	184	8.25	2.46	8.89	1.81	6.63	2.88	8.45	1.86
	女性	157	8.03	2.39	8.55	2.08	6.58	3.10	8.66	1.92
男(岁)	15-29	134	8.54	2.15	9.16	1.61	6.96	2.71	8.45	1.88
	30-39	18	7.72	3.14	8.00	2.47	5.39	2.70	8.78	1.77
	40-49	22	7.05	2.98	8.09	1.90	5.91	3.45	8.36	1.99
	50-59	10	7.90	3.11	8.70	2.00	6.00	3.40	8.00	1.49
女(岁)	15-29	107	8.07	107	8.61	1.89	7.03	2.84	8.65	2.04
	30-39	22	9.09	22	9.68	1.67	6.95	2.97	8.95	1.65
	40-49	22	7.41	22	7.77	2.51	5.23	3.52	8.18	1.62
	50-54	6	5.83	6	6.17	2.40	2.17	1.83	9.50	1.64

表 2-2-94 北京市听力残疾人职业人格测验的平均数和标准差(续)

		n	责任心		交际能力		管理能力		抗挫折能力	
			M	Std	M	Std	M	Std	M	Std
	总体	341	9.63	1.86	8.37	2.28	9.85	2.06	8.05	2.28
	男性	184	9.65	1.83	8.23	2.26	9.87	1.95	8.01	2.30
	女性	157	9.60	1.90	8.54	2.29	9.83	2.19	8.10	2.26
男(岁)	15-29	134	9.88	1.61	8.60	2.25	10.14	1.62	8.44	2.08
	30-39	18	9.17	2.04	7.89	1.57	9.22	2.26	7.17	2.57
	40-49	22	8.91	2.35	6.64	2.11	8.82	2.79	6.68	2.53
	50-59	10	9.10	2.51	7.30	2.26	9.70	2.41	6.60	2.41
女(岁)	15-29	107	9.58	1.73	8.71	2.05	9.83	2.16	8.47	2.05
	30-39	22	10.55	1.63	8.77	2.31	10.32	1.70	8.14	2.40
	40-49	22	8.86	2.66	7.50	3.26	9.32	2.73	6.91	2.51
	50-54	6	9.17	1.47	8.33	1.21	10.00	2.28	5.67	1.86

城区的听力残疾人在自信心上的得分低于郊区的听力残疾人,在其他七个人格特征维度上的得分高于郊区听力残疾人。城区男性组听力残疾人在自信心、交际能力和抗挫折能力上的得分低于城区女性组,在其他五个人格特征维度的得分则高于城区女性组;郊区男性组在职业人格的各个维度得分普遍低于郊区女性组(见表2-2-95)。

表 2-2-95 北京市听力残疾人职业人格测验城郊样本

		n	坚持性		严谨性		情绪稳定性		自信心	
			M	Std	M	Std	M	Std	M	Std
	城区	266	8.35	2.32	8.90	1.87	7.03	2.82	8.53	1.94
	郊区	75	7.44	2.67	8.15	2.07	5.12	3.07	8.61	1.70
城区	男	152	8.51	2.28	9.11	1.73	7.05	2.69	8.43	1.91
	女	114	8.14	2.36	8.61	2.02	7.00	3.00	8.65	1.98
郊区	男	32	7.03	2.91	7.84	1.83	4.66	2.97	8.50	1.59
	女	43	7.74	2.46	8.37	2.23	5.47	3.13	8.70	1.79

表 2-2-95 北京市听力残疾人职业人格测验城郊样本的平均数和标准差(续)

		n	责任心		交际能力		管理能力		抗挫折能力	
			M	Std	M	Std	M	Std	M	Std
	城区	266	9.67	1.81	8.47	2.30	9.92	2.04	8.42	2.11
	郊区	75	9.49	2.06	8.03	2.19	9.63	2.12	6.73	2.39
城区	男	152	9.71	1.81	8.41	2.30	9.96	1.91	8.37	2.12
	女	114	9.61	1.81	8.54	2.29	9.86	2.21	8.48	2.10
郊区	男	32	9.38	1.95	7.38	1.88	9.44	2.08	6.28	2.39
	女	43	9.58	2.15	8.51	2.29	9.77	2.17	7.07	2.36

(3) 听力残疾人职业人格特征

1) 性别差异比较分析

北京市不同性别听力残疾人职业人格各维度得分的均数比较发现,男性听力残疾人在坚持性、严谨性、情绪稳定性、责任心和管理能力维度的得分高于女性;在自信心、交际能力和抗挫折能力维度的得分上低于女性(见图2-2-51)。

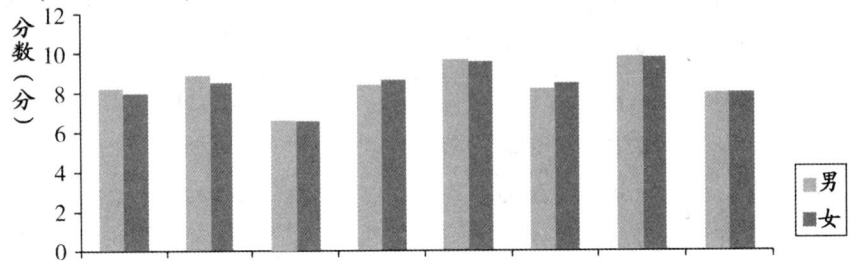

图2-2-51 北京市听力残疾人职业人格特征的性别比较

进一步差异检验发现,北京市听力残疾人在职业人格的各维度均不存在显著的性别差异(见表2-2-96)。

表2-2-96 北京市听力残疾人职业人格特征的性别差异检验

	名称	性别	人数	平均数	标准差	t	p
职业人格	坚持性	男	184	8.25	2.46	.827	.409
		女	157	8.03	2.39		
	严谨性	男	184	8.89	1.81	1.633	.103
		女	157	8.55	2.08		
	情绪稳定性	男	184	6.63	2.88	.157	.875
		女	157	6.58	3.10		
	自信心	男	184	8.45	1.86	-1.057	.291
		女	157	8.66	1.92		
	责任心	男	184	9.65	1.83	.264	.792
		女	157	9.60	1.90		
	交际能力	男	184	8.23	2.26	-1.241	.215
		女	157	8.54	2.29		
	管理能力	男	184	9.87	1.95	.157	.875
		女	157	9.83	2.19		
	抗挫折能力	男	184	8.01	2.30	-.363	.717
		女	157	8.10	2.26		

2) 年龄差异比较分析

被测试的听力残疾人在抗挫折能力和情绪稳定性两个维度的得分随年龄段增长而呈现下降趋势;坚持性维度的得分呈现先升后降的趋势,即30-39岁年龄组得分最高,50-59岁年龄组得分最低;严谨性、自信心、责任心、交际能力和管理能力五个维度的得分呈现升-降-升的"N"型曲线,且在严谨性、自信心和责任心三个维度,30-39岁年龄组得分最高;在交际能力和管理能力两个维度,15-29岁年龄组得分最高(见图2-2-52)。

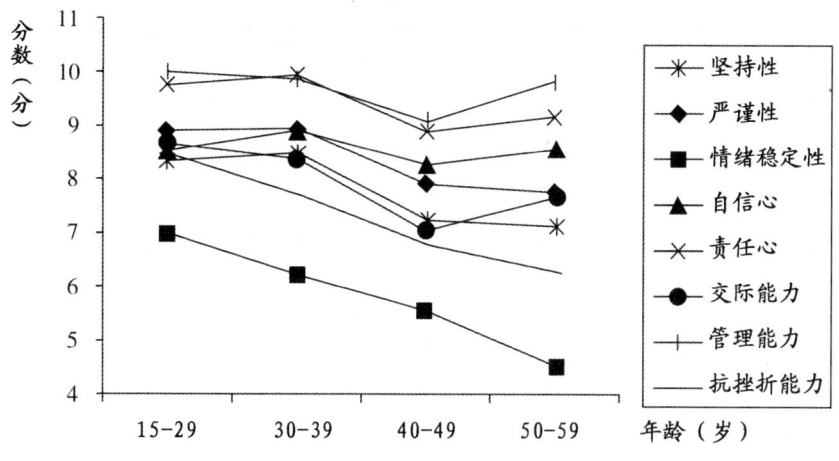

图 2-2-52 北京市肢体残疾人职业人格特征随年龄变化趋势图

进一步差异检验发现,不同年龄组的听力残疾人在责任心的得分存在着显著性差异,在坚持性、严谨性、情绪稳定性、交际能力和抗挫折能力的得分存在着极显著的差异。多重比较可以看出,在坚持性维度,40-49 岁年龄组与 15-29 岁和 30-39 岁两个年龄组的得分存在显著差异;在严谨性维度,40 岁之前的两个年龄组的得分显著高于 40 岁之后的两个年龄组,即 40 岁之前的听力残疾人在严谨性维度的人格特征更为突出;在情绪稳定性维度,15-29 岁年龄组的得分显著高于 40 岁之后的两个年龄组;在责任心维度,40-49 岁年龄组的得分显著低于 40 岁之前的两个年龄组;在交际能力维度,40-49 岁年龄组的得分显著低于 40 岁之前的两个年龄组;在抗挫折能力维度,15-29 岁年龄组的得分显著高于其他三个年龄组,且 30-39 岁年龄组的得分显著高于 50-59 岁年龄组,即 40 岁之前的听力残疾人的抗挫折能力更强(见表 2-2-97)。

表 2-2-97 北京市听力残疾人职业人格特征的年龄差异检验

	名称	年龄组	人数	平均值	标准差	F	p	多重比较
职业人格	坚持性	15-29	241	8.33	2.21			
		30-39	40	8.48	2.67	3.859**	.010	1>3
		40-49	44	7.23	2.92			2>3
		50-59	16	7.13	2.80			
	严谨性	15-29	241	8.91	1.75			1>3
		30-39	40	8.93	2.21	4.847**	.003	1>4
		40-49	44	7.93	2.20			2>3
		50-59	16	7.75	2.44			2>4
	情绪稳定性	15-29	241	6.99	2.76			
		30-39	40	6.25	2.92	6.097**	.000	1>3
		40-49	44	5.57	3.46			1>4
		50-59	16	4.56	3.42			
	自信心	15-29	241	8.54	1.95			
		30-39	40	8.88	1.68	.711	.546	
		40-49	44	8.27	1.80			
		50-59	16	8.56	1.67			

(续表)

名称		年龄组	人数	平均值	标准差	F	p	多重比较
职业人格	责任心	15-29	241	9.75	1.67			
		30-39	40	9.93	1.93	3.447*	.017	1>3
		40-49	44	8.89	2.48			2>3
		50-59	16	9.13	2.13			
	交际能力	15-29	241	8.65	2.16			
		30-39	40	8.38	2.03	6.841**	.000	1>3
		40-49	44	7.07	2.75			2>3
		50-59	16	7.69	1.96			
	管理能力	15-29	241	10.00	1.88			
		30-39	40	9.83	2.02	2.602	.052	
		40-49	44	9.07	2.74			
		50-59	16	9.81	2.29			
	抗挫折能力	15-29	241	8.45	2.06			1>2
		30-39	40	7.70	2.49			1>3
		40-49	44	6.80	2.49	11.567**	.000	1>4
		50-59	16	6.25	2.21			2>4

注:1表示15-29岁年龄组的听力残疾人组,2表示30-39岁年龄组的听力残疾人组,3表示40-49岁年龄组的听力残疾人组,4表示50-59岁年龄组的听力残疾人组。

3)残疾等级比较分析

北京市听力残疾人在坚持性、自信心、责任心和管理能力四个维度的得分随残疾程度的加重呈现先降后升的"∨"型曲线,且在一级组得分最高,三级组的得分最低;严谨性的得分呈现"降-升-降"的趋势,且在一级组得分最低,二级组得分最高;在情绪稳定性和交际能力两个维度的得分呈现先升后降的"∧"型曲线,且情绪稳定性在一级组得分最低,三级组得分最高;而交际能力一级组得分最低,二级组得分最高;抗挫折能力的得分随残疾加重呈下降的趋势(见图2-2-53)。

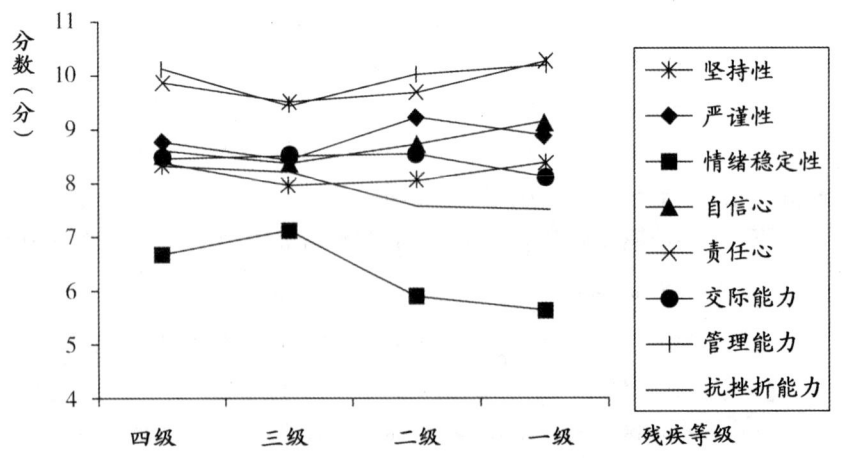

图2-2-53 北京市听力残疾人职业人格特征随残疾等级变化趋势图

总体而言,北京市听力残疾人职业人格特征上并不存在显著的残疾等级差异(见表2-2-98)。

表 2-2-98　北京市听力残疾人职业人格特征的残疾等级差异检验

名称		残疾等级	人数	平均数	标准差	t	p
职业人格	坚持性	四级	125	8.34	2.27	.436	.728
		三级	66	7.97	2.51		
		二级	47	8.06	2.40		
		一级	16	8.38	2.75		
	严谨性	四级	125	8.76	1.70	1.756	.156
		三级	66	8.41	2.32		
		二级	47	9.23	1.70		
		一级	16	8.88	1.93		
	情绪稳定性	四级	125	6.71	2.96	2.075	.104
		三级	66	7.11	3.12		
		二级	47	5.89	2.91		
		一级	16	5.63	3.48		
	自信心	四级	125	8.59	1.83	.823	.482
		三级	66	8.38	1.92		
		二级	47	8.70	1.68		
		一级	16	9.13	1.59		
	责任心	四级	125	9.86	1.63	1.014	.387
		三级	66	9.50	1.96		
		二级	47	9.68	2.00		
		一级	16	10.25	1.57		
	交际能力	四级	125	8.46	2.11	.157	.925
		三级	66	8.50	2.51		
		二级	47	8.55	1.94		
		一级	16	8.13	2.39		
	管理能力	四级	125	10.12	1.71	1.898	.130
		三级	66	9.45	2.28		
		二级	47	10.02	1.86		
		一级	16	10.19	1.97		
	抗挫折能力	四级	125	8.30	2.29	1.589	.192
		三级	66	8.20	2.04		
		二级	47	7.60	2.07		
		一级	16	7.50	2.50		

4）文化水平比较分析

随着文化水平的提高，职业人格各维度的得分大体呈现上升的趋势，但坚持性和自信心两个维度，大专及以上组的得分略低于高中/中专组（见图 2-2-54）。

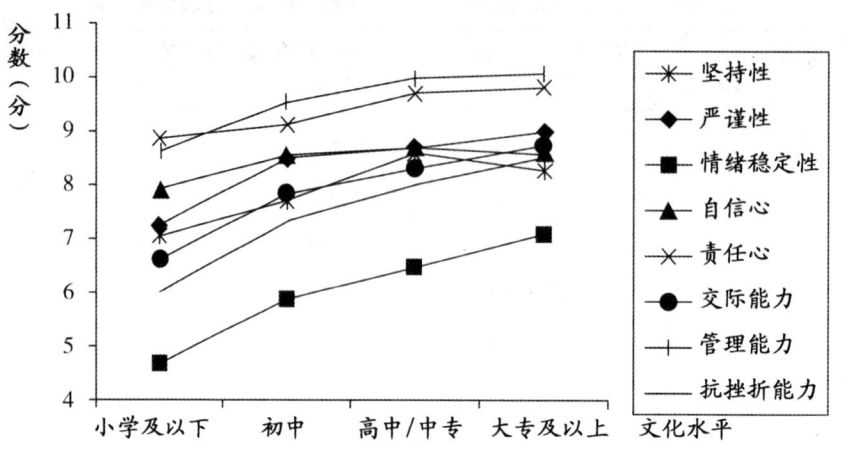

图 2-2-54　北京市听力残疾人职业人格特征随文化水平变化趋势图

进一步差异检验显示,不同文化水平的听力残疾人在坚持性和责任心上存在显著差异,在严谨性、情绪稳定性、交际能力、管理能力和抗挫折能力五个维度存在极显著的差异。多重比较可以看出,在坚持性维度,小学及以下组得分显著低于高中/中专和大专及以上组;在严谨性维度,小学及以下组得分显著低于其他三组;在情绪稳定性维度,小学及以下组得分显著低于高中/中专和大专及以上组,且初中组得分显著低于大专及以上组;在责任心维度,大专及以上组得分显著高于小学及以下组和初中组;在交际能力和抗挫折能力维度,小学及以下组得分极显著低于其他三组,且初中组显著低于大专及以上组;在管理能力维度,小学及以下组得分显著低于高中/中专和大专及以上组(见表2-2-99)。

表 2-2-99　北京市听力残疾人职业人格特征的文化水平差异检验

名称		城郊*性别	人数	平均值	标准差	F	p	多重比较
职业人格	坚持性	小学及以下	26	7.08	2.24	3.133*	.026	1<3,1<4
		初中	56	7.71	2.85			
		高中/中专	50	8.58	2.37			
		大专及以上	209	8.30	2.30			
	严谨性	小学及以下	26	7.27	2.09	6.706**	.000	1<2,1<3 1<4
		初中	56	8.50	2.05			
		高中/中专	50	8.70	2.15			
		大专及以上	209	8.99	1.76			
	情绪稳定性	小学及以下	26	4.69	3.34	6.670**	.000	1<3,1<4 2<4
		初中	56	5.89	3.06			
		高中/中专	50	6.48	2.80			
		大专及以上	209	7.07	2.83			
	自信心	小学及以下	26	7.92	1.44	1.072	.361	
		初中	56	8.54	2.02			
		高中/中专	50	8.68	1.80			
		大专及以上	209	8.59	1.92			

（续表）

名称		城郊*性别	人数	平均值	标准差	F	p	多重比较
职业人格	责任心	小学及以下	26	8.88	2.01	3.728*	.012	1<4,2<4
		初中	56	9.13	2.42			
		高中/中专	50	9.70	1.90			
		大专及以上	209	9.84	1.62			
	交际能力	小学及以下	26	6.62	1.81	8.702**	.000	1<2,1<3
		初中	56	7.82	2.66			1<4,2<4
		高中/中专	50	8.32	2.01			
		大专及以上	209	8.75	2.15			
	管理能力	小学及以下	26	8.62	2.50	4.401**	.005	1<3,1<4
		初中	56	9.55	2.52			
		高中/中专	50	9.98	1.82			
		大专及以上	209	10.06	1.86			
	抗挫折能力	小学及以下	26	6.00	1.94	12.960**	.000	1<2,1<3
		初中	56	7.32	2.39			1<4,2<4
		高中/中专	50	8.00	2.36			
		大专及以上	209	8.51	2.08			

注:1 表示小学及以下听力残疾人组,2 表示初中听力残疾人组,3 表示高中听力残疾人组,4 表示大专及以上听力残疾人组。

5）交流方式比较分析

在职业人格各维度的得分均数比较显示,除自信心的得分口语组最高外,其他职业人格特征的各维度得分均为手语与口语并用组得分最高。而单纯手语组在职业人格特征的各维度得分均为最低（见图2-2-55）。

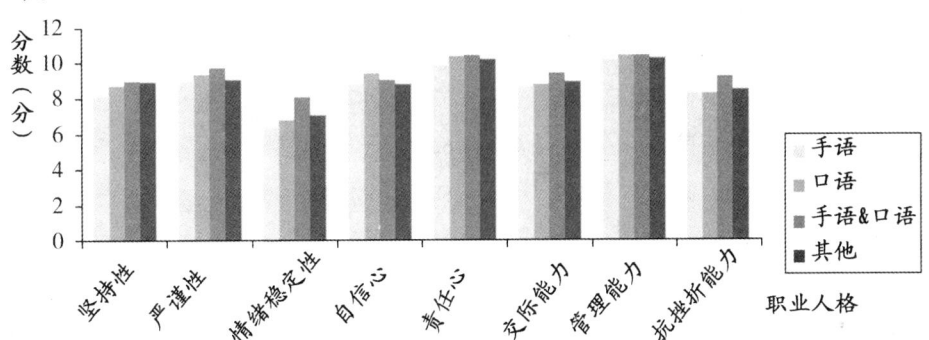

图 2-2-55 北京市不同交流方式听力残疾人的职业人格特征的比较

进一步差异检验显示,在不同交流方式组间,抗挫折能力存在着显著差异;情绪稳定性和存在极显著差异。多重比较可以看出,在情绪稳定性维度,手语 & 口语组得分显著高于手语和口语组;在抗挫折能力维度,手语 & 口语组得分显著高于手语和口语组（见表2-2-100）。

表 2-2-100　北京市不同交流方式听力残疾人职业人格特征的差异检验

名称		交流方式	人数	平均值	标准差	F	p	多重比较
职业人格	坚持性	手语	103	7.70	2.22	1.828	.142	
		口语	112	8.25	2.83			
		手语&口语	76	8.46	2.14			
		其他	50	8.38	2.19			
	严谨性	手语	103	8.43	2.01	2.455	.063	
		口语	112	8.79	1.97			
		手语&口语	76	9.18	1.65			
		其他	50	8.54	2.04			
	情绪稳定性	手语	103	6.09	2.71	4.129**	.007	1<3
		口语	112	6.39	3.41			2<3
		手语&口语	76	7.59	2.60			
		其他	50	6.66	2.71			
	自信心	手语	103	8.35	1.89	1.981	.117	
		口语	112	8.88	1.76			
		手语&口语	76	8.50	1.93			
		其他	50	8.26	2.05			
	责任心	手语	103	9.29	1.94	1.812	.145	
		口语	112	9.79	1.96			
		手语&口语	76	9.86	1.72			
		其他	50	9.60	1.64			
	交际能力	手语	103	8.19	2.25	1.589	.192	
		口语	112	8.26	2.30			
		手语&口语	76	8.87	2.24			
		其他	341	8.37	2.28			
	管理能力	手语	103	9.62	2.27	1.537	.205	
		口语	112	9.88	1.82			
		手语&口语	76	10.25	1.91			
		其他	50	9.66	2.29			
	抗挫折能力	手语	103	7.83	2.10	2.850*	.037	1<3
		口语	112	7.83	2.48			2<3
		手语&口语	76	8.71	2.00			
		其他	50	7.96	2.44			

注：1 表示使用手语听力残疾人组，2 表示使用口语听力残疾人组，3 表示同时使用手语和口语听力残疾人组，4 表示使用其他方式听力残疾人组。

6）城郊差异比较分析

总体而言，在坚持性、严谨性、情绪稳定性、责任心和管理能力维度，不同地区和性别的听力残疾人的得分从高到低依次为：城区男性>城区女性>郊区女性>郊区男性。在自信心维度，不同地区和性别的听力残疾人的得分从高到低的排序为:郊区女性>城区女性>郊区男性>城区男性。在交际能力维度,不同地区和性别的听力残疾人的得分从高到低的排序为:城区女性>郊区女性>城区男性>郊区男性。在抗挫折能力维度,不同地区和性别的听力残疾人的得分从高到低的排序为:城区女性>城区男性>郊区女性>郊区男性(见图2-2-56)。

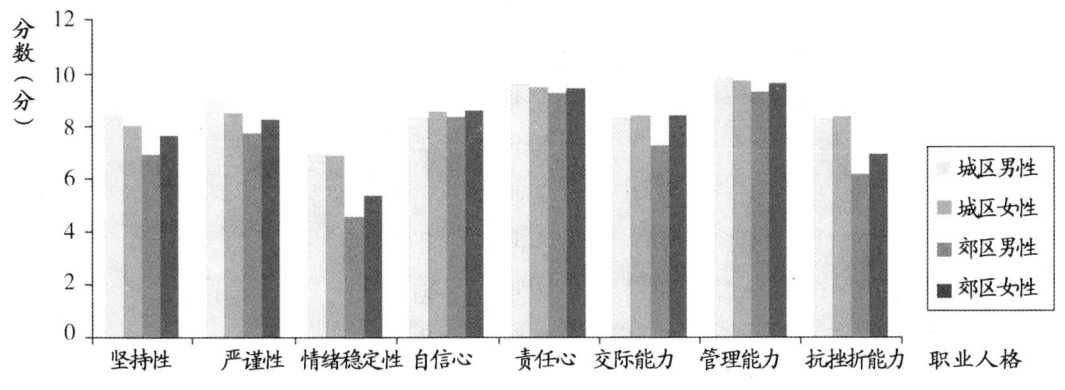

图 2-2-56　北京市听力残疾人职业人格特征的城郊比较

进一步差异检验显示,城区男性、城区女性、郊区男性和郊区女性四个群体在坚持性、严谨性、情绪稳定性和抗挫折能力维度上存在极其显著的差异。多重比较可以看出,在坚持性维度上,城区男性和女性听力残疾人的得分显著高于郊区男性,说明城区听力残疾人的坚持性人格特征表现更为突出;在严谨性维度,城区男性组的得分显著高于其他三组,城区女性组的得分显著高于郊区男性,说明,城区男性和城区女性在严谨性上的表现较为突出;在情绪稳定性和抗挫折能力维度,城区听力残疾人的得分显著高于郊区群体,说明城区听力残疾人的情绪稳定性和抗挫折能力人格特征较为突出(见表2-2-101)。

表 2-2-101　北京市听力残疾人职业人格特征的城郊差异检验

名称		城郊 * 性别	人数	平均值	标准差	F	p	多重比较
职业人格	坚持性	城区男性	152	8.51	2.28	3.859**	.010	1>3,2>3
		城区女性	114	8.14	2.36			
		郊区男性	32	7.03	2.91			
		郊区女性	43	7.74	2.46			
	严谨性	城区男性	152	9.11	1.73	4.977**	.002	1>2,1>3 1>4,2>3
		城区女性	114	8.61	2.02			
		郊区男性	32	7.84	1.83			
		郊区女性	43	8.37	2.23			
	情绪稳定性	城区男性	152	7.05	2.69	9.054**	.000	1>3,1>4 2>3,2>4
		城区女性	114	7.00	3.00			
		郊区男性	32	4.66	2.97			
		郊区女性	43	5.47	3.13			
	自信心	城区男性	152	8.43	1.91	.388	.762	
		城区女性	114	8.65	1.98			
		郊区男性	32	8.50	1.59			
		郊区女性	43	8.70	1.79			

(续表)

名称		城郊*性别	人数	平均值	标准差	F	p	多重比较
职业人格	责任心	城区男性	152	9.71	1.81	.308	.819	
		城区女性	114	9.61	1.81			
		郊区男性	32	9.38	1.95			
		郊区女性	43	9.58	2.15			
	交际能力	城区男性	152	8.41	2.30	2.358	.072	
		城区女性	114	8.54	2.29			
		郊区男性	32	7.38	1.88			
		郊区女性	43	8.51	2.29			
	管理能力	城区男性	152	9.96	1.91	.595	.619	
		城区女性	114	9.86	2.21			
		郊区男性	32	9.44	2.08			
		郊区女性	43	9.77	2.17			
	抗挫折能力	城区男性	152	8.37	2.12	12.594**	.000	1>3,1>4
		城区女性	114	8.48	2.10			2>3,2>4
		郊区男性	32	6.28	2.39			
		郊区女性	43	7.07	2.36			

注:1表示城区男性听力残疾人组,2表示城区女性听力残疾人组,3表示郊区男性听力残疾人组,4表示郊区女性听力残疾人组。

(4)结论

①北京市听力残疾人职业人格各维度的得分从高到低依次为:管理能力>责任心>严谨性>自信心>交际能力>坚持性>抗挫折能力>情绪稳定性。

②北京市听力残疾人在职业人格的各维度均不存在显著的性别差异。

③北京市听力残疾人在抗挫折能力和情绪稳定性两个维度的得分随年龄段增长而呈现下降趋势;坚持性维度的得分呈现先升后降的趋势,即30-39岁年龄组得分最高,50-59岁年龄组得分最低;严谨性、责任心和交际能力三个纬度的得分呈现升-降-升的曲线,且在严谨性和责任心两个维度,30-39岁年龄组得分最高;在交际能力维度,15-29岁年龄组得分最高;且不同年龄组的听力残疾人在责任心上存在显著差异($p<0.05$),在坚持性、严谨性、情绪稳定性、交际能力和抗挫折能力的得分存在着极显著的差异($p<0.01$)。

④北京市听力残疾人职业人格特征上并不存在显著的残疾等级差异。

⑤北京市听力残疾人职业人格各维度的得分随着文化水平的提高大体呈现上升的趋势,但坚持性和自信心两个维度,大专及以上组的得分略低于高中/中专组,且不同文化水平的听力残疾人在坚持性和责任心上的得分存在显著差异($p<0.05$),在严谨性、情绪稳定性、交际能力、管理能力和抗挫折能力五个维度的得分存在着极显著差异($p<0.01$)。

⑥手语与口语并用的北京市听力残疾人在除自信心维度外的其他维度上得分最高,单纯使用手语做交流方式的听力残疾人职业人格各维度特征表现均不明显,且在不同交流方式组间,抗挫折能力的得分存在着显著性差异($p<0.05$);情绪稳定性的得分存在着极显著性差异($p<0.01$)。

⑦北京市不同地区的听力残疾人在坚持性、严谨性、情绪稳定性维度的得分从高到低依次为:城区男性>城区女性>郊区女性>郊区男性。在抗挫折能力维度,不同地区的听力残疾人的得分从高到低的排序为:城区女性>城区男性>郊区女性>郊区男性;且各组间在坚持性、严谨性、情绪稳定性和抗挫折

能力维度上存在极其显著差异（p<0.01）。

4. 北京市听力残疾人职业兴趣状况

(1) 测试人群分布

本项目在北京市共选取了328名有效被试进行了听力残疾人职业兴趣测验,其中城区259人,郊区69人;男性175人,女性153人。其详细资料如表2-2-102所示。

表2-2-102 北京市听力残疾人职业兴趣测验城郊区有效样本分布表

年龄(岁)	城区			郊区			合计
	男	女	小计	男	女	小计	
15-29	121	96	217	6	9	15	232
30-39	9	8	17	8	14	22	39
40-49	10	8	18	10	13	23	41
50-59	6	1	7	5	4	9	16
合计	146	113	259	29	40	69	328

(2) 总体情况

被测试的听力残疾人职业兴趣各维度的得分从高到低依次为:现实型>常规型>企业型>研究型>艺术型>社会型。在15-29岁年龄段,男性听力残疾人得分较高的前三位依次为常规型、现实型和研究型,女性听力残疾人得分较高的前三位依次为企业型、现实型和研究型;在30-39岁年龄段,男性听力残疾人得分较高的前三位依次为常规型、现实性和企业型,女性听力残疾人得分较高的前三位依次为现实型、常规型和研究型;在40-49岁年龄段,男性听力残疾人得分较高的前三位依次为现实型、常规型和企业型/艺术型,女性听力残疾人得分较高的前三位依次为现实型、常规型和研究型;在50-59岁年龄段,男性听力残疾人得分较高的前三位依次为研究型、常规型和现实型,女性听力残疾人得分较高的前三位依次为企业型、艺术型和常规型/现实型(见表2-2-103)。

表2-2-103 北京市听力残疾人职业兴趣测验

		n	常规型		现实型		研究型		企业型		社会型		艺术型	
			M	Std	M	Std	M	Std	M	Std	M	Std	M	Std
总体		328	6.35	1.49	6.53	1.50	6.19	1.73	6.29	1.61	4.95	1.55	5.77	1.97
男性		175	6.62	1.40	6.53	1.59	6.23	1.71	6.22	1.60	4.69	1.56	5.75	2.08
女性		153	6.05	1.53	6.52	1.40	6.13	1.75	6.37	1.62	5.24	1.49	5.80	1.84
男	15-29	127	6.81	1.25	6.72	1.38	6.41	1.67	6.39	1.62	4.60	1.50	5.94	2.00
	30-39	17	6.12	1.69	5.71	2.11	5.41	1.77	5.71	1.53	5.12	1.93	4.76	2.39
	40-49	20	5.95	1.67	6.10	2.02	5.65	1.90	5.85	1.27	4.80	1.44	5.85	2.25
	50-59	11	6.36	1.75	6.36	1.69	6.55	1.37	5.64	1.75	4.91	1.92	4.91	1.92
女	15-29	105	6.01	1.56	6.52	1.35	6.14	1.82	6.57	1.65	5.16	1.43	6.06	1.63
	30-39	22	6.41	1.50	6.64	1.09	6.14	1.55	5.91	1.54	5.77	1.48	5.45	1.87
	40-49	21	5.76	1.51	6.38	1.96	6.00	1.70	5.52	1.25	5.14	1.77	4.57	2.25
	50-54	5	6.60	0.55	6.60	1.14	6.40	1.82	7.60	0.89	4.80	1.30	7.20	1.79

城区的听力残疾人在常规型、现实型、研究型、企业型和艺术型的得分高于郊区听力残疾人,而在社会型的得分低于郊区听力残疾人。城区男性组在常规型、现实型、研究型和企业型上的得分高于城

区女性组,而在社会型和艺术型的得分低于女性组。郊区男性组在艺术型的得分高于郊区女性组,而在常规型、现实型、研究型、企业型和社会型的得分低于郊区女性组(见表2-2-104)。

表2-2-104　北京市听力残疾人职业兴趣测验城郊样本

		n	常规型		现实型		研究型		企业型		社会型		艺术型	
			M	Std	M	Std	M	Std	M	Std	M	Std	M	Std
城区		259	6.44	1.42	6.63	1.50	6.28	1.71	6.38	1.61	4.87	1.52	5.80	1.96
郊区		69	6.01	1.69	6.13	1.45	5.83	1.75	5.94	1.56	5.22	1.63	5.70	2.05
城区	男	146	6.78	1.25	6.72	1.53	6.38	1.64	6.29	1.63	4.71	1.53	5.71	2.07
	女	113	6.01	1.50	6.52	1.46	6.15	1.81	6.50	1.59	5.09	1.49	5.90	1.80
郊区	男	29	5.79	1.82	5.59	1.59	5.48	1.92	5.86	1.43	4.62	1.74	5.93	2.19
	女	40	6.18	1.60	6.53	1.22	6.08	1.59	6.00	1.66	5.65	1.42	5.53	1.95

(3)听力残疾人职业兴趣特征

1)性别差异比较分析

北京市不同性别听力残疾人在职业兴趣各类型上得分的均数比较发现,男性听力残疾人在常规型、现实型和研究型的得分高于女性,在企业型、社会型和艺术型的得分低于女性(见图2-2-57)。

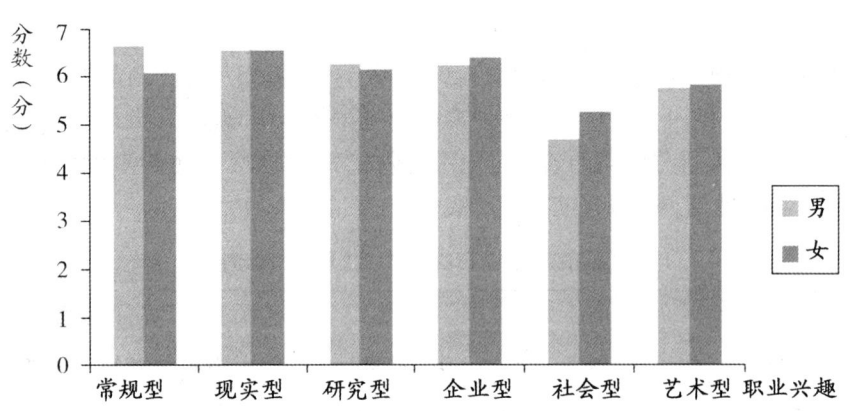

图2-2-57　北京市听力残疾人职业兴趣的性别比较

进一步差异性检验发现,在常规型和社会型,听力残疾人存在极显著的性别差异,即相比而言,男性听力残疾人更喜欢常规型的职业,女性听力残疾人更喜欢社会型的职业(见表2-2-105)。

表2-2-105　北京市听力残疾人职业兴趣的性别差异检验

	名称	性别	人数	平均数	标准差	t	p
职业兴趣	常规型	男	175	6.62	1.40	3.490**	.001
		女	153	6.05	1.53		
	现实型	男	175	6.53	1.59	.051	.959
		女	153	6.52	1.40		
	研究型	男	175	6.23	1.71	.541	.589
		女	153	6.13	1.75		

续表

	名称	性别	人数	平均数	标准差	t	p
职业兴趣	企业型	男	175	6.22	1.60	-.836	.404
		女	153	6.37	1.62		
	社会型	男	175	4.69	1.56	-3.216**	.001
		女	153	5.24	1.49		
	艺术型	男	175	5.75	2.08	-.255	.799
		女	153	5.80	1.84		

2）年龄差异比较分析

被测试的北京市听力残疾人，在社会型的得分为15-29岁最低，至30-39岁最高，以后又逐渐下降；其他五种职业兴趣类型的得分随年龄的增长呈现先降后升的变化，其中，常规型得分最低为40-49岁年龄组，得分最高为50-59岁年龄组；现实型得分最低为30-39岁年龄组，得分最高为15-29岁年龄组；研究型得分最低为30-39岁年龄组，得分最高为50-59岁年龄组；企业型得分最低为40-49岁年龄组，得分最高为15-29岁年龄组；艺术型得分最低为30-39岁年龄组，得分最高为15-29岁年龄组（见图2-2-58）。

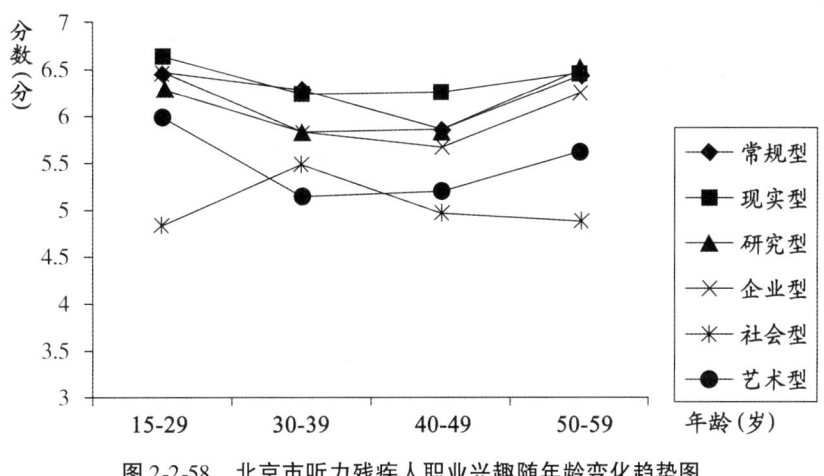

图2-2-58 北京市听力残疾人职业兴趣随年龄变化趋势图

进一步检验显示，在企业型的得分存在极显著的年龄差异，在艺术型的得分存在显著的年龄差异。多重比较可以看出，在企业型，15-29岁年龄组得分显著高于40岁以上的两个年龄组的得分；在艺术型，15-29岁年龄组的得分显著高于40岁以上的两个年龄组的得分，即相比40岁以上的听力残疾人，15-29岁年龄组更喜欢从事企业型职业（见表2-2-106）。

表2-2-106 北京市听力残疾人职业兴趣的年龄差异检验

	名称	年龄组	人数	平均值	标准差	F	p	多重比较
职业兴趣	常规型	15-29	232	6.45	1.45	1.922	.126	
		30-39	39	6.28	1.57			
		40-49	41	5.85	1.57			
		50-59	16	6.44	1.46			

(续表)

名称		城郊*性别	人数	平均值	标准差	F	p	多重比较
职业兴趣	现实型	15-29	232	6.63	1.37	1.405	.241	
		30-39	39	6.23	1.66			
		40-49	41	6.24	1.97			
		50-59	16	6.44	1.50			
	研究型	15-29	232	6.29	1.74	1.621	.184	
		30-39	39	5.82	1.67			
		40-49	41	5.83	1.79			
		50-59	16	6.50	1.46			
	企业型	15-29	232	6.47	1.63	4.195**	.006	1>2,1>3
		30-39	39	5.82	1.52			
		40-49	41	5.68	1.25			
		50-59	16	6.25	1.77			
	社会型	15-29	232	4.85	1.49	1.893	.131	
		30-39	39	5.49	1.70			
		40-49	41	4.98	1.60			
		50-59	16	4.88	1.71			
	艺术型	15-29	232	5.99	1.84	3.514*	.016	1>2,1>3
		30-39	39	5.15	2.11			
		40-49	41	5.20	2.32			
		50-59	16	5.63	2.13			

注:1 表示 15-29 岁年龄段听力残疾人组,2 表示 30-39 岁年龄段听力残疾人组,3 表示 40-49 岁年龄段听力残疾人组,4 表示 50-59 岁年龄段听力残疾人组。

3）残疾等级比较分析

随着残疾程度的加重,现实型的得分呈现直线下降的趋势,常规型、研究型、企业型的得分呈波动下降的趋势;社会型和艺术型的得分随残疾程度的加重呈现降-升-降的变化趋势,二级残疾组的得分最高,三级残疾组的得分最低(见图 2-2-59)。

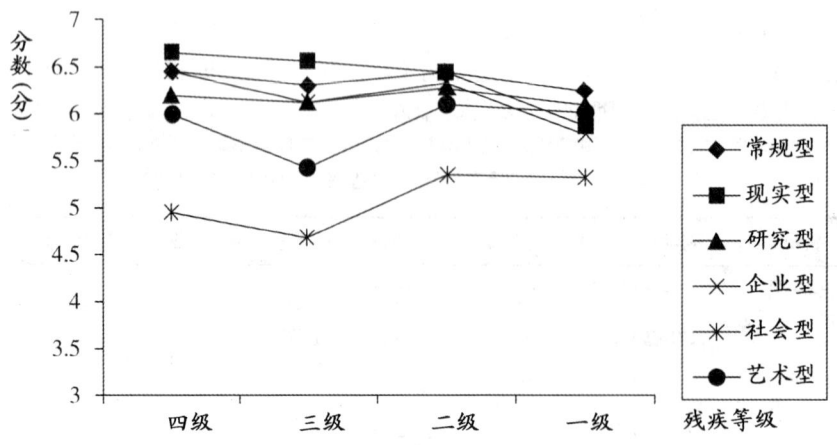

图 2-2-59 北京市听力残疾人职业兴趣随残疾等级变化趋势图

进一步差异检验显示,听力残疾人职业兴趣并不存在显著的残疾等级差异(见表2-2-107)。

表2-2-107 北京市听力残疾人职业兴趣的残疾等级差异检验

	名称	残疾等级	人数	平均数	标准差	t	p
职业兴趣	常规型	四级	120	6.45	1.45	.212	.888
		三级	65	6.29	1.79		
		二级	45	6.42	1.25		
		一级	13	6.23	0.93		
	现实型	四级	120	6.64	1.44	1.235	.298
		三级	65	6.55	1.43		
		二级	45	6.42	1.62		
		一级	13	5.85	1.63		
	研究型	四级	120	6.20	1.58	.089	.966
		三级	65	6.12	1.82		
		二级	45	6.27	1.70		
		一级	13	6.08	1.26		
	企业型	四级	120	6.43	1.58	1.104	.348
		三级	65	6.11	1.48		
		二级	45	6.33	1.65		
		一级	13	5.77	1.79		
	社会型	四级	120	4.93	1.48	1.901	.130
		三级	65	4.68	1.57		
		二级	45	5.33	1.57		
		一级	13	5.31	1.44		
	艺术型	四级	120	5.98	1.87	1.526	.208
		三级	65	5.42	2.02		
		二级	45	6.09	1.99		
		一级	13	6.00	1.78		

4)文化水平比较分析

现实型的得分随着文化水平的升高呈现上升的趋势;常规型的得分随文化水平的升高呈现降-升-降的变化特点,得分最高的为高中/中专组,得分最低的为初中组;研究型和企业型的得分随文化水平的升高呈现先升后降的变化特点,其中研究型得分最低为高中/中专组,得分最高为大专及以上组,企业型得分最低为初中组,得分最高为大专及以上组;艺术型和社会型的得分随文化水平的升高呈现先降后升的变化特点,最低为初中组,得分最高为小学及以下组(见图2-2-60)。

进一步差异检验显示,听力残疾人在现实型、研究型和企业型上均存在显著的文化水平差异。多重比较可以看出,在研究型,大专及以上组得分显著高于小学及以下组、初中组和高中/中专组;在现实型,小学及以下组得分显著低于大专及以上组;在企业型上,初中组得分显著低于大专及以上组(见表2-2-108)。

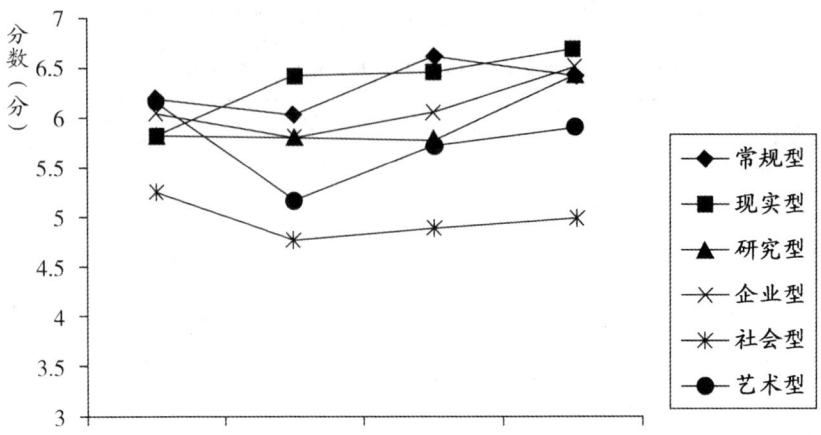

图 2-2-60　北京市听力残疾人职业兴趣随文化水平变化趋势图

表 2-2-108　北京市听力残疾人职业兴趣的文化水平差异检验

名称		文化水平	人数	平均值	标准差	F	p	多重比较
职业兴趣	常规型	小学及以下	26	6.19	1.36			
		初中	52	6.02	1.61	1.508	.212	
		高中/中专	48	6.60	1.50			
		大专及以上	202	6.40	1.46			
	现实型	小学及以下	26	5.81	1.90			
		初中	52	6.40	1.85	2.847*	.038	1<4
		高中/中专	48	6.44	1.22			
		大专及以上	202	6.67	1.38			
	研究型	小学及以下	26	5.81	1.65			1<4
		初中	52	5.81	1.77	3.599*	.014	2<4
		高中/中专	48	5.77	1.61			3<4
		大专及以上	202	6.43	1.72			
	企业型	小学及以下	26	6.04	1.84			
		初中	52	5.79	1.54	3.567*	.014	2<4
		高中/中专	48	6.04	1.52			
		大专及以上	202	6.50	1.58			
	社会型	小学及以下	26	5.23	1.63			
		初中	52	4.77	1.64	.566	.638	
		高中/中专	48	4.88	1.75			
		大专及以上	202	4.97	1.47			
	艺术型	小学及以下	26	6.15	1.74			
		初中	52	5.17	2.37	2.232	.084	
		高中/中专	48	5.71	2.03			
		大专及以上	202	5.90	1.85			

注:1 表示小学及以下听力残疾人组,2 表示初中听力残疾人组,3 表示高中听力残疾人组,4 表示大专及以上听力残疾人组。

5）交流方式差异比较

在职业兴趣各类型上得分的均数比较显示,在常规型,手语为主要交流方式的听力残疾人得分最高,口语组得分最低;在现实型、研究型、企业型和艺术型,手语&口语为主要交流方式的听力残疾人的得分最高;在社会型,以口语为主要交流方式的听力残疾人的得分最高(见图2-2-61)。

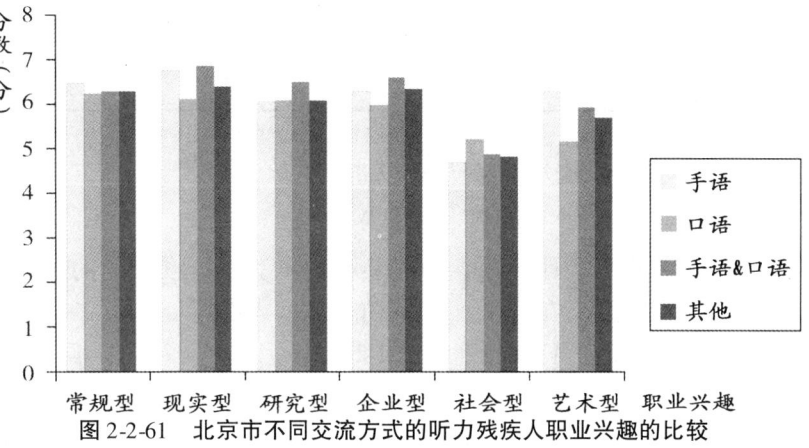

图2-2-61 北京市不同交流方式的听力残疾人职业兴趣的比较

进一步差异检验发现,不同交流方式的听力残疾人在现实型和艺术型的得分存在极显著性的差异。多重比较可以看出,在现实型,以口语为主要交流方式的听力残疾人的得分显著低于手语和手语&口语组;在艺术型,口语组得分显著低于手语和手语&口语为主要交流方式的听力残疾人(见表2-2-109)。

表2-2-109 北京市不同交流方式听力残疾人职业兴趣的差异检验

	名称	交流方式	人数	平均值	标准差	F	p	多重比较
职业兴趣	常规型	手语	100	6.50	1.33			
		口语	108	6.26	1.59	.491	.689	
		手语&口语	75	6.32	1.38			
		其他	45	6.31	1.74			
	现实型	手语	100	6.76	1.50			
		口语	108	6.12	1.53	4.966**	.002	1>2
		手语&口语	75	6.87	1.34			3>2
		其他	45	6.42	1.51			
	研究型	手语	100	6.07	1.79			
		口语	108	6.10	1.58	1.125	.339	
		手语&口语	75	6.51	1.90			
		其他	45	6.11	1.63			
	企业型	手语	100	6.31	1.56			
		口语	108	6.01	1.68	2.162	.092	
		手语&口语	75	6.61	1.58			
		其他	45	6.36	1.51			
	社会型	手语	100	4.73	1.50			
		口语	108	5.22	1.46	1.901	.129	
		手语&口语	75	4.89	1.58			
		其他	45	4.84	1.76			

(续表)

名称		交流方式	人数	平均值	标准差	F	p	多重比较
职业兴趣	艺术型	手语	100	6.30	1.88	6.048**	.001	1>2 3>2
		口语	108	5.19	2.08			
		手语&口语	75	5.95	1.82			
		其他	45	5.73	1.81			

注:1 表示主要使用手语交流的听力残疾人组,2 表示主要使用口语交流的听力残疾人组,3 表示主要使用手语&口语交流的听力残疾人组,4 表示使用其他交流方式的听力残疾人组。

6)城郊差异比较分析

在常规型,城区男性组和郊区女性组的得分较高;在现实型,郊区男性组的得分最低;在研究型,城区男性组和城区女性组的得分较高;在企业型,城区听力残疾人的得分较高;在社会上,郊区女性组的得分最高;在艺术型,郊区男性组的得分最高(见图2-2-62)。

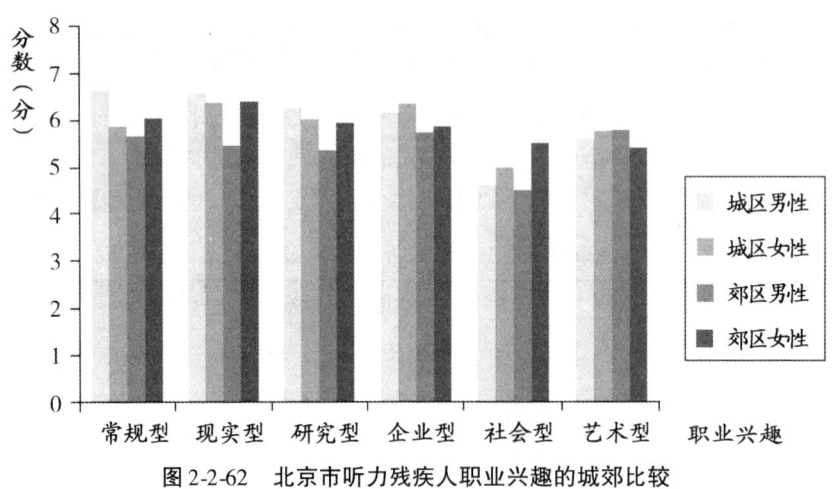

图 2-2-62 北京市听力残疾人职业兴趣的城郊比较

进一步差异性检验发现,城区男性、城区女性、郊区男性和郊区女性在职业兴趣的常规型、现实型和社会型三种职业类型存在极显著差异。多重比较可以看出,在常规型上,城区男性组的得分显著高于其他三组,即城区男性听力残疾人更喜欢从事常规型的职业活动;在现实型,郊区男性组的得分显著低于其他三组,即相对而言,郊区男性听力残疾人不太喜欢现实型职业活动;在社会型,郊区女性组的得分显著高于其他三组,城区女性的得分显著高于城区男性的得分,说明女性听力残疾人更偏好从事社会型职业活动(见表2-2-110)。

表 2-2-110 北京市听力残疾人职业兴趣的城郊差异检验

名称		城郊*性别	人数	平均值	标准差	F	p	多重比较
职业兴趣	常规型	城区男性	146	6.78	1.25	8.104**	.000	1>2 1>3 1>4
		城区女性	113	6.01	1.50			
		郊区男性	29	5.79	1.82			
		郊区女性	40	6.18	1.60			
	现实型	城区男性	146	6.72	1.53	4.747**	.003	1>3 2>3 4>3
		城区女性	113	6.52	1.46			
		郊区男性	29	5.59	1.59			
		郊区女性	40	6.53	1.22			

(续表)

名称		城郊＊性别	人数	平均值	标准差	F	p	多重比较
职业兴趣	研究型	城区男性	146	6.38	1.64	2.333	.074	
		城区女性	113	6.15	1.81			
		郊区男性	29	5.48	1.92			
		郊区女性	40	6.08	1.59			
	企业型	城区男性	146	6.29	1.63	1.746	.157	
		城区女性	113	6.50	1.59			
		郊区男性	29	5.86	1.43			
		郊区女性	40	6.00	1.66			
	社会型	城区男性	146	4.71	1.53	4.834**	.003	1<2
		城区女性	113	5.09	1.49			1<4
		郊区男性	29	4.62	1.74			2<4
		郊区女性	40	5.65	1.42			3<4
	艺术型	城区男性	146	5.71	2.07	.480	.697	
		城区女性	113	5.90	1.80			
		郊区男性	29	5.93	2.19			
		郊区女性	40	5.53	1.95			

注:1 表示城区男性听力残疾人组;2 表示城区女性听力残疾人组;3 表示郊区男性听力残疾人组;4 表示郊区女性听力残疾人组。

(4)结论

①北京市听力残疾人职业兴趣各维度的得分从高到低依次为:现实型>常规型>企业型>研究型>艺术型>社会型。

②男性听力残疾人在常规型上的得分高于女性,在社会型上的得分低于女性,且二者存在极显著的性别差异($p<0.01$)。

③北京市听力残疾人在企业型和艺术型上的得分随年龄的增长呈现先降后升的变化,企业型得分最低为40-49岁年龄组,15-29岁年龄组得分最高,艺术型得分最低为30-39岁年龄组,得分最高为15-29岁年龄组;且在企业型的得分存在极显著的年龄差异($p<0.01$),在艺术型的得分存在显著的年龄差异($p<0.05$)。

④北京市听力残疾人职业兴趣并不存在显著的残疾等级差异。

⑤北京市听力残疾人在现实型的得分随着文化水平的升高呈现上升的趋势;研究型和企业型的得分随文化水平的升高呈现先升后降的变化特点,其中研究型得分最低为高中/中专组,得分最高为大专及以上,企业型得分最低为初中组,得分最高为大专及以上组;且听力残疾人在现实型、研究型和企业型上均存在显著性的文化水平差异($p<0.05$)。

⑥以手语&口语为主要交流方式的听力残疾人在现实型和企业型上的得分最高,且不同交流方式的听力残疾人在现实型和艺术型的得分存在极显著的差异($p<0.01$)。

⑦北京市城区男性组和郊区女性组的听力残疾人在常规型上的得分较高;郊区男性组在现实型的得分最低;在社会型上,郊区女性组的得分最高;且不同地区的听力残疾人在常规型、现实型和社会型三种职业类型存在极显著差异($p<0.01$)。

5.北京市听力残疾人职业价值观状况

(1)测试人群分布

本项目在北京市共选取了739名有效被试进行了听力残疾人职业价值观测验,其中城区575人,郊区164人;男性380人,女性359人;15-29岁年龄段429人,30-39岁年龄段96人;40-49岁年龄段147人;50-59岁年龄段67人。其详细资料见表2-2-111。

表2-2-111 北京市听力残疾人职业价值观测验城郊区有效样本分布表

年龄(岁)	城区			郊区			合计
	男	女	小计	男	女	小计	
15-29岁	200	194	394	25	10	35	429
30-39岁	23	24	47	24	25	49	96
40-49岁	39	55	94	26	27	53	147
50-59岁	26	14	40	17	10	27	67
合计	288	287	575	92	72	164	739

(2)总体情况

北京市听力残疾人认为择业中最重要因素自高到低的选择率为"工作稳定,有保障"(30.4%)、"工作有较高的收入,可以使自己过着安稳的生活"(18.5%)、"能发挥自己的能力特长有所作为"(14.9%);对于择业较为重要因素自高到低的选择率为"跟同事有良好的人际交往"(18.8%)、"工作有较高的收入,可以使自己过着安稳的生活"(17.8%)、"工作稳定,有保障"(17.4%),而认为择业中不太重要和最不重要的前三位因素为"工作不紧张,能自由支配自己的工作"、"工作有较高的社会地位"和"能有一个舒适的工作环境"(见表2-2-112)。由此可见,北京市听力残疾人择业重视经济报酬、工作的安全性和工作所带来的成就感,认为同事间的关系也是工作中不可缺少的必要成分;而对工作的独立性、工作环境和工作所带来的声誉表现出不积极的态度(见表2-2-112)。

表2-2-112 北京市听力残疾人价值观问卷分析结果(%)

选项	最为重要因素	较为重要因素	不太重要因素	最不重要因素
A	18.5	17.8	8.7	11.2
B	8.3	12.6	14.4	11.5
C	13.5	18.8	6.5	7.3
D	30.4	17.4	2.8	4.1
E	2.6	6.6	5.1	5.2
F	1.0	3.2	21.0	31.6
G	1.4	4.9	24.9	19.8
H	14.9	12.0	6.8	4.8
I	9.4	6.7	9.8	4.5
总计	100.0	100.0	100.0	100.0

注:A.工作有较高的收入,可以使自己过着安稳的生活;B.能有一个舒适的工作环境;C.跟同事有良好的人际交往;D.工作稳定,有保障;E.工作单位能够提供较好的受教育机会;F.工作有较高的社会地位;G.工作不紧张,能自由支配自己的工作;H.能发挥自己的能力特长有所作为;I.能感到自己对他人或社会有用。(下同)

(3)听力残疾人职业价值观特征

1)性别特征

北京市男性和女性听力残疾人都认为择业中最重要的因素为"工作稳定,有保障";男性听力残疾人认为择业中较为重要的因素为"工作有较高的收入,可以使自己过着安稳的生活",女性听力残疾人认为较为重要的因素为"跟同事有良好的人际交往";男性和女性听力残疾人认为择业中不太重要的因素为"工作不紧张,能自由支配自己的工作";男性和女性听力残疾人都认为择业中最不重要的因素为"工作有较高的社会地位"。卡方检验发现,听力残疾人的职业价值观并不存在显著的性别差异(见表 2-2-113)。

表 2-2-113 北京市听力残疾人价值观性别差异比较(%)

选项	最为重要因素		较为重要因素		不太重要因素		最不重要因素	
	男	女	男	女	男	女	男	女
A	19.8	17.1	16.3	19.4	8.5	8.9	12.8	9.5
B	7.4	9.3	15.5	9.5	13.2	15.7	12.5	10.4
C	15.1	11.8	16.0	21.7	7.6	5.2	8.4	6.1
D	25.9	35.1	15.8	19.1	3.9	1.5	5.0	3.1
E	2.9	2.2	7.1	6.1	4.5	5.8	3.9	6.7
F	0.8	1.1	3.8	2.6	18.3	24.0	29.5	33.9
G	1.3	1.4	4.9	4.9	24.5	25.2	19.2	20.5
H	16.4	13.2	13.6	10.4	7.6	5.8	5.0	4.6
I	10.3	8.7	7.1	6.4	11.8	7.7	3.6	5.2
x^2	10.338		12.807		9.997		12.709	
p	.242		.119		.265		.122	

2)年龄特征

北京市各年龄段听力残疾人都认为择业中最重要的因素是"工作稳定,有保障",但 30-39 岁年龄岁组和 40-49 岁年龄组选择此项目的比例更大。卡方检验发现,不同年龄组在进行最为重要因素的选择时存在极其显著的年龄差异。

各年龄组认为在择业中较为重要的因素是"跟同事有良好的人际交往"。卡方检验发现,不同年龄组在进行较为重要因素的选择时存在极其显著的年龄差异。

15-29 岁和 40-49 岁两个年龄组认为在择业中不太重要的因素是"工作不紧张,能自由支配自己的工作",30-39 岁和 50-59 岁两个年龄组认为在择业中不太重要的因素是"工作有较高的社会地位"。卡方检验发现,在进行不太重要因素选择时各年龄组间不存在显著差异。

各年龄组认为在择业中最不重要的因素是"工作有较高的社会地位"。卡方检验发现,在进行最不重要因素选择时各年龄组间不存在显著差异(见表 2-2-114)。

表 2-2-114 北京市听力残疾人价值观年龄差异比较(%)

选项	最为重要因素				较为重要因素				不太重要因素				最不重要因素			
	一	二	三	四	一	二	三	四	一	二	三	四	一	二	三	四
A	14.7	21.1	25.5	24.2	18.5	22.1	12.5	18.0	10.6	8.0	4.7	5.0	13.0	8.0	7.8	11.5
B	7.2	11.6	8.3	10.6	10.7	17.9	17.6	6.6	15.1	12.5	13.4	15.0	13.0	10.2	9.4	8.2
C	15.2	8.4	8.3	21.2	18.7	15.8	22.1	16.4	4.2	9.1	11.0	8.3	5.6	9.1	10.2	9.8
D	27.6	36.8	35.9	27.3	16.6	15.8	21.3	16.4	3.5	1.1	2.4	1.7	3.4	4.5	5.5	4.9
E	2.6	2.1	2.8	3.0	7.1	6.3	2.9	11.5	4.9	10.2	6.3	1.7	4.2	8.0	7.8	3.3
F	0.9	0.0	2.1	0.0	2.1	4.2	5.1	4.9	20.5	25.0	18.9	23.3	33.0	33.0	26.6	31.1
G	1.4	1.1	2.1	0.0	2.6	5.3	9.6	9.8	27.4	21.6	20.5	21.7	20.0	17.0	20.3	21.3

(续表)

选项	最重要因素				较重要因素				不太重要因素				最不重要因素			
	一	二	三	四	一	二	三	四	一	二	三	四	一	二	三	四
H	18.9	13.7	9.0	3.0	14.7	7.4	6.6	13.1	5.4	5.7	10.2	10.0	3.9	2.3	9.4	4.9
I	11.4	5.3	6.2	10.6	9.0	5.3	2.2	3.3	9.1	6.8	12.6	13.3	3.9	8.0	3.1	4.9
x^2	48.287**				53.136**				33.717				27.021			
p	.002				.001				.090				.303			

注：一、15-29岁年龄段听力残疾人；二、30-39岁年龄段听力残疾人；三、40-49岁年龄段听力残疾人；四、50-59岁年龄段听力残疾人。

3) 城郊差异比较分析

城区男性、城区女性及郊区女性听力残疾人认为择业中最重要的因素是"工作稳定,有保障",卡方检验发现,在进行最为重要因素选择时听力残疾人各组间不存在显著差异。

城区男性、城区女性及郊区女性听力残疾人认为择业中较为重要的因素是"跟同事有良好的人际交往",且城区男性和城区女性认为"工作有较高收入"也是较为重要的因素；郊区男性认为择业中较为重要的因素是"工作有较高收入"。卡方检验发现,在进行较为重要因素选择时,听力残疾人各组间不存在显著差异。

城区男性、城区女性和郊区男性听力残疾人认为在择业中不太重要的因素是"工作不紧张,能自由支配自己的工作",郊区女性听力残疾认为在择业中不太重要的因素是"工作有较高的社会地位"。卡方检验发现,在进行不太重要因素选择时听力残疾人各组间不存在显著差异。

不同区域的听力残疾人认为在择业中最不重要的因素是"工作有较高社会地位"。卡方检验发现,在进行最不重要因素选择时听力残疾人各组间不存在显著差异(见表2-2-115)。

表2-2-115 北京市听力残疾人价值观城郊差异比较

选项	最为重要因素(%)				较为重要因素(%)				不太重要因素(%)				最不重要因素(%)			
	城男	城女	郊男	郊女	城男	城女	郊男	郊女	城男	城女	郊男	郊女	城男	城女	郊男	郊女
A	19.6	15.8	20.7	22.5	16.5	19.9	15.7	17.4	7.8	10.0	10.3	4.5	14.7	8.8	6.9	12.1
B	8.0	8.8	5.4	11.3	14.0	9.4	20.2	10.1	12.3	17.0	16.1	10.6	14.3	10.0	6.9	12.1
C	17.5	10.9	7.6	15.5	16.5	19.9	14.6	29.0	6.3	4.2	11.5	9.1	8.5	6.9	8.0	3.0
D	23.1	34.7	34.8	36.6	16.1	18.4	14.6	21.7	4.1	0.8	3.4	4.5	4.0	3.4	8.0	1.5
E	3.5	2.1	1.1	2.8	6.8	6.1	7.9	5.8	5.2	5.8	2.3	6.1	6.3	6.5	5.7	7.6
F	0.7	1.4	1.1	0.0	3.9	3.2	3.4	0.0	20.1	22.0	12.6	31.8	27.2	35.6	36.8	27.3
G	1.0	1.8	2.2	0.0	3.6	4.7	9.0	5.8	25.0	27.0	23.0	18.2	19.9	19.5	17.2	24.2
H	16.1	14.4	17.4	8.5	15.1	11.2	9.0	7.2	6.3	6.2	11.5	4.5	5.1	4.6	4.6	4.5
I	10.5	10.2	9.8	2.8	7.5	7.2	5.6	2.9	12.7	6.9	9.2	10.6	2.9	4.6	5.7	7.6
X^2	31.486				28.989				35.871				28.685			
p	.140				.221				.056				.232			

注：城男代表城市男性,城女代表城市女性,郊男代表郊区男性,郊女代表郊区女性。

(4)结论

①北京市听力残疾人认为在择业中最重要的前三位因素是"工作稳定,有保障"、"工作有较高的收入,可以使自己过着安稳的生活"、"能发挥自己的能力特长有所作为",这说明他们对工作的安全、稳定比较依赖,对工作的"外在报酬"要求比较高,同时也重视个人的成就感。在较为重要的因素里又增加了"跟同事有良好的人际交往",他们认为良好的人际关系是舒心工作、安心生活的必要条件。择业不太重要和最不重要的前三位是"工作有较高的社会地位"、"工作不紧张,能自由支配自己的工作"和"能有一个舒适的工作环境",表现出听力残疾人群体务实的一面。

②听力残疾人的职业价值观并不存在显著的性别差异和城郊差异。

③不同年龄组在进行最为重要因素的选择时存在极其显著的年龄差异($p<0.01$);各年龄组认为在择业中较为重要的因素是"跟同事有良好的人际交往";在进行不太重要因素和最不重要因素选择时,各年龄组间不存在显著差异;各年龄组认为在择业中最不重要的因素是"工作有较高社会地位"。

(三)北京市言语残疾人职业适应性状况

本项目测查北京市就业年龄段的言语残疾人共计52名。样本详情见表2-2-116～表2-2-120。

表2-2-116　北京市言语残疾人样本性别分布情况

地区	男		女		合计
	n	%	n	%	
海淀	23	60.5%	15	39.5%	38
密云	1	33.3%	2	66.7%	3
大兴	4	36.4%	7	63.6%	11
总计	28	53.8%	24	46.2%	52

表2-2-117　北京市言语残疾人样本年龄段分布情况

地区	15-29岁		30-39岁		40-49岁		50-59岁		合计
	n	%	n	%	n	%	n	%	
海淀	35	92.1%			3	7.9%			38
密云	1	33.3%			2	66.7%			3
大兴	7	63.6%			4	36.4%			11
总计	43	82.7%			9	17.3%			52

表2-2-118　北京市言语残疾人样本残疾等级分布情况

地区	四级		三级		二级		一级		合计
	n	%	n	%	n	%	n	%	
海淀	1	2.7%	9	24.3%	2	5.4%	25	67.6%	37
密云	0	0.0%	1	33.3%	1	33.3%	1	33.3%	3
大兴	0	0.0%	4	40.0%	0	0.0%	6	60.0%	10
总计	1	2.0%	14	28.0%	3	6.0%	32	64.0%	50

注:缺失样本2人。

表 2-2-119　北京市言语残疾人样本文化水平分布情况

地区	小学及以下		初中		高中/中专		大专及以上		合计
	n	%	n	%	n	%	n	%	
海淀	5	13.2%	4	10.5%	2	5.3%	27	71.1%	38
密云	1	33.3%	1	33.3%	1	33.3%	0	0.0%	3
大兴	5	45.5%	4	36.4%	1	9.1%	1	9.1%	11
总计	11	21.2%	9	17.3%	4	7.7%	28	53.8%	52

表 2-2-120　北京市言语残疾人样本城郊分布情况

地区	城市男性		城市女性		郊区男性		郊区女性		合计
	n	%	n	%	n	%	n	%	
海淀	23	60.5%	15	39.5%	0	0.0%	0	0.0%	38
密云	0	0.0%	0	0.0%	1	33.3%	2	66.7%	3
大兴	0	0.0%	0	0.0%	4	36.4%	7	63.6%	11
总计	23	44.2%	15	28.8%	5	9.6%	9	17.3%	52

1.北京市言语残疾人职业能力状况

（1）测试人群分布

本项目在北京市共选取了52名有效被试进行了言语残疾人职业能力测验，其中男性28人，女性24人；城区38人，郊区14人。其基本信息见表2-2-121。

表 2-2-121　北京市言语残疾人有效样本分布表

年龄（岁）	城区			郊区			合计
	男	女	小计	男	女	小计	
15-39岁	20	15	35	2	6	8	43
40-59岁	3	0	3	3	3	6	9
合计	23	15	38	5	98	14	52

（2）总体情况

被测试的言语残疾人职业能力文档测验各分测验得分从高到低依次为：符号知觉>形状知觉>数理能力>言语能力>空间知觉。40岁之前的言语残疾人在职业能力各分测验的得分以及文档测验总分表现均高于40岁之后的言语残疾人（见表2-2-122）。

表 2-2-122　北京市言语残疾人职业能力测验的平均数和标准差

	n	言语能力		数理能力		空间知觉		符号知觉		形状知觉		文档计分	
		M	Std	M	Std	M	Std	M	Std	M	Std	M	Std
总体	52	11.68	5.04	12.00	5.37	11.19	5.39	15.38	5.81	14.04	5.77	64.29	23.93
男性	28.00	11.24	5.19	11.86	5.84	11.00	5.80	14.80	6.51	13.79	6.36	62.68	27.30
女性	24.00	12.19	4.91	12.17	4.90	11.42	4.99	16.05	4.91	14.33	5.13	66.16	19.71
15-39岁	43	12.76	4.09	13.35	4.47	12.37	4.86	17.06	3.85	15.63	4.52	71.17	17.72
40-59岁	9	6.52	6.14	5.56	4.77	5.56	4.22	7.31	6.97	6.44	5.17	31.38	23.01

北京市城区言语残疾人职业能力各分测验的得分以及总分均高于郊区的言语残疾人(见表2-2-123)。

表2-2-123 北京市不同地区言语残疾人职业能力测验

		n	言语能力		数理能力		空间知觉		符号知觉		形状知觉		文档计分	
			M	Std	M	Std	M	Std	M	Std	M	Std	M	Std
	城区	38	11.81	4.85	13.16	5.11	12.37	5.13	16.68	4.25	14.89	6.06	68.91	22.58
	郊区	14	11.33	5.69	8.86	4.94	8.00	4.90	11.84	7.90	11.71	4.29	51.75	23.76
城区	男	23	11.33	5.11	12.70	5.55	12.00	5.46	16.32	4.67	14.70	6.37	67.04	
	女	15	12.53	4.50	13.87	4.44	12.93	4.71	17.23	3.59	15.20	5.75	71.76	
郊区	男	5	10.80	6.17	8.00	6.16	6.40	5.55	7.82	9.61	9.60	4.77	42.62	28.92
	女	9	11.63	5.77	9.33	4.47	8.89	4.59	14.07	6.30	12.89	3.76	56.81	20.45

(3)言语残疾人职业能力特征

1)性别差异比较分析

各分测验得分的均数比较发现,男性的言语能力、数理能力、空间知觉、符号知觉和形状知觉分测验的得分均低于女性(见图2-2-63)。

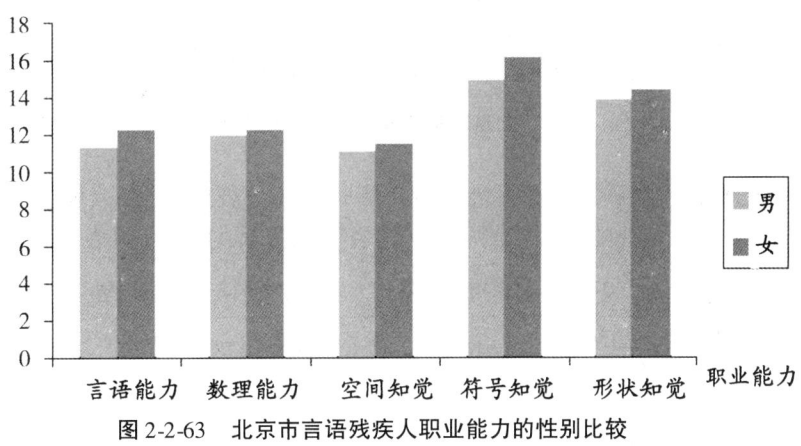

图2-2-63 北京市言语残疾人职业能力的性别比较

进一步差异检验显示,北京市言语残疾人在职业能力上各分测验的得分及文档测验总分均不存在显著的性别差异(见表2-2-124)。

表2-2-124 北京市言语残疾人职业能力的性别差异检验

	名称	性别	人数	平均数	标准差	t	p
职业能力文档测验	言语能力	男	28	11.24	5.19	-.679	.500
		女	24	12.19	4.91		
	数理能力	男	28	11.86	5.84	-.205	.838
		女	24	12.17	4.90		
	空间知觉	男	28	11.00	5.80	-.275	.784
		女	24	11.42	4.99		
	符号知觉	男	28	14.80	6.51	-.767	.446
		女	24	16.05	4.91		

续表

名称		性别	人数	平均数	标准差	t	p
职业能力 文档测验	形状知觉	男	28	13.79	6.36	-.338	.737
		女	24	14.33	5.13		
	文档计分	男	28	62.68	27.30	-.518	.607
		女	24	66.16	19.71		

2）年龄差异比较分析

40 岁之前的言语残疾人在职业能力各分测验的得分均高于 40 岁之后的言语残疾人（见图 2-2-64）。

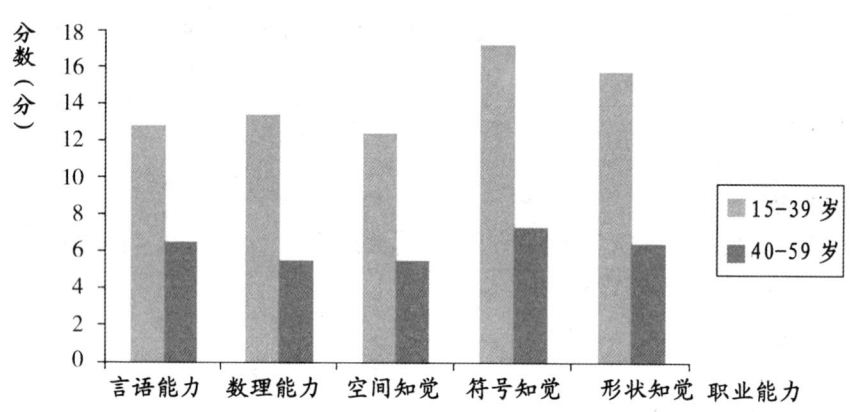

图 2-2-64 北京市言语残疾人职业能力的年龄比较

进一步差异检验显示，年龄差异在言语能力分测验存在显著差异，在数理能力、空间知觉、符号知觉和形状知觉的得分以及职业能力文档测验总分上存在极显著的差异（见表 2-2-125）。

表 2-2-125 北京市言语残疾人职业能力的年龄差异检验

名称		性别	人数	平均数	标准差	t	p
职业能力 文档测验	言语能力	15-39	43	12.76	4.09	2.915*	.016
		40-59	9	6.52	6.14		
	数理能力	15-39	43	13.35	4.47	4.707**	.000
		40-59	9	5.56	4.77		
	空间知觉	15-39	43	12.37	4.86	3.901**	.000
		40-59	9	5.56	4.22		
	符号知觉	15-39	43	17.06	3.85	4.074**	.003
		40-59	9	7.31	6.97		
	形状知觉	15-39	43	15.63	4.52	5.410**	.000
		40-59	9	6.44	5.17		
	文档计分	15-39	43	71.17	17.72	5.815**	.000
		40-59	9	31.38	23.01		

3)城郊差异比较分析

城区言语残疾人在职业能力各分测验的得分以及总分均高于郊区言语残疾人(见图2-2-65)。

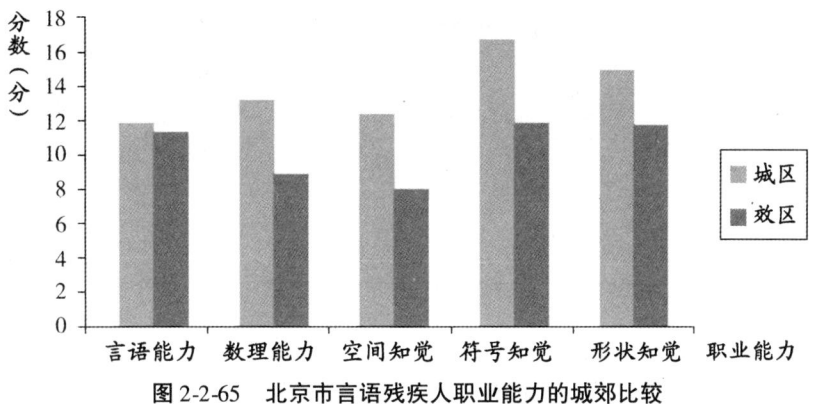

图2-2-65 北京市言语残疾人职业能力的城郊比较

进一步差异检验发现,言语残疾人在数理能力和空间知觉分测验上存在极显著的城郊差异,在符号知觉分测验及文档测验总分上存在显著的城郊差异(见表2-2-126)。

表2-2-126 北京市言语残疾人职业能力的城郊差异检验

	名称	性别	人数	平均数	标准差	t	p
职业能力文档测验	言语能力	城区	38	11.81	4.85	.298	.767
		郊区	14	11.33	5.69		
	数理能力	城区	38	13.16	5.11	2.716**	.009
		郊区	14	8.86	4.94		
	空间知觉	城区	38	12.37	5.13	2.754**	.008
		郊区	14	8.00	4.90		
	符号知觉	城区	38	16.68	4.25	2.177*	.045
		郊区	14	11.84	7.90		
	形状知觉	城区	38	14.89	6.06	1.800	.078
		郊区	14	11.71	4.29		
	文档计分	城区	38	68.91	22.58	2.398*	.020
		郊区	14	51.75	23.76		

(4)结论

①北京市言语残疾人职业能力文档测验各分测验得分从高到低依次为:符号知觉>形状知觉>数理能力>言语能力>空间知觉。

②北京市言语残疾人在职业能力上各分测验的得分及文档测验总分均不存在显著的性别差异。

③40岁之前的言语残疾人在职业能力各分测验的得分均高于40岁之后的言语残疾人,且年龄差异在言语能力分测验得分上存在着显著差异($p<0.05$),在数理能力、空间知觉、符号知觉和形状知觉的得分以及职业能力文档测验总分上存在极显著性差异($p<0.01$)。

④城区言语残疾人在数理能力、空间知觉、符号知觉及文档测验总分上高于郊区言语残疾人,且在数理能力和空间知觉分测验上存在极其显著的城郊差异($p<0.01$),在符号知觉分测验及文档测验总分上存在显著的城郊差异($p<0.05$)。

2.北京市言语残疾人职业人格状况

(1)测试人群分布

本项目在北京市共选取了50名有效被试进行了言语残疾人职业人格测验,其中男性26人,女性24人;城区37人,郊区13人。其基本信息见表2-2-127。

表2-2-127 北京市言语残疾人职业人格测验有效样本分布表

年龄(岁)	城区			郊区			总计
	男	女	小计	男	女	小计	
15—39	20	15	35	2	6	8	43
40—59	2	0	2	2	3	5	7
合计	22	15	37	4	9	13	50

(2)总体情况

被测试的言语残疾人职业人格各维度的得分从高到低依次为:责任心>管理能力>严谨性>自信心>抗挫折能力>交际能力>坚持性>情绪稳定性。40岁之前的言语残疾人在坚持性、严谨性、情绪稳定性、责任心、交际能力和抗挫折能力上的得分高于40岁之后的言语残疾人,在自信心和管理能力上低于40岁之后的言语残疾人。城区的言语残疾人在坚持性、严谨性、情绪稳定性、交际能力和抗挫折能力上高于郊区的肢体残疾人,在其他三个人格特征维度上的得分低于郊区的言语残疾人(见表2-2-128)。

表2-2-128 北京市言语残疾人职业人格测验的平均数和标准差

	n	坚持性		严谨性		情绪稳定性		自信心	
		M	Std	M	Std	M	Std	M	Std
总体	50	7.06	2.26	8.16	2.19	6.06	2.91	7.52	1.80
男性	26	7.12	2.25	8.62	2.00	6.38	3.07	7.23	1.99
女性	24	7.00	2.32	7.67	2.32	5.71	2.74	7.83	1.55
15—39岁	43	7.30	2.08	8.26	2.27	6.35	2.64	7.49	1.70
40—59岁	7	5.57	2.94	7.57	1.62	4.29	4.03	7.71	2.50
城区	37	7.14	2.15	8.30	2.11	6.49	2.82	7.27	1.79
郊区	13	6.85	2.64	7.77	2.45	4.85	2.91	8.23	1.69

表2-2-128 北京市言语残疾人职业人格测验的平均数和标准差(续)

	n	坚持性		严谨性		情绪稳定性		自信心	
		M	Std	M	Std	M	Std	M	Std
总体	50	9.18	2.22	7.38	1.95	8.82	2.83	7.46	2.34
男性	26	8.96	2.39	7.62	2.10	9.31	2.94	7.88	2.55
女性	24	9.42	2.04	7.13	1.78	8.29	2.68	7.00	2.04
15—39岁	43	9.37	2.00	7.56	1.92	8.79	2.62	7.84	2.07
40—59岁	7	8.00	3.21	6.29	1.89	9.00	4.16	5.14	2.73
城区	37	9.16	2.10	7.76	1.86	8.73	2.81	7.81	2.26
郊区	13	9.23	2.62	6.31	1.84	9.08	3.01	6.46	2.37

(3)言语残疾人职业人格特征

1)性别差异比较分析

北京市不同性别的言语残疾人在职业人格各维度上得分的均数比较显示,男性言语残疾人的自信心和责任心维度的得分低于女性,而坚持性、严谨性、情绪稳定性、交际能力、管理能力和抗挫折能力维度的得分高于女性(见图2-2-66)。

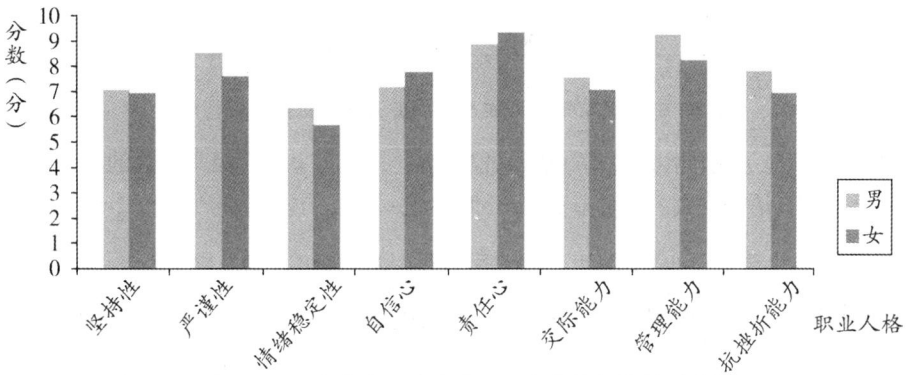

图2-2-66 北京市言语残疾人职业人格特征的性别比较

进一步差异性检验显示,言语残疾人在职业人格各维度得分均不存在显著性别差异(见表2-2-129)。

表2-2-129 北京市言语残疾人职业人格特征的性别差异性检验

名称		性别	人数	平均数	标准差	t	p
职业人格	坚持性	男	26	7.12	2.25	.178	.859
		女	24	7.00	2.32		
	严谨性	男	26	8.62	2.00	1.553	.127
		女	24	7.67	2.32		
	情绪稳定性	男	26	6.38	3.07	.818	.417
		女	24	5.71	2.74		
	自信心	男	26	7.23	1.99	−1.189	.240
		女	24	7.83	1.55		
	责任心	男	26	8.96	2.39	−.721	.474
		女	24	9.42	2.04		
	交际能力	男	26	7.62	2.10	.888	.379
		女	24	7.13	1.78		
	管理能力	男	26	9.31	2.94	1.275	.209
		女	24	8.29	2.68		
	抗挫折能力	男	26	7.88	2.55	1.346	.185
		女	24	7.00	2.04		

2)年龄差异比较分析

北京市不同年龄的言语残疾人在职业人格各维度上得分的均数比较显示,40岁之前的言语残疾人在坚持性、严谨性、情绪稳定性、责任心、交际能力和抗挫折能力维度的得分高于40岁之后的残疾人,在自信心和管理能力维度低于40岁之后的言语残疾人(见图2-2-67)。

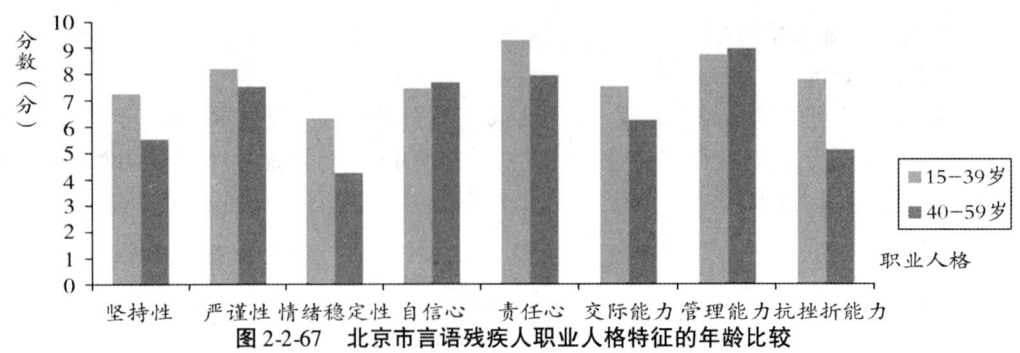

图 2-2-67 北京市言语残疾人职业人格特征的年龄比较

进一步差异性检验显示,被测试的言语残疾人仅在抗挫折能力上存在极其显著的年龄差异,即在抗挫折能力维度,40 岁之前的言语残疾人的得分显著高于 40 岁之后的言语残疾人(见表 2-2-130)。

表 2-2-130 北京市言语残疾人职业人格特征的年龄差异检验

	名称	年龄组(岁)	人数	平均数	标准差	t	p
职业人格	坚持性	15~39	43	7.30	2.08	1.928	.060
		40~59	7	5.57	2.94		
	严谨性	15~39	43	8.26	2.27	.764	.449
		40~59	7	7.57	1.62		
	情绪稳定性	15~39	43	6.35	2.64	1.310	.232
		40~59	7	4.29	4.03		
	自信心	15~39	43	7.49	1.70	-.305	.761
		40~59	7	7.71	2.50		
	责任心	15~39	43	9.37	2.00	1.538	.131
		40~59	7	8.00	3.21		
	交际能力	15~39	43	7.56	1.92	1.630	.110
		40~59	7	6.29	1.89		
	管理能力	15~39	43	8.79	2.62	-.179	.858
		40~59	7	9.00	4.16		
	抗挫折能力	15~39	43	7.84	2.07	3.055**	.004
		40~59	7	5.14	2.73		

3)城郊差异比较分析

城区言语残疾人在坚持性、严谨性、情绪稳定性、交际能力和抗挫折能力维度的得分高于郊区言语残疾人,在自信心、责任心和管理能力维度的得分低于郊区言语残疾人(见图 2-2-68)。

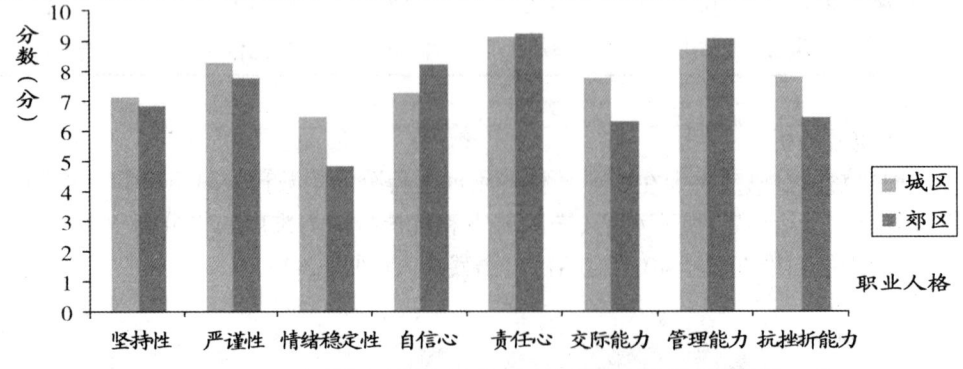

图 2-2-68 北京市不同地区言语残疾人职业人格特征的比较

进一步差异检验发现,城郊区的言语残疾人在交际能力维度存在显著的差异,即城区言语残疾人的交际能力得分显著高于郊区言语残疾人(见表2-2-131)。

表2-2-131 北京市言语残疾人职业人格特征的城郊差异检验

名称		性别	人数	平均数	标准差	t	p
职业人格	坚持性	城区	37	7.14	2.15	.393	.696
		郊区	13	6.85	2.64		
	严谨性	城区	37	8.30	2.11	.745	.460
		郊区	13	7.77	2.45		
	情绪稳定性	城区	37	6.49	2.82	1.787	.080
		郊区	13	4.85	2.91		
	自信心	城区	37	7.27	1.79	−1.687	.098
		郊区	13	8.23	1.69		
	责任心	城区	37	9.16	2.10	−.095	.925
		郊区	13	9.23	2.62		
	交际能力	城区	37	7.76	1.86	2.420*	.019
		郊区	13	6.31	1.84		
	管理能力	城区	37	8.73	2.81	−.377	.708
		郊区	13	9.08	3.01		
	抗挫折能力	城区	37	7.81	2.26	1.830	.073
		郊区	13	6.46	2.37		

(4)结论

①北京市言语残疾人职业人格各维度的得分从高到低依次为:责任心>管理能力>严谨性>自信心>抗挫折能力>交际能力>坚持性>情绪稳定性。

②北京市言语残疾人在职业人格各维度得分均不存在显著的性别差异。

③40岁之前的言语残疾人的得分显著高于40岁之后的言语残疾人($p<0.05$)。

④城区言语残疾人的交际能力得分显著高于郊区言语残疾人($p<0.05$)。

3. 北京市言语残疾人职业兴趣状况

(1)测试人群分布

本项目在北京市共选取了45名有效被试进行了言语残疾人职业兴趣测验,其中男性24人,女性21人;城区35人,郊区10人。其详细资料如表2-2-132所示。

表2-2-132 北京市言语残疾人职业兴趣测验城郊区有效样本分布表

年龄(岁)	城区			郊区			总计
	男	女	小计	男	女	小计	
15-39	18	14	32	1	5	6	38
40-59	3	0	3	2	2	4	7
合计	21	14	35	3	7	10	45

(2)总体情况

被测试的言语残疾人职业兴趣各类型的得分从高到低依次为:现实型>常规型>研究型>企业型>艺术型>社会型。40岁之前的言语残疾人在常规型、现实型、研究型和企业型的得分高于40岁之后的言语残疾人,而在社会型和艺术型的得分低于 40 岁之后的言语残疾人。城区言语残疾人在现实型、研究型、企业型和社会型的得分高于郊区言语残疾人,在常规型和研究型的得分低于郊区的言语残疾人(见表 2-2-133)。

表 2-2-133　北京市言语残疾人职业兴趣测验

	n	常规型		现实型		研究型		企业型		社会型		艺术型	
		M	Std	M	Std	M	Std	M	Std	M	Std	M	Std
总体	45	6.22	1.49	6.44	1.59	5.80	1.78	5.58	1.70	4.62	1.59	5.49	1.96
男性	24	6.08	1.47	6.21	1.79	5.96	1.90	5.50	1.74	4.50	1.67	5.63	1.93
女性	21	6.38	1.53	6.71	1.31	5.62	1.66	5.67	1.68	4.76	1.51	5.33	2.03
15-39 岁	38	6.39	1.37	6.74	1.33	5.95	1.66	5.76	1.60	4.58	1.54	5.47	2.00
40-59 岁	7	5.29	1.89	4.86	2.04	5.00	2.31	4.57	1.99	4.86	1.95	5.57	1.90
城区	35	6.09	1.50	6.46	1.56	6.00	1.75	5.66	1.53	4.69	1.59	5.34	1.91
郊区	10	6.70	1.42	6.40	1.78	5.10	1.79	5.30	2.26	4.40	1.65	6.00	2.16

(3) 言语残疾人职业兴趣特征

1) 性别差异比较分析

北京市不同性别的言语残疾人在职业兴趣各类型得分的均数比较显示,男性言语残疾人在常规型、现实型、企业型和社会型的得分低于女性,而在研究型和艺术型的得分高于女性(见图 2-2-69)。

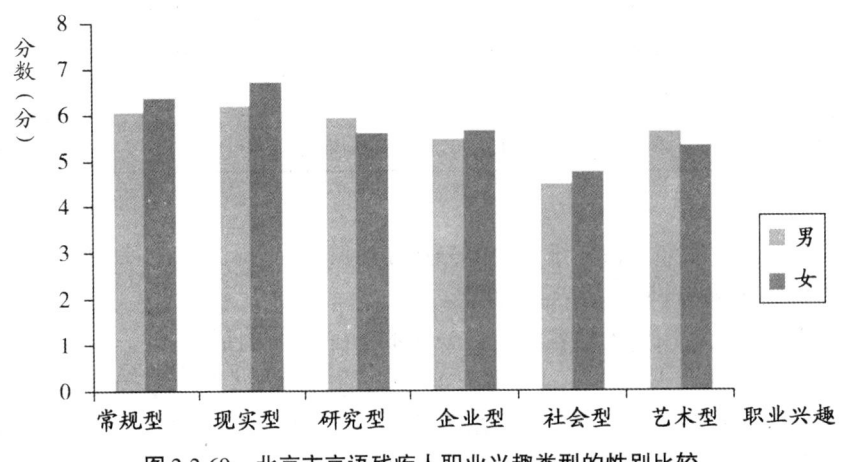

图 2-2-69　北京市言语残疾人职业兴趣类型的性别比较

进一步差异性检验显示,被测试的北京市言语残疾人在职业兴趣的各类型上不存在显著的性别差异(见表 2-2-134)。

表 2-2-134　北京市言语残疾人职业兴趣类型的性别差异检验

	名称	性别	人数	平均数	标准差	t	p
职业兴趣	常规型	男	24	6.08	1.47	-.664	.510
		女	21	6.38	1.53		
	现实型	男	24	6.21	1.79	-1.067	.292
		女	21	6.71	1.31		
	研究型	男	24	5.96	1.90	.634	.529
		女	21	5.62	1.66		

续表

	名称	性别	人数	平均数	标准差	t	p
职业兴趣	企业型	男	24	5.50	1.74	-.325	.747
		女	21	5.67	1.68		
	社会型	男	24	4.50	1.67	-.548	.586
		女	21	4.76	1.51		
	艺术型	男	24	5.63	1.93	.493	.624
		女	21	5.33	2.03		

2) 年龄差异比较分析

北京市不同年龄的言语残疾人在职业兴趣各类型上得分的均数比较显示,40岁之前的言语残疾人在常规型、现实型、研究型和企业型的得分高于40岁之后的言语残疾人,而在社会型和艺术型的得分低于40岁之后的言语残疾人(见图2-2-70)。

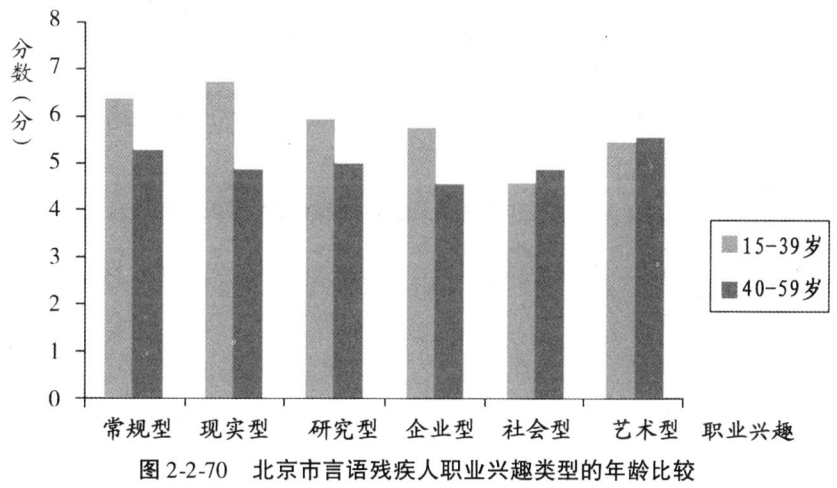

图2-2-70 北京市言语残疾人职业兴趣类型的年龄比较

进一步差异性检验显示,言语残疾人在现实型的得分存在极其显著的年龄差异)(见表2-2-135)。

表2-2-135 北京市言语残疾人职业兴趣类型的年龄差异检验

	名称	年龄(岁)	人数	平均数	标准差	t	p
职业兴趣	常规型	15-39	38	6.39	1.37	1.859	.070
		40-59	7	5.29	1.89		
	现实型	15-39	38	6.74	1.33	3.155**	.003
		40-59	7	4.86	2.04		
	研究型	15-39	38	5.95	1.66	1.305	.199
		40-59	7	5.00	2.31		
	企业型	15-39	38	5.76	1.60	1.745	.088
		40-59	7	4.57	1.99		
	社会型	15-39	38	4.58	1.54	-.423	.675
		40-59	7	4.86	1.95		
	艺术型	15-39	38	5.47	2.00	-.120	.905
		40-59	7	5.57	1.90		

3）城郊差异比较分析

在职业兴趣各类型上得分的均数比较发现，城区言语残疾人在现实型、研究型、企业型和社会型的得分高于郊区言语残疾人，而在常规型和艺术型的得分低于郊区言语残疾人（见图2-2-71）。

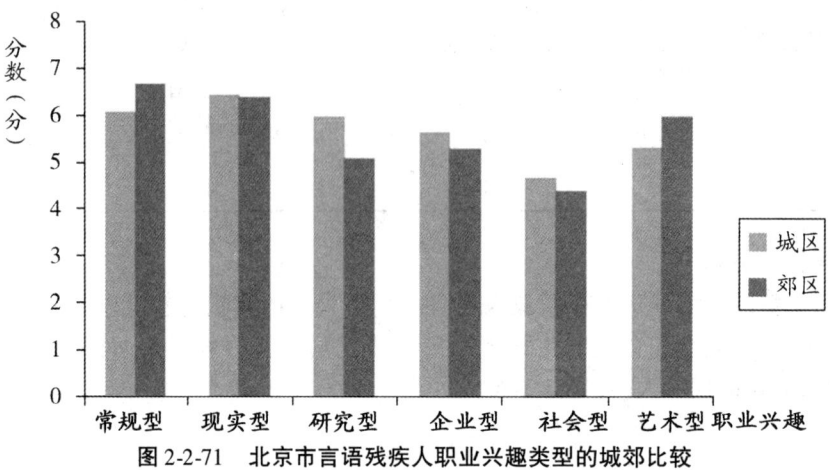

图2-2-71　北京市言语残疾人职业兴趣类型的城郊比较

进一步差异检验发现，北京市言语残疾人在职业兴趣的各类型的得分均不存在显著的城郊差异（见表2-2-136）。

表2-2-136　北京市言语残疾人职业兴趣类型的城郊差异检验

	名称	城郊	人数	平均数	标准差	t	p
职业兴趣	常规型	城区	35	6.09	1.50	−1.154	.255
		郊区	10	6.70	1.42		
	现实型	城区	35	6.46	1.56	.099	.921
		郊区	10	6.40	1.78		
	研究型	城区	35	6.00	1.75	1.428	.161
		郊区	10	5.10	1.79		
	企业型	城区	35	5.66	1.53	.582	.564
		郊区	10	5.30	2.26		
	社会型	城区	35	4.69	1.59	.498	.621
		郊区	10	4.40	1.65		
	艺术型	城区	35	5.34	1.91	−.933	.356
		郊区	10	6.00	2.16		

（4）结论

①北京市言语残疾人职业兴趣各类型的得分从高到低依次为：现实型＞常规型＞研究型＞企业型＞艺术型＞社会型。

②北京市不同性别的言语残疾人在职业兴趣各类型得分不存在显著的差异。

③40岁之前的男性言语残疾人在现实型上的得分高于40岁之后的言语残疾人，且年龄差异达到极其显著水平（p<0.05）。

④北京市言语残疾人在职业兴趣各类型的得分均不存在显著的城郊差异。

三、上海市残疾人职业适应性状况

本次调查覆盖上海市 19 个区县,共调查就业年龄段的肢体残疾人、听力残疾人和言语残疾人有效样本 1769 人。样本详情见表 2-3-1 ~ 表 2-3-6。

表 2-3-1 上海市残疾人样本残疾类型分布情况

地区	肢体残疾人		听力残疾人		言语残疾人		合计
	n	%	n	%	n	%	
黄浦	42	48.3	38	43.7	7	8.0	87
卢湾	42	47.7	38	43.2	8	9.1	88
徐汇	32	36.8	46	52.9	9	10.3	87
长宁	32	42.1	34	44.7	10	13.2	76
静安	41	50.0	32	39.0	9	11.0	82
普陀	40	33.6	67	56.3	12	10.1	119
闸北	43	45.7	40	42.6	11	11.7	94
虹口	42	38.9	49	45.4	17	15.7	108
杨浦	43	40.6	50	47.2	13	12.3	106
闵行	42	40.8	54	52.4	7	6.8	103
宝山	41	41.0	50	50.0	9	9.0	100
嘉定	43	53.1	33	40.7	5	6.2	81
浦东	43	37.1	60	51.7	13	11.2	116
金山	43	47.8	29	32.2	18	20.0	90
松江	38	44.7	39	45.9	8	9.4	85
青浦	43	51.2	33	39.3	8	9.5	84
南汇	42	46.2	39	42.9	10	11.0	91
奉贤	38	45.8	39	47.0	6	7.2	83
崇明	42	48.8	31	36.0	13	15.1	86
总计	772	43.6	804	45.4	193	11.0	1769

表 2-3-2 上海市残疾人样本性别分布情况

地区	男		女		合计
	n	%	n	%	
黄浦	51	58.6	39	44.8	87
卢湾	50	56.8	38	43.2	88
徐汇	41	47.1	46	52.9	87
长宁	48	63.2	28	36.8	76
静安	48	58.5	34	41.5	82
普陀	80	67.2	39	32.8	119
闸北	53	56.4	41	43.6	94

续表

地区	男		女		合计
	n	%	n	%	
虹口	63	58.3	45	41.7	108
杨浦	63	59.4	43	40.6	106
闵行	54	52.4	49	47.6	103
宝山	52	52.0	48	48.0	100
嘉定	49	60.5	32	39.5	81
浦东	65	56.0	51	44.0	116
金山	51	56.7	39	43.3	90
松江	45	52.9	40	47.1	85
青浦	48	57.1	36	42.9	84
南汇	52	57.1	39	42.9	91
奉贤	43	51.8	40	48.2	83
崇明	49	57.0	37	43.0	86
总计	1005	56.8	764	43.2	1769

表2-3-3 上海市残疾人样本年龄段分布情况

地区	15-29岁		30-39岁		40-49岁		50-59岁		合计
	n	%	n	%	n	%	n	%	
黄浦	27	30.0	26	28.9	27	30.0	10	11.1	90
卢湾	31	35.2	27	30.7	22	25.0	8	9.1	88
徐汇	37	42.5	22	25.3	18	20.7	10	11.5	87
长宁	21	27.6	28	36.8	20	26.3	7	9.2	76
静安	26	31.7	30	36.6	17	20.7	9	11.0	82
普陀	60	50.4	32	26.9	21	17.6	6	5.0	119
闸北	39	41.5	21	22.3	22	23.4	12	12.8	94
虹口	40	37.0	35	32.4	22	20.4	11	10.2	108
杨浦	55	51.9	20	18.9	19	17.9	12	11.3	106
闵行	48	46.6	28	27.2	18	17.5	9	8.7	103
宝山	47	47.0	27	27.0	19	19.0	7	7.0	100
嘉定	25	30.9	28	34.6	20	24.7	8	9.9	81
浦东	54	46.6	33	28.4	18	15.5	11	9.5	116
金山	41	45.6	25	27.8	17	18.9	7	7.8	90
松江	36	42.4	28	32.9	13	15.3	8	9.4	85
青浦	27	32.1	32	38.1	18	21.4	7	8.3	84
南汇	39	42.9	22	24.2	21	23.1	9	9.9	91
奉贤	31	37.3	29	34.9	18	21.7	5	6.0	83
崇明	30	34.9	30	34.9	16	18.6	10	11.6	86
总计	714	40.4	523	29.6	366	20.7	166	9.4	1769

表 2-3-4 上海市残疾人样本残疾等级分布情况

地区	四级		三级		二级		一级		合计
	n	%	n	%	n	%	n	%	
黄浦	15	25.9	25	43.1	12	20.7	6	10.3	58
卢湾	13	18.3	37	52.1	9	12.7	12	16.9	71
徐汇	11	15.9	21	30.4	18	26.1	19	27.5	69
长宁	14	23.3	18	30.0	17	28.3	11	18.3	60
静安	8	13.1	35	57.4	5	8.2	13	21.3	61
普陀	11	11.7	43	45.7	10	10.6	30	31.9	94
闸北	9	11.7	30	39.0	14	18.2	24	31.2	77
虹口	11	14.1	27	34.6	19	24.4	21	26.9	78
杨浦	10	12.5	45	56.3	9	11.3	16	20.0	80
闵行	18	22.8	35	44.3	13	16.5	13	16.5	79
宝山	4	5.5	54	74.0	9	12.3	6	8.2	73
嘉定	5	12.2	13	31.7	14	34.1	9	22.0	41
浦东	8	8.4	49	51.6	19	20.0	19	20.0	95
金山	11	12.9	50	58.8	8	9.4	16	18.8	85
松江	5	7.1	29	41.4	17	24.3	19	27.1	70
青浦	5	6.3	44	55.0	12	15.0	19	23.8	80
南汇	8	9.6	37	44.6	15	18.1	23	27.7	83
奉贤	23	30.7	23	30.7	7	9.3	22	29.3	75
崇明	41	51.9	17	21.5	9	11.4	12	15.2	79
总计	230	16.3	632	44.9	236	16.8	310	22.0	1408

注：缺失样本 361 人。

表 2-3-5 上海市残疾人样本文化水平分布情况

地区	小学		初中		高中/中专		大专及以上		合计
	n	%	n	%	n	%	n	%	
黄浦	12	13.8	32	36.8	33	37.9	10	11.5	87
卢湾	2	2.3	31	35.2	32	36.4	23	26.1	88
徐汇	3	3.4	27	31.0	33	37.9	24	27.6	87
长宁	1	1.3	32	42.7	25	33.3	17	22.7	75
静安	4	4.9	18	22.2	27	33.3	32	39.5	81
普陀	9	7.8	32	27.6	42	36.2	33	28.4	116
闸北	4	4.4	28	31.1	30	33.3	28	31.1	90
虹口	11	10.4	29	27.4	40	37.7	26	24.5	106
杨浦	5	4.7	24	22.6	57	53.8	20	18.9	106
闵行	1	1.0	40	39.2	38	37.3	23	22.5	102
宝山	7	7.0	31	31.0	49	49.0	13	13.0	100

续表

地区	小学及以下		初中		高中/中专		大专及以上		合计
	n	%	n	%	n	%	n	%	
嘉定	14	18.2	28	36.4	22	28.6	13	16.9	77
浦东	6	5.2	42	36.2	46	39.7	22	19.0	116
金山	8	8.9	47	52.2	29	32.2	6	6.7	90
松江	6	7.1	38	44.7	23	27.1	18	21.2	85
青浦	5	6.2	44	54.3	24	29.6	8	9.9	81
南汇	20	23.3	40	46.5	22	25.6	4	4.7	86
奉贤	3	3.8	46	57.5	24	30.0	7	8.8	80
崇明	19	22.9	34	41.0	22	26.5	8	9.6	83
总计	140	8.1	643	37.0	618	35.6	335	19.3	1736

注：缺失样本33人。

表2-3-6 上海市残疾人样本城郊分布情况

地区	城市男性		城市女性		郊区男性		郊区女性		合计
	n	%	n	%	n	%	n	%	
黄浦	51	56.7	39	43.3	0	0.0	0	0.0	90
卢湾	50	56.8	38	43.2	0	0.0	0	0.0	88
徐汇	41	47.1	46	52.9	0	0.0	0	0.0	87
长宁	48	63.2	28	36.8	0	0.0	0	0.0	76
静安	48	58.5	34	41.5	0	0.0	0	0.0	82
普陀	80	67.2	39	32.8	0	0.0	0	0.0	119
闸北	53	56.4	41	43.6	0	0.0	0	0.0	94
虹口	63	58.3	45	41.7	0	0.0	0	0.0	108
杨浦	63	59.4	43	40.6	0	0.0	0	0.0	106
闵行	0	0.0	0	0.0	54	52.4	49	47.6	103
宝山	0	0.0	0	0.0	52	52.0	48	48.0	100
嘉定	0	0.0	0	0.0	49	60.5	32	39.5	81
浦东	0	0.0	0	0.0	65	56.0	51	44.0	116
金山	0	0.0	0	0.0	51	56.7	39	43.3	90
松江	0	0.0	0	0.0	45	52.9	40	47.1	85
青浦	0	0.0	0	0.0	48	57.1	36	42.9	84
南汇	0	0.0	0	0.0	52	57.1	39	42.9	91
奉贤	0	0.0	0	0.0	43	51.8	40	48.2	83
崇明	0	0.0	0	0.0	49	57.0	37	43.0	86
总计	497	28.1	353	20.0	508	28.7	411	23.2	1769

(一)上海市肢体残疾人职业适应性状况

本次调查上海市劳动就业年龄段肢体残疾人有效样本772人。样本分布基本情况见表2-3-7~表2-3-11。

表2-3-7 上海市肢体残疾人样本性别分布情况

地区	男		女		合计
	n	%	n	%	
黄浦	24	57.1	18	42.9	42
卢湾	26	61.9	16	38.1	42
徐汇	16	50.0	16	50.0	32
长宁	21	65.6	11	34.4	32
静安	28	68.3	13	31.7	41
普陀	26	65.0	14	35.0	40
闸北	28	65.1	15	34.9	43
虹口	27	64.3	15	35.7	42
杨浦	28	65.1	15	34.9	43
闵行	25	59.5	17	40.5	42
宝山	27	65.9	14	34.1	41
嘉定	26	60.5	17	39.5	43
浦东	27	62.8	16	37.2	43
金山	25	58.1	18	41.9	43
松江	22	57.9	16	42.1	38
青浦	25	58.1	18	41.9	43
南汇	25	59.5	17	40.5	42
奉贤	21	55.3	17	44.7	38
崇明	24	57.1	18	42.9	42
总计	471	61.0	301	39.0	772

表2-3-8 上海市肢体残疾人样本年龄段分布情况

地区	15-29岁		30-39岁		40-49岁		50-59岁		合计
	n	%	n	%	n	%	n	%	
黄浦	15	35.7	10	23.8	14	33.3	3	7.1	42
卢湾	17	40.5	11	26.2	11	26.2	3	7.1	42
徐汇	13	40.6	7	21.9	8	25.0	4	12.5	32
长宁	11	34.4	12	37.5	6	18.8	3	9.4	32
静安	16	39.0	14	34.1	7	17.1	4	9.8	41
普陀	16	40.0	12	30.0	9	22.5	3	7.5	40
闸北	19	44.2	9	20.9	8	18.6	7	16.3	43
虹口	19	45.2	12	28.6	7	16.7	4	9.5	42

续表

地区	15-29岁		30-39岁		40-49岁		50-59岁		合计
	n	%	n	%	n	%	n	%	
杨浦	19	44.2	12	27.9	7	16.3	5	11.6	43
闵行	18	42.9	15	35.7	6	14.3	3	7.1	42
宝山	17	41.5	10	24.4	10	24.4	4	9.8	41
嘉定	19	44.2	11	25.6	9	20.9	4	9.3	43
浦东	18	41.9	11	25.6	10	23.3	4	9.3	43
金山	18	41.9	13	30.2	8	18.6	4	9.3	43
松江	18	47.4	10	26.3	5	13.2	5	13.2	38
青浦	18	41.9	13	30.2	8	18.6	4	9.3	43
南汇	17	40.5	8	19.0	13	31.0	4	9.5	42
奉贤	16	42.1	12	31.6	8	21.1	2	5.3	38
崇明	17	40.5	13	31.0	7	16.7	5	11.9	42
总计	321	41.6	215	27.8	161	20.9	75	9.7	772

表2-3-9 上海市肢体残疾人样本残疾等级分布情况

地区	四级		三级		二级		一级		合计
	n	%	n	%	n	%	n	%	
黄浦	9	36.0	10	40.0	6	24.0	0	0.0	25
卢湾	10	25.6	22	56.4	5	12.8	2	5.1	39
徐汇	7	25.0	15	53.6	5	17.9	1	3.6	28
长宁	11	40.7	11	40.7	4	14.8	1	3.7	27
静安	5	16.1	15	48.4	4	12.9	7	22.6	31
普陀	3	8.8	25	73.5	4	11.8	2	5.9	34
闸北	5	14.3	19	54.3	8	22.9	3	8.6	35
虹口	6	23.1	8	30.8	12	46.2	0	0.0	26
杨浦	5	14.3	25	71.4	5	14.3	0	0.0	35
闵行	11	28.2	23	59.0	5	12.8	0	0.0	39
宝山	0	0.0	32	91.4	2	5.7	1	2.9	35
嘉定	4	26.7	7	46.7	4	26.7	0	0.0	15
浦东	4	9.5	29	69.0	9	21.4	0	0.0	42
金山	3	7.1	37	88.1	2	4.8	0	0.0	42
松江	2	6.3	19	59.4	9	28.1	2	6.3	32
青浦	1	2.4	31	73.8	8	19.0	2	4.8	42
南汇	4	10.0	27	67.5	8	20.0	1	2.5	40
奉贤	19	55.9	10	29.4	3	8.8	2	5.9	34
崇明	32	84.2	3	7.9	2	5.3	1	2.6	38
总计	141	22.1	368	57.6	105	16.4	25	3.9	639

注:缺失样本133人。

表 2-3-10 上海市肢体残疾人样本文化水平分布情况

地区	小学及以下		初中		高中/中专		大专及以上		合计
	n	%	n	%	n	%	n	%	
黄浦	0	0.0	13	33.3	20	51.3	6	15.4	39
卢湾	1	2.4	12	28.6	19	45.2	10	23.8	42
徐汇	1	3.1	7	21.9	12	37.5	12	37.5	32
长宁	0	0.0	9	29.0	17	54.8	5	16.1	31
静安	2	5.0	5	12.5	14	35.0	19	47.5	40
普陀	3	8.1	12	32.4	18	48.6	4	10.8	37
闸北	0	0.0	12	30.8	12	30.8	15	38.5	39
虹口	2	5.0	13	32.5	16	40.0	9	22.5	40
杨浦	0	0.0	8	18.6	28	65.1	7	16.3	43
闵行	0	0.0	21	51.2	13	31.7	7	17.1	41
宝山	0	0.0	13	31.7	21	51.2	7	17.1	41
嘉定	0	0.0	9	23.1	18	46.2	12	30.8	39
浦东	3	7.0	21	48.8	13	30.2	6	14.0	43
金山	1	2.3	27	62.8	11	25.6	4	9.3	43
松江	1	2.6	14	36.8	8	21.1	15	39.5	38
青浦	2	5.0	19	47.5	13	32.5	6	15.0	40
南汇	4	10.8	22	59.5	9	24.3	2	5.4	37
奉贤	1	2.9	17	48.6	13	37.1	4	11.4	35
崇明	2	5.1	23	59.0	9	23.1	5	12.8	39
总计	23	3.1	277	37.5	284	38.4	155	21.0	739

注:缺失样本 33 人。

表 2-3-11 上海市肢体残疾人样本城郊分布情况

地区	城市男性		城市女性		郊区男性		郊区女性		合计
	n	%	n	%	n	%	n	%	
黄浦	24	57.1	18	42.9	0	0.0	0	0.0	42
卢湾	26	61.9	16	38.1	0	0.0	0	0.0	42
徐汇	16	50.0	16	50.0	0	0.0	0	0.0	32
长宁	21	65.6	11	34.4	0	0.0	0	0.0	32
静安	28	68.3	13	31.7	0	0.0	0	0.0	41
普陀	26	65.0	14	35.0	0	0.0	0	0.0	40
闸北	28	65.1	15	34.9	0	0.0	0	0.0	43
虹口	27	64.3	15	35.7	0	0.0	0	0.0	42
杨浦	28	65.1	15	34.9	0	0.0	0	0.0	43
闵行	0	0.0	0	0.0	25	59.5	17	40.5	42

续表

地区	城市男性		城市女性		郊区男性		郊区女性		合计
	n	%	n	%	n	%	n	%	
宝山	0	0.0	0	0.0	27	65.9	14	34.1	41
嘉定	0	0.0	0	0.0	26	60.5	17	39.5	43
浦东	0	0.0	0	0.0	27	62.8	16	37.2	43
金山	0	0.0	0	0.0	25	58.1	18	41.9	43
松江	0	0.0	0	0.0	22	57.9	16	42.1	38
青浦	0	0.0	0	0.0	25	58.1	18	41.9	43
南汇	0	0.0	0	0.0	25	59.5	17	40.5	42
奉贤	0	0.0	0	0.0	21	55.3	17	44.7	38
崇明	0	0.0	0	0.0	24	57.1	18	42.9	42
总计	224	29.0	133	17.2	247	32.0	168	21.8	772

1. 上海市肢体残疾人职业能力状况

(1) 测试人群分布

本项目在上海共选取了772名被试进行了肢体残疾人职业能力测验,其中城区357人,郊区415人;男性471人,女性301人,基本情况见表2-3-12。

表2-3-12 上海市肢体残疾人有效样本分布表　　　　　　　　　　　　　　　　(单位人)

年龄(岁)	城区			郊区			合计
	男	女	小计	男	女	小计	
15-29	83	62	145	98	78	176	321
30-39	64	35	99	71	45	116	215
40-49	49	28	77	51	33	84	161
50-59	28	8	36	27	12	39	75
合计	224	133	357	247	168	415	772

(2) 总体情况

被测试的上海市肢体残疾人职业能力各分测验的得分从高到低依次为:形状知觉>数理能力>符号知觉>空间知觉>言语能力。男性肢体残疾人职业能力各分测验的得分从高到低依次为:数理能力>形状知觉>符号知觉>空间知觉>言语能力。女性肢体残疾人职业能力各分测验的得分从高到低依次为:形状知觉>符号知觉>数理能力>空间知觉>言语能力。

在不同年龄的男性肢体残疾人中,30-39岁年龄组在各个能力上的得分最高。在不同年龄的女性肢体残疾人中,15-29岁年龄组在言语能力上的得分最高;30-39岁年龄段组疾人在数理能力和形状知觉上的得分最高;40-49岁年龄组在空间知觉和符号知觉上的得分最高(见表2-3-13)。

表 2-3-13　上海市肢体残疾人职业能力测验

		n	言语能力		数理能力		空间知觉		符号知觉		形状知觉		文档计分	
			M	Std	M	Std	M	Std	M	Std	M	Std	M	Std
	总体	772	10.58	3.57	14.14	4.72	12.87	4.83	13.77	5.26	14.34	4.49	65.69	17.94
	男性	471	10.52	3.59	14.23	4.71	12.99	4.81	13.49	5.50	14.05	4.64	65.28	18.47
	女性	301	10.66	3.55	14.00	4.74	12.66	4.86	14.22	4.85	14.79	4.22	66.33	17.09
男（岁）	15-29	181	11.02	3.67	14.40	4.65	13.04	5.21	13.73	5.21	13.88	4.66	66.07	18.85
	30-39	135	11.36	3.16	15.02	4.42	13.23	4.42	13.75	5.32	14.52	4.64	67.88	18.08
	40-49	100	9.19	3.54	13.16	5.02	12.88	4.83	13.20	6.06	13.50	4.33	61.93	18.04
	50-59	55	9.26	3.48	13.71	4.70	12.47	4.37	12.55	5.79	14.44	5.10	62.42	18.14
女（岁）	15-29	140	10.94	3.21	14.07	4.52	12.50	4.67	14.88	4.03	14.71	3.71	67.10	15.93
	30-39	80	10.63	3.12	14.40	4.70	12.88	5.19	13.70	5.73	15.78	4.33	67.37	17.49
	40-49	61	10.77	4.41	13.80	4.73	13.41	4.72	13.91	4.96	14.03	4.16	65.92	16.27
	50-54	20	8.50	3.97	12.50	6.32	10.70	5.08	12.67	5.64	13.70	6.43	58.07	23.78

城区肢体残疾人职业能力各分测验的得分从高到低依次为：数理能力＞形状知觉＞符号知觉＞空间知觉＞言语能力。郊区肢体残疾人职业能力各分测验的得分从高到低依次为：形状知觉＞数理能力＞符号知觉＞空间知觉＞言语能力。城郊肢体残疾人职业能力测验情况见表2-3-14。

表 2-3-14　上海市肢体残疾人职业能力测验城郊样本

		n	言语能力		数理能力		空间知觉		符号知觉		形状知觉		文档计分	
			M	Std	M	Std	M	Std	M	Std	M	Std	M	Std
	城区	357	11.21	3.40	14.73	4.71	13.56	4.85	14.23	4.79	14.66	4.56	68.38	18.01
	郊区	415	10.03	3.63	13.64	4.68	12.27	4.74	13.30	5.41	13.89	4.09	63.13	17.46
城区	男	224	11.11	3.64	14.85	4.62	13.58	4.84	13.97	5.04	14.46	4.89	67.98	18.89
	女	133	11.37	2.95	14.53	4.87	13.52	4.88	14.67	4.32	14.98	3.92	69.07	16.47
郊区	男	247	9.99	3.46	13.68	4.73	12.46	4.73	12.95	5.55	13.52	4.12	62.59	17.62
	女	168	10.09	3.87	13.58	4.61	11.99	4.76	13.82	5.16	14.43	4.00	63.92	17.26

（3）上海市肢体残疾人职业能力特征

1）性别差异比较分析

上海市肢体残疾人职业能力各分测验得分的均数比较显示，在言语能力、符号知觉和形状知觉上，女性的得分高于男性；在数理能力和空间知觉上，男性的得分高于女性（见图2-3-1）。

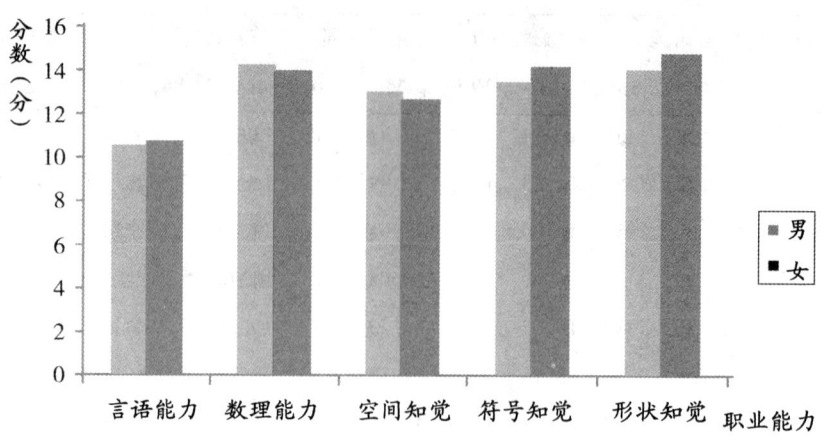

图 2-3-1 上海市肢体残疾人职业能力的性别比较

进一步差异性检验发现,性别差异在形状知觉分测验上存在显著差异(见表 2-3-15)。

表 2-3-15 上海市肢体残疾人职业能力的性别差异检验

	名称	性别	人数	平均数	标准差	t	p
职业能力文档测验	言语能力	男	471	10.52	3.59	-.509	.611
		女	301	10.66	3.55		
	数理能力	男	471	14.23	4.71	.670	.503
		女	301	14.00	4.74		
	空间知觉	男	471	12.99	4.81	.924	.356
		女	301	12.66	4.86		
	符号知觉	男	471	13.49	5.50	-1.952	.051
		女	301	14.22	4.85		
	形状知觉	男	471	14.05	4.64	-2.249*	.025
		女	301	14.79	4.22		
	文档计分	男	471	65.28	18.47	-.794	.427
		女	301	66.33	17.09		

2)年龄差异比较分析

随着年龄的增长,上海市肢体残疾人在符号知觉分测验的得分呈现逐渐下降的趋势;言语能力、数理能力和空间知觉分测验的得分呈现先升后降的变化特点,30-39 岁年龄组的得分最高,50-59 岁年龄组得分最低;形状知觉分测验的得分,呈现升-降-升的变化特点,30-39 岁年龄组的肢体残疾人得分最高,40-49 岁年龄组的肢体残疾人得分最低(见图 2-3-2)。

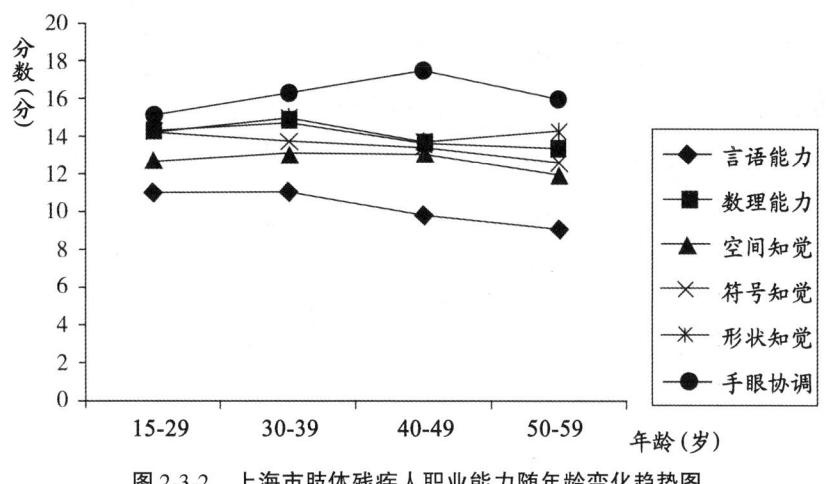

图 2-3-2 上海市肢体残疾人职业能力随年龄变化趋势图

进一步差异性检验发现,言语能力分测验的得分存在极显著差异,数理能力和形状知觉分测验的得分以及职业能力测验的总分存在显著差异(见表2-3-16)。多重比较可以看出,在言语能力上,40岁之前的两个年龄组的肢体残疾人的得分显著高于40岁之后的两组;在数理能力上,30-39岁年龄组的肢体残疾人的得分显著高于40岁之后的两组;在形状知觉上,30-39岁与40-49岁两组存在显著差异,即30-39岁年龄组的肢体残疾人的得分显著高于40-49岁年龄组的肢体残疾人。在职业能力文档测验总分上,15-29岁年龄组的肢体残疾人的得分显著高于50-59岁组,且30-39岁年龄组的肢体残疾人的得分显著高于40岁之后的两组(见表2-3-16)。

表 2-3-16 上海市肢体残疾人职业能力的年龄差异检验

	名称	年龄(岁)	人数	平均值	标准差	F	p	多重比较
职业能力文档测验	言语能力	15-29	321	10.98	3.47	10.345**	.000	1>3
		30-39	215	11.09	3.16			1>4
		40-49	161	9.79	3.95			2>3
		50-59	75	9.06	3.61			2>4
	数理能力	15-29	321	14.26	4.59	3.399*	.017	2>3
		30-39	215	14.79	4.52			2>4
		40-49	161	13.40	4.91			
		50-59	75	13.39	5.17			
	空间知觉	15-29	321	12.80	4.98	1.093	.351	
		30-39	215	13.10	4.71			
		40-49	161	13.08	4.78			
		50-59	75	12.00	4.60			
	符号知觉	15-29	321	14.23	4.76	2.306	.075	
		30-39	215	13.73	5.46			
		40-49	161	13.47	5.66			
		50-59	75	12.58	5.71			

(续表)

名称		年龄段	人数	平均值	标准差	F	p	多重比较
职业能力 文档测验	形状知觉	15-29	321	14.24	4.28	2.641*	.048	2>3
		30-39	215	14.99	4.55			
		40-49	161	13.70	4.26			
		50-59	75	14.24	5.45			
	文档计分	15-29	321	66.52	17.61	3.518*	.015	1>4 2>3 2>4
		30-39	215	67.69	17.82			
		40-49	161	63.44	17.44			
		50-59	75	61.26	19.72			

注:1表示15-29岁年龄段的肢体残疾人组,2表示30-39岁年龄段的肢体残疾人组,3表示40-49岁年龄段的肢体残疾人组,4表示50-59岁年龄段的肢体残疾人组。

3)残疾等级比较分析

随着残疾程度的加重,上海市肢体残疾人言语能力分测验的得分逐渐升高;数理能力和符号知觉分测验的得分呈现先升后降的变化特点,二级肢体残疾人数理能力得分最高,三级肢体残疾人符号知觉得分最高,一级肢体残疾人数理能力和符号知觉的得分均为最低;空间知觉分测验的得分呈现升-降-升的变化特点,二级残疾的肢体残疾人得分最低,一级残疾人的得分最高;形状知觉分测验的得分随着残疾程度的加重呈现先降后升的变化趋势,四级肢体残疾人的得分最高,三级肢体残疾人的得分最低,二级和一级肢体残疾人的得分又逐渐上升(见图2-3-3)

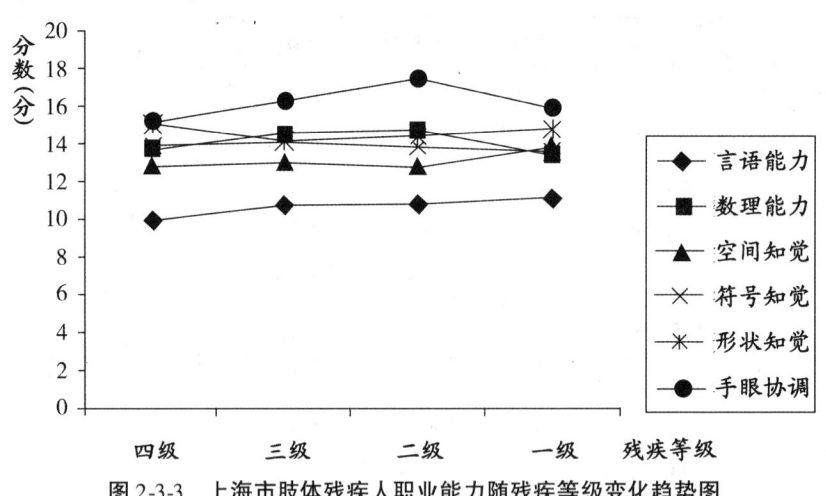

图2-3-3 上海市肢体残疾人职业能力随残疾等级变化趋势图

进一步差异性检验发现,上海市肢体残疾人在职业能力各分测验的得分以及文档测验总分均不存在显著的残疾等级差异。(见表2-3-17)

表2-3-17 上海市肢体残疾人职业能力的残疾等级差异检验

名称		残疾等级	人数	平均数	标准差	t	p
职业能力 文档测验	言语能力	四级	141	10.01	3.61	2.078	.102
		三级	368	10.82	3.55		
		二级	105	10.84	3.47		
		一级	25	11.17	4.09		

(续表)

名称		性别	人数	平均数	标准差	t	p
职业能力 文档测验	数理能力	四级	141	13.70	4.75	1.445	.229
		三级	368	14.46	4.60		
		二级	105	14.69	4.47		
		一级	25	13.44	5.73		
	空间知觉	四级	141	12.88	4.99	.420	.739
		三级	368	13.03	4.69		
		二级	105	12.78	4.74		
		一级	25	13.92	4.56		
	符号知觉	四级	141	13.94	5.63	.155	.926
		三级	368	14.14	4.70		
		二级	105	13.91	4.91		
		一级	25	13.60	6.11		
	形状知觉	四级	141	15.05	4.00	1.453	.226
		三级	368	14.16	4.67		
		二级	105	14.34	3.72		
		一级	25	14.80	5.57		
	文档计分	四级	141	65.58	17.59	.133	.941
		三级	368	66.62	17.10		
		二级	105	66.56	17.34		
		一级	25	66.93	22.46		

4) 文化水平比较分析

上海市肢体残疾人职业能力各分测验的得分从高到低依次为大专及以上>高中>初中>小学,也就是说这些能力得分随着文化水平的升高而呈现上升趋势(见图2-3-4)。

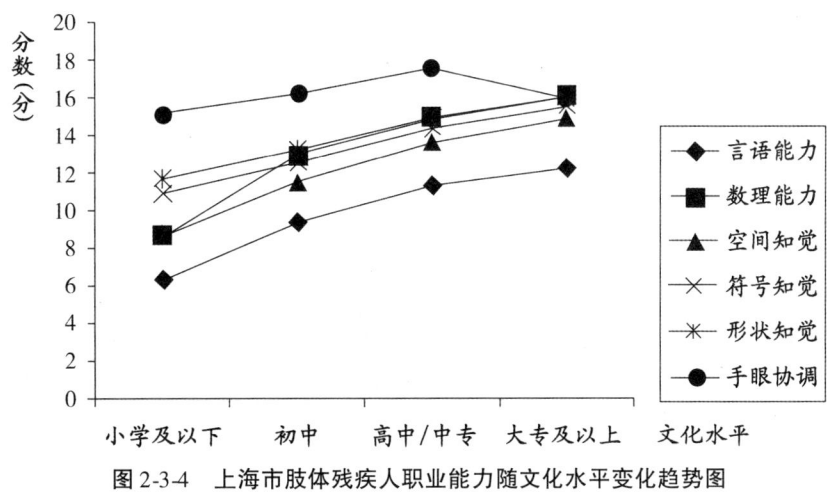

图2-3-4 上海市肢体残疾人职业能力随文化水平变化趋势图

进一步差异检验显示,职业能力各分测验以及文档测验总分均存在极显著的文化水平差异。多重比较可以看出,在言语能力、数理能力和空间知觉及能力总分上,各组间均存在显著差异。在符号知觉上,大专及以上组的得分显著高于其他三组,且高中组的得分显著高于初中组。在形状知觉上,大专及以上组的得分显著高于小学组和初中组,且高中组肢体残疾人的得分显著高于初中组(见表2-3-18)。

表2-3-18 上海市肢体残疾人职业能力的文化水平差异检验

名称		文化水平	人数	平均值	标准差	F	p	多重比较
职业能力文档测验	言语能力	小学及以下	23	6.38	3.69	44.928**	.000	1<2,1<3 1<4,2<3 2<4,3<4
		初中	277	9.37	3.35			
		高中/中专	284	11.36	3.20			
		大专及以上	155	12.27	3.08			
	数理能力	小学及以下	23	8.70	5.71	32.051**	.000	1<2,1<3 1<4,2<3 2<4,3<4
		初中	277	12.91	4.77			
		高中/中专	284	14.96	4.32			
		大专及以上	155	16.09	3.63			
	空间知觉	小学及以下	23	8.70	4.33	26.807**	.000	1<2,1<3 1<4,2<3 2<4,3<4
		初中	277	11.52	4.73			
		高中/中专	284	13.60	4.73			
		大专及以上	155	14.93	4.20			
	符号知觉	小学及以下	23	10.87	5.92	16.118**	.000	1<4,2<3 2<4,3<4
		初中	277	12.56	5.84			
		高中/中专	284	14.45	4.61			
		大专及以上	155	15.60	4.14			
	形状知觉	小学及以下	23	11.65	5.35	16.063**	.000	1<4 2<4,2<3
		初中	277	13.27	4.58			
		高中/中专	284	14.89	4.64			
		大专及以上	155	15.83	3.01			
	文档计分	小学及以下	23	46.29	20.60	42.975**	.000	1<2,1<3 1<4,2<3 2<4,3<4
		初中	277	59.63	17.88			
		高中/中专	284	69.25	16.09			
		大专及以上	155	74.72	13.60			

注:1表示小学及以下肢体残疾人组,2表示初中肢体残疾人组,3表示高中/中专肢体残疾人组,4表示大专及以上肢体残疾人组。

5)残疾部位比较分析

上海市肢体残疾人职业能力各分测验得分的均数比较显示,在言语能力分测验,表现为上下肢残疾者的得分最高,躯干残疾者得分最低;在数理能力和符号知觉分测验,下肢残疾者得分最高,躯干残疾者得分最低;在空间知觉分测验,下肢残疾者得分最高,上肢和下肢残疾者得分最低;在形状知觉分测验,上肢和下肢残疾者得分最高,躯干残疾者得分最低(见图2-3-5)。

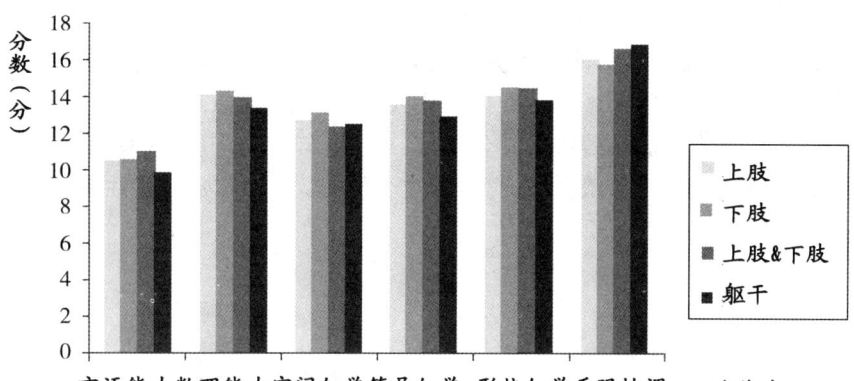

图 2-3-5 上海市不同残疾部位肢体残疾人职业能力的比较

进一步差异性检验发现,不同部位残疾的肢体残疾人在五个分测验及文档测验能力总测验的得分上并不存在显著差异,说明残疾部位的的差异对肢体残疾人的职业能力水平及其能力发展并无显著影响(见表2-3-19)。

表 2-3-19 上海市不同残疾部位肢体残疾人职业能力的差异检验

	名称	性别	人数	平均数	标准差	t	p
职业能力文档测验	言语能力	上肢	167	10.61	3.10	1.277	.281
		下肢	419	10.65	3.66		
		上肢和下肢	94	11.11	3.37		
		躯干	51	9.92	3.88		
	数理能力	上肢	167	14.20	4.74	.614	.606
		下肢	419	14.36	4.72		
		上肢和下肢	94	14.09	4.39		
		躯干	51	13.45	4.72		
	空间知觉	上肢	167	12.75	4.53	.910	.436
		下肢	419	13.22	4.89		
		上肢和下肢	94	12.51	4.88		
		躯干	51	12.55	4.87		
	符号知觉	上肢	167	13.66	5.89	.849	.467
		下肢	419	14.11	4.78		
		上肢和下肢	94	13.86	5.10		
		躯干	51	13.01	5.94		
	形状知觉	上肢	167	14.18	4.69	.583	.627
		下肢	419	14.57	4.31		
		上肢和下肢	94	14.62	4.58		
		躯干	51	13.92	4.78		
	文档计分	上肢	167	65.41	17.69	.945	.418
		下肢	419	66.91	17.55		
		上肢和下肢	94	66.18	16.74		
		躯干	51	62.85	20.12		

6）城郊差异比较分析

上海市肢体残疾人职业能力各分测验得分的均数比较显示，在言语能力和形状知觉分测验，表现为城区女性肢体残疾人得分最高，郊区男性肢体残疾人得分最低；在数理能力分测验，表现为城区男性肢体残疾人得分最高，郊区女性肢体残疾人得分最低；在空间知觉分测验，表现为城区男性肢体残疾人得分最高，郊区男性肢体残疾人得分最低；在符号知觉分测验，表现为城区女性肢体残疾人得分最高，郊区女性肢体残疾人得分最低（见图2-3-6）。

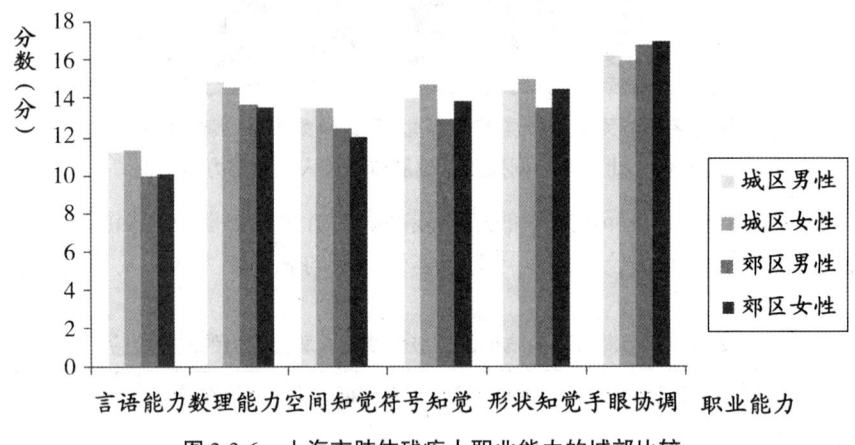

图2-3-6 上海市肢体残疾人职业能力的城郊比较

进一步差异性检验发现，城区男性、城区女性、郊区男性和郊区女性四个群体在数理能力分测验的得分存在显著差异，在言语能力、空间知觉、符号知觉和形状知觉分测验的得分以及职业能力文档测验的总分存在着极显著差异。多重比较可以看出，在言语能力、空间知觉及能力总测验，城区肢体残疾人的得分显著高于郊区；在数理能力分测验，城区男性的得分显著高于郊区；在符号知觉分测验，郊区男性的得分显著低于城区肢体残疾人；在形状知觉分测验，郊区男性的得分显著低于其他三组（见表2-3-20）。

表2-3-20 上海市肢体残疾人职业能力的城郊差异检验

名称		文化水平	人数	平均值	标准差	F	p	多重比较
职业能力文档测验	言语能力	城区男性	224	11.11	3.64	7.329**	.000	1>3
		城区女性	133	11.37	2.95			1>4
		郊区男性	247	9.99	3.46			2>3
		郊区女性	168	10.09	3.87			2>4
	数理能力	城区男性	224	14.85	4.62	3.587*	.014	1>3
		城区女性	133	14.53	4.87			1>4
		郊区男性	247	13.68	4.73			
		郊区女性	168	13.58	4.61			
	空间知觉	城区男性	224	13.58	4.84	4.947**	.002	1>3
		城区女性	133	13.52	4.88			1>4
		郊区男性	247	12.46	4.73			2>3
		郊区女性	168	11.99	4.76			2>4

(续表)

名称		文化水平	人数	平均值	标准差	F	p	多重比较
职业能力文档测验	符号知觉	城区男性	224	13.97	5.04	3.617*	.013	1>3 2>3
		城区女性	133	14.67	4.32			
		郊区男性	247	12.95	5.55			
		郊区女性	168	13.82	5.16			
	形状知觉	城区男性	224	14.46	4.89	3.906**	.009	1>3 2>3 4>3
		城区女性	133	14.98	3.92			
		郊区男性	247	13.52	4.12			
		郊区女性	168	14.43	4.00			
	文档计分	城区男性	224	67.98	18.89	5.908**	.001	1>3 1>4 2>3 2>4
		城区女性	133	69.07	16.47			
		郊区男性	247	62.59	17.62			
		郊区女性	168	63.92	17.26			

注:1 表示城区男性肢体残疾人组,2 表示城区女性肢体残疾人组,3 表示郊区男性肢体残疾人组,4 表示郊区女性肢体残疾人组。

(4)结论

①上海市肢体残疾人职业能力各分测验的得分从高到低依次为:形状知觉>数理能力>符号知觉>空间知觉>言语能力。

②女性在形状知觉上的得分高于男性,且二者存在显著差异($p<0.05$)。

③随着年龄的增长,上海市肢体残疾人在言语能力和数理能力分测验的得分呈现先升后降的变化特点,30-39 岁年龄段的得分最高,50-59 岁年龄段得分最低;在形状知觉分测验的得分,呈现升-降-升的变化特点,30-39 岁年龄段的肢体残疾人得分最高,40-49 岁年龄段的肢体残疾人得分最低;且在言语能力分测验的得分存在着极显著差异($p<0.01$),在数理能力和形状知觉分测验的得分以及职业能力测验的总分存在显著差异($p<0.05$)。

④上海市肢体残疾人职业能力各分测验的得分以及文档测验总分均不存在显著的残疾等级差异。

⑤上海市肢体残疾人职业能力随着文化水平的升高而呈现上升趋势,且职业能力各分测验以及文档测验总分均存在着极显著的文化水平差异($p<0.01$)。

⑥残疾部位的的差异对肢体残疾人的职业能力水平及其能力发展并无显著影响。

⑦上海市肢体残疾人在数理能力分测验的得分存在显著的城郊差异($p<0.05$),在言语能力、空间知觉、符号知觉和形状知觉分测验的得分以及职业能力文档测验的总分存在着极显著的城郊差异($p<0.01$),其中言语能力、空间知觉及能力总测验,城区肢体残疾人的得分显著高于郊区($p<0.05$);在数理能力分测验,城区男性的得分显著高于郊区($p<0.05$);在符号知觉分测验,郊区男性的得分显著低于城区肢体残疾人($p<0.05$);在形状知觉分测验,郊区男性的得分显著低于其他三组($p<0.05$)。

2.上海市肢体残疾人职业人格状况

(1)测试人群分布

本项目在上海市共选取了 755 名有效被试进行了肢体残疾人职业人格测验,样本的基本情况见表 2-3-21。

表2-3-21 上海市肢体残疾人职业人格测验有效样本分布表　　　　　　　　（单位：人）

年龄（岁）	城区			郊区			总计
	男	女	小计	男	女	小计	
15-29	82	61	143	96	77	173	316
30-39	63	33	96	69	45	114	210
40-49	44	28	72	51	33	84	156
50-59	27	8	35	27	11	38	73
合计	216	130	346	243	166	409	755

（2）总体情况

上海市被测试的肢体残疾人在职业人格各维度的得分从高到低依次为：管理能力>责任心>严谨性>自信心>交际能力>坚持性>抗挫折能力>情绪稳定性。男性肢体残疾人中，在职业能力各分测验得分从高到低依次为：管理能力>责任心>严谨性>交际能力>自信心>坚持性>抗挫折能力>情绪稳定性。在职业能力各分测验得分从高到低依次为：责任心>管理能力>严谨性>坚持性>自信心>交际能力>抗挫折能力>情绪稳定性。

30-39岁年龄段的男性肢体残疾人在交际能力上的表现优于男性其他年龄段人群；50-59岁年龄段的肢体残疾人在坚持性、严谨性、情绪稳定性、自信心、责任心、管理能力和抗挫折能力维度的得分均高于其他三组肢体残疾人。在不同年龄段的女性肢体残疾人中，15-29岁年龄段的女性肢体残疾人在坚持性和抗挫折能力维度的得分高于其他组；30-39岁的女性肢体残疾人在严谨性维度的得分高于其他三组人群；在责任心和管理能力维度，40-49岁的女性肢体残疾人得分最高；在情绪稳定性、自信心、交际能力维度，50-59岁女性的得分最高。上海市肢体残疾人职业人格测验情况见表2-3-22。

表2-3-22 上海市肢体残疾人职业人格测验的平均数和标准差

		n	坚持性		严谨性		情绪稳定性		自信心	
			M	Std	M	Std	M	Std	M	Std
总体		755	8.57	2.67	8.76	2.22	6.44	3.16	8.59	2.17
男性		459	8.39	2.73	8.71	2.24	6.49	3.08	8.49	2.10
女性		296	8.86	2.56	8.83	2.20	6.35	3.28	8.74	2.27
男（岁）	15-29	178	8.13	2.89	8.32	2.41	6.29	3.06	8.10	2.23
	30-39	132	8.43	2.68	8.87	2.07	6.36	3.25	8.78	1.89
	40-49	95	8.46	2.52	8.92	2.11	6.58	2.99	8.53	2.14
	50-59	54	8.96	2.61	9.22	2.16	7.33	2.73	9.02	1.93
女（岁）	15-29	138	8.95	2.50	8.48	2.35	6.38	3.38	8.73	2.45
	30-39	78	8.69	2.66	9.18	1.98	6.22	3.38	8.68	2.16
	40-49	61	8.89	2.68	9.15	2.08	6.30	3.11	8.80	2.02
	50-54	19	8.84	2.36	8.95	2.04	6.79	2.88	8.89	2.31

表 2-3-22 上海市肢体残疾人职业人格测验的平均数和标准差（续）

		n	责任心		交际能力		管理能力		抗挫折能力	
			M	Std	M	Std	M	Std	M	Std
	总体	755	9.62	2.12	8.59	2.36	9.67	2.29	7.71	2.41
	男性	459	9.45	2.18	8.52	2.37	9.64	2.35	7.77	2.39
	女性	296	9.90	2.01	8.71	2.34	9.72	2.21	7.61	2.44
男（岁）	15-29	178	9.06	2.36	7.91	2.53	8.89	2.58	7.48	2.43
	30-39	132	9.49	2.08	9.01	2.25	9.91	2.21	7.88	2.35
	40-49	95	9.78	2.02	8.79	2.20	10.19	2.15	7.86	2.33
	50-59	54	10.04	1.82	8.85	2.02	10.52	1.33	8.31	2.39
女（岁）	15-29	138	9.71	2.10	8.62	2.53	9.30	2.31	7.68	2.50
	30-39	78	9.94	1.94	8.85	2.19	9.88	2.06	7.55	2.47
	40-49	61	10.28	1.97	8.59	2.22	10.30	1.99	7.59	2.36
	50-54	19	9.84	1.64	9.16	1.80	10.26	2.28	7.42	2.22

城区的肢体残疾人在职业人格各维度的得分从高到低依次为：管理能力＞责任心＞严谨性＞交际能力＞自信心＞坚持性＞抗挫折能力＞情绪稳定性。郊区的肢体残疾人在职业人格各维度的得分从高到低依次为：责任心＞管理能力＞严谨性＞坚持性＞自信心和交际能力＞抗挫折能力＞情绪稳定性（见表2-3-23）。

表 2-3-23 上海市肢体残疾人职业人格测验城平均数和标准差

		n	坚持性		严谨性		情绪稳定性		自信心	
			M	Std	M	Std	M	Std	M	Std
	城区	346	8.43	2.76	8.68	2.27	6.27	3.24	8.63	2.14
	郊区	409	8.69	2.59	8.82	2.19	6.58	3.08	8.56	2.20
城区	男	216	8.18	2.87	8.63	2.28	6.37	3.17	8.61	2.06
	女	130	8.85	2.53	8.76	2.25	6.10	3.36	8.67	2.27
郊区	男	243	8.57	2.59	8.77	2.20	6.60	2.99	8.39	2.14
	女	166	8.87	2.60	8.89	2.16	6.54	3.22	8.80	2.28

表 2-3-23 上海市肢体残疾人职业人格测验的平均数和标准差（续）

		n	责任心		交际能力		管理能力		抗挫折能力		总分	
			M	Std	M	Std	M	Std	M	Std	M	Std
	城区	346	9.41	2.08	8.64	2.43	9.72	2.25	7.60	2.50	67.37	14.23
	郊区	409	9.80	2.15	8.56	2.30	9.64	2.33	7.80	2.32	68.44	13.66
城区	男	216	9.21	2.15	8.51	2.45	9.64	2.31	7.69	2.50	66.84	14.56
	女	130	9.75	1.90	8.84	2.39	9.85	2.13	7.44	2.50	68.26	13.68
郊区	男	243	9.66	2.18	8.52	2.31	9.65	2.38	7.84	2.29	68.01	13.62
	女	166	10.01	2.09	8.61	2.29	9.62	2.27	7.75	2.38	69.08	13.73

（3）上海市肢体残疾人职业人格特征

1）性别差异比较分析

上海市肢体残疾人职业能力各分测验得分的均数比较显示，男性肢体残疾人的情绪稳定性和抗挫折能力得分高于女性，而坚持性、严谨性、自信心、责任心、交际能力、管理能力的得分低于女性（见图2-3-7）。

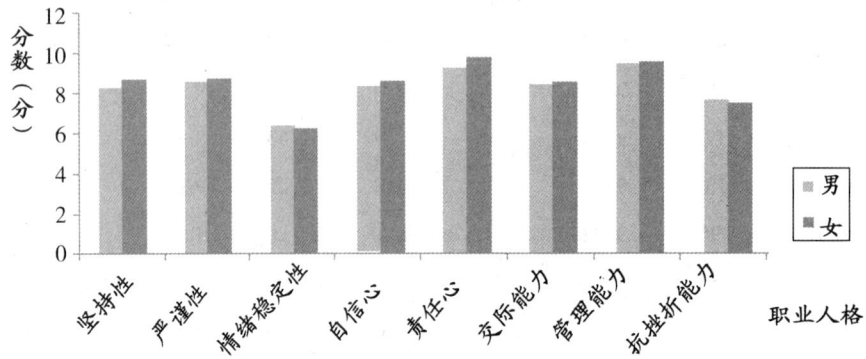

图2-3-7 上海市肢体残疾人职业人格的性别比较

进一步差异性检验发现，上海市肢体残疾人在坚持性维度的得分存在显著的性别差异，在责任心维度的得分存在着极显著的性别差异（见表2-3-24）。

表2-3-24 上海市肢体残疾人职业人格的性别差异检验

	名称	性别	人数	平均数	标准差	t	p
职业人格	坚持性	男	459	8.39	2.73	-2.396*	.017
		女	296	8.86	2.56		
	严谨性	男	459	8.71	2.24	-.745	.457
		女	296	8.83	2.20		
	情绪稳定性	男	459	6.49	3.08	.613	.540
		女	296	6.35	3.28		
	自信心	男	459	8.49	2.10	-1.551	.128
		女	296	8.74	2.27		
	责任心	男	459	9.45	2.18	-2.849**	.004
		女	296	9.90	2.01		
	交际能力	男	459	8.52	2.37	-1.086	.278
		女	296	8.71	2.34		
	管理能力	男	459	9.64	2.35	-.437	.62
		女	296	9.72	2.21		
	抗挫折能力	男	459	7.77	2.39	.890	.374
		女	296	7.61	2.44		

2）年龄差异比较分析

随着年龄的增长，肢体残疾人在坚持性、严谨性、责任心、管理能力和抗挫折能力维度的得分越来越高，即这些人格特征越来越明显；在情绪稳定性维度的得分，大体上呈现随着年龄增长而上升的趋势，50-59岁年龄段肢体残疾人的得分最高；在自信心和交际能力维度的得分，呈现升-降-升的"N"型趋势,即30-39岁年龄段和50-59岁年龄段肢体残疾人的得分较高,而15-29岁和40-49岁年龄段的残疾人得分较低(见图2-3-8)。

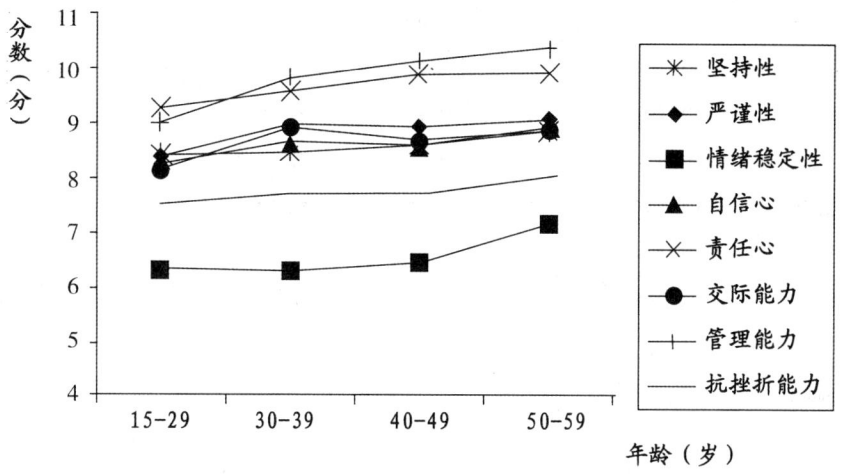

图2-3-8 上海市肢体残疾人职业人格特征随年龄变化趋势图

进一步差异性检验发现,肢体残疾人在严谨性、责任心、交际能力和管理能力维度的得分表现出极显著的年龄差异。多重比较可以看出,在严谨性维度,15-29岁年龄段肢体残疾人的得分显著低于其他三组肢体残疾人在责任心维度,15-29岁年龄段的肢体残疾人得分显著低于40-49岁年龄段的肢体残疾人在交际能力维度,15-29岁年龄段的肢体残疾人得分显著低于30-39岁年龄段的肢体残疾人在管理能力维度,15-29岁年龄段肢体残疾人的得分显著低于其他三个年龄段的肢残人群体(见表2-3-25)。

表2-3-25 上海市肢体残疾人职业人格特征的年龄差异检验

	名称	年龄(岁)	人数	平均值	标准差	F	p	多重比较
职业人格	坚持性	15-29	316	8.49	2.75			
		30-39	210	8.53	2.67	.579	.629	
		40-49	156	8.63	2.59			
		50-59	73	8.93	2.53			
	严谨性	15-29	316	8.39	2.38			
		30-39	210	8.99	2.04			1<2
		40-49	156	9.01	2.09	5.117**	.002	1<3
		50-59	73	9.15	2.12			1<4
	情绪稳定性	15-29	316	6.33	3.20			
		30-39	210	6.30	3.29	1.639	.179	
		40-49	156	6.47	3.03			
		50-59	73	7.19	2.76			
	自信心	15-29	316	8.38	2.34			
		30-39	210	8.74	1.99	2.205	.086	
		40-49	156	8.63	2.09			
		50-59	73	8.99	2.02			

（续表）

名称		年龄(岁)	人数	平均值	标准差	F	p	多重比较
职业人格	责任心	15-29	316	9.34	2.27			
		30-39	210	9.66	2.04	4.056**	.007	1<3
		40-49	156	9.97	2.01			
		50-59	73	9.99	1.77			
	交际能力	15-29	316	8.22	2.55			
		30-39	210	8.95	2.22	4.901**	.002	1<2
		40-49	156	8.71	2.20			
		50-59	73	8.93	1.96			
	管理能力	15-29	316	9.07	2.47			1<2
		30-39	210	9.90	2.15	14.619**	.000	1<3
		40-49	156	10.23	2.08			1<4
		50-59	73	10.45	1.62			
	抗挫折能力	15-29	316	7.57	2.46			
		30-39	210	7.76	2.39	1.003	.391	
		40-49	156	7.76	2.34			
		50-59	73	8.08	2.37			

注：1表示15-29岁年龄段的肢体残疾人组，2表示30-39岁年龄段的肢体残疾人组，3表示40-49岁年龄段的肢体残疾人组，4表示50-59岁年龄段的肢体残疾人组。

3）残疾等级比较分析

肢体残疾人在情绪稳定性维度的得分随着残疾程度的加重而呈现逐渐上升的趋势。在坚持性、自信心、责任心、管理能力和抗挫折能力维度，一级肢体残疾人得分最低；在坚持性维度，二级肢体残疾人的得分最高；在其他职业人格各维度，不同残疾等级的肢体残疾人得分差异不大（见图2-3-9）。

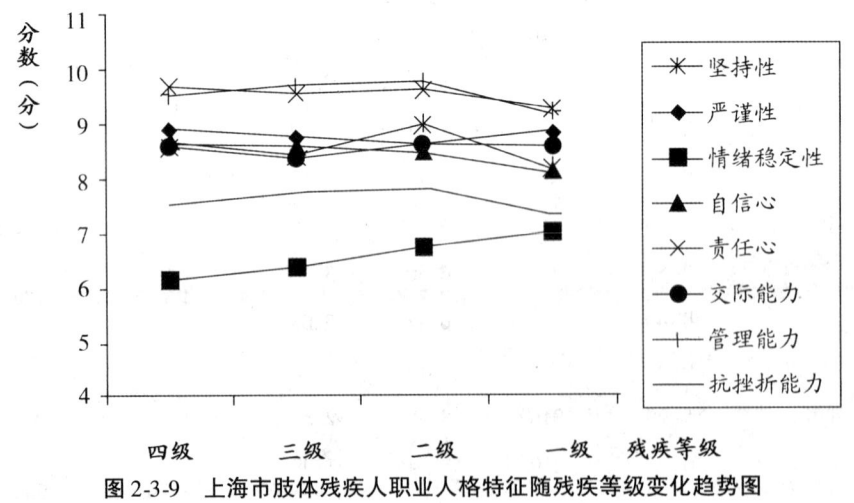

图2-3-9 上海市肢体残疾人职业人格特征随残疾等级变化趋势图

进一步差异性检验发现，上海市肢体残疾人在职业人格特征各维度的得分均不存在显著的残疾等级差异（见表2-3-26）。

表 2-3-26 上海市肢体残疾人职业人格特征的残疾等级差异检验

名称		残疾等级	人数	平均数	标准差	t	p
职业人格	坚持性	四级	140	8.79	2.63	1.582	.193
		三级	363	8.46	2.69		
		二级	103	9.03	2.51		
		一级	22	8.23	3.46		
	严谨性	四级	140	8.97	2.25	.312	.816
		三级	363	8.80	2.12		
		二级	103	8.72	2.18		
		一级	22	8.91	2.97		
	情绪稳定性	四级	140	6.14	3.02	1.063	.364
		三级	363	6.39	3.13		
		二级	103	6.76	3.14		
		一级	22	7.05	3.80		
	自信心	四级	140	8.64	2.10	.301	.825
		三级	363	8.61	2.09		
		二级	103	8.56	2.27		
		一级	22	8.18	2.46		
	责任心	四级	140	9.74	2.10	.287	.835
		三级	363	9.63	2.09		
		二级	103	9.69	2.18		
		一级	22	9.32	2.73		
	交际能力	四级	140	8.62	2.31	.291	.832
		三级	363	8.46	2.42		
		二级	103	8.67	2.33		
		一级	22	8.64	2.92		
	管理能力	四级	140	9.59	2.42	.471	.702
		三级	363	9.71	2.25		
		二级	103	9.83	2.10		
		一级	22	9.27	2.53		
	抗挫折能力	四级	140	7.58	2.46	.386	.763
		三级	363	7.76	2.47		
		二级	103	7.81	2.23		
		一级	22	7.36	2.84		

4) 文化水平比较分析

上海市肢体残疾人在坚持性、严谨性、自信心、责任心、交际能力和管理能力六个维度的得分随文化水平的提高大体呈现上升趋势,即随文化水平的升高,肢体残疾人的职业人格特征越来越明显。情绪稳定性和抗挫折能力维度的得分呈现先降后升的变化特点,初中组得分最低,大专及以上组得分最高(见图2-3-10)。

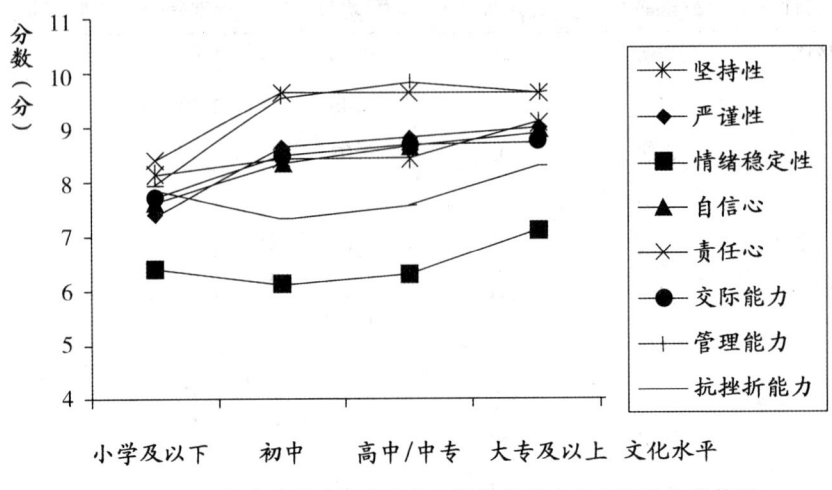

图2-3-10 上海市肢体残疾人职业人格特征随文化水平变化趋势图

进一步差异检验显示,肢体残疾人的坚持性、严谨性、情绪稳定性和自信心维度的得分存在显著的文化水平差异,在管理能力和抗挫折能力两个维度的得分存在着极显著的文化水平差异。多重比较可以看出,在坚持性、情绪稳定性和抗挫折能力维度,大专及以上组肢体残疾人的得分显著高于初中组和高中/中专组;在严谨性和管理能力维度,小学及以下组肢体残疾人的得分显著低于其他三组;在自信心维度,大专及以上组的得分显著高于小学及以下和初中组,且高中/中专组的得分显著高于小学及以下组(见表2-3-27)。

表2-3-27 上海市肢体残疾人职业人格特征的文化水平差异检验

名称		文化水平	人数	平均值	标准差	F	p	多重比较
职业人格	坚持性	小学及以下	21	8.19	2.42	2.923*	.033	2<4 3<4
		初中	269	8.48	2.61			
		高中/中专	280	8.46	2.75			
		大专及以上	153	9.16	2.44			
	严谨性	小学及以下	21	7.48	2.94	3.434*	.017	1<2 1<3 1<4
		初中	269	8.67	2.27			
		高中/中专	280	8.83	2.15			
		大专及以上	153	9.04	2.03			
	情绪稳定性	小学及以下	21	6.43	2.87	3.560*	.014	2<4 3<4
		初中	269	6.14	3.10			
		高中/中专	280	6.33	3.17			
		大专及以上	153	7.14	3.10			
	自信心	小学及以下	21	7.67	2.85	3.733*	.011	1<3 1<4 2<4
		初中	269	8.39	2.04			
		高中/中专	280	8.70	2.22			
		大专及以上	153	8.96	2.17			

(续表)

名称		文化水平	人数	平均值	标准差	F	p	多重比较
职业人格	责任心	小学及以下	21	8.43	2.54	2.531	.056	
		初中	269	9.70	2.19			
		高中/中专	280	9.69	1.96			
		大专及以上	153	9.69	2.00			
	交际能力	小学及以下	21	7.76	2.72	1.475	.220	
		初中	269	8.51	2.16			
		高中/中专	280	8.67	2.41			
		大专及以上	153	8.80	2.46			
	管理能力	小学及以下	21	8.00	3.36	4.620**	.003	1<2
		初中	269	9.64	2.36			1<3
		高中/中专	280	9.88	2.10			1<4
		大专及以上	153	9.71	2.12			
	抗挫折能力	小学及以下	21	7.86	2.37	5.711**	.001	2<4
		初中	269	7.37	2.45			3<4
		高中/中专	280	7.67	2.39			
		大专及以上	153	8.36	2.19			

注:1 表示小学及以下肢体残疾人组,2 表示初中肢体残疾人组,3 表示高中/中专肢体残疾人组,4 表示大专及以上肢体残疾人组。

5）残疾部位比较分析

上海市肢体残疾人职业能力各分测验得分的均数比较显示,下肢残疾者在坚持性、严谨性、情绪稳定性和抗挫折能力四个维度的得分最高;上肢残疾者在管理能力维度的得分最高,在责任心维度的得分最低;躯干残疾者在自信心、责任心和交际能力维度的得分最高,在严谨性维度的得分最低;上肢和下肢残疾者在坚持性、情绪稳定性、自信心、交际能力、管理能力和抗挫折能力维度的得分最低(见图2-3-11)。

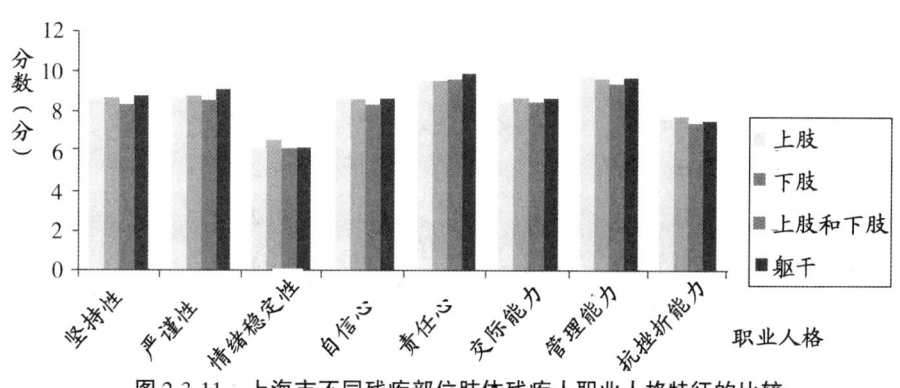

图2-3-11 上海市不同残疾部位肢体残疾人职业人格特征的比较

进一步差异性检验发现,上海市肢体残疾人在职业人格各个维度的得分均不存在显著的残疾部位差异,即残疾部位对肢体残疾人职业人格特征并无显著影响(见表2-3-28)。

表 2-3-28　上海市不同残疾部位肢体残疾人职业人格特征的差异检验

名称		残疾部位	人数	平均数	标准差	t	p
职业人格	坚持性	上肢	166	8.61	2.54	.515	.672
		下肢	408	8.65	2.70		
		上肢和下肢	91	8.32	2.75		
		躯干	51	8.82	2.42		
	严谨性	上肢	166	8.73	1.97	.594	.619
		下肢	408	8.80	2.25		
		上肢和下肢	91	8.59	2.59		
		躯干	51	9.10	2.26		
	情绪稳定性	上肢	166	6.20	3.21	1.083	.356
		下肢	408	6.63	3.10		
		上肢和下肢	91	6.19	3.29		
		躯干	51	6.24	3.34		
	自信心	上肢	166	8.63	2.11	.404	.750
		下肢	408	8.64	2.22		
		上肢和下肢	91	8.37	2.24		
		躯干	51	8.69	2.23		
	责任心	上肢	166	9.62	2.00	.472	.702
		下肢	408	9.64	2.15		
		上肢和下肢	91	9.69	2.26		
		躯干	51	10.00	1.75		
	交际能力	上肢	166	8.52	2.28	.451	.717
		下肢	408	8.70	2.35		
		上肢和下肢	91	8.46	2.83		
		躯干	51	8.78	1.97		
	管理能力	上肢	166	9.78	2.06	.310	.818
		下肢	408	9.71	2.40		
		上肢和下肢	91	9.49	2.27		
		躯干	51	9.71	2.18		
	抗挫折能力	上肢	166	7.71	2.30	.654	.580
		下肢	408	7.83	2.42		
		上肢和下肢	91	7.46	2.32		
		躯干	51	7.61	2.89		

6) 城郊差异比较分析

上海市肢体残疾人职业能力各分测验得分的均数比较显示，城区男性肢体残疾人在坚持性、严谨性、自信心、责任心和交际能力维度的得分最低；城区女性肢体残疾人在坚持性、交际能力和管理能力维度的得分最高，在情绪稳定性和抗挫折能力维度的得分最低；郊区男性肢体残疾人在情绪稳定性和抗挫折能力维度的得分最高,在管理能力维度的得分最低,郊区女性肢体残疾人在严谨性、自信心和责任心维度的得分最高(见图2-3-12)。

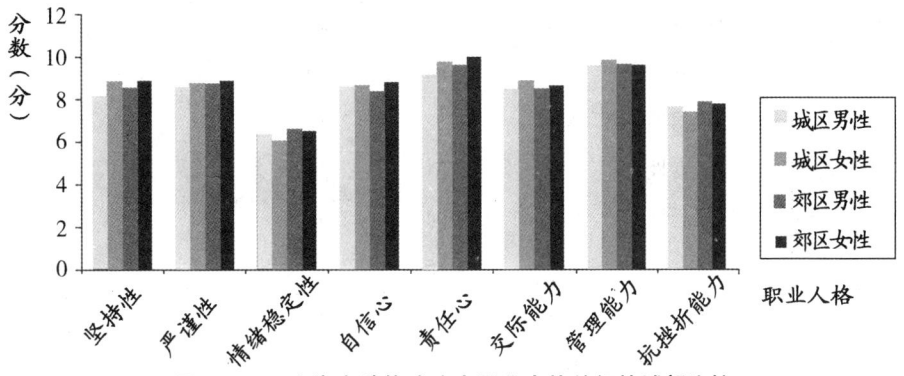

图 2-3-12 上海市肢体残疾人职业人格特征的城郊比较

进一步差异性检验发现,城区男性、城区女性、郊区男性和郊区女性四个群体在坚持性维度的得分存在着显著差异,在责任心维度的得分存在着极显著差异。多重比较可以看出,在坚持性维度的得分,城区男性显著低于女性群体,即女性肢体残疾人在坚持性人格特征上的表现更为明显;在责任心上,城区男性显著低于其他三组(见表2-3-29)。

表 2-3-29 上海市肢体残疾人职业人格特征的城郊差异检验

名称		城郊*性别	人数	平均值	标准差	F	p	多重比较
职业人格	坚持性	城区男性	216	8.18	2.87	2.758*	.041	1<2 1<4
		城区女性	130	8.85	2.53			
		郊区男性	243	8.57	2.59			
		郊区女性	166	8.87	2.60			
	严谨性	城区男性	216	8.63	2.28	.408	.748	
		城区女性	130	8.76	2.25			
		郊区男性	243	8.77	2.20			
		郊区女性	166	8.89	2.16			
	情绪稳定性	城区男性	216	6.37	3.17	.820	.483	
		城区女性	130	6.10	3.36			
		郊区男性	243	6.60	2.99			
		郊区女性	166	6.54	3.22			
	自信心	城区男性	216	8.61	2.06	1.266	.285	
		城区女性	130	8.67	2.27			
		郊区男性	243	8.39	2.14			
		郊区女性	166	8.80	2.28			
	责任心	城区男性	216	9.21	2.15	4.811**	.003	1<2 1<3 1<4
		城区女性	130	9.75	1.90			
		郊区男性	243	9.66	2.18			
		郊区女性	166	10.01	2.09			

(续表)

名称		城郊*性别	人数	平均值	标准差	F	p	多重比较
职业人格	交际能力	城区男性	216	8.51	2.45	.624	.600	
		城区女性	130	8.84	2.39			
		郊区男性	243	8.52	2.31			
		郊区女性	166	8.61	2.29			
	管理能力	城区男性	216	9.64	2.31	.298	.827	
		城区女性	130	9.85	2.13			
		郊区男性	243	9.65	2.38			
		郊区女性	166	9.62	2.27			
	抗挫折能力	城区男性	216	7.69	2.50	.819	.484	
		城区女性	130	7.44	2.50			
		郊区男性	243	7.84	2.29			
		郊区女性	166	7.75	2.38			

注：1表示城区男性肢体残疾人组，2表示城区女性肢体残疾人组，3表示郊区男性肢体残疾人组，4表示郊区女性肢体残疾人组。

(4) 结论

①上海市肢体残疾人在职业人格各维度的得分从高到低依次为：管理能力>责任心>严谨性>自信心和交际能力>坚持性>抗挫折能力>情绪稳定性。

②男性肢体残疾人在坚持性和责任心维度的得分低于女性，且二者在坚持性维度的得分存在显著差异（$p<0.05$），在责任心维度的得分存在着极显著差异（$p<0.01$）。

③随着年龄的增长，肢体残疾人在严谨性、责任心和管理能力维度的得分越来越高；在交际能力维度的得分呈现升-降-升的"N"型趋势，即30-39岁年龄段和50-59岁年龄段肢体残疾人的得分较高，而15-29岁和40-49岁年龄段的残疾人得分较低，且肢体残疾人在严谨性、责任心、交际能力和管理能力维度的得分表现出极显著的年龄差异（$p<0.01$）。

④上海市肢体残疾人在职业人格特征各维度的得分均不存在显著的残疾等级差异。

⑤上海市肢体残疾人在坚持性、严谨性、自信心和管理能力四个维度的得分随着文化水平的提高大体呈现上升的趋势，即随着文化水平的升高，肢体残疾人这三方面的职业人格特征越来越明显；在情绪稳定性和抗挫折能力维度的得分呈现先降后升的变化特点，初中组得分最低，大专及以上组得分最高；且肢体残疾人的坚持性、严谨性、情绪稳定性和自信心维度的得分存在显著的文化水平差异（$p<0.05$），在管理能力和抗挫折能力两个维度的得分存在着极显著的文化水平差异（$p<0.01$）。

⑥残疾部位对上海市肢体残疾人职业人格特征并无显著影响。

⑦城区男性、城区女性、郊区男性和郊区女性四个群体在坚持性维度的得分存在着显著差异（$p<0.05$），在责任心维度的得分存在着极显著差异（$p<0.01$）。其中，女性肢体残疾人在坚持性人格特征上的表现更为明显；城区男性在责任心维度的得分最低。

3. 上海市肢体残疾人职业兴趣状况

(1) 测试人群分布

本项目在上海市共选取761名有效被试进行了肢体残疾人职业兴趣测验，其中城区350人，郊区411人；男性462人，女性299人。有效样本的基本信息见表2-3-30。

表 2-3-30　上海市肢体残疾人职业兴趣测验有效样本分布表　　　　　　　　　　　　（单位：人）

年龄（岁）	城区			郊区			总计
	男	女	小计	男	女	小计	
15-29	80	62	142	98	77	175	317
30-39	62	35	97	70	45	115	212
40-49	48	28	76	51	33	84	160
50-59	27	8	35	26	11	37	72
合计	217	133	350	245	166	411	761

（2）总体情况

上海市肢体残疾人职业兴趣各个类型的得分从高到低依次为：常规型>现实型>研究型>企业型=社会型>艺术型。男性肢体残疾人职业兴趣各个类型的得分从高到低依次为：常规型>现实型>研究型>企业型>社会型>艺术型。女性肢体残疾人职业兴趣各个类型的得分从高到低依次为：现实型>常规型>研究型>社会型>企业型>艺术型。在不同年龄的男性肢体残疾人中，50-59岁年龄段的男性肢体残疾人在常规型、现实型和社会型上的得分均高于其他年龄段男性；30-39岁年龄段的肢体残疾人在研究型和企业型得分最高；40-49岁年龄段的肢体残疾人在艺术型得分最高。在不同年龄的女性肢体残疾人中，50-59岁的女性肢体残疾人在常规型、现实型、企业型和社会型维度的得分最高；30-39岁女性肢体残疾人在研究型的得分最高；15-29岁女性肢体残疾人在艺术型的得分最高。上海市被测试的肢体残疾人职业兴趣测验情况见表2-3-31。

表 2-3-31　上海市肢体残疾人职业兴趣测验

		n	常规型		现实型		研究型		企业型		社会型		艺术型	
			M	Std	M	Std	M	Std	M	Std	M	Std	M	Std
总体		761	6.33	1.54	6.29	1.40	5.94	1.80	5.60	1.78	5.60	1.47	4.50	1.86
男性		462	6.34	1.58	6.27	1.43	6.05	1.86	5.76	1.76	5.51	1.46	4.30	1.81
女性		299	6.31	1.49	6.33	1.36	5.77	1.69	5.34	1.78	5.73	1.49	4.80	1.90
男	15-29	178	6.11	1.61	6.07	1.51	5.91	1.88	5.68	1.85	5.38	1.56	4.39	1.82
	30-39	132	6.37	1.65	6.11	1.29	6.25	1.88	5.94	1.70	5.60	1.35	4.35	1.79
	40-49	99	6.54	1.44	6.61	1.41	5.94	1.82	5.88	1.64	5.57	1.36	4.49	1.77
	50-59	53	6.72	1.39	6.74	1.37	6.21	1.80	5.40	1.72	5.66	1.54	3.53	1.76
女	15-29	139	6.24	1.50	6.19	1.40	5.82	1.72	5.31	1.81	5.59	1.47	4.94	1.99
	30-39	80	6.23	1.48	6.35	1.29	5.86	1.54	5.48	1.79	5.94	1.44	4.93	1.98
	40-49	61	6.44	1.34	6.49	1.40	5.59	1.96	5.20	1.73	5.62	1.53	4.54	1.56
	50-54	19	6.68	1.95	6.68	1.20	5.58	1.22	5.53	1.84	6.21	1.65	4.16	1.71

城区的肢体残疾人职业兴趣各个类型的得分从高到低依次为：常规型>现实型>研究型>社会型>企业型>艺术型。郊区的肢体残疾人职业兴趣各个类型的得分从高到低依次为：现实型>常规型>研究型>企业型>社会型>艺术型（见表2-3-32）。

表 2-3-32　上海市肢体残疾人职业兴趣测验城郊样本

		n	常规型		现实型		研究型		企业型		社会型		艺术型	
			M	Std	M	Std	M	Std	M	Std	M	Std	M	Std
城区		350	6.42	1.58	6.31	1.41	5.92	1.82	5.62	1.76	5.63	1.51	4.52	1.95
郊区		411	6.26	1.51	6.28	1.40	5.96	1.78	5.58	1.79	5.57	1.44	4.48	1.79
城区	男	217	6.44	1.60	6.32	1.45	6.06	1.85	5.82	1.73	5.48	1.52	4.33	1.87
	女	133	6.38	1.55	6.29	1.36	5.68	1.76	5.29	1.77	5.89	1.45	4.83	2.04
郊区	男	245	6.26	1.55	6.23	1.42	6.03	1.87	5.71	1.78	5.54	1.40	4.27	1.76
	女	166	6.25	1.45	6.36	1.37	5.84	1.64	5.39	1.79	5.60	1.51	4.78	1.78

（3）上海市肢体残疾人职业兴趣特征

1）性别差异比较分析

上海市肢体残疾人职业能力各分测验得分的均数比较显示，男性肢体残疾者在常规型、研究型和企业型的得分高于女性，在现实型、社会型和艺术型的得分低于女性（见图2-3-13）。

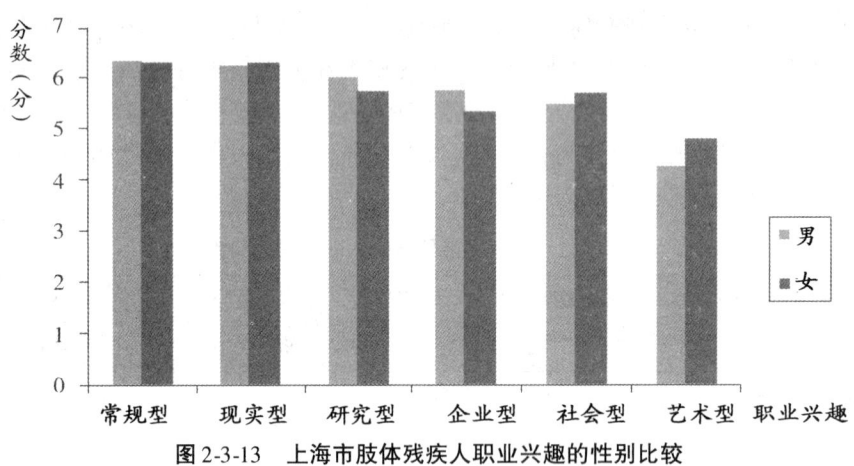

图 2-3-13　上海市肢体残疾人职业兴趣的性别比较

进一步差异检验发现，上海市肢体残疾人在研究型和社会型的得分存在着显著的性别差异；在企业型和艺术型的得分存在着极显著差异。即说明男性更喜欢从事研究型和企业型职业，而女性更偏好于社会型和艺术型职业（见表2-3-33）。

表 2-3-33　上海市肢体残疾人职业兴趣的性别差异检验

	名称	性别	人数	平均数	标准差	t	p
职业兴趣	常规型	男	462	6.34	1.58	.318	.750
		女	299	6.31	1.49		
	现实型	男	462	6.27	1.43	-.528	.598
		女	299	6.33	1.36		
	研究型	男	462	6.05	1.86	2.090*	.037
		女	299	5.77	1.69		
	企业型	男	462	5.76	1.76	3.201**	.001
		女	299	5.34	1.78		
	社会型	男	462	5.51	1.46	-1.980*	.048
		女	299	5.73	1.49		

(续表)

名称		性别	人数	平均数	标准差	t	p
职业兴趣	艺术型	男	462	4.30	1.81	-3.665**	.000
		女	299	4.80	1.90		

2)年龄差异比较分析

上海市肢体残疾人职业兴趣中的常规型和现实型的得分随年龄的升高而升高;研究型和社会型的得分呈现升-降-升的变化特点,研究型在30-39岁年龄段的得分最高,15-29岁年龄段和50-59岁年龄段的得分次之,40-49岁年龄段的得分最低;社会型在30-39岁年龄段和50-59岁年龄段的得分较高,15-29岁和40-49岁年龄段得分较低;企业型得分表现为先升后降的变化特点,30-39岁年龄段肢体残疾人得分最高,之后呈下降的趋势,至50-59岁年龄段得分最低;艺术型的得分随着年龄的增高而呈现逐渐下降的趋势(见图2-3-14)。

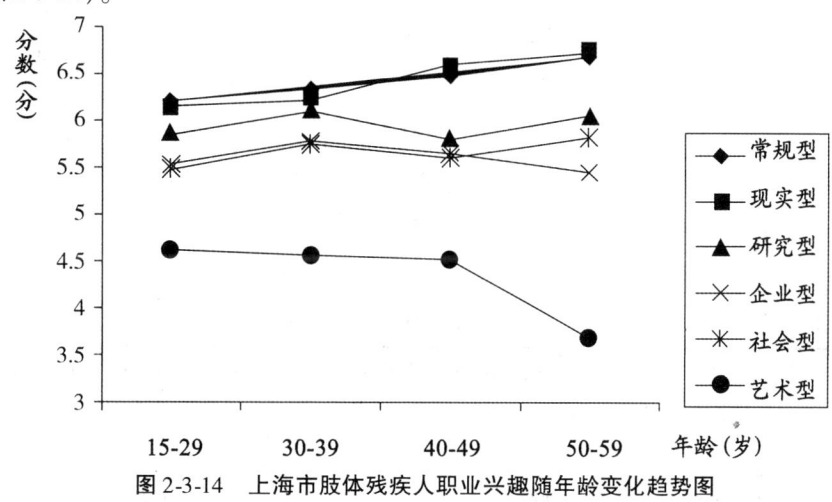

图2-3-14 上海市肢体残疾人职业兴趣随年龄变化趋势图

进一步差异性检验发现,在常规型的得分存在着显著的年龄差异,在现实型和艺术型的得分存在着极显著的年龄差异。多重比较可以看出,在常规型,15-29岁年龄组得分显著低于40岁之后的两组,即40岁之后的肢残人更喜欢从事常规型职业。在现实型,40岁之前的肢体残疾人的得分显著低于40岁之后的肢体残疾人,即相较之下,40岁之后的肢体残疾人更喜欢从事现实型的职业。在艺术型,50-59岁年龄组的肢体残疾人的得分显著低于其他三个年龄段的肢体残疾人,即,相对于其他年龄段的肢体残疾人,50-59岁年龄段的肢体残疾人更偏好于艺术型的职业类型(见表2-3-34)。

表2-3-34 上海市肢体残疾人职业兴趣的年龄差异检验

名称		年龄(岁)	人数	平均值	标准差	F	p	多重比较
职业兴趣	常规型	15-29	317	6.17	1.56			
		30-39	212	6.32	1.59	3.304*	.020	1<3,1<4
		40-49	160	6.50	1.40			
		50-59	72	6.71	1.54			
	现实型	15-29	317	6.12	1.46			
		30-39	212	6.20	1.29	6.172**	.000	1<3,1<4
		40-49	160	6.56	1.40			2<3,2<4
		50-59	72	6.72	1.32			

(续表)

名称		年龄(岁)	人数	平均值	标准差	F	p	多重比较
职业兴趣	研究型	15-29	317	5.87	1.81	1.115	.342	
		30-39	212	6.10	1.77			
		40-49	160	5.81	1.88			
		50-59	72	6.04	1.68			
	企业型	15-29	317	5.52	1.84	1.056	.367	
		30-39	212	5.76	1.74			
		40-49	160	5.62	1.70			
		50-59	72	5.43	1.74			
	社会型	15-29	317	5.47	1.52	1.820	.142	
		30-39	212	5.73	1.39			
		40-49	160	5.59	1.42			
		50-59	72	5.81	1.58			
	艺术型	15-29	317	4.63	1.91	5.177**	.002	1>4,2>4 3>4
		30-39	212	4.57	1.88			
		40-49	160	4.51	1.69			
		50-59	72	3.69	1.76			

注:1 表示 15-29 岁年龄段的肢体残疾人组,2 表示 30-39 岁年龄段的肢体残疾人组,3 表示 40-49 岁年龄段的肢体残疾人组,4 表示 50-59 岁年龄段的肢体残疾人组。

3) 残疾等级比较分析

不同残疾等级的肢体残疾人在常规型的得分变化不大;现实型的得分随着残疾程度的加重呈现两头低中间高的变化特点,即三级和二级肢体残疾人的得分较高,四级和一级肢体残疾人得分较低;研究型的得分呈现升-降-升的变化特点,即三级和一级肢体残疾人得分较高,四级和二级肢体残疾人得分较低;企业型的得分随着残疾程度的加重而逐渐升高,即四级肢体残疾人的得分最低,一级肢体残疾人的得分最高;社会型的得分在四级和三级肢体残疾人没有差别,二级肢体残疾人的得分最高,一级肢体残疾人的得分最低;艺术型表现为一级和二级肢体残疾人的得分高于三级和四级肢体残疾人(见图2-3-15)。

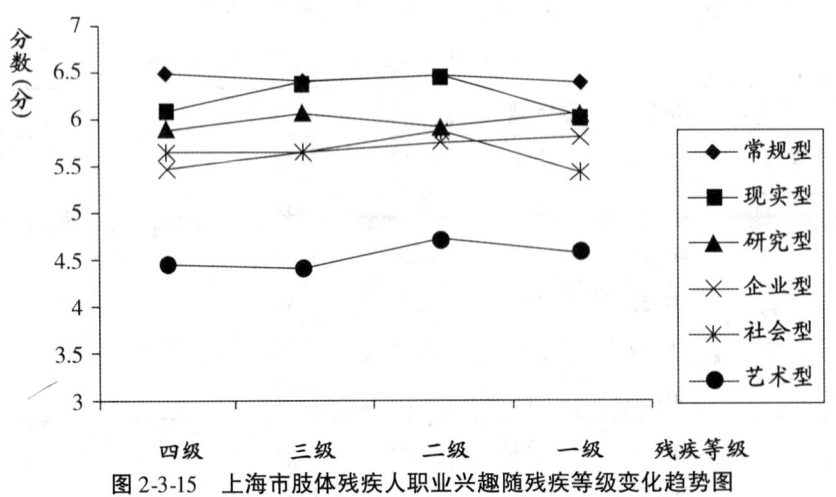

图 2-3-15 上海市肢体残疾人职业兴趣随残疾等级变化趋势图

进一步检验发现,肢体残疾人在职业兴趣各个类型的得分均不存在显著的残疾等级差异(见表2-3-35)。

表 2-3-35　上海市肢体残疾人职业兴趣的残疾等级差异检验

	名称	残疾等级	人数	平均数	标准差	t	p
职业兴趣	常规型	四级	140	6.47	1.57	.179	.911
		三级	364	6.37	1.49		
		二级	103	6.43	1.58		
		一级	24	6.38	1.44		
	现实型	四级	140	6.07	1.47	2.010	.111
		三级	364	6.36	1.43		
		二级	103	6.42	1.25		
		一级	24	6.00	1.47		
	研究型	四级	140	5.88	1.86	.400	.753
		三级	364	6.05	1.85		
		二级	103	5.89	1.63		
		一级	24	6.04	1.57		
	企业型	四级	140	5.46	1.86	.625	.599
		三级	364	5.64	1.78		
		二级	103	5.74	1.77		
		一级	24	5.79	1.38		
	社会型	四级	140	5.64	1.36	.693	.556
		三级	364	5.64	1.52		
		二级	103	5.83	1.37		
		一级	24	5.42	1.64		
	艺术型	四级	140	4.45	1.87	.647	.585
		三级	364	4.42	1.83		
		二级	103	4.70	2.00		
		一级	24	4.58	1.61		

4）文化水平比较分析

随着文化水平的提高，上海市肢体残疾人在常规型、研究型、企业型、社会型和艺术型的得分大体呈上升的趋势，现实型的得分在小学及以下组得分最低，大专及以上组次之，中学组最高（见图 2-3-16）。

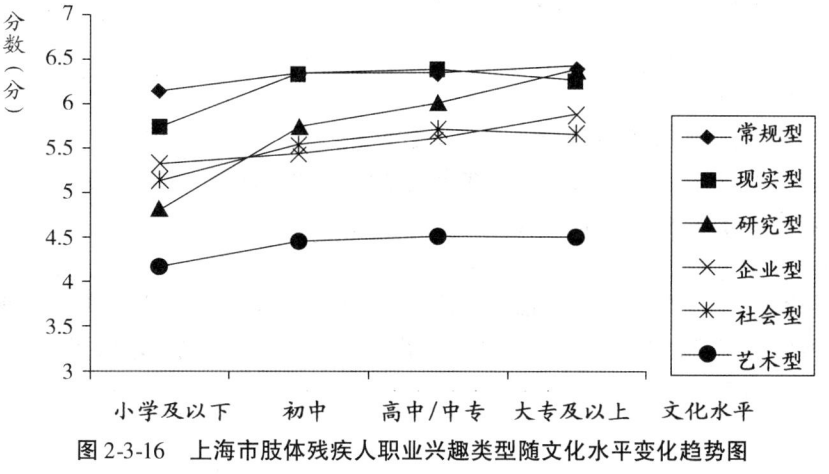

图 2-3-16　上海市肢体残疾人职业兴趣类型随文化水平变化趋势图

进一步差异检验显示,肢体残疾人在研究型的得分存在极显著的文化水平差异。多重比较可以看出,在研究型上,小学组得分显著低于其他三组,且大专组的得分显著高于初中和高中/中专组(见表2-3-36)。

表2-3-36 上海市肢体残疾人职业兴趣类型的文化水平差异检验

	名称	文化水平	人数	平均值	标准差	F	p	多重比较
职业兴趣	常规型	小学及以下	22	6.14	1.61	.160	.923	
		初中	274	6.33	1.44			
		高中/中专	280	6.34	1.63			
		大专及以上	154	6.38	1.56			
	现实型	小学及以下	22	5.73	1.35	1.601	.188	
		初中	274	6.32	1.40			
		高中/中专	280	6.38	1.42			
		大专及以上	154	6.24	1.39			
	研究型	小学及以下	22	4.82	1.92	7.424**	.000	1<2,1<3 1<4 2<4,3<4
		初中	274	5.74	1.70			
		高中/中专	280	6.00	1.86			
		大专及以上	154	6.38	1.72			
	企业型	小学及以下	22	5.32	1.55	2.148	.093	
		初中	274	5.43	1.81			
		高中/中专	280	5.61	1.78			
		大专及以上	154	5.87	1.77			
	社会型	小学及以下	22	5.14	1.46	1.601	.188	
		初中	274	5.53	1.41			
		高中/中专	280	5.71	1.43			
		大专及以上	154	5.67	1.66			
	艺术型	小学及以下	22	4.18	1.79	.249	.862	
		初中	274	4.46	1.86			
		高中/中专	280	4.52	1.85			
		大专及以上	154	4.51	1.88			

注:1表示小学及以下肢体残疾人组,2表示初中肢体残疾人组,3表示高中/中专肢体残疾人组,4表示大专及以上肢体残疾人组。

5)残疾部位比较分析

上海市肢体残疾人职业兴趣各类型的得分均数比较显示,躯干残疾者在常规型和社会型得分最高,在研究型和艺术型得分最低;上肢残疾者在企业型得分最高,社会型得分最低;下肢残疾者在现实型得分最高,企业型得分最低;上肢和下肢残疾者在研究型和艺术型得分最高,在常规型和现实型得分最低(见图2-3-17)。

进一步差异检验发现,肢体残疾人在研究型得分存在极显著的残疾部位差异。多重比较可以看出,上肢和下肢残疾者在研究型的得分显著高于下肢或躯干残疾者。其他职业兴趣类型的得分均不存在显著差异(见表2-3-37)。

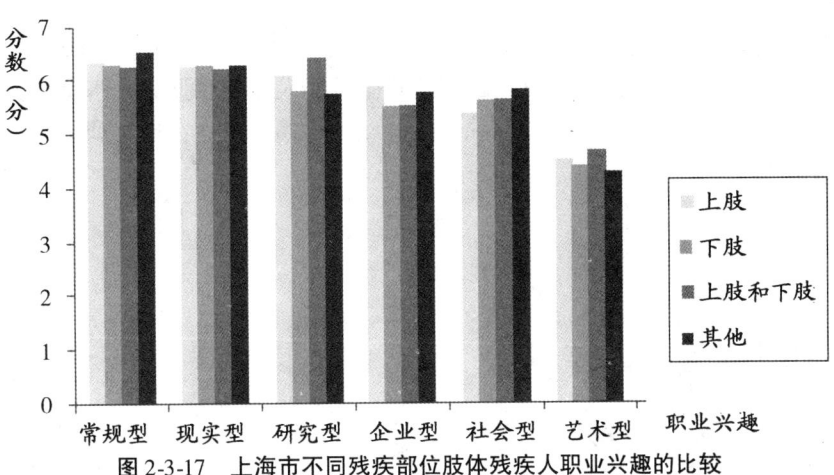

图2-3-17 上海市不同残疾部位肢体残疾人职业兴趣的比较

表2-3-37 上海市不同残疾部位肢体残疾人职业兴趣的差异检验

名称		残疾部位	人数	平均值	标准差	F	p	多重比较
职业兴趣	常规型	上肢	166	6.36	1.57			
		下肢	414	6.31	1.54	.400	.753	
		上肢和下肢	93	6.28	1.48			
		躯干	49	6.55	1.65			
	现实型	上肢	166	6.28	1.43			
		下肢	414	6.31	1.40	.045	.987	
		上肢和下肢	93	6.26	1.44			
		躯干	49	6.29	1.38			
	研究型	上肢	166	6.08	1.57			
		下肢	414	5.78	1.85	3.910**	.009	2<3
		上肢和下肢	93	6.42	1.87			4<3
		躯干	49	5.76	1.75			
	企业型	上肢	166	5.86	1.76			
		下肢	414	5.52	1.78	1.585	.192	
		上肢和下肢	93	5.54	1.67			
		躯干	49	5.76	2.13			
	社会型	上肢	166	5.38	1.47			
		下肢	414	5.64	1.48	1.769	.152	
		上肢和下肢	93	5.66	1.50			
		躯干	49	5.84	1.55			
	艺术型	上肢	166	4.53	1.97			
		下肢	414	4.41	1.79	.707	.548	
		上肢和下肢	93	4.68	1.91			
		躯干	49	4.31	1.78			

注:1表示上肢残疾人组,2表示下肢残疾人组,3表示上肢和下肢残疾人组,4表示躯干残疾人组。

6）城郊差异比较分析

上海市肢体残疾人职业兴趣各类型的得分均数比较显示,城区男性肢体残疾人在常规型、研究型和企业型的得分最高,在社会型得分最低;城区女性肢体残疾人在社会型和艺术型得分最高,在研究型和企业型得分最低;郊区男性在现实型和艺术性的得分最低;郊区女性在现实型得分最高,在常规型得分最低(见图2-3-18)。

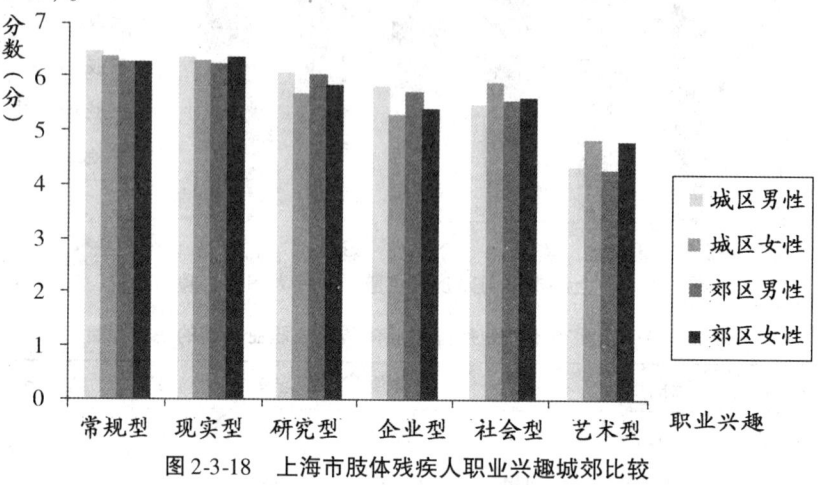

图2-3-18　上海市肢体残疾人职业兴趣城郊比较

进一步差异性检验发现,城区男性、城区女性、郊区男性和郊区女性企业型的得分存在显著差异,在艺术型得分存在极显著差异。多重比较可以看出,在企业型上,城区男性的得分显著高于女性群体,郊区男性的得分显著高于城区女性,说明男性群体更喜欢从事企业型的工作;在艺术型上,男性群体的得分显著低于女性群体,说明女性更偏好从事艺术型职业(见表2-3-38)。

表2-3-38　上海市肢体残疾人职业兴趣的城郊差异检验

名称		城郊＊性别	人数	平均值	标准差	F	p	多重比较
职业兴趣	常规型	城区男性	217	6.44	1.60	.728	.535	
		城区女性	133	6.38	1.55			
		郊区男性	245	6.26	1.55			
		郊区女性	166	6.25	1.45			
	现实型	城区男性	217	6.32	1.45	.305	.822	
		城区女性	133	6.29	1.36			
		郊区男性	245	6.23	1.42			
		郊区女性	166	6.36	1.37			
	研究型	城区男性	217	6.06	1.85	1.678	.170	
		城区女性	133	5.68	1.76			
		郊区男性	245	6.03	1.87			
		郊区女性	166	5.84	1.64			
	企业型	城区男性	217	5.82	1.73	3.639*	.013	1>2
		城区女性	133	5.29	1.77			1>4
		郊区男性	245	5.71	1.78			3>2
		郊区女性	166	5.39	1.79			

(续表)

名称		城郊*性别	人数	平均值	标准差	F	p	多重比较
职业兴趣	社会型	城区男性	217	5.48	1.52	2.306	.075	
		城区女性	133	5.89	1.45			
		郊区男性	245	5.54	1.40			
		郊区女性	166	5.60	1.51			
	艺术型	城区男性	217	4.33	1.87	4.529**	.004	1<2
		城区女性	133	4.83	2.04			1<4
		郊区男性	245	4.27	1.76			3<2
		郊区女性	166	4.78	1.78			3<4

注:1 表示城区男性肢体残疾人组,2 表示城区女性肢体残疾人组,3 表示郊区男性肢体残疾人组,4 表示郊区女性肢体残疾人组。

(4)结论

①上海市肢体残疾人职业兴趣各个类型的得分从高到低依次为:常规型>现实型>研究型>企业型=社会型>艺术型。

②男性肢体残疾人在研究型和企业型的得分高于女性,在社会型和艺术型的得分低于女性,且上海市肢体残疾人在研究型和社会型的得分存在显著的性别差异($p<0.05$);在企业型和艺术型的得分存在极显著差异($p<0.01$)。

③上海市肢体残疾人随着年龄的升高,在常规型和现实型的得分也逐渐升高;在艺术型的得分随着年龄的增高而呈现逐渐下降的趋势。且 15-29 岁年龄组在常规型的得分显著低于 40 岁之后的两组($p<0.05$);40 岁之前的肢体残疾人在现实型的得分显著低于 40 岁之后的肢体残疾人($p<0.05$);50-59 岁年龄组的肢体残疾人在艺术型的得分显著低于其他三个年龄段的肢体残疾人。

④上海市肢体残疾人在职业兴趣的各个类型的得分均不存在显著的残疾等级差异。

⑤上海市肢体残疾人在研究型的得分随着文化水平的提高大体呈上升的趋势,且小学组得分显著低于其他三组,大专组的得分显著高于初中和高中/中专组($p<0.05$)。

⑥肢体残疾人在研究型得分存在极显著的残疾部位差异($p<0.01$),其中上下肢残疾者在研究型的得分显著高于下肢或躯干残疾者($p<0.05$)。

⑦城区男性、城区女性、郊区男性和郊区女性企业型的得分存在显著差异($p<0.05$),在艺术型得分存在极显著差异($p<0.01$),其中城区男性在企业型的得分均显著高于女性群体,郊区男性在企业型的得分显著高于城区女性($p<0.05$),男性群体的得分在艺术型上的得分显著低于女性群体($p<0.05$)。

(二)上海市听力残疾人职业适应性状况

本次调查上海市劳动就业年龄段的听力残疾人有效样本 804 人,样本详情见表 2-3-39 ~ 表 2-3-43。

表 2-3-39 上海市听力残疾人样本性别分布情况

地区	男		女		合计
	n	%	n	%	
黄浦	25	65.8	16	42.1	38
卢湾	20	52.6	18	47.4	38
徐汇	20	43.5	26	56.5	46
长宁	21	61.8	13	38.2	34

(续表)

地区	男		女		合计
	n	%	n	%	
静安	13	40.6	19	59.4	32
普陀	47	70.1	20	29.9	67
闸北	20	50.0	20	50.0	40
虹口	26	53.1	23	46.9	49
杨浦	27	54.0	23	46.0	50
闵行	27	50.0	27	50.0	54
宝山	22	44.0	28	56.0	50
嘉定	21	63.6	12	36.4	33
浦东	32	53.3	28	46.7	60
金山	15	51.7	14	48.3	29
松江	19	48.7	20	51.3	39
青浦	17	51.5	16	48.5	33
南汇	19	48.7	20	51.3	39
奉贤	19	48.7	20	51.3	39
崇明	19	61.3	12	38.7	31
总计	429	53.4	375	46.6	804

表 2-3-40　上海市听力残疾人样本年龄段分布情况

地区	15-29 岁		30-39 岁		40-49 岁		50-59 岁		合计
	n	%	n	%	n	%	n	%	
黄浦	9	22.0	14	34.1	11	26.8	7	17.1	41
卢湾	13	34.2	12	31.6	9	23.7	4	10.5	38
徐汇	19	41.3	13	28.3	8	17.4	6	13.0	46
长宁	9	26.5	14	41.2	8	23.5	3	8.8	34
静安	9	28.1	12	37.5	9	28.1	2	6.3	32
普陀	38	56.7	17	25.4	10	14.9	2	3.0	67
闸北	17	42.5	8	20.0	10	25.0	5	12.5	40
虹口	17	34.7	17	34.7	10	20.4	5	10.2	49
杨浦	26	52.0	6	12.0	12	24.0	6	12.0	50
闵行	25	46.3	12	22.2	11	20.4	6	11.1	54
宝山	23	46.0	17	34.0	8	16.0	2	4.0	50
嘉定	5	15.2	13	39.4	11	33.3	4	12.1	33
浦东	27	45.0	19	31.7	8	13.3	6	10.0	60
金山	17	58.6	6	20.7	5	17.2	1	3.4	29
松江	13	33.3	16	41.0	8	20.5	2	5.1	39

(续表)

地区	15-29岁		30-39岁		40-49岁		50-59岁		合计
	n	%	n	%	n	%	n	%	
青浦	6	18.2	18	54.5	6	18.2	3	9.1	33
南汇	16	41.0	12	30.8	7	17.9	4	10.3	39
奉贤	13	33.3	15	38.5	8	20.5	3	7.7	39
崇明	8	25.8	10	32.3	8	25.8	5	16.1	31
总计	310	38.6	251	31.2	167	20.8	76	9.5	804

表2-3-41　上海市听力残疾人样本残疾等级分布情况

地区	四级		三级		二级		一级		合计
	n	%	n	%	n	%	n	%	
黄浦	5	19.2	11	42.3	6	23.1	4	15.4	26
卢湾	3	12.0	9	36.0	3	12.0	10	40.0	25
徐汇	4	12.5	2	6.3	12	37.5	14	43.8	32
长宁	3	12.0	5	20.0	10	40.0	7	28.0	25
静安	2	9.5	14	66.7	1	4.8	4	19.0	21
普陀	7	14.6	13	27.1	4	8.3	24	50.0	48
闸北	2	6.3	5	15.6	4	12.5	21	65.6	32
虹口	4	11.1	11	30.6	5	13.9	16	44.4	36
杨浦	3	9.4	12	37.5	4	12.5	13	40.6	32
闵行	6	18.2	8	24.2	8	24.2	11	33.3	33
宝山	4	13.3	17	56.7	6	20.0	3	10.0	30
嘉定	1	4.8	2	9.5	9	42.9	9	42.9	21
浦东	2	5.0	11	27.5	10	25.0	17	42.5	40
金山	6	23.1	7	26.9	6	23.1	7	26.9	26
松江	2	6.7	4	13.3	7	23.3	17	56.7	30
青浦	4	12.9	9	29.0	3	9.7	15	48.4	31
南汇	1	3.0	6	18.2	6	18.2	20	60.6	33
奉贤	4	11.1	13	36.1	4	11.1	15	41.7	36
崇明	9	32.1	8	28.6	6	21.4	5	17.9	28
总计	72	12.3	167	28.5	114	19.5	232	39.7	585

注：缺失样本219人。

表 2-3-42 上海市听力残疾人样本文化水平分布情况

地区	小学		初中		高中/中专		大专及以上		合计
	n	%	n	%	n	%	n	%	
黄浦	11	26.8	14	34.1	13	31.7	3	7.3	41
卢湾	0	0.0	16	42.1	10	26.3	12	31.6	38
徐汇	1	2.2	17	37.0	18	39.1	10	21.7	46
长宁	1	2.9	18	52.9	6	17.6	9	26.5	34
静安	1	3.1	10	31.3	10	31.3	11	34.4	32
普陀	6	9.0	15	22.4	21	31.3	25	37.3	67
闸北	3	7.5	12	30.0	12	30.0	13	32.5	40
虹口	6	12.2	11	22.4	17	34.7	15	30.6	49
杨浦	5	10.0	12	24.0	21	42.0	12	24.0	50
闵行	1	1.9	17	31.5	22	40.7	14	25.9	54
宝山	6	12.0	16	32.0	23	46.0	5	10.0	50
嘉定	11	33.3	18	54.5	3	9.1	1	3.0	33
浦东	3	5.0	18	30.0	26	43.3	13	21.7	60
金山	3	10.3	12	41.4	12	41.4	2	6.9	29
松江	5	12.8	21	53.8	12	30.8	1	2.6	39
青浦	3	9.1	21	63.6	7	21.2	2	6.1	33
南汇	14	35.9	16	41.0	7	17.9	2	5.1	39
奉贤	2	5.1	25	64.1	10	25.6	2	5.1	39
崇明	12	38.7	8	25.8	8	25.8	3	9.7	31
总计	94	11.7	297	36.9	258	32.1	155	19.3	804

表 2-3-43 上海市听力残疾人样本城郊分布情况

地区	城区男性		城区女性		郊区男性		郊区女性		合计
	n	%	n	%	n	%	n	%	
黄浦	25	61.0	16	39.0	0	0.0	0	0.0	41
卢湾	20	52.6	18	47.4	0	0.0	0	0.0	38
徐汇	20	43.5	26	56.5	0	0.0	0	0.0	46
长宁	21	61.8	13	38.2	0	0.0	0	0.0	34
静安	13	40.6	19	59.4	0	0.0	0	0.0	32
普陀	47	70.1	20	29.9	0	0.0	0	0.0	67
闸北	20	50.0	20	50.0	0	0.0	0	0.0	40
虹口	26	53.1	23	46.9	0	0.0	0	0.0	49
杨浦	27	54.0	23	46.0	0	0.0	0	0.0	50
闵行	0	0.0	0	0.0	27	50.0	27	50.0	54
宝山	0	0.0	0	0.0	22	44.0	28	56.0	50

(续表)

	城区男性		城区女性		郊区男性		郊区女性		合计
	n	%	n	%	n	%	n	%	
嘉定	0	0.0	0	0.0	21	63.6	12	36.4	33
浦东	0	0.0	0	0.0	32	53.3	28	46.7	60
金山	0	0.0	0	0.0	15	51.7	14	48.3	29
松江	0	0.0	0	0.0	19	48.7	20	51.3	39
青浦	0	0.0	0	0.0	17	51.5	16	48.5	33
南汇	0	0.0	0	0.0	19	48.7	20	51.3	39
奉贤	0	0.0	0	0.0	19	48.7	20	51.3	39
崇明	0	0.0	0	0.0	19	61.3	12	38.7	31
总计	219	27.2	178	22.1	210	26.1	197	24.5	804

1. 上海市听力残疾人职业能力状况

(1) 测试人群分布

本项目在上海市共选取了 804 名有效被试进行了听力残疾人职业能力测验,其中城区 397 人,郊区 407 人;男性 429 人,女性 375 人。其性别、年龄和城郊分布的详细资料如表 2-3-44 所示。

表 2-3-44　上海市听力残疾人职业能力测验有效样本分布表　　　　(单位:人)

年龄(岁)	城区			郊区			合计
	男	女	小计	男	女	小计	
15-29	76	81	157	71	82	153	310
30-39	65	48	113	65	73	138	251
40-49	45	42	87	47	33	80	167
50-59	33	7	40	27	9	36	76
合计	219	178	397	210	197	407	804

(2) 总体情况

上海市被测试的听力残疾人职业能力各分测验的得分从高到低依次为:符号知觉>形状知觉>言语能力>数理能力>空间知觉。无论男女,听力残疾人职业能力各分测验的得分从高到低的排序是一致的。在不同年龄段的听力残疾人中,15-29 岁年龄段的残疾人在职业能力各分测验的得分均高于其他年龄段人群。上海市听力残疾人职业能力测验情况见表 2-3-45。

表 2-3-45　上海市听力残疾人职业能力测验

	n	言语能力		数理能力		空间知觉		符号知觉		形状知觉		文档计分	
		M	Std	M	Std	M	Std	M	Std	M	Std	M	Std
总体	804	12.85	4.12	11.72	4.92	10.36	4.87	15.17	5.26	13.69	3.89	63.80	18.20
男性	429	12.40	4.31	11.64	4.98	10.40	4.88	14.67	5.52	13.61	3.93	62.71	18.80
女性	375	13.36	3.83	11.82	4.84	10.33	4.86	15.75	4.88	13.79	3.85	65.04	17.43

（续表）

		n	言语能力		数理能力		空间知觉		符号知觉		形状知觉		文档计分	
			M	Std	M	Std	M	Std	M	Std	M	Std	M	Std
男	15-29	147	13.09	3.65	13.33	4.40	11.28	4.51	17.14	3.54	14.22	3.75	69.07	14.20
	30-39	130	12.69	4.05	11.68	4.70	10.23	4.99	14.15	5.75	14.02	3.46	62.76	18.28
	40-49	92	11.30	5.01	9.91	5.36	9.59	5.08	12.67	6.27	12.72	4.10	56.18	21.44
	50-59	60	11.79	4.87	10.03	4.99	9.83	4.99	12.77	5.58	12.63	4.65	57.06	20.64
女	15-29	163	14.11	3.26	12.96	4.17	10.77	4.82	17.57	3.07	14.39	3.36	69.80	14.20
	30-39	121	13.20	4.22	11.36	5.05	10.40	4.94	14.65	5.31	13.92	3.87	63.52	18.68
	40-49	75	12.19	3.78	10.72	5.32	9.36	4.73	14.07	5.69	12.67	4.42	59.00	18.39
	50-54	16	12.38	4.91	9.00	4.90	9.75	5.05	13.39	6.35	11.88	4.22	56.39	20.18

上海市城区和郊区的听力残疾人职业能力各分测验的得分从高到低的排序是一致的（见表2-3-46）。

表2-3-46 上海市听力残疾人职业能力测验城郊样本

		n	言语能力		数理能力		空间知觉		符号知觉		形状知觉		文档计分	
			Std	M	Std	M	Std	M	Std	M	Std	M	Std	M
城区		397	12.87	4.02	11.60	5.08	10.38	4.81	15.23	5.52	13.71	3.76	63.80	18.40
郊区		407	12.82	4.23	11.84	4.76	10.34	4.94	15.11	4.99	13.68	4.02	63.80	18.03
城区	男	219	12.57	4.36	11.78	5.15	10.42	4.95	14.59	5.80	13.66	3.83	63.02	19.31
	女	178	13.25	3.52	11.38	4.99	10.34	4.65	16.01	5.05	13.78	3.68	64.76	17.21
郊区	男	210	12.23	4.27	11.49	4.80	10.37	4.82	14.74	5.22	13.56	4.04	62.39	18.30
	女	197	13.45	4.10	12.22	4.69	10.31	5.06	15.51	4.72	13.80	4.02	65.29	17.66

（3）听力残疾人职业能力特征

1）性别差异比较分析

上海市听力残疾人职业能力各分测验得分的均数比较显示，男性听力残疾人在言语能力、数理能力、符号知觉、形状知觉分测验以及职业能力总分的得分低于女性，而空间知觉得分略高于女性（见图2-3-19）。

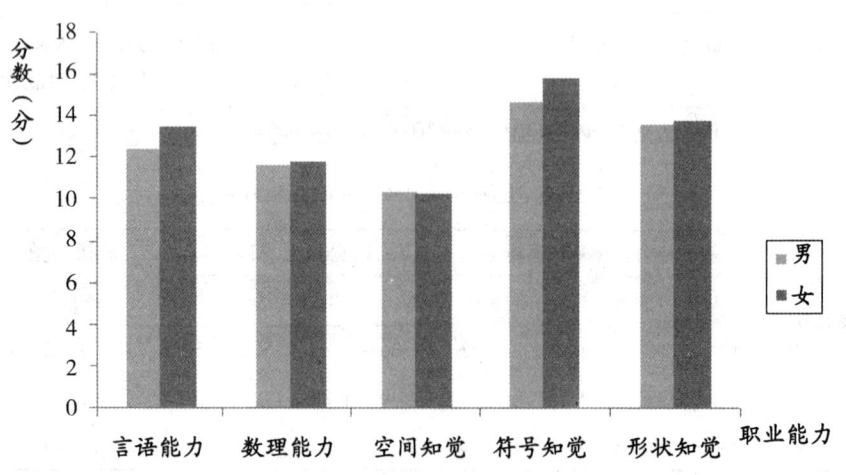

图2-3-19 上海市听力残疾人职业能力的性别比较

进一步差异检验发现,听力残疾人在言语能力和符号知觉分测验的得分存在极其显著的性别差异,即男性听力残疾人的言语能力和符号知觉得分显著低于女性(见表2-3-47)。

表2-3-47 上海市肢体残疾人职业能力的性别差异检验

	名称	性别	人数	平均数	标准差	t	p
职业能力文档测验	言语能力	男	429	12.40	4.31	-3.320**	.001
		女	375	13.36	3.83		
	数理能力	男	429	11.64	4.98	-.540	.590
		女	375	11.82	4.84		
	空间知觉	男	429	10.40	4.88	.206	.837
		女	375	10.33	4.86		
	符号知觉	男	429	14.67	5.52	-2.955**	.003
		女	375	15.75	4.88		
	形状知觉	男	429	13.61	3.93	-.631	.528
		女	375	13.79	3.85		
	文档计分	男	429	62.71	18.80	-1.812	.070
		女	375	65.04	17.43		

2)年龄差异比较分析

上海市听力残疾人在言语能力、符号知觉、数理能力、空间知觉、形状知觉五个分测验的得分从高到低依次为15-29岁>30-39岁>40-49岁>50-59岁,也就是说这些能力随着年龄的增长而呈现下降趋势(见图2-3-20)。

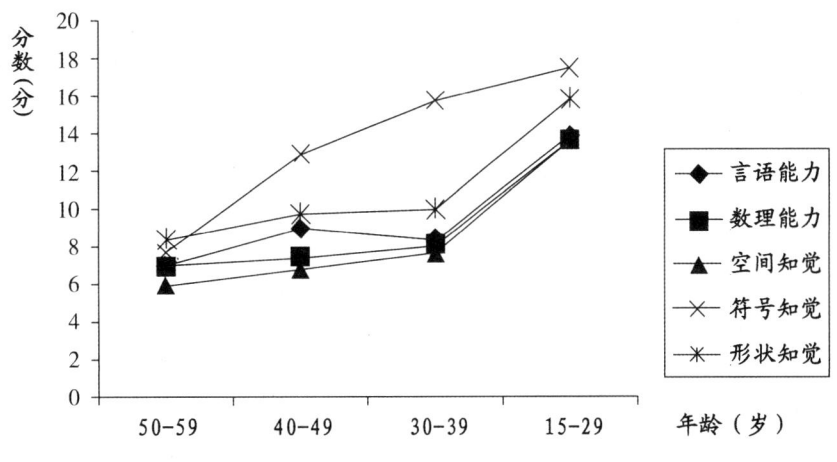

图2-3-20 上海市听力残疾人职业能力随年龄变化趋势图

进一步差异性检验发现,在职业能力的五个分测验的得分以及总分均存在极显著的年龄差异。多重比较可以看出,在言语能力和形状知觉分测验的得分,15-29岁年龄段的听力残疾人的得分显著高于40岁之后的听力残疾人,且30-39岁年龄段的听力残疾人的得分显著高于40-49岁年龄段的听力残疾人;在数理能力和符号知觉分测验的得分及文档测验总分上,15-29岁年龄段的听力残疾人的得分显著高于其余三个年龄段的肢体残疾人;在空间知觉分测验的得分,15-29岁年龄段的听力残疾人的得分显著高于40-49岁年龄段的听力残疾人,见表2-3-48。

表 2-3-48　上海市肢体残疾人职业能力的年龄差异检验

名称		年龄(岁)	人数	平均值	标准差	F	p	多重比较
职业能力文档测验	言语能力	15-29	310	13.63	3.49	9.671**	.000	1>3 1>4 2>3
		30-39	251	12.93	4.13			
		40-49	167	11.70	4.51			
		50-59	76	11.91	4.85			
	数理能力	15-29	310	13.14	4.28	18.446**	.000	1>2 1>3 1>4
		30-39	251	11.52	4.87			
		40-49	167	10.28	5.34			
		50-59	76	9.82	4.96			
	空间知觉	15-29	310	11.01	4.68	4.024**	.007	1>3
		30-39	251	10.31	4.96			
		40-49	167	9.49	4.91			
		50-59	76	9.82	4.97			
	符号知觉	15-29	310	17.37	3.31	35.854**	.000	1>2 1>3 1>4
		30-39	251	14.39	5.54			
		40-49	167	13.30	6.04			
		50-59	76	12.90	5.71			
	形状知觉	15-29	310	14.31	3.54	9.447**	.000	1>3 1>4 2>3
		30-39	251	13.97	3.66			
		40-49	167	12.69	4.23			
		50-59	76	12.47	4.55			
	文档计分	15-29	310	69.45	14.18	22.105**	.000	1>2 1>3 1>4 2>3
		30-39	251	63.13	18.44			
		40-49	167	57.45	20.12			
		50-59	76	56.92	20.41			

注:1 表示 15-29 岁年龄段的听力残疾人组,2 表示 30-39 岁年龄段的听力残疾人组,3 表示 40-49 岁年龄段的听力残疾人组,4 表示 50-59 岁年龄段的听力残疾人组。

3) 残疾等级比较分析

随着残疾程度的加重,上海市听力残疾人职业能力各分测验的得分呈现中间高两头低的变化特点,即二级和三级听力残疾人在职业能力各分测验的得分较高,而一级和四级听力残疾人的得分较低(见图 2-3-21)。

进一步差异性检验发现,上海市听力残疾人在言语能力、数理能力、空间知觉和符号知觉分测验的得分以及职业能力总分上均存在极其显著的残疾等级差异。多重比较可以看出,在言语能力分测验,四级听力残疾人的得分显著低于二级听力残疾人,且一级听力残疾人显著低于三级和二级听力残疾人;在数理能力分测验,四级和一级听力残疾人的得分显著低于二级和三级听力残疾人;在空间知觉分测验,二级听力残疾人的得分显著高于一级听力残疾人;在符号知觉分测验,四级听力残疾人的得分显著低于三级和二级听力残疾人;在职业能力文档测验总分上,一级听力残疾人的得分显著低于三级和二级听力残疾人,且四级听力残疾人的得分显著低于二级听力残疾人(见表 2-3-49)。

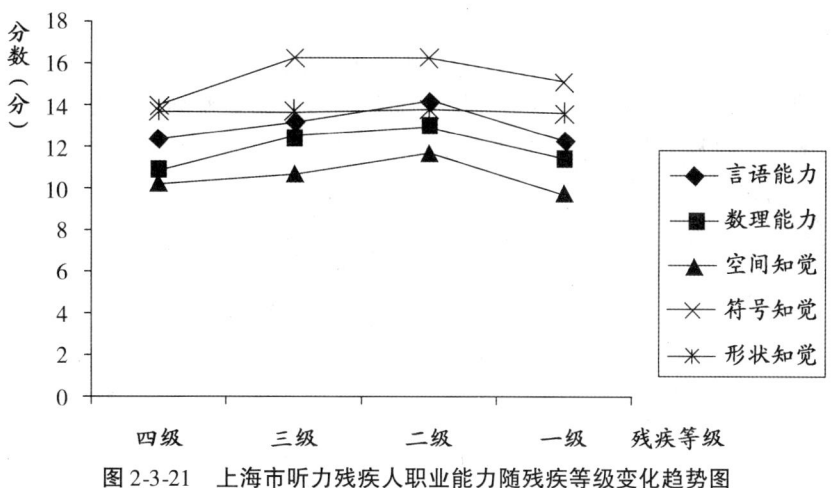

图 2-3-21 上海市听力残疾人职业能力随残疾等级变化趋势图

表 2-3-49 上海市肢体残疾人职业能力的残疾等级差异检验

名称		残疾等级	人数	平均值	标准差	F	p	多重比较
职业能力文档测验	言语能力	四级	72	12.35	3.89	5.581**	.001	1<3 4<2 4<3
		三级	167	13.15	3.99			
		二级	114	14.05	4.12			
		一级	232	12.26	4.16			
	数理能力	四级	72	10.92	4.83	4.029**	.007	1<2,1<3 4<2,4<3
		三级	167	12.38	4.78			
		二级	114	12.93	5.13			
		一级	232	11.39	4.89			
	空间知觉	四级	72	10.25	5.01	3.905**	.009	3>4
		三级	167	10.67	4.85			
		二级	114	11.67	4.98			
		一级	232	9.76	5.06			
	符号知觉	四级	72	13.90	6.00	4.596**	.003	1<2 1<3
		三级	167	16.17	4.47			
		二级	114	16.21	4.55			
		一级	232	15.06	5.48			
	形状知觉	四级	72	13.67	3.71	.064	.979	
		三级	167	13.66	3.77			
		二级	114	13.72	3.62			
		一级	232	13.54	4.20			
	文档计分	四级	72	61.09	17.97	4.684**	.003	1<3 4<2 4<3
		三级	167	66.04	17.26			
		二级	114	68.58	17.99			
		一级	232	62.01	18.50			

注:1 表示四级听力残疾人组,2 表示三级听力残疾人组,3 表示二级听力残疾人组,4 表示一级听力残疾人组。

4) 文化水平比较分析

随着年龄的增长,上海市听力残疾人职业能力各分测验的得分从高到低依次为:大专及以上>高中/中专>初中>小学及以下(高中/中专组在符号知觉分测验的得分略高于大专及以上组),也就是说这些能力随着文化水平的升高而呈现上升趋势(见图2-3-22)。

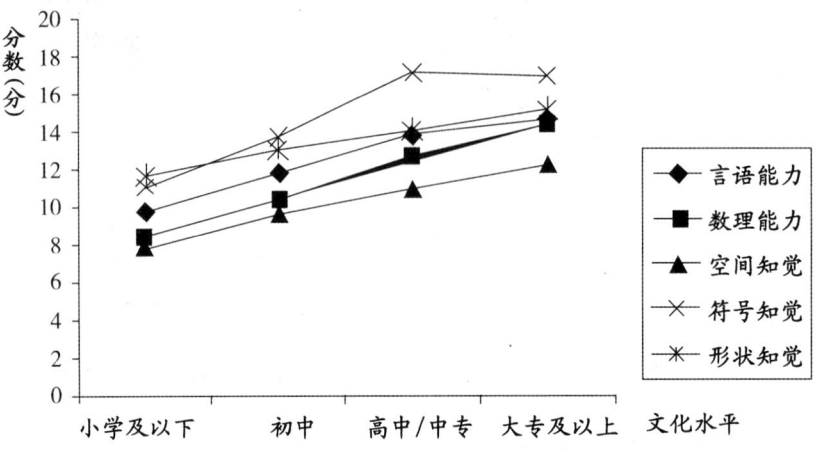

图2-3-22　上海市听力残疾人职业能力随文化水平变化趋势图

进一步差异检验显示,职业能力各分测验得分及文档测验总分均存在极显著的文化水平差异($p<0.01$)(见表2-3-50)。多重比较可以看出,除高中/中专组听力残疾者与大专及以上听力残疾者在符号知觉上不存在显著差异以外,职业能力的其余各维度得分均存在各组之间的显著差异($p<0.05$)。

表2-3-50　上海市听力残疾人职业能力的文化水平差异检验

	名称	文化水平	人数	平均值	标准差	F	p	多重比较
职业能力文档测验	言语能力	小学及以下	94	9.81	4.80	47.299**	.000	1<2,1<3 1<4,2<3 2<4,3<4
		初中	297	11.85	4.14			
		高中/中专	258	13.94	3.39			
		大专及以上	155	14.79	3.02			
	数理能力	小学及以下	94	8.47	4.93	46.099**	.000	1<2,1<3 1<4,2<3 2<4,3<4
		初中	297	10.48	4.99			
		高中/中专	258	12.71	4.38			
		大专及以上	155	14.45	3.59			
	空间知觉	小学及以下	94	7.85	4.75	21.217**	.000	1<2,1<3 1<4,2<3 2<4,3<4
		初中	297	9.65	4.95			
		高中/中专	258	10.95	4.62			
		大专及以上	155	12.28	4.27			
	符号知觉	小学及以下	94	11.15	6.16	53.618**	.000	1<2,1<3 1<4,2<3 2<4
		初中	297	13.73	5.65			
		高中/中专	258	17.19	3.63			
		大专及以上	155	17.02	3.71			

(续表)

名称		文化水平	人数	平均值	标准差	F	p	多重比较
职业能力文档测验	形状知觉	小学及以下	94	11.68	4.79	20.027**	.000	1<2,1<3 1<4,2<3 2<4,3<4
		初中	297	13.19	4.12			
		高中/中专	258	14.10	3.31			
		大专及以上	155	15.20	2.96			
	文档计分	小学及以下	94	48.96	20.06	61.449**	.000	1<2,1<3 1<4,2<3 2<4,3<4
		初中	297	58.90	18.69			
		高中/中专	258	68.87	14.09			
		大专及以上	155	73.74	12.57			

注:1 表示小学及以下听力残疾人组,2 表示初中听力残疾人组,3 表示高中/中专听力残疾人组,4 表示大专及以上听力残疾人组。

5) 交流方式比较分析

上海市听力残疾人职业能力各分测验得分的均数比较显示,以口语为主要交流方式的听力残疾人在言语能力分测验的得分最高;以手语＆口语为主要交流方式的听力残疾人在数理能力、空间知觉、符号知觉和形状知觉分测验的得分最高;以其他手段为主要交流方式的听力残疾人在职业能力各个分测验的得分均为最低。也就是说同时运用手语＆口语与他人交流的听力残疾人在各方面的能力表现最佳(见图2-3-23)。

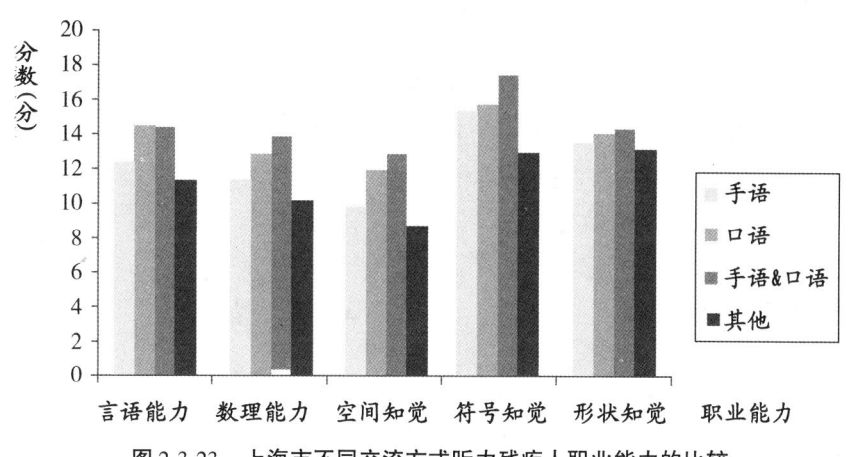

图2-3-23 上海市不同交流方式听力残疾人职业能力的比较

进一步差异检验显示,除形状知觉分测验外,使用不同交流方式的上海市听力残疾人在职业能力其余各分测验的得分以及文档测验总分均存在极显著差异。多重比较可以看出,在言语能力、数理能力、空间知觉分测验的得分及职业能力总分上,除口语组和手语＆口语组间不存在显著差异外,其他各组间存在显著差异;在符号知觉分测验,除手语组和口语组间不存在显著差异外,其余各组间存在显著差异,见表2-3-51。

表 2-3-51 上海市不同交流方式听力残疾人职业能力的差异检验

	名称	交流方式	人数	平均值	标准差	F	p	多重比较
职业能力文档测验	言语能力	手语	410	12.38	3.75	22.365**	.000	1<2,1<3 4<1,4<2 4<3
		口语	191	14.55	4.24			
		手语&口语	52	14.35	3.73			
		其他	151	11.44	4.25			
	数理能力	手语	410	11.44	4.73	12.853**	.000	1<2,1<3 4<1,4<2 4<3
		口语	191	12.91	4.94			
		手语&口语	52	13.92	4.46			
		其他	151	10.23	4.98			
	空间知觉	手语	410	9.86	4.85	19.813**	.000	1<2,1<3 4<1,4<2 4<3
		口语	191	11.97	4.55			
		手语&口语	52	12.96	4.18			
		其他	151	8.79	4.68			
	符号知觉	手语	410	15.45	4.77	14.212**	.000	1<3,4<1 2<3,4<2 4<3
		口语	191	15.68	5.47			
		手语&口语	52	17.53	3.27			
		其他	151	12.94	6.07			
	形状知觉	手语	410	13.61	4.00	2.189	.088	
		口语	191	14.10	3.50			
		手语&口语	52	14.35	3.60			
		其他	151	13.17	4.09			
	文档计分	手语	410	62.76	17.01	19.862**	.000	1<2,1<3 4<1,4<2 4<3
		口语	191	69.21	17.98			
		手语&口语	52	73.11	15.70			
		其他	151	56.57	19.19			

注:1 表示主要使用手语的听力残疾人组,2 表示主要使用口语的听力残疾人组,3 表示主要使用手语&口语的听力残疾人组,4 表示主要使用其他交流方式的听力残疾人组。

6) 城郊差异比较分析

上海市听力残疾人职业能力各分测验得分的均数比较显示,城区男性听力残疾人在空间知觉分测验的得分最高,在符号知觉分测验的得分最低;城区女性听力残疾人在符号知觉分测验的得分最高,在数理能力分测验的得分最低;郊区男性听力残疾人在言语能力和形状知觉分测验的得分最低;郊区女性在言语能力、数理能力和形状知觉分测验的得分最高,在空间知觉分测验的得分最低(见图2-3-24)。

进一步差异检验发现,城区男性、城区女性、郊区男性和郊区女性四个群体在言语能力分测验的得分存在极显著差异,在符号知觉分测验的得分存在显著差异。多重比较可以看出,无论城区或郊区,在言语能力分测验的得分均表现为女性显著高于男性,说明在言语能力方面,女性较男性的表现更为优异;在符号知觉分测验,城区女性的得分显著高于城区男性和郊区男性,说明相较于男性而言,城区女性在符号知觉方面的能力更强(见表2-3-52)。

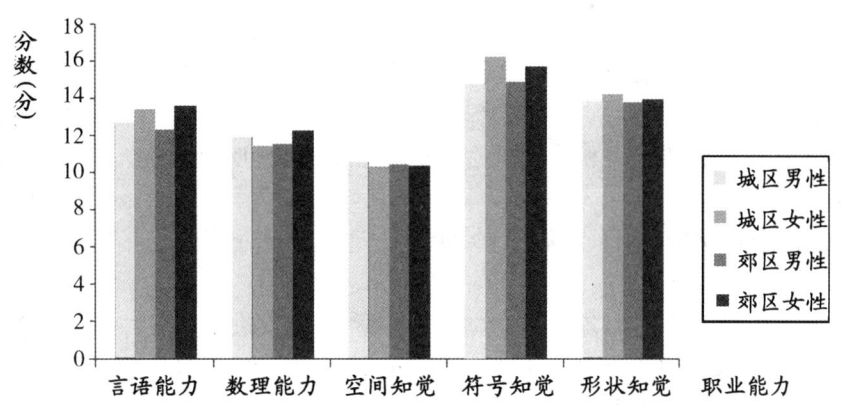

图 2-3-24 上海市听力残疾人职业能力的城郊比较

表 2-3-52 上海市听力残疾人职业能力的城郊差异检验

	名称	城郊*性别	人数	平均值	标准差	F	p	多重比较
职业能力文档测验	言语能力	城区男性	219	12.57	4.36	3.920**	.009	1<4 3<2 3<4
		城区女性	178	13.25	3.52			
		郊区男性	210	12.23	4.27			
		郊区女性	197	13.45	4.10			
	数理能力	城区男性	219	11.78	5.15	1.140	.332	
		城区女性	178	11.38	4.99			
		郊区男性	210	11.49	4.80			
		郊区女性	197	12.22	4.69			
	空间知觉	城区男性	219	10.42	4.95	.018	.997	
		城区女性	178	10.34	4.65			
		郊区男性	210	10.37	4.82			
		郊区女性	197	10.31	5.06			
	符号知觉	城区男性	219	14.59	5.80	3.181*	.023	1<2 3<2
		城区女性	178	16.01	5.05			
		郊区男性	210	14.74	5.22			
		郊区女性	197	15.51	4.72			
	形状知觉	城区男性	219	13.66	3.83	.157	.925	
		城区女性	178	13.78	3.68			
		郊区男性	210	13.56	4.04			
		郊区女性	197	13.80	4.02			
	文档计分	城区男性	219	63.02	19.31	1.161	.324	
		城区女性	178	64.76	17.21			
		郊区男性	210	62.39	18.30			
		郊区女性	197	65.29	17.66			

注:1 表示城区男性听力残疾人组,2 表示城区女性听力残疾人组,3 表示郊区男性听力残疾人组,4 表示郊区女性听力残疾人组。

(4)结论

①上海市听力残疾人职业能力各分测验的得分从高到低依次为:符号知觉>形状知觉>言语能力>数理能力>空间知觉。

②男性听力残疾人的言语能力和符号知觉得分显著低于女性听力残疾人,且二者存在极显著差异($p<0.01$)。

③上海市听力残疾人职业能力随年龄的增长呈现下降趋势,且存在极显著的年龄差异($p<0.01$)。

④上海市听力残疾人职业能力各分测验的得分随残疾程度的加重呈现中间高两头低的变化特点,即二级和三级听力残疾人在职业能力各分测验的得分较高,而一级和四级听力残疾人的得分较低,且在言语能力、数理能力、空间知觉和符号知觉分测验的得分以及职业能力总分上均存在极显著的残疾等级差异($p<0.05$)。

⑤随着年龄的增长,上海市听力残疾人职业能力各分测验的得分从高到低依次为:大专及以上>高中/中专>初中>小学及以下(高中/中专组在符号知觉分测验的得分略高于大专及以上组),且职业能力各分测验得分及文档测验总分均存在极显著的文化水平差异($p<0.01$)。

⑥以口语为主要交流方式的听力残疾人在言语能力分测验的得分最高;以手语&口语为主要交流方式的听力残疾人在数理能力、空间知觉、符号知觉和形状知觉分测验的得分最高;以其他手段为主要交流方式的听力残疾人在职业能力各个分测验的得分均为最低,即同时运用手语&口语与他人交流的听力残疾人在各方面的能力表现最佳;且使用不同交流方式的听力残疾人在言语能力、数理能力、空间知觉、符号知觉及职业能力文档测验总分上均存在极显著的差异($p<0.01$)。

⑦无论城区或郊区,在言语能力分测验,女性较男性的表现更为优异;在符号知觉分测验,城区女性的得分显著高于城区男性和郊区男性($p<0.05$)。

2. 上海市听力残疾人职业人格状况

(1)测试人群分布

选取了上海市听力残疾人有效被试776名进行职业人格测验,其中城区381人,郊区395人;男性408人,女性368人,其基本信息见表2-3-53。

表2-3-53 上海市听力残疾人职业人格测验有效样本分布表 (单位:人)

年龄(岁)	城区			郊区			总计
	男	女	小计	男	女	小计	
15—29	74	80	154	69	81	150	304
30—39	64	47	111	63	73	136	247
40—49	41	40	81	46	32	78	159
50—59	29	6	35	22	9	31	66
合计	208	173	381	200	195	395	776

(2)总体情况

被测试的上海市听力残疾人在职业人格各维度的得分从高到低依次为:管理能力>责任心>自信心>严谨性>交际能力>坚持性>抗挫折能力和情绪稳定性。无论男女,上海市听力残疾人在职业人格各维度的得分从高到低的排序一致。

在男性听力残疾人中,15—29岁年龄段的男性听力残疾人在责任心、交际能力、管理能力和抗挫折能力上得分最高;30—39岁年龄段的男性听力残疾人自信心得分最高;40—49岁年龄段的男性听力残疾人在情绪稳定性上得分最高;50—59岁年龄段的男性听力残疾人在坚持性和严谨性上得分最高。在女性听力残疾人中,15—29岁年龄段的女性听力残疾人情绪稳定性、责任心、交际能力和抗挫折能力得分最高;30-39岁年龄段的女性听力残疾人坚持性、严谨性和管理能力上得分最高;50-59岁年龄段的女性听力残疾人在自信心上得分最高。上海市听力残疾人职业人格测验各维度的得分情况见表2-3-54。

表2-3-54 上海市听力残疾人职业人格测验的平均数和标准差

		n	坚持性		严谨性		情绪稳定性		自信心	
			M	Std	M	Std	M	Std	M	Std
总体		776	8.15	2.46	8.52	2.10	6.59	3.03	8.55	1.97
男性		408	8.10	2.51	8.54	2.17	6.67	3.07	8.60	1.97
女性		368	8.21	2.40	8.49	2.04	6.51	3.00	8.51	1.98
男(岁)	15-29	143	8.15	2.33	8.42	1.92	6.55	2.95	8.58	2.04
	30-39	127	8.01	2.57	8.57	2.13	6.54	3.17	8.70	1.83
	40-49	87	7.85	2.52	8.53	2.27	7.06	2.95	8.52	1.83
	50-59	51	8.65	2.82	8.82	2.72	6.71	3.34	8.51	2.33
女(岁)	15-29	161	8.01	2.43	8.27	1.91	6.62	3.03	8.35	2.18
	30-39	120	8.40	2.37	8.75	2.03	6.59	2.98	8.66	1.84
	40-49	72	8.35	2.42	8.54	2.32	6.28	2.85	8.51	1.76
	50-54	15	8.20	2.46	8.53	1.92	5.67	3.48	8.93	1.83

表2-3-54 上海市听力残疾人职业人格测验的平均数和标准差(续)

		n	责任心		交际能力		管理能力		抗挫折能力	
			M	Std	M	Std	M	Std	M	Std
总体		776	9.62	2.11	8.34	2.18	9.75	2.37	7.63	2.35
男性		408	9.34	2.25	8.24	2.29	9.73	2.37	7.71	2.30
女性		368	9.93	1.90	8.45	2.05	9.77	2.37	7.54	2.41
男(岁)	15-29	143	9.46	1.99	8.50	2.20	9.85	2.20	8.08	2.24
	30-39	127	9.46	2.24	8.36	2.06	9.54	2.54	7.56	2.54
	40-49	87	9.03	2.34	7.99	2.23	9.78	2.18	7.55	2.00
	50-59	51	9.25	2.78	7.63	2.98	9.82	2.71	7.33	2.20
女(岁)	15-29	161	10.06	1.90	8.71	2.16	9.78	2.27	7.89	2.28
	30-39	120	9.88	1.96	8.38	1.84	9.93	2.21	7.53	2.34
	40-49	72	9.82	1.70	8.06	2.07	9.49	2.79	6.83	2.61
	50-54	15	9.47	2.36	8.20	2.14	9.73	2.63	7.20	2.60

城区听力残疾人职业人格的八个人格特征维度上的得分均高于郊区听力残疾人。城区男性听力残疾人在坚持性、责任心、交际能力和管理能力维度的得分低于城区女性听力残疾人,在其他四个人格特征维度高于城区女性听力残疾人;郊区男性听力残疾人在自信心、管理能力和抗挫折能力维度的得分高于郊区女性听力残疾人,在其他五个维度的得分低于郊区女性听力残疾人(见表2-3-55)。

表 2-3-55　上海市听力残疾人职业人格测验城郊样本的平均数和标准差

		n	坚持性		严谨性		情绪稳定性		自信心	
			M	Std	M	Std	M	Std	M	Std
	城区	381	8.19	2.34	8.53	2.10	6.83	3.10	8.73	1.90
	郊区	395	8.12	2.57	8.50	2.11	6.37	2.96	8.38	2.02
城区	男	208	8.17	2.45	8.59	2.20	7.00	3.15	8.74	1.95
	女	173	8.21	2.21	8.46	1.98	6.62	3.03	8.72	1.86
郊区	男	200	8.04	2.58	8.49	2.14	6.34	2.95	8.45	1.98
	女	195	8.21	2.57	8.52	2.09	6.40	2.97	8.31	2.07

表 2-3-56　上海市听力残疾人职业人格测验城郊样本的平均数和标准差(续)

		n	责任心		交际能力		管理能力		抗挫折能力	
			M	Std	M	Std	M	Std	M	Std
	城区	381	9.77	2.02	8.70	2.07	9.90	2.38	7.78	2.29
	郊区	395	9.47	2.19	7.99	2.23	9.60	2.35	7.49	2.40
城区	男	208	9.58	2.12	8.52	2.19	9.83	2.43	7.86	2.27
	女	173	10.01	1.87	8.92	1.90	9.99	2.32	7.68	2.31
郊区	男	200	9.10	2.36	7.94	2.35	9.63	2.30	7.56	2.32
	女	195	9.86	1.93	8.04	2.10	9.57	2.41	7.42	2.48

(3) 听力残疾人职业人格特征

1) 性别差异比较分析

上海市听力残疾人职业人格各维度得分的均数比较显示,男性听力残疾人的严谨性、情绪稳定性、自信心和抗挫折能力维度的得分高于女性听力残疾人,而坚持性、责任心、交际能力和管理能力的得分低于女性听力残疾人(见图 2-3-25)。

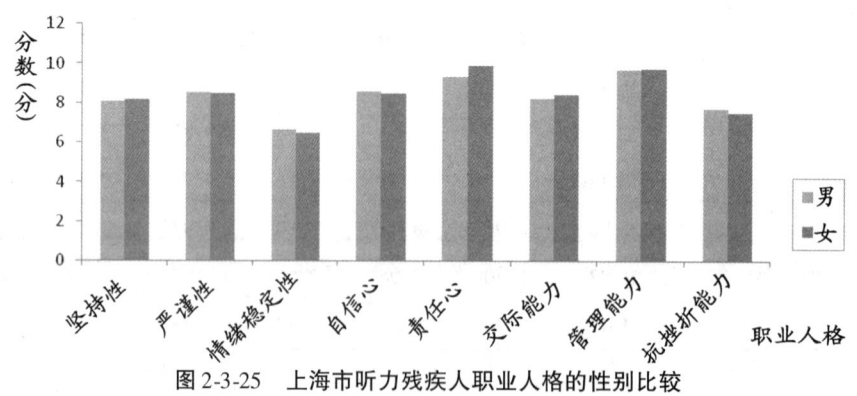

图 2-3-25　上海市听力残疾人职业人格的性别比较

进一步差异性检验显示,听力残疾人在责任心维度的得分存在极显著的性别差异,即女性的得分显著高于男性(见表 2-3-56)。

表 2-3-56　上海市听力残疾人职业人格的性别差异检验

名称		性别	人数	平均数	标准差	t	p
职业人格	坚持性	男	408	8.10	2.51	-.600	.548
		女	368	8.21	2.40		
	严谨性	男	408	8.54	2.17	.313	.754
		女	368	8.49	2.04		
	情绪稳定性	男	408	6.67	3.07	.773	.440
		女	368	6.51	3.00		
	自信心	男	408	8.60	1.97	.636	.525
		女	368	8.51	1.98		
	责任心	男	408	9.34	2.25	-3.934**	.000
		女	368	9.93	1.90		
	交际能力	男	408	8.24	2.29	-1.388	.165
		女	368	8.45	2.05		
	管理能力	男	408	9.73	2.37	-.212	.832
		女	368	9.77	2.37		
	抗挫折能力	男	408	7.71	2.30	1.038	.300
		女	368	7.54	2.41		

2）年龄差异比较分析

随着年龄的增长，上海市听力残疾人在坚持性、严谨性和自信心维度的得分呈现升－降－升的变化特点；在情绪稳定性上，40-49 岁年龄段的听力残疾人得分最高，其他三个年龄段的得分差异不大；在责任心、交际能力和抗挫折能力维度的得分呈现随着年龄的升高而下降的趋势；在管理能力维度的得分呈现两头高中间低的变化特点，即 15-29 岁年龄段和 50-59 岁年龄段的听力残疾人较 30-39 岁年龄段和 40-49 岁年龄段的听力残疾人的得分高（见图 2-3-26）。

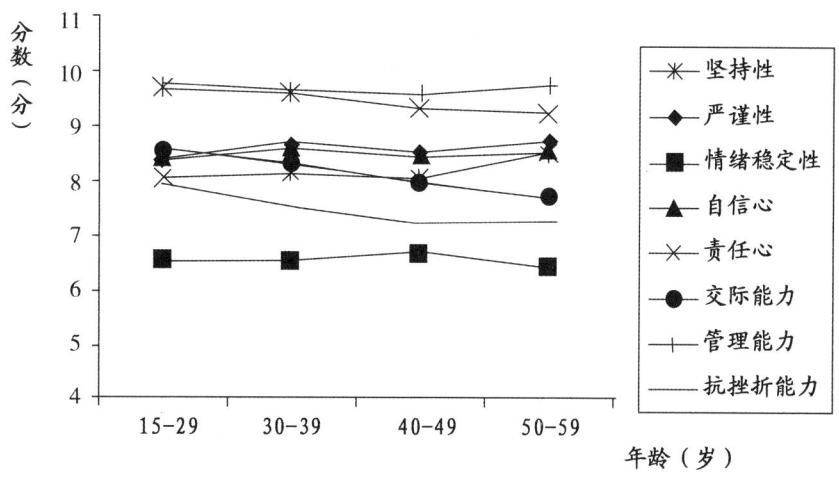

图 2-3-26　上海市听力残疾人职业人格特征随年龄变化趋势图

进一步差异检验显示，听力残疾人在交际能力和抗挫折能力两个维度的得分表现出极其显著的年龄差异。多重比较可以看出，在交际能力维度，15-29 岁年龄段的听力残疾人的得分显著高于其余三个年龄段的听力残疾人；在抗挫折能力维度，15-29 岁年龄段的听力残疾人的得分显著高于其他三个年龄段的听力残疾人,即 15-29 岁年龄段的听力残疾人的抗挫折能力更强(见表 2-3-57)。

表 2-3-57 上海市听力残疾人职业人格特征的年龄差异检验

名称		年龄(岁)	人数	平均值	标准差	F	p	多重比较
职业人格	坚持性	15-29	304	8.07	2.38	.748	.524	
		30-39	247	8.20	2.48			
		40-49	159	8.08	2.48			
		50-59	66	8.55	2.73			
	严谨性	15-29	304	8.34	1.91	1.351	.257	
		30-39	247	8.66	2.08			
		40-49	159	8.53	2.29			
		50-59	66	8.76	2.55			
	情绪稳定性	15-29	304	6.59	2.99	.116	.951	
		30-39	247	6.56	3.08			
		40-49	159	6.70	2.92			
		50-59	66	6.47	3.37			
	自信心	15-29	304	8.46	2.11	.616	.605	
		30-39	247	8.68	1.83			
		40-49	159	8.52	1.79			
		50-59	66	8.61	2.22			
	责任心	15-29	304	9.78	1.96	1.741	.157	
		30-39	247	9.66	2.11			
		40-49	159	9.39	2.10			
		50-59	66	9.30	2.68			
	交际能力	15-29	304	8.61	2.18	4.372**	.005	1>3
		30-39	247	8.37	1.95			
		40-49	159	8.02	2.15			
		50-59	66	7.76	2.81			
	管理能力	15-29	304	9.81	2.23	.179	.910	
		30-39	247	9.73	2.39			
		40-49	159	9.65	2.47			
		50-59	66	9.80	2.67			
	抗挫折能力	15-29	304	7.98	2.26	4.461**	.004	1>2 1>3 1>4
		30-39	247	7.54	2.44			
		40-49	159	7.23	2.31			
		50-59	66	7.30	2.27			

注:1 表示 15-29 岁年龄段的听力残疾人组,2 表示 30-39 岁年龄段的听力残疾人组,3 表示 40-49 岁年龄段的听力残疾人组,4 表示 50-59 岁年龄段的听力残疾人组。

3) 残疾等级差异比较

随着残疾程度的加重,上海市听力残疾人职业人格各维度的得分大体呈水平波动(见图2-3-27)。

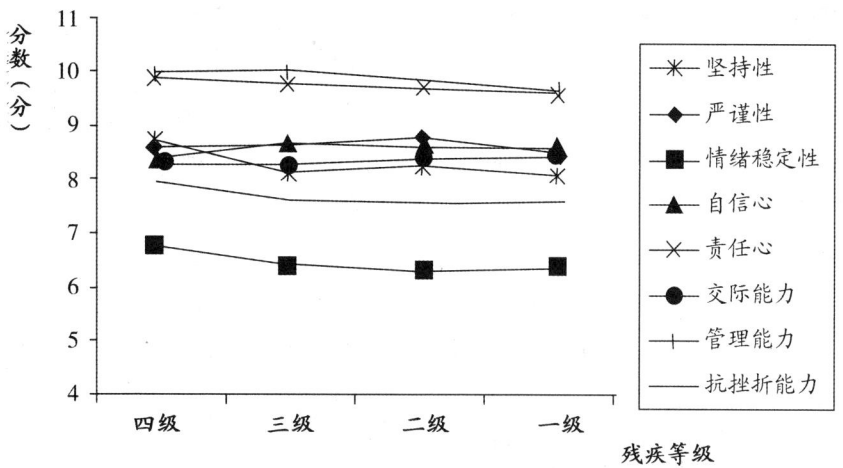

图2-3-27　上海市听力残疾人职业人格特征随残疾等级变化趋势图

进一步差异检验显示,上海市听力残疾人职业人格特征不存在显著的残疾等级差异(见表2-3-58)。

表2-3-58　上海市听力残疾人职业人格特征的残疾等级差异检验

名称		残疾等级	人数	平均数	标准差	t	p
职业人格	坚持性	四级	69	8.72	2.45		
		三级	160	8.13	2.60	1.327	.265
		二级	113	8.25	2.97		
		一级	222	8.06	2.11		
	严谨性	四级	69	8.55	2.21		
		三级	160	8.60	2.11	.770	.511
		二级	113	8.73	2.26		
		一级	222	8.38	1.98		
	情绪稳定性	四级	69	6.80	3.07		
		三级	160	6.45	3.05	.334	.801
		二级	113	6.35	3.38		
		一级	222	6.42	2.94		
	自信心	四级	69	8.38	1.71		
		三级	160	8.65	2.03	.446	.720
		二级	113	8.63	1.98		
		一级	222	8.50	1.92		
	责任心	四级	69	9.80	2.17		
		三级	160	9.69	2.02	.426	.734
		二级	113	9.64	2.11		
		一级	222	9.51	2.10		

(续表)

名称		残疾等级	人数	平均数	标准差	t	p
职业人格	交际能力	四级	69	8.26	2.06	.108	.955
		三级	160	8.29	2.29		
		二级	113	8.36	2.28		
		一级	222	8.39	2.06		
	管理能力	四级	69	9.90	2.04	.754	.520
		三级	160	9.94	2.26		
		二级	113	9.76	2.30		
		一级	222	9.59	2.51		
	抗挫折能力	四级	69	7.93	2.18	.459	.711
		三级	160	7.57	2.47		
		二级	113	7.55	2.76		
		一级	222	7.58	2.20		

4) 文化水平比较分析

上海市听力残疾人职业人格各维度的得分大体上呈现随着文化水平的升高而升高的特点,但是,在坚持性、严谨性、情绪稳定性和抗挫折能力维度,大专及以上组的得分略低于高中组(见图2-3-28)。

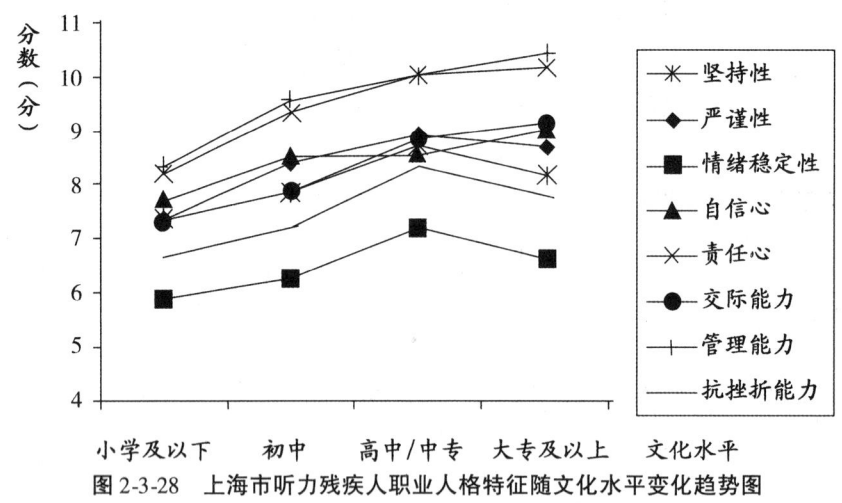

图2-3-28 上海市听力残疾人职业人格特征随文化水平变化趋势图

进一步差异检验显示,上海市听力残疾人职业人格各维度的得分均存在极显著的文化水平差异。多重比较可以看出,在坚持性维度,小学及以下组得分显著低于大专及以上组,且高中/中专组得分显著高于其他三组;在严谨性维度,小学组及以下得分显著低于其他三组,且高中/中专组得分显著高于初中组;在情绪稳定性维度,高中/中专组得分显著高于小学及以下组和初中组,且初中组得分显著低于大专及以上组;在自信心维度,小学及以下组得分显著低于其他三组,且大专及以上组得分显著高于初中和高中/中专组;在责任心和交际能力维度,除大专及以上组和高中/中专组间不存在显著差异,其他各组间均存在显著差异;在管理能力维度,小学及以下组得分显著低于其他三组,且初中组得分显著低于大专及以上组;在抗挫折能力维度,各组间得分均存在显著差异(见表2-3-59)。

表2-3-59 上海市听力残疾人职业人格特征的文化水平差异检验

名称		文化水平	人数	平均值	标准差	F	p	多重比较
职业人格	坚持性	小学及以下	89	7.35	2.50	10.041**	.000	1<3 1<4 2<3 4<3
		初中	283	7.85	2.49			
		高中/中专	252	8.76	2.34			
		大专及以上	152	8.19	2.36			
	严谨性	小学及以下	89	7.37	2.06	13.149**	.000	1<2 1<3 1<4 2<3
		初中	283	8.41	2.15			
		高中/中专	252	8.92	2.00			
		大专及以上	152	8.72	1.96			
	情绪稳定性	小学及以下	89	5.88	2.89	6.053**	.000	1<3 2<3
		初中	283	6.27	3.02			
		高中/中专	252	7.19	2.96			
		大专及以上	152	6.63	3.11			
	自信心	小学及以下	89	7.75	1.94	7.886**	.000	1<2,1<3 1<4 2<4,3<4
		初中	283	8.53	1.92			
		高中/中专	252	8.58	2.00			
		大专及以上	152	9.01	1.90			
	责任心	小学及以下	89	8.20	2.25	24.446**	.000	1<2,1<3 1<4 2<3,2<4
		初中	283	9.36	2.23			
		高中/中专	252	10.06	1.86			
		大专及以上	152	10.20	1.71			
	交际能力	小学及以下	89	7.27	1.91	22.931**	.000	1<2,1<3 1<4 2<3,2<4
		初中	283	7.88	2.21			
		高中/中专	252	8.75	2.09			
		大专及以上	152	9.14	1.95			
	管理能力	小学及以下	89	8.34	2.90	17.375**	.000	1<2 1<3 1<4 2<4
		初中	283	9.59	2.44			
		高中/中专	252	10.01	2.10			
		大专及以上	152	10.44	1.89			
	抗挫折能力	小学及以下	89	6.65	2.26	16.211**	.000	1<2,1<3 1<4,2<3 2<4,3<4
		初中	283	7.24	2.28			
		高中/中专	252	8.33	2.27			
		大专及以上	152	7.76	2.30			

注:1表示小学及以下听力残疾人组,2表示初中听力残疾人组,3表示高中/中专听力残疾人组,4表示大专及以上听力残疾人组。

5)交流方式比较分析

上海市听力残疾人职业人格各维度得分的均数比较显示,使用口语为主要交流方式的听力残疾人在坚持性、严谨性和情绪稳定性维度的得分最高;手语与口语并用的听力残疾人在自信心、责任心、交际能力、管理能力和抗挫折年龄的得分最高;使用其他交流方式的听力残疾人在职业人格特征各个维度的得分均为最低(见图2-3-29)。

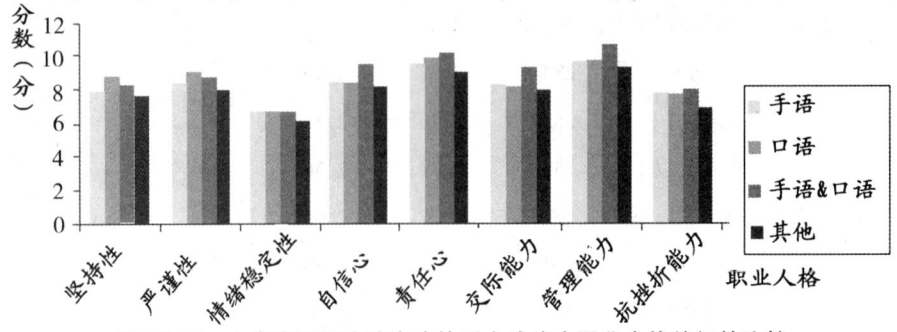

图 2-3-29 上海市不同交流方式的听力残疾人职业人格特征的比较

进一步差异检验显示,使用不同交流方式的听力残疾人在管理能力维度的得分存在着显著差异,在坚持性、严谨性、自信心、责任心、交际能力以及抗挫折能力维度的得分存在着极显著的差异。多重比较可以看出,在坚持性和严谨性维度,口语得分显著高于手语组和其他组;在自信心、交际能力和管理能力维度,手语&口语组的得分显著高于其他三组听力残疾人;在责任心维度,口语组与手语&口语组间不存在显著差异,但其他各组间均存在显著差异;在抗挫折能力维度,其他组的得分显著低于其余三组的听力残疾人(见表2-3-60)。

表 2-3-60 上海市不同交流方式的听力残疾人职业人格特征的差异检验

	名称	交流方式	人数	平均值	标准差	F	p	多重比较
职业人格	坚持性	手语	398	7.96	2.21	8.468**	.000	1<2
		口语	183	8.90	2.73			4<2
		手语&口语	49	8.31	2.13			
		其他	146	7.69	2.66			
	严谨性	手语	398	8.35	1.95	8.860**	.000	1<2
		口语	183	9.14	2.27			4<2
		手语&口语	49	8.84	1.99			
		其他	146	8.08	2.17			
	情绪稳定性	手语	398	6.70	2.88	1.535	.204	
		口语	183	6.72	3.31			
		手语&口语	49	6.69	3.11			
		其他	146	6.11	3.04			
	自信心	手语	398	8.54	1.97	4.075**	.007	1<3
		口语	183	8.52	2.04			2<3
		手语&口语	49	9.45	1.61			4<3
		其他	146	8.33	1.94			
	责任心	手语	398	9.54	2.09	6.472**	.000	1<2,1<3
		口语	183	10.03	2.17			4<1,4<2
		手语&口语	49	10.20	1.61			4<3
		其他	146	9.14	2.14			

(续表)

名称		交流方式	人数	平均值	标准差	F	p	多重比较
职业人格	交际能力	手语	398	8.32	2.11	4.498**	.004	1<3 2<3 4<3
		口语	183	8.33	2.25			
		手语&口语	49	9.37	1.82			
		其他	146	8.06	2.31			
	管理能力	手语	398	9.69	2.33	3.718*	.011	1<3 2<3 4<3
		口语	183	9.89	2.34			
		手语&口语	49	10.67	1.43			
		其他	146	9.42	2.66			
	抗挫折能力	手语	398	7.75	2.21	5.587**	.001	1>4 2>4 3>4
		口语	183	7.80	2.51			
		手语&口语	49	8.08	2.33			
		其他	146	6.94	2.41			

注:1表示主要使用手语的听力残疾人组,2表示主要使用口语的听力残疾人组,3表示使用手语&口语的听力残疾人组,4表示使用其他交流方式的听力残疾人组。

6) 城郊差异比较分析

上海市听力残疾人职业人格各维度得分的均数比较显示,城区男性听力残疾人在严谨性、情绪稳定性、自信心和抗挫折能力维度的得分最高;城区女性听力残疾人在坚持性、责任心、交际能力和管理能力维度的得分最高,在严谨性维度的得分最低;郊区男性听力残疾人在坚持性、情绪稳定性、责任心和交际能力维度的得分最低;郊区女性听力残疾人在坚持性维度得分与城区女性相等,在自信心、管理能力和抗挫折能力维度的得分最低(见图2-3-30)。

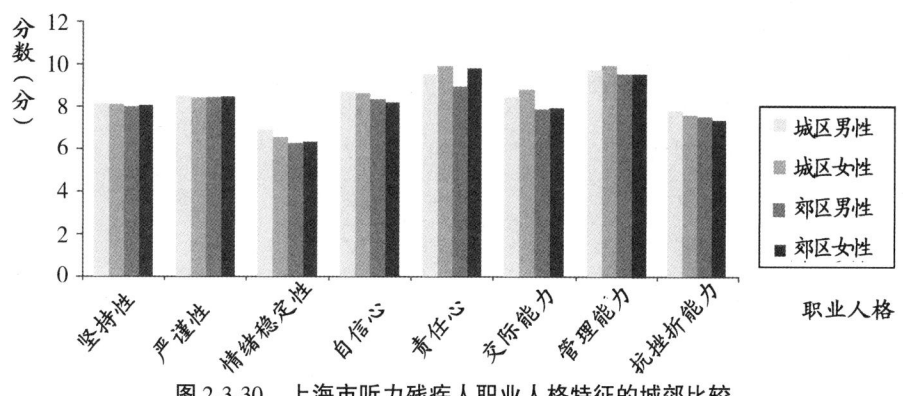

图2-3-30 上海市听力残疾人职业人格特征的城郊比较

进一步差异检验发现,城区男性、城区女性、郊区男性和郊区女性四个群体在责任心和交际能力维度存在极其显著差异。多重比较可以看出,在责任心维度,城区男性的得分显著高于郊区男性,且城区女性的得分显著高于男性群体,郊区女性的得分显著高于郊区男性,说明城区女性的责任心人格特征更为明显,且城区男性和郊区男性的责任心人格特征比郊区男性更为明显;在交际能力维度,城区群体的得分显著高于郊区听力残疾人,说明城区听力残疾人的交际能力更强(见表2-3-61)。

表 2-3-61　上海市听力残疾人职业人格特征的城郊差异检验

名称		城郊*性别	人数	平均值	标准差	F	p	多重比较
职业人格	坚持性	城区男性	208	8.17	2.45	.219	.883	
		城区女性	173	8.21	2.21			
		郊区男性	200	8.04	2.58			
		郊区女性	195	8.21	2.57			
	严谨性	城区男性	208	8.59	2.20	.125	.945	
		城区女性	173	8.46	1.98			
		郊区男性	200	8.49	2.14			
		郊区女性	195	8.52	2.09			
	情绪稳定性	城区男性	208	7.00	3.15	1.960	.119	
		城区女性	173	6.62	3.03			
		郊区男性	200	6.34	2.95			
		郊区女性	195	6.40	2.97			
	自信心	城区男性	208	8.74	1.95	2.228	.084	
		城区女性	173	8.72	1.86			
		郊区男性	200	8.45	1.98			
		郊区女性	195	8.31	2.07			
	责任心	城区男性	208	9.58	2.12	7.092**	.000	1<2
		城区女性	173	10.01	1.87			3<1
		郊区男性	200	9.10	2.36			3<2
		郊区女性	195	9.86	1.93			3<4
	交际能力	城区男性	208	8.52	2.19	8.267**	.000	1>3
		城区女性	173	8.92	1.90			1>4
		郊区男性	200	7.94	2.35			2>3
		郊区女性	195	8.04	2.10			2>4
	管理能力	城区男性	208	9.83	2.43	1.198	.310	
		城区女性	173	9.99	2.32			
		郊区男性	200	9.63	2.30			
		郊区女性	195	9.57	2.41			
	抗挫折能力	城区男性	208	7.86	2.27	1.294	.275	
		城区女性	173	7.68	2.31			
		郊区男性	200	7.56	2.32			
		郊区女性	195	7.42	2.48			

注:1 表示城区男性听力残疾人组,2 表示城区女性听力残疾人组,3 表示郊区男性听力残疾人组,4 表示郊区女性听力残疾人组。

(4)结论

①上海市听力残疾人职业人格各维度的得分从高到低依次为:管理能力>责任心>自信心>严谨性>交际能力>坚持性>抗挫折能力和情绪稳定性。

②男性听力残疾人在责任心维度的得分低于女性听力残疾人,且二者存在极显著差异($p<0.01$)。

③上海市听力残疾人在交际能力和抗挫折能力维度的得分呈现随年龄增长而下降的趋势,且表现出极其显著的年龄差异($p<0.01$)。

④上海市听力残疾人职业人格特征不存在显著的残疾等级差异。

⑤上海市听力残疾人职业人格各维度的得分大体上呈现随文化水平的升高而升高的特点,但在坚持性、严谨性、情绪稳定性和抗挫折能力维度,大专及以上组的得分略低于高中组;职业人格各维度的得分均存在极显著的文化水平差异($p<0.01$)。

⑥使用口语为主要交流方式的听力残疾人在坚持性、严谨性和情绪稳定性维度的得分最高;手语与口语并用的听力残疾人在自信心、责任心、交际能力、管理能力和抗挫折能力的得分最高;使用其他交流方式的听力残疾人职业人格特征各个维度得分均为最低。且使用不同交流方式的听力残疾人在管理能力维度的得分存在显著差异($p<0.05$),在坚持性、严谨性、自信心、责任心、交际能力以及抗挫折能力维度的得分存在极显著差异($p<0.01$)。

⑦城区男性、城区女性、郊区男性和郊区女性四个群体在责任心和交际能力维度存在极其显著差异($p<0.01$)。城区女性的责任心人格特征更为明显,且城区男性和郊区男性的责任心人格特征比郊区男性更为明显,城区群体在交际能力维度的得分显著高于郊区听力残疾人($p<0.05$)。

3. 上海市听力残疾人职业兴趣状况

(1)测试人群分布

抽取上海市786名听力残疾人进行了职业兴趣测验,其中城区389人,郊区397人;男性417人,女性369人,其基本信息见表2-3-62所示。

表2-3-62 上海市听力残疾人职业兴趣测验有效样本分布表(人)

年龄(岁)	城区			郊区			总计
	男	女	小计	男	女	小计	
15-29	76	81	157	69	81	150	307
30-39	65	48	113	63	73	136	249
40-49	42	40	82	46	31	77	159
50-59	31	6	37	25	9	34	71
合计	214	175	389	203	194	397	786

(2)总体情况

上海市听力残疾人职业兴趣各类型得分从高到低依次为:现实型>常规型>研究型>企业型>艺术型>社会型。男性和女性听力残疾人在各个职业兴趣类型的得分排序是一致的。15-29岁年龄段的男性听力残疾人在研究型、企业型和艺术型上的得分最高;30-39岁年龄段的男性听力残疾人在常规型上的得分最高;40-49岁年龄段的男性听力残疾人在现实型上的得分最高;50-59岁年龄段的男性肢体残疾人在社会型上的得分最高。15-29岁年龄段的女性听力残疾人在企业型和艺术型上的得分最高;40-49岁年龄段的女性听力残疾人在现实型和研究型上的得分最高;50-59岁年龄段的女性听力残疾人在常规型、社会型上的得分最高(见表2-3-63)。

表 2-3-63　上海市听力残疾人职业兴趣测验平均数和标准差

		n	常规型		现实型		研究型		企业型		社会型		艺术型	
			M	Std	M	Std	M	Std	M	Std	M	Std	M	Std
总体		786	6.45	1.52	6.62	1.43	6.20	1.71	5.99	1.62	5.09	1.48	5.32	1.83
男性		417	6.52	1.58	6.62	1.50	6.29	1.77	6.07	1.58	5.00	1.47	5.23	1.89
女性		369	6.37	1.45	6.63	1.35	6.09	1.63	5.90	1.67	5.20	1.49	5.43	1.74
男(岁)	15-29	145	6.32	1.48	6.74	1.41	6.46	1.62	6.47	1.57	4.82	1.40	5.40	1.73
	30-39	128	6.68	1.51	6.40	1.55	6.18	1.84	5.91	1.51	4.81	1.57	5.28	1.94
	40-49	88	6.53	1.72	6.77	1.42	6.19	1.83	6.03	1.44	5.33	1.47	5.17	1.95
	50-59	56	6.66	1.75	6.55	1.69	6.30	1.91	5.50	1.72	5.39	1.33	4.75	2.06
女(岁)	15-29	162	6.05	1.41	6.62	1.41	6.03	1.49	6.21	1.58	4.99	1.46	5.53	1.67
	30-39	121	6.72	1.51	6.49	1.30	6.12	1.86	5.74	1.55	5.38	1.56	5.38	1.81
	40-49	71	6.39	1.31	6.92	1.28	6.17	1.65	5.42	1.97	5.31	1.43	5.35	1.84
	50-54	15	6.87	1.41	6.40	1.18	6.00	1.20	6.20	1.52	5.47	1.41	5.20	1.57

上海市城区的听力残疾人在常规型、现实型、研究型、企业型和艺术型的得分高于郊区听力残疾人,而在社会型的得分低于郊区听力残疾人。城区男性在常规型、研究型和社会型的得分高于城区女性;而在现实型和艺术型的得分低于女性;在企业型的得分,城区男性和女性相当。郊区男性在常规型、现实型、研究型、企业型上的得分高于郊区女性,而郊区男性在社会型和艺术型的得分低于郊区女性(见表 2-3-64)。

表 2-3-64　上海市听力残疾人职业兴趣测验城郊样本

		n	常规型		现实型		研究型		企业型		社会型		艺术型	
			Std	M	Std	M	Std	M	Std	M	Std	M	Std	M
城区		389	6.50	1.52	6.66	1.38	6.36	1.66	6.08	1.70	5.05	1.53	5.30	1.79
郊区		397	6.40	1.53	6.58	1.48	6.04	1.74	5.91	1.54	5.14	1.43	5.35	1.87
城区	男	214	6.63	1.56	6.64	1.45	6.48	1.76	6.14	1.63	4.92	1.55	5.20	1.79
	女	175	6.35	1.45	6.69	1.29	6.21	1.52	6.01	1.78	5.21	1.51	5.43	1.78
郊区	男	203	6.41	1.60	6.59	1.56	6.10	1.76	6.01	1.52	5.09	1.40	5.26	2.00
	女	194	6.39	1.46	6.57	1.40	5.98	1.73	5.80	1.56	5.19	1.48	5.43	1.71

(3)听力残疾人职业兴趣特征

1)性别差异比较分析

上海市听力残疾人职业兴趣各类型得分的均数比较显示,男性听力残疾人在常规型、研究型和企业型的得分高于女性听力残疾人,而在现实型、社会型和艺术型的得分低于女性听力残疾人(见图 2-3-31)。

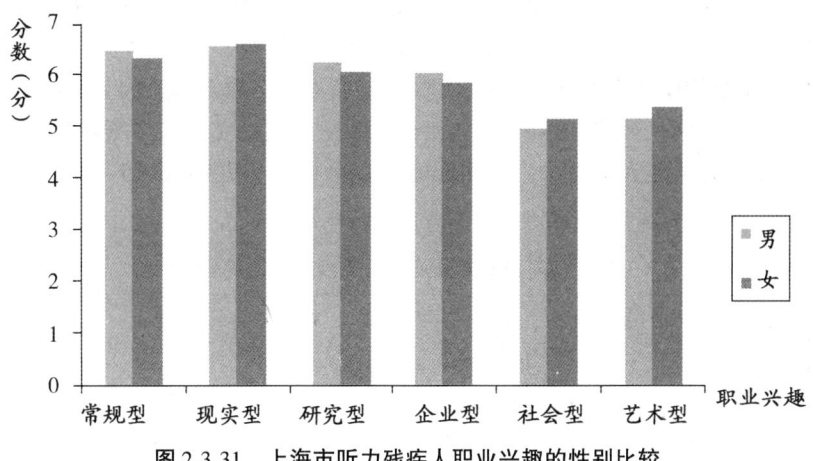

图 2-3-31　上海市听力残疾人职业兴趣的性别比较

进一步检验发现,听力残疾人在职业兴趣各个维度上均不存在显著的性别差异(见表 2-3-65)。

表 2-3-65　上海市听力残疾人职业兴趣的性别差异显著检验

名称		性别	人数	平均数	标准差	t	p
职业兴趣	常规型	男	417	6.52	1.58	1.402	.161
		女	369	6.37	1.45		
	现实型	男	417	6.62	1.50	−.072	.943
		女	369	6.63	1.35		
	研究型	男	417	6.29	1.77	1.715	.087
		女	369	6.09	1.63		
	企业型	男	417	6.07	1.58	1.483	.139
		女	369	5.90	1.67		
	社会型	男	417	5.00	1.47	−1.845	.065
		女	369	5.20	1.49		
	艺术型	男	417	5.23	1.89	−1.577	.115
		女	369	5.43	1.74		

2)年龄差异比较分析

随着年龄增长,听力残疾人在常规型上的得分呈现升-降-升的变化特点,15-29 岁年龄段的得分最低,30-39 岁和 50-59 岁年龄段的听力残疾人得分较高;现实型的得分呈现降-升-降的变化特点,30-39 岁年龄段得分最低,40-49 岁年龄段得分最高;各个年龄段听力残疾人在研究型的得分差别不大;企业型和艺术型的得分随年龄的增高而呈现逐渐下降的趋势;社会型的得分随年龄的增高而逐渐上升(见图 2-3-32)。

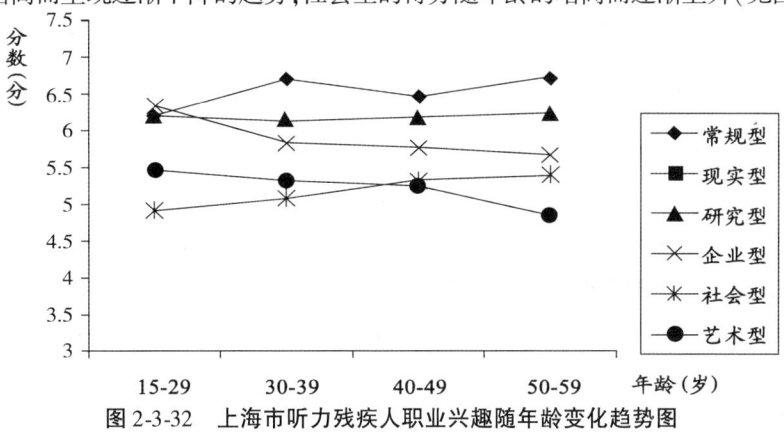

图 2-3-32　上海市听力残疾人职业兴趣随年龄变化趋势图

进一步差异检验发现,在现实型的得分存在着显著的年龄差异,在常规型、企业型和社会型的得分存在着极显著的年龄差异。多重比较可以看出,在常规型、企业型上,15-29岁年龄组得分显著高于其他三组,即15-29岁年龄组听力残疾人更喜欢从事常规型职业。在现实型上,30-39岁年龄组的听力残疾人的得分显著低于15-29岁和40-49岁年龄组。在社会型上,15-29岁年龄组得分显著低于40岁以后的两个年龄段听力残疾人的得分,即相比40岁以后的听力残疾人,15-29岁年龄组听力残疾人不喜欢从事企业型职业(见表2-3-66)。

表2-3-66 上海市听力残疾人职业兴趣的年龄差异检验

	名称	年龄(岁)	人数	平均值	标准差	F	p	多重比较
职业兴趣	常规型	15-29	307	6.18	1.45	6.320**	.000	1<2
		30-39	249	6.70	1.51			1<3
		40-49	159	6.47	1.55			1<4
		50-59	71	6.70	1.68			
	现实型	15-29	307	6.68	1.41	2.818*	.038	1>2
		30-39	249	6.44	1.44			3>2
		40-49	159	6.84	1.36			
		50-59	71	6.52	1.59			
	研究型	15-29	307	6.23	1.56	.115	.951	
		30-39	249	6.15	1.84			
		40-49	159	6.18	1.75			
		50-59	71	6.24	1.78			
	企业型	15-29	307	6.33	1.58	7.721**	.000	1>2
		30-39	249	5.82	1.53			1>3
		40-49	159	5.76	1.72			1>4
		50-59	71	5.65	1.69			
	社会型	15-29	307	4.91	1.43	3.938**	.008	1<3
		30-39	249	5.09	1.58			1<4
		40-49	159	5.32	1.45			
		50-59	71	5.41	1.34			
	艺术型	15-29	307	5.47	1.70	2.368	.070	1>4
		30-39	249	5.33	1.88			2>4
		40-49	159	5.25	1.90			
		50-59	71	4.85	1.96			

注:1表示15-29岁年龄段的听力残疾人组,2表示30-39岁年龄段的听力残疾人组,3表示40-49岁年龄段的听力残疾人组,4表示50-59岁年龄段的听力残疾人组。

3)残疾等级比较分析

在常规型,四级听力残疾人的得分最高,二级听力残疾人得分最低,呈现"V"型走势;听力残疾人在现实型和艺术型的得分随着残疾程度的加重逐渐升高;在研究型,三级残疾人的得分最高,而二级残疾人得分最低;在企业型,各残疾等级听力残疾人的得分相当;在社会型,二级残疾人得分最高,而一级残疾人得分最低(见图2-3-33)。

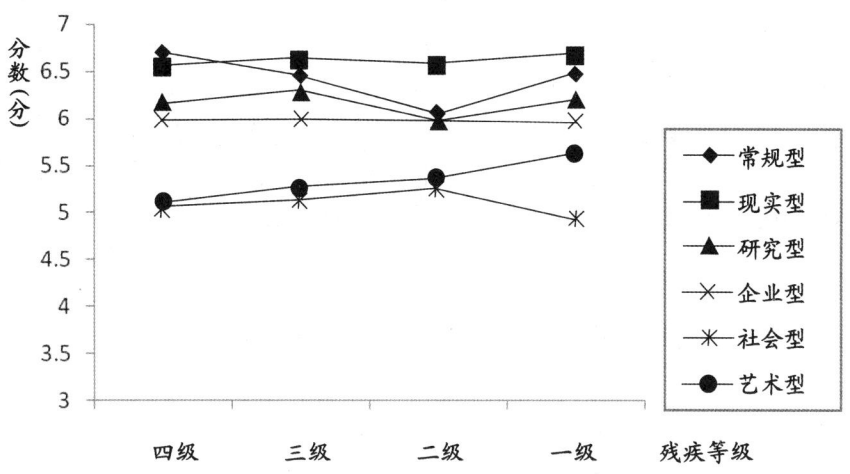

图 2-3-33　上海市听力残疾人职业兴趣随残疾等级变化趋势图

进一步差异性检验显示,听力残疾人在常规型的得分存在显著的残疾等级差异。多重比较发现,二级听力残疾人在常规型的得分显著低于其他三组(见表 2-3-67)。

表 2-3-67　上海市听力残疾人职业兴趣的残疾等级差异检验

	名称	残疾等级	人数	平均值	标准差	F	p	多重比较
职业兴趣	常规型	四级	71	6.68	1.40	3.031*	.029	1>3 2>3 4>3
		三级	161	6.45	1.42			
		二级	113	6.05	1.50			
		一级	227	6.47	1.58			
	现实型	四级	71	6.56	1.36	.171	.916	
		三级	161	6.62	1.47			
		二级	113	6.57	1.37			
		一级	227	6.67	1.40			
	研究型	四级	71	6.17	1.60	.836	.474	
		三级	161	6.29	1.53			
		二级	113	5.96	1.98			
		一级	227	6.21	1.68			
	企业型	四级	71	5.97	1.54	.010	.999	
		三级	161	5.99	1.68			
		二级	113	5.97	1.81			
		一级	227	5.96	1.66			
	社会型	四级	71	5.07	1.58	1.289	.277	
		三级	161	5.14	1.50			
		二级	113	5.26	1.52			
		一级	227	4.94	1.41			
	艺术型	四级	71	5.11	1.80	2.214	.085	
		三级	161	5.25	1.69			
		二级	113	5.36	2.10			
		一级	227	5.64	1.83			

注:1 表示四级听力残疾人组,2 表示三级听力残疾人组,3 表示二级听力残疾人组,4 表示一级听力残疾人组。

4) 文化水平比较分析

随着文化水平的升高,上海市听力残疾人在常规型的得分呈现升-降-升的变化特点,小学及以下组的得分最低,初中组得分最高,高中/中专组得分有所下降且与大专及以上组差别不大;现实性呈现先升后降的变化特点,小学及以下组得分最低,至高中/中专组得分最高,大专及以上组得分又有所下降;研究型、企业型和社会型的得分随着文化水平的提高而逐渐上升;艺术型的得分呈现两头高中间低的变化特点,即小学及以下组和大专及以上组的得分较高,初中和高中/中专组得分较低。(见图2-3-34)

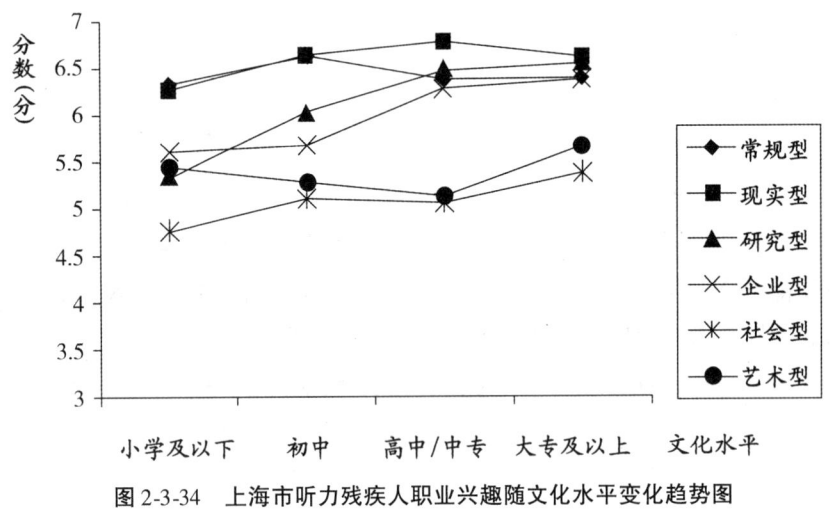

图2-3-34 上海市听力残疾人职业兴趣随文化水平变化趋势图

进一步差异检验显示,听力残疾人在现实型、社会型和艺术型的得分存在显著的文化水平差异,在研究型和企业型存在极显著的文化水平差异。多重比较可以看出,在现实型,小学组得分显著低于初中和高中组;在研究型,除高中与大专及以上组不存在显著的差异外,其余各组间均存在显著差异,即小学组得分显著低于其余三组,初中组得分显著低于高中和大专及以上组;在企业型,小学和初中组听力残疾人的得分显著低于高中和大专及以上组;在社会型,大专及以上组的得分显著高于小学和高中组;在艺术型,大专及以上组的得分显著高于高中组(见表2-3-68)。

表2-3-68 上海市听力残疾人职业兴趣的文化水平差异检验

	名称	文化水平	人数	平均值	标准差	F	p	多重比较
职业兴趣	常规型	小学及以下	88	6.30	1.61	1.758	.154	
		初中	287	6.61	1.56			
		高中/中专	256	6.36	1.47			
		大专及以上	155	6.39	1.47			
	现实型	小学及以下	88	6.25	1.54	2.933*	.033	1<2 1<3
		初中	287	6.62	1.46			
		高中/中专	256	6.77	1.39			
		大专及以上	155	6.59	1.36			
	研究型	小学及以下	88	5.34	1.56	13.299**	.000	1<2,1<3 1<4 2<3,2<4
		初中	287	6.02	1.76			
		高中/中专	256	6.48	1.64			
		大专及以上	155	6.54	1.61			

(续表)

名称		文化水平	人数	平均值	标准差	F	p	多重比较
职业兴趣	企业型	小学及以下	88	5.60	1.47	10.890**	.000	1<3
		初中	287	5.67	1.62			1<4
		高中/中专	256	6.27	1.63			2<3
		大专及以上	155	6.36	1.56			2<4
	社会型	小学及以下	88	4.75	1.47	3.526*	.015	1<4
		初中	287	5.09	1.42			3<4
		高中/中专	256	5.05	1.52			
		大专及以上	155	5.37	1.52			
	艺术型	小学及以下	88	5.44	1.93	2.732*	.043	3<4
		初中	287	5.28	2.02			
		高中/中专	256	5.14	1.67			
		大专及以上	155	5.65	1.59			

注:1 表示小学及以下听力残疾人组,2 表示初中听力残疾人组,3 表示高中/中专听力残疾人组,4 表示大专及以上听力残疾人组。

5)交流方式比较分析

上海市听力残疾人职业兴趣各类型得分的均数比较显示,以手语&口语为主要交流方式的听力残疾人在常规型、研究型、企业型和艺术型的得分最高;以手语为主要交流方式的听力残疾人在现实型的得分最高;以口语为主要交流方式的听力残疾人在社会型的得分最高,在常规型、现实型、企业型和艺术型的得分最低;以其他方式作为主要交流手段的听力残疾人在研究型和社会型的得分最低(见图2-3-35)。

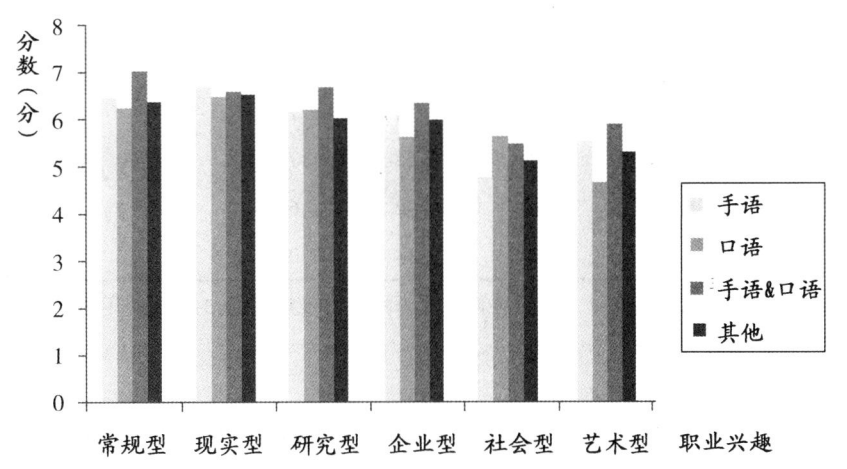

图 2-3-35　上海市不同交流方式的听力残疾人职业兴趣的比较

进一步差异检验发现,上海市不同交流方式的听力残疾人在常规型的得分上存在着显著差异,在企业型、社会型和艺术型的得分存在极显著差异。多重比较可以看出,在常规型,手语&口语组的得分显著高于其他三组;在企业型上,口语组的得分显著低于其他三组;在社会型上,手语组与其他三组间存在显著差异,即手语组显著低于其他三组在社会型上的得分,说明以手语为主要交流方式的听力残疾人更不喜欢从事社会型职业;在艺术型上,口语组得分显著低于其他三组听力残疾人的得分,说明以口语为主要交流方式的听力残疾人更不喜欢从事艺术型职业,并且其他组与手语&口语组间也存在显著差异,手语&口语组的得分显著高于其他组(见表2-3-69)。

表2-3-69　上海市不同交流方式听力残疾人职业兴趣的差异检验

名称		交流方式	人数	平均值	标准差	F	p	多重比较
职业兴趣	常规型	手语	403	6.49	1.47	3.626*	.013	1<3 2<3 4<3
		口语	185	6.25	1.60			
		手语&口语	52	7.02	1.46			
		其他	146	6.39	1.54			
	现实型	手语	403	6.73	1.40	1.721	.161	
		口语	185	6.46	1.45			
		手语&口语	52	6.62	1.40			
		其他	146	6.53	1.49			
	研究型	手语	403	6.17	1.72	1.947	.121	
		口语	185	6.22	1.79			
		手语&口语	52	6.71	1.33			
		其他	146	6.05	1.67			
	企业型	手语	403	6.09	1.61	4.093**	.007	1>2 3>2 4>2
		口语	185	5.65	1.76			
		手语&口语	52	6.35	1.27			
		其他	146	6.02	1.52			
	社会型	手语	403	4.79	1.43	15.824**	.000	1<2 1<3 1<4 4<2
		口语	185	5.63	1.44			
		手语&口语	52	5.48	1.36			
		其他	146	5.12	1.51			
	艺术型	手语	403	5.54	1.77	11.779**	.000	1>2 3>2 3>4 4>2
		口语	185	4.68	1.71			
		手语&口语	52	5.92	1.61			
		其他	146	5.34	2.00			

注:1表示主要使用手语的听力残疾人组,2表示主要使用口语的听力残疾人组,3表示使用手语&口语的听力残疾人组,4表示使用其他交流方式的听力残疾人组。

6)城郊差异比较分析

上海市听力残疾人职业兴趣各类型得分的均数比较显示,城区男性听力残疾人在常规性、研究型和企业型的得分最高,在社会型和艺术型的得分最低;城区女性听力残疾人在现实型、社会型和艺术型的得分最高,在常规型的得分最低;郊区女性听力残疾人在艺术型得分与城区女性一样,在现实型、研究型和企业型的得分最低(见图2-3-36)。

进一步差异检验发现,城区男性、城区女性、郊区男性和郊区女性在研究型的得分存在显著差异。多重比较可以看出,在研究型上,城区男性的得分显著高于郊区听力残疾人,说明城区男性更喜欢从事研究型职业活动(见表2-3-70)。

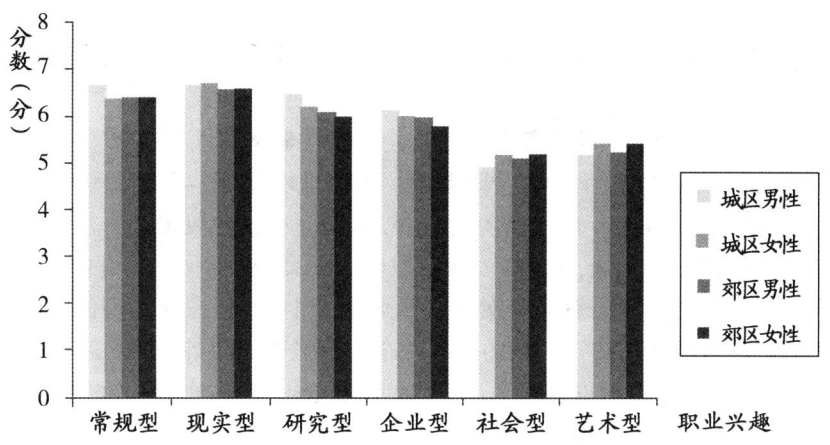

图 2-3-36 上海市听力残疾人职业兴趣的城郊比较

表 2-3-70 上海市听力残疾人职业兴趣的城郊差异检验

	名称	城郊*性别	人数	平均值	标准差	F	p	多重比较
职业兴趣	常规型	城区男性	214	6.63	1.56	1.375	.249	
		城区女性	175	6.35	1.45			
		郊区男性	203	6.41	1.60			
		郊区女性	194	6.39	1.46			
	现实型	城区男性	214	6.64	1.45	.243	.866	
		城区女性	175	6.69	1.29			
		郊区男性	203	6.59	1.56			
		郊区女性	194	6.57	1.40			
	研究型	城区男性	214	6.48	1.76	3.275*	.021	1>3
		城区女性	175	6.21	1.52			1>4
		郊区男性	203	6.10	1.76			
		郊区女性	194	5.98	1.73			
	企业型	城区男性	214	6.14	1.63	1.442	.229	
		城区女性	175	6.01	1.78			
		郊区男性	203	6.01	1.52			
		郊区女性	194	5.80	1.56			
	社会型	城区男性	214	4.92	1.55	1.637	.179	
		城区女性	175	5.21	1.51			
		郊区男性	203	5.09	1.40			
		郊区女性	194	5.19	1.48			
	艺术型	城区男性	214	5.20	1.79	.871	.456	
		城区女性	175	5.43	1.78			
		郊区男性	203	5.26	2.00			
		郊区女性	194	5.43	1.71			

注:1 表示城区男性听力残疾人组,2 表示城区女性听力残疾人组,3 表示郊区男性听力残疾人组,4 表示郊区女性听力残疾人组。

(4) 结论

①上海市听力残疾人职业兴趣各类型的得分从高到低依次为：现实型>常规型>研究型>企业型>艺术型>社会型。

②上海市听力残疾人在职业兴趣的各个维度上均不存在显著的性别差异。

③上海市听力残疾人在常规型上的得分随着年龄增长呈现升-降-升的变化特点，15-29 岁年龄段的得分最低，30-39 岁和 50-59 岁年龄段的听力残疾人得分较高；在现实型的得分中呈现降-升-降的变化特点，30-39 岁年龄段得分最低，40-49 岁年龄段得分最高；在企业型的得分随着年龄的增高而呈现逐渐下降的趋势；在社会型的得分随着年龄的增高而逐渐上升；且在现实型的得分存在显著的年龄差异（$p<0.05$），在常规型、企业型和社会型的得分存在着极显著的年龄差异（$p<0.01$）。

④四级听力残疾人在常规型的得分最高，二级听力残疾人得分最低，呈现"V"型走势；且听力残疾人在常规型的得分存在显著的残疾等级差异，二级听力残疾人在常规型的得分显著低于其他三组。

⑤上海市听力残疾人在现实型的得分随文化水平的升高呈现先升后降的变化特点，小学及以下组得分最低，至高中/中专组得分最高，大专及以上组得分又有所下降；在研究型、企业型和社会型的得分随着文化水平的提高而逐渐上升；在艺术型的得分呈现两头高中间低的变化特点，即小学及以下组和大专及以上组的得分较高，初中和高中/中专组得分较低。且听力残疾人在现实型、社会型和艺术型的得分存在显著的文化水平差异（$p<0.05$），在研究型和企业型存在极显著的文化水平差异（$p<0.01$）。

⑥以手语 & 口语为主要交流方式的听力残疾人在常规型、企业型和艺术型的得分最高；以口语为主要交流方式的听力残疾人在社会型的得分最高，在常规型、企业型和艺术型的得分最低；以其他方式作为主要交流手段的听力残疾人在社会型的得分最低；上海市不同交流方式的听力残疾人在常规型的得分上存在着显著差异（$p<0.05$），在企业型、社会型和艺术型的得分存在极显著差异（$p<0.01$）。

⑦城区男性、城区女性、郊区男性和郊区女性在研究型的得分存在显著差异（$p<0.05$），其中，城区男性的得分显著高于郊区听力残疾人（$p<0.05$）。

（三）上海市言语残疾人职业适应性状况

本次调查上海市劳动就业年龄段的言语残疾人共计 193 人。样本详情见表 2-3-71～表 2-3-75。

表 2-3-71　上海市言语残疾人样本性别分布情况

地区	男		女		合计
	n	%	n	%	
黄浦	2	28.6	5	71.4	7
卢湾	4	50.0	4	50.0	8
徐汇	5	55.6	4	44.4	9
长宁	6	60.0	4	40.0	10
静安	7	77.8	2	22.2	9
普陀	7	58.3	5	41.7	12
闸北	5	45.5	6	54.5	11
虹口	10	58.8	7	41.2	17
杨浦	8	61.5	5	38.5	13
闵行	2	28.6	5	71.4	7
宝山	3	33.3	6	66.7	9
嘉定	2	40.0	3	60.0	5
浦东	6	46.2	7	53.8	13

(续表)

地区	男		女		合计
	n	%	n	%	
金山	11	61.1	7	38.9	18
松江	4	50.0	4	50.0	8
青浦	6	75.0	2	25.0	8
南汇	8	80.0	2	20.0	10
奉贤	3	50.0	3	50.0	6
崇明	6	46.2	7	53.8	13
总计	105	54.4	88	45.6	193

表2-3-72 上海市言语残疾人样本年龄段分布情况

地区	15-29岁		30-39岁		40-49岁		50-59岁		合计
	n	%	n	%	n	%	n	%	
黄浦	3	42.9	2	28.6	2	28.6	0	0.0	7
卢湾	1	12.5	4	50.0	2	25.0	1	12.5	8
徐汇	5	55.6	2	22.2	2	22.2	0	0.0	9
长宁	1	10.0	2	20.0	6	60.0	1	10.0	10
静安	1	11.1	4	44.4	1	11.1	3	33.3	9
普陀	6	50.0	3	25.0	2	16.7	1	8.3	12
闸北	3	27.3	4	36.4	4	36.4	0	0.0	11
虹口	4	23.5	6	35.3	5	29.4	2	11.8	17
杨浦	10	76.9	2	15.4	0	0.0	1	7.7	13
闵行	5	71.4	1	14.3	1	14.3	0	0.0	7
宝山	7	77.8	0	0.0	1	11.1	1	11.1	9
嘉定	1	20.0	4	80.0	0	0.0	0	0.0	5
浦东	9	69.2	3	23.1	0	0.0	1	7.7	13
金山	6	33.3	6	33.3	4	22.2	2	11.1	18
松江	5	62.5	2	25.0	0	0.0	1	12.5	8
青浦	3	37.5	1	12.5	4	50.0	0	0.0	8
南汇	6	60.0	2	20.0	1	10.0	1	10.0	10
奉贤	2	33.3	2	33.3	2	33.3	0	0.0	6
崇明	5	38.5	7	53.8	1	7.7	0	0.0	13
总计	83	43.0	57	29.5	38	19.7	15	7.8	193

表 2-3-73　上海市言语残疾人样本残疾等级分布情况

地区	四级		三级		二级		一级		合计
	n	%	n	%	n	%	n	%	
黄浦	1	14.3	4	57.1	0	0.0	2	28.6	7
卢湾	0	0.0	6	85.7	1	14.3	0	0.0	7
徐汇	0	0.0	4	44.4	1	11.1	4	44.4	9
长宁	0	0.0	2	25.0	3	37.5	3	37.5	8
静安	1	11.1	6	66.7	0	0.0	2	22.2	9
普陀	1	8.3	5	41.7	2	16.7	4	33.3	12
闸北	2	20.0	6	60.0	2	20.0	0	0.0	10
虹口	1	6.3	8	50.0	2	12.5	5	31.3	16
杨浦	2	15.4	8	61.5	0	0.0	3	23.1	13
闵行	1	14.3	4	57.1	0	0.0	2	28.6	7
宝山	0	0.0	5	62.5	1	12.5	2	25.0	8
嘉定	0	0.0	4	80.0	1	20.0	0	0.0	5
浦东	2	15.4	9	69.2	0	0.0	2	15.4	13
金山	2	11.8	6	35.3	0	0.0	9	52.9	17
松江	1	12.5	6	75.0	1	12.5	0	0.0	8
青浦	0	0.0	4	57.1	1	14.3	2	28.6	7
南汇	3	30.0	4	40.0	1	10.0	2	20.0	10
奉贤	0	0.0	0	0.0	0	0.0	5	100.0	5
崇明	0	0.0	6	46.2	1	7.7	6	46.2	13
总计	17	9.2	97	52.7	17	9.2	53	28.8	184

注：残疾等级缺失样本 9 人

表 2-3-74　上海市言语残疾人样本文化水平分布情况

地区	小学		初中		高中/中专		大专及以上		合计
	n	%	n	%	n	%	n	%	
黄浦	1	14.3	5	71.4	0	0.0	1	14.3	7
卢湾	1	12.5	3	37.5	3	37.5	1	12.5	8
徐汇	1	11.1	3	33.3	3	33.3	2	22.2	9
长宁	0	0.0	5	50.0	2	20.0	3	30.0	10
静安	1	11.1	3	33.3	3	33.3	2	22.2	9
普陀	0	0.0	5	41.7	3	25.0	4	33.3	12
闸北	1	9.1	4	36.4	6	54.5	0	0.0	11
虹口	3	17.6	5	29.4	7	41.2	2	11.8	17
杨浦	0	0.0	4	30.8	8	61.5	1	7.7	13
闵行	0	0.0	2	28.6	3	42.9	2	28.6	7
宝山	1	11.1	2	22.2	5	55.6	1	11.1	9

(续表)

地区	小学及以下		初中		高中/中专		大专及以上		合计
	n	%	n	%	n	%	n	%	
嘉定	3	60.0	1	20.0	1	20.0	0	0.0	5
浦东	0	0.0	3	23.1	7	53.8	3	23.1	13
金山	4	22.2	8	44.4	6	33.3	0	0.0	18
松江	0	0.0	3	37.5	3	37.5	2	25.0	8
青浦	0	0.0	4	50.0	4	50.0	0	0.0	8
南汇	2	20.0	2	20.0	6	60.0	0	0.0	10
奉贤	0	0.0	4	66.7	1	16.7	1	16.7	6
崇明	5	38.5	3	23.1	5	38.5	0	0.0	13
总计	23	11.9	69	35.8	76	39.4	25	13.0	193

表 2-3-75　上海市言语残疾人样本城郊分布情况

地区	城市男性		城市女性		郊区男性		郊区女性		合计
	n	%	n	%	n	%	n	%	
黄浦	2	28.6	5	71.4	0	0.0	0	0.0	7
卢湾	4	50.0	4	50.0	0	0.0	0	0.0	8
徐汇	5	55.6	4	44.4	0	0.0	0	0.0	9
长宁	6	60.0	4	40.0	0	0.0	0	0.0	10
静安	7	77.8	2	22.2	0	0.0	0	0.0	9
普陀	7	58.3	5	41.7	0	0.0	0	0.0	12
闸北	5	45.5	6	54.5	0	0.0	0	0.0	11
虹口	10	58.8	7	41.2	0	0.0	0	0.0	17
杨浦	8	61.5	5	38.5	0	0.0	0	0.0	13
闵行	0	0.0	0	0.0	2	28.6	5	71.4	7
宝山	0	0.0	0	0.0	3	33.3	6	66.7	9
嘉定	0	0.0	0	0.0	2	40.0	3	60.0	5
浦东	0	0.0	0	0.0	6	46.2	7	53.8	13
金山	0	0.0	0	0.0	11	61.1	7	38.9	18
松江	0	0.0	0	0.0	4	50.0	4	50.0	8
青浦	0	0.0	0	0.0	6	75.0	2	25.0	8
南汇	0	0.0	0	0.0	8	80.0	2	20.0	10
奉贤	0	0.0	0	0.0	3	50.0	3	50.0	6
崇明	0	0.0	0	0.0	6	46.2	7	53.8	13
总计	54	28.0	42	21.8	51	26.4	46	23.8	193

1. 言语残疾人职业能力状况

(1) 测试人群分布

选取上海市193名言语残疾人进行了职业能力测验,其中男性105人,女性88人;城区96人,郊区97人,其基本信息见表2-3-76所示。

表2-3-76 上海市言语残疾人有效样本分布表(人)

年龄(岁)	城区			郊区			合计
	男	女	小计	男	女	小计	
15-29	17	17	34	21	28	49	83
30-39	15	14	29	15	13	28	47
40-49	13	11	24	11	3	14	38
50-59	9	0	9	4	2	6	15
合计	54	42	96	51	46	97	193

(2) 总体情况

被测试的上海市言语残疾人职业能力各分测验的得分从高到低依次为:符号知觉>形状知觉>言语能力>数理能力>空间知觉。不同年龄段的男性言语残疾人,15-29岁年龄段的言语残疾人在数理能力、符号知觉、形状知觉和文档测验总分上高于其他三个年龄段,40-49岁年龄段的言语残疾人在言语能力和空间知觉分测验上的得分最高。不同年龄段的女性言语残疾人,15-29岁年龄段的言语残疾人在职业能力的各个分测验及总分上高于其他三个年龄段。上海市被测试的言语残疾人职业能力测验情况见表2-3-77。

表2-3-77 上海市言语残疾人职业能力测验的平均数和标准差

		n	言语能力		数理能力		空间知觉		符号知觉		形状知觉		文档计分	
			M	Std	M	Std	M	Std	M	Std	M	Std	M	Std
总体		193	12.68	4.17	11.90	5.29	11.01	4.82	15.52	4.92	13.76	4.05	64.87	18.90
男性		105	12.53	4.22	12.13	5.34	11.89	4.91	15.03	5.50	13.71	4.37	65.30	20.42
女性		88	12.87	4.14	11.61	5.25	9.95	4.51	16.10	4.08	13.82	3.65	64.36	17.01
男(岁)	15-29	38	12.82	3.22	13.05	4.78	12.05	4.80	16.35	4.80	15.00	3.68	69.28	16.96
	30-39	30	11.89	4.13	11.20	5.35	12.00	5.01	15.46	5.31	13.87	3.32	64.41	19.42
	40-49	24	13.72	4.50	12.67	5.10	12.33	4.03	14.13	5.68	12.50	5.08	65.35	20.32
	50-59	13	10.92	5.92	10.62	7.04	12.05	4.80	11.88	6.60	11.85	5.97	55.57	29.48
女(岁)	15-29	45	14.19	3.47	13.42	4.17	10.49	4.29	17.81	2.56	14.58	2.88	70.49	13.19
	30-39	27	12.17	4.57	10.30	5.81	9.93	4.45	14.98	4.10	13.48	3.87	60.86	17.61
	40-49	14	10.38	4.06	8.57	5.68	8.86	5.19	12.81	5.57	12.29	5.01	52.90	20.32
	50-54	2	10.00	2.83	10.00	2.83	6.00	5.66	15.78	0.63	12.00	2.83	53.78	3.46

城区言语残疾人在言语能力、空间知觉上的得分高于郊区言语残疾人。城区男性言语残疾人在职业能力的各个方面普遍高于城区女性;郊区男性在数理能力、空间知觉上的得分高于郊区女性言语残疾人,在言语能力、符号知觉、形状知觉及能力总分上低于郊区女性。城郊言语残疾人职业能力测验情况见表2-3-78。

表 2-3-78 上海市言语残疾人职业能力测验城郊样本

		n	言语能力		数理能力		空间知觉		符号知觉		形状知觉		文档计分	
			Std	M	Std	M	Std	M	Std	M	Std	M	Std	M
城区		96	12.70	4.55	11.60	5.66	11.38	5.21	14.75	5.47	13.50	4.36	63.93	21.47
郊区		97	12.67	3.78	12.19	4.91	10.64	4.39	16.29	4.21	14.02	3.71	65.80	16.01
城区	男	54	12.96	4.63	11.93	5.83	12.41	5.37	14.43	5.93	13.89	4.67	65.61	23.27
	女	42	12.37	4.48	11.19	5.48	10.05	4.73	15.15	4.84	13.00	3.93	61.76	18.96
郊区	男	51	12.07	3.72	12.35	4.81	11.33	4.36	15.68	4.99	13.53	4.07	64.96	17.12
	女	46	13.33	3.78	12.00	5.06	9.87	4.35	16.97	3.03	14.57	3.23	66.73	14.83

（3）言语残疾人职业能力特征

1）性别差异比较分析

上海市言语残疾人职业能力各分测验得分的均数比较显示，男性言语残疾人在言语能力、符号知觉和形状知觉分测验的得分低于女性，在数理能力和空间知觉分测验的得分高于女性（见图 2-3-37）。

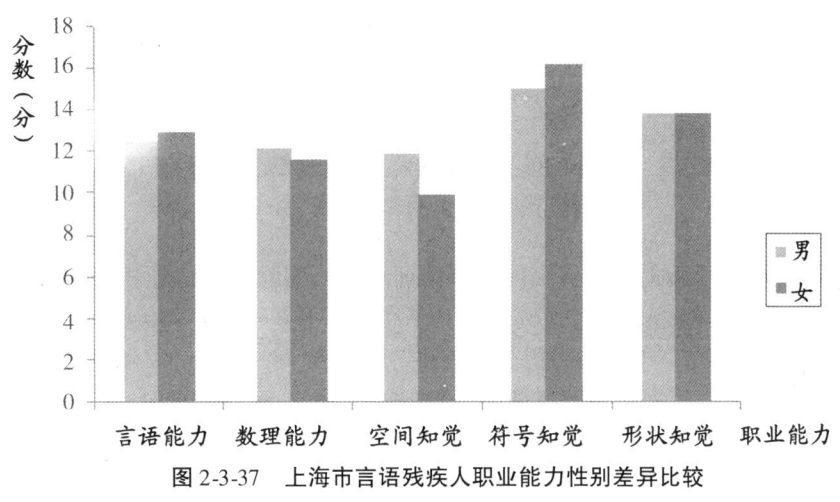

图 2-3-37 上海市言语残疾人职业能力性别差异比较

进一步差异检验发现，言语残疾人在各分测验和文档测验总分上均不存在显著的性别差异（见表 2-3-79）。

表 2-3-79 上海市言语残疾人职业能力的性别差异检验

	名称	性别	人数	平均数	标准差	t	p
职业能力文档测验	言语能力	男	105	12.53	4.22	−.570	.569
		女	88	12.87	4.14		
	数理能力	男	105	12.13	5.34	.679	.498
		女	88	11.61	5.25		
	空间知觉	男	105	11.89	4.91	2.823	.005
		女	88	9.95	4.51		
	符号知觉	男	105	15.03	5.50	−1.543	.125
		女	88	16.10	4.08		
	形状知觉	男	105	13.71	4.37	−.177	.860
		女	88	13.82	3.65		

(续表)

名称		性别	人数	平均数	标准差	t	p
职来能力文档测验	文档计分	男	105	65.30	20.42	.342	.733
		女	88	64.36	17.01		

2）年龄差异比较分析

随着年龄的增长，上海市言语残疾人在言语能力、数理能力分测验的得分呈现降-升-降的变化特点；符号知觉和形状知觉分测验的得分呈现随年龄的下降而逐渐下降的趋势（见图2-3-38）。

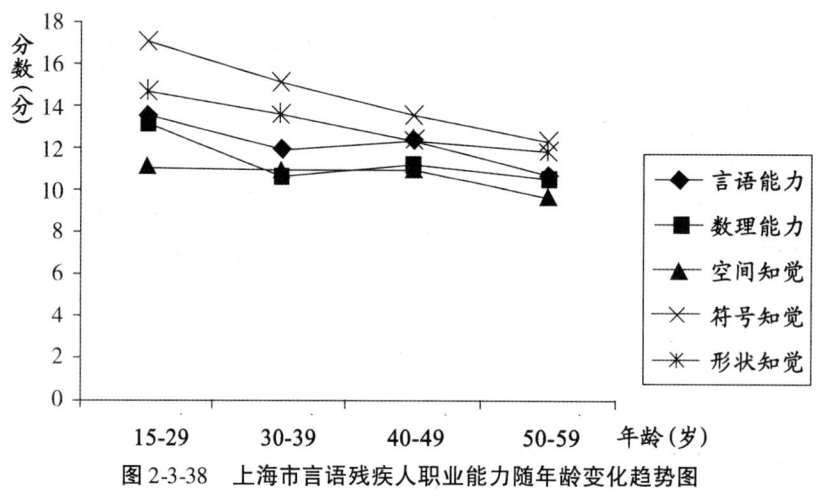

图2-3-38　上海市言语残疾人职业能力随年龄变化趋势图

进一步差异检验发现，年龄差异在言语能力和数理能力分测验上达到显著水平，在符号知觉、形状知觉分测验的得分以及职业能力文档测验的总分上存在极显著差异。多重比较可以看出，在言语能力分测验，15-29岁年龄段的听力残疾人的得分显著高于30-39岁、50-59岁年龄段；在数理能力分测验，15-29岁年龄段的听力残疾人的得分显著高于30-39岁、40-49岁年龄段；在符号知觉分测验，15-29岁年龄段的听力残疾人的得分显著高于其他三组，且30-39岁年龄段的听力残疾人的得分显著高于50-59岁年龄段；在形状知觉分测验，15-29岁年龄段的听力残疾人的得分显著高于40-49岁、50-59岁年龄段；在职业能力文档测验总分，15-29岁年龄段的听力残疾人的得分显著高于其他三组（见表2-3-80）。

表2-3-80　上海市言语残疾人职业能力的年龄差异检验

名称		年龄(岁)	人数	平均值	标准差	F	p	多重比较
职业能力文档测验	言语能力	15-29	83	13.57	3.41	2.839*	.039	1>2
		30-39	57	12.02	4.31			1>4
		40-49	38	12.49	4.59			
		50-59	15	10.80	5.54			
	数理能力	15-29	83	13.25	4.44	3.377*	.019	1>2
		30-39	57	10.77	5.54			1>3
		40-49	38	11.16	5.61			
		50-59	15	10.53	6.57			

(续表)

名称		年龄()	人数	平均值	标准差	F	p	多重比较
职业能力文档测验	空间知觉	15-29	83	11.20	4.57	.394	.758	
		30-39	57	11.02	4.83			
		40-49	38	11.05	4.74			
		50-59	15	9.73	6.45			
	符号知觉	15-29	83	17.14	3.80	7.641**	.000	1>2
		30-39	57	15.23	4.74			1>3
		40-49	38	13.64	5.60			1>4
		50-59	15	12.40	6.26			2>4
	形状知觉	15-29	83	14.77	3.26	4.440**	.005	1>3
		30-39	57	13.68	3.56			1>4
		40-49	38	12.42	4.99			
		50-59	15	11.87	5.58			
	文档计分	15-29	83	69.94	14.95	4.316**	.006	1>2
		30-39	57	62.73	18.51			1>3
		40-49	38	60.77	20.95			1>4
		50-59	15	55.33	27.31			

注:1表示15-29岁年龄段言语残疾人组,2表示30-39岁年龄段言语残疾人组,3表示40-49岁年龄段言语残疾人组,4表示50-59岁年龄段言语残疾人组。

3)残疾等级比较分析

随着残疾程度的加重,上海市言语残疾人在言语能力分测验的得分逐渐降低;三级和四级言语残疾人在数理能力、空间知觉、符号知觉和形状知觉分测验的得分较高,二级和一级言语残疾人的得分较低(见图2-3-39)。

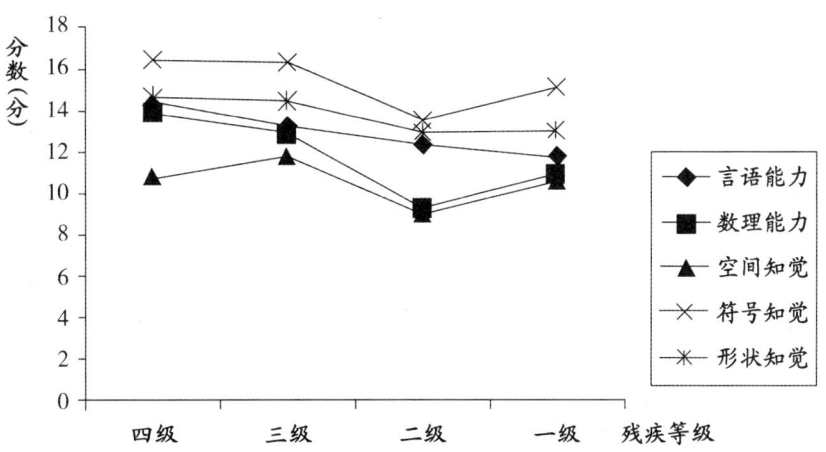

图2-3-39 上海市言语残疾人职业能力随残疾等级变化趋势图

进一步差异检验发现,在数理能力分测验得分存在着极显著的残疾等级差异,在职业能力文档测验的总分上存在显著的残疾等级差异。多重比较可以看出,在数理能力分测验,四级和三级残疾人的得分显著高于二级和一级残疾人;在职业能力文档测验总分上,四级残疾人的得分显著高于二级残疾人(见表2-3-81)。

表 2-3-81　上海市言语残疾人职业能力的残疾等级差异检验

名称		残疾等级	人数	平均值	标准差	F	p	多重比较
职业能力文档测验	言语能力	四级	17	14.27	4.38	2.254	.084	
		三级	97	13.07	3.74			
		二级	17	12.27	4.45			
		一级	53	11.67	4.56			
	数理能力	四级	17	13.76	5.19	3.928**	.010	1>3
		三级	97	12.76	4.87			1>4
		二级	17	9.18	5.75			2>3
		一级	53	10.83	5.57			2>4
	空间知觉	四级	17	10.71	4.95	1.874	.136	
		三级	97	11.67	4.69			
		二级	17	8.94	4.13			
		一级	53	10.49	5.22			
	符号知觉	四级	17	16.29	5.10	1.992	.117	
		三级	97	16.18	4.09			
		二级	17	13.42	5.88			
		一级	53	14.99	5.64			
	形状知觉	四级	17	14.47	4.09	1.859	.138	
		三级	97	14.31	3.76			
		二级	17	12.82	2.74			
		一级	53	12.91	4.81			
	文档计分	四级	17	69.50	18.95	3.179*	.025	1>3
		三级	97	67.99	16.76			
		二级	17	56.64	19.81			
		一级	53	60.89	21.13			

注:1 表示四级言语残疾人组,2 表示三级言语残疾人组,3 表示二级言语残疾人组,4 表示一级言语残疾人组。

4) 文化水平比较分析

职业能力各分测验的得分表现从高到低依次为大专及以上>高中/中专>初中>小学及以下,也就是说这些能力得分随着文化水平的升高而呈现上升趋势,但高中/中专组在符号知觉分测验的得分略高于大专及以上组的言语残疾人(见图 2-3-40)。

进一步差异检验显示,言语残疾人在空间知觉分测验的得分存在显著的文化水平差异,在言语能力、数理能力、符号知觉和形状知觉分测验的得分以及职业能力文档测验的总分均存在显著的文化水平差异。多重比较可以看出,在言语能力分测验,小学及以下组的得分显著低于高中/中专组和大专及以上组;在数理能力分测验和职业能力测验总分上,小学及以下组的得分显著低于高中/中专组和大专及以上组,且初中组的得分也显著低于大专及以上组;在空间知觉分测验,大专及以上组的得分显著高于小学及以下组和初中组;在符号知觉分测验,初中组的得分显著低于高中/中专组和大专及以上组;在形状知觉分测验,大专及以上组的得分显著高于其他三组(见表 2-3-82)。

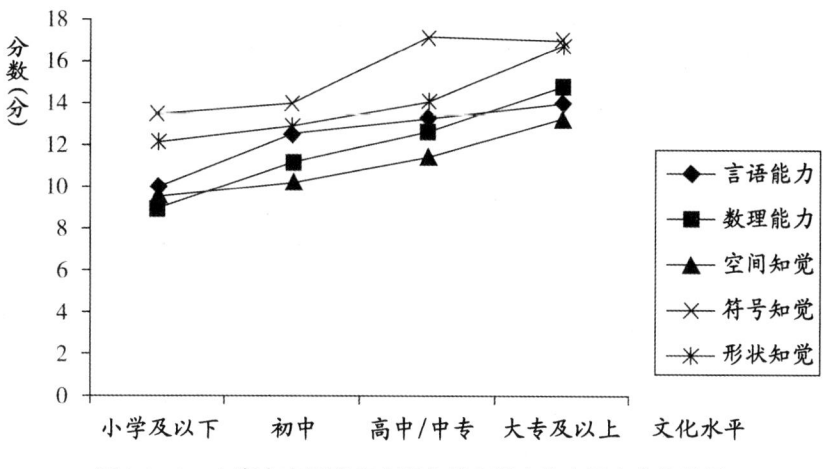

图 2-3-40　上海市言语残疾人职业能力随文化水平变化趋势图

表 2-3-82　上海市言语残疾人职业能力的文化水平差异检验

名称		文化水平	人数	平均值	标准差	F	p	多重比较
职业能力文档测验	言语能力	小学及以下	23	9.97	4.59	4.811**	.003	1<3 1<4
		初中	69	12.49	4.65			
		高中/中专	76	13.26	3.49			
		大专及以上	25	13.95	3.27			
	数理能力	小学及以下	23	8.87	5.39	6.347**	.000	1<3 1<4 2<4
		初中	69	11.10	5.73			
		高中/中专	76	12.61	4.62			
		大专及以上	25	14.72	4.12			
	空间知觉	小学及以下	23	9.57	5.29	3.501*	.017	1<4 2<4
		初中	69	10.20	4.85			
		高中/中专	76	11.42	4.58			
		大专及以上	25	13.28	4.24			
	符号知觉	小学及以下	23	13.42	6.76	8.023**	.000	2<3 2<4
		初中	69	13.93	5.42			
		高中/中专	76	17.11	3.28			
		大专及以上	25	17.02	3.61			
	形状知觉	小学及以下	23	12.17	5.01	7.892**	.000	1<4 2<4 3<4
		初中	69	12.87	4.52			
		高中/中专	76	14.05	3.06			
		大专及以上	25	16.80	2.52			
	文档计分	小学及以下	23	54.00	23.07	8.232**	.000	1<3 1<4 2<4
		初中	69	60.59	20.33			
		高中/中专	76	68.45	14.66			
		大专及以上	25	75.77	14.03			

注:1 表示小学及以下言语残疾人组,2 表示初中言语残疾人组,3 表示高中/中专言语残疾人组,4 表示大专及以上言语残疾人组。

5）城郊差异比较分析

上海市言语残疾人职业能力各分测验得分的均数比较显示，城区男性言语残疾人在空间知觉分测验的得分最高，在符号知觉分测验的得分最低；城区女性言语残疾人在数理能力和形状知觉分测验的得分最低；郊区男性言语残疾人在数理能力分测验的得分最高，在言语能力分测验的得分最低；郊区女性言语残疾人在言语能力、符号知觉和形状知觉分测验的得分最高，在空间知觉分测验的得分最低（见图2-3-41）。

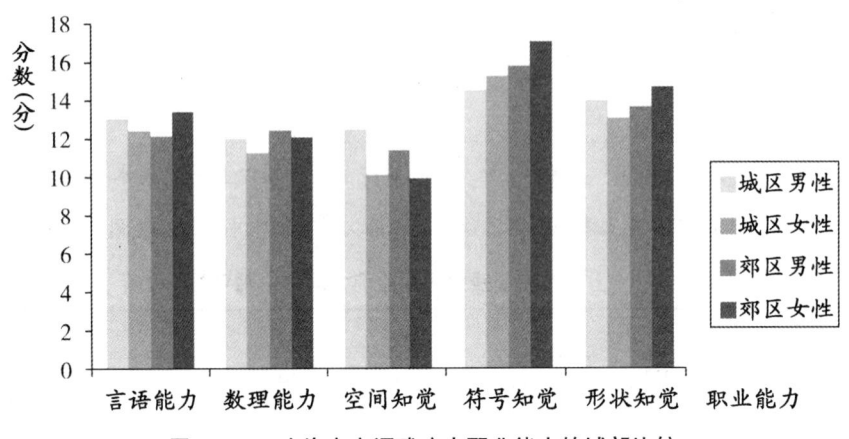

图2-3-41 上海市言语残疾人职业能力的城郊比较

进一步差异检验发现，城区男性、城区女性、郊区男性和郊区女性四个群体在空间知觉分测验的得分存在显著差异。多重比较可以看出，在空间知觉上，城区男性的得分显著高于城区女性和郊区女性（见表2-3-83）。

表2-3-83 上海市言语残疾人职业能力的城郊差异检验

	名称	城郊*性别	人数	平均值	标准差	F	p	多重比较
职业能力文档测验	言语能力	城区男性	54	12.96	4.63	.906	.439	
		城区女性	42	12.37	4.48			
		郊区男性	51	12.07	3.72			
		郊区女性	46	13.33	3.78			
	数理能力	城区男性	54	11.93	5.83	.379	.769	
		城区女性	42	11.19	5.48			
		郊区男性	51	12.35	4.81			
		郊区女性	46	12.00	5.06			
	空间知觉	城区男性	54	12.41	5.37	3.107*	.028	1>2 1>4
		城区女性	42	10.05	4.73			
		郊区男性	51	11.33	4.36			
		郊区女性	46	9.87	4.35			
	符号知觉	城区男性	54	14.43	5.93	2.353	.074	
		城区女性	42	15.15	4.84			
		郊区男性	51	15.68	4.99			
		郊区女性	46	16.97	3.03			

(续表)

名称		城郊＊性别	人数	平均值	标准差	F	p	多重比较
职业能力文档测验	形状知觉	城区男性	54	13.89	4.67	1.177	.320	
		城区女性	42	13.00	3.93			
		郊区男性	51	13.53	4.07			
		郊区女性	46	14.57	3.23			
	文档计分	城区男性	54	65.61	23.27	.553	.646	
		城区女性	42	61.76	18.96			
		郊区男性	51	64.96	17.12			
		郊区女性	46	66.73	14.83			

注:1 表示城区男性言语残疾人组,2 表示城区女性言语残疾人组,3 表示郊区男性言语残疾人组,4 表示郊区女性言语残疾人组。

(4)结论

①上海市言语残疾人职业能力各分测验的得分从高到低依次为:符号知觉>形状知觉>言语能力>数理能力>空间知觉。

②言语残疾人在各个分测验和文档测验总分上均不存在显著的性别差异。

③上海市言语残疾人在言语能力和数理能力分测验的得分随年龄的增长呈现降–升–降的变化特点;符号知觉和形状知觉分测验的得分呈现随着年龄的下降而逐渐下降的趋势;年龄差异在言语能力和数理能力分测验上达到显著水平($p<0.05$),在符号知觉、形状知觉分测验的得分以及职业能力文档测验的总分上存在极显著的差异($p<0.01$)。

④四级和三级言语残疾人在数理能力分测验的得分显著高于二级和一级言语残疾人($p<0.05$);四级言语残疾人在职业能力文档测验总分上显著高于二级言语残疾人($p<0.05$)。

⑤上海市言语残疾人在职业能力各分测验上的得分随着文化水平的升高而呈现上升趋势,但高中/中专组在符号知觉分测验的得分略高于大专及以上组的言语残疾人。

⑥城区男性、城区女性、郊区男性和郊区女性四个群体在空间知觉分测验的得分存在显著差异,且城区男性的得分显著高于城区女性和郊区女性($p<0.05$)。

2.言语残疾人职业人格状况

(1)测试人群分布

在上海市选取了 190 名有效被试进行了言语残疾人职业人格测验,其中男性 102 人,女性 88 人;城区 93 人,郊区 97 人,其基本信息见表 2-3-84。

表 2-3-84 上海市言语残疾人职业人格测验有效样本分布表(人)

年龄(岁)	城区			郊区			总计
	男	女	小计	男	女	小计	
15–29	17	17	34	21	28	49	83
30–39	15	14	29	15	13	28	57
40–49	13	11	24	11	3	14	38
50–59	6	0	6	4	2	6	12
合计	51	42	93	51	46	97	190

(2)总体情况

上海市言语残疾人在职业人格各维度的得分从高到低依次为:管理能力>责任心>严谨性>自信心

>交际能力>坚持性>抗挫折能力>情绪稳定性。不同年龄段的男性言语残疾人,15-29岁言语残疾人在抗挫折能力维度得分最高;30-39岁言语残疾人在严谨性、情绪稳定性和责任心维度得分最高;40-49岁言语残疾人在坚持性、自信心维度的得分最高;50-59岁言语残疾人在交际能力和管理能力维度得分最高。不同年龄段的女性言语残疾人中,15-29岁女性在情绪稳定性、责任心、管理能力、抗挫折能力维度的得分最高;30-39岁女性在坚持性、严谨性、交际能力维度的得分最高;40-49岁女性在自信心维度得分最高(50-54岁女性言语残疾人仅2人,不与其他各组进行比较)(见表2-3-85)。

表2-3-85 上海市言语残疾人职业人格测验的平均数和标准差

		n	坚持性		严谨性		情绪稳定性		自信心	
			M	Std	M	Std	M	Std	M	Std
总体		190	8.05	2.41	8.63	1.94	6.23	2.81	8.51	2.08
男性		102	8.03	2.42	8.79	1.83	6.35	2.78	8.73	2.03
女性		88	8.07	2.41	8.44	2.06	6.08	2.85	8.26	2.11
男(岁)	15-29	38	8.21	2.03	8.29	1.92	6.42	2.96	8.68	2.04
	30-39	30	8.10	2.70	9.47	1.76	6.73	2.88	8.47	2.25
	40-49	24	8.42	2.36	9.04	1.65	6.25	2.52	8.93	1.74
	50-59	10	6.20	2.62	8.10	1.45	5.20	2.39	8.63	2.08
女(岁)	15-29	45	8.20	2.50	8.09	2.21	6.29	2.77	8.02	2.15
	30-39	27	8.26	2.19	8.93	1.84	6.15	3.22	8.11	2.31
	40-49	14	7.07	2.56	8.36	1.82	5.43	2.59	9.07	1.27
	50-54	2	9.50	0.71	10.50	0.71	5.00	1.41	10.00	2.83

表2-3-85 上海市言语残疾人职业人格测验的平均数和标准差(续)

		n	责任心		交际能力		管理能力		抗挫折能力	
			M	Std	M	Std	M	Std	M	Std
总体		190	9.58	1.98	8.14	2.06	9.81	2.18	7.54	2.19
男性		102	9.62	1.88	8.39	2.10	9.93	2.20	7.63	2.04
女性		88	9.53	2.10	7.84	1.98	9.66	2.17	7.43	2.36
男(岁)	15-29	38	9.55	1.83	8.50	2.11	9.63	2.51	7.97	2.26
	30-39	30	9.87	1.72	8.57	2.05	10.00	2.21	7.60	1.90
	40-49	24	9.54	2.11	7.92	2.17	10.13	1.92	7.67	1.90
	50-59	10	9.30	2.21	8.60	2.17	10.40	1.58	6.30	1.57
女(岁)	15-29	45	9.93	1.67	7.84	1.92	9.84	1.94	7.87	2.39
	30-39	27	9.07	2.54	7.89	1.95	9.26	2.65	7.30	2.28
	40-49	14	8.86	2.21	7.57	2.28	9.64	1.95	6.43	2.31
	50-54	2	11.50	0.71	9.00	2.83	11.00	1.41	6.50	2.12

城区言语残疾人在职业人格的各个维度均高于郊区言语残疾人。城区女性在坚持性维度的得分高于城区男性,在其他七个维度的得分低于城区男性。郊区女性在坚持性、责任心、管理能力和抗挫折能力维度的得分高于郊区男性,在严谨性、情绪稳定性、自信心和交际能力维度的得分低于郊区男性(表2-3-86)。

表2-3-86　上海市言语残疾人职业人格测验城郊样本

		n	坚持性		严谨性		情绪稳定性		自信心	
			M	Std	M	Std	M	Std	M	Std
	城区	93	8.18	2.52	8.77	1.73	6.55	2.96	8.65	2.22
	郊区	97	7.92	2.30	8.49	2.12	5.92	2.63	8.38	1.93
城区	男	51	8.16	2.52	8.80	1.81	6.63	3.01	8.90	2.03
	女	42	8.21	2.56	8.74	1.64	6.45	2.94	8.33	2.42
郊区	男	51	7.90	2.33	8.78	1.86	6.08	2.53	8.55	2.03
	女	46	7.93	2.28	8.17	2.36	5.74	2.75	8.20	1.82

表2-3-86　上海市言语残疾人职业人格测验的平均数和标准差(续)

		n	责任心		交际能力		管理能力		抗挫折能力	
			M	Std	M	Std	M	Std	M	Std
	城区	93	9.63	1.88	8.39	2.14	9.85	2.30	7.60	2.35
	郊区	97	9.53	2.08	7.90	1.95	9.76	2.08	7.47	2.05
城区	男	51	9.80	1.78	8.80	2.08	10.33	2.14	7.80	2.20
	女	42	9.43	1.99	7.88	2.13	9.26	2.37	7.36	2.52
郊区	男	51	9.43	1.98	7.98	2.05	9.53	2.20	7.45	1.88
	女	46	9.63	2.20	7.80	1.85	10.02	1.93	7.50	2.24

(3)言语残疾人职业人格特征

1)性别差异比较分析

上海市言语残疾人职业人格各维度得分的均数比较显示,男性言语残疾人的坚持性维度的得分低于女性,而严谨性、情绪稳定性、自信心、责任心、交际能力、管理能力和抗挫折能力维度的得分高于女性言语残疾人(见图2-3-42)。

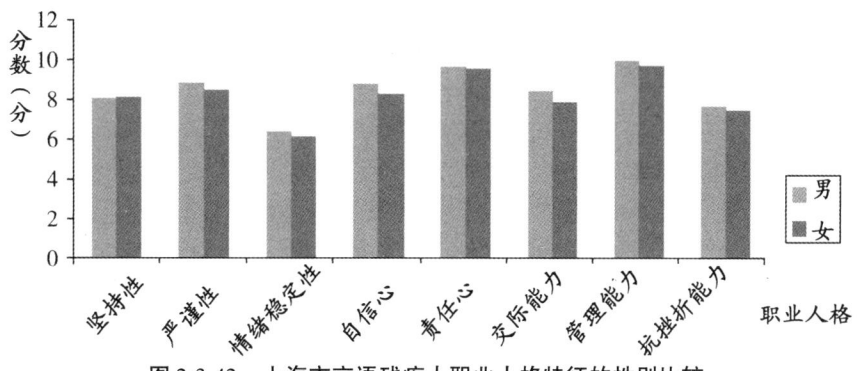

图2-3-42　上海市言语残疾人职业人格特征的性别比较

进一步差异性检验发现,言语残疾人在职业人格的各维度均不存在显著的性别差异(见表2-3-87)。

表 2-3-87 上海市言语残疾人职业人格特征的性别差异检验

名称		性别	人数	平均数	标准差	t	p
职业人格	坚持性	男	102	8.03	2.42	-.110	.912
		女	88	8.07	2.41		
	严谨性	男	102	8.79	1.83	1.246	.214
		女	88	8.44	2.06		
	情绪稳定性	男	102	6.35	2.78	.668	.505
		女	88	6.08	2.85		
	自信心	男	102	8.73	2.03	1.541	.125
		女	88	8.26	2.11		
	责任心	男	102	9.62	1.88	.289	.773
		女	88	9.53	2.10		
	交际能力	男	102	8.39	2.10	1.855	.065
		女	88	7.84	1.98		
	管理能力	男	102	9.93	2.20	.856	.393
		女	88	9.66	2.17		
	抗挫折能力	男	102	7.63	2.04	.612	.541
		女	88	7.43	2.36		
	总分	男	102	67.47	11.81	1.236	.218
		女	88	65.32	12.15		

2）年龄差异比较分析

随着年龄的增长,上海市言语残疾人在坚持性和抗挫折能力维度的得分逐渐下降;自信心维度的得分逐渐下降;在严谨性和情绪稳定性维度呈现先升后降的变化特点,二者均表现为30-39岁的言语残疾人得分最高,严谨性维度在15-29岁年龄段得分最低,情绪稳定性在50-59岁年龄段得分最低;自信心维度的得分随着年龄的增长而上升;在责任心和交际能力维度,40-49岁的言语残疾人的表现最不明显;在管理能力维度,50-59岁的言语残疾人表现最为明显,而30-39岁的言语残疾人得分最低（见图2-3-43）。

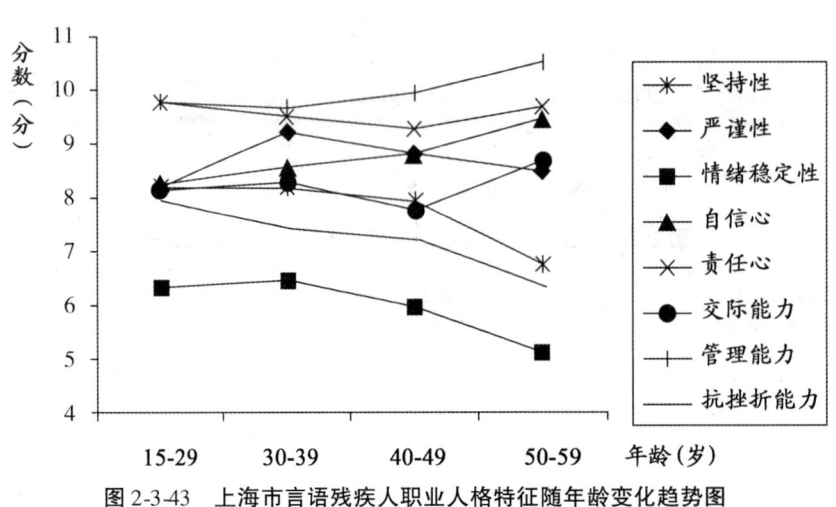

图 2-3-43 上海市言语残疾人职业人格特征随年龄变化趋势图

进一步差异检验发现,言语残疾人在严谨性维度的得分存在着显著的年龄差异。多重比较可以看出,在严谨性上,15-29岁年龄组与30-39岁年龄组存在显著差异(见表2-3-88)。

表2-3-88 上海市言语残疾人职业人格特征的年龄差异检验

	名称	年龄(岁)	人数	平均值	标准差	F	p	多重比较
职业人格	坚持性	15-29	83	8.20	2.28	1.375	.252	
		30-39	57	8.18	2.45			
		40-49	38	7.92	2.49			
		50-59	12	6.75	2.70			
	严谨性	15-29	83	8.18	2.07	3.420*	.018	1<2
		30-39	57	9.21	1.80			
		40-49	38	8.79	1.73			
		50-59	12	8.50	1.62			
	情绪稳定性	15-29	83	6.35	2.84	.874	.456	
		30-39	57	6.46	3.03			
		40-49	38	5.95	2.55			
		50-59	12	5.17	2.21			
	自信心	15-29	83	8.23	2.19	1.515	.212	
		30-39	57	8.54	2.05			
		40-49	38	8.79	1.82			
		50-59	12	9.42	1.98			
	责任心	15-29	83	9.76	1.74	.541	.655	
		30-39	57	9.49	2.16			
		40-49	38	9.29	2.14			
		50-59	12	9.67	2.19			
	交际能力	15-29	83	8.14	2.03	.678	.567	
		30-39	57	8.25	2.01			
		40-49	38	7.79	2.18			
		50-59	12	8.67	2.15			
	管理能力	15-29	83	9.75	2.21	.571	.635	
		30-39	57	9.65	2.44			
		40-49	38	9.95	1.92			
		50-59	12	10.50	1.51			
	抗挫折能力	15-29	83	7.92	2.32	2.387	.070	
		30-39	57	7.46	2.08			
		40-49	38	7.21	2.12			
		50-59	12	6.33	1.56			

注:1表示15-29岁年龄段言语残疾人组,2表示30-39岁年龄段言语残疾人组,3表示40-49岁年龄段言语残疾人组,4表示50-59岁年龄段言语残疾人组。

3）残疾等级比较分析

随着残疾程度的加重，上海市言语残疾人在坚持性、情绪稳定性、自信心和抗挫折能力维度，三级和一级的言语残疾人得分较高，而四级和二级的言语残疾人得分较低，随着残疾等级的加重，呈现"N"型趋势；在严谨性维度，各个残疾等级的言语残疾人得分相当；在责任心维度，三级言语残疾人的得分最高；在交际能力维度，一级和二级残疾人的得分最高，随着残疾等级的加重，得分呈现上升趋势；在管理能力维度，三级和二级言语残疾人的得分较高，一级和四级言语残疾人得分较低（见图2-3-44）。

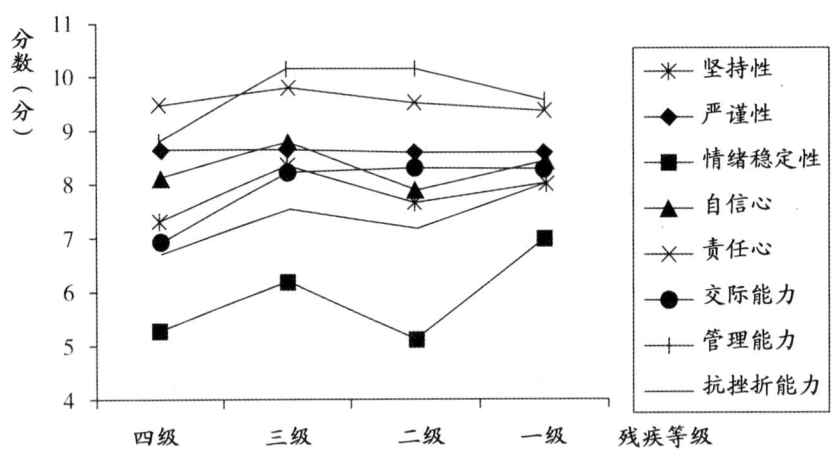

图2-3-44　上海市言语残疾人职业人格特征随残疾等级变化趋势图

进一步差异检验显示，不同残疾等级的言语残疾人在情绪稳定性维度存在显著差异。多重比较可以看出，在情绪稳定性上，一级言语残疾人的得分显著高于四级和三级残疾人，说明，一级言语残疾人在此人格特征上的表现较四级和三级言语残疾人更为突出（见表2-3-89）。

表2-3-89　上海市言语残疾人职业人格特征的残疾等级差异检验

	名称	残疾等级	人数	平均值	标准差	F	p	多重比较
职业人格	坚持性	四级	17	7.35	2.55	1.061	.367	
		三级	95	8.32	2.21			
		二级	17	7.65	2.71			
		一级	52	7.98	2.49			
	严谨性	四级	17	8.65	1.66	.012	.998	
		三级	95	8.65	2.03			
		二级	17	8.59	2.12			
		一级	52	8.60	1.89			
	情绪稳定性	四级	17	5.29	3.64	2.882*	.037	1<4
		三级	95	6.19	2.53			3<4
		二级	17	5.12	2.57			
		一级	52	6.98	2.87			
	自信心	四级	17	8.12	2.55	1.261	.289	
		三级	95	8.77	1.95			
		二级	17	7.88	1.69			
		一级	52	8.42	2.17			

(续表)

名称		残疾等级	人数	平均值	标准差	F	p	多重比较
职业人格	责任心	四级	17	9.47	1.84	.568	.637	
		三级	95	9.79	1.88			
		二级	17	9.53	1.97			
		一级	52	9.37	2.16			
	交际能力	四级	17	6.94	1.98	2.140	.097	
		三级	95	8.23	2.06			
		二级	17	8.29	2.17			
		一级	52	8.29	1.98			
	管理能力	四级	17	8.82	2.27	2.393	.070	
		三级	95	10.14	1.87			
		二级	17	10.12	1.93			
		一级	52	9.54	2.49			
	抗挫折能力	四级	17	6.71	3.39	1.753	.158	
		三级	95	7.52	2.20			
		二级	17	7.18	2.19			
		一级	52	8.02	1.79			

注:1表示四级言语残疾人组,2表示三级言语残疾人组,3表示二级言语残疾人组,4表示一级言语残疾人组。

4) 文化水平比较分析

随着文化水平的提高,上海市言语残疾人在坚持性、抗挫折能力维度,小学及以下组得分最低,至中学组上升,高中/中专组的得分最高,大专及以上组得分又有所下降;严谨性维度的得分呈现升-降-升的变化特点,初中组得分最高,高中/中专组的得分最低;情绪稳定性维度的得分呈现降-升-降的变化特点,初中组得分最低,高中/中专组得分最高;自信心和管理能力维度的得分呈现两头高、中间低的变化特点,即小学及以下组和大专及以上组的得分较高,初中组和高中/中专组得分较低;责任心维度的得分随年龄的升高而呈现逐渐上升的趋势;交际能力维度的得分在高中/中专组之前差别不大,大专及以上组的得分最高(见图2-3-45)。

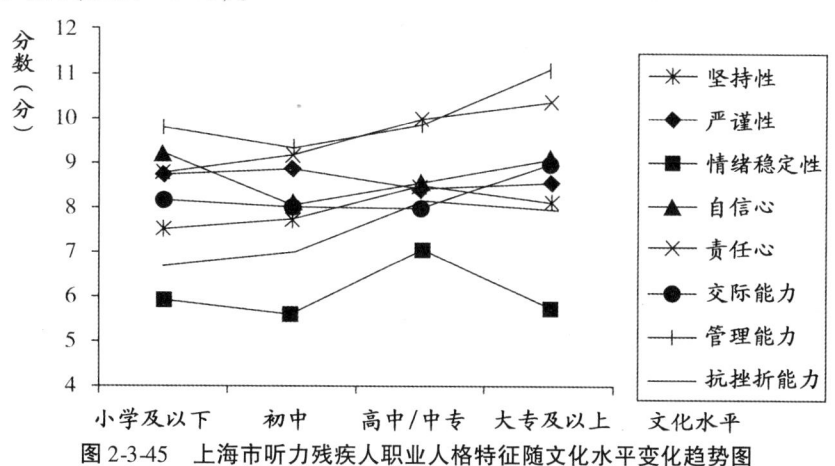

图2-3-45 上海市听力残疾人职业人格特征随文化水平变化趋势图

进一步差异检验显示,在情绪稳定性和自信心维度的得分存在着显著的文化水平差异,在责任心、管理能力和抗挫折能力维度的得分存在着极显著的文化水平差异。多重比较可以看出,在情绪稳定性维度,高中/中专组言语残疾人的得分显著高于初中组和大专及以上组;在自信心维度,初中组言语残疾人的得分显著高于小学及以下组和大专及以上组;在责任心维度,初中组言语残疾人的得分显著低于大专及以上组;在交际能力维度,大专及以上组言语残疾人的得分显著高于高中/中专组;在管理能力维度,大专及以上组与其他三个组间都存在显著差异;在抗挫折能力维度,小学及以下组的得分显著低于高中/中专组和大专及以上组,且初中组得分显著低于高中/中专组(见表2-3-90)。

表2-3-90 上海市言语残疾人职业人格特征的文化水平差异检验

名称		文化水平	人数	平均值	标准差	F	p	多重比较
职业人格	坚持性	小学及以下	23	7.52	2.76	1.401	.244	
		初中	67	7.76	2.42			
		高中/中专	75	8.45	2.36			
		大专及以上	25	8.08	2.12			
	严谨性	小学及以下	23	8.70	1.96	.702	.552	
		初中	67	8.88	1.69			
		高中/中专	75	8.41	2.16			
		大专及以上	25	8.56	1.87			
	情绪稳定性	小学及以下	23	5.91	2.63	3.823*	.011	2<3
		初中	67	5.60	2.71			4<3
		高中/中专	75	7.05	2.75			
		大专及以上	25	5.72	2.92			
	自信心	小学及以下	23	9.22	2.11	2.790*	.042	1>2
		初中	67	8.03	2.07			4>2
		高中/中专	75	8.53	1.97			
		大专及以上	25	9.08	2.18			
	责任心	小学及以下	23	8.78	2.43	4.566**	.004	2<4
		初中	67	9.16	2.03			
		高中/中专	75	9.93	1.77			
		大专及以上	25	10.36	1.50			
	交际能力	小学及以下	23	8.17	2.25	1.630	.184	
		初中	67	8.03	1.98			
		高中/中专	75	7.95	2.17			
		大专及以上	25	8.96	1.57			
	管理能力	小学及以下	23	9.78	1.95	4.256**	.006	1<4
		初中	67	9.30	2.46			2<4
		高中/中专	75	9.84	2.13			3<4
		大专及以上	25	11.08	1.00			
	抗挫折能力	小学及以下	23	6.70	2.14	4.764**	.003	1<3
		初中	67	7.01	2.06			1<4
		高中/中专	75	8.13	2.29			2<3
		大专及以上	25	7.92	1.75			

注:1表示小学及以下言语残疾人组,2表示初中言语残疾人组,3表示高中/中专言语残疾人组,4表示大专及以上言语残疾人组。

5) 城郊差异比较分析

上海市言语残疾人在职业人格各维度得分的均数比较显示,城区男性言语残疾人在严谨性、情绪稳定性、自信心、责任心、交际能力、管理能力和抗挫折能力维度的得分均为最高;城区女性言语残疾人在坚持性维度的得分最高,在责任心、管理能力和抗挫折能力维度的得分最低;郊区男性言语残疾人在坚持性和责任心维度的得分最低;郊区女性言语残疾人在严谨性、情绪稳定性、自信心和交际能力维度的得分最低(见图2-3-46)。

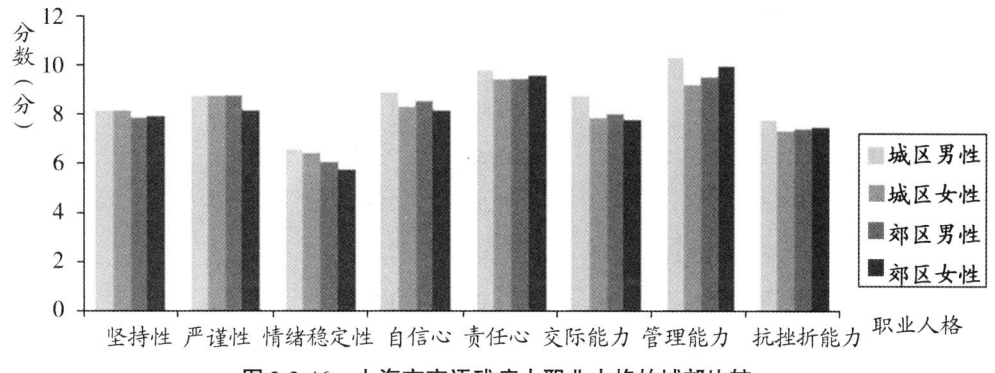

图2-3-46 上海市言语残疾人职业人格的城郊比较

进一步差异性检验显示,上海市言语残疾人职业人格各维度得分均不存在显著的城郊差异(见表2-3-91)。

表2-3-91 上海市言语残疾人职业人格的城郊差异检验

名称		性别	人数	平均数	标准差	t	p
职业人格	坚持性	城区男性	51	8.16	2.52	.195	.900
		城区女性	42	8.21	2.56		
		郊区男性	51	7.90	2.33		
		郊区女性	46	7.93	2.28		
	严谨性	城区男性	51	8.80	1.81	1.139	.334
		城区女性	42	8.74	1.64		
		郊区男性	51	8.78	1.86		
		郊区女性	46	8.17	2.36		
	情绪稳定性	城区男性	51	6.63	3.01	.946	.419
		城区女性	42	6.45	2.94		
		郊区男性	51	6.08	2.53		
		郊区女性	46	5.74	2.75		
	自信心	城区男性	51	8.90	2.03	1.065	.365
		城区女性	42	8.33	2.42		
		郊区男性	51	8.55	2.03		
		郊区女性	46	8.20	1.82		

(续表)

名称		城郊＊性别	人数	平均值	标准差	F	p	多重比较
职业人格	责任心	城区男性	51	9.80	1.78	.402	.752	
		城区女性	42	9.43	1.99			
		郊区男性	51	9.43	1.98			
		郊区女性	46	9.63	2.20			
	交际能力	城区男性	51	8.80	2.08	2.570	.056	
		城区女性	42	7.88	2.13			
		郊区男性	51	7.98	2.05			
		郊区女性	46	7.80	1.85			
	管理能力	城区男性	51	10.33	2.14	2.330	.076	
		城区女性	42	9.26	2.37			
		郊区男性	51	9.53	2.20			
		郊区女性	46	10.02	1.93			
	抗挫折能力	城区男性	51	7.80	2.20	.373	.773	
		城区女性	42	7.36	2.52			
		郊区男性	51	7.45	1.88			
		郊区女性	46	7.50	2.24			

（4）结论

①上海市言语残疾人在职业人格各维度的得分从高到低依次为：管理能力>责任心>严谨性>自信心>交际能力>坚持性>抗挫折能力>情绪稳定性。

②言语残疾人在职业人格的各维度均不存在显著的性别差异。

③言语残疾人在严谨性维度的得分存在着显著的年龄差异，且15-29岁年龄组与30-39岁年龄组言语残疾人存在显著差异（$p<0.05$）。

④不同残疾等级的言语残疾人在情绪稳定性维度存在着显著差异，且一级言语残疾人的得分显著高于四级和三级残疾人（$p<0.05$）。

⑤上海市言语残疾人在情绪稳定性和自信心维度的得分存在着显著的文化水平差异（$p<0.05$），在责任心、管理能力和抗挫折能力维度的得分存在着极显著的文化水平差异（$p<0.01$）；其中高中/中专组言语残疾人在情绪稳定性维度的得分显著高于初中组和大专及以上组（$p<0.05$），初中组言语残疾人在自信心维度的得分显著高于小学及以下组和大专及以上组（$p<0.05$），大专及以上组言语残疾人在交际能力维度的得分显著高于高中/中专组（$p<0.05$），大专及以上组在管理能力维度的得分与其他三个组间都存在显著差异（$p<0.05$），小学及以下组在抗挫折能力维度的得分显著低于高中/中专组和大专及以上组（$p<0.05$），且初中组在抗挫折能力维度的得分显著低于高中/中专组（$p<0.05$）。

⑥上海市言语残疾人职业人格各维度的得分均不存在显著的城郊差异。

3. 言语残疾人职业兴趣状况

（1）测试人群分布

在上海市选取了189名有效被试进行了言语残疾人职业兴趣测验，样本详情见表2-3-92。

表2-3-92 上海市言语残疾人职业兴趣测验有效样本分布表 （单位：人）

年龄（岁）	城区			郊区			合计
	男	女	小计	男	女	小计	
15–29	17	17	34	21	27	48	82
30–39	15	13	28	15	13	28	56
40–49	13	11	24	11	3	14	38
50–59	7	0	7	4	2	6	13
合计	52	41	93	51	45	96	189

（2）总体情况

被测试上海市言语残疾人职业兴趣各类型的得分从高到低依次为：现实型>常规型>研究型>企业型>艺术型>社会型，说明言语残疾人更多地选择现实型和常规型职业。不同年龄段的男性言语残疾人中，15–29岁的男性在现实型、企业型的得分高于其他三组；30–39岁的男性在社会型的得分高于其他三组；40–49岁的男性在研究型的得分高于其他三组；50–59岁的男性在常规型和艺术型的得分高于其他三组。不同年龄段的女性言语残疾人，15–29岁的女性在企业型和艺术型的得分最高；30–39岁的女性在常规型的得分最高；40–49岁的女性在现实型、研究型和社会型的得分最高（50–54岁的女性言语残疾人仅2人，不与其他各组进行比较）。上海市言语残疾人职业兴趣测验情况见表2-3-93。

表2-3-93 上海市言语残疾人职业兴趣测验

		n	常规型		现实型		研究型		企业型		社会型		艺术型	
			M	Std	M	Std	M	Std	M	Std	M	Std	M	Std
总体		189	6.42	1.59	6.68	1.50	6.13	1.67	5.98	1.69	4.98	1.41	5.07	1.86
男性		103	6.53	1.53	6.70	1.40	6.24	1.80	6.09	1.44	5.16	1.40	5.23	1.70
女性		86	6.28	1.65	6.65	1.63	5.99	1.51	5.85	1.95	4.77	1.40	4.87	2.03
男（岁）	15–29	38	6.34	1.44	6.89	1.37	6.29	1.78	6.34	1.40	5.00	1.43	5.00	1.85
	30–39	30	6.77	1.55	6.73	1.39	6.00	1.72	5.93	1.51	5.30	1.15	5.63	1.59
	40–49	24	6.29	1.71	6.58	1.47	6.54	2.00	5.96	1.55	5.21	1.72	4.88	1.62
	50–59	11	7.09	1.38	6.18	1.40	6.09	1.70	5.91	1.22	5.18	1.25	5.73	1.49
女（岁）	15–29	44	6.18	1.67	6.77	1.51	6.05	1.67	5.91	2.00	4.73	1.40	5.14	1.96
	30–39	26	6.42	1.36	6.31	1.85	5.73	1.56	5.73	2.11	4.58	1.36	4.38	2.14
	40–49	14	6.14	2.14	6.79	1.67	6.21	0.89	5.86	1.70	5.21	1.53	4.71	2.02
	50–54	2	7.50	0.71	7.50	0.71	6.50	0.71	6.00	1.41	5.00	1.41	6.50	2.12

城区的言语残疾人在常规型、现实型、企业型、社会型和艺术型上的得分高于郊区言语残疾人，在研究型得分低于郊区（2-3-94）。

表2-3-94 上海市言语残疾人职业兴趣测验城郊样本

	n	常规型		现实型		研究型		企业型		社会型		艺术型	
		M	Std	M	Std	M	Std	M	Std	M	Std	M	Std
城区	93	6.40	1.60	6.65	1.50	6.39	1.71	5.90	1.82	4.96	1.44	5.09	1.88
郊区	96	6.44	1.59	6.71	1.51	5.88	1.60	6.05	1.56	5.00	1.38	5.05	1.85

(续表)

		n	常规型		现实型		研究型		企业型		社会型		艺术型	
			M	Std	M	Std	M	Std	M	Std	M	Std	M	Std
城区	男	52	6.54	1.57	6.71	1.26	6.71	1.71	6.19	1.48	5.13	1.39	5.33	1.61
	女	41	6.22	1.64	6.56	1.78	5.98	1.65	5.54	2.15	4.73	1.50	4.78	2.16
郊区	男	51	6.53	1.51	6.69	1.54	5.76	1.77	5.98	1.41	5.18	1.42	5.14	1.80
	女	45	6.33	1.68	6.73	1.50	6.00	1.40	6.13	1.73	4.80	1.32	4.96	1.93

(3) 言语残疾人职业兴趣特征

1) 性别差异比较分析

上海市言语残疾者在职业兴趣各类型得分的均数比较显示，男性言语残疾人在六种职业类型的得分均高于女性言语残疾人（见图2-3-47）。

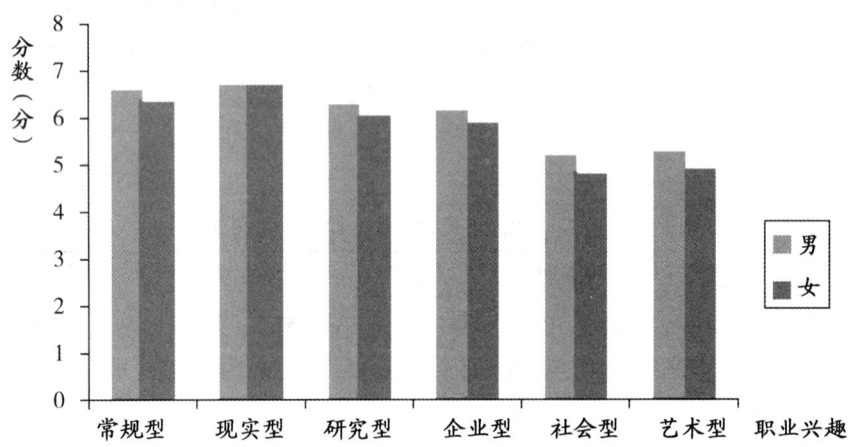

图2-3-47 上海市言语残疾人职业兴趣的性别比较

进一步差异检验显示，言语残疾人在职业兴趣各类型的得分均不存在性别差异（见表2-3-95）。

表2-3-95 上海市言语残疾人职业兴趣的性别差异检验

名称		性别	人数	平均数	标准差	t	p
职业人格	常规型	男	103	6.53	1.53	1.100	.273
		女	86	6.28	1.65		
	现实型	男	103	6.70	1.40	.217	.828
		女	86	6.65	1.63		
	现实型	男	103	6.24	1.80	1.040	.300
		女	86	5.99	1.51		
	企业型	男	103	6.09	1.44	.940	.349
		女	86	5.85	1.95		
	社会型	男	103	5.16	1.40	1.896	.060
		女	86	4.77	1.40		
	艺术型	男	103	5.23	1.70	1.329	.185
		女	86	4.87	2.03		

2)年龄差异比较分析

随着年龄的增长,上海市言语残疾人对不同职业类型的兴趣有所差别。在常规型和艺术型,50-59岁的言语残疾人得分最高,40-49岁得分最低;随着年龄的增长,现实型的得分呈现降低的趋势;在研究型,40-49岁的言语残疾人得分较其他年龄组高;15-29岁的言语残疾人更喜欢从事企业型的职业;50-59岁年龄组言语残疾人对社会型的职业表现出更大的兴趣(见表2-3-48)。

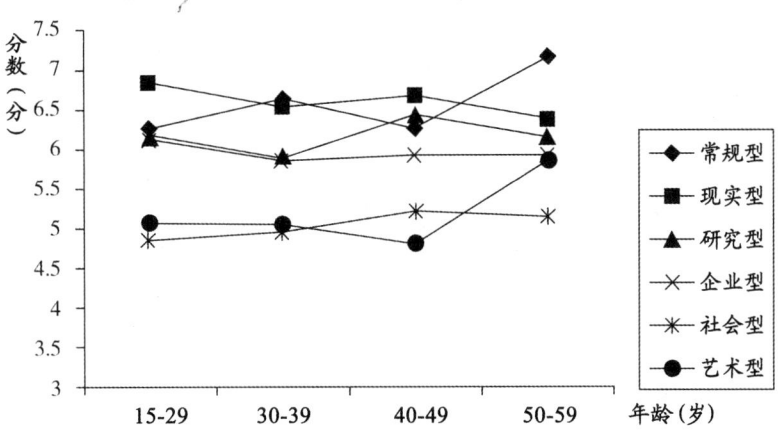

图 2-3-48 上海市言语残疾人职业兴趣随年龄变化趋势图

进一步差异检验发现,言语残疾人在职业兴趣的各个分量表均无显著的年龄差异(见表2-3-96)。

表 2-3-96 上海市言语残疾人职业兴趣的年龄差异检验

	名称	年龄(岁)	人数	平均数	标准差	t	p
职业兴趣	常规型	15-29	82	6.26	1.56	1.662	.177
		30-39	56	6.61	1.46		
		40-49	38	6.24	1.85		
		50-59	13	7.15	1.28		
	现实型	15-29	82	6.83	1.44	.607	.611
		30-39	56	6.54	1.62		
		40-49	38	6.66	1.53		
		50-59	13	6.38	1.39		
	现实型	15-29	82	6.16	1.72	.822	.483
		30-39	56	5.88	1.64		
		40-49	38	6.42	1.67		
		50-59	13	6.15	1.57		
	企业型	15-29	82	6.11	1.75	.307	.820
		30-39	56	5.84	1.80		
		40-49	38	5.92	1.58		
		50-59	13	5.92	1.19		
	社会型	15-29	82	4.85	1.42	.622	.602
		30-39	56	4.96	1.29		
		40-49	38	5.21	1.63		
		50-59	13	5.15	1.21		

(续表)

名称		年龄(岁)	人数	平均数	标准差	t	p
职业兴趣	艺术型	15–29	82	5.07	1.90	.990	.399
		30–39	56	5.05	1.95		
		40–49	38	4.82	1.75		
		50–59	13	5.85	1.52		

3）残疾等级比较分析

随着残疾程度的加重，上海市言语残疾人在常规型和企业型的职业兴趣呈现"N"型趋势，即三级和一级言语残疾人的得分较高，四级和二级的得分较低；现实型的职业兴趣，不同残疾等级的言语残疾人得分相当；研究型和社会型的职业兴趣，二级言语残疾人的得分最低，呈现"V"型趋势；艺术型的职业兴趣，三级和二级言语残疾人的得分较高，四级和一级言语残疾人的得分较低（见图2-3-49）。

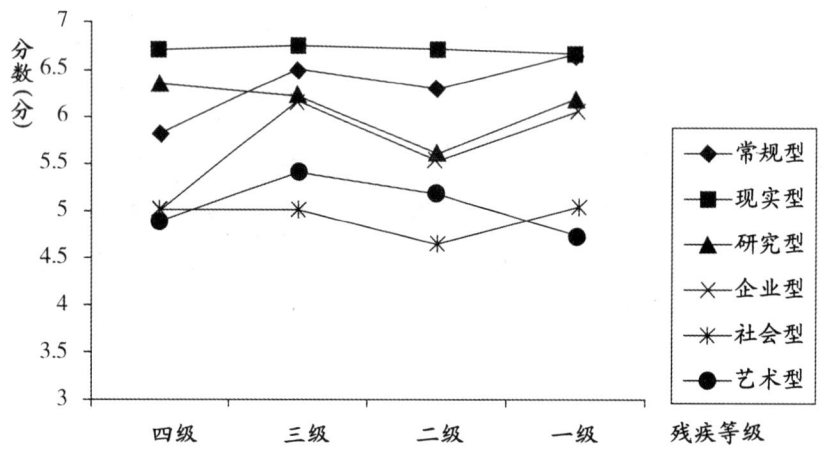

图2-3-49　上海市言语残疾人职业兴趣随残疾等级变化趋势图

进一步差异检验发现，不同残疾程度的言语残疾人在企业型的得分存在显著差异。多重比较发现，在企业型上，四级与三级、一级间存在显著差异，说明相对于四级言语残疾人，三级和一级言语残疾人更喜欢从事企业型的职业活动（见表2-3-97）。

表2-3-97　上海市言语残疾人职业兴趣的残疾等级差异检验

名称		残疾等级	人数	平均值	标准差	F	p	多重比较
职业兴趣	常规型	四级	17	5.82	1.67	1.282	.282	
		三级	95	6.49	1.56			
		二级	17	6.29	1.57			
		一级	51	6.65	1.48			
	现实型	四级	17	6.71	1.57	.024	.995	
		三级	95	6.74	1.51			
		二级	17	6.71	1.49			
		一级	51	6.67	1.49			

(续表)

名称		残疾等级	人数	平均值	标准差	F	p	多重比较
职业兴趣	现实型	四级	17	6.35	1.11	.773	.511	
		三级	95	6.21	1.74			
		二级	17	5.59	1.77			
		一级	51	6.18	1.63			
	企业型	四级	17	5.00	2.18	2.760*	.044	1<2
		三级	95	6.16	1.47			1<4
		二级	17	5.53	1.87			
		一级	51	6.06	1.76			
	社会型	四级	17	5.00	1.46	.367	.777	
		三级	95	5.01	1.39			
		二级	17	4.65	0.93			
		一级	51	5.04	1.52			
	艺术型	四级	17	4.88	1.65	1.472	.224	
		三级	95	5.39	1.75			
		二级	17	5.18	1.74			
		一级	51	4.75	2.09			

注:1 表示四级言语残疾人组,2 表示三级言语残疾人组,3 表示二级言语残疾人组,4 表示一级言语残疾人组。

4) 文化水平比较分析

在常规型,上海市言语残疾人高中/中专组的得分最低,其他三组的得分差别不大;在现实型,高中中专组的得分最高,小学及以下组得分最低;在研究型、企业型和艺术型,呈现先降后升的变化特点。初中组得分最低,高中/中专组次之,小学及以下组和大专及以上组的得分相对较高;在社会型,初中组得分最低,其他三组差别不大(见图 2-3-50)。

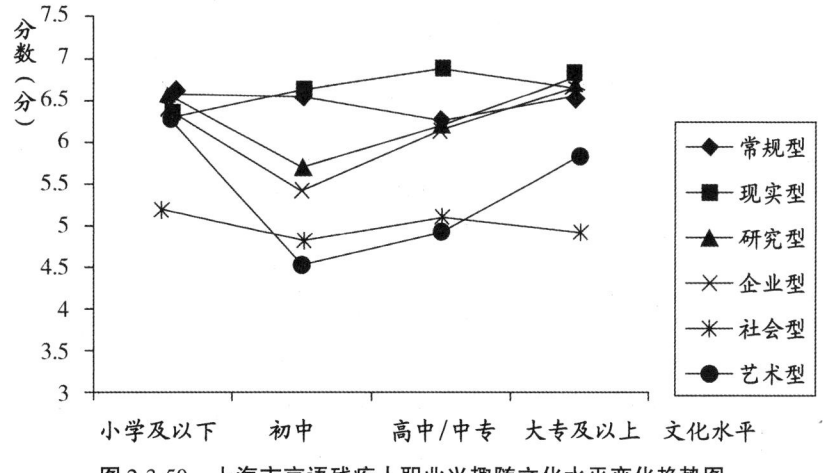

图 2-3-50 上海市言语残疾人职业兴趣随文化水平变化趋势图

进一步差异检验显示,上海市言语残疾人在研究型的得分存在着显著的文化水平差异,在企业型和艺术型的得分存在着极显著的文化水平差异。多重比较可以看出,在研究型,初中组言语残疾人的得分显著低于小学组和大专及以上组;在企业型,初中组与其他三组存在显著差异,即初中组在企业型上的得分显著低于其他三组。在艺术型,小学组和大专及以上组的得分显著高于初中组和高中组,说明,相较于初中和高中组,小学组和大专及以上组的言语残疾人更喜欢从事艺术型职业(见表2-3-98)。

表2-3-98 上海市言语残疾人职业兴趣的文化水平差异检验

名称		文化水平	人数	平均值	标准差	F	p	多重比较
职业兴趣	常规型	小学及以下	22	6.55	1.68	.605	.613	
		初中	68	6.53	1.63			
		高中/中专	75	6.23	1.56			
		大专及以上	24	6.58	1.50			
	现实型	小学及以下	22	6.27	1.45	.972	.407	
		初中	68	6.62	1.75			
		高中/中专	75	6.87	1.28			
		大专及以上	24	6.63	1.47			
	现实型	小学及以下	22	6.59	1.74	3.645*	.014	1>2
		初中	68	5.68	1.77			4>2
		高中/中专	75	6.19	1.52			
		大专及以上	24	6.79	1.50			
	企业型	小学及以下	22	6.41	1.40	4.875**	.003	1>2
		初中	68	5.41	1.85			3>2
		高中/中专	75	6.15	1.59			4>2
		大专及以上	24	6.67	1.31			
	社会型	小学及以下	22	5.18	1.33	.567	.637	
		初中	68	4.82	1.53			
		高中/中专	75	5.08	1.39			
		大专及以上	24	4.92	1.21			
	艺术型	小学及以下	22	6.36	1.68	7.663**	.000	1>2
		初中	68	4.53	1.63			1>3
		高中/中专	75	4.93	1.81			4>2
		大专及以上	24	5.83	2.08			4>3

注:1表示小学及以下言语残疾人组,2表示初中言语残疾人组,3表示高中/中专言语残疾人组,4表示大专及以上言语残疾人组。

5)城郊差异比较分析

上海市言语残疾人职业兴趣各类型得分的均数比较发现,城区男性言语残疾人在常规型、研究型、企业型和艺术型的得分最高;城区女性言语残疾人在常规性、现实型、企业型、社会型和艺术型得分最低;郊区男性言语残疾人在社会型得分最高,在研究型得分最低;郊区女性言语残疾人在现实型得分最高(见图2-3-51)。

进一步差异检验发现,城区男性、城区女性、郊区男性和郊区女性言语残疾人在研究型的得分存在显著的差异。多重比较可以看出,城区男性言语残疾人研究型的得分显著高于其他三组,说明城区男性言语残疾人比其他三组残疾人更喜欢从事研究型的职业活动(见表2-3-99)。

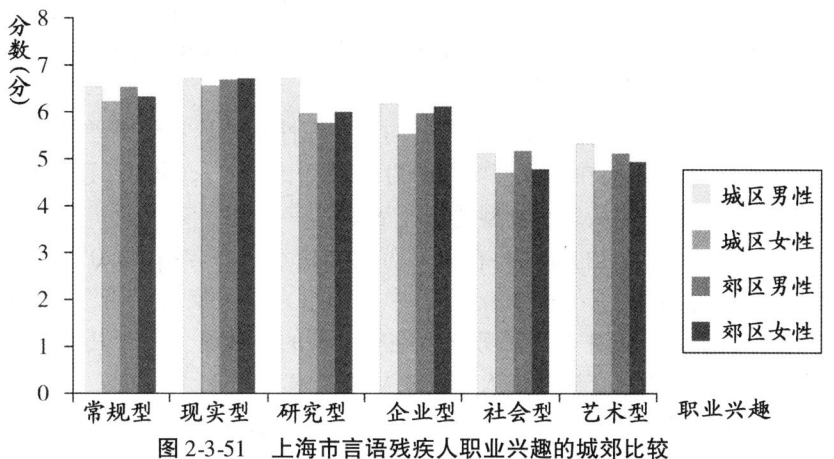

图 2-3-51 上海市言语残疾人职业兴趣的城郊比较

表 2-3-99 上海市言语残疾人职业兴趣的城郊差异检验

名称		城郊＊性别	人数	平均值	标准差	F	p	多重比较
职业兴趣	常规型	城区男性	52	6.54	1.57	.436	.728	
		城区女性	41	6.22	1.64			
		郊区男性	51	6.53	1.51			
		郊区女性	45	6.33	1.68			
	现实型	城区男性	52	6.71	1.26	.111	.954	
		城区女性	41	6.56	1.78			
		郊区男性	51	6.69	1.54			
		郊区女性	45	6.73	1.50			
	现实型	城区男性	52	6.71	1.71	3.217*	.024	1>2
		城区女性	41	5.98	1.65			1>3
		郊区男性	51	5.76	1.77			1>4
		郊区女性	45	6.00	1.40			
	企业型	城区男性	52	6.19	1.48	1.343	.262	
		城区女性	41	5.54	2.15			
		郊区男性	51	5.98	1.41			
		郊区女性	45	6.13	1.73			
	社会型	城区男性	52	5.13	1.39	1.210	.307	
		城区女性	41	4.73	1.50			
		郊区男性	51	5.18	1.42			
		郊区女性	45	4.80	1.32			
	艺术型	城区男性	52	5.33	1.61	.736	.532	
		城区女性	41	4.78	2.16			
		郊区男性	51	5.14	1.80			
		郊区女性	45	4.96	1.93			

注:1 表示城区男性言语残疾人组,2 表示城区女性言语残疾人组,3 表示郊区男性言语残疾人组,4 表示郊区女性言语残疾人组。

(4) 结论

① 上海市言语残疾人职业兴趣各类型的得分从高到低依次为:现实型>常规型>研究型>企业型>艺术型>社会型。

② 上海市言语残疾人在职业兴趣各类型的得分均不存在性别差异和年龄差异。

③ 不同残疾程度的言语残疾人在企业型的得分存在显著差异($p<0.05$),且相对于四级言语残疾人,三级和一级言语残疾人更喜欢从事企业型的职业活动。

④ 上海市言语残疾人在研究型的得分存在着显著的文化水平差异($p<0.05$),在企业型和艺术型的得分存在着极显著的文化水平差异($p<0.01$),其中初中组言语残疾人在研究型的得分显著低于小学组和大专及以上组($p<0.05$),初中组言语残疾人在企业型的得分显著低于其他三组,且相较于初中和高中组,小学和大专及以上组的言语残疾人更喜欢从事艺术型职业。

⑤ 城区男性、城区女性、郊区男性和郊区女性言语残疾人在研究型的得分存在显著的差异。

⑥ 城区男性言语残疾人在研究型的得分显著高于其他三组($p<0.05$),即城区男性言语残疾人比其他三组残疾人更喜欢从事研究型的职业活动。

四、广州市残疾人职业适应性状况

本项目覆盖广州市 12 个区县和 3 所学校共 15 个调查点,共计测查就业年龄段的肢体残疾人、听力残疾人和言语残疾人有效样本共计 1645 人。样本详情见表 2-4-1 ~ 表 2-4-6。

表 2-4-1 广州市残疾人样本残疾类型分布情况

地区	肢体残疾人		听力残疾人		言语残疾人		合计
	n	%	n	%	n	%	
培英中专	66	28.3	134	57.5	33	14.2	233
聋人学校	0	0.0	219	84.6	40	15.4	259
才华学校	91	100.0	0	0.0	11	12.1	91
天河	154	80.2	27	14.1	11	5.7	192
萝岗	23	100.0	0	0.0	0	0.0	23
黄埔	36	100.0	0	0.0	0	0.0	36
增城	32	100.0	0	0.0	0	0.0	32
越秀	52	49.1	43	40.6	11	10.4	106
南沙	23	60.5	9	23.7	6	15.8	38
荔湾	75	63.0	35	29.4	9	7.6	119
白云	37	51.4	23	31.9	12	16.7	72
海珠	58	48.3	48	40.0	14	11.7	120
从化	45	63.4	25	35.2	1	1.4	71
花都	37	23.7	94	60.3	25	16.0	156
番禺	52	53.6	25	25.8	20	20.6	97
总计	781	47.5	682	41.5	182	11.1	1645

表 2-4-2 广州市残疾人样本性别分布情况

地区	男		女		合计
	n	%	n	%	
培英中专	134	57.5	99	42.5	233
聋人学校	138	53.3	121	46.7	259
才华学校	42	46.2	49	53.8	91
天河	119	62.0	73	38.0	192
萝岗	12	52.2	11	47.8	23
黄埔	22	61.1	14	38.9	36
增城	17	53.1	15	46.9	32
越秀	65	61.3	41	38.7	106
南沙	21	55.3	17	44.7	38
荔湾	72	60.5	47	39.5	119
白云	47	65.3	25	34.7	72
海珠	71	59.2	49	40.8	120
从化	43	60.6	28	39.4	71
花都	94	60.3	62	39.7	156
番禺	64	66.0	33	34.0	97
总计	961	58.4	684	41.6	1645

表 2-4-3 广州市残疾人样本年龄段分布情况

地区	15–29 岁		30–39 岁		40–49 岁		50–59 岁		合计
	n	%	n	%	n	%	n	%	
培英中专	186	79.8	26	11.2	16	6.9	5	2.1	233
聋人学校	259	100.0	0	0.0	0	0.0	0	0.0	259
才华学校	46	50.5	26	28.6	12	13.2	7	7.7	91
天河	157	81.8	18	9.4	10	5.2	7	3.6	192
萝岗	10	43.5	10	43.5	3	13.0	0	0.0	23
黄埔	11	30.6	14	38.9	7	19.4	4	11.1	36
增城	12	37.5	12	37.5	7	21.9	1	3.1	32
越秀	8	7.5	41	38.7	40	37.7	17	16.0	106
南沙	18	47.4	9	23.7	9	23.7	2	5.3	38
荔湾	19	16.0	44	37.0	41	34.5	15	12.6	119
白云	5	6.9	32	44.4	22	30.6	13	18.1	72
海珠	13	10.8	51	42.5	41	34.2	15	12.5	120
从化	30	42.3	21	29.6	15	21.1	5	7.0	71
花都	104	66.7	25	16.0	21	13.5	6	3.8	156
番禺	43	44.3	25	25.8	21	21.6	8	8.2	97
总计	921	56.0	354	21.5	265	16.1	105	6.4	1645

表2-4-4 广州市残疾人样本残疾等级分布情况

地区	四级		三级		二级		一级		合计
	n	%	n	%	n	%	n	%	
培英中专	7	3.1	77	34.1	50	22.1	92	40.7	226
聋人学校	6	3.0	36	17.7	47	23.2	114	56.2	203
才华学校	14	15.7	42	47.2	24	27.0	9	10.1	89
天河	5	2.6	108	56.8	48	25.3	29	15.3	190
萝岗	1	4.3	16	69.6	6	26.1	0	0.0	23
黄埔	5	14.3	19	54.3	7	20.0	4	11.4	35
增城	5	15.6	15	46.9	12	37.5	0	0.0	32
越秀	18	17.0	22	20.8	34	32.1	32	30.2	106
南沙	6	16.7	14	38.9	6	16.7	10	27.8	36
荔湾	11	9.5	34	29.3	47	40.5	24	20.7	116
白云	13	19.1	23	33.8	18	26.5	14	20.6	68
海珠	17	14.8	29	25.2	30	26.1	39	33.9	115
从化	2	2.9	19	27.1	37	52.9	12	17.1	70
花都	6	3.9	17	11.1	48	31.4	82	53.6	153
番禺	20	21.5	25	26.9	19	20.4	29	31.2	93
总计	136	8.7	496	31.9	433	27.8	490	31.5	1555

注：缺失样本90人。

表2-4-5 广州市残疾人样本文化水平分布情况

地区	小学及以下		初中		高中/中专		大专及以上		合计
	n	%	n	%	n	%	n	%	
培英	34	14.7	110	47.4	81	34.9	7	3.0	232
聋人学校	43	16.6	78	30.1	137	52.9	1	0.4	259
才华学校	0	0.0	6	6.7	19	21.1	65	72.2	90
天河	17	8.9	86	45.0	74	38.7	14	7.3	191
萝岗	9	39.1	3	13.0	11	47.8	0	0.0	23
黄埔	3	8.6	12	34.3	10	28.6	10	28.6	35
增城	5	15.6	24	75.0	3	9.4	0	0.0	32
越秀	20	19.0	35	33.3	30	28.6	20	19.0	105
南沙	18	47.4	11	28.9	8	21.1	1	2.6	38
荔湾	26	22.8	37	32.5	41	36.0	10	8.8	114
白云	29	40.8	24	33.8	12	16.9	6	8.5	71
海珠	20	17.1	34	29.1	38	32.5	25	21.4	117
从化	21	29.6	33	46.5	14	19.7	3	4.2	71
花都	23	14.8	49	31.6	8	5.2	75	48.4	155
番禺	33	34.7	39	41.1	16	16.8	7	7.4	95
总计	301	18.5	581	35.7	502	30.8	244	15.0	1628

注：缺失样本17人。

表 2-4-6 广州市残疾人样本城郊分布情况

地区	城市男性 n	城市男性 %	城市女性 n	城市女性 %	郊区男性 n	郊区男性 %	郊区女性 n	郊区女性 %	学校男性 n	学校男性 %	学校女性 n	学校女性 %	合计
培英中专	0	0.0	0	0.0	0	0.0	0	0.0	134	57.5	99	42.5	233
聋人学校	0	0.0	0	0.0	0	0.0	0	0.0	138	53.3	121	46.7	259
才华学校	0	0.0	0	0.0	0	0.0	0	0.0	42	46.2	49	53.8	91
天河	119	62.0	73	38.0	0	0.0	0	0.0	0	0.0	0	0.0	192
萝岗	0	0.0	0	0.0	12	52.2	11	47.8	0	0.0	0	0.0	23
黄埔	22	61.1	14	38.9	0	0.0	0	0.0	0	0.0	0	0.0	36
增城	0	0.0	0	0.0	17	53.1	15	46.9	0	0.0	0	0.0	32
越秀	65	61.3	41	38.7	0	0.0	0	0.0	0	0.0	0	0.0	106
南沙	0	0.0	0	0.0	21	55.3	17	44.7	0	0.0	0	0.0	38
荔湾	72	60.5	47	39.5	0	0.0	0	0.0	0	0.0	0	0.0	119
白云	47	65.3	25	34.7	0	0.0	0	0.0	0	0.0	0	0.0	72
海珠	71	59.2	49	40.8	0	0.0	0	0.0	0	0.0	0	0.0	120
从化	0	0.0	0	0.0	43	60.6	28	39.4	0	0.0	0	0.0	71
花都	0	0.0	0	0.0	94	60.3	62	39.7	0	0.0	0	0.0	156
番禺	0	0.0	0	0.0	64	66.0	33	34.0	0	0.0	0	0.0	97
总计	396	24.1	249	15.1	251	15.3	166	10.1	314	19.1	269	16.4	1645

(一)广州市肢体残疾人职业适应性状况

本项目测查广州市就业年龄段的肢体残疾人有效样本共计781人(详情见表2-4-7~表2-4-11)。

表 2-4-7 广州市肢体残疾人样本性别分布情况

地区	男 n	男 %	女 n	女 %	合计
培英中专	40	60.6	26	39.4	66
才华学校	42	46.2	49	53.8	91
天河	97	63.0	57	37.0	154
萝岗	12	52.2	11	47.8	23
黄埔	22	61.1	14	38.9	36
增城	17	53.1	15	46.9	32
越秀	33	63.5	19	36.5	52
南沙	15	65.2	8	34.8	23
荔湾	53	70.7	22	29.3	75
白云	24	64.9	13	35.1	37
海珠	37	63.8	21	36.2	58

地区	男		女		合计
	n	%	n	%	
从化	30	66.7	15	33.3	45
花都	23	62.2	14	37.8	37
番禺	36	69.2	16	30.8	52
总计	481	61.6	300	38.4	781

表2-4-8 广州市肢体残疾人样本年龄段分布情况

地区	15–29 岁		30–39 岁		40–49 岁		50–59 岁		合计
	n	%	n	%	n	%	n	%	
培英中专	65	98.5	1	1.5	0	0.0	0	0.0	66
才华学校	46	50.5	26	28.6	12	13.2	7	7.7	91
天河	153	99.4	0	0.0	0	0.0	1	0.6	154
萝岗	10	43.5	10	43.5	3	13.0	0	0.0	23
黄埔	11	30.6	14	38.9	7	19.4	4	11.1	36
增城	12	37.5	12	37.5	7	21.9	1	3.1	32
越秀	4	7.7	18	34.6	18	34.6	12	23.1	52
南沙	8	34.8	6	26.1	7	30.4	2	8.7	23
荔湾	16	21.3	29	38.7	20	26.7	10	13.3	75
白云	1	2.7	19	51.4	11	29.7	6	16.2	37
海珠	4	6.9	28	48.3	19	32.8	7	12.1	58
从化	18	40.0	13	28.9	10	22.2	4	8.9	45
花都	12	32.4	11	29.7	11	29.7	3	8.1	37
番禺	21	40.4	13	25.0	12	23.1	6	11.5	52
总计	381	48.8	200	25.6	137	17.5	63	8.1	781

表2-4-9 广州市肢体残疾人样本残疾等级分布情况

地区	四级		三级		二级		一级		合计
	n	%	n	%	n	%	n	%	
培英中专	4	6.3	46	71.9	11	17.2	3	4.7	64
才华学校	14	15.7	42	47.2	24	27.0	9	10.1	89
天河	4	2.6	104	67.5	39	25.3	7	4.5	154
萝岗	1	4.3	16	69.6	6	26.1	0	0.0	23
黄埔	5	14.3	19	54.3	7	20.0	4	11.4	35
增城	5	15.6	15	46.9	12	37.5	0	0.0	32
越秀	17	32.7	19	36.5	15	28.8	1	1.9	52
南沙	6	27.3	13	59.1	3	13.6	0	0.0	22
荔湾	10	13.7	33	45.2	25	34.2	5	6.8	73

(续表)

地区	四级		三级		二级		一级		合计
	n	%	n	%	n	%	n	%	
白云	9	25.0	19	52.8	7	19.4	1	2.8	36
海珠	14	25.0	24	42.9	16	28.6	2	3.6	56
从化	2	4.4	15	33.3	26	57.8	2	4.4	45
花都	4	11.1	14	38.9	15	41.7	3	8.3	36
番禺	20	39.2	18	35.3	10	19.6	3	5.9	51
总计	115	15.0	397	51.7	216	28.1	40	5.2	768

注：残疾等级缺失样本13人。

表2-4-10　广州市肢体残疾人样本文化水平分布情况

地区	小学及以下		初中		高中/中专		大专及以上		合计
	n	%	n	%	n	%	n	%	
培英中专	0	0.0	13	20.0	51	78.5	1	1.5	65
聋人学校	0	0.0	6	6.7	19	21.1	65	72.2	90
才华学校	1	0.7	77	50.3	71	46.4	4	2.6	153
天河	9	39.1	3	13.0	11	47.8	0	0.0	23
萝岗	3	8.6	12	34.3	10	28.6	10	28.6	35
黄埔	5	15.6	24	75.0	3	9.4	0	0.0	32
增城	7	13.7	16	31.4	20	39.2	8	15.7	51
越秀	8	34.8	7	30.4	7	30.4	1	4.3	23
南沙	11	15.7	22	31.4	30	42.9	7	10.0	70
荔湾	8	22.2	14	38.9	8	22.2	6	16.7	36
白云	6	10.9	12	21.8	26	47.3	11	20.0	55
海珠	5	11.1	25	55.6	13	28.9	2	4.4	45
从化	7	19.4	23	63.9	5	13.9	1	2.8	36
花都	9	18.0	24	48.0	12	24.0	5	10.0	50
总计	79	10.3	278	36.4	286	37.4	121	15.8	764

注：缺失样本17人。

表2-4-11　广州市肢体残疾人样本城郊分布情况

地区	城市男性		城市女性		郊区男性		郊区女性		学校男性		学校女性		合计
	n	%	n	%	n	%	n	%	n	%	n	%	
培英中专	0	0.0	0	0.0	0	0.0	0	0.0	40	60.6	26	39.4	66
才华学校	0	0.0	0	0.0	0	0.0	0	0.0	42	46.2	49	53.8	91
天河	97	63.0	57	37.0	0	0.0	0	0.0	0	0.0	0	0.0	154
萝岗	0	0.0	0	0.0	12	52.2	11	47.8	0	0.0	0	0.0	23
黄埔	22	61.1	14	38.9	0	0.0	0	0.0	0	0.0	0	0.0	36

(续表)

地区	城市男性		城市女性		郊区男性		郊区女性		学校男性		学校女性		合计
	n	%	n	%	n	%	n	%	n	%	n	%	
增城	0	0.0	0	0.0	17	53.1	15	46.9	0	0.0	0	0.0	32
越秀	33	63.5	19	36.5	0	0.0	0	0.0	0	0.0	0	0.0	52
南沙	0	0.0	0	0.0	15	65.2	8	34.8	0	0.0	0	0.0	23
荔湾	53	70.7	22	29.3	0	0.0	0	0.0	0	0.0	0	0.0	75
白云	24	64.9	13	35.1	0	0.0	0	0.0	0	0.0	0	0.0	37
海珠	37	63.8	21	36.2	0	0.0	0	0.0	0	0.0	0	0.0	58
从化	0	0.0	0	0.0	30	66.7	15	33.3	0	0.0	0	0.0	45
花都	0	0.0	0	0.0	23	62.2	14	37.8	0	0.0	0	0.0	37
番禺	0	0.0	0	0.0	36	69.2	16	30.8	0	0.0	0	0.0	52
总计	266	34.1	146	18.7	133	17.0	79	10.1	82	10.5	75	9.6	781

1. 广州市肢体残疾人职业能力状况

(1)测试人群分布

本项目在广州共选取了781名有效被试进行了肢体残疾人职业能力的文档测验,其中男性481人,女性300人,城区412人,郊区212人,具体情况见表2-4-12。

表2-4-12 广州市肢体残疾人有效样本分布表

年龄(岁)	男	女	合计
15-29	226	155	381
30-39	122	78	200
40-49	88	49	137
50-59	45	18	63
合计	481	300	781

表2-4-12 广州市肢体残疾人有效样本分布表(续)

年龄(岁)	城区			郊区			合计
	男	女	小计	男	女	小计	
15-29	125	64	189	42	39	81	270
30-39	68	40	108	43	22	65	173
40-49	45	30	75	37	13	50	125
50-59	28	12	40	11	5	16	56
合计	266	146	412	133	79	212	624

(2)总体情况

被测试的广州市肢体残疾人在职业能力各分测验的得分情况从高到低排序为:形状知觉>符号知觉>数理能力>空间知觉>言语能力。不同年龄组的肢体残疾人在各分测验的得分以及文档测验总分的情况从高到低排序为:15-29岁>30-39岁>40-49岁>50-59岁(见表2-4-13)。

表 2-4-13 广州市肢体残疾人职业能力测验

		n	言语能力		数理能力		空间知觉		符号知觉		形状知觉		文档计分	
			M	Std	M	Std	M	Std	M	Std	M	Std	M	Std
	总体	781	8.04	4.62	11.01	5.50	10.51	4.91	11.06	6.43	11.92	4.58	52.53	21.63
	男性	481	7.89	4.63	11.19	5.50	10.78	5.03	10.87	6.49	11.80	4.53	52.53	21.78
	女性	300	8.28	4.61	10.73	5.49	10.07	4.67	11.35	6.33	12.11	4.67	52.54	21.41
男（岁）	15-29	226	9.56	4.07	12.60	4.84	11.80	4.64	12.89	5.18	13.02	4.20	59.87	18.43
	30-39	122	8.07	4.24	11.84	5.13	11.30	5.20	11.46	6.60	11.66	4.41	54.32	21.22
	40-49	88	5.21	4.60	8.91	5.82	9.14	4.75	7.27	6.79	10.77	4.21	41.30	20.34
	50-59	45	4.21	3.82	6.76	5.38	7.51	4.96	6.20	6.42	8.04	4.56	32.72	21.02
女（岁）	15-29	155	9.93	3.91	12.36	4.54	11.11	4.53	13.45	4.91	13.51	4.13	60.36	17.53
	30-39	78	7.76	4.93	10.67	6.44	9.74	4.78	9.81	6.49	11.13	5.09	49.11	23.51
	40-49	49	5.89	3.78	7.51	4.57	8.37	4.12	9.37	7.56	10.69	4.01	41.83	18.85
	50-54	18	2.89	3.41	5.78	3.99	7.11	4.35	5.37	5.75	8.11	4.52	29.26	16.15

广州市城区的肢体残疾人职业能力各分测验得分以及总分均高于郊区的肢体残疾人。城区男性肢体残疾人在言语能力、数理能力、空间知觉和符号知觉分测验的得分以及总分高于女性,在形状知觉分测验的得分低于女性;郊区女性肢体残疾人在言语能力和符号知觉分测验得分以及总分高于男性,在数理能力和空间知觉分测验的得分低于男性,在形状知觉分测验的得分与男性相当(见表2-4-14)。

表 2-4-14 广州市城郊肢体残疾人职业能力测验

		n	言语能力		数理能力		空间知觉		符号知觉		形状知觉		文档计分	
			M	Std	M	Std	M	Std	M	Std	M	Std	M	Std
	城区	412	7.78	4.49	10.95	5.44	10.55	4.94	11.20	6.35	11.81	4.73	52.29	21.77
	郊区	212	6.19	4.16	8.83	4.91	8.78	4.56	8.75	6.62	10.66	4.46	43.21	20.35
城区	男	266	7.86	4.49	11.38	5.42	10.97	5.04	11.36	6.36	11.74	4.61	53.32	21.90
	女	146	7.64	4.51	10.16	5.42	9.78	4.67	10.90	6.34	11.92	4.95	50.40	21.46
郊区	男	133	6.11	4.19	8.90	5.02	9.07	4.70	8.27	6.73	10.66	4.28	43.01	20.47
	女	79	6.34	4.15	8.71	4.76	8.30	4.29	9.55	6.39	10.66	4.78	43.55	20.29

(3)广州市肢体残疾人职业能力特征

1)性别差异比较分析

广州市肢体残疾人职业能力各分测验得分的均数比较显示,女性在言语能力、符号知觉和形状知觉分测验的得分高于男性,在数理能力和空间知觉分测验的得分低于男性(见图2-4-1)。

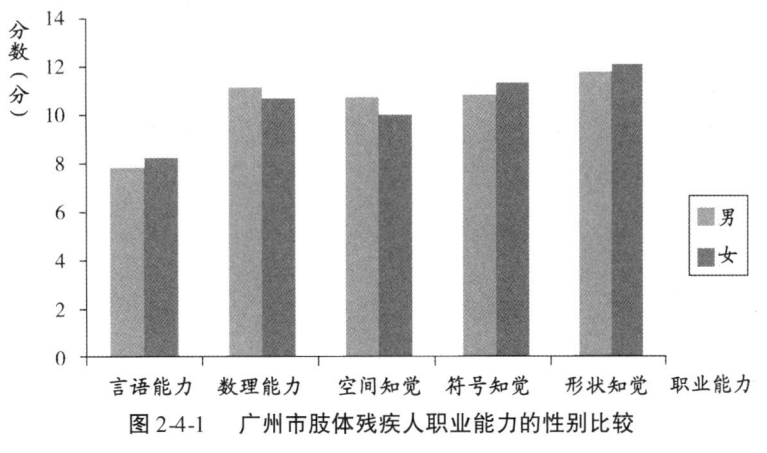

图 2-4-1 广州市肢体残疾人职业能力的性别比较

进一步差异性检验显示,在空间知觉分测验的得分存在显著的性别差异,其余各分测验的得分以及文档测验总分不存在显著的差异(见表2-4-15)。

表2-4-15 广州市肢体残疾人职业能力的性别差异检验

名称		性别	人数	平均数	标准差	t	p
文档测验	言语能力	男	481	7.89	4.63	-1.167	.243
		女	300	8.28	4.61		
	数理能力	男	481	11.19	5.50	1.117	.264
		女	300	10.73	5.49		
	空间知觉	男	481	10.78	5.03	2.018*	.044
		女	300	10.07	4.67		
	符号知觉	男	481	10.87	6.49	-1.005	.315
		女	300	11.35	6.33		
	形状知觉	男	481	11.80	4.53	-.921	.357
		女	300	12.11	4.67		
	文档计分	男	481	52.53	21.78	-.010	.992
		女	300	52.54	21.41		

2)年龄差异比较分析

广州市不同年龄组的肢体残疾人在言语能力、符号知觉、数理能力、空间知觉和形状知觉五个分测验的得分随着年龄的增长而呈现下降趋势(见图2-4-2)。

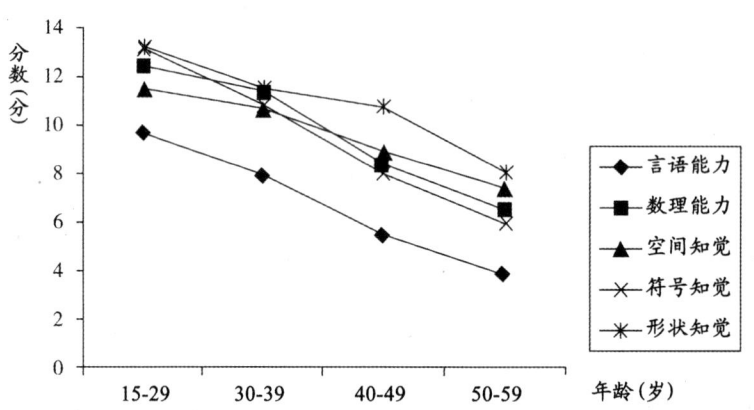

图2-4-2 广州市肢体残疾人职业能力随年龄变化趋势图

进一步差异性检验显示,不同年龄组在职业能力的五个分测验以及总测验上均存在极显著的差异。多重比较可以看出,15-29岁年龄组在数理能力得分上与30-39岁年龄组不存在显著的差异,40-49岁年龄组在数理能力、符号知觉得分上与50-59岁年龄组不存在显著差异,40-49岁年龄组在形状知觉得分上与30-39岁年龄组不存在显著差异。其余各组间在各分测验以及文档测验总分上均存在显著差异(p<0.05)(见表2-4-16)。

表 2-4-16 广州市肢体残疾人职业能力的年龄差异检验

	名称	年龄(组)	人数	平均值	标准差	F	p	多重比较
职业能力	言语能力	15-29	381	9.71	4.01	59.223**	.000	1>2,1>3 1>4,2>3 2>4,3>4
		30-39	200	7.95	4.51			
		40-49	137	5.45	4.32			
		50-59	63	3.83	3.73			
	数理能力	15-29	381	12.50	4.72	39.198**	.000	1>3,1>4 2>3,2>4
		30-39	200	11.38	5.69			
		40-49	137	8.41	5.43			
		50-59	63	6.48	5.01			
	空间知觉	15-29	381	11.52	4.60	20.471**	.000	1>2,1>3 1>4,2>3 2>4,3>4
		30-39	200	10.69	5.09			
		40-49	137	8.86	4.54			
		50-59	63	7.40	4.76			
	符号知觉	15-29	381	13.12	5.07	42.279**	.000	1>2,1>3 1>4,2>3 2>4
		30-39	200	10.82	6.59			
		40-49	137	8.02	7.12			
		50-59	63	5.97	6.21			
	形状知觉	15-29	381	13.22	4.17	32.231**	.000	1>2,1>3 1>4,2>4 3>4
		30-39	200	11.45	4.68			
		40-49	137	10.74	4.12			
		50-59	63	8.06	4.51			
	文档计分	15-29	381	60.07	18.05	56.782**	.000	1>2,1>3 1>4,2>3 2>4,3>4
		30-39	200	52.29	22.23			
		40-49	137	41.49	19.75			
		50-59	63	31.73	19.69			

注:1 表示 15-29 岁年龄段的肢体残疾人组,2 表示 30-39 岁年龄段的肢体残疾人组,3 表示 40-49 岁年龄段的肢体残疾人组,4 表示 50-59 岁年龄段的肢体残疾人组。

3) 残疾等级比较分析

被测试的广州市肢体残疾人在符号知觉分测验的得分随残疾程度的加重呈现先升后降的"∧"型曲线,其中四级残疾人得分最低,三级残疾人得分最高;言语能力、数理能力、空间知觉和形状知觉分测验的得分随残疾程度的加重呈现升-降-升的变化特点(见图 2-4-3)。

进一步差异性检验显示,广州市肢体残疾人在数理能力和形状知觉分测验的得分以及文档测验总分存在显著的残疾等级差异,在言语能力分测验的得分存在极显著差异。多重比较可以看出,在言语能力分测验,四级残疾人的得分显著低于三级和一级,且三级残疾人的得分显著高于二级;在数理能力分测验,四级残疾人的得分显著低于三级和二级肢体残疾人;在形状知觉分测验,四级残疾人的得分显著低于三级和一级肢体残疾人;四级肢体残疾人职业能力的文档测验总分显著低于三级残疾人。其他残疾等级间均不存在显著差异(见表 2-4-17)。

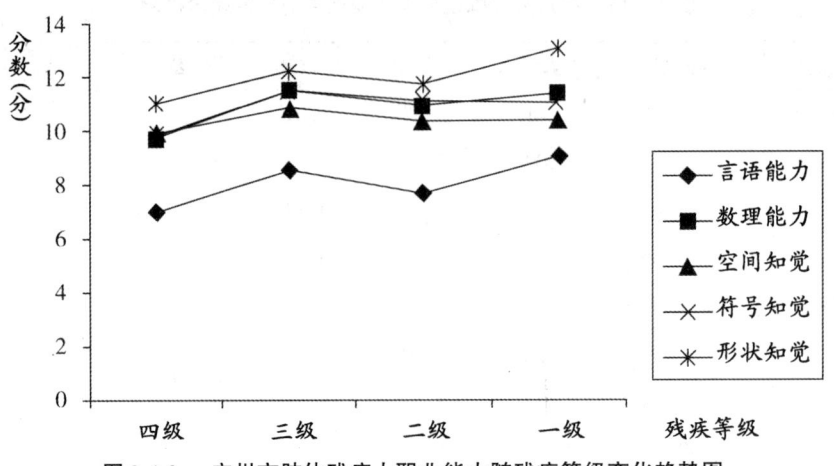

图 2-4-3　广州市肢体残疾人职业能力随残疾等级变化趋势图

表 2-4-17　广州市肢体残疾人职业能力的残疾等级差异检验

	名称	残疾等级	人数	平均值	标准差	F	p	多重比较
职业能力	言语能力	四级	115	6.99	4.44			
		三级	397	8.54	4.66	4.740**	.003	4>1,3>1
		二级	216	7.67	4.54			3>2
		一级	40	9.05	4.11			
	数理能力	四级	115	9.70	5.19			
		三级	397	11.48	5.41	3.233*	.022	2>1,3>1
		二级	216	10.95	5.68			
		一级	40	11.35	5.23			
	空间知觉	四级	115	9.86	5.16			
		三级	397	10.84	4.87	1.341	.260	
		二级	216	10.37	4.70			
		一级	40	10.40	5.23			
	符号知觉	四级	115	9.83	6.60			
		三级	397	11.54	6.20	2.134	.095	
		二级	216	11.13	6.67			
		一级	40	11.10	5.97			
	形状知觉	四级	115	11.04	4.56			
		三级	397	12.23	4.48	2.992*	.030	4>1,2>1
		二级	216	11.74	4.46			
		一级	40	13.05	4.96			
	文档计分	四级	115	47.43	21.21			
		三级	397	54.63	21.36	3.685*	.012	4>1
		二级	216	51.86	21.35			
		一级	40	54.95	21.18			

注：1 表示四级肢体残疾人组，2 表示三级肢体残疾人组，3 表示二级肢体残疾人组，4 表示一级肢体残疾人组。

4）文化水平比较分析

广州市肢体残疾人职业能力各分测验的得分从高到低依次为大专及以上组>高中/中专组>初中组>小学及以下组，即广州市肢体残疾人职业能力得分随着文化水平的升高而呈现上升趋势（见图2-4-4）。

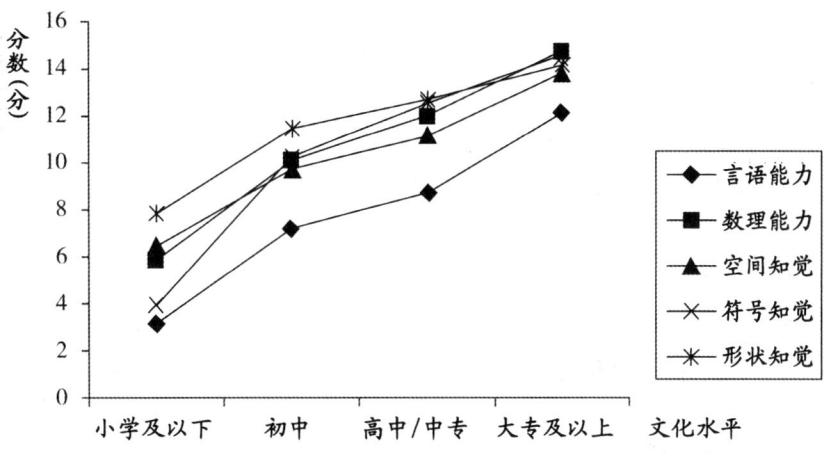

图2-4-4　广州市肢体残疾人职业能力随文化水平变化趋势图

进一步差异性检验显示，职业能力各分测验的得分以及总分上均存在极显著的文化水平差异。多重比较可以看出，不同文化水平的肢体残疾人在职业能力的五个分测验的得分及文档测验总分均存在显著的差异，见表2-4-18。

表2-4-18　广州市肢体残疾人职业能力的文化水平差异检验

名称		文化水平	人数	平均值	标准差	F	p	多重比较
职业能力	言语能力	小学及以下	79	3.18	3.03	89.535**	.000	1<2,1<3 1<4,2<3 2<4,3<4
		初中	278	7.22	4.36			
		高中/中专	286	8.70	3.91			
		大专及以上	121	12.14	3.64			
	数理能力	小学及以下	79	5.80	5.03	60.940**	.000	1<2,1<3 1<4,2<3 2<4,3<4
		初中	278	10.06	5.08			
		高中/中专	286	12.09	4.95			
		大专及以上	121	14.74	4.30			
	空间知觉	小学及以下	79	6.48	3.75	48.269**	.000	1<2,1<3 1<4,2<3 2<4,3<4
		初中	278	9.76	4.65			
		高中/中专	286	11.15	4.50			
		大专及以上	121	13.85	4.44			
	符号知觉	小学及以下	79	3.95	5.11	64.239**	.000	1<2,1<3 1<4,2<3 2<4,3<4
		初中	278	10.30	6.37			
		高中/中专	286	12.54	5.69			
		大专及以上	121	14.59	4.38			
	形状知觉	小学及以下	79	7.87	4.83	40.167**	.000	1<2,1<3 1<4,2<3 2<4,3<4
		初中	278	11.44	4.44			
		高中/中专	286	12.68	4.00			
		大专及以上	121	14.20	3.78			

(续表)

名称		文化水平	人数	平均值	标准差	F	p	多重比较
职业能力	文档计分	小学及以下	79	27.28	15.81	95.048**	.000	1<2,1<3 1<4,2<3 2<4,3<4
		初中	278	48.77	20.29			
		高中/中专	286	57.16	17.87			
		大专及以上	121	69.53	15.62			

注:1 表示小学及以下肢体残疾人组,2 表示初中肢体残疾人组,3 表示高中/中专肢体残疾人组,4 表示大专及以上肢体残疾人组。

5)残疾部位比较分析

广州市肢体残疾人职业能力各分测验得分的均数比较显示,在言语能力分测验,躯干残疾人的得分最高,上肢和下肢残疾人的得分最低;在数理能力和符号知觉分测验,下肢残疾人的得分最高,躯干残疾人的得分最低;在空间知觉分测验,下肢残疾人的得分最高,上肢和下肢残疾人的得分最低;在形状知觉分测验,上肢和下肢残疾人的得分最高,躯干残疾人的得分最低(见图 2-4-5)。

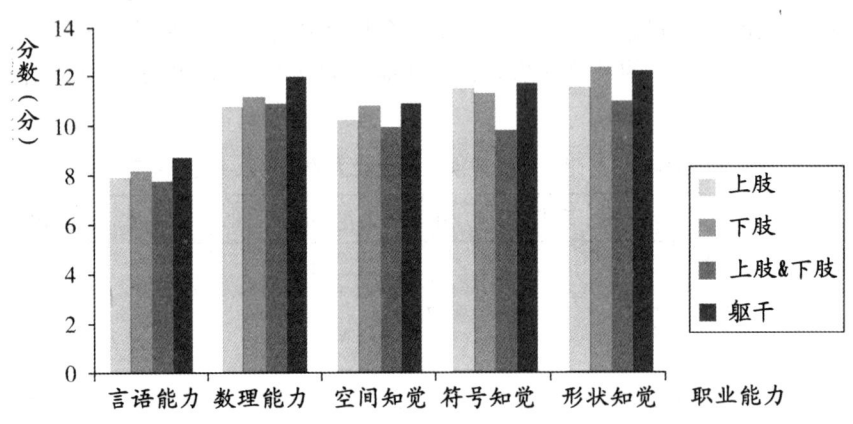

图 2-4-5 广州市不同残疾部位肢体残疾人职业能力比较

经差异性检验发现,不同残疾部位的肢体残疾人在形状知觉分测验的得分存在显著差异;但在其他四个分测验和职业能力文档测验总分并不存在显著差异,说明残疾部位的差异对肢体残疾人的职业能力水平及其能力发展并无显著影响。多重比较可以看出,在形状知觉分测验,上肢和下肢残疾人的得分显著低于下肢残疾人,其他各组间在各分测验的得分及文档测验总分都不存在显著差异(见表2-4-19)。

表 2-4-19 广州市不同残疾部位肢体残疾人职业能力的差异检验

名称		残疾部位	人数	平均值	标准差	F	p	多重比较
职业能力	言语能力	上肢	148	7.96	4.26	.514	.673	
		下肢	470	8.20	4.72			
		上肢&下肢	106	7.82	4.72			
		躯干	40	8.77	4.17			
	数理能力	上肢	148	10.78	5.44	.593	.620	
		下肢	470	11.18	5.57			
		上肢&下肢	106	10.92	5.37			
		躯干	40	12.00	4.94			

（续表）

名称		残疾部位	人数	平均值	标准差	F	p	多重比较
职业能力	空间知觉	上肢	148	10.24	5.01	1.252	.290	
		下肢	470	10.82	4.89			
		上肢&下肢	106	9.94	5.01			
		躯干	40	10.90	4.22			
	符号知觉	上肢	148	11.50	6.15	1.924	.124	
		下肢	470	11.32	6.46			
		上肢&下肢	106	9.81	6.50			
		躯干	40	11.73	6.14			
	形状知觉	上肢	148	11.53	4.85	3.205*	.023	2>3
		下肢	470	12.33	4.23			
		上肢&下肢	106	10.98	5.23			
		躯干	40	12.20	4.50			
	文档计分	上肢	148	52.02	21.64	1.493	.215	
		下肢	470	53.85	21.32			
		上肢&下肢	106	49.48	23.03			
		躯干	40	55.60	18.41			

注：2表示下肢残疾人组，3表示上肢和下肢残疾人组。

6）城郊差异比较分析

广州市肢体残疾人职业能力各分测验得分的均数比较显示，在言语能力、数理能力和空间知觉分测验得分以及职业能力总分，城区男性组的得分均最高，郊区女性组的得分最低。符号知觉分测验，城区男性组的得分最高，郊区男性组得分最低。形状知觉分测验，城区女性组的得分最高，城区男性组的得分次之，郊区肢体残疾人群体的得分最低（见图2-4-6）。

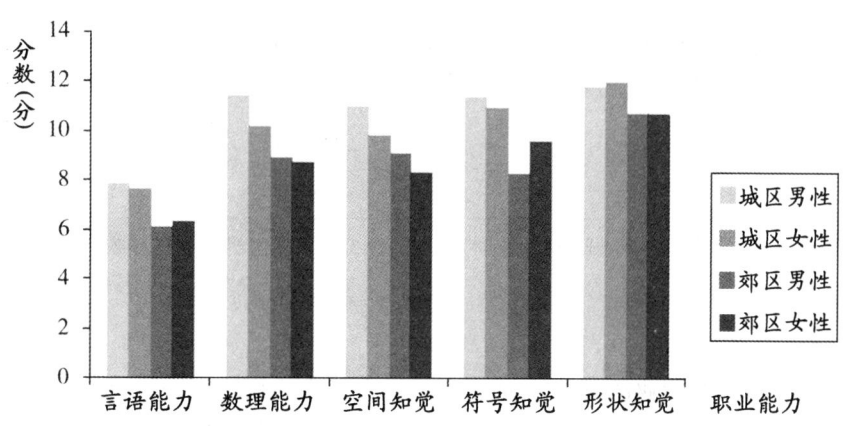

图2-4-6 广州市肢体残疾人职业能力的城郊差异比较

经差异性检验发现，城区男性、城区女性、郊区男性和郊区女性肢体残疾人在形状知觉分测验的得分存在显著差异，在职业能力其他分测验的得分存在极显著差异。多重比较可以看出，在言语能力分测验的得分和文档测验总分，城区得分显著高于郊区；在数理能力分测验，城区男性组的得分显著高于其他三组，且城区女性组的得分也显著高于郊区肢体残疾人群体；在空间知觉分测验，城区男性组的得分显著高于其他三组，且城区女性组的得分显著高于郊区女性组；在符号知觉分测验，城区男性组的得分显著高于郊区肢体残疾人群体,城区女性组的得分显著高于郊区男性组;在形状知觉分测验,郊区男性组的得分显著低于城区肢体残疾人群体(见表2-4-20)。

表2-4-20 广州市肢体残疾人职业能力的城郊差异检验

名称		城郊*性别	人数	平均值	标准差	F	p	多重比较
职业能力	言语能力	城区男性						
		城区女性	146	7.64	4.51	6.256**	.000	1>3,1>4
		郊区男性	133	6.11	4.19			2>3,2>4
		郊区女性	79	6.34	4.15			
	数理能力	城区男性	266	11.38	5.42			1>2,1>3
		城区女性	146	10.16	5.42	9.311**	.000	1>4,2>3
		郊区男性	133	8.90	5.02			2>4
		郊区女性	79	8.71	4.76			
	空间知觉	城区男性	266	10.97	5.04			1>2,1>3
		城区女性	146	9.78	4.67	8.677**	.000	1>4,2>4
		郊区男性	133	9.07	4.70			
		郊区女性	79	8.30	4.29			
	符号知觉	城区男性	266	11.36	6.36			1>3,1>4
		城区女性	146	10.90	6.34	7.573**	.000	2>3
		郊区男性	133	8.27	6.73			
		郊区女性	79	9.55	6.39			
	形状知觉	城区男性	266	11.74	4.61			1>3
		城区女性	146	11.92	4.95	2.883*	.035	2>3
		郊区男性	133	10.66	4.28			
		郊区女性	79	10.66	4.78			
	文档计分	城区男性	266	53.32	21.90			1>3,1>4
		城区女性	146	50.40	21.46	9.069**	.000	2>3,2>4
		郊区男性	133	43.01	20.47			
		郊区女性	79	43.55	20.29			

注:1表示城区男性肢体残疾人组,2表示城区女性肢体残疾人组,3表示郊区男性肢体残疾人组,4表示郊区女性肢体残疾人组。

(4)结论

①广州市肢体残疾人在职业能力各分测验的得分情况从高到低排序为:形状知觉>符号知觉>数理能力>空间知觉>言语能力。

②女性在空间知觉分测验的得分低于男性,且二者存在显著差异($p<0.05$)。

③广州市肢体残疾人在言语能力、数理能力和形状知觉分测验的得分随残疾程度的加重呈现升-降-升的变化特点,且在数理能力和形状知觉分测验的得分以及文档测验总分存在显著的残疾等级差异($p<0.05$),在言语能力分测验的得分存在极显著差异($p<0.01$)。

④广州市肢体残疾人职业能力各分测验的得分从高到低依次为大专及以上组>高中/中专组>初中组>小学及以下组,即广州市肢体残疾人职业能力得分随着文化水平的升高而呈现上升趋势,且职

业能力各分测验的得分以及总分均存在极显著文化水平差异(p<0.01)。

⑤上肢和下肢残疾人在形状知觉分测验的得分显著低于下肢残疾人,且不同残疾部位的肢体残疾人在形状知觉分测验的得分存在显著差异(p<0.05)。

⑥城区男性组在言语能力、数理能力和空间知觉分测验得分以及职业能力总分上均最高,郊区女性组的得分最低;城区男性组在符号知觉分测验的得分最高,郊区男性组得分最低;城区女性组在形状知觉分测验的得分最高,城区男性组的得分次之,郊区肢体残疾人群体的得分最低;且城区男性、城区女性、郊区男性和郊区女性肢体残疾人在形状知觉分测验的得分存在显著差异(p<0.05),在职业能力其他分测验的得分存在极显著差异(p<0.01)。

2. 广州市肢体残疾人职业人格状况

(1)测试人群分布

本项目在广州市共选取了760名有效被试进行了肢体残疾人职业人格测验,其性别、年龄和地区分布的情况见表2-4-21。

表2-4-21 广州市肢体残疾人职业人格测验有效样本分布表

年龄(岁)	男	女	合计
15-29	223	154	377
30-39	120	75	195
40-49	85	47	132
50-59	41	15	56
合计	469	291	760

表2-4-21 广州市肢体残疾人职业人格测验有效样本分布表(续)

年龄(岁)	城区			郊区			合计
	男	女	小计	男	女	小计	
15-29	124	63	187	42	39	81	316
30-39	67	38	105	42	21	63	210
40-49	42	29	71	37	12	49	156
50-59	26	9	35	9	5	14	73
合计	259	139	398	130	77	207	755

(2)总体情况

被测试的广州市肢体残疾人职业人格各维度的得分从高到低的排序依次为:责任心>管理能力>严谨性>坚持性>自信心>交际能力>抗挫折能力>情绪稳定性。在不同年龄段的男性肢体残疾人中,15-29岁年龄组自信心维度的得分高于其他三组;30-39岁年龄组在坚持性、严谨性、自信心、责任心、交际能力和抗挫折能力维度的得分高于其他年龄组;40-49岁年龄组在管理能力维度的得分高于其他三组。在不同年龄段的女性肢体残疾人中,15-29岁年龄组在坚持性、严谨性、自信心、交际能力、管理能力和抗挫折能力维度的得分高于其他组;在情绪稳定性和责任心维度,50-59岁年龄组女性的得分最高(见表2-4-22)。

表 2-4-22　广州市肢体残疾人职业人格测验的平均数和标准差

		n	坚持性		严谨性		情绪稳定性		自信心	
			M	Std	M	Std	M	Std	M	Std
	总体	760	8.76	2.56	8.98	2.15	6.70	3.10	8.34	2.29
	男性	469	8.77	2.55	9.07	2.18	6.87	3.04	8.32	2.19
	女性	291	8.74	2.58	8.83	2.10	6.42	3.18	8.38	2.44
男（岁）	15-29	223	8.75	2.50	9.09	2.09	6.72	3.07	8.52	2.10
	30-39	120	9.43	2.38	9.33	2.15	7.93	2.84	8.34	2.16
	40-49	85	8.27	2.68	8.95	2.20	5.95	2.72	8.01	2.40
	50-59	41	7.95	2.65	8.49	2.57	6.54	3.31	7.78	2.22
女（岁）	15-29	154	9.02	2.52	9.01	2.09	6.52	3.13	8.60	2.52
	30-39	75	8.63	2.52	8.68	1.87	6.25	3.37	8.07	2.17
	40-49	47	7.91	2.95	8.62	2.47	5.91	3.25	8.21	2.85
	50-54	15	8.93	1.79	8.40	1.96	7.80	2.01	8.33	1.05

表 2-4-22　广州市肢体残疾人职业人格测验的平均数和标准差（续）

		n	责任心		交际能力		管理能力		抗挫折能力	
			M	Std	M	Std	M	Std	M	Std
	总体	760	9.64	2.18	8.43	2.58	9.52	2.41	8.23	2.48
	男性	469	9.55	2.24	8.33	2.61	9.53	2.43	8.38	2.45
	女性	291	9.78	2.07	8.60	2.54	9.49	2.38	7.99	2.52
男（岁）	15-29	223	9.58	2.25	8.47	2.70	9.43	2.38	8.61	2.38
	30-39	120	9.93	2.00	8.50	2.73	9.66	2.46	8.69	2.61
	40-49	85	9.26	2.38	7.89	2.41	9.68	2.42	7.69	2.23
	50-59	41	8.88	2.36	7.93	1.98	9.44	2.67	7.66	2.42
女（岁）	15-29	154	10.06	1.78	8.99	2.49	9.59	2.34	8.60	2.47
	30-39	75	9.55	2.22	8.13	2.53	9.35	2.61	7.44	2.52
	40-49	47	9.00	2.56	8.43	2.69	9.38	2.40	6.89	2.37
	50-54	15	10.53	1.73	7.47	2.00	9.53	1.60	7.87	1.85

广州市城区的肢体残疾人在职业人格各维度的得分高于郊区。城区男性肢体残疾人组在坚持性、严谨性、情绪稳定性、自信心、责任心、管理能力和抗挫折能力维度的得分高于女性组，在交际能力的得分低于女性组；郊区男性肢体残疾人组在严谨性、情绪稳定性、自信心、交际能力、管理能力和抗挫折能力维度的得分高于女性组，在坚持性、责任心维度的得分低于女性组（见表2-4-23）。

表 2-4-23　广州市城郊肢体残疾人职业人格测验的平均数和标准差

	n	坚持性		严谨性		情绪稳定性		自信心	
		Std	M	Std	M	Std	M	Std	M
城区	398	8.82	2.43	9.04	2.21	6.61	3.03	8.38	2.30
郊区	207	8.24	2.92	8.76	2.11	6.58	3.16	7.77	2.25

(续表)

		n	坚持性		严谨性		情绪稳定性		自信心	
			M	Std	M	Std	M	Std	M	Std
城区	男	259	8.97	2.41	9.18	2.28	6.79	2.98	8.40	2.24
	女	139	8.55	2.44	8.77	2.06	6.26	3.11	8.36	2.40
郊区	男	130	8.17	2.83	8.86	2.07	6.68	3.09	7.83	2.04
	女	77	8.35	3.07	8.58	2.17	6.42	3.31	7.68	2.58

表 2-4-23 广州市城郊肢体残疾人职业人格测验的平均数和标准差（续）

		n	责任心		交际能力		管理能力		抗挫折能力	
			M	Std	M	Std	M	Std	M	Std
	城区	398	9.73	2.09	8.32	2.64	9.56	2.36	8.24	2.46
	郊区	207	9.21	2.54	8.21	2.64	9.27	2.67	7.78	2.69
城区	男	259	9.74	2.13	8.25	2.75	9.62	2.43	8.47	2.44
	女	139	9.71	2.01	8.45	2.43	9.46	2.24	7.79	2.45
郊区	男	130	9.09	2.56	8.22	2.52	9.39	2.56	7.82	2.57
	女	77	9.40	2.52	8.18	2.86	9.06	2.86	7.71	2.89

（3）广州市肢体残疾人职业人格特征

1）性别差异比较分析

广州市肢体残疾人职业人格测验各维度得分的均数比较显示，男性肢体残疾人在坚持性、严谨性、情绪稳定性、管理能力和抗挫折能力维度的得分高于女性，而在自信心、责任心和交际能力维度的得分低于女性（见图2-4-7）。

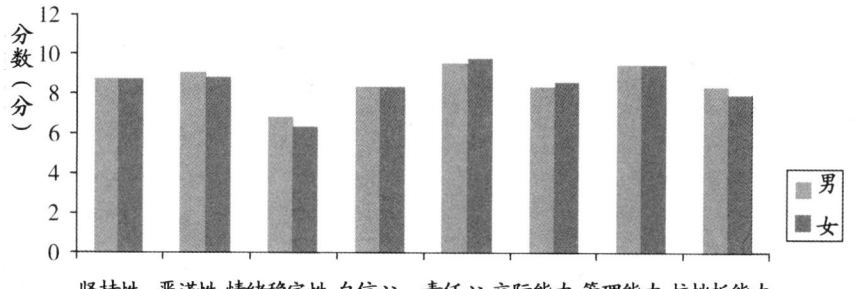

图 2-4-7 广州市肢体残疾人职业人格特征的性别比较

进一步差异性检验显示，广州市肢体残疾人在情绪稳定性和抗挫折能力维度的得分存在显著的性别差异（见表2-4-24）。

表 2-4-24 广州市肢体残疾人职业人格特征的性别差异检验

	名称	性别	人数	平均数	标准差	t	p
职业人格	坚持性	男	469	8.77	2.55	.179	.858
		女	291	8.74	2.58		
	严谨性	男	469	9.07	2.18	1.526	.128
		女	291	8.83	2.10		

(续表)

名称		性别	人数	平均数	标准差	t	p
职业人格	情绪稳定性	男	469	6.87	3.04	1.962*	.050
		女	291	6.42	3.18		
	自信心	男	469	8.32	2.19	-.406	.685
		女	291	8.38	2.44		
	责任心	男	469	9.55	2.24	-1.452	.147
		女	291	9.78	2.07		
	交际能力	男	469	8.33	2.61	-1.428	.154
		女	291	8.60	2.54		
	管理能力	男	469	9.53	2.43	.231	.817
		女	291	9.49	2.38		
	抗挫折能力	男	469	8.38	2.45	2.150*	.032
		女	291	7.99	2.52		

2) 年龄差异比较分析

随着年龄的增长,广州市肢体残疾人自信心和交际能力的得分越来越低,即这些人格特征越来越不明显;坚持性和情绪稳定性的得分随年龄的增长呈现升-降-升的变化特点,30-39岁年龄组得分最高,40-49岁年龄组得分最低;责任心和抗挫折能力两个维度呈先降后升的"U"型变化特点,20-29岁年龄组得分最高,40-49岁年龄组得分最低;在严谨性和管理能力维度,各年龄组的分数差别不大(见图2-4-8)。

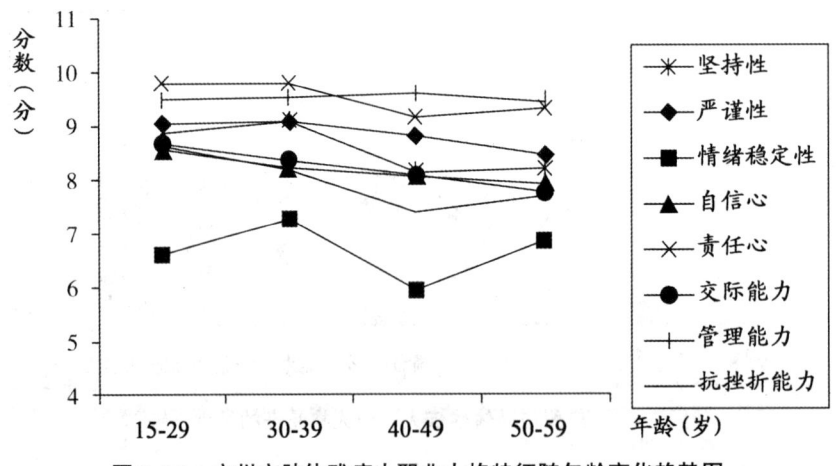

图2-4-8 广州市肢体残疾人职业人格特征随年龄变化趋势图

进一步差异性检验显示,肢体残疾人在责任心和交际能力维度得分存在显著差异,在坚持性、情绪稳定性和抗挫折能力维度的得分存在极显著的年龄差异。多重比较可以看出,肢体残疾人在坚持性上,40-49岁年龄组的得分显著低于40岁之前年龄组,且50-59岁年龄组的得分显著低于30-39岁年龄组;在情绪稳定性上,40-49岁年龄组的得分显著低于40岁之前的年龄组,且15-29岁年龄组的得分显著低于30-39岁年龄组;在责任心上,40-49岁年龄组的得分显著低于40岁之前的两个年龄组;在交际能力上,15-29岁年龄组的得分显著高于40岁之后的两个年龄组;在抗挫折能力上,15-29岁年龄组的得分显著高于40岁之后的两个年龄组,且30-39岁年龄组的得分显著高于40-49岁年龄组(见表2-4-25)。

表 2-4-25 广州市肢体残疾人职业人格特征的年龄差异检验

名称		年龄(岁)	人数	平均值	标准差	F	p	多重比较
职业人格	坚持性	15-29	377	8.86	2.51	4.972**	.002	1>3,2>3 2>4
		30-39	195	9.12	2.46			
		40-49	132	8.14	2.77			
		50-59	56	8.21	2.48			
	严谨性	15-29	377	9.06	2.09	1.573	.194	
		30-39	195	9.08	2.06			
		40-49	132	8.83	2.30			
		50-59	56	8.46	2.40			
	情绪稳定性	15-29	377	6.64	3.09	5.142**	.002	1>3,2>1 2>3
		30-39	195	7.28	3.15			
		40-49	132	5.94	2.91			
		50-59	56	6.88	3.05			
	自信心	15-29	377	8.55	2.28	2.358	.070	1>3
		30-39	195	8.24	2.16			
		40-49	132	8.08	2.56			
		50-59	56	7.93	1.98			
	责任心	15-29	377	9.78	2.08	3.278*	.021	1>3 2>3
		30-39	195	9.78	2.09			
		40-49	132	9.17	2.44			
		50-59	56	9.32	2.31			
	交际能力	15-29	377	8.68	2.63	3.184*	.023	1>3 1>4
		30-39	195	8.36	2.65			
		40-49	132	8.08	2.52			
		50-59	56	7.80	1.98			
	管理能力	15-29	377	9.49	2.36	.052	.984	
		30-39	195	9.54	2.52			
		40-49	132	9.58	2.41			
		50-59	56	9.46	2.41			
	抗挫折能力	15-29	377	8.61	2.42	8.777**	.000	1>3,1>4 2>3
		30-39	195	8.21	2.64			
		40-49	132	7.41	2.30			
		50-59	56	7.71	2.27			

注:1 表示 15-29 岁年龄组肢体残疾人,2 表示 30-39 岁年龄组肢体残疾人,3 表示 40-49 岁年龄组肢体残疾人,4 表示 50-59 岁年龄组肢体残疾人。

3)残疾等级比较分析

广州市肢体残疾人随着残疾程度的加重,在坚持性、严谨性、情绪稳定性、自信、交际能力和抗挫折能力六个维度的得分呈现升-降-升的变化特点。在坚持性维度,二级残疾人得分最低,一级残疾人得分最高;在严谨性维度,四级残疾人得分最高,一级残疾人得分最低;在情绪稳定性维度,三级残疾人得分最高,二级残疾人得分最低;在自信心和抗挫折能力两个维度,四级残疾人得分最高,一级残疾人得分最低;在责任心和管理能力两个维度,一级残疾人得分最高,二级残疾人得分最低;在管理能力维度,一级残疾人得分最高,三级残疾人得分最低。但各组之间在人格特征各维度上的得分差别不大(见图2-4-9)。

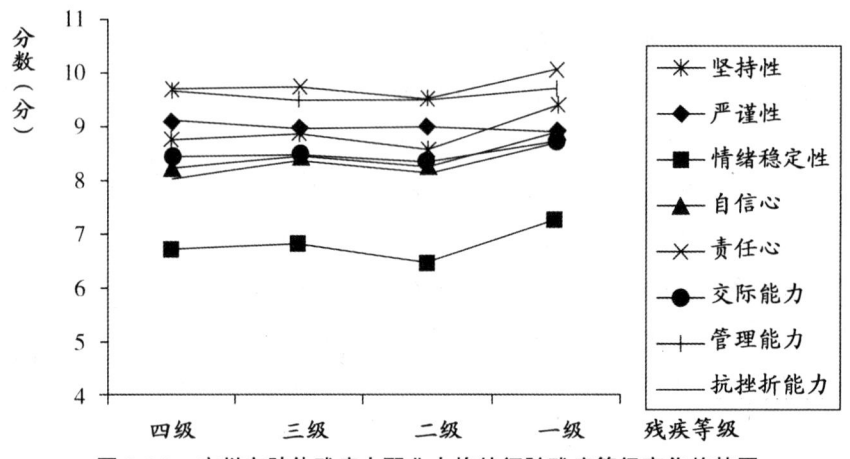

图2-4-9 广州市肢体残疾人职业人格特征随残疾等级变化趋势图

进一步差异性检验显示,广州市肢体残疾人在人格特征各维度上均不存在显著的残疾等级差异,说明残疾等级对肢体残疾人的职业人格特征并无显著影响(见表2-4-26)。

表2-4-26 广州市肢体残疾人职业人格特征的残疾等级差异检验

名称		残疾等级	人数	平均值	标准差	F	p
职业人格	坚持性	四级	110	8.74	2.54	1.299	.274
		三级	390	8.84	2.59		
		二级	210	8.57	2.53		
		一级	39	9.38	2.16		
	严谨性	四级	110	9.11	2.07	.152	.928
		三级	390	8.97	2.16		
		二级	210	9.00	2.19		
		一级	39	8.90	2.07		
	情绪稳定性	四级	110	6.72	3.09	.957	.412
		三级	390	6.79	3.02		
		二级	210	6.46	3.27		
		一级	39	7.26	3.06		
	自信心	四级	110	8.23	2.29	.896	.443
		三级	390	8.39	2.27		
		二级	210	8.28	2.28		
		一级	39	8.87	2.19		
	责任心	四级	110	9.67	2.28	.945	.418
		三级	390	9.72	2.15		
		二级	210	9.50	2.14		
		一级	39	10.05	1.81		

(续表)

名称		残疾等级	人数	平均值	标准差	F	p
职业人格	交际能力	四级	110	8.43	2.54	.288	.834
		三级	390	8.48	2.56		
		二级	210	8.34	2.69		
		一级	39	8.72	2.20		
	管理能力	四级	110	9.65	2.49	.162	.922
		三级	390	9.50	2.38		
		二级	210	9.51	2.39		
		一级	39	9.69	2.46		
	抗挫折能力	四级	110	8.02	2.46	.993	.396
		三级	390	8.34	2.41		
		二级	210	8.14	2.61		
		一级	39	8.67	2.23		

4) 文化水平比较分析

广州市肢体残疾人在各职业人格特征的得分从高到低依次为：大专及以上组>高中/中专组>初中组>小学及以下组，也就是说随着文化水平的升高，肢体残疾人的职业人格特征越来越明显。但是，在情绪稳定性维度，高中/中专组得分低于初中组（见图2-4-10）。

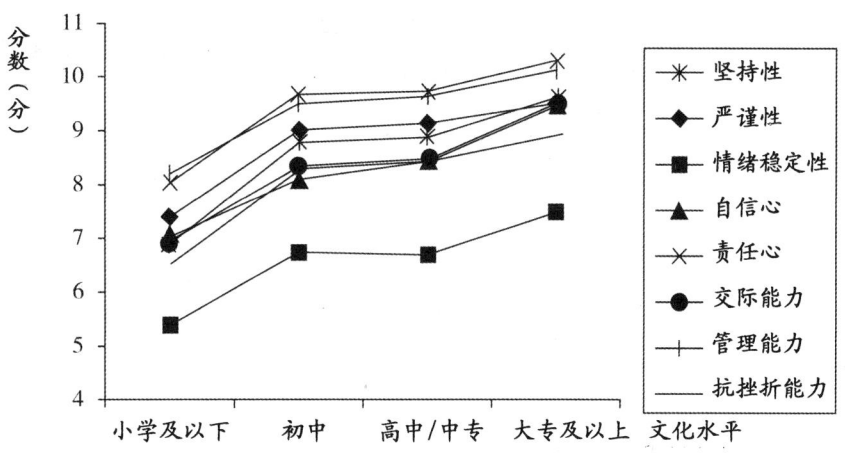

图 2-4-10 广州市肢体残疾人职业人格特征随文化水平变化趋势图

进一步差异性检验显示，广州市肢体残疾人的职业人格特征各维度均存在极显著的文化水平差异。多重比较可以看出，在坚持性、情绪稳定性、责任心和交际能力维度，初中组和高中/中专组间不存在显著差异，其余各组间均存在显著差异；在严谨性、管理能力和抗挫折能力维度，高中/中专组与初中组、大专及以上组间不存在显著差异，其余各组间均存在显著差异；在自信心维度，不同文化水平的肢体残疾人间均存在显著差异（见表2-4-27）。

表 2-4-27 广州市肢体残疾人职业人格特征的文化水平差异检验

名称		文化水平	人数	平均值	标准差	F	p	多重比较
职业人格	坚持性	小学及以下	73	6.86	2.93	19.479**	.000	4>1,4>2 4>3,3>1 2>1
		初中	269	8.78	2.53			
		高中/中专	282	8.88	2.40			
		大专及以上	121	9.62	2.17			
	严谨性	小学及以下	73	7.41	2.33	16.999**	.000	4>1,4>2 3>1,2>1
		初中	269	9.00	2.03			
		高中/中专	282	9.14	2.09			
		大专及以上	121	9.52	2.07			
	情绪稳定性	小学及以下	73	5.41	2.99	7.072**	.000	4>1,4>2 4>3,3>1 2>1
		初中	269	6.74	3.13			
		高中/中专	282	6.71	3.03			
		大专及以上	121	7.50	3.01			
	自信心	小学及以下	73	7.03	2.46	20.892**	.000	4>1,4>2 4>3,3>1 3>2,2>1
		初中	269	8.08	2.13			
		高中/中专	282	8.45	2.21			
		大专及以上	121	9.47	2.13			
	责任心	小学及以下	73	8.03	2.66	18.730**	.000	4>1,4>2 4>3,3>1 2>1
		初中	269	9.67	2.25			
		高中/中专	282	9.73	2.05			
		大专及以上	121	10.33	1.46			
	交际能力	小学及以下	73	6.93	2.68	16.328**	.000	4>1,4>2 4>3,3>1 2>1
		初中	269	8.31	2.52			
		高中/中专	282	8.47	2.56			
		大专及以上	121	9.51	2.28			
	管理能力	小学及以下	73	8.21	3.15	10.344**	.000	4>1,4>2 3>1,2>1
		初中	269	9.48	2.39			
		高中/中专	282	9.65	2.29			
		大专及以上	121	10.12	1.98			
	抗挫折能力	小学及以下	73	6.51	2.53	16.546**	.000	4>1,4>2 3>1,2>1
		初中	269	8.23	2.51			
		高中/中专	282	8.42	2.39			
		大专及以上	121	8.93	2.08			

注:1 表示小学及以下肢体残疾人组,2 表示初中肢体残疾人组,3 表示高中/中专肢体残疾人组,4 表示大专及以上肢体残疾人组。

5) 残疾部位比较分析

广州市肢体残疾人中,躯干残疾人在坚持性、严谨性和责任心三个维度的得分最高,残疾部位位于上肢者在情绪稳定性、自信心、交际能力、管理能力和抗挫折能力五个维度的得分最高,残疾部位位于上肢和下肢者在职业人格的八个维度得分均为最低(见图2-4-11)。

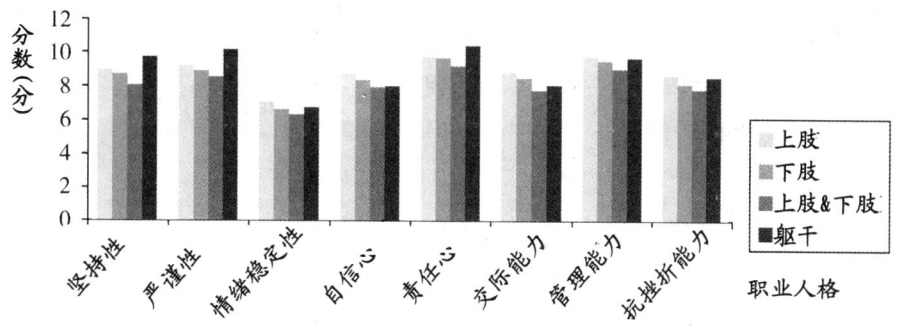

图2-4-11 广州市不同残疾部位的肢体残疾人职业人格特征的比较

进一步差异性检验显示,不同残疾部位的肢体残疾人在坚持性和严谨性两个维度的得分存在极显著差异;在自信心、责任心、交际能力和抗挫折能力维度的得分存在显著差异。多重比较可以看出,在坚持性维度,上肢和下肢残疾人组的得分显著低于其他三组,且躯干残疾人组的得分显著高于下肢残疾人组,说明上肢和下肢残疾人的坚持性人格特征更为明显;在严谨性维度,躯干残疾人组的得分显著高于其他三组,且上肢残疾人组的得分显著高于上肢和下肢残疾人组;在自信心维度,上肢和下肢残疾人组的得分显著低于上肢残疾人组;在责任心维度,躯干残疾人组的得分显著高于下肢残疾人组和上肢和下肢残疾人组,即躯干残疾人的责任心特征表现得更为明显;在交际能力维度,上肢和下肢残疾人组的得分显著低于上肢残疾人组和下肢残疾人组,说明上肢和下肢残疾人在交际能力上的表现低于上肢或下肢残疾人;在抗挫折能力维度,上肢残疾人组的得分显著高于下肢残疾人组和上肢和下肢残疾人组,说明上肢残疾人组的抗挫折能力更强(见表2-4-28)。

表2-4-28 广州市不同残疾部位肢体残疾人职业人格特征的差异检验

名称		残疾部位	人数	平均值	标准差	F	p	多重比较
职业人格	坚持性	上肢	140	9.01	2.40			
		下肢	462	8.76	2.59	4.735**	.003	1>3,2>3
		上肢&下肢	104	8.13	2.50			4>2,4>3
		躯干	39	9.79	2.45			
	严谨性	上肢	140	9.23	2.02			
		下肢	462	8.92	2.17	6.644**	.000	1>3,4>1
		上肢&下肢	104	8.56	2.22			4>2,4>3
		躯干	39	10.23	1.58			
	情绪稳定性	上肢	140	7.06	2.90			
		下肢	462	6.68	3.19	1.149	.329	
		上肢&下肢	104	6.34	3.07			
		躯干	39	6.79	2.56			
	自信心	上肢	140	8.76	2.15			
		下肢	462	8.40	2.22	2.849*	.037	1>3
		上肢&下肢	104	7.96	2.51			
		躯干	39	8.03	2.11			

(续表)

名称		残疾部位	人数	平均值	标准差	F	p	多重比较
职业人格	责任心	上肢	140	9.77	2.16	3.187*	.023	4>2,4>3
		下肢	462	9.69	2.14			
		上肢&下肢	104	9.24	2.30			
		躯干	39	10.44	1.33			
	交际能力	上肢	140	8.86	2.48	3.802*	.010	1>2 2>3
		下肢	462	8.53	2.50			
		上肢&下肢	104	7.81	2.76			
		躯干	39	8.08	2.77			
	管理能力	上肢	140	9.79	2.23	1.914	.126	
		下肢	462	9.55	2.40			
		上肢&下肢	104	9.07	2.67			
		躯干	39	9.69	2.21			
	抗挫折能力	上肢	140	8.70	2.30	2.781*	.040	1>2 1>3
		下肢	462	8.15	2.53			
		上肢&下肢	104	7.88	2.46			
		躯干	39	8.56	2.16			

注:1 表示上肢残疾人组,2 表示下肢残疾人组,3 表示上肢&下肢残疾人组,4 表示躯干残疾人组。

6) 城郊差异比较分析

广州市肢体残疾人职业人格测验各维度得分的均数比较显示,城区男性组在坚持性、严谨性、情绪稳定性、自信心、责任心、管理能力和抗挫折能力七个维度的得分最高;城区女性组在交际能力维度的得分最高,在情绪稳定性维度的得分最低;郊区男性组在坚持性维度和责任心维度的得分最低;郊区女性组在严谨性、自信心、交际能力、管理能力和抗挫折能力五个维度的得分最低(见图 2-4-12)。

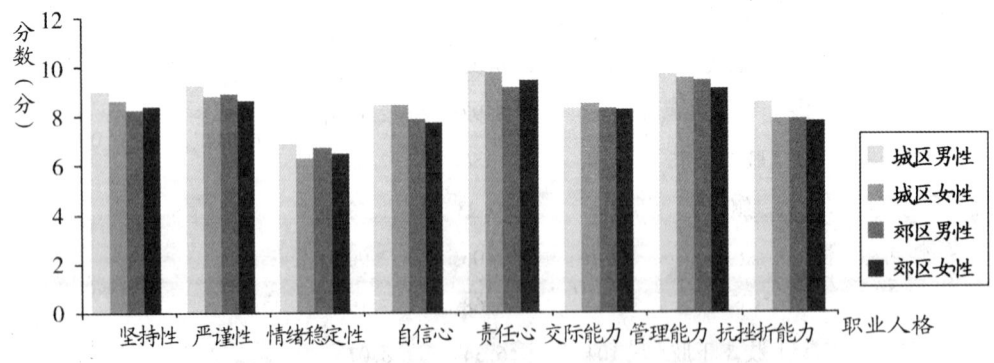

图 2-4-12 广州市肢体残疾人职业人格特征的城郊比较

进一步差异性检验显示,城区男性、城区女性、郊区男性和郊区女性四组在坚持性、自信心、责任心和抗挫折能力维度的得分存在显著差异,在其他人格特征维度上,四组之间并不存在显著差异。多重比较可以看出,在坚持性维度,城区男性组的得分显著高于郊区男性组;在自信心维度,城区男性组的得分显著高于郊区群体,城区女性组的得分显著高于郊区女性组;在责任心维度,城区群体的得分显著高于郊区男性组;在抗挫折能力维度,城区男性组的得分显著高于其他三组,见表 2-4-29。

表 2-4-29 广州市肢体残疾人职业人格特征的城郊差异检验

名称		城郊*性别	人数	平均值	标准差	F	p	多重比较
职业人格	坚持性	城区男性	259	8.97	2.41	3.119*	.026	1>3
		城区女性	139	8.55	2.44			
		郊区男性	130	8.17	2.83			
		郊区女性	77	8.35	3.07			
	严谨性	城区男性	259	9.18	2.28	2.058	.105	
		城区女性	139	8.77	2.06			
		郊区男性	130	8.86	2.07			
		郊区女性	77	8.58	2.17			
	情绪稳定性	城区男性	259	6.79	2.98	1.031	.379	
		城区女性	139	6.26	3.11			
		郊区男性	130	6.68	3.09			
		郊区女性	77	6.42	3.31			
	自信心	城区男性	259	8.40	2.24	3.332*	.019	1>3,1>4 2>4
		城区女性	139	8.36	2.40			
		郊区男性	130	7.83	2.04			
		郊区女性	77	7.68	2.58			
	责任心	城区男性	259	9.74	2.13	2.710*	.044	1>3 2>3
		城区女性	139	9.71	2.01			
		郊区男性	130	9.09	2.56			
		郊区女性	77	9.40	2.52			
	交际能力	城区男性	259	8.25	2.75	.262	.853	
		城区女性	139	8.45	2.43			
		郊区男性	130	8.22	2.52			
		郊区女性	77	8.18	2.86			
	管理能力	城区男性	259	9.62	2.43	1.037	.376	
		城区女性	139	9.46	2.24			
		郊区男性	130	9.39	2.56			
		郊区女性	77	9.06	2.86			
	抗挫折能力	城区男性	259	8.47	2.44	3.688*	.012	1>2,1>3 1>4
		城区女性	139	7.79	2.45			
		郊区男性	130	7.82	2.57			
		郊区女性	77	7.71	2.89			

注:1 表示城区男性肢体残疾人组,2 表示城区女性肢体残疾人组,3 表示郊区男性肢体残疾人组,4 表示郊区女性肢体残疾人组。

(4)结论

①广州市肢体残疾人职业人格各维度的得分从高到低的排序依次为:责任心>管理能力>严谨性>坚持性>自信心>交际能力>抗挫折能力>情绪稳定性。

②男性肢体残疾人在情绪稳定性和抗挫折能力维度的得分高于女性,且二者存在显著差异。

③广州市肢体残疾人在交际能力的得分随着年龄的增长越来越低;在坚持性和情绪稳定性维度的得分随年龄的增长呈现升-降-升的变化特点,30-39 岁年龄组得分最高,40-49 岁年龄组得分最低;责任心和抗挫折能力两个维度呈先降后升的变化特点,20-29 岁年龄组得分最高,40-49 岁年龄组得分

最低。肢体残疾人在责任心和交际能力维度得分存在显著差异,在坚持性、情绪稳定性和抗挫折能力维度的得分存在极显著的年龄差异。

④残疾等级对广州市肢体残疾人的职业人格特征并无显著影响。

⑤广州市肢体残疾人在各职业人格特征的得分从高到低依次为:大专及以上组>高中/中专组>初中组>小学及以下组,但在情绪稳定性维度,高中/中专组得分低于初中组。

⑥躯干残疾者在坚持性、严谨性和责任心三个维度的得分最高,上肢残疾者在情绪稳定性、自信心、交际能力和抗挫折能力四个维度的得分最高,上下肢残疾者在职业人格各维度得分均为最低,且不同残疾部位的肢体残疾人在坚持性和严谨性两个维度的得分存在极显著差异;在自信心、责任心、交际能力和抗挫折能力维度的得分存在显著差异。

⑦城区男性组在坚持性维度的得分显著高于郊区男性组;城区男性组在自信心维度的得分显著高于郊区群体,城区女性组在自信心维度的得分显著高于郊区女性组;城区群体在责任心维度的得分显著高于郊区男性组;,城区男性组在抗挫折能力维度的得分显著高于其他三组。

3. 广州市肢体残疾人职业兴趣状况

(1)测试人群分布

本项目在广州市共选取751名有效被试进行肢体残疾人职业兴趣测验,性别、年龄和城郊分布情况见表2-4-30。

表2-4-30 广州市肢体残疾人职业兴趣测验有效样本分布表

年龄(岁)	男	女	合计
15-29	221	154	375
30-39	117	74	191
40-49	83	46	129
50-59	40	16	56
合计	461	290	751

表2-4-30 广州市肢体残疾人职业兴趣测验有效样本分布表(续)

年龄(岁)	城区			郊区			总计
	男	女	小计	男	女	小计	
15-29	123	64	187	41	39	80	267
30-39	67	37	104	40	21	61	165
40-49	40	28	68	37	12	49	117
50-59	23	10	33	11	5	16	49
合计	253	139	392	129	77	206	598

(2)总体情况

被测试的广州市肢体残疾人职业兴趣各类型的得分从高到低依次为:常规型>现实型>研究型>企业型>社会型>艺术型。在不同年龄段的男性肢体残疾人中,15-29岁年龄组在现实型、企业型和艺术型上的得分高于其他年龄组;30-39岁年龄组在常规型、研究型和社会型上的得分均高于其他年龄组。在不同年龄段的女性肢体残疾人中,15-29岁年龄组在研究型、企业型和艺术型得分最高;30-39岁年龄组在社会型得分最高;50-59岁年龄组在常规型和现实型的得分高于其他年龄组(见表2-4-31)。

表2-4-31　广州市不同性别和年龄的肢体残疾人职业兴趣测验

		n	常规型		现实型		研究型		企业型		社会型		艺术型	
			M	Std	M	Std	M	Std	M	Std	M	Std	M	Std
总体		751	6.49	1.67	6.38	1.45	5.95	1.81	5.83	1.71	5.49	1.62	4.57	1.88
男性		461	6.53	1.67	6.25	1.47	6.05	1.81	5.89	1.68	5.38	1.58	4.35	1.86
女性		290	6.42	1.68	6.60	1.38	5.79	1.80	5.73	1.75	5.67	1.66	4.92	1.85
男（岁）	15-29	221	6.42	1.61	6.33	1.34	5.92	1.80	6.04	1.64	5.32	1.60	4.70	1.85
	30-39	117	6.74	1.78	6.20	1.53	6.55	1.67	5.91	1.69	5.55	1.54	3.97	1.87
	40-49	83	6.66	1.60	6.22	1.59	5.88	1.84	5.64	1.72	5.37	1.54	4.10	1.81
	50-59	40	6.23	1.78	6.03	1.72	5.63	2.01	5.53	1.72	5.23	1.70	4.08	1.72
女（岁）	15-29	154	6.33	1.50	6.66	1.27	6.01	1.79	6.16	1.78	5.67	1.68	5.24	1.70
	30-39	74	6.34	1.90	6.34	1.43	5.43	1.83	5.30	1.64	5.80	1.63	4.51	2.05
	40-49	46	6.76	1.82	6.54	1.39	5.59	1.72	5.26	1.27	5.76	1.58	4.72	1.77
	50-54	16	6.69	1.82	7.31	1.96	5.81	1.76	4.94	2.21	4.75	1.73	4.38	2.03

城区的肢体残疾人群体在常规型、现实型、研究型、社会型和艺术型上的得分高于郊区肢体残疾人群体，在企业型得分低于郊区群体。城区男性组在常规型、研究型和企业型上的得分高于城区女性组，在现实型、社会型和艺术型的得分低于城区女性组；郊区男性组在研究型和企业型的得分高于郊区女性组，在常规型、现实型、社会型和艺术型的得分低于郊区女性组（见表2-4-32）。

表2-4-32　广州市城郊肢体残疾人职业兴趣测验平均数和标准差

		n	常规型		现实型		研究型		企业型		社会型		艺术型	
			M	Std	M	Std	M	Std	M	Std	M	Std	M	Std
城区		392	6.57	1.64	6.53	1.41	5.91	1.82	5.64	1.81	5.40	1.62	4.59	1.93
郊区		206	6.51	1.69	6.00	1.57	5.77	1.80	5.91	1.56	5.28	1.53	4.45	1.89
城区	男	253	6.63	1.60	6.36	1.43	6.07	1.80	5.81	1.84	5.30	1.62	4.38	1.93
	女	139	6.46	1.72	6.84	1.32	5.61	1.84	5.34	1.70	5.58	1.62	4.97	1.86
郊区	男	129	6.50	1.71	5.92	1.61	5.91	1.88	5.95	1.49	5.24	1.42	4.26	1.84
	女	77	6.52	1.67	6.14	1.51	5.52	1.66	5.84	1.67	5.35	1.70	4.75	1.96

(3)广州市肢体残疾人职业兴趣特征

1)性别差异比较分析

广州市肢体残疾人职业兴趣各类型得分的均数比较显示，男性肢体残疾人在常规型、研究型和企业型的得分高于女性，在现实型、社会型和艺术型的得分低于女性（见图2-4-13）。

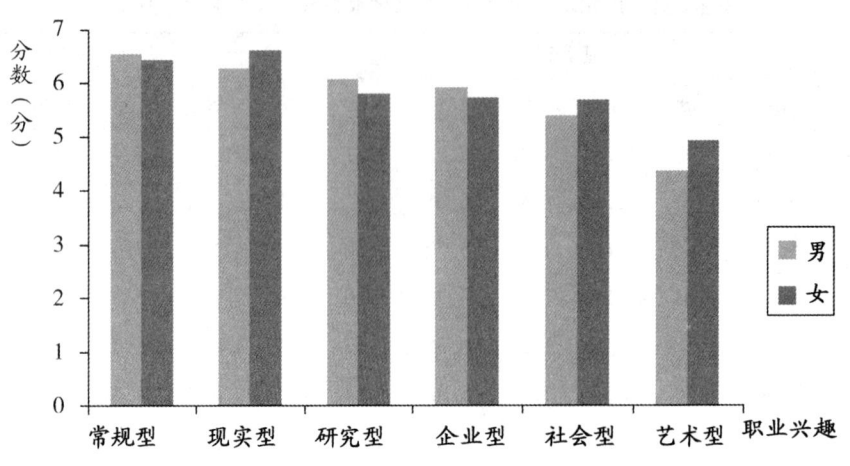

图 2-4-13 广州市肢体残疾人职业兴趣的性别比较

进一步差异性检验显示,肢体残疾人现实型和艺术型的得分存在极显著的性别差异,社会型的得分存在显著的性别差异,说明女性更偏好于现实型、社会型和艺术型职业(见表2-4-33)。

表 2-4-33 广州市肢体残疾人职业兴趣的性别差异检验

	名称	性别	人数	平均值	标准差	t	p
职业兴趣	常规型	男	461	6.53	1.67	.848	.397
		女	290	6.42	1.68		
	现实型	男	461	6.25	1.47	-3.242**	.001
		女	290	6.60	1.38		
	研究型	男	461	6.05	1.81	1.929	.054
		女	290	5.79	1.80		
	企业型	男	461	5.89	1.68	1.247	.213
		女	290	5.73	1.75		
	社会型	男	461	5.38	1.58	-2.382*	.017
		女	290	5.67	1.66		
	艺术型	男	461	4.35	1.86	-4.115**	.000
		女	290	4.92	1.85		
	总分	男	461	34.44	5.67	-1.621	.105
		女	290	35.12	5.53		

2)年龄差异比较分析

随着广州市肢体残疾人的年龄增长,在常规型、研究型和社会型,呈现先上升后下降的变化特点。40-49岁年龄组常规型得分最高,15-29岁年龄组的得分最低。30-39岁年龄组研究型和社会型的得分最高,50-59岁年龄组的得分最低;在现实型,呈现先下降后上升的变化特点,15-29岁年龄组的得分最高,30-39岁年龄组得分最低;在企业型的得分随着年龄的增长而呈下降的趋势;在艺术型的得分呈现降-升-降的变化特点,15-29岁年龄组的得分最高,50-59岁年龄组的得分最低。各个年龄组的肢体残疾人都偏好于从事常规型和现实型的职业活动(见图2-4-14)。

进一步差异性检验显示,广州市肢体残疾人在企业型和艺术型的得分存在极显著的年龄差异。多重比较可以看出,在企业型和艺术型,15-29岁年龄组的得分显著高于其他三个年龄组,说明15-29岁年龄组偏好于从事企业型和艺术型的职业(见表2-4-34)。

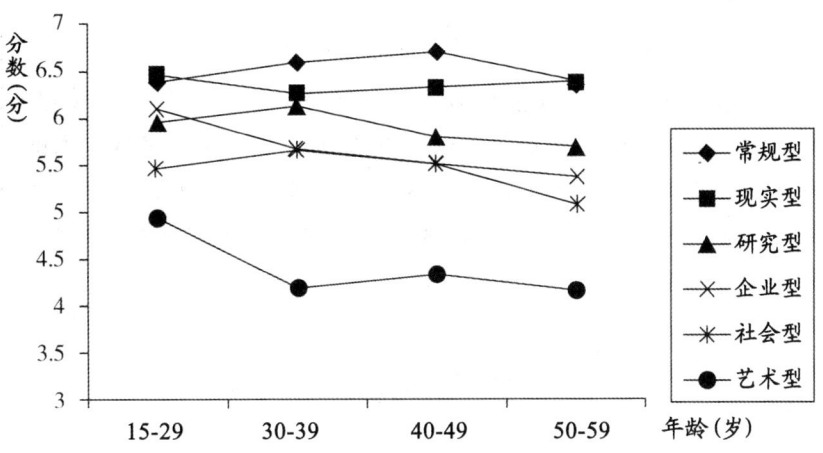

图 2-4-14 广州市肢体残疾人职业兴趣随年龄变化趋势图

表 2-4-34 广州市肢体残疾人职业兴趣的年龄差异检验

	名称	年龄(岁)	人数	平均值	标准差	F	p	多重比较
职业兴趣	常规型	15-29	375	6.38	1.57			
		30-39	191	6.59	1.83	1.518	.209	
		40-49	129	6.70	1.68			
		50-59	56	6.36	1.78			
	现实型	15-29	375	6.46	1.32			
		30-39	191	6.25	1.49	.971	.406	
		40-49	129	6.33	1.53			
		50-59	56	6.39	1.87			
	研究型	15-29	375	5.96	1.80			
		30-39	191	6.12	1.81	1.353	.256	
		40-49	129	5.78	1.80			
		50-59	56	5.68	1.93			
	企业型	15-29	375	6.09	1.70			
		30-39	191	5.67	1.69	6.487**	.000	1>2,1>3
		40-49	129	5.50	1.58			1>4
		50-59	56	5.36	1.87			
	社会型	15-29	375	5.46	1.64			
		30-39	191	5.64	1.58	1.772	.151	
		40-49	129	5.51	1.56			
		50-59	56	5.09	1.71			
	艺术型	15-29	375	4.92	1.81			
		30-39	191	4.18	1.96	8.993**	.000	1>2,1>3
		40-49	129	4.32	1.82			1>4
		50-59	56	4.16	1.80			

注:1 表示 15-29 岁年龄组的肢体残疾人,2 表示 30-39 岁年龄组的肢体残疾人,3 表示 40-49 岁年龄组的肢体残疾人,

4表示50-59岁年龄组的肢体残疾人。

3）残疾等级比较分析

随着广州市肢体残疾人的残疾等级加重，研究型的得分呈现上升的趋势；常规型和社会型的得分呈现降-升-降的变化特点，表现为四级肢体残疾人得分最高，而三级肢体残疾人的得分最低；现实型的得分呈现升-降-升的变化特点，三级肢体残疾人的得分最高，二级肢体残疾人的得分最低；企业型和艺术型呈现先升后降的变化特点，三级肢体残疾人得分最高，一级肢体残疾人得分最低（见图2-4-15）。

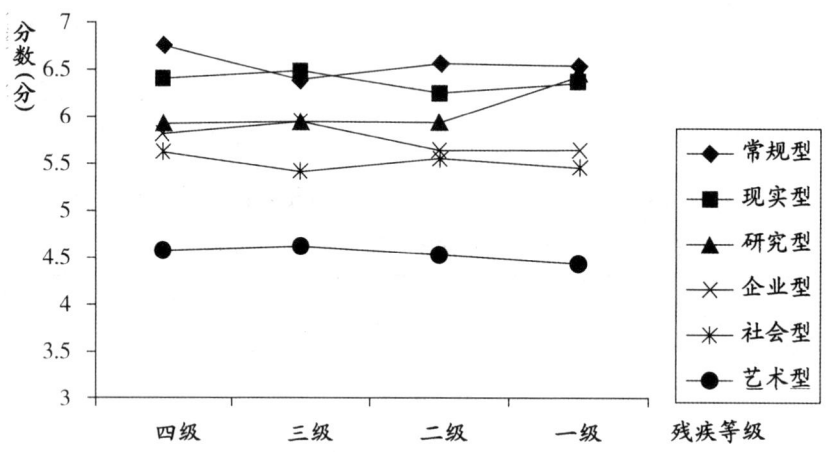

图 2-4-15　广州市肢体残疾人职业兴趣随残疾等级变化趋势图

进一步差异性检验显示，肢体残疾人在职业兴趣的各维度均不存在显著的残疾等级差异（见表2-4-35），即残疾程度对肢体残疾人的职业兴趣没有显著影响。

表 2-4-35　广州市肢体残疾人职业兴趣的残疾等级差异检验

名称		残疾等级	人数	平均数	标准差	t	p
职业兴趣	常规型	四级	106	6.75	1.72		
		三级	386	6.38	1.68	1.612	.185
		二级	211	6.56	1.66		
		一级	39	6.54	1.57		
	现实型	四级	106	6.41	1.59		
		三级	386	6.47	1.42	1.083	.355
		二级	211	6.25	1.46		
		一级	39	6.36	1.18		
	研究型	四级	106	5.92	1.80		
		三级	386	5.94	1.79	.863	.460
		二级	211	5.93	1.90		
		一级	39	6.41	1.50		
	企业型	四级	106	5.82	1.85		
		三级	386	5.95	1.69	1.627	.182
		二级	211	5.64	1.65		
		一级	39	5.64	1.75		

(续表)

名称		残疾等级	人数	平均数	标准差	t	p
职业兴趣	常规型	四级	106	5.61	1.58		
		三级	386	5.42	1.64	.538	.657
		二级	211	5.54	1.61		
		一级	39	5.44	1.65		
	艺术型	四级	106	4.57	1.84		
		三级	386	4.61	1.89	.178	.911
		二级	211	4.52	1.81		
		一级	39	4.44	2.21		

4) 文化水平比较分析

总体而言,广州市肢体残疾人各职业类型的得分随文化水平的提高而上升,即大专及以上组>高中/中专组>初中组>小学及以下组;但小学及以下组艺术型得分略高于初中组和高中/中专组(见图2-4-16)。

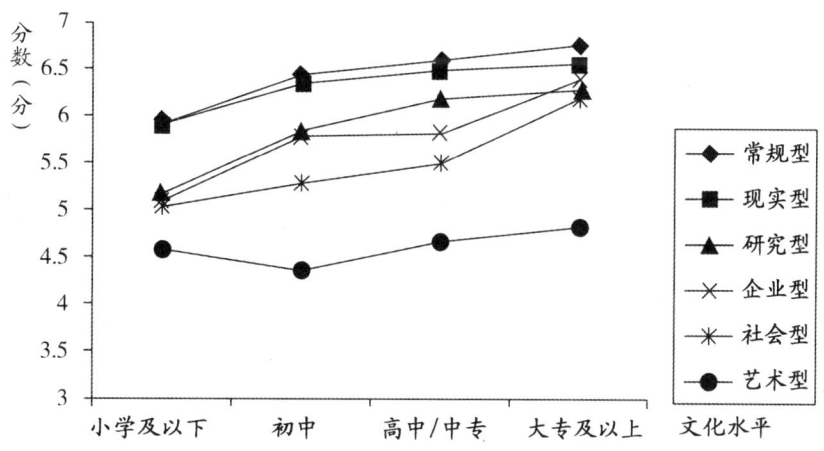

图2-4-16 广州市肢体残疾人职业兴趣随文化水平变化趋势图

进一步差异性检验显示,肢体残疾人在常规型、现实型、研究型、企业型和社会型的得分均存在极显著的文化水平差异。多重比较可以看出,在常规型,小学及以下组的得分显著低于其他三组,说明相对而言,小学及以下组不喜欢从事常规型的职业活动;在现实型,大专及以上组的得分显著高于小学及以下组,即大专及以上组更喜欢从事现实型的职业;在研究型,小学及以下组的得分显著低于其他三组,且初中组的得分显著低于高中/中专和大专及以上组;在企业型,小学及以下组的得分显著低于其他三组,初中组和高中/中专组得分显著低于大专及以上组,说明大专及以上组的肢体残疾人更喜欢从事企业型职业活动;在社会型,大专及以上组的得分显著高于其他三组,且高中/中专组的得分显著高于小学及以下组,说明,大专及以上组和高中/中专组的肢体残疾人更喜欢从事社会型的工作(见表2-4-36)。

表2-4-36 广州市肢体残疾人职业兴趣的文化水平差异检验

	名称	文化水平	人数	平均值	标准差	F	p	多重比较
职业兴趣	常规型	小学及以下	72	5.92	1.90			
		初中	268	6.42	1.55	.145**	.006	2>1,3>1
		初中	268	6.42	1.55			4>1
		高中/中专	279	6.59	1.68			

（续表）

名称		文化水平	人数	平均值	标准差	F	p	多重比较
职业兴趣	现实型	小学及以下	72	5.89	1.79			
		初中	268	6.34	1.50	3.756**	.011	4>1
		高中/中专	279	6.47	1.34			
		大专及以上	119	6.55	1.27			
	研究型	小学及以下	72	5.15	1.80			4>1,4>2
		初中	268	5.83	1.81	7.958**	.000	3>1,3>2
		高中/中专	279	6.17	1.82			2>1
		大专及以上	119	6.28	1.60			
	企业型	小学及以下	72	5.08	1.55			
		初中	268	5.77	1.59	9.445**	.000	4>1,4>2
		高中/中专	279	5.83	1.74			3>1,2>1
		大专及以上	119	6.39	1.75			
	社会型	小学及以下	72	5.03	1.64			
		初中	268	5.29	1.52	11.185**	.000	4>1,4>2
		高中/中专	279	5.50	1.63			4>3,3>1
		大专及以上	119	6.18	1.57			
	艺术型	小学及以下	72	4.58	1.93			
		初中	268	4.34	1.91	2.186	.088	
		高中/中专	279	4.66	1.83			
		大专及以上	119	4.81	1.81			

注：1 表示小学及以下肢体残疾人组，2 表示初中肢体残疾人组，3 表示高中/中专肢体残疾人组，4 表示大专及以上肢体残疾人组。

5) 残疾部位比较分析

广州市肢体残疾人中，不同残疾部位者其职业人格各维度的得分不同。在常规型和现实型，躯干残疾人得分最高，上肢和下肢残疾人的得分最低；在研究型，躯干残疾人得分最高，上肢残疾人的得分最低；在企业型，上肢残疾人的得分最高，上肢和下肢残疾人的得分最低；在社会型，下肢残疾人的得分最高，上肢和下肢残疾人的得分较低；在艺术型，上肢残疾人得分最高，下肢残疾人得分最低（见图2-4-17）。

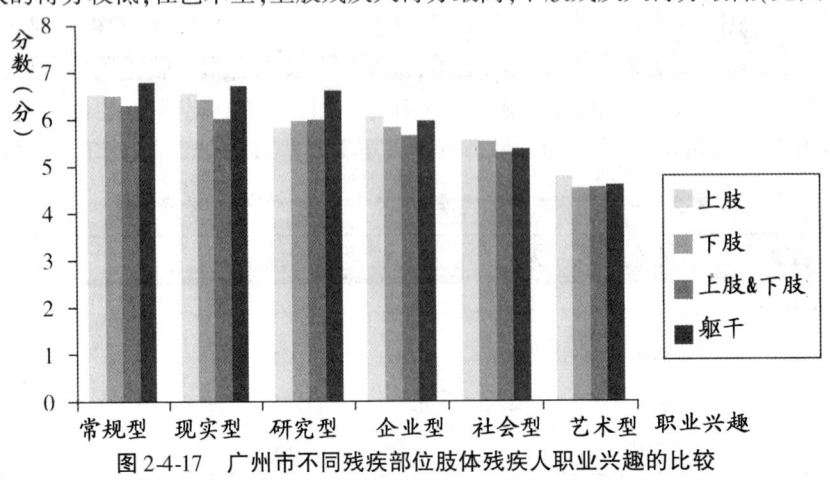

图2-4-17　广州市不同残疾部位肢体残疾人职业兴趣的比较

进一步差异性检验显示,肢体残疾人在现实型存在显著的残疾部位差异。多重比较可以看出,在现实型,上肢&下肢残疾人的得分显著低于其他三组,说明,相对而言,上肢&下肢残疾人不喜欢现实型的职业活动(见表2-4-37)。

表2-4-37 广州市不同残疾部位肢体残疾人职业兴趣的差异检验

名称		残疾部位	人数	平均值	标准差	F	p	多重比较
职业兴趣	常规型	上肢	136	6.51	1.53	.897	.442	
		下肢	456	6.50	1.74			
		上肢&下肢	104	6.29	1.70			
		躯干	40	6.78	1.46			
	现实型	上肢	136	6.54	1.45	3.628*	.013	1>3,2>3 4>3
		下肢	456	6.41	1.44			
		上肢&下肢	104	6.00	1.47			
		躯干	40	6.68	1.29			
	研究型	上肢	136	5.81	1.74	2.014	.111	
		下肢	456	5.94	1.80			
		上肢&下肢	104	5.98	2.04			
		躯干	40	6.60	1.50			
	企业型	上肢	136	6.04	1.82	1.288	.277	
		下肢	456	5.81	1.66			
		上肢&下肢	104	5.63	1.79			
		躯干	40	5.95	1.65			
	社会型	上肢	136	5.54	1.62	.744	.526	
		下肢	456	5.52	1.60			
		上肢&下肢	104	5.28	1.77			
		躯干	40	5.35	1.48			
	艺术型	上肢	136	4.78	1.85	.688	.560	
		下肢	456	4.52	1.86			
		上肢&下肢	104	4.53	2.06			
		躯干	40	4.58	1.74			

注:1表示上肢残疾人组,2表示下肢残疾人组,3表示上肢&下肢残疾人组,4表示躯干残疾人组。

6)城郊差异比较分析

广州市肢体残疾人职业兴趣测验各类型的得分均数比较显示,在常规型,城区男性组的得分最高,城区女性组的得分最低;在现实型,城区女性组的得分最高,郊区男性组的得分最低;在研究型,城区男性组的得分最高,郊区女性组的得分最低;在企业型,城区男性组的分最高,城区女性组的得分最低;在社会型,城区女性组的得分最高,郊区男性组的得分最低;在艺术型,城区女性组的得分最高,郊区男性组的得分最低(见图2-4-18)。

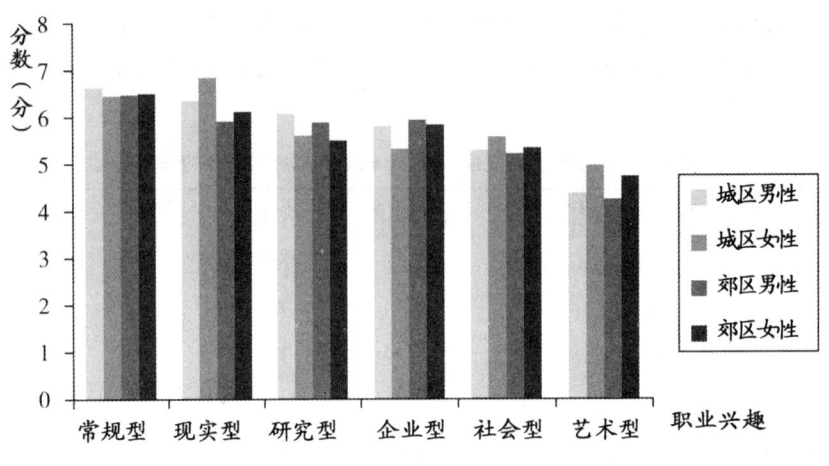

图 2-4-18　广州市不同地区肢体残疾人职业兴趣的比较

进一步差异性检验显示,城区男性、城区女性、郊区男性和郊区女性四组在职业兴趣的现实型和艺术型的得分存在极显著差异,在研究型和企业型的得分存在显著差异。多重比较可以看出,在现实型,城区女性组的得分显著高于其他三组,且城区男性组的得分显著高于郊区男性组;在研究型,城区男性组的得分显著高于城区女性和郊区女性组;城区女性组企业型得分显著高于其他三组;城区女性组艺术型得分显著高于男性群体(见表2-4-38)。

表 2-4-38　广州市肢体残疾人职业兴趣的城郊差异检验

名称		城郊 * 性别	人数	平均值	标准差	F	p	多重比较
职业兴趣		城区男性	253	6.63	1.60			
	常规型	城区女性	139	6.46	1.72	.385	.764	
		郊区男性	129	6.50	1.71			
		郊区女性	77	6.52	1.67			
	现实型	城区男性	253	6.36	1.43			
		城区女性	139	6.84	1.32	9.484**	.000	2>1,2>3
		郊区男性	129	5.92	1.61			2>4,1>3
		郊区女性	77	6.14	1.51			
	现实型	城区男性	253	6.07	1.80			
		城区女性	139	5.61	1.84	2.932*	.033	1>2,1>4
		郊区男性	129	5.91	1.88			
		郊区女性	77	5.52	1.66			
	企业型	城区男性	253	5.81	1.84			
		城区女性	139	5.34	1.70	3.432*	.017	1>2,3>2
		郊区男性	129	5.95	1.49			4>2
		郊区女性	77	5.84	1.67			
	社会型	城区男性	253	5.30	1.62			
		城区女性	139	5.58	1.62	1.230	.298	
		郊区男性	129	5.24	1.42			
		郊区女性	77	5.35	1.70			

(续表)

名称		城郊*性别	人数	平均值	标准差	F	p	多重比较
职业兴趣	艺术型	城区男性	253	4.38	1.93	4.195**	.006	2>1,2>3
		城区女性	139	4.97	1.86			
		郊区男性	129	4.26	1.84			
		郊区女性	77	4.75	1.96			

注:1 表示城区男性肢体残疾人组,2 表示城区女性肢体残疾人组,3 表示郊区男性肢体残疾人组,4 表示郊区女性肢体残疾人组。

(4)结论

①广州市肢体残疾人职业兴趣各类型的得分从高到低依次为:常规型>现实型>研究型>企业型>社会型>艺术型。

②男性肢体残疾人在现实型、社会型和艺术型的得分低于女性;且二者在现实型和艺术型的得分存在极显著差异($p<0.01$),在社会型的得分存在显著差异($p<0.05$)。

③15-29 岁年龄组肢体残疾人在企业型和艺术型的得分显著高于其他三个年龄组($p<0.05$),15-29 岁年龄组偏好于从事企业型和艺术型的职业。

④残疾程度对广州市肢体残疾人的职业兴趣没有显著影响。

⑤广州市肢体残疾人在各职业兴趣类型上的得分随着文化水平提高而上升,即大专及以上组>高中/中专组>初中组>小学及以下组,且肢体残疾人在常规型、现实型、研究型、企业型和社会型的得分均存在极显著的文化水平差异($p<0.01$)。

⑥上肢&下肢残疾者在现实型的得分显著低于其他三组($p<0.05$)。

⑦城区女性组在现实型的得分显著高于其他三组,且城区男性组的得分显著高于郊区男性组($p<0.05$);城区男性组在研究型的得分显著高于城区女性和郊区女性组($p<0.05$);城区女性组在企业型的得分显著高于其他三组($p<0.05$);城区女性组在艺术型的得分显著高于男性群体($p<0.05$)。

(二)广州市听力残疾人职业适应性状况

本次测查广州市就业年龄段的听力残疾人有效样本共计682人。样本详情见表2-4-39~表2-4-43。

表2-4-39 广州市听力残疾人样本性别情况

地区	男		女		合计
	n	%	n	%	
培英中专	74	55.2	60	44.8	134
聋人学校	115	52.5	104	47.5	219
天河	13	48.1	14	51.9	27
越秀	28	65.1	15	34.9	43
南沙	4	44.4	5	55.6	9
荔湾	14	40.0	21	60.0	35
白云	13	56.5	10	43.5	23
海珠	26	54.2	22	45.8	48
从化	13	52.0	12	48.0	25
花都	53	56.4	41	43.6	94

(续表)

地区	男		女		合计
	n	%	n	%	
番禺	17	68.0	8	32.0	25
总计	370	54.3	312	45.7	682

表 2-4-40　广州市听力残疾人样本年龄段分布情况

地区	15-29 岁		30-39 岁		40-49 岁		50-59 岁		合计
	n	%	n	%	n	%	n	%	
培英中专	98	73.1	20	14.9	13	9.7	3	2.2	134
聋人学校	219	100.0	0	0.0	0	0.0	0	0.0	219
天河	2	7.4	14	51.9	8	29.6	3	11.1	27
越秀	3	7.0	18	41.9	17	39.5	5	11.6	43
南沙	8	88.9	1	11.1	0	0.0	0	0.0	9
荔湾	1	2.9	11	31.4	19	54.3	4	11.4	35
白云	2	8.7	7	30.4	10	43.5	4	17.4	23
海珠	8	16.7	15	31.3	19	39.6	6	12.5	48
从化	12	48.0	7	28.0	5	20.0	1	4.0	25
花都	72	76.6	10	10.6	10	10.6	2	2.1	94
番禺	13	52.0	9	36.0	3	12.0	0	0.0	25
总计	438	64.2	112	16.4	104	15.2	28	4.1	682

表 2-4-41　广州市听力残疾人样本残疾等级分布情况

地区	四级		三级		二级		一级		合计
	n	%	n	%	n	%	n	%	
培英中专	3	2.3	22	17.1	31	24.0	73	56.6	129
聋人学校	4	2.3	27	15.6	40	23.1	102	59.0	173
天河	1	3.8	4	15.4	6	23.1	15	57.7	26
越秀	1	2.3	3	7.0	16	37.2	23	53.5	43
南沙	0	0.0	0	0.0	3	37.5	5	62.5	8
荔湾	1	2.9	1	2.9	21	61.8	11	32.4	34
白云	3	15.0	2	10.0	8	40.0	7	35.0	20
海珠	1	2.1	4	8.5	12	25.5	30	63.8	47
从化	0	0.0	4	16.7	10	41.7	10	41.7	24
花都	1	1.1	3	3.3	26	28.3	62	67.4	92
番禺	0	0.0	3	13.6	6	27.3	13	59.1	22
总计	15	2.4	73	11.8	179	29.0	351	56.8	618

注：缺失样本 64 人。

表 2-4-42 广州市听力残疾人样本文化水平分布情况

地区	小学及以下		初中		高中/中专		大专及以上		合计
	n	%	n	%	n	%	n	%	
培英中专	25	18.7	81	60.4	24	17.9	4	3.0	134
聋人学校	38	17.4	64	29.2	116	53.0	1	0.5	219
天河	9	33.3	8	29.6	2	7.4	8	29.6	27
越秀	11	25.6	13	30.2	8	18.6	11	25.6	43
南沙	7	77.8	1	11.1	1	11.1	0	0.0	9
荔湾	12	34.3	13	37.1	8	22.9	2	5.7	35
白云	14	60.9	5	21.7	4	17.4	0	0.0	23
海珠	12	25.0	17	35.4	12	25.0	7	14.6	48
从化	15	60.0	8	32.0	1	4.0	1	4.0	25
花都	12	12.8	21	22.3	3	3.2	58	61.7	94
番禺	11	44.0	10	40.0	3	12.0	1	4.0	25
总计	166	24.3	241	35.3	182	26.7	93	13.6	682

表 2-4-43 广州市听力残疾人样本城郊分布情况

地区	城市男性		城市女性		郊区男性		郊区女性		学校男性		学校女性		合计
	n	%	n	%	n	%	n	%	n	%	n	%	
培英中专	0	0.0	0	0.0	0	0.0	0	0.0	74	55.2	60	44.8	134
聋人学校	0	0.0	0	0.0	0	0.0	0	0.0	115	52.5	104	47.5	219
天河	13	48.1	14	51.9	0	0.0	0	0.0	0	0.0	0	0.0	27
越秀	28	65.1	15	34.9	0	0.0	0	0.0	0	0.0	0	0.0	43
南沙	0	0.0	0	0.0	4	44.4	5	55.6	0	0.0	0	0.0	9
荔湾	14	40.0	21	60.0	0	0.0	0	0.0	0	0.0	0	0.0	35
白云	13	56.5	10	43.5	0	0.0	0	0.0	0	0.0	0	0.0	23
海珠	26	54.2	22	45.8	0	0.0	0	0.0	0	0.0	0	0.0	48
从化	0	0.0	0	0.0	13	52.0	12	48.0	0	0.0	0	0.0	25
花都	0	0.0	0	0.0	53	56.4	41	43.6	0	0.0	0	0.0	94
番禺	0	0.0	0	0.0	17	68.0	8	32.0	0	0.0	0	0.0	25
总计	94	13.8	82	12.0	87	12.8	66	9.7	189	27.7	164	24.0	682

1.广州市听力残疾人职业能力状况

(1)测试人群分布

本项目在广州市共选取682名有效被试进行听力残疾人职业适应性测验,其性别、年龄和城郊分布情况见表2-4-44所示。

表 2-4-44 广州市听力残疾人职业能力测验有效样本分布表

年龄(岁)	男	女	合计
15~29	233	205	438

(续表)

年龄(岁)	男	女	合计
30-39	61	51	112
40-49	54	50	104
50-59	22	6	28
合计	370	312	682

表 2-4-44 广州市听力残疾人职业能力测验有效样本分布表(续)

年龄(岁)	城区			郊区			总计
	男	女	小计	男	女	小计	
15-29	8	8	16	56	49	105	121
30-39	33	32	65	18	9	27	92
40-49	34	39	73	12	6	18	91
50-59	19	3	22	1	2	3	25
合计	94	82	176	87	66	153	329

(2) 总体情况

被测试的广州市听力残疾人在数理能力和空间知觉分测验的得分普遍较低,而在符号知觉分测验的得分则较高,在不同年龄段的听力残疾人中,15-29 岁年龄组在各个职业能力上的表现优于其他年龄组(见表 2-4-45)。

表 2-4-45 广州市听力残疾人职业能力测验

		n	言语能力		数理能力		空间知觉		符号知觉		形状知觉		文档计分	
			M	Std	M	Std	M	Std	M	Std	M	Std	M	Std
总体		682	9.05	4.78	7.97	4.82	7.82	4.65	12.75	6.09	11.61	4.90	49.21	20.88
男性		370	8.90	4.57	8.44	4.71	8.25	4.67	12.76	6.12	11.91	4.60	50.27	20.24
女性		312	9.23	5.03	7.42	4.90	7.31	4.59	12.75	6.06	11.24	5.22	47.95	21.59
男(岁)	15-29	233	9.72	4.12	9.48	4.36	9.03	4.42	14.92	4.81	13.53	3.81	56.68	17.01
	30-39	61	8.24	4.34	8.07	4.76	7.18	4.90	10.84	5.78	10.10	4.22	44.42	19.31
	40-49	54	6.94	5.13	5.41	4.49	6.93	4.93	7.79	6.60	8.85	4.62	35.91	20.76
	50-59	22	6.85	5.95	5.82	4.49	6.27	4.33	7.49	6.54	7.36	4.76	33.80	21.84
女(岁)	15-29	205	10.24	4.18	8.42	4.53	7.94	4.22	14.60	5.00	13.17	4.12	53.98	17.52
	30-39	51	7.78	5.91	6.08	5.09	6.63	5.04	10.54	6.73	9.46	4.87	39.73	24.59
	40-49	50	7.39	5.97	5.32	5.09	5.92	5.21	8.69	5.63	8.65	5.00	35.76	23.20
	50-54	6	2.33	2.62	2.00	2.19	3.33	2.07	1.81	2.06	6.64	4.65	13.48	7.49

城区听力残疾人在职业能力的各分测验的得分均低于郊区听力残疾人。在不同性别的城区听力残疾人中,女性组在言语能力、符号知觉分测验的得分显著高于男性组;在数理能力、空间知觉和形状知觉分测验的得分显著低于男性组。在不同性别的郊区听力残疾人中,女性组在言语能力分测验的得分显著高于男性组,在数理能力、空间知觉、符号知觉、形状知觉分测验的得分以及总分低于男性组(见表 2-4-46)。

表 2-4-46　广州市城郊听力残疾人职业能力测验

		n	言语能力		数理能力		空间知觉		符号知觉		形状知觉		文档计分	
			M	Std	M	Std	M	Std	M	Std	M	Std	M	Std
	城区	176	8.03	5.76	6.50	5.26	7.23	5.28	9.75	6.73	9.33	5.39	40.84	24.72
	郊区	153	9.00	4.66	7.82	4.71	7.40	4.34	12.65	6.03	11.67	5.00	48.54	19.95
城区	男	94	7.62	5.30	6.83	5.20	7.53	5.23	9.21	6.85	9.53	5.02	40.72	23.53
	女	82	8.51	6.25	6.12	5.34	6.88	5.34	10.37	6.58	9.10	5.80	40.98	26.16
郊区	男	87	8.78	4.29	8.23	4.33	7.82	4.02	12.65	6.01	11.89	4.41	49.36	18.02
	女	66	9.29	5.12	7.27	5.15	6.85	4.69	12.64	6.10	11.39	5.71	47.45	22.34

(3) 听力残疾人职业能力特征

1) 性别差异比较分析

广州市听力残疾人职业能力各分测验得分的均数比较显示,男性的言语能力得分低于女性,而在数理能力、空间知觉、符号知觉和形状知觉分测验得分高于女性(见图 2-4-19)。

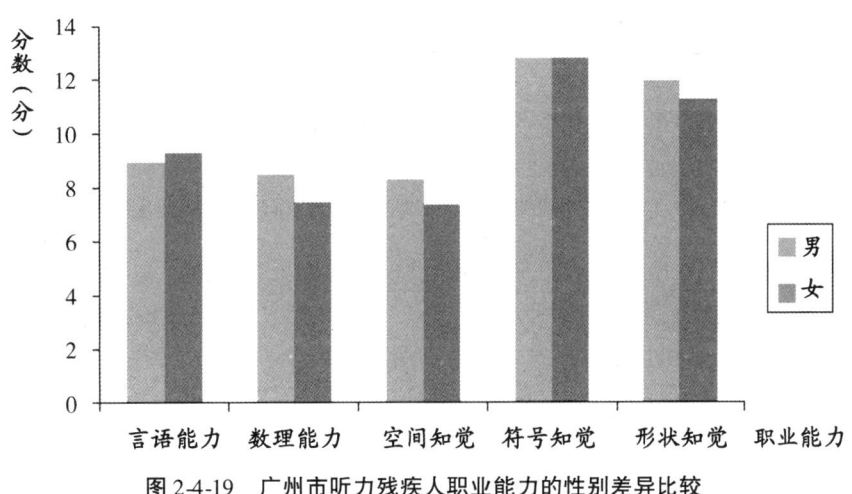

图 2-4-19　广州市听力残疾人职业能力的性别差异比较

进一步差异性检验显示,听力残疾人在数理能力和空间知觉分测验的得分存在极显著的性别差异,即男性听力残疾人的数理能力和空间知觉得分显著高于女性(见表 2-4-47)。

表 2-4-47　广州市听力残疾人职业能力的性别差异检验

	名称	性别	人数	平均数	标准差	t	p
文档测验	言语能力	男	370	8.90	4.57	-.890	.374
		女	312	9.23	5.03		
	数理能力	男	370	8.44	4.71	2.770**	.006
		女	312	7.42	4.90		
	空间知觉	男	370	8.25	4.67	2.639**	.009
		女	312	7.31	4.59		
	符号知觉	男	370	12.76	6.12	.035	.972
		女	312	12.75	6.06		
	形状知觉	男	370	11.91	4.60	1.761	.079
		女	312	11.24	5.22		

(续表)

名称		性别	人数	平均数	标准差	t	p
文档测验	文档计分	男	370	50.27	20.24	1.445	.149
		女	312	47.95	21.59		

2）年龄差异比较分析

广州市听力残疾人言语能力、符号知觉、数理能力、空间知觉和形状知觉五个分测验的得分从高到低依次为15–29岁>30–39岁>40–49岁>50–59岁,也就是说这些能力得分随着年龄的增长而呈现下降趋势(见图2-4-20)。

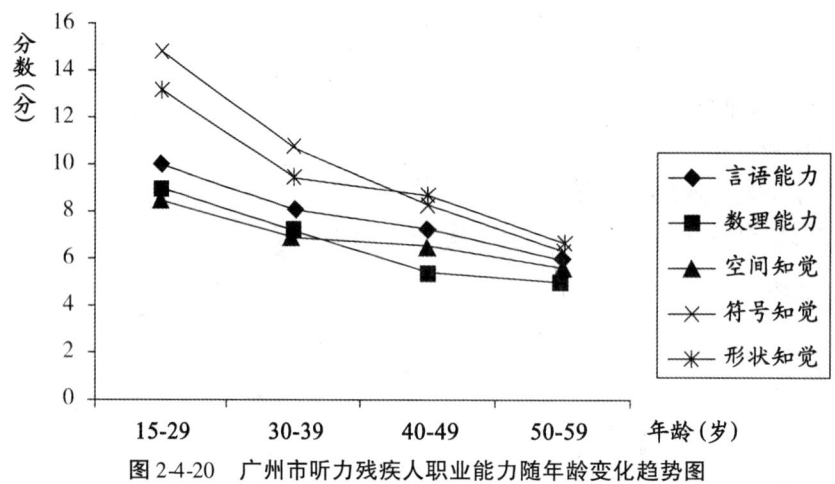

图2-4-20 广州市听力残疾人职业能力随年龄变化趋势图

进一步差异性检验显示,年龄差异在五个分测验的得分以及文档测验总分均存在极显著差异。多重比较可以看出,在言语能力、空间知觉分测验,15–29岁年龄组的听力残疾人的得分显著高于其他三组;在数理能力、符号知觉分测验,除40岁之后的两组间的得分不存在显著差异外,其余各组间的得分均存在显著差异,即15–29岁组的得分显著高于其他三个年龄组,30–39岁年龄组的得分显著高于40岁之后的两个年龄组;在形状知觉分测验和文档测验总分,15–29岁年龄组的得分显著高于其他三组,30–39岁年龄组的得分显著高于50–59岁年龄组(见表2-4-48)。

表2-4-48 广州市听力残疾人职业能力的年龄差异检验

	名称	年龄(岁)	人数	平均值	标准差	F	p	多重比较
职业能力	言语能力	15–29	438	9.97	4.15	17.833**	.000	1>2,1>3 1>4
		30–39	112	8.03	5.10			
		40–49	104	7.15	5.53			
		50–59	28	5.88	5.69			
	数理能力	15–29	438	8.99	4.47	23.302**	.000	1>2,1>3 1>4,2>3 2>4
		30–39	112	7.16	4.99			
		40–49	104	5.37	4.76			
		50–59	28	5.00	4.37			
	空间知觉	15–29	438	8.52	4.36	10.148**	.000	1>2,1>3 1>4
		30–39	112	6.93	4.95			
		40–49	104	6.44	5.06			
		50–59	28	5.64	4.11			

(续表)

名称		年龄(岁)	人数	平均值	标准差	F	p	多重比较
职业能力	符号知觉	15-29	438	14.77	4.90	63.809**	.000	1>2,1>3 1>4,2>3 2>4
		30-39	112	10.70	6.20			
		40-49	104	8.22	6.14			
		50-59	28	6.28	6.30			
	形状知觉	15-29	438	13.17	4.12	54.596**	.000	1>2,1>3 1>4,2>4
		30-39	112	9.46	4.87			
		40-49	104	8.65	5.00			
		50-59	28	6.64	4.65			
	文档计分	15-29	438	55.42	17.28	47.735**	.000	1>2,1>3 1>4,2>4
		30-39	112	42.28	21.90			
		40-49	104	35.84	21.86			
		50-59	28	29.44	21.29			

注:1 表示 15-29 岁年龄组听力残疾人,2 表示 30-39 岁年龄组听力残疾人,3 表示 40-49 岁年龄组听力残疾人,4 表示 50-59 岁年龄组听力残疾人。

3)残疾等级比较分析

广州市听力残疾人职业能力测验各分测验得分的均数比较显示,数理能力、空间知觉和符号知觉分测验的得分随着残疾程度的加重而呈现增高的趋势。言语能力分测验的得分随着残疾程度的加重呈现先升后降的变化特点,二级听力残疾人得分最高,四级听力残疾人得分最低。形状知觉分测验得分随着残疾程度的加重呈现升-降-升的变化特点,四级听力残疾人得分最低,三级听力残疾人得分最高,二级听力残疾人得分有所下降,一级听力残疾人得分又有所回升(见表2-4-21)。

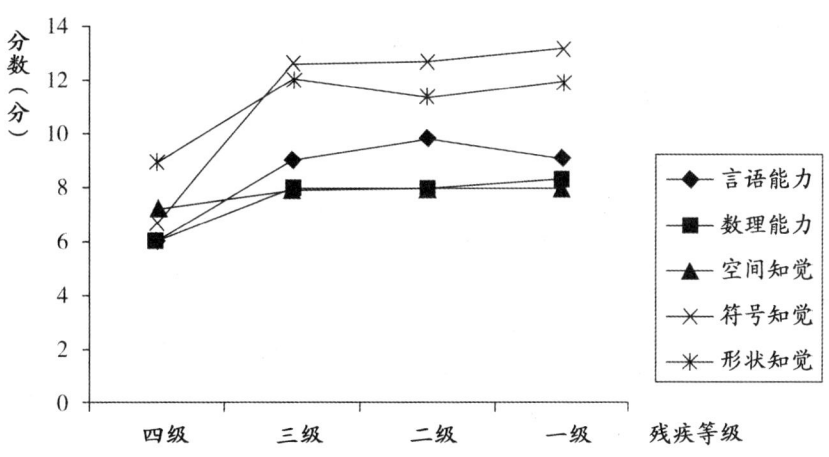

图 2-4-21 广州市听力残疾人职业能力随残疾等级变化趋势图

进一步差异性检验显示,广州市听力残疾人在言语能力分测验的得分和文档测验总分存在显著的残疾等级差异,在符号知觉分测验的得分存在极显著的残疾等级差异。多重比较可以看出,在言语能力、符号知觉分测验的得分以及文档测验总分,四级听力残疾人的得分显著低于其他三组(见表2-4-49)。

表 2-4-49　广州市听力残疾人职业能力的残疾等级差异检验

名称		残疾等级	人数	平均值	标准差	F	p	多重比较
职业能力	言语能力	四级	15	5.96	5.00			
		三级	73	8.99	5.29	3.275*	.021	2>1,3>1
		二级	179	9.74	5.02			4>1
		一级	351	9.00	4.54			
	数理能力	四级	15	6.00	4.28			
		三级	73	7.97	5.40	1.111	.344	
		二级	179	8.00	4.67			
		一级	351	8.27	4.91			
	空间知觉	四级	15	7.20	4.71			
		三级	73	7.89	4.76	.119	.949	
		二级	179	7.92	4.78			
		一级	351	7.93	4.59			
	符号知觉	四级	15	6.71	7.11			
		三级	73	12.57	6.25	5.529**	.001	2>1,3>1
		二级	179	12.71	6.24			4>1
		一级	351	13.14	5.81			
	形状知觉	四级	15	8.93	6.04			
		三级	73	12.05	5.03	2.116	.097	
		二级	179	11.43	4.82			
		一级	351	11.90	4.81			
	文档计分	四级	15	34.80	23.27			
		三级	73	49.47	22.46	2.643*	.048	2>1,3>1
		二级	179	49.80	21.38			4>1
		一级	351	50.24	20.06			

注:1 表示四级听力残疾人组,2 表示三级听力残疾人组,3 表示二级听力残疾人组,4 表示一级听力残疾人组。

4)文化水平差异比较

广州市听力残疾人职业能力各分测验的得分均数比较显示,各分测验的得分随着文化水平的升高而呈现上升趋势,即各组得分从高到低依次为:大专及以上>高中/中专>初中>小学及以下(见图2-4-22)。

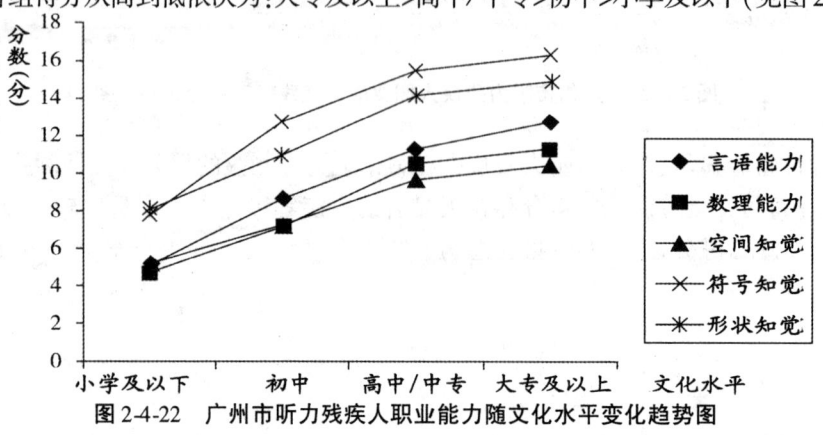

图 2-4-22　广州市听力残疾人职业能力随文化水平变化趋势图

进一步差异性检验显示,听力残疾人在各分测验及职业能力文档测验总分上均存在极显著的文化水平差异。多重比较可以看出,除高中/中专组与大专及以上组在数理能力、空间知觉、符号知觉和形状知觉分测验的得分不存在显著差异以外,其余各分测验均存在各组间的显著差异,见表2-4-50。

表2-4-50 广州市听力残疾人职业能力的文化水平差异检验

	名称	文化水平	人数	平均值	标准差	F	p	多重比较
职业能力	言语能力	小学及以下	166	5.20	3.74	94.854**	.000	4>1,4>2 4>3,3>1 3>2,2>1
		初中	241	8.64	4.32			
		高中/中专	182	11.24	3.93			
		大专及以上	93	12.70	3.90			
	数理能力	小学及以下	166	4.70	3.64	78.475**	.000	4>1,4>2 3>1,3>2 2>1
		初中	241	7.10	4.24			
		高中/中专	182	10.42	4.28			
		大专及以上	93	11.29	4.57			
	空间知觉	小学及以下	166	5.18	3.69	46.377**	.000	4>1,4>2 3>1,3>2 2>1
		初中	241	7.23	4.19			
		高中/中专	182	9.69	4.43			
		大专及以上	93	10.43	4.92			
	符号知觉	小学及以下	166	7.84	6.09	77.710**	.000	4>1,4>2 3>1,3>2 2>1
		初中	241	12.76	5.72			
		高中/中专	182	15.43	4.50			
		大专及以上	93	16.28	3.55			
	形状知觉	小学及以下	166	8.05	5.08	80.529**	.000	4>1,4>2 3>1,3>2 2>1
		初中	241	10.94	4.34			
		高中/中专	182	14.09	3.60			
		大专及以上	93	14.84	3.22			
	文档计分	小学及以下	166	30.98	17.58	126.011**	.000	4>1,4>2 4>3,3>1 3>2,2>1
		初中	241	46.66	17.42			
		高中/中专	182	60.87	16.09			
		大专及以上	93	65.54	14.76			

注:1表示小学及以下听力残疾人组,2表示初中听力残疾人组,3表示高中/中专听力残疾人组,4表示大专及以上听力残疾人组。

5)交流方式比较分析

广州市听力残疾人职业能力各分测验的得分表现从高到低依次为:手语&口语>口语>手语>其他(见图2-4-23)。

进一步差异性检验显示,不同交流方式的听力残疾人在符号知觉分测验的得分存在显著差异,在言语能力、数理能力、空间知觉和形状知觉分测验的得分及文档测验总分存在极显著差异。多重比较可以看出,在言语能力、数理能力、空间知觉分测验的得分,手语或其他为主要交流方式的听力残疾人的得分显著低于口语组和手语&口语组;在符号知觉分测验的得分,手语&口语组的得分显著高于手语组和其他组;在形状知觉分测验的得分,手语&口语组的得分显著高于其他三组;在职业能力文档测验总分,除手语组与其他组不存在显著差异外,其余各组间均存在显著差异,即手语&口语组的得分显著高于其余三组,口语组的得分显著高于手语组和其他组(见表2-4-51)。

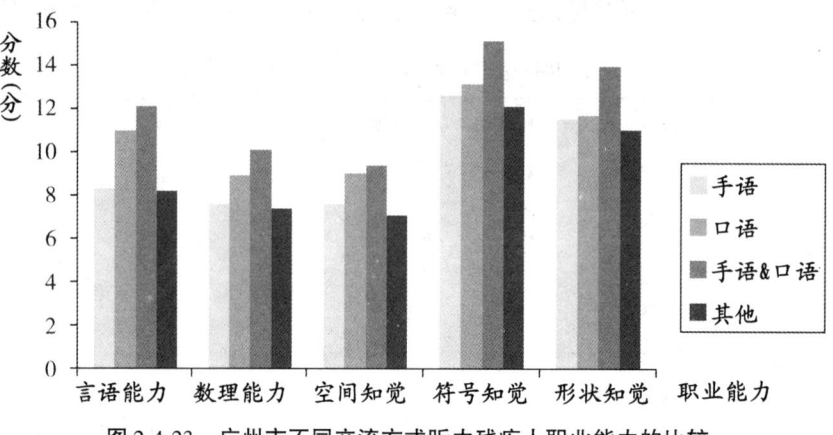

图2-4-23 广州市不同交流方式听力残疾人职业能力的比较

表2-4-51 广州市不同交流方式的听力残疾人职业能力的差异检验

名称		交流方式	人数	平均值	标准差	F	p	多重比较
职业能力	言语能力	手语	309	8.33	4.15			
		口语	123	10.98	5.55	19.343**	.000	2>1,3>1
		手语&口语	51	12.08	4.90			2>4,3>4
		其他	199	8.21	4.54			
	数理能力	手语	309	7.60	4.51			
		口语	123	8.94	5.32	6.601**	.000	2>1,3>1
		手语&口语	51	10.08	4.98			2>4,3>4
		其他	199	7.41	4.72			
	空间知觉	手语	309	7.57	4.52			
		口语	123	9.04	4.89	7.073**	.000	2>1,3>1
		手语&口语	51	9.41	5.10			2>4,3>4
		其他	199	7.06	4.38			
	符号知觉	手语	309	12.64	5.86			
		口语	123	13.14	6.17	3.601*	.013	3>1,3>4
		手语&口语	51	15.12	5.42			
		其他	199	12.09	6.43			
	形状知觉	手语手语	309	11.56	4.79			
		口语	123	11.71	4.45	4.997**	.002	3>1,3>2
		手语&口语	51	13.96	4.97			3>4
		其他	199	11.02	5.18			
	文档计分	手语	309	47.70	19.54			
		口语	123	53.81	21.85	9.794**	.000	2>1,2>4
		手语&口语	51	60.65	20.97			3>1,3>2
		其他	199	45.78	20.94			3>4

注:1 表示主要使用手语的听力残疾人组,2 表示主要使用口语的听力残疾人组,3 表示主要使用手语 & 口语的听力残疾人组,4 表示主要使用其他交流方式的听力残疾人组。

6) 城郊差异比较分析

广州市郊区听力残疾人在职业能力的各分测验的得分均高于城区。言语能力分测验的得分,郊区女性组最高,城区男性组最低;数理能力、形状知觉和空间知觉分测验的得分,郊区男性组最高,城区女性组最低;符号知觉分测验的得分,郊区男性组最高,城区男性组最低(见图2-4-24)。

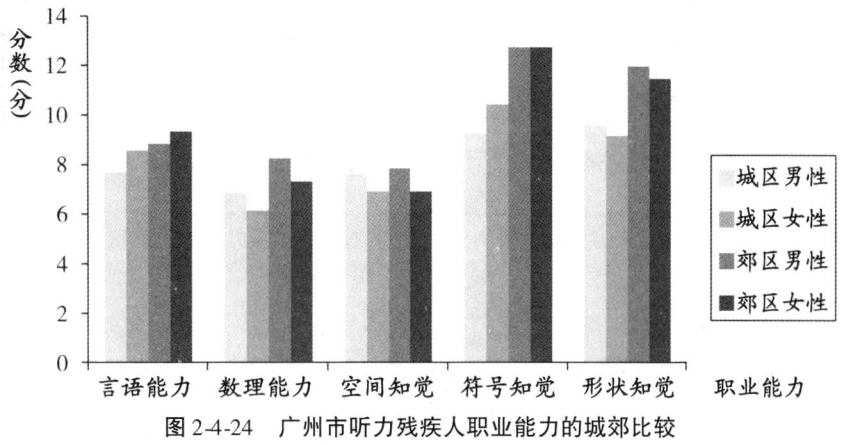

图 2-4-24　广州市听力残疾人职业能力的城郊比较

进一步差异性检验显示,城区男性、城区女性、郊区男性和郊区女性四组在数理能力分测验的得分存在边缘性差异,在职业能力总分存在显著差异,在符号知觉和形状知觉分测验的得分存在极显著差异。多重比较可以看出,在符号知觉和形状知觉分测验,郊区群体的得分显著高于城区群体,即郊区听力残疾人的符号知觉比城区表现更好;在职业能力文档测验总分上,郊区男性听力残疾人的得分显著高于城区群体,说明郊区男性的职业能力水平比城区听力残疾人高(见表2-4-52)。

表 2-4-52　广州市听力残疾人职业能力的城郊差异检验

名称		城郊 * 性别	人数	平均值	标准差	F	p	多重比较
职业能力	言语能力	城区男性	94	7.62	5.30	1.453	.227	
		城区女性	82	8.51	6.25			
		郊区男性	87	8.78	4.29			
		郊区女性	66	9.29	5.12			
	数理能力	城区男性	94	6.83	5.20	2.633	.050	
		城区女性	82	6.12	5.34			
		郊区男性	87	8.23	4.33			
		郊区女性	66	7.27	5.15			
	空间知觉	城区男性	94	7.53	5.23	.794	.498	
		城区女性	82	6.88	5.34			
		郊区男性	87	7.82	4.02			
		郊区女性	66	6.85	4.69			
	符号知觉	城区男性	94	9.21	6.85	6.040**	.001	3>1,4>1 3>2,4>2
		城区女性	82	10.37	6.58			
		郊区男性	87	12.65	6.01			
		郊区女性	66	12.64	6.10			

(续表)

名称		城郊*性别	人数	平均值	标准差	F	p	多重比较
职业能力	形状知觉	城区男性	94	9.53	5.02	5.707**	.001	3>1,4>1 3>2,4>2
		城区女性	82	9.10	5.80			
		郊区男性	87	11.89	4.41			
		郊区女性	66	11.39	5.71			
	文档计分	城区男性	94	40.72	23.53	3.232*	.023	3>1,3>2
		城区女性	82	40.98	26.16			
		郊区男性	87	49.36	18.02			
		郊区女性	66	47.45	22.34			

注:1 表示城区男性听力残疾人组,2 表示城区女性听力残疾人组,3 表示郊区男性听力残疾人组,4 表示郊区女性听力残疾人组。

(4)结论

①广州市听力残疾人在数理能力和空间知觉分测验的得分普遍较低,而在符号知觉分测验的得分则较高。

②男性听力残疾人的数理能力和空间知觉得分显著高于女性,且二者存在极显著的性别差异($p<0.01$)。

③广州市听力残疾人的职业能力得分随着年龄的增长而呈现下降趋势,且年龄差异在五个分测验的得分以及文档测验总分均存在极显著差异($p<0.01$)。

④广州市四级听力残疾人在言语能力和符号知觉分测验的得分以及文档测验总分显著低于其他三组($p<0.05$)。

⑤广州市听力残疾人职业能力各分测验的得分随着文化水平的升高而呈现上升趋势,且存在极显著的文化水平差异($p<0.01$)。

⑥广州市听力残疾人职业能力各分测验的得分从高到低依次为:手语&口语组>口语组>手语组>其他组,且不同交流方式的听力残疾人在符号知觉分测验的得分存在显著差异($p<0.05$),在言语能力、数理能力、空间知觉和形状知觉分测验的得分及文档测验总分存在极显著差异($p<0.01$)。

⑦郊区群体在符号知觉和形状知觉分测验的得分显著高于城区群体($p<0.05$);郊区男性听力残疾人在职业能力文档测验总分上的得分显著高于城区群体($p<0.05$)。

2.广州市听力残疾人职业人格状况

(1)测试人群分布

本项目在广州市共选取了645名有效被试进行了听力残疾人职业人格测验,其性别、年龄和城郊分布的信息见表2-4-53。

表2-4-53 广州市听力残疾人职业人格测验有效样本分布表

年龄(岁)	男	女	合计
15—29	233	205	438
30—39	61	51	112
40—49	54	50	104
50—59	22	6	28
合计	370	312	682

表 2-4-53 广州市听力残疾人职业人格测验有效样本分布表（续）

年龄（岁）	城区			郊区			合计
	男	女	小计	男	女	小计	
15-29	8	8	16	56	49	105	121
30-39	33	32	65	18	9	27	92
40-49	34	39	73	12	6	18	91
50-59	19	3	22	1	2	3	25
合计	94	82	176	87	66	153	329

（2）总体情况

被测试的广州市听力残疾人职业人格测验各维度的得分从高到低依次为：责任心>管理能力>严谨性>自信心>坚持性>抗挫折能力>交际能力>情绪稳定性。在不同年龄段的男性听力残疾人中，15-29岁年龄组在交际能力上得分最高；30-39岁年龄组在抗挫折能力上得分最高；40-49岁年龄组在严谨性、自信心、责任心和管理能力上得分最高；50-59岁年龄组在坚持性和情绪稳定性上得分最高。在不同年龄段的女性听力残疾人中，15-29岁年龄组在坚持性、严谨性、自信心、责任心和交际能力维度的得分最高；30-39岁年龄组在情绪稳定性、管理能力和抗挫折能力维度的得分最高；40-49岁以上年龄组在各个维度的得分均较低（50-54岁年龄段的女性听力残疾人仅2人，不与其他各组进行比较）（见表2-4-54）。

表 2-4-54 广州市听力残疾人职业人格测验的平均数和标准差

		n	坚持性		严谨性		情绪稳定性		自信心	
			M	Std	M	Std	M	Std	M	Std
	总体	645	7.64	2.34	8.19	2.00	6.43	2.92	7.96	2.08
	男性	355	7.63	2.32	8.20	2.01	6.69	2.81	8.01	2.12
	女性	290	7.66	2.37	8.18	1.99	6.11	3.01	7.90	2.03
男（岁）	15-29	232	7.57	2.28	8.16	1.86	6.66	2.65	8.03	2.02
	30-39	57	7.74	2.18	8.26	1.98	7.18	2.94	7.96	2.52
	40-49	46	7.37	2.43	8.35	2.41	5.83	3.24	8.39	1.84
	50-59	20	8.55	2.84	8.15	2.80	7.65	2.85	6.95	2.39
女（岁）	15-29	201	7.83	2.25	8.22	1.83	6.10	2.87	7.92	1.95
	30-39	43	7.70	2.77	8.21	2.47	6.72	3.22	7.86	2.31
	40-49	44	6.98	2.39	7.91	2.26	5.75	3.36	7.84	2.19
	50-54	2	4.50	0.71	8.50	0.71	2.00	0.00	9.00	0.00

表 2-4-54 广州市听力残疾人职业人格测验的平均数和标准差（续）

	n	责任心		交际能力		管理能力		抗挫折能力	
		M	Std	M	Std	M	Std	M	Std
总体	645	8.72	2.09	7.46	2.15	8.61	2.64	7.48	2.36
男性	355	8.59	2.12	7.38	2.06	8.70	2.66	7.55	2.23
女性	290	8.87	2.05	7.56	2.26	8.50	2.62	7.39	2.50

(续表)

		n	责任心		交际能力		管理能力		抗挫折能力	
			Std	M	Std	M	Std	M	Std	M
男(岁)	15–29	232	8.49	2.09	7.52	1.98	8.58	2.52	7.69	2.17
	30–39	57	8.70	1.95	7.05	2.22	9.11	2.66	7.72	2.07
	40–49	46	9.00	2.11	7.13	2.07	9.28	2.47	6.85	2.52
	50–59	20	8.55	2.91	7.25	2.53	7.60	4.07	7.10	2.43
女(岁)	15–29	201	8.94	1.90	7.91	2.07	8.46	2.40	7.59	2.41
	30–39	43	8.84	2.36	7.21	2.59	8.63	3.17	7.72	2.65
	40–49	44	8.59	2.39	6.34	2.33	8.43	2.98	6.30	2.43
	50–54	2	9.00	1.41	7.00	2.83	11.50	0.71	3.50	0.71

城区听力残疾人在严谨性、责任心和抗挫折能力三个维度的得分高于郊区，在坚持性、情绪稳定性、自信心、交际能力和管理能力五个维度的得分低于郊区。城区男性听力残疾人，在坚持性、严谨性、情绪稳定性、自信心和责任心五个维度的得分低于女性，在交际能力、管理能力和抗挫折能力三个维度的得分高于女性。郊区男性听力残疾人在坚持性、情绪稳定性、自信心和抗挫折能力四个维度的得分高于女性，在严谨性、责任心、交际能力和管理能力四个维度低于女性（见表2-4-55）。

表2-4-55 广州市城郊听力残疾人职业人格测验的平均数和标准差

		n	坚持性		严谨性		情绪稳定性		自信心	
			M	Std	M	Std	M	Std	M	Std
城区		153	7.65	2.54	8.35	2.40	6.48	3.20	7.89	2.34
郊区		145	7.86	2.15	8.23	1.78	6.71	2.95	8.19	1.97
城区	男	82	7.59	2.42	8.32	2.42	6.44	3.12	7.77	2.32
	女	71	7.73	2.68	8.39	2.40	6.52	3.32	8.03	2.36
郊区	男	86	7.99	2.26	8.23	1.75	7.12	2.88	8.29	2.02
	女	59	7.68	1.99	8.24	1.84	6.12	2.99	8.03	1.89

表2-4-55 广州市城郊听力残疾人职业人格测验的平均数和标准差（续）

		n	责任心		交际能力		管理能力		抗挫折能力	
			M	Std	M	Std	M	Std	M	Std
城区		153	8.92	2.30	7.20	2.36	8.60	3.11	7.47	2.49
郊区		145	8.67	1.98	7.63	2.03	8.99	2.42	7.41	2.35
城区	男	82	8.84	2.33	7.29	2.12	8.68	3.11	7.57	2.39
	女	71	9.00	2.28	7.08	2.62	8.51	3.12	7.35	2.62
郊区	男	86	8.57	1.95	7.49	1.94	8.95	2.52	7.42	2.29
	女	59	8.81	2.03	7.83	2.15	9.05	2.29	7.39	2.45

(3) 听力残疾人职业人格特征

1) 性别差异比较分析

广州市听力残疾人职业人格测验各维度得分的均数比较显示，男性在严谨性、情绪稳定性、自信心、管理能力和抗挫折能力维度的得分高于女性,而在坚持性、责任心和交际能力维度的得分低于女性(见图 2-4-25)。

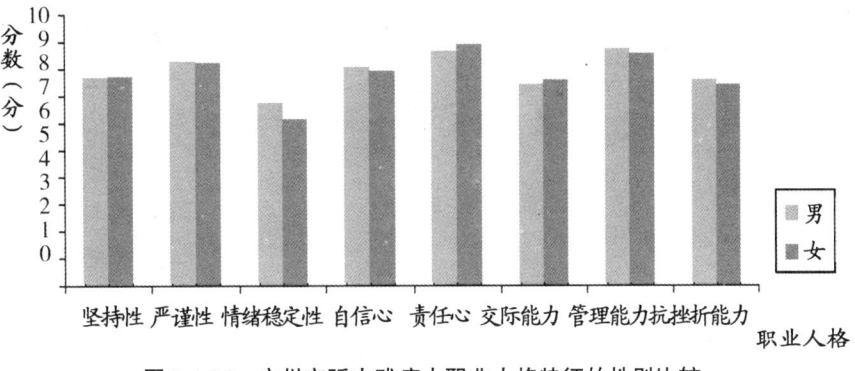

图 2-4-25 广州市听力残疾人职业人格特征的性别比较

进一步差异性检验显示,听力残疾人在情绪稳定性维度存在显著的性别差异,即女性情绪稳定性的特征较男性更为突出(见表 2-4-56)。

表 2-4-56 广州市听力残疾人职业人格特征的性别差异检验

	名称	性别	人数	平均数	标准差	t	p
职业人格	坚持性	男	355	7.63	2.32	-.164	.870
		女	290	7.66	2.37		
	严谨性	男	355	8.20	2.01	.152	.879
		女	290	8.18	1.99		
	情绪稳定性	男	355	6.69	2.81	2.510*	.012
		女	290	6.11	3.01		
	自信心	男	355	8.01	2.12	.638	.524
		女	290	7.90	2.03		
	责任心	男	355	8.59	2.12	-1.679	.094
		女	290	8.87	2.05		
	交际能力	男	355	7.38	2.06	-1.047	.295
		女	290	7.56	2.26		
	管理能力	男	355	8.70	2.66	.964	.336
		女	290	8.50	2.62		
	抗挫折能力	男	355	7.55	2.23	.865	.388
		女	290	7.39	2.50		

2)年龄差异比较分析

随着广州市听力残疾人的年龄增高,在坚持性和情绪稳定性两个维度,听力残疾人的得分呈现升-降-升的变化特点,在 40-49 岁年龄组的得分最低,50-59 岁年龄组的得分最高;在严谨性维度,各年龄组的得分差别不大;在自信心维度,听力残疾人的得分呈现降-升-降的变化特点;在责任心维度,听力残疾人得分呈现先升后降的变化特点,即 40 岁之前,随着年龄的增长其责任心越来越强,40-49 岁年龄组的得分最高,之后又快速下降,50-59 岁年龄组的得分最低;在交际能力维度,听力残疾人的得分呈现先降后升的变化特点,即 40 岁之前,随着年龄的增长其交际能力逐渐减弱,40-49 岁年龄组的得分最低,之后又有所回升;在管理能力维度,30-49 岁年龄组的得分较高,15-29 岁和 50-59 岁年龄组的残疾人得分较低,呈现两头低、中间高的曲线;在抗挫折能力维度,40 岁之前的两组残疾人得分较高,40 岁之后的两组残疾人得分较低(见图 2-4-26)。

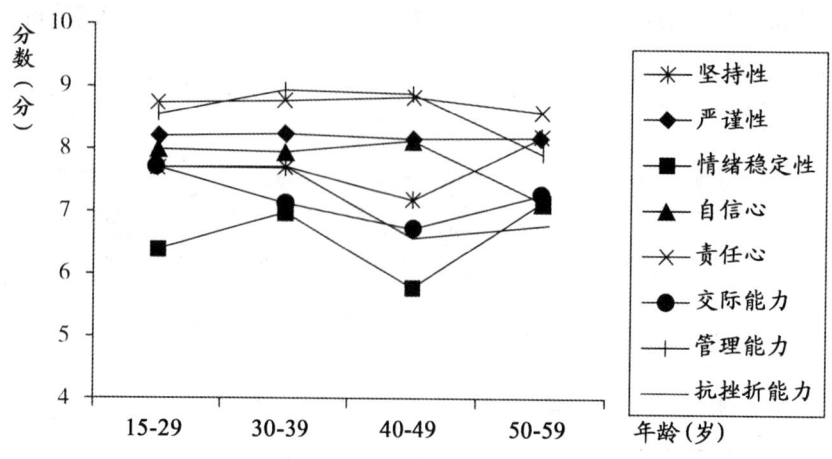

图 2-4-26　广州市听力残疾人职业人格特征随年龄变化趋势图

进一步差异性检验显示，听力残疾人在情绪稳定性上表现出显著的年龄差异，在交际能力和抗挫折能力维度表现出极显著的年龄差异。多重比较可以看出，在情绪稳定性维度，30-39岁年龄组的得分显著高于40-49岁年龄组，说明30-39岁听力残疾人的情绪稳定性人格特征更为突出；在交际能力维度，15-29岁年龄组的得分显著高于40-49岁年龄组；在抗挫折能力维度，40-49岁年龄组的得分显著低于40岁之前的两个年龄组，说明40岁之前的两个年龄组在抗挫折能力维度的表现更为突出（见表2-4-57）。

表 2-4-57　广州市听力残疾人职业人格特征的年龄差异检验

名称		年龄(岁)	人数	平均值	标准差	F	p	多重比较
职业人格	坚持性	15-29	433	7.69	2.27			
		30-39	100	7.72	2.44	1.678	.171	
		40-49	90	7.18	2.40			
		50-59	22	8.18	2.95			
	严谨性	15-29	433	8.19	1.84			
		30-39	100	8.24	2.19	.045	.987	
		40-49	90	8.13	2.33			
		50-59	22	8.18	2.67			
	情绪稳定性	15-29	433	6.40	2.77			
		30-39	100	6.98	3.05	3.115*	.026	2>3
		40-49	90	5.79	3.28			
		50-59	22	7.14	3.18			
	自信心	15-29	433	7.98	1.99			
		30-39	100	7.92	2.42	1.361	.254	
		40-49	90	8.12	2.03			
		50-59	22	7.14	2.36			
	责任心	15-29	433	8.70	2.01			
		30-39	100	8.76	2.13	.103	.958	
		40-49	90	8.80	2.24			
		50-59	22	8.59	2.79			

(续表)

名称		年龄(岁)	人数	平均值	标准差	F	p	多重比较
职业人格	交际能力	15-29	433	7.70	2.02	6.172**	.000	1>3
		30-39	100	7.12	2.37			
		40-49	90	6.74	2.23			
		50-59	22	7.23	2.49			
	管理能力	15-29	433	8.52	2.46	1.292	.276	
		30-39	100	8.90	2.88			
		40-49	90	8.87	2.75			
		50-59	22	7.95	4.04			
	抗挫折能力	15-29	433	7.64	2.28	6.240**	.000	1>3,2>3
		30-39	100	7.72	2.32			
		40-49	90	6.58	2.48			
		50-59	22	6.77	2.54			

注:1表示15-29岁年龄组听力残疾人,2表示30-39岁年龄组听力残疾人,3表示40-49岁年龄组听力残疾人,4表示50-59岁年龄组听力残疾人。

3）残疾等级比较分析

随着残疾等级的加重,广州市被测试的听力残疾人在职业人格各维度的得分并无明显的变化。总体看来,除二级听力残疾人在自信心维度的得分最低外,其余各个维度均为四级听力残疾人得分最低。一级、二级和三级听力残疾人在坚持性、严谨性、情绪稳定性、责任心、交际能力、管理能力和抗挫折能力七个维度的得分差异不大(见图2-4-27)。

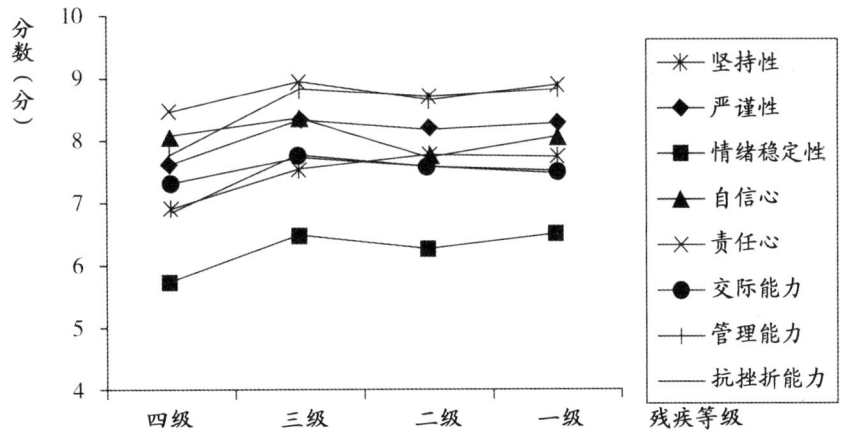

图2-4-27 广州市听力残疾人职业人格特征随残疾等级变化趋势图

进一步差异性检验显示,广州市听力残疾人职业人格特征并不存在显著的残疾等级差异,说明听力残疾人的职业人格特征并不受残疾等级的显著影响(见表2-4-58)。

表 2-4-58 广州市听力残疾人职业人格特征的残疾等级差异检验

名称		残疾等级	人数	平均值	标准差	F	p
职业人格	坚持性	四级	13	6.92	2.33	.627	.598
		三级	69	7.54	2.76		
		二级	167	7.75	2.47		
		一级	335	7.73	2.18		
	严谨性	四级	13	7.62	2.22	.537	.657
		三级	69	8.33	2.15		
		二级	167	8.17	2.21		
		一级	335	8.27	1.89		
	情绪稳定性	四级	13	5.77	2.01	.426	.735
		三级	69	6.49	2.82		
		二级	167	6.27	3.22		
		一级	335	6.49	2.85		
	自信心	四级	13	8.08	2.40	1.634	.180
		三级	69	8.35	1.90		
		二级	167	7.74	2.24		
		一级	335	8.05	2.00		
	责任心	四级	13	8.46	2.03	.612	.607
		三级	69	8.94	2.24		
		二级	167	8.65	2.33		
		一级	335	8.87	1.91		
	交际能力	四级	13	7.31	1.70	.293	.830
		三级	69	7.74	2.14		
		二级	167	7.58	2.32		
		一级	335	7.51	2.00		
	管理能力	四级	13	7.77	3.00	.742	.528
		三级	69	8.83	2.54		
		二级	167	8.69	2.59		
		一级	335	8.81	2.55		
	抗挫折能力	四级	13	6.85	1.21	.752	.521
		三级	69	7.78	2.36		
		二级	167	7.53	2.67		
		一级	335	7.44	2.21		

4) 文化水平比较分析

广州市被测试的听力残疾人各职业人格特征的得分从高到低依次为：大专及以上组>高中/中专组>初中组>小学及以下组。但是，在情绪稳定性维度，初中组的得分最低（见图2-4-28）。

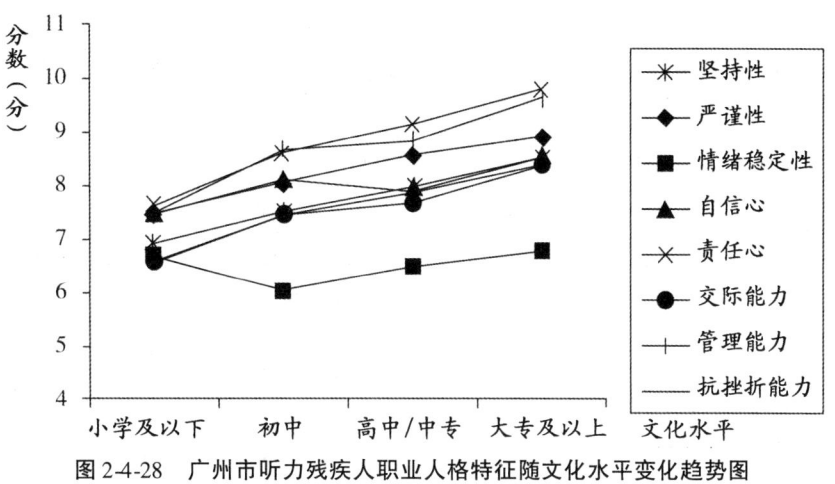

图 2-4-28　广州市听力残疾人职业人格特征随文化水平变化趋势图

进一步差异性检验显示,除在情绪稳定性维度不存在显著差异,听力残疾人在其余维度的得分存在极显著的文化水平差异。多重比较可以看出,听力残疾人在坚持性维度,小学及以下组得分显著低于高中/中专组和大专及以上组,且初中组得分显著低于大专及以上组;在严谨性维度,小学及以下组得分显著低于其他三组,且初中组得分显著低于高中/中专组和大专及以上组;在自信心维度,大专及以上组得分显著高于小学及以下组和高中/中专组;在责任心维度,各组间均存在显著的差异;在交际能力和管理能力维度,除初中组和高中/中专组间不存在显著差异,其他各组间均存在显著差异;在抗挫折能力维度,除高中/中专组和大专及以上组间不存在显著差异外,其他各组间均存在显著差异(见表 2-4-59)。

表 2-4-59　广州市听力残疾人职业人格特征的文化水平差异检验

	名称	文化水平	人数	平均值	标准差	F	p	多重比较
职业人格	坚持性	小学及以下	141	6.91	1.93			
		初中	234	7.49	2.44	10.943**	.000	4>1,4>2
		高中/中专	178	7.97	2.38			3>1
		大专及以上	92	8.52	2.24			
	严谨性	小学及以下	141	7.45	1.99			
		初中	234	8.06	1.95	13.828**	.000	4>1,4>2
		高中/中专	178	8.57	2.01			3>1,3>2
		大专及以上	92	8.92	1.71			2>1
	情绪稳定性	小学及以下	141	6.70	2.98			
		初中	234	6.06	2.93	2.137	.094	
		高中/中专	178	6.51	2.78			
		大专及以上	92	6.78	3.00			
	自信心	小学及以下	141	7.49	2.21			
		初中	234	8.11	2.01	5.633**	.001	4>1,4>3
		高中/中专	178	7.84	2.09			2>1
		大专及以上	92	8.55	1.85			

(续表)

名称		文化水平	人数	平均值	标准差	F	p	多重比较
职业人格	责任心	小学及以下	141	7.63	2.02	26.010**	.000	4>1,4>2 4>3,3>2 3>1,2>1
		初中	234	8.62	2.05			
		高中/中专	178	9.15	2.04			
		大专及以上	92	9.78	1.55			
	交际能力	小学及以下	141	6.60	2.05	14.366**	.000	4>1,4>2 4>3,3>1 2>1
		初中	234	7.46	2.06			
		高中/中专	178	7.67	2.22			
		大专及以上	92	8.37	1.96			
	管理能力	小学及以下	141	7.53	3.22	13.741**	.000	4>1,4>2 4>3,3>1 2>1
		初中	234	8.68	2.43			
		高中/中专	178	8.85	2.42			
		大专及以上	92	9.63	1.97			
	抗挫折能力	小学及以下	141	6.55	2.20	13.482**	.000	4>1,4>2 3>1,3>2 2>1
		初中	234	7.41	2.43			
		高中/中专	178	7.86	2.22			
		大专及以上	92	8.32	2.19			

注:1表示小学及以下听力残疾人组,2表示初中听力残疾人组,3表示高中/中专听力残疾人组,4表示大专及以上听力残疾人组。

5)交流方式比较分析

以口语作为主要交流方式或者主要交流方式之一的两组在职业人格各维度的得分普遍高于不使用口语作为主要交流方式的两组。在坚持性、严谨性和抗挫折能力三个维度,以口语为主要交流方式的听力残疾人得分最高,在自信心、责任心、交际能力和管理能力四个维度,以手语&口语为主要交流方式的听力残疾人得分最高。在情绪稳定性维度,以手语为主要交流方式的听力残疾人的得分最高(见图2-4-29)。

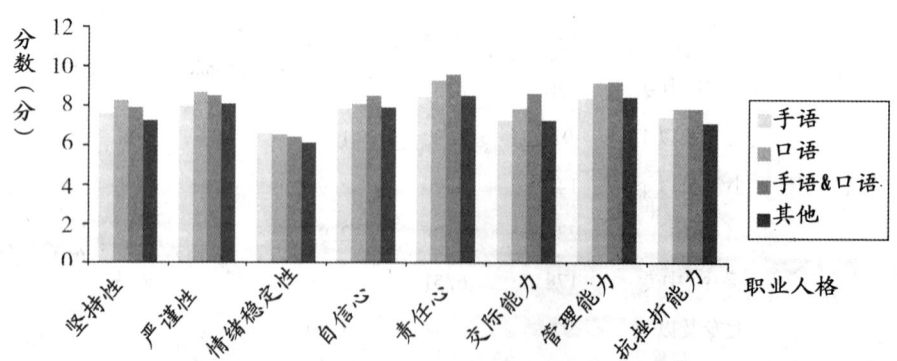

图2-4-29 广州市不同交流方式听力残疾人职业人格特征的比较

进一步差异性检验显示,采用不同交流方式的听力残疾人,在管理能力维度存在显著差异;在坚持性、严谨性、责任心和交际能力维度存在极显著差异。多重比较可以看出,在坚持性维度,口语组得分显著高于其他组;在严谨性维度,口语组的得分显著高于手语组,说明使用口语为主要交流方式的听力残疾人在严谨性和自信心上的表现更明显;在责任心维度,口语组得分显著高于手语组和其他组,且手语&口语组的得分显著高于手语组和其他组,说明,使用口语为主要交流方式的残疾人比不使用口语的听力残疾人在责任心上的人格特征更明显;在交际能力维度,手语&口语组的得分显著高于其他三组,且口语组的得分显著高于手语组和其他组,说明使用口语的听力残疾人在交际能力上更优于不使用口语的残疾人;在管理能力维度,手语组的得分显著低于口语组和手语&口语组,其他组的得分低于口语组(见表2-4-60)。

表2-4-60 广州市不同交流方式听力残疾人职业人格特征的差异检验

名称		交流方式	人数	平均值	标准差	F	p	多重比较
职业人格	坚持性	手语	294	7.60	2.14			
		口语	118	8.26	2.69	4.876**	.002	2>4
		手语&口语	50	7.90	2.52			
		其他	183	7.24	2.30			
	严谨性	手语	294	7.98	1.86			
		口语	118	8.70	2.30	4.283**	.005	2>1
		手语&口语	50	8.52	1.92			
		其他	183	8.10	1.98			
	情绪稳定性	手语	294	6.59	2.89			
		口语	118	6.53	2.89	1.091	.352	
		手语&口语	50	6.44	2.70			
		其他	183	6.10	3.02			
	自信心	手语	294	7.85	2.01			
		口语	118	8.13	2.09	1.737	.158	
		手语&口语	50	8.50	2.34			
		其他	183	7.89	2.09			
	责任心	手语	294	8.45	1.98			
		口语	118	9.32	2.17	8.750**	.000	2>1,2>4
		手语&口语	50	9.60	1.84			3>1,3>4
		其他	183	8.51	2.14			
	交际能力	手语	294	7.24	2.02			
		口语	118	7.86	2.44	8.293**	.000	2>1,2>4
		手语&口语	50	8.64	2.01			3>1,3>2
		其他	183	7.23	2.08			3>4
	管理能力	手语	294	8.39	2.67			
		口语	118	9.15	2.66	3.499*	.015	2>1,2>4
		手语&口语	50	9.22	2.64			3>1
		其他	183	8.45	2.52			
	抗挫折能力	手语	294	7.46	2.19			
		口语	118	7.85	2.43	2.505	.058	
		手语&口语	50	7.84	2.37			
		其他	183	7.16	2.52			

注:1表示主要使用手语的听力残疾人组,2表示主要使用口语的听力残疾人组,3表示主要使用手语&口语的听力残疾人组,4表示主要使用其他交流方式的听力残疾人组。

6)城郊差异比较分析

广州市听力残疾人职业人格测验各维度得分的均数比较发现,在坚持性、自信心维度,郊区男性组得分最高,城区男性组得分最低;在严谨性维度,城区女性组得分最高,郊区男性组得分最低;在情绪稳定性维度,郊区男性组得分最高,郊区女性组得分最低;在责任心维度,城区女性组得分最高,郊区男性组得分最低;在交际能力和管理能力维度,郊区女性组得分最高,城区女性组得分最低;在抗挫折能力维度,郊区女性组得分最低,城区男性组得分最高(见图2-4-30)。

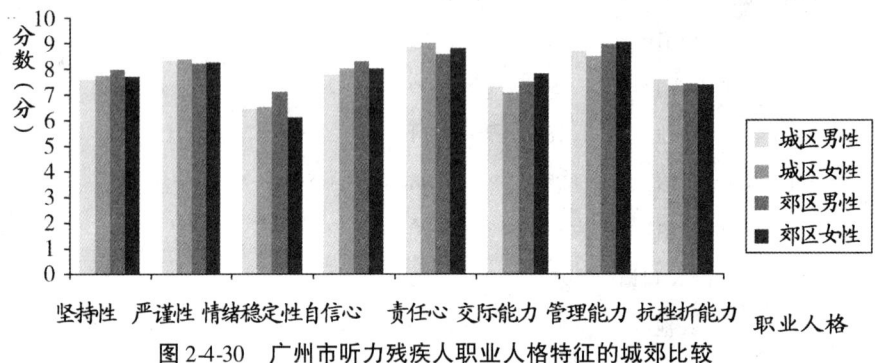

图2-4-30 广州市听力残疾人职业人格特征的城郊比较

进一步差异性检验显示,城区男性、城区女性、郊区男性和郊区女性四个群体在职业人格的各维度上均不存在显著差异(见表2-4-61)。

表2-4-61 广州市听力残疾人职业人格特征的城郊差异检验

	名称	城郊*性别	人数	平均数	标准差	t	p
职业人格	坚持性	城区男性	82	7.59	2.42	.444	.722
		城区女性	71	7.73	2.68		
		郊区男性	86	7.99	2.26		
		郊区女性	59	7.68	1.99		
	严谨性	城区男性	82	8.32	2.42	.093	.964
		城区女性	71	8.39	2.40		
		郊区男性	86	8.23	1.75		
		郊区女性	59	8.24	1.84		
	情绪稳定性	城区男性	82	6.44	3.12	1.379	.249
		城区女性	71	6.52	3.32		
		郊区男性	86	7.12	2.88		
		郊区女性	59	6.12	2.99		
	自信心	城区男性	82	7.77	2.32	.812	.488
		城区女性	71	8.03	2.36		
		郊区男性	86	8.29	2.02		
		郊区女性	59	8.03	1.89		
	责任心	城区男性	82	8.84	2.33	.542	.654
		城区女性	71	9.00	2.28		
		郊区男性	86	8.57	1.95		
		郊区女性	59	8.81	2.03		

(续表)

名称		城郊*性别	人数	平均数	标准差	t	p
职业人格	交际能力	城区男性	82	7.29	2.12	1.342	.261
		城区女性	71	7.08	2.62		
		郊区男性	86	7.49	1.94		
		郊区女性	59	7.83	2.15		
	管理能力	城区男性	82	8.68	3.11	.549	.649
		城区女性	71	8.51	3.12		
		郊区男性	86	8.95	2.52		
		郊区女性	59	9.05	2.29		
	抗挫折能力	城区男性	82	7.57	2.39	.124	.946
		城区女性	71	7.35	2.62		
		郊区男性	86	7.42	2.29		
		郊区女性	59	7.39	2.45		

(4)结论

①广州市听力残疾人职业人格测验各维度的得分从高到低依次为:责任心>管理能力>严谨性>自信心>坚持性>抗挫折能力>交际能力>情绪稳定性。

②女性在情绪稳定性维度的得分显著高于男性,且二者存在显著差异($p<0.05$)。

③听力残疾人在情绪稳定性维度的得分呈现升-降-升的变化特点,40-49岁年龄组的得分最低,50-59岁年龄组的得分最高;在交际能力维度的得分呈现先降后升的变化特点,即40岁之前,随着年龄的增长,其交际能力逐渐减弱,40-49岁年龄组的得分最低,之后又有所回升;40岁之前的两组残疾人在抗挫折能力维度得分较高,40岁之后的两组残疾人得分较低;且听力残疾人在情绪稳定性上表现出显著的年龄差异($p<0.05$),在交际能力和抗挫折能力维度表现出极显著的年龄差异($p<0.01$)。

④广州市听力残疾人职业人格特征并不存在显著的残疾等级差异。

⑤广州市听力残疾人各职业人格特征的得分从高到低依次为:大专及以上组>高中/中专组>初中组>小学及以下组,且除在情绪稳定性维度不存在显著差异,听力残疾人在其余维度的得分存在极显著的文化水平差异($p<0.05$)。

⑥使用口语作为主要交流方式或者主要交流方式之一的听力残疾人在职业人格各维度的得分普遍高于不使用口语作为主要交流方式的两组;采用不同交流方式的听力残疾人在管理能力维度存在显著差异($p<0.05$),在坚持性、严谨性、责任心和交际能力维度存在极显著差异($p<0.01$)。

⑦城区男性、城区女性、郊区男性和郊区女性四个群体在职业人格的各维度上均不存在显著差异。

3. 广州市听力残疾人职业兴趣状况

(1)测试人群分布

本项目在广州市共选取了637名有效被试进行了听力残疾人职业兴趣测验,其性别、年龄和城郊分布的信息见表2-4-62。

表 2-4-62 广州市听力残疾人职业兴趣测验有效样本分布表

年龄(岁)	男	女	合计
15-29	229	197	426
30-39	59	44	103
40-49	45	42	87
50-59	19	2	21
合计	352	285	637

表 2-4-62 广州市听力残疾人职业兴趣测验有效样本分布表(续)

年龄(岁)	城区			郊区			合计
	男	女	小计	男	女	小计	
15-29	7	8	15	56	46	102	117
30-39	31	28	59	18	7	25	84
40-49	26	34	60	12	5	17	77
50-59	17	1	18	0	1	1	19
合计	81	71	152	86	59	145	297

(2)总体情况

被测试的广州市听力残疾人职业兴趣各类型的得分从高到低依次为:现实型>常规型>研究型>企业型>艺术型>社会型。男性听力残疾人职业兴趣各类型的得分从高到低依次为:现实型>常规型>研究型>企业型>艺术型>社会型;女性听力残疾人职业兴趣各类型的得分从高到低依次为:现实型>常规型>企业型>研究型>艺术型>社会型。在不同年龄段的男性听力残疾人中,15-29岁年龄组在企业型和艺术型上的得分最高;30-39岁年龄组在现实型和研究型上的得分最高;40-49岁年龄组在常规型上的得分最高;50-59岁年龄组在社会型上的得分最高。在不同年龄段的女性听力残疾人中,15-29岁年龄组在常规型、企业型和艺术型上的得分最高;30-39岁年龄组在社会型上的得分最高;40-49岁年龄组在现实型和研究型上的得分最高(50-54岁年龄段的女性听力残疾人仅2人,不与其他各组进行比较)(见表2-4-63)。

表 2-4-63 广州市不同性别和年龄听力残疾人职业兴趣测验平均数和标准差

		n	常规型		现实型		研究型		企业型		社会型		艺术型	
			M	Std	M	Std	M	Std	M	Std	M	Std	M	Std
总体		637	6.25	1.60	6.50	1.53	5.81	1.60	5.78	1.59	4.83	1.42	5.29	1.84
男性		352	6.30	1.60	6.52	1.53	5.93	1.62	5.77	1.55	4.88	1.47	5.30	1.89
女性		285	6.19	1.59	6.48	1.54	5.66	1.56	5.80	1.65	4.77	1.35	5.27	1.77
男(岁)	15-29	229	6.34	1.55	6.54	1.55	5.99	1.58	5.86	1.57	4.84	1.47	5.46	1.82
	30-39	59	6.08	1.60	6.58	1.38	6.07	1.69	5.58	1.43	4.88	1.51	4.95	1.86
	40-49	45	6.40	1.80	6.56	1.57	5.73	1.67	5.76	1.51	4.96	1.31	5.31	2.13
	50-59	19	6.21	1.75	6.11	1.70	5.32	1.77	5.26	1.73	5.05	1.78	4.47	2.06
女(岁)	15-29	197	6.25	1.46	6.49	1.48	5.65	1.56	5.97	1.55	4.78	1.37	5.41	1.66
	30-39	44	6.07	2.04	6.34	1.64	5.64	1.62	5.70	1.71	4.91	1.39	4.84	1.89
	40-49	42	6.00	1.72	6.62	1.70	5.74	1.55	5.14	1.88	4.62	1.25	5.00	2.02
	50-54	2	7.00	1.41	6.00	2.83	5.50	2.12	5.00	1.41	4.00	0.00	6.50	3.54

城区听力残疾人在常规型、现实型和研究型上的得分高于郊区,而在企业型、社会型和艺术型上的得分低于郊区听力残疾人。城区男性在常规型、现实型、研究型、企业型、社会型和艺术型上的得分均高于城区女性。郊区男性在研究型和社会型上的得分高于郊区女性,而在常规型、现实型、企业型和艺术型的得分低于郊区女性(见表2-4-64)。

表2-4-64　广州市城郊听力残疾人职业兴趣测验

		n	常规型		现实型		研究型		企业型		社会型		艺术型	
			M	Std	M	Std	M	Std	M	Std	M	Std	M	Std
城区		152	6.17	1.85	6.51	1.52	5.84	1.53	5.63	1.81	4.84	1.47	4.91	2.02
郊区		145	6.15	1.57	6.48	1.65	5.78	1.62	5.83	1.44	4.92	1.36	5.22	1.79
城区	男	81	6.30	1.82	6.56	1.47	5.86	1.66	5.68	1.66	4.86	1.61	4.95	2.08
	女	71	6.03	1.88	6.46	1.58	5.80	1.38	5.58	1.98	4.80	1.29	4.86	1.96
郊区	男	86	6.07	1.50	6.37	1.63	5.93	1.60	5.80	1.45	5.05	1.36	5.14	1.88
	女	59	6.27	1.68	6.64	1.68	5.56	1.64	5.88	1.45	4.75	1.36	5.34	1.65

(3)听力残疾人职业兴趣特征

1)性别差异比较分析

广州市听力残疾人职业兴趣各类型得分的均数比较显示,男性听力残疾人组在常规型、现实型、研究型、社会型和艺术型的得分高于女性组,而在企业型的得分低于女性组(见图2-4-31)。

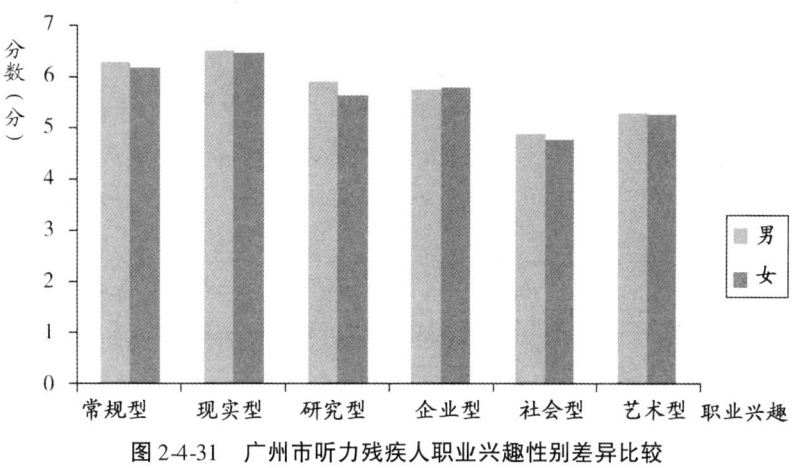

图2-4-31　广州市听力残疾人职业兴趣性别差异比较

进一步差异性检验显示,广州市听力残疾人在研究型维度的得分存在显著的性别差异,即相对而言,男性听力残疾人对研究型职业活动明显比女性听力残疾人有更大的兴趣(见表2-4-65)。

表2-4-65　广州市听力残疾人职业兴趣的性别差异检验

	名称	性别	人数	平均值	标准差	t	p
职业兴趣	常规型	男	352	6.30	1.60	.805	.421
		女	285	6.19	1.59		
	现实型	男	352	6.52	1.53	.343	.731
		女	285	6.48	1.54		
	研究型	男	352	5.93	1.62	2.112*	.035
		女	285	5.66	1.56		

(续表)

名称		性别	人数	平均值	标准差	t	p
职业兴趣	企业型	男	352	5.77	1.55	-.287	.774
		女	285	5.80	1.65		
	社会型	男	352	4.88	1.47	.913	.362
		女	285	4.77	1.35		
	艺术型	男	352	5.30	1.89	.254	.799
		女	285	5.27	1.77		

2) 年龄差异比较分析

随着广州市听力残疾人年龄的增长,企业型的得分呈现逐渐下降的趋势;常规型得分呈现先降后升的变化特点,即15-29岁年龄组得分最高,30-39岁年龄组得分最低,之后又呈上升的趋势;研究型的得分呈现先升后降的变化特点,40岁之前二组的得分高于40岁之后二组,且在30-39岁年龄组得分最高,50-59岁年龄组得分最低;现实型和艺术型的得分呈现降-升-降的变化特点,均表现为50-59岁年龄组得分最低,而现实型表现为40-49岁年龄组得分最高,艺术型表现为15-29岁年龄组的得分最高;各年龄段听力残疾人的社会型得分差别不大(见图2-4-32)。

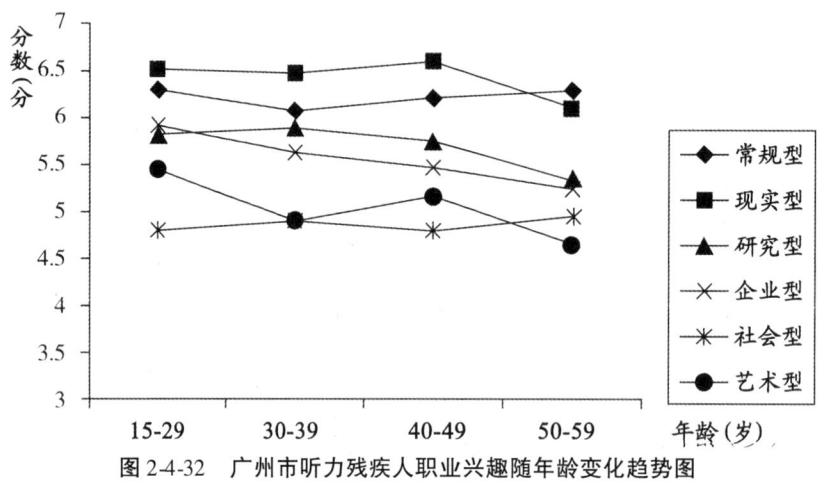

图2-4-32 广州市听力残疾人职业兴趣随年龄变化趋势图

进一步差异性检验发现,听力残疾人在企业型和艺术型上存在显著的年龄差异。多重比较可以看出,在企业型,15-29岁年龄组得分显著高于40-49岁年龄组,即15-29岁年龄组听力残疾人更喜欢从事企业型职业。在艺术型,15-29岁年龄组的得分显著高于30-39岁年龄组,即相对30-39岁年龄组而言,15-29岁年龄组的听力残疾人更喜欢艺术型的职业(见表2-4-66)。

表2-4-66 广州市听力残疾人职业兴趣的年龄差异检验

名称		年龄(岁)	人数	平均值	标准差	F	p	多重比较
职业兴趣	常规型	15-29	426	6.30	1.51	.552	.647	
		30-39	103	6.08	1.79			
		40-49	87	6.21	1.77			
		50-59	21	6.29	1.71			
	现实型	15-29	426	6.51	1.52	.597	.617	
		30-39	103	6.48	1.49			
		40-49	87	6.59	1.63			
		50-59	21	6.10	1.73			

(续表)

名称		年龄(岁)	人数	平均值	标准差	F	p	多重比较
职业兴趣	研究型	15-29	426	5.83	1.58	.785	.503	
		30-39	103	5.88	1.66			
		40-49	87	5.74	1.60			
		50-59	21	5.33	1.74			
	企业型	15-29	426	5.91	1.56	3.317*	.020	1>3
		30-39	103	5.63	1.55			
		40-49	87	5.46	1.72			
		50-59	21	5.24	1.67			
	社会型	15-29	426	4.81	1.42	.156	.926	
		30-39	103	4.89	1.45			
		40-49	87	4.79	1.29			
		50-59	21	4.95	1.72			
	艺术型	15-29	426	5.44	1.75	3.406*	.017	1>2
		30-39	103	4.90	1.87			
		40-49	87	5.16	2.07			
		50-59	21	4.67	2.20			

注:1 表示 15-29 岁年龄组听力残疾人,2 表示 30-39 岁年龄组听力残疾人,3 表示 40-49 岁年龄组听力残疾人,4 表示 50-59 岁年龄组听力残疾人。

3) 残疾等级比较分析

随着广州市听力残疾人残疾程度的加重,其职业兴趣也随之发生变化。在常规型和艺术型的得分呈现升-降-升的变化特点,均表现为三级听力残疾人的得分最高,常规型表现为四级听力残疾人得分最低,艺术型表现为二级听力残疾人得分最低;现实型、研究型、企业型和社会型的得分呈现先升后降的变化特点;现实型为二级残疾人的得分最高,四级残疾人得分最低;研究型、企业型和社会型表现为三级听力残疾人得分最高,研究型和企业型表现为四级残疾人得分最低;社会型一级听力残疾人得分最低(见图2-4-33)。

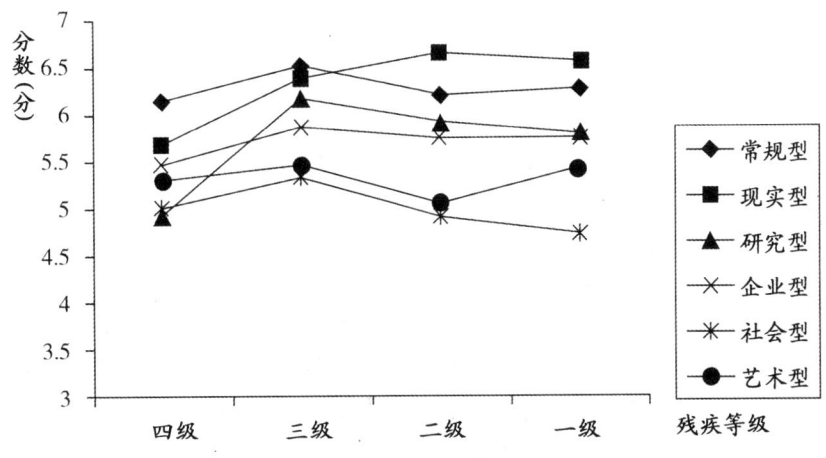

图 2-4-33 广州市听力残疾人职业兴趣随残疾等级变化趋势图

进一步差异性检验显示,听力残疾人在社会型上存在显著的残疾等级差异。多重比较发现,三级听力残疾人在社会型的得分显著高于二级和一级听力残疾人,说明三级听力残疾人更喜欢从事社会型的工作(见表2-4-67)。

表 2-4-67　广州市听力残疾人职业兴趣的残疾等级差异检验

	名称	残疾等级	人数	平均值	标准差	F	p
职业兴趣	常规型	四级	13	6.15	1.95	.569	.635
		三级	69	6.51	1.76		
		二级	166	6.22	1.62		
		一级	329	6.27	1.57		
	现实型	四级	13	5.69	1.49	1.877	.132
		三级	69	6.38	1.48		
		二级	166	6.65	1.53		
		一级	329	6.56	1.56		
	研究型	四级	13	4.92	1.61	2.556	.054
		三级	69	6.16	1.51		
		二级	166	5.91	1.49		
		一级	329	5.79	1.66		
	企业型	四级	13	5.46	1.90	.242	.867
		三级	69	5.86	1.34		
		二级	166	5.75	1.57		
		一级	329	5.75	1.62		
	社会型	四级	13	5.00	1.35	3.660*	.012
		三级	69	5.33	1.60		
		二级	166	4.91	1.35		
		一级	329	4.74	1.36		
	艺术型	四级	13	5.31	1.75	1.715	.163
		三级	69	5.46	1.75		
		二级	166	5.05	1.91		
		一级	329	5.42	1.80		

4)文化水平比较分析

随着文化水平的提高,广州市听力残疾人的职业兴趣也随之发生变化。常规型和现实型的得分表现为随着文化水平的提高而升高的趋势,也就是说随着文化水平的升高,听力残疾人对常规型和现实型的职业兴趣偏好也越来越明显。研究型高中/中专组和大专及以上组得分高于小学及以下组和初中组;企业型的得分在小学及以下组得分最低,至大专及以上组得分最高,基本表现为随着文化水平的提高而升高的趋势;社会型的得分呈现两头高中间低的曲线,即小学及以下组和大专及以上组的听力残疾人的得分较高,初中和高中/中专组的得分较低。艺术型得分呈现中间高两头低的曲线,即初中组和高中/中专组的得分较高,小学及以下组和大专及以上组的得分较低(见图2-4-34)。

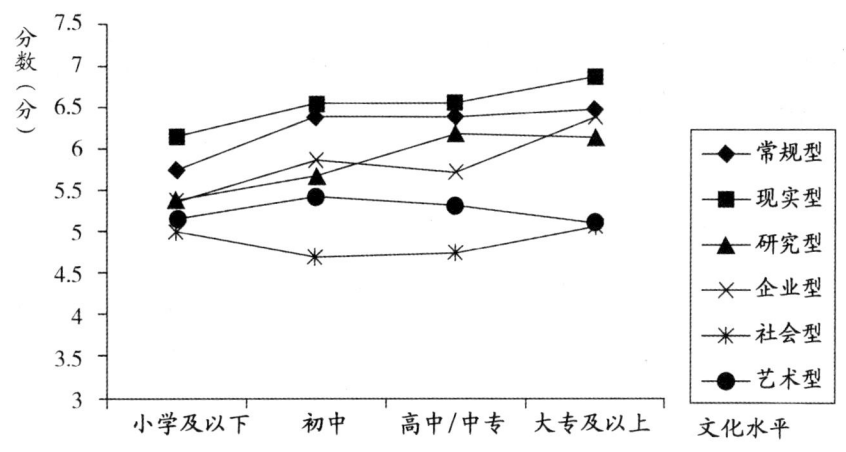

图 2-4-34 广州市听力残疾人职业兴趣随文化水平变化趋势图

进一步差异性检验显示,听力残疾人在常规型、现实型、研究型和企业型上均存在极显著的文化水平差异。多重比较可以看出,在常规型和现实型上,小学及以下组得分显著低于其他三组;在研究型上,高中/中专组和大专及以上组的听力残疾人的得分显著高于小学及以下组和初中组,且初中组的得分显著高于小学及以下组,说明高中/中专组和大专及以上组的听力残疾人更喜欢研究型的职业活动;在企业型上,大专及以上组的得分显著高于其他三组,且初中组的得分显著高于小学及以下组的听力残疾人(见表2-4-68)。

表 2-4-68 广州市听力残疾人职业兴趣的文化水平差异检验

	名称	文化水平	人数	平均值	标准差	F	p	多重比较
职业兴趣	常规型	小学及以下	140	5.75	1.65	6.102**	.000	2>1,3>1 4>1
		初中	229	6.37	1.62			
		高中/中专	175	6.37	1.55			
		大专及以上	93	6.47	1.40			
	现实型	小学及以下	140	6.15	1.53	4.316**	.005	2>1,3>1 4>1
		初中	229	6.54	1.62			
		高中/中专	175	6.55	1.44			
		大专及以上	93	6.86	1.40			
	研究型	小学及以下	140	5.39	1.51	8.239**	.000	4>1,4>2 3>2,3>1
		初中	229	5.67	1.65			
		高中/中专	175	6.17	1.57			
		大专及以上	93	6.12	1.47			
	企业型	小学及以下	140	5.37	1.50	7.732**	.000	4>1,4>2 4>3,2>1
		初中	229	5.85	1.54			
		高中/中专	175	5.72	1.71			
		大专及以上	93	6.37	1.43			
	社会型	小学及以下	140	5.00	1.45	2.444	.063	
		初中	229	4.70	1.39			
		高中/中专	175	4.74	1.30			
		大专及以上	93	5.06	1.59			

(续表)

名称		文化水平	人数	平均值	标准差	F	p	多重比较
职业兴趣	艺术型	小学及以下	140	5.16	1.84	.968	.407	
		初中	229	5.42	1.75			
		高中/中专	175	5.31	1.98			
		大专及以上	93	5.10	1.78			

注:1 表示小学及以下听力残疾人组,2 表示初中听力残疾人组,3 表示高中/中专听力残疾人组,4 表示大专及以上听力残疾人组。

5)交流方式比较分析

广州市听力残疾人职业兴趣各类型得分的均数比较显示,在常规型、研究型、企业型和社会型,手语&口语为主要交流方式的听力残疾人得分最高,以手语为主要交流方式的听力残疾人得分最低;在现实型和艺术型,手语或手语&口语为主要交流方式的听力残疾人得分较高,而以口语或主要使用其他交流方式的听力残疾人得分较低(见图2-4-35)。

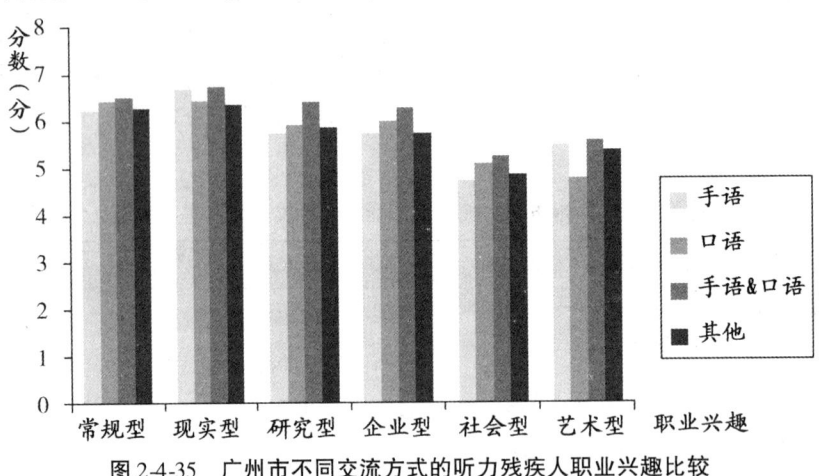

图2-4-35 广州市不同交流方式的听力残疾人职业兴趣比较

进一步差异性检验发现,使用不同交流方式的听力残疾人在社会型的得分存在显著差异,在艺术型的得分存在极显著差异。多重比较可以看出,在社会型,手语组与口语组和手语&口语组的得分存在显著差异,即手语组的得分显著低于口语组和手语&口语组,说明以手语为主要交流方式的听力残疾人更不喜欢从事社会型职业;在艺术型,口语组得分显著低于其他三组听力残疾人的得分,说明以口语为主要交流方式的听力残疾人更不喜欢从事艺术型职业(见表2-4-69)。

表2-4-69 广州市不同交流方式的听力残疾人职业兴趣的差异检验

名称		交流方式	人数	平均值	标准差	F	p	多重比较
职业兴趣	常规型	手语	291	6.18	1.51	.762	.515	
		口语	117	6.38	1.72			
		手语&口语	49	6.47	1.58			
		其他	180	6.22	1.65			
	现实型	手语	291	6.64	1.46	2.320	.074	
		口语	117	6.39	1.46			
		手语&口语	49	6.69	1.64			
		其他	180	6.30	1.65			

(续表)

名称		交流方式	人数	平均值	标准差	F	p	多重比较
职业兴趣	研究型	手语	291	5.69	1.68	2.504	.058	
		口语	117	5.88	1.50			
		手语&口语	49	6.35	1.38			
		其他	180	5.82	1.57			
	企业型	手语	291	5.70	1.46	2.242	.082	
		口语	117	5.94	1.60			
		手语&口语	49	6.24	1.76			
		其他	180	5.68	1.72			
	社会型	手语	291	4.68	1.37	3.257*	.021	3>1,2>1
		口语	117	5.05	1.41			
		手语&口语	49	5.20	1.55			
		其他	180	4.83	1.43			
	艺术型	手语	291	5.44	1.83	4.581**	.003	4>2,3>2 1>2
		口语	117	4.74	1.80			
		手语&口语	49	5.53	1.98			
		其他	180	5.33	1.78			

注:1 表示主要使用手语的听力残疾人组,2 表示主要使用口语的听力残疾人组,3 表示主要使用手语&口语的听力残疾人组,4 表示主要使用其他交流方式的听力残疾人组。

6)城郊差异比较分析

广州市听力残疾人职业兴趣测验各类型得分的均数比较发现,在常规型,城区男性组和郊区女性组得分较高;在现实型、企业型和艺术型,郊区女性组得分最高;在社会型和研究型,郊区男性组得分最高(见图2-4-36)。

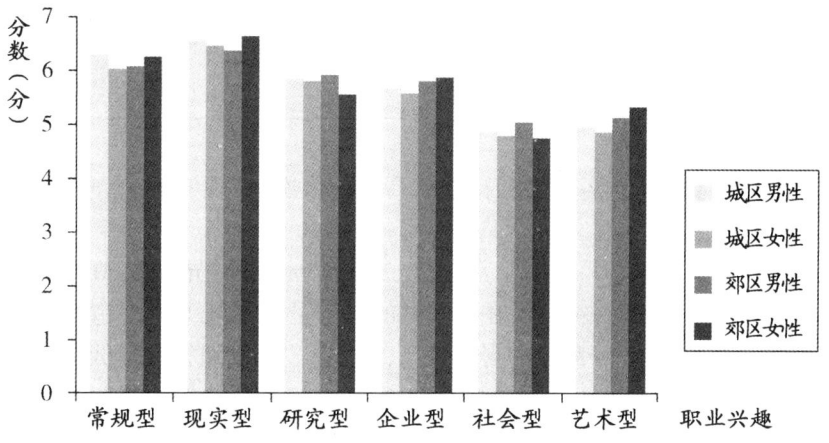

图 2-4-36 广州市听力残疾人职业兴趣的城郊比较

进一步差异性检验发现,城区男性、城区女性、郊区男性和郊区女性四组在职业兴趣各类型的得分均不存在显著差异(表2-4-70)。

表 2-4-70　广州市听力残疾人职业兴趣的城郊差异检验

名称		城郊*性别	人数	平均值	标准差	F	p
职业兴趣	常规型	城区男性	81	6.30	1.82	.469	.704
		城区女性	71	6.03	1.88		
		郊区男性	86	6.07	1.50		
		郊区女性	59	6.27	1.68		
	现实型	城区男性	81	6.56	1.47	.392	.759
		城区女性	71	6.46	1.58		
		郊区男性	86	6.37	1.63		
		郊区女性	59	6.64	1.68		
	研究型	城区男性	81	5.86	1.66	.696	.555
		城区女性	71	5.80	1.38		
		郊区男性	86	5.93	1.60		
		郊区女性	59	5.56	1.64		
	企业型	城区男性	81	5.68	1.66	.451	.717
		城区女性	71	5.58	1.98		
		郊区男性	86	5.80	1.45		
		郊区女性	59	5.88	1.45		
	社会型	城区男性	81	4.86	1.61	.644	.587
		城区女性	71	4.80	1.29		
		郊区男性	86	5.05	1.36		
		郊区女性	59	4.75	1.36		
	艺术型	城区男性	81	4.95	2.08	.817	.485
		城区女性	71	4.86	1.96		
		郊区男性	86	5.14	1.88		
		郊区女性	59	5.34	1.65		

(4)结论

①广州市听力残疾人职业兴趣各类型的得分从高到低依次为:现实型>常规型>研究型>企业型>艺术型>社会型。

②男性听力残疾人在研究型的得分高于女性,且二者存在显著差异($p<0.05$)。

③广州市听力残疾人随着年龄的增长,在企业型的得分呈现逐渐下降的趋势;在艺术型的得分呈现降-升-降的变化特点,15-29 岁年龄组的得分最高,50-59 岁年龄组得分最低;且在企业型和艺术型上存在显著的年龄差异($p<0.05$)。

④广州市听力残疾人在社会型的得分呈现先升后降的变化特点,且存在显著的残疾等级差异($p<0.05$),三级听力残疾人在社会型的得分显著高于二级和一级听力残疾人($p<0.05$)。

⑤广州市听力残疾人随着文化水平的升高,对常规型和现实型的职业兴趣偏好也越来越明显;高中/中专组和大专及以上组在研究型的得分高于小学及以下组和初中组;小学及以下组在企业型的得分最低,至大专及以上组得分最高,基本表现为随着文化水平的提高而升高的趋势。且听力残疾人在常规型、现实型、研究型和企业型上均存在极显著的文化水平差异($p<0.01$)。

⑥手语 & 口语为主要交流方式的听力残疾人在社会型得分最高,以手语为主要交流方式的听力

残疾人得分最低;在艺术型,手语或手语&口语为主要交流方式的听力残疾人得分较高,而以口语或主要使用其他交流方式的听力残疾人得分较低;且使用不同交流方式的听力残疾人在社会型的得分存在显著差异($p<0.05$),在艺术型的得分存在极显著差异($p<0.01$)。

⑦广州市听力残疾人在职业兴趣各类型的得分均不存在显著城郊差异。

(三)广州市言语残疾人职业适应性状况

本次调查广州市就业年龄段的言语残疾人有效样本共计182人。其中,男性110人,样本详情见表2-4-71～表2-4-75。

表2-4-71 广州市言语残疾人样本性别分布情况

地区	男		女		合计
	n	%	n	%	
培英中专	20	60.6	13	39.4	33
聋人学校	23	57.5	17	42.5	40
天河	9	81.8	2	18.2	11
越秀	4	36.4	7	63.6	11
南沙	2	33.3	4	66.7	6
荔湾	5	55.6	4	44.4	9
白云	10	83.3	2	16.7	12
海珠	8	57.1	6	42.9	14
从化	0	0.0	1	100.0	1
花都	18	72.0	7	28.0	25
番禺	11	55.0	9	45.0	20
总计	110	60.4	72	39.6	182

表2-4-72 广州市言语残疾人样本年龄段分布情况

地区	15-29岁		30-39岁		40-49岁		50-59岁		合计
	n	%	n	%	n	%	n	%	
培英中专	23	69.7	5	15.2	3	9.1	2	6.1	33
聋人学校	40	100.0	0	0.0	0	0.0	0	0.0	40
天河	2	18.2	4	36.4	2	18.2	3	27.3	11
越秀	1	9.1	5	45.5	5	45.5	0	0.0	11
南沙	2	33.3	2	33.3	2	33.3	0	0.0	6
荔湾	2	22.2	4	44.4	2	22.2	1	11.1	9
白云	2	16.7	6	50.0	1	8.3	3	25.0	12
海珠	1	7.1	8	57.1	3	21.4	2	14.3	14
从化	0	0.0	1	100.0	0	0.0	0	0.0	1
花都	20	80.0	4	16.0	0	0.0	1	4.0	25
番禺	9	45.0	3	15.0	6	30.0	2	10.0	20
总计	102	56.0	42	23.1	24	13.2	14	7.7	182

表 2-4-73　广州市言语残疾人样本残疾等级分布情况

地区	四级		三级		二级		一级		合计
	n	%	n	%	n	%	n	%	
培英中专	0	0.0	9	27.3	8	24.2	16	48.5	33
聋人学校	2	6.7	9	30.0	7	23.3	12	40.0	30
天河	0	0.0	0	0.0	3	30.0	7	70.0	10
越秀	0	0.0	0	0.0	3	27.3	8	72.7	11
南沙	0	0.0	1	16.7	0	0.0	5	83.3	6
荔湾	0	0.0	0	0.0	1	11.1	8	88.9	9
白云	1	8.3	2	16.7	3	25.0	6	50.0	12
海珠	2	16.7	1	8.3	2	16.7	7	58.3	12
从化	0	0.0	0	0.0	1	100.0	0	0.0	1
花都	1	4.0	0	0.0	7	28.0	17	68.0	25
番禺	0	0.0	4	20.0	3	15.0	13	65.0	20
总计	6	3.6	26	15.4	38	22.5	99	58.6	169

注：缺失样本 13 人

表 2-4-74　广州市言语残疾人样本文化水平分布情况

地区	小学及以下		初中		高中/中专		大专及以上		合计
	n	%	n	%	n	%	n	%	
培英中专	9	27.3	16	48.5	6	18.2	2	6.1	33
聋人学校	5	12.5	14	35.0	21	52.5	0	0.0	40
天河	7	63.6	1	9.1	1	9.1	2	18.2	11
越秀	2	18.2	6	54.5	2	18.2	1	9.1	11
南沙	3	50.0	3	50.0	0	0.0	0	0.0	6
荔湾	3	33.3	2	22.2	3	33.3	1	11.1	9
白云	7	58.3	5	41.7	0	0.0	0	0.0	12
海珠	2	14.3	5	35.7	0	0.0	7	50.0	14
从化	1	100.0	0	0.0	0	0.0	0	0.0	1
花都	4	16.0	5	20.0	0	0.0	16	64.0	25
番禺	13	65.0	5	25.0	1	5.0	1	5.0	20
总计	56	30.8	62	34.1	34	18.7	30	16.5	182

表 2-4-75　广州市言语残疾人样本城郊分布情况

地区	城市男性		城市女性		郊区男性		郊区女性		学校男性		学校女性		合计
	n	%	n	%	n	%	n	%	n	%	n	%	
培英中专	0	0.0	0	0.0	0	0.0	0	0.0	20	60.6	13	39.4	33
聋人学校	0	0.0	0	0.0	0	0.0	0	0.0	23	57.5	17	42.5	40
天河	9	81.8	2	18.2	0	0.0	0	0.0	0	0.0	0	0.0	11

(续表)

地区	城市男性		城市女性		郊区男性		郊区女性		学校男性		学校女性		合计
	n	%	n	%	n	%	n	%	n	%	n	%	
越秀	4	36.4	7	63.6	0	0.0	0	0.0	0	0.0	0	0.0	11
南沙	0	0.0	0	0.0	2	33.3	4	66.7	0	0.0	0	0.0	6
荔湾	5	55.6	4	44.4	0	0.0	0	0.0	0	0.0	0	0.0	9
白云	10	83.3	2	16.7	0	0.0	0	0.0	0	0.0	0	0.0	12
海珠	8	57.1	6	42.9	0	0.0	0	0.0	0	0.0	0	0.0	14
从化	0	0.0	0	0.0	0	0.0	1	100.0	0	0.0	0	0.0	1
花都	0	0.0	0	0.0	18	72.0	7	28.0	0	0.0	0	0.0	25
番禺	0	0.0	0	0.0	11	55.0	9	45.0	0	0.0	0	0.0	20
总计	36	19.8	21	11.5	31	17.0	21	11.5	43	23.6	30	16.5	182

1.广州市言语残疾人职业能力状况

(1)测试人群分布

在广州市共选取了182名有效被试进行了言语残疾人职业适应性测验,其性别、年龄和城郊分布详情见表2-4-76。

表2-4-76 广州市言语残疾人有效样本分布表

年龄(岁)	男	女	合计
15-29	60	42	102
30-39	23	19	42
40-49	16	8	24
50-59	11	3	14
合计	110	72	182

表2-4-76 广州市言语残疾人有效样本分布表(续)

年龄(岁)	城区			郊区			合计
	男	女	小计	男	女	小计	
15-29	6	2	8	20	11	31	39
30-39	15	12	27	4	6	10	37
40-49	8	5	13	5	3	8	21
50-59	7	2	9	2	1	3	12
合计	36	21	57	31	21	52	109

(2)总体情况

被测试的广州市言语残疾人职业能力各分测验的得分从高到低依次为:符号知觉>形状知觉>言语能力>数理能力>空间知觉。男性言语残疾人在职业能力各分测验的得分从高到低依次为:符号知觉>形状知觉>数理能力>言语能力>空间知觉。女性言语残疾人在职业能力各分测验的得分从高到低依次为:符号知觉>形状知觉>言语能力>数理能力>空间知觉。不同年龄组的男性言语残疾人中,15-29岁年龄组在空间知觉、符号知觉、形状知觉和文档测验总分上高于其他三组;30-39岁年龄组在言语能力、数理能力分测验上的得分最高。不同年龄组的女性言语残疾人中,15-29岁年龄组在言语能力、空间知觉、符号知觉和形状知觉分测验的得分以及总分最高;30-39岁年龄组在数理能力分测验的得分最高(50-54岁年龄段的女性言语残疾人仅3人,不与其他各组进行比较)(见表2-4-77)。

表2-4-77 广州市言语残疾人职业能力测验的平均数和标准差

		n	言语能力		数理能力		空间知觉		符号知觉		形状知觉		文档计分	
			M	Std	M	Std	M	Std	M	Std	M	Std	M	Std
总体		182	7.91	4.56	7.59	5.27	7.18	4.42	11.87	6.46	10.49	5.40	45.05	21.54
男性		110	7.94	4.51	8.18	5.40	7.84	4.65	12.23	6.38	11.00	5.45	47.19	22.01
女性		72	7.87	4.66	6.69	4.96	6.17	3.85	11.33	6.59	9.72	5.28	41.78	20.53
男(岁)	15-29	60	8.54	3.43	8.97	4.75	8.83	4.27	14.88	4.36	12.77	4.34	53.99	16.52
	30-39	23	9.16	5.08	9.48	5.98	8.52	4.32	11.93	5.79	10.78	5.49	49.87	21.66
	40-49	16	4.88	5.08	5.75	5.70	4.88	5.56	7.46	7.78	7.75	6.23	30.71	25.43
	50-59	11	6.55	5.86	4.73	5.24	5.27	3.50	5.35	5.98	6.55	5.52	28.44	23.49
女(岁)	15-29	42	8.56	4.10	7.00	4.80	6.81	3.54	12.91	5.92	11.29	5.01	46.56	18.91
	30-39	19	7.75	5.48	7.47	5.53	6.53	4.21	10.92	7.06	9.26	4.01	41.94	20.59
	40-49	8	4.58	4.65	2.75	3.20	2.50	3.16	5.47	4.95	4.50	5.93	19.81	16.59
	50-54	3	7.78	5.09	8.00	4.00	4.67	3.06	7.41	8.53	4.67	2.31	32.52	17.74

城区言语残疾人在职业能力各分测验的得分从高到低依次为:符号知觉>形状知觉>言语能力>数理能力>空间知觉。郊区言语残疾人在职业能力各分测验的得分从高到低依次为:符号知觉>形状知觉>空间知觉>数理能力>言语能力(见表2-4-78)。

表2-4-78 广州市言语残疾人职业能力测验

		n	言语能力		数理能力		空间知觉		符号知觉		形状知觉		文档计分	
			M	Std	M	Std	M	Std	M	Std	M	Std	M	Std
城区		57	8.19	5.15	7.16	5.29	6.39	4.80	10.25	6.43	9.19	5.50	41.17	22.44
郊区		52	6.82	4.86	7.46	5.80	7.50	4.44	11.93	7.29	9.27	5.63	42.98	24.48
城区	男	36	7.87	5.07	7.22	5.52	7.22	4.88	9.98	6.45	9.39	6.06	41.69	24.04
	女	21	8.73	5.37	7.05	5.00	4.95	4.41	10.70	6.52	8.86	4.50	40.29	19.94
郊区	男	31	7.53	4.74	8.71	5.76	8.71	4.46	13.88	6.84	10.84	5.41	49.66	24.08
	女	21	5.78	4.95	5.62	5.46	5.71	3.86	9.05	7.12	6.95	5.24	33.11	22.07

(3)言语残疾人职业能力特征

1)性别差异比较分析

广州市言语残疾人职业能力测验各分测验得分的均数比较显示,男性得分普遍高于女性组(见图2-4-37)。

进一步差异性检验显示,广州市言语残疾人在空间知觉分测验的得分存在显著差异($p<0.05$)(见表2-4-79),即男性在空间知觉上的能力显著高于女性。

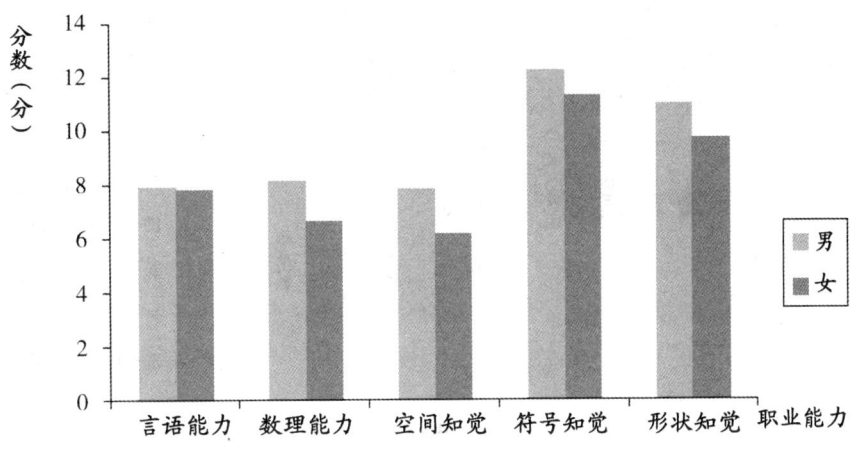

图 2-4-37 广州市言语残疾人职业能力的性别比较

表 2-4-79 广州市言语残疾人职业能力的性别差异检验

	名称	性别	人数	平均数	标准差	t	p
职业能力	言语能力	男	110	7.94	4.51	.100	.921
		女	72	7.87	4.66		
	数理能力	男	110	8.18	5.40	1.876	.062
		女	72	6.69	4.96		
	空间知觉	男	110	7.84	4.65	2.532*	.012
		女	72	6.17	3.85		
	符号知觉	男	110	12.23	6.38	.919	.359
		女	72	11.33	6.59		
	形状知觉	男	110	11.00	5.45	1.566	.119
		女	72	9.72	5.28		
	文档计分	男	110	47.19	22.01	1.663	.098
		女	72	41.78	20.53		

2) 年龄差异比较分析

随着年龄的增长,广州市言语残疾人的职业能力各分测验的得分呈下降趋势,也就是说这些能力得分随着年龄的增长而呈现下降趋势。但是,在言语能力、数理能力和空间知觉分测验,50-59 岁年龄组的得分稍高于 40-49 岁年龄组,这可能与 50-59 岁年龄组的样本量少有关(见图 2-4-38)。

进一步差异性检验显示,在言语能力、数理能力、空间知觉、符号知觉、形状知觉分测验以及职业能力文档测验的总分均存在极显著的年龄差异。多重比较可以看出,在言语能力分测验和职业能力文档计分上,15-29 岁、30-39 岁年龄组的得分显著高于 40-49 岁年龄组;在数理能力分测验,15-29 岁年龄组的得分显著高于 40-49 岁年龄组,且 30-39 岁年龄组的得分显著高于 40 岁之后的两个年龄组;在空间知觉分测验,15-29 岁年龄组的得分显著高于 40 岁之后的两个年龄组,且 30-39 岁年龄组的得分显著高于 40-49 岁年龄组;在符号知觉分测验,15-29 岁年龄组的得分显著高于 40 岁之后的两个年龄组,且 30-39 岁年龄组的得分显著高于 50-59 岁年龄组;在形状知觉分测验,15-29 岁年龄组的得分显著高于 40-49 岁、50-59 岁年龄组(见表 2-4-80)。

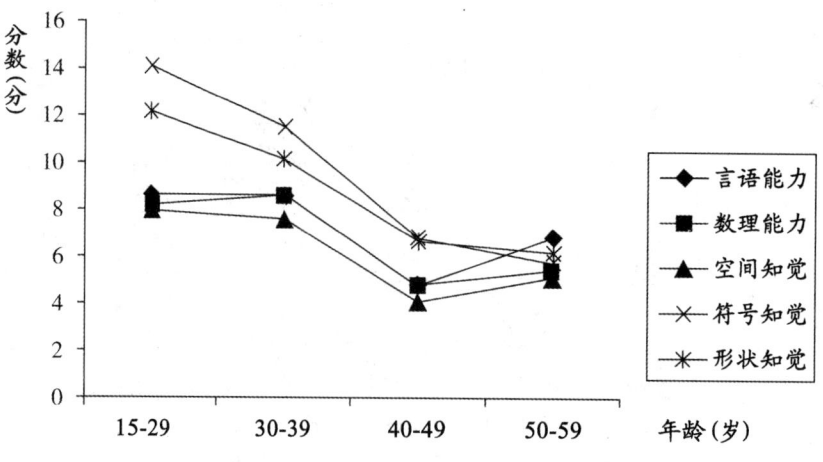

图 2-4-38　广州市言语残疾人职业能力随年龄变化趋势图

表 2-4-80　广州市言语残疾人职业能力的年龄差异检验

	名称	年龄(岁)	人数	平均值	标准差	F	p	多重比较
职业能力	言语能力	15-29	102	8.55	3.70			
		30-39	42	8.52	5.25	5.329**	.002	1>3,2>3
		40-49	24	4.78	4.84			
		50-59	14	6.81	5.54			
	数理能力	15-29	102	8.16	4.85			
		30-39	42	8.57	5.80	4.203**	.007	1>3,2>3 2>4
		40-49	24	4.75	5.14			
		50-59	14	5.43	5.05			
	空间知觉	15-29	102	8.00	4.09			
		30-39	42	7.62	4.33	6.844**	.000	1>3,1>4 2>3
		40-49	24	4.08	4.95			
		50-59	14	5.14	3.30			
	符号知觉	15-29	102	14.07	5.13			
		30-39	42	11.48	6.34	16.386**	.000	1>3,1>4 2>4
		40-49	24	6.80	6.92			
		50-59	14	5.79	6.28			
	形状知觉	15-29	102	12.16	4.66			
		30-39	42	10.10	4.88	12.258**	.000	1>3,1>4
		40-49	24	6.67	6.20			
		50-59	14	6.14	4.99			
	文档计分	15-29	102	50.93	17.83			
		30-39	42	46.29	21.30	12.704**	.000	1>3,1>4 2>3,2>4
		40-49	24	27.07	23.09			
		50-59	14	29.32	21.82			

注:1 表示 15-29 岁年龄组言语残疾人,2 表示 30-39 岁年龄组言语残疾人,3 表示 40-49 岁年龄组言语残疾人,4 表示

50~59岁年龄组言语残疾人。

3）残疾等级比较分析

广州市言语残疾人职业能力各分测验得分的均数比较显示,符号知觉分测验的得分为三级言语残疾人得分最低,其余四个分测验的得分均为四级言语残疾人的得分最低(见图2-4-39)。

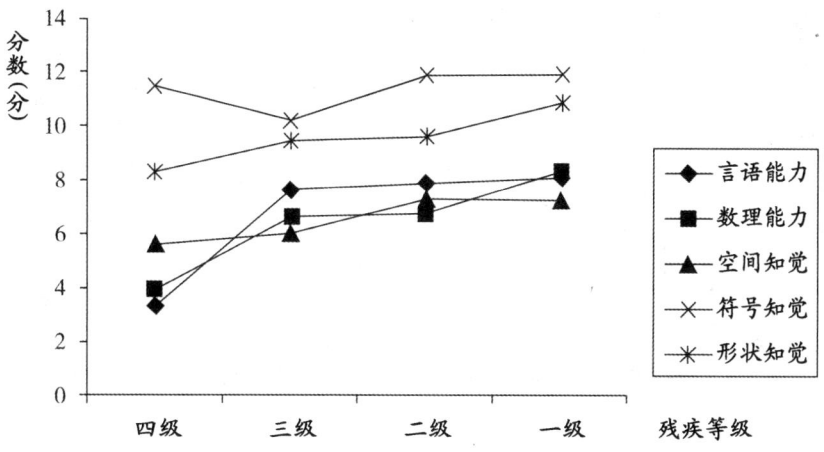

图 2-4-39　广州市言语残疾人职业能力随残疾等级变化趋势图

进一步差异性检验发现,广州市言语残疾人在职业能力各分测验以及文档计分上均不存在显著的残疾等级差异(见表2-4-81)。

表 2-4-81　广州市言语残疾人职业能力的残疾等级差异检验

	名称	残疾等级	人数	平均数	标准差	F	p
职业能力文档测验	言语能力	四级	6	3.33	3.13	2.115	.100
		三级	26	7.67	4.94		
		二级	38	7.93	4.66		
		一级	99	8.14	4.48		
	数理能力	四级	6	4.00	5.37	2.124	.099
		三级	26	6.62	5.30		
		二级	38	6.79	5.74		
		一级	99	8.32	5.13		
	空间知觉	四级	6	5.67	4.63	.757	.520
		三级	26	6.08	3.64		
		二级	38	7.32	4.63		
		一级	99	7.29	4.53		
	符号知觉	四级	6	11.48	5.82	.489	.691
		三级	26	10.24	6.88		
		二级	38	11.92	6.64		
		一级	99	11.95	6.52		
	形状知觉	四级	6	8.33	6.86	.995	.397
		三级	26	9.46	5.14		
		二级	38	9.63	6.42		
		一级	99	10.87	5.13		
	文档计分	四级	6	32.81	19.38	1.242	.296
		三级	26	40.06	22.12		
		二级	38	43.58	23.23		
		一级	99	46.58	21.47		

4)文化水平比较分析

广州市言语残疾被试职业能力各分测验的得分从高到低依次为:大专及以上组>高中/中专组>初中组>小学及以下组,也就是说这些能力得分随着文化水平的升高而呈现上升趋势(见图2-4-40)。

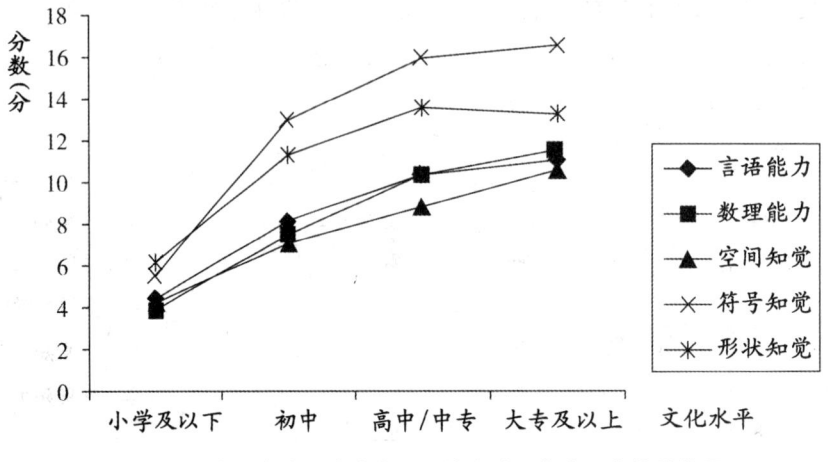

图2-4-40 广州市言语残疾人职业能力随文化水平变化趋势图

进一步差异性检验显示,职业能力各分测验的得分以及文档计分均存在极显著的文化水平差异。多重比较可以看出,在言语能力、数理能力、空间知觉、符号知觉分测验的得分及文档计分,高中/中专组和大专及以上组间不存在显著的组间差异,其他各组间均存在显著的组间差异,即小学及以下组的得分显著低于其他三组,初中组的得分显著低于高中/中专组和大专及以上组。在形状知觉分测验,小学及以下组的得分显著低于其他三组(见表2-4-82)。

表2-4-82 广州市言语残疾人职业能力的文化水平差异检验

	名称	文化水平	人数	平均值	标准差	F	p	多重比较
职业能力	言语能力	小学及以下	56	4.46	3.70			
		初中	62	8.16	3.78	26.821**	.000	4>1,4>2 3>1,3>2 2>1
		高中/中专	34	10.35	3.24			
		大专及以上	30	11.07	4.61			
	数理能力	小学及以下	56	3.96	3.75			
		初中	62	7.45	4.75	24.400**	.000	4>1,4>2 3>1,3>2 2>1
		高中/中专	34	10.35	4.36			
		大专及以上	30	11.53	5.19			
	空间知觉	小学及以下	56	4.32	3.41			
		初中	62	7.13	3.60	20.958**	.000	4>1,4>2 3>1,3>2 2>1
		高中/中专	34	8.88	4.54			
		大专及以上	30	10.67	4.15			
	符号知觉	小学及以下	56	5.62	5.52			
		初中	62	13.01	4.89	51.422**	.000	4>1,4>2 3>1,3>2 2>1
		高中/中专	34	15.97	3.77			
		大专及以上	30	16.57	3.90			

(续表)

名称		文化水平	人数	平均值	标准差	F	p	多重比较
职业能力	形状知觉	小学及以下	56	6.21	5.21	26.312**	.000	4>1,3>1 2>1
		初中	62	11.32	4.59			
		高中/中专	34	13.59	4.29			
		大专及以上	30	13.27	3.08			
	文档计分	小学及以下	56	24.58	16.51	54.611**	.000	4>1,4>2 3>1,3>2 2>1
		初中	62	47.08	15.53			
		高中/中专	34	59.14	14.30			
		大专及以上	30	63.10	15.85			

注:1表示小学及以下言语残疾人组,2表示初中言语残疾人组,3表示高中/中专言语残疾人组,4表示大专及以上言语残疾人组。

5)城郊差异比较分析

广州市言语残疾人职业能力各分测验得分的均数比较显示,城区女性组在言语能力分测验的得分最高,空间知觉分测验得分最低;郊区男性组在数理能力、空间知觉、符号知觉与形状知觉分测验的得分最高,郊区女性组在言语能力、数理能力、符号知觉和形状知觉分测验的得分最低(见图2-4-41)。

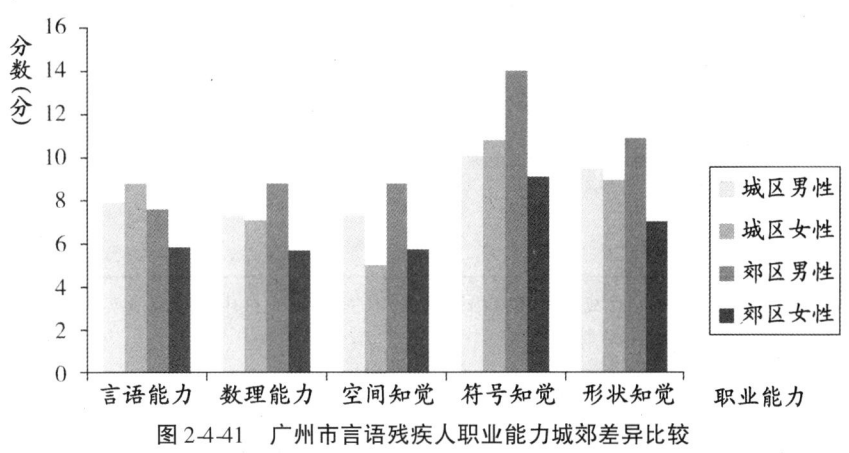

图2-4-41 广州市言语残疾人职业能力城郊差异比较

进一步差异性检验发现,城区男性、城区女性、郊区男性和郊区女性四组在空间知觉和符号知觉分测验的得分均存在显著差异。多重比较可以看出,郊区男性组空间知觉分测验的得分显著高于女性组;郊区男性组在符号知觉分测验的得分显著高于城区男性组和郊区女性组,即郊区男性言语残疾人的空间知觉和符号知觉能力更为突出(见表2-4-83)。

表2-4-83 广州市言语残疾人职业能力的城郊差异检验

名称		城郊*性别	人数	平均值	标准差	F	p	多重比较
职业能力	言语能力	城区男性	36	7.87	5.07	1.310	.275	
		城区女性	21	8.73	5.37			
		郊区男性	31	7.53	4.74			
		郊区女性	21	5.78	4.95			

(续表)

名称		城郊＊性别	人数	平均值	标准差	F	p	多重比较
职业能力	数理能力	城区男性	36	7.22	5.52	1.357	.260	
		城区女性	21	7.05	5.00			
		郊区男性	31	8.71	5.76			
		郊区女性	21	5.62	5.46			
	空间知觉	城区男性	36	7.22	4.88	3.543*	.017	3>2,3>4
		城区女性	21	4.95	4.41			
		郊区男性	31	8.71	4.46			
		郊区女性	21	5.71	3.86			
	符号知觉	城区男性	36	9.98	6.45	2.784*	.044	3>1,3>4
		城区女性	21	10.70	6.52			
		郊区男性	31	13.88	6.84			
		郊区女性	21	9.05	7.12			
	形状知觉	城区男性	36	9.39	6.06	2.166	.096	
		城区女性	21	8.86	4.50			
		郊区男性	31	10.84	5.41			
		郊区女性	21	6.95	5.24			
	文档计分	城区男性	36	41.69	24.04	2.243	.088	
		城区女性	21	40.29	19.94			
		郊区男性	31	49.66	24.08			
		郊区女性	21	33.11	22.07			

注:1表示城区男性言语残疾人组,2表示城区女性言语残疾人组,3表示郊区男性言语残疾人组,4表示郊区女性言语残疾人组。

(4)结论

①广州市言语残疾人在职业能力各分测验的得分从高到低依次为:符号知觉>形状知觉>言语能力>数理能力>空间知觉。

②男性在空间知觉上的能力显著高于女性,且二者存在显著差异($p<0.05$)。

③广州市言语残疾人的职业能力随着年龄的增长而呈现下降趋势,且表现出显著的年龄差异($p<0.05$)。

④残疾等级对广州市言语残疾人的职业能力得分无显著影响。

⑤广州市言语残疾人职业能力得分随着文化水平的升高而呈现上升趋势,且存在极显著的文化水平差异($p<0.01$)。

⑥郊区男性言语残疾人的空间知觉和符号知觉能力更为突出,郊区男性在空间知觉分测验的得分显著高于女性($p<0.05$),且郊区男性组在符号知觉分测验的得分显著高于城区男性组和郊区女性组($p<0.05$)。

2.广州市言语残疾人职业人格状况

(1)测试人群分布

本项目在广州市共选取了165名有效被试进行了言语残疾人职业人格测验,其性别、年龄和城郊分布详见表2-4-84。

表2-4-84 广州市言语残疾人有效样本分布表

年龄(岁)	男	女	合计
15-29	58	41	99
30-39	21	16	37
40-49	10	7	17
50-59	9	3	12
合计	98	67	165

表2-4-84 广州市言语残疾人有效样本分布表(续)

年龄(岁)	城区			郊区			合计
	男	女	小计	男	女	小计	
15-29	5	2	7	19	10	29	36
30-39	14	11	25	3	4	7	32
40-49	4	5	9	4	2	6	15
50-59	5	2	7	2	1	3	10
合计	28	20	48	28	17	45	93

(2)总体情况

被测试的广州市言语残疾人职业人格各维度的得分从高到低依次为:责任心>管理能力>严谨性>自信心>坚持性>交际能力>抗挫折能力>情绪稳定性。男性言语残疾人职业人格各维度的得分从高到低依次为:管理能力>责任心>严谨性>自信心>坚持性>抗挫折能力>交际能力>情绪稳定性。女性言语残疾人职业人格各维度的得分从高到低依次为:责任心>管理能力>严谨性>自信心>坚持性>抗挫折能力>交际能力>情绪稳定性。不同年龄组的男性言语残疾人中,30-39岁年龄组在坚持性、严谨性、情绪稳定性、责任心、交际能力、管理能力和抗挫折能力维度的得分最高;40-49岁年龄组在自信心维度的得分最高。在不同年龄组的女性言语残疾人中,30-39岁年龄组在职业人格各维度的得分都高于其他两组(50-54岁年龄段的女性言语残疾人仅3人,不与其他各组进行比较)(见表2-4-85)。

表2-4-85 广州市言语残疾人职业人格测验的平均数和标准差

		n	坚持性		严谨性		情绪稳定性		自信心	
			M	Std	M	Std	M	Std	M	Std
	总体	165	7.53	2.28	8.05	1.96	6.35	2.82	7.80	1.98
	男性	98	7.51	2.36	8.12	2.00	6.48	2.76	7.88	1.94
	女性	67	7.57	2.15	7.96	1.91	6.16	2.93	7.69	2.04
男(岁)	15-29	58	7.33	2.01	8.03	1.73	6.34	2.71	7.76	1.72
	30-39	21	8.67	2.22	8.90	2.05	7.57	2.52	8.24	2.07
	40-49	10	6.90	2.69	7.80	2.20	5.10	2.88	8.40	2.50
	50-59	9	6.67	3.67	7.22	2.95	5.67	3.61	7.22	2.39
女(岁)	15-29	41	7.68	2.18	7.83	1.87	6.07	2.91	7.17	1.96
	30-39	16	8.00	2.25	8.81	1.97	6.81	2.93	9.19	1.33
	40-49	7	6.57	1.81	7.14	1.57	5.14	3.58	7.71	2.29
	50-54	3	6.00	1.00	7.00	2.00	5.00	2.00	6.67	2.52

表 2-4-85 广州市言语残疾人职业人格测验的平均数和标准差(续)

		n	责任心		交际能力		管理能力		抗挫折能力	
			M	Std	M	Std	M	Std	M	Std
	总体	165	8.50	1.98	7.50	2.40	8.42	2.90	7.30	2.34
	男性	98	8.50	2.06	7.48	2.36	8.56	2.84	7.50	2.35
	女性	67	8.51	1.87	7.54	2.49	8.21	3.00	7.00	2.32
男（岁）	15-29	58	8.33	1.70	7.52	1.93	8.07	2.71	7.48	2.38
	30-39	21	9.24	2.49	8.29	2.43	10.00	2.45	8.00	2.24
	40-49	10	8.70	1.70	7.70	2.67	8.80	3.26	7.10	1.85
	50-59	9	7.67	3.12	5.11	3.14	8.11	3.30	6.67	2.65
女（岁）	15-29	41	8.46	1.72	7.32	2.58	7.44	2.91	7.05	2.39
	30-39	16	9.19	2.14	8.38	2.28	9.88	2.53	7.63	2.13
	40-49	7	7.86	2.04	7.14	2.67	8.86	3.76	5.00	1.91
	50-54	3	7.00	1.00	7.00	1.73	8.33	1.15	6.33	0.58

城区的言语残疾人群体在坚持性、情绪稳定性、自信心、责任心、交际能力、管理能力和抗挫折能力上高于郊区群体,在严谨性人格特征维度的得分低于郊区群体。城区男性组在严谨性、管理能力和抗挫折能力维度的得分高于城区女性组,在坚持性、情绪稳定性、自信心、责任心和交际能力维度的得分低于城区女性组;郊区男性组在坚持性、责任心、情绪稳定性、自信心、责任心、交际能力、管理能力和抗挫折能力维度的得分高于郊区女性组(见表2-4-86)。

表 2-4-86 广州市城郊言语残疾人职业人格测验的平均数和标准差

		n	坚持性		严谨性		情绪稳定性		自信心	
			M	Std	M	Std	M	Std	M	Std
	城区	48	7.81	2.36	8.08	2.15	6.23	2.76	8.33	2.09
	郊区	45	7.02	2.42	8.09	1.98	5.53	3.09	8.04	1.80
城区	男	28	7.64	2.68	8.21	2.33	6.14	2.84	8.14	2.22
	女	20	8.05	1.85	7.90	1.92	6.35	2.72	8.60	1.90
郊区	男	28	7.50	2.49	8.14	1.82	5.75	2.98	8.36	1.70
	女	17	6.24	2.14	8.00	2.26	5.18	3.34	7.53	1.87

表 2-4-86 广州市城郊言语残疾人职业人格测验的平均数和标准差(续)

		n	责任心		交际能力		管理能力		抗挫折能力	
			M	Std	M	Std	M	Std	M	Std
	城区	48	8.75	2.39	7.75	2.76	9.56	2.61	7.31	2.10
	郊区	45	8.73	1.89	7.58	2.22	8.73	2.86	6.80	2.76
城区	男	28	8.68	2.64	7.71	2.75	9.57	2.50	7.43	2.12
	女	20	8.85	2.06	7.80	2.84	9.55	2.82	7.15	2.11
郊区	男	28	9.00	1.83	7.82	2.36	8.89	2.66	7.39	2.92
	女	17	8.29	1.96	7.18	1.98	8.47	3.24	5.82	2.21

(3)言语残疾人职业人格特征

1)性别差异比较分析

广州市言语残疾人职业人格各维度得分的均数比较显示,男性言语残疾人在坚持性、责任心和交际能力维度的得分略低于女性,而在严谨性、情绪稳定性、自信心、管理能力和抗挫折能力维度的得分稍高于女性(见图2-4-42)。

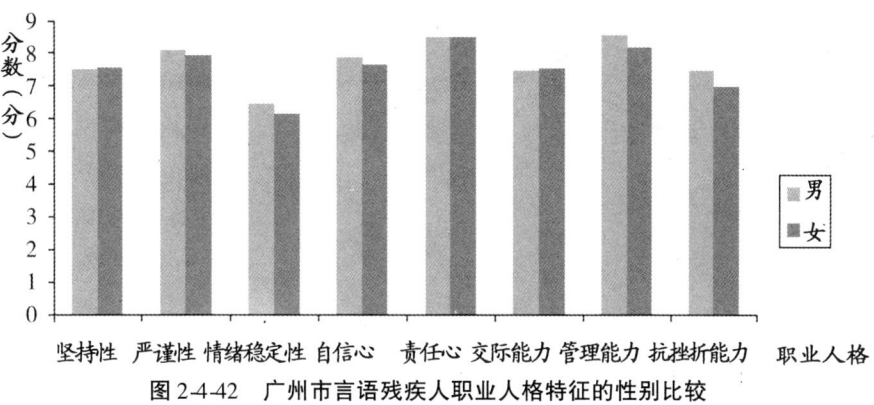

图 2-4-42 广州市言语残疾人职业人格特征的性别比较

进一步差异性检验显示,广州市言语残疾人在职业人格各维度的得分均不存在显著的性别差异(见表2-4-87)。

表 2-4-87 广州市言语残疾人职业人格特征的性别差异检验

	名称	性别	人数	平均值	标准差	t	p
职业人格	坚持性	男	98	7.51	2.36	-.157	.875
		女	67	7.57	2.15		
	严谨性	男	98	8.12	2.00	.537	.592
		女	67	7.96	1.91		
	情绪稳定性	男	98	6.48	2.76	.704	.483
		女	67	6.16	2.93		
	自信心	男	98	7.88	1.94	.608	.544
		女	67	7.69	2.04		
	责任心	男	98	8.50	2.06	-.024	.981
		女	67	8.51	1.87		
	交际能力	男	98	7.48	2.36	-.151	.880
		女	67	7.54	2.49		
	管理能力	男	98	8.56	2.84	.766	.445
		女	67	8.21	3.00		
	抗挫折能力	男	98	7.50	2.35	1.349	.179
		女	67	7.00	2.32		
	总分	男	98	62.03	12.81	.734	.464
		女	67	60.63	10.86		

2)年龄差异比较分析

随着广州市言语残疾人年龄的增长,职业人格测验各维度的得分呈现先升后降的曲线,30-39岁年龄组的言语残疾人职业人格各维度的得分最高。总体看来,40岁以前的言语残疾人人格特征较40岁以后更为突出(见图2-4-43)。

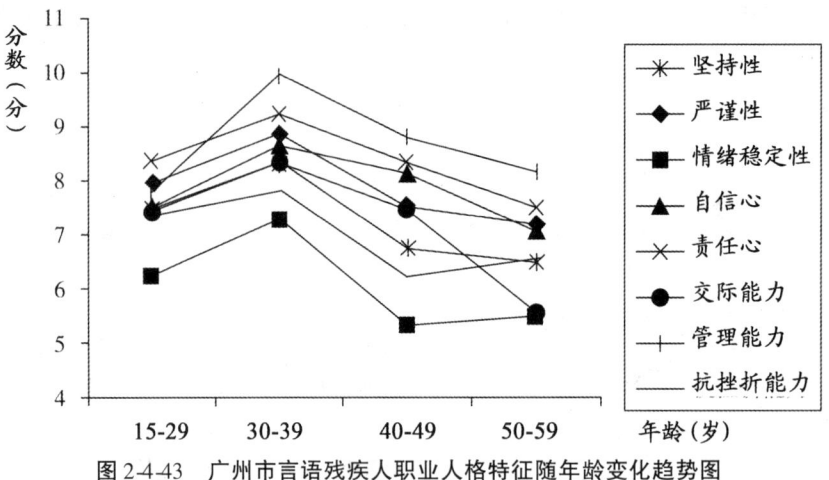

图2-4-43 广州市言语残疾人职业人格特征随年龄变化趋势图

进一步差异性检验显示,广州市言语残疾人在坚持性、严谨性、自信心和责任心四个维度的得分存在显著差异,在交际能力和管理能力两个维度的得分存在极显著的年龄差异。多重比较可以看出,在坚持性和严谨性维度,30-39岁年龄组的言语残疾人的得分显著高于其他三组,说明30-39岁年龄组的言语残疾人的坚持性和严谨性人格特征更为明显;在自信心和责任心维度,30-39岁年龄组的得分显著高于15-29岁和50-59岁年龄组,说明30-39岁年龄组的言语残疾人自信心和责任心维度的表现更为突出;在交际能力维度,50-59岁年龄组的得分显著低于其他三组;在管理能力维度,30-39岁年龄组的得分显著高于15-29岁年龄组(见表2-4-88)。

表2-4-88 广州市言语残疾人职业人格特征的年龄差异检验

	名称	年龄(岁)	人数	平均值	标准差	F	p	多重比较
职业人格	坚持性	15-29	99	7.47	2.08			
		30-39	37	8.38	2.23	3.331*	.021	2>1,2>3
		40-49	17	6.76	2.31			2>4
		50-59	12	6.50	3.18			
	严谨性	15-29	99	7.95	1.78			
		30-39	37	8.86	1.99	3.590*	.015	2>1,2>3
		40-49	17	7.53	1.94			2>4
		50-59	12	7.17	2.66			
	情绪稳定性	15-29	99	6.27	2.71			
		30-39	37	7.30	2.73	2.552	.057	
		40-49	17	5.35	3.06			
		50-59	12	5.50	3.21			
	自信心	15-29	99	7.52	1.84			
		30-39	37	8.65	1.83	3.808*	.011	2>1,2>4
		40-49	17	8.12	2.37			
		50-59	12	7.08	2.31			

(续表)

名称		年龄(岁)	人数	平均值	标准差	F	p	多重比较
职业人格	责任心	15-29	99	8.38	1.70	2.873*	.038	2>1,2>4
		30-39	37	9.22	2.31			
		40-49	17	8.35	1.84			
		50-59	12	7.50	2.71			
	交际能力	15-29	99	7.43	2.21	4.260**	.006	1>4,2>1 2>4,3>4
		30-39	37	8.32	2.33			
		40-49	17	7.47	2.60			
		50-59	12	5.58	2.91			
	管理能力	15-29	99	7.81	2.79	5.436**	.001	2>1
		30-39	37	9.95	2.45			
		40-49	17	8.82	3.36			
		50-59	12	8.17	2.86			
	抗挫折能力	15-29	99	7.36	2.41	2.270	.082	
		30-39	37	7.84	2.17			
		40-49	17	6.24	2.11			
		50-59	12	6.58	2.27			

注:1表示15-29岁年龄组言语残疾人,2表示30-39岁年龄组言语残疾人,3表示40-49岁年龄组言语残疾人,4表示50-59岁年龄组言语残疾人。

3)残疾等级比较分析

虽然四级言语残疾人的样本量较少,但大体上可以看出,三级和四级言语残疾人在职业人格各维度的得分高于一级和二级言语残疾人。三级言语残疾人在情绪稳定性维度的得分最低,二级言语残疾人在坚持性、严谨性、自信心、责任心、交际能力和管理能力维度的得分最低,一级言语残疾人在抗挫折能力维度的得分最低(见图2-4-44)。

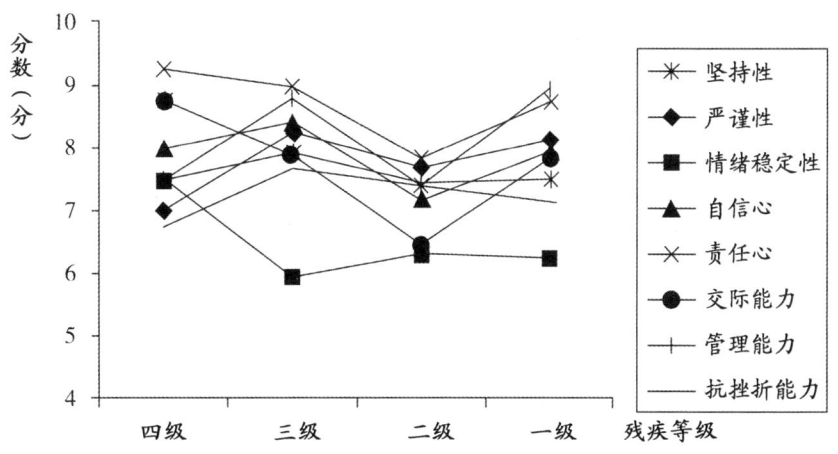

图2-4-44 广州市言语残疾人职业人格特征随残疾等级变化趋势图

进一步差异性检验显示,广州市言语残疾人职业人格测验各维度的得分不存在显著的残疾等级差异(见表2-4-89)。

表 2-4-89 广州市言语残疾人职业人格特征的残疾等级差异检验

名称		残疾等级	人数	平均值	标准差	F	p
职业人格	坚持性	四级	4	7.50	1.91	.243	.866
		三级	24	7.92	2.45		
		二级	34	7.44	2.36		
		一级	90	7.50	2.25		
	严谨性	四级	4	7.00	2.71	.920	.433
		三级	24	8.25	1.98		
		二级	34	7.68	2.07		
		一级	90	8.14	1.92		
	情绪稳定性	四级	4	7.50	1.29	.345	.793
		三级	24	5.96	3.38		
		二级	34	6.32	2.70		
		一级	90	6.27	2.81		
	自信心	四级	4	8.00	1.83	2.067	.107
		三级	24	8.42	1.74		
		二级	34	7.18	1.88		
		一级	90	7.94	2.06		
	责任心	四级	4	9.25	2.06	2.193	.091
		三级	24	8.96	1.57		
		二级	34	7.85	2.22		
		一级	90	8.73	1.95		
	交际能力	四级	4	8.75	1.71	3.248	.024
		三级	24	7.88	2.49		
		二级	34	6.47	2.11		
		一级	90	7.84	2.48		
	管理能力	四级	4	7.50	4.36	2.843	.040
		三级	24	8.79	2.38		
		二级	34	7.41	2.65		
		一级	90	8.94	2.78		
	抗挫折能力	四级	4	6.75	3.50	.389	.761
		三级	24	7.67	2.96		
		二级	34	7.38	2.30		
		一级	90	7.14	2.22		

4）文化水平比较分析

随着广州市言语残疾人文化水平的提高，严谨性、责任心、交际能力和管理能力四个维度的得分呈现上升的趋势；坚持性和抗挫折能力维度的得分，基本上表现为随着文化水平的提高而升高的特点，但高中/中专组与大专及以上组的得分差别不大；情绪稳定性维度的得分呈现先升后降的变化特点，小学及以下组至高中/中专组,随着文化水平的提高而呈上升的趋势,高中/中专组得分最高,之后迅速下降,至大专及以上组得分最低;自信心维度,在大专及以上组得分最高,而其余三组的得分差别不大(见图2-4-45)。

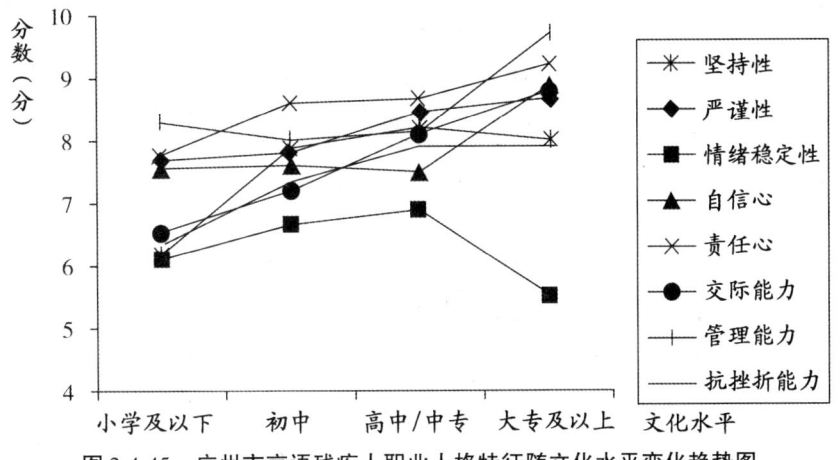

图2-4-45 广州市言语残疾人职业人格特征随文化水平变化趋势图

进一步差异性检验显示,在自信心、责任心和抗挫折能力三个维度的得分存在显著的文化水平差异。在坚持性和交际能力维度的得分存在极显著的差异。多重比较可以看出,在坚持性、责任心和抗挫折能力维度,小学及以下组的得分显著低于其他三组;在自信心维度,大专及以上组的得分显著高于其他三组,即大专及以上组的自信心更强;在交际能力维度,大专及以上组的得分显著高于小学及以下组和初中组,且高中/中专组的得分显著高于小学及以下组;在管理能力维度,大专及以上组的得分显著高于初中组(见表2-4-90)。

表2-4-90 广州市言语残疾人职业人格特征的文化水平差异检验

名称		文化水平	人数	平均值	标准差	F	p	多重比较
职业人格	坚持性	小学及以下	43	6.23	2.35	7.189**	.000	2>1,3>1
		初中	58	7.88	2.14			4>1
		高中/中专	34	8.18	1.70			
		大专及以上	30	8.00	2.36			
	严谨性	小学及以下	43	7.67	1.97	2.355	.074	
		初中	58	7.79	2.03			
		高中/中专	34	8.44	2.06			
		大专及以上	30	8.67	1.49			
	情绪稳定性	小学及以下	43	6.12	3.02	1.554	.203	
		初中	58	6.64	2.78			
		高中/中专	34	6.88	2.52			
		大专及以上	30	5.53	2.86			
	自信心	小学及以下	43	7.56	2.12	3.749*	.012	4>1,4>2
		初中	58	7.60	1.84			4>3
		高中/中专	34	7.50	1.97			
		大专及以上	30	8.87	1.76			

(续表)

名称		文化水平	人数	平均值	标准差	F	p	多重比较
职业人格	责任心	小学及以下	43	7.77	2.03	3.476*	.017	4>1,2>1 3>1
		初中	58	8.60	1.86			
		高中/中专	34	8.65	2.01			
		大专及以上	30	9.20	1.85			
	交际能力	小学及以下	43	6.53	2.57	6.870**	.000	4>1,4>2 3>1
		初中	58	7.21	2.24			
		高中/中专	34	8.09	2.30			
		大专及以上	30	8.80	1.88			
	管理能力	小学及以下	43	8.30	2.66	2.539	.058	
		初中	58	8.02	3.19			
		高中/中专	34	8.12	3.15			
		大专及以上	30	9.70	1.95			
	抗挫折能力	小学及以下	43	6.35	2.20	3.924*	.010	4>1,3>1 2>1
		初中	58	7.34	2.38			
		高中/中专	34	7.88	1.87			
		大专及以上	30	7.90	2.60			

注:1表示小学及以下言语残疾人组,2表示初中言语残疾人组,3表示高中/中专言语残疾人组,4表示大专及以上言语残疾人组。

5)城郊差异比较分析

广州市言语残疾人职业人格测验各维度的得分均数比较发现,在坚持性、情绪稳定性和自信心维度,城区女性组的得分最高,郊区女性组得分最低;在严谨性维度,城区男性组的得分最高,城区女性组的得分最低;在责任心和交际能力维度,郊区男性组得分最高,郊区女性组得分最低;管理能力和抗挫折能力维度,城区男性组的得分最高;郊区女性组的得分最低(见图2-4-46)。

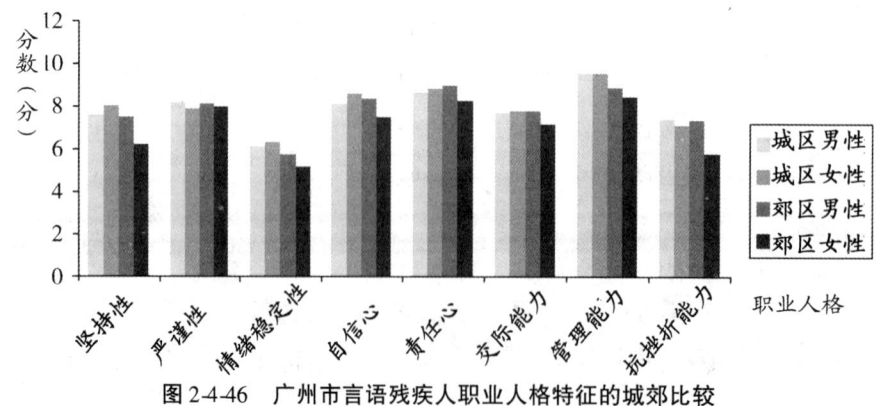

图2-4-46 广州市言语残疾人职业人格特征的城郊比较

进一步差异性检验发现,城区男性、城区女性、郊区男性和郊区女性四组在职业人格各维度的得分均不存在显著差异(见表2-4-91)。

表 2-4-91 广州市言语残疾人职业人格特征的城郊差异检验

名称		城郊*性别	人数	平均数	标准差	t	p
职业人格	坚持性	城区男性	28	7.64	2.68	1.981	.122
		城区女性	20	8.05	1.85		
		郊区男性	28	7.50	2.49		
		郊区女性	17	6.24	2.14		
	严谨性	城区男性	28	8.21	2.33	.105	.957
		城区女性	20	7.90	1.92		
		郊区男性	28	8.14	1.82		
		郊区女性	17	8.00	2.26		
	情绪稳定性	城区男性	28	6.14	2.84	.582	.628
		城区女性	20	6.35	2.72		
		郊区男性	28	5.75	2.98		
		郊区女性	17	5.18	3.34		
	自信心	城区男性	28	8.14	2.22	1.024	.386
		城区女性	20	8.60	1.90		
		郊区男性	28	8.36	1.70		
		郊区女性	17	7.53	1.87		
	责任心	城区男性	28	8.68	2.64	.397	.756
		城区女性	20	8.85	2.06		
		郊区男性	28	9.00	1.83		
		郊区女性	17	8.29	1.96		
	交际能力	城区男性	28	7.71	2.75	.270	.847
		城区女性	20	7.80	2.84		
		郊区男性	28	7.82	2.36		
		郊区女性	17	7.18	1.98		
	管理能力	城区男性	28	9.57	2.50	.781	.508
		城区女性	20	9.55	2.82		
		郊区男性	28	8.89	2.66		
		郊区女性	17	8.47	3.24		
	抗挫折能力	城区男性	28	7.43	2.12	1.906	.134
		城区女性	20	7.15	2.11		
		郊区男性	28	7.39	2.92		
		郊区女性	17	5.82	2.21		

(4)结论

①广州市言语残疾人职业人格各维度的得分从高到低依次为:责任心>管理能力>严谨性>自信心>坚持性>交际能力>抗挫折能力>情绪稳定性。

②广州市言语残疾人在职业人格各维度的得分均不存在显著的性别差异。

③广州市言语残疾人随着年龄的增长,职业人格测验各维度的得分呈现先升后降的曲线,30-39岁年龄组的言语残疾人职业人格各维度的得分最高。且在坚持性、严谨性、自信心和责任心四个维度的得分存在显著差异($p<0.05$),在交际能力和管理能力两个维度的得分存在极显著的年龄差异($p<0.01$)。

④广州市言语残疾人职业人格测验的各维度得分不存在显著的残疾等级差异。

⑤小学及以下组的言语残疾人在坚持性、责任心和抗挫折能力维度的得分显著低于其他三组($p<0.05$);大专及以上组在自信心维度的得分显著高于其他三组($p<0.05$);大专及以上组在交际能力维度的得分显著高于小学及以下组和初中组($p<0.05$),且高中/中专组的得分显著高于小学及以下组($p<0.05$);大专及以上组在管理能力维度的得分显著高于初中组($p<0.05$)。

⑥广州市听力残疾人在职业人格各维度的得分均不存在显著的城郊差异。

3. 广州市言语残疾人职业兴趣状况

(1)测试人群分布

本项目在广州市共选取了189名有效被试进行了言语残疾人职业兴趣测验,其中男性103人,女性86人;城区48人,郊区47人。其基本信息见表2-4-92。

表2-4-92 广州市言语残疾人有效样本分布表

年龄(岁)	男	女	合计
15-29	58	41	99
30-39	19	16	35
40-49	11	8	19
50-59	11	3	14
合计	99	68	167

表2-4-92 广州市言语残疾人有效样本分布表(续)

年龄(岁)	城区			郊区			合计
	男	女	小计	男	女	小计	
15-29	5	2	7	19	10	29	36
30-39	12	11	23	3	4	7	30
40-49	4	5	9	5	3	8	17
50-59	7	2	9	2	1	3	12
合计	28	20	48	29	18	47	95

(2)总体情况

被测试的广州市言语残疾人职业兴趣各类型得分从高到低依次为:现实型>常规型>研究型>企业型>艺术型>社会型。男性言语残疾人职业兴趣各类型的得分从高到低依次为:现实型>常规型>研究型>企业型>艺术型>社会型。女性言语残疾人职业兴趣各类型的得分从高到低依次为:常规型>现实型>研究型>艺术型>企业型>社会型。在不同年龄组的男性言语残疾人中,30-39岁年龄组在现实型、研究型的得分最高;40-49岁年龄组在常规型、企业型、社会型和艺术型得分最高。在不同年龄组的女性言语残疾人中,15-29岁年龄组在常规型、企业型和社会型的得分最高;30-39岁年龄组在现实型、研究型和艺术型的得分最高(50-54岁年龄组的女性言语残疾人仅3人,不与其他各组进行比较)(见表2-4-93)。

表2-4-93　广州市言语残疾人职业兴趣测验的平均数和标准差

		常规型		现实型		研究型		企业型		社会型		艺术型	
	n	M	Std	M	Std	M	Std	M	Std	M	Std	M	Std
总体	167	6.01	1.48	6.13	1.53	5.65	1.66	5.53	1.56	4.78	1.36	5.41	1.93
男性	99	5.98	1.40	6.20	1.65	5.79	1.61	5.67	1.61	4.79	1.45	5.41	2.01
女性	68	6.06	1.60	6.01	1.33	5.44	1.72	5.32	1.46	4.76	1.22	5.40	1.84
男(岁) 15-29	58	5.98	1.37	6.28	1.66	6.28	1.66	5.66	1.49	4.76	1.45	5.67	1.96
30-39	19	6.16	1.50	6.53	1.50	6.53	1.50	5.58	1.57	4.53	1.68	4.58	1.61
40-49	11	6.18	1.17	5.27	1.68	5.27	1.68	6.64	1.80	5.27	1.19	6.45	2.16
50-59	11	5.45	1.63	6.18	1.66	6.18	1.66	4.91	1.81	4.91	1.30	4.45	2.07
女(岁) 15-29	41	6.24	1.43	5.95	1.45	5.95	1.45	5.39	1.45	4.98	1.29	5.44	1.60
30-39	16	6.19	1.56	6.19	1.28	6.19	1.28	5.25	1.48	4.69	1.01	5.81	1.91
40-49	8	5.13	2.23	6.13	1.13	6.13	1.13	4.88	1.73	4.00	1.20	4.75	2.66
50-54	3	5.33	2.08	5.67	0.58	5.67	0.58	6.00	1.00	4.33	0.58	4.33	2.31

城区的言语残疾人群体在常规型、现实型、研究型和社会型上的得分高于郊区言语残疾人群体,在企业型和艺术型的得分低于郊区言语残疾人群体。城区男性组言语残疾人在现实型、研究型、企业型和社会型的得分高于城区女性组,在常规型和艺术型的得分低于城区女性组;郊区男性组在常规型、现实型、研究型、企业型和艺术型的得分高于郊区女性组,在社会型的得分低于郊区女性组(见表2-4-94)。

表2-4-94　广州市城郊言语残疾人职业兴趣测验的平均数和标准差

			常规型		现实型		研究型		企业型		社会型		艺术型	
		n	M	Std	M	Std	M	Std	M	Std	M	Std	M	Std
城区		48	6.21	1.38	6.40	1.38	6.02	1.78	5.27	1.61	4.71	1.43	5.00	1.94
郊区		47	5.87	1.45	5.98	1.59	5.64	1.67	5.60	1.58	4.66	1.11	6.13	2.04
城区	男	28	6.18	1.25	6.50	1.50	6.07	1.56	5.36	1.73	5.07	1.51	4.89	1.97
	女	20	6.25	1.59	6.25	1.21	5.95	2.09	5.15	1.46	4.20	1.15	5.15	1.93
郊区	男	29	6.14	1.25	6.21	1.72	6.21	1.47	6.00	1.49	4.59	1.12	6.38	1.90
	女	18	5.44	1.69	5.61	1.33	4.72	1.60	4.94	1.55	4.78	1.11	5.72	2.24

(3)言语残疾人职业兴趣特征

1)性别差异比较分析

广州市言语残疾人职业兴趣各类型的得分均数比较显示,男性在现实型、研究型、企业型、社会型和艺术型的得分高于女性,在常规型的得分低于女性(见图2-4-47)。

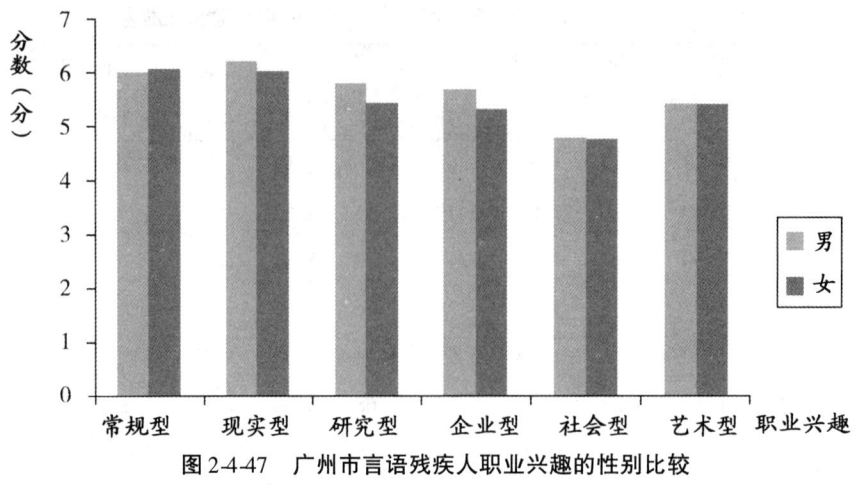

图 2-4-47　广州市言语残疾人职业兴趣的性别比较

进一步差异性检验显示,广州市言语残疾人在职业兴趣各类型上的得分均不存在显著的性别差异(见表 2-4-95)。

表 2-4-95　广州市言语残疾人职业兴趣的性别差异检验

名称		性别	人数	平均值	标准差	t	p
职业兴趣	常规型	男	99	5.98	1.40	-.338	.736
		女	68	6.06	1.60		
	现实型	男	99	6.20	1.65	.810	.419
		女	68	6.01	1.33		
	研究型	男	99	5.79	1.61	1.331	.185
		女	68	5.44	1.72		
	企业型	男	99	5.67	1.61	1.405	.162
		女	68	5.32	1.46		
	社会型	男	99	4.79	1.45	.108	.914
		女	68	4.76	1.22		
	艺术型	男	99	5.41	2.01	.056	.955
		女	68	5.40	1.84		

2)年龄差异比较分析

广州市言语残疾人职业兴趣各类型的得分均数比较显示,40 岁之前年龄组在常规型得分高于 40 岁之后年龄组;现实型和研究型的得分随着年龄的增长呈现升-降-升的变化特点,30-39 岁年龄组的得分最高,40-49 岁年龄组的得分最低;企业型和艺术型的得分随着年龄的增长呈现降-升-降的变化特点,40-49 岁年龄组的得分最高,50-59 岁年龄组的得分最低;社会型的得分呈现先降后升的变化特点,30-39 岁年龄组的得分最低,50-59 岁年龄组的得分最高(见图 2-4-48)。

进一步差异性检验显示,广州市言语残疾人在职业兴趣各类型的得分均不存在显著的年龄差异(见表 2-4-96)。

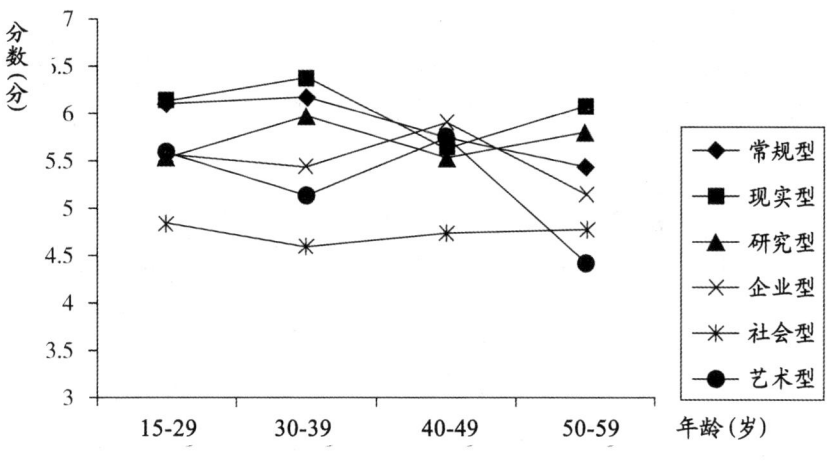

图 2-4-48 广州市言语残疾人职业兴趣随年龄变化趋势图

表 2-4-96 广州市言语残疾人职业兴趣的年龄差异检验

	名称	年龄(岁)	人数	平均值	标准差	F	p
职业兴趣	常规型	16–29	99	6.09	1.39	1.176	.321
		30–39	35	6.17	1.50		
		40–49	19	5.74	1.73		
		50–59	14	5.43	1.65		
	现实型	16–29	99	6.14	1.58	.976	.406
		30–39	35	6.37	1.40		
		40–49	19	5.63	1.50		
		50–59	14	6.07	1.49		
	研究型	16–29	99	5.54	1.51	.659	.579
		30–39	35	5.97	1.84		
		40–49	19	5.53	1.87		
		50–59	14	5.79	1.93		
	企业型	16–29	99	5.55	1.47	.686	.562
		30–39	35	5.43	1.52		
		40–49	19	5.89	1.94		
		50–59	14	5.14	1.70		
	社会型	16–29	99	4.85	1.39	.291	.832
		30–39	35	4.60	1.40		
		40–49	19	4.74	1.33		
		50–59	14	4.79	1.19		
	艺术型	16–29	99	5.58	1.81	1.879	.135
		30–39	35	5.14	1.83		
		40–49	19	5.74	2.47		
		50–59	14	4.43	2.03		

3)残疾等级差异比较

广州市言语残疾人职业兴趣各类型的得分均数比较显示,一级言语残疾人现实型和常规型的得分最高;四级言语残疾人研究型、企业型、社会型和艺术型的得分最高(见图2-4-49)。

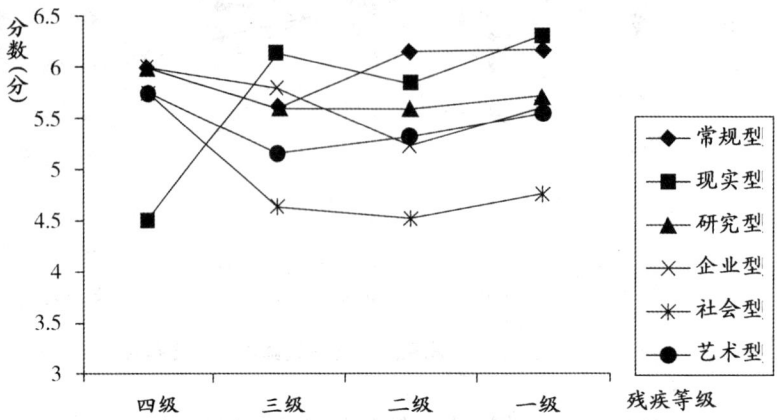

图2-4-49 广州市言语残疾人职业兴趣随残疾等级变化趋势图

进一步差异性检验发现,广州时言语残疾人职业兴趣各类型的得分均不存在显著的残疾等级差异(见表2-4-97)。

表2-4-97 广州市言语残疾人职业兴趣的残疾等级差异检验

名称		残疾等级	人数	平均值	标准差	F	p
职业兴趣	常规型	四级	4	6.00	2.16		
		三级	25	5.60	1.78	1.045	.374
		二级	34	6.15	1.28		
		一级	91	6.18	1.41		
	现实型	四级	4	4.50	1.91		
		三级	25	6.12	1.36	2.307	.079
		二级	34	5.85	1.31		
		一级	91	6.31	1.62		
	研究型	四级	4	6.700	3.16		
		三级	25	5.60	1.58	.109	.955
		二级	34	5.59	1.58		
		一级	91	5.71	1.72		
	企业型	四级	4	6.00	0.82		
		三级	25	5.80	1.73	.869	.459
		二级	34	5.24	1.60		
		一级	91	5.60	1.44		
	社会型	四级	4	5.75	1.89		
		三级	25	4.64	1.32	1.054	.371
		二级	34	4.53	1.50		
		一级	91	4.76	1.28		

(续表)

名称		残疾等级	人数	平均值	标准差	F	p
职业兴趣	艺术型	四级	4	5.75	0.96	.336	.799
		三级	25	5.16	2.08		
		二级	34	5.32	1.66		
		一级	91	5.55	2.06		

4) 文化水平比较分析

随着广州市言语残疾人文化水平的提高，常规型、现实型、研究型和社会型的得分逐渐升高；企业型的得分呈现先升后降的变化特点，高中/中专组言语残疾人的得分最高，小学及以下组得分最低；艺术型的得分呈现先降后升的变化特点，初中组得分最低，大专及以上组的得分最高（见图2-4-50）。

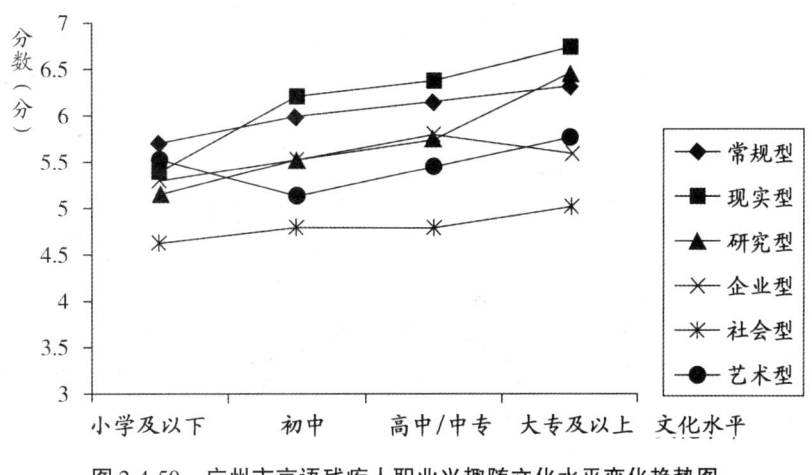

图2-4-50　广州市言语残疾人职业兴趣随文化水平变化趋势图

进一步差异性检验显示，广州市言语残疾人现实型和研究型的得分存在极显著的文化水平差异。多重比较可以看出，小学及以下组在现实型的得分显著低于其他三组；大专及以上组在研究型的得分显著高于小学及以下组和初中组。说明大专及以上组的言语残疾人更倾向于从事研究型的工作（见表2-4-98）。

表2-4-98　广州市言语残疾人职业兴趣的文化水平差异检验

名称		文化水平	人数	平均值	标准差	F	p	多重比较
职业兴趣	常规型	小学及以下	45	5.71	1.47	1.190	.315	
		初中	58	6.00	1.63			
		高中/中专	34	6.15	1.54			
		大专及以上	30	6.33	1.03			
	现实型	小学及以下	45	5.40	1.50	5.854**	.001	2>1,3>1 4>1
		初中	58	6.22	1.49			
		高中/中专	34	6.38	1.46			
		大专及以上	30	6.73	1.36			
	研究型	小学及以下	45	5.16	1.58	4.131**	.007	4>1,4>2
		初中	58	5.53	1.61			
		高中/中专	34	5.76	1.72			
		大专及以上	30	6.47	1.53			

（续表）

	名称	文化水平	人数	平均值	标准差	F	p	多重比较
职业兴趣	企业型	小学及以下	45	5.29	1.65	.705	.550	
		初中	58	5.52	1.61			
		高中/中专	34	5.79	1.57			
		大专及以上	30	5.60	1.28			
	社会型	小学及以下	45	4.62	1.42	.461	.710	
		初中	58	4.78	1.43			
		高中/中专	34	4.79	1.32			
		大专及以上	30	5.00	1.20			
	艺术型	小学及以下	45	5.51	2.05	.815	.488	
		初中	58	5.12	1.81			
		高中/中专	34	5.44	1.96			
		大专及以上	30	5.77	1.98			

注:1 表示小学及以下言语残疾人组,2 表示初中言语残疾人组,3 表示高中/中专言语残疾人组,4 表示大专及以上言语残疾人组。

5) 城郊差异比较分析

广州市言语残疾人职业兴趣各类型的得分均数比较发现,城区男性组在现实型和社会型的得分最高,在艺术型得分最低;城区女性组在常规型的得分最高,在社会型的得分最低;郊区男性组在研究型、企业型和艺术型的得分最高;郊区女性组在常规型、现实型、研究性和企业型的得分最低(见图2-4-51)。

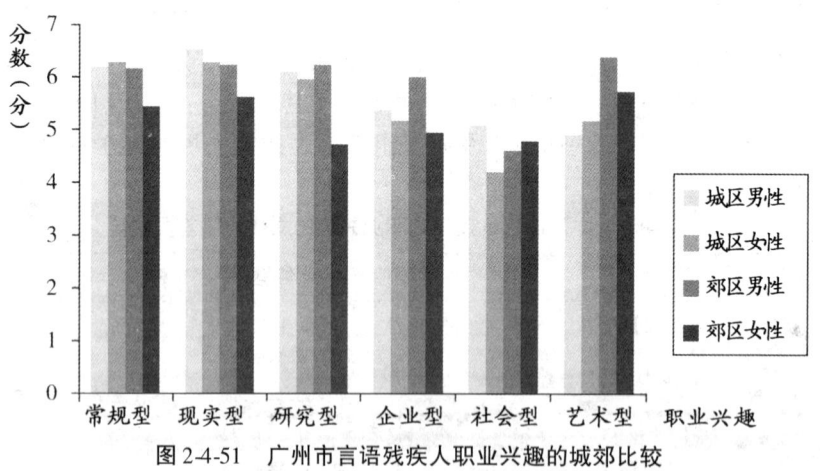

图 2-4-51 广州市言语残疾人职业兴趣的城郊比较

进一步差异性检验发现,城区男性、城区女性、郊区男性和郊区女性四组在研究型和艺术型的得分存在显著的城郊差异。多重比较可以看出,在研究型,郊区女性组的得分显著低于其他三组,说明相对其他三组而言,郊区女性言语残疾人对研究型职业的兴趣不高;在艺术型,郊区男性的得分显著高于城区的言语残疾人,说明郊区男性言语残疾人更喜欢从事艺术型的职业(见表2-4-99)。

表 2-4-99　广州市言语残疾人职业兴趣的城郊差异检验

名称		城郊＊性别	人数	平均值	标准差	F	p	多重比较
职业兴趣	常规型	城区男性	28	6.18	1.25	1.349	.264	
		城区女性	20	6.25	1.59			
		郊区男性	29	6.14	1.25			
		郊区女性	18	5.44	1.69			
	现实型	城区男性	28	6.50	1.50	1.323	.272	
		城区女性	20	6.25	1.21			
		郊区男性	29	6.21	1.72			
		郊区女性	18	5.61	1.33			
	研究型	城区男性	28	6.07	1.56	3.370*	.022	1>4,2>4 3>4
		城区女性	20	5.95	2.09			
		郊区男性	29	6.21	1.47			
		郊区女性	18	4.72	1.60			
	企业型	城区男性	28	5.36	1.73	2.084	.108	
		城区女性	20	5.15	1.46			
		郊区男性	29	6.00	1.49			
		郊区女性	18	4.94	1.55			
	社会型	城区男性	28	5.07	1.51	1.975	.123	
		城区女性	20	4.20	1.15			
		郊区男性	29	4.59	1.12			
		郊区女性	18	4.78	1.11			
	艺术型	城区男性	28	4.89	1.97	3.000*	.035	3>1,3>2
		城区女性	20	5.15	1.93			
		郊区男性	29	6.38	1.90			
		郊区女性	18	5.72	2.24			

注:1 表示城区男性言语残疾人组,2 表示城区女性言语残疾人组,3 表示郊区男性言语残疾人组,4 表示郊区女性言语残疾人组。

(4)结论

①广州市言语残疾人职业兴趣各类型的得分从高到低依次为:现实型>常规型>研究型>企业型>艺术型>社会型。

②广州市言语残疾人在职业兴趣各类型上的得分均不存在显著的性别、年龄和残疾等级差异。

③小学及以下组在现实型的得分显著低于其他三组($p<0.05$);大专及以上组在研究型的得分显著高于小学及以下组和初中组($p<0.05$)。

④郊区女性在研究型的得分显著低于其他三组($p<0.05$);郊区男性在艺术型的得分显著高于其他三组($p<0.05$)。

五、广东省残疾人职业适应性状况

本项目覆盖广东省的广州、深圳、江门和佛山四个城市,测查就业年龄段的肢体残疾人、听力残疾人者和言语残疾人有效样本共计2493人。样本详情见表2-5-1~表2-5-5。

表2-5-1　广东省残疾人样本残疾类型分布情况

地区	肢体残疾人		听力残疾人		言语残疾人		合计
	n	%	n	%	n	%	
深圳	225	72.6	68	21.9	17	5.5	310
江门	78	30.5	148	57.8	30	11.7	256
佛山	113	40.1	129	45.7	40	14.2	282
广州	781	47.5	682	41.5	182	11.1	1645
总计	1197	48.0	1027	41.2	269	10.8	2493

表2-5-2　广东省残疾人样本性别分布情况

地区	男		女		合计
	n	%	n	%	
深圳	173	55.8	137	44.2	310
江门	156	60.9	100	39.1	256
佛山	167	59.2	115	40.8	282
广州	961	58.4	684	41.6	1645
总计	1457	58.4	1036	41.6	2493

表2-5-3　广东省残疾人样本年龄段分布情况

地区	15-29岁		30-39岁		40-49岁		50-59岁		合计
	n	%	n	%	n	%	n	%	
深圳	103	33.2	125	40.3	80	25.8	2	0.6	310
江门	155	60.5	88	34.4	13	5.1	0	0.0	256
佛山	181	64.2	65	23.0	32	11.3	4	1.4	282
广州	921	56.0	354	21.5	265	16.1	105	6.4	1645
总计	1360	54.6	632	25.4	390	15.6	111	4.5	2493

表2-5-4　广东省残疾人样本残疾等级分布情况

地区	四级		三级		二级		一级		合计
	n	%	n	%	n	%	n	%	
深圳	107	34.5	106	34.2	39	12.6	58	18.7	310
江门	20	7.8	82	32.0	71	27.7	83	32.4	256
佛山	31	11.0	79	28.0	49	17.4	123	43.6	282
广州	565	36.0	614	39.2	315	20.1	61	3.9	1568
总计	723	29.9	881	36.5	474	19.6	325	13.5	2416

注:残疾等级缺失样本77人

表 2-5-5　广东省残疾人样本文化水平分布情况

地区	小学		初中		高中/中专		大专及以上		合计
	n	%	n	%	n	%	n	%	
深圳	22	7.1	53	17.1	114	36.8	121	39.0	310
江门	19	7.4	131	51.2	61	23.8	45	17.6	256
佛山	37	13.1	109	38.7	105	37.2	31	11.0	282
广州	301	18.5	581	35.7	502	30.8	244	15.0	1628
总计	379	15.3	874	35.3	782	31.6	441	17.8	2476

注：文化水平缺失样本17人

(一) 广东省肢体残疾人职业适应性状况

本项目测查广东省就业年龄段的肢体残疾人有效样本共计1197人。样本详情见表2-5-6~表2-5-9。

表 2-5-6　广东省肢体残疾人样本性别情况

地区	男		女		合计
	n	%	n	%	
深圳	135	60.0	90	40.0	225
江门	50	64.1	28	35.9	78
佛山	66	58.4	47	41.6	113
广州	481	61.6	300	38.4	781
总计	732	61.2	465	38.8	1197

表 2-5-7　广东省肢体残疾人样本年龄段分布情况

地区	15-29岁		30-39岁		40-49岁		50-59岁		合计
	n	%	n	%	n	%	n	%	
深圳	62	27.6	87	38.7	74	32.9	2	0.9	225
江门	38	48.7	34	43.6	6	7.7	0	0.0	78
佛山	57	50.4	31	27.4	21	18.6	4	3.5	113
广州	381	48.8	200	25.6	137	17.5	63	8.1	781
总计	538	44.9	352	29.4	238	19.9	69	5.8	1197

表 2-5-8　广东省肢体残疾人样本残疾等级分布情况

地区	四级		三级		二级		一级		合计
	n	%	n	%	n	%	n	%	
深圳	97	43.1	96	42.7	30	13.3	2	0.9	225
江门	13	16.7	50	64.1	15	19.2	0	0.0	78
佛山	25	22.1	65	57.5	19	16.8	4	3.5	113
广州	115	15.0	397	51.7	216	28.1	40	5.2	768
总计	250	21.1	608	51.4	280	23.6	46	3.9	1184

注：残疾等级缺失样本13人

表 2-5-9　广东省肢体残疾人样本文化水平分布情况

地区	小学及以下		初中		高中/中专		大专及以上		合计
	n	%	n	%	n	%	n	%	
深圳	12	5.3	35	15.6	87	38.7	91	40.4	225
江门	0	0.0	16	20.5	28	35.9	34	43.6	78
佛山	8	7.1	38	33.6	46	40.7	21	18.6	113
广州	79	10.3	278	36.4	286	37.4	121	15.8	764
总计	99	8.4	367	31.1	447	37.9	267	22.6	1180

注：文化水平缺失样本 17 人

1. 广东省肢体残疾人职业能力状况

（1）测试人群分布

本项目在广东省共选取了 1197 名有效被试进行了肢体残疾人职业能力测验，性别及年龄分布见表 2-5-10。

表 2-5-10　广东省肢体残疾人有效样本分布表　　（单位：人）

年龄（岁）	性别		总计
	男	女	
15-29	323	215	538
30-39	206	146	352
40-49	153	85	238
50-59	50	19	69
总计	732	465	1197

（2）总体情况

被测试的广东省肢体残疾人在职业能力文档测验部分各分测验的得分情况从高到低依次为：形状知觉>符号知觉>数理能力>空间知觉>言语能力。在不同年龄的肢体残疾人中，15-29 岁年龄组的肢体残疾人在文档测验各分测验的得分均为最高（见表 2-5-11）。

表 2-5-11　广东省肢体残疾人文档测验各分测验

		n	言语能力		数理能力		空间知觉		符号知觉		形状知觉		文档计分	
			M	Std	M	Std	M	Std	M	Std	M	Std	M	Std
总体		1197	8.48	4.23	11.71	5.21	10.93	4.66	11.97	6.16	12.46	4.40	55.54	20.26
男性		732	8.46	4.25	11.89	5.30	11.25	4.78	11.78	6.25	12.37	4.34	55.74	20.62
女性		465	8.51	4.20	11.44	5.06	10.42	4.44	12.27	6.01	12.59	4.50	55.23	19.68
男（岁）	15-29	323	9.75	3.80	12.93	4.93	12.02	4.55	13.27	5.24	13.05	4.05	61.02	18.22
	30-39	206	8.78	3.82	12.59	4.86	11.84	4.64	12.39	6.11	12.66	4.21	58.27	19.36
	40-49	153	6.62	4.39	10.44	5.38	10.07	4.66	9.56	6.87	11.93	4.29	48.63	20.43
	50-59	50	4.37	3.78	6.64	5.18	7.40	4.72	6.40	6.28	8.12	4.40	32.93	20.04
女（岁）	15-29	215	9.83	3.71	12.28	4.46	11.01	4.41	13.75	5.00	13.45	4.22	60.32	17.07
	30-39	146	8.21	4.29	11.85	5.25	10.56	4.42	11.74	6.33	12.38	4.71	54.74	20.77
	40-49	85	6.93	3.78	9.86	5.30	9.48	4.08	10.87	6.46	11.76	4.12	48.90	18.61
	50-54	19	3.02	3.36	5.89	3.91	6.84	4.39	5.96	6.16	8.11	4.40	29.82	15.89

在手眼协调操作测验和职业能力总分上,男性得分高于女性,且 30-39 岁年龄组的肢体残疾人得分最高(50-54 岁年龄组的女性肢体残疾人只有 1 个样本,因此不作比较)(见表 2-5-12)。

表 2-5-12　广东省肢体残疾人手眼协调操作测试和职业能力总分

		n	手眼协调(网络测试)		职业能力总分(网络测试)	
			M	Std	M	Std
	总体	416	16.58	6.17	73.82	18.50
	男性	251	16.64	6.24	74.54	19.39
	女性	165	16.48	6.09	72.72	17.06
男(岁)	15-29	97	16.56	6.44	76.22	20.41
	30-39	84	17.52	5.22	77.29	16.75
	40-49	65	16.14	6.58	70.97	19.00
	50-59	5	9.60	9.68	42.03	11.51
女(岁)	15-29	60	16.53	6.42	72.63	18.02
	30-39	68	16.63	5.73	73.96	17.37
	40-49	36	16.04	6.40	71.02	14.95
	50-54	1	20.00	.	55.00	.

(3)广东省肢体残疾人职业能力特征

1)性别差异比较分析

广东省被测试的肢体残疾人职业能力各分测验得分的均数比较显示,男性组在言语能力、符号知觉和形状知觉分测验的得分低于女性组,在数理能力、空间知觉、手眼协调分测验的得分高于女性组(见图 2-5-1)。

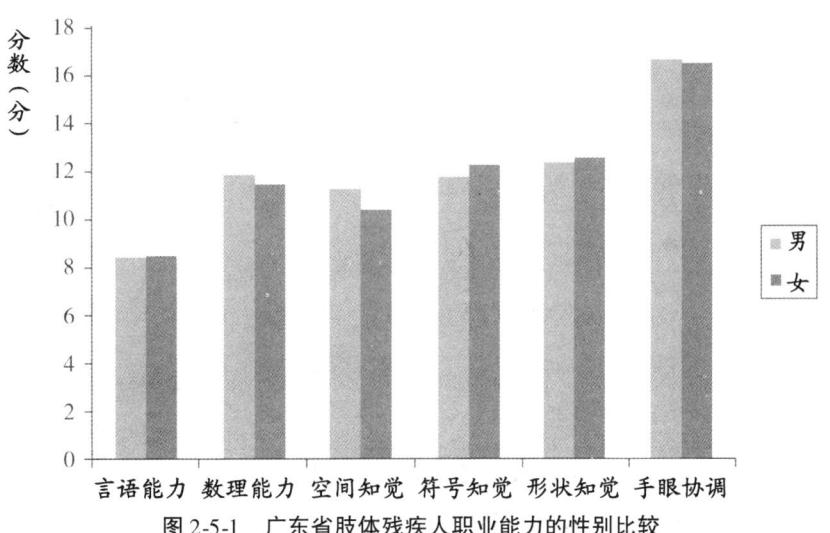

图 2-5-1　广东省肢体残疾人职业能力的性别比较

进一步差异性检验发现,广东省肢体残疾人在空间知觉分测验的得分存在极显著的性别差异,即女性肢体残疾人在空间知觉分测验的得分显著高于男性(见表 2-5-13)。

表 2-5-13　广东省肢体残疾人职业能力的性别差异检验

名称		性别	人数	平均值	标准差	t	p
职业能力文档测验	言语能力	男	732	8.46	4.25	−.216	.829
		女	465	8.51	4.20		
	数理能力	男	732	11.89	5.30	1.439	.150
		女	465	11.44	5.06		
	空间知觉	男	732	11.25	4.78	3.040**	.002
		女	465	10.42	4.44		
	符号知觉	男	732	11.78	6.25	−1.352	.176
		女	465	12.27	6.01		
	形状知觉	男	732	12.37	4.34	−.834	.405
		女	465	12.59	4.50		
	文档计分	男	732	55.74	20.62	.418	.676
		女	465	55.23	19.68		
职业能力操作测验	手眼协调	男	251	16.64	6.24	.246	.805
		女	165	16.48	6.09		
职业能力总分		男	251	74.54	19.39	.983	.326
		女	165	72.72	17.06		

2) 年龄差异比较分析

总体而言,广东省被测试的肢体残疾人在言语能力、数理能力、空间知觉、符号知觉和形状知觉分测验的得分随着年龄的增长而呈现下降趋势。在手眼协调操作分测验上,30-39 岁年龄组得分略高于 15-29 岁年龄组(见图 2-5-2)。

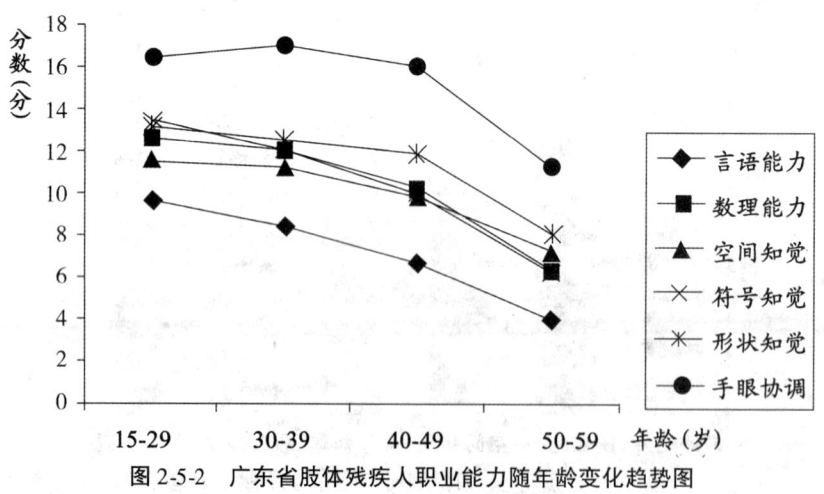

图 2-5-2　广东省肢体残疾人职业能力随年龄变化趋势图

进一步差异性检验显示,在言语能力、数理能力、空间知觉、符号知觉、形状知觉分测验和文档计分以及职业能力测验总分上均存在极显著的年龄差异。多重比较可以看出,肢体残疾人在言语能力和符号知觉分测验以及文档计分上,各个年龄组的得分均存在显著差异;在数理能力和空间知觉分测验上,15-29 岁、30-39 岁两个年龄组的得分显著高于 40 岁之后的两个年龄组,且 40-49 岁年龄组的得分显著高于 50-59 岁年龄组;在形状知觉分测验上,15-29 岁年龄组的得分最高,50-59 岁的得分最低;在职业能力测验的总分上,50 岁之前的三个年龄组的得分显著高于 50-59 岁年龄组,且 30-39 岁年龄组的得分显著高于 40-49 岁年龄组(见表 2-5-14)。

表 2-5-14　广东省肢体残疾人职业能力的年龄差异检验

名称		年龄(岁)	人数	平均值	标准差	F	p	多重比较
职业能力文档测验	言语能力	15-29	538	9.78	3.76	65.592**	.000	1>2,1>3 1>4,2>3 2>4,3>4
		30-39	352	8.54	4.02			
		40-49	238	6.73	4.18			
		50-59	69	4.00	3.69			
	数理能力	15-29	538	12.67	4.76	41.219**	.000	1>3,1>4 2>3,2>4 3>4
		30-39	352	12.28	5.03			
		40-49	238	10.24	5.35			
		50-59	69	6.43	4.85			
	空间知觉	15-29	538	11.62	4.52	24.595**	.000	1>3,1>4 2>3,2>4 3>4
		30-39	352	11.31	4.59			
		40-49	238	9.86	4.47			
		50-59	69	7.25	4.60			
	符号知觉	15-29	538	13.46	5.15	41.878**	.000	1>2,1>3 1>4,2>3 2>4,3>4
		30-39	352	12.12	6.20			
		40-49	238	10.03	6.74			
		50-59	69	6.28	6.21			
	形状知觉	15-29	538	13.21	4.12	31.285**	.000	1>2,1>3 1>4,2>4 3>4
		30-39	352	12.55	4.42			
		40-49	238	11.87	4.23			
		50-59	69	8.12	4.36			
	文档计分	15-29	538	60.74	17.76	59.777**	.000	1>2,1>3 1>4,2>3 2>4,3>4
		30-39	352	56.80	20.00			
		40-49	238	48.73	19.76			
		50-59	69	32.08	18.93			
职业能力操作测验	手眼协调	15-29	157	16.55	6.41	2.052	.106	
		30-39	152	17.12	5.46			
		40-49	101	16.11	6.49			
		50-59	6	11.33	9.64			
	职业能力总分	15-29	157	74.85	19.55	6.949**	.000	1>4,2>4 2>3,3>4
		30-39	152	75.80	17.06			
		40-49	101	70.99	17.59			
		50-59	6	44.19	11.58			

注:1 表示 15-29 岁年龄段的肢体残疾人组,2 表示 30-39 岁年龄段的肢体残疾人组,3 表示 40-49 岁年龄段的肢体残疾人组,4 表示 50-59 岁年龄段的肢体残疾人组。

3）残疾等级比较分析

总体来讲，广东省肢体残疾人随着残疾程度加重，职业能力各分测验的得分呈现平缓的波动状态（见图2-5-3）。

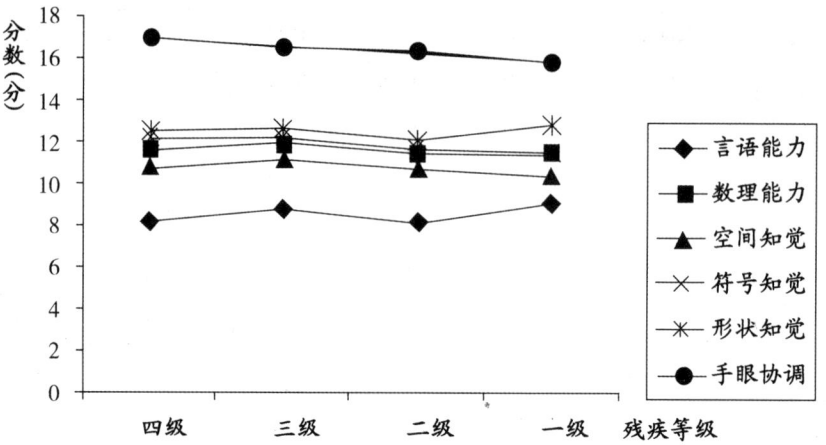

图2-5-3　广东省肢体残疾人职业能力随残疾等级变化趋势图

进一步差异性检验显示，广东省肢体残疾人在职业能力各分测验上的得分并不存在显著的残疾等级差异（见表2-5-15）。

表2-5-15　广东省肢体残疾人职业能力的残疾等级差异检验

	名称	残疾等级	人数	平均值	标准差	F	p
职业能力文档测验	言语能力	四级	250	8.16	3.86		
		三级	608	8.78	4.25	2.205	.086
		二级	280	8.18	4.37		
		一级	46	9.03	4.13		
	数理能力	四级	250	11.56	5.06		
		三级	608	11.98	5.26	.850	.467
		二级	280	11.47	5.11		
		一级	46	11.43	5.19		
	空间知觉	四级	250	10.82	4.59		
		三级	608	11.15	4.69	.915	.433
		二级	280	10.71	4.54		
		一级	46	10.39	5.07		
	符号知觉	四级	250	12.15	6.31		
		三级	608	12.17	6.03	.471	.703
		二级	280	11.74	6.24		
		一级	46	11.49	6.00		
	形状知觉	四级	250	12.53	4.32		
		三级	608	12.63	4.36	1.038	.375
		二级	280	12.10	4.34		
		一级	46	12.83	4.74		

(续表)

名称		残疾等级	人数	平均值	标准差	F	p
职业能力文档测验	文档计分	四级	250	55.22	19.60	1.085	.354
		三级	608	56.71	20.09		
		二级	280	54.20	20.39		
		一级	46	55.17	20.64		
职业能力操作测验	手眼协调	四级	135	16.91	5.76	.220	.882
		三级	211	16.46	6.40		
		二级	64	16.33	6.32		
		一级	6	15.78	6.77		
	职业能力总分	四级	135	74.61	17.57	.496	.685
		三级	211	73.02	19.43		
		二级	64	75.26	17.44		
		一级	6	68.69	18.36		

注：1 表示四级肢体残疾人组，2 表示三级肢体残疾人组，3 表示二级肢体残疾人组，4 表示一级肢体残疾人组。

4）文化水平比较分析

广东省肢体残疾人职业能力各分测验的得分从高到低依次为：大专及以上>高中/中专>初中>小学及以下，即各分测验的得分随着文化水平的升高而呈现上升趋势（见图2-5-4）。

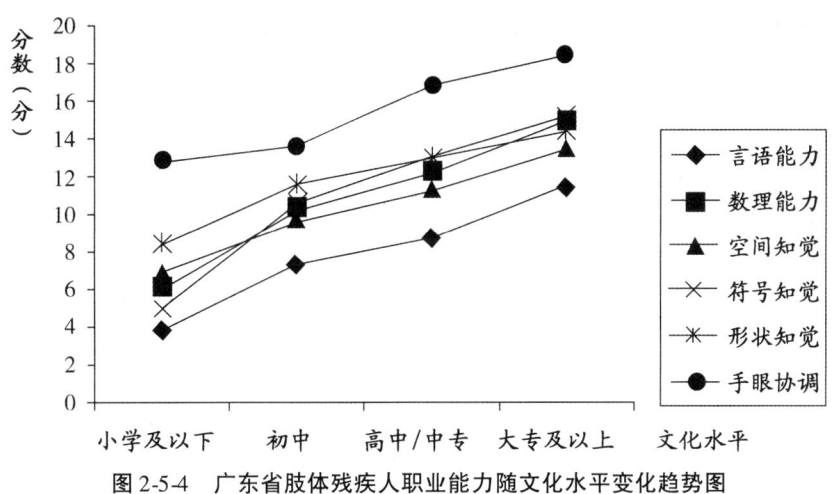

图 2-5-4 广东省肢体残疾人职业能力随文化水平变化趋势图

进一步差异性检验显示，文档各分测验和手眼协调操作测验及职业能力测验总分均存在极显著的文化水平差异。多重比较可以看出，在言语能力、数理能力、空间知觉、符号知觉、形状知觉各分测验以及文档计分、职业能力总分上，各组间均存在显著差异。在手眼协调操作测验上，大专及以上组的得分显著高于其他三组，高中/中专组的得分显著高于初中组和小学及以下组，见表2-5-16。

表 2-5-16 广东省肢体残疾人职业能力的文化水平差异检验

名称		文化水平	人数	平均值	标准差	F	p	多重比较
职业能力文档测验	言语能力	小学及以下	99	3.87	3.43	123.145**	.000	4>1,4>2 4>3,3>1 3>2,2>1
		初中	367	7.37	4.11			
		高中/中专	447	8.81	3.56			
		大专及以上	267	11.45	3.26			
	数理能力	小学及以下	99	6.10	4.35	109.758**	.000	4>1,4>2 4>3,3>1 3>2,2>1
		初中	367	10.34	4.94			
		高中/中专	447	12.31	4.62			
		大专及以上	267	15.03	4.02			
	空间知觉	小学及以下	99	6.87	3.83	73.917**	.000	4>1,4>2 4>3,3>1 3>2,2>1
		初中	367	9.78	4.37			
		高中/中专	447	11.37	4.36			
		大专及以上	267	13.54	4.06			
	符号知觉	小学及以下	99	4.99	5.62	95.057**	.000	4>1,4>2 4>3,3>1 3>2,2>1
		初中	367	10.59	6.11			
		高中/中专	447	12.98	5.43			
		大专及以上	267	15.12	4.59			
	形状知觉	小学及以下	99	8.42	4.88	61.484**	.000	4>1,4>2 4>3,3>1 3>2,2>1
		初中	367	11.60	4.32			
		高中/中专	447	12.99	3.94			
		大专及以上	267	14.43	3.53			
	文档计分	小学及以下	99	30.25	16.96	151.996**	.000	4>1,4>2 4>3,3>1 3>2,2>1
		初中	367	49.68	19.19			
		高中/中专	447	58.46	16.77			
		大专及以上	267	69.56	14.03			
职业能力操作测验	手眼协调	小学及以下	20	12.87	7.55	15.959**	.000	4>1,4>2 4>3,3>1 3>2
		初中	89	13.62	7.84			
		高中/中专	161	16.87	5.94			
		大专及以上	146	18.57	3.74			
职业能力总分		小学及以下	20	52.64	20.05	41.748**	.000	4>1,4>2 4>3,3>1 3>2,2>1
		初中	89	63.06	18.64			
		高中/中专	161	73.57	16.60			
		大专及以上	146	83.55	13.54			

注:1 表示小学及以下肢体残疾人组,2 表示初中肢体残疾人组,3 表示高中/中专肢体残疾人组,4 表示大专及以上肢体残疾人组。

5) 残疾部位比较分析

广东省肢体残疾人职业能力各分测验得分的均数比较显示,不同残疾部位的肢体残疾人在职业能力分测验的得分差异不大。在言语能力、数理能力、空间知觉、符号知觉和形状知觉上,躯干残疾人得分最高,上下肢残疾人得分最低;在手眼协调分测验上,下肢残疾人得分最高,躯干残疾人得分最低(见图2-5-5)。

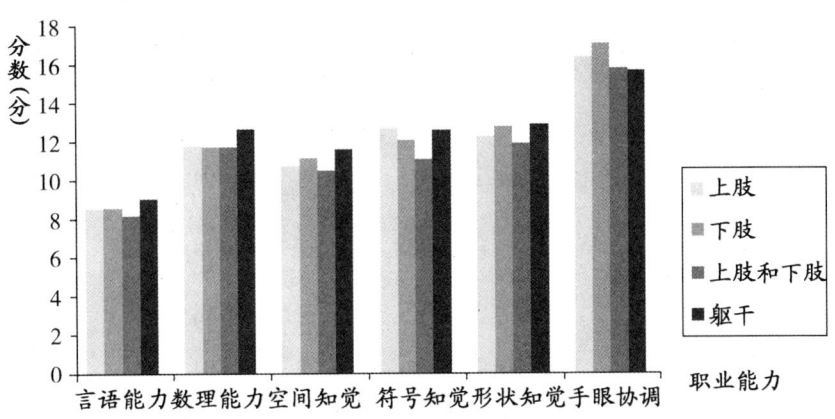

图 2-5-5　广东省不同残疾部位肢体残疾人职业能力的比较

进一步差异性检验显示,广东省肢体残疾人在文档测验各分测验上的得分并不存在显著的残疾部位差异(见表2-5-17)。

表 2-5-17　广东省不同残疾部位肢体残疾人职业能力的差异检验

名称		残疾部位	人数	平均值	标准差	F	p
职业能力文档测验	言语能力	上肢	242	8.52	3.93	.634	.593
		下肢	704	8.59	4.33		
		上肢 & 下肢	175	8.22	4.14		
		躯干	59	9.03	4.02		
	数理能力	上肢	242	11.77	5.26	.569	.636
		下肢	704	11.74	5.21		
		上肢 & 下肢	175	11.70	5.06		
		躯干	59	12.64	5.02		
	空间知觉	上肢	242	10.73	4.84	1.440	.230
		下肢	704	11.14	4.60		
		上肢 & 下肢	175	10.51	4.72		
		躯干	59	11.59	4.23		
	符号知觉	上肢	242	12.62	5.90	2.418	.065
		下肢	704	12.07	6.16		
		上肢 & 下肢	175	11.05	6.30		
		躯干	59	12.58	5.97		
	形状知觉	上肢	242	12.23	4.48	2.359	.070
		下肢	704	12.73	4.17		
		上肢 & 下肢	175	11.86	4.85		
		躯干	59	12.88	4.45		

(续表)

名称		残疾部位	人数	平均值	标准差	F	p
职业能力文档测验	文档计分	上肢	242	55.87	20.16	1.410	.238
		下肢	704	56.27	19.99		
		上肢&下肢	175	53.35	20.86		
		躯干	59	58.73	18.74		
操作测验	手眼协调	上肢	94	16.30	94	.973	.405
		下肢	234	17.00	234		
		上肢&下肢	69	15.77	69		
		躯干	19	15.65	19		
职业能力总分		上肢	94	74.18	94	.729	.535
		下肢	234	74.20	234		
		上肢&下肢	69	71.12	69		
		躯干	19	77.07	19		

(4)结论

①广东省肢体残疾人在职业能力文档测验部分各分测验的得分情况从高到低依次为:形状知觉>符号知觉>数理能力>空间知觉>言语能力。

②男性在空间知觉分测验的得分高于女性组,且二者存在极显著的差异(p<0.01)。

③广东省肢体残疾人在言语能力、数理能力、空间知觉、符号知觉和形状知觉分测验的得分及在文档测验总分和职业能力测验总分上随着年龄的增长而呈现下降趋势,且存在极显著的年龄差异(p<0.01)。

④残疾等级和残疾部位两因素对广东省肢体残疾人在职业能力的影响不显著。

⑤广东省肢体残疾人职业能力随着文化水平的升高而呈现上升趋势,且在各分测验和手眼协调及职业能力测验总分上存在极显著的文化水平差异。

2.广东省肢体残疾人职业人格状况

(1)测试人群分布

本项目在广东省共选取了1174名有效被试进行了肢体残疾人职业人格测验(见表2-5-18)。

表2-5-18 广东省肢体残疾人职业人格测验有效样本分布表(人)

年龄(岁)	性别		总计
	男	女	
15—29	319	214	533
30—39	204	142	346
40—49	150	83	233
50—59	46	16	62
总计	719	455	1174

(2)总体情况

被测试的广东省肢体残疾人职业人格各维度的得分从高到低依次为:责任心>管理能力>严谨性>坚持性>自信心>交际能力>抗挫折能力>情绪稳定性,说明广东省肢体残疾人的责任心和管理能力人格特征表现最明显。在不同年龄段的男性肢体残疾人中,30-39岁年龄组在坚持性、严谨性、情绪稳定性、责任心、交际能力、管理能力和抗挫折能力维度上得分高于其他年龄组;15-29岁年龄组在自信心上的得分高于其他三组。在不同年龄段的女性肢体残疾人中,15-29岁年龄组在交际能力和抗挫折能力的得分高于其他三组;30-39岁年龄组在坚持性的得分高于其他三组;在严谨性和自信心维度,40-49岁年龄组得分最高;在情绪稳定性、责任心和管理能力维度,50-54岁年龄组的得分最高(见表2-5-19)。

表2-5-19 广东省肢体残疾人职业人格测验的平均数和标准差

		n	坚持性		严谨性		情绪稳定性		自信心	
			M	Std	M	Std	M	Std	M	Std
	总体	1174	8.87	2.54	8.88	2.04	7.06	3.04	8.68	2.27
	男性	719	8.87	2.53	8.93	2.07	7.27	2.97	8.70	2.19
	女性	455	8.85	2.56	8.78	1.99	6.74	3.13	8.65	2.40
男(岁)	15-29	319	8.81	2.51	8.92	2.12	7.02	3.02	8.79	2.13
	30-39	204	9.45	2.35	9.12	1.99	8.18	2.70	8.77	2.12
	40-49	150	8.54	2.59	8.85	1.95	6.81	2.84	8.68	2.36
	50-59	46	7.85	2.68	8.48	2.45	6.39	3.28	7.83	2.14
女(岁)	15-29	214	8.93	2.58	8.74	2.03	6.59	3.14	8.64	2.52
	30-39	142	8.95	2.46	8.81	1.82	6.99	3.23	8.61	2.21
	40-49	83	8.51	2.80	8.94	2.17	6.55	3.06	8.83	2.55
	50-54	16	8.81	1.80	8.31	1.92	7.50	2.28	8.13	1.31

表2-5-19 广东省肢体残疾人职业人格测验的平均数和标准差(续)

		n	责任心		交际能力		管理能力		抗挫折能力	
			M	Std	M	Std	M	Std	M	Std
	总体	1174	9.72	1.98	8.66	2.43	9.42	2.21	8.27	2.52
	男性	719	9.68	2.03	8.65	2.48	9.47	2.23	8.39	2.52
	女性	455	9.78	1.90	8.66	2.34	9.35	2.17	8.08	2.52
男(岁)	15-29	319	9.66	2.11	8.70	2.57	9.37	2.28	8.57	2.48
	30-39	204	10.04	1.77	8.87	2.53	9.62	2.09	8.66	2.59
	40-49	150	9.47	2.06	8.50	2.37	9.51	2.19	7.89	2.38
	50-59	46	8.93	2.26	7.85	1.90	9.30	2.58	7.50	2.48
女(岁)	15-29	214	9.91	1.75	8.93	2.39	9.36	2.22	8.36	2.61
	30-39	142	9.78	1.85	8.41	2.20	9.32	2.15	8.05	2.52
	40-49	83	9.39	2.22	8.67	2.45	9.35	2.21	7.43	2.33
	50-54	16	10.13	2.33	7.38	1.96	9.38	1.67	7.88	1.78

(3)广东省肢体残疾人职业人格特征

1)性别差异比较分析

广东省肢体残疾人职业人格各维度得分的均数比较显示,男性肢体残疾人组在坚持性、严谨性、情绪稳定性、自信心、管理能力和抗挫折能力维度的得分高于女性组,而在责任心和交际能力维度的得分低于女性组(见图2-5-6)。

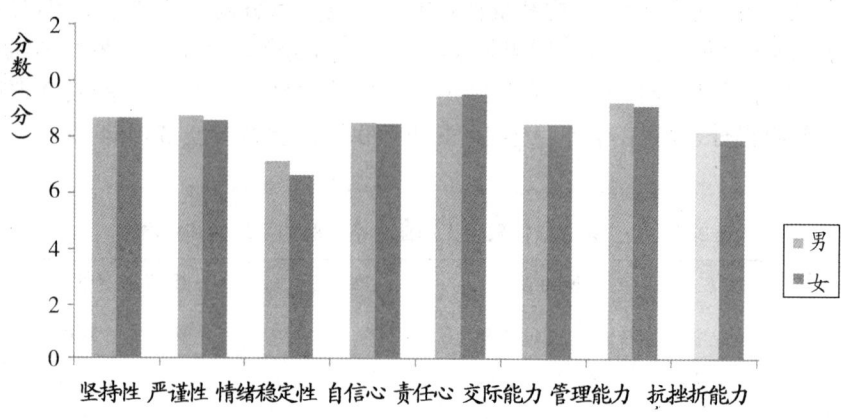

图 2-5-6 广东省肢体残疾人职业人格特征的性别比较

进一步差异性检验显示,广东省肢体残疾人在情绪稳定性维度的得分存在极显著的性别差异,在抗挫折能力维度得分存在显著的性别差异,见表2-5-20。

表 2-5-20 广东省肢体残疾人职业人格特征的性别差异检验

名称		性别	人数	平均值	标准差	t	p
职业人格	坚持性	男	719	8.87	2.53	.112	.911
		女	455	8.85	2.56		
	严谨性	男	719	8.93	2.07	1.227	.220
		女	455	8.78	1.99		
	情绪稳定性	男	719	7.27	2.97	2.913**	.004
		女	455	6.74	3.13		
	自信心	男	719	8.70	2.19	.397	.691
		女	455	8.65	2.40		
	责任心	男	719	9.68	2.03	-.874	.382
		女	455	9.78	1.90		
	交际能力	男	719	8.65	2.48	-.070	.944
		女	455	8.66	2.34		
	管理能力	男	719	9.47	2.23	.897	.370
		女	455	9.35	2.17		
	抗挫折能力	男	719	8.39	2.52	2.038*	.042
		女	455	8.08	2.52		

2)年龄差异比较分析

随着广东省肢体残疾人的年龄增长,职业人格各维度的得分发生变化。在坚持性、情绪稳定性、责任心、交际能力和抗挫折能力维度,40岁之后年龄组的得分低于40岁之前年龄组;50岁之前,严谨性和自信心维度各年龄组的得分差别不大,50岁之后的得分呈下降趋势;在管理能力维度,各年龄段肢体残疾人的得分差别不大(见图2-5-7)。

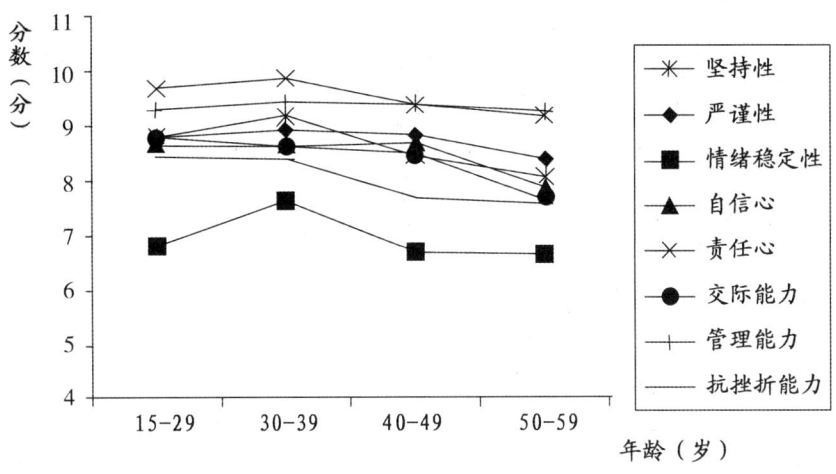

图 2-5-7 广东省肢体残疾人职业人格特征随年龄变化趋势图

进一步差异性检验发现,广东省肢体残疾人在交际能力维度的得分存在显著的年龄差异,在坚持性、情绪稳定性、责任心和抗挫折能力维度的得分存在着极显著的年龄差异。多重比较可看出,在坚持性维度,30-39 岁年龄组的肢体残疾人得分显著高于其他三组,且 15-29 岁年龄组的坚持性得分显著高于 50-59 岁年龄组,说明 40 岁之前的肢体残疾人的坚持性人格特征更明显;在情绪稳定性维度,30-39 岁年龄组的肢体残疾人得分显著高于其他三组。在责任心维度,40 岁之前年龄组的得分显著高于 40-49 岁年龄组;30-39 岁年龄组在责任心维度得分显著高于 50-59 岁年龄组;在交际能力维度,50-59 岁年龄组的得分显著低于其他三组;在抗挫折能力维度,40 岁之前的肢体残疾人与 40 岁之后的肢体残疾人的得分差异达到显著水平(见表 2-5-21)。

表 2-5-21 广东省肢体残疾人职业人格特征的年龄差异检验

	名称	年龄(岁)	人数	平均值	标准差	F	p	多重比较
职业人格	坚持性	15-29	533	8.86	2.54	5.883**	.001	1>4,2>1 2>3,2>4
		30-39	346	9.24	2.41			
		40-49	233	8.53	2.66			
		50-59	62	8.10	2.51			
	严谨性	15-29	533	8.85	2.09	1.362	.253	
		30-39	346	8.99	1.92			
		40-49	233	8.88	2.03			
		50-59	62	8.44	2.31			
	情绪稳定性	15-29	533	6.85	3.07	7.239**	.000	2>1,2>3 2>4
		30-39	346	7.69	2.98			
		40-49	233	6.72	2.92			
		50-59	62	6.68	3.08			
	自信心	15-29	533	8.73	2.29	2.585	.052	
		30-39	346	8.71	2.16			
		40-49	233	8.73	2.42			
		50-59	62	7.90	1.96			

(续表)

名称		年龄(岁)	人数	平均值	标准差	F	p	多重比较
职业人格	责任心	15-29	533	9.76	1.98	4.218**	.006	1>3,2>3 2>4
		30-39	346	9.93	1.80			
		40-49	233	9.44	2.11			
		50-59	62	9.24	2.32			
	交际能力	15-29	533	8.79	2.50	3.736*	.011	1>4,2>4 3>4
		30-39	346	8.68	2.40			
		40-49	233	8.56	2.39			
		50-59	62	7.73	1.91			
	管理能力	15-29	533	9.37	2.25	.289	.833	
		30-39	346	9.49	2.12			
		40-49	233	9.45	2.20			
		50-59	62	9.32	2.37			
	抗挫折能力	15-29	533	8.49	2.53	6.902**	.000	1>3,1>4 2>3,2>4
		30-39	346	8.41	2.58			
		40-49	233	7.73	2.37			
		50-59	62	7.60	2.32			

注:1 表示 15-29 岁年龄组肢体残疾人,2 表示 30-39 岁年龄组肢体残疾人,3 表示 40-49 岁年龄组肢体残疾人,4 表示 50-59 岁年龄组肢体残疾人。

3)残疾等级比较分析

均数比较显示,广东省肢体残疾人职业人格各维度的得分随残疾程度的加重呈现两头高中间低的变化特点,即一级和四级肢体残疾人在职业人格各维度的得分高于二级和三级肢体残疾人(见图2-5-8)。

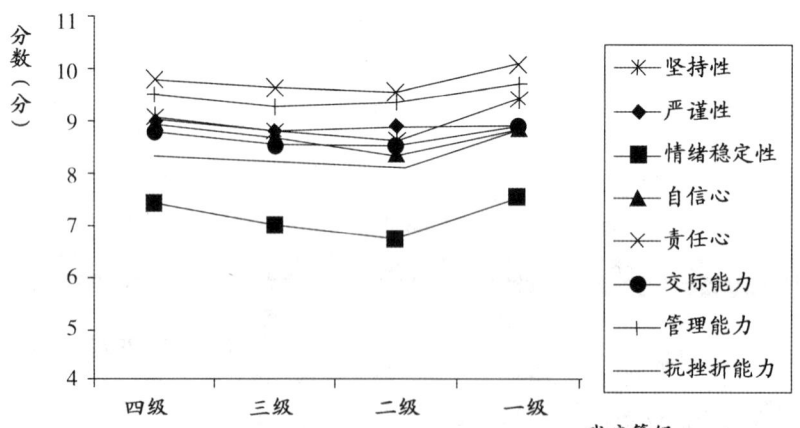

图 2-5-8 广东省肢体残疾人职业人格特征随残疾等级变化趋势图

进一步差异性检验显示,广东省肢体残疾人在情绪稳定性维度上存在边缘显著的残疾等级差异(见表 2-5-22)。

表 2-5-22　广东省肢体残疾人职业人格特征的残疾等级差异检验

名称		残疾等级	人数	平均值	标准差	F	p
职业人格	坚持性	四级	245	9.13	2.46	2.383	.068
		三级	600	8.82	2.56		
		二级	274	8.68	2.56		
		一级	44	9.50	2.09		
	严谨性	四级	245	8.99	1.95	.586	.624
		三级	600	8.81	2.05		
		二级	274	8.95	2.08		
		一级	44	8.95	2.11		
	情绪稳定性	四级	245	7.46	2.96	2.609	.050
		三级	600	7.02	3.02		
		二级	274	6.77	3.15		
		一级	44	7.55	2.99		
	自信心	四级	245	8.96	2.31	2.542	.055
		三级	600	8.70	2.23		
		二级	274	8.43	2.26		
		一级	44	8.93	2.21		
	责任心	四级	245	9.88	1.91	1.472	.220
		三级	600	9.71	1.96		
		二级	274	9.62	2.03		
		一级	44	10.16	1.80		
	交际能力	四级	245	8.89	2.26	1.280	.280
		三级	600	8.61	2.43		
		二级	274	8.54	2.57		
		一级	44	8.95	2.18		
	管理能力	四级	245	9.58	2.09	1.094	.351
		三级	600	9.34	2.20		
		二级	274	9.43	2.26		
		一级	44	9.80	2.36		
	抗挫折能力	四级	245	8.38	2.56	1.295	.275
		三级	600	8.25	2.51		
		二级	274	8.16	2.53		
		一级	44	8.91	2.11		

4）文化水平比较分析

总体来讲,广东省肢体残疾人在各职业人格特征的得分表现基本遵循如下的规律:大专及以上组>高中/中专组>初中组>小学及以下组,整体呈上升趋势(见图 2-5-9)。

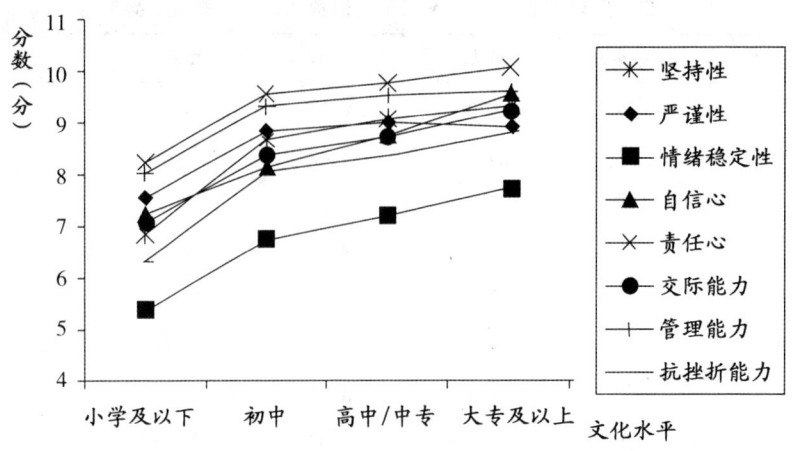

图 2-5-9　广东省肢体残疾人职业人格特征随文化水平变化趋势图

进一步差异性检验显示,广东省肢体残疾人在职业人格的各维度均存在极显著的文化水平差异。多重比较可以看出,在情绪稳定性、自信心和交际能力维度,各组间均存在显著差异;在坚持性、责任心和抗挫折能力维度,大专及以上组的得分显著高于其他三组,且高中/中专组、初中组肢体残疾人的得分显著高于小学及以下组;在严谨性和管理能力维度,小学及以下组肢体残疾人的得分显著低于其他三组(见表2-5-23)。

表 2-5-23　广东省肢体残疾人职业人格特征的文化水平差异检验

名称		文化水平	人数	平均值	标准差	F	p	多重比较
职业人格	坚持性	小学及以下	93	6.86	2.82	26.414**	.000	4>1,4>2 3>1,3>2 2>1
		初中	357	8.72	2.52			
		高中/中专	442	9.13	2.41			
		大专及以上	267	9.37	2.32			
	严谨性	小学及以下	93	7.58	2.19	14.676**	.000	4>1 3>1,2>1
		初中	357	8.89	1.95			
		高中/中专	442	9.08	2.00			
		大专及以上	267	8.97	2.03			
	情绪稳定性	小学及以下	93	5.41	2.93	16.291**	.000	4>1,4>2 4>3,3>1 3>2,2>1
		初中	357	6.78	3.03			
		高中/中专	442	7.24	2.93			
		大专及以上	267	7.78	3.00			
	自信心	小学及以下	93	7.29	2.45	35.618**	.000	4>1,4>2 4>3,3>1 3>2,2>1
		初中	357	8.18	2.14			
		高中/中专	442	8.84	2.15			
		大专及以上	267	9.60	2.15			
	责任心	小学及以下	93	8.29	2.51	21.957**	.000	4>1,4>2 4>3,3>1 2>1
		初中	357	9.64	2.15			
		高中/中专	442	9.83	1.85			
		大专及以上	267	10.15	1.48			

(续表)

名称		文化水平	人数	平均值	标准差	F	p	多重比较
职业人格	交际能力	小学及以下	93	7.09	2.54	22.145**	.000	4>1,4>2 4>3,3>1 3>2,2>1
		初中	357	8.42	2.42			
		高中/中专	442	8.79	2.39			
		大专及以上	267	9.31	2.20			
	管理能力	小学及以下	93	8.09	2.88	13.797**	.000	2>1,3>1 4>1
		初中	357	9.37	2.29			
		高中/中专	442	9.60	2.03			
		大专及以上	267	9.66	1.97			
	抗挫折能力	小学及以下	93	6.33	2.44	26.236**	.000	4>1,4>2 4>3,3>1 2>1
		初中	357	8.11	2.53			
		高中/中专	442	8.45	2.42			
		大专及以上	267	8.87	2.34			

注:1 表示小学及以下肢体残疾人组,2 表示初中肢体残疾人组,3 表示高中/中专肢体残疾人组,4 表示大专及以上肢体残疾人组。

5) 残疾部位比较分析

广东省肢体残疾人职业人格各维度得分的均数比较显示,上肢残疾人在情绪稳定性、自信心、交际能力、管理能力和抗挫折能力维度的得分最高;躯干残疾人在坚持性、严谨性和责任心维度的得分最高;上肢和下肢残疾人在职业人格各维度的得分均为最低(见图2-5-10)。

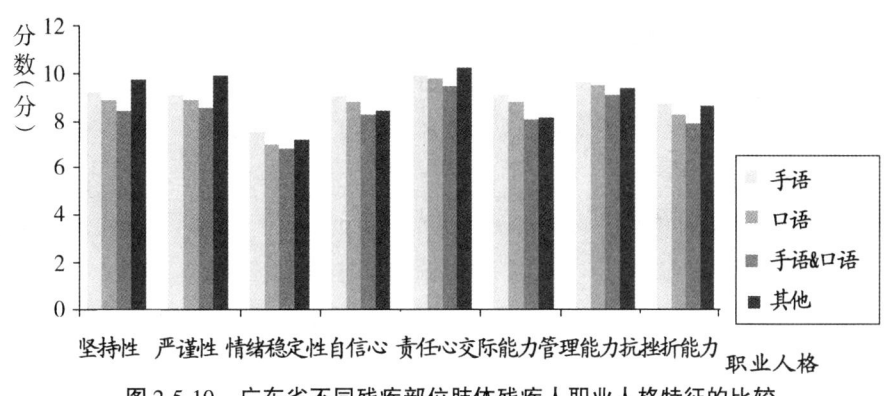

图2-5-10 广东省不同残疾部位肢体残疾人职业人格特征的比较

进一步差异性检验发现,不同残疾部位的肢体残疾人在责任心维度的得分存在显著差异,在坚持性、严谨性、自信心、交际能力和抗挫折能力维度的得分存在极显著差异。多重比较看出,在坚持性维度,上肢和下肢残疾人的得分显著低于其他三组;在严谨性维度,躯干残疾人的得分显著高于其他三组,且上肢残疾人的得分显著高于上肢和下肢残疾人,说明躯干残疾人的严谨性人格特征更加明显;在自信心和管理能力维度,上肢或下肢残疾人的得分显著高于上肢和下肢残疾人;在责任心维度,上肢和下肢残疾人的得分显著低于上肢残疾人和躯干残疾人;在交际能力维度,上肢或下肢残疾人得分显著高于上肢和下肢残疾人,且下肢残疾人的得分显著高于躯干残疾人;在抗挫折能力维度,上肢残疾人和躯干残疾人的得分显著高于上肢和下肢残疾人,且躯干残疾人的得分显著高于上肢和下肢残疾人(见表2-5-24)。

表 2-5-24 广东省不同残疾部位肢体残疾人职业人格特征的差异检验

	名称	残疾部位	人数	平均值	标准差	F	p	多重比较
职业人格	坚持性	上肢	234	9.19	2.43	5.478**	.001	1>3,2>3 4>3
		下肢	695	8.83	2.58			
		上肢和下肢	173	8.39	2.42			
		躯干	57	9.70	2.48			
	严谨性	上肢	234	9.06	1.89	7.076**	.000	4>1,4>2 4>3,1>3
		下肢	695	8.84	2.09			
		上肢和下肢	173	8.51	2.04			
		躯干	57	9.86	1.67			
	情绪稳定性	上肢	234	7.51	2.93	2.328	.073	
		下肢	695	6.98	3.12			
		上肢和下肢	173	6.80	2.88			
		躯干	57	7.16	2.77			
	自信心	上肢	234	9.03	2.16	4.754**	.003	1>3,2>3
		下肢	695	8.75	2.24			
		上肢和下肢	173	8.23	2.32			
		躯干	57	8.40	2.18			
	责任心	上肢	234	9.89	1.92	3.053*	.028	1>3,4>3
		下肢	695	9.74	1.96			
		上肢和下肢	173	9.43	2.07			
		躯干	57	10.21	1.51			
	交际能力	上肢	234	9.05	2.31	7.692**	.000	1>3,2>3 2>4
		下肢	695	8.77	2.35			
		上肢和下肢	173	8.02	2.54			
		躯干	57	8.09	2.68			
	管理能力	上肢	234	9.59	2.00	2.109	.097	1>3,2>3
		下肢	695	9.48	2.22			
		上肢和下肢	173	9.07	2.30			
		躯干	57	9.32	2.41			
	抗挫折能力	上肢	234	8.67	2.48	4.050**	.007	1>2,1>3 4>3
		下肢	695	8.22	2.55			
		上肢和下肢	173	7.85	2.39			
		躯干	57	8.61	2.37			

注:1 表示上肢残疾人组,2 表示下肢残疾人组,3 表示上肢和下肢残疾人组,4 表示躯干残疾人组。

(4)结论

①广东省肢体残疾人职业人格各维度的得分从高到低依次为:责任心>管理能力>严谨性>坚持性>自信心>交际能力>抗挫折能力>情绪稳定性。

②男性肢体残疾人在情绪稳定性和抗挫折能力维度的得分高于女性组,且二者在情绪稳定性维度的得分存在极显著差异($p<0.01$),在抗挫折能力维度得分存在显著差异($p<0.05$)。

③广东省肢体残疾人在坚持性、情绪稳定性、责任心、交际能力和抗挫折能力维度上,40岁之后年龄组的得分低于40岁之前年龄组;且在交际能力维度的得分存在着显著的年龄差异($p<0.05$),在坚持性、情绪稳定性、责任心和抗挫折能力维度的得分存在着极显著的年龄差异($p<0.01$)。

④残疾等级对广东省肢体残疾人的职业人格特征影响不显著。

⑤广东省肢体残疾人在各职业人格特征的得分表现基本遵循如下的规律:大专及以上组>高中/中专组>初中组>小学及以下组,整体呈上升趋势,且存在极显著的文化水平差异($p<0.01$)。

⑥上肢残疾人在情绪稳定性、自信心、交际能力、管理能力和抗挫折能力维度的得分最高;躯干残疾人在坚持性、严谨性和责任心维度的得分最高;上肢和下肢残疾人在职业人格各维度的得分均为最低。且不同残疾部位的肢体残疾人在责任心维度的得分存在显著差异($p<0.05$),在坚持性、严谨性、自信心、交际能力和抗挫折能力维度的得分存在极显著差异($p<0.01$)。

3. 广东省肢体残疾人职业兴趣状况

(1)测试人群分布

本项目在广东省共选取了1166名有效被试进行了肢体残疾人职业兴趣测验(见表2-5-25)。

表2-5-25 广东省肢体残疾人职业兴趣测验有效样本分布表 (单位:人)

年龄(岁)	性别		总计
	男	女	
15-29	317	214	531
30-39	201	142	343
40-49	148	82	230
50-59	45	17	62
总计	711	455	1166

(2)总体情况

被测试的广东省肢体残疾人职业兴趣各类型得分从高到低依次为:现实型>常规型>社会型>研究型>企业型>艺术型。男性肢体残疾人职业兴趣各类型得分从高到低依次为:现实型>研究型>常规型>社会型>企业型>艺术型;女性肢体残疾人职业兴趣各类型的得分从高到低依次为:现实型>社会型>常规型>研究型>企业型>艺术型。在不同年龄段的男性肢体残疾人中,30-39岁年龄组在常规型、现实型、研究型和社会型的得分均高于其他年龄组;15-29岁年龄组在企业型和艺术型的得分最高。在不同年龄段的女性肢体残疾人中,50-59岁年龄组在常规型和现实型的得分高于其他年龄组;15-29岁年龄组在研究型、企业型和艺术型的得分最高;30-39岁年龄组在社会型的得分最高(见表2-5-26)。

表2-5-26 广东省肢体残疾人职业兴趣测验的平均数和标准差

	n	常规型		现实型		研究型		企业型		社会型		艺术型	
		M	Std	M	Std	M	Std	M	Std	M	Std	M	Std
总体	1166	6.23	1.76	6.60	1.70	6.03	1.95	5.71	1.81	6.14	1.80	4.90	1.98
男性	711	6.21	1.78	6.68	1.72	6.27	1.89	5.89	1.72	6.06	1.81	4.73	2.00
女性	455	6.25	1.73	6.48	1.67	5.65	1.99	5.42	1.91	6.26	1.78	5.15	1.91

(续表)

		n	常规型		现实型		研究型		企业型		社会型		艺术型	
			M	Std	M	Std	M	Std	M	Std	M	Std	M	Std
男(岁)	15-29	317	6.16	1.72	6.58	1.65	6.12	1.94	6.01	1.69	5.90	1.82	4.97	1.99
	30-39	201	6.34	1.88	6.90	1.79	6.69	1.70	5.86	1.76	6.32	1.77	4.53	2.08
	40-49	148	6.19	1.77	6.73	1.74	6.18	1.90	5.74	1.73	6.29	1.83	4.67	1.95
	50-59	45	6.11	1.77	6.24	1.82	5.80	2.01	5.71	1.73	5.31	1.64	4.22	1.76
女(岁)	15-29	214	6.15	1.62	6.47	1.51	5.85	2.01	5.81	1.93	6.12	1.77	5.50	1.78
	30-39	142	6.10	1.89	6.31	1.82	5.42	2.02	5.11	1.79	6.51	1.80	4.74	2.03
	40-49	82	6.66	1.63	6.65	1.69	5.48	1.90	5.06	1.87	6.50	1.66	5.11	1.85
	50-54	17	6.71	1.76	7.24	1.92	5.82	1.70	4.88	2.15	4.88	1.76	4.29	1.99

(3) 广东省肢体残疾人职业兴趣特征

1) 性别差异比较分析

广东省肢体残疾人职业兴趣各类型得分的均数比较显示,男性肢体残疾人组在现实型、研究型和企业型的得分高于女性组,在常规型、社会型和艺术型的得分低于女性组(见图2-5-11)。经差异性检验发现,广东省肢体残疾人在研究型、企业型和艺术型的得分存在着极显著的性别差异,即男性更喜欢从事研究型和企业型职业,而女性更偏好于艺术型职业(见表2-5-27)。

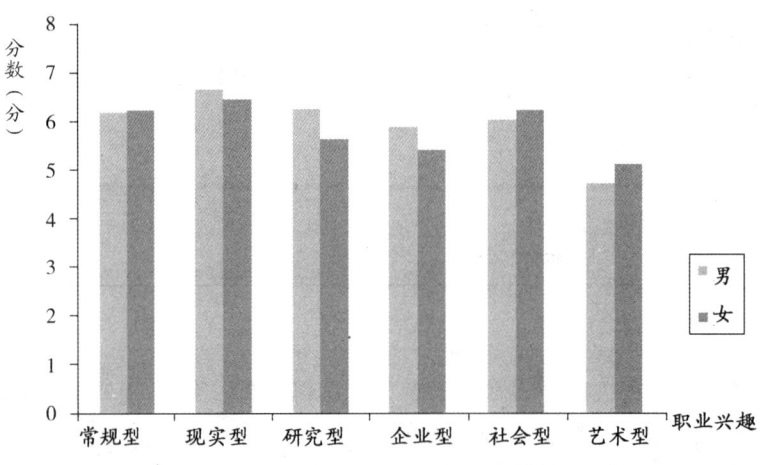

图 2-5-11 广东省肢体残疾人职业兴趣的性别比较

表 2-5-27 广东省肢体残疾人职业兴趣的性别差异检验

	名称	性别	人数	平均值	标准差	t	p
职业兴趣	常规型	男	711	6.21	1.78	-.307	.759
		女	455	6.25	1.73		
	现实型	男	711	6.68	1.72	1.938	.053
		女	455	6.48	1.67		
	研究型	男	711	6.27	1.89	5.418**	.000
		女	455	5.65	1.99		
	企业型	男	711	5.89	1.72	4.282**	.000
		女	455	5.42	1.91		

(续表)

名称		性别	人数	平均值	标准差	t	p
职业兴趣	社会型	男	711	6.06	1.81	-1.840	.066
		女	455	6.26	1.78		
	艺术型	男	711	4.73	2.00	-3.527**	.000
		女	455	5.15	1.91		

2）年龄差异比较分析

随着年龄的增长，广东省肢体残疾人对常规型和现实型的职业活动始终保持较高的职业兴趣；相对而言，15-29岁年龄组在企业型和艺术型的得分较高；30-39岁年龄组在研究型的得分较高；50-59岁年龄组在社会型的得分最低（见图2-5-12）。

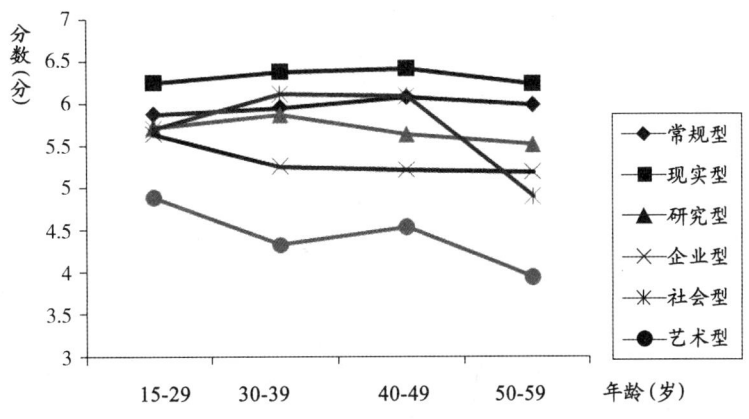

图2-5-12 广东省肢体残疾人职业兴趣随年龄变化趋势图

进一步差异性检验发现，在企业型、社会型和艺术型的得分均存在极显著的年龄差异。多重比较可以看出，在企业型，15-29岁年龄组得分显著高于其他三组，即15-29岁年龄组的肢残人更喜欢从事企业型职业；在社会型，15-29岁年龄组的得分显著低于30-39岁和40-49岁两个年龄组，且50-59岁年龄组的得分显著低于其他三组；在艺术型，15-29岁年龄组的得分显著高于其他三组，且40-49岁年龄组的得分显著高于50-59岁年龄组（见表2-5-28）。

表2-5-28 广东省肢体残疾人职业兴趣的年龄差异检验

	名称	年龄(岁)	人数	平均值	标准差	F	p	多重比较
职业兴趣	常规型	15-29	531	6.16	1.68	.722	.539	
		30-39	343	6.24	1.89			
		40-49	230	6.36	1.73			
		50-59	62	6.27	1.78			
	现实型	15-29	531	6.53	1.59	.695	.555	
		30-39	343	6.66	1.82			
		40-49	230	6.70	1.72			
		50-59	62	6.52	1.89			
	研究型	15-29	531	6.01	1.97	1.013	.386	
		30-39	343	6.16	1.94			
		40-49	230	5.93	1.93			
		50-59	62	5.81	1.91			

(续表)

名称		年龄(岁)	人数	平均值	标准差	F	p	多重比较
职业兴趣	企业型	15-29	531	5.93	1.79			
		30-39	343	5.55	1.81	4.882**	.002	1>2,1>3
		40-49	230	5.50	1.81			1>4
		50-59	62	5.48	1.87			
	社会型	15-29	531	5.99	1.80			
		30-39	343	6.40	1.78			2>1,3>1
		40-49	230	6.37	1.77	10.815**	.000	2>4,3>4
		50-59	62	5.19	1.67			1>4
	艺术型	15-29	531	5.18	1.92			
		30-39	343	4.62	2.06			1>2,1>3
		40-49	230	4.83	1.92	8.546**	.000	1>4,3>4
		50-59	62	4.24	1.81			

注：1表示15-29岁年龄组肢体残疾人，2表示30-39岁年龄组肢体残疾人，3表示40-49岁年龄组肢体残疾人，4表示50-59岁年龄组肢体残疾人。

3) 残疾等级比较分析

广东省肢体残疾人职业兴趣随残疾等级变化呈现如下趋势：在常规型和研究型，一级肢体残疾人得分最高；在现实型，四级肢体残疾人得分最高；在企业型和艺术型，三级肢体残疾人得分最高；在社会型，随着残疾程度的加重，肢体残疾人的得分逐渐降低（见图2-5-13）。

进一步差异性检验发现，广东省肢体残疾人在职业兴趣的社会型类型上存在极显著的残疾等级差异。多重比较发现，在社会型，四级残疾人的得分显著高于其他三组，说明相较其他三个等级，四级残疾人对现实型职业活动的兴趣更高（见表2-5-29）。

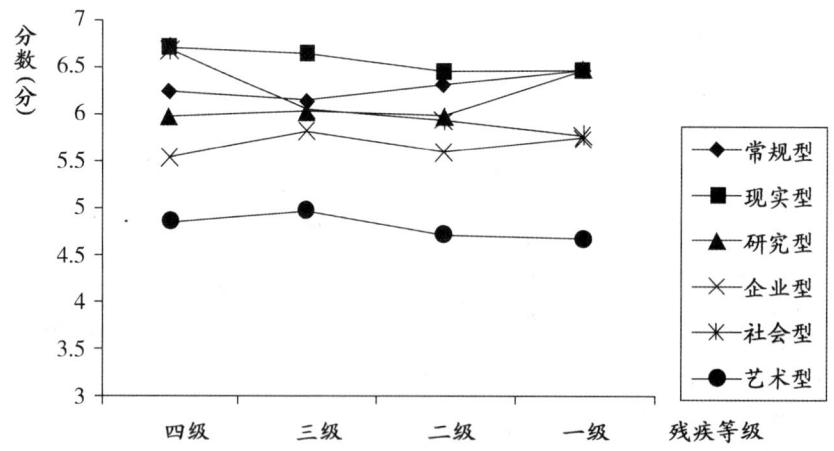

图2-5-13 广东省肢体残疾人职业兴趣随残疾等级变化趋势图

表 2-5-29　广东省肢体残疾人职业兴趣的残疾等级差异检验

名称		残疾等级	人数	平均值	标准差	F	p	多重比较
职业兴趣	常规型	四级	240	6.25	1.83	.986	.399	
		三级	597	6.15	1.74			
		二级	275	6.33	1.78			
		一级	45	6.47	1.52			
	现实型	四级	240	6.71	1.84	1.252	.289	
		三级	597	6.65	1.70			
		二级	275	6.45	1.66			
		一级	45	6.47	1.27			
	研究型	四级	240	5.99	2.01	.846	.469	
		三级	597	6.05	1.95			
		二级	275	5.99	1.95			
		一级	45	6.47	1.66			
	企业型	四级	240	5.53	1.98	1.908	.127	
		三级	597	5.82	1.78			
		二级	275	5.60	1.74			
		一级	45	5.73	1.71			
	社会型	四级	240	6.68	1.80	9.714	.000**	1>2,1>3 1>4
		三级	597	6.05	1.82			
		二级	275	5.94	1.69			
		一级	45	5.78	1.87			
	艺术型	四级	240	4.88	1.95	1.170	.320	
		三级	597	4.99	1.98			
		二级	275	4.74	1.91			
		一级	45	4.69	2.45			

注:1 表示四级肢体残疾人组,2 表示三级肢体残疾人组,3 表示二级肢体残疾人组,4 表示一级肢体残疾人组。

4) 文化水平比较分析

随着文化水平的提高,广东省肢体残疾人在研究型、企业型和社会型的得分逐渐升高,即大专及以上组>高中/中专组>初中组>小学及以下组;在常规型和现实型,高中/中专组的得分最高;在艺术型,肢体残疾人的得分随着文化水平的提高呈现先降低后升高的趋势,初中组的得分最低,大专及以上组的得分最高(见图 2-5-14)。

进一步差异性检验显示,广东省肢体残疾人在现实型、研究型、社会型和艺术型的得分存在极显著的文化水平差异。多重比较可以看出,在现实型和研究型,高中/中专组和大专及以上组的得分显著高于小学及以下组和初中组的肢体残疾人,且初中组在研究型上的得分显著高于小学及以下组;在社会型,各组间均存在显著差异,即随着文化水平的提高,肢体残疾人对社会型职业的兴趣逐渐升高;在艺术型,初中组的得分显著低于高中/中专组和大专及以上组的肢体残疾人,说明相较于初中组而言,高中以上文化水平的肢体残疾人更喜欢从事艺术型职业(见表 2-5-30)。

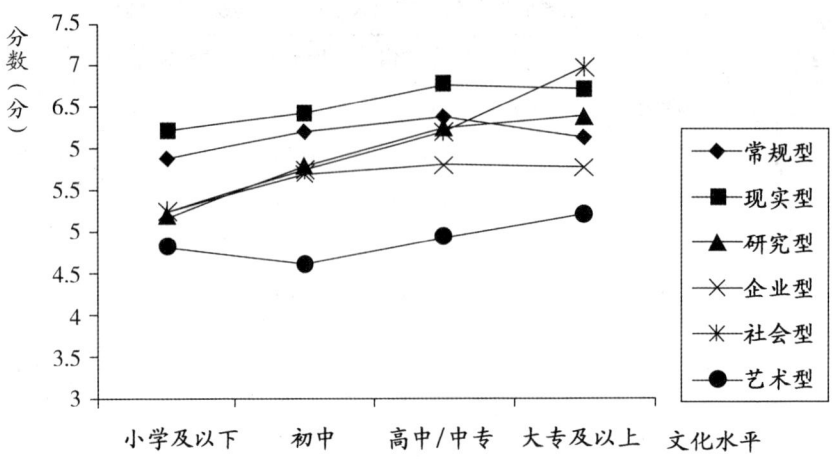

图 2-5-14　广东省肢体残疾人职业兴趣的文化水平比较

表 2-5-30　广东省肢体残疾人职业兴趣的文化水平差异检验

	名称	文化水平	人数	平均值	标准差	F	p	多重比较
职业兴趣	常规型	小学及以下	92	5.90	1.76	2.218	.084	
		初中	357	6.20	1.62			
		高中/中专	440	6.36	1.75			
		大专及以上	264	6.13	1.93			
	现实型	小学及以下	92	6.20	1.81	4.875**	.002	4>1,4>2
		初中	357	6.42	1.65			3>1,3>2
		高中/中专	440	6.77	1.62			
		大专及以上	264	6.71	1.84			
	研究型	小学及以下	92	5.21	1.79	12.224**	.000	4>1,4>2
		初中	357	5.78	1.93			3>1,3>2
		高中/中专	440	6.23	1.85			2>1
		大专及以上	264	6.38	2.06			
	企业型	小学及以下	92	5.24	1.60	2.422	.064	
		初中	357	5.69	1.69			
		高中/中专	440	5.79	1.82			
		大专及以上	264	5.76	1.99			
	社会型	小学及以下	92	5.25	1.62	34.770**	.000	4>1,4>2
		初中	357	5.73	1.68			4>3,3>2
		高中/中专	440	6.19	1.81			3>1,2>1
		大专及以上	264	6.96	1.69			
	艺术型	小学及以下	92	4.83	1.90	4.635**	.003	3>2,4>2
		初中	357	4.62	2.04			
		高中/中专	440	4.94	1.93			
		大专及以上	264	5.21	1.95			

注:1 表示小学及以下肢体残疾人组,2 表示初中肢体残疾人组,3 表示高中/中专肢体残疾人组,4 表示大专及以

上肢体残疾人组。

5) 残疾部位比较分析

广东省肢体残疾人职业兴趣各类型得分的均数比较显示,上肢残疾人在常规型、现实型、企业型、社会型和艺术型的得分最高;躯干残疾人在研究型得分最高,而在常规型的得分与上肢残疾人一样高,在艺术型的得分最低;上肢和下肢残疾人在常规型、现实型、研究型、企业型和社会型的得分均为最低(见图2-5-15)。

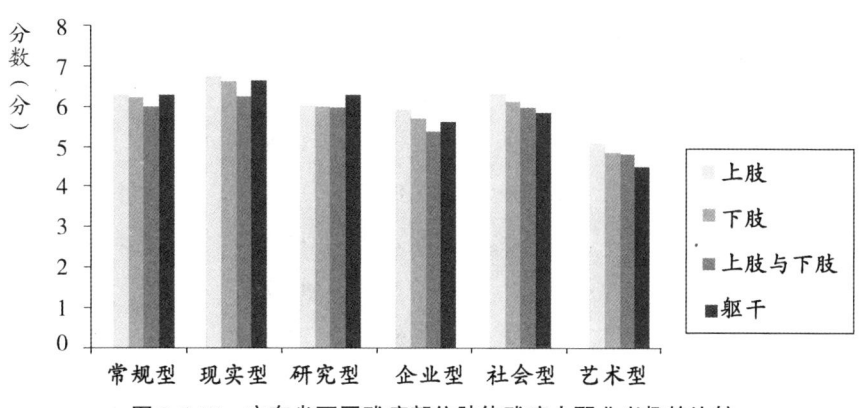

图 2-5-15　广东省不同残疾部位肢体残疾人职业兴趣的比较

进一步差异性检验发现,广东省肢体残疾人在现实型和企业型维度存在显著的残疾部位差异。多重比较可以看出,在现实型和企业型,单纯的上肢或下肢残疾人的得分显著高于上肢和下肢残疾人,即相较于上肢和下肢残疾人,单纯的上肢或下肢残疾人更偏好于现实型和企业型职业活动(见表2-5-31)。

表 2-5-31　广东省不同残疾部位肢体残疾人职业兴趣的差异检验

名称		残疾部位	人数	平均值	标准差	F	p	多重比较
职业兴趣	常规型	上肢	230	6.32	1.63	1.034	.376	
		下肢	689	6.24	1.79			
		上肢和下肢	173	6.02	1.83			
		躯干	59	6.32	1.75			
	现实型	上肢	230	6.78	1.69	2.945*	.032	1>3,2>3
		下肢	689	6.64	1.70			
		上肢和下肢	173	6.28	1.78			
		躯干	59	6.66	1.48			
	研究型	上肢	230	6.04	1.94	.416	.742	
		下肢	689	6.02	1.94			
		上肢和下肢	173	5.99	2.10			
		躯干	59	6.31	1.68			

(续表)

名称		残疾部位	人数	平均值	标准差	F	p	多重比较
职业兴趣	企业型	上肢	230	5.94	1.85	2.962*	.031	1>3,2>3
		下肢	689	5.72	1.78			
		上肢和下肢	173	5.40	1.89			
		躯干	59	5.64	1.75			
	社会型	上肢	230	6.33	1.86	1.597	.188	
		下肢	689	6.14	1.77			
		上肢和下肢	173	6.00	1.88			
		躯干	59	5.88	1.80			
	艺术型	上肢	230	5.10	1.96	1.578	.193	
		下肢	689	4.88	1.97			
		上肢和下肢	173	4.83	2.07			
		躯干	59	4.53	1.86			

注：1 表示上肢残疾人组，2 表示下肢残疾人组，3 表示上肢和下肢残疾人组，4 表示躯干残疾人组。

(4)结论

①广东省肢体残疾人职业兴趣各类型的得分从高到低依次为：现实型>常规型>社会型>研究型>企业型>艺术型。

②男性肢体残疾人在研究型和企业型的得分高于女性组，在艺术型的得分低于女性组；且二者存在极显著差异（$p<0.01$）。

③广东省肢体残疾人随着年龄增长，对常规型和现实型的职业活动始终保持较高的职业兴趣；但15-29岁年龄组在企业型和艺术型的得分较高；30-39岁年龄组在研究型的得分较高；50-59岁年龄组在社会型的得分最低；且在企业型、社会型和艺术型的得分均存在极显著的年龄差异（$p<0.01$）。

④四级残疾人在社会型的得分显著高于其他三个等级的肢体残疾人，且在社会型上存在极显著的残疾等级差异（$p<0.01$）。

⑤广东省肢体残疾人在研究型和社会型的得分随着文化水平的提高逐渐升高，即大专及以上组>高中/中专组>初中组>小学及以下组；在现实型，高中/中专组的得分最高；在艺术型，肢体残疾人的得分随着文化水平的提高呈现先降低后升高的趋势，初中组的得分最低，大专及以上组的得分最高，且在现实型、研究型、社会型和艺术型的得分存在极显著的文化水平差异（$p<0.01$）。

⑥相较于上肢和下肢残疾人，单纯的上肢或下肢残疾人更偏好于现实型和企业型职业活动，且在现实型和企业型维度存在显著的残疾部位差异（$p<0.05$）。

(二)广东省听力残疾人职业适应性状况

本项目测查广东省就业年龄段的听力残疾人有效样本共计1027人，样本详情见表2-5-32～表2-5-35。

表 2-5-32　广东省听力残疾人样本性别情况

地区	男		女		合计
	n	%	n	%	
深圳	30	44.1	38	55.9	68
江门	84	56.8	64	43.2	148
佛山	79	61.2	50	38.8	129
广州	370	54.3	312	45.7	682
总计	563	54.8	464	45.2	1027

表 2-5-33　广东省听力残疾人样本年龄段分布情况

地区	15-29 岁		30-39 岁		40-49 岁		50-59 岁		合计
	n	%	n	%	n	%	n	%	
深圳	33	48.5	29	42.6	6	8.8	0	0.0	68
江门	106	71.6	39	26.4	3	2.0	0	0.0	148
佛山	106	82.2	19	14.7	4	3.1	0	0.0	129
广州	438	64.2	112	16.4	104	15.2	28	4.1	682
总计	683	66.5	199	19.4	117	11.4	28	2.7	1027

表 2-5-34　广东省听力残疾人样本残疾等级分布情况

地区	四级		三级		二级		一级		合计
	n	%	n	%	n	%	n	%	
深圳	2	2.9	7	10.3	9	13.2	50	73.5	68
江门	5	3.4	22	14.9	48	32.4	73	49.3	148
佛山	4	3.1	12	9.3	25	19.4	88	68.2	129
广州	351	56.8	179	29.0	73	11.8	15	2.4	618
总计	362	37.6	220	22.8	155	16.1	226	23.5	963

注：残疾等级缺失样本64人。

表 2-5-35　广东省听力残疾人样本文化水平分布情况

地区	小学及以下		初中		高中/中专		大专及以上		合计
	n	%	n	%	n	%	n	%	
深圳	7	10.3	15	22.1	21	30.9	25	36.8	68
江门	18	12.2	93	62.8	28	18.9	9	6.1	148
佛山	12	9.3	51	39.5	56	43.4	10	7.8	129
广州	166	24.3	241	35.3	182	26.7	93	13.6	682
总计	203	19.8	400	38.9	287	27.9	137	13.3	1027

1. 广东省听力残疾人职业能力状况

（1）测试人群分布

本项目在广东省共选取了1027名听力残疾被试进行了职业能力测验（见表2-5-36）。

表 2-5-36　广东省听力残疾人有效样本分布表　　　　　　　　　　　　　　　　（单位：人）

年龄（岁）	性别		总计
	男	女	
15–29	371	312	683
30–39	107	92	199
40–49	63	54	117
50–59	22	6	28
总计	563	464	1027

（2）总体情况

被测试的广东省听力残疾人在职业能力文档测验部分各分测验的得分从高到低依次为：符号知觉>形状知觉>言语能力>数理能力>空间知觉。在不同年龄段的听力残疾人中，15–29岁年龄组在各分测验的得分最高（见表2-5-37）。

表 2-5-37　广东省听力残疾人职业能力文档测验的平均数和标准差

		n	言语能力		数理能力		空间知觉		符号知觉		形状知觉		文档计分	
			M	Std	M	Std	M	Std	M	Std	M	Std	M	Std
总体		1027	9.47	4.63	8.27	4.76	8.00	4.47	12.13	6.20	11.78	4.60	49.65	19.54
男性		563	9.23	4.42	8.54	4.64	8.33	4.47	12.05	6.21	11.99	4.33	50.15	18.88
女性		464	9.76	4.87	7.95	4.88	7.59	4.44	12.21	6.18	11.53	4.90	49.04	20.31
男（岁）	15–29	371	9.64	4.03	9.02	4.42	8.80	4.24	13.18	5.76	12.99	3.83	53.63	16.95
	30–39	107	9.48	4.49	8.73	4.62	7.76	4.66	11.07	6.01	11.31	4.15	48.34	18.40
	40–49	63	7.27	5.15	6.32	5.10	7.24	5.11	8.71	6.90	8.89	4.55	38.42	21.47
	50–59	22	6.85	5.95	5.82	4.49	6.27	4.33	7.49	6.54	7.36	4.76	33.80	21.84
女（岁）	15–29	312	10.46	4.23	8.56	4.53	8.04	4.11	13.37	5.71	12.54	4.39	52.98	17.39
	30–39	92	9.04	5.49	7.63	5.27	7.20	4.90	10.88	6.58	10.24	5.06	44.99	22.59
	40–49	54	7.72	5.96	5.67	5.32	6.15	5.11	8.92	5.80	8.67	5.34	37.12	23.23
	50–54	6	2.33	2.62	2.00	2.19	3.33	2.07	1.81	2.06	4.00	3.35	13.48	7.49

在手眼协调操作测验部分，男性组得分高于女性组，且30–39岁年龄组的听力残疾人得分最高。在职业能力测验的总分上，女性组得分高于男性组，且30–39岁年龄组的听力残疾人得分最高（见表2-5-38）。

表 2-5-38　广东省听力残疾人职业能力操作测验和总分

	n	手眼协调（网络测试）		职业能力总分（网络测试）	
		M	Std	M	Std
总体	345	15.55	6.94	66.06	19.35
男性	193	15.77	6.88	65.68	19.03
女性	152	15.27	7.03	66.55	19.80

(续表)

		N	手眼协调(网络测试)		职业能力总分(网络测试)	
			M	Std	M	Std
男(岁)	15-29	138	15.51	7.09	63.98	18.55
	30-39	46	16.55	6.36	70.10	19.09
	40-49	9	15.70	6.59	69.16	23.90
	50-59					
女(岁)	15-29	107	14.64	7.43	65.71	19.77
	30-39	41	17.43	4.61	68.96	19.67
	40-49	4	10.00	11.55	64.11	25.60
	50-54					

(3)广东省听力残疾人职业能力特征

1)性别差异比较分析

广东省听力残疾人职业能力各分测验得分的均值比较显示,男性在言语能力和符号知觉分测验的得分低于女性,而在数理能力、空间知觉、形状知觉分测验和手眼协调操作测验的得分高于女性(见图2-5-16)。

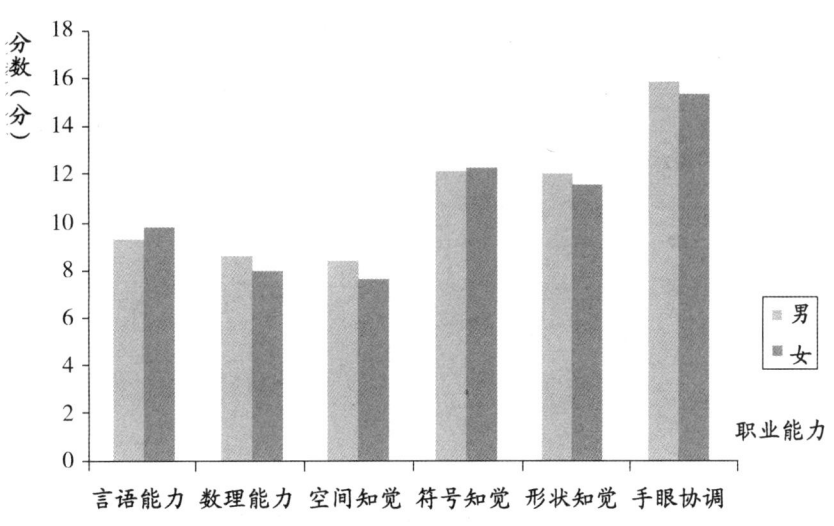

图2-5-16 广东省听力残疾人职业能力的性别比较

进一步差异性检验显示,广东省听力残疾人在空间知觉分测验的得分存在极显著的性别差异,在数理能力分测验的得分存在边缘显著的性别差异(见表2-5-39)。

表2-5-39 广东省听力残疾人职业能力的性别差异检验

	名称	性别	人数	平均数	标准差	t	p
职业能力文档测验	言语能力	男	563	9.23	4.42	-1.786	.074
		女	464	9.76	4.87		
	数理能力	男	563	8.54	4.64	1.960	.050
		女	464	7.95	4.88		

(续表)

名称		性别	人数	平均数	标准差	t	p
职业能力文档测验	空间知觉	男	563	8.33	4.47	2.630**	.009
		女	464	7.59	4.44		
	符号知觉	男	563	12.05	6.21	-.402	.688
		女	464	12.21	6.18		
	形状知觉	男	563	11.99	4.33	1.621	.105
		女	464	11.53	4.90		
	文档计分	男	563	50.15	18.88	.904	.366
		女	464	49.04	20.31		
职业能力操作测验	手眼协调	男	193	15.77	6.88	.655	343
		女	152	15.27	7.03		
职业能力总分		男	193	65.68	19.03	-.413	343
		女	152	66.55	19.80		

2）年龄差异比较分析

随着年龄的增长，广东省听力残疾人在职业能力文档测验各分测验的得分表现出逐渐降低的趋势，即15-29岁>30-39岁>40-49岁>50-59岁。手眼协调操作测验在30-39年龄组的得分最高（见图2-5-17）。

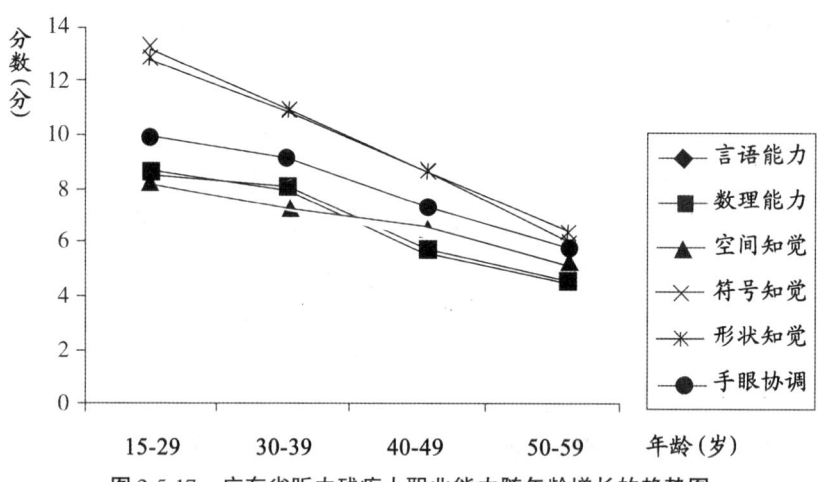

图2-5-17 广东省听力残疾人职业能力随年龄增长的趋势图

进一步差异性检验发现，广东省听力残疾人在职业能力文档测验各分测验的得分以及文档计分上均存在极显著的年龄差异。多重比较可以看出，在言语能力和空间知觉分测验，15-29岁年龄组的得分显著高于其他三组，且30-39岁年龄组的得分显著高于40岁之后两个年龄组；在数理能力分测验，40岁之前两个年龄组的得分显著高于40岁之后两个年龄组，40-49岁年龄组显著高于50-59岁年龄组；在符号知觉、形状知觉分测验及文档计分上，各组间均存在显著差异，即15-29岁>30-39岁>40-49岁>50-59岁（见表2-5-40）。

表 2-5-40 广东省听力残疾人职业能力的年龄差异检验

名称		年龄(岁)	人数	平均值	标准差	F	p	多重比较
职业能力文档测验	言语能力	15-29	683	10.01	4.14	16.829**	.000	1>2,1>3 1>4,2>3 2>4
		30-39	199	9.28	4.97			
		40-49	117	7.48	5.52			
		50-59	28	5.88	5.69			
	数理能力	15-29	683	8.81	4.47	16.827**	.000	1>3,1>4 2>3,2>4 3>4
		30-39	199	8.22	4.95			
		40-49	117	6.02	5.19			
		50-59	28	5.00	4.37			
	空间知觉	15-29	683	8.46	4.19	9.137**	.000	1>2,1>3 1>4,2>3 2>4
		30-39	199	7.50	4.77			
		40-49	117	6.74	5.12			
		50-59	28	5.64	4.11			
	符号知觉	15-29	683	13.27	5.73	32.204**	.000	1>2,1>3 1>4,2>3 2>4,3>4
		30-39	199	10.98	6.26			
		40-49	117	8.80	6.39			
		50-59	28	6.28	6.30			
	形状知觉	15-29	683	12.79	4.10	47.749**	.000	1>2,1>3 1>4,2>3 2>4,3>4
		30-39	199	10.81	4.61			
		40-49	117	8.79	4.91			
		50-59	28	6.64	4.65			
	文档计分	15-29	683	53.33	17.15	37.402**	.000	1>2,1>3 1>4,2>3 2>4,3>4
		30-39	199	46.79	20.46			
		40-49	117	37.82	22.21			
		50-59	28	29.44	21.29			
职业能力操作测验	手眼协调	15-29	245	15.13	7.24	2.631	.073	
		30-39	87	16.97	5.59			
		40-49	13	13.95	8.36			
职业能力总分		15-29	245	64.74	19.07	2.051	.130	
		30-39	87	69.56	19.26			
		40-49	13	67.61	23.47			

注:1 表示 15-29 岁年龄组的听力残疾人,2 表示 30-39 岁年龄组的听力残疾人,3 表示 40-49 岁年龄组的听力残疾人,4 表示 50-59 岁年龄组的听力残疾人。

3)残疾等级比较分析

随着广东省听力残疾人残疾程度的加重,数理能力、空间知觉和形状知觉分测验的得分呈现水平波动;符号知觉分测验的得分随着残疾程度的加重而逐渐降低,即四级>三级>二级>一级;三级听力残疾人的言语能力分测验得分最高;一级和二级听力残疾人手眼协调操作测验的得分低于三级和四级听力残疾人(见图 2-5-18)。

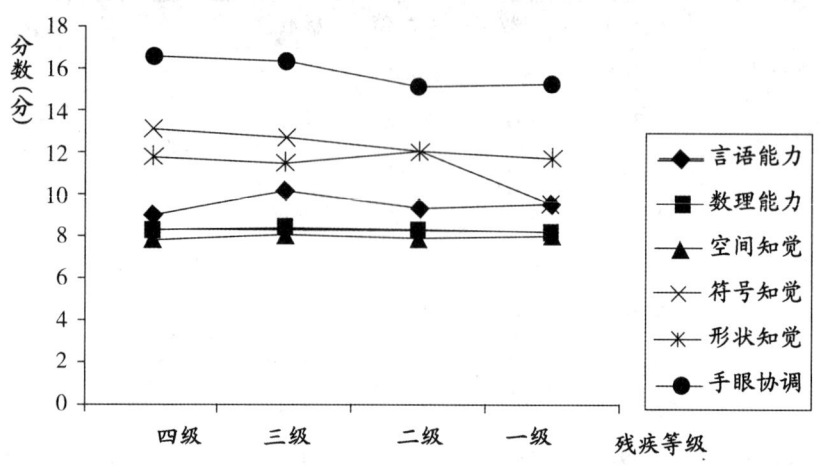

图 2-5-18　广东省听力残疾人职业能力随残疾等级变化趋势图

进一步差异性检验发现,广东省听力残疾人在言语能力分测验的得分存在显著的残疾等级差异,在符号知觉分测验的得分以及职业能力总分存在极显著的残疾等级差异。多重比较发现,在言语能力分测验,三级听力残疾人的得分显著高于四级听力残疾人;符号知觉分测验,一级听力残疾人的得分显著低于其他三组;在职业能力总分上,三级和四级听力残疾人的得分显著高于一级和二级残疾人,说明三、四级听力残疾人的总体职业能力水平比一、二级听力残疾人高(见表 2-5-41)。

表 2-5-41　广东省听力残疾人职业能力的残疾等级差异检验

名称		残疾等级	人数	平均值	标准差	F	p	多重比较
职业能力文档测验	言语能力	四级	362	9.13	4.56	2.846*	.037	2>1
		三级	220	10.26	5.06			
		二级	155	9.42	4.77			
		一级	226	9.64	4.13			
	数理能力	四级	362	8.38	4.97	.082	.970	
		三级	220	8.49	4.83			
		二级	155	8.37	4.96			
		一级	226	8.27	4.37			
	空间知觉	四级	362	7.96	4.56	.163	.921	
		三级	220	8.17	4.82			
		二级	155	7.99	4.21			
		一级	226	8.17	4.12			
	符号知觉	四级	362	13.21	5.77	17.556**	.000	1>4,2>4 3>4
		三级	220	12.80	6.11			
		二级	155	12.15	6.17			
		一级	226	9.64	6.31			

(续表)

名称		残疾等级	人数	平均值	标准差	F	p	多重比较
职业能力文档测验	形状知觉	四级	362	11.92	4.76	.320	.811	
		三级	220	11.64	4.65			
		二级	155	12.08	4.57			
		一级	226	11.82	4.14			
	文档计分	四级	362	50.60	20.01	1.686	.168	
		三级	220	51.36	21.08			
		二级	155	50.01	19.40			
		一级	226	47.53	16.63			
职业能力操作测验	手眼协调	四级	11	16.73	6.15	0.402	0.752	
		三级	41	16.46	5.53			
		二级	82	15.30	6.83			
		一级	211	15.41	7.28			
	职业能力总分	四级	11	78.65	17.46	5.358**	0.001	1>3,1>4 2>3,2>4
		三级	41	74.63	20.86			
		二级	82	65.79	18.76			
		一级	211	63.85	18.78			

注:1表示四级听力残疾人组,2表示三级听力残疾人组,3表示二级听力残疾人组,4表示一级听力残疾人组。

4)文化水平比较分析

总体来讲,广东省听力残疾人职业能力文档测验各分测验的得分从高到低依次为:大专及以上组>高中/中专组>初中组>小学及以下组,也就是说这些能力随着文化水平的升高而上升趋势。手眼协调操作测验的得分大体上随着文化水平的升高而呈现上升趋势,但初中组得分略高于高中/中专组(见图2-5-19)。

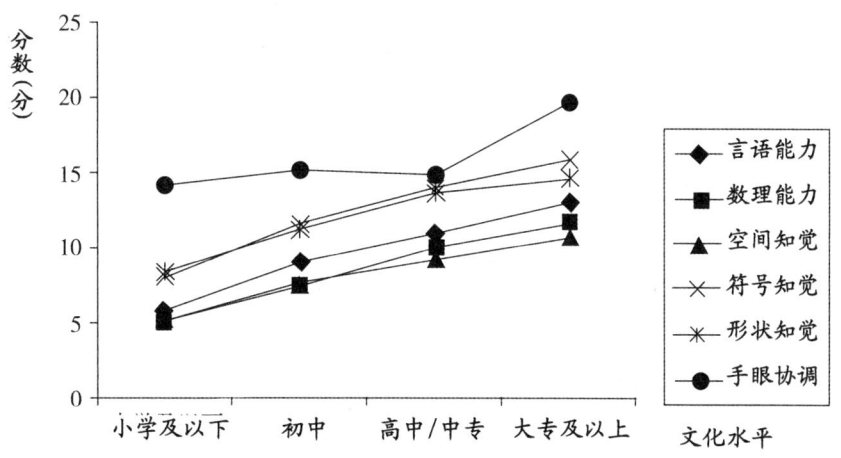

图2-5-19 广东省听力残疾人职业能力随文化水平变化趋势图

进一步差异性检验显示,广东省听力残疾人文档测验各分测验的得分、手眼协调操作测验以及总分均存在极显著的文化水平差异。多重比较可以看出,在言语能力、数理能力、空间知觉、符号知觉和形状知觉分测验以及文档计分,各组间均存在显著差异。在手眼协调操作测验,大专及以上组的得分显著高于其他三组。在职业能力总分,大专及以上组的得分显著高于其他三组,且高中/中专组的得分显著高于小学及以下组和初中组(见表2-5-42)。

表2-5-42 广东省听力残疾人职业能力的文化水平差异检验

名称		文化水平	人数	平均值	标准差	F	p	多重比较
职业能力文档测验	言语能力	小学及以下	203	5.79	3.96	104.308**	.000	4>1,4>2 4>3,3>1 3>2,2>1
		初中	400	9.08	4.24			
		高中/中专	287	10.89	3.93			
		大专及以上	137	13.07	3.92			
	数理能力	小学及以下	203	5.21	3.80	83.074**	.000	4>1,4>2 4>3,3>1 3>2,2>1
		初中	400	7.46	4.27			
		高中/中专	287	9.97	4.35			
		大专及以上	137	11.64	4.75			
	空间知觉	小学及以下	203	5.49	3.60	56.324**	.000	4>1,4>2 4>3,3>1 3>2,2>1
		初中	400	7.42	3.98			
		高中/中专	287	9.27	4.35			
		大专及以上	137	10.74	4.91			
	符号知觉	小学及以下	203	8.11	6.08	63.791**	.000	4>1,4>2 4>3,3>1 3>2,2>1
		初中	400	11.61	6.10			
		高中/中专	287	13.87	5.56			
		大专及以上	137	15.91	3.85			
	形状知觉	小学及以下	203	8.38	4.93	90.698**	.000	4>1,4>2 4>3,3>1 3>2,2>1
		初中	400	11.21	4.26			
		高中	287	13.62	3.59			
		大专及以上	137	14.64	3.11			
	文档计分	小学及以下	203	32.99	17.20	140.862**	.000	4>1,4>2 4>3,3>1 3>2,2>1
		初中	400	46.78	16.65			
		高中/中专	287	57.62	16.34			
		大专及以上	137	66.00	14.94			
职业能力操作测验	手眼协调	小学及以下	37	14.20	7.55	6.507**	.000	4>1,4>2 4>3
		初中	159	15.16	6.92			
		高中/中专	105	14.87	7.60			
		大专及以上	44	19.70	0.95			
职业能力总分		小学及以下	37	56.23	16.57	27.065**	.000	4>1,4>2 4>3,3>1 3>2
		初中	159	62.13	17.78			
		高中/中专	105	66.85	18.03			
		大专及以上	44	86.66	15.55			

注:1表示小学及以下听力残疾人组,2表示初中听力残疾人组,3表示高中/中专听力残疾人组,4表示大专及以上听力残疾人组。

5)交流方式比较分析

广东省听力残疾人职业能力测验的均数比较显示,在职业能力文档测验的各分测验上,采用口语和口语&手语为主要交流方式的听力残疾人的得分高于主要使用手语或其他交流方式的听力残疾人,在手眼协调操作测验上,口语组的听力残疾人得分最高(见图2-5-20)。

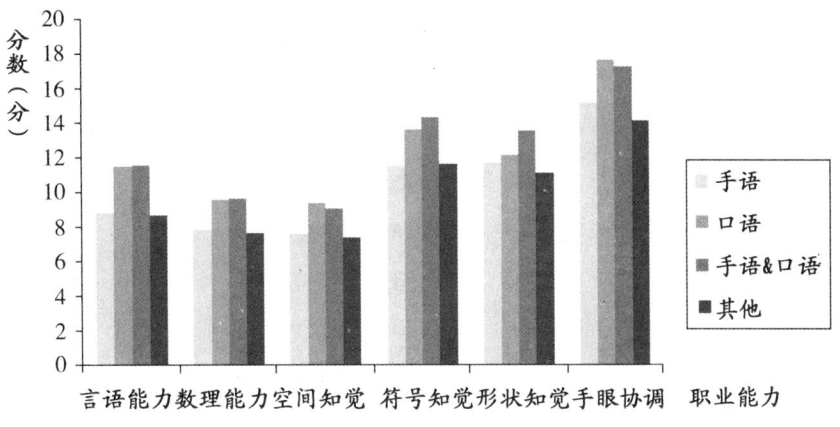

图2-5-20 广东省不同交流方式的听力残疾人职业能力的比较

进一步差异性检验发现,使用不同交流方式的广东省听力残疾人在职业能力的手眼协调操作测验得分存在显著差异,在职业能力文档测验各分测验得分和职业能力总分上存在极显著差异。多重比较发现,在言语能力、数理能力、空间知觉、符号知觉分测验和文档计分上,口语组和手语&口语组的得分显著高于手语组和其他交流方式组。在形状知觉分测验,手语&口语组的得分显著高于其他三组,且口语组的得分显著高于其他组。在手眼协调操作测验上,口语组的得分显著高于手语组和其他交流方式组。在职业能力测验总分,口语组的得分显著高于其他三组(见表2-5-43)。

表2-5-43 广东省不同交流方式听力残疾人职业能力的差异检验

名称		交流方式	人数	平均值	标准差	F	p	多重比较
职业能力文档测验	言语能力	手语	527	8.84	4.05	23.980**	.000	2>1,3>1 2>4,3>4
		口语	179	11.55	5.36			
		手语&口语	69	11.61	4.79			
		其他	252	8.71	4.59			
	数理能力	手语	527	7.91	4.47	9.088**	.000	2>1,3>1 2>4,3>4
		口语	179	9.60	5.24			
		手语&口语	69	9.68	5.07			
		其他	252	7.70	4.66			
	空间知觉	手语	527	7.61	4.15	10.590**	.000	2>1,3>1 2>4,3>
		口语	179	9.45	4.82			
		手语&口语	69	9.13	5.18			
		其他	252	7.46	4.42			
	符号知觉	手语	527	11.52	6.12	8.902**	.000	2>1,3>1 2>4,3>4
		口语	179	13.66	5.94			
		手语&口语	69	14.34	5.65			
		其他	252	11.69	6.38			

(续表)

名称		交流方式	人数	平均值	标准差	F	p	多重比较
职业能力文档测验	形状知觉	手语	527	11.70	4.45	5.642**	.001	3>1,3>2 3>4,2>4
		口语	179	12.18	4.30			
		手语&口语	69	13.59	4.86			
		其他	252	11.17	4.90			
	文档计分	手语	527	47.59	17.66	16.318**	.000	2>1,2>4 3>1,3>4
		口语	179	56.45	21.11			
		手语&口语	69	58.36	20.70			
		其他	252	46.73	20.07			
职业能力操作测验	手眼协调	手语	218	15.19	6.93	3.086*	.027	2>1,2>4
		口语	56	17.67	5.51			
		手语&口语	18	17.33	5.27			
		其他	53	14.16	8.26			
职业能力总分		手语	218	62.63	17.09	13.407**	.000	2>1,2>3 2>4
		口语	56	79.89	21.01			
		手语&口语	18	69.20	17.84			
		其他	53	64.49	20.61			

注:1 表示主要使用手语的听力残疾人组,2 表示主要使用口语的听力残疾人组,3 表示使用手语&口语的听力残疾人组,4 表示使用其他交流方式的听力残疾人组。

(4)结论

①广东省听力残疾人在职业能力文档测验部分各分测验的得分从高到低依次为:符号知觉>形状知觉>言语能力>数理能力>空间知觉。

②男性在数理能力和空间知觉分测验的得分高于女性,且二者在空间知觉分测验的得分存在极显著的性别差异($p<0.01$),在数理能力分测验的得分存在边缘显著的性别差异($p=0.05$)。

③广东省听力残疾人在职业能力文档测验各分测验的得分表现出随着年龄的增长逐渐降低的趋势,且存在极显著的年龄差异($p<0.01$)。

④三级听力残疾人在言语能力分测验的得分显著高于四级听力残疾人($p<0.05$);一级听力残疾人在符号知觉分测验的得分显著低于其他三个残疾等级的听力残疾人($p<0.05$);三、四级听力残疾人的总体职业能力比一、二级听力残疾人高。

⑤广东省听力残疾人职业能力文档测验各分测验的得分随着文化水平的升高而呈现上升趋势,在手眼协调操作测验的得分大体上随着文化水平的升高而呈现上升趋势,但初中组得分略高于高中/中专组;且在职业能力各分测验及总分上存在极显著的文化水平差异($p<0.01$)。

⑥采用口语和口语&手语为主要交流方式的听力残疾人在职业能力文档测验的各分测验上的得分高于主要使用手语或其他交流方式的听力残疾人,口语组的听力残疾人在手眼协调操作测验上的得分最高;且不同交流方式的听力残疾人在职业能力的手眼协调操作测验的得分存在显著差异($p<0.05$),在职业能力文档测验各分测验的得分和职业能力总分上存在极显著的差异($p<0.01$)。

2.广东省听力残疾人职业人格状况

(1)测试人群分布

本项目在广东省共选取了989名听力残疾人进行了职业人格测验(见表2-5-44)。

表 2-5-44　广东省听力残疾人职业人格测验有效样本分布表　　　　　（单位：人）

年龄(岁)	性别		总计
	男	女	
15-29	369	308	677
30-39	103	84	187
40-49	55	48	103
50-59	20	2	22
总计	547	442	989

(2) 总体情况

广东省听力残疾人职业人格测验各维度的得分从高到低依次为：责任心>管理能力>自信心>严谨性>坚持性>交际能力>抗挫折能力>情绪稳定性，说明听力残疾人在责任心和管理能力上的人格特征更明显。在不同年龄段的男性听力残疾人中，15-29岁年龄组在交际能力上的得分高于其他三组；30-39岁年龄组在抗挫折能力上的表现优于其他年龄组；40-49岁年龄组在严谨性、自信心、责任心和管理能力上的得分高于其他三组；50-59岁年龄组在坚持性和情绪稳定性上的得分高于其他三组。在不同年龄段的女性听力残疾人中，15-29岁年龄组在交际能力和抗挫折能力上的得分高于其他组；30-39岁年龄组在坚持性和情绪稳定性上的得分高于其他三组；在严谨性和自信心上，30-39岁和50-54岁年龄组的得分较高；在责任心上，40-49岁年龄组得分较低；在管理能力上，15-29岁年龄组得分较低（见表2-5-45）。

表 2-5-45　广东省听力残疾人职业人格测验的平均数和标准差

		n	坚持性		严谨性		情绪稳定性		自信心	
			M	Std	M	Std	M	Std	M	Std
总体		989	7.62	2.28	8.19	1.88	6.10	2.74	8.23	2.10
男性		547	7.58	2.27	8.20	1.87	6.27	2.63	8.32	2.14
女性		442	7.68	2.31	8.18	1.90	5.88	2.85	8.13	2.05
男(岁)	15-29	369	7.46	2.15	8.13	1.73	6.12	2.53	8.29	2.02
	30-39	103	7.86	2.36	8.36	1.88	6.69	2.56	8.51	2.40
	40-49	55	7.47	2.58	8.38	2.35	6.02	3.15	8.64	2.19
	50-59	20	8.55	2.84	8.15	2.80	7.65	2.85	6.95	2.39
女(岁)	15-29	308	7.76	2.21	8.18	1.77	5.87	2.75	8.06	2.02
	30-39	84	7.85	2.58	8.31	2.17	6.08	2.94	8.51	2.11
	40-49	48	7.04	2.32	7.96	2.21	5.73	3.31	7.88	2.10
	50-54	2	4.50	0.71	8.50	0.71	2.00	0.00	9.00	0.00

表 2-5-45　听力残疾人职业人格测验的平均数和标准差（续）

	n	责任心		交际能力		管理能力		抗挫折能力	
		M	Std	M	Std	M	Std	M	Std
总体	989	8.72	1.97	7.51	2.02	8.45	2.33	7.20	2.42
男性	547	8.61	1.99	7.42	1.96	8.50	2.36	7.21	2.34

(续表)

		n	责任心		交际能力		管理能力		抗挫折能力	
			M	Std	M	Std	M	Std	M	Std
	女性	442	8.84	1.94	7.64	2.08	8.38	2.30	7.18	2.51
男（岁）	15-29	369	8.51	1.93	7.47	1.90	8.33	2.23	7.21	2.35
	30-39	103	8.77	1.97	7.36	1.98	8.94	2.24	7.33	2.13
	40-49	55	9.04	2.04	7.24	2.05	9.22	2.32	7.00	2.64
	50-59	20	8.55	2.91	7.25	2.53	7.60	4.07	7.10	2.43
女（岁）	15-29	308	8.87	1.86	7.81	1.96	8.33	2.14	7.32	2.46
	30-39	84	8.86	2.03	7.58	2.17	8.44	2.47	7.21	2.70
	40-49	48	8.65	2.32	6.60	2.42	8.44	2.87	6.40	2.39
	50-54	2	9.00	1.41	7.00	2.83	11.50	0.71	3.50	0.71

（3）广东省听力残疾人职业人格特征

1）性别差异比较分析

广东省听力残疾人职业人格各维度得分的均值比较显示，男性听力残疾人在严谨性、情绪稳定性、自信心、管理能力和抗挫折能力维度的得分高于女性，在坚持性、责任心和交际能力维度的得分低于女性（见图2-5-21）。

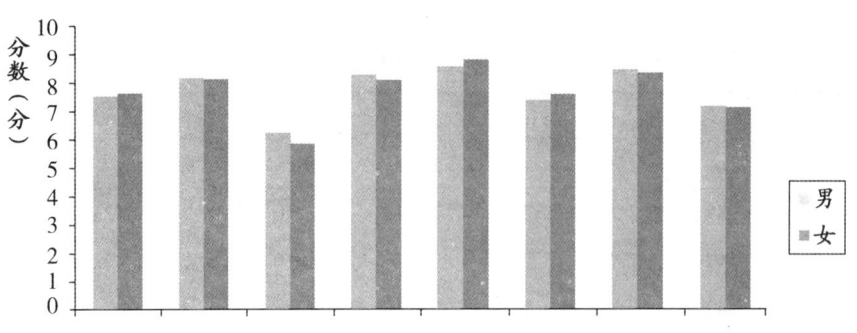

图2-5-21 广东省听力残疾人职业人格特征的性别比较

进一步差异性检验发现，广东省听力残疾人在职业人格的情绪稳定性维度的得分不存在显著的性别差异（见表2-5-46）。

表2-5-46 广东省听力残疾人职业人格特征的性别差异检验

	名称	性别	人数	平均值	标准差	t	p
职业人格	坚持性	男	547	7.58	2.27	-.694	.488
		女	442	7.68	2.31		
	严谨性	男	547	8.20	1.87	.170	.865
		女	442	8.18	1.90		
	情绪稳定性	男	547	6.27	2.63	2.236*	.026
		女	442	5.88	2.85		
	自信心	男	547	8.32	2.14	1.411	.159
		女	442	8.13	2.05		

(续表)

名称		性别	人数	平均值	标准差	t	p
职业人格	责任心	男	547	8.61	1.99	-1.804	.072
		女	442	8.84	1.94		
	交际能力	男	547	7.42	1.96	-1.700	.089
		女	442	7.64	2.08		
	管理能力	男	547	8.50	2.36	.851	.395
		女	442	8.38	2.30		
	抗挫折能力	男	547	7.21	2.34	.177	.859
		女	442	7.18	2.51		

2) 年龄差异比较分析

随着年龄的增长,广东省听力残疾人在坚持性和情绪稳定性维度的得分呈现升-降-升的趋势,即 30-39 岁年龄组和 50-59 岁年龄组的得分较高,而 15-29 岁和 40-49 岁年龄组的得分较低;在严谨性和责任心维度的得分随年龄增长而呈水平波动;在自信心维度,50 岁之前年龄组的得分水平波动,但在 50 岁之后得分急速降低;在交际能力和抗挫折能力维度上,40 岁之后的两组得分低于 40 岁之前的两组;而在管理能力维度的得分,在 50 岁之前随着年龄的增长而增加,50 岁之后得分急速下降(见图 2-5-22)。

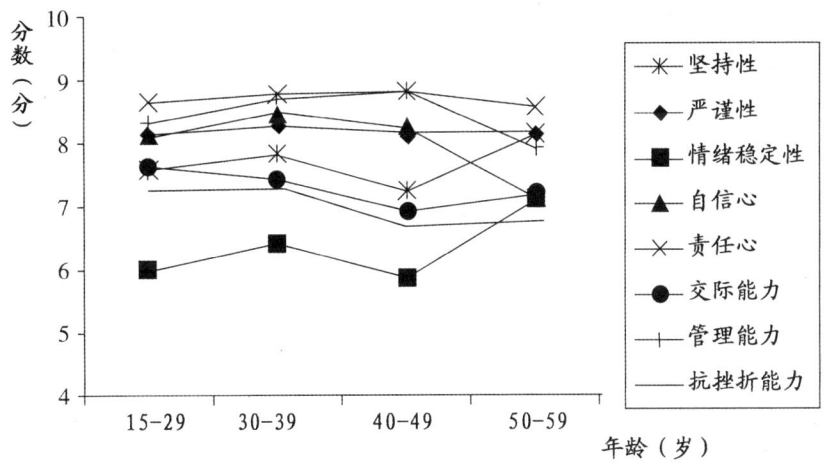

图 2-5-22 广东省听力残疾人职业人格特征随年龄变化趋势图

进一步差异性检验发现,广东省听力残疾人在自信心、交际能力和管理能力维度的得分存在显著的年龄差异。多重比较可以看出,在自信心维度,50-59 岁年龄组的得分显著低于其他三组;在交际能力维度,40 岁之前年龄组的得分显著高于 40-49 岁年龄组;在管理能力维度,30-39 岁和 40-49 岁两个年龄组的得分显著高于 15-29 岁年龄组(见表 2-5-47)。

表 2-5-47 广东省听力残疾人职业人格特征的年龄差异检验

名称		年龄(岁)	人数	平均值	标准差	F	p	多重比较
职业人格	坚持性	15-29	677	7.60	2.18	1.931	.123	
		30-39	187	7.86	2.45			
		40-49	103	7.27	2.46			
		50-59	22	8.18	2.95			

(续表)

名称		年龄(岁)	人数	平均值	标准差	F	p	多重比较
职业人格	严谨性	15-29	677	8.15	1.75	.478	.698	
		30-39	187	8.34	2.01			
		40-49	103	8.18	2.28			
		50-59	22	8.18	2.67			
	情绪稳定性	15-29	677	6.01	2.63	2.380	.068	
		30-39	187	6.42	2.75			
		40-49	103	5.88	3.21			
		50-59	22	7.14	3.18			
	自信心	15-29	677	8.18	2.02	3.281*	.020	1>4,2>4 3>4
		30-39	187	8.51	2.27			
		40-49	103	8.28	2.17			
		50-59	22	7.14	2.36			
	责任心	15-29	677	8.67	1.91	.436	.727	
		30-39	187	8.81	1.99			
		40-49	103	8.85	2.17			
		50-59	22	8.59	2.79			
	交际能力	15-29	677	7.63	1.94	3.692*	.012	1>3,2>3
		30-39	187	7.46	2.06			
		40-49	103	6.94	2.24			
		50-59	22	7.23	2.49			
	管理能力	15-29	677	8.33	2.19	2.818*	.038	3>1,2>1
		30-39	187	8.72	2.36			
		40-49	103	8.85	2.61			
		50-59	22	7.95	4.04			
	抗挫折能力	15-29	677	7.26	2.40	1.798	.146	
		30-39	187	7.28	2.40			
		40-49	103	6.72	2.53			
		50-59	22	6.77	2.54			

注:1 表示15-29岁年龄组的听力残疾人,2 表示30-39岁年龄组的听力残疾人,3 表示40-49岁年龄组的听力残疾人,4 表示50-59岁年龄组的听力残疾人。

3)残疾等级比较分析

随残疾程度的加重,广东省听力残疾人在坚持性、情绪稳定性、管理能力和抗挫折能力维度的得分逐渐减少,在严谨性、交际能力、责任心维度的得分随残疾等级的变化水平波动;在自信心维度,一级和二级听力残疾人的得分高于三级和四级听力残疾人(见图2-5-23)。

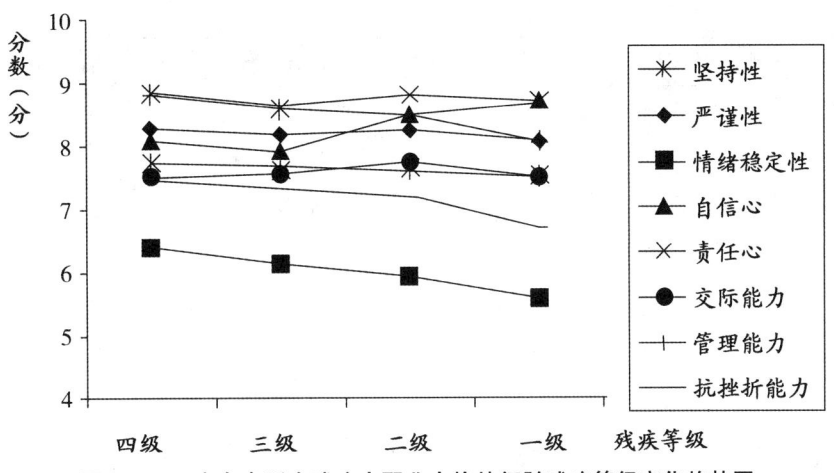

图 2-5-23 广东省听力残疾人职业人格特征随残疾等级变化趋势图

进一步差异性检验发现,广东省听力残疾人在情绪稳定性、自信心、管理能力和抗挫折能力维度的得分存在极显著的残疾等级差异。多重比较发现,在情绪稳定性、管理能力和抗挫折能力维度,三级和四级听力残疾人的得分显著高于一级听力残疾人;在自信心维度,一级和二级听力残疾者的得分显著高于三级和四级听力残疾人(见表2-5-48)。

表 2-5-48 广东省听力残疾人职业人格特征的残疾等级差异检验

名称		残疾等级	人数	平均值	标准差	F	p	多重比较
职业人格	坚持性	四级	346	7.75	2.17	.426	.734	
		三级	208	7.66	2.45			
		二级	151	7.63	2.49			
		一级	223	7.53	2.14			
	严谨性	四级	346	8.29	1.90	.626	.598	
		三级	208	8.20	2.06			
		二级	151	8.28	1.83			
		一级	223	8.08	1.75			
	情绪稳定性	四级	346	6.41	2.88	4.484**	.004	1>4,2>4
		三级	208	6.13	3.03			
		二级	151	5.93	2.55			
		一级	223	5.57	2.20			
	自信心	四级	346	8.09	2.00	7.078**	.000	4>1,4>2 3>1,3>2
		三级	208	7.92	2.20			
		二级	151	8.52	2.01			
		一级	223	8.72	2.11			
	责任心	四级	346	8.86	1.91	.765	.514	
		三级	208	8.62	2.25			
		二级	151	8.83	1.95			
		一级	223	8.73	1.74			

(续表)

名称		残疾等级	人数	平均值	标准差	F	p	多重比较
职业人格	交际能力	四级	346	7.53	2.00	.522	.668	
		三级	208	7.58	2.23			
		二级	151	7.75	1.94			
		一级	223	7.52	1.68			
	管理能力	四级	346	8.81	2.53	5.130**	.002	1>4,2>4
		三级	208	8.61	2.44			
		二级	151	8.47	2.06			
		一级	223	8.06	1.64			
	抗挫折能力	四级	346	7.44	2.25	4.220**	.006	1>4,2>4
		三级	208	7.30	2.66			
		二级	151	7.17	2.44			
		一级	223	6.72	2.39			

注:1表示四级听力残疾人组,2表示三级听力残疾人组,3表示二级听力残疾人组,4表示一级听力残疾人组。

4)文化水平比较分析

随着文化水平的提高,广东省听力残疾人在坚持性、严谨性、责任心、交际能力、管理能力和抗挫折能力维度的得分逐渐上升;在情绪稳定性维度的得分呈现先降后升的变化特点,在初中组的得分最低,在大专及以上组的得分最高;在自信心维度的得分大体上呈现随着文化水平的提高而上升的趋势,但初中组的得分略高于高中/中专组(见图2-5-24)。

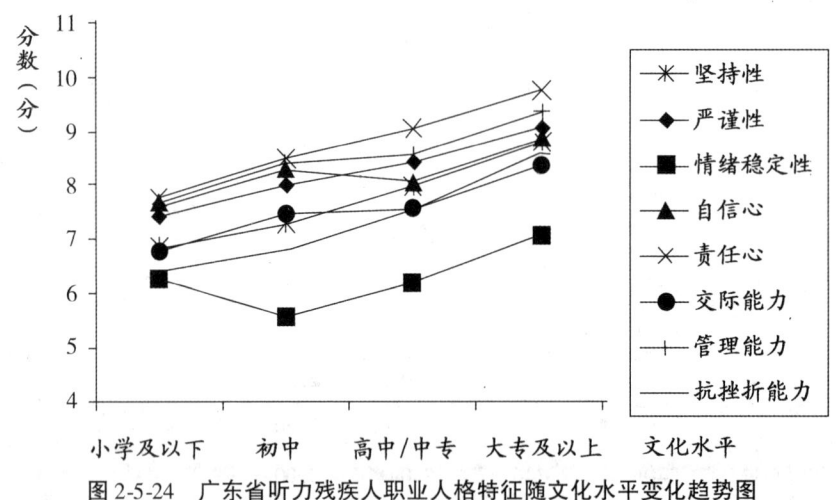

图2-5-24 广东省听力残疾人职业人格特征随文化水平变化趋势图

进一步差异性检验显示,不同文化水平的听力残疾人在职业人格各维度均存在极显著差异。多重比较可以看出,在坚持性、严谨性、责任心和抗挫折能力维度,各组间均存在显著差异,即大专及以上组>高中/中专组>初中组>小学及以下组,说明,随着文化水平的提升,听力残疾人的人格特征表现更明显;在情绪稳定性维度,大专及以上组的得分显著高于其他三组,且高中/中专组的得分显著高于初中组和小学及以下组;在自信心、交际能力和管理能力维度,大专及以上组的听力残疾人得分显著高于其他三组,且初中组和高中/中专组的得分显著高于小学及以下组(见表2-5-49)。

表 2-5-49　广东省听力残疾人职业人格特征的文化水平差异检验

名称		文化水平	人数	平均值	标准差	F	p	多重比较
职业人格	坚持性	小学及以下	178	6.88	1.92			
		初中	392	7.29	2.24	26.076**	.000	4>1,4>2 4>3,3>1 3>2,2>1
		高中/中专	283	7.99	2.30			
		大专及以上	136	8.83	2.22			
	严谨性	小学及以下	178	7.47	1.88			
		初中	392	8.02	1.82	23.018**	.000	4>1,4>2 4>3,3>1 3>2,2>1
		高中/中专	283	8.46	1.90			
		大专及以上	136	9.07	1.58			
	情绪稳定性	小学及以下	178	6.28	2.89			
		初中	392	5.58	2.64	11.604**	.000	4>1,4>2 4>3,3>2 3>1
		高中/中专	283	6.21	2.61			
		大专及以上	136	7.10	2.75			
	自信心	小学及以下	178	7.73	2.26			
		初中	392	8.35	1.97	9.243**	.000	4>1,4>2 4>3,3>1 2>1
		高中/中专	283	8.06	2.14			
		大专及以上	136	8.90	1.98			
	责任心	小学及以下	178	7.77	1.98			
		初中	392	8.52	1.90	34.542**	.000	4>1,4>2 4>3,3>1 3>2,2>1
		高中/中专	283	9.08	1.91			
		大专及以上	136	9.78	1.58			
	交际能力	小学及以下	178	6.79	2.01			
		初中	392	7.47	1.89	17.654**	.000	4>1,4>2 4>3,3>1 2>1
		高中/中专	283	7.60	2.06			
		大专及以上	136	8.40	1.92			
	管理能力	小学及以下	178	7.60	2.95			
		初中	392	8.43	2.15	15.734**	.000	4>1,4>2 4>3,3>1 2>1
		高中/中专	283	8.57	2.16			
		大专及以上	136	9.36	1.84			
	抗挫折能力	小学及以下	178	6.43	2.21			
		初中	392	6.83	2.44	27.351**	.000	4>1,4>2 4>3,3>1 3>2,2>1
		高中/中专	283	7.53	2.35			
		大专及以上	136	8.57	2.05			

注:1 表示小学及以下听力残疾人组,2 表示初中听力残疾人组,3 表示高中/中专听力残疾人组,4 表示大专及以上听力残疾人组。

5) 交流方式比较分析

总体来讲,在坚持性、严谨性、情绪稳定性和责任心维度,广东省听力残疾人的得分基本遵循如下规律:口语组>手语 & 口语组>其他组>手语组。在自信心维度,手语 & 口语组的得分最高,其他交流方式组的得分最低。在交际能力和抗挫折能力维度,口语组的得分最低,手语组的得分最高。在管理能力维度,手语&口语组得分最高,其他交流方式组次之,而手语组得分最低(见图2-5-25)。

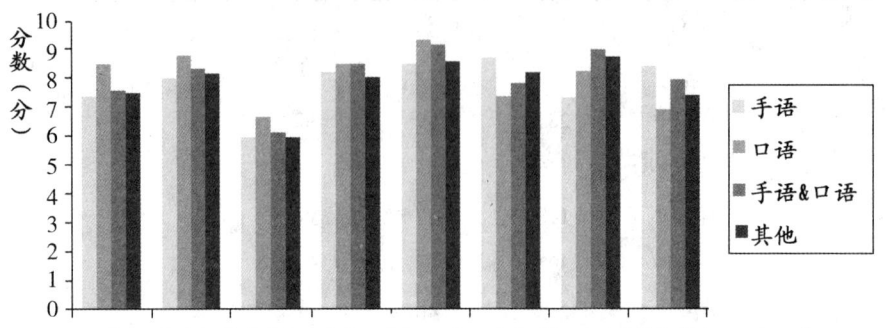

图 2-5-25 广东省不同交流方式听力残疾人职业人格特征的比较

进一步差异性检验显示,使用不同交流方式的广东省听力残疾人情绪稳定性维度得分存在显著差异,坚持性、严谨性、责任心、交际能力、管理能力和抗挫折能力维度得分存在极显著差异。多重比较发现,在坚持性维度,口语组的得分显著高于其他三组;在严谨性、情绪稳定性、管理能力和抗挫折能力维度,口语组的得分显著高于手语组和其他交流方式组;在责任心和交际能力维度,口语组和手语&口语组的得分显著高于手语组和其他交流方式组(见表2-5-50)。

表 2-5-50 广东省不同交流方式听力残疾人职业人格特征的差异检验

名称		交流方式	人数	平均值	标准差	F	p	多重比较
职业人格	坚持性	手语	511	7.39	2.03			
		口语	174	8.48	2.60	10.337**	.000	2>1,2>3
		手语&口语	68	7.60	2.47			2>4
		其他	236	7.51	2.37			
	严谨性	手语	511	7.98	1.75			
		口语	174	8.79	2.08	8.416**	.000	2>1,2>4
		手语&口语	68	8.35	1.79			
		其他	236	8.15	1.95			
	情绪稳定性	手语	511	5.96	2.59			
		口语	174	6.66	2.85	3.039*	.028	2>1,2>4
		手语&口语	68	6.13	2.81			
		其他	236	5.97	2.89			
	自信心	手语	511	8.21	2.01			
		口语	174	8.48	2.15	1.987	.114	2>4
		手语&口语	68	8.50	2.39			
		其他	236	8.03	2.15			
	责任心	手语	511	8.51	1.84			
		口语	174	9.32	2.12	8.773**	.000	2>1,2>4
		手语&口语	68	9.15	1.99			3>1,3>4
		其他	236	8.58	2.05			

(续表)

名称		交流方式	人数	平均值	标准差	F	p	多重比较
职业人格	交际能力	手语	989	8.72	1.97	5.525**	.001	2>1,2>4 3>1,3>4
		口语	511	7.39	1.85			
		手语&口语	174	7.84	2.37			
		其他	68	8.21	1.94			
	管理能力	手语	236	7.34	2.04	4.931**	.002	2>1,2>4
		口语	511	8.24	2.24			
		手语&口语	174	8.99	2.44			
		其他	68	8.75	2.46			
	抗挫折能力	手语	236	8.41	2.34	8.422**	.000	2>1,2>4
		口语	511	6.92	2.35			
		手语&口语	174	7.97	2.44			
		其他	68	7.40	2.42			

注:1表示主要使用手语的听力残疾人组,2表示主要使用口语的听力残疾人组,3表示使用手语&口语的听力残疾人组,4表示使用其他交流方式的听力残疾人组。

(4)结论

①广东省听力残疾人职业人格测验各维度的得分从高到低依次为:责任心>管理能力>自信心>严谨性>坚持性>交际能力>抗挫折能力>情绪稳定性。

②广东省听力残疾人在职业人格的情绪稳定性维度的得分不存在显著的性别差异。

③50-59岁年龄组的听力残疾人在自信心维度的得分显著低于其他三个年龄段($p<0.05$);40岁之前的听力残疾人在交际能力维度的得分显著高于40-49岁年龄组($p<0.05$);30-39岁和40-49岁两个年龄组的听力残疾人在管理能力维度的得分显著高于15-29岁年龄组($p<0.05$)。

④广东省听力残疾人在情绪稳定性、管理能力和抗挫折能力维度的得分随残疾程度的加重逐渐减少;在自信心维度,一级和二级听力残疾人的得分高于三级和四级听力残疾人;且在情绪稳定性、自信心、管理能力和抗挫折能力维度的得分存在极显著的残疾等级差异($p<0.01$)。

⑤广东省听力残疾人在坚持性、严谨性、责任心、交际能力、管理能力和抗挫折能力维度的得分随着文化水平的提高逐渐上升;在情绪稳定性维度的得分呈现先降后升的变化特点,在初中组的得分最低,在大专及以上组的得分最高;在自信心维度的得分大体上呈现随着文化水平的提高而上升的趋势,但初中组的得分略高于高中/中专组。且不同文化水平的听力残疾人在职业人格各维度均存在极显著差异($p<0.01$)。

⑥使用口语为主要交流方式的听力残疾人在坚持性维度的得分显著高于其他三组($p<0.05$);口语组在严谨性、情绪稳定性、管理能力和抗挫折能力维度的得分显著高于手语组和其他交流方式组($p<0.05$);口语组和手语&口语组在责任心和交际能力维度的得分显著高于手语组和其他交流方式组($p<0.05$)。

3.广东省听力残疾人职业兴趣状况

(1)测试人群分布

本项目在广东省共选取了982名有效被试进行了听力残疾人职业兴趣测验(见表2-5-51)。

表 2-5-51　广东省听力残疾人职业兴趣测验有效样本分布表　　　　　　　　　　　　　　　　（单位：人）

年龄（岁）	性别		总计
	男	女	
15-29	367	304	671
30-39	105	85	190
40-49	54	46	100
50-59	19	2	21
总计	545	437	982

（2）总体情况

广东省听力残疾人在职业兴趣各类型的得分从高到低依次为：现实型>常规型>研究型>企业型>艺术型>社会型。在不同年龄段的男性听力残疾人中，40-49岁年龄组在常规型的得分最高；30-39岁年龄组在现实型、研究型和社会型的得分均高于其他年龄组；15-29岁年龄组在企业型和艺术型得分最高。在不同年龄段的女性听力残疾人中（50-59岁年龄组女性听力残疾人样本量为2人，与其他三组不具有可比性，在此忽略不计），30-39岁年龄组在常规型和社会型的得分高于其他年龄组；15-29岁年龄组在研究型、企业型和艺术型的得分最高；40-49岁年龄组对现实型职业活动表现出更高的兴趣（见表2-5-52）。

表 2-5-52　广东省听力残疾人职业兴趣测验的平均数和标准差

			常规型		现实型		研究型		企业型		社会型		艺术型	
		n	M	Std	M	Std	M	Std	M	Std	M	Std	M	Std
总体		982	6.30	1.62	6.57	1.58	6.05	1.70	5.91	1.64	5.44	1.62	5.65	1.92
男性		545	6.34	1.65	6.66	1.58	6.19	1.73	5.92	1.60	5.48	1.67	5.58	1.96
女性		437	6.24	1.58	6.46	1.57	5.87	1.64	5.90	1.68	5.39	1.56	5.75	1.86
男（岁）	15-29	367	6.35	1.61	6.62	1.59	6.23	1.69	6.04	1.58	5.49	1.66	5.70	1.94
	30-39	105	6.30	1.73	6.97	1.53	6.39	1.86	5.78	1.62	5.62	1.78	5.45	1.94
	40-49	54	6.39	1.73	6.52	1.53	5.81	1.65	5.67	1.58	5.28	1.52	5.35	2.03
	50-59	19	6.21	1.75	6.11	1.70	5.32	1.77	5.26	1.73	5.05	1.78	4.47	2.06
女（岁）	15-29	304	6.27	1.51	6.46	1.53	5.90	1.64	6.07	1.59	5.40	1.58	5.86	1.80
	30-39	85	6.28	1.77	6.41	1.64	5.86	1.68	5.73	1.76	5.73	1.51	5.72	1.91
	40-49	46	5.96	1.71	6.61	1.68	5.65	1.61	5.15	1.94	4.72	1.26	5.00	1.97
	50-54	2	7.00	1.41	6.00	2.83	5.50	2.12	5.00	1.41	4.00	0.00	6.50	3.54

（3）广东省听力残疾人职业兴趣特征

1）性别差异比较分析

广东省听力残疾人职业兴趣各类型得分的均值比较显示，男性在常规型、现实型、研究型、企业型和社会型的得分高于女性；在艺术型的得分低于女性（见图2-5-26）。

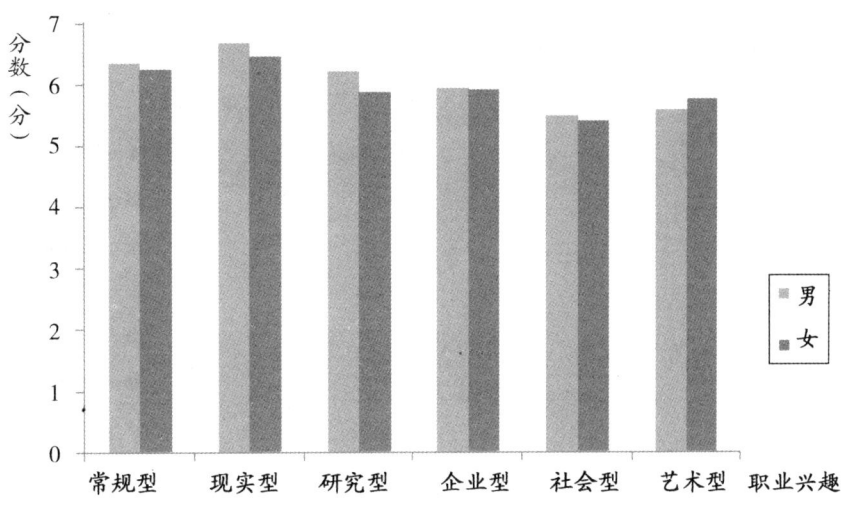

图 2-5-26　广东省听力残疾人职业兴趣的性别比较

进一步差异性检验显示,广东省听力残疾人在研究型的得分存在极显著性的性别差异,即说明男性更喜欢从事研究型职业(见表 2-5-53)。

表 2-5-53　广东省听力残疾人职业兴趣的性别差异显著性检验

	名称	性别	人数	平均值	标准差	t	p
职业兴趣	常规型	男	545	6.34	1.65	.950	.342
		女	437	6.24	1.58		
	现实型	男	545	6.66	1.58	1.919	.055
		女	437	6.46	1.57		
	研究型	男	545	6.19	1.73	2.973**	.003
		女	437	5.87	1.64		
	企业型	男	545	5.92	1.60	.220	.826
		女	437	5.90	1.68		
	社会型	男	545	5.48	1.67	.849	.396
		女	437	5.39	1.56		
	艺术型	男	545	5.58	1.96	-1.379	.168
		女	437	5.75	1.86		

注:**表示在 0.01 水平上有显著差异。

2)年龄差异比较分析

随着年龄的增长,广东省听力残疾人在常规型的得分呈现水平波动;在现实型的得分呈现先升后降的变化特点,30-39 岁年龄组的得分最高,50-59 岁年龄组的得分最低;在企业型和艺术型的得分随着年龄的增长而逐渐降低;在研究型和社会型的得分,40 岁之前年龄组的得分高于 40 岁之后年龄组(见图 2-5-27)。

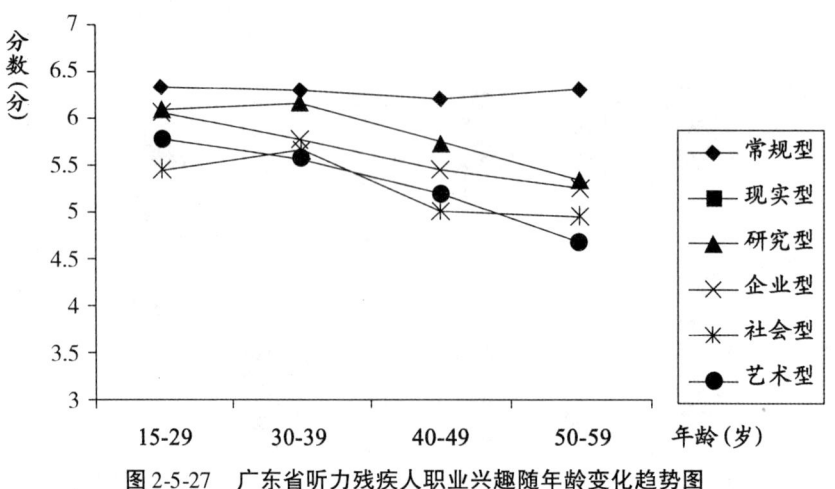

图 2-5-27　广东省听力残疾人职业兴趣随年龄变化趋势图

进一步差异性检验发现,广东省听力残疾人在研究型的得分存在显著性的年龄差异,在企业型、社会型和艺术型的得分存在极显著性的年龄差异。多重比较可以看出,在研究型,50-59 岁年龄组的得分显著低于其他三个年龄组;在企业型,15-29 岁年龄组的得分显著高于其他三个年龄组;在社会型,30-39 岁年龄组的得分显著低于 40 岁之前的两个年龄组;在艺术型,15-29 岁年龄组的得分显著高于 40 岁之后的两个年龄组,且 30-39 岁年龄组的得分显著高于 50-59 岁年龄组(见表2-5-54)。

表 2-5-54　广东省听力残疾人职业兴趣的年龄差异检验

	名称	年龄(岁)	人数	平均值	标准差	F	p	多重比较
职业兴趣	常规型	15-29	671	6.32	1.56			
		30-39	190	6.29	1.74	.178	.912	
		40-49	100	6.19	1.73			
		50-59	21	6.29	1.71			
	现实型	15-29	671	6.55	1.56			
		30-39	190	6.72	1.60	1.264	.286	
		40-49	100	6.56	1.59			
		50-59	21	6.10	1.73			
	研究型	15-29	671	6.08	1.68			
		30-39	190	6.15	1.80	2.686*	.045	1>4,2>4
		40-49	100	5.74	1.62			3>4
		50-59	21	5.33	1.74			
	企业型	15-29	671	6.05	1.58			
		30-39	190	5.76	1.68	6.370**	.000	1>2,1>3
		40-49	100	5.43	1.77			1>4
		50-59	21	5.24	1.67			

(续表)

	名称	年龄(岁)	人数	平均值	标准差	F	p	多重比较
职业兴趣	社会型	15-29	671	5.45	1.63			
		30-39	190	5.67	1.66	4.155**	.006	1>3,2>3
		40-49	100	5.02	1.43			
		50-59	21	4.95	1.72			
	艺术型	15-29	671	5.77	1.88			
		30-39	190	5.57	1.93	4.873**	.002	1>3,1>4 2>4
		40-49	100	5.19	2.00			
		50-59	21	4.67	2.20			

注:1 表示 15-29 岁年龄组的听力残疾人,2 表示 30-39 岁年龄组的听力残疾人,3 表示 40-49 岁年龄组的听力残疾人, 4 表示 50-59 岁年龄组的听力残疾人。

3)残疾等级比较分析

随着残疾程度的加重,广东省听力残疾人对于常规型和现实型的职业活动始终保持较高的兴趣;而在研究型、企业型、社会型和艺术型的得分大体上呈现随着残疾程度加重而增加的趋势(见图2-5-28)。

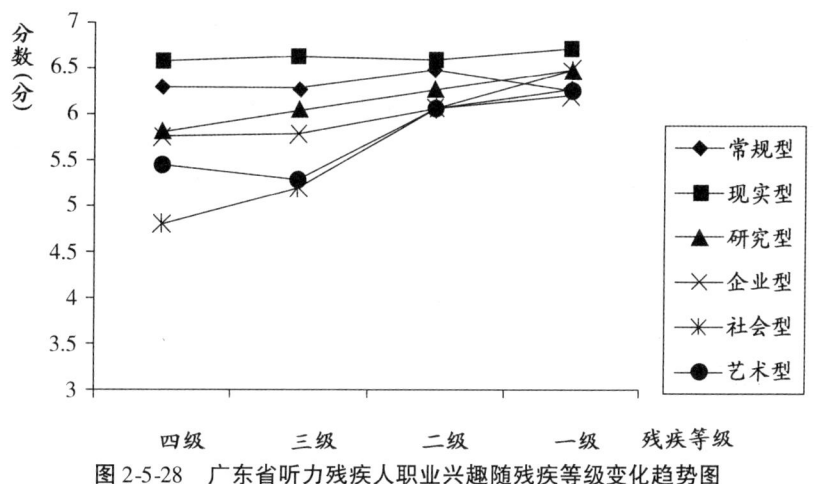

图 2-5-28 广东省听力残疾人职业兴趣随残疾等级变化趋势图

进一步差异性检验显示,广东省听力残疾人在研究型、企业型、社会型和艺术型的得分存在极显著的残疾等级差异。多重比较发现,在研究型、企业型和艺术型,一级听力残疾人的得分显著高于三级和四级听力残疾人,二级听力残疾人的得分显著高于四级听力残疾人,且二级听力残疾人在艺术型上的得分也显著高于三级听力残疾人;在社会型,一级听力残疾人的得分显著高于其他三组,且二级听力残疾人的得分显著高于三级和四级听力残疾人。因此,相较于三级和四级听力残疾人而言,一级和二级听力残疾人更偏向于从事研究型、企业型、社会型和艺术型职业(见表2-5-55)。

表 2-5-55 广东省听力残疾人职业兴趣的残疾等级差异检验

	名称	残疾等级	人数	平均值	标准差	F	p	多重比较
职业兴趣	常规型	四级	340	6.29	1.57			
		三级	207	6.27	1.61	.620	.602	
		二级	151	6.48	1.71			
		一级	224	6.29	1.68			

(续表)

名称		残疾等级	人数	平均值	标准差	F	p	多重比较
职业兴趣	现实型	四级	340	6.55	1.56	.382	.766	
		三级	207	6.62	1.58			
		二级	151	6.56	1.54			
		一级	224	6.69	1.65			
	研究型	四级	340	5.80	1.66	7.648**	.000	4>1,4>2 3>1
		三级	207	6.03	1.56			
		二级	151	6.25	1.68			
		一级	224	6.46	1.84			
	企业型	四级	340	5.74	1.63	4.187**	.006	4>1,4>2 3>1
		三级	207	5.78	1.61			
		二级	151	6.06	1.58			
		一级	224	6.18	1.66			
	社会型	四级	340	4.80	1.41	69.745**	.000	4>1,4>2 4>3,3>1 3>2,2>1
		三级	207	5.19	1.49			
		二级	151	6.03	1.60			
		一级	224	6.48	1.39			
	艺术型	四级	340	5.44	1.80	13.736**	.000	4>1,4>2 3>1,3>2
		三级	207	5.27	2.02			
		二级	151	6.07	1.78			
		一级	224	6.23	1.91			

注:1 表示四级听力残疾人组,2 表示三级听力残疾人组,3 表示二级听力残疾人组,4 表示一级听力残疾人组。

4) 文化水平比较分析

随着文化水平的提高,广东省听力残疾人在常规型、现实型、研究型、企业型和社会型的得分逐渐升高,即不同文化水平的听力残疾人的得分从高到低依次为:大专及以上组>高中/中专组>初中组>小学及以下组。企业型的得分也基本随着文化水平的提高而提升,但初中组的得分略高于高中/中专组。在艺术型的得分呈现先升后降的"∧型"变化特点,初中组得分最高,大专及以上组和高中/中专组次之,小学及以下组得分最低(见图2-5-29)。

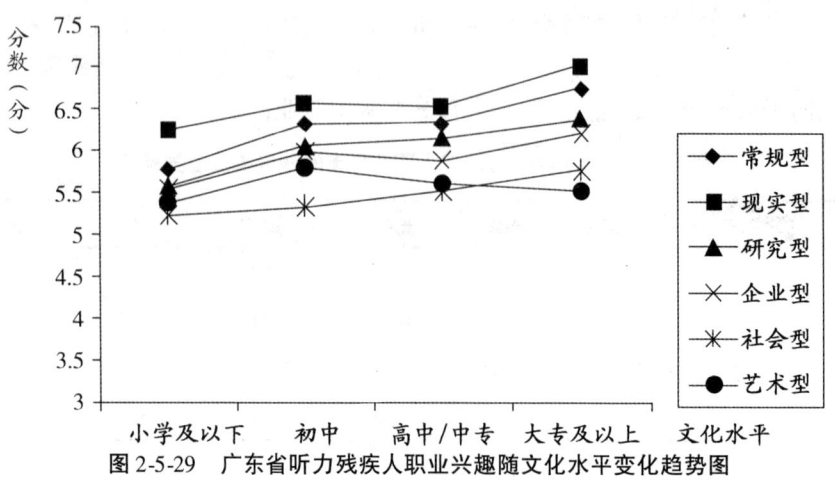

图2-5-29　广东省听力残疾人职业兴趣随文化水平变化趋势图

进一步差异性检验显示,广东省听力残疾人社会型的得分存在显著的文化水平差异,在常规性、现实型、研究型和企业型的得分存在极显著的文化水平差异。多重比较可以看出,在常规型和现实型,大专及以上组的得分显著高于其他三组,且初中组和高中/中专组的得分显著高于小学及以下组;在研究型和社会型,大专及以上组的得分显著高于初中组和小学及以下组,且初中组和高中/中专组在研究型的得分显著高于小学及以下组;在企业型,大专及以上组的得分显著高于高中/中专组和小学及以下组,且初中组和高中/中专组的得分显著高于小学及以下组(见表2-5-56)。

表2-5-56 广东省听力残疾人职业兴趣的文化水平差异检验

名称		文化水平	人数	平均值	标准差	F	p	多重比较
职业兴趣	常规型	小学及以下	177	5.78	1.65	10.190**	.000	4>1,4>2 4>3,3>1 2>1
		初中	388	6.34	1.66			
		高中/中专	280	6.35	1.55			
		大专及以上	137	6.76	1.43			
	现实型	小学及以下	177	6.25	1.57	6.297**	.000	4>1,4>2 4>3,3>1 2>1
		初中	388	6.57	1.59			
		高中/中专	280	6.56	1.56			
		大专及以上	137	7.02	1.50			
	研究型	小学及以下	177	5.59	1.54	6.601**	.000	4>1,4>2 3>1,2>1
		初中	388	6.05	1.74			
		高中/中专	280	6.17	1.66			
		大专及以上	137	6.39	1.76			
	企业型	小学及以下	177	5.55	1.54	4.815**	.002	4>1,4>3 3>1,2>1
		初中	388	5.99	1.59			
		高中/中专	280	5.89	1.74			
		大专及以上	137	6.22	1.60			
	社会型	小学及以下	177	5.23	1.47	3.424*	.017	4>1,4>2
		初中	388	5.35	1.57			
		高中/中专	280	5.52	1.68			
		大专及以上	137	5.77	1.79			
	艺术型	小学及以下	177	5.41	1.88	2.072	.102	
		初中	388	5.82	1.84			
		高中/中专	280	5.62	2.04			
		大专及以上	137	5.55	1.90			

注:1表示小学及以下听力残疾人组,2表示初中听力残疾人组,3表示高中/中专听力残疾人组,4表示大专及以上听力残疾人组。

5)交流方式比较分析

广东省听力残疾人职业兴趣测验得分的均数比较显示,以手语为主要交流方式的听力残疾人艺术型得分最高;以口语为主要交流方式的听力残疾人常规型得分最高,在艺术型得分最低;以手语&口语为主要交流方式的听力残疾人在现实型、研究型、企业型和社会型的得分最高;以其他方式为交流手段的听力残疾人在常规性、现实型、研究型、企业型和社会型的得分均为最低(见图2-5-30)。

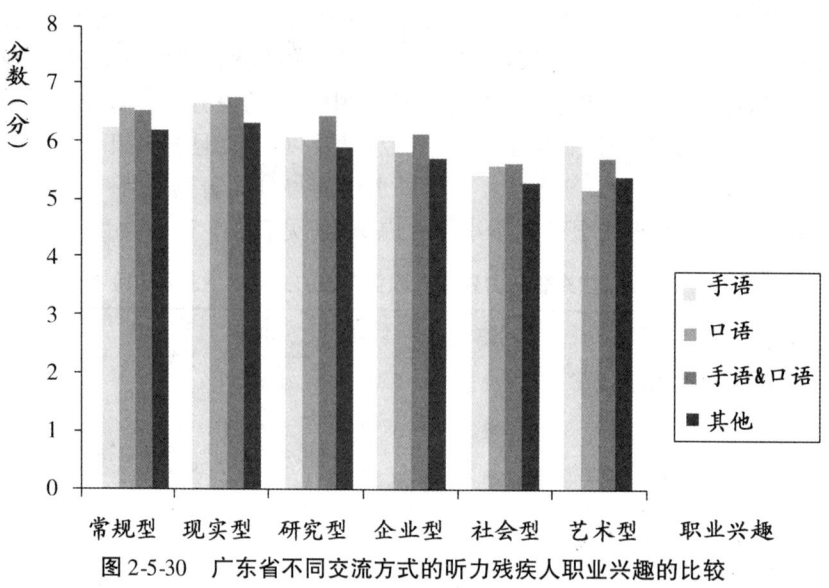

图 2-5-30　广东省不同交流方式的听力残疾人职业兴趣的比较

经差异性检验发现,不同交流方式的广东省听力残疾人常规型和现实型的得分存在显著差异,艺术型的得分存在极显著差异。多重比较可以看出,在常规型,口语组的得分显著高于手语组和其他交流方式组;在现实型,手语组及手语&口语组的得分显著高于其他交流方式组;在艺术型,手语组的得分显著高于口语组和手语&口语组,且手语&口语组的得分显著高于口语组(见表2-5-57)。

表 2-5-57　广东省不同交流方式的听力残疾人职业兴趣的差异检验

	名称	交流方式	人数	平均值	标准差	F	p	多重比较
职业兴趣	常规型	手语	509	6.22	1.55			
		口语	173	6.57	1.74	2.801*	.039	2>1,2>4
		手语&口语	67	6.52	1.61			
		其他	233	6.19	1.66			
	现实型	手语	509	6.65	1.55			
		口语	173	6.62	1.59	2.714*	.044	1>4,3>4
		手语&口语	67	6.76	1.50			
		其他	233	6.32	1.64			
	研究型	手语	509	6.07	1.72			
		口语	173	6.03	1.70	1.870	.133	
		手语&口语	67	6.43	1.43			
		其他	233	5.89	1.73			
	企业型	手语	509	6.02	1.53			
		口语	173	5.82	1.69	2.588	.052	
		手语&口语	67	6.13	1.75			
		其他	233	5.70	1.78			

(续表)

名称		交流方式	人数	平均值	标准差	F	p	多重比较
职业兴趣	社会型	手语	509	5.42	1.60	1.447	.228	
		口语	173	5.59	1.64			
		手语&口语	67	5.63	1.67			
		其他	233	5.29	1.65			
	艺术型	手语	509	5.93	1.90	9.174**	.000	1>2,1>4 3>2
		口语	173	5.16	1.89			
		手语&口语	67	5.70	2.04			
		其他	233	5.39	1.85			

注:1表示主要使用手语的听力残疾人组,2表示主要使用口语的听力残疾人组,3表示主要使用手语&口语的听力残疾人组,4表示主要使用其他交流手段的听力残疾人组。

（4）结论

①广东省听力残疾人在职业兴趣各类型的得分从高到低依次为:现实型>常规型>研究型>企业型>艺术型>社会型。

②男性在研究型的得分高于女性,且二者存在极显著的差异($p<0.01$)。

③广东省听力残疾人企业型和艺术型的得分随着年龄的增长而逐渐降低;研究型和社会型的得分,40岁之前年龄组的得分高于40岁之后年龄组;且研究型的得分存在显著的年龄差异($p<0.05$),企业型、社会型和艺术型的得分存在极显著的年龄差异($p<0.01$)。

④广东省听力残疾人研究型、企业型、社会型和艺术型的得分大体上呈现随着残疾程度加重而增加的趋势,且存在极显著的残疾等级差异($p<0.01$)。

⑤广东省听力残疾人在常规型、现实型、研究型、企业型和社会型的得分随着文化水平的提高逐渐升高,企业型的得分也基本随着文化水平的提高而提升,但初中组的得分略高于高中/中专组。且在社会型的得分存在显著的文化水平差异($p<0.05$),常规性、现实型、研究型和企业型的得分存在极显著的文化水平差异($p<0.01$)。

⑥以口语为主要交流方式的听力残疾人常规型的得分显著高于手语组和其他交流方式组($p<0.05$);手语组及手语&口语组在现实型的得分显著高于其他交流方式组($p<0.05$);手语组在艺术型的得分显著高于口语组和手语&口语组,且手语&口语组的得分显著高于口语组($p<0.05$)。

(三)广东省言语残疾人职业适应性状况

本项目测查广东省就业年龄段的言语残疾人有效样本共计269人。样本详情见表2-5-58~表2-5-61。

表2-5-58 广东省言语残疾人样本性别分布情况

地区	男		女		合计
	n	%	n	%	
深圳	8	47.1	9	52.9	17
江门	22	73.3	8	26.7	30
佛山	22	55.0	18	45.0	40
广州	110	60.4	72	39.6	182
总计	162	60.2	107	39.8	269

表 2-5-59 广东省言语残疾人样本年龄段分布情况

地区	15~29 岁		30~39 岁		40~49 岁		50~59 岁		合计
	n	%	n	%	n	%	n	%	
深圳	8	47.1	9	52.9	0	0.0	0	0.0	17
江门	11	36.7	15	50.0	4	13.3	0	0.0	30
佛山	18	45.0	15	37.5	7	17.5	0	0.0	40
广州	102	56.0	42	23.1	24	13.2	14	7.7	182
总计	139	51.7	81	30.1	35	13.0	14	5.2	269

表 2-5-60 广东省言语残疾人样本残疾等级分布情况

地区	四级		三级		二级		一级		合计
	n	%	n	%	n	%	n	%	
深圳	8	47.1	3	17.6	0	0.0	6	35.3	17
江门	2	6.7	10	33.3	8	26.7	10	33.3	30
佛山	2	5.0	2	5.0	5	12.5	31	77.5	40
广州	99	58.6	38	22.5	26	15.4	6	3.6	169
总计	111	43.4	53	20.7	39	15.2	53	20.7	256

注:残疾等级缺失样本 13 人。

表 2-5-61 广东省言语残疾人样本文化水平分布情况

地区	小学		初中		高中/中专		大专及以上		合计
	n	%	n	%	n	%	n	%	
深圳	3	17.6	3	17.6	6	35.3	5	29.4	17
江门	1	3.3	22	73.3	5	16.7	2	6.7	30
佛山	17	42.5	20	50.0	3	7.5	0	0.0	40
广州	56	30.8	62	34.1	34	18.7	30	16.5	182
总计	77	28.6	107	39.8	48	17.8	37	13.8	269

1. 广东省言语残疾人职业能力状况

(1)测试人群分布

选取广东省言语残疾人 269 名进行了职业能力测验,其基本信息见表 2-5-62。

表 2-5-62 广东省言语残疾人有效样本分布表 (单位:人)

年龄(岁)	性别		总计
	男	女	
15~29	128	56	139
30~39	45	36	81
40~49	23	12	35
50~59	12	3	14
总计	162	107	269

（2）总体情况

广东省言语残疾人职业能力文档测验各分测验的得分从高到低依次为:符号知觉>形状知觉>言语能力>数理能力>空间知觉。在不同年龄组的男性言语残疾人中,30-39岁年龄组言语能力、数理能力、空间知觉分测验的得分高于其他三组,15-29岁年龄组在符号知觉和形状知觉及文档计分高于其他三组。在不同年龄组的女性言语残疾人中(50-54岁年龄组仅为3人,不与其他组比较),30-39岁年龄组在言语能力、数理能力、空间知觉、符号知觉和文档测验总分上高于其他三组,15-29岁年龄组在形状知觉分测验的得分最高(见表2-5-63)。

表2-5-63 广东省言语残疾人职业能力文档测验的平均数和标准差

		n	言语能力		数理能力		空间知觉		符号知觉		形状知觉		文档计分	
			M	Std	M	Std	M	Std	M	Std	M	Std	M	Std
总体		269	8.94	5.11	8.59	5.47	7.80	4.46	11.82	6.52	10.87	5.21	48.03	21.46
男性		162	8.92	4.88	8.89	5.35	8.23	4.50	11.66	6.54	11.15	5.15	48.85	21.26
女性		107	8.98	5.46	8.15	5.63	7.14	4.32	12.07	6.51	10.45	5.31	46.78	21.80
男(岁)	15-29	83	9.37	3.81	9.28	4.82	8.75	4.21	14.04	5.33	12.60	4.19	54.03	17.00
	30-39	45	9.45	5.18	9.64	5.33	8.80	4.01	10.69	6.16	10.93	5.00	49.52	20.18
	40-49	23	7.39	6.67	8.00	6.52	6.70	6.02	8.02	7.60	8.52	6.21	38.63	27.32
	50-59	11	6.55	5.86	4.73	5.24	5.27	3.50	5.35	5.98	6.55	5.52	28.44	23.49
女(岁)	15-29	56	9.50	4.58	7.86	4.94	7.32	3.88	12.36	6.19	11.39	4.96	48.43	19.56
	30-39	36	9.87	6.40	9.89	6.29	8.22	4.61	13.51	6.40	10.94	4.45	52.43	22.65
	40-49	12	4.17	4.27	4.33	5.31	3.67	4.08	7.56	6.20	6.00	6.98	25.72	17.83
	50-54	3	7.78	5.09	8.00	4.00	4.67	3.06	7.41	8.53	4.67	2.31	32.52	17.74

在手眼协调操作测验及职业能力总分上,男性组得分高于女性组,且40岁之后男性言语残疾人的得分高于40岁之前,40岁之后女性言语残疾人的得分则低于40岁之前(见表2-5-64)。

表2-5-64 广东省言语残疾人职业能力操作测验和总分的平均数和标准差

		n	手眼协调(网络测试)		职业能力总分(网络测试)	
			M	Std	M	Std
总体		87	15.72	6.15	69.99	22.68
男性		52	16.00	5.99	68.38	21.33
女性		35	15.31	6.45	72.38	24.66
男(岁)	15-29	23	15.13	6.21	69.28	21.42
	30-39	22	15.94	6.50	65.08	20.81
	40-49	7	19.05	1.27	75.78	23.72
女(岁)	15-29	14	17.33	4.76	71.37	22.57
	30-39	17	15.53	6.32	79.69	23.64
	40-49	4	7.33	7.42	44.89	19.68

（3）言语残疾人职业能力特征

1）性别差异比较分析

广东省言语残疾人职业能力各分测验得分的均数比较发现,男性组的言语能力、符号知觉分测验的得分低于女性组,数理能力、空间知觉、形状知觉分测验以及手眼协调操作测验的得分高于女性组(见图2-5-31)。

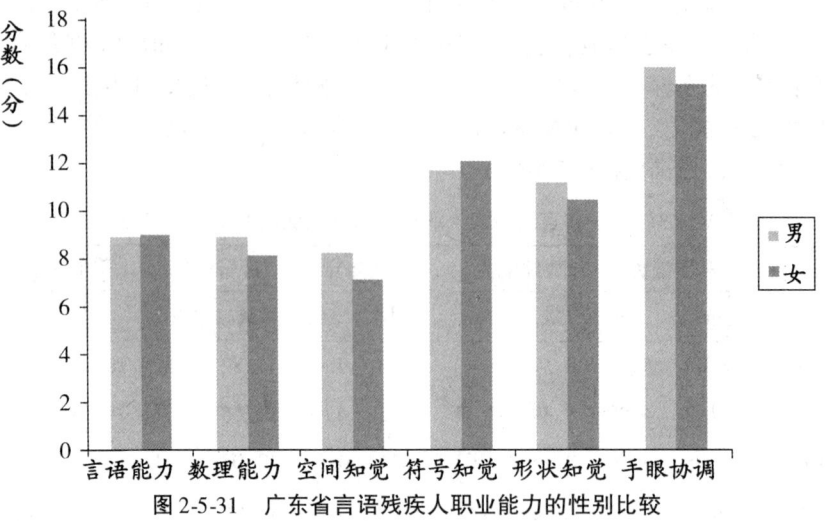

图2-5-31 广东省言语残疾人职业能力的性别比较

进一步差异性检验发现,广东省言语残疾人在空间知觉分测验的得分存在显著的性别差异(见表2-5-65)。

表2-5-65 广东省言语残疾人职业能力的性别差异检验

	名称	性别	人数	平均值	标准差	t	p
职业能力文档测验	言语能力	男	162	8.92	4.88	-.095	.925
		女	107	8.98	5.46		
	数理能力	男	162	8.89	5.35	1.086	.278
		女	107	8.15	5.63		
	空间知觉	男	162	8.23	4.50	1.982*	.048
		女	107	7.14	4.32		
	符号知觉	男	162	11.66	6.54	-.495	.621
		女	107	12.07	6.51		
	形状知觉	男	162	11.15	5.15	1.078	.282
		女	107	10.45	5.31		
	文档计分	男	162	48.85	21.26	.774	.440
		女	107	46.78	21.80		
职业能力操作测验	手眼协调	男	52	16.00	5.99	.508	.613
		女	35	15.31	6.45		
	职业能力总分	男	52	68.38	21.33	-.806	.422
		女	35	72.38	24.66		

2)年龄差异比较分析

总体而言,随着年龄的增高,广东省言语残疾人的职业能力水平呈下降趋势,即各分测验的得分表现从高到低依次为15-29岁>30-39岁>40-49岁>50-59岁。在言语能力分测验,50-59岁年龄组的得分略高于40-49岁年龄组(见图2-5-32)。

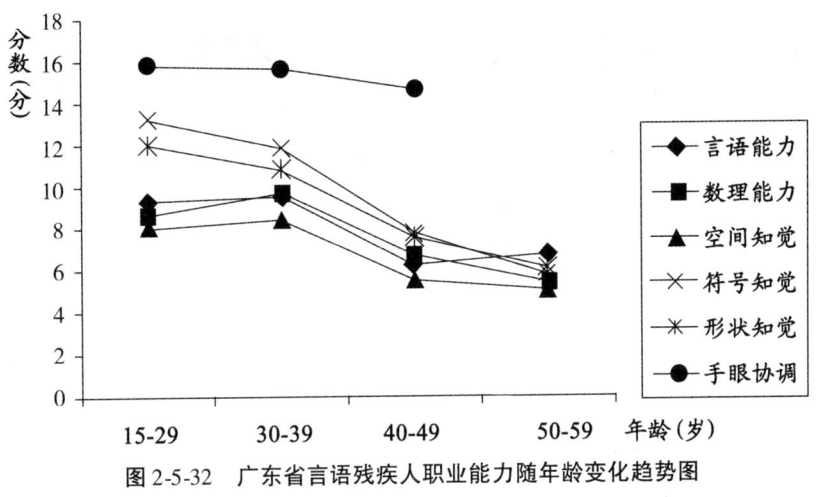

图 2-5-32 广东省言语残疾人职业能力随年龄变化趋势图

进一步差异性检验发现,广东省言语残疾人在言语能力、数理能力、空间知觉、符号知觉、形状知觉分测验的得分以及文档计分上均存在极显著的年龄差异。多重比较发现,在言语能力分测验,15-29岁和30-39岁年龄组的得分显著高于40-49岁年龄组;在数理能力分测验,15-29岁年龄组的得分显著高于50-59岁年龄组,且30-39岁年龄组的得分显著高于40岁之后的两组;在空间知觉、符号知觉、形状知觉分测验和文档计分,40岁之前年龄组的得分显著高于40岁之后年龄组(见表2-5-66)。

表 2-5-66 广东省言语残疾人职业能力的年龄差异检验

	名称	年龄(岁)	人数	平均值	标准差	F	p	多重比较
职业能力文档测验	言语能力	15-29	139	9.42	4.12	5.090**	.002	1>3,2>3
		30-39	81	9.64	5.72			
		40-49	35	6.29	6.09			
		50-59	14	6.81	5.54			
	数理能力	15-29	139	8.71	4.90	4.288**	.006	1>4,2>3 2>4
		30-39	81	9.75	5.74			
		40-49	35	6.74	6.31			
		50-59	14	5.43	5.05			
	空间知觉	15-29	139	8.17	4.12	5.720**	.001	1>3,1>4 2>3,2>4
		30-39	81	8.54	4.27			
		40-49	35	5.66	5.56			
		50-59	14	5.14	3.30			
	符号知觉	15-29	139	13.36	5.73	12.268**	.000	1>3,1>4 2>3,2>4
		30-39	81	11.94	6.39			
		40-49	35	7.86	7.06			
		50-59	14	5.79	6.28			
	形状知觉	15-29	139	12.12	4.54	12.302**	.000	1>3,1>4 2>3,2>4
		30-39	81	10.94	4.73			
		40-49	35	7.66	6.50			
		50-59	14	6.14	4.99			

(续表)

名称		年龄(岁)	人数	平均值	标准差	F	p	多重比较
职业能力文档测验	文档计分	15-29	139	51.77	18.22	11.457**	.000	1>3,1>4 2>3,2>4
		30-39	81	50.81	21.23			
		40-49	35	34.20	24.99			
		50-59	14	29.32	21.82			
职业能力操作测验	手眼协调	15-29	37	15.96	5.74	.153	.858	
		30-39	39	15.76	6.34			
		40-49	11	14.79	7.24			
职业能力总分		15-29	37	70.07	21.58	.392	.677	
		30-39	39	71.45	22.99			
		40-49	11	64.55	26.39			

注:1 表示 15-29 岁年龄组的言语残疾人,2 表示 30-39 岁年龄组的言语残疾人,3 表示 40-49 岁年龄组的言语残疾人,4 表示 50-59 岁年龄组的言语残疾人。

3)残疾等级比较分析

随着残疾程度的加重,广东省言语残疾人在言语能力和数理能力分测验的得分呈水平波动;在空间知觉和符号知觉分测验,三级和四级言语残疾人的得分较高,而二级和一级言语残疾人的得分较低;形状知觉分测验的得分呈现先降后升的变化特点,二级言语残疾人得分最低,而一级言语残疾人得分最高;在手眼协调操作性测验的得分呈现中间高两头低的变化特点,即三级、二级言语残疾人得分较高,而一级和四级言语残疾人得分较低(见图 2-5-33)。

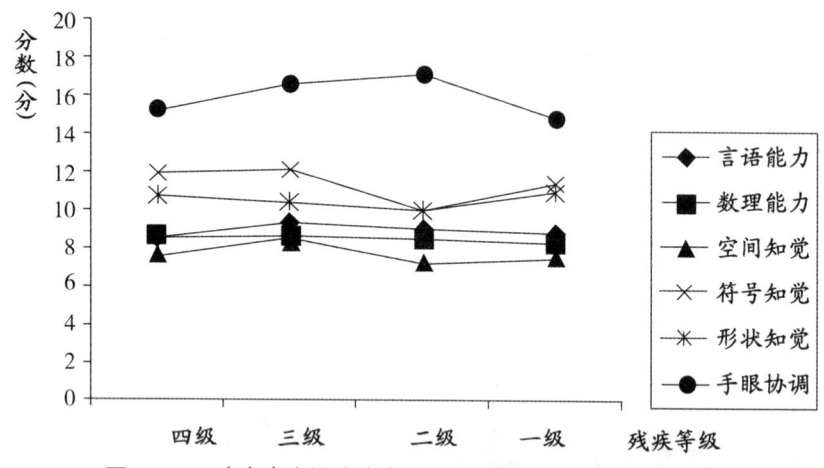

图 2-5-33 广东省言语残疾人职业能力随残疾等级变化趋势图

进一步差异性检验发现,广东省不同残疾等级的言语残疾人职业能力各分测验得分均不存在显著差异(见表 2-5-67),说明广东省言语残疾人的职业能力与残疾等级无显著的关系。

表 2-5-67 广东省言语残疾人职业能力的残疾等级差异检验

名称		残疾等级	人数	平均值	标准差	F	p
职业能力文档测验	言语能力	四级	111	8.67	4.68	.295	.829
		三级	53	9.45	5.64		
		二级	39	9.16	5.39		
		一级	53	8.91	5.60		
	数理能力	四级	111	8.72	5.19	.061	.980
		三级	53	8.75	6.23		
		二级	39	8.51	6.20		
		一级	53	8.38	5.13		
	空间知觉	四级	111	7.60	4.53	.774	.509
		三级	53	8.57	4.87		
		二级	39	7.33	4.01		
		一级	53	7.55	4.29		
	符号知觉	四级	111	12.03	6.55	.988	.399
		三级	53	12.26	6.64		
		二级	39	10.11	6.75		
		一级	53	11.53	6.48		
	形状知觉	四级	111	10.88	5.14	.330	.804
		三级	53	10.57	5.98		
		二级	39	10.10	5.00		
		一级	53	11.13	5.14		
	文档计分	四级	111	47.91	21.68	.303	.823
		三级	53	49.59	24.07		
		二级	39	45.23	22.41		
		一级	53	47.49	19.44		
职业能力操作测验	手眼协调	四级	12	15.44	5.22	.664	.577
		三级	15	16.80	5.38		
		二级	13	17.33	5.42		
		一级	47	15.01	6.78		
	职业能力总分	四级	12	74.31	23.75	2.635	.055
		三级	15	81.61	21.25		
		二级	13	72.89	22.67		
		一级	47	64.37	21.71		

4）文化水平比较分析

总体而言，广东省言语残疾人在文档测验各分测验的得分表现从高到低依次为：大专及以上组>高中/中专组>初中组>小学及以下组，也就是说这些能力得分随着文化水平的升高而呈现上升趋势。但是在手眼协调操作测验，高中/中专组言语残疾人的得分略低于初中组（见图2-5-34）。

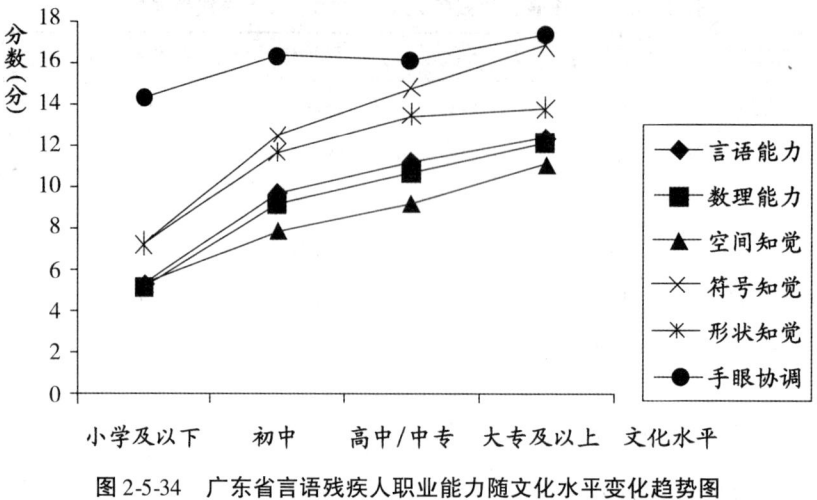

图 2-5-34 广东省言语残疾人职业能力随文化水平变化趋势图

进一步差异性检验显示,除手眼协调操作能力以外,不同文化水平的广东省言语残疾人在文档测验各分测验的得分及职业能力总分上均存在极显著差异。多重比较发现,言语残疾人在言语能力、符号知觉、形状知觉和文档计分,大专及以上组和高中/中专组的得分显著高于初中组和小学及以下组,且初中组的得分高于小学及以下组;在数理能力,大专及以上组得分显著高于初中组和小学及以下组,且初中组、高中/中专组的得分显著高于小学及以下组;在空间知觉,大专及以上组的得分显著高于其他三组,且初中组、高中/中专组的得分显著高于小学及以下组;在职业能力总分上,大专及以上组言语残疾人的得分显著高于初中组和小学及以下组,且初中组、高中/中专组的得分显著高于小学及以下组的言语残疾人。总之,随着文化水平的提升,言语残疾人的职业能力呈上升趋势(见表2-5-68)。

表 2-5-68 广东省言语残疾人职业能力的文化水平差异检验

名称		文化水平	人数	平均值	标准差	F	p	多重比较
职业能力文档测验	言语能力	小学及以下	77	5.19	4.55	28.936**	.000	4>1,4>2 3>1,3>2 2>1
		初中	107	9.57	4.60			
		高中/中专	48	11.13	3.67			
		大专及以上	37	12.11	4.81			
	数理能力	小学及以下	77	5.09	4.62	21.710**	.000	4>1,4>2 3>1,2>1
		初中	107	9.07	5.24			
		高中/中专	48	10.54	4.61			
		大专及以上	37	12.00	4.99			
	空间知觉	小学及以下	77	5.48	3.99	17.291**	.000	4>1,4>2 4>3,3>1 2>1
		初中	107	7.78	3.99			
		高中/中专	48	9.13	4.54			
		大专及以上	37	10.97	4.02			
	符号知觉	小学及以下	77	7.16	6.01	30.116**	.000	4>1,4>2 3>1,3>2 2>1
		初中	107	12.31	5.92			
		高中/中专	48	14.58	5.54			
		大专及以上	37	16.56	4.04			

(续表)

名称		文化水平	人数	平均值	标准差	F	p	多重比较
职业能力文档测验	形状知觉	小学及以下	77	7.09	5.39	27.284**	.000	4>1,4>2 3>1,3>2 2>1
		初中	107	11.53	4.55			
		高中/中专	48	13.33	4.23			
		大专及以上	37	13.62	2.98			
	文档计分	小学及以下	77	30.01	19.27	45.567**	.000	4>1,4>2 3>1,3>2 2>1
		初中	107	50.25	17.57			
		高中/中专	48	58.70	15.78			
		大专及以上	37	65.26	15.58			
职业能力操作测验	手眼协调	小学及以下	21	14.16	7.31	.656	.582	
		初中	45	16.18	5.76			
		高中/中专	14	15.90	5.52			
		大专及以上	7	17.14	6.46			
职业能力总分		小学及以下	21	58.63	21.21	4.510**	.006	4>1,4>2 3>1,2>1
		初中	45	70.81	22.36			
		高中/中专	14	73.54	20.92			
		大专及以上	7	91.65	14.89			

注:1表示小学及以下言语残疾人组,2表示初中言语残疾人组,3表示高中/中专言语残疾人组,4表示大专及以上言语残疾人组。

(4)结论

①广东省言语残疾人职业能力文档测验各分测验的得分从高到低依次为:符号知觉>形状知觉>言语能力>数理能力>空间知觉。

②男性组在空间知觉分测验的得分高于女性组,且二者存在显著的差异($p<0.05$)。

③广东省言语残疾人的职业能力随着年龄的增高呈下降趋势,但在言语能力分测验,50-59岁年龄组的得分略高于40-49岁年龄组,且在职业能力文档测验各分测验的得分和文档测验总分上存在极显著的年龄差异($p<0.01$)。

④广东省言语残疾人的职业能力与残疾等级无显著的关系。

⑤广东省言语残疾人的职业能力随着文化水平的升高而呈现上升趋势,且不同文化水平的广东省言语残疾人在文档测验各分测验的得分及职业能力总分上存在极显著差异($p<0.01$)。

2.广东省言语残疾人职业人格状况

(1)测试人群分布

本项目在广东省共选取了252名言语残疾人进行了职业人格测验,其中男性150人,女性102人,其基本信息见表2-5-69。

表 2-5-69　广东省言语残疾人职业人格测验有效样本分布表　　　　　　　　　　　　（单位：人）

年龄（岁）	性别		总计
	男	女	
15-29	81	55	136
30-39	43	33	76
40-49	17	11	28
50-59	9	3	12
总计	150	102	252

（2）总体情况

被测试的广东省言语残疾人职业人格测验各维度的得分从高到低依次为：责任心>管理能力>自信心>严谨性>交际能力>坚持性>抗挫折能力>情绪稳定性。不同年龄段的男性言语残疾人，15-29岁年龄组在抗挫折能力维度得分最高，30-39岁年龄组在坚持性、严谨性、情绪稳定性、自信心、责任心和管理能力维度得分最高，40-49岁年龄组在交际能力维度得分最高。不同年龄段的女性言语残疾人（50-54岁年龄组仅为3人，不与其他组比较），15-29岁年龄组在抗挫折能力维度得分最高，30-39岁年龄组在坚持性、严谨性、情绪稳定性、自信心、责任心、交际能力和管理能力维度得分最高（见表 2-5-70）。

表 2-5-70　广东省言语残疾人职业人格测验的平均数和标准差

		n	坚持性		严谨性		情绪稳定性		自信心	
			M	Std	M	Std	M	Std	M	Std
	总体	252	7.42	2.38	8.05	1.90	5.98	2.75	8.08	2.06
	男性	150	7.37	2.38	8.16	1.90	6.07	2.76	8.22	2.02
	女性	102	7.51	2.38	7.89	1.90	5.86	2.75	7.88	2.11
男（岁）	15-29	81	7.23	2.19	8.10	1.85	6.12	2.58	7.91	1.87
	30-39	43	8.05	2.26	8.49	1.70	6.44	2.75	8.88	1.95
	40-49	17	6.65	2.52	8.12	1.93	5.06	3.15	8.53	2.32
	50-59	9	6.67	3.67	7.22	2.95	5.67	3.61	7.22	2.39
女（岁）	15-29	55	7.64	2.42	7.56	1.99	5.95	2.74	7.20	2.15
	30-39	33	7.94	2.37	8.70	1.61	6.15	2.83	9.12	1.47
	40-49	11	6.00	1.90	7.36	1.69	4.82	2.82	7.91	1.97
	50-54	3	6.00	1.00	7.00	2.00	5.00	2.00	6.67	2.52

表 2-5-70　广东省言语残疾人职业人格测验的平均数和标准差（续）

	n	责任心		交际能力		管理能力		抗挫折能力	
		M	Std	M	Std	M	Std	M	Std
总体	252	8.45	1.98	7.48	2.20	8.33	2.54	7.03	2.51
男性	150	8.51	1.98	7.56	2.13	8.46	2.50	7.13	2.47
女性	102	8.35	2.00	7.36	2.31	8.15	2.61	6.88	2.57

(续表)

		n	责任心		交际能力		管理能力		抗挫折能力	
			M	Std	M	Std	M	Std	M	Std
男（岁）	15-29	81	8.44	1.73	7.57	1.90	8.15	2.43	7.37	2.32
	30-39	43	8.81	2.22	7.88	2.07	9.02	2.38	6.91	2.77
	40-49	17	8.53	1.70	8.00	2.09	8.71	2.62	6.82	2.35
	50-59	9	7.67	3.12	5.11	3.14	8.11	3.30	6.67	2.65
女（岁）	15-29	55	8.25	1.97	7.11	2.39	7.51	2.67	7.15	2.58
	30-39	33	8.88	2.01	8.12	1.98	9.18	2.16	7.00	2.73
	40-49	11	7.64	2.06	6.45	2.54	8.18	3.09	5.36	1.96
	50-54	3	7.00	1.00	7.00	1.73	8.33	1.15	6.33	0.58

（3）言语残疾人职业人格特征

1）性别差异比较分析

广东省言语残疾人职业人格测验得分的均数比较显示，男性言语残疾人组的坚持性得分低于女性组，而严谨性、情绪稳定性、自信心、责任心、交际能力、管理能力和抗挫折能力维度的得分均高于女性组（见图2-5-35）。

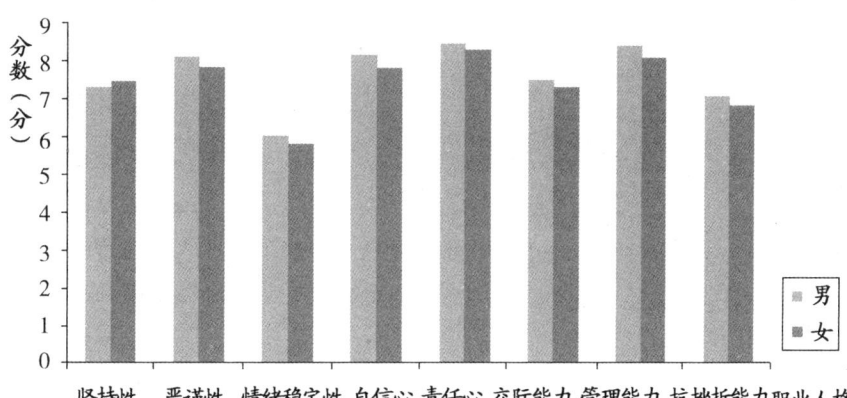

图 2-5-35 广东省言语残疾人职业人格特征的性别比较

进一步差异性检验发现，广东省言语残疾人职业人格各维度得分均不存在显著的性别差异。（见表2-5-71）

表 2-5-71 广东省言语残疾人职业人格特征的性别差异检验

	名称	性别	人数	平均值	标准差	t	p
职业人格	坚持性	男	150	7.37	2.38	-.469	.640
		女	102	7.51	2.38		
	严谨性	男	150	8.16	1.90	1.098	.273
		女	102	7.89	1.90		
	情绪稳定性	男	150	6.07	2.76	.576	.565
		女	102	5.86	2.75		

(续表)

	名称	性别	人数	平均值	标准差	t	p
职业人格	自信心	男	150	8.22	2.02	1.279	.202
		女	102	7.88	2.11		
	责任心	男	150	8.51	1.98	.629	.530
		女	102	8.35	2.00		
	交际能力	男	150	7.56	2.13	.697	.487
		女	102	7.36	2.31		
	管理能力	男	150	8.46	2.50	.958	.339
		女	102	8.15	2.61		
	抗挫折能力	男	150	7.13	2.47	.779	.436
		女	102	6.88	2.57		

2）年龄差异比较分析

广东省言语残疾人在严谨性、自信心、责任心、交际能力和管理能力维度的得分随着年龄的增长呈现先升后降的趋势，在30-39岁年龄组的得分最高；在抗挫折能力维度的得分随着年龄的增长表现先降后升的趋势，在40-49岁年龄组的得分最低；在坚持性和情绪稳定性维度，40岁之前两个年龄组的得分高于40岁之后的两个年龄组（见图2-5-36）。

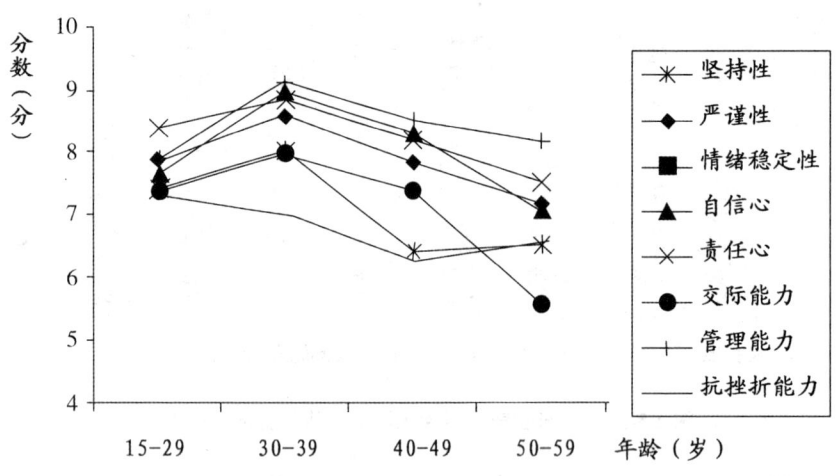

图2-5-36 广东省言语残疾人职业人格特征随年龄变化趋势图

进一步差异性检验发现，广东省言语残疾人在严谨性和管理能力维度的得分存在显著的年龄差异，在坚持性、自信心和交际能力维度的得分存在极显著的年龄差异。多重比较可以看出，广东省言语残疾人在坚持性维度，40岁之前年龄组的得分显著高于40-49岁年龄组，30-39岁年龄组在坚持性维度的得分显著高于50-59岁年龄组；在严谨性和自信心维度，30-39岁年龄组言语残疾人的得分显著高于15-29岁和50-59岁年龄组；在交际能力维度，50岁之前的言语残疾人的得分显著高于50-59岁年龄组；在管理能力维度，30-39岁年龄组的得分显著高于15-29岁年龄组，见表2-5-72。

表2-5-72 广东省言语残疾人职业人格特征的年龄差异检验

名称		年龄(组)	人数	平均值	标准差	F	p	多重比较
职业人格	坚持性	15–29	136	7.40	2.29			
		30–39	76	8.00	2.29	3.994**	.008	1>3,2>3
		40–49	28	6.39	2.28			2>4
		50–59	12	6.50	3.18			
	严谨性	15–29	136	7.88	1.92			
		30–39	76	8.58	1.65	3.403*	.018	2>1,2>4
		40–49	28	7.82	1.85			
		50–59	12	7.17	2.66			
	情绪稳定性	15–29	136	6.05	2.63			
		30–39	76	6.32	2.77	1.815	.145	
		40–49	28	4.96	2.97			
		50–59	12	5.50	3.21			
	自信心	15–29	136	7.63	2.01			
		30–39	76	8.99	1.75	8.921**	.000	2>1,2>4
		40–49	28	8.29	2.17			
		50–59	12	7.08	2.31			
	责任心	15–29	136	8.37	1.83			
		30–39	76	8.84	2.12	2.189	.090	
		40–49	28	8.18	1.87			
		50–59	12	7.50	2.71			
	交际能力	15–29	136	7.38	2.12			
		30–39	76	7.99	2.02	4.596**	.004	1>4,2>4
		40–49	28	7.39	2.36			3>4
		50–59	12	5.58	2.91			
	管理能力	15–29	136	7.89	2.54			
		30–39	76	9.09	2.27	3.815*	.011	2>1
		40–49	28	8.50	2.77			
		50–59	12	8.17	2.86			
	抗挫折能力	15–29	136	7.28	2.42			
		30–39	76	6.95	2.73	1.516	.211	
		40–49	28	6.25	2.29			
		50–59	12	6.58	2.27			

注:1表示15–29岁年龄组的言语残疾人,2表示30–39岁年龄组的言语残疾人,3表示40–49岁年龄组的言语残疾人,4表示50–59岁年龄组的言语残疾人。

3)残疾等级比较分析

随残疾等级的变化,广东省言语残疾人在责任心和严谨性维度的得分水平波动;在坚持性、情绪稳定性、自信心和抗挫折能力维度,三级和一级言语残疾人得分较高,而四级和二级言语残疾人得分较低,随着残疾等级的加重,呈现"N"型变化趋势;在交际能力维度,四级言语残疾人的得分最低,而一级、二级和三级言语残疾人的得分差别不大;在管理能力维度,三级和二级言语残疾人的得分较高,一级和四级言语残疾人的得分相对较低(见图2-5-37)。

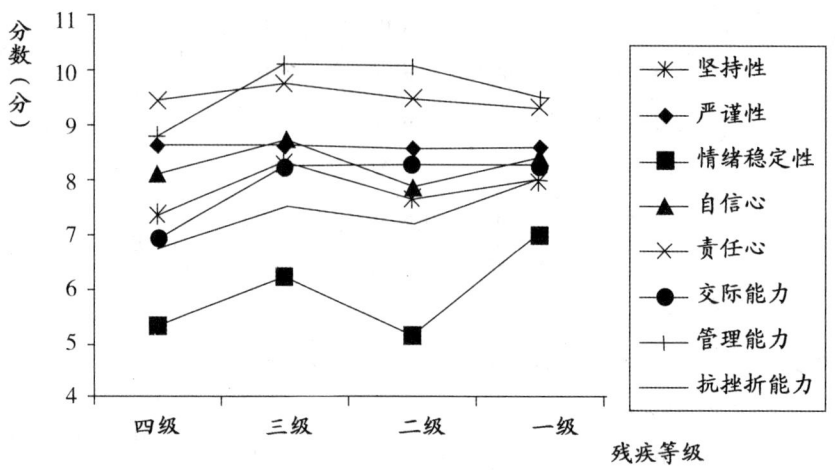

图 2-5-37　广东省言语残疾人职业人格特征随残疾等级变化趋势图

进一步差异性检验显示,广东省言语残疾人在管理能力和抗挫折能力维度的得分存在残疾等级间的显著差异。多重比较可以看出,在管理能力维度,四级言语残疾人的得分显著高于三级和一级言语残疾人,说明四级言语残疾人在管理方面的人格特征上更为突出。在抗挫折能力维度,一级言语残疾人的得分显著低于其他三个等级组(见表2-5-73)。

表 2-5-73　广东省言语残疾人职业人格特征的残疾等级差异检验

	名称	残疾等级	人数	平均值	标准差	F	p	多重比较
职业人格	坚持性	四级	17	7.35	2.55			
		三级	95	8.32	2.21	1.024	.383	
		二级	17	7.65	2.71			
		一级	52	7.98	2.49			
	严谨性	四级	17	8.65	1.66			
		三级	95	8.65	2.03	1.804	.147	
		二级	17	8.59	2.12			
		一级	52	8.60	1.89			
	情绪稳定性	四级	17	5.29	3.64			
		三级	95	6.19	2.53	.934	.425	
		二级	17	5.12	2.57			
		一级	52	6.98	2.87			
	自信心	四级	17	8.12	2.55			
		三级	95	8.77	1.95	1.110	.346	
		二级	17	7.88	1.69			
		一级	52	8.42	2.17			

(续表)

名称		残疾等级	人数	平均值	标准差	F	p	多重比较
职业人格	责任心	四级	17	9.47	1.84	2.531	.058	
		三级	95	9.79	1.88			
		二级	17	9.53	1.97			
		一级	52	9.37	2.16			
	交际能力	四级	17	6.94	1.98	1.061	.366	
		三级	95	8.23	2.06			
		二级	17	8.29	2.17			
		一级	52	8.29	1.98			
	管理能力	四级	17	8.82	2.27	3.175*	.025	1>2,1>4
		三级	95	10.14	1.87			
		二级	17	10.12	1.93			
		一级	52	9.54	2.49			
	抗挫折能力	四级	17	6.71	3.39	3.290*	.021	1>4,2>4 3>4
		三级	95	7.52	2.20			
		二级	17	7.18	2.19			
		一级	52	8.02	1.79			

注:1 表示四级言语残疾人,2 表示三级言语残疾人,3 表示二级言语残疾人,4 表示一级言语残疾人。

4) 文化水平比较分析

广东省言语残疾人在坚持性、严谨性、自信心、责任心、交际能力、管理能力和抗挫折能力的得分随着文化水平的提高而提高,从高到低依次为:大专及以上组>高中/中专组>初中组>小学及以下组,高中/中专组在自信心和管理能力维度的得分略低于初中组,大专及以上组在抗挫折能力维度的得分略低于高中/中专组;在情绪稳定性维度的得分随着文化水平的提升呈现出先升后降的趋势,高中/中专组的得分最高(见图 2-5-38)。

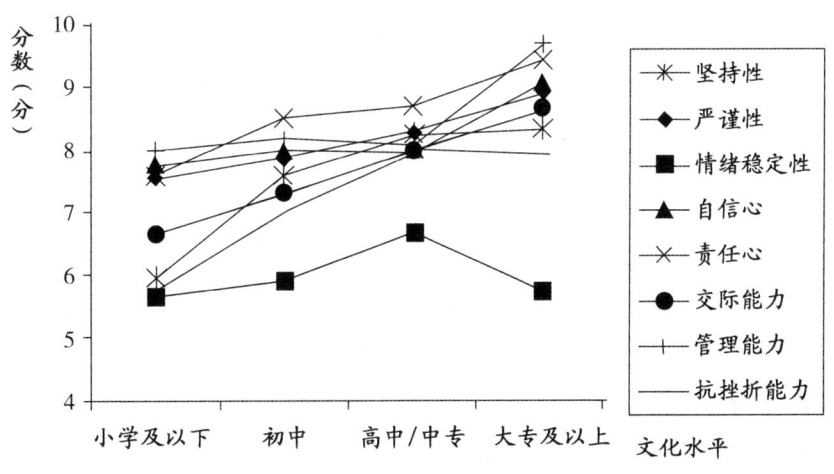

图 2-5-38 广东省言语残疾人职业人格特征随文化水平变化趋势图

进一步差异性检验显示,广东省言语残疾人在职业人格测验自信心维度的得分存在显著的文化水平差异,在职业人格测验的坚持性、严谨性、责任心、交际能力、管理能力和抗挫折能力维度的得分均存在极其显著的文化水平差异。多重比较可以看出,在坚持性和责任心维度,小学及以下组的得分显著低于其他三组,且大专及以上组的责任心维度的得分显著高于初中组;在严谨性、自信心和管理能力维度,大专及以上组的得分显著高于初中组和小学及以下组,大专及以上组的自信心和管理能力维度的得分显著高于高中/中专组;在交际能力维度,大专及以上组的得分显著高于初中组和小学及以下组,且高中/中专组的得分显著高于小学及以下组;在抗挫折能力上,大专及以上组和高中/中专组的得分显著高于小学及以下组和初中组,且初中组言语残疾人的得分高于小学及以下组。总之,相比其他三组,大专及以上组的的言语残疾人在坚持性、严谨性、自信心、责任心、管理能力、交际能力和抗挫折能力上的表现更为突出(见表2-5-74)。

表2-5-74 广东省言语残疾人职业人格特征的文化水平差异检验

	名称	文化水平	人数	平均值	标准差	F	p	多重比较
职业人格	坚持性	小学及以下	64	5.98	2.19			
		初中	103	7.60	2.22	13.616**	.000	4>1,3>1
		高中/中专	48	8.25	2.01			2>1
		大专及以上	37	8.35	2.49			
	严谨性	小学及以下	64	7.59	1.80			
		初中	103	7.90	1.95	4.618**	.004	4>1,4>2
		高中/中专	48	8.29	1.96			
		大专及以上	37	8.95	1.56			
	情绪稳定性	小学及以下	64	5.67	2.97			
		初中	103	5.93	2.60	1.421	.237	
		高中/中专	48	6.69	2.60			
		大专及以上	37	5.76	2.94			
	自信心	小学及以下	64	7.77	2.14			
		初中	103	8.00	2.03	3.675*	.013	4>1,4>2
		高中/中专	48	7.92	2.01			4>3
		大专及以上	37	9.08	1.83			
	责任心	小学及以下	64	7.59	1.95			
		初中	103	8.51	1.94	7.856**	.000	4>1,4>2
		高中/中专	48	8.69	1.89			3>1,2>1
		大专及以上	37	9.43	1.76			
	交际能力	小学及以下	64	6.69	2.27			
		初中	103	7.33	2.07	7.829**	.000	4>1,4>2
		高中/中专	48	7.94	2.20			3>1
		大专及以上	37	8.68	1.87			

(续表)

名称		文化水平	人数	平均值	标准差	F	p	多重比较
职业人格	管理能力	小学及以下	64	8.00	2.35	4.275**	.006	4>1,4>2 4>3
		初中	103	8.19	2.61			
		高中/中专	48	8.04	2.84			
		大专及以上	37	9.68	1.84			
	抗挫折能力	小学及以下	64	5.78	2.28	10.646**	.000	4>1,4>2 3>1,3>2 2>1
		初中	103	7.01	2.42			
		高中/中专	48	8.04	2.21			
		大专及以上	37	7.95	2.60			

注：1 表示小学及以下言语残疾人组，2 表示初中言语残疾人组，3 表示高中/中专言语残疾人组，4 表示大专及以上言语残疾人组。

(4) 结论

①广东省言语残疾人职业人格测验各维度的得分从高到低依次为：责任心>管理能力>自信心>严谨性>交际能力>坚持性>抗挫折能力>情绪稳定性。

②广东省言语残疾人在职业人格各维度的得分均不存在显著的性别差异。

③广东省言语残疾人在严谨性、自信心、交际能力和管理能力维度的得分随着年龄的增长呈现先升后降的趋势，在 30~39 岁年龄组的得分最高；在坚持性维度，40 岁之前两个年龄组的得分高于 40 岁之后的两个年龄组；且在严谨性和管理能力维度的得分存在显著的年龄差异（$p<0.05$），在坚持性、自信心和交际能力维度的得分存在极显著的年龄差异（$p<0.01$）。

④三级和一级言语残疾人在抗挫折能力和管理能力维度的得分较高，而四级和二级言语残疾人得分较低，随着残疾等级的加重，在抗挫折能力的得分呈现"N"型变化趋势；且在管理能力和抗挫折能力维度的得分存在残疾等级间的显著差异（$p<0.05$）。

⑤广东省言语残疾人在坚持性、严谨性、自信心、责任心、交际能力、管理能力和抗挫折能力的得分随着文化水平的提高而提高，但高中/中专组在自信心和管理能力维度的得分略低于初中组，大专及以上组在抗挫折能力维度的得分略低于高中/中专组；且在自信心维度的得分存在显著的文化水平差异（$p<0.05$），在坚持性、严谨性、责任心、交际能力、管理能力和抗挫折能力维度的得分均存在极其显著的文化水平差异（$p<0.01$）。

3. 广东省言语残疾人职业兴趣状况

(1) 测试人群分布

选取广东省 254 名言语残疾人进行职业兴趣测验，其性别和年龄分布的详细资料见表 2-5-75。

表 2-5-75 广东省言语残疾人职业兴趣测验有效样本分布表 （单位：人）

年龄（岁）	性别		总计
	男	女	
15~29	81	55	136
30~39	41	33	74
40~49	18	12	30
50~59	11	3	14
总计	151	103	254

（2）总体情况

被测试的广东省言语残疾人在职业兴趣各类型的得分从高到低依次为：现实型>常规型>研究型>艺术型>企业型>社会型。在不同年龄段的男性言语残疾人中，40-49岁年龄组常规型、企业型和艺术型的得分最高，30-39岁年龄组现实型、研究型和社会型的得分最高。在不同年龄段的女性言语残疾人中（50-59岁年龄组仅为3人，不与其他组比较），30-39岁年龄组常规型、研究型、企业型、社会型和艺术型上的得分最高，15-29岁年龄组现实型的得分最高。广东省言语残疾人职业兴趣测验情况见表2-5-76。

表2-5-76　广东省言语残疾人职业兴趣测验

		n	常规型		现实型		研究型		企业型		社会型		艺术型	
			M	Std	M	Std	M	Std	M	Std	M	Std	M	Std
总体		254	6.12	1.54	6.24	1.69	5.86	1.82	5.65	1.70	5.46	1.65	5.75	1.94
男性		151	6.10	1.53	6.35	1.82	6.02	1.82	5.85	1.77	5.45	1.70	5.75	2.02
女性		103	6.15	1.56	6.08	1.47	5.62	1.80	5.36	1.56	5.48	1.59	5.75	1.82
男（岁）	15-29	81	6.05	1.62	6.35	1.85	5.86	1.78	5.81	1.73	5.38	1.71	5.86	2.00
	30-39	41	6.27	1.45	6.78	1.68	6.39	2.01	5.98	1.71	5.66	1.93	5.66	1.92
	40-49	18	6.33	1.14	5.50	1.89	6.00	1.68	6.28	2.02	5.61	1.24	6.28	2.14
	50-59	11	5.45	1.63	6.18	1.66	5.82	1.54	4.91	1.81	4.91	1.30	4.45	2.07
女（岁）	15-29	55	6.29	1.47	6.15	1.60	5.35	1.78	5.22	1.45	5.47	1.57	5.65	1.68
	30-39	33	6.30	1.47	6.06	1.37	6.24	1.64	5.52	1.75	5.82	1.61	6.24	1.70
	40-49	12	5.25	1.86	5.92	1.31	5.17	1.70	5.42	1.68	4.83	1.59	5.17	2.44
	50-54	3	5.33	2.08	5.67	0.58	5.67	3.51	6.00	1.00	4.33	0.58	4.33	2.31

（3）言语残疾人职业兴趣特征

1）性别差异比较分析

广东省言语残疾人职业兴趣测验各类型得分的均数比较可知，男性组在现实型、研究型和企业型上的得分普遍高于女性组，而在常规型和社会型上低于女性组（见图2-5-39）。

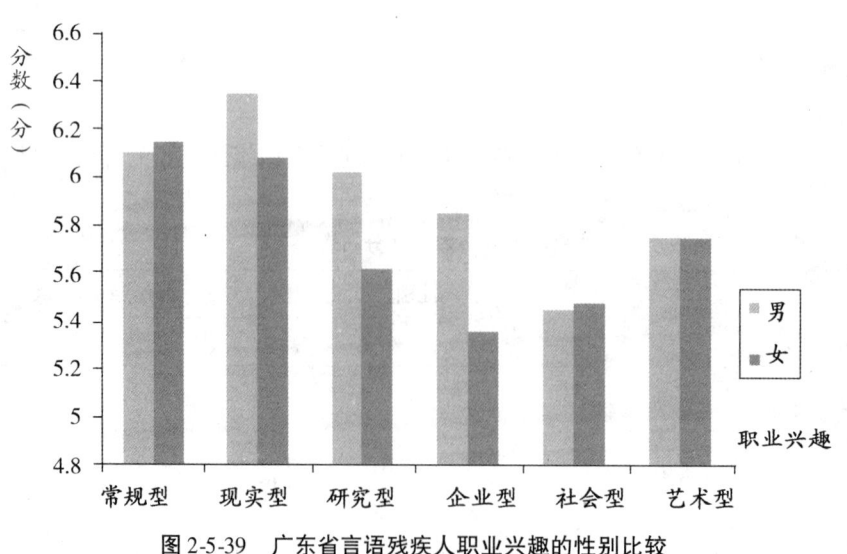

图2-5-39　广东省言语残疾人职业兴趣的性别比较

进一步差异性检验发现,广东省言语残疾人企业型维度得分存在显著的性别差异(见表2-5-77)。

表2-5-77 广东省言语残疾人职业兴趣的性别差异显著检验

	名称	性别	人数	平均值	标准差	t	p
职业兴趣	常规型	男	151	6.10	1.53	-.235	.814
		女	103	6.15	1.56		
	现实型	男	151	6.35	1.82	1.321	.188
		女	103	6.08	1.47		
	研究型	男	151	6.02	1.82	1.721	.086
		女	103	5.62	1.80		
	企业型	男	151	5.85	1.77	2.263*	.025
		女	103	5.36	1.56		
	社会型	男	151	5.45	1.70	-.120	.905
		女	103	5.48	1.59		
	艺术型	男	151	5.75	2.02	.030	.976
		女	103	5.75	1.82		

2)年龄差异比较分析

统计结果表明,随着年龄的增长,广东省言语残疾人在职业兴趣各类型的得分大体上呈现先升后降的变化特点,在常规性、现实型、研究型、社会型和艺术型均表现为30-39岁年龄组的得分最高;40-49岁年龄组企业型的得分最高;50-59岁年龄组现实型和研究型的得分略高于40-49岁年龄组(见图2-5-40)。

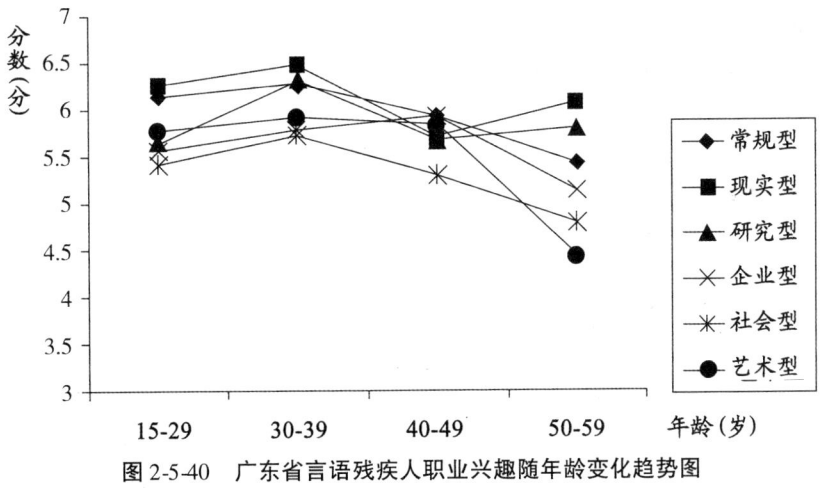

图2-5-40 广东省言语残疾人职业兴趣随年龄变化趋势图

进一步差异性检验发现,广东省言语残疾人职业兴趣各类型得分均无显著的年龄差异(见表2-5-78)。

表 2-5-78　广东省言语残疾人职业兴趣的年龄差异检验

名称		年龄(岁)	人数	平均值	标准差	F	p
职业兴趣	常规型	15-29	136	6.15	1.56	1.454	.228
		30-39	74	6.28	1.45		
		40-49	30	5.90	1.54		
		50-59	14	5.43	1.65		
	现实型	15-29	136	6.26	1.75	1.640	.181
		30-39	74	6.46	1.58		
		40-49	30	5.67	1.67		
		50-59	14	6.07	1.49		
	研究型	15-29	136	5.65	1.79	2.344	.074
		30-39	74	6.32	1.84		
		40-49	30	5.67	1.71		
		50-59	14	5.79	1.93		
	企业型	15-29	136	5.57	1.64	.904	.440
		30-39	74	5.77	1.73		
		40-49	30	5.93	1.91		
		50-59	14	5.14	1.70		
	社会型	15-29	136	5.42	1.65	1.566	.198
		30-39	74	5.73	1.79		
		40-49	30	5.30	1.42		
		50-59	14	4.79	1.19		
	艺术型	15-29	136	5.78	1.87	2.423	.066
		30-39	74	5.92	1.83		
		40-49	30	5.83	2.29		
		50-59	14	4.43	2.03		

3) 残疾等级比较分析

随着残疾等级的变化，广东省言语残疾人在常规型的得分呈现水平波动；在现实型得分呈现先降后升的趋势，三级言语残疾人的得分最低；在研究型、企业型和社会型的得分随着残疾等级的加重而逐渐上升，一级言语残疾人的得分最高。在艺术型，三级和一级言语残疾人的得分较高，四级和二级言语残疾人的得分较低，随残疾等级由四级变化到一级，呈现"N"型趋势（见图2-5-41）。

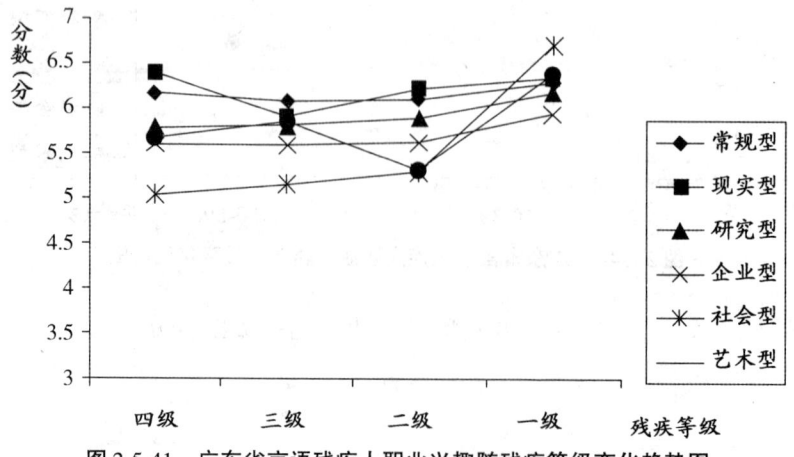

图 2-5-41　广东省言语残疾人职业兴趣随残疾等级变化趋势图

进一步差异性检验发现,不同残疾程度的广东省言语残疾人社会型得分存在极显著差异。多重比较发现,一级言语残疾人在社会型的得分显著高于其他三组,见表2-5-79。

表2-5-79 广东省言语残疾人职业兴趣的残疾等级差异检验

	名称	残疾等级	人数	平均值	标准差	F	p	多重比较
职业兴趣	常规型	四级	103	6.17	1.40			
		三级	49	6.08	1.26	.153	.928	
		二级	38	6.11	1.71			
		一级	51	6.27	1.88			
	现实型	四级	103	6.39	1.66			
		三级	49	5.90	1.54	.967	.409	
		二级	38	6.21	1.58			
		一级	51	6.33	2.01			
	研究型	四级	103	5.78	1.78			
		三级	49	5.82	1.69	.562	.641	
		二级	38	5.89	1.91			
		一级	51	6.18	2.08			
	企业型	四级	103	5.61	1.46			
		三级	49	5.59	1.78	.518	.670	
		二级	38	5.63	2.08			
		一级	51	5.94	1.71			
	社会型	四级	103	5.04	1.53			
		三级	49	5.16	1.71	14.281**	.000	4>1,4>2 4>3
		二级	38	5.29	1.61			
		一级	51	6.71	1.38			
	艺术型	四级	103	5.66	2.05			
		三级	49	5.84	1.70	2.481	.062	
		二级	38	5.32	1.89			
		一级	51	6.37	1.91			

注:1表示四级言语残疾人组,2表示三级言语残疾人组,3表示二级言语残疾人组,4表示一级言语残疾人组。

4)文化水平比较分析

广东省言语残疾人在现实型和研究型的得分随着文化水平的提升而逐渐升高;常规型的得分,在小学及以下组的言语残疾人最低,其余三组的得分差别不大;企业型的得分随着文化水平的提升呈现先升后降的趋势,高中/中专组的得分最高,小学及以下组得分最低;社会型的得分随着文化水平的提升呈现升-降-升的趋势,小学及以下组和高中/中专组得分较低,初中组和大专及以上组的得分较高;艺术型的得分,呈现先降后升的趋势,初中组得分最低(见图2-5-42)。

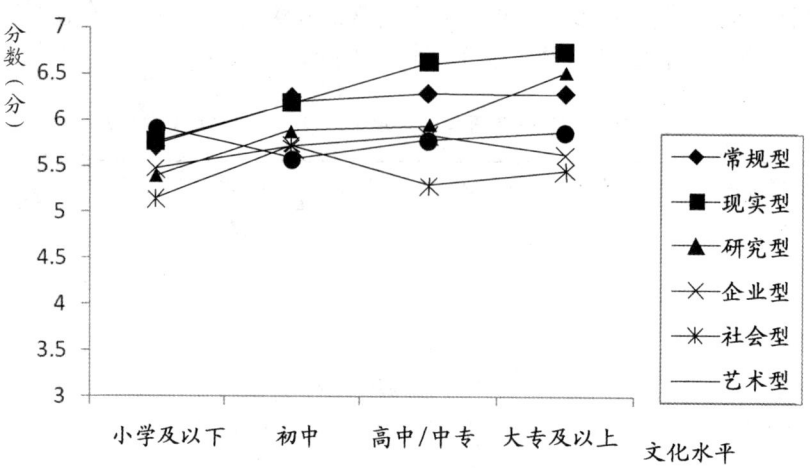

图 2-5-42　广东省言语残疾人职业兴趣随文化水平变化趋势图

进一步差异性检验显示,广东省言语残疾人在现实型和研究型的得分存在显著的文化水平差异。多重比较可以看出,小学及以下组的现实型得分显著低于高中/中专组和大专及以上组;小学及以下组的研究型得分显著低于大专及以上组(见表2-5-80)。

表 2-6-80　广东省言语残疾人职业兴趣的文化水平差异检验

	名称	文化水平	人数	平均值	标准差	F	p	多重比较
职业兴趣	常规型	小学及以下	66	5.74	1.42	1.840	.140	
		初中	103	6.21	1.74			
		高中/中专	48	6.29	1.46			
		大专及以上	37	6.30	1.10			
	现实型	小学及以下	66	5.77	1.62	3.712*	.012	4>1,3>1
		初中	103	6.18	1.76			
		高中/中专	48	6.63	1.47			
		大专及以上	37	6.73	1.69			
	研究型	小学及以下	66	5.41	1.80	3.037*	.030	4>1
		初中	103	5.88	1.93			
		高中/中专	48	5.92	1.72			
		大专及以上	37	6.51	1.48			
	企业型	小学及以下	66	5.47	1.67	.451	.717	
		初中	103	5.69	1.89			
		高中/中专	48	5.83	1.53			
		大专及以上	37	5.62	1.42			
	社会型	小学及以下	66	5.15	1.60	1.924	.126	2>1
		初中	103	5.74	1.73			
		高中/中专	48	5.29	1.53			
		大专及以上	37	5.46	1.61			
	艺术型	小学及以下	66	5.92	2.00	.481	.696	
		初中	103	5.58	1.95			
		高中/中专	48	5.79	1.93			
		大专及以上	37	5.86	1.83			

注:1表示小学及以下言语残疾人组,2表示初中言语残疾人组,3表示高中/中专言语残疾人组,4表示大专及以上言语残疾人组。

(4) 结论

①广东省言语残疾人在职业兴趣各类型的得分从高到低依次为:现实型>常规型>研究型>艺术型>企业型>社会型。

②男性组在企业型上的得分高于女性组,且二者存在显著的差异($p<0.05$)。

③广东省言语残疾人职业兴趣各类型的得分均无显著的年龄差异。

④广东省言语残疾人在社会型的得分随着残疾等级的加重而逐渐上升,一级言语残疾人的得分最高,且存在极其显著的残疾等级差异($p<0.01$)。

⑤广东省言语残疾人在现实型和研究型的得分随着文化水平的提升而逐渐升高;且在现实型和研究型的得分存在显著的文化水平差异($p<0.05$)。

六、广西壮族自治区残疾人职业适应性状况

本项目测查覆盖广西壮族自治区的南宁、柳州、钦州三个城市,共计测查就业年龄段的肢体残疾人、听力残疾人和言语残疾人有效样本690人。样本详情见表2-6-1~表2-6-5。

表2-6-1 广西壮族自治区残疾人样本残疾类型分布情况

地区	肢体残疾人		听力残疾人		言语残疾人		合计
	n	%	n	%	n	%	
南宁	176	67.4	64	24.5	21	8.0	261
柳州	104	55.6	61	32.6	22	11.8	187
钦州	115	47.5	68	28.1	59	24.4	242
总计	395	57.2	193	28.0	102	14.8	690

表2-6-2 广西壮族自治区残疾人样本性别分布情况

地区	男		女		合计
	n	%	n	%	
南宁	152	58.2	109	41.8	261
柳州	111	59.4	76	40.6	187
钦州	175	72.3	67	27.7	242
总计	438	63.5	252	36.5	690

表2-6-3 广西壮族自治区残疾人样本年龄段分布情况

地区	15-29岁		30-39岁		40-49岁		50-59岁		合计
	n	%	n	%	n	%	n	%	
南宁	153	58.6	63	24.1	44	16.9	1	0.4	261
柳州	102	54.5	51	27.3	31	16.6	3	1.6	187
钦州	149	61.6	52	21.5	34	14.0	7	2.9	242
总计	404	58.6	166	24.1	109	15.8	11	1.6	690

表 2-6-4 广西壮族自治区残疾人样本残疾等级分布情况

地区	四级		三级		二级		一级		合计
	n	%	n	%	n	%	n	%	
南宁	25	9.6	116	44.4	67	25.7	53	20.3	261
柳州	60	32.1	65	34.8	24	12.8	38	20.3	187
钦州	54	22.3	69	28.5	52	21.5	67	27.7	242
总计	139	20.1	250	36.2	143	20.7	158	22.9	690

表 2-6-5 广西壮族自治区残疾人样本文化水平分布情况

地区	小学及以下		初中		高中/中专		大专及以上		合计
	n	%	n	%	n	%	n	%	
南宁	14	5.4	88	33.7	133	51.0	26	10.0	261
柳州	0	0.0	10	5.3	174	93.0	3	1.6	187
钦州	79	32.6	88	36.4	63	26.0	12	5.0	242
总计	93	13.5	186	27.0	370	53.6	41	5.9	690

(一)广西壮族自治区肢体残疾人职业适应性状况

本次测查广西壮族自治区就业年龄段的肢体残疾者有效样本共计 395 人。样本详情见表 2-6-6～表 2-6-9。

表 2-6-6 广西壮族自治区肢体残疾人样本性别分布情况

地区	男		女		合计
	n	%	n	%	
南宁	107	60.8	69	39.2	176
柳州	62	59.6	42	40.4	104
钦州	93	80.9	22	19.1	115
总计	262	66.3	133	33.7	395

表 2-6-7 广西壮族自治区肢体残疾人样本年龄段分布情况

地区	15-29 岁		30-39 岁		40-49 岁		50-59 岁		合计
	n	%	n	%	n	%	n	%	
南宁	75	42.6	60	34.1	40	22.7	1	0.6	176
柳州	54	51.9	27	26.0	20	19.2	3	2.9	104
钦州	49	42.6	33	28.7	26	22.6	7	6.1	115
总计	178	45.1	120	30.4	86	21.8	11	2.8	395

表 2-6-8 广西壮族自治区肢体残疾人样本残疾等级分布情况

地区	四级		三级		二级		一级		合计
	n	%	n	%	n	%	n	%	
南宁	24	13.6	109	61.9	40	22.7	3	1.7	176

(续表)

地区	四级		三级		二级		一级		合计
	n	%	n	%	n	%	n	%	
柳州	42	40.4	50	48.1	11	10.6	1	1.0	104
钦州	46	40.0	51	44.3	16	13.9	2	1.7	115
总计	112	28.4	210	53.2	67	17.0	6	1.5	395

表 2-6-9 广西壮族自治区肢体残疾人样本文化水平分布情况

地区	小学		初中		高中/中专		大专及以上		合计
	n	%	n	%	n	%	n	%	
南宁	2	1.1	32	18.2	118	67.0	24	13.6	176
柳州	0	0.0	8	7.7	93	89.4	3	2.9	104
钦州	22	19.1	52	45.2	32	27.8	9	7.8	115
总计	24	6.1	92	23.3	243	61.5	36	9.1	395

1.广西壮族自治区肢体残疾人职业能力状况

(1)测试人群分布

本项目在广西壮族自治区共选取395名有效被试进行了肢体残疾人职业能力测验,其基本信息见表 2-6-10。

表 2-6-10　广西壮族自治区肢体残疾人有效样本分布表　　　　(单位:人)

年龄(岁)	性别		总计
	男	女	
15-29	121	57	178
30-39	69	51	120
40-49	63	23	86
50-59	9	2	11
总计	262	133	395

(2)总体情况

广西壮族自治区肢体残疾人在职业能力文档测验部分各分测验的得分从高到低依次为:形状知觉>数理能力>符号知觉>空间知觉>言语能力。在不同年龄段的男性肢体残疾人中,15-29岁年龄组在言语能力、空间知觉、符号知觉和形状知觉分测验以及文档测验上的得分最高;30-39岁年龄组在数理能力分测验的得分最高。在不同年龄段的女性肢体残疾人中,15-29岁年龄组在符号知觉分测验的得分最高;30-39岁年龄组在数理能力、空间知觉分测验及文档测验上的得分最高;40-49岁年龄组在言语能力和形状知觉分测验的得分最高(50-54岁年龄段女性肢体残疾人除外)。在手眼协调操作测试和职业能力总分上,女性组得分高于男性组,且在不同年龄段的男性肢体残疾人中,15-29岁年龄组得分最高;在不同年龄段的女性肢体残疾人中,40-49岁年龄组在手眼协调操作测验得分最高,而30-39岁年龄组在职业能力总分最高(50-54岁年龄段的女性肢体残疾人仅2人,不与其他各组进行比较)(见表2-6-11)。

表 2-6-11　广西壮族自治区肢体残疾人职业能力测验的平均数和标准差

		n	言语能力		数理能力		空间知觉		符号知觉		形状知觉		文档计分	
			M	Std	M	Std	M	Std	M	Std	M	Std	M	Std
	总体	395	7.67	3.57	10.54	4.79	9.38	4.33	10.29	6.08	11.39	4.11	49.27	17.59
	男性	262	7.18	3.55	10.40	4.74	9.21	4.49	9.51	6.06	11.00	4.29	47.29	17.85
	女性	133	8.64	3.43	10.83	4.89	9.73	3.98	11.82	5.82	12.15	3.64	53.16	16.45
男（岁）	15–29	121	7.76	3.38	10.78	4.81	9.70	4.51	10.79	6.16	11.49	4.35	50.52	17.84
	30–39	69	7.07	3.75	10.81	4.67	9.42	4.33	9.28	5.78	10.81	3.87	47.39	16.94
	40–49	63	6.29	3.35	9.56	4.61	8.48	4.42	7.65	5.69	10.76	4.38	42.72	16.85
	50–59	9	6.37	4.70	8.00	4.58	6.00	4.69	7.31	6.13	7.56	4.77	35.24	22.34
女（岁）	15–29	57	8.39	3.14	10.07	4.67	9.33	4.15	12.38	5.84	11.37	3.82	51.54	16.33
	30–39	51	8.61	3.53	11.73	5.18	10.27	3.92	11.72	5.92	12.59	3.54	54.92	17.37
	40–49	23	9.42	3.77	10.78	4.81	9.57	3.91	10.07	5.39	12.87	3.24	52.71	15.36
	50–54	2	7.33	6.60	10.00	2.83	9.00	1.41	18.33	0.00	15.00	1.41	59.67	9.43

表 2-6-11　广西壮族自治区肢体残疾人职业能力测验的平均数和标准差（续）

		n	手眼协调（网络测试）		职业能力总分（网络测试）	
			M	Std	M	Std
	总体	395	14.47	7.48	60.13	20.49
	男性	262	14.29	7.69	58.01	21.14
	女性	133	14.84	7.08	64.29	18.53
男（岁）	15–29	121	15.23	7.37	61.94	21.08
	30–39	69	15.07	7.51	58.70	19.36
	40–49	63	12.04	7.84	51.76	20.21
	50–59	9	11.41	9.45	43.80	28.18
女（岁）	15–29	57	13.73	7.33	61.84	18.12
	30–39	51	15.16	6.93	66.29	19.89
	40–49	23	17.16	6.17	65.58	17.23
	50–54	2	11.33	12.26	68.17	0.24

(3) 广西壮族自治区肢体残疾人职业能力特征

1) 性别差异比较分析

广西壮族自治区肢体残疾人职业能力各分测验的得分均数比较显示，男性肢体残疾人组各分测验的得分均低于女性组（见图 2-6-1）。

进一步差异检验发现，在言语能力、符号知觉、形状知觉分测验的得分和文档计分及职业能力总分存在极显著的性别差异，见表 2-6-12。

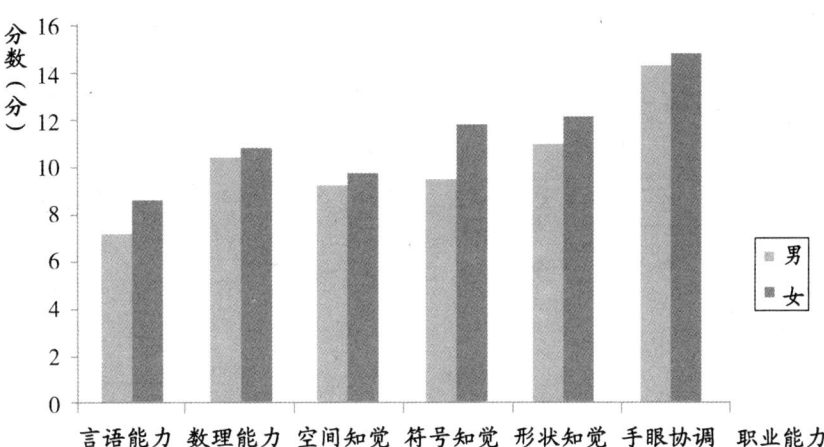

图 2-6-1 广西壮族自治区肢体残疾人职业能力性别比较

表 2-6-12 广西壮族自治区肢体残疾人职业能力的性别差异检验

	名称	性别	人数	平均值	标准差	t	p
职业能力文档测验	言语能力	男	262	7.18	3.55	-3.901**	.000
		女	133	8.64	3.43		
	数理能力	男	262	10.40	4.74	-.843	.400
		女	133	10.83	4.89		
	空间知觉	男	262	9.21	4.49	-1.135	.257
		女	133	9.73	3.98		
	符号知觉	男	262	9.51	6.06	-3.615**	.000
		女	133	11.82	5.82		
	形状知觉	男	262	11.00	4.29	-2.792**	.006
		女	133	12.15	3.64		
	文档计分	男	262	47.29	17.85	-3.168**	.002
		女	133	53.16	16.45		
职业能力操作测验	手眼协调	男	262	14.29	7.69	-.686	.493
		女	133	14.84	7.08		
	职业能力总分	男	262	58.01	21.14	-2.904**	.004
		女	133	64.29	18.53		

2) 年龄差异比较分析

广西壮族自治区肢体残疾人在言语能力、数理能力、空间知觉、符号知觉、形状知觉和手眼协调分测验的得分大体上表现为随年龄的增长而呈现下降趋势,但 15-29 岁年龄组的肢体残疾人在数理能力、空间知觉、形状知觉和手眼协调的得分略低于 30-39 岁年龄组,50-59 岁年龄组的肢体残疾人在符号知觉分测验的得分略高于 40-49 岁年龄组(见图 2-6-2)。

进一步差异检验发现,在空间知觉分测验的得分以及文档计分和职业能力测验总分存在显著的年龄差异;在符号知觉分测验的得分存在着极显著的年龄差异。多重比较可以看出,在空间知觉方面,40 岁之前肢体残疾人的得分显著高于 50-59 岁年龄组;在符号知觉方面,40 岁之前的两组肢体残疾人的得分显著高于 40-49 岁年龄组。在文档测验计分和职业能力总分上,40 岁之前的两组的得分显著高于 40 岁之后的两组,即 40 岁之前的肢体残疾人在职业能力上的表现优于 40 岁之后的两组肢体残疾人(见表 2-6-13)。

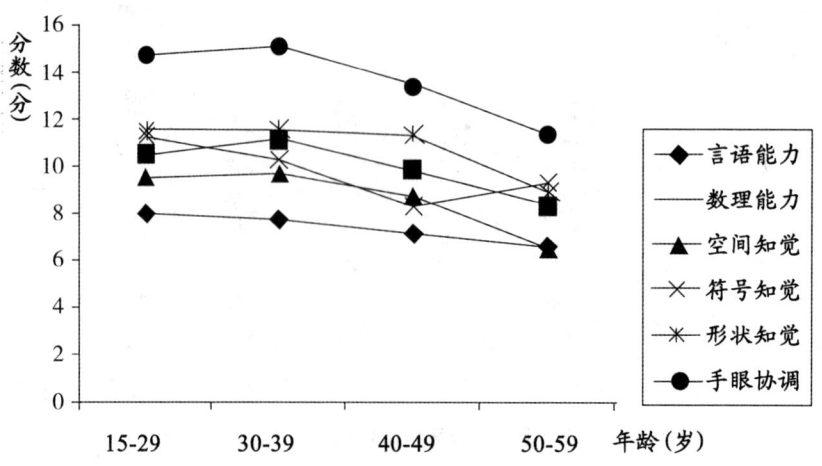

图 2-6-2　广西壮族自治区肢体残疾人职业能力随年龄变化趋势图

表 2-6-13　广西壮族自治区肢体残疾人职业能力的年龄差异检验

	名称	年龄(岁)	人数	平均值	标准差	F	p	多重比较
职业能力文档测验	言语能力	15-29	178	7.96	3.31	1.445	.229	
		30-39	120	7.73	3.72			
		40-49	86	7.12	3.71			
		50-59	11	6.55	4.71			
	数理能力	15-29	178	10.55	4.77	2.070	.104	
		30-39	120	11.20	4.89			
		40-49	86	9.88	4.67			
		50-59	11	8.36	4.27			
	空间知觉	15-29	178	9.58	4.39	2.658*	.048	1>4,2>4
		30-39	120	9.78	4.16			
		40-49	86	8.77	4.30			
		50-59	11	6.55	4.39			
	符号知觉	15-29	178	11.30	6.09	4.961**	.002	1>3,2>3
		30-39	120	10.31	5.94			
		40-49	86	8.29	5.69			
		50-59	11	9.32	7.07			
	形状知觉	15-29	178	11.45	4.18	1.432	.233	
		30-39	120	11.57	3.82			
		40-49	86	11.33	4.19			
		50-59	11	8.91	5.24			
	文档计分	15-29	178	50.84	17.33	3.234*	.022	1>3,1>4 2>3,2>4
		30-39	120	50.59	17.46			
		40-49	86	45.40	16.97			
		50-59	11	39.68	22.49			

(续表)

名称		年龄(岁)	人数	平均值	标准差	F	p	多重比较
职业能力文档测验	手眼协调	15-29	178	14.75	7.37	1.577	.195	
		30-39	120	15.11	7.24			
		40-49	86	13.41	7.74			
		50-59	11	11.39	9.30			
	职业能力总分	15-29	178	61.91	20.13	3.550*	.015	1>3,1>4 2>3,2>4
		30-39	120	61.92	19.86			
		40-49	86	55.45	20.32			
		50-59	11	48.23	27.07			

注：1表示15-29岁年龄段的肢体残疾人组，2表示30-39岁年龄段的肢体残疾人组，3表示40-49岁年龄段的肢体残疾人组，4表示50-59岁年龄段的肢体残疾人组。

3) 残疾等级比较分析

广西壮族自治区肢体残疾人职业能力各分测验得分大体上随着残疾等级的加重而呈波动状态，即四级和二级肢体残疾人在各分测验的得分较高，三级和一级肢体残疾人在各分测验的得分较低（见图2-6-3）。

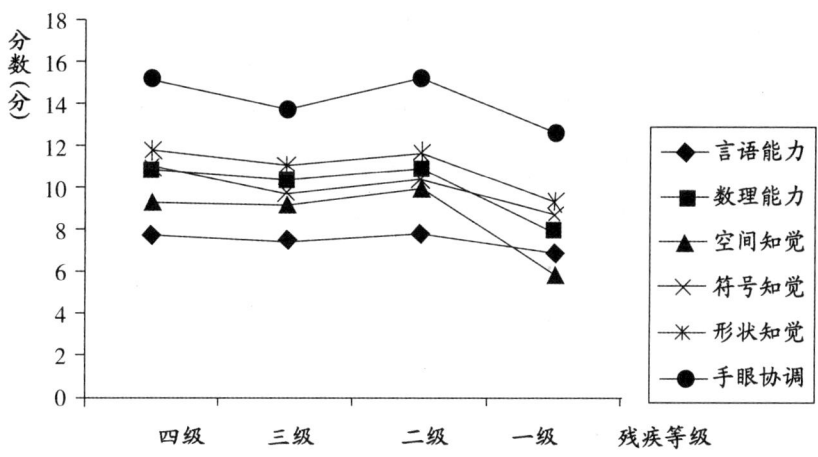

图2-6-3 广西壮族自治区肢体残疾人职业能力随残疾等级变化趋势图

进一步差异检验发现，广西壮族自治区肢体残疾人在职业能力各分测验上的得分不存在显著的残疾等级差异（见表2-6-14）。

表2-6-14 广西壮族自治区肢体残疾人职业能力的残疾等级差异检验

名称		残疾等级	人数	平均值	标准差	F	p	多重比较
职业能力文档测试	言语能力	四级	112	7.82	3.62	.294	.830	
		三级	210	7.55	3.54			
		二级	67	7.85	3.75			
		一级	6	6.89	2.09			

(续表)

名称		残疾等级	人数	平均值	标准差	F	p	多重比较
职业能力文档测试	数理能力	四级	112	10.77	5.05	.845	.470	
		三级	210	10.38	4.55			
		二级	67	10.90	5.26			
		一级	6	8.00	1.26			
	空间知觉	四级	112	9.36	4.47	1.880	.132	
		三级	210	9.27	4.31			
		二级	67	10.09	4.16			
		一级	6	6.00	2.83			
	符号知觉	四级	112	11.07	5.97	1.087	.354	
		三级	210	9.87	5.96			
		二级	67	10.42	6.61			
		一级	6	8.75	5.74			
	形状知觉	四级	112	11.84	4.15	1.415	.238	
		三级	210	11.10	4.12			
		二级	67	11.70	3.85			
		一级	6	9.33	5.61			
	文档计分	四级	112	50.86	18.24	1.471	.222	
		三级	210	48.18	17.01			
		二级	67	50.96	18.40			
		一级	6	38.97	12.71			
职业能力操作测验	手眼协调	四级	112	15.33	6.96	1.427	.235	
		三级	210	13.81	7.85			
		二级	67	15.28	7.01			
		一级	6	12.67	8.03			
	职业能力总分	四级	112	62.36	20.81	1.803	.146	
		三级	210	58.53	20.17			
		二级	67	62.42	20.84			
		一级	6	48.47	16.82			

4) 文化水平比较分析

广西壮族自治区肢体残疾人职业能力各分测验得分大体上呈现随着文化水平的升高而上升的趋势。即各分测验得分表现从高到低依次为:大专及以上组>高中/中专组>初中组>小学及以下组(见图2-6-4)。

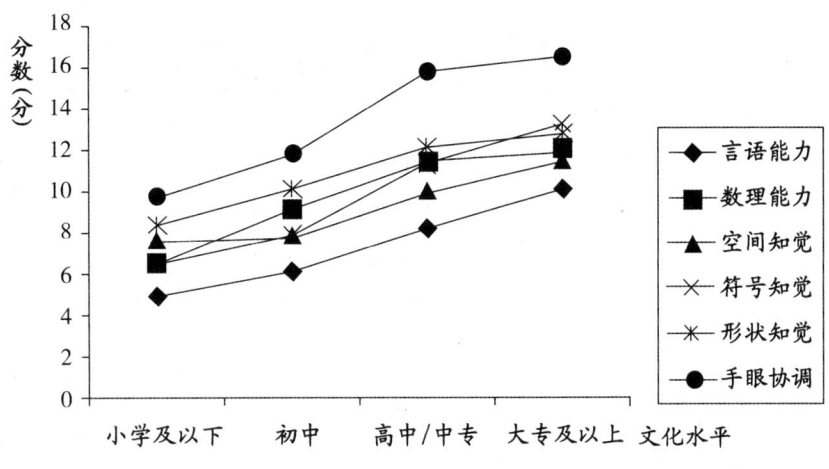

图 2-6-4 广西壮族自治区肢体残疾人职业能力随文化水平变化趋势图

进一步差异检验显示,职业能力各分测验得分以及总分均存在极显著的文化水平差异。多重比较可以看出,在言语能力、空间知觉分测验的得分和文档计分上,大专及以上组肢体残疾人的得分显著高于其他三组,且高中/中专组与小学及以下组和初中组存在显著差异,高中/中专组的得分显著高于小学及以下组和初中组。在数理能力分测验的得分上,大专及以上组和高中/中专组的得分显著高于初中组和小学及以下组,且初中组的得分显著高于小学及以下组。在形状知觉、符号知觉和手眼协调分测验的得分上,大专及以上组和高中/中专组与初中组和小学及以下组之间的差异达到显著水平,即大专及以上组和高中/中专组的肢体残疾人在数理能力和手眼协调能力上比初中组和小学及以下组强。在职业能力总分上,各组间均存在显著差异(见表 2-6-15)。

表 2-6-15 广西壮族自治区肢体残疾人职业能力的文化水平差异检验

名称		文化水平	人数	平均值	标准差	F	p	多重比较
职业能力文档测验	言语能力	小学及以下	24	4.92	3.86	19.340**	.000	4>1,4>2 4>3,3>1 3>2
		初中	92	6.14	3.59			
		高中/中专	243	8.18	3.26			
		大专及以上	36	9.98	2.91			
	数理能力	小学及以下	24	6.50	4.65	12.918**	.000	4>2,4>1 3>2,3>1 2>1
		初中	92	9.02	4.30			
		高中/中专	243	11.32	4.62			
		大专及以上	36	11.89	5.04			
	空间知觉	小学及以下	24	7.58	4.25	9.779**	.000	4>3,4>2 4>1,3>2 3>1
		初中	92	7.78	4.13			
		高中/中专	243	9.87	4.23			
		大专及以上	36	11.39	4.05			
	符号知觉	小学及以下	24	6.42	5.55	13.949**	.000	4>2,4>1 3>2,3>1
		初中	92	7.82	5.22			
		高中/中专	243	11.19	6.02			
		大专及以上	36	13.13	5.82			

(续表)

名称		文化水平	人数	平均值	标准差	F	p	多重比较
职业能力操作测验	形状知觉	小学及以下	24	8.33	4.59	11.800**	.000	4>2,4>1 3>2,3>1
		初中	92	10.02	4.12			
		高中/中专	243	12.01	3.79			
		大专及以上	36	12.72	4.14			
	文档计分	小学及以下	24	33.76	18.18	23.316**	.000	4>3,4>2 4>1,3>2 3>1
		初中	92	40.79	14.97			
		高中/中专	243	52.56	16.50			
		大专及以上	36	59.11	16.51			
	手眼协调	小学及以下	24	9.72	8.62	11.117**	.000	4>2,4>1 3>2,3>1
		初中	92	11.72	7.98			
		高中/中专	243	15.70	6.74			
		大专及以上	36	16.37	7.23			
职业能力总分		小学及以下	24	41.05	21.97	26.357**	.000	4>3,4>2 4>1,3>2 3>1,2>1
		初中	92	49.58	17.34			
		高中/中专	243	64.33	18.91			
		大专及以上	36	71.38	18.98			

注:1 表示小学及以下肢体残疾人组,2 表示初中肢体残疾人组,3 表示高中/中专肢体残疾人组,4 表示大专及以上肢体残疾人组。

5) 残疾部位比较分析

广西壮族自治区肢体残疾人职业能力各分测验的得分均数比较显示,在言语能力分测验,下肢残疾人得分最高,躯干残疾人得分最低;在数理能力、空间知觉和符号知觉分测验,躯干残疾人得分最高,上肢残疾人得分最低;在形状知觉和手眼协调测验,下肢残疾人的得分最高,躯干残疾人的得分较低(见图 2-6-5)。

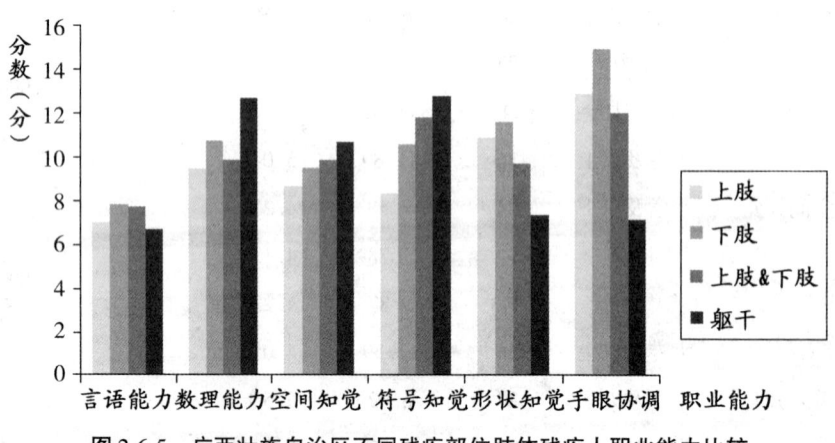

图 2-6-5 广西壮族自治区不同残疾部位肢体残疾人职业能力比较

进一步差异检验发现,不同残疾部位的肢体残疾人在符号知觉分测验的得分存在显著差异。多重比较发现,下肢残疾人的得分在符号知觉分测验的得分显著高于上肢残疾人(见表 2-6-16)。

表 2-6-16 广西壮族自治区不同残疾部位肢体残疾人职业能力的差异检验

名称		残疾部位	人数	平均值	标准差	F	p	多重比较
职业能力 文档测验	言语能力	上肢	56	7.00	3.62	.864	.460	
		下肢	324	7.79	3.58			
		上肢&下肢	12	7.67	2.53			
		躯干	3	6.67	6.11			
	数理能力	上肢	56	9.43	5.13	1.483	.219	
		下肢	324	10.74	4.68			
		上肢&下肢	12	9.83	4.63			
		躯干	3	12.67	9.45			
	空间知觉	上肢	56	8.64	4.11	.731	.534	
		下肢	324	9.48	4.36			
		上肢&下肢	12	9.83	4.39			
		躯干	3	10.67	5.77			
	符号知觉	上肢	56	8.30	5.80	2.647*	.049	2>1
		下肢	324	10.55	6.01			
		上肢&下肢	12	11.81	6.85			
		躯干	3	12.78	10.35			
	形状知觉	上肢	56	10.89	4.19	2.184	.089	
		下肢	324	11.57	4.06			
		上肢&下肢	12	9.67	4.42			
		躯干	3	7.33	5.03			
	文档计分	上肢	56	44.27	16.97	1.791	.148	
		下肢	324	50.14	17.42			
		上肢&下肢	12	48.81	18.50			
		躯干	3	50.11	36.18			
职业能力 操作测验	手眼协调	上肢	56	12.86	8.41	2.683	.146	
		下肢	324	14.91	7.20			
		上肢&下肢	12	12.00	8.55			
		躯干	3	7.11	10.10			
	职业能力总分	上肢	56	53.91	20.84	2.213	.086	
		下肢	324	61.33	19.99			
		上肢&下肢	12	57.81	24.21			
		躯干	3	55.44	40.63			

注:1 表示上肢残疾人组,2 表示下肢残疾人组,3 表示上肢和下肢残疾人组,4 表示躯干残疾人组。

(4)结论

①广西壮族自治区肢体残疾人在职业能力文档部分各分测验的得分从高到低依次为:形状知觉>数理能力>符号知觉>空间知觉>言语能力。

②男性肢体残疾人组职业能力各分测验的得分低于女性组,且在言语能力、符号知觉、形状知觉分测验的得分和文档计分及职业能力总分存在极显著的性别差异($p<0.01$)。

③广西壮族自治区肢体残疾人在空间知觉和符号知觉分测验的得分、文档测验总分和职业能力总分大体上表现为随年龄的增长而呈现下降趋势,但15-29岁年龄组的肢体残疾人在空间知觉分测验的得分略低于30-39岁年龄组,50-59岁年龄组的肢体残疾人在符号知觉分测验的得分略高于40-49岁年龄组,且在空间知觉分测验的得分以及文档计分和职业能力测验总分存在显著的年龄差异($p<0.05$);在符号知觉分测验的得分存在着极显著的年龄差异($p<0.01$)。

④广西壮族自治区肢体残疾人在职业能力各分测验上的得分不存在显著的残疾等级差异。

⑤广西壮族自治区肢体残疾人职业能力各分测验得分大体上随着文化水平的升高而呈现上升趋势,且存在极显著的文化水平差异($p<0.01$)。

⑥下肢残疾人的得分在符号知觉分测验的得分显著高于上肢残疾人($p<0.05$)。

2. 广西壮族自治区肢体残疾人职业人格状况

(1)测试人群分布

本项目在广西壮族自治区共选取395名肢体残疾被试进行了职业人格测验,其基本信息见表2-6-10。

(2)总体情况

广西壮族自治区肢体残疾人职业人格各维度得分从高到低依次为:责任心>自信心>交际能力>管理能力>坚持性>严谨性>抗挫折能力>情绪稳定性。在不同年龄组的男性肢体残疾人中,30-39岁年龄组在坚持性、情绪稳定性、自信心和管理能力维度的得分高于其他年龄组;15-29岁年龄组在严谨性、责任心、交际能力和抗挫折能力维度的得分高于其他三个组。在不同年龄组的女性肢体残疾被试中,15-29岁年龄组在责任心和抗挫折能力维度的得分高于其他组;30-39岁年龄组在坚持性、严谨性、交际能力和管理能力维度的得分高于其他三个组;在情绪稳定性和自信心维度,40-49岁年龄组的得分最高(50-54岁年龄组的女性肢体残疾人仅2人,不与其他各组进行比较)(见表2-6-17)。

表2-6-17 广西壮族自治区肢体残疾人职业人格测验的平均数和标准差

		n	坚持性		严谨性		情绪稳定性		自信心	
			M	Std	M	Std	M	Std	M	Std
	总体	395	8.89	2.48	8.75	1.82	7.20	2.56	8.97	2.14
	男性	262	8.60	2.55	8.59	1.78	7.05	2.52	8.77	2.18
	女性	133	9.46	2.24	9.08	1.84	7.50	2.62	9.38	2.01
男(岁)	15-29	121	8.93	2.34	8.74	1.75	7.41	2.34	8.56	2.14
	30-39	69	9.20	2.40	8.67	1.68	7.55	2.78	9.03	2.29
	40-49	63	7.63	2.81	8.35	1.91	5.94	2.36	8.94	1.97
	50-59	9	6.33	1.32	7.56	1.94	6.11	1.45	8.33	3.12
女(岁)	15-29	57	9.35	2.36	9.21	1.87	7.16	2.60	9.00	2.23
	30-39	51	9.76	2.05	9.29	1.60	7.76	2.70	9.57	1.78
	40-49	23	9.30	2.32	8.39	2.21	8.04	2.29	10.00	1.83
	50-54	2	6.50	0.71	8.00	0.00	4.50	3.54	8.00	0.00

表2-6-18 广西壮族自治区肢体残疾人职业人格测验的平均数和标准差(续)

		n	责任心		交际能力		管理能力		抗挫折能力	
			M	Std	M	Std	M	Std	M	Std
	总体	395	9.52	1.83	8.96	2.09	8.93	1.84	7.92	2.61
	男性	262	9.26	1.91	8.85	2.08	8.70	1.87	7.59	2.71
	女性	133	10.05	1.55	9.17	2.11	9.38	1.70	8.58	2.27
男（岁）	15–29	121	9.67	1.73	9.09	2.13	8.88	1.76	8.21	2.51
	30–39	69	9.22	2.15	8.97	2.00	8.90	2.01	7.86	2.55
	40–49	63	8.75	1.69	8.54	1.91	8.35	1.82	6.44	2.83
	50–59	9	7.56	2.07	7.00	2.12	7.22	1.86	5.22	2.11
女（岁）	15–29	57	10.12	1.42	9.16	2.33	9.16	1.87	8.82	2.13
	30–39	51	10.08	1.64	9.31	1.91	9.88	1.49	8.47	2.34
	40–49	23	10.04	1.52	8.96	1.92	9.00	1.51	8.48	2.37
	50–54	2	7.00	0.00	8.00	4.24	7.50	0.71	5.50	2.12

(3) 广西壮族自治区肢体残疾人职业人格特征

1) 性别差异比较分析

广西壮族自治区肢体残疾人职业人格各维度得分的均数比较显示,女性组在职业人格各维度的得分均高于男性组(见图2-6-6)。

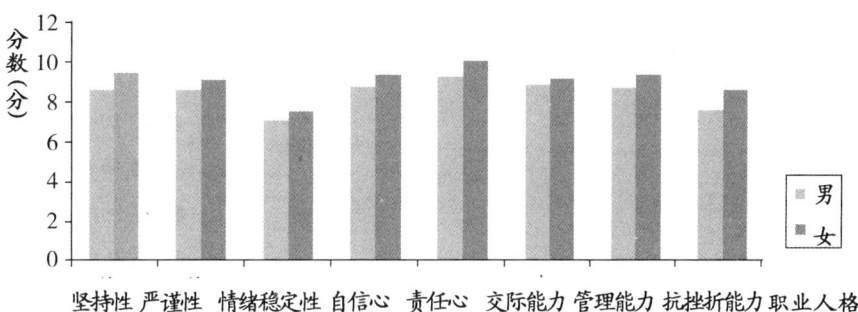

图2-6-6 广西壮族自治区肢体残疾人职业人格特征的性别比较

进一步差异检验发现,广西壮族自治区肢体残疾人在坚持性、严谨性、自信心、责任心、管理能力和抗挫折能力维度均存在极显著的性别差异,见表2-6-18。

表2-6-18 广西壮族自治区肢体残疾人职业人格特征的性别差异检验

	名称	性别	人数	平均值	标准差	t	p
职业人格	坚持性	男	262	8.60	2.55	-3.421**	.001
		女	133	9.46	2.24		
	严谨性	男	262	8.59	1.78	-2.576**	.010
		女	133	9.08	1.84		
	情绪稳定性	男	262	7.05	2.52	-1.669	.096
		女	133	7.50	2.62		

(续表)

名称		性别	人数	平均值	标准差	t	p
职业人格	自信心	男	262	8.77	2.18	-2.696**	.007
		女	133	9.38	2.01		
	责任心	男	262	9.26	1.91	-4.128**	.000
		女	133	10.05	1.55		
	交际能力	男	262	8.85	2.08	-1.396	.164
		女	133	9.17	2.11		
	管理能力	男	262	8.70	1.87	-3.523**	.000
		女	133	9.38	1.70		
	抗挫折能力	男	262	7.59	2.71	-3.624**	.000
		女	133	8.58	2.27		

2）年龄差异比较分析

随着年龄的增长，广西壮族自治区肢体残疾人在职业人格各维度上的得分逐渐降低，但30-39岁年龄组在坚持性、情绪稳定性、自信心和管理能力维度的得分略高于15-29岁年龄组（见图2-6-7）。

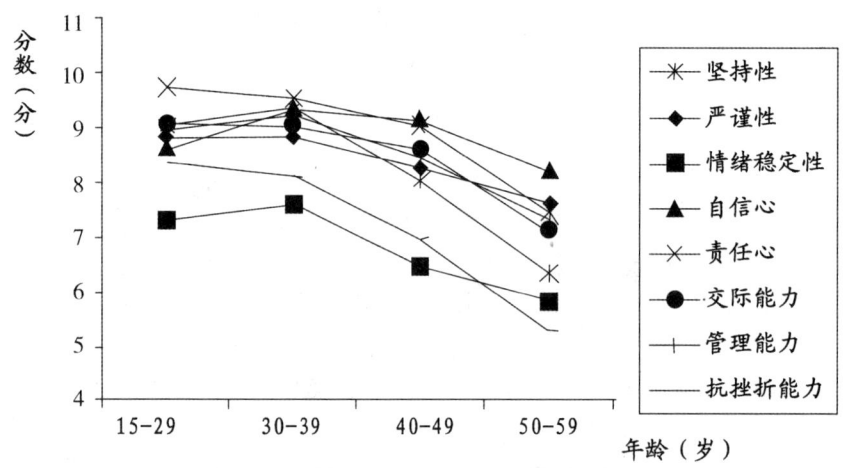

图2-6-7 广西壮族自治区肢体残疾人职业人格特征随年龄变化趋势图

进一步差异检验发现，广西壮族自治区肢体残疾人在严谨性维度存在显著的年龄差异，在坚持性、情绪稳定性、责任心、交际能力、管理能力和抗挫折能力维度的得分存在极显著的年龄差异。多重比较可看出，在坚持性和抗挫折能力维度，40岁之前两个年龄组的得分显著高于40岁之后两个年龄组，且40-49岁年龄组的得分显著高于50-59岁年龄组；在严谨性和责任心维度，40岁之前两个年龄组的得分显著高于40岁之后的两组，说明40岁之前肢体残疾人的严谨性和责任心人格特征更为突出。在情绪稳定性维度，30-39岁年龄组的得分显著高于40岁之后的两组，且30-39岁年龄组的肢体残疾人与50-59岁年龄组的得分达到显著水平；在交际能力和管理能力维度，50-59岁年龄组的得分显著低于其他三组，且30-39岁年龄组和40-49岁年龄组在管理能力维度的得分差异也达到显著水平（见表2-6-19）。

表 2-6-19 广西壮族自治区肢体残疾人职业人格特征的年龄差异检验

	名称	年龄(岁)	人数	平均值	标准差	F	p	多重比较
职业人格	坚持性	15-29	178	9.07	2.35	9.748**	.000	1>3,1>4 2>3,2>4 3>4
		30-39	120	9.44	2.26			
		40-49	86	8.08	2.77			
		50-59	11	6.36	1.21			
	严谨性	15-29	178	8.89	1.80	3.536*	.015	1>3,1>4 2>3,2>4
		30-39	120	8.93	1.67			
		40-49	86	8.36	1.98			
		50-59	11	7.64	1.75			
	情绪稳定性	15-29	178	7.33	2.42	4.683**	.003	1>3,2>3 2>4
		30-39	120	7.64	2.73			
		40-49	86	6.50	2.51			
		50-59	11	5.82	1.83			
	自信心	15-29	178	8.70	2.17	2.471	.061	
		30-39	120	9.26	2.10			
		40-49	86	9.22	1.98			
		50-59	11	8.27	2.80			
	责任心	15-29	178	9.81	1.65	8.228**	.000	1>3,1>4 2>4,3>4
		30-39	120	9.58	1.99			
		40-49	86	9.09	1.74			
		50-59	11	7.45	1.86			
	交际能力	15-29	178	9.11	2.19	3.899**	.009	1>4,2>4 3>4
		30-39	120	9.12	1.96			
		40-49	86	8.65	1.91			
		50-59	11	7.18	2.36			
	管理能力	15-29	178	8.97	1.79	6.411**	.000	1>4,2>3 2>4,3>4
		30-39	120	9.32	1.87			
		40-49	86	8.52	1.76			
		50-59	11	7.27	1.68			
	抗挫折能力	15-29	178	8.40	2.41	10.404**	.000	1>3,1>4 2>3,2>4 3>4
		30-39	120	8.12	2.47			
		40-49	86	6.99	2.85			
		50-59	11	5.27	2.00			

注:1 表示 15-29 岁年龄段的肢体残疾人组,2 表示 30-39 岁年龄段的肢体残疾人组,3 表示 40-49 岁年龄段的肢体残疾人组,4 表示 50-59 岁年龄段的肢体残疾人组。

3)残疾等级比较分析

随残疾程度的加重,广西壮族自治区肢体残疾人在坚持性维度的得分呈现两头高、中间低的变化特点,即四级组和一级组的得分高于三级组和二级组;其他各维度的得分呈现降-升-降的趋势,即四级和二级肢体残疾人组得分高于三级和一级的肢体残疾人组(见图2-6-8)。

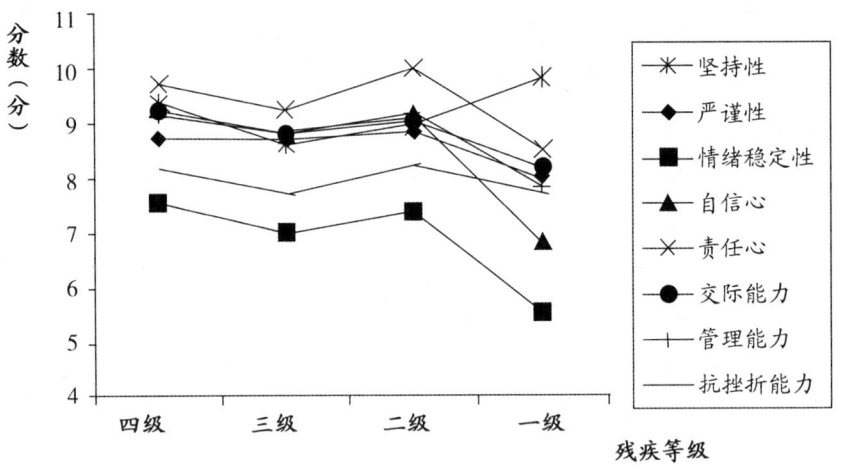

图2-6-8 广西壮族自治区肢体残疾人职业人格特征随残疾等级变化趋势图

进一步差异检验发现,广西壮族自治区肢体残疾人在自信心维度的得分存在显著的残疾等级差异,在责任心维度达到极显著水平。多重比较发现,在自信心维度,一级肢体残疾人的得分显著低于其他三组;在责任心维度,四级和二级肢体残疾人的得分显著高于三级肢体残疾人组,且二级肢体残疾人组的得分显著高于一级肢体残疾人组(见表2-6-20)。

表2-6-20 广西壮族自治区肢体残疾人职业人格特征的残疾等级差异检验

	名称	残疾等级	人数	平均值	标准差	F	p	多重比较
职业人格	坚持性	四级	112	9.36	2.39	2.576	.054	
		三级	210	8.60	2.54			
		二级	67	8.93	2.39			
		一级	6	9.83	1.72			
	严谨性	四级	112	8.75	1.74	.430	.732	
		三级	210	8.74	1.77			
		二级	67	8.87	1.95			
		一级	6	8.00	3.29			
	情绪稳定性	四级	112	7.56	2.47	2.157	.093	
		三级	210	7.00	2.56			
		二级	67	7.37	2.66			
		一级	6	5.50	2.26			
	自信心	四级	112	9.28	2.08	3.354*	.019	1>4,2>4 3>4
		三级	210	8.81	2.20			
		二级	67	9.15	1.92			
		一级	6	6.83	2.04			

(续表)

名称		残疾等级	人数	平均值	标准差	F	p	多重比较
职业人格	责任心	四级	112	9.75	1.90	4.386**	.005	1>2,3>2 3>4
		三级	210	9.27	1.90			
		二级	67	10.03	1.31			
		一级	6	8.50	1.38			
	交际能力	四级	112	9.28	2.08	1.569	.196	
		三级	210	8.80	2.10			
		二级	67	9.00	2.05			
		一级	6	8.17	2.23			
	管理能力	四级	112	9.16	1.77	2.226	.085	
		三级	210	8.77	1.91			
		二级	67	9.16	1.68			
		一级	6	7.83	2.14			
	抗挫折能力	四级	112	8.17	2.56	1.163	.323	
		三级	210	7.70	2.67			
		二级	67	8.22	2.55			
		一级	6	7.67	1.37			

注:1 表示四级肢体残疾人组,2 表示三级肢体残疾人组,3 表示二级肢体残疾人组,4 表示一级肢体残疾人组。

4）文化水平比较分析

广西壮族自治区肢体残疾人在职业人格各维度的得分呈现随着文化水平的提高而上升的趋势,即职业人格各维度的得分从高到低依次为:大专及以上组>高中/中专组>初中组>小学及以下组(见图2-6-9)。

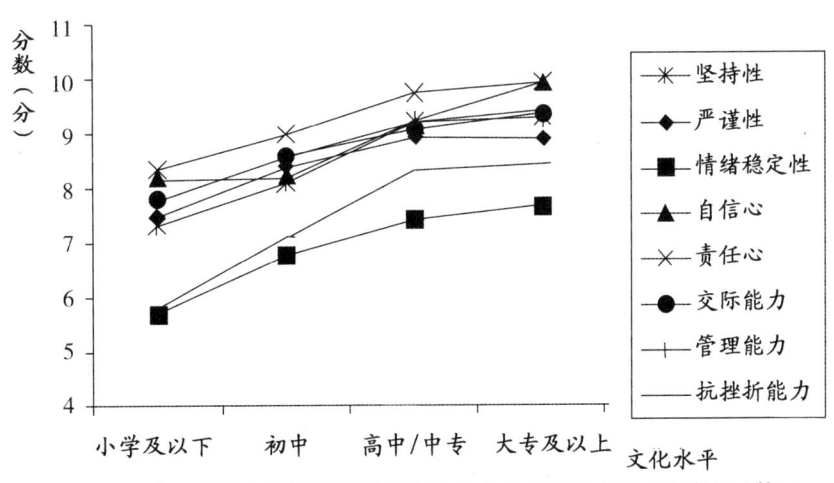

图 2-6-9　广西壮族自治区肢体残疾人职业人格特征随文化水平变化趋势图

进一步差异检验显示,广西壮族自治区肢体残疾人职业人格各维度的得分均存在极显著的文化水平差异。多重比较可以看出,在坚持性、责任心和管理能力维度,大专及以上组和高中/中专组肢体残疾人的得分显著高于小学及以下组和初中组。在情绪稳定性和交际能力维度,大专及以上组和高中/中专组的得分显著高于小学及以下组,且高中/中专组的得分显著高于初中组。在严谨性维度,小学及以下组肢体残疾人的得分显著低于其他三组,且初中组的得分显著低于高中/中专组。在自信心维度,大专及以上组肢体残疾人的得分显著高于其他三组,且高中/中专组的得分显著高于小学及以下组和初中组。在抗挫折能力维度,大专及以上组和高中/中专组肢体残疾人的得分显著高于初中组和小学及以下组,且初中组肢体残疾人的得分显著高于小学及以下组,见表2-6-21。

表2-6-21 广西壮族自治区肢体残疾人职业人格特征的文化水平差异检验

名称		文化水平	人数	平均值	标准差	F	p	多重比较
职业人格	坚持性	小学及以下	24	7.33	2.28	8.777**	.000	4>1,4>2
		初中	92	8.13	2.55			3>1,3>2
		高中/中专	243	9.27	2.38			
		大专及以上	36	9.31	2.32			
	严谨性	小学及以下	24	7.54	2.08	6.207**	.000	4>1,3>1
		初中	92	8.41	1.78			3>2,2>1
		高中/中专	243	8.97	1.80			
		大专及以上	36	8.97	1.42			
	情绪稳定性	小学及以下	24	5.67	1.61	4.991**	.002	4>1,3>1
		初中	92	6.78	2.50			3>2
		高中/中专	243	7.44	2.62			
		大专及以上	36	7.69	2.39			
	自信心	小学及以下	24	8.21	2.04	8.322**	.000	4>1,4>2
		初中	92	8.24	2.15			4>3,3>1
		高中/中专	243	9.18	2.10			3>2
		大专及以上	36	9.94	1.79			
	责任心	小学及以下	24	8.38	1.76	7.873**	.000	4>1,4>2
		初中	92	9.02	2.10			3>1,3>2
		高中/中专	243	9.76	1.71			
		大专及以上	36	9.97	1.40			
	交际能力	小学及以下	24	7.83	1.66	4.318**	.005	4>1,3>1
		初中	92	8.62	2.21			3>2
		高中/中专	243	9.14	2.07			
		大专及以上	36	9.39	1.90			
	管理能力	小学及以下	24	7.75	1.70	6.513**	.000	4>1,4>2
		初中	92	8.55	1.83			3>2,3>1
		高中/中专	243	9.12	1.84			
		大专及以上	36	9.42	1.56			
	抗挫折能力	小学及以下	24	5.88	2.82	11.758**	.000	4>1,4>2
		初中	92	7.09	2.64			3>1,3>2
		高中/中专	243	8.36	2.41			2>1
		大专及以上	36	8.47	2.63			

注:1表示小学及以下肢体残疾人组,2表示初中肢体残疾人组,3表示高中/中专肢体残疾人组,4表示大专及以上肢体残疾人组。

5)残疾部位比较分析

广西壮族自治区肢体残疾人职业人格测验各维度的得分均数比较显示,在坚持性维度,躯干残疾人得分最高,上肢残疾人得分最低;在严谨性、责任心、管理能力维度,上肢&下肢残疾人得分最高,躯干残疾人得分最低;在情绪稳定性维度,躯干残疾人得分最高,上肢&下肢残疾人得分最低;在自信心、交际能力维度,下肢残疾人得分最高,躯干残疾人得分最低;在抗挫折能力维度,躯干残疾人得分最高,上肢&下肢残疾人得分最低(见图2-6-10)。

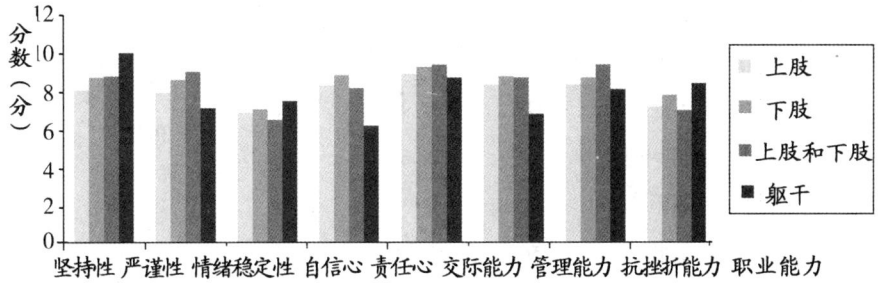

图2-6-10 广西壮族自治区不同残疾部位肢体残疾人职业人格特征的比较

进一步差异检验发现,肢体残疾人在严谨性和自信心维度的得分存在显著的残疾部位差异。多重比较发现,在严谨性维度,上肢&下肢残疾人的得分显著高于单纯的上肢或下肢残疾人。在自信心维度,下肢残疾人的得分显著高于躯干残疾人(见表2-6-22)。

表2-6-22 广西壮族自治区不同残疾部位肢体残疾人职业人格特征的差异检验

名称		残疾部位	人数	平均值	标准差	F	p	多重比较
职业人格	坚持性	上肢	56	8.27	2.70	1.684	.170	
		下肢	324	8.98	2.43			
		上肢和下肢	12	9.08	2.54			
		躯干	3	10.33	1.53			
	严谨性	上肢	56	8.16	2.03	3.360*	.019	2>1,3>1
		下肢	324	8.85	1.76			
		上肢和下肢	12	9.33	1.30			
		躯干	3	7.33	3.51			
	情绪稳定性	上肢	56	7.04	2.54	.318	.812	
		下肢	324	7.25	2.58			
		上肢和下肢	12	6.67	2.39			
		躯干	3	7.67	1.53			
	自信心	上肢	56	8.54	2.29	2.958*	.032	2>4
		下肢	324	9.09	2.05			
		上肢和下肢	12	8.42	2.57			
		躯干	3	6.33	4.51			
	责任心	上肢	56	9.18	2.04	.870	.457	
		下肢	324	9.58	1.80			
		上肢和下肢	12	9.67	1.44			
		躯干	3	9.00	2.65			

(续表)

名称		残疾部位	人数	平均值	标准差	F	p
职业人格	交际能力	上肢	56	8.57	2.03	1.704	.166
		下肢	324	9.04	2.08		
		上肢和下肢	12	9.00	2.45		
		躯干	3	7.00	2.00		
	管理能力	上肢	56	8.61	1.82	1.363	.254
		下肢	324	8.97	1.84		
		上肢和下肢	12	9.67	1.97		
		躯干	3	8.33	2.08		
	抗挫折能力	上肢	56	7.36	2.71	1.520	.209
		下肢	324	8.04	2.59		
		上肢和下肢	12	7.17	2.72		
		躯干	3	8.67	1.53		

注:1 表示上肢残疾人组,2 表示下肢残疾人组,3 表示上肢和下肢残疾人组,4 表示躯干残疾人组。

(4)结论

①广西壮族自治区肢体残疾人职业人格各维度的得分从高到低依次为:责任心>自信心>交际能力>管理能力>坚持性>严谨性>抗挫折能力>情绪稳定性。

②女性组在坚持性、严谨性、自信心、责任心、管理能力和抗挫折能力维度的得分高于男性组,且二者存在极显著的差异($p<0.01$)。

③广西壮族自治区肢体残疾人在职业人格各维度上的得分随着年龄的增长逐渐降低,但30-39岁年龄组在坚持性、情绪稳定性、自信心和管理能力维度的得分略高于15-29岁年龄组,且在严谨性维度的得分存在显著的年龄差异($p<0.05$),在坚持性、情绪稳定性、责任心、交际能力、管理能力和抗挫折能力维度的得分存在极显著的年龄差异($p<0.01$)。

④一级肢体残疾人组在自信心维度的得分显著低于其他三组;四级和二级肢体残疾人组在责任心维度的得分显著高于三级肢体残疾人组,且二级肢体残疾人组的得分显著高于一级肢体残疾人组。

⑤广西壮族自治区肢体残疾人在职业人格各维度的得分呈现随着文化水平的提高而上升的趋势,且存在极显著的文化水平差异($p<0.01$)。

⑥上肢&下肢残疾人组在严谨性维度的得分显著高于单纯的上肢或下肢残疾人组($p<0.05$),下肢残疾人组自信心维度的得分显著高于躯干残疾人组($p<0.05$)。

3. 广西壮族自治区肢体残疾人职业兴趣状况

(1)测试人群分布

本项目在广西壮族自治区共选取 392 名肢体残疾人进行职业兴趣测验,其基本信息见表2-6-23。

表2-6-23 广西壮族自治区肢体残疾人职业兴趣测验有效样本分布表(人)

年龄(岁)	性别		总计
	男	女	
15-29	121	55	176
30-39	69	51	120
40-49	62	23	85
50-59	9	2	11
总计	261	131	392

(2)总体情况

广西壮族自治区肢体残疾人在职业兴趣各类型的得分从高到低依次为现实型>社会型>研究型>常规型>企业型>艺术型。在不同年龄的男性肢体残疾人中,15-29岁年龄组在现实型、研究型、企业型和社会型的得分均高于其他年龄组;50-59岁年龄组在常规型的得分最高;40-49岁年龄组在艺术型的得分最高。在不同年龄的女性肢体残疾人中,40-49岁年龄组在常规型的得分高于其他年龄组;30-39岁年龄组在现实型、研究型和社会型的得分最高;15-29岁年龄组在企业型和艺术型的得分最高,50-54岁年龄组的女性肢体残疾人仅2人,不与其他各组进行比较。广西壮族自治区肢体残疾人职业兴趣测验情况见表2-6-24。

表2-6-24 广西壮族自治区肢体残疾人职业兴趣测验的平均数和标准差

		常规型		现实型		研究型		企业型		社会型		艺术型	
	n	M	Std	M	Std	M	Std	M	Std	M	Std	M	Std
总体	392	5.80	1.72	7.34	1.79	6.44	1.84	5.67	1.98	7.08	1.66	5.67	1.96
男性	261	5.73	1.65	7.72	1.65	6.57	1.80	5.75	1.97	6.90	1.67	5.49	1.92
女性	131	5.95	1.84	6.59	1.81	6.20	1.92	5.49	1.98	7.44	1.57	6.03	2.00
男(岁) 15-29	121	5.65	1.75	7.84	1.63	6.79	1.89	5.97	1.83	7.01	1.68	5.45	1.79
30-39	69	5.75	1.67	7.77	1.72	6.26	1.95	5.55	2.10	6.97	1.93	5.16	2.00
40-49	62	5.82	1.48	7.61	1.54	6.61	1.42	5.58	2.02	6.73	1.34	5.90	1.98
50-59	9	5.89	1.69	6.56	1.88	5.67	1.12	5.67	2.55	6.11	1.36	5.78	2.33
女(岁) 15-29	55	6.09	2.02	6.58	1.92	6.16	1.96	5.73	2.02	7.40	1.66	6.15	2.21
30-39	51	5.76	1.76	6.61	1.70	6.39	1.70	5.35	1.82	7.51	1.60	6.08	1.82
40-49	23	6.13	1.60	6.52	1.88	5.83	2.33	5.17	2.21	7.48	1.27	5.78	1.86
50-54	2	4.50	0.71	7.00	1.41	6.50	0.71	6.00	2.83	6.50	2.12	4.50	2.12

(3)广西壮族自治区肢体残疾人职业兴趣特征

1)性别差异比较分析

广西壮族自治区肢体残疾人职业兴趣测验各类型得分的均数比较显示,男性肢体残疾人组在现实型、研究型和企业型的得分高于女性组,在常规型、社会型和艺术型的得分低于女性组(见图2-6-11)。

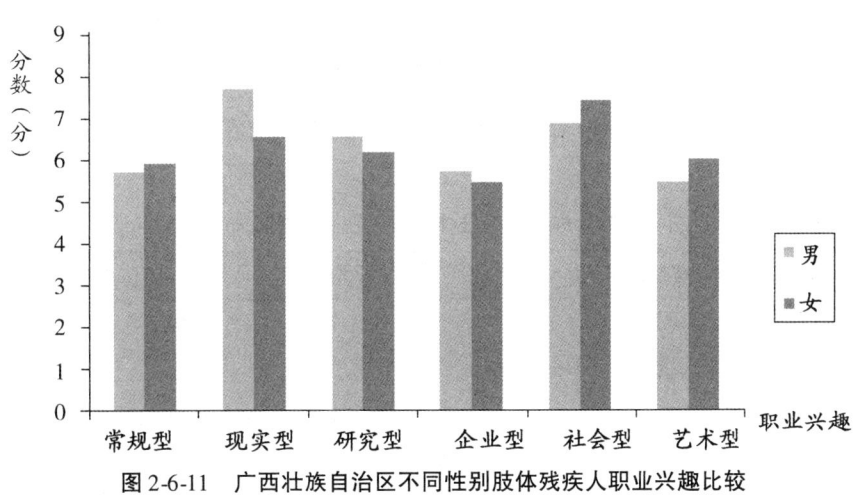

图2-6-11 广西壮族自治区不同性别肢体残疾人职业兴趣比较

进一步差异检验发现,广西壮族自治区肢体残疾人在现实型、社会型和艺术型的得分存在极其显著的性别差异,见表2-6-25。

表 2-6-25　广西壮族自治区肢体残疾人职业兴趣的性别差异显著检验

名称		性别	人数	平均值	标准值	t	p
职业兴趣	常规型	男	261	5.73	1.65	−1.188	.236
		女	131	5.95	1.84		
	现实型	男	261	7.72	1.65	6.044**	.000
		女	131	6.59	1.81		
	研究型	男	261	6.57	1.80	1.872	.062
		女	131	6.20	1.92		
	企业型	男	261	5.75	1.97	1.259	.209
		女	131	5.49	1.98		
	社会型	男	261	6.90	1.67	−3.090**	.002
		女	131	7.44	1.57		
	艺术型	男	261	5.49	1.92	−2.592**	.010
		女	131	6.03	2.00		

2）年龄差异比较分析

随着年龄的增长，广西壮族自治区肢体残疾人在现实型、社会型和研究型的得分呈逐渐下降的趋势，而常规型、企业型和艺术型的得分呈水平波动（见图 2-6-12）。

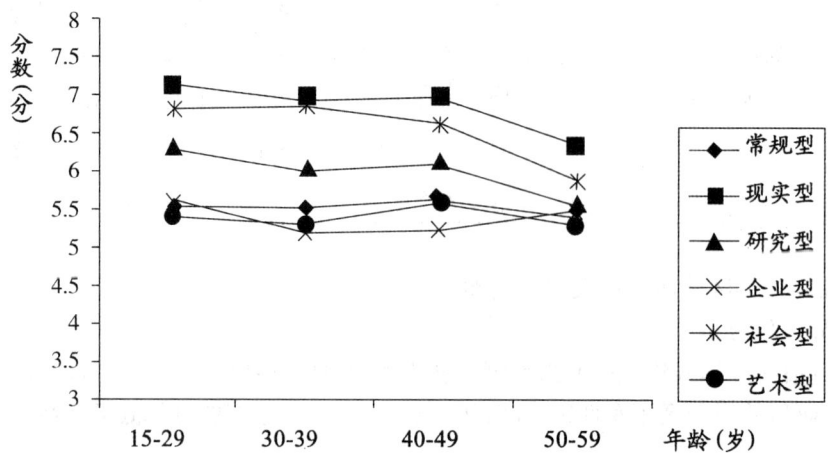

图 2-6-12　广西壮族自治区肢体残疾人职业兴趣随年龄变化趋势图

进一步差异检验显示，广西壮族自治区肢体残疾人在职业兴趣各类型的得分均不存在显著的年龄差异（见表 2-6-26）。

表 2-6-26　广西壮族自治区肢体残疾人职业兴趣的年龄差异检验

名称	年龄（岁）	人数	平均值	标准差	F	p
常规型	15−29	176	5.79	1.84	.165	.920
	30−39	120	5.76	1.70		
	40−49	85	5.91	1.51		
	50−59	11	5.64	1.63		

(续表)

名称		年龄(岁)	人数	平均值	标准差	F	p
职业兴趣	现实型	15-29	176	7.45	1.82	.843	.471
		30-39	120	7.28	1.80		
		40-49	85	7.32	1.70		
		50-59	11	6.64	1.75		
	研究型	15-29	176	6.59	1.93	1.001	.393
		30-39	120	6.32	1.84		
		40-49	85	6.40	1.73		
		50-59	11	5.82	1.08		
	企业型	15-29	176	5.89	1.89	1.460	.225
		30-39	120	5.47	1.98		
		40-49	85	5.47	2.07		
		50-59	11	5.73	2.45		
	社会型	15-29	176	7.13	1.68	1.583	.193
		30-39	120	7.20	1.81		
		40-49	85	6.93	1.36		
		50-59	11	6.18	1.40		
	艺术型	15-29	176	5.66	1.95	.460	.711
		30-39	120	5.55	1.97		
		40-49	85	5.87	1.94		
		50-59	11	5.55	2.25		

3)残疾等级比较分析

随着残疾程度的加重,广西壮族自治区肢体残疾人在现实型、研究型、企业型和社会型的得分逐渐下降,常规型的得分呈水平波动,艺术型呈逐渐上升的趋势(见图2-6-13)。

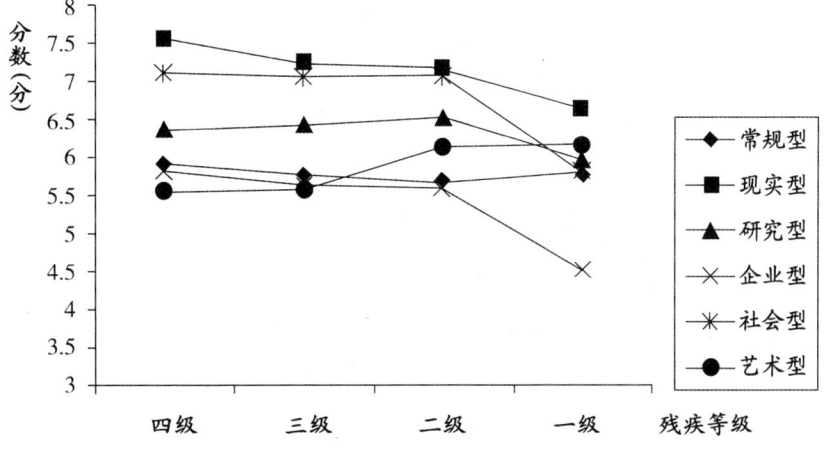

图2-6-13 广西壮族自治区肢体残疾人职业兴趣随残疾等级变化趋势图

进一步差异性检验显示,广西壮族自治区肢体残疾人在职业兴趣各类型的得分均不存在显著的残疾等级差异(见表2-6-27)。

表2-6-27 广西壮族自治区肢体残疾人职业兴趣的残疾等级差异检验

名称		残疾等级	人数	平均值	标准差	F	p
职业兴趣	常规型	四级	111	5.92	1.83	.289	.833
		三级	208	5.77	1.65		
		二级	67	5.69	1.76		
		一级	6	5.83	1.72		
	现实型	四级	111	7.59	1.68	1.269	.285
		三级	208	7.28	1.75		
		二级	67	7.19	1.99		
		一级	6	6.67	2.25		
	研究型	四级	111	6.39	1.85	.210	.890
		三级	208	6.46	1.89		
		二级	67	6.54	1.65		
		一级	6	6.00	2.61		
	企业型	四级	111	5.82	1.92	.954	.414
		三级	208	5.63	1.98		
		二级	67	5.61	2.08		
		一级	6	4.50	1.52		
	社会型	四级	111	7.13	1.75	1.168	.322
		三级	208	7.09	1.64		
		二级	67	7.10	1.57		
		一级	6	5.83	1.33		
	艺术型	四级	111	5.56	2.01	1.700	.166
		三级	208	5.57	1.93		
		二级	67	6.13	1.93		
		一级	6	6.17	1.94		

4)文化水平比较分析

随着文化水平的提高,广西壮族自治区肢体残疾人在现实型、研究型和社会型的得分逐渐升高,即大专及以上组>高中/中专组>初中组>小学及以下组;常规型的得分呈现降-升-降的变化特点,高中/中专组的得分最高,大专及以上组得分最低;企业型的得分在高中/中专以前各组的得分差别不大,之后快速上升,至大专及以上组的得分最高;艺术型的得分呈现先降后升的趋势,小学及以下水平肢体残疾人的得分最高,初中组得分最低,之后又缓慢升高(见图2-6-14)。

进一步差异检验显示,广西壮族自治区肢体残疾人在社会型的得分存在极显著的文化水平差异。多重比较可以看出,在社会型,大专及以上组和高中/中专组的得分显著高于初中组和小学及以下组,即高中组和大专及以上组的肢体残疾人更偏好社会型的职业活动(见表2-6-28)。

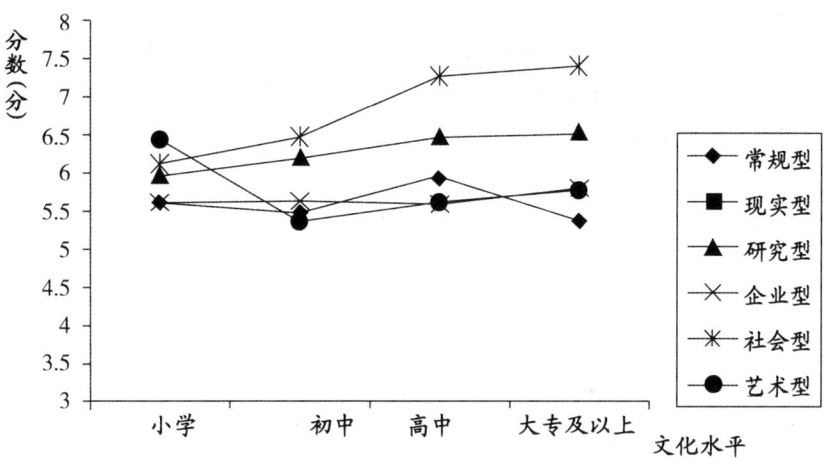

图 2-6-14 广西壮族自治区肢体残疾人职业兴趣随文化水平变化趋势图

表 2-6-28 广西壮族自治区肢体残疾人职业兴趣的文化水平差异检验

	名称	文化水平	人数	平均值	标准差	F	p	多重比较
职业兴趣	常规型	小学	24	5.67	1.43	2.060	.105	
		初中	91	5.55	1.55			
		高中/中专	241	5.97	1.76			
		大专及以上	36	5.42	1.92			
	现实型	小学	24	7.21	1.98	.185	.907	
		初中	91	7.31	1.60			
		高中/中专	241	7.34	1.77			
		大专及以上	36	7.53	2.21			
	研究型	小学	24	6.04	1.46	.866	.459	
		初中	91	6.27	1.71			
		高中/中专	241	6.53	1.91			
		大专及以上	36	6.58	1.98			
	企业型	小学	24	5.67	1.86	.143	.934	
		初中	91	5.68	1.90			
		高中/中专	241	5.63	1.99			
		大专及以上	36	5.86	2.18			
	社会型	小学	24	6.17	1.31	8.920**	.000	4>1,4>2 3>2,3>1
		初中	91	6.52	1.75			
		高中/中专	241	7.33	1.57			
		大专及以上	36	7.47	1.65			
	艺术型	小学	24	6.50	1.50	2.104	.099	
		初中	91	5.40	1.78			
		高中/中专	241	5.67	2.01			
		大专及以上	36	5.81	2.24			

注:1 表示小学及以下肢体残疾人组,2 表示初中肢体残疾人组,3 表示高中/中专肢体残疾人组,4 表示大专及以上肢体残疾人组。

5）残疾部位比较分析

广西壮族自治区肢体残疾人职业兴趣测验得分的均数比较显示，上肢残疾人在艺术型得分最高；下肢残疾人在社会型得分最高，上肢&下肢残疾人在常规性、现实型、研究性和企业型的得分最高；躯干残疾人在职业兴趣的各类型得分均为最低（见图2-6-15）。

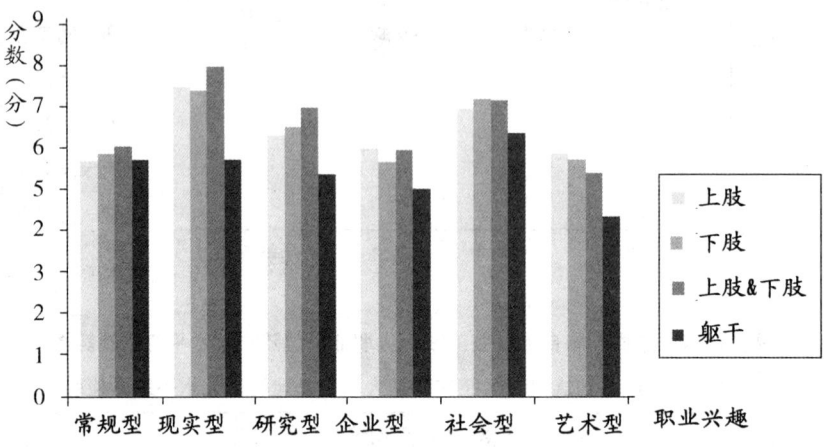

图2-6-15　广西壮族自治区不同残疾部位肢体残疾人职业兴趣的比较

进一步差异检验发现，广西壮族自治区肢体残疾人在职业兴趣的各类型得分均不存在显著的残疾部位差异（见表2-6-29）。

表2-6-29　广西壮族自治区不同残疾部位肢体残疾人职业兴趣的差异检验

名称		残疾部位	人数	平均值	标准差	F	p
职业兴趣	常规型	上肢	56	5.66	1.68		
		下肢	322	5.82	1.71	.191	.902
		上肢&下肢	11	6.00	1.79		
		躯干	3	5.67	3.51		
	现实型	上肢	56	7.41	1.60		
		下肢	322	7.33	1.83	1.286	.279
		上肢&下肢	11	7.91	1.22		
		躯干	3	5.67	1.53		
	研究型	上肢	56	6.27	2.08		
		下肢	322	6.47	1.81	.784	.503
		上肢&下肢	11	6.91	1.70		
		躯干	3	5.33	0.58		
	企业型	上肢	56	5.93	1.94		
		下肢	322	5.62	2.00	.560	.642
		上肢&下肢	11	5.91	1.30		
		躯干	3	5.00	1.73		
	社会型	上肢	56	6.89	1.87		
		下肢	322	7.12	1.61	.505	.679
		上肢&下肢	11	7.09	2.12		
		躯干	3	6.33	0.58		

(续表)

	名称	残疾部位	人数	平均值	标准差	F	p
职业兴趣	艺术型	上肢	56	5.82	1.89	.664	.574
		下肢	322	5.67	1.98		
		上肢&下肢	11	5.36	1.80		
		躯干	3	4.33	2.08		

(4)结论

①广西壮族自治区肢体残疾人在职业兴趣各类型的得分从高到低依次为现实型>社会型>研究型>常规型>企业型>艺术型。

②男性肢体残疾人在现实型的得分高于女性,在社会型和艺术型的得分低于女性,且在现实型、社会型和艺术型的得分存在极其显著的性别差异($p<0.01$)。

③广西壮族自治区肢体残疾人在职业兴趣各类型的得分均不存在显著的年龄差异、残疾等级和残疾部位差异。

④高中组和大专及以上组的肢体残疾人更偏好社会型的职业活动。

(二)广西壮族自治区听力残疾人职业适应性状况

本次项目测查广西壮族自治区就业年龄段的听力残疾人有效样本共计193人。样本详情见表2-6-30~表2-6-33。

表2-6-30 广西壮族自治区听力残疾人样本性别分布情况

地区	男		女		合计
	n	%	n	%	
南宁	32	50.0	32	50.0	64
柳州	36	59.0	25	41.0	61
钦州	51	75.0	17	25.0	68
总计	119	61.7	74	38.3	193

表2-6-31 广西壮族自治区听力残疾人样本年龄段分布情况

地区	15-29岁		30-39岁		40-49岁		合计
	n	%	n	%	n	%	
南宁	58	90.6	2	3.1	4	6.3	64
柳州	38	62.3	16	26.2	7	11.5	61
钦州	48	70.6	16	23.5	4	5.9	68
总计	144	74.6	34	17.6	15	7.8	193

表2-6-32 广西壮族自治区听力残疾人样本残疾等级分布情况

地区	四级		三级		二级		一级		合计
	n	%	n	%	n	%	n	%	
南宁	1	1.6	2	3.1	23	35.9	38	59.4	64
柳州	8	13.1	12	19.7	13	21.3	28	45.9	61

(续表)

地区	四级		三级		二级		一级		合计
	n	%	n	%	n	%	n	%	
钦州	4	5.9	5	7.4	17	25.0	42	61.8	68
总计	13	6.7	19	9.8	53	27.5	108	56.0	193

表2-6-33　广西壮族自治区听力残疾人样本文化水平分布情况

地区	小学		初中		高中/中专		大专及以上		合计
	n	%	n	%	n	%	n	%	
南宁	12	18.8	40	62.5	10	15.6	2	3.1	64
柳州	0	0.0	2	3.3	59	96.7	0	0.0	61
钦州	40	58.8	16	23.5	9	13.2	3	4.4	68
总计	52	26.9	58	30.1	78	40.4	5	2.6	193

1.广西壮族自治区听力残疾人职业能力状况

(1)测试人群分布

本项目在广西壮族自治区共选取193名被试进行了听力残疾人职业能力测验,其基本信息见表2-6-34。

表2-6-34　广西壮族自治区听力残疾人有效样本分布表　　　　　　　　　　(单位:人)

年龄(岁)	男		女		合计
	n	%	n	%	
15-29	89	55		144	
30-39	22	12		34	
40-49	8	7		15	
总计	119		74		193

(2)总体情况

广西壮族自治区肢体残疾人在职业能力文档测验部分各分测验得分从高到低依次为:形状知觉>言语能力>符号知觉>数理能力>空间知觉。在不同年龄段的男性听力残疾人中,15-29岁年龄组在手眼协调测验上得分最高;30-39岁年龄组在言语能力、符号知觉、形状知觉分测验的得分及文档计分和职业能力总分上高于其他两组男性;40-49岁年龄组在数理能力和空间知觉分测验的得分最高。在不同年龄组的女性听力残疾人中,15-29岁年龄组在形状知觉上得分最高,30-39岁年龄组在手眼协调测验上得分最高,40-49岁年龄组在言语能力、数理能力、空间知觉、符号知觉及文档测验计分和职业能力总分上最高(见表2-6-35)。

表2-6-35　广西壮族自治区听力残疾人职业能力测验的平均数和标准差

	n	言语能力		数理能力		空间知觉		符号知觉		形状知觉		文档计分	
		M	Std	M	Std	M	Std	M	Std	M	Std	M	Std
总体	193	9.47	4.62	8.04	4.63	7.48	4.15	9.28	6.49	10.86	4.19	45.13	17.94
男性	119	9.40	4.65	8.17	4.81	7.28	3.96	9.27	6.29	10.54	4.01	44.65	17.26
女性	74	9.58	4.59	7.84	4.34	7.81	4.44	9.29	6.84	11.38	4.45	45.90	19.06

(续表)

		n	言语能力		数理能力		空间知觉		符号知觉		形状知觉		文档计分	
			M	Std	M	Std	M	Std	M	Std	M	Std	M	Std
男(岁)	15-29	89	8.94	4.27	7.69	4.49	6.90	3.29	8.96	6.13	10.52	3.84	43.00	15.63
	30-39	22	11.55	5.11	9.27	4.88	8.18	5.59	10.23	6.45	10.73	4.43	49.96	19.37
	40-49	8	8.67	6.26	10.50	7.23	9.00	5.24	10.03	8.06	10.25	5.06	48.44	26.24
女(岁)	15-29	55	9.44	4.28	7.67	4.38	7.93	4.76	8.50	6.96	11.56	4.61	45.10	19.55
	30-39	12	8.89	5.61	7.33	4.29	7.00	3.46	11.13	5.88	10.67	4.21	45.02	16.33
	40-49	7	11.81	5.25	10.00	4.00	8.29	3.55	12.41	6.81	11.14	3.98	53.65	20.37

表 2-6-35 广西壮族自治区听力残疾人职业能力测验的平均数和标准差(续)

		n	手眼协调(网络测试)		职业能力总分(网络测试)	
			M	Std	M	Std
总体		193	13.73	7.75	58.86	21.24
男性		119	14.42	7.35	59.07	19.93
女性		74	12.63	8.30	58.53	23.32
男(岁)	15-29	89	14.74	7.13	57.74	18.33
	30-39	22	13.82	7.90	63.78	21.59
	40-49	8	12.50	8.81	60.94	31.24
女(岁)	15-29	55	11.61	8.78	56.72	24.41
	30-39	12	17.00	5.57	62.02	19.32
	40-49	7	13.14	6.27	66.79	20.86

(3)广西壮族自治区听力残疾人职业能力特征

1)性别差异比较分析

广西壮族自治区听力残疾人职业能力测验各分测验得分的均数比较显示,男性组在言语能力、空间知觉、符号知觉、形状知觉分测验的得分低于女性组,而在数理能力和手眼协调分测验的得分高于女性组(见图 2-6-16)。

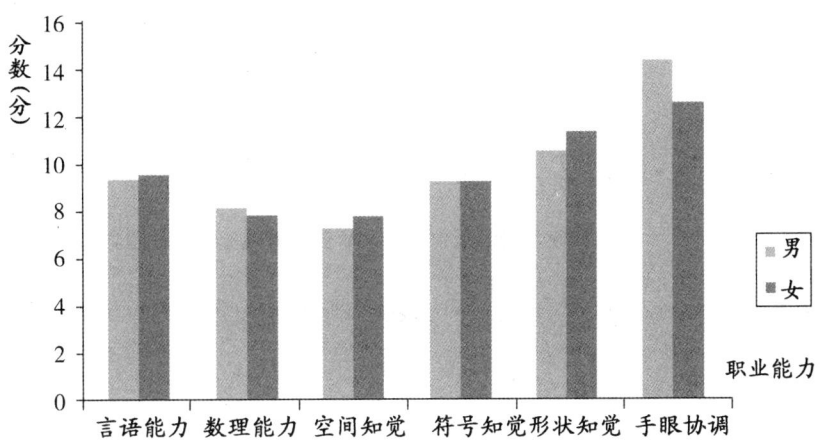

图 2-6-16 广西壮族自治区听力残疾人职业能力的性别比较

进一步差异检验发现,广西壮族自治区听力残疾人在职业能力各分测验的得分并不存在显著的性别差异(见表2-6-36)。

表2-6-36 广西壮族自治区听力残疾人职业能力的性别差异检验

名称		性别	人数	平均数	标准差	t	p
职业能力文档测验	言语能力	男	119	9.40	4.65	-.257	.798
		女	74	9.58	4.59		
	数理能力	男	119	8.17	4.81	.481	.631
		女	74	7.84	4.34		
	空间知觉	男	119	7.28	3.96	-.868	.387
		女	74	7.81	4.44		
	符号知觉	男	119	9.27	6.29	-.027	.978
		女	74	9.29	6.84		
	形状知觉	男	119	10.54	4.01	-1.358	.176
		女	74	11.38	4.45		
	文档计分	男	119	44.65	17.26	-.468	.640
		女	74	45.90	19.06		
职业能力操作测验	手眼协调	男	119	14.42	7.35	1.521	.130
		女	74	12.63	8.30		
	职业能力总分	男	119	59.07	19.93	.166	.868
		女	74	58.53	23.32		

2)年龄差异比较分析

随着年龄段增长,广西壮族自治区听力残疾人在数理能力、空间知觉和符号知觉分测验的得分呈现逐步上升的趋势,形状知觉分测验的得分呈现逐步下降的趋势,言语能力和手眼协调分测验的得分为30-39岁年龄组得分最高(见图2-6-17)。

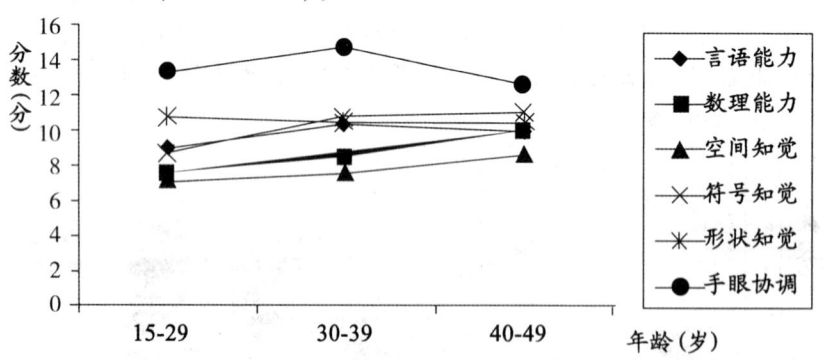

图2-6-17 广西壮族自治区听力残疾人职业能力随年龄增长趋势图

进一步差异性检验显示,广西壮族自治区听力残疾人职业能力各分测验的得分不存在显著的年龄差异(见表2-6-37)。

表 2-6-37 广西壮族自治区听力残疾人职业能力的年龄差异检验

	名称	年龄(岁)	人数	平均值	标准差	F	p	多重比较
职业能力文档测验	言语能力	15–29	144	9.13	4.26			
		30–39	34	10.61	5.36	1.588	.207	
		40–49	15	10.13	5.83			
	数理能力	15–29	144	7.68	4.44			
		30–39	34	8.59	4.71	2.446	.089	
		40–49	15	10.27	5.75			
	空间知觉	15–29	144	7.29	3.93			
		30–39	34	7.76	4.92	.840	.433	
		40–49	15	8.67	4.39			
	符号知觉	15–29	144	8.78	6.44			
		30–39	34	10.55	6.18	1.700	.186	
		40–49	15	11.14	7.34			
	形状知觉	15–29	144	10.92	4.17			
		30–39	34	10.71	4.29	.052	.950	
		40–49	15	10.67	4.45			
	文档计分	15–29	144	43.80	17.19			
		30–39	34	48.22	18.26	1.679	.189	
		40–49	15	50.87	23.01			
职业能力操作测验	手眼协调	15–29	144	13.55	7.92			
		30–39	34	14.94	7.24	.560	.572	
		40–49	15	12.80	7.47			
	职业能力总分	15–29	144	57.35	20.79			
		30–39	34	63.16	20.54	1.453	.236	
		40–49	15	63.67	26.15			

3) 残疾等级比较分析

随着残疾程度的加重,广西壮族自治区听力残疾人在职业能力文档测验各分测验的得分逐渐下降,即四级听力残疾人的得分最高,三级和二级听力残疾人的得分次之,一级听力残疾人的得分最低。在手眼协调操作测验上,二级残疾人的得分最高,而一级听力残疾人的得分最低(见图2-6-18)。

进一步差异检验发现,广西壮族自治区听力残疾人形状知觉分测验得分存在显著的残疾等级差异,在数理能力、空间知觉、符号知觉分测验的得分及文档测验计分和职业能力总分上存在极显著的残疾等级差异。多重比较发现,在数理能力、文档计分和职业能力总分,四级听力残疾人的得分显著高于其他三组,且二级残疾人的得分显著高于一级听力残疾人;在空间知觉和形状知觉分测验,四级听力残疾人的得分显著高于其他三组;在符号知觉分测验,四级听力残疾人组的得分与二级和一级听力残疾人组的差异达到显著水平,见表2-6-38。

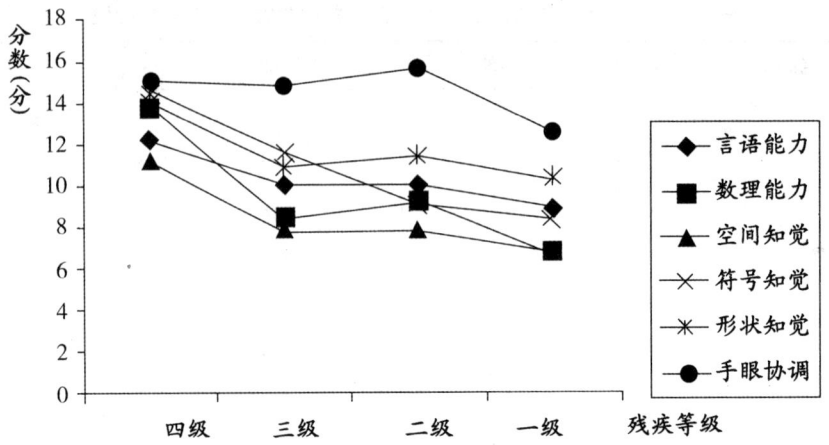

图 2-6-18 广西壮族自治区听力残疾人职业能力随残疾等级变化趋势图

表 2-6-38 广西壮族自治区听力残疾人职业能力的残疾等级差异检验

名称		残疾等级	人数	平均值	标准差	F	p	多重比较
职业能力文档测验	言语能力	四级	13	12.15	5.52	2.470	.063	
		三级	19	9.96	3.79			
		二级	53	9.94	5.24			
		一级	108	8.83	4.20			
	数理能力	四级	13	13.69	3.99	12.222**	.000	1>2,1>3
		三级	19	8.42	4.60			1>4,3>4
		二级	53	9.17	4.61			
		一级	108	6.74	4.06			
	空间知觉	四级	13	11.23	5.39	5.075**	.002	1>2,1>3
		三级	19	7.89	5.35			1>4
		二级	53	7.85	4.13			
		一级	108	6.78	3.50			
	符号知觉	四级	13	14.34	5.46	4.189**	.007	1>3,1>4
		三级	19	11.43	6.68			
		二级	53	9.01	6.67			
		一级	108	8.42	6.19			
	形状知觉	四级	13	14.00	2.94	3.518*	.016	1>2,1>3
		三级	19	10.84	3.85			1>4
		二级	53	11.32	4.06			
		一级	108	10.26	4.29			
	文档计分	四级	13	65.42	17.13	8.891**	.000	1>2,1>3
		三级	19	48.55	17.31			1>4,3>4
		二级	53	47.29	19.72			
		一级	108	41.03	15.28			

(续表)

名称		残疾等级	人数	平均值	标准差	F	p	多重比较
职业能力操作测验	手眼协调	四级	13	14.97	8.15	2.010	.114	
		三级	19	14.74	7.61			
		二级	53	15.50	6.51			
		一级	108	12.54	8.17			
	职业能力总分	四级	13	80.39	19.96	8.449**	.000	1>2,1>3 1>4,3>4
		三级	19	63.29	21.52			
		二级	53	62.78	21.95			
		一级	108	53.57	18.89			

注:1 表示四级听力残疾人组,2 表示三级听力残疾人组,3 表示二级听力残疾人组,4 表示一级听力残疾人组。

4) 文化水平比较分析

广西壮族自治区听力残疾人在职业能力各分测验的得分随着文化水平的提高而呈现上升趋势,即分数从高到低依次为:大专及以上组>高中/中专组>初中组>小学及以下组。但小学及以下组在言语能力分测验的得分略高于初中组,在手眼协调操作测验的得分略低于高中/中专组(见图2-6-19)。

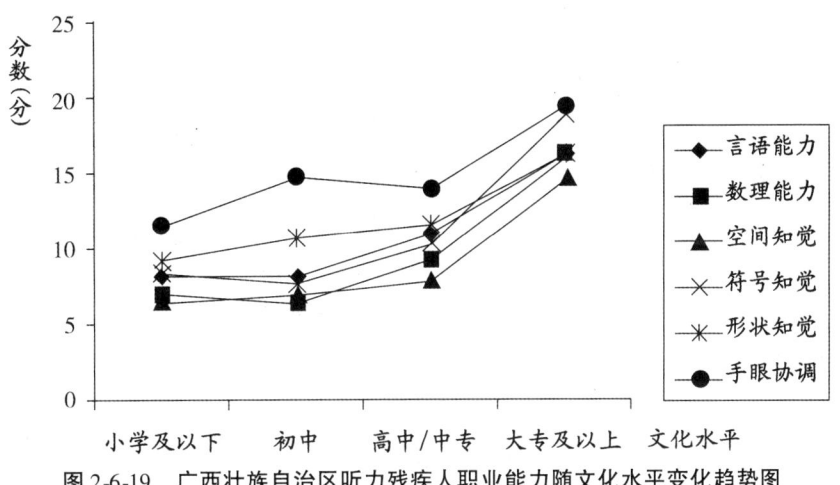

图 2-6-19 广西壮族自治区听力残疾人职业能力随文化水平变化趋势图

进一步差异检验显示,广西壮族自治区听力残疾人手眼协调操作测验得分存在显著的文化水平差异,文档测验各分测验得分及计分和职业能力总分均存在极显著的文化水平差异。多重比较可以看出,在言语能力和数理能力分测验得分与文档计分及职业能力总分上,大专及以上组听力残疾人的得分显著高于其他三组,且高中/中专组的得分显著高于初中组和小学及以下组。在空间知觉和符号知觉,大专及以上组的得分显著高于其他三组,且高中/中专组在符号知觉的得分显著高于初中组。在形状知觉,大专及以上组的得分显著高于其他三组,且高中/中专组的得分显著高于初中组和小学及以下组。在手眼协调操作测验,大专及以上组的得分显著高于小学及以下组(见表2-6-39)。

表 2-6-39 广西壮族自治区听力残疾人职业能力的文化水平差异检验

名称		残疾等级	人数	平均值	标准差	F	p	多重比较
职业能力文档测验	言语能力	小学及以下	52	8.27	3.61	9.653**	.000	4>1,4>2 4>3,3>1 3>2
		初中	58	8.16	4.34			
		高中/中专	78	10.80	4.82			
		大专及以上	5	16.27	2.52			

(续表)

名称		残疾等级	人数	平均值	标准差	F	p	多重比较
职业能力文档测验	数理能力	小学及以下	52	7.04	4.49	12.078**	.000	4>1,4>2 4>3,3>1 3>2
		初中	58	6.52	3.51			
		高中/中专	78	9.31	4.62			
		大专及以上	5	16.40	4.34			
	空间知觉	小学及以下	52	6.65	3.60	7.317**	.000	4>1,4>2 4>3,3>2
		初中	58	6.90	3.48			
		高中/中专	78	8.00	4.42			
		大专及以上	5	14.80	5.22			
	符号知觉	小学及以下	52	8.41	6.26	6.396**	.000	4>1,4>2 4>3,3>2
		初中	58	7.72	6.15			
		高中/中专	78	10.39	6.43			
		大专及以上	5	18.98	0.56			
	形状知觉	小学及以下	52	9.19	3.87	7.273**	.000	4>1,4>2 4>3,3>1 3>2
		初中	58	10.79	4.07			
		高中/中专	78	11.67	4.04			
		大专及以上	5	16.40	3.85			
	文档计分	小学及以下	52	39.57	15.05	15.460**	.000	4>1,4>2 4>3,3>1 3>2
		初中	58	40.09	14.76			
		高中/中专	78	50.17	17.98			
		大专及以上	5	82.84	13.58			
职业能力操作测验	手眼协调	小学及以下	52	11.62	8.08	2.681*	.048	4>1
		初中	58	14.83	7.30			
		高中	78	13.97	7.82			
		大专及以上	5	19.47	0.73			
职业能力总分		小学及以下	52	51.18	18.52	13.816**	.000	4>1,4>2 4>3,3>1 3>2
		初中	58	54.92	17.32			
		高中/中专	78	64.13	21.52			
		大专及以上	5	102.31	13.82			

注:1表示小学及以下听力残疾人组,2表示初中听力残疾人组,3表示高中/中专听力残疾人组,4表示大专及以上听力残疾人组。

5)交流方式比较分析

广西壮族自治区听力残疾人在职业能力各分测验得分的均数比较显示,使用口语为主要交流方式的听力残疾人在言语能力、数理能力、空间知觉、符号知觉和形状知觉的得分均为最高,使用手语&口语为主要交流方式者在手眼协调操作测验的得分最高(见图2-6-20)。

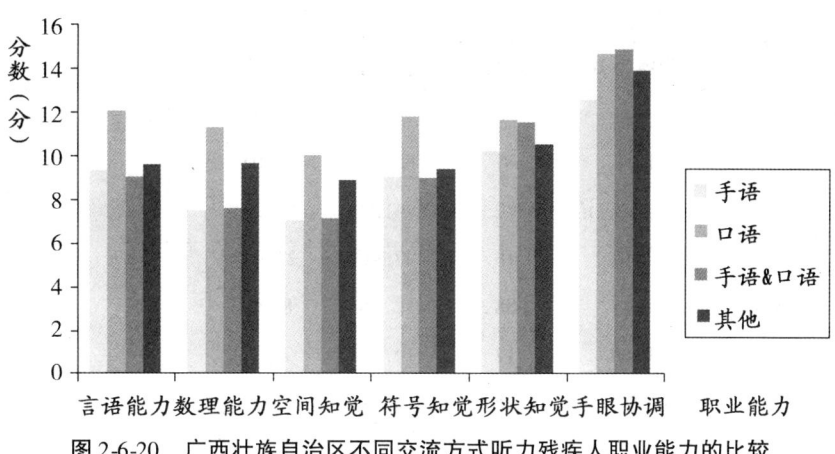

图 2-6-20 广西壮族自治区不同交流方式听力残疾人职业能力的比较

进一步差异检验发现,广西壮族自治区不同交流方式的听力残疾人空间知觉分测验得分和文档计分及职业能力总分存在显著差异,数理能力分测验的得分存在极显著差异。多重比较发现,在数理能力和空间知觉分测验的得分及文档计分与职业能力总分上,口语组的得分显著高于手语组和手语&口语组,见表 2-6-40。

表 2-6-40 广西壮族自治区听力残疾人职业能力的交流方式差异检验

名称		交流方式	人数	平均值	标准差	F	p	多重比较
职业能力文档测验	言语能力	手语	88	9.32	4.33	2.051	.108	
		口语	17	12.04	3.95			
		手语&口语	72	9.02	4.84			
		其他	16	9.58	5.30			
	数理能力	手语	88	7.50	4.48	4.268**	.006	2>1,2>3
		口语	17	11.29	4.79			
		手语&口语	72	7.58	4.39			
		其他	16	9.63	4.96			
	空间知觉	手语	88	7.05	3.74	3.318*	.021	2>1,2>3
		口语	17	10.00	5.43			
		手语&口语	72	7.11	3.34			
		其他	16	8.88	6.65			
	符号知觉	手语	88	9.03	6.22	.958	.414	
		口语	17	11.80	6.49			
		手语&口语	72	8.96	6.74			
		其他	16	9.38	6.86			
	形状知觉	手语	88	10.20	4.25	1.633	.183	
		口语	17	11.65	4.49			
		手语&口语	72	11.56	3.86			
		其他	16	10.50	4.76			

(续表)

名称	交流方式	人数	平均值	标准差	F	p	多重比较
职业能力文档测验	文档计分	手语	88	43.10	16.99	3.057*	.030	2>1,2>3
		口语	17	56.78	21.05			
		手语 & 口语	72	44.23	16.28			
		其他	16	47.96	22.91			
职业能力操作测验	手眼协调	手语	88	12.58	8.22	1.277	.284	
		口语	17	14.67	7.83			
		手语 & 口语	72	14.89	7.14			
		其他	16	13.92	7.49			
职业能力总分		手语	88	55.67	20.43	2.843*	.039	2>1,2>3
		口语	17	71.45	22.73			
		手语 & 口语	72	59.12	19.21			
		其他	16	61.88	28.36			

注：1 表示主要使用手语的听力残疾人组，2 表示主要使用口语的听力残疾人组，3 表示主要使用手语 & 口语的听力残疾人组，4 表示使用其他方式为交流手段的听力残疾人组。

(4) 结论

①广西壮族自治区肢体残疾人在职业能力文档测验部分各分测验的得分从高到低依次为：形状知觉>言语能力>符号知觉>数理能力>空间知觉。

②广西壮族自治区听力残疾人在职业能力各分测验的得分并不存在显著的性别差异和年龄差异。

③广西壮族自治区听力残疾人在职业能力文档测验各分测验得分随着残疾程度的加重逐渐下降，即四级听力残疾人的得分最高，三级和二级听力残疾人的得分次之，一级听力残疾人的得分最低。且在形状知觉分测验的得分存在显著的残疾等级差异（$p<0.05$），在数理能力、空间知觉、符号知觉分测验的得分及文档测验计分和职业能力总分上存在极显著的残疾等级差异（$p<0.01$）。

④广西壮族自治区听力残疾人在职业能力各分测验的得分随着文化水平的提高而呈现上升趋势，且在手眼协调操作测验的得分存在显著的文化水平差异（$p<0.05$），在文档测验各分测验的得分及计分和职业能力总分均存在极显著的文化水平差异（$p<0.01$）。

⑤以口语为主要交流方式的听力残疾人在数理能力和空间知觉分测验的得分及文档计分与职业能力总分上显著高于手语组和手语 & 口语组（$p<0.05$）。

2. 广西壮族自治区听力残疾人职业人格状况

(1) 测试人群分布

本项目在广西壮族自治区共选取 191 名有效被试进行了听力残疾人职业人格测验，其基本信息见表 2-6-41。

表 2-6-41　广西壮族自治区听力残疾人职业人格测验有效样本分布表　　（单位：人）

年龄（岁）	性别		总计
	男	女	
15-29	88	55	143
30-39	22	12	34
40-49	7	7	14
总计	117	74	191

(2) 总体情况

广西壮族自治区听力残疾人在职业人格各维度的得分从高到低依次为：自信心>责任心>管理能力>严谨性>坚持性>交际能力>抗挫折能力>情绪稳定性。在不同年龄组的男性听力残疾人中，30-39岁年龄组在坚持性、情绪稳定性和抗挫折能力维度的得分高于其他两组；40-49岁年龄组在严谨性、自信心、责任心、交际能力和管理能力维度的得分高于其他两组。在不同年龄段的女性听力残疾人中，15-29岁年龄组在严谨性和责任心维度的得分高于其他两组；40-49岁年龄组在坚持性、情绪稳定性、自信心、交际能力、管理能力和抗挫折能力维度的得分高于其他两组（见表2-6-42）。

表2-6-42 广西壮族自治区听力残疾人职业人格测验的平均数和标准差

		n	坚持性		严谨性		情绪稳定性		自信心	
			M	Std	M	Std	M	Std	M	Std
	总体	191	7.67	2.16	8.03	1.78	5.59	2.23	8.74	2.02
	男性	117	7.74	2.15	7.72	1.63	5.48	2.25	8.68	2.09
	女性	74	7.55	2.18	8.51	1.90	5.77	2.20	8.82	1.91
男（岁）	15-29	88	7.70	2.02	7.64	1.65	5.41	2.15	8.47	1.92
	30-39	22	8.14	2.44	7.77	1.66	5.95	2.66	9.14	2.66
	40-49	7	7.00	2.83	8.57	1.27	4.86	2.19	10.00	1.63
女（岁）	15-29	55	7.76	2.05	8.73	1.77	5.84	2.07	8.85	1.81
	30-39	12	6.08	2.19	7.67	1.37	4.75	2.26	8.33	2.10
	40-49	7	8.43	2.44	8.29	3.20	7.00	2.65	9.43	2.44

表2-6-42 广西壮族自治区听力残疾人职业人格测验的平均数和标准差（续）

		n	责任心		交际能力		管理能力		抗挫折能力	
			Std	M	Std	M	Std	M	Std	M
	总体	191	8.46	1.87	7.36	1.98	7.95	1.81	6.77	2.44
	男性	117	8.26	1.89	7.25	1.97	7.78	1.79	6.64	2.40
	女性	74	8.76	1.81	7.53	2.00	8.22	1.82	6.99	2.51
男（岁）	15-29	88	8.15	1.77	7.07	1.91	7.60	1.79	6.59	2.20
	30-39	22	8.41	2.40	7.45	2.24	8.14	1.83	7.09	3.16
	40-49	7	9.29	1.38	8.86	1.07	8.86	1.21	5.86	2.19
女（岁）	15-29	55	8.89	1.76	7.44	1.74	8.31	1.71	7.09	2.41
	30-39	12	8.08	1.83	7.08	2.97	6.92	1.44	5.67	2.23
	40-49	7	8.86	2.19	9.00	1.53	9.71	2.06	8.43	3.05

(3) 广西壮族自治区听力残疾人职业人格特征

1) 性别差异比较分析

广西壮族自治区听力残疾人在职业人格各维度得分的均数比较显示，女性在严谨性、情绪稳定性、自信心、责任心、交际能力、管理能力和抗挫折能力维度的得分高于男性，在坚持性维度的得分低于男性（见图2-6-21）。

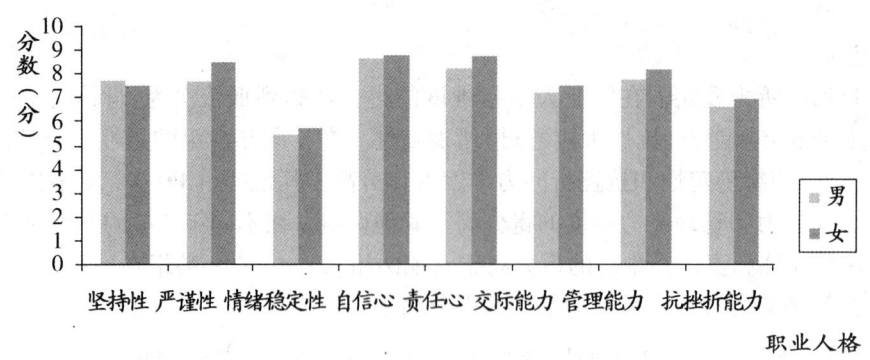

图 2-6-21　广西壮族自治区听力残疾人职业人格特征的性别比较

进一步差异检验发现,广西壮族自治区听力残疾被试在职业人格严谨性维度的得分存在极其显著的性别差异,即相对男性组而言,女性听力残疾人组在严谨性人格特征上表现更为突出(见表2-6-43)。

表2-6-43　广西壮族自治区听力残疾人职业人格特征的性别差异检验

	名称	性别	人数	平均值	标准差	t	p
职业人格	坚持性	男	117	7.74	2.15	.590	.556
		女	74	7.55	2.18		
	严谨性	男	117	7.72	1.63	-3.078**	.002
		女	74	8.51	1.90		
	情绪稳定性	男	117	5.48	2.25	-.879	.380
		女	74	5.77	2.20		
	自信心	男	117	8.68	2.09	-.468	.641
		女	74	8.82	1.91		
	责任心	男	117	8.27	1.89	-1.779	.077
		女	74	8.76	1.81		
	交际能力	男	117	7.25	1.97	-.947	.345
		女	74	7.53	2.00		
	管理能力	男	117	7.78	1.79	-1.637	.103
		女	74	8.22	1.82		
	抗挫折能力	男	117	6.64	2.40	-.952	.342
		女	74	6.99	2.51		

2) 年龄差异比较分析

随着年龄的增长,广西壮族自治区听力残疾人在自信心、责任心、交际能力维度的得分逐渐升高,在坚持性、严谨性、情绪稳定性、管理能力维度,30-39岁年龄组得分最低,40-49岁年龄组得分最高(见图2-6-22)。

进一步差异检验发现,听力残疾人在管理能力维度的得分存在显著的年龄差异,在交际能力维度的得分存在着极显著差异。多重比较可以看出,40-49岁的听力残疾人在交际能力和管理能力上的得分显著高于15-29岁和30-39岁的两组,即40-49岁年龄组的交际能力和管理能力人格特征表现更明显(见表2-6-44)。

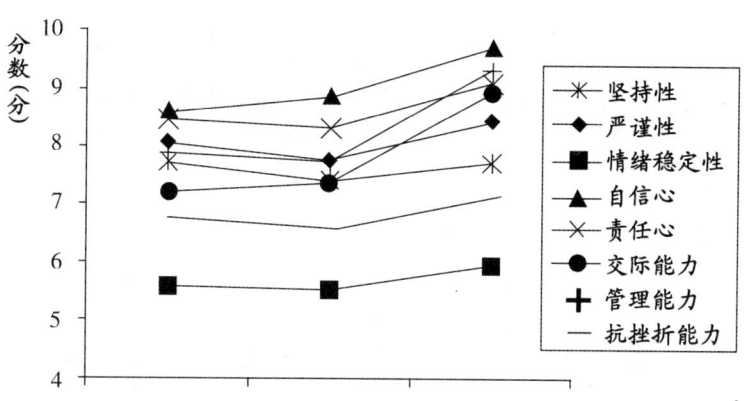

图 2-6-22　广西壮族自治区听力残疾人职业人格特征随年龄变化趋势图

表 2-6-44　广西壮族自治区听力残疾人职业人格特征的年龄差异检验

	名称	年龄(岁)	人数	平均值	标准差	F	p	多重比较
职业人格	坚持性	15-29	143	7.73	2.03			
		30-39	34	7.41	2.52	.294	.746	
		40-49	14	7.71	2.64			
	严谨性	15-29	143	8.06	1.77			
		30-39	34	7.74	1.54	.832	.437	
		40-49	14	8.43	2.34			
	情绪稳定性	15-29	143	5.57	2.12			
		30-39	34	5.53	2.56	.176	.839	
		40-49	14	5.93	2.59			
	自信心	15-29	143	8.62	1.88			
		30-39	34	8.85	2.48	1.975	.142	
		40-49	14	9.71	2.02			
	责任心	15-29	143	8.43	1.80			
		30-39	34	8.29	2.20	.894	.411	
		40-49	14	9.07	1.77			
	交际能力	15-29	143	7.21	1.85			
		30-39	34	7.32	2.48	4.993**	.008	3>1,3>2
		40-49	14	8.93	1.27			
	管理能力	15-29	143	7.87	1.79			
		30-39	34	7.71	1.78	4.391*	.014	3>1,3>2
		40-49	14	9.29	1.68			
	抗挫折能力	15-29	143	6.78	2.29			
		30-39	34	6.59	2.91	.257	.774	
		40-49	14	7.14	2.88			

注:1 表示 15-29 岁年龄段的听力残疾人组,2 表示 30-39 岁年龄段的听力残疾人组,3 表示 40-49 岁年龄段的听力残疾人组。

3)残疾等级比较分析

广西壮族自治区听力残疾人职业人格各维度的得分随残疾等级的变化呈现波动变化,坚持性、严谨性、自信心、责任心、交际能力、管理能力和抗挫折能力表现为四级和三级听力残疾人组的得分高于二级和一级听力残疾人组;情绪稳定性的得分表现为四级和二级听力残疾人组的得分高于三级和一级听力残疾人组(见图2-6-23)。

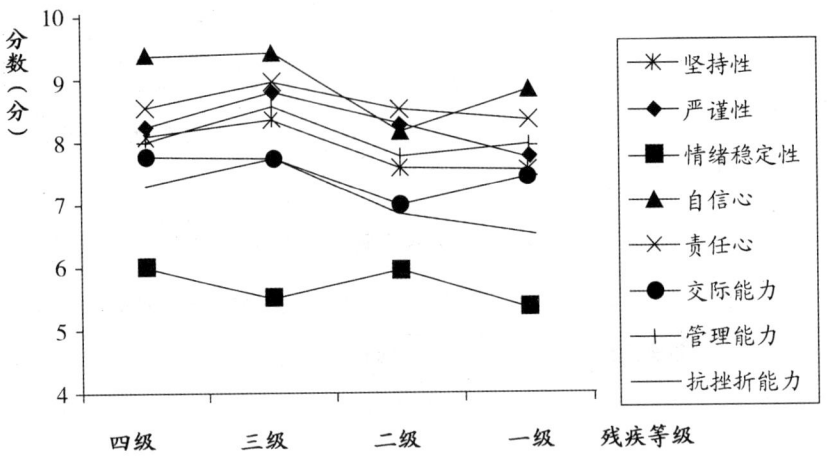

图2-6-23 广西壮族自治区听力残疾人职业人格特征随残疾等级变化趋势图

进一步差异检验发现,广西壮族自治区听力残疾人职业人格各维度得分均不存在显著的残疾等级差异(见表2-6-45)。

表2-6-45 广西壮族自治区听力残疾人职业人格特征的残疾等级差异检验

名称		残疾等级	人数	平均值	标准差	F	p
职业人格	坚持性	四级	13	8.08	2.69		
		三级	19	8.37	2.36	.973	.407
		二级	52	7.58	2.21		
		一级	107	7.54	2.03		
	严谨性	四级	13	8.23	1.42		
		三级	19	8.79	2.12	2.366	.072
		二级	52	8.25	1.79		
		一级	107	7.76	1.71		
	情绪稳定性	四级	13	6.00	2.80		
		三级	19	5.53	2.09	.966	.410
		二级	52	5.96	2.36		
		一级	107	5.37	2.12		
	自信心	四级	13	9.38	2.26		
		三级	19	9.42	2.04	2.641	.051
		二级	52	8.17	2.32		
		一级	107	8.81	1.77		

(续表)

名称		残疾等级	人数	平均值	标准差	F	p
职业人格	责任心	四级	13	8.54	1.71	.596	.618
		三级	19	8.95	1.93		
		二级	52	8.50	1.95		
		一级	107	8.34	1.85		
	交际能力	四级	13	7.77	1.96	1.007	.391
		三级	19	7.74	2.70		
		二级	52	7.00	2.09		
		一级	107	7.41	1.78		
	管理能力	四级	13	8.00	2.04	.856	.465
		三级	19	8.53	1.81		
		二级	52	7.75	2.00		
		一级	107	7.93	1.69		
	抗挫折能力	四级	13	7.31	2.78	1.657	.178
		三级	19	7.74	2.21		
		二级	52	6.85	2.45		
		一级	107	6.50	2.41		

4）文化水平比较分析

广西壮族自治区听力残疾人职业人格各维度的得分随着文化水平的提高而呈现上升趋势。但高中/中专组在情绪稳定性维度、责任心和抗挫折能力的得分略低于初中组；初中组在自信心和交际能力的得分略低于小学及以下组（见图2-6-24）。

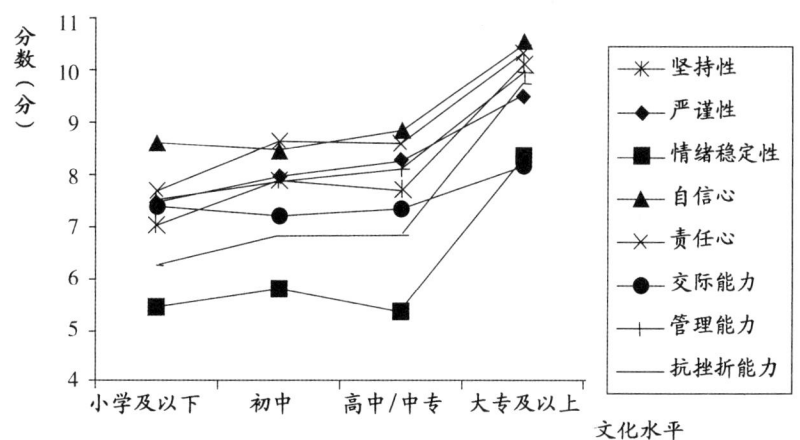

图2-6-24　广西壮族自治区听力残疾人职业人格特征随文化水平变化趋势图

进一步差异检验显示，广西壮族自治区不同文化水平的听力残疾人在严谨性、情绪稳定性、管理能力和抗挫折能力维度的得分存在显著的差异，在坚持性和责任心维度的得分存在极显著差异。多重比较可以看出，在坚持性、严谨性、情绪稳定性、管理能力和抗挫折能力维度，大专及以上组的听力残疾人的得分显著高于其他三组，且高中/中专组的听力残疾人在严谨性上的得分显著高于小学及以下组；在责任心维度，大专及以上组听力残疾人的得分显著高于其他三组，且初中组和高中/中专组听力残疾人的得分显著高于小学及以下组，见表2-6-46。

表 2-6-46　广西壮族自治区听力残疾人职业人格特征的文化水平差异检验

名称		文化水平	人数	平均值	标准差	F	p	多重比较
职业人格	坚持性	小学及以下	52	7.04	2.01			
		初中	58	7.93	2.02	4.288**	0.006	4>1,4>2
		高中/中专	76	7.74	2.24			4>3
		大专及以上	5	10.20	1.92			
	严谨性	小学及以下	52	7.50	1.79			
		初中	58	7.98	1.90	3.653*	0.014	4>1,4>2
		高中/中专	76	8.32	1.63			4>3,3>1
		大专及以上	5	9.60	0.55			
	情绪稳定性	小学及以下	52	5.44	2.29			
		初中	58	5.79	2.22	3.272*	0.022	4>1,4>2
		高中/中专	76	5.36	2.07			4>3
		大专及以上	5	8.40	2.70			
	自信心	小学及以下	52	8.65	1.94			
		初中	58	8.50	1.81	1.824	0.144	
		高中/中专	76	8.86	2.22			
		大专及以上	5	10.60	1.14			
	责任心	小学及以下	52	7.71	1.95			4>1,4>2
		初中	58	8.69	1.82	5.503**	0.001	4>3,3>1
		高中/中专	76	8.66	1.73			2>1
		大专及以上	5	10.40	0.89			
	交际能力	小学及以下	52	7.40	1.90			
		初中	58	7.22	1.93	0.394	0.757	
		高中/中专	76	7.37	2.12			
		大专及以上	5	8.20	1.48			
	管理能力	小学及以下	52	7.54	1.84			
		初中	58	7.88	2.00	3.483*	0.017	4>1,4>2
		高中/中专	76	8.14	1.59			4>3
		大专及以上	5	10.00	0.00			
	抗挫折能力	小学及以下	52	6.25	2.61			
		初中	58	6.88	2.26	3.559*	0.015	4>1,4>2
		高中/中专	76	6.86	2.40			4>3
		大专及以上	5	9.80	0.84			

注:1 表示小学及以下听力残疾人组,2 表示初中听力残疾人组,3 表示高中/中专听力残疾人组,4 表示大专及以上听力残疾人组。

5)交流方式比较分析

广西壮族自治区听力残疾人职业人格测验各维度得分的均数比较显示,在坚持性和情绪稳定性维度,口语组的得分最高;在自信心和责任心维度,手语组得分最高;在严谨性和管理能力维度,口语&

手语组的得分最高;在交际能力和抗挫折能力维度,其他组得分最高(见图2-6-25)。

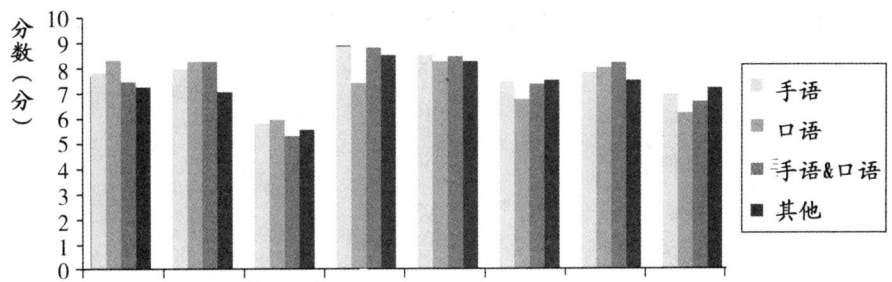

图2-6-25　广西壮族自治区使用不同交流方式听力残疾人职业人格特征的比较

进一步差异检验发现,使用不同交流方式显著影响广西壮族自治区听力残疾人的自信心。多重比较发现,在自信心维度,手语组和手语&口语组的得分显著高于口语组(见表2-6-47)。

表2-6-47　广西壮族自治区不同交流方式听力残疾人职业人格特征的差异检验

名称		交流方式	人数	平均值	标准差	F	p	多重比较
职业人格	坚持性	手语	87	7.82	2.02			
		口语	16	8.31	3.07	1.069	.363	
		手语 & 口语	72	7.44	2.08			
		其他	16	7.25	2.21			
	严谨性	手语	87	7.97	1.89			
		口语	16	8.25	1.88	2.152	.095	
		手语 & 口语	72	8.26	1.47			
		其他	16	7.06	2.11			
	情绪稳定性	手语	87	5.79	2.30			
		口语	16	5.94	2.05	.838	.475	
		手语 & 口语	72	5.28	2.02			
		其他	16	5.56	2.90			
	自信心	手语	87	8.99	1.57			
		口语	16	7.38	2.70	3.063*	.029	1>2,3>2
		手语 & 口语	72	8.79	2.11			
		其他	16	8.50	2.61			
	责任心	手语	87	8.52	2.02			
		口语	16	8.25	2.27	.160	.923	
		手语 & 口语	72	8.47	1.51			
		其他	16	8.25	2.24			
	交际能力	手语	87	7.44	1.92			
		口语	16	6.75	2.18	.570	.635	
		手语 & 口语	72	7.36	2.08			
		其他	16	7.50	1.75			

(续表)

名称		交流方式	人数	平均值	标准差	F	p	多重比较
职业人格	管理能力	手语	87	7.82	2.00	.928	.429	
		口语	16	8.00	1.93			
		手语&口语	72	8.19	1.59			
		其他	16	7.50	1.55			
	抗挫折能力	手语	87	6.93	2.53	.666	.574	
		口语	16	6.19	2.59			
		手语&口语	72	6.63	2.22			
		其他	16	7.19	2.83			

注：1表示主要使用手语的听力残疾人组，2表示主要使用口语的听力残疾人组，3表示主要使用手语&口语的听力残疾人组。

(4) 结论

①广西壮族自治区听力残疾人职业人格各维度得分从高到低依次为：自信心>责任心>管理能力>严谨性>坚持性>交际能力>抗挫折能力>情绪稳定性。

②女性组在严谨性维度的得分高于男性组，且二者存在极其显著差异（$p<0.01$）。

③广西壮族自治区听力残疾人在交际能力维度的得分随着年龄的增长逐渐升高；在管理能力维度，30-39岁年龄组得分最低，40-49岁年龄组得分最高；且在管理能力维度的得分存在显著的年龄差异（$p<0.05$），在交际能力维度的得分存在着极显著的年龄差异（$p<0.01$）。

④广西壮族自治区听力残疾人在职业人格的各维度的得分均不存在显著的残疾等级差异。

⑤广西壮族自治区听力残疾人职业人格各维度的得分随着文化水平的提高而呈现上升趋势，但高中/中专组在情绪稳定性、责任心和抗挫折能力的得分略低于初中组；初中组在自信心和交际能力的得分略低于小学及以下组。且不同文化水平的听力残疾人在严谨性、情绪稳定性、管理能力和抗挫折能力维度的得分存在显著的差异（$p<0.05$），在坚持性和责任心维度的得分存在极显著差异（$p<0.01$）。

⑥以手语为主要交流方式和以手语和口语为主要交流方式的听力残疾人在自信心维度的得分显著高于口语组。

3. 广西壮族自治区听力残疾人职业兴趣状况

(1) 测试人群分布

本项目在广西壮族自治区共选取193名有效被试进行了听力残疾人职业兴趣测验，其基本信息见表12-6-34。

(2) 总体情况

广西壮族自治区听力残疾人在职业兴趣各类型的得分从高到低依次为：现实型>研究型>常规型>艺术型>社会型>企业型。在不同年龄组的男性听力残疾人中，40-49岁年龄组常规型、研究型、社会型、企业型和艺术型上的得分最高；30-39岁年龄组现实型的得分最高。在不同年龄的女性听力残疾人中，30-39岁年龄组艺术型上的得分最高；15-29岁年龄组现实型、企业型和社会型得分最高；40-49岁年龄组常规型和研究型得分最高（见表2-6-48）。

表 2-6-48　广西壮族自治区听力残疾人职业兴趣测验的平均数和标准差

		n	常规型		现实型		研究型		企业型		社会型		艺术型	
			M	Std	M	Std	M	Std	M	Std	M	Std	M	Std
总体		193	6.53	1.53	6.64	1.70	6.62	1.76	6.34	1.62	6.42	1.60	6.44	1.64
男性		119	6.52	1.47	6.65	1.62	6.62	1.65	6.49	1.51	6.27	1.54	6.12	1.70
女性		74	6.55	1.64	6.64	1.84	6.61	1.92	6.11	1.78	6.66	1.68	6.96	1.38
男（岁）	15-29	89	6.57	1.46	6.53	1.67	6.52	1.75	6.49	1.59	6.37	1.56	6.10	1.70
	30-39	22	6.18	1.59	7.14	1.58	6.91	1.48	6.23	1.23	5.82	1.50	5.86	1.81
	40-49	8	6.88	1.13	6.63	0.92	7.00	0.53	7.13	1.13	6.38	1.30	7.00	1.31
女（岁）	15-29	55	6.60	1.58	6.69	1.79	6.58	1.96	6.29	1.82	6.89	1.58	6.91	1.31
	30-39	12	6.17	1.64	6.42	2.15	6.50	2.15	5.67	1.67	5.58	1.56	7.25	1.71
	40-49	7	6.86	2.19	6.57	1.90	7.00	1.29	5.43	1.51	6.71	2.14	6.86	1.46

（3）广西壮族自治区听力残疾人职业兴趣特征

1）性别差异比较分析

广西壮族自治区听力残疾人职业兴趣测验各类型得分的均数比较显示，男性听力残疾人组现实型、研究型和企业型的得分高于女性组，常规型、社会型和艺术型的得分低于女性组（见图 2-6-26）。

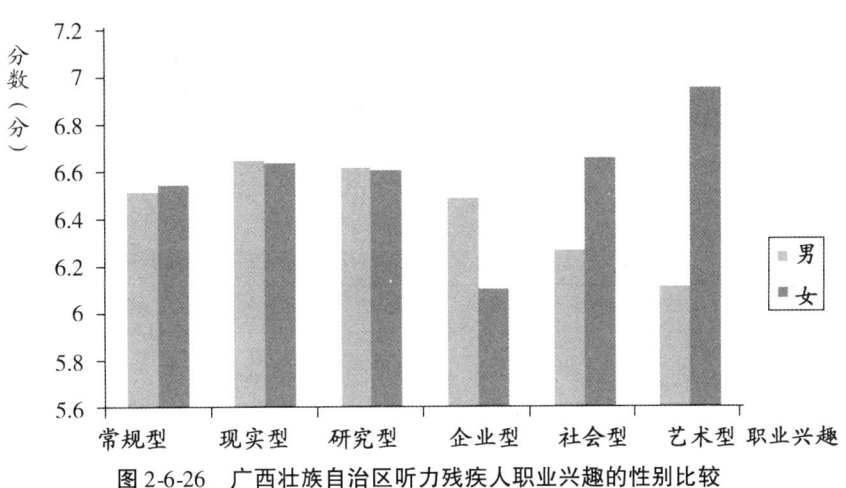

图 2-6-26　广西壮族自治区听力残疾人职业兴趣的性别比较

进一步差异检验发现，广西壮族自治区听力残疾人在艺术型的得分存在极显著的性别差异，即说明女性更喜欢从事艺术型职业（见表 2-6-49）。

表 2-6-49 广西壮族自治区听力残疾人职业兴趣的性别差异显著检验

	名称	性别	人数	平均值	标准差	t	p
职业兴趣	常规型	男	119	6.52	1.47	-.145	.885
		女	74	6.55	1.64		
	现实型	男	119	6.65	1.62	.047	.962
		女	74	6.64	1.84		
	研究型	男	119	6.62	1.65	.053	.958
		女	74	6.61	1.92		

(续表)

	名称	性别	人数	平均值	标准差	t	p
职业兴趣	企业型	男	119	6.49	1.51	1.585	.115
		女	74	6.11	1.78		
	社会型	男	119	6.27	1.54	-1.665	.097
		女	74	6.66	1.68		
	艺术型	男	119	6.12	1.70	-3.582**	.000
		女	74	6.96	1.38		

2)年龄差异比较分析

随着年龄的增长,广西壮族自治区听力残疾人常规型、企业型、社会型和艺术型的得分呈现先降后升的变化特点,即30-39岁年龄组得分最低;现实型的得分呈现先升后降的变化特点,即30-39岁年龄组得分最高;研究型的得分呈现上升的趋势(见图2-6-27)。

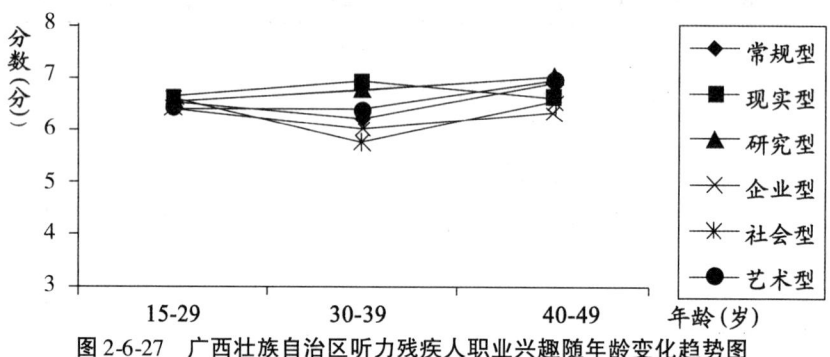

图2-6-27　广西壮族自治区听力残疾人职业兴趣随年龄变化趋势图

进一步差异检验发现,广西壮族自治区听力残疾人在社会型的得分存在显著的年龄差异。多重比较显示,15-29岁年龄组在社会型的得分显著高于30-39岁年龄组(见表2-6-50)。

表2-6-50　广西壮族自治区听力残疾人职业兴趣的年龄差异检验

	名称	年龄(岁)	人数	平均值	标准差	F	p	多重比较
职业兴趣	常规型	15-29	144	6.58	1.50	1.361	.259	
		30-39	34	6.18	1.59			
		40-49	15	6.87	1.64			
	现实型	15-29	144	6.59	1.71	.407	.666	
		30-39	34	6.88	1.81			
		40-49	15	6.60	1.40			
	研究型	15-29	144	6.54	1.83	.608	.546	
		30-39	34	6.76	1.72			
		40-49	15	7.00	0.93			
	企业型	15-29	144	6.42	1.68	.782	.459	
		30-39	34	6.03	1.40			
		40-49	15	6.33	1.54			

(续表)

名称		年龄(岁)	人数	平均值	标准差	F	p	多重比较
职业兴趣	社会型	15-29	144	6.57	1.59			
		30-39	34	5.74	1.50	3.881*	.022	1>2
		40-49	15	6.53	1.68			
	艺术型	15-29	144	6.41	1.61			
		30-39	34	6.35	1.87	.753	.472	
		40-49	15	6.93	1.33			

注:1 表示 15-29 岁年龄段的听力残疾人组,2 表示 30-39 岁年龄段的听力残疾人组。

3)残疾等级比较分析

随着残疾程度的加重,四级和三级听力残疾人组常规型和现实型的得分较一级和二级听力残疾人组高;四级听力残疾人组研究型的得分最高,一级、二级和三级听力残疾人组的得分较低;一级听力残疾人组企业型的得分最高,二级、三级和四级听力残疾人组的得分差别不大;四级听力残疾人组社会型和艺术型的得分最低,一级、二级和三级听力残疾人组的得分差别不大(见图2-6-28)。

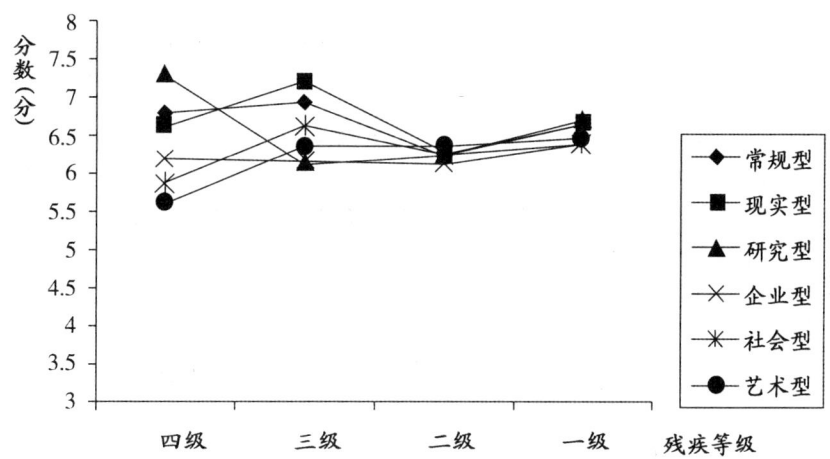

图 2-6-28　广西壮族自治区听力残疾人职业兴趣随残疾等级变化趋势图

进一步差异检验发现,广西壮族自治区不同残疾等级的听力残疾人组在职业兴趣测验各类型的得分均未达到显著差异水平,说明残疾等级对听力残疾人职业兴趣并无显著影响(见表2-6-51)。

表 2-6-51　广西壮族自治区听力残疾人职业兴趣的残疾等级差异检验

名称		残疾等级	人数	平均值	标准差	F	p
职业兴趣	常规型	四级	13	6.85	1.34		
		三级	19	7.00	1.56	1.247	.294
		二级	53	6.28	1.78		
		一级	108	6.54	1.40		
	现实型	四级	13	6.69	1.25		
		三级	19	7.26	1.76	1.802	.148
		二级	53	6.26	1.98		
		一级	108	6.71	1.57		

(续表)

名称		残疾等级	人数	平均值	标准差	F	p
职业兴趣	研究型	四级	13	7.38	1.56		
		三级	19	6.21	1.93	2.079	.104
		二级	53	6.28	1.91		
		一级	108	6.76	1.64		
	企业型	四级	13	6.23	1.74		
		三级	19	6.21	1.55	.457	.713
		二级	53	6.17	1.91		
		一级	108	6.46	1.48		
	社会型	四级	13	5.92	1.93		
		三级	19	6.68	1.67	.668	.573
		二级	53	6.34	1.65		
		一级	108	6.47	1.53		
	艺术型	四级	13	5.69	1.84		
		三级	19	6.42	1.71	1.064	.366
		二级	53	6.42	1.83		
		一级	108	6.55	1.49		

4）文化水平比较分析

广西壮族自治区听力残疾人初中组在艺术型的得分最高，其他各类型均表现为大专及以上组听力残疾人的得分最高，其余三组在各类型的得分变化不大（见图2-6-29）。

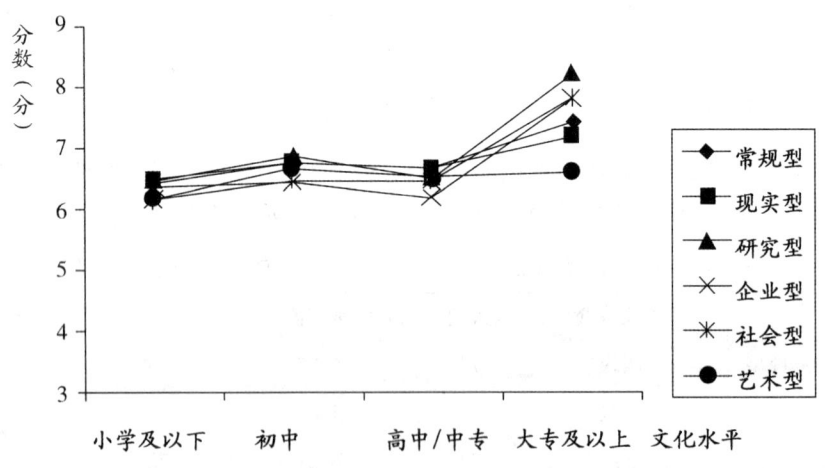

图2-6-29 广西壮族自治区听力残疾人职业兴趣随文化水平变化趋势图

进一步差异检验显示，广西壮族自治区听力残疾人在职业兴趣其他各类型的得分均不存在显著的文化水平差异（见表2-6-52）。

表 2-6-52 广西壮族自治区听力残疾人职业兴趣的文化水平差异检验

名称		文化水平	人数	平均值	标准差	F	p
职业兴趣	常规型	小学及以下	52	6.15	1.26		
		初中	58	6.64	1.65	1.876	.135
		高中/中专	78	6.65	1.60		
		大专及以上	5	7.40	0.89		
	现实型	小学及以下	52	6.48	1.57		
		初中	58	6.74	1.94	.397	.756
		高中/中专	78	6.64	1.59		
		大专及以上	5	7.20	2.17		
	研究型	小学及以下	52	6.42	1.60		
		初中	58	6.83	1.84	2.019	.113
		高中/中专	78	6.49	1.79		
		大专及以上	5	8.20	1.10		
	企业型	小学及以下	52	6.35	1.53		
		初中	58	6.43	1.88	1.683	.172
		高中/中专	78	6.18	1.45		
		大专及以上	5	7.80	1.48		
	社会型	小学及以下	52	6.17	1.71		
		初中	58	6.48	1.34	1.704	.168
		高中/中专	78	6.45	1.68		
		大专及以上	5	7.80	1.64		
	艺术型	小学及以下	52	6.17	1.41		
		初中	58	6.64	1.64	.762	.516
		高中/中专	78	6.46	1.75		
		大专及以上	5	6.60	2.07		

5) 交流方式比较分析

广西壮族自治区听力残疾人职业兴趣测验各类型得分的均数比较发现,口语组在常规型、现实型的得分最高;手语组在研究型的得分最高;手语&口语组在企业型和艺术型的得分最高;采用其他交流方式的听力残疾人在社会型的得分较高(见图 2-6-30)。

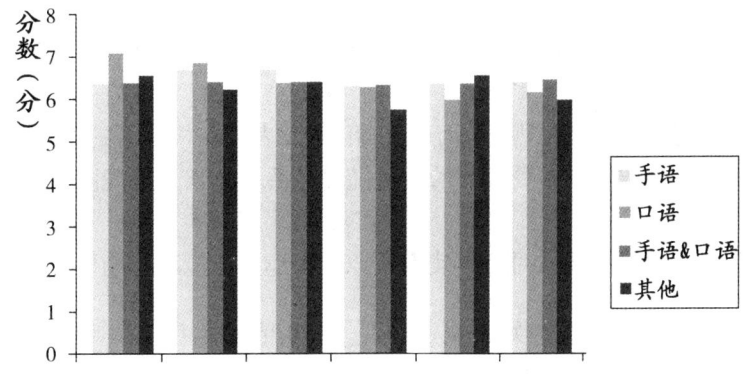

图 2-6-30 广西壮族自治区使用不同交流方式听力残疾人职业兴趣的比较

进一步差异性检验显示,广西壮族自治区采用不同交流方式的听力残疾人职业兴趣各类型的得分均不存在显著的差异,即听力残疾人的交流方式对职业兴趣的影响并不显著(见表2-6-53)。

表2-6-53　广西壮族自治区不同交流方式听力残疾人职业兴趣的差异检验

名称		交流方式	人数	平均值	标准差	F	p
职业兴趣	常规型	手语	88	6.44	1.63	1.162	.326
		口语	17	7.18	1.42		
		手语&口语	72	6.47	1.34		
		其他	16	6.63	1.82		
	现实型	手语	88	6.77	1.78	.746	.526
		口语	17	6.94	1.48		
		手语&口语	72	6.49	1.64		
		其他	16	6.31	1.78		
	研究型	手语	88	6.77	1.73	.424	.736
		口语	17	6.47	2.27		
		手语&口语	72	6.49	1.70		
		其他	16	6.50	1.67		
	企业型	手语	88	6.38	1.72	.628	.598
		口语	17	6.35	1.54		
		手语&口语	72	6.42	1.53		
		其他	16	5.81	1.60		
	社会型	手语	88	6.43	1.73	.379	.769
		口语	17	6.06	1.64		
		手语&口语	72	6.44	1.49		
		其他	16	6.63	1.36		
	艺术型	手语	88	6.47	1.57	.469	.704
		口语	17	6.24	1.20		
		手语&口语	72	6.54	1.81		
		其他	16	6.06	1.65		

(4)结论

①广西壮族自治区听力残疾人在职业兴趣各类型的得分从高到低依次为:现实型>研究型>常规型>艺术型>社会型>企业型。

②男性听力残疾人组在艺术型的得分低于女性组,且二者存在极显著的差异($p<0.01$)。

③广西壮族自治区听力残疾人在社会型的得分随着年龄的增长呈现先降后升的变化特点,且存在显著的年龄差异($p<0.05$)。

④文化水平、残疾等级、交流方式对听力残疾人职业兴趣并无显著影响。

(三)广西壮族自治区言语残疾人职业适应性状况

本次项目测查广西壮族自治区就业年龄段的言语残疾有效样本共计102人,样本详情见表2-6-54

~表2-6-57。

表2-6-54 广西壮族自治区言语残疾人样本性别分布情况

地区	男		女		合计
	n	%	n	%	
南宁	13	61.9	8	38.1	21
柳州	13	59.1	9	40.9	22
钦州	31	52.5	28	47.5	59
总计	57	55.9	45	44.1	102

表2-6-55 广西壮族自治区言语残疾人样本年龄段分布情况

地区	15-29岁		30-39岁		40-49岁		合计
	n	%	n	%	n	%	
南宁	20	95.2	1	4.8	0	0.0	21
柳州	10	45.5	8	36.4	4	18.2	22
钦州	52	88.1	3	5.1	4	6.8	59
总计	82	80.4	12	11.8	8	7.8	102

表2-6-56 广西壮族自治区言语残疾人样本残疾等级分布情况

地区	四级		三级		二级		一级		合计
	n	%	n	%	n	%	n	%	
南宁	0	0.0	5	23.8	4	19.0	12	57.1	21
柳州	10	45.5	3	13.6	0	0.0	9	40.9	22
钦州	4	6.8	13	22.0	19	32.2	23	39.0	59
总计	14	13.7	21	20.6	23	22.5	44	43.1	102

表2-6-57 广西壮族自治区言语残疾人样本文化水平分布情况

地区	小学		初中		高中/中专		合计
	n	%	n	%	n	%	
南宁	0	0.0	16	76.2	5	23.8	21
柳州	0	0.0	0	0.0	22	100.0	22
钦州	17	28.8	20	33.9	22	37.3	59
总计	17	16.7	36	35.3	49	48.0	102

1. 广西壮族自治区言语残疾人职业能力状况

(1)测试人群分布

本项目在广西壮族自治区共选取102名言语残疾人进行职业能力测验,其基本信息见表2-6-58。

表 2-6-58　广西壮族自治区言语残疾人有效样本分布表(人)

年龄(岁)	性别		总计
	男	女	
15-29	46	36	82
30-39	7	5	12
40-49	4	4	8
总计	57	45	102

(2) 总体情况

广西壮族自治区言语残疾人职业能力文档测验部分各分测验得分从高到低依次为：形状知觉>言语能力>符号知觉>数理能力>空间知觉。不同年龄段的男性言语残疾人中，30-39岁年龄组除符号知觉分测验外，职业能力各分测验的得分及总分都高于其他两组；40-49岁年龄组符号知觉分测验的得分高于其他两组。不同年龄段的女性言语残疾人中，15-29岁年龄段的言语残疾人数理能力、形状知觉分测验的得分高于其他两组，40-49岁年龄段的言语残疾人言语能力、空间知觉、符号知觉分测验的得分以及文档计分和手眼协调操作测验的得分、职业能力总分高于其他两组(见表2-6-59)。

表 2-6-59　广西壮族自治区言语残疾人职业能力测验的平均数和标准差

		n	言语能力		数理能力		空间知觉		符号知觉		形状知觉		文档计分	
			M	Std	M	Std	M	Std	M	Std	M	Std	M	Std
总体		102	8.44	4.15	7.20	4.14	7.10	3.41	7.83	6.02	10.63	3.84	41.19	14.98
男性		57	7.96	4.10	7.58	4.37	7.19	3.93	7.11	5.82	10.77	4.44	40.62	16.35
女性		45	9.04	4.19	6.71	3.82	6.98	2.65	8.75	6.21	10.44	2.95	41.92	13.19
男(岁)	15-29	46	7.36	3.54	7.13	4.46	6.83	3.90	5.98	5.31	10.74	4.63	38.03	15.79
	30-39	7	11.24	5.86	10.86	3.44	8.86	4.14	11.59	6.42	12.00	4.00	54.54	15.16
	40-49	4	9.17	4.94	7.00	2.58	8.50	3.79	12.33	4.90	9.00	2.58	46.00	14.21
女(岁)	15-29	36	8.96	3.79	7.11	3.72	6.83	2.41	8.10	5.71	10.61	3.24	41.62	12.10
	30-39	5	8.27	5.22	4.40	4.98	6.00	4.00	6.76	7.62	9.60	0.89	35.02	18.37
	40-49	4	10.67	7.01	6.00	2.83	9.50	1.91	17.11	1.65	10.00	1.63	53.28	11.92

表 2-6-59　广西壮族自治区言语残疾人职业能力测验的平均数和标准差(续)

		n	手眼协调(网络测试)		职业能力总分(网络测试)	
			M	Std	M	Std
总体		102	13.74	7.91	54.93	18.98
男性		57	13.92	7.78	54.54	19.94
女性		45	13.51	8.16	55.43	17.91
男(岁)	15-29	46	13.97	7.93	52.00	19.96
	30-39	7	15.24	6.84	69.78	16.32
	40-49	4	11.00	8.73	57.00	16.22
女(岁)	15-29	36	13.59	8.07	55.21	16.19
	30-39	5	12.80	9.87	47.82	26.71
	40-49	4	13.67	9.26	66.94	20.59

(3)言语残疾人职业能力特征

1)性别差异比较分析

广西壮族自治区言语残疾人职业能力各分测验得分的均数比较显示,男性组在言语能力和符号知觉测验的得分低于女性组,在数理能力、空间知觉、形状知觉以及手眼协调测验的得分高于女性组(见图2-6-31)。

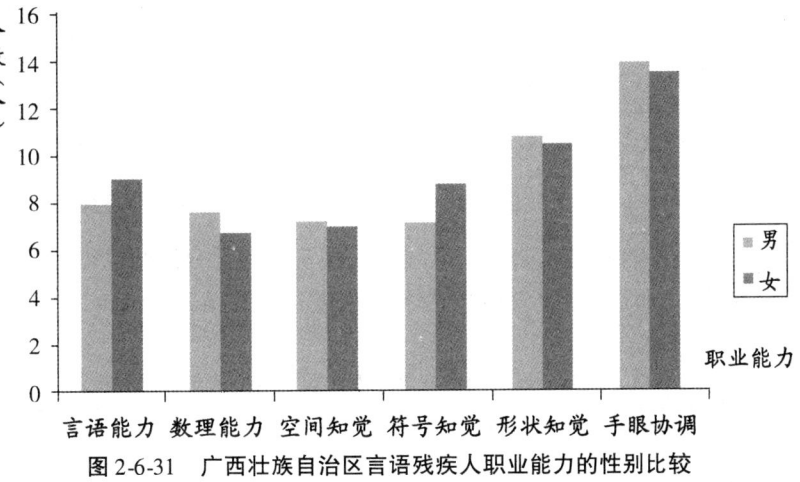

图2-6-31 广西壮族自治区言语残疾人职业能力的性别比较

进一步差异检验发现,广西壮族自治区言语残疾人职业能力各分测验得分性别差异均不显著(见表2-6-60)。

表2-6-60 广西壮族自治区言语残疾人职业能力的性别差异检验

	名称	性别	人数	平均值	标准差	t	p
职业能力文档测验	言语能力	男	57	7.96	4.10	-1.299	.197
		女	45	9.04	4.19		
	数理能力	男	57	7.58	4.37	1.052	.295
		女	45	6.71	3.82		
	空间知觉	男	57	7.19	3.93	.315	.753
		女	45	6.98	2.65		
	符号知觉	男	57	7.11	5.82	-1.372	.173
		女	45	8.75	6.21		
	形状知觉	男	57	10.77	4.44	.426	.671
		女	45	10.44	2.95		
	文档计分	男	57	40.62	16.35	-.434	.665
		女	45	41.92	13.19		
职业能力操作测验	手眼协调	男	57	13.92	7.78	.257	.798
		女	45	13.51	8.16		
职业能力总分		男	57	54.54	19.94	-.235	.815
		女	45	55.43	17.91		

2)年龄差异比较分析

随着年龄的增长,广西壮族自治区言语残疾人在符号知觉分测验的得分表现呈上升趋势,其他各分测验的得分并无明显变动(见图2-6-32)。

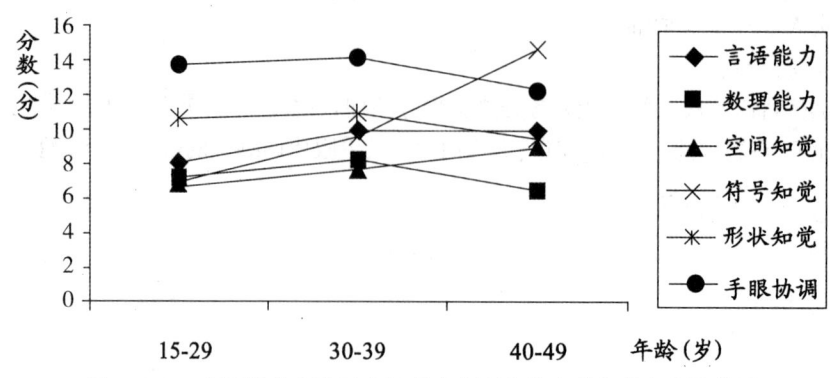

图 2-6-32　广西壮族自治区言语残疾人职业能力随年龄变化趋势图

进一步差异检验发现,广西壮族自治区言语残疾人在符号知觉分测验的得分存在极显著的年龄差异。多重比较发现,在符号知觉分测验,40-49岁年龄组的得分显著高于15-29岁和30-39岁两个年龄组(见表2-6-61)。

表2-6-61　广西壮族自治区言语残疾人职业能力的年龄差异检验

	名称	年龄(岁)	人数	平均值	标准差	F	p	多重比较
职业能力文档测验	言语能力	15-29	82	8.07	3.71			
		30-39	12	10.00	5.56	1.710	.186	
		40-49	8	9.92	5.67			
	数理能力	15-29	82	7.12	4.12			
		30-39	12	8.17	5.15	.451	.638	
		40-49	8	6.50	2.56			
	空间知觉	15-29	82	6.83	3.31			
		30-39	12	7.67	4.16	1.691	.190	
		40-49	8	9.00	2.83			
	符号知觉	15-29	82	6.91	5.55			
		30-39	12	9.57	7.06	7.590**	.001	3>1,3>2
		40-49	8	14.72	4.24			
	形状知觉	15-29	82	10.68	4.05			
		30-39	12	11.00	3.25	.405	.668	
		40-49	8	9.50	2.07			
	文档计分	15-29	82	39.61	14.31			
		30-39	12	46.41	18.68	2.531	.085	
		40-49	8	49.64	12.75			
职业能力操作测验	手眼协调	15-29	82	13.80	7.95			
		30-39	12	14.22	7.91	.149	.862	
		40-49	8	12.33	8.46			
	职业能力总分	15-29	82	53.41	18.36			
		30-39	12	60.63	23.07	1.363	.261	
		40-49	8	61.97	17.96			

注:1表示15-29岁年龄段的言语残疾人组,2表示30-39岁年龄段的言语残疾人组。

3）残疾等级比较分析

随着残疾等级从轻度四级到重度一级的变化,广西壮族自治区言语残疾人在言语能力、数理能力、空间知觉、符号知觉、手眼协调分测验的得分呈现下降趋势,即四级组>三级组>二级组>一级组;各级言语残疾人在形状知觉分测验的得分差异不大(见图2-6-33)。

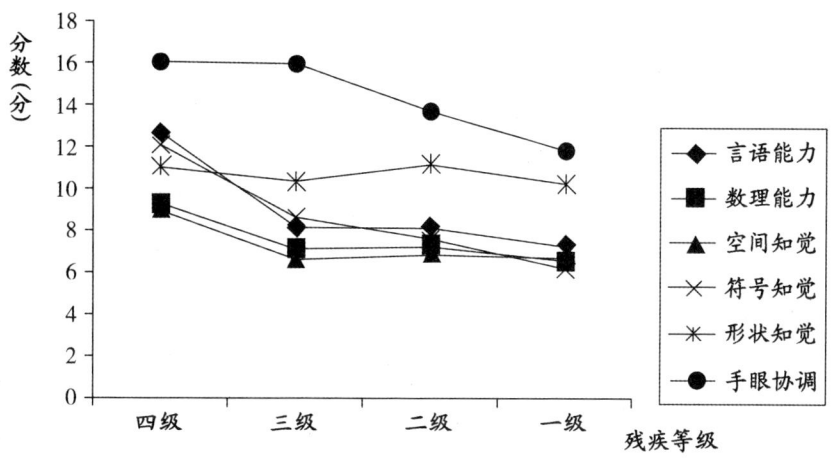

图2-6-33　广西壮族自治区言语残疾人职业能力随残疾等级变化趋势图

进一步差异检验发现,广西壮族自治区言语残疾人符号知觉分测验得分存在显著的残疾等级差异,言语能力分测验的得分和文档计分及职业能力总分的差异达到极显著水平。多重比较发现,在言语能力分测验的得分和文档计分及职业能力总分,四级言语残疾人组的得分显著高于其他三组;在符号知觉分测验,四级言语残疾人组的得分显著高于二级和一级言语残疾人组(见表2-6-62)。

表2-6-62　广西壮族自治区言语残疾人职业能力的残疾等级差异检验

	名称	残疾等级	人数	平均值	标准差	F	p	多重比较
职业能力文档测试	言语能力	四级	14	12.71	4.12	7.115**	.000	1>2,1>3 1>4
		三级	21	8.19	4.97			
		二级	23	8.14	3.33			
		一级	44	7.35	3.31			
	数理能力	四级	14	9.29	5.00	1.580	.199	1>4
		三级	21	7.14	4.17			
		二级	23	7.22	4.42			
		一级	44	6.55	3.57			
	空间知觉	四级	14	9.00	3.74	1.751	.162	1>2,1>4
		三级	21	6.67	3.54			
		二级	23	6.96	3.24			
		一级	44	6.77	3.23			
	符号知觉	四级	14	12.11	6.58	3.879*	.011	1>4,1>3
		三级	21	8.65	6.20			
		二级	23	7.61	5.12			
		一级	44	6.20	5.62			

（续表）

名称		残疾等级	人数	平均值	标准差	F	p	多重比较
职业能力文档测试	形状知觉	四级	14	11.14	3.57	.412	.745	
		三级	21	10.38	4.03			
		二级	23	11.22	3.61			
		一级	44	10.27	4.01			
	文档计分	四级	14	54.25	18.89	5.194**	.002	1>2,1>3 1>4
		三级	21	41.03	13.76			
		二级	23	41.15	11.55			
		一级	44	37.14	13.82			
职业能力操作测验	手眼协调	四级	14	16.19	6.95	1.879	.138	2>4
		三级	21	16.00	7.00			
		二级	23	13.74	7.92			
		一级	44	11.88	8.33			
职业能力总分		四级	14	70.44	21.52	5.200**	.002	1>2,1>3 1>4
		三级	21	57.03	14.57			
		二级	23	54.89	16.42			
		一级	44	49.02	18.81			

注：1表示四级言语残疾人组，2表示三级言语残疾人组，3表示二级言语残疾人组，4表示一级言语残疾人组。

4）文化水平比较分析

广西壮族自治区言语残疾人职业能力文档部分各分测验成绩随着文化水平的升高而呈现上升趋势，但是在符号知觉和空间知觉分测验，初中组言语残疾人的得分略低于小学及以下组，各文化水平组在手眼协调操作测验的得分呈水平波动，无显著差异（见图2-6-34）。

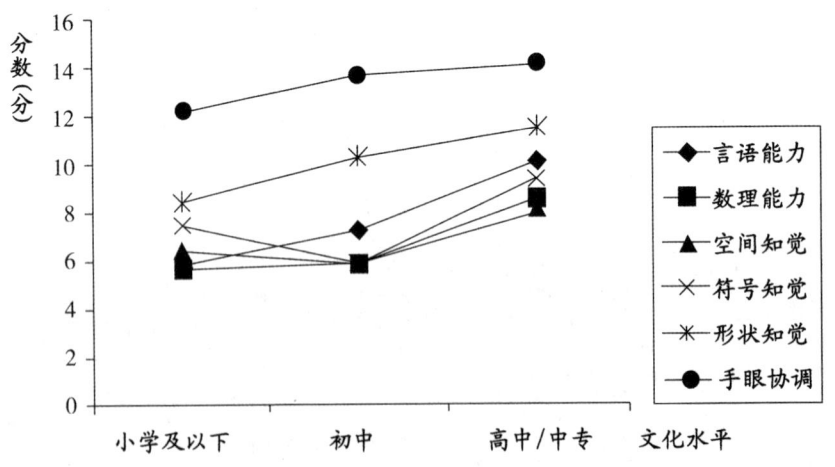

图2-6-34　广西壮族自治区言语残疾人职业能力随文化水平变化趋势图

进一步差异检验显示，不同文化水平的广西壮族自治区言语残疾人在符号知觉和形状知觉分测验的得分存在显著差异，在言语能力、数理能力和空间知觉分测验及文档计分与职业能力总分存在极显著的差异。多重比较发现，在言语能力和数理能力分测验及文档计分与职业能力总分，高中/中专组的得分显著高于初中组和小学及以下组；在空间知觉和符号知觉分测验，高中/中专组的得分显著高于初中组；在形状知觉分测验，高中/中专组的得分显著高于小学及以下组（见表2-6-63）。

表 2-6-63　广西壮族自治区言语残疾人职业能力的文化水平差异检验

	名称	文化水平	人数	平均值	标准差	F	p	多重比较
职业能力文档测验	言语能力	小学及以下	17	5.84	3.15			
		初中	36	7.30	3.16	10.699**	.000	3>1,3>2
		高中/中专	49	10.18	4.39			
	数理能力	小学及以下	17	5.76	3.87			
		初中	36	5.89	3.38	6.484**	.002	3>1,3>2
		高中/中专	49	8.65	4.31			
	空间知觉	小学及以下	17	6.47	3.71			
		初中	36	5.94	2.77	5.133**	.008	3>2
		高中/中专	49	8.16	3.46			
	符号知觉	小学及以下	17	7.50	6.47			
		初中	36	5.86	5.17	3.807*	.026	3>2
		高中/中专	49	9.40	6.11			
	形状知觉	小学及以下	17	8.47	3.91			
		初中	36	10.33	4.15	4.650*	.012	3>1
		高中/中专	49	11.59	3.27			
	文档计分	小学及以下	17	34.05	11.24			
		初中	36	35.33	12.44	11.794**	.000	3>1,3>2
		高中/中专	49	47.98	15.06			
操作测验	手眼协调	小学及以下	17	12.31	8.24			
		初中	36	13.74	7.67	.366	.694	
		高中/中专	49	14.23	8.08			
	职业能力总分	小学及以下	17	46.37	15.81			
		初中	36	49.07	15.66	8.034**	.001	3>1,3>2
		高中/中专	49	62.21	19.76			

注:1 表示小学及以下言语残疾人组,2 表示初中言语残疾人组,3 表示高中/中专言语残疾人组。

（4）结论

①广西壮族自治区言语残疾人职业能力文档测验部分各分测验得分从高到低依次为:形状知觉>言语能力>符号知觉>数理能力>空间知觉。

②广西壮族自治区言语残疾人职业能力各分测验得分均不存在显著的性别差异。

③40-49 岁年龄段的言语残疾人符号知觉分测验的得分显著高于 15-29 岁和 30-39 岁两个年龄组。

④随着残疾等级加重,广西壮族自治区言语残疾人言语能力、数理能力、空间知觉、符号知觉、手眼协调分测验的得分呈现下降趋势,即四级组>三级组>二级组>一级组;且符号知觉分测验的得分存在显著的残疾等级差异($p<0.05$),言语能力分测验得分和文档计分及职业能力总分的差异达到极显著水平($p<0.01$)。

⑤广西壮族自治区言语残疾人在职业能力文档部分各分测验随着文化水平的升高而呈现上升趋势,但是初中组符号知觉和空间知觉分测验的得分略低于小学及以下组;且在符号知觉和形状知觉分测验的得分存在显著的文化水平差异($p<0.05$),在言语能力、数理能力和空间知觉分测验及文档计分

与职业能力总分存在极显著的文化水平差异（p<0.01）。

2. 广西壮族自治区言语残疾人职业人格状况

（1）测试人群分布

本项目在广西壮族自治区共选取102名言语残疾人进行职业人格测验，其基本信息见表2-6-58。

（2）总体情况

广西壮族自治区言语残疾人职业人格各维度的得分从高到低依次为：自信心=责任心>严谨性>管理能力>交际能力>坚持性>抗挫折能力>情绪稳定性。不同年龄段的男性言语残疾人中，30-39岁年龄组责任心、管理能力和抗挫折能力维度的得分最高，40-49岁年龄组坚持性、严谨性、情绪稳定性、自信心、责任心和交际能力维度的得分最高。不同年龄的女性言语残疾被试中，30-39岁年龄组坚持性、情绪稳定性、责任心和抗挫折能力维度的得分最高，40-49岁年龄组严谨性、自信心、交际能力和管理能力的得分最高（见表2-6-64）。

表2-6-64 广西壮族自治区言语残疾人职业人格测验的平均数和标准差

		n	坚持性		严谨性		情绪稳定性		自信心	
			M	Std	M	Std	M	Std	M	Std
总体		102	7.50	2.30	7.99	1.77	5.74	1.92	8.52	2.05
男性		57	7.28	2.50	7.79	1.58	5.72	1.86	8.68	2.10
女性		45	7.78	2.02	8.24	1.97	5.76	2.01	8.31	1.99
男（岁）	15-29	46	7.09	2.45	7.74	1.65	5.65	1.79	8.57	2.07
	30-39	7	7.57	2.57	7.86	1.57	5.86	2.19	9.00	2.58
	40-49	4	9.00	2.94	8.25	0.50	6.25	2.50	9.50	1.73
女（岁）	15-29	36	7.67	1.97	8.19	2.07	5.78	2.00	8.14	1.88
	30-39	5	8.60	1.14	7.80	1.10	5.80	2.17	8.20	1.64
	40-49	4	7.75	3.40	9.25	1.89	5.50	2.52	10.00	2.94

表2-6-64 广西壮族自治区言语残疾人职业人格测验的平均数和标准差（续）

		n	责任心		交际能力		管理能力		抗挫折能力	
			M	Std	M	Std	M	Std	M	Std
总体		102	8.52	2.05	7.76	1.76	7.87	1.75	6.66	2.43
男性		57	8.68	2.10	7.77	1.71	7.95	1.79	6.77	2.26
女性		45	8.31	1.99	7.76	1.84	7.78	1.72	6.51	2.65
男（岁）	15-29	46	8.48	1.79	7.63	1.77	7.70	1.62	6.76	2.20
	30-39	7	9.00	1.00	8.14	1.07	9.29	1.98	6.86	2.79
	40-49	4	9.00	1.15	8.75	1.89	8.50	2.65	6.75	2.63
女（岁）	15-29	36	8.97	1.75	7.72	1.65	7.83	1.54	6.58	2.85
	30-39	5	9.00	2.35	7.00	2.74	7.20	2.59	6.80	0.84
	40-49	4	8.50	1.29	9.00	2.16	8.00	2.45	5.50	2.38

（3）言语残疾人职业人格特征

1）性别差异比较分析

广西壮族自治区言语残疾人职业人格测验各维度得分的均数比较显示，男性组在坚持性、严谨性、情绪稳定性和责任心维度的得分低于女性组,而在自信心、管理能力和抗挫折能力维度的得分高于女性组,在交际能力维度,男性组与女性组的得分相当(见图2-6-35)。

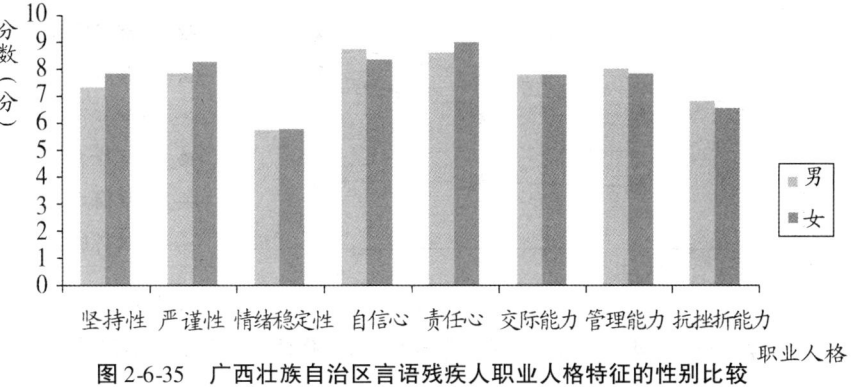

图2-6-35　广西壮族自治区言语残疾人职业人格特征的性别比较

进一步差异检验发现,广西壮族自治区言语残疾人职业人格各维度的性别差异均不显著(见表2-6-65)。

表2-6-65　广西壮族自治区言语残疾人职业人格特征的性别差异检验

	名称	性别	人数	平均值	标准差	t	p
职业人格	坚持性	男	57	7.28	2.50	-1.083	.281
		女	45	7.78	2.02		
	严谨性	男	57	7.79	1.58	-1.296	.198
		女	45	8.24	1.97		
	情绪稳定性	男	57	5.72	1.86	-.094	.925
		女	45	5.76	2.01		
	自信心	男	57	8.68	2.10	.913	.363
		女	45	8.31	1.99		
	责任心	男	57	8.58	1.67	-1.042	.300
		女	45	8.93	1.75		
	交际能力	男	57	7.77	1.71	.046	.963
		女	45	7.76	1.84		
	管理能力	男	57	7.95	1.79	.484	.629
		女	45	7.78	1.72		
	抗挫折能力	男	57	6.77	2.26	.536	.593
		女	45	6.51	2.65		

2)年龄差异比较分析

随着年龄的增长,广西壮族自治区言语残疾人在坚持性和自信心维度的得分逐渐提高;在严谨性和交际能力维度,30~39岁年龄组得分最低,40~49岁年龄组得分最高;在情绪稳定性和责任心维度各组的得分变化不大;在管理能力维度,30~39岁年龄组得分最高,而15~29岁年龄组得分最低;在抗挫折能力维度,40岁之前的两组得分较高,40~49岁年龄组的言语残疾人得分较低(见图2-6-36)。

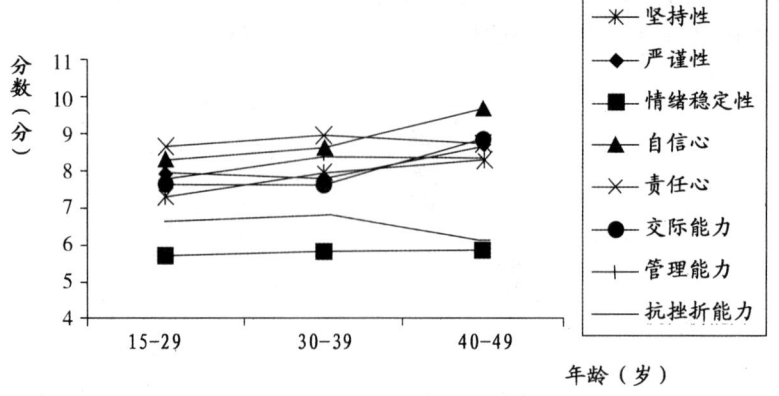

图 2-6-36 广西壮族自治区言语残疾人职业人格特征随年龄变化趋势图

进一步差异检验发现,广西壮族自治区言语残疾人在职业人格各维度的年龄差异均未达到显著水平,即年龄对言语残疾人职业人格特征的影响并不显著(见表2-6-66)。

表2-6-66 广西壮族自治区言语残疾人职业人格特征的年龄差异检验

	名称	年龄(岁)	人数	平均值	标准差	F	p
职业人格	坚持性	15-29	82	7.34	2.26		
		30-39	12	8.00	2.09	1.056	.352
		40-49	8	8.38	3.02		
	严谨性	15-29	82	7.94	1.85		
		30-39	12	7.83	1.34	.819	.444
		40-49	8	8.75	1.39		
	情绪稳定性	15-29	82	5.71	1.88		
		30-39	12	5.83	2.08	.045	.956
		40-49	8	5.88	2.36		
	自信心	15-29	82	8.38	1.99		
		30-39	12	8.67	2.19	1.694	.189
		40-49	8	9.75	2.25		
	责任心	15-29	82	8.70	1.78		
		30-39	12	9.00	1.60	.165	.848
		40-49	8	8.75	1.16		
	交际能力	15-29	82	7.67	1.71		
		30-39	12	7.67	1.92	1.756	.178
		40-49	8	8.88	1.89		
	管理能力	15-29	82	7.76	1.58		
		30-39	12	8.42	2.39	.947	.392
		40-49	8	8.25	2.38		
	抗挫折能力	15-29	82	6.68	2.49		
		30-39	12	6.83	2.12	.224	.800
		40-49	8	6.13	2.42		

3）残疾等级比较分析

随残疾程度的加重,广西壮族自治区言语残疾人在坚持性、自信心、责任心和管理能力维度的得分呈下降趋势,即四级组得分最高,而一级组得分较低;在严谨性、交际能力维度,不同残疾等级组的得分呈水平波动;在情绪稳定性和抗挫折能力维度,三级组和一级组得分较低,而二级组和四级组得分相对较高(见图2-6-37)。

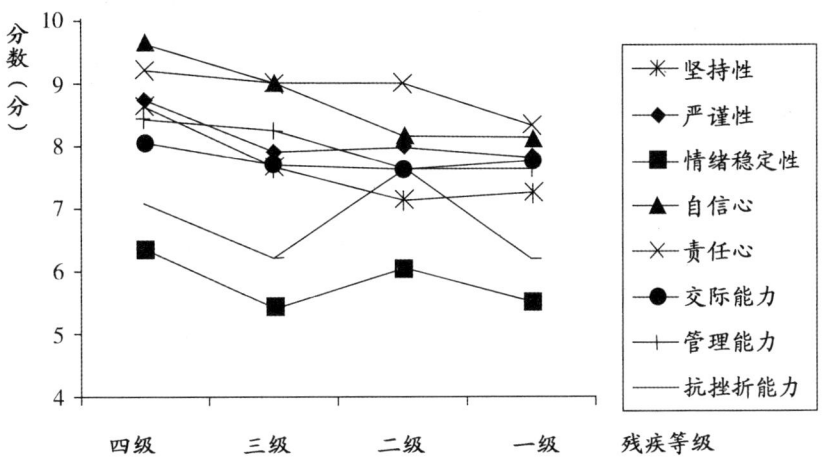

图2-6-37 广西壮族自治区言语残疾人职业人格特征随残疾等级变化趋势图

进一步差异检验显示,广西壮族自治区言语残疾人残疾等级在自信心维度的差异显著。多重比较可以看出,在自信心维度,四级言语残疾人组的得分显著高于二级组和一级组,即四级言语残疾人组的自信心人格特征更为突出(见表2-6-67)。

表2-6-67 广西壮族自治区言语残疾人职业人格特征的残疾等级差异检验

名称		残疾等级	人数	平均值	标准差	F	p
职业人格	坚持性	四级	14	8.64	2.82	1.584	.198
		三级	21	7.67	2.06		
		二级	23	7.13	2.42		
		一级	44	7.25	2.13		
	严谨性	四级	14	8.71	1.64	.979	.406
		三级	21	7.90	1.51		
		二级	23	8.00	1.60		
		一级	44	7.80	1.98		
	情绪稳定性	四级	14	6.36	2.34	1.048	.375
		三级	21	5.43	1.91		
		二级	23	6.04	2.08		
		一级	44	5.52	1.68		
	自信心	四级	14	9.64	1.98	2.716*	.049
		三级	21	9.00	1.76		
		二级	23	8.17	2.29		
		一级	44	8.11	1.94		

(续表)

名称		残疾等级	人数	平均值	标准差	F	p
职业人格	责任心	四级	14	9.21	1.48	1.628	.188
		三级	21	9.00	1.73		
		二级	23	9.00	1.60		
		一级	44	8.32	1.78		
	交际能力	四级	14	8.07	2.16	.176	.913
		三级	21	7.71	1.65		
		二级	23	7.65	1.85		
		一级	44	7.75	1.67		
	管理能力	四级	14	8.43	2.10	1.171	.325
		三级	21	8.24	1.51		
		二级	23	7.65	1.97		
		一级	44	7.64	1.60		
	抗挫折能力	四级	14	7.07	2.79	2.213	.091
		三级	21	6.24	2.34		
		二级	23	7.65	1.92		
		一级	44	6.20	2.49		

4）文化水平比较分析

随着文化水平的提高，广西壮族自治区言语残疾人在坚持性、严谨性、责任心、交际能力和管理能力维度的得分呈现逐步上升的趋势；情绪稳定性和抗挫折能力维度的得分呈现出先升后降的趋势，即初中组得分最高；在自信心维度的得分呈现出先降后升的变化特点，即初中组得分最低（见图2-6-38）。

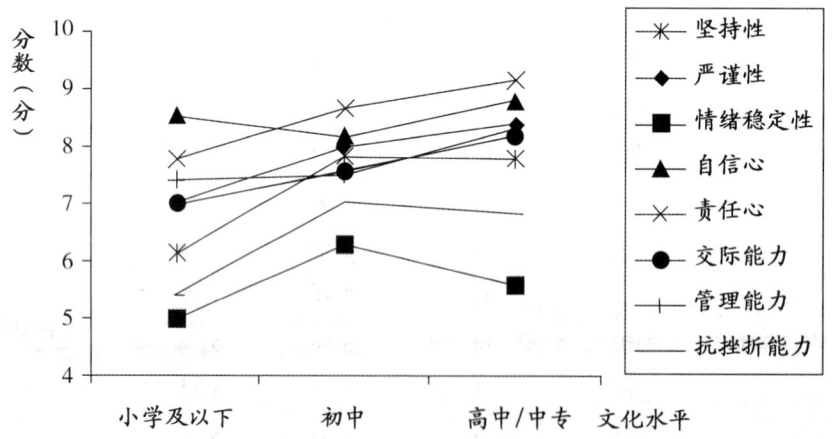

图2-6-38　广西壮族自治区言语残疾人职业人格特征随文化水平变化趋势图

进一步差异检验显示，不同文化水平的广西壮族自治区言语残疾人在坚持性、严谨性、责任心和交际能力维度上的得分存在显著差异。多重比较可以看出，小学及以下组坚持性维度的得分显著低于其他两组；高中/中专组严谨性、责任心和交际能力维度的得分显著高于小学及以下组，即高中组的言语残疾人在严谨性、责任心和交际能力维度的人格特征更明显（见表2-6-68）。

表 2-6-68　广西壮族自治区言语残疾人职业人格特征的文化水平差异检验

名称		文化水平	人数	平均值	标准差	F	p	多重比较
职业人格	坚持性	小学及以下	17	6.12	2.18			
		初中	36	7.78	2.51	3.886*	.024	3>1,2>1
		高中/中专	49	7.78	2.04			
	严谨性	小学及以下	17	7.00	1.41			
		初中	36	7.97	1.56	3.884*	.024	3>1
		高中/中专	49	8.35	1.91			
	情绪稳定性	小学及以下	17	5.00	1.80			
		初中	36	6.28	2.01	2.932	.058	
		高中/中专	49	5.59	1.81			
	自信心	小学及以下	17	8.53	1.42			
		初中	36	8.17	2.18	.916	.403	
		高中/中专	49	8.78	2.12			
	责任心	小学及以下	17	7.76	1.52			
		初中	36	8.64	1.93	4.500*	.013	3>1
		高中/中专	49	9.14	1.46			
	交际能力	小学及以下	17	7.00	2.09			
		初中	36	7.56	1.89	3.408*	.037	3>1
		高中/中专	49	8.18	1.42			
	管理能力	小学及以下	17	7.41	1.46			
		初中	36	7.50	1.58	3.025	.053	
		高中/中专	49	8.31	1.88			
	抗挫折能力	小学及以下	17	5.41	2.48			
		初中	36	7.03	2.26	2.855	.062	
		高中/中专	49	6.82	2.45			

注：1表示小学及以下言语残疾人组，2表示初中言语残疾人组，3表示高中/中专言语残疾人组。

(4) 结论

①广西壮族自治区言语残疾人职业人格各维度得分从高到低依次为：自信心=责任心>严谨性>管理能力>交际能力>坚持性>抗挫折能力>情绪稳定性。

②性别和年龄对言语残疾人职业人格特征的影响并不显著。

③四级言语残疾人组在自信心维度的得分显著高于二级和一级言语残疾人组。

④广西壮族自治区言语残疾人在坚持性、严谨性、责任心和交际能力维度的得分随着文化水平的提高，呈现逐步上升的趋势，且存在显著的文化水平差异（$p<0.05$）。

3. 广西壮族自治区言语残疾人职业兴趣状况

(1) 测试人群分布

本项目在广西壮族自治区共选取102名言语残疾人进行职业兴趣测验，其基本信息见表2-6-58。

(2) 总体情况

广西壮族自治区言语残疾人在职业兴趣各类型的得分从高到低依次为：现实型>研究型>社会型>常规型>艺术型>企业型。不同年龄段的男性言语残疾人中，15-29岁年龄组常规型、研究型、企业型、社会型和艺术型的得分最高;30-39岁年龄组现实型的得分最高。不同年龄段的女性言语残疾人中,15-29岁年龄组在现实型、研究型和艺术型的得分最高,30-39岁年龄组企业型和社会型上的得分最高,40-49岁年龄组常规型和企业型的得分最高(见表2-6-69)。

表2-6-69 广西壮族自治区言语残疾人职业兴趣测验

		常规型		现实型		研究型		企业型		社会型		艺术型	
	n	M	Std	M	Std	M	Std	M	Std	M	Std	M	Std
总体	102	6.47	1.73	6.85	1.78	6.70	1.84	6.24	1.68	6.55	1.53	6.44	1.92
男性	57	6.28	1.80	7.18	1.73	7.04	1.71	6.60	1.49	6.72	1.39	6.26	1.87
女性	45	6.71	1.63	6.44	1.77	6.27	1.94	5.78	1.81	6.33	1.68	6.67	1.98
男(岁) 15-29	46	6.41	1.90	7.09	1.77	7.17	1.66	6.76	1.34	6.87	1.24	6.43	1.80
30-39	7	5.86	1.46	7.71	1.38	6.86	1.86	5.86	1.95	6.29	1.50	5.86	1.68
40-49	4	5.50	0.58	7.25	2.06	5.75	1.89	6.00	2.16	5.75	2.50	5.00	2.83
女(岁) 15-29	36	6.78	1.61	6.58	1.73	6.58	1.89	5.72	1.83	6.36	1.64	6.97	1.95
30-39	5	5.40	1.52	6.40	1.95	4.60	2.07	6.00	1.73	6.60	1.34	5.20	1.64
40-49	4	7.75	1.26	5.25	1.89	5.50	1.00	6.00	2.16	5.75	2.63	5.75	1.89

(3)言语残疾人职业兴趣特征

1)性别差异比较分析

广西壮族自治区言语残疾人在职业兴趣测验各类型得分的均数比较显示,男性组在现实型、研究型、企业型和社会型的得分高于女性组,而在常规型和艺术型上低于女性组(见图2-6-39)。

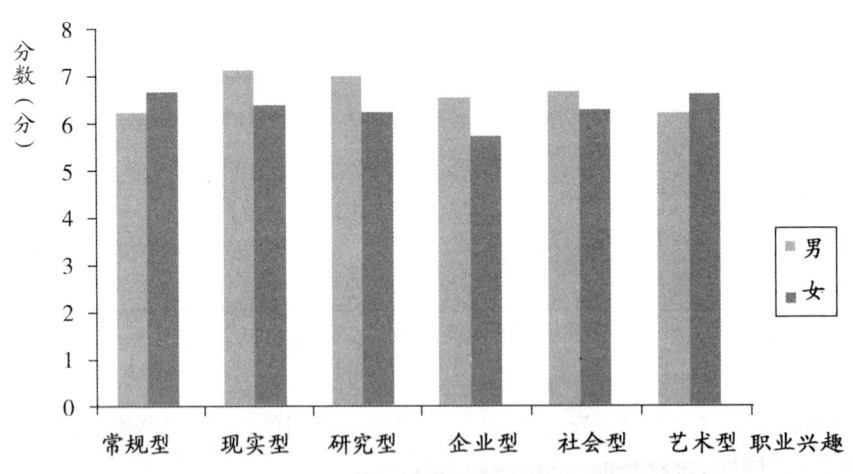

图2-6-39 广西壮族自治区言语残疾人职业兴趣的性别差异比较

进一步差异检验发现,广西壮族自治区言语残疾人现实型、研究型和企业型的得分存在显著的性别差异,说明男性言语残疾人更喜爱从事现实型、研究型和企业型的工作(见表2-6-70)。

表 2-6-70　广西壮族自治区言语残疾人职业兴趣的性别差异检验

	名称	性别	人数	平均值	标准差	t	p
职业兴趣	常规型	男	57	6.28	1.80	−1.249	.215
		女	45	6.71	1.63		
	现实型	男	57	7.18	1.73	2.098*	.038
		女	45	6.44	1.77		
	研究型	男	57	7.04	1.71	2.125*	.036
		女	45	6.27	1.94		
	企业型	男	57	6.60	1.49	2.453*	.016
		女	45	5.78	1.81		
	社会型	男	57	6.72	1.39	1.272	.206
		女	45	6.33	1.68		
	艺术型	男	57	6.26	1.87	−1.056	.293
		女	45	6.67	1.98		

2）年龄差异比较分析

随着年龄的增长，广西壮族自治区言语残疾人在常规型的得分呈现先降后升的趋势，即 30-39 岁年龄组的得分最低；在现实型的得分呈现先升后降的趋势，即 30-39 岁年龄组的得分最高；在研究型、社会型和艺术型的得分逐渐降低；在企业型，15-29 岁年龄组的得分最高，其他两个年龄组的得分差别不大（见图 2-6-40）。

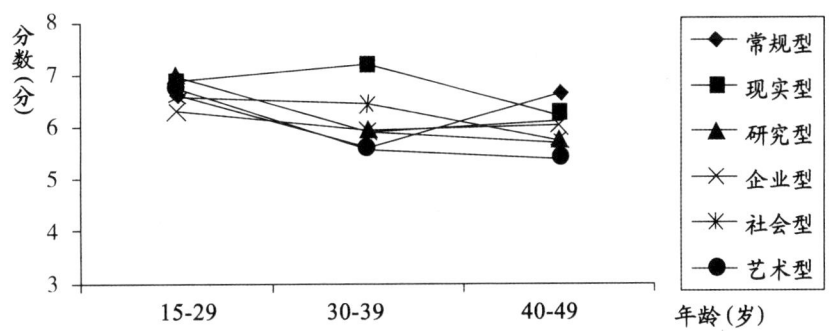

图 2-6-40　广西壮族自治区言语残疾人职业兴趣随年龄变化趋势图

进一步差异检验发现，广西壮族自治区言语残疾人在职业兴趣测验各类型的得分均无显著的年龄差异，说明广西壮族自治区言语残疾人的职业兴趣并未受到年龄的显著影响（见表 2-6-71）。

表 2-6-71　广西壮族自治区言语残疾人职业兴趣的年龄差异检验

	名称	年龄（岁）	人数	平均值	标准差	F	p
职业兴趣	常规型	15-29	82	6.57	1.78		
		30-39	12	5.67	1.44	1.480	.233
		40-49	8	6.63	1.51		
	现实型	15-29	82	6.87	1.76		
		30-39	12	7.17	1.70	.645	.527
		40-49	8	6.25	2.12		

(续表)

	名称	年龄(岁)	人数	平均值	标准差	F	p
职业兴趣	研究型	15–29	82	6.91	1.78		
		30–39	12	5.92	2.19	3.122	.057
		40–49	8	5.63	1.41		
	企业型	15–29	82	6.30	1.65		
		30–39	12	5.92	1.78	.361	.698
		40–49	8	6.00	2.00		
	社会型	15–29	82	6.65	1.44		
		30–39	12	6.42	1.38	1.316	.273
		40–49	8	5.75	2.38		
	艺术型	15–29	82	6.67	1.87		
		30–39	12	5.58	1.62	3.156	.065
		40–49	8	5.38	2.26		

3) 残疾等级比较分析

随着残疾等级从四级变化到一级，广西壮族自治区言语残疾人在职业兴趣各类型的得分大体上呈现先降后升的变化特点，即一级和四级言语残疾人组的得分高于二级组和三级组（见图2-6-41）。

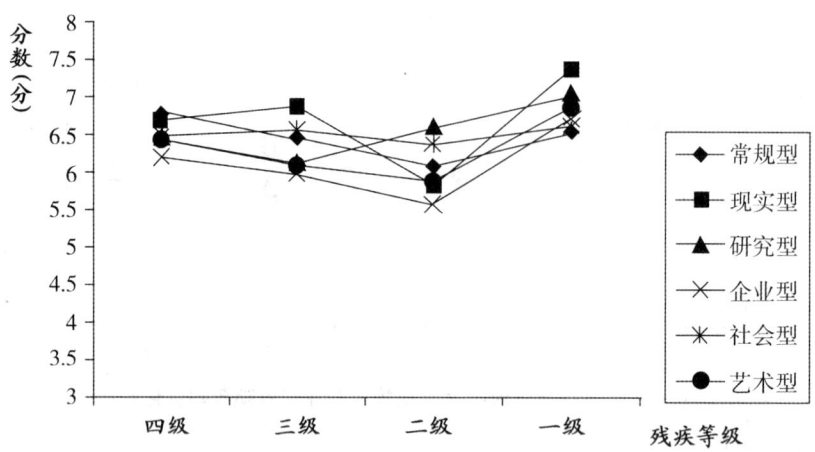

图2-6-41 广西壮族自治区言语残疾人职业兴趣随残疾等级变化趋势图

进一步差异检验发现，广西壮族自治区不同残疾程度的言语残疾人现实型的得分存在极显著差异。多重比较发现，在现实型，二级言语残疾人组的得分显著低于三级组和一级组，说明相对于一级和三级言语残疾人组而言，二级言语残疾人组更偏好于现实型职业（见表2-6-72）。

表2-6-72 广西壮族自治区言语残疾人职业兴趣的残疾等级差异检验

	名称	残疾等级	人数	平均值	标准差	F	p	多重比较
职业兴趣	常规型	四级	14	6.79	1.42			
		三级	21	6.48	1.57	.569	.637	
		二级	23	6.09	1.73			
		一级	44	6.57	1.91			

(续表)

名称		残疾等级	人数	平均值	标准差	F	p	多重比较
职业兴趣	现实型	四级	14	6.71	2.09	4.040**	.009	4>3,2>3
		三级	21	6.90	1.45			
		二级	23	5.87	1.60			
		一级	44	7.39	1.73			
	研究型	四级	14	6.50	1.74	1.309	.276	
		三级	21	6.14	1.96			
		二级	23	6.61	2.10			
		一级	44	7.07	1.65			
	企业型	四级	14	6.21	1.76	2.630	.054	4>3
		三级	21	6.00	1.73			
		二级	23	5.57	1.93			
		一级	44	6.70	1.37			
	社会型	四级	14	6.50	2.14	.133	.940	
		三级	21	6.57	1.16			
		二级	23	6.39	1.56			
		一级	44	6.64	1.48			
	艺术型	四级	14	6.43	1.83	1.631	.187	4>3
		三级	21	6.10	1.89			
		二级	23	5.91	2.21			
		一级	44	6.89	1.74			

注:1表示四级言语残疾人组,2表示三级言语残疾人组,3表示二级言语残疾人组,4表示一级言语残疾人组。

4)文化水平比较分析

随着广西壮族自治区言语残疾人文化水平的提高,其常规型和社会型的得分呈现先升后降的趋势,即初中组得分最高,小学组得分最低;其现实型、研究型和艺术型的得分逐渐升高;企业型的得分变化不大(见图2-6-42)。

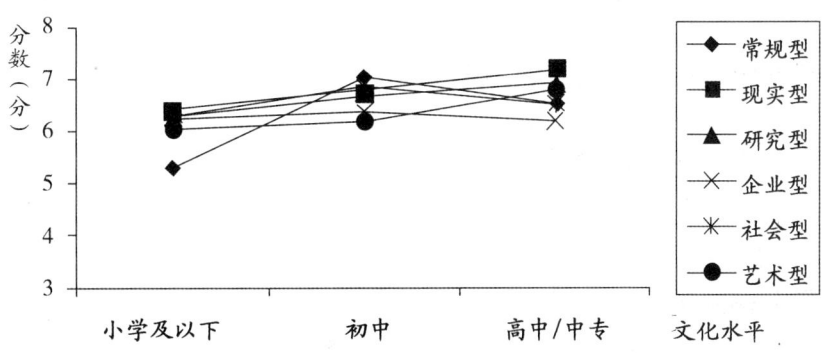

图2-6-42 广西壮族自治区言语残疾人职业兴趣随文化水平变化趋势图

进一步差异检验显示,广西壮族自治区言语残疾人常规型的得分存在极显著的文化水平差异。多重比较发现,初中组和高中/中专组常规型得分显著高于小学及以下组(见表2-6-73)。

表 2-7-73　广西壮族自治区言语残疾人职业兴趣的文化水平差异检验

名称		文化水平	人数	平均值	标准差	F	p	多重比较
职业兴趣	常规型	小学及以下	17	5.29	1.21			
		初中	36	6.97	1.61	5.972**	.004	2>1,3>1
		高中/中专	49	6.51	1.80			
	现实型	小学及以下	17	6.35	1.11			
		初中	36	6.75	1.81	1.221	.299	
		高中/中专	49	7.10	1.92			
	研究型	小学及以下	17	6.18	1.42			
		初中	36	6.75	1.83	.830	.439	
		高中/中专	49	6.84	1.98			
	企业型	小学及以下	17	6.24	1.44			
		初中	36	6.33	1.55	.105	.901	
		高中/中专	49	6.16	1.86			
	社会型	小学及以下	17	6.12	1.32			
		初中	36	6.83	1.73	1.350	.264	
		高中/中专	49	6.49	1.42			
	艺术型	小学及以下	17	6.00	1.70			
		初中	36	6.19	2.05	1.509	.226	
		高中/中专	49	6.78	1.86			

注:1 表示小学及以下言语残疾人组,2 表示初中言语残疾人组,3 表示高中/中专言语残疾人组。

(4)结论

①广西壮族自治区言语残疾人职业兴趣各类型得分从高到低依次为:现实型>研究型>社会型>常规型>艺术型>企业型。

②男性组的现实型、研究型和企业型得分高于女性组,且存在显著的性别差异($p<0.05$)。

③广西壮族自治区言语残疾人的职业兴趣并未受到年龄的显著影响。

④相对于一级和三级言语残疾人而言,二级言语残疾人组更偏好于现实型职业。

⑤初中组和高中/中专组的言语残疾人在常规型的得分显著高于小学及以下组。

七、江苏省残疾人职业适应性状况

本项目在江苏省南京、无锡、苏州三个市测查就业年龄段的肢体残疾人、听力残疾人和言语残疾人有效样本共计 876 人。样本详情见表 2-7-1～表 2-7-5。

表 2-7-1　江苏省残疾人样本类型情况

地区	肢体残疾人		听力残疾人		言语残疾人		合计
	n	%	n	%	n	%	
南京	–	–	175	55.2	142	44.8	317
无锡	158	61.5	94	36.6	5	1.9	257
苏州	176	58.3	116	38.4	10	3.3	302
总计	334	38.1	385	43.9	157	17.9	876

表 2-7-2　江苏省残疾人样本性别情况

地区	男		女		合计
	n	%	n	%	
南京	169	53.3	148	46.7	317
无锡	140	54.5	117	45.5	257
苏州	167	55.3	135	44.7	302
总计	476	54.3	400	45.7	876

表 2-7-3　江苏省残疾人样本年龄段分布情况

地区	15-29岁		30-39岁		40-49岁		50-59岁		合计
	n	%	n	%	n	%	n	%	
南京	315	99.4	2	0.6	0	0.0	0	0.0	317
无锡	125	48.6	74	28.8	53	20.6	5	1.9	257
苏州	135	44.7	105	34.8	61	20.2	1	0.3	302
总计	575	65.6	181	20.7	114	13.0	6	0.7	876

表 2-7-4　江苏省残疾人样本残疾等级分布情况

地区	四级		三级		二级		一级		合计
	n	%	n	%	n	%	n	%	
南京	3	0.9	13	4.1	48	15.1	253	79.8	317
无锡	17	6.6	138	53.7	27	10.5	75	29.2	257
苏州	32	10.6	118	39.1	62	20.5	90	29.8	302
总计	52	5.9	269	30.7	137	15.6	418	47.7	876

表 2-7-5　江苏省残疾人样本文化水平分布情况

地区	小学		初中		高中/中专		大专及以上		合计
	n	%	n	%	n	%	n	%	
南京	0	0.0	9	2.8	3	0.9	305	96.2	317
无锡	44	17.1	161	62.6	28	10.9	24	9.3	257
苏州	23	7.6	141	46.7	79	26.2	59	19.5	302
总计	67	7.6	311	35.5	110	12.6	388	44.3	876

（一）江苏省肢体残疾人职业适应性状况

本项目测查江苏省就业年龄段肢体残疾人共计334人。样本详情见表2-7-6至表2-7-9。

表 2-7-6　江苏省肢体残疾人样本性别情况

地区	男		女		合计
	n	%	n	%	
无锡	93	58.9	65	41.1	158

(续表)

地区	男		女		合计
	n	%	n	%	
苏州	105	59.7	71	40.3	176
总计	198	59.3	136	40.7	334

表 2-7-7　江苏省肢体残疾人样本年龄段分布情况

地区	15-29岁		30-39岁		40-49岁		50-59岁		合计
	n	%	n	%	n	%	n	%	
无锡	47	29.7	60	38.0	46	29.1	5	3.2	158
苏州	72	40.9	61	34.7	42	23.9	1	0.6	176
总计	119	35.6	121	36.2	88	26.3	6	1.8	334

表 2-7-8　江苏省肢体残疾人样本残疾等级分布情况

地区	四级		三级		二级		一级		合计
	n	%	n	%	n	%	n	%	
无锡	16	10.1	134	84.8	8	5.1	0	0.0	158
苏州	27	15.3	103	58.5	33	18.8	13	7.4	176
总计	43	12.9	237	71.0	41	12.3	13	3.9	334

表 2-7-9　江苏省肢体残疾人样本文化水平分布情况

地区	小学及以下		初中		高中/中专		大专及以上		合计
	n	%	n	%	n	%	n	%	
无锡	34	21.5	88	55.7	22	13.9	14	8.9	158
苏州	15	8.5	67	38.1	58	33.0	36	20.5	176
总计	49	14.7	155	46.4	80	24.0	50	15.0	334

1. 江苏省肢体残疾人职业能力状况

(1) 测试人群分布

本项目在江苏省共选取 334 名肢体残疾人进行了职业能力测验。由于 50-59 岁年龄组的肢体残疾人样本量极少,故将 50-59 岁年龄组与 40-49 岁年龄组的样本合并进行各种分析,以减少因样本悬殊所造成的统计误差(见表 2-7-10)。

表 2-7-10　江苏省肢体残疾人有效样本分布表　　　　(单位:人)

年龄(岁)	性别		总计
	男	女	
15-29	74	45	119
30-39	74	47	121
40-49	45	43	88
50-59	5	1	6
总计	198	136	334

（2）总体情况

江苏省肢体残疾人职业能力文档测验部分各分测验得分从高到低依次为：数理能力>符号知觉>形状知觉>空间知觉>言语能力。在不同年龄组的男性肢体残疾人中，15-29岁年龄组言语能力、数理能力、符号知觉、形状知觉分测验的得分以及文档计分的得分最高；30-39岁年龄组空间知觉分测验的得分最高。在不同年龄段的女性肢体残疾人中，15-29岁年龄组言语能力、空间知觉、符号知觉、形状知觉分测验的得分和文档计分的得分最高；30-39岁年龄组数理能力分测验的得分最高。男性组的手眼协调操作测验和职业能力总分得分高于女性组，15-29岁年龄组得分最高（见表2-7-11）。

表2-7-11 江苏省肢体残疾人职业能力测验的平均数和标准差

		n	言语能力		数理能力		空间知觉		符号知觉		形状知觉		文档计分	
			M	Std	M	Std	M	Std	M	Std	M	Std	M	Std
	总体	334	10.08	3.64	13.25	4.99	11.98	4.69	13.19	5.85	12.78	4.38	61.28	18.92
	男性	198	10.35	3.78	13.73	4.97	12.33	4.78	13.11	6.02	12.99	4.50	62.51	19.83
	女性	136	9.68	3.39	12.54	4.96	11.47	4.53	13.30	5.62	12.49	4.20	59.48	17.42
男（岁）	15-29	74	10.90	3.91	14.57	4.65	12.51	5.05	14.34	5.70	13.49	4.82	65.80	21.05
	30-39	74	10.80	3.62	14.11	4.68	13.32	4.27	13.23	6.38	12.81	4.57	64.28	19.04
	40-59	50	8.88	3.48	11.92	5.47	10.60	4.72	11.10	5.48	12.52	3.85	55.02	17.41
女（岁）	15-29	45	10.64	3.51	12.98	4.91	11.87	5.37	15.31	4.89	13.47	4.12	64.26	18.28
	30-39	47	9.74	2.63	13.02	5.12	11.45	4.66	13.09	5.73	12.34	4.30	59.64	17.22
	40-54	44	8.62	3.75	11.59	4.81	11.09	3.38	11.48	5.63	11.64	4.05	54.42	15.59

表2-7-11 江苏省肢体残疾人职业能力测验的平均数和标准差（续）

		n	手眼协调（网络测试）		职业能力总分（网络测试）	
			M	Std	M	Std
	总体	334	14.46	7.33	72.12	21.83
	男性	198	14.77	7.28	73.59	23.01
	女性	136	14.00	7.41	69.98	19.87
男（岁）	15-29	74	15.91	7.09	77.74	24.35
	30-39	74	14.79	7.16	75.37	22.15
	40-59	50	13.04	7.55	64.80	20.14
女（岁）	15-29	45	14.55	7.46	75.17	20.89
	30-39	47	14.16	7.11	70.26	19.38
	40-54	44	13.27	7.76	64.37	18.19

（3）江苏省肢体残疾人职业能力特征

1）性别差异比较分析

江苏省肢体残疾人职业能力各分测验得分比较显示，男性言语能力、数理能力、空间知觉、形状知觉和手眼协调操作测验的得分高于女性组，符号知觉分测验的得分低于女性组（见图2-7-1）。

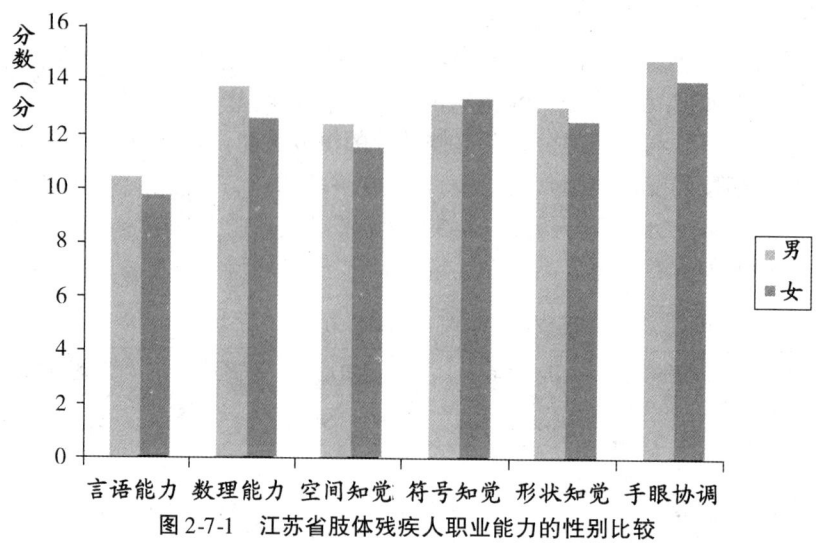

图 2-7-1 江苏省肢体残疾人职业能力的性别比较

进一步检验发现,江苏省肢体残疾人数理能力分测验得分存在显著性别差异($p<0.05$),即男性组数理能力分测验的得分显著高于女性组(见表2-7-12)。

表 2-7-12 江苏省肢体残疾人职业能力的性别差异检验

	名称	性别	人数	平均数	标准差	t	p
职业能力文档测验	言语能力	男	198	10.35	3.78	1.676	.095
		女	136	9.68	3.39		
	数理能力	男	198	13.73	4.97	2.139*	.033
		女	136	12.54	4.96		
	空间知觉	男	198	12.33	4.78	1.654	.099
		女	136	11.47	4.53		
	符号知觉	男	198	13.11	6.02	-.301	.763
		女	136	13.30	5.62		
	形状知觉	男	198	12.99	4.50	1.035	.301
		女	136	12.49	4.20		
	文档计分	男	198	62.51	19.83	1.441	.151
		女	136	59.48	17.42		
职业能力操作测验	手眼协调	男	198	14.77	7.28	.940	.348
		女	136	14.00	7.41		
职业能力总分		男	198	73.59	23.01	1.527	.128
		女	136	69.98	19.87		

2)年龄差异比较分析

江苏省肢体残疾人职业能力各分测验的得分大体上随着年龄的增长而呈现下降趋势,但在空间知觉分测验中,30-39岁年龄组的得分略高于15-29岁年龄段的肢体残疾人(见图2-7-2)。

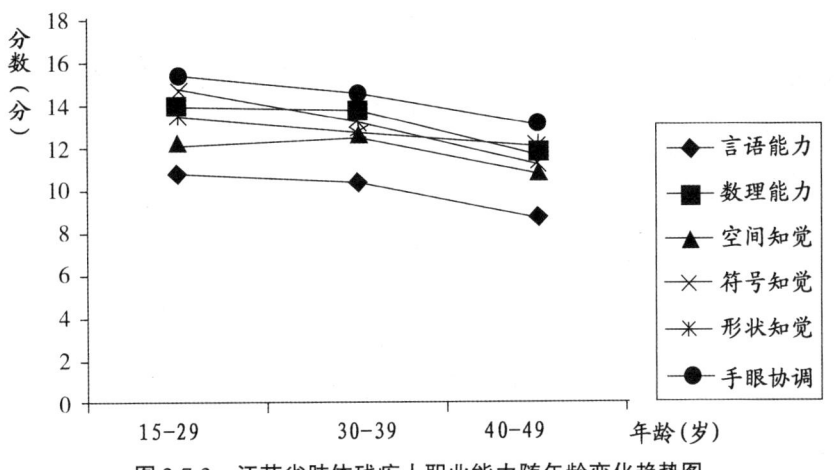

图 2-7-2 江苏省肢体残疾人职业能力随年龄变化趋势图

进一步差异检验发现,江苏省肢体残疾人在空间知觉的得分存在显著的年龄差异,在言语能力、数理能力、符号知觉分测验的得分以及文档计分、职业能力总分存在极显著的年龄差异。多重比较可以看出,40岁之前年龄组的言语能力、数理能力、空间知觉、文档计分和职业能力总分得分显著高于40-59岁年龄组;40岁之前年龄组的符号知觉得分显著高于40-59岁年龄组,且15-29岁年龄组的得分显著高于30-39岁年龄组,见表2-7-13。

表2-7-13 江苏省肢体残疾人职业能力的年龄差异检验

	名称	年龄(岁)	人数	平均值	标准差	F	p	多重比较
职业能力文档测验	言语能力	15-29	119	10.80	3.75			
		30-39	121	10.39	3.30	9.437**	.000	1>3,2>3
		40-59	94	8.76	3.59			
	数理能力	15-29	119	13.97	4.79			
		30-39	121	13.69	4.86	6.011**	.003	1>3,2>3
		40-59	94	11.77	5.15			
	空间知觉	15-29	119	12.27	5.16			
		30-39	121	12.60	4.50	4.162*	.016	1>3,2>3
		40-59	94	10.83	4.13			
	符号知觉	15-29	119	14.71	5.41			1>2,1>3
		30-39	121	13.17	6.11	9.486**	.000	2>3
		40-59	94	11.28	5.53			
	形状知觉	15-29	119	13.48	4.55			
		30-39	121	12.63	4.46	2.730	.067	
		40-59	94	12.11	3.95			
	文档计分	15-29	119	65.22	19.98			
		30-39	121	62.48	18.42	8.842**	.000	1>3,2>3
		40-59	94	54.74	16.50			

(续表)

	名称	年龄(岁)	人数	平均值	标准差	F	p	多重比较
职业能力操作测验	手眼协调	15–29	119	15.39	7.23			
		30–39	121	14.55	7.12	2.502	.084	
		40–59	94	13.15	7.61			
职业能力总分		15–29	119	76.77	23.05			
		30–39	121	73.38	21.18	8.879**	.000	1>3,2>3
		40–59	94	64.60	19.15			

注:1 表示 15–29 岁年龄组,2 表示 30–39 岁年龄组,3 表示 40–59 岁年龄组。

3) 残疾等级比较分析

江苏省一级肢体残疾人在职业能力各分测验的得分均为最高,二级、三级和四级肢体残疾人在职业能力各分测验的得分差别不大(见图 2-7-3)。

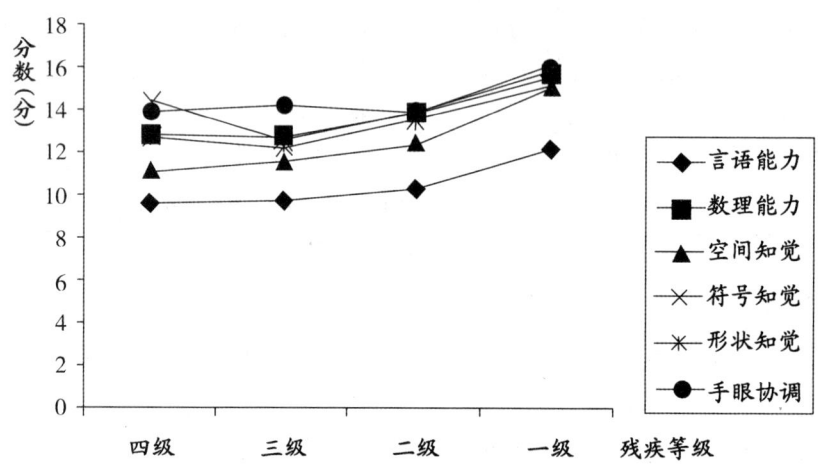

图 2-7-3 江苏省肢体残疾人职业能力随残疾等级变化趋势图

进一步差异检验发现,江苏省肢体残疾人空间知觉、形状知觉分测验得分及文档计分与职业能力总分存在显著的残疾等级差异。多重比较可看出,在空间知觉分测验及文档计分与职业能力总分,一级肢体残疾人组的得分显著高于三级和四级肢体残疾人组;在形状知觉分测验,一级肢体残疾人组的得分显著高于三级肢体残疾人组(见表 2-7-14)。

表 2-7-14 江苏省肢体残疾人职业能力的残疾等级差异检验

	名称	残疾等级	人数	平均值	标准差	F	p	多重比较
职业能力文档测验	言语能力	四级	43	9.80	3.91			
		三级	237	9.93	3.51	2.176	.091	
		二级	41	10.47	3.79			
		一级	13	12.41	4.02			
	数理能力	四级	43	13.12	4.77			
		三级	237	12.98	5.06	1.922	.126	
		二级	41	14.05	4.95			
		一级	13	16.00	3.83			

(续表)

名称		残疾等级	人数	平均值	标准差	F	p	多重比较
职业能力文档测验	空间知觉	四级	43	11.35	4.49	3.029*	.030	4>1,4>2
		三级	237	11.79	4.63			
		二级	41	12.68	5.15			
		一级	13	15.38	3.86			
	符号知觉	四级	43	14.63	5.51	2.308	.076	
		三级	237	12.69	5.94			
		二级	41	13.80	5.32			
		一级	13	15.51	5.91			
	形状知觉	四级	43	12.98	4.33	2.801*	.040	4>2
		三级	237	12.45	4.37			
		二级	41	13.66	4.47			
		一级	13	15.54	3.18			
	文档计分	四级	43	61.87	18.35	3.201*	.024	4>1,4>2
		三级	237	59.84	18.66			
		二级	41	64.66	19.93			
		一级	13	74.85	17.41			
职业能力操作测验	手眼协调	四级	43	14.17	7.49	.316	.814	
		三级	237	14.45	7.31			
		二级	41	14.18	7.45			
		一级	13	16.31	7.47			
职业能力总分		四级	43	72.50	21.25	2.714*	.045	4>1,4>2
		三级	237	70.68	21.34			
		二级	41	75.30	23.86			
		一级	13	87.08	21.76			

注:1表示四级肢体残疾人组,2表示三级肢体残疾人组,3表示二级肢体残疾人组,4表示一级肢体残疾人组。

4)文化水平比较分析

江苏省肢体残疾人职业能力各分测验的得分大体上随着文化水平的升高而呈现上升趋势,从高到低依次为大专及以上组>高中/中专组>初中组>小学及以下组(见图2-7-4)。

进一步差异检验显示,江苏省肢体残疾人职业能力各分测验得分及总分均存在极其显著的文化水平差异。多重比较可以看出,在言语能力分测验,大专及以上组得分显著高于小学及以下组和初中组,且高中/中专组的得分显著高于小学及以下组;在数理能力、符号知觉和形状知觉分测验,大专及以上组和高中/中专组的得分显著高于小学及以下组和初中组;在符号知觉分测验、文档计分和职业能力总分上,大专及以上组和高中/中专组的得分显著高于小学及以下组和初中组,且初中组的得分显著高于小学及以下组;在空间知觉分测验,初中组、高中/中专组和大专及以上组的得分显著高于小学及以下组,且大专组的得分显著高于初中组;在手眼协调操作测验上,小学及以下组的得分显著低于其他三组。综上所述,肢体残疾人的职业能力水平随着文化水平的提高而提升(见表2-7-15)。

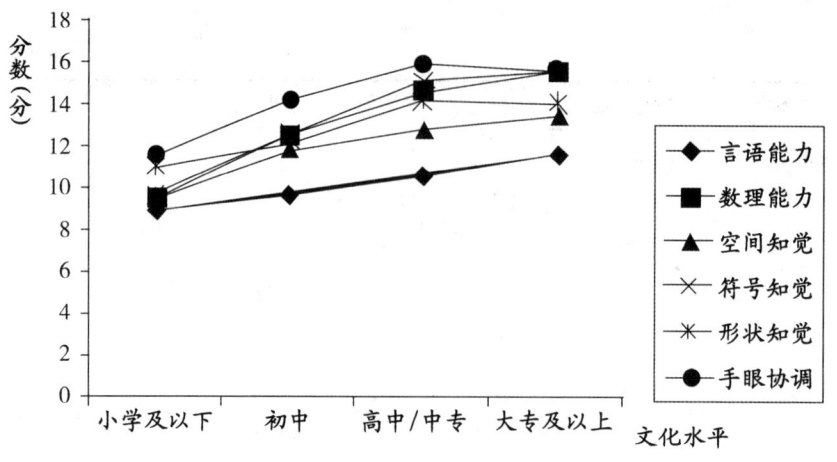

图 2-7-4 江苏省肢体残疾人职业能力随文化水平变化趋势图

表 2-7-15 江苏省肢体残疾人职业能力的文化水平差异检验

	名称	文化水平	人数	平均值	标准差	F	p	多重比较
职业能力文档测验	言语能力	小学及以下	49	8.99	3.50			
		初中	155	9.66	3.58	5.956**	.001	4>1,4>2
		高中/中专	80	10.59	3.47			3>1
		大专及以上	50	11.63	3.69			
	数理能力	小学及以下	49	11.35	4.79			
		初中	155	12.41	5.09	10.018**	.000	4>1,4>2
		高中/中专	80	14.58	4.47			3>1,3>2
		大专及以上	50	15.56	4.39			
	空间知觉	小学及以下	49	9.55	4.51			
		初中	155	11.85	4.62	7.324**	.000	4>1,4>2
		高中/中专	80	12.80	4.14			3>1,2>1
		大专及以上	50	13.48	5.08			
	符号知觉	小学及以下	49	9.61	5.44			
		初中	155	12.52	5.93	14.135**	.000	4>1,4>2
		高中/中专	80	15.16	4.83			3>1,3>2
		大专及以上	50	15.60	5.37			2>1
	形状知觉	小学及以下	49	11.14	4.81			
		初中	155	12.18	4.40	7.789**	.000	4>1,4>2
		高中/中专	80	14.18	3.69			3>1,3>2
		大专及以上	50	14.04	4.01			
	文档计分	小学及以下	49	50.64	17.76			
		初中	155	58.62	18.81	14.186**	.000	4>1,4>2
		高中/中专	80	67.30	15.88			3>1,3>2
		大专及以上	50	70.31	18.08			2>1

(续表)

名称		文化水平	人数	平均值	标准差	F	p	多重比较
职业能力操作测验	手眼协调	小学及以下	49	11.56	8.20	4.264**	.006	4>1,3>1 2>1
		初中	155	14.21	7.23			
		高中/中专	80	15.92	6.51			
		大专及以上	50	15.71	7.29			
职业能力总分		小学及以下	49	59.32	20.10	14.342**	.000	4>1,4>2 3>1,3>2 2>1
		初中	155	69.27	21.95			
		高中/中专	80	79.24	18.02			
		大专及以上	50	82.09	20.76			

注:1 表示小学及以下肢体残疾人组,2 表示初中肢体残疾人组,3 表示高中/中专肢体残疾人组,4 表示大专及以上肢体残疾人组。

5) 残疾部位比较分析

江苏省肢体残疾人职业能力各分测验得分的均数比较显示,躯干残疾人的言语能力、数理能力、空间知觉、符号知觉、形状知觉分测验和手眼协调操作测验的得分均为最高;其他部位残疾人职业能力各分测验的得分差别不大(见图 2-7-5)。

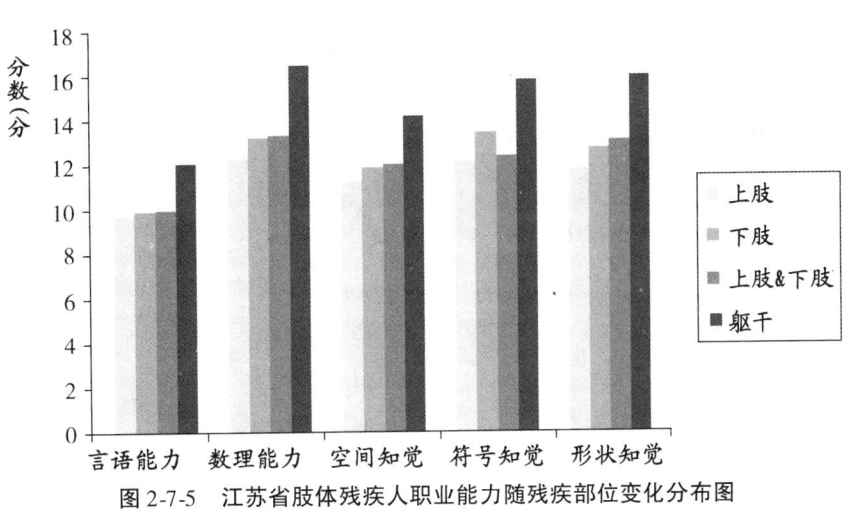

图 2-7-5 江苏省肢体残疾人职业能力随残疾部位变化分布图

进一步差异检验发现,江苏省不同残疾部位的肢体残疾人数理能力分测验及文档测验总分、职业能力总分上存在显著差异,形状知觉分测验的得分存在极显著差异。多重比较发现,在数理能力、形状知觉、文档计分及职业能力总分上,躯干残疾人组的得分显著高于其他三组(见表 2-7-16)。

表 2-7-16 江苏省肢体残疾人职业能力的残疾部位差异检验

名称		残疾等级	人数	平均值	标准差	F	p	多重比较
职业能力文档测验	言语能力	上肢	92	9.85	3.78	1.623	.184	
		下肢	186	10.04	3.51			
		上肢&下肢	43	10.11	3.57			
		躯干	13	12.21	4.31			

(续表)

名称		残疾等级	人数	平均值	标准差	F	p	多重比较
	数理能力	上肢	92	12.41	4.98	2.945*	.033	4>1,4>2
		下肢	186	13.37	5.03			4>3
		上肢&下肢	43	13.49	4.56			
		躯干	13	16.62	4.86			
	空间知觉	上肢	92	11.43	4.20	1.525	.208	
		下肢	186	12.04	4.79			
		上肢&下肢	43	12.19	4.55			
		躯干	13	14.31	6.58			
	符号知觉	上肢	92	12.29	5.98	2.178	.090	
		下肢	186	13.58	5.82			
		上肢&下肢	43	12.54	5.67			
		躯干	13	15.96	4.98			
	形状知觉	上肢	92	11.91	4.54	4.056**	.007	4>1,4>2
		下肢	186	12.88	4.36			4>3
		上肢&下肢	43	13.21	3.47			
		躯干	13	16.15	4.65			
	文档计分	上肢	92	57.90	18.62	3.487*	.016	4>1,4>2
		下肢	186	61.91	18.61			4>3
		上肢&下肢	43	61.53	17.85			
		躯干	13	75.24	23.27			
职业能力操作测验	手眼协调	上肢	92	15.25	6.68	.937	.423	
		下肢	186	14.21	7.59			
		上肢&下肢	43	13.36	7.58			
		躯干	13	16.00	7.18			
职业能力总分		上肢	92	69.34	21.07	2.653*	.049	4>1,4>2
		下肢	186	72.57	21.75			4>3
		上肢&下肢	43	71.55	20.57			
		躯干	13	87.24	27.85			

注:1表示上肢残疾人组,2表示下肢残疾人组,3表示上肢和下肢残疾人组,4表示躯干残疾人组。

(4)结论

①江苏省肢体残疾人职业能力文档测验部分各分测验得分从高到低依次为:数理能力>符号知觉>形状知觉>空间知觉>言语能力。

②男性数理能力分测验的得分显著高于女性,且二者存在显著差异。

③江苏省肢体残疾人职业能力各分测验的得分大体上呈现随着年龄的增长而下降的趋势,但在空间知觉分测验,30-39岁年龄组的得分略高于15-29岁年龄段的肢体残疾人。在空间知觉的得分存在显著的年龄差异,在言语能力、数理能力、符号知觉分测验中的得分以及文档计分、职业能力总分存在极显著的年龄差异。

④一级肢体残疾人在空间知觉分测验的得分及文档计分与职业能力总分显著高于三级和四级肢体残疾人;一级肢体残疾人在形状知觉分测验的得分显著高于三级肢体残疾人。

⑤江苏省肢体残疾人职业能力各分测验的得分大体上随着文化水平的升高而呈现上升趋势,且在职业能力各分测验的得分及总分均存在极其显著的文化水平差异。

⑥躯干残疾人在数理能力和形状知觉分测验的得分及文档计分和职业能力总分上显著高于上肢、下肢、上下肢残疾人。

2. 江苏省肢体残疾人职业人格状况

(1)测试人群分布

本项目在江苏省共选取333名肢体残疾人进行了职业人格测验。由于50-59岁年龄组的肢体残疾人样本量极少,故将50-59岁年龄组与40-49岁年龄组的样本合并进行各种分析,以减少因样本悬殊所造成的统计误差(见表2-7-17)。

表2-7-17 江苏省肢体残疾人职业人格测验有效样本分布表 (单位:人)

年龄(岁)	性别		总计
	男	女	
15-29	74	45	119
30-39	73	47	120
40-49	45	43	88
50-59	5	1	6
总计	197	136	333

(2)总体情况

江苏省肢体残疾人职业人格测验的得分从高到低依次为:责任心>自信心>管理能力>坚持性>严谨性>交际能力>抗挫折能力>情绪稳定性。在不同年龄组的男性肢体残疾人中,15-29岁年龄组在职业人格各个维度的得分最高。在不同年龄组的女性肢体残疾人中,15-29岁年龄组在坚持性、严谨性、自信心、责任心、管理能力和抗挫折能力上的得分高于其他三组;30-39岁年龄组在情绪稳定性和交际能力上的得分高于其他三组(见表2-7-18)。

表2-7-18 江苏省肢体残疾人职业人格测验的平均数和标准差

		n	坚持性		严谨性		情绪稳定性		自信心	
			M	Std	M	Std	M	Std	M	Std
总体		333	8.53	2.78	8.44	1.86	6.88	2.87	8.93	2.40
男性		197	8.45	2.68	8.34	1.85	6.95	2.84	9.02	2.39
女性		136	8.66	2.91	8.60	1.87	6.77	2.91	8.79	2.42
男(岁)	15-29	74	8.61	2.55	8.49	1.72	7.07	2.72	9.39	2.14
	30-39	73	8.55	2.83	8.48	1.89	6.97	3.23	9.08	2.47
	40-59	50	8.06	2.66	7.90	1.94	6.74	2.42	8.38	2.55
女(岁)	15-29	45	9.00	2.83	8.91	1.95	6.73	2.95	9.00	2.21
	30-39	47	8.60	2.98	8.55	1.87	6.79	2.90	8.83	2.82
	40-54	44	8.39	2.96	8.34	1.78	6.80	2.96	8.55	2.18

表 2-7-18 江苏省肢体残疾人职业人格测验的平均数和标准差（续）

		n	责任心		交际能力		管理能力		抗挫折能力	
			M	Std	M	Std	M	Std	M	Std
	总体	333	9.14	2.05	8.37	2.42	8.61	2.09	7.50	2.78
	男性	197	9.03	2.06	8.49	2.36	8.58	2.06	7.50	2.84
	女性	136	9.30	2.03	8.19	2.50	8.64	2.15	7.50	2.69
男（岁）	15–29	74	9.32	1.74	8.66	2.30	8.74	2.03	7.85	2.86
	30–39	73	9.01	2.25	8.42	2.52	8.56	1.99	7.52	3.01
	40–59	50	8.62	2.17	8.34	2.26	8.38	2.23	6.96	2.53
女（岁）	15–29	45	9.78	1.89	8.11	2.53	8.71	2.17	7.98	2.86
	30–39	47	9.19	2.26	8.40	2.65	8.57	2.39	7.23	2.69
	40–54	44	8.93	1.86	8.05	2.32	8.64	1.87	7.30	2.52

（3）江苏省肢体残疾人职业人格特征

1）性别差异比较分析

通过对江苏省肢体残疾人在职业人格测验各维度得分的均数比较发现，男性组在坚持性、严谨性、责任心和管理能力维度的得分低于女性组，在情绪稳定性、自信心和交际能力维度的得分高于女性组，在抗挫折能力维度，男性组与女性组的得分一样（见图2-7-6）。

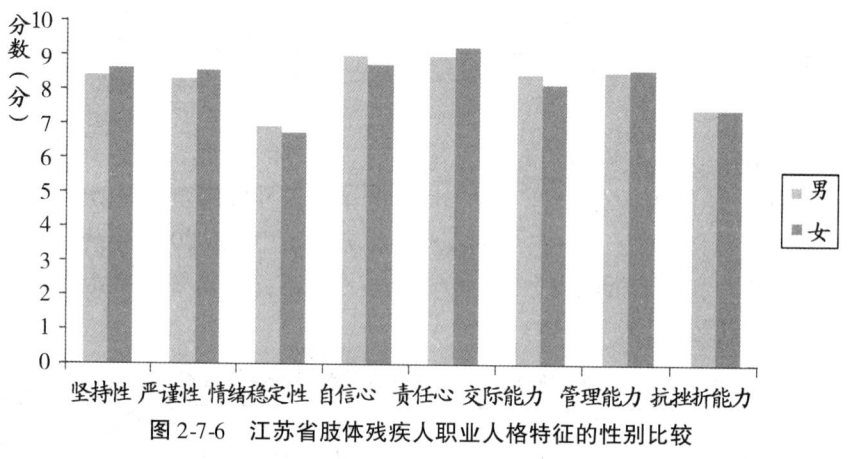

图 2-7-6 江苏省肢体残疾人职业人格特征的性别比较

进一步差异检验发现，江苏省肢体残疾人职业人格各维度得分均不存在显著性别差异（见表2-7-19）。

表 2-7-19 江苏省肢体残疾人职业人格特征的性别差异显著检验

	名称	性别	人数	平均数	标准差	t	p
职业人格	坚持性	男	197	8.45	2.68	−.694	.488
		女	136	8.66	2.91		
	严谨性	男	197	8.34	1.85	−1.292	.197
		女	136	8.60	1.87		
	情绪稳定性	男	197	6.95	2.84	.554	.580
		女	136	6.77	2.91		

(续表)

名称		性别	人数	平均数	标准差	t	p
职业人格	自信心	男	197	9.02	2.39	.844	.399
		女	136	8.79	2.42		
	责任心	男	197	9.03	2.06	−1.186	.236
		女	136	9.30	2.03		
	交际能力	男	197	8.49	2.36	1.117	.265
		女	136	8.19	2.50		
	管理能力	男	197	8.58	2.06	−.239	.811
		女	136	8.64	2.15		
	抗挫折能力	男	197	7.50	2.84	.008	.993
		女	136	7.50	2.69		

2）年龄差异比较分析

江苏省肢体残疾人职业人格测验各维度的得分随着年龄的增长而呈缓慢下降的趋势（见图2-7-7）。

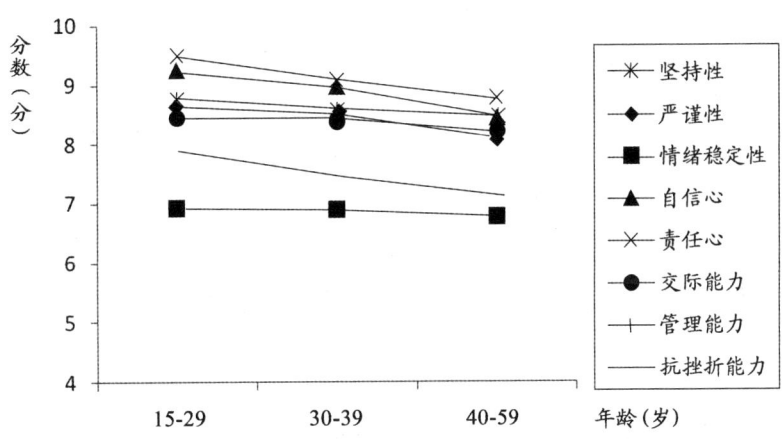

图2-7-7 江苏省肢体残疾人职业人格特征随年龄变化趋势图

进一步差异检验发现，江苏省肢体残疾人责任心维度的得分存在显著的年龄差异。多重比较发现，15-29岁年龄组的得分显著高于40-59岁年龄组，即15-29岁年龄组的责任心人格特征更为突出（见表2-7-20）。

表2-7-20 江苏省肢体残疾人职业人格特征的年龄差异检验

名称		年龄（岁）	人数	平均值	标准差	F	p	多重比较
职业人格	坚持性	15-29	119	8.76	2.66	1.019	.362	
		30-39	120	8.57	2.88			
		40-59	94	8.21	2.79			
	严谨性	15-29	119	8.65	1.82	2.345	.097	
		30-39	120	8.51	1.88			
		40-59	94	8.11	1.87			
	情绪稳定性	15-29	119	6.94	2.80	.104	.902	
		30-39	120	6.90	3.09			
		40-59	94	6.77	2.67			

(续表)

名称		年龄(岁)	人数	平均值	标准差	F	p	多重比较
职业人格	自信心	15-29	119	9.24	2.17			
		30-39	120	8.98	2.61	2.892	.057	
		40-59	94	8.46	2.37			
	责任心	15-29	119	9.50	1.80			
		30-39	120	9.08	2.25	3.450*	.033	1>3
		40-59	94	8.77	2.03			
	交际能力	15-29	119	8.45	2.40			
		30-39	120	8.42	2.56	.319	.727	
		40-59	94	8.20	2.28			
	管理能力	15-29	119	8.73	2.07			
		30-39	120	8.57	2.15	.353	.703	
		40-59	94	8.50	2.06			
	抗挫折能力	15-29	119	7.90	2.85			
		30-39	120	7.41	2.88	2.200	.112	
		40-59	94	7.12	2.52			

注：1 表示 15-29 岁年龄段的肢体残疾人组，2 表示 30-39 岁年龄段的肢体残疾人组，3 表示 40-59 岁年龄段的肢体残疾人组。

3) 残疾等级比较分析

江苏省肢体残疾人职业人格测验各维度的得分随残疾等级的变化呈现水平波动(见图 2-7-8)。

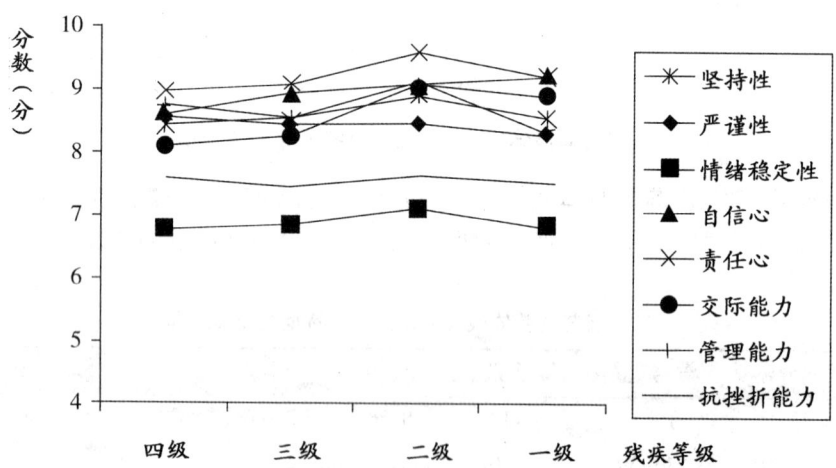

图 2-7-8 江苏省肢体残疾人职业人格特征随残疾等级变化趋势图

进一步差异性检验显示，江苏省肢体残疾人职业人格测验各维度的得分不存在残疾等级的显著差异，即残疾等级对其职业人格特征并不产生显著的影响(见表 2-7-21)。

表 2-7-21 江苏省肢体残疾人职业人格特征的残疾等级差异检验

名称		残疾等级	人数	平均值	标准差	F	p
职业人格	坚持性	四级	43	8.42	2.91	.358	.783
		三级	236	8.48	2.82		
		二级	41	8.95	2.54		
		一级	13	8.54	2.47		
	严谨性	四级	43	8.58	1.85	.111	.953
		三级	236	8.42	1.90		
		二级	41	8.46	1.78		
		一级	13	8.31	1.55		
	情绪稳定性	四级	43	6.79	2.95	.118	.949
		三级	236	6.85	2.92		
		二级	41	7.12	2.70		
		一级	13	6.85	2.41		
	自信心	四级	43	8.60	2.56	.367	.777
		三级	236	8.95	2.37		
		二级	41	9.05	2.33		
		一级	13	9.23	2.86		
	责任心	四级	43	8.98	2.39	.791	.500
		三级	236	9.09	2.09		
		二级	41	9.59	1.48		
		一级	13	9.23	1.59		
	交际能力	四级	43	8.09	2.65	1.542	.204
		三级	236	8.28	2.43		
		二级	41	9.02	2.06		
		一级	13	8.92	2.22		
	管理能力	四级	43	8.72	1.79	.831	.478
		三级	236	8.52	2.14		
		二级	41	9.05	2.06		
		一级	13	8.38	2.26		
	抗挫折能力	四级	43	7.56	3.10	.050	.985
		三级	236	7.47	2.77		
		二级	41	7.63	2.49		
		一级	13	7.54	2.99		

4）文化水平比较分析

江苏省肢体残疾人职业人格测验各维度的得分随着文化水平的提高而呈现上升的趋势,即职业人格各维度的得分从高到低依次为:大专及以上组>高中/中专组>初中组>小学及以下组(见图 2-7-9)。

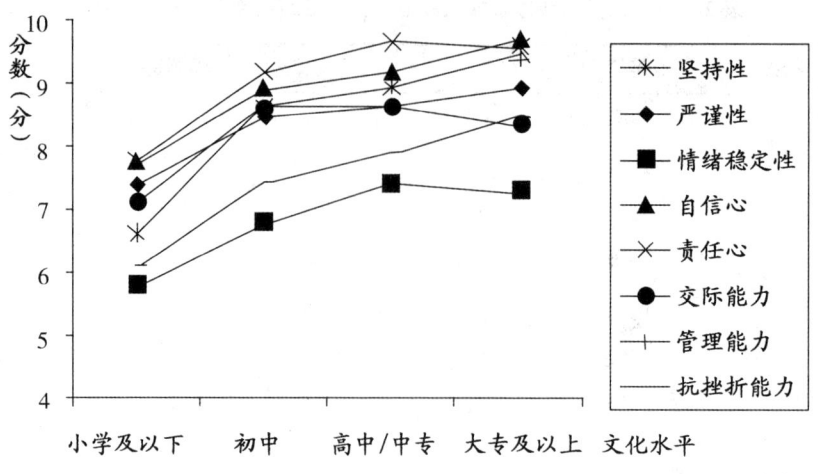

图 2-7-9　江苏省肢体残疾人职业人格特征随文化水平变化趋势图

进一步差异检验显示,江苏省肢体残疾人情绪稳定性维度得分存在显著的文化水平差异,在坚持性、严谨性、自信心、责任心、交际能力、管理能力和抗挫折能力均存在极显著的文化水平差异。多重比较可以看出,在坚持性、严谨性、情绪稳定性、责任心和交际能力维度,小学及以下组的得分显著低于其他三组;在自信心、管理能力和抗挫折能力维度,小学及以下组的得分显著低于其他三组,且大专及以上组的得分显著高于初中组(见表 2-7-22)。

表 2-7-22　江苏省肢体残疾人职业人格特征的文化水平差异检验

名称		文化水平	人数	平均值	标准差	F	p	多重比较
职业人格	坚持性	小学及以下	49	6.61	2.47			
		初中	155	8.63	2.78	11.296**	.000	2>1,3>1
		高中/中专	79	8.95	2.72			4>1
		大专及以上	50	9.46	2.31			
	严谨性	小学及以下	49	7.39	1.71			
		初中	155	8.52	1.85	7.213**	.000	2>1,3>1
		高中/中专	79	8.65	1.86			4>1
		大专及以上	50	8.94	1.70			
	情绪稳定性	小学及以下	49	5.80	2.39			
		初中	155	6.81	2.88	3.736*	.012	2>1,3>1
		高中/中专	79	7.41	2.95			4>1
		大专及以上	50	7.32	2.88			
	自信心	小学及以下	49	7.76	2.59			
		初中	155	8.92	2.43	6.102**	.000	2>1,3>1
		高中/中专	79	9.19	2.32			4>1,4>2
		大专及以上	50	9.68	1.87			

(续表)

名称		文化水平	人数	平均值	标准差	F	p	多重比较
职业人格	责任心	小学及以下	49	7.78	2.51	10.510**	.000	4>1,3>1 2>1
		初中	155	9.17	1.96			
		高中/中专	79	9.65	1.56			
		大专及以上	50	9.60	1.97			
	交际能力	小学及以下	49	7.12	2.60	5.478**	.001	4>1,3>1 2>1
		初中	155	8.62	2.37			
		高中/中专	79	8.66	2.31			
		大专及以上	50	8.36	2.24			
	管理能力	小学及以下	49	7.18	2.07	11.870**	.000	4>1,4>2 3>1,2>1
		初中	155	8.60	2.12			
		高中/中专	79	9.01	1.88			
		大专及以上	50	9.38	1.66			
	抗挫折能力	小学及以下	49	6.10	2.34	7.104**	.000	4>1,4>2 3>1,2>1
		初中	155	7.43	2.78			
		高中/中专	79	7.91	2.84			
		大专及以上	50	8.46	2.59			

注:1表示小学及以下肢体残疾人组,2表示初中肢体残疾人组,3表示高中/中专肢体残疾人组,4表示大专及以上肢体残疾人组。

5)残疾部位比较分析

江苏省肢体残疾人在职业人格测验各个维度得分的均数比较显示,躯干残疾人组的得分最高,其他部位残疾人组的得分差别不大(见图2-7-10)。

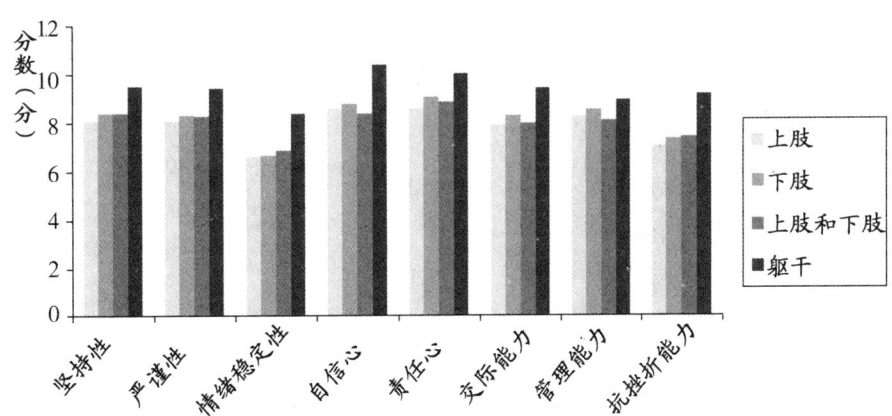

图2-7-10 江苏省不同残疾部位的肢体残疾人职业人格特征的比较

进一步差异检验发现,江苏省肢体残疾人自信心维度的得分存在显著的残疾部位差异。多重比较发现,躯干残疾人组自信心维度的得分显著高于其他三组(见表2-7-23)。

表 2-7-23　江苏省不同残疾部位肢体残疾人职业人格特征的差异检验

名称		残疾部位	人数	平均值	标准差	F	p	多重比较
职业人格	坚持性	上肢	92	8.25	2.86	1.100	.349	
		下肢	185	8.58	2.77			
		上肢和下肢	43	8.58	2.61			
		躯干	13	9.69	2.75			
	严谨性	上肢	92	8.23	2.01	2.163	.092	
		下肢	185	8.47	1.81			
		上肢和下肢	43	8.44	1.76			
		躯干	13	9.62	1.45			
	情绪稳定性	上肢	92	6.74	2.87	1.606	.188	
		下肢	185	6.80	2.78			
		上肢和下肢	43	7.00	3.19			
		躯干	13	8.54	2.73			
	自信心	上肢	92	8.76	2.40	2.642*	.049	4>1,4>2 4>3
		下肢	185	8.97	2.48			
		上肢和下肢	43	8.58	2.20			
		躯干	13	10.62	1.04			
	责任心	上肢	92	8.78	2.33	2.447	.064	
		下肢	185	9.26	1.96			
		上肢和下肢	43	9.05	1.85			
		躯干	13	10.23	1.42			
	交际能力	上肢	92	8.05	2.51	1.974	.118	
		下肢	185	8.49	2.44			
		上肢和下肢	43	8.14	2.23			
		躯干	13	9.62	1.61			
	管理能力	上肢	92	8.45	2.15	1.023	.382	
		下肢	185	8.72	2.08			
		上肢和下肢	43	8.28	2.21			
		躯干	13	9.15	1.41			
	抗挫折能力	上肢	92	7.18	2.72	2.425	.066	
		下肢	185	7.51	2.83			
		上肢和下肢	43	7.56	2.68			
		躯干	13	9.38	2.26			

注:1 表示上肢残疾人组,2 表示下肢残疾人组,3 表示上肢和下肢残疾人组,4 表示躯干残疾人组。

(4)结论

①江苏省肢体残疾人在职业人格测验的得分从高到低依次为:责任心>自信心>管理能力>坚持性>严谨性>交际能力>抗挫折能力>情绪稳定性。

②江苏省肢体残疾人在职业人格各个维度的得分均不存在显著的性别差异。

③江苏省肢体残疾人在责任心维度的得分随着年龄的增长而呈缓慢下降的趋势,且 15-29 岁年龄组的肢体残疾人在责任心维度的得分显著高于 40-59 岁年龄组。

④江苏省肢体残疾人职业人格测验各维度的得分随着文化水平的提高而呈现上升的趋势,且在情绪稳定性维度得分存在显著的文化水平差异($p<0.05$),在坚持性、严谨性、自信心、责任心、交际能力、管理能力和抗挫折能力均存在极显著的文化水平差异($p<0.01$)。

⑤躯干残疾人在自信心维度的得分显著高于上肢、下肢和上下肢残疾人($p<0.05$)。

3. 江苏省肢体残疾人职业兴趣状况

(1) 测试人群分布

本项目在江苏省共选取334名肢体残疾人进行职业兴趣测验,其基本信息见表2-7-10。

(2) 总体情况

江苏省肢体残疾人在职业兴趣各类型的得分从高到低依次为:现实型>社会型>研究型>艺术型>常规型>企业型。在不同年龄组的男性肢体残疾人中,15-29岁年龄组职业兴趣各类型的得分均高于其他年龄组人群。在不同年龄组的女性肢体残疾人中,15-29岁年龄组常规型、研究型、企业型、社会型和艺术型的得分最高,30-39岁年龄组现实型的得分最高(见表2-7-24)。

表2-7-24 江苏省肢体残疾人职业兴趣测验的平均数和标准差

		常规型		现实型		研究型		企业型		社会型		艺术型	
	n	M	Std	M	Std	M	Std	M	Std	M	Std	M	Std
总体	334	5.66	1.88	6.94	2.02	6.20	2.02	5.33	1.97	6.72	1.64	5.69	1.97
男性	198	5.41	1.87	7.48	1.89	6.53	1.92	5.43	1.98	6.63	1.64	5.55	2.02
女性	136	6.01	1.85	6.15	1.94	5.72	2.08	5.17	1.96	6.87	1.63	5.90	1.88
男(岁) 15-29	74	5.54	2.09	7.47	1.98	6.93	1.95	5.69	1.85	6.74	1.74	5.89	2.20
30-39	74	5.22	1.75	7.58	1.89	6.54	1.76	5.46	1.99	6.64	1.47	5.45	1.75
40-59	50	5.52	1.73	7.34	1.80	5.90	1.97	5.02	2.11	6.44	1.74	5.20	2.06
女(岁) 15-29	45	6.53	1.65	6.07	1.92	5.89	2.17	5.33	2.06	7.16	1.72	6.47	1.79
30-39	47	5.98	1.76	6.13	2.24	5.66	2.37	5.06	1.83	6.96	1.73	5.91	1.75
40-54	44	5.50	2.02	6.25	1.63	5.61	1.65	5.11	2.01	6.48	1.37	5.30	1.95

(3) 江苏省肢体残疾人职业兴趣特征

1) 性别差异比较分析

江苏省肢体残疾人职业兴趣测验各类型得分的均数比较显示,男性组在现实型、研究型和企业型的得分高于女性组;在常规型、社会型和艺术型的得分低于女性组(见图2-7-11)。

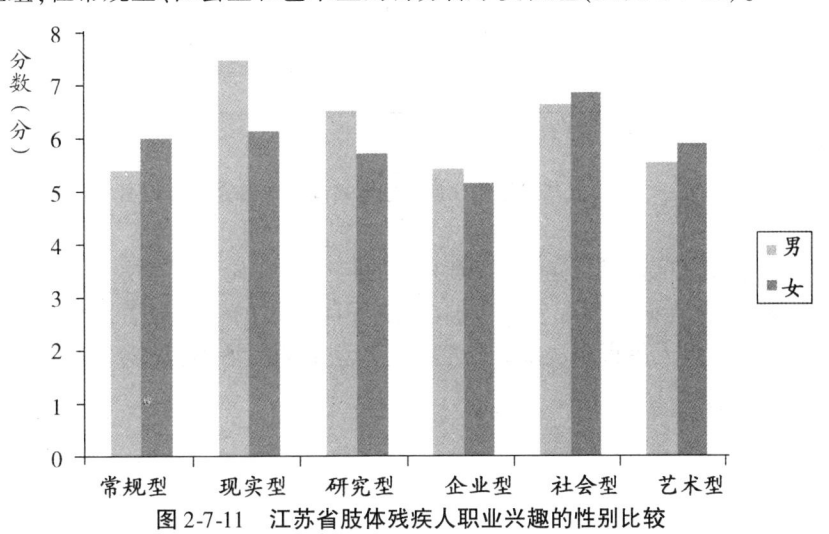

图2-7-11 江苏省肢体残疾人职业兴趣的性别比较

进一步差异检验发现,江苏省肢体残疾人在常规型、现实型和研究型的得分存在极其显著的性别差异,即男性更喜欢从事现实型和研究型职业,而女性更偏好于常规型职业(见表2-7-25)。

表2-7-25 江苏省肢体残疾人职业兴趣的性别差异检验

	名称	性别	人数	平均值	标准差	t	p
职业兴趣	常规型	男	198	5.41	1.87	-2.858**	.005
		女	136	6.01	1.85		
	现实型	男	198	7.48	1.89	6.252**	.000
		女	136	6.15	1.94		
	研究型	男	198	6.53	1.92	3.636**	.000
		女	136	5.72	2.08		
	企业型	男	198	5.43	1.98	1.209	.227
		女	136	5.17	1.96		
	社会型	男	198	6.63	1.64	-1.325	.186
		女	136	6.87	1.63		
	艺术型	男	198	5.55	2.02	-1.586	.114
		女	136	5.90	1.88		

2)年龄差异比较分析

江苏省肢体残疾人在职业兴趣测验各类型的得分随着年龄的增长而逐渐降低,但在现实型上,30-39岁年龄组的得分略高于15-29岁年龄组(见图2-7-12)。

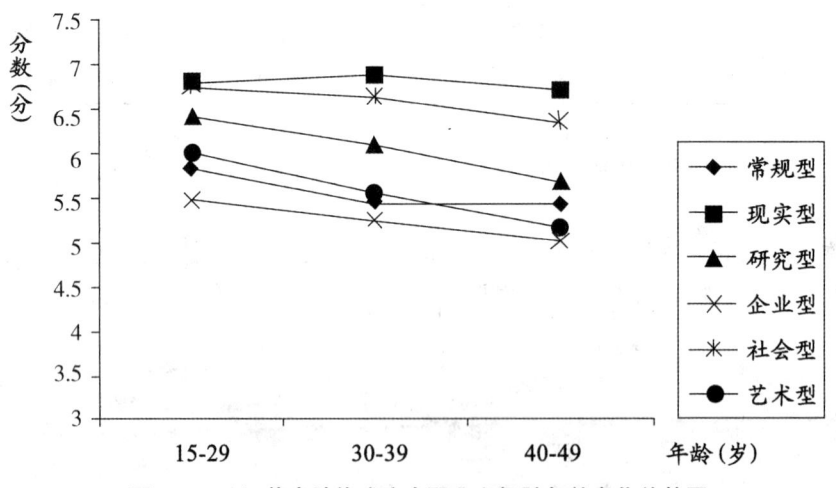

图2-7-12 江苏省肢体残疾人职业兴趣随年龄变化趋势图

进一步差异检验发现,江苏省肢体残疾人研究型的得分存在显著年龄差异,艺术型得分的年龄差异极显著。多重比较发现,在研究型和艺术型,15-29岁年龄组的得分显著高于40-59岁年龄组,即15-29岁年龄组的肢体残疾人更喜欢从事研究型和艺术型的职业活动(见表2-7-26)。

表 2-7-26 江苏省肢体残疾人职业兴趣的年龄差异检验

	名称	年龄(岁)	人数	平均值	标准差	F	p	多重比较
职业兴趣	常规型	15-29	119	5.92	1.99			
		30-39	121	5.51	1.78	1.773	.171	
		40-59	94	5.51	1.86			
	现实型	15-29	119	6.94	2.07			
		30-39	121	7.02	2.14	.225	.798	
		40-59	94	6.83	1.80			
	研究型	15-29	119	6.54	2.09			
		30-39	121	6.20	2.06	3.888*	.021	1>3
		40-59	94	5.77	1.82			
	企业型	15-29	119	5.55	1.93			
		30-39	121	5.31	1.93	1.645	.195	
		40-59	94	5.06	2.06			
	社会型	15-29	119	6.90	1.73			
		30-39	121	6.76	1.58	1.968	.141	
		40-59	94	6.46	1.57			
	艺术型	15-29	119	6.11	2.07			
		30-39	121	5.63	1.76	5.310**	.005	1>3
		40-59	94	5.24	2.00			

注:1 表示 15-29 岁年龄段的肢体残疾人组,2 表示 30-39 岁年龄段的肢体残疾人组,3 表示 40-59 岁年龄段的肢体残疾人组。

3) 残疾等级比较分析

江苏省肢体残疾人在职业兴趣测验各类型的得分随着残疾程度的加重变化不大(见图 2-7-13)。

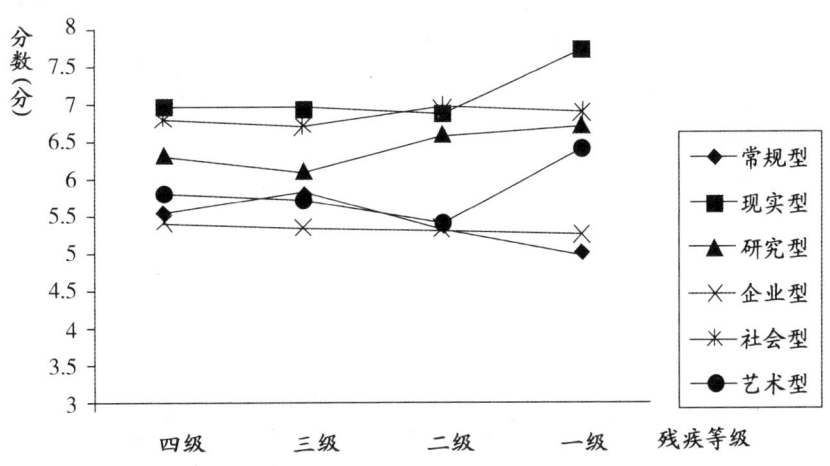

图 2-7-13 江苏省肢体残疾人职业兴趣随残疾等级变化趋势图

进一步差异检验显示,江苏省肢体残疾人在职业兴趣各类型的得分均不存在显著的残疾等级差异。即肢体残疾人的残疾等级对其职业兴趣并无显著影响(见表 2-7-27)。

表 2-7-27　江苏省肢体残疾人职业兴趣的残疾等级差异检验

名称		残疾等级	人数	平均值	标准差	F	p
职业兴趣	常规型	四级	43	5.53	2.02		
		三级	237	5.77	1.80	1.248	.292
		二级	41	5.34	2.03		
		一级	13	5.00	2.38		
	现实型	四级	43	6.93	1.87		
		三级	237	6.91	2.09	.639	.590
		二级	41	6.85	1.82		
		一级	13	7.69	1.89		
	研究型	四级	43	6.30	2.05		
		三级	237	6.09	2.00	.967	.408
		二级	41	6.56	2.09		
		一级	13	6.69	2.18		
	企业型	四级	43	5.40	2.23		
		三级	237	5.32	1.86	.032	.992
		二级	41	5.29	2.34		
		一级	13	5.23	2.09		
	社会型	四级	43	6.77	1.88		
		三级	237	6.68	1.59	.254	.859
		二级	41	6.90	1.77		
		一级	13	6.85	1.34		
	艺术型	四级	43	5.77	2.43		
		三级	237	5.69	1.93	.880	.452
		二级	41	5.39	1.61		
		一级	13	6.38	1.98		

4) 文化水平比较分析

随着文化水平的提高，江苏省肢体残疾人研究型和社会型的得分逐渐升高；在常规型、现实型、企业型和艺术型的得分上，各组差别不大（见图 2-7-14）。

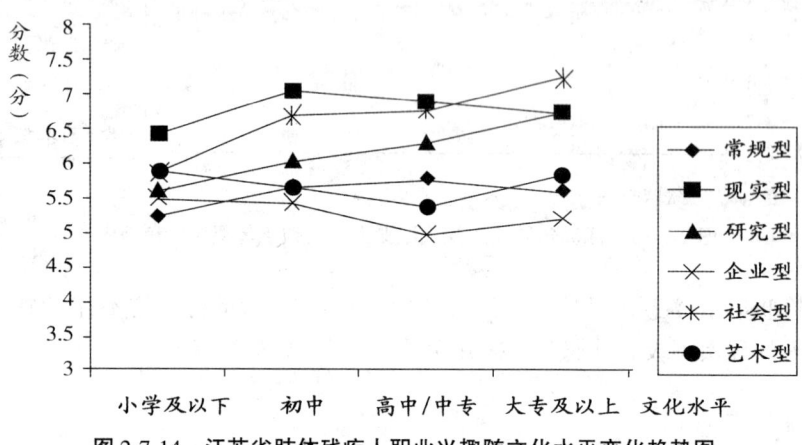

图 2-7-14　江苏省肢体残疾人职业兴趣随文化水平变化趋势图

进一步差异检验显示,江苏省肢体残疾人研究型的得分存在显著的文化水平差异,社会型的得分存在极其显著的文化水平差异。多重比较可以看出,在研究型,大专及以上组的得分显著高于小学及以下组和初中组;在社会型,大专及以上组的得分显著高于小学及以下组和初中组,初中组和高中/中专组肢体残疾人的得分显著高于小学及以下组(见表2-7-28)。

表2-7-28 江苏省肢体残疾人职业兴趣的文化水平差异检验

	名称	文化水平	人数	平均值	标准差	F	p	多重比较
职业兴趣	常规型	小学及以下	49	5.27	1.71	.934	.424	
		初中	155	5.69	1.84			
		高中/中专	80	5.83	2.09			
		大专及以上	50	5.66	1.85			
	现实型	小学及以下	49	6.47	1.79	1.393	.245	
		初中	155	7.12	2.05			
		高中/中专	80	6.95	2.15			
		大专及以上	50	6.80	1.91			
	研究型	小学及以下	49	5.67	2.03	3.171*	.024	4>1,4>2
		初中	155	6.08	1.95			
		高中/中专	80	6.35	2.14			
		大专及以上	50	6.84	1.92			
	企业型	小学及以下	49	5.53	1.76	1.171	.321	
		初中	155	5.46	1.97			
		高中/中专	80	5.00	2.17			
		大专及以上	50	5.24	1.80			
	社会型	小学及以下	49	5.88	1.79	6.896**	.000	4>1,4>2 2>1,3>1
		初中	155	6.75	1.50			
		高中/中专	80	6.83	1.65			
		大专及以上	50	7.30	1.58			
	艺术型	小学及以下	49	5.94	1.78	.948	.417	
		初中	155	5.70	1.86			
		高中/中专	80	5.41	2.18			
		大专及以上	50	5.88	2.09			

注:1表示小学及以下肢体残疾人组,2表示初中肢体残疾人组,3表示高中/中专肢体残疾人组,4表示大专及以上肢体残疾人组。

5)残疾部位比较分析

江苏省肢体残疾人职业兴趣测验各类型得分的均数比较显示,在常规型、现实型和艺术型,躯干残疾人组得分最高,上肢和下肢残疾人得分最低;在研究型,躯干残疾人得分最高,下肢残疾人得分最低;在企业型,上肢残疾人得分最高,上肢和下肢残疾人得分最低;在社会型,各组的得分差异不大(见图2-7-15)。

进一步差异检验显示,江苏省肢体残疾人职业兴趣各类型得分均不存在显著的残疾部位差异(见表2-7-29)。

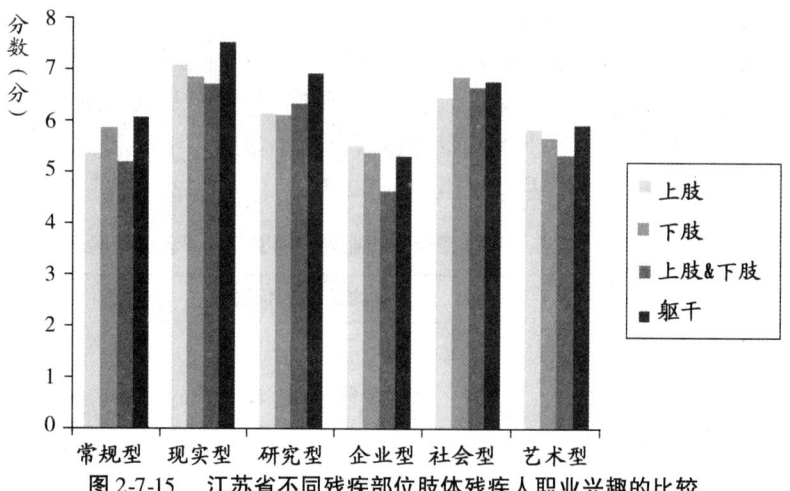

图 2-7-15　江苏省不同残疾部位肢体残疾人职业兴趣的比较

表 2-7-29　江苏省不同残疾部位的肢体残疾人职业兴趣的差异检验

	名称	残疾部位	人数	平均值	标准差	F	p
职业兴趣	常规型	上肢	92	5.37	1.63		
		下肢	186	5.87	1.78	2.575	.054
		上肢和下肢	43	5.21	2.62		
		躯干	13	6.08	1.80		
	现实型	上肢	92	7.09	1.93		
		下肢	186	6.87	2.00	.781	.505
		上肢和下肢	43	6.72	2.33		
		躯干	13	7.54	1.94		
	研究型	上肢	92	6.15	1.72		
		下肢	186	6.13	2.15	.711	.546
		上肢和下肢	43	6.35	2.21		
		躯干	13	6.92	1.55		
	企业型	上肢	92	5.51	1.82		
		下肢	186	5.39	1.91	2.040	.108
		上肢和下肢	43	4.65	2.53		
		躯干	13	5.31	1.38		
	社会型	上肢	92	6.46	1.65		
		下肢	186	6.87	1.62	1.302	.274
		上肢和下肢	43	6.67	1.57		
		躯干	13	6.77	1.88		
	艺术型	上肢	92	5.84	1.95		
		下肢	186	5.68	1.95	.663	.576
		上肢和下肢	43	5.35	1.91		
		躯干	13	5.92	2.50		

(4)结论

①江苏省肢体残疾人在职业兴趣各类型的得分从高到低依次为:现实型>社会型>研究型>艺术型>常规型>企业型。

②男性组在现实型和研究型的得分高于女性组,但常规型的得分低于女性组,且二者在常规型、现实型和研究型的得分存在极其显著的差异($p<0.01$)。

③15-29岁年龄组肢体残疾人研究型和艺术型的得分显著高于40-59岁年龄组($p<0.05$)。

④肢体残疾人的残疾等级、残疾部位对其职业兴趣并无显著影响。

⑤江苏省肢体残疾人研究型和社会型的得分随着文化水平的提高逐渐升高;且研究型的得分存在显著的文化水平差异($p<0.05$),社会型的得分存在极其显著的文化水平差异($p<0.01$)。

(二)江苏省听力残疾人职业适应性状况

本项目在江苏省测试劳动就业年龄段的听力残疾人共计385人。样本详情见表2-7-30~表2-7-33。

表2-7-30 江苏省听力残疾人样本性别分布情况

地区	男		女		合计
	n	%	n	%	
南京	91	52.0	84	48.0	175
无锡	44	46.8	50	53.2	94
苏州	55	47.4	61	52.6	116
总计	190	49.4	195	50.6	385

表2-7-31 江苏省听力残疾人样本年龄段分布情况

地区	15-29岁		30-39岁		40-49岁		合计
	n	%	n	%	n	%	
南京	174	99.4	1	0.6	0	0.0	175
无锡	73	77.7	14	14.9	7	7.4	94
苏州	59	50.9	40	34.5	17	14.7	116
总计	306	79.5	55	14.3	24	6.2	385

表2-7-32 江苏省听力残疾人样本残疾等级分布情况

地区	四级		三级		二级		一级		合计
	n	%	n	%	n	%	n	%	
南京	2	1.1	4	2.3	30	17.1	139	79.4	175
无锡	1	1.1	4	4.3	15	16.0	74	78.7	94
苏州	5	4.3	11	9.5	26	22.4	74	63.8	116
总计	8	2.1	19	4.9	71	18.4	287	74.5	385

表2-7-33 江苏省听力残疾人样本文化水平分布情况

地区	小学		初中		高中/中专		大专及以上		合计
	n	%	n	%	n	%	n	%	
南京	0	0.0	9	5.1	3	1.7	163	93.1	175
无锡	10	10.6	69	73.4	6	6.4	9	9.6	94

(续表)

地区	小学		初中		高中/中专		大专及以上		合计
	n	%	n	%	n	%	n	%	
苏州	6	5.2	69	59.5	19	16.4	22	19.0	116
总计	16	4.2	147	38.2	28	7.3	194	50.4	385

1. 江苏省听力残疾人职业能力状况

(1) 测试人群分布

本项目在江苏省共选取385名听力残疾人进行职业能力测验,其基本信息(见表2-7-34)。

表2-7-34 江苏省听力残疾人有效样本分布表 (单位:人)

年龄(岁)	性别		总计
	男	女	
15-29	149	157	306
30-39	25	30	55
40-49	16	8	24
总计	190	195	385

(2) 总体情况

江苏省听力残疾人职业能力文档测验各分测验得分从高到低依次为:形状知觉>符号知觉>言语能力>数理能力>空间知觉。在不同年龄的男性听力残疾人中,30-39岁年龄组言语能力、数理能力、空间知觉、形状知觉分测验的得分及文档计分上高于其他两组男性;15-29岁年龄组符号知觉分测验的得分最高。在不同年龄的女性听力残疾人中,15-29岁年龄组职业能力文档测验各分测验及文档计分上均高于其他两个年龄组。在手眼协调操作测验和职业能力总分上,30-39岁年龄组的男性听力残疾人在手眼协调操作测验和能力总分的得分最高;15-29岁年龄段的女性听力残疾人在手眼协调操作测验和能力总分上的得分最高(见表2-7-35)。

表2-7-35 江苏省听力残疾人职业能力测验的平均数和标准差

		n	言语能力		数理能力		空间知觉		符号知觉		形状知觉		文档计分	
			M	Std	M	Std	M	Std	M	Std	M	Std	M	Std
	总体	385	12.95	3.82	11.92	4.81	10.64	4.38	14.03	5.91	14.12	3.33	63.69	16.31
	男性	190	12.59	3.78	12.18	5.03	10.99	4.44	13.58	6.13	14.02	3.33	63.41	16.82
	女性	195	13.31	3.82	11.67	4.59	10.31	4.30	14.46	5.67	14.22	3.35	63.96	15.84
男(岁)	15-29	149	12.40	3.56	12.43	4.81	11.11	4.13	13.74	5.99	14.21	3.01	63.83	15.54
	30-39	25	13.63	4.35	12.56	5.40	11.12	5.33	13.48	7.24	14.48	3.84	65.26	22.03
	40-49	16	12.71	4.75	9.25	5.79	9.63	5.71	12.25	5.84	11.50	4.35	55.33	18.38
女(岁)	15-29	157	13.39	3.63	11.86	4.50	10.48	4.24	14.74	5.43	14.43	3.19	64.91	14.82
	30-39	30	13.24	4.56	11.47	4.93	10.33	3.97	14.08	5.86	14.07	3.58	63.19	17.12
	40-49	8	11.92	4.81	8.75	4.77	6.75	5.55	10.22	8.24	10.50	3.66	48.14	23.23

表 2-7-35　江苏省听力残疾人职业能力测验的平均数和标准差（续）

		n	手眼协调（网络测试）		职业能力总分（网络测试）	
			M	Std	M	Std
	总体	385	14.97	7.57	78.69	20.22
	男性	190	15.35	7.37	78.83	20.54
	女性	195	14.59	7.75	78.55	19.95
男（岁）	15–29	149	15.55	7.48	79.37	19.59
	30–39	25	15.89	6.42	81.16	24.01
	40–49	16	12.67	7.61	68.00	22.74
女（岁）	15–29	157	15.27	7.39	80.18	18.69
	30–39	30	10.98	8.85	74.17	22.27
	40–49	8	14.83	7.66	62.97	27.74

（3）江苏省听力残疾人职业能力特征

1) 性别差异比较分析

江苏省听力残疾人职业能力各分测验得分的均数比较显示，男性组在言语能力、符号知觉、形状知觉分测验的得分低于女性组，而在数理能力、空间知觉和手眼协调操作测验的得分高于女性组（见图 2-7-16）。

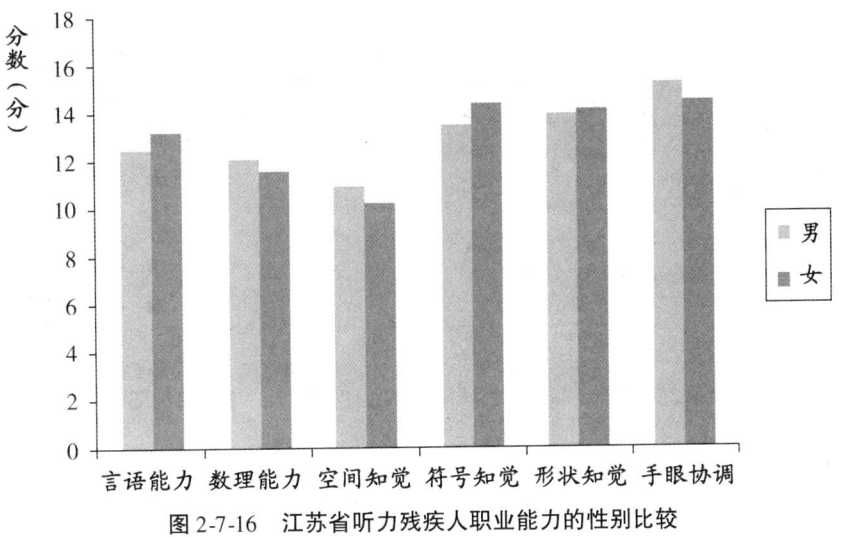

图 2-7-16　江苏省听力残疾人职业能力的性别比较

进一步差异检验发现，江苏省听力残疾人职业能力各分测验中的性别差异并不显著（见表 2-7-36）。

表 2-7-36　江苏省听力残疾人职业能力的性别差异检验

	名称	性别	人数	平均值	标准差	t	p
职业能力文档测验	言语能力	男	190	12.59	3.78	−1.857	.064
		女	195	13.31	3.82		
	数理能力	男	190	12.18	5.03	1.035	.301
		女	195	11.67	4.59		
	空间知觉	男	190	10.99	4.44	1.531	.127
		女	195	10.31	4.30		

(续表)

名称		性别	人数	平均值	标准差	t	p
职业能力文档测验	符号知觉	男	190	13.58	6.13	−1.448	.148
		女	195	14.46	5.67		
	形状知觉	男	190	14.02	3.33	−.571	.568
		女	195	14.22	3.35		
	文档计分	男	190	16.84	63.30	−.397	.692
		女	195	63.96	15.84		
职业能力操作测验	手眼协调	男	190	15.35	7.37	.989	.323
		女	195	14.59	7.75		
职业能力总分		男	190	78.65	20.63	.049	.961
		女	195	78.55	19.95		

2）年龄差异比较分析

江苏省听力残疾人各分测验的得分随着年龄的增长而逐渐下降，但在手眼协调操作测验上，30-39岁年龄组的得分略低于40-49岁年龄组（见图2-7-17）。

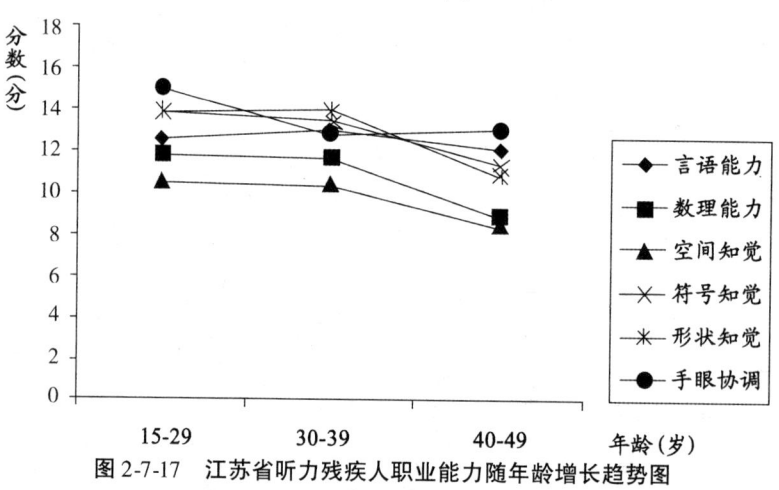

图2-7-17 江苏省听力残疾人职业能力随年龄增长趋势图

进一步差异检验发现，在数理能力分测验的得分存在着显著的年龄差异，在形状知觉分测验和文档计分及职业能力总分存在极显著的年龄差异。多重比较发现，在数理能力和形状知觉分测验及文档计分与职业能力总分，40岁之前两个年龄组的得分显著高于40-49岁年龄组（见表2-7-37）。

表2-7-38 江苏省听力残疾人职业能力的年龄差异检验

名称		年龄（岁）	人数	平均值	标准差	F	p	多重比较
职业能力	言语能力	15-29	306	12.91	3.63	.639	.528	
		30-39	55	13.42	4.43			
		40-49	24	12.44	4.68			
	数理能力	15-29	306	12.10	4.68	4.395*	.013	1>3,2>3
		30-39	55	11.96	5.13			
		40-49	24	9.08	5.37			

(续表)

名称		年龄(岁)	人数	平均值	标准差	F	p	多重比较
职业能力	空间知觉	15-29	306	10.79	4.19	2.649	.072	
		30-39	55	10.69	4.61			
		40-49	24	8.67	5.71			
	符号知觉	15-29	306	14.26	5.72	2.353	.096	
		30-39	55	13.81	6.46			
		40-49	24	11.57	6.62			
	形状知觉	15-29	306	14.33	3.10	10.544**	.000	1>3,2>3
		30-39	55	14.25	3.67			
		40-49	24	11.17	4.08			
	文档计分	15-29	306	64.38	15.16	5.634**	.004	1>3,2>3
		30-39	55	64.13	19.35			
		40-49	24	52.94	19.91			
职业能力操作测验	手眼协调	15-29	306	15.41	7.42	2.540	.080	1>2
		30-39	55	13.21	8.15			
		40-49	24	13.39	7.53			
	职业能力总分	15-29	305	79.79	19.11	5.146**	.006	1>3,2>3\
		30-39	55	77.35	23.13			
		40-49	24	66.32	24.03			

注:1表示15-29岁年龄段的听力残疾人组,2表示30-39岁年龄段的听力残疾人组,3表示40-49岁年龄段的听力残疾人组。

3)残疾等级比较分析

江苏省四级听力残疾人组在职业能力各分测验得分均为最高,三级、二级和一级听力残疾人组各分测验得分差异不大(见图2-7-18)。

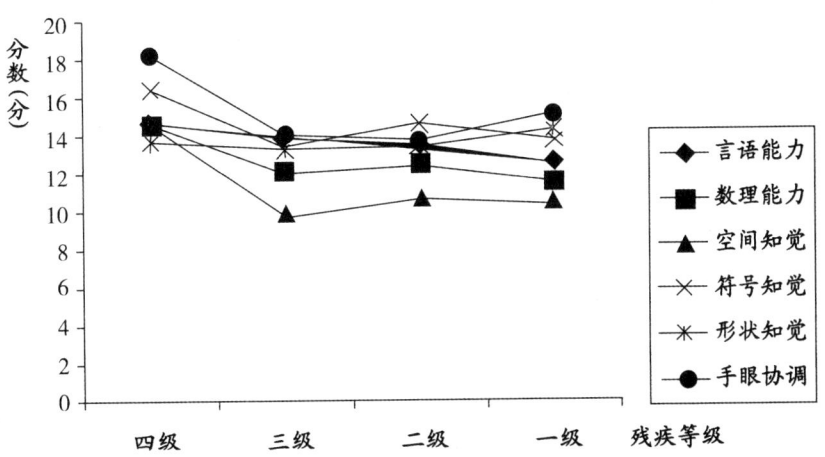

图2-7-18 江苏省听力残疾人职业能力随残疾等级变化趋势图

进一步差异检验发现,江苏省听力残疾人职业能力各分测验残疾等级差异均不显著(见表2-7-38)。

表 2-7-38　江苏省听力残疾人职业能力的残疾等级差异检验

	名称	残疾等级	人数	平均值	标准差	F	p
职业能力文档测验	言语能力	四级	8	14.92	3.25	2.157	.093
		三级	19	14.00	3.19		
		二级	71	13.51	3.88		
		一级	287	12.69	3.83		
	数理能力	四级	8	14.50	3.66	1.540	.204
		三级	19	12.21	5.41		
		二级	71	12.56	4.75		
		一级	287	11.63	4.84		
	空间知觉	四级	8	14.75	5.65	2.602	.052
		三级	19	9.89	5.10		
		二级	71	10.70	4.45		
		一级	287	10.56	4.23		
	符号知觉	四级	8	16.53	4.90	.899	.442
		三级	19	13.72	6.30		
		二级	71	14.67	5.92		
		一级	287	13.82	5.91		
	形状知觉	四级	8	13.75	3.77	1.398	.243
		三级	19	13.37	4.52		
		二级	71	13.55	3.64		
		一级	287	14.32	3.14		
	文档计分	四级	8	74.44	16.33	1.479	.220
		三级	19	63.19	20.85		
		二级	71	65.00	16.79		
		一级	287	63.02	15.84		
职业能力操作测验	手眼协调	四级	8	18.33	1.85	1.214	.304
		三级	19	14.11	8.69		
		二级	71	13.86	8.27		
		一级	287	15.21	7.39		
	职业能力总分	四级	8	92.78	17.18	1.271	.251
		三级	19	77.30	25.94		
		二级	71	78.86	21.61		
		一级	287	78.23	19.53		

4）文化水平比较分析

江苏省听力残疾人职业能力各分测验得分随着文化水平的提高并无显著变化（见图 2-7-19）。

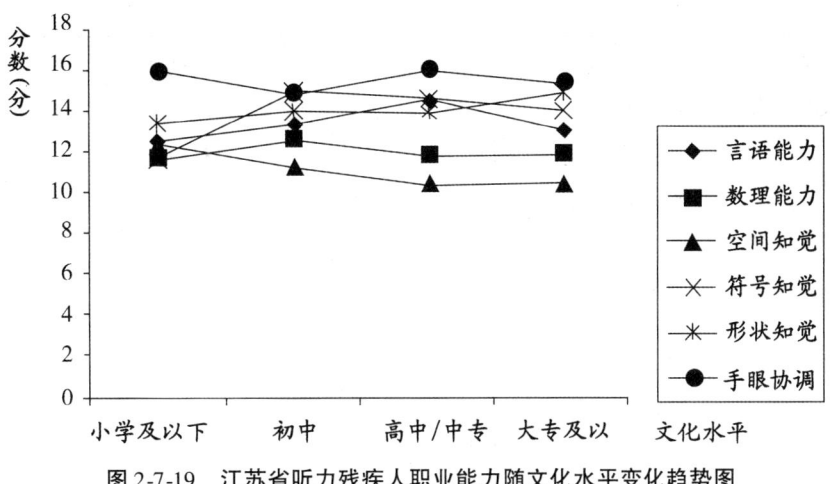

图 2-7-19 江苏省听力残疾人职业能力随文化水平变化趋势图

进一步差异检验显示,江苏省听力残疾人的职业能力各分测验及总测验均不存在显著的文化水平差异,即文化水平对听力残疾人职业能力的影响并不显著(见表2-7-39)。

表 2-7-39 江苏省听力残疾人职业能力的文化水平差异检验

名称		残疾等级	人数	平均值	标准差	F	p
职业能力文档测验	言语能力	小学及以下	16	12.33	5.34	1.278	.281
		初中	147	13.02	4.34		
		高中/中专	28	14.19	3.43		
		大专及以上	194	12.78	3.26		
	数理能力	小学及以下	16	11.50	5.82	.725	.537
		初中	147	12.35	5.00		
		高中/中专	28	11.64	6.13		
		大专及以上	194	11.61	4.42		
	空间知觉	小学及以下	16	12.00	5.51	1.504	.213
		初中	147	11.06	4.48		
		高中/中专	28	10.29	5.30		
		大专及以上	194	10.27	4.02		
	符号知觉	小学及以下	16	11.44	7.43	1.735	.159
		初中	147	14.65	5.77		
		高中/中专	28	14.24	5.01		
		大专及以上	194	13.74	5.97		
	形状知觉	小学及以下	16	13.13	4.50	2.426	.065
		初中	147	13.73	3.72		
		高中/中专	28	13.71	2.97		
		大专及以上	194	14.56	2.90		

(续表)

名称		残疾等级	人数	平均值	标准差	F	p
操作测验	文档计分	小学及以下	16	60.40	22.79	.583	.627
		初中	147	64.81	18.34		
		高中/中专	28	64.07	16.20		
		大专及以上	194	62.95	14.02		
	手眼协调	小学及以下	16	15.67	6.07	.304	.823
		初中	147	14.57	7.44		
		高中/中专	28	15.76	6.71		
		大专及以上	194	15.10	7.91		
	职业能力总分	小学及以下	16	76.07	24.89	.237	.871
		初中	147	79.38	22.74		
		高中/中专	28	79.83	20.10		
		大专及以上	194	78.05	17.88		

5）交流方式比较分析

江苏省听力残疾人职业能力各分测验得分的均数比较显示，主要使用口语为交流方式组在言语能力、符号知觉分测验的得分最高；使用手语&口语组在数理能力、空间知觉和手眼协调操作测验的得分最高，使用其他交流方式组在形状知觉的得分最高（见图2-7-20）。

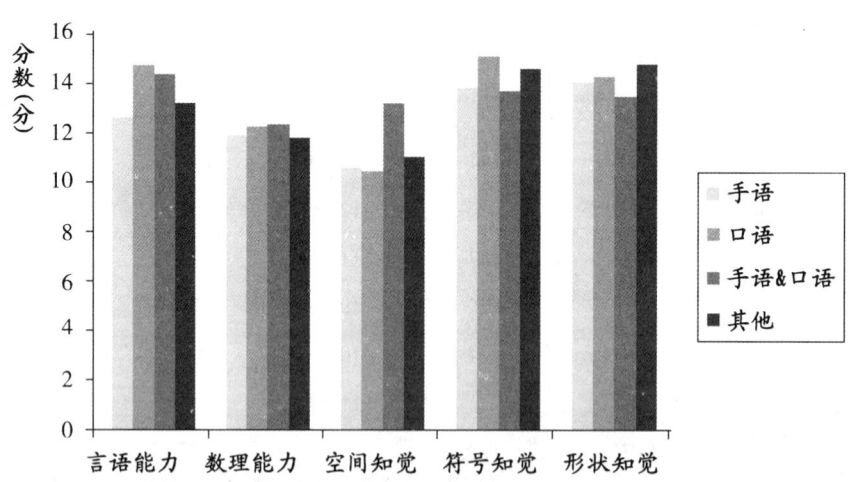

图2-7-20 江苏省不同交流方式听力残疾人职业能力的比较

进一步差异检验发现，不同的交流方式使听力残疾人言语能力分测验的得分差异极显著。多重比较发现，口语组在言语能力分测验的得分显著高于手语组和其他交流方式组（见表2-7-40）。

表 2-7-40　江苏省不同交流方式听力残疾人职业能力的差异检验

名称		交流方式	人数	平均值	标准差	F	p	多重比较
职业能力文档测验	言语能力	手语	273	12.54	3.89	5.166**	.002	2>1,2>4
		口语	54	14.67	3.39			
		手语&口语	7	14.29	2.82			
		其他	51	13.15	3.49			
	数理能力	手语	273	11.85	4.89	.101	.960	
		口语	54	12.19	5.10			
		手语&口语	7	12.29	4.54			
		其他	51	11.76	4.47			
	空间知觉	手语	273	10.56	4.34	.944	.419	
		口语	54	10.41	5.01			
		手语&口语	7	13.14	3.24			
		其他	51	10.98	3.93			
	符号知觉	手语	273	13.75	6.02	.810	.489	
		口语	54	15.00	5.14			
		手语&口语	7	13.65	7.35			
		其他	51	14.51	5.91			
	形状知觉	手语	273	14.01	3.22	.744	.526	
		口语	54	14.22	3.88			
		手语&口语	7	13.43	4.28			
		其他	51	14.71	3.20			
	文档计分	手语	273	62.71	16.59	1.065	.364	
		口语	54	66.48	16.86			
		手语&口语	7	66.79	17.17			
		其他	51	65.12	13.97			
职业能力操作测验	手眼协调	手语	273	14.81	7.63	.308	.820	
		口语	54	15.26	7.51			
		手语&口语	7	17.33	3.85			
		其他	51	15.19	7.77			
职业能力总分		手语	273	77.52	20.70	.984	.400	
		口语	54	81.74	21.41			
		手语&口语	7	84.13	19.44			
		其他	51	80.31	16.37			

注:1 表示主要使用手语的听力残疾人组,2 表示主要使用口语的听力残疾人组,4 表示使用其他交流方式的听力残疾人组。

(4)结论

①江苏省听力残疾人职业能力文档测验各分测验得分从高到低依次为:形状知觉>符号知觉>言语能力>数理能力>空间知觉。

②江苏省听力残疾人各分测验的得分随着年龄的增长而逐渐下降,但在手眼协调操作测验上,30-39岁年龄组的得分略低于40-49岁年龄组,且数理能力分测验的得分存在着显著的年龄差异($p<0.05$),在形状知觉分测验和文档计分及职业能力总分存在极显著的年龄差异($p<0.01$)。

③性别、残疾等级、文化水平对江苏省听力残疾人职业能力的影响并不显著。

④以口语为主要交流方式的听力残疾人言语能力分测验的得分显著高于手语组和其他交流方式组($p<0.05$)。

2. 江苏省听力残疾人职业人格状况

(1)测试人群分布

本项目在江苏省共选取380名听力残疾人进行职业人格测验,其基本信息见表2-7-41。

表2-7-41 江苏省听力残疾人职业人格测验有效样本分布表　　　(单位:人)

年龄(岁)	性别		总计
	男	女	
15-29	148	156	304
30-39	25	29	54
40-49	15	7	22
总计	188	192	380

(2)总体情况

被测试的江苏省听力残疾人在职业人格测验各维度得分从高到低依次为:责任心>严谨性>自信心>坚持性>管理能力>交际能力>抗挫折能力>情绪稳定性。在不同年龄组的男性听力残疾人中,15-29岁年龄组在坚持性、责任心和交际能力维度的得分高于其他年龄组;30-39岁年龄组在情绪稳定性、管理能力和抗挫折能力维度的得分最高;40-49岁年龄组在严谨性维度的得分高于其他三组;15-29岁年龄组在自信心维度的得分低于另两个年龄组。在不同年龄组的女性听力残疾人中,15-29岁年龄组在坚持性、责任心和抗挫折能力维度的得分高于其他年龄组;30-39岁年龄组在严谨性和情绪稳定性上得分最高;40-49岁年龄组在交际能力和管理能力上得分最高(见表2-7-42)。

表2-7-42 江苏省听力残疾人职业人格测验的平均数和标准差

		n	坚持性		严谨性		情绪稳定性		自信心	
			M	Std	M	Std	M	Std	M	Std
总体		380	8.18	2.33	8.44	1.87	5.74	2.34	8.35	2.25
男性		188	7.98	2.41	8.41	1.85	5.61	2.33	8.58	2.18
女性		192	8.37	2.25	8.46	1.88	5.88	2.35	8.13	2.30
男(岁)	15-29	148	8.04	2.27	8.31	1.88	5.55	2.28	8.41	2.15
	30-39	25	7.92	2.90	8.76	1.79	6.16	2.59	9.20	2.29
	40-49	15	7.47	3.00	8.80	1.70	5.27	2.40	9.20	2.21
女(岁)	15-29	156	8.39	2.15	8.40	1.92	5.90	2.36	8.04	2.33
	30-39	29	8.28	2.62	8.83	1.69	6.07	2.30	8.59	2.18
	40-49	7	8.29	2.98	8.29	1.89	4.43	2.15	8.00	2.00

表 2-7-42　江苏省听力残疾人职业人格测验的平均数和标准差（续）

		n	责任心		交际能力		管理能力		抗挫折能力	
			M	Std	M	Std	M	Std	M	Std
	总体	380	9.17	1.75	7.80	1.97	8.14	1.82	7.65	2.33
	男性	188	8.93	1.93	7.77	2.02	8.32	1.82	7.30	2.23
	女性	192	9.41	1.51	7.82	1.92	7.96	1.80	7.99	2.37
男（岁）	15–29	148	8.99	1.88	7.88	1.97	8.34	1.84	7.24	2.13
	30–39	25	8.72	2.34	7.28	2.17	8.36	1.75	7.96	2.47
	40–49	15	8.73	1.83	7.53	2.23	8.13	1.85	6.73	2.71
女（岁）	15–29	156	9.47	1.52	7.75	1.91	7.91	1.79	8.10	2.37
	30–39	29	9.34	1.42	8.03	1.99	8.17	1.85	7.66	2.33
	40–49	7	8.43	1.62	8.57	1.90	8.29	1.98	7.00	2.52

（3）江苏省听力残疾人职业人格特征

1) 性别差异比较分析

江苏省听力残疾人职业人格测验各维度得分的均数比较显示,女性组在坚持性、严谨性、情绪稳定性、责任心、交际能力和抗挫折能力维度的得分高于男性组；在自信心和管理能力维度的得分低于男性组（见图 2-7-21）。

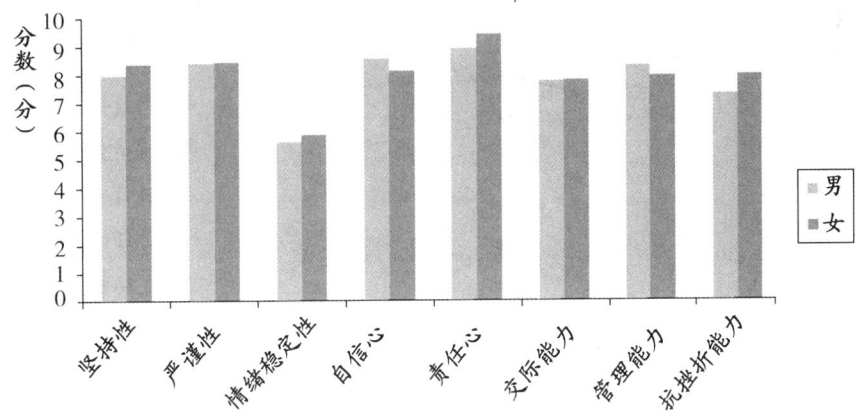

图 2-7-21　江苏省听力残疾人职业人格特征的性别比较

进一步差异检验发现,江苏省听力残疾人在自信心维度的得分存在显著性别差异,在责任心和抗挫折能力维度的得分存在极显著的性别差异,即女性听力残疾人在责任心和抗挫折能力上的表现更突出,而男性听力残疾人被试在自信心人格特征上表现更明显（见表 2-7-43）。

表 2-7-43　江苏省听力残疾人职业人格特征的性别差异显著检验

	名称	性别	人数	平均值	标准差	t	p
职业人格	坚持性	男	188	7.98	2.41	−1.636	.103
		女	192	8.37	2.25		
	严谨性	男	188	8.41	1.85	−.282	.778
		女	192	8.46	1.88		

(续表)

名称		性别	人数	平均值	标准差	t	p
职业人格	情绪稳定性	男	188	5.61	2.33	−1.118	.264
		女	192	5.88	2.35		
	自信心	男	188	8.58	2.18	1.978*	.049
		女	192	8.13	2.30		
	责任心	男	188	8.93	1.93	−2.694**	.007
		女	192	9.41	1.51		
	交际能力	男	188	7.77	2.02	−.255	.799
		女	192	7.82	1.92		
	管理能力	男	188	8.32	1.82	1.942	.053
		女	192	7.96	1.80		
	抗挫折能力	男	188	7.30	2.23	−2.926**	.004
		女	192	7.99	2.37		

2) 年龄差异比较分析

随着年龄的增长,江苏省听力残疾人在职业人格测验各维度的得分呈水平波动(见图2-7-22)。

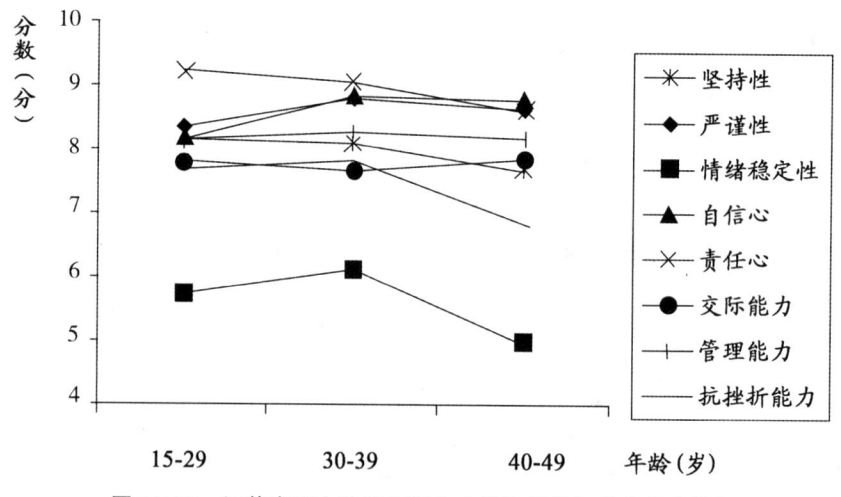

图2-7-22　江苏省听力残疾人职业人格特征随年龄变化趋势图

进一步差异检验发现,江苏省听力残疾人在职业人格各维度的得分均不存在显著的年龄差异,这说明年龄对江苏省听力残疾人职业人格特征表现的影响并不显著(见表2-7-44)。

表 2-7-44 江苏省听力残疾人职业人格特征的年龄差异检验

名称		年龄(岁)	人数	平均值	标准差	F	p
职业人格	坚持性	15–29	304	8.22	2.21		
		30–39	54	8.11	2.73	.481	.619
		40–49	22	7.73	2.95		
	严谨性	15–29	304	8.36	1.90		
		30–39	54	8.80	1.72	1.398	.248
		40–49	22	8.64	1.73		
	情绪稳定性	15–29	304	5.73	2.32		
		30–39	54	6.11	2.42	1.786	.169
		40–49	22	5.00	2.31		
	自信心	15–29	304	8.22	2.25		
		30–39	54	8.87	2.23	2.418	.091
		40–49	22	8.82	2.17		
	责任心	15–29	304	9.23	1.72		
		30–39	54	9.06	1.91	1.343	.262
		40–49	22	8.64	1.73		
	交际能力	15–29	304	7.81	1.94		
		30–39	54	7.69	2.09	.109	.897
		40–49	22	7.86	2.14		
	管理能力	15–29	304	8.12	1.83		
		30–39	54	8.26	1.79	.143	.867
		40–49	22	8.18	1.84		
	抗挫折能力	15–29	304	7.68	2.29		
		30–39	54	7.80	2.38	1.543	.215
		40–49	22	6.82	2.59		

3) 残疾等级比较分析

江苏省听力残疾人职业人格测验各维度的得分随残疾等级的变化呈现水平波动(见图 2-7-23)。

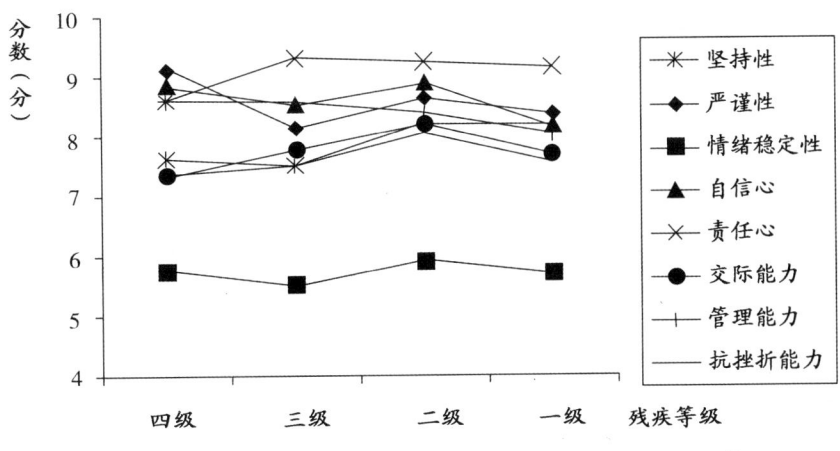

图 2-7-23 江苏省听力残疾人职业人格特征随残疾等级变化趋势图

进一步差异检验发现,江苏省听力残疾人在职业人格各维度的得分均不存在显著的残疾等级差异（见表2-7-45）。

表2-7-45 江苏省听力残疾人职业人格特征的残疾等级差异检验

名称		残疾等级	人数	平均值	标准差	F	p
职业人格	坚持性	四级	8	7.63	2.83		
		三级	19	7.53	1.87	.693	.557
		二级	70	8.26	2.56		
		一级	283	8.22	2.29		
	严谨性	四级	8	9.13	1.73		
		三级	19	8.16	1.77	.912	.435
		二级	70	8.66	1.78		
		一级	283	8.38	1.90		
	情绪稳定性	四级	8	5.75	2.60		
		三级	19	5.53	2.50	.218	.884
		二级	70	5.93	2.74		
		一级	283	5.71	2.23		
	自信心	四级	8	8.88	2.53		
		三级	19	8.53	2.34	1.995	.114
		二级	70	8.89	2.04		
		一级	283	8.19	2.27		
	责任心	四级	8	8.63	2.00		
		三级	19	9.32	1.80	.362	.780
		二级	70	9.26	1.84		
		一级	283	9.16	1.72		
	交际能力	四级	8	7.38	2.88		
		三级	19	7.79	2.57	1.556	.200
		二级	70	8.24	1.75		
		一级	283	7.70	1.94		
	管理能力	四级	8	8.63	2.13		
		三级	19	8.58	1.74	1.211	.305
		二级	70	8.37	1.80		
		一级	283	8.04	1.82		
	抗挫折能力	四级	8	7.38	2.72		
		三级	19	7.58	3.11	.842	.471
		二级	70	8.04	2.39		
		一级	283	7.56	2.24		

4)文化水平比较分析

江苏省听力残疾人职业人格测验各维度的得分大体上呈现随着文化水平的提高而上升的趋势,但在情绪稳定性维度,高中/中专组的得分略低于初中组;在自信心维度,高中/中专组得分略高于大专及以上组(见图2-7-24)。

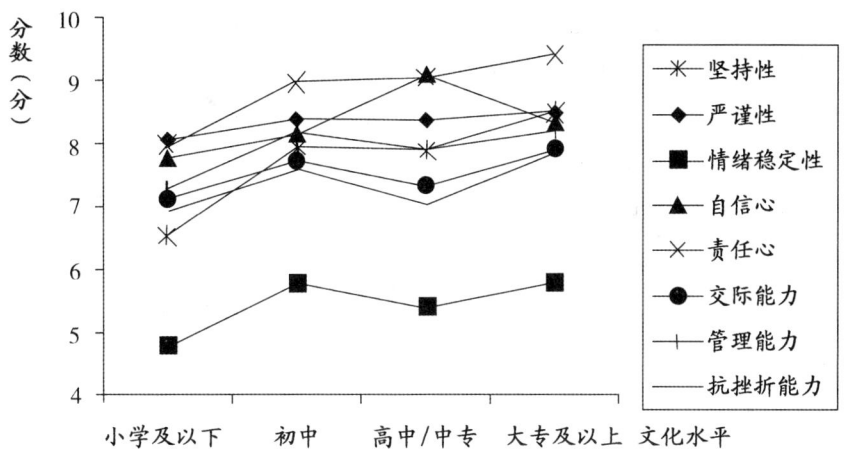

图2-7-24 江苏省听力残疾人职业人格特征随文化水平变化趋势图

进一步差异检验显示,不同文化水平的江苏省听力残疾人在职业人格的坚持性和责任心维度存在极其显著的差异。多重比较可以看出,在坚持性和责任心维度,大专及以上组听力残疾人的得分显著高于初中组和小学及以下组;在管理能力维度,大专及以上组听力残疾人的得分显著高于小学及以下组(见表2-7-46)。

表2-7-46 江苏省听力残疾人职业人格特征的文化水平差异检验

	名称	文化水平	人数	平均值	标准差	F	p	多重比较
职业人格	坚持性	小学及以下	15	6.53	2.64			
		初中	145	7.94	2.43	4.612**	.003	4>1,4>2
		高中/中专	28	7.89	2.69			
		大专及以上	192	8.52	2.11			
	严谨性	小学及以下	15	8.07	1.79			
		初中	145	8.40	1.98	.293	.831	
		高中/中专	28	8.39	1.95			
		大专及以上	192	8.50	1.78			
	情绪稳定性	小学及以下	15	4.80	1.90			
		初中	145	5.81	2.49	1.072	.361	
		高中/中专	28	5.43	2.50			
		大专及以上	192	5.81	2.23			
	自信心	小学及以下	15	7.80	2.01			
		初中	145	8.21	2.26	1.579	.194	
		高中/中专	28	9.11	2.17			
		大专及以上	192	8.39	2.26			

(续表)

名称	文化水平	人数	平均值	标准差	F	p	多重比较
责任心	小学及以下	15	8.00	1.93	4.339**	.005	4>2,2>1
	初中	145	8.98	1.73			
	高中/中专	28	9.07	1.78			
	大专及以上	192	9.43	1.70			
交际能力	小学及以下	15	7.13	2.00	1.440	.231	
	初中	145	7.75	2.04			
	高中/中专	28	7.36	2.50			
	大专及以上	192	7.95	1.81			
管理能力	小学及以下	15	7.27	2.12	1.444	.229	4>1
	初中	145	8.16	1.95			
	高中/中专	28	7.93	1.76			
	大专及以上	192	8.23	1.69			
抗挫折能力	小学及以下	15	6.93	2.46	1.490	.217	
	初中	145	7.59	2.49			
	高中/中专	28	7.07	2.46			
	大专及以上	192	7.83	2.15			

注:1 表示小学及以下听力残疾人组,2 表示初中听力残疾人组,3 表示高中/中专听力残疾人组,4 表示大专及以上听力残疾人组。

5)交流方式比较分析

使用不同交流方式的江苏省听力残疾人在严谨性、情绪稳定性、自信心、责任心、交际能力、管理能力和抗挫折能力维度的得分差别不大,在坚持性维度,使用口语以及其他交流方式组的得分较高,使用手语&口语组的得分最低(见图2-7-25)。

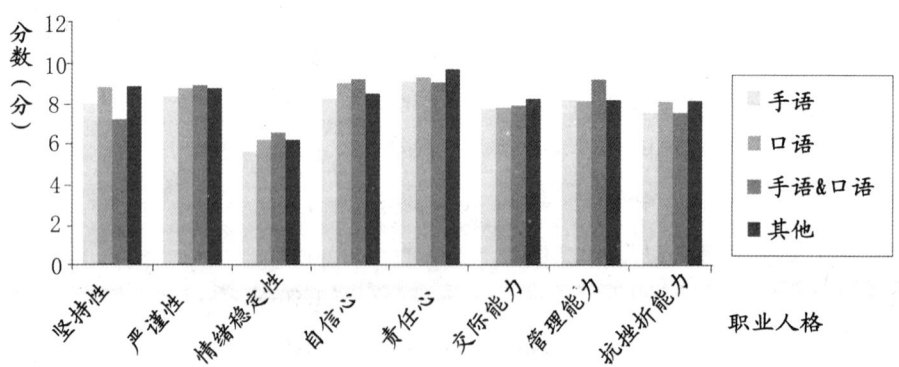

图2-7-25 江苏省不同交流方式听力残疾人职业人格特征的比较

进一步检验发现,不同的交流方式使江苏省听力残疾人在坚持性维度的差异水平显著。多重比较发现,在坚持性维度,其他交流方式组和口语组听力残疾人的得分显著高于手语组和手语&口语组(见表2-7-47)。

表 2-7-47　江苏省不同交流方式听力残疾人职业人格特征的差异检验

名称		交流方式	人数	平均值	标准差	F	p	多重比较
职业人格	坚持性	手语	271	7.97	2.29	3.426*	.017	4>1,2>1
		口语	52	8.73	2.50			4>3,2>3
		手语&口语	6	7.17	3.19			
		其他	51	8.82	2.09			
	严谨性	手语	271	8.32	1.90	1.147	.330	
		口语	52	8.71	1.77			
		手语&口语	6	8.83	1.72			
		其他	51	8.71	1.78			
	情绪稳定性	手语	271	5.57	2.31	1.716	.163	
		口语	52	6.13	2.69			
		手语&口语	6	6.50	1.76			
		其他	51	6.16	2.14			
	自信心	手语	271	8.19	2.20	2.056	.106	2>1
		口语	52	8.96	2.27			
		手语&口语	6	9.17	2.64			
		其他	51	8.47	2.39			
	责任心	手语	271	9.07	1.73	1.518	.209	4>1
		口语	52	9.27	2.08			
		手语&口语	6	9.00	1.41			
		其他	51	9.63	1.43			
	交际能力	手语	271	7.72	2.00	.899	.442	
		口语	52	7.77	2.25			
		手语&口语	6	7.83	0.75			
		其他	51	8.22	1.51			
	管理能力	手语	271	8.13	1.86	.662	.576	
		口语	52	8.08	1.78			
		手语&口语	6	9.17	1.33			
		其他	51	8.16	1.68			
	抗挫折能力	手语	271	7.49	2.27	1.546	.202	
		口语	52	8.06	2.82			
		手语&口语	6	7.50	2.35			
		其他	51	8.08	2.00			

注:1 表示主要使用手语的听力残疾人组,2 表示主要使用口语的听力残疾人组,3 表示使用手语&口语的听力残疾人组,4 表示使用其他交流方式的听力残疾人组。

(4)结论

①江苏省听力残疾人在职业人格测验各维度的得分从高到低依次为:责任心>严谨性>自信心>坚持性>管理能力>交际能力>抗挫折能力>情绪稳定性。

②女性听力残疾人在责任心和抗挫折能力上的表现更突出,而男性听力残疾人在自信心上表现更明显,二者自信心维度的得分差异显著($p<0.05$),在责任心和抗挫折能力维度的得分差异极显著($p<0.01$)。

③年龄、残疾等级对江苏省听力残疾人职业人格特征表现的影响并不显著。

④江苏省听力残疾人职业人格测验各维度的得分大体上呈现随着文化水平的提高而上升的趋势,且在坚持性和责任心维度存在极其显著的差异($p<0.01$)。

⑤使用其他交流方式和以口语为主要交流方式的听力残疾人在坚持性维度的得分显著高于以手语为主要交流方式和手语&口语并用的听力残疾人($p<0.05$)。

3.江苏省听力残疾人职业兴趣状况

(1)测试人群分布

本项目在江苏省共选取385名听力残疾人进行职业兴趣测验,其基本信息见表2-7-34。

(2)总体情况

江苏省听力残疾人在职业兴趣测验各类型得分从高到低依次为:现实型>社会型>研究型>常规型>艺术型>企业型,说明听力残疾人更偏向于从事现实型职业。在不同年龄组的男性听力残疾人中,15-29岁年龄组在常规型、现实型、研究型、社会型和艺术型上的得分高于其他两个年龄组;40-49岁年龄组在企业型上的得分最高。在不同年龄组的女性听力残疾人中,15-29岁年龄组在艺术型、社会型、企业型的得分高于其他年龄组;30-39岁年龄组在研究型、现实型、常规型的得分最高(见表2-7-48)。

表2-7-48 江苏省听力残疾人职业兴趣测验

		n	常规型		现实型		研究型		企业型		社会型		艺术型	
			M	Std	M	Std	M	Std	M	Std	M	Std	M	Std
	总体	385	6.44	1.83	7.10	1.88	6.56	2.06	5.82	1.93	6.79	1.36	6.25	1.91
	男性	190	6.38	1.91	7.39	1.80	7.17	1.81	6.08	1.81	6.76	1.45	5.95	1.95
	女性	195	6.49	1.75	6.82	1.92	5.97	2.12	5.57	2.01	6.83	1.27	6.55	1.82
男(岁)	15-29	149	6.42	1.99	7.43	1.81	7.32	1.76	6.16	1.87	6.80	1.53	6.01	1.99
	30-39	25	6.16	1.72	7.40	1.83	6.40	2.10	5.52	1.53	6.60	1.08	5.76	1.83
	40-49	16	6.38	1.41	7.06	1.69	7.00	1.55	6.19	1.64	6.63	1.20	5.69	1.89
女(岁)	15-29	157	6.53	1.80	6.83	1.92	6.00	2.07	5.61	2.03	6.89	1.24	6.71	1.76
	30-39	30	6.60	1.61	7.00	2.02	6.23	2.16	5.50	2.11	6.77	1.41	6.10	1.99
	40-49	8	5.38	1.06	5.75	1.16	4.50	2.51	5.25	1.49	6.00	1.07	5.25	1.83

(3)江苏省听力残疾人职业兴趣特征

1)性别差异比较分析

江苏省听力残疾人在职业兴趣测验各类型得分的均数比较显示,男性组在现实型、研究型和企业型的得分高于女性组;但在常规型、社会型和艺术型的得分低于女性组(见图2-7-26)。

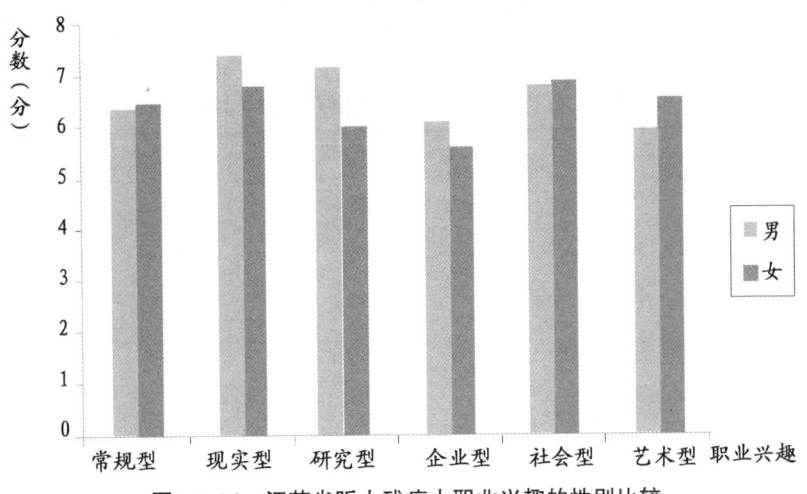

图 2-7-26 江苏省听力残疾人职业兴趣的性别比较

进一步差异检验发现,江苏省听力残疾人企业型的得分存在显著的性别差异,在现实型、研究型和艺术型的得分存在极显著的性别差异,即说明男性更喜欢从事现实型、研究型、企业型的职业;女性更喜欢从事艺术型职业(见表2-7-49)。

表 2-7-49　江苏省听力残疾人职业兴趣的性别差异检验

	名称	性别	人数	平均值	标准差	t	p
职业兴趣	常规型	男	190	6.38	1.91	-.579	.563
		女	195	6.49	1.75		
	现实型	男	190	7.39	1.80	3.056**	.002
		女	195	6.82	1.92		
	研究型	男	190	7.17	1.81	5.948**	.000
		女	195	5.97	2.12		
	企业型	男	190	6.08	1.81	2.580*	.010
		女	195	5.57	2.01		
	社会型	男	190	6.76	1.45	-.525	.600
		女	195	6.83	1.27		
	艺术型	男	190	5.95	1.95	-3.151**	.002
		女	195	6.55	1.82		

2)年龄差异比较分析

江苏省听力残疾人在职业兴趣测验各类型的得分随着年龄的增长呈现水平波动(见图2-7-27)。

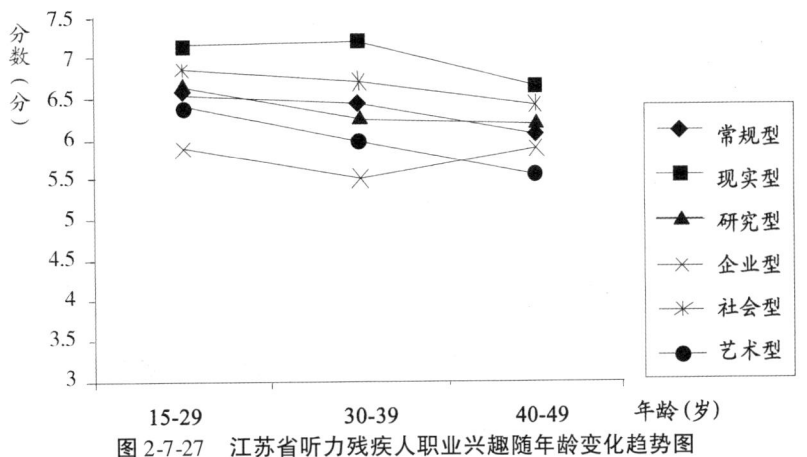

图 2-7-27　江苏省听力残疾人职业兴趣随年龄变化趋势图

进一步差异检验发现,江苏省听力残疾人职业兴趣测验各类型得分均不存在显著的年龄差异(见表2-7-50)。

表2-7-50 江苏省听力残疾人职业兴趣的年龄差异检验

名称		年龄(岁)	人数	平均值	标准差	F	p
职业兴趣	常规型	15-29	306	6.48	1.89	.644	.526
		30-39	55	6.40	1.66		
		40-49	24	6.04	1.37		
	现实型	15-29	306	7.12	1.89	.843	.431
		30-39	55	7.18	1.93		
		40-49	24	6.63	1.64		
	研究型	15-29	306	6.64	2.03	1.084	.339
		30-39	55	6.31	2.12		
		40-49	24	6.17	2.22		
	企业型	15-29	306	5.88	1.97	.848	.429
		30-39	55	5.51	1.85		
		40-49	24	5.88	1.62		
	社会型	15-29	306	6.84	1.39	1.282	.279
		30-39	55	6.69	1.26		
		40-49	24	6.42	1.18		
	艺术型	15-29	306	6.37	1.90	2.942	.054
		30-39	55	5.95	1.91		
		40-49	24	5.54	1.84		

3)残疾等级比较分析

江苏省四级听力残疾人组在职业兴趣各类型的得分均为最高,三级听力残疾人组在现实型、研究型、企业型、社会型和艺术型的得分最低,二级听力残疾人组在常规型的得分最低(见图2-7-28)。

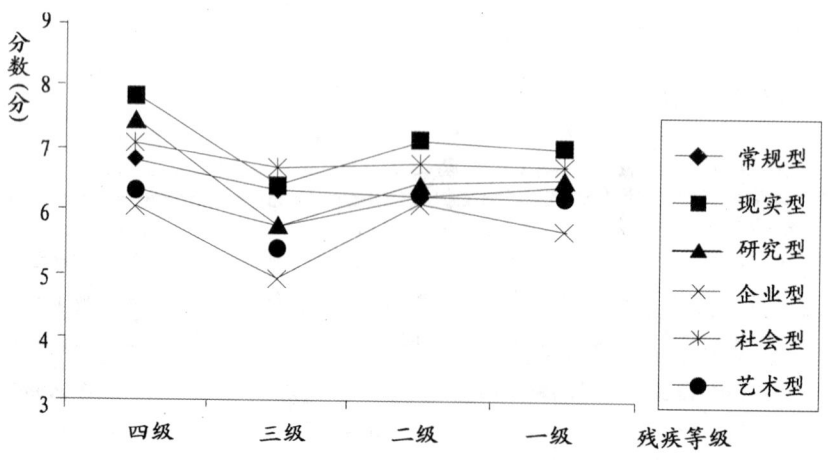

图2-7-28 江苏省听力残疾人职业兴趣随残疾等级变化趋势图

进一步差异检验发现,江苏省听力残疾人职业兴趣测验各类型的得分均不存在显著的残疾等级差异,即残疾等级对江苏省听力残疾被试的职业兴趣类型并无显著的影响(见表2-7-51)。

表 2-7-51　江苏省听力残疾人职业兴趣的残疾等级差异检验

	名称	残疾等级	人数	平均值	标准差	F	p
职业兴趣	常规型	四级	8	6.88	1.25	.281	.839
		三级	19	6.42	1.46		
		二级	71	6.31	2.03		
		一级	287	6.46	1.82		
	现实型	四级	8	7.88	1.81	1.242	.294
		三级	19	6.47	2.32		
		二级	71	7.21	1.88		
		一级	287	7.09	1.85		
	研究型	四级	8	7.50	1.51	1.371	.251
		三级	19	5.84	1.98		
		二级	71	6.52	2.05		
		一级	287	6.60	2.07		
	企业型	四级	8	6.13	2.03	2.100	.100
		三级	19	5.00	1.89		
		二级	71	6.18	1.82		
		一级	287	5.78	1.95		
	社会型	四级	8	7.13	1.89	.180	.910
		三级	19	6.74	1.52		
		二级	71	6.82	1.41		
		一级	287	6.78	1.33		
	艺术型	四级	8	6.38	1.69	1.136	.335
		三级	19	5.47	1.78		
		二级	71	6.34	1.94		
		一级	287	6.28	1.91		

4）文化水平比较分析

江苏省听力残疾人在职业兴趣测验各类型的得分随着文化水平的提高大体上呈上升的趋势，初中和高中/中专组在各类型的得分有所波动（见图 2-7-29）。

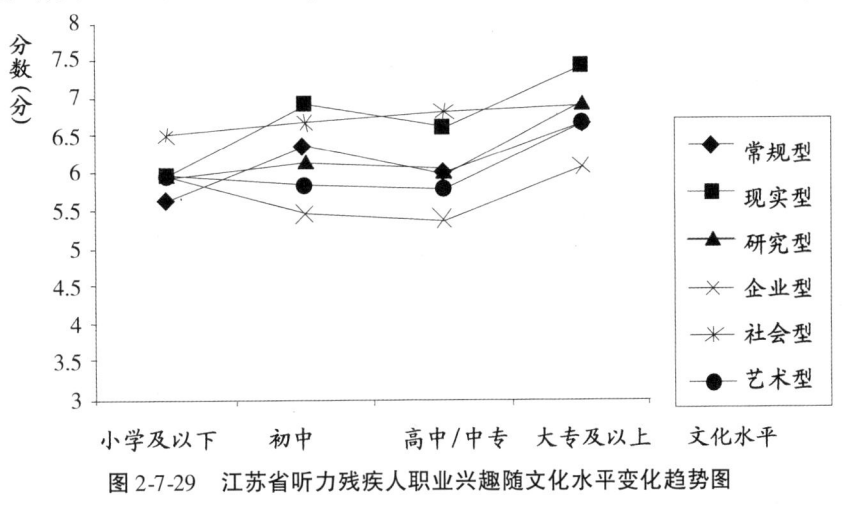

图 2-7-29　江苏省听力残疾人职业兴趣随文化水平变化趋势图

进一步差异检验显示,江苏省听力残疾人职业兴趣企业型的得分存在显著的文化水平差异,现实型、研究型和艺术型的得分存在极显著的文化水平差异。多重比较发现,在现实型,大专及以上组的得分显著高于其他三组,且初中组的得分显著高于小学及以下组;在研究型和艺术型,大专及以上组的得分显著高于初中组和高中/中专组;在企业型,大专及以上组的得分显著高于初中组(见表2-7-52)。

表2-7-52 江苏省听力残疾人职业兴趣的文化水平差异检验

	名称	文化水平	人数	平均值	标准差	F	p	多重比较
职业兴趣	常规型	小学及以下	16	5.63	1.54	2.598	.052	
		初中	147	6.35	1.79			
		高中/中专	28	5.96	2.03			
		大专及以上	194	6.64	1.83			
	现实型	小学及以下	16	5.94	1.48	5.221**	.002	4>1,2>1
		初中	147	6.90	1.81			4>2,4>3
		高中/中专	28	6.61	2.35			
		大专及以上	194	7.42	1.83			
	研究型	小学及以下	16	5.94	2.21	5.101**	.002	4>2,4>3
		初中	147	6.21	2.01			
		高中/中专	28	6.04	2.17			
		大专及以上	194	6.96	2.00			
	企业型	小学及以下	16	6.00	1.97	3.722*	.012	4>2
		初中	147	5.48	1.98			
		高中/中专	28	5.39	2.15			
		大专及以上	194	6.13	1.81			
	社会型	小学及以下	16	6.50	1.21	.683	.563	
		初中	147	6.71	1.30			
		高中/中专	28	6.79	1.45			
		大专及以上	194	6.88	1.40			
	艺术型	小学及以下	16	6.00	1.93	6.484**	.000	4>2,4>3
		初中	147	5.82	1.85			
		高中/中专	28	5.79	2.23			
		大专及以上	194	6.67	1.82			

注:1表示小学及以下听力残疾人组,2表示初中听力残疾人组,3表示高中/中专听力残疾人组,4表示大专及以上听力残疾人组。

5)交流方式比较分析

江苏省听力残疾人职业兴趣测验各类型得分的均数显示,手语&口语组的听力残疾人研究型和社会型的得分最高;口语组的听力残疾人常规型和艺术型的得分最高;采用其他主要交流方式的听力残疾人现实型和企业型上的得分较高(见图2-7-30)。

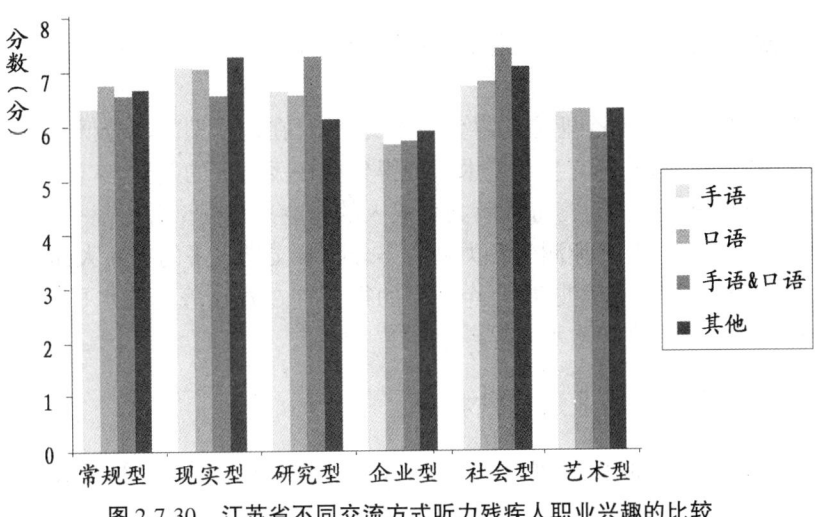

图 2-7-30　江苏省不同交流方式听力残疾人职业兴趣的比较

进一步差异检验显示,使用不同交流方式的江苏省听力残疾人在职业兴趣测验各类型的得分均不存在显著的差异,即不同的交流方式对听力残疾人职业兴趣影响并不显著(见表 2-7-53)。

表 2-7-53　江苏省不同交流方式听力残疾人职业兴趣的差异检验

名称		交流方式	人数	平均值	标准差	F	p
职业兴趣	常规型	手语	273	6.32	1.85		
		口语	54	6.78	1.64	1.314	.270
		手语 & 口语	7	6.57	1.27		
		其他	51	6.69	1.91		
	现实型	手语	273	7.08	1.90		
		口语	54	7.07	1.95	.374	.772
		手语 & 口语	7	6.57	1.51		
		其他	51	7.29	1.78		
	研究型	手语	273	6.63	1.96		
		口语	54	6.56	2.29	1.185	.315
		手语 & 口语	7	7.29	1.89		
		其他	51	6.12	2.29		
	企业型	手语	273	5.85	1.96		
		口语	54	5.65	1.76	.195	.900
		手语 & 口语	7	5.71	1.50		
		其他	51	5.90	2.06		
	社会型	手语	273	6.72	1.37		
		口语	54	6.81	1.44	1.519	.209
		手语 & 口语	7	7.43	1.27		
		其他	51	7.08	1.23		
	艺术型	手语	273	6.24	1.91		
		口语	54	6.31	2.03	.138	.937
		手语 & 口语	7	5.86	1.77		
		其他	51	6.31	1.84		

(4) 结论

①江苏省听力残疾人在职业兴趣测验各类型的得分从高到低依次为：现实型>社会型>研究型>常规型>艺术型>企业型。

②男性组在现实型、研究型和企业型的得分高于女性组，在艺术型的得分低于女性组；且二者企业型的得分存在显著差异，现实型、研究型和艺术型的得分存在极显著的差异。

③年龄、残疾等级和交流方式对江苏省听力残疾人的职业兴趣类型并无显著的影响。

④江苏省听力残疾人在职业兴趣测验各类型的得分随着文化水平的提高大体上呈上升的趋势，初中和高中/中专组各类型的得分有所波动，且企业型的得分存在着显著文化水平差异，现实型、研究型和艺术型的得分存在极显著的文化水平差异。

（三）江苏省言语残疾人职业适应性状况

本项目测查江苏省劳动就业年龄段的言语残疾人共计157人。样本详情见表2-7-54～表2-7-57。

表2-7-54　江苏省言语残疾人样本性别分布情况

地区	男		女		合计
	n	%	n	%	
南京	78	54.9	64	45.1	142
无锡	3	60.0	2	40.0	5
苏州	7	70.0	3	30.0	10
总计	88	56.1	69	43.9	157

表2-7-55　江苏省言语残疾人样本年龄段分布情况

地区	15-29岁		30-39岁		40-49岁		合计
	n	%	n	%	n	%	
南京	141	99.3	1	0.7	0	0.0	142
无锡	5	100.0	0	0.0	0	0.0	5
苏州	4	40.0	4	40.0	2	20.0	10
总计	150	95.5	5	3.2	2	1.3	157

表2-7-56　江苏省言语残疾人样本残疾等级分布情况

地区	四级		三级		二级		一级		合计
	n	%	n	%	n	%	n	%	
南京	1	0.7	9	6.3	18	12.7	114	80.3	142
无锡	0	0.0	0	0.0	4	80.0	1	20.0	5
苏州	0	0.0	4	40.0	3	30.0	3	30.0	10
总计	1	0.6	13	8.3	25	15.9	118	75.2	157

表2-7-57　江苏省言语残疾人样本文化水平分布情况

地区	小学		初中		高中/中专		大专及以上		合计
	n	%	n	%	n	%	n	%	
南京	0	0.0	0	0.0	0	0.0	142	100.0	142
无锡	0	0.0	4	80.0	0	0.0	1	20.0	5

(续表)

地区	小学		初中		高中/中专		大专及以上		合计
	n	%	n	%	n	%	n	%	
苏州	2	20.0	5	50.0	2	20.0	1	10.0	10
总计	2	1.3	9	5.7	2	1.3	144	91.7	157

1. 江苏省言语残疾人职业能力状况

本项目在江苏省共选取157名言语残疾人进行职业能力测验。

江苏省言语残疾人职业能力文档测试部分各分测验得分从高到低依次为:形状知觉>符号知觉>言语能力>数理能力>空间知觉。男性组的言语能力、空间知觉和符号知觉分测验的得分低于女性组,数理能力、形状知觉以及手眼协调操作测验的得分高于女性组。在手眼协调操作测验,男性组得分高于女性组;在职业能力总分,男性组得分与女性组得分相当(见表2-7-58)。

表2-7-58 言语残疾人职业能力测验的平均数和标准差

	n	言语能力		数理能力		空间知觉		符号知觉		形状知觉		文档计分	
		M	Std	M	Std	M	Std	M	Std	M	Std	M	Std
总体	157	11.15	3.10	10.18	3.94	8.75	3.71	11.36	6.05	13.57	3.20	55.01	13.86
男性	88	10.70	3.04	10.86	3.86	8.64	3.93	10.53	5.96	13.59	3.06	54.32	14.45
女性	69	11.73	3.10	9.30	3.89	8.90	3.44	12.42	6.04	13.54	3.38	55.88	13.12

表2-7-58 言语残疾人职业能力测验的平均数和标准差(续)

	n	手眼协调(网络测试)		职业能力总分(网络测试)	
		M	Std	M	Std
总体	157	16.51	6.33	71.52	16.48
男性	88	17.20	5.51	71.52	16.85
女性	69	15.63	7.19	71.52	16.12

进一步差异检验发现,江苏省言语残疾人在职业能力的言语能力和数理能力分测验的得分存在显著的性别差异。说明女性言语残疾人的言语能力比男性言语残疾人水平高,数理能力比男性言语残疾人水平低(见表2-7-59)。

表2-7-59 江苏省言语残疾人职业能力的性别差异检验

	名称	性别	人数	平均值	标准差	t	p
职业能力文档测验	言语能力	男	88	10.70	3.04	−2.077*	.039
		女	69	11.73	3.10		
	数理能力	男	88	10.86	3.86	2.504*	.013
		女	69	9.30	3.89		
	空间知觉	男	88	8.64	3.93	−.438	.662
		女	69	8.90	3.44		
	符号知觉	男	88	10.53	5.96	−1.959	.052
		女	69	12.42	6.04		

(续表)

名称		性别	人数	平均值	标准差	t	p
职业能力 文档测验	形状知觉	男	88	13.59	3.06	.106	.916
		女	69	13.54	3.38		
	文档计分	男	88	54.32	14.45	-.699	.486
		女	69	55.88	13.12		
职业能力 操作测验	手眼协调	男	88	17.20	5.51	1.543	.125
		女	69	15.63	7.19		
职业能力总分		男	88	71.52	16.85	.001	.999
		女	69	71.52	16.12		

2. 江苏省言语残疾人职业人格状况

本项目在江苏省共选取157名言语残疾人进行职业人格测验。

江苏省言语残疾人职业人格各维度得分从高到低依次为:责任心>管理能力>坚持性>严谨性>自信心>交际能力>抗挫折能力>情绪稳定性。男性言语残疾人组在坚持性、严谨性、情绪稳定性、责任心、交际能力和抗挫折能力维度的得分低于女性组,而在自信心和管理能力维度的得分高于女性组(见表2-7-60)。

表2-7-60 江苏省言语残疾人职业人格测验的平均数和标准差

	n	坚持性		严谨性		情绪稳定性		自信心	
		M	Std	M	Std	M	Std	M	Std
总体	157	8.29	2.02	8.24	1.68	5.48	2.13	7.95	2.23
男性	88	7.98	1.90	8.23	1.51	5.32	2.08	8.26	2.22
女性	69	8.70	2.12	8.26	1.88	5.70	2.18	7.55	2.20

表2-7-60 江苏省言语残疾人职业人格测验的平均数和标准差(续)

	n	责任心		交际能力		管理能力		抗挫折能力	
		M	Std	M	Std	M	Std	M	Std
总体	157	9.25	1.49	7.62	1.66	8.39	1.48	7.30	2.17
男性	88	9.10	1.52	7.55	1.53	8.50	1.45	7.26	2.16
女性	69	9.43	1.44	7.71	1.82	8.26	1.51	7.35	2.20

进一步差异检验发现,江苏省言语残疾人在坚持性和自信心维度存在显著的性别差异,即男性言语残疾人的自信心特征更明显,而女性言语残疾人的坚持性特征更突出(见表2-7-61)。

表 2-7-61 江苏省言语残疾人职业人格特征的性别差异显著检验

	名称	性别	人数	平均值	标准差	t	p
职业人格	坚持性	男	88	7.98	1.90	−2.236*	.027
		女	69	8.70	2.12		
	严谨性	男	88	8.23	1.51	−.124	.901
		女	69	8.26	1.88		
	情绪稳定性	男	88	5.32	2.08	−1.105	.271
		女	69	5.70	2.18		
	自信心	男	88	8.26	2.22	2.001*	.047
		女	69	7.55	2.20		
	责任心	男	88	9.10	1.52	−1.390	.167
		女	69	9.43	1.44		
	交际能力	男	88	7.55	1.53	−.615	.540
		女	69	7.71	1.82		
	管理能力	男	88	8.50	1.45	1.008	.315
		女	69	8.26	1.51		
	抗挫折能力	男	88	7.26	2.16	−.247	.806
		女	69	7.35	2.20		

3. 江苏省言语残疾人职业兴趣状况

本项目在江苏省共选取 157 名言语残疾人进行职业兴趣测验。

江苏省言语残疾人在职业兴趣测验各类型的得分从高到低依次为:现实型>艺术型>社会型>研究型>常规型>企业型。男性组在常规型、现实型、研究型、企业型和艺术型的得分高于女性组,而在社会型的得分低于女性组(见表 2-7-62)。

表 2-7-62 江苏省言语残疾人职业兴趣测验

	n	常规型		现实型		研究型		企业型		社会型		艺术型	
		M	Std	M	Std	M	Std	M	Std	M	Std	M	Std
总体	157	6.74	1.63	7.45	1.69	6.78	1.97	6.24	1.76	6.83	1.36	6.84	1.63
男性	88	6.77	1.71	7.66	1.67	7.32	1.96	6.51	1.60	6.61	1.39	6.85	1.64
女性	69	6.70	1.53	7.19	1.68	6.09	1.77	5.90	1.90	7.12	1.28	6.83	1.63

进一步差异检验发现,江苏省言语残疾人社会型和企业型的得分存在显著的性别差异,研究型的得分存在极显著的性别差异,即男性残疾人更偏向于从事研究型和企业型的工作,而女性言语残疾人更喜欢从事社会型的工作(见表 2-7-63)。

表 2-7-63 江苏省言语残疾人职业兴趣的性别差异显著检验

	名称	性别	人数	平均值	标准差	t	p
职业兴趣	常规型	男	88	6.77	1.71	.293	.770
		女	69	6.70	1.53		

(续表)

名称		性别	人数	平均值	标准差	t	p
职业兴趣	现实型	男	88	7.66	1.67	1.745	.083
		女	69	7.19	1.68		
	研究型	男	88	7.32	1.96	4.070**	.000
		女	69	6.09	1.77		
	企业型	男	88	6.51	1.60	2.188*	.030
		女	69	5.90	1.90		
	社会型	男	88	6.61	1.39	-2.324*	.021
		女	69	7.12	1.28		
	社会型	男	88	6.85	1.64	.100	.921
		女	69	6.83	1.63		

4. 结论

①江苏省言语残疾人职业能力文档测验部分各分测验得分从高到低依次为:形状知觉>符号知觉>言语能力>数理能力>空间知觉。女性言语残疾人组在言语能力分测验的得分显著高于男性组,在数理能力分测验的得分显著低于男性组。

②江苏省言语残疾人职业人格各维度的得分从高到低依次为:责任心>管理能力>坚持性>严谨性>自信心>交际能力>抗挫折能力>情绪稳定性。男性言语残疾人组自信心维度的得分显著高于女性组,但坚持性维度的得分显著低于女性组。

③江苏省言语残疾人职业兴趣测验各类型得分从高到低依次为:现实型>艺术型>社会型>研究型>常规型>企业型。男性组研究型和企业型的得分显著高于女性组,而社会型的得分显著低于女性组。

八、山东省残疾人职业适应性状况

本项目在山东省的青岛市抽取就业年龄段的肢体残疾人和听力与言语残疾人有效样本86人,具体样本分布信息见表2-8-1。

表2-8-1 山东省残疾人样本分布情况

		人数	百分比(%)
性别	男	38	44.2
	女	48	55.8
年龄(岁)	15—29	47	54.7
	30—39	19	22.1
	40—49	18	20.9
	50—59	3	3.5
残疾等级	四级	9	10.5
	三级	38	44.2
	二级	20	23.3
	一级	19	22.1

(续表)

		人数	百分比(%)
文化水平	小学及以下	2	2.3
	初中	14	16.3
	高中/中专	38	44.2
	大专及以上	32	37.2

(一)山东省肢体残疾人职业适应性状况

本项目在山东省的青岛市抽取就业年龄段的肢体残疾人48人,具体分布信息见表2-8-2。

表2-8-2 山东省肢体残疾人样本性别与年龄分布情况

		人数	百分比(%)
性别	男	23	47.9
	女	25	52.1
年龄(岁)	15-29	22	45.8
	30-39	12	25.0
	40-49	13	27.1
	50-59	1	2.1
残疾等级	四级	2	10.4
	三级	13	58.3
	二级	28	27.1
	一级	5	4.2
文化水平	小学及以下	0	0
	初中	6	12.5
	高中/中专	24	50.0
	大专及以上	18	37.5

1. 山东省肢体残疾人职业能力状况

本项目在山东省青岛市共抽取就业年龄段的肢体残疾人48人进行职业能力测验。

被测试的山东省肢体残疾人在职业能力文档测验部分各分测验的得分从高到低依次为:数理能力=符号知觉>空间知觉>形状知觉>言语能力。男性组言语能力、数理能力、空间知觉、符号知觉和形状知觉分测验的得分及文档计分与职业能力总分均高于女性组,而手眼协调操作测验的得分低于女性组(见表2-8-3)。

进一步差异检验发现,山东省肢体残疾人职业能力各分测验的得分并不存在显著的性别差异。

表2-8-3 山东省肢体残疾人职业能力测验的平均数和标准差

	n	言语能力		数理能力		空间知觉		符号知觉		形状知觉		文档计分	
		M	Std	M	Std	M	Std	M	Std	M	Std	M	Std
总体	48	10.39	3.19	14.08	4.33	12.50	4.55	14.08	5.97	12.33	3.94	63.39	17.88
男性	23	11.19	2.87	15.13	4.42	13.83	4.63	14.49	5.82	13.13	4.38	67.77	18.04

(续表)

	n	言语能力		数理能力		空间知觉		符号知觉		形状知觉		文档计分	
		M	Std	M	Std	M	Std	M	Std	M	Std	M	Std
女性	25	9.65	3.35	13.12	4.09	11.28	4.20	13.70	6.19	11.60	3.42	59.35	17.09
t		1.699		1.637		1.999		.456		1.355		1.659	
p		.096		.108		.052		.650		.182		.104	

(续表)

	n	手眼协调(网络测试)		职业能力总分(网络测试)	
		M	Std	M	Std
总体	48	10.89	8.70	74.27	21.95
男性	23	10.78	8.78	78.55	22.17
女性	25	10.99	8.80	70.34	21.44
t		−.080		1.304	
p		.936		.199	

2. 山东省肢体残疾人职业人格状况

本项目在山东省青岛市共抽取就业年龄段的肢体残疾人48人进行职业人格测验。

被测试的山东省肢体残疾人在职业人格各维度的得分从高到低依次为:责任心>坚持性>自信心>交际能力>管理能力>严谨性>抗挫折能力>情绪稳定性。男性组在情绪稳定性、自信心、交际能力、管理能力、抗挫折能力维度的得分高于女性组,而在坚持性、严谨性和责任心维度的得分低于女性组(见表2-8-4)。

进一步差异检验显示,山东省肢体残疾人在职业人格各维度的得分不存在显著的性别差异。

表2-8-4 山东省肢体残疾人职业人格测验的平均数和标准差

	n	坚持性		严谨性		情绪稳定性		自信心	
		M	Std	M	Std	M	Std	M	Std
总体	48	9.88	2.35	9.00	2.11	7.42	2.83	9.15	1.80
男性	23	9.70	2.44	8.91	2.21	7.61	2.54	9.17	1.50
女性	25	10.04	2.30	9.08	2.06	7.24	3.13	9.12	2.07
t		.503		−.271		.446		.104	
p		.617		.788		.655		.918	

(续表)

	n	责任心		交际能力		管理能力		抗挫折能力	
		M	Std	M	Std	M	Std	M	Std
总体	48	9.94	1.66	9.13	2.02	9.08	1.30	8.58	2.49
男性	23	9.87	1.58	9.30	1.87	9.17	1.07	8.65	2.29
女性	25	10.00	1.76	8.96	2.17	9.00	1.50	8.52	2.71
t		.270		.587		.458		.182	
p		.788		.560		.649		.857	

3. 山东省肢体残疾人职业兴趣状况

本项目在山东省青岛市共抽取就业年龄段的肢体残疾人48人进行职业兴趣测验。

被测试的山东省肢体残疾人职业兴趣各类型的得分从高到低依次为:企业型>常规型=现实型>艺术型>研究型>社会型。男性组常规型、现实型和社会型的得分高于女性组,研究型、企业型和艺术型的得分低于女性组(见表2-8-5)。

进一步差异检验发现,肢体残疾人在艺术型的得分上存在极其显著的性别差异,即女性肢体残疾人更偏好于艺术型的职业。

表2-8-5 山东省肢体残疾人职业兴趣测验的平均数和标准差

	n	常规型		现实型		研究型		企业型		社会型		艺术型	
		M	Std	M	Std	M	Std	M	Std	M	Std	M	Std
总体	48	6.46	1.95	6.46	1.83	5.35	2.06	6.77	1.72	4.73	1.94	5.60	2.20
男性	23	6.74	2.03	6.61	1.92	5.00	2.35	6.43	1.59	5.09	1.90	4.70	2.36
女性	25	6.20	1.87	6.32	1.77	5.68	1.73	7.08	1.80	4.40	1.96	6.44	1.69
t		.958		.541		−1.148		−1.311		1.230		−2.963**	
p		.243		.591		.257		.196		.225		.005	

4. 结论

①山东省肢体残疾人职业能力文档测验部分各分测验的得分从高到低依次为:数理能力=符号知觉>空间知觉>形状知觉>言语能力。山东省肢体残疾人职业能力各分测验的得分并不存在显著的性别差异。

②山东省城区男性肢体残疾人在职业人格各维度的得分从高到低依次为:责任心>坚持性>自信心>交际能力>管理能力>严谨性>抗挫折能力>情绪稳定性。山东省肢体残疾人在职业人格各维度的得分不存在显著的性别差异。

③山东省肢体残疾人职业兴趣各类型的得分从高到低依次为:企业型>常规型=现实型>艺术型>研究型>社会型。且女性肢体残疾人组在艺术型的得分高于男性组,且二者存在极显著的差异。

(二)山东省听力与言语残疾人职业适应性状况

本项目在山东省青岛市抽取就业年龄段的听力与言语残疾人38人,具体分布信息(见表2-8-6)。

表2-8-6 山东省听力残疾人样本分布情况

		人数	百分比(%)
性别	男	15	47.9
	女	23	52.1
年龄(岁)	15-29	25	65.8
	30-39	7	18.4
	40-49	5	13.2
	50-59	1	2.6
残疾等级	四级	4	1.5
	三级	10	26.3
	二级	7	18.4
	一级	17	44.7

(续表)

		人数	百分比(%)
文化水平	小学及以下	2	5.3
	初中	8	21.1
	高中/中专	14	36.8
	大专及以上	14	36.8

1. 山东省听力与言语残疾人职业能力状况

本项目在山东省共选取了38名有效被试进行了听力与言语残疾人职业能力测验。

被测试的山东省听力与言语残疾人在职业能力文档测验部分各分测验的得分从高到低依次为：言语能力>符号知觉>形状知觉>空间知觉=数理能力。男性组言语能力、数理能力、空间知觉分测验得分和文档计分及手眼协调操作测验与职业能力总分上低于女性组，而符号知觉和形状知觉分测验的得分高于女性组（见表2-8-7）。

进一步差异检验发现，山东省听力与言语残疾人职业能力的得分并不存在显著的性别差异。

表2-8-7 山东省听力与言语残疾人职业能力测验的平均数和标准差

	n	言语能力		数理能力		空间知觉		符号知觉		形状知觉		文档计分	
		M	Std	M	Std	M	Std	M	Std	M	Std	M	Std
总体	38	13.96	4.39	11.16	3.85	11.16	4.38	13.63	7.43	13.37	4.49	63.28	19.14
男性	15	13.02	5.20	10.67	3.90	10.93	5.12	14.27	6.96	13.47	3.89	62.36	19.80
女性	23	14.58	3.77	11.48	3.87	11.30	3.94	13.22	7.84	13.30	4.92	63.88	19.12
t		−1.071		−.630		−.252		.421		.108		−.238	
p		.291		.533		.802		.676		.915		.814	

(续表)

	n	手眼协调(网络测试)		职业能力总分(网络测试)	
		M	Std	M	Std
总体	38	11.16	8.91	74.44	24.88
男性	15	10.04	9.81	72.40	27.15
女性	23	11.88	8.41	75.77	23.82
t		−.617		−.403	
p		.541		.689	

2. 山东省听力与言语残疾人职业人格状况

本项目在山东省共选取了36名有效被试进行了听力与言语残疾人职业人格测验。

被测试的山东省听力与言语残疾人在职业人格各维度的得分从高到低依次为：责任心>自信心>管理能力>严谨性>坚持性>抗挫折能力>交际能力>情绪稳定性。男性组在交际能力、管理能力和抗挫折能力维度的得分高于女性组，在其他五个维度上的得分低于女性组（见表2-8-8）。

进一步差异检验发现，山东省听力与言语残疾人职业人格各维度得分并不存在显著的性别差异。

表 2-8-8　山东省听力与言语残疾人职业人格测验的平均数和标准差

	n	坚持性		严谨性		情绪稳定性		自信心	
		M	Std	M	Std	M	Std	M	Std
总体	36	8.58	3.08	8.75	2.21	6.44	2.47	9.47	2.06
男性	13	7.54	3.71	8.08	2.63	5.92	3.07	9.38	2.40
女性	23	9.17	2.57	9.13	1.89	6.74	2.07	9.52	1.90
t		−1.409		−1.393		−.952		−.189	
p		.175		.173		.348		.851	

(续表)

	n	责任心		交际能力		管理能力		抗挫折能力	
		M	Std	M	Std	M	Std	M	Std
总体	36	9.56	1.86	7.75	1.96	8.78	1.57	8.11	2.03
男性	13	9.23	2.49	8.31	1.80	8.85	1.41	7.62	2.50
女性	23	9.74	1.42	7.43	2.02	8.74	1.68	8.39	1.70
t		−.784		1.294		.194		−1.108	
p		.438		.204		.847		.276	

3. 山东省听力与言语残疾人职业兴趣状况

本项目在山东省共选取了 35 名有效被试进行了听力与言语残疾人职业兴趣测验。

被测试的听力与言语残疾人在职业兴趣测验各个维度的得分从高到低依次为：常规型＝现实型＞企业型＞研究型＝艺术型＞社会型。男性组常规型、现实型、研究型、企业型和社会型的得分高于女性组，艺术型的得分低于女性组（见表 2-8-9）。

进一步差异检验发现，听力与言语残疾人在现实型的得分存在极显著的性别差异，即男性听力与言语残疾人组的现实型得分显著高于女性组，说明男性更偏向从事现实型的职业活动。

表 2-8-9　山东省听力与言语残疾人职业兴趣测验的平均数和标准数

	n	常规型		现实型		研究型		企业型		社会型		艺术型	
		M	Std	M	Std	M	Std	M	Std	M	Std	M	Std
总体	35	7.03	1.84	7.03	1.77	6.40	1.97	6.94	1.66	5.23	1.99	6.40	2.29
男性	13	7.69	1.60	8.08	1.32	6.46	2.03	7.08	1.80	5.23	2.39	6.08	2.14
女性	22	6.64	1.89	6.41	1.74	6.36	1.99	6.86	1.61	5.23	1.77	6.59	2.40
t		1.685		2.984**		.140		.362		.005		−.636	
p		.101		.005		.890		.720		.996		.529	

4. 结论

①山东省听力与言语残疾人在职业能力文档测验部分各分测验的得分从高到低依次为：言语能力＞符号知觉＞形状知觉＞空间知觉＝数理能力。山东省听力与言语残疾人职业能力的得分并不存在显著的性别差异。

②山东省听力与言语残疾人职业人格各维度的得分从高到低依次为：责任心＞自信心＞管理能力＞严谨性＞坚持性＞抗挫折能力＞交际能力＞情绪稳定性。山东省听力与言语残疾人职业人格各维度的得

分并不存在显著的性别差异。

③听力与言语残疾人职业兴趣测验各个维度的得分从高到低依次为:常规型=现实型>企业型>研究型=艺术型>社会型,且男性听力与言语残疾人组的现实型得分显著高于女性组。

九、湖南省残疾人职业适应性状况

本项目在湖南省长沙市、岳阳市和株洲市共抽取就业年龄段的肢体残疾人和听力与言语残疾人有效样本73人,样本具体信息见表2-9-1。

表2-9-1 湖南省残疾人样本分布情况

年龄(岁)	性别		总计
	男	女	
15-29	36	17	53
30-39	9	4	13
40-49	4	2	6
50-59	1	0	1
总计	50	23	73

(一)湖南省肢体残疾人职业适应性状况

本项目在湖南省长沙市、岳阳市和株洲市共抽取就业年龄段的肢体残疾人共计63人。其中,男性41人,占有效样本的65.1%,女性22人,占有效样本的34.9%。15-29岁年龄段45人,占有效样本的71.4%;30-39岁年龄段11人,占有效样本的17.5%;40-49岁年龄段6人,占有效样本的9.5%;50-59岁年龄段1人,占有效样本的1.6%。湖南省肢体残疾人样本基本信息(见表2-9-2)。

表2-9-2 湖南省肢体残疾人样本分布情况

年龄(岁)	性别		总计
	男	女	
15-29	29	16	45
30-39	7	4	11
40-49	4	2	6
50-59	1	0	1
总计	41	22	63

1. 湖南省肢体残疾人职业能力状况

本项目在湖南省长沙市、岳阳市和株洲市共抽取就业年龄段的肢体残疾人63人进行职业能力测验。

被测试的湖南省肢体残疾人在职业能力纸笔测试各分测验的得分从高到低依次为:数理能力>形状知觉>符号知觉>空间知觉>言语能力。男性组在言语能力、数理能力、空间知觉和符号知觉分测验的得分及文档计分与职业能力总分上高于女性组,而在形状知觉和手眼协调能力测验的得分低于女性组(见表2-9-3)。

进一步差异检验发现,湖南省肢体残疾人职业能力各分测验的得分和职业能力总分均不存在显著的性别差异。

表 2-9-3　湖南省肢体残疾人职业能力测验的平均数和标准差

	n	言语能力		数理能力		空间知觉		符号知觉		形状知觉		文档计分	
		M	Std	M	Std	M	Std	M	Std	M	Std	M	Std
总体	63	10.46	3.91	14.29	4.56	12.06	4.08	13.65	5.69	13.94	3.63	64.39	17.16
男性	41	10.47	4.00	14.68	4.21	12.54	3.92	13.70	5.33	13.85	3.75	65.24	16.23
女性	22	10.42	3.85	13.55	5.16	11.18	4.31	13.56	6.46	14.09	3.46	62.80	19.08
t		.045		.944		1.263		.091		-.246		.535	
p		.964		.349		.212		.928		.807		.595	

（续表）

	n	手眼协调（网络测试）		职业能力总分（网络测试）	
		M	Std	M	Std
总体	63	13.50	7.09	77.89	19.57
男性	41	13.20	7.46	78.45	19.77
女性	22	14.06	6.46	76.86	19.62
t		-.455		.304	
p		.651		.762	

2. 湖南省肢体残疾人职业人格状况

本项目在湖南省长沙市、岳阳市和株洲市共抽取就业年龄段的肢体残疾人63人进行职业人格测验。

被测试的湖南省肢体残疾人职业人格各维度的得分从高到低依次为：责任心>管理能力>坚持性>自信心>严谨性>抗挫折能力>交际能力>情绪稳定性。男性组在职业人格各维度的得分均高于女性组（见表2-9-4）。

进一步差异检验显示，被测试的湖南省肢体残疾人在职业人格各维度的得分不存在显著的性别差异。

表 2-9-4　湖南省肢体残疾人职业人格测验的平均数和标准差

	n	坚持性		严谨性		情绪稳定性		自信心	
		M	Std	M	Std	M	Std	M	Std
总体	63	9.10	2.49	9.00	1.82	7.67	2.91	9.00	2.16
男性	41	9.37	2.49	9.22	1.77	8.00	2.84	9.10	2.11
女性	22	8.59	2.48	8.59	1.89	7.05	3.00	8.82	2.28
t		1.180		1.312		1.248		.487	
p		.243		.194		.217		.628	

(续表)

	n	责任心 M	责任心 Std	交际能力 M	交际能力 Std	管理能力 M	管理能力 Std	抗挫折能力 M	抗挫折能力 Std
总体	63	9.57	1.66	8.44	2.81	9.14	1.71	8.70	2.70
男性	41	9.61	1.67	8.59	2.83	9.17	1.69	9.07	2.59
女性	22	9.50	1.68	8.18	2.82	9.09	1.80	8.00	2.81
t		.248		.540		.175		1.521	
p		.805		.591		.862		.133	

3. 湖南省肢体残疾人职业兴趣状况

本项目在湖南省长沙市、岳阳市和株洲市共抽取就业年龄段的肢体残疾人63人进行职业兴趣测验。

被测试的湖南省肢体残疾人职业兴趣各类型的得分从高到低依次为:社会型>现实型>研究型>常规型>企业型>艺术型。男性肢体残疾人组现实型、研究型、企业型和社会型的得分高于女性残疾人组,常规型和艺术型的得分低于女性残疾人组(见表2-9-5)。

进一步差异检验发现,湖南省肢体残疾人在现实型、研究型、社会型和艺术型上存在显著的性别差异。说明男性肢体残疾人偏好于现实型和研究型的职业,而女性肢体残疾人更喜欢社会型和艺术型职业。

表2-9-5 湖南省肢体残疾人职业兴趣测验的平均数和标准差

	n	常规型 M	常规型 Std	现实型 M	现实型 Std	研究型 M	研究型 Std	企业型 M	企业型 Std	社会型 M	社会型 Std	艺术型 M	艺术型 Std
总体	63	5.48	1.87	6.75	2.23	6.46	1.88	5.38	2.00	7.11	1.81	5.16	1.75
男性	41	5.34	1.91	7.24	2.36	6.83	1.82	5.59	1.95	7.46	1.60	4.78	1.70
女性	22	5.73	1.80	5.82	1.62	5.77	1.85	5.00	2.09	6.45	2.04	5.86	1.67
t		-.780		2.818*		2.188*		1.108		2.165*		-2.429*	
p		.438		.014		.033		.272		.034		.018	

4. 结论

①湖南省肢体残疾人职业能力纸笔测试各分测验的得分从高到低依次为:数理能力>形状知觉>符号知觉>空间知觉>言语能力。湖南省肢体残疾人职业能力各分测验的得分和职业能力总分均不存在显著的性别差异。

②湖南省肢体残疾人在职业人格各维度的得分从高到低依次为:责任心>管理能力>坚持性>自信心>严谨性>抗挫折能力>交际能力>情绪稳定性。湖南省肢体残疾人在职业人格各维度的得分不存在显著的性别差异。

③湖南省肢体残疾人在职业兴趣各类型的得分从高到低依次为:社会型>现实型>研究型>常规型>企业型>艺术型。且男性肢体残疾人偏好于现实型和研究型的职业,而女性肢体残疾人更喜欢社会型和艺术型职业。

(二)湖南省听力与言语残疾人职业适应性状况

本项目在湖南省长沙市、岳阳市和株洲市共抽取就业年龄段的听力与言语残疾人共计10人。其中,男性9人,女性1人。15-29岁年龄段8人,30-39岁年龄段2人。三级残疾1人,二级残疾1人,一级残疾8人。初中文化水平3人,高中文化水平1人,大专及以上文化水平6人。

1. 湖南省听力与言语残疾人职业能力状况

本项目在湖南省长沙市、岳阳市和株洲市共抽取就业年龄段的听力与言语残疾人 10 人进行职业能力测验。被测试的湖南省听力与言语残疾人在职业能力文档测验部分各分测验的得分从高到低依次为:符号知觉(13.40±4.43)>形状知觉(12.20±5.55)>数理能力(11.80±4.26)>言语能力(11.27±5.41)>空间知觉(8.80±4.02)。文档测验的总分为 57.47±15.46,手眼协调操作测验得分的平均数为 15.07±7.78,职业能力测验的总分为 72.53±19.53。

2. 湖南省听力与言语残疾人职业人格状况

本项目在湖南省长沙市、岳阳市和株洲市共抽取就业年龄段的听力与言语残疾人 10 人进行职业人格测验。被测试的湖南省听力与言语残疾人在职业人格各维度的得分从高到低依次为:责任心(9.30±1.49)>自信心(8.80±2.30)>交际能力(8.60±1.58)>坚持性(8.40±2.17)>管理能力(8.20±1.75)>严谨性(8.00±1.49)>抗挫折能力(7.10±2.77)>情绪稳定性(5.70±2.31)。

3. 湖南省听力残疾人职业兴趣状况

本项目在湖南省长沙市、岳阳市和株洲市共抽取就业年龄段的听力与言语残疾人 10 人进行职业兴趣测验。被测试的湖南省听力与言语残疾人在职业兴趣各类型的得分从高到低依次为:现实型(7.50±1.78)>常规型(7.20±1.81)>研究型(7.10±1.73)>企业型(6.90±2.73)>艺术型(6.40±2.91)>社会型(6.30±1.57)。

4. 结论

①湖南省听力与言语残疾人在职业能力文档测验部分各分测验的得分从高到低依次为:符号知觉>形状知觉>数理能力>言语能力>空间知觉。

②湖南省听力与言语残疾人在职业人格各维度的得分从高到低依次为:责任心>自信心>交际能力>坚持性>管理能力>严谨性>抗挫折能力>情绪稳定性。

③湖南省听力与言语残疾人在职业兴趣各类型的得分从高到低依次为:现实型>常规型>研究型>企业型>艺术型>社会型。

第三部分　数据资料汇总

一、残疾人职业适应性状况

（一）肢体残疾人职业适应性状况

1. 肢体残疾人职业能力状况

表 3-1-1　肢体残疾人职业能力测验言语能力分测验数据资料表

言语能力		男（岁）				女（岁）			
		15-29	30-39	40-49	50-59	15-29	30-39	40-49	50-54
N		770	542	472	167	515	369	282	57
平均数		9.93	9.57	7.72	6.94	10.19	9.21	8.65	6.41
标准差		3.84	3.83	3.99	4.10	3.63	3.74	4.12	4.70
最小值		0.00	0.00	0.00	0.00	0.00	0.00	0.00	0.00
最大值		29.33	16.67	22.00	16.00	24.67	16.00	36.00	17.33
百分位	5	3.33	2.67	0.67	0.00	3.87	2.00	2.00	0.00
	10	4.67	4.00	2.00	1.33	5.33	3.33	3.33	0.00
	25	7.33	7.33	4.67	4.00	8.00	7.00	6.00	2.67
	50	10.00	10.00	8.00	6.67	10.00	10.00	8.67	6.00
	75	12.67	12.00	10.67	10.00	12.67	12.00	11.33	10.67
	90	14.67	14.00	12.67	13.33	14.67	13.33	13.33	13.33
	95	16.00	15.33	14.00	13.73	16.00	14.67	14.67	14.73

（续表1）

言语能力		残疾等级				文化水平			
		一级	二级	三级	四级	小学及以下	初中	高中/中专	大专及以上
N		107	584	1637	608	245	1055	1188	621
平均数		9.76	8.98	9.30	8.83	5.93	8.26	9.49	11.60
标准差		4.26	4.15	3.96	3.88	4.03	3.90	3.59	3.29
最小值		0.00	0.00	0.00	0.00	0.00	0.00	0.00	0.00
最大值		18.67	18.67	36.00	18.00	16.00	29.33	36.00	18.67
百分位	5	2.67	1.33	2.60	2.00	0.00	2.00	2.67	6.00
	10	4.00	2.67	4.00	3.33	0.67	3.33	4.67	7.33
	25	6.67	6.00	6.67	6.00	2.67	5.33	7.33	9.33
	50	10.00	9.33	9.33	9.33	5.33	8.67	10.00	12.00
	75	13.33	12.00	12.00	11.33	9.33	11.33	12.00	14.00
	90	15.33	14.00	14.00	14.00	11.60	13.33	14.00	16.00
	95	16.67	15.33	15.33	14.67	13.33	14.00	14.67	16.67

(续表2)

言语能力		残疾部位			
		上肢	下肢	上肢&下肢	躯干
N		647	1897	385	167
平均数		9.31	9.14	9.21	9.53
标准差		3.79	4.03	3.98	4.19
最小值		0.00	0.00	0.00	0.00
最大值		18.00	36.00	18.67	17.33
百分位	5	2.67	2.00	1.53	2.00
	10	4.00	3.33	4.00	4.00
	25	6.67	6.67	6.67	6.00
	50	9.33	9.33	9.33	10.00
	75	12.00	12.00	12.67	12.67
	90	14.00	14.00	14.00	14.67
	95	15.33	15.33	15.33	15.33

表 3-1-2 肢体残疾人职业能力测验数理能力分测验数据资料表

数理能力		男(岁)				女(岁)			
		15-29	30-39	40-49	50-59	15-29	30-39	40-49	50-54
N		770	542	472	167	515	369	282	57
平均数		13.25	13.25	11.42	10.00	12.73	12.76	11.52	8.95
标准差		4.94	4.85	5.22	5.80	4.67	5.09	5.13	5.80
最小值		0.00	0.00	0.00	0.00	0.00	0.00	0.00	0.00
最大值		20.00	20.00	20.00	20.00	20.00	20.00	20.00	20.00
百分位	5	4.00	4.00	2.00	0.00	5.60	4.00	2.00	0.00
	10	6.00	6.00	4.00	2.00	6.00	6.00	4.00	0.00
	25	10.00	10.00	8.00	6.00	10.00	10.00	8.00	4.00
	50	14.00	14.00	12.00	10.00	14.00	14.00	12.00	8.00
	75	18.00	18.00	16.00	16.00	16.00	16.00	16.00	14.00
	90	20.00	18.00	18.00	18.00	18.00	18.00	18.00	18.00
	95	20.00	20.00	20.00	20.00	20.00	20.00	18.00	18.20

(续表1)

言语能力	残疾等级				文化水平			
	一级	二级	三级	四级	小学及以下	初中	高中/中专	大专及以上
N	107	584	1637	608	245	1055	1188	621
平均数	12.21	12.40	12.59	12.17	8.31	11.28	12.98	15.29

(续表)

言语能力		残疾等级				文化水平			
		一级	二级	三级	四级	小学及以下	初中	高中/中专	大专及以上
标准差		5.34	5.13	5.10	5.05	5.25	4.97	4.75	4.03
最小值		0.00	0.00	0.00	0.00	0.00	0.00	0.00	0.00
最大值		20.00	20.00	20.00	20.00	18.00	20.00	20.00	20.00
百分位	5	2.80	4.00	4.00	4.00	0.00	2.00	4.00	8.00
	10	5.60	6.00	6.00	4.00	2.00	4.00	6.00	10.00
	25	8.00	8.00	8.00	8.00	4.00	8.00	10.00	12.00
	50	12.00	12.00	14.00	12.00	8.00	12.00	14.00	16.00
	75	18.00	16.00	16.00	16.00	12.00	16.00	16.00	18.00
	90	20.00	18.00	18.00	18.00	16.00	18.00	18.00	20.00
	95	20.00	20.00	20.00	20.00	18.00	20.00	20.00	20.00

(续表2)

言语能力		残疾部位			
		上肢	下肢	上肢&下肢	躯干
N		647	1897	385	167
平均数		12.53	12.38	12.62	13.17
标准差		5.22	5.11	4.88	5.11
最小值		0.00	0.00	0.00	0.00
最大值		20.00	20.00	20.00	20.00
百分位	5	2.80	4.00	4.00	4.00
	10	4.00	6.00	6.00	6.00
	25	8.00	8.00	10.00	10.00
	50	14.00	12.00	12.00	14.00
	75	16.00	16.00	16.00	18.00
	90	18.00	18.00	18.00	20.00
	95	20.00	20.00	20.00	20.00

表3-1-3 肢体残疾人职业能力测验空间知觉分测验数据资料表

言语能力	男(岁)				女(岁)			
	15-29	30-39	40-49	50-59	15-29	30-39	40-49	50-54
N	770	542	472	167	515	369	282	57
平均数	11.98	12.06	10.58	9.76	11.50	11.31	10.82	8.70
标准差	4.86	4.63	4.83	5.21	4.62	4.64	4.53	4.73

（续表）

空间知觉		男（岁）				女（岁）			
		15-29	30-39	40-49	50-59	15-29	30-39	40-49	50-54
最小值		0.00	0.00	0.00	0.00	0.00	0.00	0.00	0.00
最大值		20.00	20.00	20.00	20.00	20.00	20.00	20.00	20.00
百分位	5	4.00	4.00	2.00	2.00	4.00	4.00	4.00	1.80
	10	6.00	6.00	4.00	2.00	6.00	6.00	4.00	2.00
	25	8.00	8.00	8.00	6.00	8.00	8.00	8.00	5.00
	50	12.00	12.00	10.00	10.00	12.00	12.00	10.00	8.00
	75	16.00	16.00	14.00	14.00	14.00	14.00	14.00	11.00
	90	18.00	18.00	17.40	16.00	18.00	16.00	17.40	16.00
	95	20.00	19.70	18.00	18.00	18.40	18.00	18.00	18.20

（续表1）

言语能力		残疾等级				文化水平			
		一级	二级	三级	四级	小学及以下	初中	高中/中专	大专及以上
N		107	584	1637	608	245	1055	1188	621
平均数		11.61	11.18	11.46	11.19	8.15	10.37	11.75	13.75
标准差		5.34	4.76	4.72	4.79	4.32	4.64	4.62	4.26
最小值		0.00	0.00	0.00	0.00	0.00	0.00	0.00	0.00
最大值		20.00	20.00	20.00	20.00	20.00	20.00	20.00	20.00
百分位	5	0.80	4.00	4.00	4.00	0.00	2.00	4.00	6.00
	10	4.00	4.00	6.00	4.00	2.00	4.00	6.00	8.00
	25	8.00	8.00	8.00	8.00	6.00	6.00	8.00	10.00
	50	12.00	12.00	12.00	12.00	8.00	10.00	12.00	14.00
	75	16.00	14.00	16.00	14.00	11.00	14.00	16.00	18.00
	90	18.00	18.00	18.00	18.00	14.00	16.00	18.00	20.00
	95	20.00	20.00	18.00	18.00	16.00	18.00	18.00	20.00

（续表2）

空间知觉	残疾部位			
	上肢	下肢	上肢&下肢	躯干
N	647	1897	385	167
平均数	11.30	11.39	11.34	12.07
标准差	4.77	4.79	4.75	4.82
最小值	0.00	0.00	0.00	0.00
最大值	20.00	20.00	20.00	20.00

(续表)

空间知觉		残疾部位			
		上肢	下肢	上肢 & 下肢	躯干
百分位	5	4.00	4.00	4.00	4.00
	10	4.00	4.00	4.00	6.00
	25	8.00	8.00	8.00	8.00
	50	12.00	12.00	12.00	12.00
	75	16.00	16.00	16.00	16.00
	90	18.00	18.00	18.00	18.00
	95	18.00	18.00	19.40	20.00

表 3-1-4　肢体残疾人职业能力测验符号知觉分测验数据资料表

符号知觉		男(岁)				女(岁)			
		15-29	30-39	40-49	50-59	15-29	30-39	40-49	50-54
	N	770	542	472	167	515	369	282	57
	平均数	13.17	12.39	10.21	8.92	14.06	12.49	11.44	9.58
	标准差	5.51	5.96	6.08	6.41	4.85	5.92	5.87	6.52
	最小值	0.00	0.00	0.00	0.00	0.00	0.00	0.00	0.00
	最大值	20.00	20.00	20.00	20.00	20.00	20.00	20.00	18.33
百分位	5	2.50	0.83	0.00	0.00	3.33	0.83	0.83	0.00
	10	4.17	3.33	1.67	0.00	5.83	2.50	2.50	0.00
	25	10.00	7.50	5.00	2.50	11.67	7.50	6.67	3.33
	50	15.00	15.00	10.83	8.33	15.83	14.17	13.33	10.00
	75	17.50	17.50	15.83	15.83	17.50	17.50	16.67	16.25
	90	19.08	18.33	17.50	16.67	18.33	19.17	17.50	17.50
	95	19.17	19.17	19.17	17.50	19.17	20.00	18.33	17.58

(续表1)

符号知觉	残疾等级				文化水平			
	一级	二级	三级	四级	小学及以下	初中	高中/中专	大专及以上
N	107	584	1637	608	245	1055	1188	621
平均数	11.93	12.05	12.29	12.51	7.38	11.09	12.90	15.02
标准差	6.24	5.97	5.80	5.89	5.89	5.94	5.50	4.64
最小值	0.00	0.00	0.00	0.00	0.00	0.00	0.00	0.00
最大值	20.00	20.00	20.00	20.00	20.00	20.00	20.00	20.00

(续表)

符号知觉		残疾等级				文化水平			
		一级	二级	三级	四级	小学及以下	初中	高中/中专	大专及以上
百分位	5	0.00	0.83	0.83	1.67	0.00	0.83	1.67	4.17
	10	3.33	2.50	3.33	3.33	0.00	2.50	4.17	7.50
	25	6.67	6.67	7.50	7.50	2.50	5.83	9.17	3.33
	50	13.33	14.17	14.17	14.17	5.83	12.50	15.00	16.67
	75	17.50	16.67	16.67	17.50	12.50	16.67	17.50	17.50
	90	19.17	18.33	18.33	19.17	16.17	17.50	18.33	19.17
	95	20.00	19.17	19.17	20.00	18.08	18.33	19.17	20.00

(续表2)

符号知觉		残疾部位			
		上肢	下肢	上肢&下肢	躯干
N		647	1897	385	167
平均数		12.58	12.26	11.83	12.54
标准差		5.81	5.87	6.00	5.91
最小值		0.00	0.00	0.00	0.00
最大值		20.00	20.00	20.00	20.00
百分位	5	0.83	0.83	0.83	0.83
	10	3.33	3.33	2.50	2.50
	25	8.33	7.50	6.67	7.50
	50	15.00	14.17	13.33	15.00
	75	17.50	16.67	16.67	17.50
	90	18.33	18.33	17.50	18.33
	95	19.17	19.17	19.17	19.17

表3-1-5 肢体残疾人职业能力测验形状知觉分测验数据资料表

形状知觉	男(岁)				女(岁)			
	15-29	30-39	40-49	50-59	15-29	30-39	40-49	50-54
N	770	542	472	167	515	369	282	57
平均数	13.11	12.91	12.33	11.19	13.64	13.32	12.53	10.88
标准差	4.41	4.40	4.34	5.15	4.11	4.27	4.06	5.82
最小值	0.00	0.00	0.00	0.00	0.00	0.00	0.00	0.00
最大值	20.00	20.00	20.00	20.00	20.00	20.00	20.00	20.00

(续表)

形状知觉		男(岁)				女(岁)			
		15-29	30-39	40-49	50-59	15-29	30-39	40-49	50-54
百分位	5	6.00	4.00	4.00	0.00	6.00	6.00	6.00	0.00
	10	8.00	6.00	6.00	4.00	8.00	8.00	8.00	0.00
	25	10.00	10.00	10.00	8.00	12.00	10.00	10.00	6.00
	50	14.00	14.00	12.00	12.00	14.00	14.00	12.00	12.00
	75	16.00	16.00	16.00	16.00	16.00	16.00	16.00	16.00
	90	18.00	18.00	18.00	18.00	18.00	18.00	18.00	18.00
	95	20.00	20.00	18.00	18.00	20.00	20.00	18.00	18.20

(续表1)

形状知觉		残疾等级				文化水平			
		一级	二级	三级	四级	小学及以下	初中	高中/中专	大专及以上
N		107	584	1637	608	245	1055	1188	621
平均数		13.40	12.74	12.80	13.16	10.02	12.07	13.29	14.70
标准差		5.01	4.20	4.38	4.32	5.12	4.41	4.12	3.58
最小值		0.00	0.00	0.00	0.00	0.00	0.00	0.00	0.00
最大值		20.00	20.00	20.00	20.00	20.00	20.00	20.00	20.00
百分位	5	1.60	6.00	4.00	4.00	0.00	4.00	6.00	8.00
	10	6.00	8.00	6.00	8.00	2.00	6.00	8.00	10.00
	25	12.00	10.00	10.00	10.00	6.00	10.00	10.00	12.00
	50	14.00	14.00	14.00	14.00	10.00	12.00	14.00	16.00
	75	16.00	16.00	16.00	16.00	14.00	16.00	16.00	18.00
	90	18.40	18.00	18.00	18.00	16.00	18.00	18.00	18.00
	95	20.00	18.00	20.00	18.00	18.00	18.00	20.00	20.00

(续表2)

形状知觉	残疾部位			
	上肢	下肢	上肢&下肢	躯干
N	647	1897	385	167
平均数	12.75	12.98	12.75	13.35
标准差	4.55	4.27	4.53	4.69
最小值	0.00	0.00	0.00	0.00
最大值	20.00	20.00	20.00	20.00

(续表)

形状知觉		残疾部位			
		上肢	下肢	上肢&下肢	躯干
百分位	5	4.00	6.00	4.00	4.00
	10	6.00	8.00	6.00	6.00
	25	10.00	10.00	10.00	10.00
	50	14.00	14.00	14.00	14.00
	75	16.00	16.00	16.00	16.00
	90	18.00	18.00	18.00	18.00
	95	20.00	18.00	19.40	20.00

表 3-1-6 肢体残疾人职业能力文档测验总分数据资料表

职业能力文档测验		男(岁)				女(岁)			
		15-29	30-39	40-49	50-59	15-29	30-39	40-49	50-54
N		770	542	472	167	515	369	282	57
平均数		61.44	60.17	52.27	46.80	62.12	59.09	54.97	44.51
标准差		19.26	19.54	19.45	22.53	17.37	19.14	18.11	23.00
最小值		0.00	0.00	8.00	0.00	2.67	0.00	8.67	0.00
最大值		95.33	93.83	93.50	90.50	96.50	92.00	93.33	92.83
百分位	5	27.61	24.83	18.67	9.80	32.13	23.92	22.50	1.80
	10	35.18	32.00	24.15	16.17	37.93	34.17	27.47	12.83
	25	48.33	45.29	37.83	29.00	50.67	46.58	43.54	29.50
	50	63.17	63.75	53.58	48.17	64.00	62.50	58.33	38.83
	75	78.00	75.88	68.04	66.83	75.50	73.33	68.04	65.92
	90	85.50	83.17	78.00	78.00	83.33	81.83	76.67	76.77
	95	88.74	86.67	82.00	80.50	86.70	85.42	81.90	78.95

(续表1)

职业能力文档测验	残疾等级				文化水平			
	一级	二级	三级	四级	小学及以下	初中	高中/中专	大专及以上
N	107	584	1637	608	245	1055	1188	621
平均数	58.91	57.36	58.43	57.86	39.79	53.07	60.41	70.37
标准差	22.66	19.97	19.29	19.32	20.08	19.06	17.57	14.87
最小值	0.00	0.00	0.00	0.00	0.00	0.00	8.00	11.67
最大值	93.50	93.83	96.50	95.33	90.50	93.83	96.50	94.50

(续表)

职业能力文档测验		残疾等级				文化水平			
		一级	二级	三级	四级	小学及以下	初中	高中/中专	大专及以上
百分位	5	21.27	22.04	24.00	22.82	8.05	20.97	29.00	43.33
	10	24.83	28.67	32.13	31.48	14.20	27.70	35.17	49.13
	25	43.17	42.21	45.17	42.83	24.08	39.00	48.83	61.42
	50	61.67	59.92	60.00	61.75	38.50	53.00	62.50	73.00
	75	79.33	72.83	74.17	73.33	55.83	68.17	74.33	81.83
	90	87.43	82.00	82.67	81.00	67.37	78.67	81.83	87.30
	95	90.10	86.00	86.50	84.93	72.23	82.83	85.50	90.00

(续表2)

职业能力文档测验		残疾部位			
		上肢	下肢	上肢 & 下肢	躯干
N		647	1897	385	167
平均数		58.47	58.15	57.74	60.67
标准差		19.64	19.43	19.89	20.66
最小值		0.00	0.00	2.00	0.00
最大值		94.50	94.17	93.50	96.50
百分位	5	22.57	23.33	21.48	22.60
	10	31.43	30.97	30.00	30.93
	25	45.33	44.08	44.33	47.17
	50	60.50	60.33	60.00	65.17
	75	74.17	73.50	73.33	78.00
	90	82.00	82.50	83.33	83.57
	95	85.93	86.17	86.17	87.63

表 3-1-7 肢体残疾人职业能力测验手眼协调能力分测验数据资料表

手眼协调	男(岁)				女(岁)			
	15-29	30-39	40-49	50-59	15-29	30-39	40-49	50-54
N	331	241	183	20	190	175	111	5
平均数	15.58	15.60	13.50	12.33	14.57	15.37	15.14	8.80
标准差	7.13	6.87	7.63	8.65	7.26	6.60	7.10	10.27
最小值	0.00	0.00	0.00	0.00	0.00	0.00	0.00	0.00
最大值	20.00	20.00	20.00	20.00	20.00	20.00	20.00	20.00

(续表)

手眼协调		男(岁)				女(岁)			
		15-29	30-39	40-49	50-59	15-29	30-39	40-49	50-54
百分位	5	0.00	0.00	0.00	0.00	0.00	0.00	0.00	0.00
	10	0.00	2.67	0.00	0.00	0.00	2.67	0.27	0.00
	25	14.67	13.33	5.33	3.00	9.33	12.00	12.00	0.67
	50	20.00	20.00	17.33	17.33	18.67	18.67	20.00	2.67
	75	20.00	20.00	20.00	20.00	20.00	20.00	20.00	20.00
	90	20.00	20.00	20.00	20.00	20.00	20.00	20.00	20.00
	95	20.00	20.00	20.00	20.00	20.00	20.00	20.00	20.00

(续表1)

手眼协调		残疾等级				文化水平			
		一级	二级	三级	四级	小学及以下	初中	高中/中专	大专及以上
N		30	198	717	311	93	355	514	294
平均数		15.29	14.89	14.65	15.76	11.37	13.30	15.80	16.71
标准差		7.08	7.26	7.37	6.64	8.16	7.61	6.69	6.31
最小值		0.00	0.00	0.00	0.00	0.00	0.00	0.00	0.00
最大值		20.00	20.00	20.00	20.00	20.00	20.00	20.00	20.00
百分位	5	0.00	0.00	0.00	0.00	0.00	0.00	0.00	0.00
	10	0.27	1.20	0.00	2.67	0.00	0.00	2.67	2.67
	25	14.33	10.67	9.33	14.67	2.67	5.33	14.67	17.33
	50	19.33	18.67	18.67	20.00	14.67	17.33	20.00	20.00
	75	20.00	20.00	20.00	20.00	20.00	20.00	20.00	20.00
	90	20.00	20.00	20.00	20.00	20.00	20.00	20.00	20.00
	95	20.00	20.00	20.00	20.00	20.00	20.00	20.00	20.00

(续表2)

手眼协调	残疾部位			
	上肢	下肢	上肢&下肢	躯干
N	266	816	135	39
平均数	15.09	15.11	14.00	14.91
标准差	7.15	7.11	7.56	7.51
最小值	0.00	0.00	0.00	0.00
最大值	20.00	20.00	20.00	20.00

(续表)

手眼协调		残疾部位			
		上肢	下肢	上肢 & 下肢	躯干
百分位	5	0.00	0.00	0.00	0.00
	10	0.00	1.33	0.00	0.00
	25	12.00	12.33	6.67	10.67
	50	20.00	20.00	17.33	20.00
	75	20.00	20.00	20.00	20.00
	90	20.00	20.00	20.00	20.00
	95	20.00	20.00	20.00	20.00

表 3-1-8 肢体残疾人职业能力测验总分数据资料表

职业能力		男(岁)				女(岁)			
		15-29	30-39	40-49	50-59	15-29	30-39	40-49	50-54
N		331	241	183	20	190	175	111	5
平均数		72.20	71.15	62.15	54.15	70.72	70.75	66.75	57.60
标准差		23.01	20.81	21.03	27.03	19.84	18.85	17.36	11.75
最小值		8.50	20.33	10.83	1.00	19.17	13.67	26.33	39.67
最大值		114.00	108.83	105.00	105.50	111.50	106.67	108.33	68.33
百分位	5	32.77	31.40	22.73	1.76	34.78	35.03	35.83	39.67
	10	39.57	42.27	29.97	16.67	41.50	44.20	41.57	39.67
	25	56.00	55.00	47.33	38.92	57.58	56.83	54.00	47.33
	50	74.50	74.00	64.33	51.67	71.58	72.67	69.17	57.00
	75	91.33	87.92	76.50	73.79	85.21	85.33	80.67	68.17
	90	100.97	97.47	90.67	93.93	97.48	93.80	88.67	0
	95	104.80	100.33	95.60	104.98	102.24	100.13	90.73	0

(续表1)

职业能力	残疾等级				文化水平			
	一级	二级	三级	四级	小学及以下	初中	高中/中专	大专及以上
N	30	198	717	311	93	355	514	294
平均数	75.01	71.33	68.15	70.04	53.17	62.14	69.87	81.98
标准差	25.24	21.27	21.25	20.39	21.75	21.20	18.94	17.16
最小值	22.17	8.50	1.00	15.50	1.00	11.67	12.33	13.67
最大值	108.33	110.17	114.00	113.17	105.50	108.83	111.50	114.00

(续表)

职业能力		残疾等级				文化水平			
		一级	二级	三级	四级	小学及以下	初中	高中/中专	大专及以上
百分位	5	31.88	33.67	29.30	31.30	18.87	28.83	35.54	48.54
	10	43.92	40.28	39.47	41.37	22.07	35.93	41.50	59.08
	25	53.04	55.25	53.67	54.00	38.08	46.00	56.67	73.08
	50	74.67	73.42	69.00	73.67	55.00	61.33	71.92	83.75
	75	101.38	88.38	84.00	85.67	68.58	76.50	83.88	94.04
	90	104.30	98.03	96.83	93.23	80.77	93.33	92.67	101.67
	95	107.97	103.06	100.85	100.00	85.50	98.70	97.92	105.00

(续表2)

职业能力		残疾部位			
		上肢	下肢	上肢&下肢	躯干
	N	266	816	135	39
	平均数	69.30	68.59	70.42	79.71
	标准差	21.65	20.87	20.14	25.40
	最小值	11.67	1.00	13.67	10.83
	最大值	114.00	110.17	107.67	111.50
百分位	5	29.98	33.12	28.57	24.67
	10	40.62	39.45	45.37	35.00
	25	54.17	53.00	58.83	73.17
	50	69.83	70.50	72.00	86.33
	75	87.54	84.46	84.50	97.50
	90	97.15	95.38	96.73	104.83
	95	101.61	100.36	101.30	110.33

2. 肢体残疾人职业人格状况

表3-1-9 肢体残疾人职业人格测验坚持性维度数据资料表

坚持性	男(岁)				女(岁)			
	15-29	30-39	40-49	50-59	15-29	30-39	40-49	50-54
N	763	535	460	162	511	363	279	52
平均数	8.61	8.94	8.16	7.73	8.88	8.93	8.51	8.44
标准差	2.63	2.63	2.84	2.88	2.64	2.56	2.89	2.42
最小值	0.00	0.00	0.00	0.00	0.00	1.00	0.00	3.00
最大值	12.00	12.00	12.00	12.00	12.00	12.00	12.00	12.00

(续表)

坚持性		男(岁)				女(岁)			
		15-29	30-39	40-49	50-59	15-29	30-39	40-49	50-54
百分位	5	4.00	4.00	4.00	3.00	4.00	4.00	4.00	3.65
	10	5.00	5.00	4.00	4.00	5.00	5.00	4.00	5.00
	25	7.00	7.00	6.00	5.00	7.00	7.00	6.00	6.25
	50	9.00	10.00	9.00	8.00	9.00	9.00	9.00	9.00
	75	11.00	11.00	11.00	10.00	11.00	11.00	11.00	10.00
	90	12.00	12.00	12.00	11.00	12.00	12.00	12.00	11.00
	95	12.00	12.00	12.00	12.00	12.00	12.00	12.00	12.00

表 3-1-10 肢体残疾人职业人格测验严谨性维度数据资料表

严谨性		男(岁)				女(岁)			
		15-29	30-39	40-49	50-59	15-29	30-39	40-49	50-54
N		763	535	460	162	511	363	279	52
平均数		8.68	8.91	8.67	8.51	8.72	8.94	8.80	8.52
标准差		2.11	1.98	2.13	2.27	2.14	1.85	2.10	2.07
最小值		0.00	2.00	2.00	2.00	2.00	4.00	1.00	4.00
最大值		12.00	12.00	12.00	12.00	12.00	12.00	12.00	12.00
百分位	5	5.00	5.00	5.00	5.00	5.00	6.00	5.00	4.65
	10	6.00	6.00	6.00	5.00	6.00	6.00	6.00	5.00
	25	7.00	8.00	7.00	7.00	7.00	8.00	8.00	7.00
	50	9.00	9.00	9.00	9.00	9.00	9.00	9.00	8.50
	75	10.00	10.00	10.00	10.00	10.00	10.00	10.00	10.00
	90	11.00	11.00	11.00	11.00	11.00	11.00	11.00	11.00
	95	12.00	12.00	12.00	12.00	12.00	11.00	12.00	12.00

表 3-1-11 肢体残疾人职业人格测验情绪稳定性维度数据资料表

情绪稳定性	男(岁)				女(岁)			
	15-29	30-39	40-49	50-59	15-29	30-39	40-49	50-54
N	763	535	460	162	511	363	279	52
平均数	6.89	7.31	6.44	6.08	6.59	6.87	6.37	6.44
标准差	2.93	3.16	3.03	3.33	3.16	3.20	3.25	3.14
最小值	0.00	0.00	0.00	0.00	0.00	0.00	0.00	0.00
最大值	12.00	12.00	12.00	12.00	12.00	12.00	12.00	11.00

(续表)

情绪稳定性		男(岁)				女(岁)			
		15-29	30-39	40-49	50-59	15-29	30-39	40-49	50-54
百分位	5	2.00	2.00	1.00	0.00	1.00	1.00	1.00	0.00
	10	3.00	3.00	2.00	1.00	2.00	3.00	2.00	0.60
	25	5.00	5.00	4.00	4.00	4.00	4.00	4.00	5.00
	50	7.00	8.00	7.00	6.50	6.00	7.00	6.00	7.00
	75	9.00	10.00	9.00	9.00	9.00	10.00	9.00	9.00
	90	11.00	11.00	10.90	10.00	11.00	11.00	10.00	10.00
	95	11.00	12.00	11.00	11.00	12.00	11.00	11.00	11.00

表3-1-12 肢体残疾人职业人格测验自信心维度数据资料表

自信心		男(岁)				女(岁)			
		15-29	30-39	40-49	50-59	15-29	30-39	40-49	50-54
N		763	535	460	162	511	363	279	52
平均数		8.63	8.90	8.64	8.41	8.69	8.84	8.84	8.83
标准差		2.16	2.10	2.19	2.15	2.39	2.25	2.21	1.84
最小值		1.00	2.00	1.00	2.00	1.00	3.00	0.00	5.00
最大值		12.00	12.00	12.00	12.00	12.00	12.00	12.00	12.00
百分位	5	5.00	5.00	5.00	4.00	4.00	5.00	5.00	5.00
	10	6.00	6.00	5.00	5.00	5.00	6.00	6.00	6.00
	25	7.00	8.00	7.00	7.00	7.00	7.00	8.00	8.00
	50	9.00	9.00	9.00	9.00	9.00	9.00	9.00	9.00
	75	10.00	10.00	10.00	10.00	11.00	10.00	10.00	10.00
	90	11.00	11.00	11.00	11.00	12.00	12.00	11.00	11.00
	95	12.00	12.00	12.00	11.85	12.00	12.00	12.00	12.00

表3-1-13 肢体残疾人职业人格测验责任心维度数据资料表

责任心	男(岁)				女(岁)			
	15-29	30-39	40-49	50-59	15-29	30-39	40-49	50-54
N	763	535	460	162	511	363	279	52
平均数	9.45	9.61	9.26	9.09	9.78	9.75	9.53	9.75
标准差	2.07	2.03	2.17	2.27	1.91	1.93	2.12	1.95
最小值	1.00	0.00	1.00	1.00	2.00	1.00	1.00	4.00
最大值	12.00	12.00	12.00	12.00	12.00	12.00	12.00	12.00

(续表)

责任心		男(岁)				女(岁)			
		15-29	30-39	40-49	50-59	15-29	30-39	40-49	50-54
百分位	5	5.20	6.00	5.00	5.00	5.00	6.00	6.00	6.00
	10	6.40	7.00	6.00	5.30	7.00	7.00	7.00	7.00
	25	8.00	8.00	8.00	8.00	9.00	9.00	8.00	9.00
	50	10.00	10.00	10.00	10.00	10.00	10.00	10.00	10.00
	75	11.00	11.00	11.00	11.00	11.00	11.00	11.00	11.00
	90	12.00	12.00	12.00	12.00	12.00	12.00	12.00	12.00
	95	12.00	12.00	12.00	12.00	12.00	12.00	12.00	12.00

表 3-1-14 肢体残疾人职业人格测验交际能力维度数据资料表

交际能力		男(岁)				女(岁)			
		15-29	30-39	40-49	50-59	15-29	30-39	40-49	50-54
N		763	535	460	162	511	363	279	52
平均数		8.51	8.85	8.37	8.06	8.70	8.61	8.43	8.46
标准差		2.48	2.39	2.38	2.32	2.45	2.27	2.36	2.04
最小值		0.00	0.00	0.00	0.00	0.00	0.00	0.00	4.00
最大值		12.00	12.00	12.00	12.00	12.00	12.00	12.00	12.00
百分位	5	4.00	4.00	4.00	4.00	4.00	4.00	4.00	5.00
	10	5.00	6.00	5.00	5.00	5.00	5.00	5.00	5.30
	25	7.00	7.00	7.00	7.00	7.00	7.00	7.00	7.00
	50	9.00	9.00	9.00	8.00	9.00	9.00	9.00	9.00
	75	10.00	11.00	10.00	10.00	11.00	10.00	10.00	10.00
	90	11.00	12.00	11.00	11.00	12.00	11.00	11.00	11.00
	95	12.00	12.00	12.00	11.00	12.00	12.00	12.00	11.35

表 3-1-15 肢体残疾人职业人格测验管理能力维度数据资料表

管理能力	男(岁)				女(岁)			
	15-29	30-39	40-49	50-59	15-29	30-39	40-49	50-54
N	763	535	460	162	511	363	279	52
平均数	9.09	9.51	9.42	9.73	9.20	9.47	9.59	9.87
标准差	2.23	2.11	2.24	2.11	2.16	2.09	2.01	2.02
最小值	1.00	1.00	0.00	2.00	2.00	2.00	1.00	6.00
最大值	12.00	12.00	12.00	12.00	12.00	12.00	12.00	12.00

(续表)

管理能力		男(岁)				女(岁)			
		15-29	30-39	40-49	50-59	15-29	30-39	40-49	50-54
百分位	5	5.00	5.00	5.00	6.00	5.00	5.20	6.00	6.00
	10	6.00	6.00	7.00	7.00	6.00	7.00	7.00	6.30
	25	8.00	8.00	8.00	9.00	8.00	8.00	9.00	8.00
	50	10.00	10.00	10.00	10.00	10.00	10.00	10.00	10.00
	75	11.00	11.00	11.00	11.00	11.00	11.00	11.00	12.00
	90	12.00	12.00	12.00	12.00	12.00	12.00	12.00	12.00
	95	12.00	12.00	12.00	12.00	12.00	12.00	12.00	12.00

表 3-1-16　肢体残疾人职业人格测验抗挫折能力维度数据资料表

抗挫折能力		男(岁)				女(岁)			
		15-29	30-39	40-49	50-59	15-29	30-39	40-49	50-54
N		763	535	460	162	511	363	279	52
平均数		8.15	8.10	7.41	7.07	8.09	7.83	7.39	7.23
标准差		2.57	2.67	2.64	2.81	2.65	2.57	2.54	2.33
最小值		0.00	0.00	0.00	1.00	0.00	1.00	1.00	1.00
最大值		12.00	12.00	12.00	12.00	12.00	12.00	12.00	11.00
百分位	5	3.00	3.00	3.00	2.15	3.00	3.00	3.00	2.65
	10	4.00	4.00	3.10	3.00	4.00	4.00	4.00	3.30
	25	7.00	6.00	6.00	5.00	6.00	6.00	5.00	6.00
	50	9.00	9.00	8.00	7.00	9.00	8.00	8.00	7.50
	75	10.00	10.00	10.00	9.00	10.00	10.00	9.00	9.00
	90	11.00	11.00	11.00	11.00	11.00	11.00	11.00	10.00
	95	12.00	12.00	11.00	11.00	12.00	11.00	11.00	10.00

3. 肢体残疾人职业兴趣状况

表 3-1-17　肢体残疾人职业兴趣测验常规型数据资料表

常规型	男(岁)				女(岁)			
	15-29	30-39	40-49	50-59	15-29	30-39	40-49	50-54
N	758	533	455	156	508	365	277	53
平均数	5.94	6.10	6.14	6.15	6.17	6.03	6.25	6.45
标准差	1.77	1.82	1.70	1.65	1.66	1.73	1.65	1.72
最小值	0.00	0.00	0.00	2.00	1.00	1.00	1.00	2.00
最大值	10.00	10.00	10.00	10.00	10.00	10.00	10.00	10.00

(续表)

常规型		男(岁)				女(岁)			
		15-29	30-39	40-49	50-59	15-29	30-39	40-49	50-54
百分位	5	3.00	3.00	3.00	3.85	3.00	3.00	3.00	3.70
	10	4.00	4.00	4.00	4.00	4.00	4.00	4.00	4.00
	25	5.00	5.00	5.00	5.00	5.00	5.00	5.00	5.00
	50	6.00	6.00	6.00	6.00	6.00	6.00	6.00	7.00
	75	7.00	7.00	7.00	7.00	7.00	7.00	7.00	8.00
	90	8.00	8.00	8.00	8.00	8.00	8.00	8.00	9.00

表3-1-18 肢体残疾人职业兴趣测验现实型数据资料表

现实型		男(岁)				女(岁)			
		15-29	30-39	40-49	50-59	15-29	30-39	40-49	50-54
N		758	533	455	156	508	365	277	53
平均数		6.72	6.81	6.64	6.28	6.27	6.29	6.37	6.57
标准差		1.80	1.82	1.80	1.73	1.60	1.78	1.66	1.67
最小值		2.00	1.00	1.00	2.00	1.00	1.00	2.00	2.00
最大值		11.00	11.00	10.00	10.00	11.00	11.00	11.00	10.00
百分位	5	4.00	4.00	3.00	3.00	4.00	3.00	3.00	3.40
	10	4.00	5.00	4.00	4.00	4.00	4.00	4.00	4.00
	25	5.00	5.50	5.00	5.00	5.00	5.00	5.00	6.00
	50	7.00	7.00	7.00	6.00	6.00	6.00	7.00	7.00
	75	8.00	8.00	8.00	7.00	7.00	7.50	7.00	8.00
	90	9.00	9.00	9.00	9.00	8.00	8.00	8.00	8.00
	95	10.00	10.00	9.00	9.00	9.00	9.00	9.00	9.00

表3-1-19 肢体残疾人职业兴趣测验研究型数据资料表

研究型	男(岁)				女(岁)			
	15-29	30-39	40-49	50-59	15-29	30-39	40-49	50-54
N	758	533	455	156	508	365	277	53
平均数	6.23	6.43	6.11	5.84	5.85	5.68	5.55	5.66
标准差	1.95	1.82	1.86	1.79	1.93	1.94	1.90	1.51
最小值	0.00	1.00	1.00	0.00	0.00	1.00	0.00	1.00
最大值	10.00	10.00	10.00	10.00	10.00	10.00	10.00	9.00

(续表)

研究型		男(岁)				女(岁)			
		15-29	30-39	40-49	50-59	15-29	30-39	40-49	50-54
百分位	5	3.00	3.70	3.00	3.00	2.00	2.00	2.90	2.70
	10	4.00	4.00	4.00	4.00	3.00	3.00	3.00	4.00
	25	5.00	5.00	5.00	5.00	5.00	4.00	4.00	5.00
	50	6.00	7.00	6.00	6.00	6.00	6.00	6.00	6.00
	75	8.00	8.00	7.00	7.00	7.00	7.00	7.00	7.00
	90	9.00	9.00	8.00	9.00	8.00	8.00	8.00	7.00
	95	9.00	9.00	9.00	9.00	9.00	9.00	9.00	8.00

表 3-1-20 肢体残疾人职业兴趣测验企业型数据资料表

企业型		男(岁)				女(岁)			
		15-29	30-39	40-49	50-59	15-29	30-39	40-49	50-54
N		758	533	455	156	508	365	277	53
平均数		5.86	5.79	5.70	5.49	5.57	5.24	5.24	5.40
标准差		1.77	1.84	1.84	1.77	1.94	1.85	1.91	1.92
最小值		0.00	0.00	0.00	1.00	0.00	1.00	0.00	1.00
最大值		10.00	10.00	10.00	10.00	10.00	10.00	10.00	9.00
百分位	5	3.00	3.00	2.00	2.00	2.00	2.00	2.00	2.00
	10	3.00	3.00	3.00	3.00	3.00	3.00	3.00	2.40
	25	5.00	5.00	5.00	4.00	4.00	4.00	4.00	4.00
	50	6.00	6.00	6.00	6.00	6.00	5.00	5.00	6.00
	75	7.00	7.00	7.00	7.00	7.00	7.00	7.00	7.00
	90	8.00	8.00	8.00	8.00	8.00	8.00	7.00	8.00
	95	9.00	9.00	8.00	8.00	8.55	8.00	8.00	8.30

表 3-1-21 肢体残疾人职业兴趣测验社会型数据资料表

社会型	男(岁)				女(岁)			
	15-29	30-39	40-49	50-59	15-29	30-39	40-49	50-54
N	758	533	455	156	508	365	277	53
平均数	6.03	6.20	5.92	5.37	6.12	6.48	6.03	5.45
标准差	1.83	1.75	1.82	1.77	1.82	1.75	1.75	1.78
最小值	1.00	1.00	0.00	1.00	0.00	2.00	1.00	2.00
最大值	10.00	10.00	10.00	9.00	10.00	10.00	10.00	8.00

(续表)

社会型		男(岁)				女(岁)			
		15-29	30-39	40-49	50-59	15-29	30-39	40-49	50-54
百分位	5	3.00	3.00	3.00	2.85	3.00	3.30	3.00	2.00
	10	4.00	4.00	4.00	3.00	4.00	4.00	4.00	3.00
	25	5.00	5.00	5.00	4.00	5.00	5.00	5.00	4.00
	50	6.00	6.00	6.00	5.00	6.00	6.00	6.00	6.00
	75	7.00	7.00	7.00	7.00	7.00	8.00	7.00	7.00
	90	8.00	8.00	8.00	8.00	8.00	9.00	8.00	8.00
	95	9.00	9.00	9.00	8.00	9.00	9.00	9.00	8.00

表3-1-22 肢体残疾人职业兴趣测验艺术型数据资料表

艺术型		男(岁)				女(岁)			
		15-29	30-39	40-49	50-59	15-29	30-39	40-49	50-54
N		758	533	455	156	508	365	277	53
平均数		4.96	4.76	4.88	4.39	5.52	5.17	5.19	4.40
标准差		1.98	1.99	1.97	2.03	1.94	1.99	1.83	1.79
最小值		0.00	0.00	0.00	0.00	0.00	0.00	0.00	0.00
最大值		10.00	10.00	10.00	10.00	10.00	10.00	10.00	9.00
百分位	5	2.00	2.00	2.00	1.00	2.00	2.00	2.00	2.00
	10	2.00	2.00	2.00	2.00	3.00	3.00	3.00	2.00
	25	4.00	3.00	3.00	3.00	4.00	4.00	4.00	3.00
	50	5.00	5.00	5.00	4.00	6.00	5.00	5.00	4.00
	75	6.00	6.00	6.00	6.00	7.00	7.00	7.00	5.00
	90	7.00	7.00	7.00	7.00	8.00	8.00	8.00	6.60
	95	8.00	8.00	8.00	8.00	9.00	8.00	8.00	8.00

(二)听力残疾人职业适应性状况

1.听力残疾人职业能力状况

表3-1-23 听力残疾人职业能力测验言语能力分测验数据资料表

言语能力	男(岁)				女(岁)			
	15-29	30-39	40-49	50-59	15-29	30-39	40-49	50-54
N	902	308	206	95	810	278	171	31
平均数	11.14	11.23	9.50	9.92	12.21	11.27	10.24	9.38
标准差	4.37	4.78	5.60	5.72	4.30	5.24	5.33	5.66
最小值	0.00	0.67	0.00	0.00	0.00	0.00	0.00	0.00
最大值	20.00	20.00	20.00	20.00	20.00	20.00	20.00	20.00

(续表)

言语能力		男(岁)				女(岁)			
		15-29	30-39	40-49	50-59	15-29	30-39	40-49	50-54
百分位	5	4.00	2.67	0.00	0.67	4.67	2.67	1.33	0.40
	10	5.33	4.67	1.33	1.33	6.67	3.33	2.00	1.47
	25	8.00	8.00	4.67	4.00	9.33	7.33	6.00	4.00
	50	11.33	10.67	9.33	10.67	12.67	12.00	10.67	9.33
	75	14.67	14.67	14.67	14.67	15.33	15.50	14.67	14.67
	90	17.33	18.00	16.67	17.33	17.33	18.00	16.67	16.67
	95	18.00	19.33	18.67	18.67	18.67	18.67	18.27	18.40

(续表1)

言语能力		残疾等级				文化水平			
		一级	二级	三级	四级	小学及以下	初中	高中/中专	大专及以上
N	有效值	733	503	447	743	401	969	711	720
	缺失值	0	0	0	0.00	0.00	0	0	0
平均数		11.03	11.56	11.67	10.80	7.43	10.46	11.99	13.66
标准差		4.38	4.82	5.08	4.84	4.70	4.64	4.32	3.74
最小值		0.00	0.00	0.00	0.00	0.00	0.00	0.00	0.00
最大值		20.00	20.00	20.00	20.00	20.00	20.00	20.00	20.00
百分位	5	3.80	2.67	2.00	2.00	0.00	2.67	4.40	7.33
	10	5.33	4.67	4.67	4.00	1.33	4.00	6.00	9.33
	25	8.00	8.00	8.00	7.33	4.00	7.33	9.33	11.33
	50	11.33	12.00	12.00	10.67	6.67	10.00	12.67	14.00
	75	14.00	15.33	16.00	14.67	10.67	14.00	15.33	16.67
	90	17.33	18.00	18.00	17.33	14.00	16.67	17.33	18.00
	95	18.67	18.67	19.33	18.00	16.67	18.00	18.67	19.33

(续表2)

言语能力			交流方式			
			手语	口语	手语&口语	其他
N	有效值		1427	573	276	525
平均数	缺失值		10086	12076	12017	10011
标准差			4.38	5.22	4.88	4.79
最小值			0.00	0.00	0.00	0.00
最大值			20.00	20.00	20.00	20.00

(续表)

言语能力		交流方式			
		手语	口语	手语&口语	其他
百分位	5	3.33	2.67	2.67	1.33
	10	5.20	4.00	4.67	3.33
	25	8.00	9.67	8.67	6.67
	50	10.67	14.00	13.33	10.00
	75	14.00	16.67	16.00	14.00
	90	16.67	18.67	18.00	16.67
	95	18.00	19.33	18.67	17.33

表 3-1-24　听力残疾人职业能力测验数理能力分测验数据资料表

数理能力		男(岁)				女(岁)			
		15~29	30~39	40~49	50~59	15~29	30~39	40~49	50~54
N		901	308	206	95	810	278	171	31
平均数		10.85	10.21	8.32	8.55	10.68	9.65	8.33	6.77
标准差		5.12	5.05	5.64	5.35	4.88	5.36	5.58	4.94
最小值		0.00	0.00	0.00	0.00	0.00	0.00	0.00	0.00
最大值		20.00	20.00	20.00	20.00	20.00	20.00	20.00	20.00
百分位	5	2.00	2.00	0.00	0.00	2.00	0.00	0.00	0.00
	10	4.00	4.00	2.00	1.20	4.00	2.00	0.00	0.40
	25	6.00	6.00	4.00	4.00	8.00	6.00	4.00	2.00
	50	10.00	10.00	8.00	8.00	10.00	10.00	8.00	6.00
	75	14.00	14.00	12.00	12.00	14.00	14.00	12.00	10.00
	90	18.00	18.00	16.00	14.80	18.00	18.00	16.00	12.00
	95	20.00	19.10	18.00	18.00	18.00	18.00	18.00	17.60

(续表1)

数理能力	残疾等级				文化水平			
	一级	二级	三级	四级	小学及以下	初中	高中/中专	大专及以上
N	733	502	447	743	401	969	710	720
平均数	9.68	10.60	10.35	10.12	6.63	9.07	10.85	12.87
标准差	4.95	5.14	5.46	5.34	4.76	5.03	4.78	4.56
最小值	0.00	0.00	0.00	0.00	0.00	0.00	0.00	0.00
最大值	20.00	20.00	20.00	20.00	20.00	20.00	20.00	20.00

(续表)

数理能力		残疾等级				文化水平			
		一级	二级	三级	四级	小学及以下	初中	高中/中专	大专及以上
百分位	5	2.00	2.00	2.00	0.40	0.00	2.00	2.00	4.00
	10	4.00	4.00	2.00	2.00	0.00	2.00	4.00	6.00
	25	6.00	6.00	6.00	6.00	2.00	6.00	8.00	10.00
	50	10.00	10.00	10.00	10.00	6.00	8.00	10.00	14.00
	75	14.00	14.00	16.00	14.00	10.00	12.00	14.00	16.00
	90	18.00	18.00	18.00	18.00	12.00	16.00	18.00	18.00
	95	18.00	20.00	18.00	18.00	16.00	18.00	18.00	20.00

(续表2)

数理能力		交流方式			
		手语	口语	手语&口语	其他
N		1426	573	276	525
平均数		10.01	11.03	10.98	9.13
标准差		5.09	5.42	5.32	5.13
最小值		0.00	0.00	0.00	0.00
最大值		20.00	20.00	20.00	20.00
百分位	5	2.00	2.00	2.00	0.00
	10	4.00	4.00	4.00	2.00
	25	6.00	8.00	6.00	6.00
	50	10.00	12.00	12.00	10.00
	75	14.00	16.00	16.00	12.00
	90	18.00	18.00	18.00	16.00
	95	18.00	20.00	20.00	18.00

表 3-1-25 听力残疾人职业能力测验空间知觉分测验数据资料表

空间知觉	男(岁)				女(岁)			
	15-29	30-39	40-49	50-59	15-29	30-39	40-49	50-54
N	902	308	206	95	810	278	171	31
平均数	10.12	9.04	8.43	8.42	9.73	8.85	7.65	7.35
标准差	4.74	5.06	5.25	5.10	4.70	4.95	5.02	4.74
最小值	0.00	0.00	0.00	0.00	0.00	0.00	0.00	0.00
最大值	20.00	20.00	20.00	18.00	20.00	20.00	20.00	18.00

(续表)

空间知觉		男(岁)				女(岁)			
		15-29	30-39	40-49	50-59	15-29	30-39	40-49	50-54
百分位	5	2.00	2.00	0.00	0.00	2.00	1.90	0.00	0.00
	10	4.00	3.80	2.00	2.00	4.00	2.00	2.00	2.40
	25	6.00	6.00	4.00	4.00	6.00	5.50	4.00	4.00
	50	10.00	8.00	8.00	8.00	10.00	8.00	8.00	6.00
	75	14.00	12.00	12.00	12.00	14.00	12.00	10.00	8.00
	90	17.40	16.00	16.00	16.00	16.00	16.00	14.00	16.00
	95	18.00	19.10	18.00	18.00	18.00	18.00	18.00	18.00

(续表1)

空间知觉		残疾等级				文化水平			
		一级	二级	三级	四级	小学及以下	初中	高中/中专	大专及以上
N		733	503	447	743	401	969	711	720
平均数		9.14	9.41	9.71	9.33	6.51	8.58	9.67	11.83
标准差		4.41	4.74	5.28	5.19	4.31	4.64	4.69	4.61
最小值		0.00	0.00	0.00	0.00	0.00	0.00	0.00	0.00
最大值		20.00	20.00	20.00	20.00	20.00	20.00	20.00	20.00
百分位	5	2.00	2.00	2.00	2.00	0.00	2.00	2.00	4.00
	10	4.00	4.00	2.00	2.00	2.00	4.00	4.00	6.00
	25	6.00	6.00	6.00	6.00	4.00	6.00	6.00	8.00
	50	8.00	8.00	10.00	8.00	6.00	8.00	10.00	12.00
	75	12.00	12.00	14.00	14.00	8.00	12.00	14.00	16.00
	90	16.00	16.00	16.40	16.00	12.00	16.00	16.00	18.00
	95	18.00	18.00	18.00	18.00	16.00	18.00	18.00	20.00

(续表2)

空间知觉	交流方式			
	手语	口语	手语&口语	其他
N	1427	573	276	525
平均数	9.12	10.37	10.70	8.42
标准差	4.72	5.03	5.21	4.81
最小值	0.00	0.00	0.00	0.00
最大值	20.00	20.00	20.00	20.00

(续表)

空间知觉		交流方式			
		手语	口语	手语&口语	其他
百分位	5	2.00	2.00	2.00	0.00
	10	4.00	4.00	4.00	2.00
	25	6.00	6.00	6.00	4.00
	50	8.00	10.00	10.00	8.00
	75	12.00	14.00	14.00	12.00
	90	16.00	18.00	18.00	16.00
	95	18.00	18.00	18.30	18.00

表 3-1-26 听力残疾人职业能力测验符号知觉分测验数据资料表

符号知觉		男(岁)				女(岁)			
		15-29	30-39	40-49	50-59	15-29	30-39	40-49	50-54
N		902	308	206	95	810	278	171	31
平均数		14.14	12.71	10.98	11.20	14.66	13.24	11.91	9.34
标准差		5.74	6.22	6.90	6.14	5.65	6.03	6.18	7.47
最小值		0.00	0.00	0.00	0.00	0.00	0.00	0.00	0.00
最大值		20.00	20.00	19.56	19.56	20.00	20.00	20.00	19.11
百分位	5	2.44	0.32	0.00	0.00	2.00	0.22	0.00	0.00
	10	4.44	2.00	0.16	0.93	4.02	2.67	1.56	0.00
	25	9.56	8.22	5.28	7.33	12.22	9.11	6.89	0.44
	50	16.67	14.22	12.44	12.44	17.11	15.33	13.33	10.22
	75	18.89	18.44	17.56	16.89	18.89	18.22	17.33	17.11
	90	19.33	19.33	18.96	18.44	19.33	19.33	19.07	18.40
	95	19.56	19.56	19.33	19.11	19.56	19.56	19.33	18.71

(续表1)

符号知觉	残疾等级				文化水平			
	一级	二级	三级	四级	小学及以下	初中	高中/中专	大专及以上
N	733	503	447	743	401	969	711	720
平均数	11.65	13.81	14.29	14.31	8.97	12.55	14.88	16.03
标准差	6.57	6.08	5.80	5.56	6.41	6.13	5.34	4.60
最小值	0.00	0.00	0.00	0.00	0.00	0.00	0.00	0.00
最大值	20.00	20.00	20.00	20.00	20.00	20.00	20.00	20.00

(续表)

符号知觉		残疾等级				文化水平			
		一级	二级	三级	四级	小学及以下	初中	高中/中专	大专及以上
百分位	5	0.67	1.16	1.11	1.82	0.00	0.67	3.11	6.00
	10	2.00	3.11	4.62	5.56	0.22	2.44	5.78	8.22
	25	5.78	9.33	10.44	11.11	2.56	8.00	12.67	14.44
	50	13.33	16.22	16.89	16.67	8.89	14.22	17.11	18.22
	75	18.00	18.89	18.89	18.89	14.44	18.00	18.89	19.11
	90	19.33	19.33	19.33	19.33	18.00	19.11	19.33	19.56
	95	19.56	19.56	19.56	19.56	18.87	19.56	19.56	19.78

(续表2)

符号知觉		交流方式			
		手语	口语	手语&口语	其他
	N	1427	573	276	525
	平均数	13.24	14.85	14.20	12.49
	标准差	6.04	5.59	6.26	6.32
	最小值	0.00	0.00	0.00	0.00
	最大值	20.00	20.00	20.00	20.00
百分位	5	1.56	0.67	1.27	0.00
	10	3.11	5.60	3.04	1.69
	25	8.67	12.78	9.67	8.22
	50	15.33	17.33	17.33	14.00
	75	18.44	18.89	18.89	18.22
	90	19.33	19.56	19.33	19.33
	95	19.56	19.56	19.56	19.56

表 3-1-27 听力残疾人职业能力测验形状知觉分测验数据资料表

形状知觉	男(岁)				女(岁)			
	15-29	30-39	40-49	50-59	15-29	30-39	40-49	50-54
N	902	308	206	95	810	278	171	31
平均数	13.51	12.48	10.86	10.40	13.69	12.21	10.51	9.48
标准差	4.10	4.29	4.88	5.52	4.18	4.81	5.15	5.51
最小值	0.00	0.00	0.00	0.00	0.00	0.00	0.00	0.00
最大值	20.00	20.00	20.00	20.00	20.00	20.00	20.00	20.00

(续表)

形状知觉		男(岁)				女(岁)			
		15-29	30-39	40-49	50-59	15-29	30-39	40-49	50-54
百分位	5	6.00	4.00	2.00	0.00	6.00	2.00	0.00	0.00
	10	8.00	6.00	4.00	2.00	8.00	4.00	2.40	0.40
	25	12.00	10.00	8.00	6.00	12.00	10.00	6.00	6.00
	50	14.00	14.00	12.00	12.00	14.00	14.00	12.00	10.00
	75	16.00	16.00	14.00	14.00	16.00	16.00	14.00	14.00
	90	18.00	18.00	16.00	18.00	18.00	18.00	16.00	16.00
	95	20.00	18.00	18.00	18.00	20.00	18.00	18.00	17.60

(续表1)

形状知觉		残疾等级				文化水平			
		一级	二级	三级	四级	小学及以下	初中	高中/中专	大专及以上
N		733	503	447	743	401	969	711	720
平均数		12.73	12.80	12.57	12.94	9.46	12.07	13.31	15.11
标准差		4.13	4.36	4.62	4.78	5.10	4.40	3.93	3.57
最小值		0.00	0.00	0.00	0.00	0.00	0.00	0.00	0.00
最大值		20.00	20.00	20.00	20.00	20.00	20.00	20.00	20.00
百分位	5	4.00	4.00	4.00	4.00	0.00	4.00	6.00	8.00
	10	6.00	6.00	6.00	6.00	2.00	6.00	8.00	10.00
	25	10.00	10.00	10.00	10.00	6.00	10.00	10.00	14.00
	50	14.00	14.00	14.00	14.00	10.00	12.00	14.00	16.00
	75	16.00	16.00	16.00	16.00	14.00	16.00	16.00	18.00
	90	18.00	18.00	18.00	18.00	16.00	18.00	18.00	18.00
	95	18.00	18.00	18.00	20.00	18.00	18.00	18.00	20.00

(续表2)

形状知觉	交流方式			
	手语	口语	手语&口语	其他
N	1427	573	276	525
平均数	12.80	12.84	13.84	12.17
标准差	4.41	4.58	4.66	4.80
最小值	0.00	0.00	0.00	0.00
最大值	20.00	20.00	20.00	20.00

(续表)

形状知觉		交流方式			
		手语	口语	手语&口语	其他
百分位	5	4.00	4.00	4.00	2.00
	10	6.00	6.00	7.40	4.00
	25	10.00	10.00	10.00	10.00
	50	14.00	14.00	14.00	14.00
	75	16.00	16.00	18.00	16.00
	90	18.00	18.00	18.60	18.00
	95	18.00	18.00	20.00	18.00

表 3-1-28 听力残疾人职业能力文档测验总分数据资料表

职业能力文档测验		男(岁)				女(岁)			
		15-29	30-39	40-49	50-59	15-29	30-39	40-49	50-54
N		901	308	206	95	810	278	171	31
平均数		59.77	55.67	48.09	48.50	60.98	55.22	48.63	42.33
标准差		18.91	20.33	23.35	23.27	18.63	21.71	22.70	23.03
最小值		0.00	1.33	0.00	3.33	0.00	0.00	0.00	6.00
最大值		99.11	99.11	94.00	92.89	99.56	99.11	93.56	88.44
百分位	5	28.24	23.76	8.61	12.31	27.13	19.06	11.47	8.00
	10	34.49	30.00	17.53	15.11	34.67	24.89	18.49	9.91
	25	45.89	39.67	29.50	29.11	48.22	40.17	29.33	23.11
	50	60.22	54.56	48.78	50.22	62.67	56.22	49.56	42.67
	75	74.67	70.61	65.89	69.56	75.61	71.39	68.22	57.33
	90	83.96	85.13	80.07	78.80	84.44	83.84	75.51	77.33
	95	89.53	91.68	86.07	82.80	88.44	87.56	84.98	84.84

(续表1)

职业能力文档测验	残疾等级				文化水平			
	一级	二级	三级	四级	小学及以下	初中	高中/中专	大专及以上
N	733	502	447	743	401	969	710	720
平均数	54.22	58.19	58.59	57.51	39.00	52.74	60.70	69.50
标准差	18.68	20.17	21.97	21.13	20.12	19.39	17.57	15.61
最小值	2.00	0.22	0.00	0.00	0.00	0.00	2.00	19.33
最大值	96.44	99.11	98.44	99.56	95.33	99.11	98.00	99.56

(续表)

职业能力文档测验		残疾等级				文化水平			
		一级	二级	三级	四级	小学及以下	初中	高中/中专	大专及以上
百分位	5	25.27	24.03	17.87	20.62	6.80	22.89	30.12	40.22
	10	29.51	29.78	27.51	27.64	11.82	27.33	36.67	48.44
	25	39.78	44.33	43.78	42.67	24.56	38.00	48.44	59.11
	50	53.11	60.00	60.44	58.89	38.22	52.44	62.44	71.22
	75	68.89	74.22	76.44	74.22	50.67	67.22	74.06	81.50
	90	79.47	84.16	85.60	84.58	66.13	78.44	83.31	88.67
	95	85.69	89.49	89.07	89.11	75.69	85.44	87.21	91.56

(续表2)

职业能力文档测验		交流方式			
		手语	口语	手语＆口语	其他
N		1426	573	276	525
平均数		56.02	61.86	61.88	52.33
标准差		19.50	21.06	21.83	20.95
最小值		1.33	0.00	6.67	0.00
最大值		99.11	98.44	99.56	96.44
百分位	5	24.00	24.16	23.04	13.40
	10	29.33	30.40	30.67	21.78
	25	41.33	47.00	45.56	38.78
	50	56.22	64.67	66.11	54.00
	75	71.33	78.56	80.17	67.11
	90	80.89	87.11	87.47	78.40
	95	86.67	90.67	90.48	84.38

表3-1-29 听力残疾人职业能力测验手眼协调能力分测验数据资料表

手眼协调	男(岁)				女(岁)			
	15-29	30-39	40-49	50-59	15-29	30-39	40-49	50-54
N	387	98	36	0	333	84	20	1
平均数	15.22	15.50	13.07		14.39	15.10	12.67	0.00
标准差	7.34	7.00	7.72		7.75	7.17	7.99	
最小值	0.00	0.00	0.00		0.00	0.00	0.00	
最大值	20.00	20.00	20.00		20.00	20.00	20.00	

(续表)

手眼协调		男(岁)				女(岁)			
		15-29	30-39	40-49	50-59	15-29	30-39	40-49	50-54
百分位	5	0.00	0.00	0.00		0.00	0.00	0.00	
	10	0.00	1.20	0.00		0.00	0.00	0.00	
	25	14.67	14.67	5.67		10.00	13.67	3.67	
	50	20.00	20.00	16.00		18.67	19.33	16.00	
	75	20.00	20.00	20.00		20.00	20.00	20.00	
	90	20.00	20.00	20.00		20.00	20.00	20.00	
	95	20.00	20.00	20.00		20.00	20.00	20.00	

(续表1)

手眼协调		残疾等级				文化水平			
		一级	二级	三级	四级	小学及以下	初中	高中/中专	大专及以上
N		628	212	85	34	107	370	220	262
平均数		14.73	14.80	14.85	16.12	13.08	14.67	14.43	16.01
标准差		7.60	7.32	7.46	6.64	7.78	7.30	7.70	7.29
最小值		0.00	0.00	0.00	0.00	0.00	0.00	0.00	0.00
最大值		20.00	20.00	20.00	20.00	20.00	20.00	20.00	20.00
百分位	5	0.00	0.00	0.00	0.00	0.00	0.00	0.00	0.00
	10	0.00	0.00	0.00	2.67	0.00	0.00	0.00	0.00
	25	10.67	12.33	11.33	16.00	4.00	10.67	9.33	17.33
	50	20.00	18.67	18.67	20.00	16.00	18.67	18.67	20.00
	75	20.00	20.00	20.00	20.00	20.00	20.00	20.00	20.00
	90	20.00	20.00	20.00	20.00	20.00	20.00	20.00	20.00
	95	20.00	20.00	20.00	20.00	20.00	20.00	20.00	20.00

(续表2)

手眼协调	交流方式			
	手语	口语	手语&口语	其他
N	599	141	97	122
平均数	14.50	15.86	15.52	14.49
标准差	7.58	7.10	6.68	7.97
最小值	0.00	0.00	0.00	0.00
最大值	20.00	20.00	20.00	20.00

(续表)

手眼协调		交流方式			
		手语	口语	手语&口语	其他
百分位	5	0.00	0.00	0.00	0.00
	10	0.00	0.00	2.40	0.00
	25	10.67	16.00	14.00	6.33
	50	18.67	20.00	18.67	20.00
	75	20.00	20.00	20.00	20.00
	90	20.00	20.00	20.00	20.00
	95	20.00	20.00	20.00	20.00

表3-1-30 听力残疾人职业能力测验总分数据资料表

职业能力		男(岁)				女(岁)			
		15-29	30-39	40-49	50-59	15-29	30-39	40-49	50-54
N		386	98	36	0	333	84	20	1
平均数		68.90	71.36	66.64		71.61	70.09	64.40	24.67
标准差		21.00	22.14	24.41		22.16	20.74	22.99	
最小值		18.22	20.89	17.78		15.33	28.67	26.67	
最大值		116.00	116.00	111.78		118.00	112.67	100.67	
百分位	5	34.00	34.11	20.61		34.24	33.39	26.94	
	10	42.09	46.42	37.07		40.76	43.56	32.40	
	25	54.39	54.17	51.44		54.22	53.00	44.94	
	50	67.78	70.33	64.67		74.00	70.11	63.11	
	75	84.06	86.89	81.61		89.89	86.17	87.61	
	90	98.07	105.38	104.73		100.36	96.00	94.33	
	95	103.18	111.84	109.89		105.18	107.06	100.36	

(续表1)

职业能力	残疾等级				文化水平			
	一级	二级	三级	四级	小学及以下	初中	高中/中专	大专及以上
N	628	211	85	34	107	370	219	262
平均数	68.89	70.04	72.64	82.88	56.79	67.57	67.97	80.44
标准差	21.60	21.53	22.54	19.05	21.09	22.13	19.94	18.22
最小值	17.11	23.11	15.33	40.44	17.78	17.11	15.33	31.11
最大值	116.00	118.00	114.44	113.11	115.33	116.00	118.00	115.78

(续表)

职业能力		残疾等级				文化水平			
		一级	二级	三级	四级	小学及以下	初中	高中/中专	大专及以上
百分位	5	33.43	35.96	32.44	45.28	27.20	33.33	34.22	45.88
	10	40.22	41.82	45.20	56.67	30.00	40.04	41.33	54.78
	25	54.00	52.89	55.00	65.56	41.11	50.11	54.89	67.06
	50	68.44	68.44	73.11	87.33	54.67	66.56	66.44	83.67
	75	85.94	86.67	91.44	97.61	68.67	82.44	82.44	94.28
	90	97.58	100.04	102.27	106.44	84.36	99.44	96.22	102.00
	95	103.46	106.22	107.29	110.44	99.16	107.07	100.89	107.56

(续表2)

职业能力		交流方式			
		手语	口语	手语&口语	其他
N		598	141	97	122
平均数		68.53	80.00	62.79	71.17
标准差		21.36	21.13	20.10	21.75
最小值		17.11	21.11	15.33	17.78
最大值		118.00	116.00	112.67	113.11
百分位	5	33.56	37.33	33.62	32.39
	10	41.11	51.87	35.96	41.02
	25	53.22	66.67	49.44	53.28
	50	67.67	80.44	60.67	74.11
	75	84.72	95.89	76.78	86.67
	90	97.40	105.91	93.38	97.64
	95	103.33	109.53	100.33	101.97

2. 听力残疾人职业人格状况

表3-1-31 听力残疾人职业人格测验坚持性维度数据资料表

坚持性	男(岁)				女(岁)			
	15-29	30-39	40-49	50-59	15-29	30-39	40-49	50-54
N	893	299	188	81	801	268	157	24
平均数	7.87	7.93	7.59	8.53	7.98	8.16	7.84	7.33
标准差	2.23	2.56	2.64	2.83	2.26	2.48	2.55	2.50
最小值	1.00	1.00	0.00	2.00	0.00	1.00	1.00	3.00
最大值	12.00	12.00	12.00	12.00	12.00	12.00	12.00	11.00

(续表)

坚持性		男(岁)				女(岁)			
		15-29	30-39	40-49	50-59	15-29	30-39	40-49	50-54
百分位	5	4.00	4.00	4.00	4.00	4.00	4.00	3.00	3.25
	10	5.00	5.00	4.00	5.00	5.00	5.00	4.00	4.00
	25	6.00	6.00	5.00	6.00	6.00	6.00	6.00	5.00
	50	8.00	8.00	8.00	9.00	8.00	8.50	8.00	8.00
	75	10.00	10.00	10.00	11.00	10.00	10.00	10.00	9.75
	90	11.00	11.00	11.00	12.00	11.00	11.00	11.00	11.00
	95	11.00	12.00	11.00	12.00	11.00	12.00	12.00	11.00

表3-1-32 听力残疾人职业人格测验严谨性维度数据资料表

严谨性		男(岁)				女(岁)			
		15-29	30-39	40-49	50-59	15-29	30-39	40-49	50-54
	N	893	299	188	81	801	268	157	24
	平均数	8.31	8.40	8.47	8.64	8.35	8.65	8.24	8.00
	标准差	1.81	2.02	2.18	2.65	1.86	2.02	2.33	2.19
	最小值	2.00	3.00	1.00	1.00	1.00	3.00	1.00	4.00
	最大值	12.00	12.00	12.00	12.00	12.00	12.00	12.00	12.00
百分位	5	5.00	5.00	5.00	4.00	5.00	5.00	4.00	4.00
	10	6.00	6.00	5.90	5.00	6.00	6.00	5.00	4.50
	25	7.00	7.00	7.00	7.00	7.00	7.00	6.50	6.25
	50	8.00	9.00	9.00	9.00	9.00	9.00	9.00	8.00
	75	10.00	10.00	10.00	11.00	10.00	10.00	10.00	10.00
	90	11.00	11.00	11.00	12.00	11.00	11.00	11.00	10.00
	95	11.00	11.00	12.00	12.00	11.00	12.00	12.00	11.50

表3-1-33 听力残疾人职业人格测验情绪稳定性维度数据资料表

情绪稳定性	男(岁)				女(岁)			
	15-29	30-39	40-49	50-59	15-29	30-39	40-49	50-54
N	893	299	188	81	801	268	157	24
平均数	6.15	6.43	6.38	6.85	6.19	6.32	5.93	4.50
标准差	2.60	2.87	3.05	3.23	2.73	2.88	3.08	3.32
最小值	0.00	0.00	0.00	0.00	0.00	0.00	0.00	0.00
最大值	12.00	12.00	12.00	11.00	12.00	12.00	12.00	12.00

(续表)

情绪稳定性		男(岁)				女(岁)			
		15-29	30-39	40-49	50-59	15-29	30-39	40-49	50-54
百分位	5	2.00	2.00	1.00	1.10	2.00	2.00	0.00	0.00
	10	3.00	3.00	3.00	2.20	3.00	2.00	1.00	0.00
	25	4.00	4.00	4.00	4.00	4.00	4.00	4.00	2.00
	50	6.00	6.00	6.00	7.00	6.00	6.00	6.00	4.00
	75	8.00	9.00	8.00	10.00	8.00	9.00	9.00	6.75
	90	10.00	10.00	11.00	11.00	10.00	10.00	10.00	10.00
	95	11.00	11.00	11.55	11.00	11.00	11.00	11.00	11.75

表 3-1-34 听力残疾人职业人格测验自信心维度数据资料表

自信心		男(岁)				女(岁)			
		15-29	30-39	40-49	50-59	15-29	30-39	40-49	50-54
	N	893	299	188	81	801	268	157	24
	平均数	8.41	8.70	8.66	8.06	8.27	8.61	8.29	9.21
	标准差	2.02	2.15	1.99	2.33	2.12	1.95	1.90	1.74
	最小值	1.00	1.00	2.00	1.00	1.00	3.00	1.00	6.00
	最大值	13.00	13.00	12.00	12.00	13.00	13.00	12.00	12.00
百分位	5	5.00	5.00	5.00	4.00	4.10	5.00	5.00	6.25
	10	6.00	6.00	6.00	5.00	5.20	6.00	5.80	7.00
	25	7.00	7.00	7.00	6.50	7.00	7.00	7.00	7.25
	50	9.00	9.00	9.00	8.00	8.00	9.00	9.00	9.50
	75	10.00	10.00	10.00	10.00	10.00	10.00	10.00	10.75
	90	11.00	11.00	11.00	11.00	11.00	11.00	10.00	11.50
	95	11.00	12.00	12.00	11.00	12.00	12.00	11.00	12.00

表 3-1-35 听力残疾人职业人格测验责任心维度数据资料表

责任心	男(岁)				女(岁)			
	15-29	30-39	40-49	50-59	15-29	30-39	40-49	50-54
N	893	299	188	81	801	268	157	24
平均数	8.93	9.04	9.01	9.06	9.34	9.47	9.22	9.42
标准差	1.95	2.20	2.16	2.77	1.83	1.98	2.12	2.02
最小值	0.00	2.00	2.00	1.00	1.00	3.00	2.00	3.00
最大值	12.00	12.00	12.00	12.00	12.00	12.00	12.00	12.00

(续表)

责任心		男(岁)				女(岁)			
		15-29	30-39	40-49	50-59	15-29	30-39	40-49	50-54
百分位	5	5.00	5.00	5.00	4.00	6.00	6.00	5.00	4.00
	10	6.00	6.00	6.00	5.00	7.00	7.00	6.00	7.50
	25	8.00	8.00	8.00	7.00	8.00	8.00	8.00	8.00
	50	9.00	9.00	9.00	10.00	10.00	10.00	10.00	9.00
	75	10.00	11.00	11.00	11.00	11.00	11.00	11.00	11.00
	90	11.00	12.00	12.00	12.00	11.00	12.00	12.00	12.00
	95	12.00	12.00	12.00	12.00	12.00	12.00	12.00	12.00

表 3-1-36　听力残疾人职业人格测验交际能力维度数据资料表

交际能力		男(岁)				女(岁)			
		15-29	30-39	40-49	50-59	15-29	30-39	40-49	50-54
N		893	299	188	81	801	268	157	24
平均数		7.84	7.83	7.63	7.49	8.07	8.05	7.62	8.13
标准差		2.08	2.06	2.18	2.77	2.04	2.11	2.45	1.90
最小值		0.00	1.00	3.00	0.00	1.00	0.00	0.00	3.00
最大值		12.00	12.00	12.00	12.00	12.00	12.00	12.00	11.00
百分位	5	4.00	4.00	4.00	3.00	4.10	4.00	3.00	3.50
	10	5.00	5.00	4.00	4.00	5.00	5.00	4.00	5.50
	25	6.00	7.00	6.00	6.00	7.00	7.00	6.00	7.00
	50	8.00	8.00	8.00	8.00	8.00	8.00	8.00	9.00
	75	9.00	9.00	9.00	10.00	10.00	9.75	9.00	9.75
	90	10.00	10.00	10.10	11.00	11.00	11.00	10.20	10.00
	95	11.00	11.00	11.00	11.00	11.00	11.00	11.00	10.75

表 3-1-37　听力残疾人职业人格测验管理能力维度数据资料表

管理能力	男(岁)				女(岁)			
	15-29	30-39	40-49	50-59	15-29	30-39	40-49	50-54
N	893	299	188	81	801	268	157	24
平均数	8.77	9.09	9.33	9.26	8.74	9.16	9.11	9.96
标准差	2.20	2.34	2.28	3.18	2.20	2.37	2.76	2.37
最小值	0.00	0.00	1.00	1.00	0.00	1.00	1.00	3.00
最大值	12.00	12.00	12.00	12.00	12.00	12.00	12.00	12.00

(续表)

管理能力		男(岁)				女(岁)			
		15-29	30-39	40-49	50-59	15-29	30-39	40-49	50-54
百分位	5	5.00	5.00	5.00	2.00	5.00	5.00	3.00	3.25
	10	6.00	6.00	6.00	3.40	6.00	6.00	5.00	5.50
	25	7.00	8.00	8.00	7.50	7.00	8.00	8.00	10.00
	50	9.00	9.00	10.00	11.00	9.00	10.00	10.00	10.50
	75	10.00	11.00	11.00	12.00	10.00	11.00	11.00	11.75
	90	12.00	12.00	12.00	12.00	12.00	12.00	12.00	12.00
	95	12.00	12.00	12.00	12.00	12.00	12.00	12.00	12.00

表3-1-38 听力残疾人职业人格测验抗挫折能力维度数据资料表

抗挫折能力		男(岁)				女(岁)			
		15-29	30-39	40-49	50-59	15-29	30-39	40-49	50-54
	N	893	299	188	81	801	268	157	24
	平均数	7.49	7.45	7.14	7.19	7.74	7.41	6.80	6.54
	标准差	2.31	2.45	2.36	2.26	2.38	2.48	2.54	2.50
	最小值	1.00	0.00	2.00	1.00	0.00	2.00	1.00	3.00
	最大值	12.00	12.00	12.00	12.00	12.00	12.00	12.00	11.00
百分位	5	3.00	3.00	3.00	3.00	3.00	3.00	2.00	3.00
	10	4.00	4.00	4.00	4.00	4.00	4.00	3.00	3.00
	25	6.00	6.00	5.00	6.00	6.00	5.25	5.00	4.00
	50	8.00	8.00	7.00	8.00	8.00	8.00	7.00	6.50
	75	9.00	9.00	9.00	9.00	10.00	9.00	9.00	8.00
	90	11.00	11.00	10.00	10.00	11.00	11.00	11.00	10.50
	95	11.00	11.00	11.00	10.00	11.00	11.00	11.00	11.00

3.听力残疾人职业兴趣状况

表3-1-39 听力残疾人职业兴趣测验常规型数据资料表

常规型	男(岁)				女(岁)			
	15-29	30-39	40-49	50-59	15-29	30-39	40-49	50-54
N	888	301	188	86	797	271	154	23
平均数	6.46	6.46	6.43	6.52	6.28	6.52	6.14	6.78
标准差	1.61	1.65	1.66	1.74	1.58	1.61	1.52	1.20
最小值	1.00	2.00	2.00	3.00	1.00	0.00	2.00	4.00
最大值	10.00	10.00	10.00	10.00	10.00	10.00	10.00	10.00

(续表)

常规型		男(岁)				女(岁)			
		15-29	30-39	40-49	50-59	15-29	30-39	40-49	50-54
百分位	5	4.00	4.00	3.00	3.00	3.00	4.00	4.00	4.20
	10	4.00	4.20	4.00	4.00	4.00	5.00	4.00	5.40
	25	5.25	5.00	5.25	5.00	5.00	6.00	5.00	6.00
	50	7.00	6.00	7.00	7.00	6.00	7.00	6.00	7.00
	75	8.00	8.00	7.75	7.25	7.00	8.00	7.00	7.00
	90	8.00	9.00	9.00	9.00	8.00	8.80	8.00	8.00
	95	9.00	9.00	9.00	9.65	9.00	9.00	8.25	9.60

表3-1-40 听力残疾人职业兴趣测验现实型数据资料表

现实型		男(岁)				女(岁)			
		15-29	30-39	40-49	50-59	15-29	30-39	40-49	50-54
	N	888	301	188	86	797	271	154	23
	平均数	6.80	6.73	6.65	6.43	6.59	6.53	6.66	6.43
	标准差	1.61	1.67	1.54	1.68	1.60	1.53	1.55	1.24
	最小值	1.00	2.00	2.00	3.00	1.00	1.00	1.00	4.00
	最大值	10.00	10.00	10.00	9.00	10.00	10.00	10.00	8.00
百分位	5	4.00	4.00	4.00	3.00	4.00	4.00	4.00	4.20
	10	5.00	5.00	5.00	4.00	5.00	5.00	4.50	5.00
	25	6.00	6.00	6.00	5.00	6.00	6.00	6.00	5.00
	50	7.00	7.00	7.00	7.00	7.00	7.00	7.00	7.00
	75	8.00	8.00	8.00	8.00	8.00	7.00	8.00	7.00
	90	9.00	9.00	9.00	8.00	9.00	8.00	8.50	8.00
	95	9.00	9.00	9.00	9.00	9.00	9.00	9.00	8.00

表3-1-41 听力残疾人职业兴趣测验研究型数据资料表

研究型	男(岁)				女(岁)			
	15-29	30-39	40-49	50-59	15-29	30-39	40-49	50-54
N	888	301	188	86	797	271	154	23
平均数	6.51	6.29	6.12	6.12	6.05	6.07	5.92	6.13
标准差	1.74	1.85	1.75	1.85	1.76	1.82	1.73	1.39
最小值	2.00	0.00	2.00	2.00	1.00	0.00	1.00	4.00
最大值	10.00	10.00	10.00	9.00	10.00	10.00	10.00	9.00

(续表)

研究型		男(岁)				女(岁)			
		15-29	30-39	40-49	50-59	15-29	30-39	40-49	50-54
百分位	5	4.00	3.00	4.00	3.00	3.00	3.00	3.00	4.00
	10	4.00	4.00	4.00	4.00	4.00	4.00	4.00	4.00
	25	5.00	5.00	5.00	4.75	5.00	5.00	5.00	5.00
	50	7.00	6.00	6.00	6.00	6.00	6.00	6.00	6.00
	75	8.00	8.00	7.00	8.00	7.00	7.00	7.00	7.00
	90	9.00	9.00	8.00	9.00	8.00	8.00	8.00	8.00
	95	9.00	9.00	9.00	9.00	9.00	9.00	9.00	8.80

表 3-1-42 听力残疾人职业兴趣测验企业型数据资料表

企业型		男(岁)				女(岁)			
		15-29	30-39	40-49	50-59	15-29	30-39	40-49	50-54
N		888	301	188	86	797	271	154	23
平均数		6.24	5.84	5.97	5.47	6.11	5.72	5.36	6.48
标准差		1.66	1.54	1.48	1.71	1.73	1.68	1.83	1.53
最小值		0.00	1.00	1.00	0.00	1.00	1.00	0.00	3.00
最大值		10.00	9.00	9.00	9.00	10.00	10.00	10.00	9.00
百分位	5	3.00	3.00	3.00	3.00	3.00	3.00	2.00	3.20
	10	4.00	4.00	4.00	3.00	4.00	3.20	3.00	4.00
	25	5.00	5.00	5.00	4.00	5.00	5.00	4.00	5.00
	50	6.00	6.00	6.00	6.00	6.00	6.00	5.50	7.00
	75	7.00	7.00	7.00	7.00	7.00	7.00	7.00	8.00
	90	8.00	8.00	8.00	7.00	8.00	8.00	7.00	8.00
	95	9.00	8.00	8.00	8.00	9.00	8.00	8.00	8.80

表 3-1-43 听力残疾人职业兴趣测验社会型数据资料表

社会型	男(岁)				女(岁)			
	15-29	30-39	40-49	50-59	15-29	30-39	40-49	50-54
N	888	301	188	86	797	271	154	23
平均数	5.56	5.35	5.41	5.26	5.69	5.67	5.20	5.17
标准差	1.74	1.71	1.52	1.51	1.65	1.58	1.51	1.34
最小值	0.00	1.00	2.00	2.00	1.00	2.00	2.00	3.00
最大值	10.00	10.00	9.00	9.00	10.00	9.00	10.00	7.00

(续表)

社会型		男(岁)				女(岁)			
		15-29	30-39	40-49	50-59	15-29	30-39	40-49	50-54
百分位	5	3.00	2.10	3.00	3.00	3.00	3.00	3.00	3.20
	10	3.00	3.00	3.00	3.00	4.00	4.00	3.00	4.00
	25	4.00	4.00	4.00	4.00	5.00	5.00	4.00	4.00
	50	6.00	5.00	5.00	5.00	6.00	6.00	5.00	5.00
	75	7.00	7.00	7.00	6.25	7.00	7.00	6.00	7.00
	90	8.00	7.00	7.00	7.00	8.00	8.00	7.00	7.00
	95	8.00	8.00	8.00	7.65	8.00	8.00	8.00	7.00

表 3-1-44　听力残疾人职业兴趣测验艺术型数据资料表

艺术型		男(岁)				女(岁)			
		15-29	30-39	40-49	50-59	15-29	30-39	40-49	50-54
N		888	301	188	86	797	271	154	23
平均数		5.78	5.41	5.43	4.71	6.08	5.65	5.23	5.78
标准差		1.91	1.97	2.00	2.02	1.78	1.90	1.99	1.86
最小值		0.00	1.00	1.00	0.00	1.00	1.00	1.00	3.00
最大值		10.00	10.00	9.00	9.00	10.00	10.00	10.00	9.00
百分位	5	3.00	2.00	2.00	1.00	3.00	2.00	2.00	3.00
	10	3.00	3.00	3.00	2.00	4.00	3.00	3.00	3.40
	25	4.00	4.00	4.00	3.00	5.00	4.00	4.00	4.00
	50	6.00	5.00	6.00	4.50	6.00	6.00	5.00	6.00
	75	7.00	7.00	7.00	6.00	7.00	7.00	7.00	7.00
	90	8.00	8.00	8.00	7.30	8.00	8.00	8.00	9.00
	95	9.00	9.00	8.00	8.00	9.00	9.00	9.00	9.00

(三)言语残疾人职业适应性状况

1. 言语残疾人职业能力状况

表 3-1-45　言语残疾人职业能力测验言语能力分测验数据资料表

言语能力	男(岁)				女(岁)			
	15-29	30-39	40-49	50-59	15-29	30-39	40-49	50-54
N	276	87	56	26	224	76	35	5
平均数	10.16	10.77	10.21	8.28	11.33	10.99	8.23	8.67
标准差	3.77	5.07	6.27	6.34	4.20	5.92	5.27	4.06
最小值	0.00	0.67	0.00	0.00	0.00	0.00	0.00	3.33
最大值	20.00	20.00	20.00	18.67	20.00	20.00	16.67	13.33

(续表)

言语能力		男(岁)				女(岁)			
		15-29	30-39	40-49	50-59	15-29	30-39	40-49	50-54
百分位	5	4.00	3.33	0.00	0.00	4.17	1.13	0.00	3.33
	10	5.33	3.87	1.13	0.00	6.00	2.93	0.00	3.33
	25	7.33	6.00	4.83	1.83	8.67	5.50	4.67	5.00
	50	10.00	10.67	10.00	8.00	11.33	11.00	8.67	8.00
	75	12.67	15.33	15.83	14.17	14.00	16.67	11.33	12.67
	90	15.33	17.47	17.33	17.33	17.00	18.67	16.27	
	95	16.77	18.67	20.00	18.20	18.50	19.33	16.67	

(续表)

言语能力		残疾等级				文化水平			
		一级	二级	三级	四级	小学及以下	初中	高中/中专	大专及以上
N	有效值	236	200	112	213	130	235	185	235
	缺失值	0	0	0	0	0	0	0	0
	平均数	10.00	11.46	9.93	10.43	6.64	10.30	11.95	11.66
	标准差	4.20	4.62	5.38	4.89	5.09	4.88	4.04	3.48
	最小值	0.00	0.00	0.00	0.00	0.00	0.00	0.00	0.00
	最大值	20.00	20.00	20.00	20.00	19.33	20.00	20.00	20.00
百分位	5	3.23	3.37	1.33	1.33	0.00	3.20	4.87	6.00
	10	4.67	4.73	3.33	3.33	0.07	4.67	6.67	7.33
	25	7.33	8.67	6.00	7.33	3.17	6.67	9.00	9.33
	50	10.00	11.33	8.67	10.67	5.33	10.00	12.00	11.33
	75	12.00	14.67	14.67	14.33	8.67	14.00	14.67	14.00
	90	16.00	17.33	17.80	16.67	15.33	17.33	17.33	16.67
	95	17.33	18.67	18.67	18.20	17.33	18.67	18.67	18.00

表3-1-46 言语残疾人职业能力测验数理能力分测验数据资料表

数理能力	男(岁)				女(岁)			
	15-29	30-39	40-49	50-59	15-29	30-39	40-49	50-54
N	276	87	56	26	224	76	35	5
平均数	10.27	10.48	9.61	7.46	9.76	9.92	6.74	8.80
标准差	4.83	5.17	6.11	6.78	4.76	6.22	5.47	3.35
最小值	0.00	0.00	0.00	0.00	0.00	0.00	0.00	4.00
最大值	20.00	20.00	20.00	20.00	20.00	20.00	18.00	12.00

(续表)

数理能力		男(岁)				女(岁)			
		15-29	30-39	40-49	50-59	15-29	30-39	40-49	50-54
百分位	5	2.00	2.00	0.00	0.00	2.00	0.00	0.00	4.00
	10	4.00	3.60	0.00	0.00	4.00	0.00	0.00	4.00
	25	6.00	6.00	4.00	1.50	6.00	4.00	2.00	6.00
	50	10.00	12.00	10.00	6.00	10.00	10.00	6.00	8.00
	75	14.00	14.00	14.00	14.00	14.00	16.00	10.00	12.00
	90	16.00	16.40	18.00	18.60	16.00	18.00	16.80	
	95	18.00	19.20	20.00	20.00	18.00	20.00	18.00	

(续表)

数理能力		残疾等级				文化水平			
		一级	二级	三级	四级	小学及以下	初中	高中/中专	大专及以上
	N	236	200	112	213	130	235	185	235
	平均数	9.22	10.87	8.77	10.08	6.12	9.35	10.94	11.40
	标准差	4.60	5.41	5.64	5.42	5.02	5.41	4.81	4.39
	最小值	0.00	0.00	0.00	0.00	0.00	0.00	0.00	0.00
	最大值	20.00	20.00	20.00	20.00	20.00	20.00	20.00	20.00
百分位	5	2.00	2.00	0.00	0.00	0.00	0.00	4.00	4.00
	10	4.00	4.00	2.00	2.00	0.00	2.00	4.00	6.00
	25	6.00	6.00	4.00	6.00	2.00	4.00	8.00	8.00
	50	10.00	10.00	8.00	10.00	4.00	8.00	10.00	12.00
	75	12.00	15.50	14.00	15.00	10.00	14.00	16.00	14.00
	90	16.00	18.00	16.00	17.20	14.00	18.00	18.00	16.80
	95	16.00	20.00	18.00	18.00	16.00	18.40	20.00	18.00

表 3-1-47 言语残疾人职业能力测验空间知觉分测验数据资料表

空间知觉	男(岁)				女(岁)			
	15-29	30-39	40-49	50-59	15-29	30-39	40-49	50-54
N	276	87	56	26	224	76	35	5
平均数	9.16	10.16	9.00	7.54	8.86	8.89	7.31	5.20
标准差	4.50	4.69	5.62	5.89	4.08	4.68	5.13	3.63
最小值	0.00	0.00	0.00	0.00	0.00	0.00	0.00	2.00
最大值	20.00	20.00	20.00	20.00	20.00	18.00	20.00	10.00

(续表)

空间知觉		男(岁)				女(岁)			
		15-29	30-39	40-49	50-59	15-29	30-39	40-49	50-54
百分位	5	2.00	4.00	0.00	0.00	2.50	2.00	0.00	2.00
	10	4.00	4.00	0.00	0.00	4.00	2.00	0.00	2.00
	25	6.00	6.00	4.00	3.50	6.00	4.00	4.00	2.00
	50	8.00	10.00	9.00	8.00	8.00	10.00	8.00	4.00
	75	12.00	14.00	13.50	8.50	12.00	12.00	10.00	9.00
	90	16.00	16.00	18.00	18.00	14.00	16.00	14.80	
	95	16.30	18.00	18.00	19.30	16.00	16.30	16.80	

(续表)

空间知觉		残疾等级				文化水平			
		一级	二级	三级	四级	小学及以下	初中	高中/中专	大专及以上
	N	236	200	112	213	130	235	185	235
	平均数	8.08	10.06	8.43	9.20	6.63	8.54	9.99	9.94
	标准差	3.90	4.81	4.54	5.05	4.67	4.47	4.56	4.26
	最小值	0.00	0.00	0.00	0.00	0.00	0.00	0.00	0.00
	最大值	18.00	20.00	20.00	20.00	18.00	20.00	20.00	20.00
百分位	5	2.00	2.00	2.00	1.40	0.00	2.00	4.00	4.00
	10	4.00	4.00	2.00	2.00	0.00	4.00	4.00	4.00
	25	6.00	6.00	6.00	6.00	4.00	6.00	6.00	6.00
	50	8.00	10.00	8.00	8.00	6.00	8.00	10.00	10.00
	75	10.00	14.00	10.00	12.00	10.00	12.00	14.00	12.00
	90	14.00	16.00	15.40	16.00	14.00	16.00	16.00	16.00
	95	16.00	18.00	16.00	18.00	16.00	16.00	18.00	18.00

表 3-1-48 言语残疾人职业能力测验符号知觉分测验数据资料表

符号知觉	男(岁)				女(岁)			
	15-29	30-39	40-49	50-59	15-29	30-39	40-49	50-54
N	276	87	56	26	224	76	35	5
平均数	12.07	12.60	10.75	8.64	13.13	13.96	10.60	10.76
标准差	6.44	6.19	7.25	6.80	6.18	5.81	6.62	7.58
最小值	0.00	0.00	0.00	0.00	0.00	0.00	0.00	1.11
最大值	20.00	20.00	19.78	19.11	20.00	20.00	19.33	17.11

(续表)

符号知觉		男(岁)				女(岁)			
		15-29	30-39	40-49	50-59	15-29	30-39	40-49	50-54
百分位	5	1.23	0.31	0.00	0.00	1.44	0.41	0.00	1.11
	10	2.44	2.22	0.00	0.00	3.11	3.27	0.00	1.11
	25	6.44	8.22	3.17	2.39	7.78	11.78	3.33	2.56
	50	13.44	14.00	12.44	7.78	15.56	16.11	14.22	15.33
	75	18.44	18.22	17.33	15.78	18.67	18.44	16.22	16.67
	90	19.33	19.11	18.89	18.51	19.33	19.18	17.87	
	95	19.56	19.69	19.56	18.96	19.56	19.37	18.44	

(续表)

符号知觉		残疾等级				文化水平			
		一级	二级	三级	四级	小学及以下	初中	高中/中专	大专及以上
N		236	200	112	213	130	235	185	235
平均数		10.35	13.60	11.88	13.40	8.79	11.84	14.28	13.27
标准差		6.40	5.95	6.64	6.40	6.82	6.31	5.78	6.01
最小值		0.00	0.00	0.00	0.00	0.00	0.00	0.00	0.00
最大值		20.00	20.00	20.00	20.00	20.00	20.00	20.00	20.00
百分位	5	0.19	2.44	0.14	0.00	0.00	0.22	2.22	2.62
	10	2.16	3.36	0.96	1.78	0.00	2.22	4.22	5.02
	25	5.33	8.72	5.83	8.67	2.22	6.44	10.67	7.78
	50	8.89	16.22	13.78	16.44	8.11	12.89	16.89	16.00
	75	16.83	18.44	17.94	18.67	15.17	17.78	18.67	18.67
	90	19.11	19.33	19.33	19.33	18.64	18.98	19.33	19.33
	95	19.33	19.56	19.41	19.56	19.11	19.33	19.56	19.56

表3-1-49 言语残疾人职业能力测验形状知觉分测验数据资料表

形状知觉	男(岁)				女(岁)			
	15-29	30-39	40-49	50-59	15-29	30-39	40-49	50-54
N	276	87	56	26	224	76	35	5
平均数	13.19	12.28	10.14	8.85	12.96	11.92	9.49	7.60
标准差	4.14	4.56	5.78	6.33	4.09	4.31	5.97	4.56
最小值	0.00	0.00	0.00	0.00	0.00	2.00	0.00	2.00
最大值	20.00	20.00	20.00	20.00	20.00	20.00	20.00	14.00

(续表)

形状知觉		男(岁)				女(岁)			
		15-29	30-39	40-49	50-59	15-29	30-39	40-49	50-54
百分位	5	6.00	2.00	0.00	0.00	6.00	4.00	0.00	2.00
	10	8.00	6.00	0.00	0.00	8.00	5.40	0.00	2.00
	25	10.00	10.00	6.00	2.00	10.00	10.00	4.00	4.00
	50	14.00	12.00	12.00	11.00	14.00	12.00	10.00	6.00
	75	16.00	16.00	14.00	14.00	16.00	14.00	14.00	12.00
	90	18.00	18.00	16.00	15.20	18.00	18.00	16.80	
	95	20.00	18.00	18.30	19.30	18.00	18.30	20.00	

(续表)

形状知觉		残疾等级				文化水平			
		一级	二级	三级	四级	小学及以下	初中	高中/中专	大专及以上
N		236	200	112	213	130	235	185	235
平均数		12.57	12.83	11.23	12.09	8.58	11.88	13.18	14.20
标准差		4.20	4.52	5.02	5.12	5.73	4.58	3.60	3.38
最小值		0.00	0.00	0.00	0.00	0.00	0.00	2.00	2.00
最大值		20.00	20.00	20.00	20.00	20.00	20.00	20.00	20.00
百分位	5	4.00	4.00	1.30	0.00	0.00	4.00	8.00	8.00
	10	8.00	6.00	4.00	4.80	0.00	6.00	8.00	10.00
	25	10.00	10.00	8.00	9.00	4.00	10.00	10.00	12.00
	50	14.00	14.00	12.00	12.00	8.00	12.00	14.00	14.00
	75	16.00	16.00	15.50	16.00	12.00	14.00	16.00	16.00
	90	18.00	18.00	18.00	18.00	16.00	18.00	18.00	18.00
	95	18.00	20.00	18.00	18.00	18.00	20.00	18.00	18.00

表 3-1-50 言语残疾人职业能力文档测验总分数据资料表

职业能力文档测验	男(岁)				女(岁)			
	15-29	30-39	40-49	50-59	15-29	30-39	40-49	50-54
N	276	87	56	26	224	76	35	5
平均数	54.85	56.29	49.72	40.77	56.03	55.69	42.37	41.02
标准差	18.73	20.75	26.53	29.73	18.08	21.80	22.04	17.20
最小值	2.00	9.33	0.00	0.00	2.00	9.33	0.00	18.44
最大值	94.67	96.22	95.56	94.67	99.56	90.00	82.89	56.22

(续表)

职业能力文档测验		男(岁)				女(岁)			
		15-29	30-39	40-49	50-59	15-29	30-39	40-49	50-54
百分位	5	26.38	21.96	0.63	0.00	27.44	19.38	2.67	18.44
	10	30.44	28.62	9.13	3.42	34.22	24.84	12.67	18.44
	25	40.67	42.22	28.72	13.33	43.61	36.11	25.11	22.56
	50	54.00	54.00	54.89	43.11	55.56	58.22	37.33	51.33
	75	68.33	75.78	71.33	61.61	69.00	72.50	59.56	54.33
	90	80.96	84.53	81.58	88.13	80.22	85.18	79.07	
	95	87.43	86.84	87.97	92.49	86.22	87.16	81.29	

(续表)

职业能力文档测验		残疾等级				文化水平			
		一级	二级	三级	四级	小学及以下	初中	高中/中专	大专及以上
N		236	200	112	213	130	235	185	235
平均数		50.21	58.83	50.25	55.21	36.77	51.91	60.33	60.47
标准差		17.03	20.89	21.79	22.73	22.49	20.04	17.36	16.26
最小值		6.67	0.00	3.33	0.00	0.00	0.00	13.33	20.22
最大值		95.56	99.56	89.78	94.67	88.89	95.33	99.56	93.11
百分位	5	23.10	21.69	13.58	11.13	2.00	22.09	31.11	35.91
	10	28.22	31.13	23.73	25.29	9.33	27.02	36.31	40.27
	25	38.22	44.06	34.39	38.44	21.50	36.67	48.11	47.33
	50	48.33	60.22	48.00	57.33	32.89	50.89	60.89	60.00
	75	63.56	75.94	68.33	73.44	50.06	66.67	70.56	74.00
	90	72.80	84.36	82.27	85.69	71.47	79.29	84.04	82.44
	95	79.47	91.06	85.72	87.18	84.61	86.49	91.87	86.49

表3-1-51 言语残疾人职业能力测验手眼协调能力分测验数据资料表

手眼协调	男(岁)				女(岁)			
	15-29	30-39	40-49	50-59	15-29	30-39	40-49	50-54
N	387	98	12	0	120	26	10	0
平均数	119	54	14.78		15.17	14.92	9.47	
标准差	15.98	16.00	7.64		7.25	7.37	8.18	
最小值	6.54	6.16	0.00		0.00	0.00	0.00	
最大值	0.00	0.00	20.00		20.00	20.00	20.00	

(续表)

手眼协调		男(岁)				女(岁)			
		15-29	30-39	40-49	50-59	15-29	30-39	40-49	50-54
百分位	5	20.00	20.00	0.00		0.00	0.00	0.00	
	10	0.00	0.00	0.00		0.00	0.93	0.00	
	25	2.40	1.60	10.33		13.33	9.67	0.00	
	50	14.67	15.33	18.00		20.00	18.67	9.33	
	75	20.00	18.67	20.00		20.00	20.00	17.67	
	90	20.00	20.00	20.00		20.00	20.00	19.87	
	95	20.00	20.00				20.00	20.00	

(续表)

手眼协调		残疾等级				文化水平			
		一级	二级	三级	四级	小学及以下	初中	高中/中专	大专及以上
N		212	63	54	29	40	95	71	152
平均数		15.21	15.45	15.93	15.82	13.17	15.16	14.44	16.61
标准差		7.08	6.96	6.86	6.13	7.86	6.66	7.76	6.24
最小值		0.00	0.00	0.00	0.00	0.00	0.00	0.00	0.00
最大值		20.00	20.00	20.00	20.00	20.00	20.00	20.00	20.00
百分位	5	0.00	0.00	0.00	0.00	0.00	0.00	0.00	0.00
	10	1.33	0.00	0.00	5.33	0.00	2.40	0.00	2.67
	25	13.33	14.67	15.33	13.33	5.00	13.33	9.33	16.33
	50	20.00	20.00	20.00	18.67	16.67	18.67	18.67	20.00
	75	20.00	20.00	20.00	20.00	20.00	20.00	20.00	20.00
	90	20.00	20.00	20.00	20.00	20.00	20.00	20.00	20.00
	95	20.00	20.00	20.00	20.00	20.00	20.00	20.00	20.00

表3-1-52 言语残疾人职业能力测验总分数据资料表

职业能力	男(岁)				女(岁)			
	15-29	30-39	40-49	50-59	15-29	30-39	40-49	50-54
N	157	33	12	0	120	26	10	0
平均数	65.24	68.44	65.93		66.79	75.70	53.13	
标准差	20.06	20.60	23.87		17.96	26.88	22.15	
最小值	19.11	27.56	32.67		21.33	16.00	20.67	
最大值	109.78	103.78	102.67		106.00	109.11	80.00	

(续表)

职业能力		男（岁）				女（岁）			
		15-29	30-39	40-49	50-59	15-29	30-39	40-49	50-54
百分位	5	31.00	36.89	32.67		36.26	17.63	20.67	
	10	39.33	43.51	35.13		43.53	24.87	20.93	
	25	51.56	51.56	46.67		53.56	56.56	33.00	
	50	64.00	63.56	55.78		67.22	83.22	57.11	
	75	79.11	83.89	91.78		79.33	95.44	75.33	
	90	92.31	100.62	100.67		89.91	105.18	79.67	
	95	98.96	102.69			101.04	107.79		

(续表)

职业能力		残疾等级				文化水平			
		一级	二级	三级	四级	小学及以下	初中	高中/中专	大专及以上
N		212	63	54	29	40	95	71	152
平均数		64.31	68.33	69.47	72.99	53.86	63.52	66.53	71.67
标准差		19.18	21.29	21.98	22.06	21.01	23.24	21.28	15.63
最小值		16.00	21.56	31.11	36.89	20.67	19.11	16.00	36.22
最大值		105.11	109.78	109.11	109.33	105.11	109.78	109.33	108.67
百分位	5	28.51	28.31	35.67	38.89	21.81	24.22	29.96	47.36
	10	38.27	40.13	40.78	41.11	30.16	35.16	34.76	51.62
	25	52.33	52.89	49.56	53.78	40.56	46.00	50.44	60.50
	50	64.89	67.33	67.67	74.89	50.33	60.67	66.44	69.11
	75	78.67	85.78	87.28	90.89	65.83	78.89	81.33	84.61
	90	89.27	96.71	103.22	106.00	89.96	100.27	95.64	93.73
	95	94.76	101.69	106.00	109.00	101.69	104.93	103.42	98.31

2. 言语残疾人职业人格状况

表3-1-53　言语残疾人职业人格测验坚持性维度数据资料表

坚持性	男（岁）				女（岁）			
	15-29	30-39	40-49	50-59	15-29	30-39	40-49	50-54
N	274	85	49	20	223	73	34	5
平均数	7.61	7.96	7.59	6.30	8.05	8.25	6.85	7.40
标准差	2.15	2.41	2.68	3.05	2.33	2.22	2.46	2.07
最小值	2.00	3.00	1.00	0.00	1.00	4.00	3.00	5.00
最大值	12.00	12.00	12.00	11.00	12.00	12.00	12.00	10.00

(续表)

坚持性		男(岁)				女(岁)			
		15-29	30-39	40-49	50-59	15-29	30-39	40-49	50-54
百分位	5	3.75	4.00	3.50	0.10	4.00	5.00	3.00	5.00
	10	5.00	5.00	4.00	2.00	5.00	5.00	3.50	5.00
	25	6.00	6.00	5.00	4.25	6.00	6.00	5.00	5.50
	50	8.00	8.00	8.00	7.00	8.00	9.00	7.00	7.00
	75	9.00	10.00	10.00	8.00	10.00	10.00	9.00	9.50
	90	10.00	11.00	11.00	10.00	11.00	11.00	10.00	
	95	11.00	11.00	11.50	10.95	11.00	12.00	10.50	

表3-1-54 言语残疾人职业人格测验严谨性维度数据资料表

严谨性		男(岁)				女(岁)			
		15-29	30-39	40-49	50-59	15-29	30-39	40-49	50-54
	N	274	85	49	20	223	73	34	5
	平均数	8.15	8.80	8.55	7.70	7.97	8.71	8.18	8.40
	标准差	1.75	1.76	1.80	2.20	2.02	1.82	1.77	2.41
	最小值	3.00	5.00	5.00	3.00	2.00	2.00	5.00	5.00
	最大值	12.00	12.00	11.00	11.00	12.00	12.00	12.00	11.00
百分位	5	5.00	6.00	5.00	3.00	4.20	6.00	5.00	5.00
	10	6.00	6.00	6.00	3.30	5.00	6.40	6.00	5.00
	25	7.00	8.00	7.00	6.25	7.00	8.00	7.00	6.00
	50	8.00	9.00	9.00	8.00	8.00	9.00	8.00	9.00
	75	9.00	10.00	10.00	9.00	9.00	10.00	9.00	10.50
	90	10.00	11.00	11.00	10.90	10.60	11.00	11.00	
	95	11.00	12.00	11.00	11.00	11.00	11.30	12.00	

表3-1-55 言语残疾人职业人格测验情绪稳定性维度数据资料表

情绪稳定性	男(岁)				女(岁)			
	15-29	30-39	40-49	50-59	15-29	30-39	40-49	50-54
N	274	85	49	20	223	73	34	5
平均数	5.89	6.44	5.53	5.65	5.91	6.19	5.15	5.00
标准差	2.41	2.69	2.86	3.05	2.45	2.82	2.65	1.58
最小值	0.00	0.00	0.00	0.00	0.00	1.00	0.00	3.00
最大值	12.00	12.00	12.00	11.00	12.00	12.00	12.00	7.00

(续表)

情绪稳定性		男(岁)				女(岁)			
		15-29	30-39	40-49	50-59	15-29	30-39	40-49	50-54
百分位	5	2.00	2.30	0.00	0.05	2.00	1.00	0.00	3.00
	10	3.00	3.00	2.00	1.10	3.00	3.00	1.50	3.00
	25	4.00	4.00	3.00	3.25	4.00	4.00	4.00	3.50
	50	6.00	6.00	5.00	5.50	6.00	6.00	5.00	5.00
	75	8.00	9.00	8.00	8.50	8.00	8.00	7.00	6.50
	90	9.00	10.00	10.00	10.00	9.00	10.00	9.00	
	95	10.00	11.00	10.00	10.95	10.00	11.30	10.50	

表 3-1-56 言语残疾人职业人格测验自信心维度数据资料表

自信心		男(岁)				女(岁)			
		15-29	30-39	40-49	50-59	15-29	30-39	40-49	50-54
	N	274	85	49	20	223	73	34	5
	平均数	8.18	8.86	8.63	8.05	7.69	8.59	8.91	8.00
	标准差	2.08	1.98	2.08	2.58	2.10	1.95	1.83	2.92
	最小值	1.00	3.00	2.00	3.00	1.00	2.00	3.00	4.00
	最大值	12.00	13.00	12.00	12.00	13.00	13.00	13.00	12.00
百分位	5	4.75	6.00	4.50	3.00	4.00	5.00	5.25	4.00
	10	5.00	6.00	6.00	3.10	5.00	6.00	6.50	4.00
	25	7.00	7.00	7.00	6.25	6.00	7.50	8.00	5.50
	50	8.00	9.00	9.00	8.50	8.00	9.00	9.00	8.00
	75	10.00	10.00	10.00	9.75	9.00	10.00	10.00	10.50
	90	11.00	11.00	11.00	11.00	10.00	11.00	11.00	
	95	11.00	11.70	11.50	11.95	11.00	11.00	11.50	

表 3-1-57 言语残疾人职业人格测验责任心维度数据资料表

责任心	男(岁)				女(岁)			
	15-29	30-39	40-49	50-59	15-29	30-39	40-49	50-54
N	274	85	49	20	223	73	34	5
平均数	8.91	9.14	9.00	8.35	9.16	9.08	8.50	8.80
标准差	1.72	2.07	2.07	2.78	1.81	2.24	2.03	2.59
最小值	4.00	3.00	4.00	1.00	3.00	4.00	4.00	6.00
最大值	12.00	12.00	12.00	12.00	12.00	12.00	12.00	12.00

(续表)

责任心		男(岁)				女(岁)			
		15~29	30~39	40~49	50~59	15~29	30~39	40~49	50~54
百分位	5	6.00	5.00	5.50	1.20	6.00	4.70	4.75	6.00
	10	7.00	6.00	6.00	5.10	6.00	5.00	5.50	6.00
	25	8.00	8.00	7.00	6.00	8.00	8.00	7.00	6.50
	50	9.00	9.00	9.00	9.00	10.00	9.00	8.50	8.00
	75	10.00	11.00	11.00	10.75	11.00	11.00	10.00	11.50
	90	11.00	12.00	12.00	11.90	11.00	12.00	11.50	
	95	11.00	12.00	12.00	12.00	11.00	12.00	12.00	

表 3-1-58 言语残疾人职业人格测验交际能力维度数据资料表

交际能力		男(岁)				女(岁)			
		15~29	30~39	40~49	50~59	15~29	30~39	40~49	50~54
N		274	85	49	20	223	73	34	5
平均数		7.72	8.20	7.94	6.75	7.55	7.88	7.44	7.80
标准差		1.83	1.96	2.02	3.19	1.96	2.05	2.36	2.17
最小值		3.00	2.00	3.00	0.00	1.00	2.00	3.00	6.00
最大值		12.00	12.00	12.00	11.00	12.00	12.00	11.00	11.00
百分位	5	4.75	4.30	4.00	0.05	4.00	4.00	3.00	6.00
	10	5.00	5.60	5.00	1.20	5.00	5.00	4.50	6.00
	25	6.75	7.00	7.00	5.00	7.00	7.00	5.00	6.00
	50	8.00	8.00	8.00	7.00	8.00	8.00	7.50	7.00
	75	9.00	9.00	9.50	10.00	9.00	9.00	10.00	10.00
	90	10.00	11.00	10.00	10.90	10.00	10.60	10.50	
	95	11.00	11.00	10.50	11.00	10.00	11.00	11.00	

表 3-1-59 言语残疾人职业人格测验管理能力维度数据资料表

管理能力	男(岁)				女(岁)			
	15~29	30~39	40~49	50~59	15~29	30~39	40~49	50~54
N	274	85	49	20	223	73	34	5
平均数	8.51	9.38	9.43	8.90	8.31	8.95	9.06	9.40
标准差	2.13	2.28	2.34	3.24	2.16	2.49	2.46	1.82
最小值	1.00	4.00	2.00	1.00	0.00	2.00	2.00	7.00
最大值	12.00	12.00	12.00	12.00	12.00	12.00	12.00	12.00

(续表)

管理能力		男(岁)				女(岁)			
		15-29	30-39	40-49	50-59	15-29	30-39	40-49	50-54
百分位	5	4.75	5.00	5.00	1.05	4.00	3.00	4.25	7.00
	10	6.00	6.00	7.00	2.30	6.00	4.00	6.00	7.00
	25	7.00	8.00	8.00	8.00	7.00	8.00	7.00	8.00
	50	9.00	10.00	10.00	9.50	9.00	10.00	10.00	9.00
	75	10.00	11.00	11.50	11.75	10.00	11.00	11.00	11.00
	90	11.00	12.00	12.00	12.00	11.00	11.60	12.00	
	95	12.00	12.00	12.00	12.00	12.00	12.00	12.00	

表3-1-60 言语残疾人职业人格测验抗挫折能力维度数据资料表

抗挫折能力		男(岁)				女(岁)			
		15-29	30-39	40-49	50-59	15-29	30-39	40-49	50-54
N		274	85	49	20	223	73	34	5
平均数		7.40	7.14	7.10	6.40	7.27	7.27	5.85	6.40
标准差		2.24	2.46	2.29	2.06	2.41	2.43	2.20	1.14
最小值		1.00	2.00	1.00	2.00	1.00	2.00	1.00	5.00
最大值		12.00	12.00	12.00	10.00	12.00	12.00	10.00	8.00
百分位	5	4.00	3.00	3.00	2.05	3.00	3.00	1.75	5.00
	10	4.00	3.60	3.00	3.10	4.00	4.00	3.00	5.00
	25	6.00	5.00	5.50	5.00	6.00	5.50	4.00	5.50
	50	7.00	7.00	8.00	7.00	7.00	7.00	6.00	6.00
	75	9.00	9.00	9.00	8.00	9.00	9.00	7.25	7.50
	90	10.00	10.40	9.00	8.90	10.00	11.00	8.50	
	95	11.00	11.00	10.50	9.95	11.00	12.00	9.25	

3. 言语残疾人职业兴趣状况

表3-1-61 言语残疾人职业兴趣测验常规型数据资料表

常规型	男(岁)				女(岁)			
	15-29	30-39	40-49	50-59	15-29	30-39	40-49	50-54
N	272	82	50	24	221	70	34	5
平均数	6.40	6.43	6.30	6.04	6.51	6.29	5.85	6.20
标准差	1.68	1.50	1.40	1.81	1.57	1.45	2.06	1.92
最小值	2.00	2.00	3.00	3.00	3.00	2.00	3.00	3.00
最大值	10.00	9.00	9.00	9.00	10.00	9.00	10.00	8.00

(续表)

常规型		男(岁)				女(岁)			
		15-29	30-39	40-49	50-59	15-29	30-39	40-49	50-54
百分位	5	3.65	3.15	3.55	3.00	3.10	3.00	3.00	3.00
	10	4.00	5.00	4.10	3.50	4.00	4.00	3.00	3.00
	25	5.00	6.00	5.75	4.25	6.00	6.00	4.00	4.50
	50	6.00	6.00	6.00	6.00	7.00	6.50	6.00	7.00
	75	8.00	7.25	7.00	8.00	8.00	7.00	8.00	7.50
	90	8.70	8.00	8.00	8.00	8.00	8.00	8.50	
	95	9.00	9.00	8.45	8.75	9.00	8.45	9.25	

表3-1-62 言语残疾人职业兴趣测验现实型数据资料表

现实型		男(岁)				女(岁)			
		15-29	30-39	40-49	50-59	15-29	30-39	40-49	50-54
N		272	82	50	24	221	70	34	5
平均数		6.99	6.89	6.20	5.92	6.70	6.31	6.26	6.40
标准差		1.77	1.54	1.80	1.69	1.62	1.68	1.54	1.14
最小值		2.00	3.00	2.00	3.00	2.00	3.00	3.00	5.00
最大值		10.00	10.00	10.00	9.00	10.00	10.00	9.00	8.00
百分位	5	4.00	4.00	2.55	3.00	4.00	3.00	3.75	5.00
	10	5.00	5.00	4.00	3.00	4.00	4.00	4.00	5.00
	25	6.00	6.00	5.00	5.00	6.00	5.00	5.00	5.50
	50	7.00	7.00	6.00	6.00	7.00	6.00	6.00	6.00
	75	8.00	8.00	7.00	7.00	8.00	7.00	7.00	7.50
	90	9.00	9.00	8.00	8.00	9.00	8.00	9.00	
	95	10.00	9.00	9.45	8.75	9.00	9.45	9.00	

表3-1-63 言语残疾人职业兴趣测验研究型数据资料表

研究型	男(岁)				女(岁)			
	15-29	30-39	40-49	50-59	15-29	30-39	40-49	50-54
N	272	82	50	24	221	70	34	5
平均数	6.67	6.29	6.16	5.83	5.92	5.90	5.79	6.00
标准差	1.89	1.90	1.95	1.63	1.80	1.70	1.34	2.55
最小值	1.00	1.00	1.00	3.00	0.00	2.00	3.00	2.00
最大值	10.00	10.00	9.00	9.00	10.00	10.00	8.00	9.00

(续表)

研究型		男(岁)				女(岁)			
		15-29	30-39	40-49	50-59	15-29	30-39	40-49	50-54
百分位	5	3.00	3.00	2.55	3.00	3.00	3.00	3.00	2.00
	10	4.00	4.00	4.00	3.00	3.00	4.00	3.50	2.00
	25	5.00	5.00	5.00	4.25	5.00	5.00	5.00	4.00
	50	7.00	6.50	6.00	6.00	6.00	6.00	6.00	6.00
	75	8.00	8.00	7.25	7.00	7.00	7.00	7.00	8.00
	90	9.00	9.00	9.00	8.00	8.00	8.00	7.50	
	95	9.00	9.00	9.00	8.75	9.00	8.45	8.00	

表 3-1-64 言语残疾人职业兴趣测验企业型数据资料表

企业型		男(岁)				女(岁)			
		15-29	30-39	40-49	50-59	15-29	30-39	40-49	50-54
	N	272	82	50	24	221	70	34	5
	平均数	6.31	5.96	5.96	5.29	5.67	5.71	5.82	6.00
	标准差	1.61	1.62	1.86	1.57	1.79	1.93	1.64	1.00
	最小值	1.00	1.00	1.00	2.00	1.00	1.00	2.00	5.00
	最大值	10.00	9.00	9.00	8.00	10.00	9.00	8.00	7.00
百分位	5	3.00	3.00	2.55	2.25	3.00	2.00	2.75	5.00
	10	4.00	3.30	3.00	3.00	3.00	3.00	3.00	5.00
	25	5.00	5.00	4.75	4.00	4.00	4.75	5.00	5.00
	50	6.00	6.00	6.00	5.00	6.00	6.00	6.00	6.00
	75	7.00	7.00	7.00	7.00	7.00	7.00	7.00	7.00
	90	8.00	8.00	8.00	7.00	8.00	8.00	7.50	
	95	9.00	8.00	8.45	7.75	8.00	9.00	8.00	

表 3-1-65 言语残疾人职业兴趣测验社会型数据资料表

社会型	男(岁)				女(岁)			
	15-29	30-39	40-49	50-59	15-29	30-39	40-49	50-54
N	272	82	50	24	221	70	34	5
平均数	5.91	5.59	5.34	5.21	5.90	5.40	5.15	4.60
标准差	1.70	1.61	1.62	1.35	1.73	1.70	1.64	0.89
最小值	1.00	2.00	1.00	3.00	2.00	2.00	2.00	4.00
最大值	10.00	10.00	9.00	8.00	10.00	10.00	9.00	6.00

(续表)

社会型		男(岁)				女(岁)			
		15-29	30-39	40-49	50-59	15-29	30-39	40-49	50-54
百分位	5	3.00	3.00	2.55	3.00	3.00	3.00	2.75	4.00
	10	4.00	3.30	3.00	3.50	4.00	3.00	3.00	4.00
	25	5.00	4.00	4.00	4.00	5.00	4.00	4.00	4.00
	50	6.00	6.00	6.00	5.00	6.00	5.00	5.00	4.00
	75	7.00	7.00	6.00	6.00	7.00	6.00	6.00	5.50
	90	8.00	8.00	7.00	7.00	8.00	7.00	7.00	
	95	9.00	8.85	8.00	7.75	9.00	9.00	8.25	

表 3-1-66　言语残疾人职业兴趣测验艺术型数据资料表

艺术型		男(岁)				女(岁)			
		15-29	30-39	40-49	50-59	15-29	30-39	40-49	50-54
	N	272	82	50	24	221	70	34	5
	平均数	6.13	5.76	5.54	5.00	6.10	5.43	5.18	5.20
	标准差	1.94	1.77	2.01	1.82	1.95	2.04	2.15	2.28
	最小值	1.00	2.00	1.00	2.00	1.00	1.00	1.00	3.00
	最大值	10.00	10.00	9.00	8.00	10.00	9.00	9.00	8.00
百分位	5	3.00	3.00	1.55	2.25	3.00	2.00	1.00	3.00
	10	3.00	3.00	2.10	3.00	3.00	3.00	3.00	3.00
	25	5.00	5.00	4.00	3.00	5.00	4.00	3.00	3.00
	50	6.00	6.00	6.00	5.00	6.00	6.00	5.00	5.00
	75	8.00	7.00	7.00	6.75	8.00	7.00	7.00	7.50
	90	8.70	8.00	8.00	7.50	9.00	8.00	8.00	
	95	9.00	8.85	9.00	8.00	9.00	9.00	9.00	

二、北京市残疾人职业适应性状况

(一)北京市肢体残疾人职业适应性状况

1. 北京市肢体残疾人职业能力状况

表 3-2-1　北京市肢体残疾人职业能力测验言语能力分测验数据资料表

言语能力	男(岁)				女(岁)			
	15-29	30-39	40-49	50-59	15-29	30-39	40-49	50-54
N	32	44	101	47	30	36	61	14
平均数	9.10	9.56	8.27	6.84	11.42	10.04	8.86	7.67
标准差	3.28	3.25	3.71	3.38	4.53	3.15	3.78	5.07
最小值	4.00	0.00	0.67	2.00	3.33	2.00	0.00	0.00
最大值	14.67	15.33	15.33	14.67	24.67	15.33	18.00	17.33

(续表)

言语能力		男(岁)				女(岁)			
		15-29	30-39	40-49	50-59	15-29	30-39	40-49	50-54
百分位	5	4.00	3.00	2.00	2.27	3.33	3.13	1.60	0.00
	10	4.67	5.33	3.33	3.33	5.33	6.00	4.00	1.33
	25	6.17	7.50	5.33	4.00	9.17	8.17	5.67	3.17
	50	9.00	9.67	8.67	6.00	11.33	10.00	9.33	6.33
	75	12.67	12.00	11.33	9.33	14.17	12.67	11.33	12.00
	90	13.80	13.67	12.67	12.27	16.00	14.20	13.33	15.00
	95	14.23	15.00	14.60	13.73	21.00	15.33	15.87	

(续表1)

言语能力		残疾等级				文化水平			
		一级	二级	三级	四级	小学及以下	初中	高中/中专	大专及以上
N		12	65	155	41	50	145	104	51
平均数		7.39	8.77	8.72	10.39	7.32	8.22	9.58	11.50
标准差		3.66	3.61	3.63	3.84	3.43	3.76	3.33	3.48
最小值		2.67	1.33	0.00	2.67	0.00	1.33	2.00	3.33
最大值		14.67	15.33	18.00	18.00	16.00	24.67	16.00	18.00
百分位	5	2.67	2.20	3.20	4.07	2.00	2.67	3.50	4.80
	10	2.87	3.33	4.00	5.33	3.33	3.33	4.00	6.27
	25	4.17	6.00	6.00	7.33	4.67	5.33	7.33	9.33
	50	6.67	8.67	9.33	10.67	7.33	8.00	10.00	12.00
	75	9.83	11.33	12.00	13.33	10.00	11.33	12.00	14.00
	90	13.87	13.33	13.33	15.33	12.00	12.67	13.33	15.33
	95		14.67	14.13	17.20	14.30	14.00	14.67	17.20

(续表2)

言语能力	残疾等级				城区		郊区	
	上肢	下肢	上肢&下肢	躯干	男	女	男	女
N	66	192	50	37	113	69	111	72
平均数	9.36	8.99	8.23	8.95	8.22	10.17	8.47	9.03
标准差	3.42	3.80	3.53	4.56	3.77	3.94	3.42	4.15
最小值	2.67	1.33	0.00	1.33	0.67	0.00	0.00	0.00
最大值	18.00	24.67	14.67	15.33	15.33	18.00	15.33	24.67

(续表)

言语能力		残疾等级				城区		郊区	
		上肢	下肢	上肢&下肢	躯干	男	女	男	女
百分位	5	3.57	3.10	2.00	1.93	2.67	2.67	2.40	2.67
	10	4.67	4.00	4.00	3.20	3.33	4.67	4.00	3.53
	25	6.67	6.00	5.33	4.33	5.00	8.00	6.00	6.00
	50	9.33	9.33	8.33	10.00	8.00	10.67	8.67	9.33
	75	12.00	11.33	10.67	13.67	11.33	13.00	11.33	12.00
	90	13.53	13.33	12.67	14.80	13.73	15.33	12.67	13.80
	95	14.67	15.33	13.93	15.33	14.67	16.00	13.33	15.60

表 3-2-2 北京市肢体残疾人职业能力测验数理能力分测验数据资料表

数理能力		男(岁)				女(岁)			
		15-29	30-39	40-49	50-59	15-29	30-39	40-49	50-54
N		32	44	101	47	30	36	61	14
平均数		13.69	12.91	12.12	8.94	13.33	13.78	11.70	7.86
标准差		4.93	4.85	4.77	5.17	4.62	4.11	5.00	4.74
最小值		6.00	0.00	2.00	0.00	4.00	0.00	0.00	0.00
最大值		20.00	20.00	20.00	20.00	20.00	20.00	20.00	14.00
百分位	5	6.00	2.50	4.00	0.00	5.10	5.10	4.00	0.00
	10	6.00	4.00	6.00	1.60	6.00	8.00	4.00	1.00
	25	8.50	10.00	8.00	4.00	10.00	12.00	8.00	4.00
	50	15.00	14.00	12.00	8.00	14.00	14.00	12.00	8.00
	75	18.00	16.00	16.00	14.00	18.00	16.00	16.00	12.50
	90	20.00	18.00	18.00	16.00	18.00	18.00	18.00	14.00
	95	20.00	19.50	20.00	16.00	20.00	20.00	20.00	

(续表1)

数理能力	残疾等级				文化水平			
	一级	二级	三级	四级	小学及以下	初中	高中/中专	大专及以上
N	12	65	155	41	50	145	104	51
平均数	9.83	12.06	12.36	12.73	10.40	10.86	13.02	15.73
标准差	4.71	4.74	4.92	4.89	5.21	4.65	4.84	3.46
最小值	2.00	0.00	0.00	2.00	0.00	0.00	2.00	6.00
最大值	18.00	20.00	20.00	20.00	18.00	20.00	20.00	20.00

(续表)

数理能力		残疾等级				文化水平			
		一级	二级	三级	四级	小学及以下	初中	高中/中专	大专及以上
百分位	5	2.00	4.00	4.00	4.00	0.00	2.60	4.00	9.20
	10	2.60	6.00	5.20	4.40	2.20	4.00	6.00	10.00
	25	6.50	8.00	8.00	10.00	6.00	8.00	10.00	14.00
	50	10.00	12.00	14.00	12.00	10.00	12.00	14.00	16.00
	75	13.50	16.00	16.00	17.00	14.00	14.00	17.50	18.00
	90	17.40	18.00	18.00	18.00	18.00	16.00	20.00	20.00
	95		18.00	20.00	20.00	18.00	18.00	20.00	20.00

(续表2)

数理能力		残疾等级				城区		城区	
		上肢	下肢	上肢&下肢	躯干	男	女	男	女
N		66	192	50	37	113	69	111	72
平均数		12.70	11.81	12.44	12.11	12.07	13.22	11.59	11.22
标准差		5.41	4.86	4.77	5.33	4.94	4.82	5.29	4.88
最小值		0.00	0.00	2.00	0.00	0.00	2.00	0.00	0.00
最大值		20.00	20.00	20.00	20.00	20.00	20.00	20.00	20.00
百分位	5	2.00	4.00	3.10	1.80	4.00	4.00	2.00	1.30
	10	4.00	4.00	6.00	5.60	4.80	4.00	4.00	4.00
	25	8.00	8.00	9.50	8.00	8.00	10.00	8.00	8.00
	50	14.00	12.00	12.00	12.00	12.00	14.00	12.00	12.00
	75	18.00	16.00	16.00	16.00	16.00	16.00	16.00	15.50
	90	20.00	18.00	18.00	18.40	18.00	20.00	18.00	18.00
	95	20.00	18.70	20.00	20.00	20.00	20.00	20.00	18.00

表 3-2-3　北京市肢体残疾人职业能力测验空间知觉分测验数据资料表

空间知觉	男（岁）				女（岁）			
	15–29	30–39	40–49	50–59	15–29	30–39	40–49	50–54
N	32	44	101	47	30	36	61	14
平均数	11.75	11.27	10.32	9.15	13.40	11.89	10.75	8.29
标准差	4.51	4.77	4.61	5.07	4.40	4.38	4.86	4.50
最小值	2.00	0.00	0.00	0.00	0.00	2.00	0.00	0.00
最大值	20.00	20.00	20.00	20.00	20.00	18.00	20.00	16.00

(续表)

空间知觉		男(岁)				女(岁)			
		15-29	30-39	40-49	50-59	15-29	30-39	40-49	50-54
百分位	5	3.30	0.50	2.00	0.00	2.20	2.00	2.00	0.00
	10	6.00	5.00	4.00	2.00	8.20	4.00	4.00	1.00
	25	8.00	8.00	6.00	12.00	8.00	8.00	5.50	
	50	12.00	12.00	10.00	10.00	14.00	14.00	12.00	8.00
	75	15.50	14.00	14.00	12.00	16.00	15.50	14.00	11.00
	90	17.40	18.00	16.00	16.40	19.80	16.00	17.60	15.00
	95	20.00	19.50	17.80	18.00	20.00	18.00	18.00	

(续表1)

空间知觉		残疾等级				文化水平			
		一级	二级	三级	四级	小学及以下	初中	高中/中专	大专及以上
N		12	65	155	41	50	145	104	51
平均数		9.50	10.25	11.15	11.90	9.32	9.78	11.92	13.92
标准差		6.04	5.29	4.42	4.75	4.44	4.52	4.63	4.16
最小值		0.00	0.00	0.00	0.00	0.00	0.00	0.00	0.00
最大值		18.00	20.00	20.00	20.00	18.00	18.00	20.00	20.00
百分位	5	0.00	0.60	2.00	2.20	2.00	2.00	4.00	7.20
	10	0.60	2.00	4.00	4.00	2.20	3.20	6.00	8.00
	25	2.50	8.00	8.00	10.00	6.00	6.00	8.00	12.00
	50	11.00	10.00	12.00	12.00	8.00	10.00	12.00	14.00
	75	14.00	14.00	14.00	15.00	14.00	14.00	16.00	16.00
	90	17.40	16.80	16.00	17.60	15.80	16.00	18.00	20.00
	95		20.00	18.00	20.00	16.90	16.00	19.50	20.00

(续表2)

空间知觉	残疾等级				城区		郊区	
	上肢	下肢	上肢&下肢	躯干	男	女	男	女
N	66	192	50	37	113	69	111	72
平均数	11.15	10.74	11.44	11.35	10.88	12.35	10.04	10.42
标准差	5.05	4.68	4.55	4.85	4.79	4.43	4.74	4.94
最小值	0.00	0.00	0.00	0.00	0.00	0.00	0.00	0.00
最大值	20.00	20.00	18.00	20.00	20.00	20.00	20.00	20.00

(续表)

空间知觉		残疾等级				城区		郊区	
		上肢	下肢	上肢&下肢	躯干	男	女	男	女
百分位	5	2.00	2.00	3.10	1.80	2.00	2.00	2.00	2.00
	10	4.00	4.00	4.00	3.60	4.00	8.00	4.00	4.00
	25	8.00	8.00	8.00	8.00	8.00	10.00	6.00	8.00
	50	12.00	10.00	12.00	12.00	10.00	14.00	10.00	11.00
	75	16.00	14.00	14.00	14.00	14.00	16.00	14.00	14.00
	90	16.00	16.00	17.80	16.40	16.00	18.00	16.00	16.00
	95	18.00	18.00	18.00	20.00	18.00	19.00	18.00	18.00

表 3-2-4 北京市肢体残疾人职业能力测验符号知觉分测验数据资料表

符号知觉		男(岁)				女(岁)			
		15-29	30-39	40-49	50-59	15-29	30-39	40-49	50-54
N		32	44	101	47	30	36	61	14
平均数		12.34	11.59	9.87	7.09	12.75	13.43	10.36	8.63
标准差		4.70	5.07	5.17	5.16	3.79	4.34	5.26	6.10
最小值		0.00	0.00	0.00	0.00	2.50	0.83	0.00	0.00
最大值		17.50	17.50	18.33	16.67	17.50	17.50	17.50	17.50
百分位	5	1.63	1.88	1.67	0.33	2.96	0.83	0.92	0.00
	10	4.42	3.33	2.50	1.50	5.17	6.92	1.83	0.42
	25	11.04	8.75	5.00	2.50	12.29	12.50	5.83	3.13
	50	13.33	12.92	10.83	5.00	13.33	14.17	10.83	8.75
	75	16.46	16.46	13.75	12.50	14.17	16.46	15.00	15.42
	90	17.50	16.67	16.67	14.17	17.42	17.50	16.67	17.08
	95	17.50	17.50	16.67	16.67	17.50	17.50	17.42	

(续表1)

符号知觉	残疾等级				文化水平			
	一级	二级	三级	四级	小学及以下	初中	高中/中专	大专及以上
N	12	65	155	41	50	145	104	51
平均数	7.01	10.19	10.49	11.67	8.77	10.77	10.54	12.35
标准差	5.51	4.91	5.13	4.34	5.08	5.46	5.15	4.29
最小值	0.00	0.83	0.00	1.67	0.00	0.00	0.00	1.67
最大值	16.67	17.50	18.33	17.50	18.33	17.50	17.50	17.50

(续表)

符号知觉		残疾等级				文化水平			
		一级	二级	三级	四级	小学及以下	初中	高中/中专	大专及以上
百分位	5	0.00	1.08	1.67	1.83	0.46	1.67	0.83	3.33
	10	0.00	2.50	2.50	3.50	2.50	2.50	2.08	4.33
	25	3.33	5.83	5.83	10.00	3.33	5.00	6.67	10.83
	50	5.83	10.83	12.50	12.50	10.00	12.50	12.50	13.33
	75	12.50	14.17	14.17	14.17	13.33	15.83	14.17	14.17
	90	15.67	16.67	16.67	16.67	14.92	16.67	16.67	17.50
	95		16.67	17.50	17.42	16.13	17.25	17.50	17.50

(续表2)

符号知觉		残疾等级				城区		郊区	
		上肢	下肢	上肢&下肢	躯干	男	女	男	女
N		66	192	50	37	113	69	111	72
平均数		12.63	10.41	9.40	10.29	8.37	10.21	11.61	12.70
标准差		4.83	5.22	5.13	5.29	4.46	4.44	5.69	5.36
最小值		0.00	0.00	0.00	1.67	0.00	0.00	0.00	0.00
最大值		18.33	17.50	17.50	17.50	14.17	15.00	18.33	17.50
百分位	5	1.13	1.67	1.29	1.67	0.58	1.25	1.67	0.83
	10	3.33	2.50	2.50	2.50	2.50	1.67	2.50	3.33
	25	11.46	5.21	3.96	4.58	4.17	8.33	5.83	9.38
	50	14.17	11.67	10.83	11.67	10.00	12.50	14.17	15.00
	75	16.67	14.17	13.33	14.17	12.50	13.33	16.67	16.67
	90	17.50	16.67	15.75	16.83	13.33	14.17	16.67	17.50
	95	17.50	16.67	17.04	17.50	14.17	14.17	17.50	17.50

表3-2-5 北京市肢体残疾人职业能力测验形状知觉分测验数据资料表

形状知觉	男（岁）				女（岁）			
	15-29	30-39	40-49	50-59	15-29	30-39	40-49	50-54
N	32	44	101	47	30	36	61	14
平均数	13.63	12.73	12.89	11.19	14.80	14.94	12.89	10.00
标准差	4.50	4.00	4.47	4.73	4.60	2.89	3.82	5.60
最小值	2.00	0.00	0.00	0.00	0.00	10.00	0.00	0.00
最大值	20.00	18.00	20.00	20.00	20.00	20.00	20.00	16.00

(续表)

形状知觉		男(岁)				女(岁)			
		15-29	30-39	40-49	50-59	15-29	30-39	40-49	50-54
百分位	5	3.30	4.50	4.00	0.80	2.20	10.00	6.00	0.00
	10	6.00	7.00	8.00	4.00	10.00	11.40	8.00	0.00
	25	10.50	10.50	10.00	8.00	12.00	12.00	10.00	5.50
	50	15.00	14.00	14.00	12.00	16.00	16.00	14.00	11.00
	75	16.00	16.00	16.00	14.00	18.00	17.50	16.00	16.00
	90	18.00	18.00	18.00	16.40	20.00	18.60	17.60	16.00
	95	18.70	18.00	18.00	18.00	20.00	20.00	18.00	

(续表1)

形状知觉		残疾等级				文化水平			
		一级	二级	三级	四级	小学及以下	初中	高中/中专	大专及以上
N		12	65	155	41	50	145	104	51
平均数		12.33	12.95	13.38	14.20	12.12	12.32	13.44	15.18
标准差		4.89	4.03	4.00	4.40	4.86	4.19	4.38	3.45
最小值		6.00	0.00	0.00	2.00	0.00	0.00	0.00	4.00
最大值		20.00	20.00	20.00	20.00	20.00	20.00	20.00	20.00
百分位	5	6.00	6.00	6.00	4.00	1.10	4.00	4.00	8.00
	10	6.00	8.00	8.00	8.40	6.00	6.00	8.00	10.00
	25	6.50	10.00	12.00	12.00	10.00	10.00	12.00	14.00
	50	13.00	14.00	14.00	16.00	12.00	12.00	14.00	16.00
	75	16.00	16.00	16.00	18.00	16.00	16.00	16.00	18.00
	90	19.40	18.00	18.00	18.00	18.00	18.00	18.00	18.00
	95		18.00	18.00	20.00	18.90	18.00	20.00	20.00

(续表2)

形状知觉	残疾等级				城区		郊区	
	上肢	下肢	上肢&下肢	躯干	男	女	男	女
N	66	192	50	37	113	69	111	72
平均数	13.58	13.19	12.84	12.59	12.87	14.52	12.34	12.58
标准差	4.14	4.24	4.50	4.52	4.37	4.22	4.60	4.05
最小值	0.00	0.00	0.00	4.00	0.00	0.00	0.00	0.00
最大值	20.00	20.00	20.00	20.00	20.00	20.00	20.00	20.00

(续表)

形状知觉		残疾等级				城区		郊区	
		上肢	下肢	上肢&下肢	躯干	男	女	男	女
百分位	5	3.40	5.30	5.10	4.00	3.40	6.00	4.00	4.00
	10	8.00	8.00	6.00	5.60	6.80	10.00	6.00	8.00
	25	12.00	12.00	10.00	10.00	10.00	12.00	10.00	10.00
	50	14.00	14.00	14.00	12.00	14.00	16.00	14.00	13.00
	75	16.00	16.00	16.00	16.00	16.00	18.00	16.00	16.00
	90	18.00	18.00	18.00	20.00	18.00	20.00	18.00	18.00
	95	18.00	18.00	18.90	20.00	18.00	20.00	18.00	18.00

表3-2-6 北京市肢体残疾人职业能力文档测验总分数据资料表

职业能力文档测验		男(岁)				女(岁)			
		15-29	30-39	40-49	50-59	15-29	30-39	40-49	50-54
N		32	44	101	47	30	36	61	14
平均数		60.51	58.06	53.47	43.21	65.71	64.07	54.56	42.44
标准差		18.28	18.98	18.29	18.45	17.95	14.19	17.33	21.06
最小值		18.00	0.00	10.67	8.50	18.67	16.17	8.67	0.00
最大值		86.83	82.00	85.33	79.17	88.17	82.17	84.17	67.67
百分位	5	22.44	18.96	19.87	15.50	22.61	36.14	22.28	0.00
	10	37.17	27.67	30.13	19.53	35.30	45.00	28.23	5.08
	25	44.75	46.04	40.75	26.33	59.00	56.63	45.58	31.42
	50	64.00	63.08	54.00	46.33	70.42	69.42	58.83	39.75
	75	76.79	71.67	69.42	55.83	77.50	73.75	67.17	60.83
	90	82.00	79.00	76.87	72.30	84.70	80.10	76.07	67.58
	95	84.67	80.67	78.80	77.60	86.61	82.03	79.78	

(续表1)

职业能力文档测验	残疾等级				文化水平			
	一	二	三	四	一	二	三	四
N	12	65	155	41	50	145	104	51
平均数	46.07	54.22	56.11	60.89	47.93	51.94	58.51	68.68
标准差	22.79	18.03	17.64	17.89	19.23	18.09	17.86	13.65
最小值	11.33	16.17	11.33	18.33	8.50	10.17	8.67	18.67
最大值	85.33	83.50	88.17	84.17	82.17	85.33	86.83	88.17

(续表)

职业能力文档测验		男(岁)				女(岁)			
		15-29	30-39	40-49	50-59	15-29	30-39	40-49	50-54
百分位	5	11.33	22.37	19.80	18.97	16.63	20.37	22.96	46.83
	10	14.93	27.23	30.30	35.33	19.68	24.83	34.33	49.83
	25	26.29	37.83	44.83	48.58	31.96	38.25	48.04	60.00
	50	44.08	56.67	59.00	67.17	49.42	54.83	62.00	72.17
	75	62.00	69.25	70.67	74.42	62.00	67.42	72.67	79.33
	90	81.73	77.00	77.50	81.33	73.08	72.67	78.58	83.50
	95		81.55	79.37	82.75	78.33	77.30	81.63	85.03

(续表2)

职业能力文档测验		残疾等级				城区		郊区	
		上肢	下肢	上肢&下肢	躯干	男	女	男	女
N		66	192	50	37	113	69	111	72
平均数		59.41	55.13	54.35	55.30	52.41	60.47	54.05	55.95
标准差		18.85	18.23	18.19	20.93	18.03	17.79	20.42	18.82
最小值		8.67	8.50	11.33	17.67	11.33	8.67	0.00	0.00
最大值		88.17	85.33	82.17	86.83	82.00	88.17	86.83	85.33
百分位	5	16.93	20.60	21.68	18.57	17.47	22.75	19.83	17.79
	10	30.78	28.42	28.65	23.83	27.40	30.00	23.07	28.52
	25	48.88	43.04	40.92	39.42	40.25	49.83	37.50	44.38
	50	64.25	58.08	57.75	57.83	51.17	64.67	57.50	59.08
	75	73.79	70.38	67.71	73.08	67.33	73.25	71.83	69.17
	90	78.98	76.95	78.80	81.90	77.00	79.50	78.40	77.50
	95	83.27	80.23	80.63	85.48	79.22	82.08	80.57	83.30

2. 北京市肢体残疾人职业人格状况

表 3-2-7　北京市肢体残疾人职业人格测验坚持性维度数据资料表

坚持性	男(岁)				女(岁)			
	15-29	30-39	40-49	50-59	15-29	30-39	40-49	50-54
N	32	43	97	47	29	36	60	13
平均数	7.22	7.91	7.64	6.26	7.03	8.44	7.68	7.54
标准差	3.05	3.16	3.46	2.91	3.34	2.68	3.27	3.15
最小值	2.00	2.00	0.00	0.00	0.00	3.00	1.00	3.00
最大值	12.00	12.00	12.00	12.00	12.00	12.00	12.00	11.00

(续表)

坚持性		男(岁)				女(岁)			
		15-29	30-39	40-49	50-59	15-29	30-39	40-49	50-54
百分位	5	2.00	3.20	2.90	3.00	1.00	3.00	2.00	3.00
	10	3.00	4.00	3.00	3.00	2.00	4.00	3.00	3.00
	25	4.25	4.00	4.00	4.00	4.00	6.25	4.25	4.50
	50	7.50	9.00	8.00	6.00	7.00	9.00	8.00	8.00
	75	10.00	11.00	11.00	9.00	10.00	10.00	11.00	10.50
	90	11.70	12.00	12.00	10.00	12.00	12.00	12.00	11.00
	95	12.00	12.00	12.00	10.60	12.00	12.00	12.00	

表3-2-8 北京市肢体残疾人职业人格测验严谨性维度数据资料表

严谨性		男(岁)				女(岁)			
		15-29	30-39	40-49	50-59	15-29	30-39	40-49	50-54
	N	32	43	97	47	29	36	60	13
	平均数	8.28	9.02	8.57	8.09	8.28	9.03	8.58	8.54
	标准差	2.43	2.17	2.57	2.03	2.66	1.92	2.22	2.44
	最小值	2.00	2.00	2.00	3.00	2.00	4.00	5.00	4.00
	最大值	12.00	12.00	12.00	12.00	12.00	11.00	12.00	12.00
百分位	5	3.30	2.80	4.00	3.40	2.00	4.85	5.00	4.00
	10	5.00	7.00	5.00	5.00	4.00	6.00	5.00	4.40
	25	6.00	8.00	7.00	7.00	7.00	8.00	7.00	7.00
	50	8.50	9.00	8.00	8.00	9.00	10.00	9.00	8.00
	75	10.00	11.00	11.00	9.00	10.50	10.75	10.00	11.00
	90	11.00	11.00	12.00	10.20	11.00	11.00	12.00	11.60
	95	12.00	12.00	12.00	11.00	12.00	11.00	12.00	

表3-2-9 北京市肢体残疾人职业人格测验情绪稳定性维度数据资料表

情绪稳定性	男(岁)				女(岁)			
	15-29	30-39	40-49	50-59	15-29	30-39	40-49	50-54
N	32	43	97	47	29	36	60	13
平均数	5.69	5.67	5.93	4.04	6.07	6.42	4.95	5.23
标准差	3.34	4.01	3.87	3.43	3.72	3.55	3.71	4.13
最小值	0.00	0.00	0.00	0.00	0.00	0.00	0.00	0.00
最大值	11.00	12.00	12.00	12.00	12.00	12.00	12.00	10.00

(续表)

情绪稳定性		男(岁)				女(岁)			
		15-29	30-39	40-49	50-59	15-29	30-39	40-49	50-54
百分位	5	0.00	0.00	0.00	0.00	0.00	0.00	0.00	0.00
	10	0.00	0.00	0.00	0.00	0.00	0.00	0.00	0.00
	25	3.25	2.00	2.50	0.00	4.00	3.25	2.00	0.00
	50	6.00	6.00	6.00	4.00	6.00	7.00	4.00	6.00
	75	8.75	9.00	9.00	7.00	8.00	9.00	9.00	9.00
	90	10.00	10.60	11.00	9.00	12.00	10.30	10.00	10.00
	95	10.35	12.00	11.00	10.00	12.00	11.15	10.95	

表 3-2-10 北京市肢体残疾人职业人格测验自信心维度数据资料表

自信心		男(岁)				女(岁)			
		15-29	30-39	40-49	50-59	15-29	30-39	40-49	50-54
N		32	43	97	47	29	36	60	13
平均数		8.56	8.86	8.65	8.11	7.62	8.94	8.62	9.69
标准差		1.79	1.77	1.96	2.03	1.78	2.23	1.92	1.60
最小值		4.00	4.00	2.00	3.00	4.00	4.00	3.00	7.00
最大值		12.00	12.00	12.00	12.00	11.00	12.00	12.00	12.00
百分位	5	5.30	5.00	4.90	3.40	4.50	4.85	5.00	7.00
	10	6.00	6.40	6.00	5.00	5.00	6.00	6.00	7.00
	25	8.00	8.00	8.00	7.00	6.50	7.00	7.25	9.00
	50	8.50	9.00	9.00	8.00	8.00	9.50	9.00	10.00
	75	10.00	10.00	10.00	10.00	9.00	11.00	10.00	11.00
	90	11.00	11.00	11.00	10.00	10.00	12.00	11.00	12.00
	95	11.35	11.80	11.10	11.20	10.50	12.00	12.00	

表 3-2-11 北京市肢体残疾人职业人格测验责任心维度数据资料表

责任心	男(岁)				女(岁)			
	15-29	30-39	40-49	50-59	15-29	30-39	40-49	50-54
N	32	43	97	47	29	36	60	13
平均数	8.88	8.86	9.13	8.36	8.66	9.44	9.05	9.77
标准差	2.15	1.77	2.58	2.50	2.65	2.18	2.29	1.79
最小值	4.00	4.00	1.00	1.00	3.00	5.00	4.00	7.00
最大值	12.00	12.00	12.00	12.00	12.00	12.00	12.00	12.00

(续表)

责任心		男（岁）				女（岁）			
		15-29	30-39	40-49	50-59	15-29	30-39	40-49	50-54
百分位	5	5.30	5.00	4.90	4.00	3.50	5.00	5.05	7.00
	10	6.00	6.40	5.80	5.00	4.00	5.00	6.00	7.00
	25	7.00	8.00	8.00	7.00	7.50	8.00	7.00	8.00
	50	9.00	9.00	10.00	8.00	9.00	10.00	9.50	10.00
	75	11.00	10.00	11.00	10.00	11.00	11.00	11.00	11.00
	90	12.00	11.00	12.00	12.00	11.00	12.00	12.00	12.00
	95	12.00	11.80	12.00	12.00	12.00	12.00	12.00	

表3-2-12　北京市肢体残疾人职业人格测验交际能力维度数据资料表

交际能力		男（岁）				女（岁）			
		15-29	30-39	40-49	50-59	15-29	30-39	40-49	50-54
N		32	43	97	47	29	36	60	13
平均数		7.78	8.26	8.65	7.23	7.90	8.19	7.87	8.62
标准差		2.21	2.46	1.96	2.70	2.26	2.40	2.44	1.89
最小值		4.00	3.00	2.00	0.00	3.00	3.00	3.00	5.00
最大值		12.00	12.00	12.00	11.00	12.00	12.00	12.00	12.00
百分位	5	4.00	3.20	4.90	3.00	3.50	3.00	3.05	5.00
	10	5.00	4.00	6.00	3.80	5.00	5.00	5.00	5.80
	25	6.00	7.00	8.00	5.00	6.00	6.25	6.00	7.00
	50	8.00	8.00	9.00	7.00	8.00	8.50	8.00	9.00
	75	9.00	10.00	10.00	10.00	9.50	10.00	10.00	10.00
	90	10.70	11.60	11.00	11.00	11.00	11.30	11.00	11.20
	95	12.00	12.00	11.10	11.00	12.00	12.00	12.00	

表3-2-13　北京市肢体残疾人职业人格测验管理能力维度数据资料表

管理能力	男（岁）				女（岁）			
	15-29	30-39	40-49	50-59	15-29	30-39	40-49	50-54
N	32	43	97	47	29	36	60	13
平均数	9.09	10.30	9.78	9.74	8.76	9.69	10.15	10.38
标准差	2.02	1.82	2.26	2.06	1.86	2.04	1.66	2.02
最小值	5.00	6.00	0.00	3.00	6.00	3.00	6.00	6.00
最大值	12.00	12.00	12.00	12.00	12.00	12.00	12.00	12.00

(续表)

管理能力		男(岁)				女(岁)			
		15-29	30-39	40-49	50-59	15-29	30-39	40-49	50-54
百分位	5	5.65	6.20	5.00	6.00	6.00	6.40	7.00	6.00
	10	6.30	7.00	7.00	7.00	6.00	7.00	8.00	6.40
	25	8.00	9.00	9.00	9.00	7.00	8.25	9.00	9.50
	50	9.00	11.00	10.00	10.00	9.00	10.00	10.50	11.00
	75	11.00	12.00	11.00	12.00	10.50	11.00	12.00	12.00
	90	12.00	12.00	12.00	12.00	11.00	12.00	12.00	12.00
	95	12.00	12.00	12.00	12.00	11.50	12.00	12.00	

表3-2-14 北京市肢体残疾人职业人格测验抗挫折能力维度数据资料表

抗挫折能力		男(岁)				女(岁)			
		15-29	30-39	40-49	50-59	15-29	30-39	40-49	50-54
N		32	43	97	47	29	36	60	13
平均数		7.16	6.98	7.01	5.51	6.69	7.22	6.65	6.31
标准差		2.74	3.07	3.04	2.69	3.34	2.88	2.85	2.93
最小值		3.00	2.00	0.00	1.00	0.00	2.00	2.00	1.00
最大值		12.00	12.00	12.00	11.00	12.00	12.00	12.00	10.00
百分位	5	3.00	2.20	2.00	1.00	1.00	2.00	3.00	1.00
	10	3.00	3.00	3.00	1.80	2.00	2.70	3.00	1.80
	25	4.25	4.00	4.50	3.00	3.50	5.25	4.00	3.00
	50	8.00	7.00	7.00	5.00	7.00	8.00	6.00	7.00
	75	10.00	9.00	10.00	8.00	10.00	9.75	9.00	9.00
	90	10.00	11.00	11.00	9.00	11.00	10.30	11.00	9.60
	95	10.70	11.80	11.00	10.20	11.50	11.15	11.00	

3. 北京市肢体残疾人职业兴趣状况

表3-2-15 北京市肢体残疾人职业兴趣测验常规型数据资料表

常规型	男(岁)				女(岁)			
	15-29	30-39	40-49	50-59	15-29	30-39	40-49	50-54
N	29	43	91	43	27	36	59	13
平均数	5.28	6.12	6.16	5.65	5.81	5.75	6.07	6.31
标准差	1.71	1.83	1.85	1.60	1.75	1.44	1.53	1.25
最小值	3.00	1.00	0.00	2.00	1.00	3.00	3.00	5.00
最大值	9.00	10.00	9.00	9.00	9.00	9.00	9.00	9.00

(续表)

常规型		男(岁)				女(岁)			
		15-29	30-39	40-49	50-59	15-29	30-39	40-49	50-54
百分位		3.00	3.20	2.60	3.00	1.40	3.85	4.00	5.00
	10	3.00	4.00	4.00	4.00	3.60	4.00	4.00	5.00
	25	4.00	5.00	5.00	4.00	5.00	5.00	5.00	5.00
	50	5.00	6.00	6.00	6.00	6.00	6.00	6.00	6.00
	75	6.00	7.00	7.00	7.00	7.00	7.00	7.00	7.00
	90	7.00	9.00	8.00	8.00	8.00	8.00	8.00	8.60
	95	9.00	9.80	9.00	8.00	8.60	9.00	9.00	

表3-2-16 北京市肢体残疾人职业兴趣测验现实型数据资料表

现实型		男(岁)				女(岁)			
		15-29	30-39	40-49	50-59	15-29	30-39	40-49	50-54
N		29	43	91	43	27	36	59	13
平均数		5.21	5.49	5.62	5.49	5.33	5.81	5.78	5.77
标准差		1.70	1.74	1.87	1.62	1.66	1.89	1.70	1.64
最小值		2.00	2.00	1.00	2.00	1.00	2.00	2.00	2.00
最大值		8.00	9.00	9.00	9.00	8.00	9.00	9.00	8.00
百分位	2.50	3.00	2.00	3.00	1.40	2.00	3.00	2.00	
	10	3.00	3.00	3.00	3.00	2.80	3.00	3.00	2.80
	25	4.00	4.00	4.00	4.00	5.00	4.00	4.00	4.50
	50	5.00	6.00	6.00	5.00	5.00	6.00	6.00	6.00
	75	7.00	7.00	7.00	7.00	6.00	7.00	7.00	7.00
	90	8.00	7.60	8.00	7.60	7.20	8.00	8.00	7.60
	95	8.00	8.00	8.00	8.00	8.00	9.00	9.00	

表3-2-17 北京市肢体残疾人职业兴趣测验研究型数据资料表

研究型	男(岁)				女(岁)			
	15-29	30-39	40-49	50-59	15-29	30-39	40-49	50-54
N	29	43	91	43	27	36	59	13
平均数	5.55	5.93	5.99	5.30	5.44	5.19	5.49	5.62
标准差	1.90	1.65	1.99	1.34	2.17	1.91	1.85	1.71
最小值	2.00	2.00	1.00	3.00	1.00	1.00	2.00	1.00
最大值	9.00	10.00	9.00	9.00	9.00	9.00	9.00	7.00

(续表)

研究型		男（岁）				女（岁）			
		15-29	30-39	40-49	50-59	15-29	30-39	40-49	50-54
百分位	5	2.50	4.00	3.00	3.00	1.40	1.85	2.00	1.00
	10	3.00	4.00	3.00	4.00	2.80	2.70	3.00	2.20
	25	3.50	5.00	5.00	4.00	4.00	4.00	4.00	5.00
	50	6.00	6.00	6.00	5.00	5.00	5.00	6.00	6.00
	75	7.00	7.00	8.00	6.00	7.00	7.00	7.00	7.00
	90	8.00	8.60	8.00	7.00	8.00	8.00	8.00	7.00
	95	8.50	9.00	9.00	7.80	8.60	8.15	8.00	

表 3-2-18　北京市肢体残疾人职业兴趣测验企业型数据资料表

企业型		男（岁）				女（岁）			
		15-29	30-39	40-49	50-59	15-29	30-39	40-49	50-54
N		29	43	91	43	27	36	59	13
平均数		5.66	5.74	5.84	5.42	5.04	5.11	5.25	6.00
标准差		1.34	2.00	1.94	1.62	2.07	1.92	1.85	1.53
最小值		3.00	1.00	0.00	1.00	1.00	1.00	0.00	3.00
最大值		8.00	9.00	10.00	9.00	10.00	9.00	9.00	9.00
百分位	5	3.00	3.00	3.00	2.20	1.00	1.00	2.00	3.00
	10	4.00	3.00	3.00	3.00	1.80	2.00	3.00	3.40
	25	5.00	4.00	5.00	4.00	4.00	4.00	4.00	5.50
	50	6.00	6.00	6.00	6.00	5.00	6.00	6.00	6.00
	75	7.00	8.00	7.00	7.00	6.00	6.00	7.00	6.50
	90	7.00	8.00	8.00	7.00	8.00	7.00	7.00	8.60
	95	8.00	8.00	9.00	7.00	9.20	8.15	8.00	

表 3-2-19　北京市肢体残疾人职业兴趣测验社会型数据资料表

社会型	男（岁）				女（岁）			
	15-29	30-39	40-49	50-59	15-29	30-39	40-49	50-54
N	29	43	91	43	27	36	59	13
平均数	4.76	5.23	4.98	4.65	5.11	5.69	5.15	4.77
标准差	1.60	1.73	2.07	1.94	2.01	1.51	1.62	1.69
最小值	1.00	2.00	0.00	1.00	2.00	3.00	1.00	2.00
最大值	7.00	9.00	9.00	8.00	8.00	8.00	8.00	7.00

(续表)

社会型		男(岁)				女(岁)			
		15-29	30-39	40-49	50-59	15-29	30-39	40-49	50-54
百分位	5	2.00	3.00	1.00	2.00	2.00	3.00	3.00	2.00
	10	3.00	3.00	2.00	2.00	2.00	3.00	3.00	2.40
	25	3.00	4.00	4.00	3.00	4.00	4.00	4.00	3.00
	50	5.00	5.00	5.00	4.00	5.00	6.00	5.00	5.00
	75	6.00	7.00	7.00	7.00	7.00	7.00	6.00	6.00
	90	7.00	7.60	8.00	7.60	8.00	7.00	7.00	7.00
	95	7.00	8.00	8.00	8.00	8.00	8.00	8.00	

表 3-2-20 北京市肢体残疾人职业兴趣测验艺术型数据资料表

艺术型		男(岁)				女(岁)			
		15-29	30-39	40-49	50-59	15-29	30-39	40-49	50-54
	N	29	43	91	43	27	36	59	13
	平均数	4.62	5.16	4.75	5.23	5.07	4.92	5.42	5.15
	标准差	1.90	2.07	1.93	2.00	1.82	1.70	1.85	1.57
	最小值	0.00	2.00	1.00	2.00	2.00	2.00	1.00	3.00
	最大值	9.00	9.00	9.00	10.00	8.00	9.00	9.00	8.00
百分位	5	0.50	2.00	1.00	2.20	2.00	2.85	3.00	3.00
	10	2.00	2.00	2.00	.00	2.00	3.00	3.00	3.40
	25	3.50	3.00	3.00	4.00	4.00	4.00	4.00	4.00
	50	5.00	5.00	5.00	5.00	5.00	5.00	5.00	5.00
	75	6.00	7.00	6.00	6.00	6.00	5.75	7.00	6.00
	90	7.00	7.60	7.00	8.60	8.00	8.00	8.00	8.00
	95	8.00	8.80	8.00	9.00	8.00	8.15	9.00	

(二)北京市听力残疾人职业适应性状况

1. 北京市听力残疾人职业能力状况

表 3-2-21 北京市听力残疾人职业能力测验言语能力分测验数据资料表

言语能力	男(岁)				女(岁)			
	15-29	30-39	40-49	50-59	15-29	30-39	40-49	50-54
N	135	19	24	13	109	22	26	8
平均数	13.01	7.33	6.75	6.51	13.78	8.48	8.77	8.00
标准差	4.66	5.53	5.96	5.49	4.27	4.91	5.72	3.36
最小值	0.00	1.33	0.00	0.67	0.00	2.00	0.00	2.67
最大值	20.00	19.33	16.00	14.00	19.33	15.33	16.67	12.67

(续表)

言语能力		男(岁)				女(岁)			
		15-29	30-39	40-49	50-59	15-29	30-39	40-49	50-54
百分位	5	3.33	1.33	0.00	0.67	3.33	2.10	0.23	2.67
	10	4.40	2.00	0.00	0.93	8.00	2.67	1.13	2.67
	25	10.67	2.67	1.50	1.67	11.67	3.33	2.50	4.67
	50	14.00	6.00	4.00	3.33	14.67	8.00	10.00	9.00
	75	16.67	10.67	14.00	13.00	16.67	13.33	14.17	10.33
	90	18.00	18.00	15.33	14.00	18.00	14.67	16.20	
	95	18.67		15.83		18.67	15.23	16.67	

(续表1)

言语能力		残疾等级				文化水平			
		一级	二级	三级	四级	小学及以下	初中	高中/中专	大专及以上
	N	126	69	51	18	34	61	51	210
	平均数	12.46	11.91	11.39	7.89	6.94	8.95	8.41	13.87
	标准差	5.16	5.49	5.25	5.59	5.18	5.44	5.31	4.23
	最小值	0.00	0.00	1.33	2.00	0.00	0.00	1.33	2.00
	最大值	20.00	19.33	19.33	18.67	18.00	18.00	17.33	20.00
百分位	5	1.57	1.33	2.67	2.00	0.00	1.33	1.33	3.70
	10	2.67	2.67	4.00	2.60	0.00	1.33	2.00	6.13
	25	9.33	8.67	6.00	2.67	2.50	3.00	3.33	12.00
	50	14.00	13.33	14.00	7.00	7.33	9.33	8.67	14.67
	75	16.67	16.00	15.33	13.00	12.00	14.67	14.00	16.67
	90	17.33	18.00	17.33	17.47	13.67	15.33	15.87	18.00
	95	18.67	19.33	18.53		15.00	16.60	16.67	18.67

(续表2)

言语能力	交流方式				城区		郊区	
	手语	口语	手语&口语	其他	男	女	男	女
N	106	120	77	53	153	114	38	51
平均数	11.70	10.73	13.92	9.87	11.37	12.44	10.61	11.03
标准差	5.02	5.97	4.27	5.60	5.88	5.59	4.80	3.99
最小值	0.00	0.00	0.00	0.00	0.00	0.00	0.00	0.00
最大值	20.00	20.00	19.33	18.00	20.00	19.33	19.33	17.33

言语能力		交流方式				城区		郊区	
		手语	口语	手语&口语	其他	男	女	男	女
百分位	5	1.33	2.00	3.33	0.93	1.33	1.33	1.27	3.47
	10	2.47	2.67	6.93	1.60	2.67	2.67	2.67	6.67
	25	8.67	4.00	12.67	4.67	4.67	9.83	7.33	8.67
	50	13.00	12.67	14.67	10.67	13.33	14.00	11.67	10.67
	75	16.00	15.83	16.67	14.67	16.67	16.67	14.67	14.67
	90	16.87	18.00	18.13	16.67	17.73	18.00	16.00	16.53
	95	17.77	19.30	18.67	17.53	18.67	18.67	18.07	16.93

表3-2-22 北京市听力残疾人职业能力测验数理能力分测验数据资料表

数理能力		男(岁)				女(岁)			
		15-29	30-39	40-49	50-59	15-29	30-39	40-49	50-54
N		135	19	24	13	109	22	26	8
平均数		13.44	6.21	5.75	6.31	13.10	7.45	6.31	6.00
标准差		5.38	4.98	5.51	6.05	4.44	4.75	4.48	4.28
最小值		0.00	0.00	0.00	0.00	0.00	0.00	0.00	2.00
最大值		20.00	18.00	16.00	14.00	20.00	14.00	14.00	12.00
百分位	5	2.00	0.00	0.00	0.00	4.00	0.00	0.00	2.00
	10	4.00	0.00	0.00	0.00	8.00	0.60	0.00	2.00
	25	10.00	4.00	2.00	0.00	12.00	3.50	2.00	2.00
	50	14.00	4.00	4.00	4.00	14.00	9.00	8.00	5.00
	75	18.00	10.00	9.50	13.00	16.00	12.00	10.00	11.00
	90	20.00	14.00	16.00	14.00	18.00	14.00	14.00	
	95	20.00		16.00		20.00	14.00	14.00	

(续表1)

数理能力	残疾等级				文化水平			
	一级	二级	三级	四级	小学及以下	初中	高中/中专	大专及以上
N	126	69	51	18	34	61	51	210
平均数	12.11	12.03	9.80	7.33	6.94	7.44	8.04	13.60
标准差	5.73	5.96	5.02	5.40	5.99	5.36	5.65	4.75
最小值	0.00	0.00	2.00	0.00	0.00	0.00	0.00	0.00
最大值	20.00	20.00	20.00	20.00	20.00	18.00	20.00	20.00

(续表)

数理能力		男(岁)				女(岁)			
		15-29	30-39	40-49	50-59	15-29	30-39	40-49	50-54
百分位	5	0.00	1.00	.00	0.00	0.00	0.00	1.20	4.00
	10	3.40	2.00	2.00	1.80	0.00	0.00	2.00	4.20
	25	8.00	8.00	6.00	3.50	0.00	2.00	4.00	12.00
	50	14.00	14.00	10.00	5.00	7.00	8.00	8.00	14.00
	75	16.00	6.00	14.00	12.00	12.00	12.00	12.00	16.00
	90	18.00	18.00	16.00	14.60	14.00	14.00	16.00	20.00
	95	20.00	20.00	18.00		18.50	16.00	18.00	20.00

(续表2)

数理能力		交流方式				城区		郊区	
		手语	口语	手语&口语	其他	男	女	男	女
N		106	120	77	53	153	114	38	51
平均数		11.96	9.48	13.38	9.81	11.67	11.68	9.63	9.25
标准差		6.03	5.78	4.79	6.18	6.55	5.80	5.15	3.90
最小值		0.00	0.00	2.00	0.00	0.00	0.00	0.00	0.00
最大值		20.00	20.00	20.00	20.00	20.00	20.00	18.00	16.00
百分位	5	0.00	2.00	2.00	0.00	0.00	0.00	0.00	2.00
	10	2.00	2.00	4.00	0.00	2.00	2.00	1.80	2.40
	25	8.00	4.00	12.00	4.00	4.00	8.00	5.50	8.00
	50	14.00	10.00	14.00	10.00	14.00	14.00	10.00	10.00
	75	16.00	14.00	16.00	14.00	16.00	16.00	14.00	12.00
	90	18.60	16.00	18.40	18.00	20.00	18.00	16.00	14.00
	95	20.00	18.00	20.00	20.00	20.00	20.00	16.10	14.80

表3-2-23 北京市听力残疾人职业能力测验空间知觉分测验数据资料表

空间知觉	男(岁)				女(岁)			
	15-29	30-39	40-49	50-59	15-29	30-39	40-49	50-54
N	135	19	24	13	109	22	26	8
平均数	13.45	6.53	5.83	5.54	12.75	6.09	5.85	6.00
标准差	5.05	4.51	4.93	4.63	4.64	3.57	4.52	2.83
最小值	0.00	0.00	0.00	0.00	0.00	0.00	0.00	0.00
最大值	20.00	14.00	16.00	14.00	20.00	12.00	14.00	8.00

(续表)

空间知觉		男(岁)				女(岁)			
		15-29	30-39	40-49	50-59	15-29	30-39	40-49	50-54
百分位	5	3.60	0.00	0.00	0.00	4.00	0.00	0.00	0.00
	10	6.00	2.00	0.00	0.00	6.00	0.60	0.00	0.00
	25	12.00	4.00	2.00	2.00	10.00	4.00	2.00	4.50
	50	14.00	4.00	4.00	4.00	14.00	6.00	4.00	7.00
	75	18.00	10.00	9.50	10.00	16.00	8.50	10.00	8.00
	90	20.00	14.00	15.00	13.20	18.00	12.00	12.60	
	95	20.00		16.00		20.00	12.00	14.00	

(续表1)

空间知觉		残疾等级				文化水平			
		一级	二级	三级	四级	小学及以下	初中	高中/中专	大专及以上
N		126	69	51	18	34	61	51	210
平均数		11.92	11.68	9.41	7.67	5.94	6.82	7.65	13.66
标准差		5.75	5.56	5.25	4.67	4.44	4.85	5.39	4.50
最小值		0.00	0.00	0.00	0.00	0.00	0.00	0.00	2.00
最大值		20.00	20.00	20.00	20.00	20.00	16.00	20.00	20.00
百分位	5	0.70	2.00	2.00	0.00	0.00	0.00	0.00	4.00
	10	3.40	2.00	4.00	1.80	0.00	0.00	2.00	6.00
	25	8.00	6.00	4.00	5.50	3.50	2.00	4.00	12.00
	50	13.00	14.00	10.00	6.00	5.00	6.00	6.00	14.00
	75	16.00	16.00	14.00	10.50	8.50	10.00	12.00	18.00
	90	18.00	18.00	16.00	14.60	12.00	14.00	16.00	18.00
	95	20.00	20.00	18.00		14.00	14.00	18.80	20.00

(续表2)

空间知觉	交流方式				城区		郊区	
	手语	口语	手语&口语	其他	男	女	男	女
N	106	120	77	53	153	114	38	51
平均数	11.87	9.12	13.69	8.87	11.92	11.67	8.63	7.73
标准差	5.69	5.43	4.89	5.74	6.16	5.66	4.36	3.75
最小值	0.00	0.00	0.00	0.00	0.00	0.00	0.00	0.00
最大值	20.00	20.00	20.00	20.00	20.00	20.00	16.00	16.00

(续表)

空间知觉		交流方式				城区		郊区	
		手语	口语	手语&口语	其他	男	女	男	女
百分位	5	2.00	2.00	2.00	0.00	2.00	0.00	1.90	1.20
	10	2.00	2.00	7.60	0.00	2.00	2.00	4.00	2.40
	25	8.00	4.00	11.00	4.00	6.00	8.00	4.00	6.00
	50	12.00	8.00	14.00	8.00	14.00	14.00	8.00	8.00
	75	16.00	14.00	18.00	14.00	17.00	16.00	12.50	10.00
	90	18.00	16.00	20.00	16.00	20.00	18.00	14.00	12.00
	95	20.00	18.00	20.00	18.60	20.00	20.00	16.00	14.00

表3-2-24 北京市听力残疾人职业能力测验符号知觉分测验数据资料表

符号知觉		男(岁)				女(岁)			
		15-29	30-39	40-49	50-59	15-29	30-39	40-49	50-54
N		135	19	24	13	109	22	26	8
平均数		17.22	14.07	9.61	10.27	16.99	15.11	12.19	8.06
标准差		3.30	5.88	7.86	5.40	3.88	4.57	5.27	7.03
最小值		0.00	2.00	0.00	0.00	0.00	0.00	0.00	0.00
最大值		19.78	19.78	19.56	19.11	19.78	19.56	18.67	17.11
百分位	5	9.56	2.00	0.00	0.00	8.56	1.30	0.00	0.00
	10	11.91	6.00	0.00	1.42	10.00	8.87	2.02	0.00
	25	17.11	6.89	0.56	6.11	16.89	13.72	8.89	0.00
	50	18.44	16.67	10.44	11.11	18.44	16.56	13.00	10.67
	75	19.33	19.33	17.72	14.44	19.33	18.33	16.06	13.17
	90	19.56	19.56	19.22	17.69	19.56	19.04	17.98	
	95	19.56		19.50		19.56	19.49	18.59	

(续表1)

符号知觉	残疾等级				文化水平			
	一	二	三	四	一	二	三	四
N	126	69	51	18	34	61	51	210
平均数	15.93	16.44	14.50	12.01	7.67	12.86	15.76	17.49
标准差	4.45	4.61	6.04	7.55	7.13	5.69	3.80	2.99
最小值	0.00	0.00	0.00	0.00	0.00	0.00	3.78	6.22
最大值	19.78	19.78	19.78	19.56	19.56	19.78	19.78	19.78

(续表)

符号知觉		男(岁)				女(岁)			
		15−29	30−39	40−49	50−59	15−29	30−39	40−49	50−54
百分位	5	6.08	3.56	0.00	0.00	0.00	0.00	8.80	9.33
	10	9.20	10.44	1.64	0.00	0.00	1.96	9.69	13.36
	25	13.72	15.44	11.78	4.11	0.00	10.11	13.11	17.33
	50	18.00	18.44	17.11	14.89	7.00	14.00	17.11	18.67
	75	19.11	19.33	18.67	18.44	14.28	17.33	19.11	19.33
	90	19.40	19.56	19.51	19.56	18.11	19.07	19.51	19.56
	95	19.56	19.56	19.56		18.72	19.53	19.56	19.56

(续表2)

符号知觉		交流方式				城区		城区	
		手语	口语	手语&口语	其他	男	女	男	女
N		106	120	77	53	153	114	38	51
平均数		15.60	15.22	16.78	14.12	16.67	16.71	10.68	12.95
标准差		5.11	5.28	4.33	5.93	4.09	3.79	7.06	6.25
最小值		0.00	0.00	0.00	0.00	0.00	2.89	0.00	0.00
最大值		19.78	19.78	19.56	19.78	19.78	19.78	19.56	19.56
百分位	5	3.17	0.02	7.98	0.00	8.47	8.17	0.00	0.00
	10	7.47	8.89	8.93	3.64	9.78	9.33	0.00	0.00
	25	13.72	13.61	17.00	11.00	15.56	16.22	3.72	12.22
	50	18.00	17.22	18.44	16.44	18.44	18.22	2.00	15.11
	75	19.11	9.06	19.33	18.89	19.33	19.33	17.78	17.33
	90	19.40	19.56	19.56	19.47	19.56	19.56	19.33	18.89
	95	19.56	19.56	19.56	19.56	19.56	19.56	19.34	19.11

表3-2-25 北京市听力残疾人职业能力测验形状知觉分测验数据资料表

形状知觉	男(岁)				女(岁)			
	15−29	30−39	40−49	50−59	15−29	30−39	40−49	50−54
N	135	19	24	13	109	22	26	8
平均数	15.35	8.11	8.33	5.23	15.82	9.18	8.00	10.00
标准差	4.99	4.92	5.98	4.73	4.32	5.58	5.18	5.66
最小值	0.00	2.00	0.00	0.00	0.00	0.00	0.00	0.00
最大值	20.00	18.00	18.00	16.00	20.00	18.00	16.00	20.00

(续表)

形状知觉		男(岁)				女(岁)			
		15-29	30-39	40-49	50-59	15-29	30-39	40-49	50-54
百分位	5	4.00	2.00	0.50	0.00	4.00	0.30	0.00	0.00
	10	4.00	4.00	2.00	0.00	10.00	2.60	0.00	0.00
	25	14.00	4.00	4.00	1.00	16.00	4.00	4.00	8.00
	50	16.00	6.00	5.00	4.00	16.00	10.00	8.00	10.00
	75	18.00	12.00	14.00	9.00	18.00	14.00	12.00	13.00
	90	20.00	16.00	17.00	13.60	20.00	16.00	16.00	
	95	20.00		18.00		20.00	17.70	16.00	

(续表1)

形状知觉		残疾等级				文化水平			
		一级	二级	三级	四级	小学及以下	初中	高中/中专	大专及以上
N		126	69	51	18	34	61	51	210
平均数		14.56	13.83	12.27	9.78	8.35	9.70	9.96	15.83
标准差		5.39	5.58	5.89	5.35	6.14	5.52	6.06	4.58
最小值		0.00	0.00	0.00	4.00	0.00	0.00	0.00	0.00
最大值		20.00	20.00	20.00	20.00	20.00	18.00	20.00	20.00
百分位	5	4.00	4.00	2.00	4.00	0.00	0.20	2.00	4.00
	10	4.00	4.00	4.00	4.00	0.00	2.00	4.00	10.00
	25	12.00	10.00	6.00	4.00	4.00	4.00	4.00	16.00
	50	16.00	16.00	14.00	10.00	8.00	10.00	10.00	16.00
	75	18.00	18.00	18.00	14.00	14.00	14.00	16.00	18.00
	90	20.00	20.00	18.00	18.20	16.00	17.60	18.00	20.00
	95	20.00	20.00	20.00		20.00	18.00	20.00	20.00

(续表2)

形状知觉	交流方式				城区		郊区	
	手语	口语	手语&口语	其他	男	女	男	女
N	106	120	77	53	153	114	38	51
平均数	14.17	11.20	15.87	12.08	13.44	14.02	11.53	12.08
标准差	5.95	5.94	4.86	6.06	6.45	6.29	5.02	4.10
最小值	0.00	0.00	0.00	0.00	0.00	0.00	0.00	4.00
最大值	20.00	20.00	20.00	20.00	20.00	20.00	18.00	20.00

(续表)

形状知觉		交流方式				城区		郊区	
		手语	口语	手语&口语	其他	男	女	男	女
百分位	5	0.00	2.10	4.00	1.40	2.00	0.00	0.00	5.20
	10	4.00	4.00	5.60	2.00	4.00	3.00	3.80	6.00
	25	12.00	4.00	16.00	8.00	4.00	14.00	9.50	10.00
	50	16.00	12.00	18.00	14.00	16.00	16.00	12.00	12.00
	75	18.00	16.00	18.00	16.00	18.00	18.00	16.00	16.00
	90	20.00	18.00	20.00	20.00	20.00	20.00	18.00	18.00
	95	20.00	20.00	20.00	20.00	20.00	20.00	18.00	18.80

表 3-2-26 北京市听力残疾人职业能力文档测验总分数据资料表

职业能力文档测验		男(岁)				女(岁)			
		15–29	30–39	40–49	50–59	15–29	30–39	40–49	50–54
N		13	24	19	135	109	22	26	8
平均数		33.86	36.28	42.25	72.47	72.44	46.32	41.11	38.06
标准差		17.80	25.13	19.86	19.37	17.18	19.17	20.72	11.40
最小值		14.44	0.00	12.22	0.00	8.00	14.00	2.89	20.67
最大值		60.89	81.78	86.67	99.11	96.22	75.56	74.44	49.11
百分位	5	14.44	1.78	12.22	28.18	35.00	14.77	5.61	20.67
	10	14.71	7.67	18.89	36.89	47.11	19.18	15.80	20.67
	25	15.44	15.17	30.22	66.00	64.78	27.39	19.72	25.17
	50	31.56	28.89	36.00	77.56	76.89	51.11	43.33	43.11
	75	53.11	62.50	57.33	85.56	83.78	63.56	59.67	47.83
	90	59.38	75.00	77.11	90.93	89.11	67.76	68.51	
	95		80.50		93.29	91.22	74.46	72.97	

(续表1)

职业能力文档测验	残疾等级				文化水平			
	一级	二级	三级	四级	小学及以下	初中	高中/中专	大专及以上
N	126	69	51	18	34	61	51	210
平均数	66.97	65.89	57.37	44.68	35.84	45.77	49.81	74.44
标准差	22.82	23.59	22.37	22.11	24.16	21.62	21.89	16.64
最小值	2.89	0.00	18.00	13.11	0.00	8.22	7.11	19.33
最大值	99.11	94.44	89.56	96.44	89.78	86.67	96.44	99.11

(续表)

职业能力文档测验		残疾等级				文化水平			
		一级	二级	三级	四级	小学及以下	初中	高中/中专	大专及以上
百分位	5	18.89	13.11	18.58	13.11	0.00	14.04	16.40	34.02
	10	32.02	29.11	24.44	19.91	5.44	18.71	23.51	50.11
	25	56.67	53.78	33.78	28.28	14.83	25.22	33.11	69.94
	50	75.11	75.33	64.22	37.44	36.78	44.67	47.56	78.78
	75	83.00	82.56	75.56	63.56	56.28	65.67	64.22	85.39
	90	90.73	89.56	84.67	75.84	69.78	73.87	82.67	90.64
	95	92.67	92.44	87.69		79.28	76.56	86.71	92.67

(续表2)

职业能力文档测验		交流方式				城区		郊区	
		手语	口语	手语&口语	其他	男	女	男	女
N		106	120	77	53	153	114	38	51
平均数		65.31	55.75	73.64	54.75	65.07	66.52	51.08	53.04
标准差		24.02	23.61	19.28	25.69	25.81	23.59	21.31	17.40
最小值		8.22	0.00	8.22	0.00	0.00	2.89	0.00	8.00
最大值		99.11	96.44	96.22	96.44	99.11	96.22	86.67	88.22
百分位	5	16.12	18.77	22.67	7.73	14.91	18.83	12.46	16.40
	10	19.80	25.13	42.22	14.44	25.20	23.44	18.38	26.13
	25	52.39	34.44	68.89	34.44	36.89	55.89	37.06	43.56
	50	74.44	59.67	79.33	59.56	75.56	75.67	55.44	54.22
	75	82.28	77.06	86.78	75.78	83.00	82.56	67.11	64.67
	90	89.56	84.87	90.49	86.80	90.44	89.00	77.58	74.04
	95	92.43	90.19	92.80	91.56	92.96	91.06	83.50	80.84

表3-2-27 北京市听力残疾人职业能力测验手眼协调能力分测验数据资料表

手眼协调	男(岁)				女(岁)			
	15-29	30-39	40-49	50-59	15-29	30-39	40-49	50-54
N	770	542	472	167	515	369	282	57
平均数	16.31	17.57	17.57	15.71	16.23	17.24	16.45	14.23
标准差	6.32	5.02	5.02	6.31	7.86	5.40	5.22	6.59
最小值	0.00	0.00	0.00	0.00	0.00	0.00	0.00	0.00
最大值	20.00	20.00	20.00	20.00	73.02	20.00	20.00	20.00

(续表)

手眼协调		男(岁)				女(岁)			
		15-29	30-39	40-49	50-59	15-29	30-39	40-49	50-54
百分位	5	0.00	0.00	0.00	0.00	0.00	0.00	4.00	0.00
	10	0.00	13.07	13.07	2.40	0.00	10.67	5.33	1.73
	25	17.33	17.33	17.33	16.00	17.33	17.33	16.00	12.33
	50	18.67	20.00	20.00	18.00	18.67	20.00	18.67	17.33
	75	20.00	20.00	20.00	20.00	20.00	20.00	20.00	18.67
	90	20.00	20.00	20.00	20.00	20.00	20.00	20.00	20.00
	95	20.00	20.00	20.00	20.00	20.00	20.00	20.00	20.00

(续表1)

手眼协调		残疾等级				文化水平			
		一级	二级	三级	四级	小学及以下	初中	高中/中专	大专及以上
N		365	201	206	162	125	231	176	390
平均数		16.13	16.11	16.04	17.05	15.16	16.29	17.48	15.91
标准差		7.08	6.59	6.15	5.19	6.35	5.99	5.03	6.69
最小值		0.00	0.00	0.00	0.00	0.00	0.00	0.00	0.00
最大值		73.02	20.00	20.00	20.00	20.00	20.00	20.00	20.00
百分位	5	0.00	0.00	0.00	1.33	0.00	0.00	0.00	0.00
	10	0.00	0.00	3.60	9.20	2.67	4.00	12.00	0.00
	25	16.00	17.33	16.00	17.33	14.67	16.00	18.67	16.00
	50	18.67	18.67	18.67	18.67	17.33	18.67	20.00	18.67
	75	20.00	20.00	20.00	20.00	20.00	20.00	20.00	20.00
	90	20.00	20.00	20.00	20.00	20.00	20.00	20.00	20.00
	95	20.00	20.00	20.00	20.00	20.00	20.00	20.00	20.00

(续表2)

手眼协调	交流方式				城区		郊区	
	手语	口语	手语&口语	其他	男	女	男	女
N	426	204	241	63	356	353	133	96
平均数	15.51	16.95	17.07	16.00	16.13	15.85	16.71	16.89
标准差	7.36	5.21	5.66	6.24	6.37	6.57	5.57	4.96
最小值	0.00	0.00	0.00	0.00	0.00	0.00	0.00	0.00
最大值	73.02	20.00	20.00	20.00	20.00	20.00	20.00	20.00

(续表)

手眼协调		交流方式				城区		郊区	
		手语	口语	手语&口语	其他	男	女	男	女
百分位	5	0.00	0.00	0.00	0.00	0.00	0.00	0.00	4.00
	10	0.00	11.34	8.53	2.40	0.00	0.00	5.87	6.67
	25	14.67	17.33	17.33	16.00	16.00	16.00	16.67	16.33
	50	18.67	18.67	18.67	18.67	18.67	18.67	18.67	18.67
	75	20.00	20.00	20.00	20.00	20.00	20.00	20.00	20.00
	90	20.00	20.00	20.00	20.00	20.00	20.00	20.00	20.00
	95	20.00	20.00	20.00	20.00	20.00	20.00	20.00	20.00

表3-2-28 北京市听力残疾人职业能力测验手指手腕灵活性分测验数据资料表

手指手腕灵活性 (单位:秒)		男(岁)				女(岁)			
		15–29	30–39	40–49	50–59	15–29	30–39	40–49	50–54
N		231	54	99	84	206	56	117	48
平均数		73.27	72.43	81.85	98.62	70.35	70.11	74.98	90.00
标准差		42.45	17.25	28.47	33.43	26.23	18.70	18.49	23.83
最小值		16.00	49.00	0.00	42.00	15.00	43.00	42.00	62.00
最大值		622.00	125.00	200.00	263.00	260.00	135.00	145.00	185.00
百分位	5	44.60	50.75	50.00	58.50	45.00	46.70	49.00	63.00
	10	50.00	54.50	59.00	63.50	48.70	49.40	53.80	67.00
	25	57.00	60.00	64.00	73.25	56.00	57.25	61.00	73.25
	50	67.00	68.00	75.00	95.00	64.00	67.00	73.00	84.00
	75	80.00	80.00	92.00	118.50	79.00	78.75	85.00	103.00
	90	99.00	99.00	114.00	131.50	93.60	95.90	96.20	124.60
	95	113.20	110.75	134.00	157.50	115.90	108.85	105.20	132.75

(续表1)

手指手腕灵活性 (单位:秒)	残疾等级				文化水平			
	一级	二级	三级	四级	小学及以下	初中	高中/中专	大专及以上
N	347	185	204	158	119	219	157	387
平均数	75.48	76.12	79.19	77.27	87.81	82.27	81.64	67.46
标准差	24.78	47.39	28.61	25.37	28.02	45.40	30.53	17.76
最小值	16.00	0.00	40.00	37.00	0.00	16.00	37.00	15.00
最大值	260.00	622.00	210.00	200.00	200.00	622.00	260.00	161.00

(续表)

手指手腕灵活性 (单位:秒)		残疾等级				文化水平			
		一级	二级	三级	四级	小学及以下	初中	高中/中专	大专及以上
百分位	5	48.00	45.60	48.25	46.95	59.00	49.00	51.00	44.40
	10	50.80	50.60	53.00	52.80	61.00	54.00	54.80	48.80
	25	60.00	59.00	60.00	60.00	70.00	63.00	61.00	56.00
	50	70.00	71.00	73.00	70.50	82.00	75.00	72.00	65.00
	75	85.00	82.50	90.00	90.00	100.00	90.00	92.00	76.00
	90	107.00	99.40	118.50	113.10	120.00	113.00	120.00	90.00
	95	120.00	117.10	141.25	122.05	137.00	125.00	140.20	105.00

(续表2)

手指手腕灵活性 (单位:秒)		交流方式				城区		郊区	
		手语	口语	手语&口语	其他	男	女	男	女
	N	404	202	230	58	336	333	132	94
	平均数	77.54	81.37	68.72	87.40	75.03	73.38	91.00	75.27
	标准差	26.98	27.64	20.70	75.38	26.46	24.52	54.32	21.45
	最小值	0.00	37.00	15.00	41.00	0.00	15.00	37.00	45.00
	最大值	263.00	210.00	195.00	622.00	263.00	260.00	622.00	185.00
百分位	5	49.00	50.00	43.00	46.85	47.00	46.00	53.65	48.00
	10	53.00	55.30	48.00	50.00	50.00	50.00	59.30	52.50
	25	60.00	63.00	55.00	63.75	59.25	57.50	67.00	64.00
	50	72.00	75.00	65.00	75.00	70.00	68.00	77.00	71.50
	75	87.00	95.00	80.00	88.50	85.00	84.00	105.75	81.25
	90	110.00	118.70	93.00	115.30	108.30	100.00	125.00	100.00
	95	125.00	134.55	107.45		120.00	118.60	141.55	112.75

2. 北京市听力残疾人职业人格状况

表 3-2-29 北京市听力残疾人职业人格测验坚持性维度数据资料表

坚持性	男(岁)				女(岁)			
	15-29	30-39	40-49	50-59	15-29	30-39	40-49	50-54
N	134	18	22	10	107	22	22	6
平均数	8.54	7.72	7.05	7.90	8.07	9.09	7.41	5.83
标准差	2.15	3.14	2.98	3.11	2.26	2.09	2.92	1.72
最小值	3.00	1.00	0.00	4.00	1.00	5.00	1.00	4.00
最大值	12.00	12.00	12.00	12.00	12.00	12.00	12.00	8.00

(续表)

坚持性		男(岁)				女(岁)			
		15-29	30-39	40-49	50-59	15-29	30-39	40-49	50-54
百分位	5	5.00	1.00	0.45	4.00	3.40	5.15	1.30	4.00
	10	6.00	2.80	3.30	4.10	6.00	6.00	3.30	4.00
	25	7.00	5.00	4.75	5.00	7.00	7.75	5.50	4.00
	50	9.00	8.00	7.50	7.00	8.00	9.00	7.50	6.00
	75	10.00	10.25	10.00	11.25	10.00	11.00	10.00	7.25
	90	11.00	12.00	10.70	12.00	11.00	12.00	10.70	
	95	12.00		11.85		11.00	12.00	11.85	

表 3-2-30 北京市听力残疾人职业人格测验严谨性维度数据资料表

严谨性		男(岁)				女(岁)			
		15-29	30-39	40-49	50-59	15-29	30-39	40-49	50-54
N		134	18	22	10	107	22	22	6
平均数		9.16	8.00	8.09	8.70	8.61	9.68	7.77	6.17
标准差		1.61	2.47	1.90	2.00	1.89	1.67	2.51	2.40
最小值		4.00	4.00	5.00	5.00	1.00	5.00	4.00	4.00
最大值		12.00	11.00	12.00	11.00	12.00	12.00	11.00	10.00
百分位	5	7.00	4.00	5.15	5.00	5.00	5.30	4.00	4.00
	10	7.00	4.90	6.00	5.20	6.00	7.30	4.30	4.00
	25	8.00	5.00	6.75	7.00	8.00	8.75	5.00	4.00
	50	9.00	8.50	8.00	9.00	9.00	10.00	8.50	5.50
	75	10.00	10.25	9.25	10.25	10.00	11.00	10.00	8.50
	90	11.00	11.00	11.00	11.00	11.00	11.00	11.00	
	95	12.00		11.85		11.00	11.85	11.00	

表 3-2-31 北京市听力残疾人职业人格测验情绪稳定性维度数据资料表

情绪稳定性	男(岁)				女(岁)			
	15-29	30-39	40-49	50-59	15-29	30-39	40-49	50-54
N	134	18	22	10	107	22	22	6
平均数	6.96	5.39	5.91	6.00	7.03	6.95	5.23	2.17
标准差	2.71	2.70	3.45	3.40	2.84	2.97	3.52	1.83
最小值	0.00	0.00	0.00	0.00	1.00	1.00	0.00	0.00
最大值	12.00	10.00	12.00	10.00	12.00	12.00	11.00	4.00

（续表）

情绪稳定性		男(岁)				女(岁)			
		15-29	30-39	40-49	50-59	15-29	30-39	40-49	50-54
百分位	5	2.00	0.00	0.00	0.00	2.00	1.15	0.00	0.00
	10	3.00	0.90	0.00	0.20	3.00	2.30	0.00	0.00
	25	5.00	3.75	3.75	2.75	5.00	4.75	2.50	0.00
	50	7.00	5.00	6.00	6.50	7.00	7.50	5.00	2.50
	75	9.00	7.25	8.00	9.25	9.00	9.00	9.00	4.00
	90	10.00	9.10	11.00	10.00	11.00	11.00	10.40	
	95	11.00		11.85		11.60	11.85	11.00	

表3-2-32　北京市听力残疾人职业人格测验自信心维度数据资料表

自信心		男(岁)				女(岁)			
		15-29	30-39	40-49	50-59	15-29	30-39	40-49	50-54
	N	134	18	22	10	107	22	22	6
	平均数	8.45	8.78	8.36	8.00	8.65	8.95	8.18	9.50
	标准差	1.88	1.77	1.99	1.49	2.04	1.65	1.62	1.64
	最小值	3.00	6.00	2.00	6.00	3.00	5.00	5.00	7.00
	最大值	12.00	12.00	12.00	11.00	12.00	12.00	11.00	12.00
百分位	5	5.00	6.00	2.60	6.00	5.00	5.00	5.00	7.00
	10	6.00	6.00	6.00	6.10	6.00	5.90	5.30	7.00
	25	7.00	7.00	8.00	7.00	7.00	8.00	7.00	8.50
	50	8.00	9.00	9.00	7.50	9.00	9.00	8.00	9.50
	75	10.00	10.00	9.00	9.00	10.00	10.00	9.25	10.50
	90	11.00	11.10	10.70	10.80	11.00	10.70	10.00	
	95	11.00		11.85		12.00	11.85	10.85	

表3-2-33　北京市听力残疾人职业人格测验责任心维度数据资料表

责任心	男(岁)				女(岁)			
	15-29	30-39	40-49	50-59	15-29	30-39	40-49	50-54
N	134	18	22	10	107	22	22	6
平均数	9.88	9.17	8.91	9.10	9.58	10.55	8.86	9.17
标准差	1.61	2.04	2.35	2.51	1.73	1.63	2.66	1.47
最小值	3.00	5.00	4.00	5.00	3.00	6.00	3.00	8.00
最大值	12.00	12.00	12.00	12.00	12.00	12.00	12.00	12.00

（续表）

责任心		男(岁)				女(岁)			
		15-29	30-39	40-49	50-59	15-29	30-39	40-49	50-54
百分位	5	7.00	5.00	4.15	5.00	5.40	6.30	3.30	8.00
	10	8.00	5.90	5.30	5.10	7.80	8.00	5.00	8.00
	25	9.00	7.75	7.75	6.75	9.00	9.75	6.75	8.00
	50	10.00	9.50	9.00	9.50	10.00	11.00	9.50	9.00
	75	11.00	11.00	11.00	11.25	11.00	12.00	11.25	9.75
	90	12.00	11.10	12.00	12.00	11.20	12.00	12.00	
	95	12.00		12.00		12.00	12.00	12.00	

表3-2-34　北京市听力残疾人职业人格测验交际能力维度数据资料表

交际能力		男(岁)				女(岁)			
		15-29	30-39	40-49	50-59	15-29	30-39	40-49	50-54
N		134	18	22	10	107	22	22	6
平均数		8.60	7.89	6.64	7.30	8.71	8.77	7.50	8.33
标准差		2.25	1.57	2.11	2.26	2.05	2.31	3.26	1.21
最小值		2.00	5.00	4.00	3.00	1.00	4.00	0.00	7.00
最大值		12.00	10.00	11.00	10.00	12.00	12.00	12.00	10.00
百分位	5	3.75	5.00	4.00	3.00	5.00	4.15	0.00	7.00
	10	5.00	5.00	4.00	3.20	6.00	5.30	0.60	7.00
	25	7.00	7.00	4.75	5.75	7.00	7.50	7.00	7.00
	50	9.00	8.00	6.00	7.00	9.00	9.00	8.00	8.50
	75	10.00	9.00	8.00	9.25	10.00	10.25	10.00	9.25
	90	11.00	10.00	9.70	10.00	11.00	12.00	10.70	
	95	11.25		10.85		12.00	12.00	11.85	

表3-2-35　北京市听力残疾人职业人格测验管理能力维度数据资料表

管理能力	男(岁)				女(岁)			
	15-29	30-39	40-49	50-59	15-29	30-39	40-49	50-54
N	134	18	22	10	107	22	22	6
平均数	10.14	9.22	8.82	9.70	9.83	10.32	9.32	10.00
标准差	1.62	2.26	2.79	2.41	2.16	1.70	2.73	2.28
最小值	6.00	3.00	1.00	5.00	3.00	6.00	3.00	7.00
最大值	12.00	12.00	12.00	12.00	12.00	12.00	12.00	12.00

(续表)

管理能力		男(岁)				女(岁)			
		15-29	30-39	40-49	50-59	15-29	30-39	40-49	50-54
百分位	5	7.00	3.00	1.60	5.00	5.00	6.15	3.30	7.00
	10	8.00	6.60	5.30	5.20	7.00	7.30	5.00	7.00
	25	9.00	7.75	7.00	7.75	9.00	9.75	8.00	7.75
	50	11.00	10.00	9.50	10.50	10.00	10.50	10.00	10.50
	75	11.00	11.00	11.00	12.00	12.00	12.00	12.00	12.00
	90	12.00	12.00	12.00	12.00	12.00	12.00	12.00	
	95	12.00		12.00		12.00	12.00	12.00	

表 3-2-36 北京市听力残疾人职业人格测验抗挫折能力维度数据资料表

抗挫折能力		男(岁)				女(岁)			
		15-29	30-39	40-49	50-59	15-29	30-39	40-49	50-54
N		134	18	22	10	107	22	22	6
平均数		8.44	7.17	6.68	6.60	8.47	8.14	6.91	5.67
标准差		2.08	2.57	2.53	2.41	2.05	2.40	2.51	1.86
最小值		4.00	0.00	2.00	3.00	3.00	3.00	1.00	3.00
最大值		12.00	10.00	11.00	9.00	12.00	12.00	11.00	8.00
百分位	5	5.00	0.00	2.15	3.00	5.00	3.15	1.45	3.00
	10	5.00	3.60	3.00	3.10	6.00	4.30	4.00	3.00
	25	7.00	6.00	4.75	4.00	7.00	6.75	5.75	3.75
	50	9.00	7.50	7.00	7.00	9.00	8.00	6.50	6.00
	75	10.00	9.25	9.00	9.00	10.00	10.00	9.25	7.25
	90	11.00	10.00	10.00	9.00	11.00	11.70	10.70	
	95	11.00		10.85		12.00	12.00	11.00	

3. 北京市听力残疾人职业兴趣状况

表 3-2-37 北京市听力残疾人职业兴趣测验常规型数据资料表

常规型	男(岁)				女(岁)			
	15-29	30-39	40-49	50-59	15-29	30-39	40-49	50-54
N	127	17	20	11	105	22	21	5
平均数	6.81	6.12	5.95	6.36	6.01	6.41	5.76	6.60
标准差	1.25	1.69	1.67	1.75	1.56	1.50	1.51	0.55
最小值	4.00	2.00	3.00	3.00	2.00	4.00	2.00	6.00
最大值	10.00	9.00	10.00	9.00	9.00	9.00	8.00	7.00

(续表)

常规型		男（岁）				女（岁）			
		15-29	30-39	40-49	50-59	15-29	30-39	40-49	50-54
百分位	5	5.00	2.00	3.00	3.00	3.00	4.00	2.10	6.00
	10	5.00	4.40	3.10	3.40	4.00	4.30	3.20	6.00
	25	6.00	5.00	5.00	5.00	5.00	5.00	5.00	6.00
	50	7.00	6.00	6.00	7.00	6.00	6.00	6.00	7.00
	75	8.00	7.50	7.00	8.00	7.00	8.00	7.00	7.00
	90	8.00	8.20	7.90	8.80	8.00	8.70	7.00	
	95	9.00		9.90		8.00	9.00	7.90	

表 3-2-38　北京市听力残疾人职业兴趣测验现实型数据资料表

现实型		男（岁）				女（岁）			
		15-29	30-39	40-49	50-59	15-29	30-39	40-49	50-54
	N	127	17	20	11	105	22	21	5
	平均数	6.72	5.71	6.10	6.36	6.52	6.64	6.38	6.60
	标准差	1.38	2.11	2.02	1.69	1.35	1.09	1.96	1.14
	最小值	3.00	2.00	2.00	3.00	3.00	4.00	1.00	5.00
	最大值	10.00	9.00	10.00	9.00	9.00	8.00	10.00	8.00
百分位	5	4.00	2.00	2.05	3.00	4.00	4.15	1.30	5.00
	10	5.00	2.80	3.10	3.40	5.00	5.00	4.00	5.00
	25	6.00	4.00	4.25	5.00	6.00	6.00	5.00	5.50
	50	7.00	5.00	6.00	6.00	7.00	7.00	7.00	7.00
	75	8.00	8.00	7.75	8.00	8.00	7.25	7.50	7.50
	90	8.00	8.20	8.90	8.80	8.00	8.00	8.80	
	95	9.00		9.95		8.00	8.00	9.90	

表 3-2-39　北京市听力残疾人职业兴趣测验研究型数据资料表

研究型	男（岁）				女（岁）			
	15-29	30-39	40-49	50-59	15-29	30-39	40-49	50-54
N	127	17	20	11	105	22	21	5
平均数	6.41	5.41	5.65	6.55	6.14	6.14	6.00	6.40
标准差	1.67	1.77	1.90	1.37	1.82	1.55	1.70	1.82
最小值	2.00	2.00	2.00	4.00	1.00	3.00	3.00	4.00
最大值	10.00	8.00	10.00	8.00	10.00	8.00	10.00	9.00

(续表)

研究型		男(岁)				女(岁)			
		15-29	30-39	40-49	50-59	15-29	30-39	40-49	50-54
百分位	5	3.00	2.00	2.05	4.00	3.00	3.15	3.10	4.00
	10	4.00	2.80	3.10	4.20	4.00	4.00	4.00	4.00
	25	5.00	3.50	4.00	6.00	5.00	5.00	5.00	5.00
	50	6.00	6.00	6.00	6.00	6.00	6.50	6.00	6.00
	75	8.00	7.00	7.00	8.00	8.00	7.25	7.50	8.00
	90	8.00	7.20	8.00	8.00	8.00	8.00	8.00	
	95	9.00		9.90		9.00	8.00	9.80	

表3-2-40 北京市听力残疾人职业兴趣测验企业型数据资料表

企业型		男(岁)				女(岁)			
		15-29	30-39	40-49	50-59	15-29	30-39	40-49	50-54
N		127	17	20	11	105	22	21	5
平均数		6.39	5.71	5.85	5.64	6.57	5.91	5.52	7.60
标准差		1.62	1.53	1.27	1.75	1.65	1.54	1.25	0.89
最小值		1.00	4.00	4.00	3.00	1.00	2.00	3.00	7.00
最大值		10.00	9.00	8.00	9.00	10.00	8.00	8.00	9.00
百分位	5	4.00	4.00	4.00	3.00	3.30	2.30	3.10	7.00
	10	4.00	4.00	4.00	3.20	5.00	4.00	4.00	7.00
	25	5.00	4.50	5.00	5.00	6.00	5.00	4.50	7.00
	50	6.00	5.00	6.00	5.00	7.00	6.00	6.00	7.00
	75	7.00	6.50	7.00	7.00	8.00	7.00	6.00	8.50
	90	8.00	8.20	7.00	8.80	9.00	8.00	7.00	
	95	9.00		7.95		9.00	8.00	7.90	

表3-2-41 北京市听力残疾人职业兴趣测验社会型数据资料表

社会型	男(岁)				女(岁)			
	15-29	30-39	40-49	50-59	15-29	30-39	40-49	50-54
N	127	17	20	11	105	22	21	5
平均数	4.60	5.12	4.80	4.91	5.16	5.77	5.14	4.80
标准差	1.50	1.93	1.44	1.92	1.43	1.48	1.77	1.30
最小值	0.00	1.00	2.00	2.00	2.00	2.00	2.00	4.00
最大值	9.00	7.00	8.00	8.00	8.00	8.00	8.00	7.00

(续表)

社会型		男(岁)				女(岁)			
		15–29	30–39	40–49	50–59	15–29	30–39	40–49	50–54
百分位	5	2.00	1.00	2.05	2.00	3.00	2.15	2.00	4.00
	10	3.00	1.80	3.00	2.20	3.00	3.30	2.20	4.00
	25	3.00	4.00	4.00	3.00	4.00	5.00	4.00	4.00
	50	5.00	6.00	5.00	5.00	5.00	6.00	5.00	4.00
	75	6.00	7.00	6.00	7.00	6.00	7.00	6.50	6.00
	90	6.20	7.00	6.90	7.80	7.00	7.00	7.80	
	95	7.00		7.95		7.70	7.85	8.00	

表3-2-42 北京市听力残疾人职业兴趣测验艺术型数据资料表

艺术型		男(岁)				女(岁)			
		15–29	30–39	40–49	50–59	15–29	30–39	40–49	50–54
N		127	17	20	11	105	22	21	5
平均数		5.94	4.76	5.85	4.91	6.06	5.45	4.57	7.20
标准差		2.00	2.39	2.25	1.92	1.63	1.87	2.25	1.79
最小值		0.00	1.00	2.00	2.00	1.00	1.00	1.00	5.00
最大值		10.00	9.00	9.00	8.00	10.00	8.00	9.00	9.00
百分位	5	3.00	1.00	2.05	2.00	3.00	1.15	1.10	5.00
	10	3.00	1.80	3.00	2.20	4.00	2.30	2.00	5.00
	25	4.00	3.00	4.00	3.00	5.00	4.75	3.00	5.50
	50	6.00	4.00	6.00	5.00	6.00	5.50	4.00	7.00
	75	7.00	7.00	8.00	7.00	7.00	7.00	7.00	9.00
	90	9.00	8.20	9.00	7.80	8.00	8.00	7.80	
	95	9.00	9.00	9.00	8.00	8.90			

(三)北京市言语残疾人职业适应性状况

1.北京市言语残疾人职业能力状况

表3-2-43 北京市言语残疾人职业能力测验言语能力分测验数据资料表

言语能力	性别		年龄(岁)		城郊	
	男	女	15–39	40–59	城区	郊区
N	28	24	43	9	38	14
平均数	11.24	12.19	12.76	6.52	11.81	11.33
标准差	5.19	4.91	4.09	6.14	4.85	5.69
最小值	0.00	1.33	1.33	0.00	0.00	2.00
最大值	18.67	18.67	18.67	16.67	18.00	18.67

（续表）

言语能力		性别		年龄（岁）		城郊	
		男	女	15-39	40-59	城区	郊区
百分位	5	0.60	1.83	2.80	0.00	1.27	2.00
	10	1.33	3.67	7.47	0.00	1.33	2.67
	25	9.50	9.33	10.00	1.33	10.00	8.00
	50	12.67	13.00	14.00	4.00	13.00	10.00
	75	14.67	16.50	15.33	12.00	15.33	16.83
	90	15.60	17.67	17.73		16.73	18.67
	95	18.37	18.50	18.53		18.00	

表 3-2-44　北京市言语残疾人职业能力测验数理能力分测验数据资料表

数理能力		性别		年龄（岁）		城郊	
		男	女	15-39	40-59	城区	郊区
N		28	24	43	9	38	14
平均数		11.86	12.17	13.35	5.56	13.16	8.86
标准差		5.84	4.90	4.47	4.77	5.11	4.94
最小值		0.00	0.00	0.00	0.00	0.00	2.00
最大值		18.00	20.00	20.00	14.00	20.00	18.00
百分位	5	0.00	1.00	2.40	0.00	0.00	2.00
	10	1.80	5.00	6.00	0.00	1.80	3.00
	25	8.00	10.00	12.00	1.00	12.00	5.50
	50	14.00	14.00	14.00	4.00	14.00	8.00
	75	16.00	16.00	16.00	9.00	16.00	11.00
	90	18.00	18.00	18.00		18.00	18.00
	95	18.00	19.50	18.00		18.10	

表 3-2-45　北京市言语残疾人职业能力测验空间知觉分测验数据资料表

空间知觉	性别		年龄（岁）		城郊	
	男	女	15-39	40-59	城区	郊区
N	28	24	43	9	38	14
平均数	11.00	11.42	12.37	5.56	12.37	8.00
标准差	5.80	4.99	4.86	4.22	5.13	4.90
最小值	0.00	2.00	2.00	0.00	0.00	2.00
最大值	20.00	20.00	20.00	14.00	20.00	16.00

(续表)

空间知觉		性别		年龄(岁)		城郊	
		男	女	15-39	40-59	城区	郊区
百分位	5	0.90	2.00	2.00	0.00	1.90	2.00
	10	2.00	3.00	2.80	0.00	2.00	2.00
	25	4.50	8.00	10.00	3.00	10.00	4.00
	50	13.00	12.00	14.00	4.00	14.00	7.00
	75	16.00	14.00	16.00	8.00	16.00	12.50
	90	16.20	18.00	18.00		18.00	16.00
	95	19.10	19.50	19.60		20.00	

表3-2-46 北京市言语残疾人职业能力测验符号知觉分测验数据资料表

符号知觉		性别		年龄(岁)		城郊	
		男	女	15-39	40-59	城区	郊区
N		28	24	43	9	38	14
平均数		14.80	16.05	17.06	7.31	16.68	11.84
标准差		6.51	4.91	3.85	6.97	4.25	7.90
最小值		0.00	0.00	1.33	0.00	4.22	0.00
最大值		19.78	20.00	20.00	18.22	19.78	20.00
百分位	5	0.50	1.72	7.51	0.00	6.76	0.00
	10	1.31	8.11	11.60	0.00	7.91	0.00
	25	10.67	14.17	17.11	0.56	16.89	1.28
	50	18.44	18.00	18.44	7.11	18.56	14.56
	75	19.28	19.11	19.33	13.56	19.33	18.28
	90	19.58	19.56	19.56		19.56	19.67
	95	19.78	19.89	19.78		19.78	

表3-2-47 北京市言语残疾人职业能力测验形状知觉分测验数据资料表

形状知觉	性别		年龄(岁)		城郊	
	男	女	15-39	40-59	城区	郊区
N	28	24	43	9	38	14
平均数	13.79	14.33	15.63	6.44	14.89	11.71
标准差	6.36	5.13	4.52	5.17	6.06	4.29
最小值	0.00	2.00	2.00	0.00	0.00	4.00
最大值	20.00	20.00	20.00	16.00	20.00	16.00

(续表)

形状知觉		性别		年龄(岁)		城郊	
		男	女	15-39	40-59	城区	郊区
百分位	5	0.90	2.00	2.40	0.00	1.90	4.00
	10	2.00	5.00	8.80	0.00	2.00	5.00
	25	10.00	12.50	14.00	2.00	14.00	8.00
	50	16.00	16.00	18.00	6.00	18.00	13.00
	75	18.00	18.00	18.00	10.00	18.00	16.00
	90	20.00	19.00	20.00		20.00	16.00
	95	20.00	20.00	20.00		20.00	

表3-2-48 北京市言语残疾人职业能力文档测验总分数据资料表

职业能力文档测验		性别		年龄(岁)		城郊	
		男	女	15-39	40-59	城区	郊区
	N	28	24	43	9	38	14
	平均数	62.68	66.16	71.17	31.38	68.91	51.75
	标准差	27.30	19.71	17.72	23.01	22.58	23.76
	最小值	10.44	24.22	23.33	10.44	10.44	17.11
	最大值	87.33	88.67	88.67	78.44	88.44	88.67
百分位	5	10.84	26.00	24.71	10.44	11.29	17.11
	10	13.93	32.78	40.18	10.44	22.42	21.56
	25	34.06	52.22	63.56	12.78	63.56	30.17
	50	74.78	71.00	75.33	26.00	75.89	52.67
	75	84.11	82.94	85.78	46.78	85.28	72.61
	90	86.71	88.33	87.24		86.93	87.89
	95	87.23	88.61	88.40		88.23	

2. 北京市言语残疾人职业人格状况

表3-2-49 北京市言语残疾人职业人格测验坚持性维度数据资料表

坚持性	性别		年龄(岁)		城郊	
	男	女	15-39	40-59	城区	郊区
N	26	24	24	7	37	13
平均数	7.12	7.00	7.00	5.57	7.14	6.85
标准差	2.25	2.32	2.32	2.94	2.15	2.64
最小值	1.00	1.00	1.00	1.00	1.00	1.00
最大值	11.00	11.00	11.00	10.00	11.00	11.00

(续表)

坚持性		性别		年龄(岁)		城郊	
		男	女	15-39	40-59	城区	郊区
百分位	5	2.05	1.50	1.50	1.00	2.80	1.00
	10	4.00	3.50	3.50	1.00	4.00	2.20
	25	6.00	6.00	6.00	4.00	6.00	5.50
	50	7.00	7.00	7.00	6.00	7.00	7.00
	75	9.00	8.00	8.00	8.00	8.50	8.50
	90	10.00	10.00	10.00		10.00	10.60
	95	10.65	10.75	10.75		10.10	

表 3-2-50　北京市言语残疾人职业人格测验严谨性维度数据资料表

严谨性		性别		年龄(岁)		城郊	
		男	女	15-39	40-59	城区	郊区
N		26	24	24	7	37	13
平均数		8.62	7.67	7.67	7.57	8.30	7.77
标准差		2.00	2.32	2.32	1.62	2.11	2.45
最小值		4.00	2.00	2.00	5.00	2.00	2.00
最大值		11.00	11.00	11.00	10.00	11.00	10.00
百分位	5	4.00	2.00	2.00	5.00	3.80	2.00
	10	4.70	3.00	3.00	5.00	4.00	3.20
	25	8.00	7.25	7.25	6.00	8.00	6.00
	50	9.00	8.00	8.00	8.00	9.00	8.00
	75	10.00	9.00	9.00	8.00	10.00	10.00
	90	11.00	10.00	10.00		11.00	10.00
	95	11.00	10.75	10.75		11.00	

表 3-2-51　北京市言语残疾人职业人格测验情绪稳定性维度数据资料表

情绪稳定性	性别		年龄(岁)		城郊	
	男	女	15-39	40-59	城区	郊区
N	26	24	24	7	37	13
平均数	6.38	5.71	5.71	4.29	6.49	4.85
标准差	3.07	2.74	2.74	4.03	2.82	2.91
最小值	0.00	0.00	0.00	0.00	1.00	0.00
最大值	12.00	11.00	11.00	10.00	12.00	9.00

(续表)

情绪稳定性		性别		年龄(岁)		城郊	
		男	女	15-39	40-59	城区	郊区
百分位	5	0.35	0.25	0.25	0.00	1.00	0.00
	10	1.70	1.50	1.50	0.00	2.80	0.00
	25	4.50	4.00	4.00	0.00	4.50	2.50
	50	6.50	6.00	6.00	3.00	6.00	5.00
	75	9.00	7.75	7.75	8.00	8.50	7.00
	90	10.00	9.50	9.50		10.00	8.60
	95	11.30	10.75	10.75		11.10	

表3-2-52 北京市言语残疾人职业人格测验自信心维度数据资料表

自信心		性别		年龄(岁)		城郊	
		男	女	15-39	40-59	城区	郊区
	N	26	24	24	7	37	13
	平均数	7.23	7.83	7.83	7.71	7.27	8.23
	标准差	1.99	1.55	1.55	2.50	1.79	1.69
	最小值	3.00	4.00	4.00	3.00	3.00	5.00
	最大值	11.00	10.00	10.00	10.00	11.00	11.00
百分位	5	3.35	4.25	4.25	3.00	3.90	5.00
	10	4.00	5.50	5.50	3.00	4.00	5.40
	25	6.00	7.00	7.00	6.00	7.00	7.50
	50	7.00	8.00	8.00	8.00	7.00	8.00
	75	8.25	9.00	9.00	10.00	9.00	10.00
	90	9.60	10.00	10.00		9.00	10.60
	95	11.00	10.00	10.00		10.10	

表3-2-53 北京市言语残疾人职业人格测验责任心维度数据资料表

责任心	性别		年龄(岁)		城郊	
	男	女	15-39	40-59	城区	郊区
N	26	24	24	7	37	13
平均数	8.96	9.42	9.42	8.00	9.16	9.23
标准差	2.39	2.04	2.04	3.21	2.10	2.62
最小值	4.00	4.00	4.00	4.00	4.00	4.00
最大值	12.00	12.00	12.00	12.00	12.00	12.00

(续表)

责任心		性别		年龄(岁)		城郊	
		男	女	15-39	40-59	城区	郊区
百分位	5	4.35	4.25	4.25	4.00	4.90	4.00
	10	5.00	6.00	6.00	4.00	5.00	4.40
	25	7.75	8.25	8.25	5.00	8.00	7.50
	50	9.50	9.50	9.50	8.00	9.00	10.00
	75	11.00	11.00	11.00	12.00	11.00	11.50
	90	12.00	11.50	11.50		11.20	12.00
	95	12.00	12.00	12.00		12.00	

表3-2-54 北京市言语残疾人职业人格测验交际能力维度数据资料表

交际能力		性别		年龄(岁)		城郊	
		男	女	15-39	40-59	城区	郊区
N		26	24	24	7	37	13
平均数		7.62	7.13	7.13	6.29	7.76	6.31
标准差		2.10	1.78	1.78	1.89	1.86	1.84
最小值		3.00	4.00	4.00	3.00	3.00	4.00
最大值		11.00	11.00	11.00	9.00	11.00	10.00
百分位	5	3.35	4.00	4.00	3.00	3.90	4.00
	10	4.70	4.50	4.50	3.00	5.80	4.00
	25	6.00	6.00	6.00	5.00	6.50	5.00
	50	7.50	7.00	7.00	7.00	8.00	6.00
	75	10.00	8.75	8.75	7.00	9.00	7.50
	90	10.00	9.00	9.00		10.00	9.60
	95	10.65	10.50	10.50		11.00	

表3-2-55 北京市言语残疾人职业人格测验管理能力维度数据资料表

管理能力	性别		年龄(岁)		城郊	
	男	女	15-39	40-59	城区	郊区
N	26	24	24	7	37	13
平均数	9.31	8.29	8.29	9.00	8.73	9.08
标准差	2.94	2.68	2.68	4.16	2.81	3.01
最小值	1.00	4.00	4.00	1.00	1.00	4.00
最大值	12.00	12.00	12.00	12.00	12.00	12.00

(续表)

管理能力		性别		年龄(岁)		城郊	
		男	女	15-39	40-59	城区	郊区
百分位	5	1.70	4.00	4.00	1.00	2.80	4.00
	10	4.40	4.00	4.00	1.00	4.80	4.00
	25	7.75	6.25	6.25	6.00	7.00	6.50
	50	10.50	8.50	8.50	11.00	9.00	10.00
	75	11.25	10.75	10.75	12.00	11.00	12.00
	90	12.00	12.00	12.00		12.00	12.00
	95	12.00	12.00	12.00		12.00	

表3-2-56 北京市言语残疾人职业人格测验抗挫折能力维度数据资料表

抗挫折能力		性别		年龄(岁)		城郊	
		男	女	15-39	40-59	城区	郊区
N		26	24	24	7	37	13
平均数		7.88	7.00	7.00	5.14	7.81	6.46
标准差		2.55	2.04	2.04	2.73	2.26	2.37
最小值		1.00	3.00	3.00	1.00	4.00	1.00
最大值		12.00	10.00	10.00	9.00	12.00	9.00
百分位	5	2.05	3.25	3.25	1.00	4.00	1.00
	10	4.70	4.00	4.00	1.00	4.80	1.80
	25	6.75	5.25	5.25	3.00	6.00	5.50
	50	8.00	7.00	7.00	5.00	8.00	7.00
	75	10.00	9.00	9.00	7.00	10.00	8.50
	90	11.30	10.00	10.00		10.20	9.00
	95	12.00	10.00	10.00		12.00	

3. 北京市言语残疾人职业兴趣状况

表3-2-57 北京市言语残疾人职业兴趣测验常规型数据资料表

常规型	性别		年龄(岁)		城郊	
	男	女	15-39	40-59	城区	郊区
N	24	21	38	7	35	10
平均数	6.08	6.38	6.39	5.29	6.09	6.70
标准差	1.47	1.53	1.37	1.89	1.50	1.42
最小值	3.00	3.00	3.00	3.00	3.00	3.00
最大值	8.00	8.00	8.00	7.00	8.00	8.00

(续表)

常规型		性别		年龄(岁)		城郊	
		男	女	15-39	40-59	城区	郊区
百分位	5	3.00	3.10	3.95	3.00	3.00	3.00
	10	3.50	4.00	4.90	3.00	4.00	3.30
	25	5.00	5.00	5.00	3.00	5.00	6.75
	50	6.00	7.00	7.00	6.00	6.00	7.00
	75	7.00	8.00	8.00	7.00	7.00	7.25
	90	8.00	8.00	8.00		8.00	8.00
	95	8.00	8.00	8.00		8.00	

表3-2-58 北京市言语残疾人职业兴趣测验现实型数据资料表

现实型		性别		年龄(岁)		城郊	
		男	女	15-39	40-59	城区	郊区
N		24	21	38	7	35	10
平均数		6.21	6.71	6.74	4.86	6.46	6.40
标准差		1.79	1.31	1.33	2.04	1.56	1.78
最小值		3.00	5.00	4.00	3.00	3.00	3.00
最大值		9.00	9.00	9.00	8.00	9.00	9.00
百分位	5	3.00	5.00	4.00	3.00	3.00	3.00
	10	3.00	5.00	5.00	3.00	4.00	3.20
	25	5.00	5.50	6.00	3.00	5.00	5.00
	50	7.00	7.00	7.00	5.00	7.00	6.50
	75	7.75	8.00	8.00	7.00	8.00	8.00
	90	8.00	8.80	8.10		8.00	8.90
	95	8.75	9.00	9.00		9.00	

表3-2-59 北京市言语残疾人职业兴趣测验研究型数据资料表

研究型	性别		年龄(岁)		城郊	
	男	女	15-39	40-59	城区	郊区
N	24	21	38	7	35	10
平均数	5.96	5.62	5.95	5.00	6.00	5.10
标准差	1.90	1.66	1.66	2.31	1.75	1.79
最小值	1.00	2.00	2.00	1.00	2.00	1.00
最大值	10.00	9.00	10.00	8.00	10.00	8.00

(续表)

研究型		性别		年龄（岁）		城郊	
		男	女	15-39	40-59	城区	郊区
百分位	5	1.50	2.10	2.95	1.00	2.80	1.00
	10	3.50	3.20	4.00	1.00	3.60	1.30
	25	5.00	5.00	5.00	3.00	5.00	4.75
	50	6.00	5.00	6.00	6.00	6.00	5.00
	75	7.00	7.00	7.00	6.00	7.00	6.00
	90	8.00	8.00	8.00		8.00	7.80
	95	9.50	8.90	9.05		9.20	

表3-2-60 北京市言语残疾人职业兴趣测验企业型数据资料表

企业型		性别		年龄（岁）		城郊	
		男	女	15-39	40-59	城区	郊区
N		24	21	38	7	35	10
平均数		5.50	5.67	5.76	4.57	5.66	5.30
标准差		1.74	1.68	1.60	1.99	1.53	2.26
最小值		1.00	2.00	2.00	1.00	3.00	1.00
最大值		9.00	8.00	9.00	7.00	9.00	8.00
百分位	5	1.50	2.10	2.95	1.00	3.00	1.00
	10	3.50	3.00	3.00	1.00	3.60	1.10
	25	4.00	4.00	4.75	4.00	4.00	3.50
	50	6.00	6.00	6.00	4.00	6.00	6.00
	75	6.00	7.00	7.00	6.00	7.00	7.00
	90	8.00	7.00	8.00		7.40	7.90
	95	8.75	7.90	8.05		8.20	

表3-2-61 北京市言语残疾人职业兴趣测验社会型数据资料表

社会型	性别		年龄（岁）		城郊	
	男	女	15-39	40-59	城区	郊区
N	24	21	38	7	35	10
平均数	4.50	4.76	4.58	4.86	4.69	4.40
标准差	1.67	1.51	1.54	1.95	1.59	1.65
最小值	1.00	2.00	1.00	2.00	1.00	2.00
最大值	8.00	8.00	8.00	8.00	8.00	8.00

(续表)

社会型		性别		年龄（岁）		城郊	
		男	女	15-39	40-59	城区	郊区
百分位	5	1.25	2.10	1.95	2.00	1.80	2.00
	10	2.00	3.00	2.90	2.00	2.60	2.10
	25	3.25	3.50	3.00	4.00	3.00	3.75
	50	4.50	5.00	5.00	4.00	5.00	4.00
	75	6.00	6.00	6.00	6.00	6.00	5.25
	90	6.50	6.80	6.10		6.40	7.80
	95	7.75	7.90	7.05		7.20	

表 3-2-62　北京市言语残疾人职业兴趣测验艺术型数据资料表

艺术型		性别		年龄（岁）		城郊	
		男	女	15-39	40-59	城区	郊区
N		24	21	38	7	35	10
平均数		5.63	5.33	5.47	5.57	5.34	6.00
标准差		1.93	2.03	2.00	1.90	1.91	2.16
最小值		2.00	3.00	2.00	4.00	2.00	3.00
最大值		9.00	9.00	9.00	9.00	9.00	9.00
百分位	5	2.25	3.00	2.95	4.00	2.80	3.00
	10	3.00	3.00	3.00	4.00	3.00	3.10
	25	4.00	3.50	4.00	4.00	4.00	4.00
	50	6.00	5.00	5.00	5.00	5.00	5.50
	75	7.00	7.50	7.25	7.00	7.00	8.25
	90	8.50	8.00	8.00		8.00	9.00
	95	9.00	8.90	9.00		8.20	

三、上海市残疾人职业适应性状况

（一）上海市肢体残疾人职业适应性状况

1. 上海市肢体残疾人职业能力状况

表 3-3-1　上海市肢体残疾人职业能力测验言语能力分测验数据资料表

言语能力	男（岁）				女（岁）			
	15-29	30-39	40-49	50-59	15-29	30-39	40-49	50-54
N	181	135	100	55	140	80	61	20
平均数	11.02	11.36	9.19	9.26	10.94	10.63	10.77	8.50
标准差	3.67	3.16	3.54	3.48	3.21	3.12	4.41	3.97
最小值	0.00	2.00	0.00	1.33	2.00	0.00	4.00	0.00
最大值	18.67	16.67	16.00	16.00	16.67	15.33	36.00	15.33

(续表)

言语能力		男(岁)				女(岁)			
		15-29	30-39	40-49	50-59	15-29	30-39	40-49	50-54
百分位	5	3.33	4.67	2.67	3.60	4.70	4.70	5.40	0.20
	10	6.13	6.67	4.07	4.00	6.67	6.67	6.13	4.00
	25	9.00	10.00	7.33	6.00	8.67	8.67	8.00	6.00
	50	11.33	12.00	10.00	10.00	11.33	10.67	10.67	8.67
	75	14.00	14.00	11.33	12.00	13.33	13.17	13.33	11.17
	90	15.33	15.33	13.33	13.33	15.27	14.67	14.00	14.53
	95	16.00	15.47	15.27	14.13	16.00	14.67	15.27	15.30

(续表1)

言语能力		残疾等级				文化水平			
		一级	二级	三级	四级	小学及以下	初中	高中/中专	大专及以上
N		25	105	368	141	23	277	284	155
平均数		11.17	10.84	10.82	10.01	6.38	9.37	11.36	12.27
标准差		4.09	3.47	3.55	3.61	3.69	3.35	3.20	3.08
最小值		1.33	0.00	0.00	0.00	0.00	0.00	0.00	0.00
最大值		16.67	18.67	36.00	16.00	13.33	16.67	36.00	18.67
百分位	5	1.73	4.67	4.00	2.73	0.27	3.93	6.00	7.33
	10	5.07	6.00	6.60	4.67	1.60	4.67	8.00	8.00
	25	8.67	9.00	8.67	8.00	2.67	7.33	9.33	10.67
	50	12.00	11.33	10.67	10.67	6.67	9.33	11.67	12.67
	75	14.33	13.33	13.33	12.67	9.33	12.00	13.33	14.67
	90	15.60	14.67	14.67	14.67	11.87	13.47	14.67	16.00
	95	16.47	15.33	15.33	15.33	13.20	14.00	15.33	16.67

(续表2)

言语能力	残疾部位				城区		郊区	
	上肢	下肢	上肢&下肢	躯干	男	女	男	女
N	167	419	94	51	224	133	247	168
平均数	10.61	10.65	11.11	9.92	11.11	11.37	9.99	10.09
标准差	3.10	3.66	3.37	3.88	3.64	2.95	3.46	3.87
最小值	3.33	0.00	0.00	0.00	0.00	4.00	0.00	0.00
最大值	16.67	36.00	16.67	15.33	18.67	16.67	16.67	36.00

(续表)

言语能力		残疾部位				城区		郊区	
		上肢	下肢	上肢&下肢	躯干	男	女	男	女
百分位	5	4.67	4.00	4.00	0.00	4.00	6.00	2.93	4.00
	10	6.00	6.00	6.33	4.27	6.00	7.33	5.33	5.33
	25	8.00	8.67	9.33	8.00	9.33	9.00	8.00	8.00
	50	10.67	10.67	11.67	10.67	11.33	12.00	10.67	10.00
	75	12.67	13.33	13.33	12.67	14.00	13.67	12.67	12.67
	90	14.67	14.67	15.00	14.00	15.33	14.67	14.00	14.00
	95	15.33	15.33	16.00	14.67	16.00	15.33	15.07	14.67

表3-3-2 上海市肢体残疾人职业能力测验数理能力分测验数据资料表

数理能力		男(岁)				女(岁)			
		15–29	30–39	40–49	50–59	15–29	30–39	40–49	50–54
N		181	135	100	55	140	80	61	20
平均数		14.40	15.02	13.16	13.71	14.07	14.40	13.80	12.50
标准差		4.65	4.42	5.02	4.70	4.52	4.70	4.73	6.32
最小值		0.00	0.00	2.00	2.00	0.00	2.00	0.00	0.00
最大值		20.00	20.00	20.00	20.00	20.00	20.00	20.00	20.00
百分位	5	6.00	6.00	4.00	4.00	6.00	4.00	4.20	0.00
	10	8.00	8.00	6.00	6.00	8.00	6.00	6.00	0.40
	25	11.00	12.00	10.00	12.00	10.00	12.00	12.00	8.00
	50	16.00	16.00	14.00	16.00	16.00	16.00	16.00	15.00
	75	18.00	18.00	18.00	18.00	18.00	18.00	18.00	18.00
	90	20.00	20.00	20.00	18.80	20.00	20.00	18.00	19.80
	95	20.00	20.00	20.00	20.00	20.00	20.00	19.80	20.00

(续表1)

数理能力	残疾等级				文化水平			
	一级	二级	三级	四级	小学及以下	初中	高中/中专	大专及以上
N	25	105	368	141	23	277	284	155
平均数	13.44	14.69	14.46	13.70	8.70	12.91	14.96	16.09
标准差	5.73	4.47	4.60	4.75	5.71	4.77	4.32	3.63
最小值	2.00	0.00	0.00	0.00	0.00	0.00	2.00	4.00
最大值	20.00	20.00	20.00	20.00	18.00	20.00	20.00	20.00

(续表)

数理能力		残疾等级				文化水平			
		一级	二级	三级	四级	小学及以下	初中	高中/中专	大专及以上
百分位	5	2.60	6.60	6.00	4.00	0.00	4.00	6.00	8.00
	10	5.20	8.00	8.00	6.00	0.00	6.00	8.00	10.00
	25	9.00	12.00	12.00	10.00	4.00	10.00	12.00	14.00
	50	14.00	16.00	16.00	16.00	10.00	14.00	16.00	18.00
	75	19.00	18.00	18.00	18.00	14.00	16.00	18.00	18.00
	90	20.00	20.00	20.00	18.00	16.00	18.40	20.00	20.00
	95	20.00	20.00	20.00	20.00	17.60	20.00	20.00	20.00

(续表2)

数理能力		残疾部位				城区		郊区	
		上肢	下肢	上肢&下肢	躯干	男	女	男	女
N		167	419	94	51	224	133	247	168
平均数		14.20	14.36	14.09	13.45	14.85	14.53	13.68	13.58
标准差		4.74	4.72	4.39	4.72	4.62	4.87	4.73	4.61
最小值		0.00	0.00	4.00	0.00	0.00	0.00	2.00	0.00
最大值		20.00	20.00	20.00	20.00	20.00	20.00	20.00	20.00
百分位	5	4.80	6.00	6.00	3.60	6.00	5.40	4.00	4.00
	10	6.00	8.00	8.00	8.00	8.00	8.00	6.00	6.00
	25	10.00	12.00	10.00	10.00	12.00	12.00	10.00	10.00
	50	16.00	16.00	14.00	14.00	16.00	16.00	14.00	14.00
	75	18.00	18.00	18.00	18.00	18.00	18.00	18.00	18.00
	90	20.00	20.00	20.00	20.00	20.00	20.00	20.00	18.00
	95	20.00	20.00	20.00	20.00	20.00	20.00	20.00	20.00

表3-3-3 上海市肢体残疾人职业能力测验空间知觉分测验数据资料表

空间知觉	男(岁)				女(岁)			
	15-29	30-39	40-49	50-59	15-29	30-39	40-49	50-54
N	181	135	100	55	140	80	61	20
平均数	13.04	13.23	12.88	12.47	12.50	12.88	13.41	10.70
标准差	5.21	4.42	4.83	4.37	4.67	5.19	4.72	5.08
最小值	0.00	0.00	0.00	4.00	2.00	0.00	4.00	0.00
最大值	20.00	20.00	20.00	20.00	20.00	20.00	20.00	20.00

(续表)

空间知觉		男(岁)				女(岁)			
		15-29	30-39	40-49	50-59	15-29	30-39	40-49	50-54
百分位	5	4.00	4.00	4.10	4.00	4.00	2.20	4.20	0.20
	10	6.00	7.20	6.00	6.00	6.00	6.00	6.00	4.00
	25	10.00	10.00	8.00	10.00	8.50	8.00	10.00	8.00
	50	14.00	14.00	14.00	14.00	12.00	14.00	14.00	10.00
	75	18.00	16.00	17.50	16.00	16.00	16.00	18.00	15.50
	90	20.00	18.00	18.00	18.00	18.00	20.00	20.00	17.80
	95	20.00	20.00	20.00	18.00	20.00	20.00	20.00	19.90

表3-3-3 上海市肢体残疾人职业能力测验空间知觉分测验据资料表(续1)

空间知觉		残疾等级				文化水平			
		一级	二级	三级	四级	小学及以下	初中	高中/中专	大专及以上
N		25	105	368	141	23	277	284	155
平均数		13.92	12.78	13.03	12.88	8.70	11.52	13.60	14.93
标准差		4.56	4.74	4.69	4.99	4.33	4.73	4.73	4.20
最小值		6.00	0.00	0.00	0.00	0.00	0.00	0.00	2.00
最大值		20.00	20.00	20.00	20.00	14.00	20.00	20.00	20.00
百分位	5	6.00	4.00	4.00	4.00	0.00	4.00	4.50	6.00
	10	6.00	6.00	6.00	6.00	0.00	6.00	6.00	10.00
	25	10.00	10.00	10.00	10.00	6.00	8.00	10.00	12.00
	50	16.00	14.00	14.00	14.00	10.00	12.00	14.00	16.00
	75	17.00	16.00	18.00	16.00	12.00	16.00	18.00	18.00
	90	20.00	20.00	18.00	20.00	14.00	18.00	20.00	20.00
	95	20.00	20.00	20.00	20.00	14.00	18.00	20.00	20.00

表3-3-3 上海市肢体残疾人职业能力测验空间知觉分测验数据资料表(续2)

空间知觉	残疾部位				城区		郊区	
	上肢	下肢	上肢&下肢	躯干	男	女	男	女
N	167	419	94	51	224	133	247	168
平均数	12.75	13.22	12.51	12.55	13.58	13.52	12.46	11.99
标准差	4.53	4.89	4.88	4.87	4.84	4.88	4.73	4.76
最小值	2.00	0.00	0.00	0.00	0.00	0.00	0.00	0.00
最大值	20.00	20.00	20.00	20.00	20.00	20.00	20.00	20.00

(续表)

空间知觉		残疾等级				城区		城区	
		上肢	下肢	上肢&下肢	躯干	男	女	男	女
百分位	5	4.00	4.00	4.00	2.40	4.00	4.00	4.00	4.00
	10	6.00	6.00	6.00	6.00	6.00	6.00	6.00	6.00
	25	10.00	10.00	8.00	10.00	10.00	10.00	8.00	8.00
	50	14.00	14.00	12.00	14.00	14.00	14.00	14.00	12.00
	75	16.00	18.00	16.00	16.00	18.00	18.00	16.00	16.00
	90	18.00	20.00	20.00	18.00	20.00	20.00	18.00	18.00
	95	20.00	20.00	20.00	20.00	20.00	20.00	20.00	20.00

表3-3-4 上海市肢体残疾人职业能力测验符号知觉分测验数据资料表

符号知觉		男(岁)				女(岁)			
		15-29	30-39	40-49	50-59	15-29	30-39	40-49	50-54
N		181	135	100	55	140	80	61	20
平均数		13.73	13.75	12.95	12.55	14.88	13.61	13.91	12.67
标准差		5.21	5.32	5.31	5.79	4.03	5.61	4.96	5.64
最小值		0.00	0.00	0.00	0.00	0.00	0.00	0.00	0.00
最大值		18.33	18.33	17.50	18.33	18.33	18.33	17.50	17.50
百分位	5	0.00	1.50	0.00	0.00	3.38	0.00	0.08	0.17
	10	4.33	4.17	3.33	1.67	8.42	2.67	3.67	3.42
	25	12.50	12.50	10.83	7.50	15.00	11.88	12.92	7.71
	50	15.83	16.67	15.00	15.00	16.67	16.67	15.83	15.42
	75	17.50	17.50	16.67	16.67	17.50	17.50	16.67	16.67
	90	17.50	17.50	17.50	17.50	17.50	17.50	17.50	17.42
	95	17.50	17.50	17.50	17.50	17.50	17.50	17.50	17.50

表3-3-4 上海市肢体残疾人职业能力测验符号知觉分测验数据资料表(续1)

符号知觉	残疾等级				文化水平			
	一级	二级	三级	四级	小学及以下	初中	高中/中专	大专及以上
N	25	105	368	141	23	277	284	155
平均数	13.33	13.91	14.14	13.76	10.87	12.47	14.45	15.55
标准差	5.73	4.91	4.70	5.10	5.92	5.56	4.61	4.08
最小值	0.00	0.00	0.00	0.00	0.00	0.00	0.00	0.00
最大值	18.33	18.33	18.33	18.33	17.50	18.33	18.33	18.33

(续表)

符号知觉		残疾等级				文化水平			
		一级	二级	三级	四级	小学及以下	初中	高中/中专	大专及以上
百分位	5	0.00	1.00	2.50	0.92	0.00	0.00	1.88	2.83
	10	2.50	4.67	6.58	4.17	1.33	3.17	6.67	12.50
	25	10.83	12.50	13.33	12.50	5.83	8.33	14.17	15.83
	50	16.67	15.83	16.25	15.83	12.50	15.00	16.67	16.67
	75	17.50	16.67	17.50	17.50	16.67	16.67	17.50	17.50
	90	17.50	17.50	17.50	17.50	17.17	17.50	17.50	17.50
	95	18.08	17.50	17.50	17.50	17.50	17.50	17.50	17.50

(续表1)

符号知觉		残疾部位				城区		郊区	
		上肢	下肢	上肢&下肢	躯干	男	女	男	女
N		167	419	94	51	224	133	247	168
平均数		13.51	14.09	13.86	13.01	13.97	14.67	12.95	13.82
标准差		5.46	4.75	5.10	5.94	5.04	4.32	5.55	5.16
最小值		0.00	0.00	0.00	0.00	0.00	0.00	0.00	0.00
最大值		18.33	18.33	17.50	18.33	18.33	18.33	18.33	18.33
百分位	5	0.83	2.50	0.83	0.00	1.04	3.33	0.00	0.00
	10	4.00	5.83	4.17	0.00	4.17	6.67	3.17	4.08
	25	12.50	13.33	12.50	10.83	13.33	15.00	10.00	13.33
	50	15.83	15.83	16.67	15.83	16.67	16.67	15.83	15.83
	75	17.50	17.50	16.67	17.50	17.50	17.50	17.50	16.67
	90	17.50	17.50	17.50	17.50	17.50	17.50	17.50	17.50
	95	17.50	17.50	17.50	17.50	17.50	17.50	17.50	17.50

表3-3-5 上海市肢体残疾人职业能力测验形状知觉分测验数据资料表

形状知觉	男(岁)				女(岁)			
	15-29	30-39	40-49	50-59	15-29	30-39	40-49	50-54
N	181	135	100	55	140	80	61	20
平均数	13.87	14.44	13.40	14.18	14.69	15.38	14.03	13.70
标准差	4.64	4.60	4.25	4.41	3.65	3.49	4.16	6.43
最小值	0.00	0.00	0.00	0.00	4.00	0.00	0.00	0.00
最大值	20.00	20.00	20.00	20.00	20.00	20.00	20.00	20.00

(续表)

形状知觉		男(岁)				女(岁)			
		15-29	30-39	40-49	50-59	15-29	30-39	40-49	50-54
百分位	5	4.00	4.00	6.10	3.60	8.00	10.00	6.00	0.00
	10	8.00	8.00	8.00	8.00	10.00	10.00	8.00	0.20
	25	12.00	12.00	10.00	12.00	12.00	14.00	12.00	12.50
	50	14.00	16.00	14.00	16.00	15.00	16.00	14.00	16.00
	75	18.00	18.00	16.00	18.00	18.00	18.00	18.00	18.00
	90	18.00	20.00	19.80	18.00	18.00	20.00	18.00	19.80
	95	20.00	20.00	20.00	18.00	20.00	20.00	19.80	20.00

(续表1)

形状知觉		残疾等级				文化水平			
		一级	二级	三级	四级	小学及以下	初中	高中/中专	大专及以上
N		25	105	368	141	23	277	284	155
平均数		14.80	14.34	14.06	14.94	11.65	13.19	14.71	15.83
标准差		5.57	3.72	4.41	3.88	5.35	4.51	4.26	3.01
最小值		0.00	0.00	0.00	0.00	0.00	0.00	0.00	6.00
最大值		20.00	20.00	20.00	20.00	20.00	20.00	20.00	20.00
百分位	5	0.00	8.00	4.90	6.20	0.00	4.00	6.50	10.00
	10	3.60	8.00	8.00	10.00	1.60	7.60	8.00	12.00
	25	13.00	12.00	12.00	14.00	8.00	10.00	12.00	14.00
	50	16.00	14.00	14.00	16.00	12.00	14.00	16.00	16.00
	75	18.00	16.00	18.00	18.00	16.00	16.00	18.00	18.00
	90	20.00	18.00	18.00	18.00	18.00	18.00	20.00	20.00
	95	20.00	20.00	20.00	20.00	19.60	18.20	20.00	20.00

(续表2)

形状知觉	残疾部位				城区		郊区	
	上肢	下肢	上肢&下肢	躯干	男	女	男	女
N	167	419	94	51	224	133	247	168
平均数	14.08	14.49	14.40	13.88	14.46	14.98	13.52	14.43
标准差	4.58	4.18	3.96	4.72	4.89	3.92	4.12	4.00
最小值	0.00	0.00	4.00	0.00	0.00	0.00	0.00	0.00
最大值	20.00	20.00	20.00	20.00	20.00	20.00	20.00	20.00

(续表)

形状知觉		残疾等级				城区		郊区	
		上肢	下肢	上肢&下肢	躯干	男	女	男	女
百分位	5	4.00	6.00	6.00	1.20	4.00	8.00	6.00	6.00
	10	8.00	8.00	8.00	8.00	8.00	10.00	8.00	9.80
	25	12.00	12.00	12.00	12.00	12.00	12.00	12.00	12.50
	50	14.00	16.00	14.00	16.00	16.00	16.00	14.00	16.00
	75	18.00	18.00	18.00	16.00	18.00	18.00	16.00	18.00
	90	20.00	18.00	20.00	18.00	20.00	20.00	18.00	18.00
	95	20.00	20.00	20.00	18.80	20.00	20.00	20.00	20.00

表 3-3-6 上海市肢体残疾人职业能力文档测验总分数据资料表

职业能力文档测验		男(岁)				女(岁)			
		15~29	30~39	40~49	50~59	15~29	30~39	40~49	50~54
N		181	135	100	55	140	80	61	20
平均数		66.06	67.80	61.58	62.17	67.08	66.89	65.92	58.07
标准差		18.83	18.12	17.90	17.67	15.91	17.50	16.27	23.78
最小值		0.00	6.00	18.67	19.67	14.67	8.67	22.50	0.00
最大值		92.17	92.00	93.50	89.50	93.50	92.00	92.17	92.83
百分位	5	29.48	31.67	31.53	31.83	36.11	36.46	33.03	1.11
	10	41.33	39.90	35.00	35.00	45.28	41.92	42.20	22.75
	25	55.00	56.00	48.46	48.67	56.50	56.25	57.08	38.33
	50	68.33	74.00	63.50	67.17	69.92	71.42	67.50	65.50
	75	82.33	81.00	77.83	77.33	79.46	80.17	79.67	76.13
	90	87.50	86.73	82.15	82.33	85.93	85.48	85.23	79.85
	95	89.95	89.50	86.69	85.90	89.94	88.07	86.82	92.19

(续表1)

职业能力文档测验	残疾等级				文化水平			
	一级	二级	三级	四级	小学及以下	初中	高中/中专	大专及以上
N	25	105	368	141	23	277	284	155
平均数	66.67	66.56	66.52	65.29	46.29	59.46	69.07	74.68
标准差	22.35	17.34	17.07	17.48	20.60	17.81	16.03	13.60
最小值	20.67	0.00	12.67	0.00	0.00	0.00	8.67	28.00
最大值	93.50	91.50	93.50	90.17	70.83	91.50	92.83	93.50

(续表)

职业能力文档测验		残疾等级				文化水平			
		一级	二级	三级	四级	小学及以下	初中	高中/中专	大专及以上
百分位	5	23.07	34.52	32.48	33.53	1.20	29.20	36.13	47.03
	10	29.97	39.30	42.50	39.50	10.07	34.83	44.67	54.50
	25	46.92	55.92	55.88	56.75	32.67	47.92	59.38	67.17
	50	72.17	69.50	68.42	70.83	56.83	60.50	73.33	78.17
	75	85.17	80.42	80.33	77.75	62.33	73.92	80.83	85.50
	90	90.43	85.20	86.67	83.97	65.57	82.03	86.67	88.17
	95	92.70	89.30	88.76	86.17	69.90	84.22	89.88	90.97

(续表2)

职业能力文档测验		残疾部位				城区		郊区	
		上肢	下肢	上肢&下肢	躯干	男	女	男	女
N		167	419	94	51	224	133	247	168
平均数		65.16	66.81	65.97	62.81	67.98	69.07	62.59	63.92
标准差		17.64	17.48	16.88	20.07	18.89	16.47	17.62	17.26
最小值		14.67	0.00	22.17	0.00	0.00	14.67	18.67	0.00
最大值		92.83	93.50	93.50	88.33	93.50	93.50	92.00	92.17
百分位	5	30.53	34.17	38.13	20.00	30.04	35.67	31.70	31.58
	10	35.90	41.83	39.33	34.40	40.25	44.87	35.00	39.30
	25	54.83	56.50	52.46	52.00	58.08	58.75	51.33	52.67
	50	70.50	69.17	67.42	66.50	73.92	72.67	64.00	66.92
	75	78.50	80.83	79.92	80.00	81.79	81.00	78.17	77.33
	90	84.27	86.17	86.42	84.10	87.50	88.57	84.97	83.50
	95	88.50	89.50	89.00	86.47	90.00	91.38	87.20	86.09

2. 上海市肢体残疾人职业人格状况

表3-3-7 上海市肢体残疾人职业人格测验坚持性维度数据资料表

坚持性	男(岁)				女(岁)			
	15-29	30-39	40-49	50-59	15-29	30-39	40-49	50-54
N	178	132	95	54	138	78	61	19
平均数	8.13	8.43	8.46	8.96	8.95	8.69	8.89	8.84
标准差	2.89	2.68	2.52	2.61	2.50	2.66	2.68	2.36
最小值	0.00	1.00	2.00	4.00	1.00	2.00	0.00	5.00
最大值	12.00	12.00	12.00	12.00	12.00	12.00	12.00	12.00

(续表)

坚持性		男(岁)				女(岁)			
		15-29	30-39	40-49	50-59	15-29	30-39	40-49	50-54
百分位	5	3.00	3.65	3.80	4.00	4.95	3.95	4.00	5.00
	10	4.00	4.30	4.00	4.50	5.90	4.00	5.20	5.00
	25	6.00	6.25	7.00	7.00	7.00	7.00	7.50	6.00
	50	8.00	9.00	9.00	10.00	9.00	9.00	9.00	10.00
	75	11.00	11.00	10.00	11.00	11.00	11.00	11.00	10.00
	90	12.00	12.00	11.00	12.00	12.00	12.00	12.00	12.00
	95	12.00	12.00	12.00	12.00	12.00	12.00	12.00	

表3-3-8 上海市肢体残疾人职业人格测验严谨性维度数据资料表

严谨性		男(岁)				女(岁)			
		15-29	30-39	40-49	50-59	15-29	30-39	40-49	50-54
N		178	132	95	54	138	78	61	19
平均数		8.32	8.87	8.92	9.22	8.48	9.18	9.15	8.95
标准差		2.41	2.07	2.11	2.16	2.35	1.98	2.08	2.04
最小值		0.00	3.00	4.00	3.00	2.00	5.00	4.00	4.00
最大值		12.00	12.00	12.00	12.00	12.00	12.00	12.00	12.00
百分位	5	3.00	5.00	5.00	4.75	4.00	6.00	5.00	4.00
	10	5.00	6.00	6.00	6.50	5.90	6.00	6.00	6.00
	25	7.00	7.25	7.00	7.75	7.00	8.00	8.00	7.00
	50	8.00	9.00	9.00	10.00	9.00	9.50	9.00	9.00
	75	10.00	10.75	11.00	11.00	11.00	11.00	11.00	11.00
	90	11.00	12.00	11.40	12.00	11.00	12.00	12.00	11.00
	95	11.00	12.00	12.00	12.00	12.00	12.00	12.00	

表3-3-9 上海市肢体残疾人职业人格测验情绪稳定性维度数据资料表

情绪稳定性	男(岁)				女(岁)			
	15-29	30-39	40-49	50-59	15-29	30-39	40-49	50-54
N	178	132	95	54	138	78	61	19
平均数	6.29	6.36	6.58	7.33	6.38	6.22	6.30	6.79
标准差	3.06	3.25	2.99	2.73	3.38	3.38	3.11	2.88
最小值	0.00	0.00	0.00	2.00	0.00	0.00	0.00	0.00
最大值	12.00	12.00	12.00	12.00	12.00	12.00	12.00	11.00

(续表)

情绪稳定性		男(岁)				女(岁)			
		15-29	30-39	40-49	50-59	15-29	30-39	40-49	50-54
百分位	5	1.00	1.00	1.00	2.75	1.00	0.00	1.00	0.00
	10	2.00	2.00	2.60	3.00	1.00	1.00	2.00	2.00
	25	4.00	3.00	4.00	5.00	3.00	3.00	4.00	5.00
	50	6.00	7.00	7.00	7.50	6.50	6.00	7.00	7.00
	75	9.00	9.00	9.00	9.00	9.00	9.00	9.00	9.00
	90	10.00	11.00	11.00	11.00	11.00	10.10	10.00	10.00
	95	11.00	11.00	12.00	11.25	11.05	12.00	11.00	

表 3-3-10 上海市肢体残疾人职业人格测验自信心维度数据资料表

自信心		男(岁)				女(岁)			
		15-29	30-39	40-49	50-59	15-29	30-39	40-49	50-54
N		178	132	95	54	138	78	61	19
平均数		8.10	8.78	8.53	9.02	8.73	8.68	8.80	8.89
标准差		2.23	1.89	2.14	1.93	2.45	2.16	2.02	2.31
最小值		1.00	4.00	2.00	3.00	1.00	3.00	3.00	5.00
最大值		12.00	12.00	12.00	12.00	12.00	12.00	12.00	12.00
百分位	5	4.00	5.00	4.00	5.00	4.00	5.00	5.00	5.00
	10	5.00	6.00	5.00	7.00	5.00	5.90	6.00	5.00
	25	7.00	7.25	7.00	8.00	7.00	7.00	8.00	6.00
	50	8.00	9.00	9.00	9.00	9.00	9.00	9.00	10.00
	75	10.00	10.00	10.00	11.00	11.00	10.00	10.00	11.00
	90	11.00	11.00	11.00	11.00	12.00	12.00	11.00	12.00
	95	11.05	11.35	12.00	12.00	12.00	12.00	12.00	

表 3-3-11 上海市肢体残疾人职业人格测验责任心维度数据资料表

责任心	男(岁)				女(岁)			
	15-29	30-39	40-49	50-59	15-29	30-39	40-49	50-54
N	178	132	95	54	138	78	61	19
平均数	9.06	9.49	9.78	10.04	9.71	9.94	10.28	9.84
标准差	2.36	2.08	2.02	1.82	2.10	1.94	1.97	1.64
最小值	1.00	3.00	2.00	5.00	4.00	4.00	2.00	6.00
最大值	12.00	12.00	12.00	12.00	12.00	12.00	12.00	12.00

(续表)

责任心		男(岁)				女(岁)			
		15-29	30-39	40-49	50-59	15-29	30-39	40-49	50-54
百分位	5	4.00	6.00	6.00	5.00	5.00	6.00	7.00	6.00
	10	6.00	7.00	7.00	8.00	6.90	7.00	7.00	6.00
	25	7.00	8.00	9.00	9.00	8.00	8.75	9.00	9.00
	50	10.00	10.00	10.00	10.50	10.00	10.50	11.00	10.00
	75	11.00	11.00	11.00	11.00	11.00	11.00	12.00	11.00
	90	12.00	12.00	12.00	12.00	12.00	12.00	12.00	12.00
	95	12.00	12.00	12.00	12.00	12.00	12.00	12.00	

表3-3-12 上海市肢体残疾人职业人格测验交际能力维度数据资料表

交际能力		男(岁)				女(岁)			
		15-29	30-39	40-49	50-59	15-29	30-39	40-49	50-54
N		178	132	95	54	138	78	61	19
平均数		7.91	9.01	8.79	8.85	8.62	8.85	8.59	9.16
标准差		2.53	2.25	2.20	2.02	2.53	2.19	2.22	1.80
最小值		0.00	1.00	3.00	2.00	1.00	4.00	0.00	5.00
最大值		12.00	12.00	12.00	12.00	12.00	12.00	12.00	12.00
百分位	5	3.00	4.65	4.00	5.00	3.00	4.00	5.00	5.00
	10	4.00	6.00	5.00	6.00	5.00	5.00	6.00	6.00
	25	6.00	8.00	8.00	8.00	7.00	8.00	7.00	9.00
	50	8.00	9.00	9.00	9.00	9.00	9.00	9.00	9.00
	75	10.00	11.00	11.00	10.00	11.00	10.00	10.00	10.00
	90	11.00	12.00	11.00	11.00	12.00	12.00	11.00	11.00
	95	12.00	12.00	12.00	12.00	12.00	12.00	12.00	

表3-3-13 上海市肢体残疾人职业人格测验管理能力维度数据资料表

管理能力	男(岁)				女(岁)			
	15-29	30-39	40-49	50-59	15-29	30-39	40-49	50-54
N	178	132	95	54	138	78	61	19
平均数	8.89	9.91	10.19	10.52	9.30	9.88	10.30	10.26
标准差	2.58	2.21	2.15	1.33	2.31	2.06	1.99	2.28
最小值	1.00	3.00	1.00	7.00	3.00	3.00	1.00	6.00
最大值	12.00	12.00	12.00	12.00	12.00	12.00	12.00	12.00

(续表)

管理能力		男(岁)				女(岁)			
		15-29	30-39	40-49	50-59	15-29	30-39	40-49	50-54
百分位	5	3.00	5.00	5.00	7.00	4.95	5.00	6.00	6.00
	10	5.00	6.00	7.00	9.00	6.00	7.00	9.00	6.00
	25	8.00	9.00	9.00	10.00	8.00	8.75	9.00	10.00
	50	9.00	11.00	11.00	11.00	10.00	10.00	11.00	11.00
	75	11.00	12.00	12.00	12.00	11.00	11.25	12.00	12.00
	90	12.00	12.00	12.00	12.00	12.00	12.00	12.00	12.00
	95	12.00	12.00	12.00	12.00	12.00	12.00	12.00	

表 3-3-14　上海市肢体残疾人职业人格测验抗挫折能力维度数据资料表

抗挫折能力		男(岁)				女(岁)			
		15-29	30-39	40-49	50-59	15-29	30-39	40-49	50-54
N		178	132	95	54	138	78	61	19
平均数		7.48	7.88	7.86	8.31	7.68	7.55	7.59	7.42
标准差		2.43	2.35	2.33	2.39	2.50	2.47	2.36	2.22
最小值		0.00	1.00	2.00	1.00	2.00	1.00	2.00	2.00
最大值		12.00	12.00	12.00	12.00	12.00	12.00	12.00	11.00
百分位	5	3.00	3.00	4.00	3.75	3.00	2.95	4.00	2.00
	10	4.00	4.30	4.60	5.00	4.00	4.00	4.00	5.00
	25	6.00	6.00	6.00	7.00	6.00	6.00	6.00	6.00
	50	8.00	8.00	8.00	8.00	8.00	8.00	8.00	8.00
	75	9.00	10.00	10.00	10.00	9.00	10.00	9.50	9.00
	90	11.00	11.00	11.00	11.00	11.00	11.00	10.80	10.00
	95	11.00	11.00	11.20	11.25	11.05	11.00	11.90	

3. 上海市肢体残疾人职业兴趣状况

表 3-3-15　上海市肢体残疾人职业兴趣测验常规型数据资料表

常规型	男(岁)				女(岁)			
	15-29	30-39	40-49	50-59	15-29	30-39	40-49	50-54
N	178	132	99	53	139	80	61	19
平均数	6.11	6.37	6.54	6.72	6.24	6.23	6.44	6.68
标准差	1.61	1.65	1.44	1.39	1.50	1.48	1.34	1.95
最小值	2.00	2.00	3.00	4.00	2.00	2.00	2.00	3.00
最大值	9.00	10.00	10.00	10.00	9.00	10.00	9.00	10.00

(续表)

常规型		男(岁)				女(岁)			
		15-29	30-39	40-49	50-59	15-29	30-39	40-49	50-54
百分位	5	3.00	3.00	4.00	4.70	3.00	4.00	4.00	3.00
	10	4.00	4.00	5.00	5.00	4.00	5.00	5.00	4.00
	25	5.00	5.00	5.00	6.00	5.00	5.00	6.00	5.00
	50	6.00	7.00	7.00	7.00	6.00	6.00	7.00	7.00
	75	7.00	8.00	7.00	8.00	7.00	7.00	7.00	8.00
	90	8.00	8.00	9.00	8.60	8.00	8.00	8.00	9.00
	95	8.00	9.00	9.00	9.30	9.00	8.95	8.00	

表 3-3-16 上海市肢体残疾人职业兴趣测验现实型数据资料表

现实型		男(岁)				女(岁)			
		15-29	30-39	40-49	50-59	15-29	30-39	40-49	50-54
N		178	132	99	53	139	80	61	19
平均数		6.07	6.11	6.61	6.74	6.19	6.35	6.49	6.68
标准差		1.51	1.29	1.41	1.37	1.40	1.29	1.40	1.20
最小值		2.00	3.00	3.00	4.00	1.00	3.00	2.00	5.00
最大值		10.00	9.00	10.00	10.00	10.00	10.00	9.00	9.00
百分位	5	3.00	4.00	4.00	4.70	4.00	4.00	4.00	5.00
	10	4.00	5.00	5.00	5.00	4.00	5.00	4.00	5.00
	25	5.00	5.00	6.00	6.00	5.00	5.00	6.00	6.00
	50	6.00	6.00	7.00	7.00	6.00	7.00	7.00	7.00
	75	7.00	7.00	8.00	8.00	7.00	7.00	7.00	7.00
	90	8.00	8.00	8.00	9.00	8.00	8.00	8.00	9.00
	95	8.05	8.00	9.00	9.00	8.00	8.00	8.00	

表 3-3-17 上海市肢体残疾人职业兴趣测验研究型数据资料表

研究型	男(岁)				女(岁)			
	15-29	30-39	40-49	50-59	15-29	30-39	40-49	50-54
N	178	132	99	53	139	80	61	19
平均数	5.91	6.25	5.94	6.21	5.82	5.86	5.59	5.58
标准差	1.88	1.88	1.82	1.80	1.72	1.54	1.96	1.22
最小值	1.00	1.00	1.00	2.00	2.00	2.00	1.00	3.00
最大值	10.00	10.00	10.00	10.00	9.00	9.00	10.00	8.00

(续表)

研究型		男(岁)				女(岁)			
		15-29	30-39	40-49	50-59	15-29	30-39	40-49	50-54
百分位	5	3.00	3.00	2.00	2.70	3.00	3.00	3.00	3.00
	10	3.90	4.00	4.00	4.00	3.00	4.00	3.00	4.00
	25	5.00	5.00	5.00	5.00	5.00	5.00	4.00	5.00
	50	6.00	6.00	6.00	6.00	6.00	6.00	6.00	6.00
	75	7.00	8.00	7.00	7.00	7.00	7.00	7.00	6.00
	90	8.00	9.00	8.00	9.00	8.00	8.00	8.00	7.00
	95	9.00	9.00	9.00	9.30	8.00	8.00	8.00	

表3-3-18 上海市肢体残疾人职业兴趣测验企业型数据资料表

企业型		男(岁)				女(岁)			
		15-29	30-39	40-49	50-59	15-29	30-39	40-49	50-54
N		178	132	99	53	139	80	61	19
平均数		5.68	5.94	5.88	5.40	5.31	5.48	5.20	5.53
标准差		1.85	1.70	1.64	1.72	1.81	1.79	1.73	1.84
最小值		0.00	1.00	2.00	1.00	0.00	2.00	1.00	1.00
最大值		9.00	10.00	10.00	10.00	10.00	10.00	9.00	8.00
百分位	5	2.95	3.00	3.00	3.00	2.00	2.05	2.00	1.00
	10	3.00	4.00	4.00	3.00	3.00	3.00	2.20	3.00
	25	4.00	5.00	5.00	4.00	4.00	4.00	4.00	5.00
	50	6.00	6.00	6.00	5.00	5.00	5.00	5.00	5.00
	75	7.00	7.00	7.00	6.00	7.00	7.00	6.00	7.00
	90	8.00	8.00	8.00	8.00	8.00	8.00	7.00	8.00
	95	9.00	9.00	8.00	9.00	8.00	8.00	8.00	

表3-3-19 上海市肢体残疾人职业兴趣测验社会型数据资料表

社会型	男(岁)				女(岁)			
	15-29	30-39	40-49	50-59	15-29	30-39	40-49	50-54
N	178	132	99	53	139	80	61	19
平均数	5.38	5.60	5.57	5.66	5.59	5.94	5.62	6.21
标准差	1.56	1.35	1.36	1.54	1.47	1.44	1.53	1.65
最小值	2.00	2.00	2.00	2.00	1.00	2.00	2.00	3.00
最大值	9.00	9.00	9.00	9.00	8.00	9.00	9.00	8.00

(续表)

社会型		男(岁)				女(岁)			
		15-29	30-39	40-49	50-59	15-29	30-39	40-49	50-54
百分位	5	3.00	3.00	3.00	3.00	3.00	4.00	3.00	3.00
	10	3.00	4.00	4.00	3.00	4.00	4.00	4.00	3.00
	25	4.00	5.00	5.00	5.00	4.00	5.00	5.00	5.00
	50	5.50	6.00	6.00	6.00	6.00	6.00	6.00	7.00
	75	6.00	7.00	6.00	7.00	7.00	7.00	7.00	8.00
	90	7.10	7.00	7.00	8.00	7.00	8.00	8.00	8.00
	95	8.00	8.00	8.00	8.00	8.00	8.00	8.00	

表3-3-20 上海市肢体残疾人职业兴趣测验艺术型数据资料表

艺术型		男(岁)				女(岁)			
		15-29	30-39	40-49	50-59	15-29	30-39	40-49	50-54
N		178	132	99	53	139	80	61	19
平均数		4.39	4.35	4.49	3.53	4.94	4.93	4.54	4.16
标准差		1.82	1.79	1.77	1.76	1.99	1.98	1.56	1.71
最小值		0.00	0.00	1.00	0.00	0.00	0.00	1.00	2.00
最大值		9.00	9.00	9.00	8.00	9.00	9.00	8.00	8.00
百分位	5	1.00	1.65	2.00	1.00	2.00	2.00	2.00	2.00
	10	2.00	2.00	2.00	1.00	2.00	2.00	3.00	2.00
	25	3.00	3.00	3.00	2.00	4.00	3.00	3.00	3.00
	50	4.00	4.00	4.00	3.00	5.00	5.00	5.00	4.00
	75	6.00	6.00	6.00	5.00	6.00	6.00	6.00	5.00
	90	7.00	7.00	7.00	6.00	8.00	8.00	7.00	6.00
	95	7.00	7.00	7.00	6.30	8.00	8.00	7.00	

(二)上海市听力残疾人职业适应性状况

1.上海市听力残疾人职业能力状况

表3-3-21 上海市听力残疾人职业能力测验言语能力分测验数据资料表

言语能力	男(岁)				女(岁)			
	15-29	30-39	40-49	50-59	15-29	30-39	40-49	50-54
N	147	130	92	60	163	121	75	16
平均数	13.09	12.69	11.30	11.79	14.11	13.20	12.19	12.38
标准差	3.65	4.05	5.01	4.87	3.26	4.22	3.78	4.91
最小值	4.67	2.00	0.00	0.00	3.33	2.67	4.67	3.33
最大值	20.00	20.00	19.33	20.00	20.00	20.00	20.00	20.00

(续表)

言语能力		男(岁)				女(岁)			
		15-29	30-39	40-49	50-59	15-29	30-39	40-49	50-54
百分位	5	7.33	5.33	2.63	2.70	7.33	5.33	6.53	3.33
	10	8.00	8.00	4.67	4.73	10.00	7.33	6.67	4.73
	25	10.00	9.33	7.50	7.67	12.00	10.67	10.00	7.00
	50	13.33	12.67	12.00	12.67	14.67	14.00	12.00	13.00
	75	16.00	16.00	16.00	15.33	16.67	16.67	15.33	16.33
	90	18.00	18.00	17.33	18.00	18.00	18.67	17.60	18.13
	95	18.67	19.33	18.67	18.67	18.67	19.33	18.67	

(续表1)

言语能力		残疾等级				文化水平			
		一级	二级	三级	四级	小学及以下	初中	高中/中专	大专及以上
		232	114	167	72	94	297	258	155
平均数		12.26	14.05	13.15	12.35	9.81	11.85	13.94	14.79
标准差		4.16	4.12	3.99	3.89	4.80	4.14	3.39	3.02
最小值		0.00	4.00	0.00	4.67	0.00	0.00	4.67	7.33
最大值		20.00	20.00	20.00	19.33	20.00	20.00	20.00	20.00
百分位	5	4.67	6.50	6.27	5.33	2.50	5.27	8.00	9.87
	10	6.67	7.33	7.33	6.67	4.67	6.67	8.67	10.40
	25	9.33	11.17	10.00	10.00	6.00	8.67	11.33	12.67
	50	12.00	15.33	14.00	12.67	9.33	12.00	14.67	14.67
	75	15.33	17.33	16.00	15.33	13.50	15.33	16.67	17.33
	90	18.00	19.00	18.00	18.00	17.00	17.33	18.00	18.67
	95			18.67	18.00	19.33	19.33		

(续表1)

言语能力	交流方式				城区		郊区	
	手语	口语	手语&口语	其他	男	女	男	女
N	155	191	52	151	219	178	210	197
平均数	14.79	14.55	14.35	11.44	12.57	13.25	12.23	13.45
标准差	3.02	4.24	3.73	4.25	4.36	3.52	4.27	4.10
最小值	7.33	0.00	1.33	0.00	0.00	4.00	0.00	2.67
最大值	20.00	20.00	20.00	20.00	20.00	20.00	20.00	20.00

(续表)

言语能力		交流方式				城区		郊区	
		手语	口语	手语&口语	其他	男	女	男	女
百分位	5	9.87	6.00	8.20	4.67	5.33	6.67	4.67	5.93
	10	10.40	7.47	9.33	5.47	7.33	7.93	6.67	7.33
	25	12.67	12.67	12.17	8.67	9.33	10.67	9.17	10.67
	50	14.67	15.33	15.00	11.33	12.67	14.00	12.33	14.00
	75	17.33	18.00	17.33	14.67	16.00	16.00	16.00	16.67
	90	18.67	19.33	18.00	16.67	18.00	17.40	17.33	18.67
	95	19.33	20.00	19.57	18.27	19.33	18.67	18.67	19.33

表 3-3-22 上海市听力残疾人职业能力测验数理能力分测验数据资料表

数理能力		男(岁)				女(岁)			
		15–29	30–39	40–49	50–59	15–29	30–39	40–49	50–54
N		147	130	92	60	163	121	75	16
平均数		13.33	11.68	9.91	10.03	12.96	11.36	10.72	9.00
标准差		4.40	4.70	5.36	4.99	4.17	5.05	5.32	4.90
最小值		2.00	0.00	0.00	0.00	0.00	0.00	0.00	0.00
最大值		20.00	20.00	20.00	20.00	20.00	20.00	20.00	20.00
百分位	5	6.00	4.00	2.00	2.00	6.00	4.00	0.00	0.00
	10	6.00	6.00	2.00	2.00	8.00	4.00	2.00	2.80
	25	10.00	8.00	6.00	8.00	10.00	8.00	8.00	6.00
	50	14.00	12.00	10.00	10.00	14.00	12.00	10.00	9.00
	75	16.00	16.00	14.00	14.00	16.00	16.00	16.00	12.00
	90	18.00	18.00	17.40	17.80	18.00	18.00	18.00	17.20
	95	20.00	20.00	20.00	18.00	18.00	19.80	18.40	

表 3-3-22 上海市听力残疾人职业能力测验数理能力分测验数据资料表(续1)

数理能力	残疾等级				文化水平			
	一级	二级	三级	四级	小学及以下	初中	高中/中专	大专及以上
N	232	114	167	72	94	297	258	155
平均数	11.39	12.93	12.38	10.92	8.47	10.48	12.71	14.45
标准差	4.89	5.13	4.78	4.83	4.93	4.99	4.38	3.59
最小值	0.00	0.00	0.00	0.00	0.00	0.00	0.00	2.00
最大值	20.00	20.00	20.00	20.00	20.00	20.00	20.00	20.00

(续表)

数理能力		残疾等级				文化水平			
		一级	二级	三级	四级	小学及以下	初中	高中/中专	大专及以上
百分位	5	2.00	4.00	4.00	2.00	1.50	2.00	6.00	8.00
	10	4.00	5.00	6.00	4.00	2.00	4.00	6.00	10.00
	25	8.00	10.00	10.00	8.00	4.00	6.00	10.00	12.00
	50	12.00	14.00	12.00	10.00	8.00	10.00	12.00	14.00
	75	16.00	16.00	16.00	15.50	10.00	14.00	16.00	18.00
	90	18.00	18.00	18.00	18.00	17.00	18.00	18.00	18.00
	95	18.00	20.00	20.00	18.00	18.50	18.00	20.00	20.00

表3-3-22 上海市听力残疾人职业能力测验数理能力分测验数据资料表(续2)

数理能力		交流方式				城区		城区	
		手语	口语	手语&口语	其他	男	女	男	女
	N	155	191	52	151	219	178	210	197
	平均数	14.45	12.91	13.92	10.23	11.78	11.38	11.49	12.22
	标准差	3.59	4.94	4.46	4.98	5.15	4.99	4.80	4.69
	最小值	2.00	0.00	2.00	0.00	0.00	0.00	0.00	0.00
	最大值	20.00	20.00	20.00	20.00	20.00	20.00	20.00	20.00
百分位	5	8.00	4.00	3.30	2.00	2.00	2.00	4.00	4.00
	10	10.00	6.00	8.00	4.00	4.00	4.00	4.00	6.00
	25	12.00	10.00	10.50	6.00	8.00	8.00	8.00	8.00
	50	14.00	14.00	16.00	10.00	12.00	12.00	12.00	12.00
	75	18.00	16.00	16.00	14.00	16.00	16.00	16.00	16.00
	90	18.00	18.00	19.40	18.00	18.00	18.00	18.00	18.00
	95	20.00	20.00	20.00	18.00	20.00	18.00	20.00	20.00

表3-3-23 上海市听力残疾人职业能力测验空间知觉分测验数据资料表

空间知觉	男(岁)				女(岁)			
	15-29	30-39	40-49	50-59	15-29	30-39	40-49	50-54
N	147	130	92	60	163	121	75	16
平均数	11.28	10.23	9.59	9.83	10.77	10.40	9.36	9.75
标准差	4.51	4.99	5.08	4.99	4.82	4.94	4.73	5.05
最小值	2.00	0.00	0.00	0.00	0.00	0.00	0.00	4.00
最大值	20.00	20.00	20.00	18.00	20.00	20.00	20.00	18.00

(续表)

空间知觉		男(岁)				女(岁)			
		15-29	30-39	40-49	50-59	15-29	30-39	40-49	50-54
百分位	5	4.00	2.00	2.00	2.00	4.00	2.20	2.00	4.00
	10	4.00	4.00	4.00	4.00	4.00	4.00	4.00	4.00
	25	8.00	6.00	6.00	6.00	6.00	6.00	6.00	6.00
	50	12.00	10.00	9.00	8.00	12.00	10.00	8.00	8.00
	75	14.00	14.00	14.00	14.00	14.00	14.00	12.00	15.50
	90	18.00	16.00	16.00	16.00	18.00	16.00	16.80	18.00
	95	18.00	20.00	18.00	18.00	18.00	20.00	18.40	

表 3-3-23 上海市听力残疾人职业能力测验空间知觉分测验数据资料表(续1)

空间知觉		残疾等级				文化水平			
		一级	二级	三级	四级	小学及以下	初中	高中/中专	大专及以上
	N	232	114	167	72	94	297	258	155
	平均数	9.76	11.67	10.67	10.25	7.85	9.65	10.95	12.28
	标准差	5.06	4.98	4.85	5.01	4.75	4.95	4.62	4.27
	最小值	0.00	2.00	0.00	0.00	0.00	0.00	2.00	0.00
	最大值	20.00	20.00	20.00	20.00	20.00	20.00	20.00	20.00
百分位	5	2.00	3.50	4.00	2.00	0.00	2.00	4.00	6.00
	10	4.00	4.00	4.00	4.00	2.00	4.00	4.00	6.00
	25	6.00	8.00	6.00	6.00	4.00	6.00	7.50	10.00
	50	10.00	12.00	10.00	10.00	7.00	10.00	12.00	12.00
	75	14.00	16.00	14.00	14.00	10.00	14.00	14.00	16.00
	90	16.00	18.00	18.00	18.00	16.00	16.00	18.00	18.00
	95	18.00	20.00	19.20	18.00	18.00	18.00	18.00	20.00

表 3-3-23 上海市听力残疾人职业能力测验空间知觉分测验数据资料表(续2)

空间知觉	交流方式				城区		城区	
	手语	口语	手语&口语	其他	男	女	男	女
N	155	191	52	151	219	178	210	197
平均数	12.28	11.97	12.96	8.79	10.42	10.34	10.37	10.31
标准差	4.27	4.55	4.18	4.68	4.95	4.65	4.82	5.06
最小值	0.00	0.00	0.00	0.00	0.00	0.00	0.00	0.00
最大值	20.00	20.00	20.00	20.00	20.00	20.00	20.00	20.00

(续表)

空间知觉		交流方式				城区		郊区	
		手语	口语	手语&口语	其他	男	女	男	女
百分位	5	6.00	4.00	4.00	1.20	2.00	3.90	2.00	3.80
	10	6.00	6.00	8.00	4.00	4.00	4.00	4.00	4.00
	25	10.00	8.00	10.00	6.00	6.00	6.00	6.00	6.00
	50	12.00	12.00	14.00	8.00	10.00	10.00	10.00	10.00
	75	16.00	16.00	16.00	12.00	14.00	14.00	14.00	14.00
	90	18.00	18.00	18.00	16.00	16.00	16.00	18.00	18.00
	95	20.00	20.00	18.70	18.00	18.00	18.00	18.00	20.00

表3-3-24 上海市听力残疾人职业能力测验符号知觉分测验数据资料表

符号知觉		男(岁)				女(岁)			
		15-29	30-39	40-49	50-59	15-29	30-39	40-49	50-54
N		147	130	92	60	163	121	75	16
平均数		17.14	14.15	12.67	12.77	17.57	14.65	14.07	13.39
标准差		3.54	5.75	6.27	5.58	3.07	5.31	5.69	6.35
最小值		0.00	0.00	0.00	0.00	0.00	0.00	0.00	0.00
最大值		20.00	20.00	19.56	19.56	20.00	19.78	19.78	19.11
百分位	5	8.76	0.12	0.00	0.70	13.16	0.16	0.00	0.00
	10	12.18	3.07	1.11	4.24	14.22	5.51	6.04	0.31
	25	16.67	11.61	8.28	8.67	17.11	12.67	10.44	8.72
	50	18.67	16.44	14.67	13.33	18.67	16.89	16.00	16.33
	75	19.33	18.67	18.00	18.00	19.11	18.44	18.67	18.22
	90	19.56	19.53	19.11	18.67	19.56	19.33	19.33	18.64
	95	19.56	19.66	19.41	19.32	19.73	19.56	19.56	

表3-3-24 上海市听力残疾人职业能力测验符号知觉分测验数据资料表(续1)

符号知觉	残疾等级				文化水平			
	一级	二级	三级	四级	小学及以下	初中	高中/中专	大专及以上
N	232	114	167	72	94	297	258	155
平均数	15.06	16.21	16.17	13.90	11.15	13.73	17.19	17.02
标准差	5.48	4.55	4.47	6.00	6.16	5.65	3.63	3.71
最小值	0.00	0.00	0.00	0.00	0.00	0.00	0.00	0.00
最大值	20.00	19.78	20.00	19.78	20.00	19.78	20.00	20.00

(续表)

符号知觉		残疾等级				文化水平			
		一级	二级	三级	四级	小学及以下	初中	高中/中专	大专及以上
百分位	5	0.81	6.28	5.51	0.00	0.00	0.20	9.50	9.51
	10	6.07	9.22	9.47	1.20	0.78	5.02	13.31	12.62
	25	12.89	15.50	15.33	11.00	5.94	10.78	16.67	16.22
	50	17.56	18.22	18.00	15.89	12.11	15.78	18.56	18.44
	75	18.89	19.11	18.89	18.61	16.50	18.22	19.17	19.33
	90	19.33	19.56	19.33	19.33	18.56	19.11	19.56	19.56
	95	19.56	19.56	19.56	19.56	19.22	19.33	19.56	19.78

表3-3-24 上海市听力残疾人职业能力测验符号知觉分测验数据资料表(续2)

符号知觉		交流方式				城区		郊区	
		手语	口语	手语&口语	其他	男	女	男	女
N		155	191	52	151	219	178	210	197
平均数		17.02	15.68	17.53	12.94	14.59	16.01	14.74	15.51
标准差		3.71	5.47	3.27	6.07	5.80	5.05	5.22	4.72
最小值		0.00	0.00	0.22	0.00	0.00	0.00	0.00	0.00
最大值		20.00	20.00	20.00	19.78	20.00	20.00	20.00	20.00
百分位	5	9.51	0.00	11.89	0.00	0.22	0.44	2.57	5.31
	10	12.62	7.20	13.33	1.38	4.44	8.96	6.69	8.40
	25	16.22	14.89	16.94	9.33	12.22	15.50	12.39	14.00
	50	18.44	18.22	18.67	15.33	17.33	18.11	16.89	17.56
	75	19.33	19.11	19.33	18.00	18.89	19.11	18.89	18.89
	90	19.56	19.56	19.71	19.33	19.33	19.56	19.33	19.33
	95	19.78	19.64	19.86	19.42	19.56	19.78	19.56	19.56

表3-3-25 上海市听力残疾人职业能力测验形状知觉分测验数据资料表

形状知觉	男(岁)				女(岁)			
	15-29	30-39	40-49	50-59	15-29	30-39	40-49	50-54
N	147	130	92	60	163	121	75	16
平均数	14.22	14.02	12.72	12.63	14.39	13.92	12.67	11.88
标准差	3.75	3.46	4.10	4.65	3.36	3.87	4.42	4.22
最小值	0.00	4.00	0.00	0.00	2.00	0.00	0.00	2.00
最大值	20.00	20.00	20.00	20.00	20.00	20.00	20.00	16.00

(续表)

形状知觉		男(岁)				女(岁)			
		15–29	30–39	40–49	50–59	15–29	30–39	40–49	50–54
百分位	5	8.00	6.00	4.00	2.10	8.00	6.20	3.60	2.00
	10	10.00	8.20	6.60	4.20	10.00	8.40	6.00	4.80
	25	12.00	12.00	10.00	10.00	12.00	12.00	10.00	8.00
	50	14.00	14.00	14.00	14.00	14.00	14.00	14.00	14.00
	75	18.00	16.00	16.00	16.00	16.00	16.00	16.00	15.50
	90	18.00	18.00	18.00	18.00	18.00	18.00	18.00	16.00
	95	20.00	18.00	18.00	18.00	19.60	18.00	18.00	

表3-3-25 上海市听力残疾人职业能力测验形状知觉分测验数据资料表(续1)

形状知觉		残疾等级				文化水平			
		一级	二级	三级	四级	小学及以下	初中	高中/中专	大专及以上
	N	232	114	167	72	94	297	258	155
	平均数	13.54	13.72	13.66	13.67	11.68	13.19	14.10	15.20
	标准差	4.20	3.62	3.77	3.71	4.79	4.12	3.31	2.96
	最小值	0.00	0.00	0.00	2.00	0.00	0.00	2.00	0.00
	最大值	20.00	20.00	20.00	20.00	20.00	20.00	20.00	20.00
百分位	5	5.30	8.00	6.00	5.30	2.00	4.00	8.00	10.00
	10	8.00	8.00	10.00	8.60	4.00	8.00	10.00	12.00
	25	12.00	12.00	12.00	12.00	8.00	12.00	12.00	14.00
	50	14.00	14.00	14.00	14.00	13.00	14.00	14.00	16.00
	75	16.00	16.00	16.00	16.00	14.50	16.00	16.00	18.00
	90	18.00	18.00	18.00	18.00	18.00	18.00	18.00	18.00
	95	18.70	18.00	18.00	18.00	18.00	18.00	18.00	20.00

表3-3-25 上海市听力残疾人职业能力测验形状知觉分测验数据资料表(续2)

形状知觉	交流方式				城区		郊区	
	手语	口语	手语&口语	其他	男	女	男	女
N	155	191	52	151	219	178	210	197
平均数	15.20	14.10	14.35	13.17	13.66	13.78	13.56	13.80
标准差	2.96	3.50	3.60	4.09	3.83	3.68	4.04	4.02
最小值	0.00	0.00	4.00	0.00	0.00	0.00	0.00	0.00
最大值	20.00	20.00	20.00	20.00	20.00	20.00	20.00	20.00

(续表)

形状知觉		交流方式				城区		郊区	
		手语	口语	手语&口语	其他	男	女	男	女
百分位	5	10.00	8.00	7.30	4.00	6.00	6.00	6.00	6.00
	10	12.00	10.00	10.00	8.00	8.00	8.00	8.00	8.00
	25	14.00	12.00	12.00	12.00	12.00	12.00	12.00	12.00
	50	16.00	14.00	14.00	14.00	14.00	14.00	14.00	14.00
	75	18.00	16.00	16.00	16.00	16.00	16.00	16.00	16.00
	90	18.00	18.00	18.00	18.00	18.00	18.00	18.00	18.00
	95	20.00	18.00	20.00	18.00	18.00	18.00	18.00	18.00

表3-3-26 上海市听力残疾人职业能力文档测验总分数据资料表

职业能力文档测验		男(岁)				女(岁)			
		15—29	30—39	40—49	50—59	15—29	30—39	40—49	50—54
N		147	130	92	60	163	121	75	16
平均数		69.07	62.76	56.18	57.06	69.80	63.52	59.00	56.39
标准差		14.20	18.28	21.44	20.64	14.20	18.68	18.39	20.18
最小值		29.56	22.00	1.11	3.33	24.00	10.22	11.33	22.44
最大值		95.33	99.11	94.00	92.89	97.33	99.11	93.56	88.44
百分位	5	42.67	31.69	21.53	18.10	38.76	29.87	29.42	22.44
	10	49.24	36.78	24.40	26.51	52.76	39.47	33.73	29.60
	25	58.89	50.00	38.89	43.67	60.44	51.56	44.44	37.56
	50	69.56	62.56	58.22	59.11	71.33	65.11	62.67	55.11
	75	79.78	77.39	73.94	74.61	79.56	78.78	73.33	75.17
	90	87.20	85.96	82.84	81.64	86.62	86.49	82.89	84.24
	95	90.93	92.22	89.94	85.44	90.49	91.62	86.71	

表3-3-26 上海市听力残疾人职业能力文档测验总分数据资料表(续1)

职业能力文档测验	残疾等级				文化水平			
	一级	二级	三级	四级	小学及以下	初中	高中/中专	大专及以上
N	232	114	167	72	94	297	258	155
平均数	62.01	68.58	66.04	61.09	48.96	58.90	68.87	73.74
标准差	18.50	17.99	17.26	17.97	20.06	18.69	14.09	12.57
最小值	16.22	29.56	1.11	20.67	3.33	1.11	22.00	35.11
最大值	97.33	96.89	99.11	94.00	93.56	99.11	95.33	97.33

(续表)

职业能力文档测验		残疾等级				文化水平			
		一级	二级	三级	四级	小学及以下	初中	高中/中专	大专及以上
百分位	5	28.21	33.28	37.42	31.50	13.00	27.71	41.54	52.18
	10	35.11	41.11	42.18	35.07	22.00	33.33	49.29	54.80
	25	48.89	54.67	55.33	45.72	35.78	44.89	60.44	65.56
	50	63.11	74.44	67.11	61.22	49.11	58.22	69.22	75.78
	75	77.72	83.00	78.22	75.00	62.17	75.00	79.61	83.78
	90	84.98	89.11	87.73	84.60	77.11	82.44	86.31	89.96
	95	88.23	91.78	91.91	88.12	85.78	87.44	90.90	92.22

表3-3-26 上海市听力残疾人职业能力文档测验总分数据资料表(续2)

职业能力文档测验		交流方式				城区		城区	
		手语	口语	手语&口语	其他	男	女	男	女
N		155	191	52	151	219	178	210	197
平均数		73.74	69.21	73.11	56.57	63.02	64.76	62.39	65.29
标准差		12.57	17.98	15.70	19.19	19.31	17.21	18.30	17.66
最小值		35.11	1.11	13.56	10.22	1.11	11.33	16.22	10.22
最大值		97.33	97.33	92.44	92.89	96.89	92.44	99.11	99.11
百分位	5	52.18	34.13	37.03	21.47	24.67	32.80	31.59	33.93
	10	54.80	43.47	50.18	28.49	33.11	37.87	38.22	39.69
	25	65.56	58.22	69.83	43.56	52.44	53.83	49.22	54.44
	50	75.78	73.33	78.00	58.00	65.56	68.33	62.67	66.67
	75	83.78	82.67	82.78	68.67	78.00	77.83	77.17	78.56
	90	89.96	90.13	88.84	82.93	85.78	84.91	85.53	86.40
	95	92.22	92.44	91.78	86.22	90.44	88.46	91.31	91.84

2. 上海市听力残疾人职业人格状况

表3-3-27 上海市听力残疾人职业人格测验坚持性维度数据资料表

坚持性	男(岁)				女(岁)			
	15-29	30-39	40-49	50-59	15-29	30-39	40-49	50-54
N	143	127	87	51	161	120	72	15
平均数	8.15	8.01	7.85	8.65	8.01	8.40	8.35	8.20
标准差	2.33	2.57	2.52	2.82	2.43	2.37	2.42	2.46
最小值	2.00	1.00	2.00	2.00	0.00	2.00	2.00	3.00
最大值	12.00	12.00	12.00	12.00	12.00	12.00	12.00	11.00

(续表)

坚持性		男(岁)				女(岁)			
		15-29	30-39	40-49	50-59	15-29	30-39	40-49	50-54
百分位	5	4.00	4.00	4.00	3.60	4.00	4.00	3.00	3.00
	10	4.40	5.00	4.00	4.20	5.00	5.00	5.00	3.60
	25	7.00	6.00	6.00	6.00	6.00	7.00	7.00	7.00
	50	9.00	8.00	8.00	9.00	8.00	9.00	9.00	8.00
	75	10.00	10.00	10.00	11.00	10.00	10.00	10.00	10.00
	90	11.00	11.20	11.00	12.00	11.00	12.00	11.70	11.00
	95	11.80	12.00	11.60	12.00	11.00	12.00	12.00	

表 3-3-28 上海市听力残疾人职业人格测验严谨性维度数据资料表

严谨性		男(岁)				女(岁)			
		15-29	30-39	40-49	50-59	15-29	30-39	40-49	50-54
N		143	127	87	51	161	120	72	15
平均数		8.42	8.57	8.53	8.82	8.27	8.75	8.54	8.53
标准差		1.92	2.13	2.27	2.72	1.91	2.03	2.32	1.92
最小值		2.00	3.00	4.00	1.00	3.00	3.00	1.00	5.00
最大值		12.00	12.00	12.00	12.00	12.00	12.00	12.00	12.00
百分位	5	5.00	5.00	4.40	3.20	5.00	5.00	4.65	5.00
	10	6.00	6.00	5.00	5.20	5.20	6.00	5.00	5.60
	25	8.00	7.00	7.00	7.00	7.00	7.00	7.00	7.00
	50	9.00	9.00	9.00	9.00	8.00	9.00	9.00	8.00
	75	10.00	10.00	10.00	11.00	10.00	10.00	10.00	10.00
	90	11.00	11.00	12.00	12.00	11.00	11.00	11.00	10.80
	95	11.00	12.00	12.00	12.00	11.00	12.00	12.00	

表 3-3-29 上海市听力残疾人职业人格测验情绪稳定性维度数据资料表

情绪稳定性	男(岁)				女(岁)			
	15-29	30-39	40-49	50-59	15-29	30-39	40-49	50-54
N	143	127	87	51	161	120	72	15
平均数	6.55	6.54	7.06	6.71	6.62	6.59	6.28	5.67
标准差	2.95	3.17	2.95	3.34	3.03	2.98	2.85	3.48
最小值	1.00	0.00	1.00	0.00	0.00	0.00	0.00	0.00
最大值	12.00	12.00	12.00	11.00	12.00	12.00	12.00	12.00

（续表）

情绪稳定性		男（岁）				女（岁）			
		15~29	30~39	40~49	50~59	15~29	30~39	40~49	50~54
百分位	5	2.00	1.00	2.40	1.00	1.10	2.00	1.00	0.00
	10	3.00	2.00	3.00	2.20	2.00	2.00	2.00	0.00
	25	4.00	4.00	5.00	4.00	4.00	4.00	4.25	4.00
	50	6.00	7.00	7.00	7.00	7.00	6.50	6.00	5.00
	75	9.00	9.00	10.00	10.00	9.00	9.00	8.00	8.00
	90	11.00	11.00	11.00	11.00	10.00	11.00	10.70	11.40
	95	11.80	11.60	12.00	11.00	11.00	11.00	11.00	

表3-3-30　上海市听力残疾人职业人格测验自信心维度数据资料表

自信心		男（岁）				女（岁）			
		15~29	30~39	40~49	50~59	15~29	30~39	40~49	50~54
N		143	127	87	51	161	120	72	15
平均数		8.58	8.70	8.52	8.51	8.35	8.66	8.51	8.93
标准差		2.04	1.83	1.83	2.33	2.18	1.84	1.76	1.83
最小值		1.00	3.00	2.00	1.00	2.00	5.00	4.00	6.00
最大值		12.00	12.00	12.00	12.00	12.00	12.00	11.00	11.00
百分位	5	5.00	5.40	5.40	4.60	4.10	6.00	5.00	6.00
	10	6.00	6.00	6.00	6.00	6.00	6.00	6.00	6.60
	25	8.00	7.00	7.00	7.00	7.00	7.00	7.00	7.00
	50	9.00	9.00	9.00	9.00	8.00	9.00	9.00	10.00
	75	10.00	10.00	10.00	11.00	10.00	10.00	10.00	11.00
	90	11.00	11.00	11.00	11.00	11.00	11.00	11.00	11.00
	95	11.80	11.00	11.00	11.40	12.00	11.95	11.00	

表3-3-31　上海市听力残疾人职业人格测验责任心维度数据资料表

责任心	男（岁）				女（岁）			
	15~29	30~39	40~49	50~59	15~29	30~39	40~49	50~54
N	143	127	87	51	161	120	72	15
平均数	9.46	9.46	9.03	9.25	10.06	9.88	9.82	9.47
标准差	1.99	2.24	2.34	2.78	1.90	1.96	1.70	2.36
最小值	4.00	2.00	2.00	1.00	1.00	5.00	5.00	3.00
最大值	12.00	12.00	12.00	12.00	12.00	12.00	12.00	12.00

(续表)

责任心		男(岁)				女(岁)			
		15-29	30-39	40-49	50-59	15-29	30-39	40-49	50-54
百分位	5	5.00	5.00	4.00	3.60	6.00	6.00	6.65	3.00
	10	7.00	6.00	5.80	5.20	7.00	7.00	7.00	5.40
	25	8.00	8.00	8.00	7.00	9.00	9.00	9.00	8.00
	50	10.00	10.00	9.00	10.00	10.00	10.00	10.00	10.00
	75	11.00	11.00	11.00	12.00	11.00	11.00	11.00	11.00
	90	12.00	12.00	12.00	12.00	12.00	12.00	12.00	12.00
	95	12.00	12.00	12.00	12.00	12.00	12.00	12.00	

表 3-3-32 上海市听力残疾人职业人格测验交际能力维度数据资料表

交际能力		男(岁)				女(岁)			
		15-29	30-39	40-49	50-59	15-29	30-39	40-49	50-54
	N	143	127	87	51	161	120	72	15
	平均数	8.50	8.36	7.99	7.63	8.71	8.38	8.06	8.20
	标准差	2.20	2.06	2.23	2.98	2.16	1.84	2.07	2.14
	最小值	1.00	1.00	3.00	0.00	2.00	4.00	3.00	3.00
	最大值	12.00	12.00	12.00	12.00	12.00	12.00	12.00	11.00
百分位	5	4.20	5.00	4.40	1.20	4.10	5.00	4.00	3.00
	10	6.00	6.00	5.00	3.20	6.00	6.00	5.00	4.80
	25	7.00	7.00	6.00	6.00	7.00	7.00	7.00	7.00
	50	9.00	9.00	8.00	8.00	9.00	8.00	8.00	9.00
	75	10.00	10.00	10.00	10.00	10.00	10.00	9.00	10.00
	90	11.00	11.00	11.00	11.00	11.00	11.00	11.00	10.40
	95	11.00	12.00	12.00	12.00	11.90	12.00	11.00	

表 3-3-33 上海市听力残疾人职业人格测验管理能力维度数据资料表

管理能力	男(岁)				女(岁)			
	15-29	30-39	40-49	50-59	15-29	30-39	40-49	50-54
N	143	127	87	51	161	120	72	15
平均数	9.85	9.54	9.78	9.82	9.78	9.93	9.49	9.73
标准差	2.20	2.54	2.18	2.71	2.27	2.21	2.79	2.63
最小值	3.00	2.00	2.00	1.00	0.00	1.00	1.00	3.00
最大值	12.00	12.00	12.00	12.00	12.00	12.00	12.00	12.00

(续表)

管理能力		男(岁)				女(岁)			
		15-29	30-39	40-49	50-59	15-29	30-39	40-49	50-54
百分位	5	5.20	3.40	5.40	3.80	5.10	5.05	2.00	3.00
	10	7.00	6.00	6.80	5.20	7.00	7.00	5.30	3.60
	25	9.00	8.00	8.00	9.00	9.00	9.00	8.25	10.00
	50	10.00	10.00	10.00	11.00	10.00	10.00	10.00	10.00
	75	12.00	11.00	12.00	12.00	11.00	12.00	12.00	11.00
	90	12.00	12.00	12.00	12.00	12.00	12.00	12.00	12.00
	95	12.00	12.00	12.00	12.00	12.00	12.00	12.00	

表3-3-34 上海市听力残疾人职业人格测验抗挫折能力维度数据资料表

抗挫折能力		男(岁)				女(岁)			
		15-29	30-39	40-49	50-59	15-29	30-39	40-49	50-54
N		143	127	87	51	161	120	72	15
平均数		8.08	7.56	7.55	7.33	7.89	7.53	6.83	7.20
标准差		2.24	2.54	2.00	2.20	2.28	2.34	2.61	2.60
最小值		2.00	1.00	4.00	2.00	0.00	2.00	1.00	3.00
最大值		12.00	12.00	12.00	12.00	12.00	12.00	12.00	11.00
百分位	5	4.00	3.00	5.00	3.00	4.00	4.00	2.00	3.00
	10	5.00	4.00	5.00	4.00	4.20	4.00	3.00	3.60
	25	6.00	6.00	6.00	6.00	6.00	6.00	5.00	5.00
	50	8.00	8.00	8.00	8.00	8.00	8.00	7.00	7.00
	75	10.00	10.00	9.00	9.00	10.00	9.00	9.00	10.00
	90	11.00	11.00	10.00	10.00	11.00	10.00	11.00	11.00
	95	11.00	11.00	11.00	10.00	11.00	11.00	11.00	

3. 上海市听力残疾人职业兴趣状况

表3-3-35 上海市听力残疾人职业兴趣测验常规型数据资料表

常规型	男(岁)				女(岁)			
	15-29	30-39	40-49	50-59	15-29	30-39	40-49	50-54
N	145	128	88	56	162	121	71	15
平均数	6.32	6.68	6.53	6.66	6.05	6.72	6.39	6.87
标准差	1.48	1.51	1.72	1.75	1.41	1.51	1.31	1.41
最小值	2.00	3.00	2.00	3.00	1.00	3.00	3.00	4.00
最大值	10.00	10.00	10.00	10.00	9.00	10.00	9.00	10.00

（续表）

常规型		男(岁)				女(岁)			
		15-29	30-39	40-49	50-59	15-29	30-39	40-49	50-54
百分位	5	4.00	4.00	3.45	3.00	3.00	4.00	4.00	4.00
	10	4.00	5.00	4.00	4.00	4.00	5.00	5.00	4.60
	25	5.00	6.00	5.00	5.00	5.00	6.00	5.00	6.00
	50	6.00	7.00	7.00	7.00	6.00	7.00	6.00	7.00
	75	7.00	8.00	8.00	7.75	7.00	8.00	7.00	8.00
	90	8.00	9.00	9.00	9.00	7.00	8.00	8.00	8.80
	95	9.00	9.00	9.00	10.00	8.00	9.00	9.00	

表3-3-36 上海市听力残疾人职业兴趣测验现实型数据资料表

现实型		男(岁)				女(岁)			
		15-29	30-39	40-49	50-59	15-29	30-39	40-49	50-54
N		145	128	88	56	162	121	71	15
平均数		6.74	6.40	6.77	6.55	6.62	6.49	6.92	6.40
标准差		1.41	1.55	1.42	1.69	1.41	1.30	1.28	1.18
最小值		1.00	2.00	2.00	3.00	3.00	3.00	3.00	5.00
最大值		9.00	10.00	10.00	9.00	10.00	10.00	9.00	8.00
百分位	5	4.00	4.00	4.45	3.00	4.00	4.00	4.60	5.00
	10	5.00	4.00	5.00	3.70	5.00	5.00	5.00	5.00
	25	6.00	5.00	6.00	5.25	6.00	6.00	6.00	5.00
	50	7.00	6.00	7.00	7.00	7.00	6.00	7.00	7.00
	75	8.00	8.00	8.00	8.00	8.00	7.00	8.00	7.00
	90	8.00	8.00	8.00	8.00	8.00	8.00	9.00	8.00
	95	9.00	9.00	9.00	9.00	9.00	8.90	9.00	

表3-3-37 上海市听力残疾人职业兴趣测验研究型数据资料表

研究型	男(岁)				女(岁)			
	15-29	30-39	40-49	50-59	15-29	30-39	40-49	50-54
N	145	128	88	56	162	121	71	15
平均数	6.46	6.18	6.19	6.30	6.03	6.12	6.17	6.00
标准差	1.62	1.84	1.83	1.91	1.49	1.86	1.65	1.20
最小值	2.00	2.00	2.00	2.00	2.00	0.00	1.00	4.00
最大值	10.00	10.00	10.00	9.00	9.00	10.00	9.00	8.00

(续表)

研究型		男（岁）				女（岁）			
		15-29	30-39	40-49	50-59	15-29	30-39	40-49	50-54
百分位	5	4.00	3.00	4.00	3.00	4.00	3.00	3.00	4.00
	10	4.00	3.90	4.00	4.00	4.00	4.00	4.00	4.00
	25	5.00	5.00	5.00	5.00	5.00	5.00	5.00	5.00
	50	7.00	6.00	6.00	6.00	6.00	6.00	6.00	6.00
	75	8.00	8.00	8.00	8.00	7.00	8.00	7.00	7.00
	90	8.00	8.00	9.00	9.00	8.00	8.00	8.00	7.40
	95	9.00	9.00	9.00	9.00	8.00	9.00	9.00	

表3-3-38　上海市听力残疾人职业兴趣测验企业型数据资料表

企业型		男（岁）				女（岁）			
		15-29	30-39	40-49	50-59	15-29	30-39	40-49	50-54
N		145	128	88	56	162	121	71	15
平均数		6.47	5.91	6.03	5.50	6.21	5.74	5.42	6.20
标准差		1.57	1.51	1.44	1.72	1.58	1.55	1.97	1.52
最小值		2.00	1.00	2.00	0.00	2.00	1.00	0.00	3.00
最大值		9.00	9.00	9.00	8.00	10.00	10.00	10.00	8.00
百分位	5	3.30	4.00	3.00	2.85	3.00	3.00	1.60	3.00
	10	4.00	4.00	4.00	3.00	4.00	4.00	3.00	3.60
	25	5.00	5.00	5.00	4.00	5.00	5.00	4.00	5.00
	50	7.00	6.00	6.00	6.00	6.00	6.00	5.00	7.00
	75	8.00	7.00	7.00	7.00	7.00	7.00	7.00	7.00
	90	8.00	8.00	8.00	7.00	8.00	7.00	8.00	8.00
	95	9.00	8.00	8.00	8.00	9.00	8.00	9.00	

表3-3-39　上海市听力残疾人职业兴趣测验社会型数据资料表

社会型	男（岁）				女（岁）			
	15-29	30-39	40-49	50-59	15-29	30-39	40-49	50-54
N	145	128	88	56	162	121	71	15
平均数	4.82	4.81	5.33	5.39	4.99	5.38	5.31	5.47
标准差	1.40	1.57	1.47	1.33	1.46	1.56	1.43	1.41
最小值	1.00	1.00	2.00	3.00	1.00	2.00	2.00	3.00
最大值	9.00	8.00	9.00	8.00	8.00	9.00	8.00	7.00

(续表)

社会型		男(岁)				女(岁)			
		15-29	30-39	40-49	50-59	15-29	30-39	40-49	50-54
百分位	5	3.00	2.00	3.00	3.00	2.00	3.00	3.00	3.00
	10	3.00	3.00	3.00	3.70	3.00	3.00	3.00	3.60
	25	4.00	4.00	4.00	4.00	4.00	4.00	4.00	4.00
	50	5.00	5.00	5.00	6.00	5.00	5.00	5.00	6.00
	75	6.00	6.00	7.00	6.00	6.00	6.00	6.00	7.00
	90	6.40	7.00	7.00	7.00	7.00	7.00	7.00	7.00
	95	7.00	7.00	8.00	7.00	7.00	8.00	8.00	

表3-3-40 上海市听力残疾人职业兴趣测验艺术型数据资料表

艺术型		男(岁)				女(岁)			
		15-29	30-39	40-49	50-59	15-29	30-39	40-49	50-54
N		145	128	88	56	162	121	71	15
平均数		5.40	5.28	5.17	4.75	5.53	5.38	5.35	5.20
标准差		1.73	1.94	1.95	2.06	1.67	1.81	1.84	1.57
最小值		1.00	1.00	1.00	0.00	1.00	1.00	1.00	3.00
最大值		9.00	10.00	9.00	9.00	9.00	9.00	9.00	9.00
百分位	5	2.30	2.00	2.00	1.00	2.15	2.00	2.00	3.00
	10	3.00	3.00	2.00	2.00	3.00	3.00	3.00	3.00
	25	4.00	4.00	4.00	3.00	4.00	4.00	4.00	4.00
	50	5.00	5.00	5.00	5.00	6.00	5.00	5.00	5.00
	75	7.00	7.00	7.00	6.00	7.00	7.00	7.00	6.00
	90	8.00	8.00	8.00	7.30	8.00	8.00	8.00	7.80
	95	8.00	9.00	8.00	8.15	8.00	8.00	9.00	

(三)上海市言语残疾人职业适应性状况

1. 上海市言语残疾人职业能力状况

表3-3-41 上海市言语残疾人职业能力测验言语能力分测验数据资料表

言语能力	性别		年龄(岁)		城郊	
	男	女	15-39	40-59	城区	郊区
N	105	88	140	53	96	97
平均数	12.53	12.87	12.94	12.01	12.70	12.67
标准差	4.22	4.14	3.86	4.88	4.55	3.78
最小值	0.00	4.00	4.00	0.00	0.00	4.67
最大值	20.00	20.00	20.00	20.00	20.00	20.00

(续表)

言语能力		性别		年龄(岁)		城郊	
		男	女	15-39	40-59	城区	郊区
百分位	5	4.67	5.63	7.33	3.87	4.67	7.27
	10	7.73	7.33	8.00	5.33	5.80	8.00
	25	9.33	10.00	10.00	8.00	10.00	9.33
	50	12.67	12.00	12.67	12.00	12.67	12.00
	75	15.33	16.00	16.00	16.00	16.00	16.00
	90	18.00	18.67	18.67	17.33	18.87	17.47
	95	19.80	19.70	19.33	20.00	20.00	18.73

表3-3-42 上海市言语残疾人职业能力测验数理能力分测验数据资料表

数理能力		性别		年龄(岁)		城郊	
		男	女	15-39	40-59	城区	郊区
N		105	88	140	53	96	97
平均数		12.13	11.61	12.24	10.98	11.60	12.19
标准差		5.34	5.25	5.05	5.84	5.66	4.91
最小值		0.00	0.00	0.00	0.00	0.00	0.00
最大值		20.00	20.00	20.00	20.00	20.00	20.00
百分位	5	4.00	2.90	4.00	0.00	0.00	4.00
	10	4.00	4.00	6.00	4.00	4.00	4.00
	25	8.00	8.00	8.00	6.00	6.50	8.00
	50	12.00	12.00	12.00	10.00	12.00	12.00
	75	16.00	16.00	16.00	17.00	16.00	16.00
	90	20.00	18.00	18.00	18.00	18.00	18.00
	95	20.00	20.00	20.00	20.00	20.00	20.00

表3-3-43 上海市言语残疾人职业能力测验空间知觉分测验数据资料表

空间知觉	性别		年龄(岁)		城郊	
	男	女	15-39	40-59	城区	郊区
N	105	88	140	53	96	97
平均数	11.89	9.95	11.13	10.68	11.38	10.64
标准差	4.91	4.51	4.66	5.25	5.21	4.39
最小值	0.00	2.00	2.00	0.00	0.00	2.00
最大值	20.00	20.00	20.00	20.00	20.00	20.00

(续表)

空间知觉		性别		年龄（岁）		城郊	
		男	女	15-39	40-59	城区	郊区
百分位	5	4.00	2.90	4.00	2.00	2.00	4.00
	10	6.00	4.00	4.20	4.00	4.00	4.00
	25	8.00	6.50	8.00	7.00	8.00	8.00
	50	12.00	10.00	10.00	10.00	11.00	10.00
	75	16.00	12.00	16.00	14.00	16.00	14.00
	90	18.00	16.00	18.00	18.00	18.00	16.40
	95	19.40	18.00	18.00	20.00	20.00	18.00

表3-3-44 上海市言语残疾人职业能力测验符号知觉分测验数据资料表

符号知觉		性别		年龄（岁）		城郊	
		男	女	15-39	40-59	城区	郊区
N		105	88	140	53	96	97
平均数		15.03	16.10	16.37	13.29	14.75	16.29
标准差		5.50	4.08	4.30	5.76	5.47	4.21
最小值		0.00	2.22	0.00	0.00	0.00	0.00
最大值		20.00	19.78	20.00	19.78	19.78	20.00
百分位	5	0.00	6.64	7.33	0.00	0.76	7.67
	10	7.20	9.51	9.58	2.31	6.31	9.07
	25	12.22	15.11	15.39	10.78	11.78	15.22
	50	17.56	17.33	18.11	15.33	16.89	17.78
	75	18.67	19.11	19.11	17.78	18.83	19.11
	90	19.56	19.56	19.56	19.02	19.40	19.56
	95	19.71	19.56	19.56	19.56	19.56	19.56

表3-3-45 上海市言语残疾人职业能力测验形状知觉分测验数据资料表

形状知觉	性别		年龄（岁）		城郊	
	男	女	15-39	40-59	城区	郊区
N	105	88	140	53	96	97
平均数	13.71	13.82	14.33	12.26	13.50	14.02
标准差	4.37	3.65	3.41	5.11	4.36	3.71
最小值	0.00	4.00	4.00	0.00	0.00	2.00
最大值	20.00	20.00	20.00	20.00	20.00	20.00

(续表)

形状知觉		性别		年龄(岁)		城郊	
		男	女	15-39	40-59	城区	郊区
百分位	5	5.20	6.90	8.00	0.00	4.00	8.00
	10	8.00	10.00	10.00	4.00	8.00	8.00
	25	12.00	12.00	12.00	10.00	12.00	12.00
	50	14.00	14.00	14.00	14.00	14.00	14.00
	75	16.00	16.00	16.00	16.00	16.00	16.00
	90	18.80	18.00	18.00	18.00	18.00	20.00
	95	20.00	20.00	20.00	20.00	20.00	20.00

表3-3-46 上海市言语残疾人职业能力文档测验总分数据资料表

职业能力文档测验		性别		年龄(岁)		城郊	
		男	女	15-39	40-59	城区	郊区
	N	105	88	140	53	96	97
	平均数	65.30	64.36	67.00	59.23	63.93	65.80
	标准差	20.42	17.01	16.81	22.79	21.47	16.01
	最小值	0.00	21.33	14.67	0.00	0.00	24.89
	最大值	96.22	96.44	96.44	95.56	96.44	95.56
百分位	5	27.53	34.12	38.69	18.89	24.54	39.53
	10	39.60	39.07	44.24	26.13	35.91	42.44
	25	51.00	55.06	55.78	42.00	49.67	54.89
	50	68.44	64.89	67.89	60.00	66.56	66.67
	75	81.00	77.50	79.33	78.78	80.89	77.67
	90	91.29	85.62	88.73	87.47	91.24	87.47
	95	93.58	91.47	92.63	94.87	93.78	92.07

2. 上海市言语残疾人职业人格状况

表3-3-47 上海市言语残疾人职业人格测验坚持性维度数据资料表

坚持性	性别		年龄(岁)		城郊	
	男	女	15-39	40-59	城区	郊区
N	102	88	140	50	93	97
平均数	8.03	8.07	8.19	7.64	8.18	7.92
标准差	2.42	2.41	2.34	2.56	2.52	2.30
最小值	2.00	3.00	3.00	2.00	2.00	3.00
最大值	12.00	12.00	12.00	11.00	12.00	12.00

(续表)

坚持性		性别		年龄(岁)		城郊	
		男	女	15-39	40-59	城区	郊区
百分位	5	3.15	3.00	4.00	2.55	3.00	4.00
	10	4.30	4.90	5.00	3.10	4.00	5.00
	25	6.00	6.00	7.00	6.00	7.00	6.00
	50	8.00	9.00	9.00	8.00	9.00	8.00
	75	10.00	10.00	10.00	10.00	10.00	10.00
	90	11.00	11.00	11.00	10.90	11.00	11.00
	95	11.00	12.00	11.95	11.00	11.00	11.10

表3-3-48　上海市言语残疾人职业人格测验严谨性维度数据资料表

严谨性		性别		年龄(岁)		城郊	
		男	女	15-39	40-59	城区	郊区
N		102	88	140	50	93	97
平均数		8.79	8.44	8.60	8.72	8.77	8.49
标准差		1.83	2.06	2.02	1.69	1.73	2.12
最小值		3.00	3.00	3.00	5.00	3.00	3.00
最大值		12.00	12.00	12.00	12.00	12.00	12.00
百分位	5	6.00	4.00	5.00	6.00	6.00	4.00
	10	6.00	5.90	6.00	6.00	6.40	5.00
	25	7.75	7.00	7.00	7.75	8.00	7.00
	50	9.00	8.00	9.00	9.00	9.00	9.00
	75	10.00	10.00	10.00	10.00	10.00	10.00
	90	11.00	11.00	11.00	11.00	11.00	11.00
	95	11.85	11.00	11.00	11.00	11.30	11.00

表3-3-49　上海市言语残疾人职业人格测验情绪稳定性维度数据资料表

情绪稳定性	性别		年龄(岁)		城郊	
	男	女	15-39	40-59	城区	郊区
N	102	88	140	50	93	97
平均数	6.35	6.08	6.39	5.76	6.55	5.92
标准差	2.78	2.85	2.91	2.47	2.96	2.63
最小值	0.00	1.00	0.00	1.00	0.00	1.00
最大值	12.00	12.00	12.00	12.00	12.00	12.00

(续表)

情绪稳定性		性别		年龄（岁）		城郊	
		男	女	15-39	40-59	城区	郊区
百分位	5	2.00	1.00	2.00	1.55	1.00	2.00
	10	3.00	2.00	3.00	3.00	3.00	3.00
	25	4.00	4.00	4.00	4.00	4.00	4.00
	50	6.00	6.00	6.00	5.50	6.00	6.00
	75	8.00	8.00	8.75	7.25	9.00	8.00
	90	10.00	10.00	10.90	9.00	11.00	10.00
	95	11.85	11.00	11.95	10.00	12.00	11.00

表3-3-50　上海市言语残疾人职业人格测验自信心维度数据资料表

自信心		性别		年龄（岁）		城郊	
		男	女	15-39	40-59	城区	郊区
N		102	88	140	50	93	97
平均数		8.73	8.26	8.36	8.94	8.65	8.38
标准差		2.03	2.11	2.14	1.86	2.22	1.93
最小值		3.00	1.00	1.00	4.00	1.00	4.00
最大值		12.00	12.00	12.00	12.00	12.00	12.00
百分位	5	5.00	5.00	5.00	5.55	5.00	4.90
	10	6.00	5.90	6.00	6.10	6.00	6.00
	25	7.00	7.00	7.00	8.00	7.00	7.00
	50	9.00	8.00	8.00	9.00	9.00	8.00
	75	10.00	10.00	10.00	11.00	10.00	10.00
	90	11.00	11.00	11.00	11.00	11.00	11.00
	95	11.00	11.00	11.00	12.00	12.00	11.00

表3-3-51　上海市言语残疾人职业人格测验责任心维度数据资料表

责任心	性别		年龄（岁）		城郊	
	男	女	15-39	40-59	城区	郊区
N	102	88	140	50	93	97
平均数	9.62	9.53	9.65	9.38	9.63	9.53
标准差	1.88	2.10	1.92	2.14	1.88	2.08
最小值	5.00	4.00	4.00	5.00	5.00	4.00
最大值	12.00	12.00	12.00	12.00	12.00	12.00

(续表)

责任心		性别		年龄(岁)		城郊	
		男	女	15-39	40-59	城区	郊区
百分位	5	6.00	5.45	6.00	5.55	6.00	5.00
	10	7.00	6.00	7.00	6.00	7.00	6.00
	25	9.00	8.00	9.00	7.75	8.00	9.00
	50	10.00	10.00	10.00	10.00	10.00	10.00
	75	11.00	11.00	11.00	11.00	11.00	11.00
	90	12.00	12.00	12.00	12.00	12.00	12.00
	95	12.00	12.00	12.00	12.00	12.00	12.00

表 3-3-52 上海市言语残疾人职业人格测验交际能力维度数据资料表

交际能力		性别		年龄(岁)		城郊	
		男	女	15-39	40-59	城区	郊区
N		102	88	140	50	93	97
平均数		8.39	7.84	8.19	8.00	8.39	7.90
标准差		2.10	1.98	2.01	2.19	2.14	1.95
最小值		2.00	2.00	2.00	4.00	2.00	2.00
最大值		12.00	12.00	12.00	12.00	12.00	12.00
百分位	5	5.00	5.00	5.00	4.00	4.70	5.00
	10	5.00	5.00	5.00	5.00	5.00	5.00
	25	7.00	7.00	7.00	6.00	7.00	7.00
	50	9.00	8.00	8.00	8.00	9.00	8.00
	75	10.00	9.00	10.00	10.00	10.00	9.00
	90	11.00	10.00	11.00	10.90	11.00	10.00
	95	11.00	11.00	11.00	11.00	11.00	11.10

表 3-3-53 上海市言语残疾人职业人格测验管理能力维度数据资料表

管理能力	性别		年龄(岁)		城郊	
	男	女	15-39	40-59	城区	郊区
N	102	88	140	50	93	97
平均数	9.93	9.66	9.71	10.08	9.85	9.76
标准差	2.20	2.17	2.30	1.83	2.30	2.08
最小值	1.00	2.00	1.00	6.00	1.00	2.00
最大值	12.00	12.00	12.00	12.00	12.00	12.00

(续表)

管理能力		性别		年龄(岁)		城郊	
		男	女	15-39	40-59	城区	郊区
百分位	5	6.00	4.45	4.05	7.00	4.70	5.90
	10	7.00	6.90	6.10	7.00	6.40	7.00
	25	9.00	9.00	9.00	9.00	9.00	9.00
	50	11.00	10.00	10.00	10.00	10.00	10.00
	75	12.00	11.00	11.00	12.00	12.00	11.00
	90	12.00	12.00	12.00	12.00	12.00	12.00
	95	12.00	12.00	12.00	12.00	12.00	12.00

表3-3-54 上海市言语残疾人职业人格测验抗挫折能力维度数据资料表

抗挫折能力		性别		年龄(岁)		城郊	
		男	女	15-39	40-59	城区	郊区
	N	102	88	140	50	93	97
	平均数	7.63	7.43	7.73	7.00	7.60	7.47
	标准差	2.04	2.36	2.23	2.02	2.35	2.05
	最小值	2.00	1.00	1.00	1.00	1.00	1.00
	最大值	12.00	12.00	12.00	12.00	12.00	12.00
百分位	5	4.00	3.45	4.00	3.55	3.70	4.00
	10	5.00	4.90	5.00	4.10	4.40	5.00
	25	6.00	6.00	6.00	5.75	6.00	6.00
	50	8.00	8.00	8.00	7.00	8.00	8.00
	75	9.00	9.00	9.00	8.00	9.00	9.00
	90	10.70	10.10	11.00	9.00	11.00	10.00
	95	11.00	11.00	11.00	10.00	12.00	11.00

3. 上海市言语残疾人职业兴趣状况

表3-3-55 上海市言语残疾人职业人格测验常规型数据资料表

常规型	性别		年龄(岁)		城郊	
	男	女	15-39	40-59	城区	郊区
N	103	86	138	51	93	96
平均数	6.53	6.28	6.40	6.47	6.40	6.44
标准差	1.53	1.65	1.53	1.76	1.60	1.59
最小值	3.00	3.00	3.00	3.00	3.00	3.00
最大值	9.00	10.00	9.00	10.00	10.00	9.00

(续表)

常规型		性别		年龄(岁)		城郊	
		男	女	15-39	40-59	城区	郊区
百分位	5	4.00	3.00	3.00	3.00	3.00	3.00
	10	4.00	4.00	4.00	4.00	4.00	4.00
	25	5.00	5.00	5.00	5.00	5.00	5.00
	50	7.00	6.50	7.00	7.00	6.00	7.00
	75	8.00	7.00	7.00	8.00	8.00	8.00
	90	8.00	8.00	8.00	8.00	8.00	8.00
	95	9.00	9.00	9.00	9.00	9.00	9.00

表3-3-56 上海市言语残疾人职业兴趣测验现实型数据资料表

现实型		性别		年龄(岁)		城郊	
		男	女	15-39	40-59	城区	郊区
N		103	86	138	51	93	96
平均数		6.70	6.65	6.71	6.59	6.65	6.71
标准差		1.40	1.63	1.51	1.49	1.50	1.51
最小值		3.00	2.00	2.00	3.00	2.00	3.00
最大值		10.00	10.00	10.00	10.00	10.00	10.00
百分位	5	4.20	4.00	4.00	4.00	4.00	4.00
	10	5.00	4.70	5.00	5.00	5.00	5.00
	25	6.00	6.00	6.00	6.00	6.00	6.00
	50	7.00	6.00	7.00	6.00	7.00	7.00
	75	8.00	8.00	8.00	8.00	8.00	8.00
	90	8.00	9.00	9.00	9.00	9.00	9.00
	95	9.00	9.00	9.00	9.00	9.00	9.00

表3-3-57 上海市言语残疾人职业兴趣测验研究型数据资料表

研究型	性别		年龄(岁)		城郊	
	男	女	15-39	40-59	城区	郊区
N	103	86	138	51	93	96
平均数	6.24	5.99	6.04	6.35	6.39	5.88
标准差	1.80	1.51	1.69	1.63	1.71	1.60
最小值	1.00	2.00	1.00	2.00	2.00	1.00
最大值	9.00	9.00	9.00	9.00	9.00	9.00

(续表)

研究型		性别		年龄(岁)		城郊	
		男	女	15-39	40-59	城区	郊区
百分位	5	3.00	3.00	3.00	3.00	3.00	3.00
	10	4.00	4.00	4.00	4.00	4.00	4.00
	25	5.00	5.00	5.00	5.00	5.00	5.00
	50	6.00	6.00	6.00	6.00	6.00	6.00
	75	8.00	7.00	7.00	7.00	8.00	7.00
	90	9.00	8.00	8.00	9.00	9.00	8.00
	95	9.00	8.00	9.00	9.00	9.00	9.00

表3-3-58 上海市言语残疾人职业兴趣测验企业型数据资料表

企业型		性别		年龄(岁)		城郊	
		男	女	15-39	40-59	城区	郊区
N		103	86	138	51	93	96
平均数		6.09	5.85	6.00	5.92	5.90	6.05
标准差		1.44	1.95	1.77	1.48	1.82	1.56
最小值		2.00	1.00	1.00	2.00	1.00	2.00
最大值		9.00	9.00	9.00	9.00	9.00	9.00
百分位	5	3.20	2.35	3.00	3.20	2.00	3.00
	10	4.00	3.00	3.00	4.00	3.00	4.00
	25	5.00	4.00	5.00	5.00	5.00	5.00
	50	6.00	6.00	6.00	6.00	6.00	6.00
	75	7.00	7.00	7.00	7.00	7.00	7.00
	90	8.00	8.00	8.00	8.00	8.00	8.00
	95	8.00	8.65	8.00	8.00	8.00	8.00

表3-3-59 上海市言语残疾人职业兴趣测验社会型数据资料表

社会型	性别		年龄(岁)		城郊	
	男	女	15-39	40-59	城区	郊区
N	103	86	138	51	93	96
平均数	5.16	4.77	4.90	5.20	4.96	5.00
标准差	1.40	1.40	1.36	1.52	1.44	1.38
最小值	1.00	2.00	1.00	1.00	1.00	1.00
最大值	8.00	9.00	8.00	9.00	9.00	8.00

(续表)

社会型		性别		年龄(岁)		城郊	
		男	女	15-39	40-59	城区	郊区
百分位	5	3.00	3.00	3.00	3.00	3.00	3.00
	10	3.00	3.00	3.00	3.00	3.00	3.00
	25	4.00	4.00	4.00	4.00	4.00	4.00
	50	5.00	5.00	5.00	5.00	5.00	5.00
	75	6.00	6.00	6.00	6.00	6.00	6.00
	90	7.00	7.00	7.00	7.00	7.00	7.00
	95	7.00	7.00	7.00	7.40	7.00	7.00

表3-3-60 上海市言语残疾人职业兴趣测验艺术型数据资料表

艺术型		性别		年龄(岁)		城郊	
		男	女	15-39	40-59	城区	郊区
N		103	86	138	51	93	96
平均数		5.23	4.87	5.07	5.08	5.09	5.05
标准差		1.70	2.03	1.91	1.74	1.88	1.85
最小值		2.00	1.00	1.00	1.00	1.00	1.00
最大值		9.00	9.00	9.00	9.00	9.00	9.00
百分位	5	3.00	1.35	2.00	2.00	2.00	2.00
	10	3.00	2.00	3.00	3.00	3.00	3.00
	25	4.00	3.00	3.00	4.00	4.00	3.25
	50	5.00	5.00	5.00	5.00	5.00	5.00
	75	6.00	6.00	6.00	6.00	6.00	6.00
	90	7.00	8.00	8.00	7.00	7.60	8.00
	95	8.00	8.00	8.00	8.00	8.00	8.00

四、广州市残疾人职业适应性状况

(一)广州市肢体残疾人职业适应性状况

1.广州市肢体残疾人职业能力状况

表3-4-1 广州市肢体残疾人职业能力测验言语能力分测验数据资料表

言语能力	男(岁)				女(岁)			
	15-29	30-39	40-49	50-59	15-29	30-39	40-49	50-54
N	226	122	88	45	155	78	49	18
平均数	9.56	8.07	5.21	4.21	9.93	7.76	5.89	2.89
标准差	4.07	4.24	4.60	3.82	3.91	4.93	3.78	3.41
最小值	0.00	0.00	0.00	0.00	0.00	0.00	0.00	0.00
最大值	29.33	16.67	22.00	15.33	17.33	15.33	16.00	13.33

(续表)

言语能力		男(岁)				女(岁)			
		15-29	30-39	40-49	50-59	15-29	30-39	40-49	50-54
百分位	5	3.33	1.33	0.00	0.00	2.53	0.00	0.00	0.00
	10	4.67	2.67	0.00	0.00	4.67	0.00	0.67	0.00
	25	6.67	4.67	1.50	1.33	7.33	3.33	2.67	0.00
	50	9.33	8.67	4.00	4.00	10.00	8.33	6.00	2.33
	75	12.00	11.33	8.00	6.33	12.67	12.17	8.67	4.83
	90	14.67	13.80	11.40	8.93	14.93	14.00	10.67	7.33
	95	16.00	15.33	13.47	13.47	16.67	14.67	13.00	

表 3-4-1 广州市肢体残疾人职业能力测验言语能力分测验数据资料表(续1)

言语能力		残疾等级				文化水平			
		一级	二级	三级	四级	小学及以下	初中	高中/中专	大专及以上
N		40	216	397	115	79	278	286	121
平均数		9.05	7.67	8.54	6.99	3.18	7.22	8.70	12.14
标准差		4.11	4.54	4.66	4.44	3.03	4.36	3.91	3.64
最小值		0.00	0.00	0.00	0.00	0.00	0.00	0.00	2.00
最大值		17.33	17.33	29.33	16.67	16.00	29.33	16.67	18.67
百分位	5	0.80	0.00	0.00	0.00	0.00	0.00	0.90	4.73
	10	4.00	0.67	2.00	1.07	0.00	1.33	2.67	6.67
	25	6.00	4.67	5.33	3.33	0.67	4.00	6.67	9.33
	50	9.00	8.00	8.67	6.67	2.67	7.00	9.00	12.67
	75	12.00	11.33	12.00	10.00	4.67	10.00	11.33	15.00
	90	14.60	13.53	14.67	13.33	7.33	12.67	13.53	16.67
	95	16.57	16.00	16.00	14.67	9.33	14.67	14.67	17.33

表 3-4-1 广州市肢体残疾人职业能力测验言语能力分测验数据资料表(续2)

言语能力	残疾等级				城区		城区	
	上肢	下肢	上肢&下肢	躯干	男	女	男	女
N	148	470	106	40	266	146	133	79
平均数	7.96	8.20	7.82	8.77	7.86	7.64	6.11	6.34
标准差	4.26	4.72	4.72	4.17	4.49	4.51	4.19	4.15
最小值	0.00	0.00	0.00	0.00	0.00	0.00	0.00	0.00
最大值	17.33	29.33	16.00	16.67	17.33	17.33	22.00	15.33

(续表)

言语能力		残疾等级				城区		城区	
		上肢	下肢	上肢&下肢	躯干	男	女	男	女
百分位	5	0.00	0.00	0.00	2.00	0.00	0.00	0.67	0.00
	10	1.87	1.40	0.47	4.00	0.00	0.47	1.33	0.67
	25	4.67	4.67	4.50	4.83	4.67	4.00	2.67	2.67
	50	8.67	8.33	7.33	9.00	8.00	8.00	6.00	6.00
	75	11.17	11.33	12.00	12.33	11.33	11.33	8.67	9.33
	90	12.73	14.67	14.00	14.53	13.53	13.33	12.00	12.67
	95	15.33	16.00	15.10	15.93	15.33	14.67	14.20	14.00

表 3-4-2 广州市肢体残疾人职业能力测验数理能力分测验数据资料表

数理能力		男(岁)				女(岁)			
		15–29	30–39	40–49	50–59	15–29	30–39	40–49	50–54
N		226	122	88	45	155	78	49	18
平均数		12.60	11.84	8.68	6.76	12.36	10.41	7.51	5.78
标准差		4.84	5.13	5.10	5.38	4.54	5.88	4.57	3.99
最小值		0.00	0.00	0.00	0.00	0.00	0.00	0.00	0.00
最大值		20.00	20.00	20.00	20.00	20.00	20.00	20.00	12.00
百分位	5	4.00	2.30	0.90	0.00	4.00	0.00	1.00	0.00
	10	6.00	4.60	2.00	0.00	6.00	2.00	2.00	0.00
	25	8.00	8.00	4.00	2.00	10.00	6.00	4.00	2.00
	50	14.00	12.00	8.00	6.00	12.00	10.00	8.00	6.00
	75	16.00	16.00	12.00	10.00	16.00	16.00	10.00	8.50
	90	18.00	18.00	16.00	14.80	18.00	18.00	14.00	12.00
	95	20.00	19.70	18.00	19.40	18.00	20.00	16.00	

表 3-4-2 广州市肢体残疾人职业能力测验数理能力分测验数据资料表(续1)

数理能力	残疾等级				文化水平			
	一级	二级	三级	四级	小学及以下	初中	高中/中专	大专及以上
N	40	216	397	115	79	278	286	121
平均数	11.35	10.77	11.48	9.70	5.54	10.06	12.02	14.74
标准差	5.23	5.20	5.41	5.19	3.99	5.08	4.75	4.30
最小值	0.00	0.00	0.00	0.00	0.00	0.00	0.00	4.00
最大值	20.00	20.00	20.00	20.00	14.00	20.00	20.00	20.00

(续表)

数理能力		残疾等级				文化水平			
		一级	二级	三级	四级	小学及以下	初中	高中/中专	大专及以上
百分位	5	2.00	2.00	2.00	1.60	0.00	2.00	4.00	6.00
	10	4.20	4.00	4.00	4.00	0.00	3.80	6.00	8.00
	25	8.00	8.00	6.00	6.00	2.00	6.00	8.00	12.00
	50	12.00	10.00	12.00	10.00	6.00	10.00	12.00	16.00
	75	16.00	14.00	16.00	14.00	8.00	14.00	16.00	18.00
	90	18.00	18.00	18.00	18.00	12.00	16.20	18.00	20.00
	95	19.90	18.00	20.00	18.00	14.00	18.00	18.00	20.00

表3-4-2 广州市肢体残疾人职业能力测验数理能力分测验数据资料表(续2)

数理能力		残疾等级				城区		郊区	
		上肢	下肢	上肢&下肢	躯干	男	女	男	女
N		148	470	106	40	266	146	133	79
平均数		10.78	11.10	10.92	12.00	11.38	10.16	8.90	8.71
标准差		5.44	5.35	5.37	4.94	5.42	5.42	5.02	4.76
最小值		0.00	0.00	0.00	0.00	0.00	0.00	0.00	0.00
最大值		20.00	20.00	20.00	20.00	20.00	20.00	20.00	18.00
百分位	5	2.00	2.00	2.00	2.20	2.00	0.70	1.40	0.00
	10	2.00	4.00	4.00	6.00	4.00	2.00	2.00	2.00
	25	6.00	7.50	6.00	8.00	7.50	6.00	6.00	6.00
	50	12.00	12.00	12.00	13.00	12.00	10.00	8.00	8.00
	75	16.00	16.00	16.00	16.00	16.00	14.00	12.00	12.00
	90	18.00	18.00	18.00	18.00	18.00	18.00	16.00	16.00
	95	18.00	20.00	20.00	19.90	20.00	18.00	18.00	18.00

表3-4-3 广州市肢体残疾人职业能力测验空间知觉分测验数据资料表

空间知觉	男(岁)				女(岁)			
	15-29	30-39	40-49	50-59	15-29	30-39	40-49	50-54
N	226	122	88	45	155	78	49	18
平均数	11.80	11.21	9.14	7.51	11.11	9.74	8.37	7.11
标准差	4.64	5.01	4.75	4.96	4.53	4.78	4.12	4.35
最小值	0.00	0.00	0.00	0.00	0.00	0.00	0.00	2.00
最大值	20.00	20.00	20.00	18.00	20.00	20.00	18.00	20.00

(续表)

空间知觉		男(岁)				女(岁)			
		15-29	30-39	40-49	50-59	15-29	30-39	40-49	50-54
百分位	5	4.00	4.00	2.00	0.00	4.00	0.00	2.00	2.00
	10	6.00	4.00	2.00	2.00	4.00	4.00	4.00	2.00
	25	8.00	8.00	6.00	3.00	8.00	6.00	6.00	4.00
	50	12.00	12.00	9.00	6.00	12.00	10.00	8.00	6.00
	75	16.00	16.00	12.00	12.00	14.00	14.00	12.00	10.00
	90	18.00	18.00	16.00	14.80	18.00	16.00	14.00	12.80
	95	20.00	20.00	18.00	16.00	18.00	18.00	14.00	

表3-4-3 广州市肢体残疾人职业能力测验空间知觉分测验数据资料表(续1)

空间知觉		残疾等级				文化水平			
		一级	二级	三级	四级	小学及以下	初中	高中/中专	大专及以上
N		40	216	397	115	79	278	286	121
平均数		10.40	10.37	10.84	9.77	6.48	9.73	11.15	13.85
标准差		5.23	4.70	4.87	4.93	3.75	4.55	4.50	4.44
最小值		0.00	0.00	0.00	0.00	0.00	0.00	0.00	2.00
最大值		20.00	20.00	20.00	20.00	16.00	20.00	20.00	20.00
百分位	5	0.00	2.00	3.80	2.00	0.00	2.00	4.00	6.00
	10	0.40	4.00	4.00	4.00	2.00	4.00	6.00	8.00
	25	6.50	6.00	8.00	6.00	4.00	6.00	8.00	10.00
	50	12.00	10.00	10.00	10.00	6.00	10.00	12.00	14.00
	75	14.00	14.00	14.00	14.00	8.00	14.00	14.00	18.00
	90	17.80	18.00	18.00	16.80	12.00	16.00	18.00	20.00
	95	18.00	18.00	18.00	20.00	14.00	18.00	18.00	20.00

表3-4-3 广州市肢体残疾人职业能力测验空间知觉分测验数据资料表(续2)

空间知觉	残疾等级				城区		城区	
	上肢	下肢	上肢&下肢	躯干	男	女	男	女
N	148	470	106	40	266	146	133	79
平均数	10.24	10.80	9.94	10.90	10.97	9.78	9.07	8.30
标准差	5.01	4.84	5.01	4.22	5.04	4.67	4.70	4.29
最小值	0.00	0.00	0.00	4.00	0.00	0.00	0.00	0.00
最大值	20.00	20.00	20.00	20.00	20.00	20.00	20.00	18.00

(续表)

空间知觉		残疾等级				城区		郊区	
		上肢	下肢	上肢&下肢	躯干	男	女	男	女
百分位	5	0.90	2.00	2.00	4.00	2.00	2.70	2.00	0.00
	10	4.00	4.00	4.00	6.00	4.00	4.00	4.00	2.00
	25	6.00	8.00	6.00	8.00	8.00	6.00	6.00	6.00
	50	10.00	10.00	10.00	10.00	12.00	10.00	8.00	8.00
	75	14.00	14.00	14.00	14.00	14.00	14.00	12.00	12.00
	90	16.00	18.00	16.00	17.80	18.00	16.00	16.00	14.00
	95	18.00	18.00	19.30	18.00	18.00	18.00	18.00	16.00

表3-4-4 广州市肢体残疾人职业能力测验符号知觉分测验数据资料表

符号知觉		男(岁)				女(岁)			
		15-29	30-39	40-49	50-59	15-29	30-39	40-49	50-54
	N	226	122	88	45	155	78	49	18
	平均数	12.89	11.45	7.27	6.20	13.45	9.81	9.03	5.37
	标准差	5.18	6.58	6.79	6.42	4.91	6.49	6.71	5.75
	最小值	0.00	0.00	0.00	0.00	0.00	0.00	0.00	0.00
	最大值	17.50	18.33	18.33	16.67	18.33	17.50	18.33	17.50
百分位	5	2.50	0.00	0.00	0.00	2.33	0.00	0.00	0.00
	10	3.92	0.83	0.00	0.00	4.67	0.00	0.00	0.00
	25	10.00	4.17	0.00	0.00	11.67	3.33	2.92	0.00
	50	15.00	15.00	4.17	4.17	15.83	11.25	8.33	3.75
	75	16.67	16.88	15.00	12.50	16.67	16.04	16.67	9.58
	90	17.50	17.50	17.50	16.17	17.50	17.50	17.50	15.25
	95	17.50	17.50	17.50	16.67	17.50	17.50	18.33	

表3-4-4 广州市肢体残疾人职业能力测验符号知觉分测验数据资料表(续1)

符号知觉	残疾等级				文化水平			
	一级	二级	三级	四级	小学及以下	初中	高中/中专	大专及以上
N	40	216	397	115	79	278	286	121
平均数	11.06	11.05	11.54	9.83	3.95	10.24	12.53	14.59
标准差	5.92	6.49	6.20	6.60	5.11	6.21	5.68	4.38
最小值	0.00	0.00	0.00	0.00	0.00	0.00	0.00	0.00
最大值	17.50	18.33	18.33	18.33	17.50	18.33	18.33	18.33

(续表)

符号知觉		残疾等级				文化水平			
		一级	二级	三级	四级	小学及以下	初中	高中/中专	大专及以上
百分位	5	0.00	0.00	0.00	0.00	0.00	0.00	0.00	3.42
	10	1.08	0.58	0.00	0.83	0.00	0.83	2.50	6.83
	25	6.67	4.17	6.67	3.33	0.00	4.17	9.17	14.17
	50	12.08	13.75	15.00	10.00	1.67	11.67	15.00	16.67
	75	16.67	16.67	16.67	15.83	5.83	16.67	16.67	17.50
	90	17.50	17.50	17.50	17.50	14.17	17.50	17.50	17.50
	95	17.50	17.50	17.50	17.50	15.83	17.50	17.50	17.50

表 3-4-4 广州市肢体残疾人职业能力测验符号知觉分测验数据资料表(续2)

符号知觉		残疾等级				城区		城区	
		上肢	下肢	上肢&下肢	躯干	男	女	男	女
N		148	470	106	40	266	146	133	79
平均数		11.50	11.29	9.81	11.73	11.36	10.90	8.27	9.55
标准差		6.15	6.37	6.50	6.14	6.36	6.34	6.73	6.39
最小值		0.00	0.00	0.00	0.00	0.00	0.00	0.00	0.00
最大值		18.33	18.33	17.50	18.33	18.33	18.33	17.50	18.33
百分位	5	0.00	0.00	0.00	0.88	0.00	0.00	0.00	0.00
	10	0.83	0.00	0.00	1.75	0.00	0.00	0.00	0.83
	25	6.88	5.00	3.33	6.88	5.00	5.00	2.08	3.33
	50	14.58	14.17	11.25	15.00	14.58	13.33	6.67	10.83
	75	16.67	16.67	16.67	16.67	16.67	16.67	15.83	15.83
	90	17.50	17.50	17.50	17.50	17.50	17.50	17.50	17.50
	95	17.50	17.50	17.50	18.29	17.50	17.50	17.50	17.50

表 3-4-5 广州市肢体残疾人职业能力测验形状知觉分测验数据资料表

形状知觉	男(岁)				女(岁)			
	15-29	30-39	40-49	50-59	15-29	30-39	40-49	50-54
N	226	122	88	45	155	78	49	18
平均数	59.84	54.22	41.08	32.72	60.36	48.85	41.49	29.26
标准差	18.40	21.19	19.95	21.02	17.53	23.33	18.24	16.15
最小值	0.00	0.00	8.00	0.00	2.67	0.00	8.67	2.00
最大值	94.17	89.33	88.33	73.67	91.50	89.17	84.33	78.83

(续表)

形状知觉		男(岁)				女(岁)			
		15~29	30~39	40~49	50~59	15~29	30~39	40~49	50~54
百分位	5	28.34	18.08	12.30	3.80	25.43	6.33	13.33	2.00
	10	35.97	24.25	16.90	8.30	37.10	11.83	17.33	8.00
	25	46.54	36.54	24.13	14.67	50.67	33.58	24.92	19.79
	50	60.50	56.42	39.25	28.17	60.67	49.17	43.67	30.33
	75	75.33	70.46	56.38	49.75	74.50	67.79	57.83	33.67
	90	82.98	80.17	70.68	66.77	81.63	78.68	63.50	44.33
	95	86.78	85.48	79.15	72.97	84.57	82.71	68.92	

表 3-4-5 广州市肢体残疾人职业能力测验形状知觉分测验数据资料表(续1)

形状知觉		残疾等级				文化水平			
		一级	二级	三级	四级	小学及以下	初中	高中/中专	大专及以上
N		40	216	397	115	79	278	286	121
平均数		13.05	11.74	12.21	11.04	7.87	11.42	12.67	14.20
标准差		4.96	4.46	4.45	4.56	4.83	4.41	3.98	3.78
最小值		0.00	0.00	0.00	0.00	0.00	0.00	0.00	2.00
最大值		20.00	20.00	20.00	18.00	18.00	20.00	20.00	20.00
百分位	5	0.20	2.00	4.00	3.60	0.00	4.00	6.00	8.00
	10	6.00	6.00	6.00	5.20	0.00	6.00	8.00	8.00
	25	10.50	8.50	10.00	8.00	4.00	8.00	10.00	12.00
	50	14.00	12.00	12.00	12.00	8.00	12.00	14.00	14.00
	75	16.00	16.00	16.00	14.00	12.00	14.00	16.00	18.00
	90	18.00	18.00	18.00	18.00	14.00	18.00	18.00	18.00
	95	20.00	18.00	18.00	18.00	16.00	18.00	18.00	20.00

表 3-4-5 广州市肢体残疾人职业能力测验形状知觉分测验数据资料表(续2)

形状知觉	残疾等级				城区		郊区	
	上肢	下肢	上肢&下肢	躯干	男	女	男	女
N	148	470	106	40	266	146	133	79
平均数	11.50	12.33	10.98	12.20	11.74	11.92	10.66	10.66
标准差	4.79	4.22	5.23	4.50	4.61	4.95	4.28	4.78
最小值	0.00	0.00	0.00	4.00	0.00	0.00	0.00	0.00
最大值	20.00	20.00	20.00	20.00	20.00	20.00	20.00	20.00

(续表)

形状知觉		残疾等级				城区		郊区	
		上肢	下肢	上肢&下肢	躯干	男	女	男	女
百分位	5	0.90	5.10	2.00	6.00	4.00	0.70	4.00	2.00
	10	4.00	6.00	4.00	6.00	6.00	5.40	4.80	4.00
	25	8.00	10.00	8.00	8.00	8.00	8.00	8.00	8.00
	50	12.00	12.00	12.00	12.00	12.00	12.00	10.00	10.00
	75	14.00	16.00	16.00	16.00	16.00	16.00	14.00	14.00
	90	18.00	18.00	18.00	18.00	18.00	18.00	16.00	18.00
	95	18.00	18.00	18.00	19.90	18.00	18.00	18.00	18.00

表 3-4-6　广州市肢体残疾人职业能力文档测验总分数据资料表

职业能力文档测验		男（岁）				女（岁）			
		15-29	30-39	40-49	50-59	15-29	30-39	40-49	50-54
N		226	122	88	45	155	78	49	18
平均数		59.84	54.22	41.08	32.72	60.36	48.85	41.49	29.26
标准差		18.40	21.19	19.95	21.02	17.53	23.33	18.24	16.15
最小值		0.00	0.00	8.00	0.00	2.67	0.00	8.67	2.00
最大值		94.17	89.33	88.33	73.67	91.50	89.17	84.33	78.83
百分位	5	28.34	18.08	12.30	3.80	25.43	6.33	13.33	2.00
	10	35.97	24.25	16.90	8.30	37.10	11.83	17.33	8.00
	25	46.54	36.54	24.13	14.67	50.67	33.58	24.92	19.79
	50	60.50	56.42	39.25	28.17	60.67	49.17	43.67	30.33
	75	75.33	70.46	56.38	49.75	74.50	67.79	57.83	33.67
	90	82.98	80.17	70.68	66.77	81.63	78.68	63.50	44.33
	95	86.78	85.48	79.15	72.97	84.57	82.71	68.92	

表 3-4-6　广州市肢体残疾人职业能力文档测验总分数据资料表（续1）

职业能力文档测验	残疾等级				文化水平			
	一级	二级	三级	四级	小学及以下	初中	高中/中专	大专及以上
N	40	216	397	115	79	278	286	121
平均数	54.91	51.60	54.61	47.34	27.03	48.66	57.08	69.53
标准差	21.16	21.10	21.34	21.16	15.19	20.17	17.78	15.62
最小值	0.00	2.00	0.00	0.00	0.00	2.00	8.00	18.67
最大值	86.17	90.17	94.17	90.17	60.67	88.17	89.33	94.17

(续表)

职业能力文档测验		残疾等级				文化水平			
		一级	二级	三级	四级	小学及以下	初中	高中/中专	大专及以上
百分位	5	5.67	14.18	17.33	11.60	0.00	15.65	25.46	39.33
	10	25.53	21.28	24.00	20.77	6.83	21.32	32.07	46.93
	25	42.63	34.46	39.00	32.33	16.83	32.96	45.58	59.58
	50	53.08	54.58	55.83	45.33	25.50	49.33	57.75	73.00
	75	70.17	67.42	73.00	64.83	36.83	64.88	70.54	81.92
	90	80.00	79.53	81.33	75.73	44.50	76.00	80.05	88.03
	95	85.18	85.36	84.68	83.50	58.00	80.18	83.50	89.80

表3-4-6 广州市肢体残疾人职业能力文档测验总分数据资料表(续2)

职业能力文档测验		残疾等级				城区		城区	
		上肢	下肢	上肢&下肢	躯干	男	女	男	女
N		148	470	106	40	266	146	133	79
平均数		51.99	53.70	49.48	55.60	53.32	50.40	43.01	43.55
标准差		21.60	21.20	23.03	18.41	21.90	21.46	20.47	20.29
最小值		0.00	0.00	2.00	15.67	0.00	0.00	0.00	2.00
最大值		88.17	94.17	89.50	83.33	90.00	88.00	88.17	82.83
百分位	5	9.27	17.18	9.78	24.17	12.90	9.13	12.12	12.00
	10	21.47	23.20	15.85	32.70	23.40	20.33	18.00	14.33
	25	37.71	38.00	33.54	40.83	38.88	33.67	27.17	25.83
	50	54.08	56.08	48.50	53.25	55.33	54.58	39.67	45.00
	75	70.33	70.04	67.96	74.46	70.75	67.29	57.00	55.50
	90	78.50	80.17	81.65	81.97	81.33	76.17	71.23	74.17
	95	81.78	85.50	85.27	82.82	85.44	81.03	81.80	79.33

2. 广州市肢体残疾人职业人格状况

表3-4-7 广州市肢体残疾人职业人格测验坚持性维度数据资料表

坚持性	男(岁)				女(岁)			
	15-29	30-39	40-49	50-59	15-29	30-39	40-49	50-54
N	223	120	85	41	154	75	47	15
平均数	8.75	9.43	8.27	7.95	9.02	8.63	7.91	8.93
标准差	2.50	2.38	2.68	2.65	2.52	2.52	2.95	1.79
最小值	1.00	3.00	0.00	3.00	1.00	3.00	1.00	6.00
最大值	12.00	12.00	12.00	12.00	12.00	12.00	12.00	12.00

(续表)

坚持性		男(岁)				女(岁)			
		15-29	30-39	40-49	50-59	15-29	30-39	40-49	50-54
百分位	5	4.00	5.00	3.30	3.00	5.00	4.00	2.20	6.00
	10	5.00	6.00	5.00	4.00	6.00	5.00	4.00	6.60
	25	7.00	8.00	7.00	6.00	7.00	7.00	5.00	7.00
	50	9.00	10.00	8.00	8.00	10.00	9.00	8.00	9.00
	75	11.00	11.00	11.00	10.00	11.00	11.00	10.00	11.00
	90	12.00	12.00	11.40	11.00	12.00	12.00	12.00	11.40
	95	12.00	12.00	12.00	12.00	12.00	12.00	12.00	

表3-4-8 广州市肢体残疾人职业人格测验严谨性维度数据资料表

严谨性		男(岁)				女(岁)			
		15-29	30-39	40-49	50-59	15-29	30-39	40-49	50-54
N		223	120	85	41	154	75	47	15
平均数		9.09	9.33	8.95	8.49	9.01	8.68	8.62	8.40
标准差		2.09	2.15	2.20	2.57	2.09	1.87	2.47	1.96
最小值		3.00	2.00	2.00	2.00	2.00	4.00	2.00	5.00
最大值		12.00	12.00	12.00	12.00	12.00	12.00	12.00	12.00
百分位	5	5.00	5.05	5.00	4.10	5.00	5.80	2.80	5.00
	10	6.00	6.00	6.00	5.00	6.00	6.00	4.80	5.00
	25	8.00	8.00	8.00	6.50	7.00	8.00	8.00	7.00
	50	9.00	10.00	9.00	9.00	9.00	9.00	9.00	8.00
	75	11.00	11.00	11.00	11.00	11.00	10.00	10.00	10.00
	90	12.00	12.00	11.40	12.00	11.00	11.00	12.00	11.40
	95	12.00	12.00	12.00	12.00	12.00	12.00	12.00	

表3-4-9 广州市肢体残疾人职业人格测验情绪稳定性维度数据资料表

情绪稳定性	男(岁)				女(岁)			
	15-29	30-39	40-49	50-59	15-29	30-39	40-49	50-54
N	223	120	85	41	154	75	47	15
平均数	6.72	7.93	5.95	6.54	6.52	6.25	5.91	7.80
标准差	3.07	2.84	2.72	3.31	3.13	3.37	3.25	2.01
最小值	0.00	1.00	0.00	0.00	0.00	0.00	0.00	5.00
最大值	12.00	12.00	12.00	12.00	12.00	12.00	12.00	11.00

(续表)

情绪稳定性		男(岁)				女(岁)			
		15-29	30-39	40-49	50-59	15-29	30-39	40-49	50-54
百分位	5	1.00	3.00	1.00	1.00	1.75	0.00	1.00	5.00
	10	2.00	4.00	2.00	2.00	2.00	1.60	2.00	5.00
	25	4.00	6.00	4.00	3.50	4.00	4.00	3.00	6.00
	50	7.00	8.00	6.00	7.00	6.00	6.00	6.00	8.00
	75	9.00	10.00	8.00	9.00	9.00	9.00	9.00	9.00
	90	11.00	12.00	10.00	10.80	11.00	10.40	10.20	11.00
	95	11.00	12.00	10.00	11.00	12.00	11.20	11.60	

表3-4-10 广州市肢体残疾人职业人格测验自信心维度数据资料表

自信心		男(岁)				女(岁)			
		15-29	30-39	40-49	50-59	15-29	30-39	40-49	50-54
N		223	120	85	41	154	75	47	15
平均数		8.52	8.34	8.01	7.78	8.60	8.07	8.21	8.33
标准差		2.10	2.16	2.40	2.22	2.52	2.17	2.85	1.05
最小值		2.00	3.00	1.00	3.00	1.00	3.00	0.00	6.00
最大值		12.00	12.00	12.00	12.00	12.00	12.00	12.00	10.00
百分位	5	5.00	5.00	4.00	3.00	3.00	4.00	2.00	6.00
	10	5.00	5.10	5.00	4.20	5.00	5.00	3.80	6.60
	25	7.00	7.00	6.00	6.50	7.00	6.00	7.00	8.00
	50	9.00	9.00	8.00	8.00	9.00	8.00	9.00	8.00
	75	10.00	10.00	10.00	9.00	11.00	10.00	10.00	9.00
	90	11.00	11.00	11.00	10.00	11.00	10.40	11.20	10.00
	95	11.00	11.95	12.00	11.00	12.00	11.00	12.00	

表3-4-11 广州市肢体残疾人职业人格测验责任心维度数据资料表

责任心	男(岁)				女(岁)			
	15-29	30-39	40-49	50-59	15-29	30-39	40-49	50-54
N	223	120	85	41	154	75	47	15
平均数	9.58	9.93	9.26	8.88	10.06	9.55	9.00	10.53
标准差	2.25	2.00	2.38	2.36	1.78	2.22	2.56	1.73
最小值	1.00	4.00	1.00	4.00	2.00	1.00	1.00	6.00
最大值	12.00	12.00	12.00	12.00	12.00	12.00	12.00	12.00

(续表)

责任心		男(岁)				女(岁)			
		15-29	30-39	40-49	50-59	15-29	30-39	40-49	50-54
百分位	5	5.00	5.00	4.30	4.00	7.00	5.60	2.40	6.00
	10	6.00	7.00	5.60	5.20	8.00	7.00	5.00	7.20
	25	8.00	9.00	8.00	8.00	9.00	8.00	8.00	10.00
	50	10.00	10.50	10.00	9.00	11.00	10.00	10.00	11.00
	75	11.00	11.00	11.00	11.00	11.00	11.00	11.00	12.00
	90	12.00	12.00	12.00	11.80	12.00	12.00	11.00	12.00
	95	12.00	12.00	12.00	12.00	12.00	12.00	11.60	

表 3-4-12 广州市肢体残疾人职业人格测验交际能力维度数据资料表

交际能力		男(岁)				女(岁)			
		15-29	30-39	40-49	50-59	15-29	30-39	40-49	50-54
N		223	120	85	41	154	75	47	15
平均数		8.47	8.50	7.89	7.93	8.99	8.13	8.43	7.47
标准差		2.70	2.73	2.41	1.98	2.49	2.53	2.69	2.00
最小值		1.00	1.00	2.00	4.00	0.00	0.00	1.00	4.00
最大值		12.00	12.00	12.00	12.00	12.00	12.00	12.00	10.00
百分位	5	3.00	3.05	3.30	4.10	3.75	3.00	1.80	4.00
	10	4.00	5.00	5.00	5.20	5.50	4.60	4.00	4.60
	25	7.00	6.00	6.00	7.00	7.00	6.00	7.00	6.00
	50	9.00	9.00	8.00	8.00	10.00	9.00	9.00	7.00
	75	11.00	11.00	10.00	9.50	11.00	10.00	10.00	10.00
	90	12.00	12.00	11.00	11.00	12.00	11.00	12.00	10.00
	95	12.00	12.00	11.00	11.00	12.00	12.00	12.00	

表 3-4-13 广州市肢体残疾人职业人格测验管理能力维度数据资料表

管理能力	男(岁)				女(岁)			
	15-29	30-39	40-49	50-59	15-29	30-39	40-49	50-54
N	223	120	85	41	154	75	47	15
平均数	9.43	9.66	9.68	9.44	9.59	9.35	9.38	9.53
标准差	2.38	2.46	2.42	2.67	2.34	2.61	2.40	1.60
最小值	2.00	1.00	0.00	2.00	2.00	2.00	2.00	6.00
最大值	12.00	12.00	12.00	12.00	12.00	12.00	12.00	11.00

(续表)

管理能力		男(岁)				女(岁)			
		15-29	30-39	40-49	50-59	15-29	30-39	40-49	50-54
百分位	5	5.00	5.00	5.00	3.20	5.00	3.00	3.80	6.00
	10	5.00	6.00	6.60	5.20	6.00	5.00	6.00	7.20
	25	8.00	8.00	9.00	7.50	8.00	8.00	8.00	8.00
	50	10.00	11.00	10.00	10.00	10.00	10.00	10.00	10.00
	75	11.00	11.00	11.00	12.00	11.00	11.00	11.00	11.00
	90	12.00	12.00	12.00	12.00	12.00	12.00	12.00	11.00
	95	12.00	12.00	12.00	12.00	12.00	12.00	12.00	

表3-4-14 广州市肢体残疾人职业人格测验抗挫折能力维度数据资料表

抗挫折能力		男(岁)				女(岁)			
		15-29	30-39	40-49	50-59	15-29	30-39	40-49	50-54
N		223	120	85	41	154	75	47	15
平均数		8.61	8.69	7.69	7.66	8.60	7.44	6.89	7.87
标准差		2.38	2.61	2.23	2.42	2.47	2.52	2.37	1.85
最小值		1.00	2.00	1.00	3.00	2.00	1.00	1.00	4.00
最大值		12.00	12.00	12.00	12.00	12.00	12.00	11.00	10.00
百分位	5	4.00	4.00	4.00	3.10	3.00	3.00	2.40	4.00
	10	5.00	4.00	4.60	4.00	5.00	4.00	3.00	5.20
	25	7.00	7.00	6.00	6.00	7.00	6.00	5.00	6.00
	50	9.00	9.00	8.00	8.00	9.00	8.00	7.00	9.00
	75	11.00	11.00	9.00	9.50	11.00	9.00	9.00	9.00
	90	11.00	12.00	11.00	11.00	11.00	11.00	10.00	10.00
	95	12.00	12.00	11.00	11.00	12.00	11.00	10.60	

3. 广州市肢体残疾人职业兴趣状况

表3-4-15 广州市肢体残疾人职业兴趣测验常规型数据资料表

常规型	男(岁)				女(岁)			
	15-29	30-39	40-49	50-59	15-29	30-39	40-49	50-54
N	221	117	83	40	154	74	46	16
平均数	6.42	6.74	6.66	6.23	6.33	6.34	6.76	6.69
标准差	1.61	1.78	1.60	1.78	1.50	1.90	1.82	1.82
最小值	2.00	2.00	3.00	2.00	3.00	1.00	2.00	2.00
最大值	10.00	10.00	9.00	10.00	9.00	10.00	10.00	9.00

(续表)

常规型		男(岁)				女(岁)			
		15-29	30-39	40-49	50-59	15-29	30-39	40-49	50-54
百分位	5	4.00	3.90	4.00	3.05	4.00	2.75	3.35	2.00
	10	4.00	4.00	4.00	4.00	4.00	3.50	4.00	4.10
	25	5.00	5.00	5.00	5.00	5.00	5.00	6.00	5.25
	50	6.00	7.00	7.00	6.50	6.00	6.00	7.00	7.00
	75	8.00	8.00	8.00	7.00	8.00	8.00	8.00	8.00
	90	8.00	9.00	9.00	8.90	8.00	9.00	9.00	9.00
	95	9.00	9.00	9.00	9.00	9.00	9.00	9.00	

表 3-4-16 广州市肢体残疾人职业兴趣测验现实型数据资料表

现实型		男(岁)				女(岁)			
		15-29	30-39	40-49	50-59	15-29	30-39	40-49	50-54
N		221	117	83	40	154	74	46	16
平均数		6.33	6.20	6.22	6.03	6.66	6.34	6.54	7.31
标准差		1.34	1.53	1.59	1.72	1.27	1.43	1.39	1.96
最小值		2.00	2.00	2.00	2.00	3.00	4.00	4.00	2.00
最大值		9.00	10.00	10.00	9.00	10.00	9.00	9.00	10.00
百分位	5	4.00	3.00	3.20	2.05	4.75	4.00	4.00	2.00
	10	4.20	4.00	4.00	4.00	5.00	4.00	5.00	3.40
	25	6.00	5.00	5.00	5.00	6.00	5.00	5.00	6.50
	50	6.00	6.00	6.00	6.00	7.00	6.00	7.00	8.00
	75	7.00	7.00	7.00	7.00	7.00	8.00	8.00	8.00
	90	8.00	8.00	8.00	8.00	8.00	8.00	8.30	9.30
	95	8.00	8.10	9.00	9.00	9.00	9.00	9.00	

表 3-4-17 广州市肢体残疾人职业兴趣测验研究型数据资料表

研究型	男(岁)				女(岁)			
	15-29	30-39	40-49	50-59	15-29	30-39	40-49	50-54
N	221	117	83	40	154	74	46	16
平均数	5.92	6.55	5.88	5.63	6.01	5.43	5.59	5.81
标准差	1.80	1.67	1.84	2.01	1.79	1.83	1.72	1.76
最小值	0.00	2.00	1.00	0.00	1.00	2.00	1.00	2.00
最大值	10.00	10.00	10.00	9.00	10.00	9.00	9.00	9.00

(续表)

研究型		男(岁)				女(岁)			
		15-29	30-39	40-49	50-59	15-29	30-39	40-49	50-54
百分位	5	3.00	3.90	3.00	2.05	3.00	2.00	3.00	2.00
	10	3.20	4.00	3.40	3.10	4.00	3.00	3.70	3.40
	25	5.00	5.50	5.00	4.25	5.00	4.00	4.00	4.25
	50	6.00	7.00	6.00	5.00	6.00	5.00	6.00	6.00
	75	7.00	8.00	7.00	7.00	7.00	7.00	7.00	7.00
	90	8.00	9.00	8.00	9.00	8.00	8.00	7.00	8.30
	95	8.00	9.00	8.80	9.00	9.00	8.00	9.00	

表3-4-18 广州市肢体残疾人职业兴趣测验企业型数据资料表

企业型		男(岁)				女(岁)			
		15-29	30-39	40-49	50-59	15-29	30-39	40-49	50-54
N		221	117	83	40	154	74	46	16
平均数		6.04	5.91	5.64	5.53	6.16	5.30	5.26	4.94
标准差		1.64	1.69	1.72	1.72	1.78	1.64	1.27	2.21
最小值		1.00	1.00	0.00	2.00	1.00	1.00	2.00	2.00
最大值		10.00	9.00	9.00	9.00	10.00	9.00	8.00	9.00
百分位	5	3.00	3.00	2.20	2.00	3.00	2.00	3.00	2.00
	10	4.00	4.00	3.40	3.00	4.00	3.00	3.70	2.00
	25	5.00	5.00	5.00	4.00	5.00	4.00	4.00	4.00
	50	6.00	6.00	6.00	6.00	6.00	5.00	5.00	4.00
	75	7.00	7.00	7.00	6.75	7.00	6.00	6.00	6.75
	90	8.00	8.00	8.00	8.00	8.00	8.00	7.00	8.30
	95	8.00	9.00	8.00	8.00	9.00	8.00	7.00	

表3-4-19 广州市肢体残疾人职业兴趣测验社会型数据资料表

社会型	男(岁)				女(岁)			
	15-29	30-39	40-49	50-59	15-29	30-39	40-49	50-54
N	221	117	83	40	154	74	46	16
平均数	5.32	5.55	5.37	5.23	5.67	5.80	5.76	4.75
标准差	1.60	1.54	1.54	1.70	1.68	1.63	1.58	1.73
最小值	1.00	2.00	2.00	2.00	0.00	2.00	2.00	2.00
最大值	8.00	9.00	9.00	8.00	9.00	9.00	9.00	7.00

社会型		男(岁)				女(岁)			
		15-29	30-39	40-49	50-59	15-29	30-39	40-49	50-54
百分位	5	3.00	3.00	3.00	3.00	2.75	3.00	3.00	2.00
	10	3.00	3.80	3.40	3.00	3.00	4.00	3.70	2.00
	25	4.00	5.00	4.00	4.00	5.00	5.00	5.00	3.00
	50	5.00	6.00	5.00	5.00	6.00	6.00	6.00	5.00
	75	7.00	7.00	7.00	7.00	7.00	7.00	7.00	6.00
	90	7.00	8.00	7.00	8.00	8.00	8.00	8.00	7.00
	95	8.00	8.00	8.00	8.00	8.00	8.00	8.00	

表 3-4-20 广州市肢体残疾人职业兴趣测验艺术型数据资料表

艺术型		男(岁)				女(岁)			
		15-29	30-39	40-49	50-59	15-29	30-39	40-49	50-54
	N	221	117	83	40	154	74	46	16
	平均数	4.70	3.97	4.10	4.08	5.24	4.51	4.72	4.38
	标准差	1.85	1.87	1.81	1.72	1.70	2.05	1.77	2.03
	最小值	0.00	0.00	0.00	1.00	0.00	1.00	1.00	0.00
	最大值	10.00	9.00	8.00	9.00	9.00	9.00	9.00	9.00
百分位	5	2.00	1.00	1.00	1.05	2.00	1.75	2.00	0.00
	10	2.00	2.00	2.00	2.00	3.00	2.00	2.70	1.40
	25	3.00	3.00	3.00	3.00	4.00	3.00	3.00	3.00
	50	5.00	4.00	4.00	4.00	5.00	4.00	5.00	5.00
	75	6.00	5.00	5.00	5.00	6.00	6.00	6.00	5.00
	90	7.00	6.00	6.60	6.00	7.50	7.00	7.00	7.60
	95	8.00	7.10	7.80	6.95	8.00	8.25	8.30	

(二)广州市听力残疾人职业适应性状况

1.广州市听力残疾人职业能力状况

表 3-4-21 广州市听力残疾人职业能力测验言语能力分测验数据资料表

言语能力	男(岁)				女(岁)			
	15-29	30-39	40-49	50-59	15-29	30-39	40-49	50-54
N	233	233	54	22	205	51	50	6
平均数	9.72	9.72	6.94	6.85	10.24	7.78	7.39	2.33
标准差	4.12	4.12	5.13	5.95	4.18	5.91	5.97	2.62
最小值	0.00	0.00	0.00	0.00	0.00	0.00	0.00	0.00
最大值	20.00	20.00	19.33	19.33	20.00	20.00	20.00	7.33

(续表)

言语能力		男(岁)				女(岁)			
		15-29	30-39	40-49	50-59	15-29	30-39	40-49	50-54
百分位	5	2.67	2.67	0.00	0.10	2.87	0.00	0.00	0.00
	10	4.67	4.67	0.33	0.67	4.67	0.13	1.33	0.00
	25	6.67	6.67	2.00	2.33	8.00	2.67	2.50	0.50
	50	9.33	9.33	6.33	3.67	10.00	6.67	5.33	1.67
	75	12.33	12.33	10.67	11.33	12.67	12.67	14.00	3.83
	90	15.33	15.33	14.33	15.60	16.00	17.20	16.60	
	95	17.33	17.33	16.17	18.83	17.33	19.20	18.90	

表 3-4-21　广州市听力残疾人职业能力测验言语能力分测验数据资料表（续1）

言语能力		残疾等级				文化水平			
		一级	二级	三级	四级	小学及以下	初中	高中/中专	大专及以上
N		351	351	73	15	166	241	182	93
平均数		9.00	9.00	8.99	5.96	5.20	8.64	11.24	12.70
标准差		4.54	4.54	5.29	5.00	3.74	4.32	3.93	3.90
最小值		0.00	0.00	0.00	0.00	0.00	0.00	0.00	4.00
最大值		20.00	20.00	20.00	14.67	19.33	20.00	20.00	20.00
百分位	5	1.33	1.33	1.13	0.00	0.00	1.33	4.67	6.47
	10	2.67	2.67	1.33	0.00	0.67	2.67	6.00	8.67
	25	6.00	6.00	5.00	2.67	2.00	6.00	8.50	10.00
	50	9.33	9.33	9.33	4.00	4.67	8.67	11.33	12.00
	75	12.00	12.00	13.00	11.33	8.00	11.33	14.00	15.33
	90	15.20	15.20	17.07	14.27	10.00	15.20	16.00	19.07
	95	17.33	17.33	18.20		11.10	16.60	17.90	20.00

表 3-4-21　广州市听力残疾人职业能力测验言语能力分测验数据资料表（续2）

言语能力	交流方式				城区		郊区	
	口语	手语	口语&手语	其他	男	女	男	女
N	93	123	51	199	199	82	87	66
平均数	12.70	10.98	12.08	8.21	8.21	8.51	8.78	9.29
标准差	3.90	5.55	4.90	4.54	4.54	6.25	4.29	5.12
最小值	4.00	0.00	0.67	0.00	0.00	0.00	0.00	0.00
最大值	20.00	20.00	20.00	20.00	20.00	20.00	19.33	20.00

(续表)

言语能力		交流方式				城区		郊区	
		口语	手语	口语＆手语	其他	男	女	男	女
百分位	5	6.47	2.13	2.00	0.00	0.00	0.00	0.67	0.00
	10	8.67	3.33	4.67	1.33	1.33	1.33	2.67	1.80
	25	10.00	6.00	9.33	5.33	5.33	3.17	6.00	6.00
	50	12.00	11.33	12.67	8.67	8.67	6.67	8.67	9.67
	75	15.33	15.33	16.00	11.33	11.33	14.00	11.33	12.67
	90	19.07	19.07	17.87	14.00	14.00	17.80	14.80	16.87
	95	20.00	19.87	20.00	15.33	15.33	19.90	17.47	17.77

表 3-4-22 广州市听力残疾人职业能力测验数理能力分测验数据资料表

数理能力		男（岁）				女（岁）			
		15-29	30-39	40-49	50-59	15-29	30-39	40-49	50-54
N		233	233	54	22	205	51	50	6
平均数		9.48	9.48	5.41	5.82	8.42	6.08	5.32	2.00
标准差		4.36	4.36	4.49	4.49	4.53	5.09	5.09	2.19
最小值		0.00	0.00	0.00	0.00	0.00	0.00	0.00	0.00
最大值		18.00	18.00	16.00	14.00	20.00	18.00	20.00	6.00
百分位	5	2.00	2.00	0.00	0.00	2.00	0.00	0.00	0.00
	10	4.00	4.00	0.00	0.00	2.00	0.00	0.00	0.00
	25	6.00	6.00	2.00	3.50	6.00	2.00	1.50	0.00
	50	10.00	10.00	4.00	4.00	8.00	4.00	4.00	2.00
	75	12.00	12.00	8.00	8.50	12.00	10.00	8.00	3.00
	90	16.00	16.00	12.00	14.00	14.00	14.00	11.80	
	95	16.00	16.00	14.50	14.00	16.00	16.80	18.90	

(续表1)

数理能力	残疾等级				文化水平			
	一级	二级	三级	四级	小学及以下	初中	高中/中专	大专及以上
N	351	351	73	15	166	241	182	93
平均数	8.27	8.27	7.97	6.00	4.70	7.10	10.42	11.29
标准差	4.91	4.91	5.40	4.28	3.64	4.24	4.28	4.57
最小值	0.00	0.00	0.00	0.00	0.00	0.00	0.00	0.00
最大值	20.00	20.00	20.00	12.00	20.00	18.00	20.00	20.00

(续表)

数理能力		残疾等级				文化水平			
		一级	二级	三级	四级	小学及以下	初中	高中/中专	大专及以上
百分位	5	0.00	0.00	0.00	0.00	0.00	0.00	4.00	4.00
	10	2.00	2.00	2.00	0.00	0.00	2.00	4.00	4.80
	25	4.00	4.00	4.00	2.00	2.00	4.00	8.00	8.00
	50	8.00	8.00	6.00	6.00	4.00	6.00	10.00	12.00
	75	12.00	12.00	12.00	10.00	8.00	10.00	14.00	14.00
	90	14.00	14.00	16.00	12.00	10.00	14.00	16.00	18.00
	95	16.00	16.00	18.00		10.00	15.80	18.00	20.00

(续表2)

数理能力		交流方式				城区		郊区	
		口语	手语	口语&手语	其他	男	女	男	女
N		93	123	51	199	199	82	87	66
平均数		11.29	8.94	10.08	7.41	7.41	6.12	8.23	7.27
标准差		4.57	5.32	4.98	4.72	4.72	5.34	4.33	5.15
最小值		0.00	0.00	0.00	0.00	0.00	0.00	0.00	0.00
最大值		20.00	20.00	20.00	18.00	18.00	20.00	18.00	20.00
百分位	5	4.00	0.00	0.00	0.00	0.00	0.00	2.00	0.00
	10	4.80	2.80	2.00	0.00	0.00	0.00	2.00	1.40
	25	8.00	4.00	6.00	4.00	4.00	2.00	4.00	2.00
	50	12.00	8.00	12.00	8.00	8.00	5.00	8.00	8.00
	75	14.00	14.00	14.00	10.00	10.00	10.00	12.00	10.00
	90	18.00	18.00	15.60	14.00	14.00	14.00	14.00	14.00
	95	20.00	18.00	16.80	16.00	16.00	18.00	16.00	18.00

表3-4-23 广州市听力残疾人职业能力测验空间知觉分测验数据资料表

空间知觉	男(岁)				女(岁)			
	15-29	30-39	40-49	50-59	15-29	30-39	40-49	50-54
N	233	233	54	22	205	51	50	6
平均数	9.03	9.03	6.93	6.27	7.94	6.63	5.92	3.33
标准差	4.42	4.42	4.93	4.33	4.22	5.04	5.21	2.07
最小值	0.00	0.00	0.00	0.00	0.00	0.00	0.00	0.00
最大值	20.00	20.00	20.00	14.00	20.00	20.00	20.00	6.00

(续表)

空间知觉		男(岁)				女(岁)			
		15-29	30-39	40-49	50-59	15-29	30-39	40-49	50-54
百分位	5	2.00	2.00	0.00	0.00	2.00	0.00	0.00	0.00
	10	4.00	4.00	0.00	0.00	2.00	0.00	0.00	0.00
	25	6.00	6.00	4.00	2.00	4.00	2.00	2.00	1.50
	50	8.00	8.00	6.00	6.00	8.00	6.00	5.00	4.00
	75	12.00	12.00	10.00	8.50	10.00	10.00	8.00	4.50
	90	16.00	16.00	14.00	13.40	14.00	14.00	15.60	
	95	18.00	18.00	16.50	14.00	16.00	16.00	18.00	

(续表1)

空间知觉		残疾等级				文化水平			
		一级	二级	三级	四级	小学及以下	初中	高中/中专	大专及以上
N		351	351	73	15	166	241	182	93
平均数		7.93	7.93	7.89	7.20	5.18	7.23	9.69	10.43
标准差		4.59	4.59	4.76	4.71	3.69	4.19	4.43	4.92
最小值		0.00	0.00	0.00	0.00	0.00	0.00	0.00	2.00
最大值		20.00	20.00	20.00	16.00	18.00	18.00	20.00	20.00
百分位	5	1.20	1.20	0.00	0.00	0.00	0.20	2.00	2.00
	10	2.00	2.00	2.00	0.00	0.00	2.00	4.00	4.00
	25	4.00	4.00	4.00	4.00	2.00	4.00	6.00	6.00
	50	8.00	8.00	8.00	6.00	4.00	8.00	10.00	10.00
	75	10.00	10.00	11.00	10.00	8.00	10.00	12.00	14.00
	90	14.00	14.00	16.00	14.80	10.00	12.00	16.00	18.00
	95	16.00	16.00	16.60		12.00	16.00	16.00	20.00

(续表2)

空间知觉	交流方式				城区		郊区	
	口语	手语	口语&手语	其他	男	女	男	女
N	93	123	51	199	199	82	87	66
平均数	10.43	9.04	9.41	7.06	7.06	6.88	7.82	6.85
标准差	4.92	4.89	5.10	4.38	4.38	5.34	4.02	4.69
最小值	2.00	0.00	2.00	0.00	0.00	0.00	2.00	0.00
最大值	20.00	20.00	20.00	18.00	18.00	20.00	18.00	20.00

(续表)

空间知觉		交流方式				城区		郊区	
		口语	手语	口语&手语	其他	男	女	男	女
百分位	5	2.00	2.00	2.00	0.00	0.00	0.00	2.00	0.00
	10	4.00	2.00	2.40	2.00	2.00	0.00	2.00	2.00
	25	6.00	6.00	4.00	4.00	4.00	3.50	4.00	3.50
	50	10.00	8.00	8.00	8.00	8.00	6.00	8.00	6.00
	75	14.00	12.00	14.00	10.00	10.00	10.00	10.00	10.00
	90	18.00	16.00	17.60	12.00	12.00	15.40	14.40	14.00
	95	20.00	18.00	18.00	14.00	14.00	18.00	16.00	16.00

表3-4-24 广州市听力残疾人职业能力测验符号知觉分测验数据资料表

符号知觉		男(岁)				女(岁)			
		15-29	30-39	40-49	50-59	15-29	30-39	40-49	50-54
N		233	233	54	22	205	51	50	6
平均数		14.92	14.92	7.79	7.49	14.60	10.54	8.69	1.81
标准差		4.81	4.81	6.60	6.54	5.00	6.73	5.63	2.06
最小值		0.00	0.00	0.00	0.00	0.00	0.00	0.00	0.00
最大值		20.00	20.00	19.56	18.22	20.00	20.00	19.11	5.33
百分位	5	3.49	3.49	0.00	0.00	2.80	0.00	0.12	0.00
	10	7.87	7.87	0.00	0.00	6.80	0.27	1.56	0.00
	25	12.89	12.89	0.61	0.89	12.89	4.22	5.06	0.00
	50	16.22	16.22	6.89	7.22	16.22	12.44	8.22	1.44
	75	18.67	18.67	13.83	13.56	18.22	17.33	12.78	3.33
	90	19.33	19.33	17.89	16.49	19.11	18.67	17.49	
	95	19.56	19.56	18.78	18.02	19.33	18.89	18.87	

(续表1)

符号知觉	残疾等级				文化水平			
	一级	二级	三级	四级	小学及以下	初中	高中/中专	大专及以上
N	351	351	73	15	166	241	182	93
平均数	13.14	13.14	12.57	6.71	7.84	12.76	15.43	16.28
标准差	5.81	5.81	6.25	7.11	6.09	5.72	4.50	3.55
最小值	0.00	0.00	0.00	0.00	0.00	0.00	0.00	3.11
最大值	20.00	20.00	19.78	18.22	19.56	20.00	20.00	20.00

(续表)

符号知觉		残疾等级				文化水平			
		一级	二级	三级	四级	小学及以下	初中	高中/中专	大专及以上
百分位	5	1.11	1.11	0.00	0.00	0.00	0.69	5.02	7.93
	10	4.00	4.00	0.76	0.00	0.00	3.16	8.20	12.31
	25	9.11	9.11	9.11	0.00	1.94	8.78	13.72	14.44
	50	14.67	14.67	13.78	3.78	7.33	14.00	17.11	17.33
	75	18.22	18.22	18.22	15.11	12.94	17.78	18.67	18.89
	90	19.11	19.11	19.11	17.82	16.87	19.11	19.11	19.56
	95	19.56	19.56	19.18		18.67	19.51	19.52	19.62

(续表2)

符号知觉		交流方式				城区		郊区	
		口语	手语	口语&手语	其他	男	女	男	女
N		93	123	51	199	199	82	87	66
平均数		16.28	13.14	15.12	12.09	12.09	10.37	12.65	12.64
标准差		3.55	6.17	5.42	6.43	6.43	6.58	6.01	6.10
最小值		3.11	0.00	0.00	0.00	0.00	0.00	0.00	0.00
最大值		20.00	19.56	20.00	20.00	20.00	20.00	19.78	20.00
百分位	5	7.93	0.00	1.11	0.00	0.00	0.00	0.31	0.23
	10	12.31	1.73	3.82	1.11	1.11	0.56	1.33	2.67
	25	14.44	9.33	13.56	7.33	7.33	5.06	8.67	7.39
	50	17.33	15.33	17.78	13.56	13.56	10.89	14.00	14.67
	75	18.89	18.22	18.89	17.78	17.78	17.11	18.00	17.78
	90	19.56	19.11	19.47	19.11	19.11	18.67	19.16	18.73
	95	19.62	19.33	19.56	19.33	19.33	19.11	19.47	19.48

表3-4-25 广州市听力残疾人职业能力测验形状知觉分测验数据资料表

形状知觉	男(岁)				女(岁)			
	15-29	30-39	40-49	50-59	15-29	30-39	40-49	50-54
N	233	233	54	22	205	51	50	6
平均数	13.53	13.53	8.85	7.36	12.77	8.71	8.44	4.00
标准差	3.81	3.81	4.62	4.76	4.41	5.50	5.41	3.35
最小值	2.00	2.00	0.00	0.00	0.00	0.00	0.00	0.00
最大值	20.00	20.00	18.00	18.00	20.00	18.00	20.00	8.00

(续表)

形状知觉		男(岁)				女(岁)			
		15-29	30-39	40-49	50-59	15-29	30-39	40-49	50-54
百分位	5	6.00	6.00	0.00	0.00	4.00	0.00	0.00	0.00
	10	8.00	8.00	2.00	0.60	8.00	0.00	0.00	0.00
	25	12.00	12.00	5.50	4.00	10.00	4.00	4.00	1.50
	50	14.00	14.00	10.00	6.00	14.00	8.00	8.00	3.00
	75	16.00	16.00	12.00	10.50	16.00	12.00	12.00	8.00
	90	18.00	18.00	15.00	14.00	18.00	16.00	15.80	
	95	18.60	18.60	16.00	17.40	20.00	18.00	18.00	

(续表1)

形状知觉		残疾等级				文化水平			
		一级	二级	三级	四级	小学及以下	初中	高中/中专	大专及以上
N		351	351	73	15	166	241	182	93
平均数		11.90	11.90	12.05	8.93	8.05	10.94	14.09	14.84
标准差		4.81	4.81	5.03	6.04	5.08	4.34	3.60	3.22
最小值		0.00	0.00	0.00	0.00	0.00	0.00	2.00	6.00
最大值		20.00	20.00	20.00	18.00	18.00	20.00	20.00	20.00
百分位	5	2.00	2.00	2.80	0.00	0.00	4.00	8.00	10.00
	10	6.00	6.00	4.00	1.20	0.00	4.00	10.00	10.00
	25	8.00	8.00	8.00	2.00	4.00	8.00	12.00	12.00
	50	12.00	12.00	12.00	10.00	8.00	12.00	14.00	16.00
	75	16.00	16.00	16.00	14.00	12.00	14.00	16.00	18.00
	90	18.00	18.00	18.00	16.80	14.00	16.00	18.00	18.00
	95	18.00	18.00	18.60		16.00	18.00	20.00	20.00

(续表2)

形状知觉	交流方式				城区		郊区	
	口语	手语	口语&手语	其他	男	女	男	女
N	93	123	51	199	199	82	87	66
平均数	14.84	11.71	13.96	11.02	11.02	9.10	11.89	11.39
标准差	3.22	4.45	4.97	5.18	5.18	5.80	4.41	5.71
最小值	6.00	0.00	0.00	0.00	0.00	0.00	2.00	0.00
最小值	20.00	20.00	20.00	20.00	20.00	20.00	20.00	20.00

(续表)

形状知觉		交流方式				城区		郊区	
		口语	手语	口语&手语	其他	男	女	男	女
百分位	5	10.00	4.00	3.20	0.00	0.00	0.00	2.80	0.00
	10	10.00	6.00	4.80	2.00	2.00	0.00	5.60	2.00
	25	12.00	8.00	10.00	8.00	8.00	4.00	10.00	8.00
	50	16.00	12.00	16.00	12.00	12.00	10.00	12.00	12.00
	75	18.00	16.00	18.00	14.00	14.00	14.00	14.00	16.00
	90	18.00	18.00	19.60	18.00	18.00	18.00	18.00	18.00
	95	20.00	18.00	20.00	18.00	18.00	18.00	18.00	18.00

表3-4-26 广州市听力残疾人职业能力文档测验总分数据资料表

职业能力文档测验		男(岁)				女(岁)			
		15-29	30-39	40-49	50-59	15-29	30-39	40-49	50-54
N		233	233	54	22	205	51	50	6
平均数		56.68	56.68	35.91	33.80	53.98	39.73	35.76	13.48
标准差		17.01	17.01	20.76	21.84	17.52	24.59	23.20	7.49
最小值		6.00	6.00	0.00	4.67	0.00	0.00	0.00	6.00
最大值		91.56	91.56	83.56	73.56	99.56	92.67	90.22	26.67
百分位	5	23.78	23.78	1.83	5.57	24.29	1.60	1.57	6.00
	10	36.22	36.22	7.44	10.73	32.00	8.04	9.36	6.00
	25	47.44	47.44	19.22	16.56	43.33	21.78	18.39	8.50
	50	58.22	58.22	37.78	25.22	54.00	37.33	28.22	10.78
	75	68.78	68.78	50.11	58.39	66.67	56.44	51.00	19.67
	90	78.40	78.40	66.11	69.89	74.89	75.91	72.20	
	95	84.58	84.58	73.06	73.26	80.60	86.36	81.17	

(续表1)

职业能力文档测验	残疾等级				文化水平			
	一级	二级	三级	四级	小学及以下	初中	高中/中专	大专及以上
N	351	351	73	15	166	241	182	93
平均数	50.24	50.24	49.47	34.80	30.98	46.66	60.87	65.54
标准差	20.06	20.06	22.46	23.27	17.58	17.42	16.09	14.76
最小值	0.00	0.00	0.22	2.00	0.00	0.00	2.00	26.22
最大值	99.56	99.56	90.22	68.22	74.67	89.11	93.56	99.56

(续表)

职业能力文档测验		残疾等级				文化水平			
		一级	二级	三级	四级	小学及以下	初中	高中/中专	大专及以上
百分位	5	11.91	11.91	7.80	2.00	2.67	16.49	32.92	43.78
	10	23.33	23.33	17.16	4.40	7.60	23.60	38.13	48.09
	25	37.33	37.33	33.67	12.67	17.94	35.44	51.11	55.44
	50	51.33	51.33	50.67	32.22	29.56	48.22	62.56	65.56
	75	64.44	64.44	67.00	59.33	44.89	58.78	72.89	73.78
	90	74.67	74.67	78.00	65.56	52.04	67.96	80.44	88.22
	95	81.02	81.02	85.09		59.77	74.73	86.02	92.87

(续表2)

职业能力文档测验		交流方式				城区		郊区	
		口语	手语	口语&手语	其他	男	女	男	女
N		93	123	51	199	199	82	87	66
平均数		65.54	53.81	60.65	45.78	45.78	40.98	49.36	47.45
标准差		14.76	21.85	20.97	20.94	20.94	26.16	18.02	22.34
最小值		26.22	6.67	6.67	0.00	0.00	0.00	6.67	0.00
最大值		99.56	98.44	99.56	91.56	91.56	99.56	87.56	93.33
百分位	5	43.78	16.71	10.09	4.67	4.67	2.67	15.73	8.67
	10	48.09	23.96	27.51	13.56	13.56	7.69	23.02	12.16
	25	55.44	37.33	50.89	33.78	33.78	21.33	37.78	28.17
	50	65.56	55.11	62.44	49.11	49.11	35.22	50.44	50.78
	75	73.78	72.00	74.67	62.22	62.22	63.83	61.11	65.39
	90	88.22	81.38	84.00	69.11	69.11	75.76	72.80	72.67
	95	92.87	88.36	87.91	75.56	75.56	88.81	80.44	79.59

2. 广州市听力残疾人职业人格状况

表3-4-27 广州市听力残疾人职业人格测验坚持性维度数据资料表

坚持性	男(岁)				女(岁)			
	15—29	30—39	40—49	50—59	15—29	30—39	40—49	50—54
N	232	57	46	20	201	43	46	
平均数	7.57	7.74	7.37	8.55	7.83	7.70	6.87	
标准差	2.28	2.18	2.43	2.84	2.25	2.77	2.39	
最小值	1.00	3.00	4.00	3.00	3.00	1.00	1.00	
最大值	12.00	12.00	12.00	12.00	12.00	12.00	12.00	

(续表)

坚持性		男(岁)				女(岁)			
		15-29	30-39	40-49	50-59	15-29	30-39	40-49	50-54
百分位	5	4.00	4.00	4.00	3.10	4.00	3.20	3.00	
	10	5.00	5.00	4.00	5.10	5.00	4.00	4.00	
	25	6.00	6.00	5.00	6.00	6.00	5.00	5.00	
	50	8.00	8.00	8.00	9.00	8.00	8.00	7.00	
	75	9.00	9.00	9.25	11.00	9.00	10.00	8.00	
	90	11.00	11.00	11.00	12.00	11.00	11.00	10.30	
	95	11.00	11.10	11.00	12.00	11.00	11.80	11.65	

表3-4-28 广州市听力残疾人职业人格测验严谨性维度数据资料表

严谨性		男(岁)				女(岁)			
		15-29	30-39	40-49	50-59	15-29	30-39	40-49	50-54
N		232	57	46	20	201	43	46	
平均数		8.16	8.26	8.35	8.15	8.22	8.21	7.93	
标准差		1.86	1.98	2.41	2.80	1.83	2.47	2.22	
最小值		2.00	4.00	1.00	3.00	2.00	4.00	4.00	
最大值		12.00	12.00	12.00	12.00	12.00	12.00	12.00	
百分位	5	5.00	4.90	3.35	3.05	5.00	4.00	4.35	
	10	6.00	5.00	5.00	4.00	6.00	4.40	5.00	
	25	7.00	7.00	7.00	6.25	7.00	6.00	6.00	
	50	8.00	8.00	9.00	8.50	8.00	8.00	8.00	
	75	9.00	10.00	10.00	11.00	10.00	10.00	9.25	
	90	10.00	11.00	11.00	11.90	10.00	12.00	11.00	
	95	11.00	11.00	11.65	12.00	11.00	12.00	12.00	

表3-4-29 广州市听力残疾人职业人格测验情绪稳定性维度数据资料表

情绪稳定性	男(岁)				女(岁)			
	15-29	30-39	40-49	50-59	15-29	30-39	40-49	50-54
N	232	57	46	20	201	43	46	
平均数	6.66	7.18	5.91	7.65	6.11	6.77	5.59	
标准差	2.63	2.94	3.22	2.85	2.86	3.25	3.37	
最小值	1.00	0.00	0.00	2.00	0.00	0.00	0.00	
最大值	12.00	12.00	12.00	11.00	12.00	12.00	12.00	

(续表)

情绪稳定性		男(岁)				女(岁)			
		15-29	30-39	40-49	50-59	15-29	30-39	40-49	50-54
百分位	5	2.00	1.90	0.35	2.05	2.00	1.20	0.00	
	10	3.00	3.80	1.00	3.00	2.20	2.00	1.00	
	25	5.00	5.00	3.75	6.00	4.00	4.00	2.00	
	50	7.00	7.00	6.00	8.00	6.00	7.00	6.00	
	75	9.00	9.00	8.00	10.00	8.00	10.00	9.00	
	90	10.00	12.00	10.30	11.00	10.00	11.00	9.30	
	95	11.00	12.00	11.65	11.00	11.00	11.80	10.65	

表3-4-30 广州市听力残疾人职业人格测验自信心维度数据资料表

自信心		男(岁)				女(岁)			
		15-29	30-39	40-49	50-59	15-29	30-39	40-49	50-54
N		232	57	46	20	201	43	46	
平均数		8.03	7.96	8.39	6.95	7.92	7.86	7.89	
标准差		2.02	2.52	1.84	2.39	1.95	2.31	2.15	
最小值		2.00	1.00	4.00	3.00	1.00	3.00	1.00	
最大值		12.00	12.00	12.00	11.00	12.00	12.00	10.00	
百分位	5	4.00	2.00	4.35	3.00	4.10	3.00	3.00	
	10	5.00	4.80	6.00	3.10	5.00	4.00	4.00	
	25	7.00	7.00	7.00	5.25	7.00	7.00	7.00	
	50	8.00	8.00	9.00	6.50	8.00	8.00	8.00	
	75	9.00	10.00	10.00	9.00	9.00	10.00	10.00	
	90	10.70	11.00	10.30	10.90	10.00	10.00	10.00	
	95	11.00	11.00	11.00	11.00	11.00	11.00	10.00	

表3-4-31 广州市听力残疾人职业人格测验责任心维度数据资料表

责任心	男(岁)				女(岁)			
	15-29	30-39	40-49	50-59	15-29	30-39	40-49	50-54
N	232	57	46	20	201	43	46	
平均数	8.49	8.70	9.00	8.55	8.94	8.84	8.61	
标准差	2.09	1.95	2.11	2.91	1.90	2.36	2.34	
最小值	0.00	4.00	2.00	2.00	2.00	3.00	2.00	
最大值	12.00	12.00	12.00	12.00	12.00	12.00	12.00	

(续表)

责任心		男(岁)				女(岁)			
		15-29	30-39	40-49	50-59	15-29	30-39	40-49	50-54
百分位	5	5.00	5.00	5.35	2.10	6.00	4.00	5.00	
	10	6.00	5.80	6.70	4.00	7.00	5.40	5.00	
	25	7.00	7.00	8.00	6.25	8.00	7.00	7.00	
	50	9.00	9.00	9.00	9.50	9.00	9.00	8.00	
	75	10.00	10.00	11.00	11.00	10.00	11.00	10.25	
	90	11.00	11.00	12.00	11.90	11.00	12.00	12.00	
	95	11.35	11.10	12.00	12.00	12.00	12.00	12.00	

表3-4-32 广州市听力残疾人职业人格测验交际能力维度数据资料表

交际能力		男(岁)				女(岁)			
		15-29	30-39	40-49	50-59	15-29	30-39	40-49	50-54
N		232	57	46	20	201	43	46	
平均数		7.52	7.05	7.13	7.25	7.91	7.21	6.37	
标准差		1.98	2.22	2.07	2.53	2.07	2.59	2.32	
最小值		0.00	2.00	4.00	3.00	1.00	2.00	0.00	
最大值		12.00	11.00	12.00	11.00	12.00	12.00	11.00	
百分位	5	4.00	3.00	4.00	3.05	4.00	3.00	2.35	
	10	5.00	3.00	4.00	4.00	5.00	4.00	3.00	
	25	6.00	5.00	5.00	4.25	7.00	5.00	5.00	
	50	8.00	7.00	8.00	8.00	8.00	7.00	7.00	
	75	9.00	9.00	9.00	9.00	9.00	9.00	8.00	
	90	10.00	10.00	10.00	10.90	10.80	11.00	9.00	
	95	11.00	10.10	10.00	11.00	11.00	11.00	9.65	

表3-4-33 广州市听力残疾人职业人格测验管理能力维度数据资料表

管理能力	男(岁)				女(岁)			
	15-29	30-39	40-49	50-59	15-29	30-39	40-49	50-54
N	232	57	46	20	201	43	46	
平均数	8.58	9.11	9.28	7.60	8.46	8.63	8.57	
标准差	2.52	2.66	2.47	4.07	2.40	3.17	2.99	
最小值	0.00	0.00	1.00	1.00	0.00	1.00	1.00	
最大值	12.00	12.00	12.00	12.00	12.00	12.00	12.00	

(续表)

管理能力		男(岁)				女(岁)			
		15-29	30-39	40-49	50-59	15-29	30-39	40-49	50-54
百分位	5	3.00	2.90	2.35	1.00	4.00	2.00	2.35	
	10	5.00	4.80	6.70	1.10	5.00	3.00	4.00	
	25	7.00	8.00	8.75	3.00	7.00	7.00	6.75	
	50	9.00	10.00	10.00	8.00	9.00	9.00	10.00	
	75	11.00	11.00	11.00	11.00	10.00	11.00	11.00	
	90	12.00	12.00	11.30	12.00	11.00	12.00	12.00	
	95	12.00	12.00	12.00	12.00	12.00	12.00	12.00	

表3-4-34 广州市听力残疾人职业人格测验抗挫折能力维度数据资料表

抗挫折能力		男(岁)				女(岁)			
		15-29	30-39	40-49	50-59	15-29	30-39	40-49	50-54
N		232	57	46	20	201	43	46	
平均数		7.69	7.72	6.85	7.10	7.61	7.72	6.17	
标准差		2.19	2.07	2.52	2.43	2.41	2.65	2.44	
最小值		2.00	3.00	3.00	1.00	1.00	2.00	1.00	
最大值		12.00	12.00	11.00	11.00	12.00	12.00	11.00	
百分位	5	4.00	4.90	3.00	1.10	3.10	3.00	2.00	
	10	5.00	5.00	3.00	3.10	5.00	4.00	3.00	
	25	6.00	6.00	5.00	6.25	6.00	6.00	4.00	
	50	8.00	8.00	6.50	7.00	8.00	8.00	6.00	
	75	9.00	9.00	10.00	8.75	9.50	10.00	8.00	
	90	11.00	10.20	10.00	10.00	11.00	11.00	10.30	
	95	11.00	11.10	10.65	10.95	12.00	11.80	11.00	

3. 广州市听力残疾人职业兴趣状况

表3-4-35 广州市听力残疾人职业兴趣测验常规型数据资料表

常规型	男(岁)				女(岁)			
	15-29	30-39	40-49	50-59	15-29	30-39	40-49	50-54
N	229	59	45	19	197	44	44	
平均数	6.34	6.08	6.40	6.21	6.25	6.07	6.05	
标准差	1.55	1.60	1.80	1.75	1.46	2.04	1.71	
最小值	2.00	2.00	2.00	3.00	2.00	0.00	3.00	
最大值	10.00	9.00	9.00	9.00	10.00	10.00	10.00	

(续表)

常规型		男(岁)				女(岁)			
		15-29	30-39	40-49	50-59	15-29	30-39	40-49	50-54
百分位	5	4.00	3.00	2.30	3.00	4.00	1.25	3.00	
	10	4.00	4.00	3.60	4.00	4.00	4.00	4.00	
	25	5.00	5.00	5.00	5.00	5.00	5.00	5.00	
	50	6.00	6.00	7.00	7.00	6.00	7.00	6.00	
	75	7.00	7.00	8.00	7.00	7.00	7.00	8.00	
	90	8.00	8.00	8.40	9.00	8.00	8.00	8.00	
	95	9.00	9.00	9.00		9.00	9.00	8.00	

表 3-4-36　广州市听力残疾人职业兴趣测验现实型数据资料表

现实型		男(岁)				女(岁)			
		15-29	30-39	40-49	50-59	15-29	30-39	40-49	50-54
N		229	59	45	19	197	44	44	
平均数		6.54	6.58	6.56	6.11	6.49	6.34	6.59	
标准差		1.55	1.38	1.57	1.70	1.48	1.64	1.72	
最小值		2.00	4.00	3.00	3.00	2.00	3.00	3.00	
最大值		10.00	10.00	9.00	9.00	10.00	10.00	10.00	
百分位	5	4.00	4.00	4.00	3.00	4.00	3.25	3.25	
	10	5.00	5.00	4.00	4.00	5.00	4.50	4.00	
	25	5.00	6.00	5.00	5.00	6.00	5.00	5.00	
	50	7.00	6.00	7.00	6.00	7.00	6.50	7.00	
	75	8.00	7.00	8.00	7.00	7.50	7.00	8.00	
	90	9.00	9.00	9.00	9.00	8.00	8.50	8.50	
	95	9.00	9.00	9.00		9.00	9.75	9.00	

表 3-4-37　广州市听力残疾人职业兴趣测验研究型数据资料表

研究型	男(岁)				女(岁)			
	15-29	30-39	40-49	50-59	15-29	30-39	40-49	50-54
N	229	59	45	19	197	44	44	
平均数	5.99	6.07	5.73	5.32	5.65	5.64	5.73	
标准差	1.58	1.69	1.67	1.77	1.56	1.62	1.55	
最小值	2.00	2.00	3.00	3.00	2.00	1.00	3.00	
最大值	10.00	9.00	9.00	8.00	9.00	9.00	9.00	

(续表)

研究型		男(岁)				女(岁)			
		15-29	30-39	40-49	50-59	15-29	30-39	40-49	50-54
百分位	5	3.00	3.00	3.30	3.00	3.00	2.25	3.00	
	10	4.00	4.00	4.00	3.00	4.00	4.00	4.00	
	25	5.00	5.00	4.00	4.00	5.00	5.00	5.00	
	50	6.00	6.00	5.00	6.00	6.00	6.00	6.00	
	75	7.00	7.00	7.00	7.00	7.00	7.00	7.00	
	90	8.00	8.00	8.00	8.00	8.00	8.00	8.00	
	95	8.00	9.00	8.70		8.00	8.00	9.00	

表3-4-38 广州市听力残疾人职业兴趣测验企业型数据资料表

企业型		男(岁)				女(岁)			
		15-29	30-39	40-49	50-59	15-29	30-39	40-49	50-54
N		229	59	45	19	197	44	44	
平均数		5.86	5.58	5.76	5.26	5.97	5.70	5.14	
标准差		1.57	1.43	1.51	1.73	1.55	1.71	1.85	
最小值		1.00	3.00	1.00	3.00	1.00	1.00	1.00	
最大值		10.00	8.00	8.00	8.00	10.00	9.00	9.00	
百分位	5	3.00	3.00	2.30	3.00	3.00	2.00	2.00	
	10	4.00	4.00	3.60	3.00	4.00	4.00	2.50	
	25	5.00	5.00	5.00	4.00	5.00	5.00	4.00	
	50	6.00	6.00	6.00	5.00	6.00	6.00	5.00	
	75	7.00	7.00	7.00	7.00	7.00	7.00	6.00	
	90	8.00	7.00	7.00	7.00	8.00	8.00	7.50	
	95	8.00	8.00	7.70		8.00	8.00	8.00	

表3-4-39 广州市听力残疾人职业兴趣测验社会型数据资料表

社会型	男(岁)				女(岁)			
	15-29	30-39	40-49	50-59	15-29	30-39	40-49	50-54
N	229	59	45	19	197	44	44	
平均数	4.84	4.88	4.96	5.05	4.78	4.91	4.59	
标准差	1.47	1.51	1.31	1.78	1.37	1.39	1.23	
最小值	2.00	2.00	3.00	2.00	1.00	2.00	2.00	
最大值	9.00	9.00	8.00	9.00	8.00	8.00	8.00	

(续表)

社会型		男(岁)				女(岁)			
		15-29	30-39	40-49	50-59	15-29	30-39	40-49	50-54
百分位	5	2.00	2.00	3.00	2.00	3.00	3.00	2.25	
	10	3.00	3.00	3.00	3.00	3.00	3.00	3.00	
	25	4.00	4.00	4.00	4.00	4.00	4.00	4.00	
	50	5.00	5.00	5.00	5.00	5.00	5.00	4.00	
	75	6.00	6.00	6.00	7.00	6.00	6.00	6.00	
	90	7.00	7.00	7.00	8.00	6.20	7.00	6.00	
	95	8.00	7.00	7.70		7.00	7.00	6.00	

表3-4-40 广州市听力残疾人职业兴趣测验艺术型数据资料表

艺术型		男(岁)				女(岁)			
		15-29	30-39	40-49	50-59	15-29	30-39	40-49	50-54
N		229	59	45	19	197	44	44	
平均数		5.46	4.95	5.31	4.47	5.41	4.84	5.07	
标准差		1.82	1.86	2.13	2.06	1.66	1.89	2.07	
最小值		1.00	1.00	1.00	1.00	1.00	1.00	1.00	
最大值		9.00	8.00	9.00	8.00	9.00	9.00	9.00	
百分位	5	2.00	1.00	2.00	1.00	3.00	2.00	1.25	
	10	3.00	3.00	2.00	2.00	3.00	2.00	2.00	
	25	4.00	4.00	3.50	3.00	4.00	4.00	4.00	
	50	6.00	5.00	6.00	4.00	5.00	5.00	5.00	
	75	7.00	6.00	7.00	6.00	7.00	6.00	7.00	
	90	8.00	8.00	8.00	8.00	7.00	7.00	7.50	
	95	8.00	8.00	8.00		8.00	8.75	8.75	

(三)广州市言语残疾人职业适应性状况

1. 广州市言语残疾人职业能力状况

表3-4-41 广州市言语残疾人职业能力测验言语能力分测验数据资料表

言语能力	性别		年龄(岁)		城郊	
	男	女	15-39	40-59	城区	郊区
N	110	72	72	38	57	52
平均数	7.94	7.87	7.87	5.53	8.19	6.82
标准差	4.51	4.66	4.66	5.13	5.15	4.86
最小值	0.00	0.00	0.00	0.00	0.00	0.00
最大值	20.00	19.33	19.33	16.00	20.00	17.33

(续表)

言语能力		性别		年龄(岁)		城郊	
		男	女	15-39	40-59	城区	郊区
百分位	5	0.00	0.00	0.00	0.00	0.00	0.00
	10	2.07	1.33	1.33	0.00	0.67	0.00
	25	4.67	5.33	5.33	0.67	4.00	3.33
	50	8.00	8.00	8.00	4.67	8.67	7.33
	75	10.83	10.67	10.67	8.67	11.33	8.67
	90	14.53	13.80	13.80	14.67	16.00	13.33
	95	16.00	17.33	17.33	16.00	17.53	16.47

表3-4-42 广州市言语残疾人职业能力测验数理能力分测验数据资料表

数理能力		性别		年龄(岁)		城郊	
		男	女	15-39	40-59	城区	郊区
N		110	72	72	38	57	52
平均数		8.18	6.69	6.69	5.00	7.16	7.46
标准差		5.40	4.96	4.96	5.05	5.29	5.80
最小值		0.00	0.00	0.00	0.00	0.00	0.00
最大值		20.00	18.00	18.00	16.00	18.00	20.00
百分位	5	0.00	0.00	0.00	0.00	0.00	0.00
	10	2.00	0.00	0.00	0.00	0.00	0.00
	25	4.00	2.00	2.00	0.00	2.00	2.00
	50	8.00	6.00	6.00	4.00	6.00	6.00
	75	12.00	10.00	10.00	8.00	12.00	12.00
	90	16.00	14.00	14.00	14.00	16.00	16.00
	95	16.00	16.00	16.00	14.10	16.00	17.40

表3-4-43 广州市言语残疾人职业能力测验空间知觉分测验数据资料表

空间能力	性别		年龄(岁)		城郊	
	男	女	15-39	40-59	城区	郊区
N	110	72	72	38	57	52
平均数	7.84	6.17	6.17	4.47	6.39	7.50
标准差	4.65	3.85	3.85	4.40	4.80	4.44
最小值	0.00	0.00	0.00	0.00	0.00	0.00
最大值	20.00	16.00	16.00	18.00	18.00	18.00

(续表)

空间知觉		性别		年龄(岁)		城郊	
		男	女	15-39	40-59	城区	郊区
百分位	5	0.00	0.00	0.00	0.00	0.00	0.00
	10	2.00	0.60	0.60	0.00	0.00	0.60
	25	4.00	4.00	4.00	0.00	2.00	4.00
	50	8.00	6.00	6.00	4.00	6.00	8.00
	75	10.00	8.00	8.00	8.00	10.00	10.00
	90	14.00	12.00	12.00	10.00	14.00	12.00
	95	18.00	12.70	12.70	14.20	16.20	14.70

表3-4-44　广州市言语残疾人职业能力测验符号知觉分测验数据资料表

符号知觉		性别		年龄(岁)		城郊	
		男	女	15-39	40-59	城区	郊区
	N	110	72	72	38	57	52
	平均数	12.23	11.33	11.33	6.43	10.25	11.93
	标准差	6.38	6.59	6.59	6.62	6.43	7.29
	最小值	0.00	0.00	0.00	0.00	0.00	0.00
	最大值	20.00	19.56	19.56	18.89	20.00	19.78
百分位	5	0.00	0.00	0.00	0.00	0.00	0.00
	10	1.42	0.58	0.58	0.00	0.00	0.00
	25	7.33	5.78	5.78	0.17	4.11	4.06
	50	14.00	13.44	13.44	3.89	10.00	14.78
	75	18.22	17.33	17.33	12.11	15.78	18.67
	90	19.31	19.27	19.27	17.44	18.76	19.33
	95	19.33	19.41	19.41	18.89	19.36	19.49

表3-4-45　广州市言语残疾人职业能力测验形状知觉分测验数据资料表

形状知觉	性别		年龄(岁)		城郊	
	男	女	15-39	40-59	城区	郊区
N	110	72	72	38	57	52
平均数	11.00	9.72	9.72	6.47	9.19	9.27
标准差	5.45	5.28	5.28	5.72	5.50	5.63
最小值	0.00	0.00	0.00	0.00	0.00	0.00
最大值	20.00	20.00	20.00	16.00	18.00	18.00

(续表)

形状知觉		性别		年龄(岁)		城郊	
		男	女	15-39	40-59	城区	郊区
百分位	5	0.00	0.00	0.00	0.00	0.00	0.00
	10	2.00	2.00	2.00	0.00	0.00	0.00
	25	8.00	6.00	6.00	0.00	6.00	6.00
	50	12.00	10.00	10.00	6.00	10.00	10.00
	75	16.00	14.00	14.00	12.00	14.00	14.00
	90	18.00	16.00	16.00	14.20	16.00	16.00
	95	18.00	18.00	18.00	16.00	18.00	18.00

表3-4-46 广州市言语残疾人职业能力文档测验总分数据资料表

职业能力文档测验		性别		年龄(岁)		城郊	
		男	女	15-39	40-59	城区	郊区
	N	110	72	72	38	57	52
	平均数	47.19	41.78	41.78	27.90	41.17	42.98
	标准差	22.01	20.53	20.53	22.36	22.44	24.48
	最小值	0.00	0.00	0.00	0.00	0.67	0.00
	最大值	94.67	89.33	89.33	80.44	84.89	89.78
百分位	5	2.00	3.77	3.77	0.00	3.80	0.00
	10	14.58	13.09	13.09	0.40	8.80	3.53
	25	36.06	27.94	27.94	6.33	24.33	20.28
	50	48.33	39.44	39.44	22.00	42.22	43.33
	75	63.11	55.44	55.44	47.33	57.00	61.33
	90	73.93	71.02	71.02	60.09	72.44	74.78
	95	82.24	76.38	76.38	67.78	80.47	80.69

2.广州市言语残疾人职业人格状况

表3-4-47 广州市言语残疾人职业人格测验坚持性维度数据资料表

坚持性	性别		年龄(岁)		城郊	
	男	女	15-39	40-59	城区	郊区
N	98	67	136	29	48	45
平均数	7.51	7.57	7.72	6.66	7.81	7.02
标准差	2.36	2.15	2.15	2.65	2.36	2.42
最小值	0.00	2.00	2.00	0.00	0.00	2.00
最大值	12.00	12.00	12.00	12.00	11.00	12.00

(续表)

坚持性		性别		年龄(岁)		城郊	
		男	女	15-39	40-59	城区	郊区
百分位	5	3.00	4.00	4.00	1.00	2.90	3.30
	10	4.00	5.00	5.00	4.00	4.90	4.00
	25	6.00	6.00	6.00	5.00	6.00	5.00
	50	8.00	8.00	8.00	7.00	8.00	7.00
	75	9.00	10.00	9.75	8.50	10.00	8.00
	90	11.00	10.00	10.30	10.00	10.10	11.00
	95	11.00	11.00	11.00	11.50	11.00	11.70

表3-4-48 广州市言语残疾人职业人格测验严谨性维度数据资料表

严谨性		性别		年龄(岁)		城郊	
		男	女	15-39	40-59	城区	郊区
N		98	67	136	29	48	45
平均数		8.12	7.96	8.20	7.38	8.08	8.09
标准差		2.00	1.91	1.88	2.23	2.15	1.98
最小值		3.00	4.00	3.00	3.00	3.00	4.00
最大值		12.00	12.00	12.00	11.00	12.00	12.00
百分位	5	4.95	5.00	5.00	3.00	3.90	4.30
	10	5.00	5.00	6.00	5.00	5.00	5.00
	25	7.00	7.00	7.00	5.50	6.00	7.00
	50	8.00	8.00	8.00	7.00	8.00	8.00
	75	9.00	9.00	9.75	9.00	10.00	9.50
	90	11.00	10.20	11.00	11.00	11.00	11.00
	95	11.00	11.00	11.00	11.00	11.55	11.70

表3-4-49 广州市言语残疾人职业人格测验情绪稳定性维度数据资料表

情绪稳定性	性别		年龄(岁)		城郊	
	男	女	15-39	40-59	城区	郊区
N	98	67	136	29	48	45
平均数	6.48	6.16	6.55	5.41	6.23	5.53
标准差	2.76	2.93	2.74	3.06	2.76	3.09
最小值	0.00	0.00	0.00	0.00	0.00	0.00
最大值	12.00	12.00	12.00	12.00	12.00	12.00

(续表)

情绪稳定性		性别		年龄(岁)		城郊	
		男	女	15-39	40-59	城区	郊区
百分位	5	2.00	1.00	2.00	0.00	1.45	0.30
	10	3.00	2.00	3.00	0.00	2.00	1.60
	25	5.00	4.00	5.00	3.50	4.00	3.00
	50	6.00	6.00	6.50	5.00	6.50	5.00
	75	8.25	8.00	8.00	7.00	8.00	7.50
	90	10.10	10.00	10.00	10.00	10.00	10.00
	95	11.00	12.00	11.00	11.50	11.00	11.00

表 3-4-50 广州市言语残疾人职业人格测验自信心维度数据资料表

自信性		性别		年龄(岁)		城郊	
		男	女	15-39	40-59	城区	郊区
	N	98	67	136	29	48	45
	平均数	7.88	7.69	7.82	7.69	8.33	8.04
	标准差	1.94	2.04	1.90	2.36	2.09	1.80
	最小值	2.00	1.00	1.00	2.00	3.00	4.00
	最大值	12.00	11.00	12.00	10.00	12.00	11.00
百分位	5	4.00	4.00	4.00	2.50	3.45	5.00
	10	5.90	4.00	5.00	3.00	4.00	5.60
	25	7.00	7.00	7.00	7.00	8.00	7.00
	50	8.00	8.00	8.00	8.00	9.00	8.00
	75	9.00	9.00	9.00	9.50	10.00	10.00
	90	10.00	10.00	10.00	10.00	10.10	10.00
	95	11.00	10.00	11.00	10.00	11.00	10.70

表 3-4-51 广州市言语残疾人职业人格测验责任心维度数据资料表

责任心	性别		年龄(岁)		城郊	
	男	女	15-39	40-59	城区	郊区
N	98	67	136	29	48	45
平均数	8.50	8.51	8.61	8.00	8.75	8.73
标准差	2.06	1.87	1.91	2.24	2.39	1.89
最小值	1.00	5.00	4.00	1.00	1.00	5.00
最大值	12.00	12.00	12.00	12.00	12.00	12.00

(续表)

责任心		性别		年龄（岁）		城郊	
		男	女	15-39	40-59	城区	郊区
百分位	5	5.00	5.00	5.00	3.00	4.45	6.00
	10	6.00	6.00	6.00	6.00	5.00	6.00
	25	7.00	7.00	7.00	7.00	7.25	7.00
	50	8.50	9.00	9.00	8.00	9.00	8.00
	75	10.00	10.00	10.00	9.00	11.00	10.00
	90	12.00	11.00	11.00	11.00	12.00	12.00
	95	12.00	11.60	12.00	12.00	12.00	12.00

表3-4-52 广州市言语残疾人职业人格测验交际能力维度数据资料表

交际能力		性别		年龄（岁）		城郊	
		男	女	15-39	40-59	城区	郊区
N		98	67	136	29	48	45
平均数		7.48	7.54	7.68	6.69	7.75	7.58
标准差		2.36	2.49	2.27	2.84	2.76	2.22
最小值		0.00	1.00	1.00	0.00	0.00	1.00
最大值		12.00	12.00	12.00	11.00	12.00	11.00
百分位	5	3.00	2.40	3.00	0.50	1.90	3.30
	10	4.00	4.00	4.00	3.00	4.00	4.00
	25	6.00	6.00	7.00	5.00	6.00	7.00
	50	8.00	8.00	8.00	7.00	8.00	8.00
	75	9.00	9.00	9.00	9.00	10.00	9.00
	90	10.10	11.00	11.00	10.00	11.00	10.00
	95	11.00	11.60	11.00	11.00	12.00	11.00

表3-4-53 广州市言语残疾人职业人格测验管理能力维度数据资料表

管理能力	性别		年龄（岁）		城郊	
	男	女	15-39	40-59	城区	郊区
N	98	67	136	29	48	45
平均数	8.56	8.21	8.39	8.55	9.56	8.73
标准差	2.84	3.00	2.86	3.12	2.61	2.86
最小值	1.00	0.00	0.00	2.00	2.00	0.00
最大值	12.00	12.00	12.00	12.00	12.00	12.00

(续表)

管理能力		性别		年龄(岁)		城郊	
		男	女	15-39	40-59	城区	郊区
百分位	5	2.95	2.00	3.00	2.00	2.45	2.30
	10	4.90	3.80	4.00	2.00	5.90	4.60
	25	6.00	6.00	6.00	6.50	9.00	7.00
	50	9.00	9.00	9.00	9.00	10.00	9.00
	75	11.00	11.00	11.00	11.00	12.00	11.00
	90	12.00	12.00	12.00	12.00	12.00	12.00
	95	12.00	12.00	12.00	12.00	12.00	12.00

表3-4-54 广州市言语残疾人职业人格测验抗挫折能力维度数据资料表

抗挫折能力		性别		年龄(岁)		城郊	
		男	女	15-39	40-59	城区	郊区
	N	98	67	136	29	48	45
	平均数	7.50	7.00	7.49	6.38	7.31	6.80
	标准差	2.35	2.32	2.34	2.14	2.10	2.76
	最小值	1.00	2.00	1.00	2.00	3.00	1.00
	最大值	12.00	12.00	12.00	10.00	11.00	12.00
百分位	5	3.00	3.40	4.00	2.00	4.00	2.00
	10	4.90	4.00	4.70	3.00	4.90	3.00
	25	6.00	5.00	6.00	5.00	5.25	5.00
	50	8.00	7.00	7.00	7.00	7.00	7.00
	75	9.00	8.00	9.00	8.00	8.00	9.00
	90	11.00	11.00	11.00	9.00	11.00	11.00
	95	11.00	11.00	11.00	9.50	11.00	11.00

3. 广州市言语残疾人职业兴趣状况

表3-4-55 广州市言语残疾人职业人格测验常规型数据资料表

常规型	性别		年龄(岁)		城郊	
	男	女	15-39	40-59	城区	郊区
N	99	68	134	33	48	47
平均数	5.98	6.06	6.11	5.61	6.21	5.87
标准差	1.40	1.60	1.42	1.68	1.38	1.45
最小值	2.00	2.00	2.00	3.00	3.00	2.00
最大值	9.00	8.00	9.00	8.00	8.00	8.00

(续表)

常规型		性别		年龄(岁)		城郊	
		男	女	15-39	40-59	城区	郊区
百分位	5	4.00	3.00	3.75	3.00	3.00	3.00
	10	4.00	3.00	4.00	3.00	4.00	4.00
	25	5.00	5.00	5.00	4.00	5.00	5.00
	50	6.00	6.00	6.00	6.00	6.00	6.00
	75	7.00	7.00	7.00	7.00	7.00	7.00
	90	8.00	8.00	8.00	8.00	8.00	8.00
	95	8.00	8.00	8.00	8.00	8.00	8.00

表 3-4-56 广州市言语残疾人职业兴趣测验现实型数据资料表

现实型		性别		年龄(岁)		城郊	
		男	女	15-39	40-59	城区	郊区
N		99	68	134	33	48	47
平均数		6.20	6.01	6.20	5.82	6.40	5.98
标准差		1.65	1.33	1.53	1.49	1.38	1.59
最小值		2.00	3.00	2.00	2.00	3.00	2.00
最大值		9.00	9.00	9.00	8.00	9.00	9.00
百分位	5	3.00	4.00	4.00	2.70	3.45	3.40
	10	4.00	4.00	4.00	4.00	5.00	4.00
	25	5.00	5.00	5.00	5.00	5.25	5.00
	50	6.00	6.00	6.00	6.00	6.00	6.00
	75	7.00	7.00	7.00	7.00	7.00	7.00
	90	8.00	8.00	8.00	8.00	8.00	8.00
	95	9.00	8.00	9.00	8.00	8.55	8.60

表 3-4-57 广州市言语残疾人职业兴趣测验研究型数据资料表

研究型	性别		年龄(岁)		城郊	
	男	女	15-39	40-59	城区	郊区
N	99	68	134	33	48	47
平均数	5.79	5.44	5.65	5.64	6.02	5.64
标准差	1.61	1.72	1.61	1.87	1.78	1.67
最小值	2.00	2.00	2.00	2.00	3.00	2.00
最大值	9.00	10.00	10.00	9.00	10.00	9.00

(续表)

研究型		性别		年龄(岁)		城郊	
		男	女	15-39	40-59	城区	郊区
百分位	5	3.00	3.00	3.00	2.70	3.00	2.40
	10	4.00	3.00	4.00	3.00	3.90	3.00
	25	5.00	4.00	5.00	4.00	5.00	5.00
	50	6.00	5.00	6.00	6.00	6.00	6.00
	75	7.00	7.00	7.00	7.00	7.00	7.00
	90	8.00	7.10	8.00	9.00	9.00	8.00
	95	9.00	8.55	8.00	9.00	9.00	8.00

表3-4-58 广州市言语残疾人职业兴趣测验企业型数据资料表

企业型		性别		年龄(岁)		城郊	
		男	女	15-39	40-59	城区	郊区
N		99	68	134	33	48	47
平均数		5.67	5.32	5.51	5.58	5.27	5.60
标准差		1.61	1.46	1.48	1.85	1.61	1.58
最小值		1.00	2.00	1.00	2.00	2.00	2.00
最大值		8.00	9.00	9.00	8.00	8.00	8.00
百分位	5	3.00	3.00	3.00	2.70	2.45	3.00
	10	3.00	3.00	3.50	3.00	3.00	3.00
	25	5.00	4.25	5.00	4.00	4.00	4.00
	50	6.00	5.00	6.00	6.00	6.00	6.00
	75	7.00	6.00	7.00	7.00	6.00	7.00
	90	8.00	7.00	7.00	8.00	7.00	7.20
	95	8.00	8.00	8.00	8.00	8.00	8.00

表3-4-59 广州市言语残疾人职业兴趣测验社会型数据资料表

社会型	性别		年龄(岁)		城郊	
	男	女	15-39	40-59	城区	郊区
N	99	68	134	33	48	47
平均数	4.79	4.76	4.78	4.76	4.71	4.66
标准差	1.45	1.22	1.39	1.25	1.43	1.11
最小值	2.00	2.00	2.00	3.00	2.00	3.00
最大值	8.00	7.00	8.00	7.00	8.00	7.00

(续表)

社会型		性别		年龄(岁)		城郊	
		男	女	15-39	40-59	城区	郊区
百分位	5	3.00	3.00	3.00	3.00	3.00	3.00
	10	3.00	3.00	3.00	3.00	3.00	3.00
	25	4.00	4.00	4.00	4.00	4.00	4.00
	50	5.00	5.00	5.00	5.00	5.00	5.00
	75	6.00	6.00	6.00	6.00	6.00	6.00
	90	7.00	6.00	7.00	6.00	7.00	6.00
	95	7.00	7.00	7.00	7.00	7.55	6.60

表 3-4-60　广州市言语残疾人职业兴趣测验艺术型数据资料表

艺术型		性别		年龄(岁)		城郊	
		男	女	15-39	40-59	城区	郊区
N		99	68	134	33	48	47
平均数		5.41	5.40	5.46	5.18	5.00	6.13
标准差		2.01	1.84	1.82	2.35	1.94	2.04
最小值		1.00	1.00	1.00	1.00	1.00	1.00
最大值		10.00	9.00	10.00	9.00	9.00	10.00
百分位	5	2.00	2.45	2.00	1.70	2.45	2.40
	10	3.00	3.00	3.00	2.40	3.00	3.00
	25	4.00	4.00	4.00	3.00	3.00	5.00
	50	6.00	5.00	5.00	6.00	5.00	6.00
	75	7.00	7.00	7.00	7.00	6.75	8.00
	90	8.00	8.00	8.00	8.00	8.00	9.00
	95	8.00	9.00	8.25	9.00	8.00	9.00

五、广东省残疾人职业适应性状况

(一)广东省肢体残疾人职业适应性状况

1.广东省肢体残疾人职业能力状况

表 3-5-1　广东省肢体残疾人职业能力测验言语能力分测验数据资料表

言语能力	男(岁)				女(岁)			
	15-29	30-39	40-49	50-59	15-29	30-39	40-49	50-54
N	323	206	153	50	215	146	85	19
平均数	9.75	8.78	6.62	4.37	9.83	8.21	6.93	3.02
标准差	3.80	3.82	4.39	3.78	3.71	4.29	3.78	3.36

(续表)

言语能力		男(岁)				女(岁)			
		15-29	30-39	40-49	50-59	15-29	30-39	40-49	50-54
最小值		0.00	0.00	0.00	0.00	0.00	0.00	0.00	0.00
最大值		29.33	16.67	22.00	15.33	17.33	16.00	16.00	13.33
百分位	5	3.33	2.23	0.00	0.00	3.33	0.00	0.67	0.00
	10	4.93	3.33	0.00	0.00	5.33	2.00	2.00	0.00
	25	7.33	6.00	2.67	1.33	8.00	5.33	3.67	0.00
	50	10.00	9.33	6.67	4.00	10.00	8.67	7.33	2.67
	75	12.67	11.33	10.00	6.17	12.67	11.33	9.33	5.33
	90	14.67	13.33	12.00	9.27	14.67	13.53	11.60	6.67
	95	15.33	15.10	13.53	12.83	16.00	14.67	14.47	

(续表1)

言语能力		残疾等级				文化水平			
		一级	二级	三级	四级	小学及以下	初中	高中/中专	大专及以上
N		46	280	608	250	99	367	447	267
平均数		9.03	8.18	8.78	8.16	3.87	7.37	8.81	11.45
标准差		4.13	4.37	4.25	3.86	3.43	4.11	3.56	3.26
最小值		0.00	0.00	0.00	0.00	0.00	0.00	0.00	2.00
最大值		17.33	17.33	29.33	17.33	16.00	29.33	16.67	18.67
百分位	5	0.90	0.00	1.33	1.33	0.00	0.00	2.00	5.60
	10	3.80	1.33	2.67	2.67	0.00	2.00	4.00	6.67
	25	6.00	4.83	6.00	5.33	1.33	4.67	6.67	9.33
	50	9.00	8.67	9.33	8.67	3.33	7.33	9.33	12.00
	75	12.00	11.33	12.00	10.83	6.00	10.00	11.33	14.00
	90	14.20	13.33	14.00	13.27	8.67	12.67	13.33	16.00
	95	15.97	15.33	15.33	14.30	11.33	14.00	14.67	16.67

(续表2)

言语能力	残疾部位			
	上肢	下肢	上肢&下肢	躯干
N	242	704	175	59
平均数	8.52	8.59	8.22	9.03
标准差	3.93	4.33	4.14	4.02
最小值	0.00	0.00	0.00	0.00
最大值	17.33	29.33	16.00	16.67

(续表)

言语能力		残疾部位			
		上肢	下肢	上肢&下肢	躯干
百分位	5	0.67	0.67	0.00	2.00
	10	3.33	2.33	2.40	4.00
	25	6.00	6.00	5.33	6.00
	50	8.67	8.67	8.67	9.33
	75	11.33	11.33	11.33	12.67
	90	13.33	14.00	13.33	14.67
	95	15.23	15.33	14.67	16.00

表3-5-2 广东省肢体残疾人职业能力测验数理能力分测验数据资料表

数理能力		男(岁)				女(岁)			
		15-29	30-39	40-49	50-59	15-29	30-39	40-49	50-54
N		323	206	153	50	215	146	85	19
平均数		12.93	12.59	10.44	6.64	12.28	11.85	9.86	5.89
标准差		4.93	4.86	5.38	5.18	4.46	5.25	5.30	3.91
最小值		0.00	0.00	0.00	0.00	0.00	0.00	0.00	0.00
最大值		20.00	20.00	20.00	20.00	20.00	20.00	20.00	12.00
百分位	5	4.00	4.00	2.00	0.00	4.00	2.00	2.00	0.00
	10	6.00	6.00	2.80	0.20	6.00	4.00	2.00	0.00
	25	10.00	8.00	6.00	2.00	10.00	8.00	6.00	2.00
	50	14.00	14.00	10.00	6.00	12.00	12.00	10.00	6.00
	75	18.00	16.00	16.00	10.00	16.00	16.00	14.00	8.00
	90	20.00	18.00	18.00	14.00	18.00	18.00	18.00	12.00
	95	20.00	20.00	18.00	18.90	18.00	20.00	18.00	

(续表1)

数理能力	残疾等级				文化水平			
	一级	二级	三级	四级	小学及以下	初中	高中/中专	大专及以上
N	46	280	608	250	99	367	447	267
平均数	11.43	11.47	11.98	11.56	6.10	10.34	12.31	15.03
标准差	5.19	5.11	5.26	5.06	4.35	4.94	4.62	4.02
最小值	0.00	0.00	0.00	0.00	0.00	0.00	0.00	4.00
最大值	20.00	20.00	20.00	20.00	18.00	20.00	20.00	20.00

(续表)

数理能力		残疾等级				文化水平			
		一级	二级	三级	四级	小学及以下	初中	高中/中专	大专及以上
百分位	5	2.00	2.00	2.00	2.00	0.00	2.00	4.00	8.00
	10	4.00	4.00	4.00	4.00	0.00	4.00	6.00	8.00
	25	8.00	8.00	8.00	8.00	2.00	6.00	10.00	12.00
	50	12.00	12.00	12.00	12.00	6.00	10.00	12.00	16.00
	75	16.00	16.00	16.00	16.00	8.00	14.00	16.00	18.00
	90	18.00	18.00	18.00	18.00	12.00	16.40	18.00	20.00
	95	19.30	18.00	20.00	20.00	14.00	18.00	18.00	20.00

(续表2)

数理能力		残疾部位			
		上肢	下肢	上肢&下肢	躯干
N		242	704	175	59
平均数		11.77	11.74	11.70	12.64
标准差		5.26	5.21	5.06	5.02
最小值		0.00	0.00	0.00	0.00
最大值		20.00	20.00	20.00	20.00
百分位	5	2.00	2.00	2.00	4.00
	10	4.00	4.00	4.00	6.00
	25	8.00	8.00	8.00	8.00
	50	12.00	12.00	12.00	14.00
	75	16.00	16.00	16.00	16.00
	90	18.00	18.00	18.00	18.00
	95	18.00	20.00	20.00	20.00

表3-5-3 广东省肢体残疾人职业能力测验空间知觉分测验数据资料表

空间知觉	男(岁)				女(岁)			
	15-29	30-39	40-49	50-59	15-29	30-39	40-49	50-54
N	323	206	153	50	215	146	85	19
平均数	12.02	11.84	10.07	7.40	11.01	10.56	9.48	6.84
标准差	4.55	4.64	4.66	4.72	4.41	4.42	4.08	4.39
最小值	0.00	0.00	0.00	0.00	0.00	0.00	0.00	2.00
最大值	20.00	20.00	20.00	18.00	20.00	20.00	18.00	20.00

(续表)

空间知觉		男(岁)				女(岁)			
		15-29	30-39	40-49	50-59	15-29	30-39	40-49	50-54
百分位	5	4.00	4.00	2.00	0.00	4.00	2.70	2.60	2.00
	10	6.00	6.00	4.00	2.00	5.20	4.00	4.00	2.00
	25	8.00	8.00	6.00	4.00	8.00	8.00	6.00	4.00
	50	12.00	12.00	10.00	6.00	12.00	10.00	10.00	6.00
	75	16.00	16.00	14.00	10.50	14.00	14.00	12.00	10.00
	90	18.00	18.00	16.00	14.00	16.00	16.00	14.00	12.00
	95	20.00	18.00	18.00	16.00	18.00	18.00	16.00	

(续表1)

空间知觉		残疾等级				文化水平			
		一级	二级	三级	四级	小学及以下	初中	高中/中专	大专及以上
	N	46	280	608	250	99	367	447	267
	平均数	10.39	10.71	11.15	10.82	6.87	9.78	11.37	13.54
	标准差	5.07	4.54	4.69	4.59	3.83	4.37	4.36	4.06
	最小值	0.00	0.00	0.00	0.00	0.00	0.00	0.00	2.00
	最大值	20.00	20.00	20.00	20.00	20.00	20.00	20.00	20.00
百分位	5	0.00	2.10	4.00	3.10	0.00	2.00	4.00	6.00
	10	2.80	4.00	4.00	6.00	2.00	4.00	6.00	8.00
	25	7.50	8.00	8.00	8.00	4.00	6.00	8.00	10.00
	50	11.00	10.00	12.00	10.00	6.00	10.00	12.00	14.00
	75	14.00	14.00	14.00	14.00	10.00	14.00	14.00	16.00
	90	18.00	16.00	18.00	17.80	12.00	16.00	16.40	18.00
	95	18.00	18.00	18.00	18.00	14.00	18.00	18.00	20.00

(续表2)

空间知觉	残疾部位			
	上肢	下肢	上肢&下肢	躯干
N	242	704	175	59
平均数	10.73	11.14	10.51	11.59
标准差	4.84	4.60	4.72	4.23
最小值	0.00	0.00	0.00	4.00
最大值	20.00	20.00	20.00	20.00

(续表)

空间知觉		残疾部位			
		上肢	下肢	上肢&下肢	躯干
百分位	5	2.00	4.00	2.00	4.00
	10	4.00	6.00	4.00	6.00
	25	8.00	8.00	8.00	8.00
	50	10.00	12.00	10.00	12.00
	75	14.00	14.00	14.00	14.00
	90	16.00	18.00	16.00	18.00
	95	18.00	18.00	18.00	18.00

表3-5-4 广东省肢体残疾人职业能力测验符号知觉分测验数据资料表

符号知觉		男(岁)				女(岁)			
		15-29	30-39	40-49	50-59	15-29	30-39	40-49	50-54
N		323	206	153	50	215	146	85	19
平均数		13.27	12.39	9.56	6.40	13.75	11.74	10.87	5.96
标准差		5.24	6.11	6.87	6.28	5.00	6.33	6.46	6.16
最小值		0.00	0.00	0.00	0.00	0.00	0.00	0.00	0.00
最大值		20.00	20.00	20.00	16.67	20.00	20.00	20.00	17.50
百分位	5	2.50	0.00	0.00	0.00	2.50	0.00	0.00	0.00
	10	4.17	1.67	0.00	0.00	5.50	1.67	0.83	0.00
	25	10.83	8.33	3.33	0.63	10.83	6.46	5.00	0.00
	50	15.00	15.00	10.00	4.17	15.83	13.33	11.67	5.00
	75	17.50	17.50	16.67	12.08	17.50	17.50	16.67	10.83
	90	18.33	18.33	19.17	15.83	18.33	19.17	18.33	16.67
	95	19.17	19.17	19.17	16.67	19.17	20.00	18.92	

(续表1)

符号知觉	残疾等级				文化水平			
	一级	二级	三级	四级	小学及以下	初中	高中/中专	大专及以上
N	46	280	608	250	99	367	447	267
平均数	11.49	11.74	12.17	12.15	4.99	10.59	12.98	15.12
标准差	6.00	6.24	6.03	6.31	5.62	6.11	5.43	4.59
最小值	0.00	0.00	0.00	0.00	0.00	0.00	0.00	0.00
最大值	20.00	20.00	20.00	20.00	20.00	20.00	20.00	20.00

(续表)

符号知觉		残疾等级				文化水平			
		一级	二级	三级	四级	小学及以下	初中	高中/中专	大专及以上
百分位	5	0.00	0.00	0.00	0.83	0.00	0.00	0.83	4.50
	10	2.58	0.92	1.67	2.50	0.00	1.67	4.00	8.17
	25	6.67	5.83	8.33	7.29	0.00	4.17	10.00	13.33
	50	12.92	13.75	15.00	14.17	3.33	11.67	15.00	16.67
	75	16.88	16.67	16.67	17.50	7.50	16.67	17.50	18.33
	90	17.50	17.50	18.33	19.17	15.00	17.50	18.33	19.17
	95	18.04	18.33	19.17	20.00	16.67	18.33	19.17	20.00

(续表2)

符号知觉		残疾部位			
		上肢	下肢	上肢&下肢	躯干
N		242	704	175	59
平均数		12.62	12.07	11.05	12.58
标准差		5.90	6.16	6.30	5.97
最小值		0.00	0.00	0.00	0.00
最大值		20.00	20.00	20.00	20.00
百分位	5	0.00	0.00	0.00	1.67
	10	2.75	1.67	1.67	2.50
	25	9.17	7.50	5.00	7.50
	50	15.00	14.17	12.50	15.83
	75	17.50	16.67	17.50	17.50
	90	19.17	18.33	17.50	18.33
	95	19.17	19.17	19.17	19.17

表3-5-5 广东省肢体残疾人职业能力测验形状知觉分测验数据资料表

形状知觉	男(岁)				女(岁)			
	15-29	30-39	40-49	50-59	15-29	30-39	40-49	50-54
N	323	206	153	50	215	146	85	19
平均数	13.05	12.66	11.93	8.12	13.45	12.38	11.76	8.11
标准差	4.05	4.21	4.29	4.40	4.22	4.71	4.12	4.40
最小值	0.00	0.00	0.00	0.00	0.00	0.00	2.00	0.00
最大值	20.00	20.00	20.00	16.00	20.00	20.00	20.00	16.00

(续表)

形状知觉		男(岁)				女(岁)			
		15-29	30-39	40-49	50-59	15-29	30-39	40-49	50-54
百分位	5	6.00	4.00	4.00	0.00	6.00	2.00	4.60	0.00
	10	8.00	6.00	6.00	0.20	8.00	6.00	6.00	0.00
	25	10.00	10.00	8.00	6.00	10.00	10.00	8.00	4.00
	50	14.00	14.00	12.00	8.00	14.00	14.00	12.00	8.00
	75	16.00	16.00	16.00	12.00	16.00	16.00	14.00	12.00
	90	18.00	18.00	18.00	14.00	18.00	18.00	18.00	14.00
	95	19.60	18.00	18.00	14.90	20.00	18.00	18.00	

(续表1)

形状知觉		残疾等级				文化水平			
		一级	二级	三级	四级	小学及以下	初中	高中/中专	大专及以上
N		46	280	608	250	99	367	447	267
平均数		12.83	12.10	12.63	12.53	8.42	11.60	12.99	14.43
标准差		4.74	4.34	4.36	4.32	4.88	4.32	3.94	3.53
最小值		0.00	0.00	0.00	0.00	0.00	0.00	0.00	2.00
最大值		20.00	20.00	20.00	20.00	20.00	20.00	20.00	20.00
百分位	5	1.40	4.00	6.00	4.00	0.00	4.00	6.00	8.00
	10	6.00	6.00	6.00	6.00	0.00	6.00	8.00	10.00
	25	11.50	10.00	10.00	10.00	4.00	8.00	10.00	12.00
	50	14.00	12.00	14.00	12.00	8.00	12.00	14.00	14.00
	75	16.00	16.00	16.00	16.00	12.00	14.00	16.00	18.00
	90	18.00	18.00	18.00	18.00	14.00	18.00	18.00	18.00
	95	20.00	18.00	20.00	18.00	16.00	18.00	18.00	20.00

(续表2)

形状知觉	残疾部位			
	上肢	下肢	上肢&下肢	躯干
N	242	704	175	59
平均数	12.23	12.73	11.86	12.88
标准差	4.48	4.17	4.85	4.45
最小值	0.00	0.00	0.00	4.00
最大值	20.00	20.00	20.00	20.00

(续表)

形状知觉		残疾部位			
		上肢	下肢	上肢 & 下肢	躯干*
百分位	5	4.00	6.00	2.00	6.00
	10	6.00	8.00	4.00	6.00
	25	10.00	10.00	8.00	8.00
	50	12.00	14.00	12.00	14.00
	75	16.00	16.00	16.00	16.00
	90	18.00	18.00	18.00	18.00
	95	18.00	18.00	18.00	20.00

表3-5-6 广东省肢体残疾人职业能力文档测验总分数据资料表

职业能力文档测验		男(岁)				女(岁)			
		15-29	30-39	40-49	50-59	15-29	30-39	40-49	50-54
N		323	206	153	50	215	146	85	19
平均数		61.02	58.27	48.63	32.93	60.32	54.74	48.90	29.82
标准差		18.22	19.36	20.43	20.04	17.07	20.77	18.61	15.89
最小值		0.00	0.00	8.00	0.00	2.67	0.00	8.67	2.00
最大值		94.17	89.33	90.00	73.67	91.50	89.17	85.17	78.83
百分位	5	28.27	23.89	15.80	5.30	28.83	10.92	15.00	2.00
	10	36.17	30.00	18.87	8.62	37.57	25.03	20.40	8.67
	25	49.17	43.50	31.92	16.13	50.67	40.54	33.50	21.17
	50	61.33	61.58	50.50	28.83	62.00	59.25	49.33	30.67
	75	76.00	72.88	63.83	47.54	73.83	70.92	62.83	35.67
	90	83.63	81.22	76.37	65.63	80.30	78.72	71.47	40.50
	95	86.63	85.28	81.02	72.38	83.70	83.50	75.23	

(续表1)

职业能力文档测验	残疾等级				文化水平			
	一级	二级	三级	四级	小学及以下	初中	高中/中专	大专及以上
N	46	280	608	250	99	367	447	267
平均数	55.17	54.20	56.71	55.22	30.25	49.68	58.46	69.56
标准差	20.64	20.39	20.09	19.60	16.96	19.19	16.77	14.03
最小值	0.00	2.00	0.00	0.00	0.00	2.00	8.00	18.67
最大值	86.17	90.17	94.17	90.67	72.00	88.17	90.67	94.17

(续表)

职业能力文档测验		残疾等级				文化水平			
		一级	二级	三级	四级	小学及以下	初中	高中/中专	大专及以上
百分位	5	7.67	16.52	19.33	20.76	0.00	17.70	28.00	44.63
	10	24.83	24.50	28.15	27.42	8.17	23.97	34.97	48.33
	25	44.88	39.38	43.21	40.17	18.00	35.50	49.00	60.33
	50	55.17	57.00	58.92	58.00	29.67	50.17	60.17	71.83
	75	70.17	69.25	73.29	70.67	40.83	64.83	71.17	80.33
	90	80.00	79.93	81.68	77.17	55.67	75.53	79.53	85.53
	95	84.23	85.13	84.83	83.73	60.67	80.17	82.60	88.93

(续表2)

职业能力文档测验		残疾部位			
		上肢	下肢	上肢&下肢	躯干
	N	242	704	175	59
	平均数	55.87	56.27	53.35	58.73
	标准差	20.16	19.99	20.86	18.74
	最小值	0.00	0.00	2.00	15.67
	最大值	90.67	94.17	89.50	85.83
百分位	5	18.20	18.92	14.70	24.83
	10	29.18	26.33	21.93	32.50
	25	42.50	42.88	39.67	42.83
	50	57.17	58.92	53.67	60.50
	75	72.54	71.33	70.67	75.33
	90	79.67	80.50	79.40	82.17
	95	82.50	85.50	84.67	83.33

表3-5-7 广东省肢体残疾人职业能力测验手眼协调能力分测验数据资料表

手眼协调	男(岁)				女(岁)			
	15-29	30-39	40-49	50-59	15-29	30-39	40-49	50-54
N	97	84	65	5	60	68	36	1
平均数	16.56	17.52	16.14	9.60	16.53	16.63	16.04	20.00
标准差	6.44	5.22	6.58	9.68	6.42	5.73	6.40	20.00
最小值	0.00	0.00	0.00	0.00	0.00	0.00	0.00	20.00
最大值	20.00	20.00	20.00	20.00	20.00	20.00	20.00	20.00

(续表)

手眼协调		男(岁)				女(岁)			
		15-29	30-39	40-49	50-59	15-29	30-39	40-49	50-54
百分位	5	0.00	2.00	0.00	0.00	0.07	1.93	0.00	20.00
	10	2.40	7.33	0.80	0.00	2.80	5.20	2.80	20.00
	25	17.33	17.33	16.00	1.33	17.33	16.00	13.33	20.00
	50	20.00	20.00	18.67	5.33	20.00	20.00	20.00	20.00
	75	20.00	20.00	20.00	20.00	20.00	20.00	20.00	20.00
	90	20.00	20.00	20.00		20.00	20.00	20.00	20.00
	95	20.00	20.00	20.00		20.00	20.00	20.00	20.00

(续表1)

手眼协调		残疾等级				文化水平			
		一级	二级	三级	四级	小学及以下	初中	高中/中专	大专及以上
N		6	64	211	135	20	89	161	146
平均数		15.78	16.33	16.46	16.91	12.87	13.62	16.87	18.57
标准差		6.77	6.32	6.40	5.76	7.55	7.84	5.94	3.74
最小值		2.67	0.00	0.00	0.00	0.00	0.00	0.00	0.00
最大值		20.00	20.00	20.00	20.00	20.00	20.00	20.00	20.00
百分位	5	2.67	0.00	0.00	0.00	0.00	0.00	0.13	10.67
	10	2.67	3.33	2.67	6.13	0.13	0.00	5.33	16.00
	25	11.67	16.00	16.00	17.33	5.67	6.00	17.33	19.67
	50	18.67	20.00	20.00	20.00	16.67	17.33	20.00	20.00
	75	20.00	20.00	20.00	20.00	19.67	20.00	20.00	20.00
	90		20.00	20.00	20.00	20.00	20.00	20.00	20.00
	95		20.00	20.00	20.00	20.00	20.00	20.00	20.00

(续表2)

手眼协调	残疾部位			
	上肢	下肢	上肢&下肢	躯干
N	94	234	69	19
平均数	16.30	17.00	15.77	15.65
标准差	6.51	5.84	6.62	6.83
最小值	0.00	0.00	0.00	0.00
最大值	20.00	20.00	20.00	20.00

(续表)

手眼协调		残疾部位			
		上肢	下肢	上肢 & 下肢	躯干
百分位	5	0.00	0.00	0.00	0.00
	10	2.67	6.00	2.67	0.00
	25	16.00	17.33	16.00	16.00
	50	20.00	20.00	20.00	18.67
	75	20.00	20.00	20.00	20.00
	90	20.00	20.00	20.00	20.00
	95	20.00	20.00	20.00	

表 3-5-8 广东省肢体残疾人职业能力测验总分数据资料表

职业能力		男(岁)				女(岁)			
		15-29	30-39	40-49	50-59	15-29	30-39	40-49	50-54
N		97	84	65	5	60	68	36	1
平均数		76.22	77.29	70.97	42.03	72.63	73.96	71.02	55.00
标准差		20.41	16.75	19.00	11.51	18.02	17.37	14.95	55.00
最小值		17.50	31.00	16.33	24.17	19.17	29.33	41.50	55.00
最大值		105.67	104.17	105.00	54.33	102.17	101.50	100.17	55.00
百分位	5	36.07	43.75	29.93	24.17	34.34	37.69	41.78	55.00
	10	45.20	52.67	43.50	24.17	50.07	51.22	45.37	55.00
	25	64.00	66.04	60.08	31.25	63.42	60.71	59.71	55.00
	50	81.17	78.83	71.83	45.50	74.50	77.67	73.00	55.00
	75	92.67	90.33	86.00	51.08	86.04	87.25	81.79	55.00
	90	99.13	96.50	93.83		92.63	94.07	89.43	55.00
	95	101.57	99.83	98.30		97.40	101.00	92.94	55.00

(续表1)

职业能力		残疾等级				文化水平			
		一级	二级	三级	四级	小学及以下	初中	高中/中专	大专及以上
N	有效值	6	64	211	135	20	89	161	146
	缺失值	0	0	0	0	0	0	0	0
平均数		68.69	75.26	73.02	74.61	52.64	63.06	73.57	83.55
标准差		18.36	17.44	19.43	17.57	20.05	18.64	16.60	13.54
最小值		39.83	31.00	16.33	27.17	19.17	16.33	20.17	46.17
最大值		91.67	104.17	104.17	105.67	83.50	102.17	105.67	105.00

(续表)

职业能力		残疾等级				文化水平			
		一级	二级	三级	四级	小学及以下	初中	高中/中专	大专及以上
百分位	5	39.83	37.17	34.43	38.33	19.42	34.08	38.48	58.63
	10	39.83	53.08	47.00	47.60	24.43	37.83	51.90	61.50
	25	54.96	63.00	61.33	64.67	32.21	52.92	64.92	74.96
	50	68.75	77.50	74.83	79.17	55.33	63.17	75.67	85.83
	75	85.29	90.13	89.67	86.83	70.29	74.50	86.50	93.67
	90		95.25	97.50	92.43	82.17	87.83	92.07	100.17
	95	99.63	100.83	100.03	83.46	94.83	95.48	101.33	

表3-5-8 广东省肢体残疾人职业能力测验总分数据资料表(续2)

职业能力		残疾部位			
		上肢	下肢	上肢&下肢	躯干
N		94	234	69	19
平均数		74.18	74.20	71.12	77.07
标准差		18.55	18.39	18.18	21.08
最小值		29.33	17.50	16.33	27.17
最大值		105.67	105.00	104.17	100.83
百分位	5	34.21	37.67	33.92	27.17
	10	49.00	50.00	46.83	39.83
	25	61.96	63.17	60.83	73.17
	50	73.92	76.42	73.17	84.00
	75	90.42	88.33	85.08	90.33
	90	97.17	96.42	91.67	97.83
	95	100.17	100.71	95.17	

表3-5-9 广东省各城市肢体残疾人职业能力测验言语能力分测验数据资料表

城市	年龄(岁)	男					女				
		N	平均数	标准差	最小值	最大值	N	平均数	标准差	最小值	最大值
深圳	15–29	35	10.25	2.63	5.33	17.33	27	10.52	2.20	6.67	14.67
	30–39	49	9.46	2.55	4.67	16.00	38	9.74	3.10	3.33	16.00
	40–49	49	8.42	3.15	1.33	16.00	25	8.64	3.45	3.33	14.67
	50–59	2	8.33	4.24	5.33	11.33					
	小计	135	9.27	2.88	1.33	17.33	90	9.67	3.02	3.33	16.00

（续表）

城市	年龄(岁)	男					女				
		N	平均数	标准差	最小值	最大值	N	平均数	标准差	最小值	最大值
江山	15-29	27	10.22	2.77	5.33	14.67	11	9.03	3.00	4.67	14.67
	30-39	21	10.51	3.03	4.00	15.33	13	7.49	3.16	3.33	13.33
	40-49	2	8.00	0.94	7.33	8.67	4	9.83	0.84	8.67	10.67
	小计	50	10.25	2.84	4.00	15.33	28	8.43	2.95	3.33	14.67
佛山	15-29	35	10.10	3.65	1.33	17.33	22	8.67	3.95	0.00	16.00
	30-39	14	10.00	3.39	4.00	16.67	17	7.37	3.49	2.00	12.67
	40-49	14	9.00	3.90	2.67	14.67	7	6.38	3.35	2.00	10.00
	50-59	3	4.22	1.68	2.67	6.00	1	5.33		5.33	5.33
	小计	66	9.58	3.74	1.33	17.33	47	7.79	3.70	0.00	16.00

表 3-5-10 广东省各城市肢体残疾人职业能力测验数理能力分测验数据资料表

城市	年龄(岁)	男					女				
		N	平均数	标准差	最小值	最大值	N	平均数	标准差	最小值	最大值
深圳	15-29	35	12.97	4.88	2.00	20.00	27	12.96	3.69	6.00	18.00
	30-39	49	13.51	4.41	4.00	20.00	38	14.05	3.34	6.00	20.00
	40-49	49	12.86	4.65	2.00	20.00	25	14.48	3.57	6.00	18.00
	50-59	2	4.00	2.83	2.00	6.00					
	小计	135	12.99	4.71	2.00	20.00	90	13.84	3.52	6.00	20.00
江门	15-29	27	13.93	5.04	4.00	20.00	11	10.36	5.05	4.00	18.00
	30-39	21	13.33	4.16	4.00	20.00	13	11.54	3.84	4.00	16.00
	40-49	2	14.00	0.00	14.00	14.00	4	8.00	4.32	4.00	14.00
	小计	50	13.68	4.54	4.00	20.00	28	10.57	4.42	4.00	18.00
佛山	15-29	35	14.23	5.35	2.00	20.00	22	11.82	4.45	0.00	20.00
	30-39	14	14.86	3.74	10.00	20.00	17	13.76	4.63	6.00	20.00
	40-49	14	12.57	5.89	2.00	20.00	7	10.86	5.27	2.00	18.00
	50-59	3	6.67	3.06	4.00	10.00	1	8.00		8.00	8.00
	小计	66	13.67	5.29	2.00	20.00	47	12.30	4.66	0.00	20.00

表 3-5-11　广东省各城市肢体残疾人职业能力测验空间知觉分测验数据资料表

城市	年龄(岁)	男					女				
		N	平均数	标准差	最小值	最大值	N	平均数	标准差	最小值	最大值
深圳	15~29	35	13.49	3.89	6.00	20.00	27	12.07	4.09	0.00	18.00
	30~39	49	12.61	3.83	4.00	18.00	38	12.63	3.57	2.00	18.00
	40~49	49	11.39	4.32	2.00	20.00	25	10.96	3.27	6.00	16.00
	50~59	2	6.00	0.00	6.00	6.00					
	小计	135	12.30	4.14	2.00	20.00	90	12.00	3.68	0.00	18.00
江门	15~29	27	11.48	4.32	2.00	18.00	11	9.64	4.08	4.00	14.00
	30~39	21	12.57	4.20	4.00	20.00	13	9.23	3.42	4.00	14.00
	40~49	2	10.00	2.83	8.00	12.00	4	11.00	4.16	6.00	16.00
	小计	50	11.88	4.21	2.00	20.00	28	9.64	3.69	4.00	16.00
佛山	15~29	35	12.40	4.57	2.00	20.00	22	9.73	3.82	4.00	16.00
	30~39	14	13.57	3.78	8.00	18.00	17	10.71	3.74	2.00	20.00
	40~49	14	11.29	4.41	4.00	18.00	7	11.14	4.74	4.00	18.00
	50~59	3	6.67	1.15	6.00	8.00	1	2.00		2.00	2.00
	小计	66	12.15	4.44	2.00	20.00	47	10.13	4.03	2.00	20.00

表 3-5-12　广东省各城市肢体残疾人职业能力测验符号知觉分测验数据资料表

城市	年龄(岁)	男					女				
		N	平均数	标准差	最小值	最大值	N	平均数	标准差	最小值	最大值
深圳	15~29	35	14.36	4.53	3.33	20.00	27	15.90	4.51	3.33	20.00
	30~39	49	13.78	5.20	0.00	20.00	38	15.79	4.43	5.00	20.00
	40~49	49	12.72	5.13	3.33	20.00	25	15.23	4.08	7.50	20.00
	50~59	2	7.50	9.43	0.83	14.17					
	小计	135	13.45	5.10	0.00	20.00	90	15.67	4.32	3.33	20.00
江门	15~29	27	13.49	5.99	0.00	20.00	11	12.95	5.83	3.33	20.00
	30~39	21	12.62	5.43	3.33	20.00	13	11.22	6.12	2.50	19.17
	40~49	2	13.33	4.71	10.00	16.67	4	9.79	5.15	4.17	16.67
	小计	50	13.12	5.63	0.00	20.00	28	11.70	5.78	2.50	20.00
佛山	15~29	35	14.43	5.55	2.50	20.00	22	13.64	5.45	2.50	20.00
	30~39	14	15.48	3.81	8.33	19.17	17	11.91	5.42	1.67	20.00
	40~49	14	12.38	7.76	1.67	20.00	7	8.81	5.55	0.83	15.00
	50~59	3	8.61	2.10	6.67	10.83	1	16.67		16.67	16.67
	小计	66	13.95	5.80	1.67	20.00	47	12.36	5.57	0.83	20.00

表3-5-13 广东省各城市肢体残疾人职业能力测验形状知觉分测验数据资料表

城市	年龄(岁)	男					女			
		N	平均数	标准差	最小值	最大值	N	平均数	标准差	最小值	最大值
深圳	15-29	35	14.17	3.19	10.00	20.00	27	15.85	3.80	6.00	20.00
	30-39	49	14.29	3.61	4.00	20.00	38	14.89	3.53	6.00	20.00
	40-49	49	14.08	3.81	4.00	20.00	25	14.32	3.86	8.00	20.00
	50-59	2	8.00	2.83	6.00	10.00					
	小计	135	14.09	3.61	4.00	20.00	90	15.02	3.71	6.00	20.00
江门	15-29	27	12.07	4.02	4.00	18.00	11	11.09	3.14	8.00	16.00
	30-39	21	13.71	3.59	8.00	20.00	13	12.77	3.32	6.00	16.00
	40-49	2	8.00	2.83	6.00	10.00	4	10.50	3.00	6.00	12.00
	小计	50	12.60	3.94	4.00	20.00	28	11.79	3.24	6.00	16.00
佛山	15-29	35	13.09	4.15	0.00	18.00	22	11.27	4.26	0.00	18.00
	30-39	14	14.14	2.54	10.00	18.00	17	12.24	3.99	2.00	18.00
	40-49	14	12.29	3.75	4.00	18.00	7	10.86	2.54	8.00	14.00
	50-59	3	9.33	3.06	6.00	12.00	1	8.00		8.00	8.00
	小计	66	12.97	3.80	0.00	18.00	47	11.49	3.90	0.00	18.00

表3-5-14 广东省各城市肢体残疾人职业能力文档测验数据资料表

城市	年龄(岁)	男					女			
		N	平均数	标准差	最小值	最大值	N	平均数	标准差	最小值	最大值
深圳	15-29	35	65.23	15.04	31.33	90.00	27	67.30	11.10	44.67	82.50
	30-39	49	63.64	14.69	30.00	89.17	38	67.11	12.35	34.17	86.50
	40-49	49	59.47	15.28	16.17	90.00	25	63.63	10.78	43.67	85.17
	50-59	2	33.83	13.67	24.17	43.50					
	小计	135	62.10	15.42	16.17	90.00	90	66.20	11.55	34.17	86.50
江门	15-29	27	61.19	17.39	20.17	85.83	11	53.08	15.74	28.17	72.67
	30-39	21	62.75	16.05	33.33	84.00	13	52.24	12.25	33.83	73.17
	40-49	2	53.33	5.66	49.33	57.33	4	49.13	6.31	41.17	56.17
	小计	50	61.53	16.42	20.17	85.83	28	52.13	12.83	28.17	73.17
佛山	15-29	35	64.24	20.23	17.50	90.67	22	55.12	18.04	8.17	87.17
	30-39	14	68.05	11.67	45.50	85.17	17	55.99	16.90	24.33	86.50
	40-49	14	57.52	20.86	16.33	85.83	7	48.05	18.65	26.50	69.00
	50-59	3	35.50	3.40	32.83	39.33	1	40.00		40.00	40.00
	小计	66	62.32	19.39	16.33	90.67	47	54.06	17.46	8.17	87.17

表 3-5-15　广东省各城市肢体残疾人职业能力测验手眼协调能力分测验数据资料表

城市	年龄(岁)	男					女			
		N	平均数	标准差	最小值	最大值	N	平均数	标准差	最小值	最大值
深圳	15-29	35	17.52	4.55	1.33	20.00	27	17.09	6.32	0.00	20.00
	30-39	49	17.69	5.06	0.00	20.00	38	17.33	4.81	0.00	20.00
	40-49	49	16.93	5.49	0.00	20.00	25	17.23	5.69	0.00	20.00
	50-59	2	1.33	1.89	0.00	2.67					
	小计	135	17.13	5.40	0.00	20.00	90	17.23	5.48	0.00	20.00
江门	15-29	27	17.78	5.28	0.00	20.00	11	16.36	6.90	1.33	20.00
	30-39	21	16.76	6.37	0.00	20.00	13	14.87	7.42	0.00	20.00
	40-49	2	12.00	9.43	5.33	18.67	4	14.33	7.57	4.00	20.00
	小计	50	17.12	5.88	0.00	20.00	28	15.38	7.01	0.00	20.00
佛山	15-29	35	14.67	8.31	0.00	20.00	22	15.94	6.55	0.00	20.00
	30-39	14	18.10	3.97	6.67	20.00	17	16.39	6.23	1.33	20.00
	40-49	14	14.00	9.25	0.00	20.00	7	12.76	7.77	0.00	20.00
	50-59	3	15.11	8.47	5.33	20.00	1	20.00		20.00	20.00
	小计	66	15.27	7.80	0.00	20.00	47	15.72	6.55	0.00	20.00

表 3-5-16　广东省各城市肢体残疾人职业能力测验总分数据资料表

城市	年龄(岁)	男					女			
		N	平均数	标准差	最小值	最大值	N	平均数	标准差	最小值	最大值
深圳	15-29	35	17.52	4.55	1.33	20.00	27	17.09	6.32	0.00	20.00
	30-39	49	17.69	5.06	0.00	20.00	38	17.33	4.81	0.00	20.00
	40-49	49	16.93	5.49	0.00	20.00	25	17.23	5.69	0.00	20.00
	50-59	2	1.33	1.89	0.00	2.67					
	小计	135	17.13	5.40	0.00	20.00	90	17.23	5.48	0.00	20.00
江门	15-29	27	74.71	20.15	20.17	100.83	11	65.35	19.67	31.17	87.67
	30-39	21	75.32	18.58	38.33	98.83	13	63.40	15.19	33.83	85.17
	40-49	2	62.33	12.73	53.33	71.33	4	59.88	2.89	56.17	62.83
	小计	50	74.47	19.13	20.17	100.83	28	63.66	15.81	31.17	87.67
佛山	15-29	35	75.24	24.37	17.50	105.67	22	67.08	20.53	19.17	102.17
	30-39	14	81.62	12.52	58.50	100.17	17	68.28	19.99	29.33	101.50
	40-49	14	68.02	23.88	16.33	100.83	7	57.62	17.11	41.50	84.00
	50-59	3	46.83	8.05	38.33	54.33	1	55.00		55.00	55.00
	小计	66	73.77	22.65	16.33	105.67	47	65.85	19.63	19.17	102.17

2. 广东省肢体残疾人职业人格状况

表3-5-17 广东省肢体残疾人职业人格测验坚持性维度数据资料表

坚持性		男(岁)				女(岁)			
		15-29	30-39	40-49	50-59	15-29	30-39	40-49	50-54
N		319	204	150	46	214	142	83	16
平均数		8.81	9.45	8.54	7.85	8.93	8.95	8.51	8.81
标准差		2.51	2.35	2.59	2.68	2.58	2.46	2.80	1.80
最小值		1.00	3.00	0.00	3.00	1.00	3.00	1.00	6.00
最大值		12.00	12.00	12.00	12.00	12.00	12.00	12.00	12.00
百分位	5	4.00	5.00	4.00	3.00	4.75	4.00	4.00	6.00
	10	5.00	6.00	5.00	3.70	5.50	5.00	5.00	6.70
	25	7.00	8.00	7.00	6.00	7.00	7.00	6.00	7.00
	50	9.00	10.00	9.00	8.00	10.00	9.50	9.00	9.00
	75	11.00	11.00	11.00	10.00	11.00	11.00	11.00	10.75
	90	12.00	12.00	11.00	11.00	12.00	12.00	12.00	11.30
	95	12.00	12.00	12.00	12.00	12.00	12.00	12.00	

表3-5-18 广东省肢体残疾人职业人格测验严谨性维度数据资料表

严谨性		男(岁)				女(岁)			
		15-29	30-39	40-49	50-59	15-29	30-39	40-49	50-54
N		319	204	150	46	214	142	83	16
平均数		8.92	9.12	8.85	8.48	8.74	8.81	8.94	8.31
标准差		2.12	1.99	1.95	2.45	2.03	1.82	2.17	1.92
最小值		1.00	2.00	2.00	2.00	2.00	4.00	2.00	5.00
最大值		12.00	12.00	12.00	12.00	12.00	12.00	12.00	12.00
百分位	5	5.00	6.00	5.00	4.35	5.00	6.00	4.20	5.00
	10	6.00	6.00	6.00	5.00	6.00	6.00	6.00	5.00
	25	8.00	8.00	8.00	7.00	7.00	8.00	8.00	7.00
	50	9.00	9.00	9.00	9.00	9.00	9.00	9.00	8.00
	75	11.00	11.00	10.00	10.25	10.00	10.00	10.00	9.75
	90	11.00	12.00	11.00	12.00	11.00	11.00	11.00	11.30
	95	12.00	12.00	12.00	12.00	12.00	12.00	12.00	

表 3-5-19　广东省肢体残疾人职业人格测验情绪稳定性维度数据资料表

情绪稳定性		男（岁）				女（岁）			
		15-29	30-39	40-49	50-59	15-29	30-39	40-49	50-54
N		319	204	150	46	214	142	83	16
平均数		7.02	8.18	6.81	6.39	6.59	6.99	6.55	7.50
标准差		3.02	2.70	2.84	3.28	3.14	3.23	3.06	2.28
最小值		0.00	1.00	0.00	0.00	0.00	0.00	0.00	3.00
最大值		12.00	12.00	12.00	12.00	12.00	12.00	12.00	11.00
百分位	5	2.00	3.00	1.00	1.00	1.00	1.00	2.00	3.00
	10	3.00	4.00	4.00	2.00	2.00	3.00	2.00	4.40
	25	5.00	7.00	5.00	3.00	4.00	4.00	4.00	6.00
	50	7.00	9.00	7.00	7.00	6.50	7.50	6.00	7.50
	75	9.00	10.00	9.00	9.00	9.00	10.00	9.00	9.00
	90	11.00	11.00	11.00	10.30	11.00	11.00	10.60	11.00
	95	12.00	12.00	11.00	11.00	12.00	11.85	11.00	

表 3-5-20　广东省肢体残疾人职业人格测验自信心维度数据资料表

自信心		男（岁）				女（岁）			
		15-29	30-39	40-49	50-59	15-29	30-39	40-49	50-54
N		319	204	150	46	214	142	83	16
平均数		8.79	8.77	8.68	7.83	8.64	8.61	8.83	8.13
标准差		2.13	2.12	2.36	2.14	2.52	2.21	2.55	1.31
最小值		2.00	3.00	1.00	3.00	1.00	3.00	0.00	5.00
最大值		12.00	12.00	12.00	12.00	12.00	12.00	12.00	10.00
百分位	5	5.00	5.00	5.00	3.00	3.00	4.00	3.20	5.00
	10	5.00	6.00	5.00	4.70	5.00	5.00	5.00	5.70
	25	8.00	7.00	7.00	6.75	7.00	7.00	8.00	8.00
	50	9.00	9.00	9.00	8.00	9.00	9.00	9.00	8.00
	75	10.00	10.00	10.00	9.00	11.00	10.00	11.00	9.00
	90	11.00	11.00	12.00	10.00	11.00	11.00	11.60	10.00
	95	12.00	12.00	12.00	11.00	12.00	12.00	12.00	

表 3-5-21　广东省肢体残疾人职业人格测验责任心维度数据资料表

责任心		男(岁)				女(岁)			
		15–29	30–39	40–49	50–59	15–29	30–39	40–49	50–54
N		319	204	150	46	214	142	83	16
平均数		9.66	10.04	9.47	8.93	9.91	9.78	9.39	10.13
标准差		2.11	1.77	2.06	2.26	1.75	1.85	2.22	2.33
最小值		1.00	4.00	1.00	4.00	2.00	1.00	1.00	4.00
最大值		12.00	12.00	12.00	12.00	12.00	12.00	12.00	12.00
百分位	5	5.00	6.00	5.00	4.00	6.75	6.15	4.20	4.00
	10	7.00	8.00	7.00	5.70	8.00	7.30	7.00	5.40
	25	9.00	9.00	8.75	8.00	9.00	9.00	8.00	9.25
	50	10.00	11.00	10.00	9.50	10.00	10.00	10.00	11.00
	75	11.00	11.00	11.00	11.00	11.00	11.00	11.00	12.00
	90	12.00	12.00	12.00	11.30	12.00	12.00	11.00	12.00
	95	12.00	12.00	12.00	12.00	12.00	12.00	11.80	

表 3-5-22　广东省肢体残疾人职业人格测验交际能力维度数据资料表

交际能力		男(岁)				女(岁)			
		15–29	30–39	40–49	50–59	15–29	30–39	40–49	50–54
N		319	204	150	46	214	142	83	16
平均数		8.70	8.87	8.50	7.85	8.93	8.41	8.67	7.38
标准差		2.57	2.53	2.37	1.90	2.39	2.20	2.45	1.96
最小值		1.00	1.00	1.00	4.00	0.00	0.00	1.00	4.00
最大值		12.00	12.00	12.00	12.00	12.00	12.00	12.00	10.00
百分位	5	4.00	4.00	4.00	4.35	4.00	4.00	4.00	4.00
	10	5.00	5.00	5.00	5.70	6.00	5.30	5.40	4.70
	25	7.00	7.00	7.00	7.00	7.00	7.00	8.00	6.00
	50	9.00	10.00	9.00	8.00	9.00	9.00	9.00	7.00
	75	11.00	11.00	10.00	9.00	11.00	10.00	10.00	9.75
	90	12.00	12.00	11.00	11.00	12.00	11.00	12.00	10.00
	95	12.00	12.00	12.00	11.00	12.00	11.00	12.00	

表 3-5-23 广东省肢体残疾人职业人格测验管理能力维度数据资料表

管理能力		男(岁)				女(岁)			
		15-29	30-39	40-49	50-59	15-29	30-39	40-49	50-54
N		319	204	150	46	214	142	83	16
平均数		9.37	9.62	9.51	9.30	9.36	9.32	9.35	9.38
标准差		2.28	2.09	2.19	2.58	2.22	2.15	2.21	1.67
最小值		2.00	1.00	0.00	2.00	2.00	2.00	2.00	6.00
最大值		12.00	12.00	12.00	12.00	12.00	12.00	12.00	11.00
百分位	5	5.00	5.00	5.55	3.70	5.00	5.00	5.00	6.00
	10	6.00	7.00	7.00	5.70	6.00	7.00	6.00	6.70
	25	8.00	8.25	9.00	7.75	8.00	8.00	8.00	8.00
	50	10.00	10.00	10.00	10.00	10.00	10.00	10.00	10.00
	75	11.00	11.00	11.00	11.25	11.00	11.00	11.00	11.00
	90	12.00	12.00	12.00	12.00	12.00	12.00	12.00	11.00
	95	12.00	12.00	12.00	12.00	12.00	12.00	12.00	

表 3-5-24 广东省肢体残疾人职业人格测验抗挫折能力维度数据资料表

抗挫折能力		男(岁)				女(岁)			
		15-29	30-39	40-49	50-59	15-29	30-39	40-49	50-54
N		319	204	150	46	214	142	83	16
平均数		8.57	8.66	7.89	7.50	8.36	8.05	7.43	7.88
标准差		2.48	2.59	2.38	2.48	2.61	2.52	2.33	1.78
最小值		1.00	2.00	1.00	3.00	2.00	1.00	1.00	4.00
最大值		12.00	12.00	12.00	12.00	12.00	12.00	12.00	10.00
百分位	5	4.00	3.00	4.00	3.35	3.00	3.00	3.00	4.00
	10	5.00	4.50	4.00	4.00	4.00	4.00	4.00	5.40
	25	7.00	7.00	6.75	6.00	7.00	6.00	6.00	6.25
	50	9.00	9.00	8.00	8.00	9.00	9.00	8.00	8.50
	75	11.00	11.00	10.00	9.25	10.00	10.00	9.00	9.00
	90	11.00	11.50	11.00	11.00	11.00	11.00	10.00	10.00
	95	12.00	12.00	11.00	11.00	12.00	11.85	11.00	

表 3-5-25　广东省各城市肢体残疾人职业人格测验坚持性维度数据资料表

城市	年龄(岁)	男					女				
		N	平均数	标准差	最小值	最大值	N	平均数	标准差	最小值	最大值
深圳	15-29	35	10.20	1.43	7.00	12.00	27	8.70	2.84	2.00	12.00
	30-39	49	9.67	2.10	3.00	12.00	38	9.63	2.16	4.00	12.00
	40-49	49	9.22	2.34	4.00	12.00	25	9.56	2.43	1.00	12.00
	50-59	2	7.50	2.12	6.00	9.00					
	小计	135	9.61	2.07	3.00	12.00	90	9.33	2.46	1.00	12.00
江门	15-29	27	7.52	2.94	3.00	12.00	11	9.09	2.77	5.00	12.00
	30-39	21	8.24	2.76	4.00	12.00	12	9.08	2.15	6.00	12.00
	40-49	2	7.00	2.83	5.00	9.00	4	6.50	2.38	5.00	10.00
	小计	50	7.80	2.83	3.00	12.00	27	8.70	2.54	5.00	12.00
佛山	15-29	34	8.76	2.51	4.00	12.00	22	8.50	2.74	3.00	12.00
	30-39	14	10.57	1.65	6.00	12.00	17	8.76	2.93	3.00	12.00
	40-49	14	8.00	2.60	4.00	12.00	7	9.86	1.35	8.00	12.00
	50-59	3	6.67	4.04	3.00	11.00	1	7.00		7.00	7.00
	小计	65	8.89	2.59	3.00	12.00	47	8.77	2.63	3.00	12.00

表 3-5-26　广东省各城市肢体残疾人职业人格测验严谨性维度数据资料表

城市	年龄(岁)	男					女				
		N	平均数	标准差	最小值	最大值	N	平均数	标准差	最小值	最大值
深圳	15-29	35	8.86	2.30	1.00	12.00	27	8.30	1.90	4.00	11.00
	30-39	49	8.90	1.69	2.00	12.00	38	8.66	1.62	5.00	12.00
	40-49	49	8.78	1.62	4.00	11.00	25	9.28	1.79	5.00	12.00
	50-59	2	7.50	0.71	7.00	8.00					
	小计	135	8.82	1.83	1.00	12.00	90	8.72	1.77	4.00	12.00
江门	15-29	27	8.48	1.74	6.00	12.00	11	8.82	1.08	7.00	10.00
	30-39	21	8.24	1.73	5.00	12.00	12	9.25	2.01	5.00	11.00
	40-49	2	8.00	1.41	7.00	9.00	4	9.00	1.15	8.00	10.00
	小计	50	8.36	1.70	5.00	12.00	27	9.04	1.53	5.00	11.00
佛山	15-29	34	8.24	2.27	4.00	12.00	22	7.41	1.56	5.00	10.00
	30-39	14	9.43	1.60	6.00	11.00	17	9.41	1.87	5.00	12.00
	40-49	14	8.64	1.45	6.00	11.00	7	9.86	1.35	8.00	11.00
	50-59	3	9.00	1.00	8.00	10.00	1	7.00		7.00	7.00
	小计	65	8.62	1.97	4.00	12.00	47	8.49	1.94	5.00	12.00

表 3-5-27　广东省各城市肢体残疾人职业人格测验情绪稳定性维度数据资料表

城市	年龄(岁)	男					女			
		N	平均数	标准差	最小值	最大值	N	平均数	标准差	最小值	最大值
深圳	15-29	35	8.23	2.28	4.00	12.00	27	7.30	3.46	0.00	12.00
	30-39	49	8.92	2.27	2.00	12.00	38	8.13	2.75	1.00	12.00
	40-49	49	8.16	2.49	3.00	12.00	25	7.52	2.79	2.00	12.00
	50-59	2	5.50	3.54	3.00	8.00					
	小计	135	8.41	2.39	2.00	12.00	90	7.71	2.98	0.00	12.00
江门	15-29	27	6.59	3.00	3.00	12.00	11	5.91	2.98	1.00	11.00
	30-39	21	7.29	2.61	3.00	11.00	12	6.33	2.61	2.00	11.00
	40-49	2	8.50	3.54	6.00	11.00	4	5.75	2.36	4.00	9.00
	小计	50	6.96	2.84	3.00	12.00	27	6.07	2.64	1.00	11.00
佛山	15-29	34	8.12	2.91	0.00	12.00	22	6.55	2.92	1.00	11.00
	30-39	14	9.14	2.35	4.00	12.00	17	8.12	3.14	3.00	12.00
	40-49	14	7.07	2.92	1.00	11.00	7	7.86	1.95	5.00	10.00
	50-59	3	5.00	3.61	2.00	9.00	1	3.00		3.00	3.00
	小计	65	7.97	2.92	0.00	12.00	47	7.23	2.97	1.00	12.00

表 3-5-28　广东省各城市肢体残疾人职业人格测验自信心维度数据资料表

城市	年龄(岁)	男					女			
		N	平均数	标准差	最小值	最大值	N	平均数	标准差	最小值	最大值
深圳	15-29	35	9.83	2.09	5.00	12.00	27	9.07	2.77	2.00	12.00
	30-39	49	9.80	1.70	6.00	12.00	38	9.39	2.25	3.00	12.00
	40-49	49	9.47	2.06	5.00	12.00	25	9.48	2.02	5.00	12.00
	50-59	2	8.00	0.00	8.00	8.00					
	小计	135	9.66	1.93	5.00	12.00	90	9.32	2.34	2.00	12.00
江门	15-29	27	9.41	1.78	5.00	12.00	11	8.27	2.15	6.00	12.00
	30-39	21	8.86	2.20	4.00	12.00	12	8.42	1.68	5.00	10.00
	40-49	2	8.00	2.83	6.00	10.00	4	9.25	1.50	7.00	10.00
	小计	50	9.12	1.99	4.00	12.00	27	8.48	1.83	5.00	12.00
佛山	15-29	34	9.06	2.24	3.00	12.00	22	8.59	2.50	3.00	12.00
	30-39	14	8.79	1.93	4.00	12.00	17	9.41	2.06	6.00	12.00
	40-49	14	10.07	1.69	8.00	12.00	7	10.43	1.13	9.00	12.00
	50-59	3	8.33	2.08	6.00	10.00	1	5.00		5.00	5.00
	小计	65	9.18	2.08	3.00	12.00	47	9.09	2.30	3.00	12.00

表 3-5-29　广东省各城市肢体残疾人职业能力测验责任心维度数据资料表

城市	年龄(岁)	男					女				
		N	平均数	标准差	最小值	最大值	N	平均数	标准差	最小值	最大值
深圳	15-29	35	10.37	1.35	6.00	12.00	27	9.44	1.85	5.00	11.00
	30-39	49	10.27	1.32	5.00	12.00	38	10.24	0.85	9.00	12.00
	40-49	49	9.92	1.32	6.00	12.00	25	9.92	1.68	4.00	12.00
	50-59	2	10.50	0.71	10.00	11.00					
	小计	135	10.17	1.32	5.00	12.00	90	9.91	1.47	4.00	12.00
江门	15-29	27	9.33	1.82	5.00	12.00	11	9.27	1.79	6.00	12.00
	30-39	21	9.76	1.67	6.00	12.00	12	9.50	1.51	7.00	12.00
	40-49	2	8.50	3.54	6.00	11.00	4	8.75	1.50	8.00	11.00
	小计	50	9.48	1.80	5.00	12.00	27	9.30	1.59	6.00	12.00
佛山	15-29	34	9.71	1.92	5.00	12.00	22	9.73	1.32	8.00	12.00
	30-39	14	10.64	0.74	9.00	12.00	17	10.00	1.77	6.00	12.00
	40-49	14	9.29	1.90	6.00	12.00	7	10.43	0.79	9.00	11.00
	50-59	3	8.67	1.15	8.00	10.00	1	4.00		4.00	4.00
	小计	65	9.77	1.75	5.00	12.00	47	9.81	1.66	4.00	12.00

表 3-5-30　广东省各城市肢体残疾人职业人格测验交际能力维度数据资料表

城市	年龄(岁)	男					女				
		N	平均数	标准差	最小值	最大值	N	平均数	标准差	最小值	最大值
深圳	15-29	35	9.60	1.82	4.00	12.00	27	9.04	2.05	6.00	12.00
	30-39	49	9.96	1.76	6.00	12.00	38	9.11	1.59	4.00	11.00
	40-49	49	9.43	2.19	1.00	12.00	25	8.96	2.19	4.00	12.00
	50-59	2	7.50	0.71	7.00	8.00					
	小计	135	9.64	1.95	1.00	12.00	90	9.04	1.89	4.00	12.00
江门	15-29	27	8.74	1.77	5.00	12.00	11	9.00	2.00	5.00	12.00
	30-39	21	8.43	2.46	1.00	12.00	12	8.25	1.42	6.00	11.00
	40-49	2	8.00	1.41	7.00	9.00	4	8.25	0.50	8.00	9.00
	小计	50	8.58	2.05	1.00	12.00	27	8.56	1.60	5.00	12.00
佛山	15-29	34	9.26	2.63	3.00	12.00	22	8.27	2.25	4.00	11.00
	30-39	14	8.93	2.20	5.00	12.00	17	8.18	2.07	3.00	11.00
	40-49	14	9.00	1.71	6.00	11.00	7	9.57	2.30	6.00	12.00
	50-59	3	7.00	1.00	6.00	8.00	1	6.00		6.00	6.00
	小计	65	9.03	2.32	3.00	12.00	47	8.38	2.20	3.00	12.00

表 3-5-31　广东省各城市肢体残疾人职业人格测验管理能力维度数据资料表

城市	年龄(岁)	男					女				
		N	平均数	标准差	最小值	最大值	N	平均数	标准差	最小值	最大值
深圳	15-29	35	9.94	1.78	5.00	12.00	27	8.96	1.81	4.00	12.00
	30-39	49	9.65	1.41	5.00	12.00	38	9.26	1.54	6.00	12.00
	40-49	49	9.53	1.56	4.00	12.00	25	9.40	1.91	3.00	12.00
	50-59	2	8.50	0.71	8.00	9.00					
	小计	135	9.67	1.56	4.00	12.00	90	9.21	1.72	3.00	12.00
江门	15-29	27	8.48	2.15	2.00	12.00	11	9.27	1.35	7.00	12.00
	30-39	21	9.14	1.62	6.00	11.00	12	9.42	1.68	6.00	12.00
	40-49	2	8.50	0.71	8.00	9.00	4	8.25	1.26	7.00	10.00
	小计	50	8.76	1.91	2.00	12.00	27	9.19	1.49	6.00	12.00
佛山	15-29	34	9.12	2.04	4.00	11.00	22	8.32	1.78	5.00	11.00
	30-39	14	9.86	1.03	8.00	11.00	17	9.24	1.35	7.00	11.00
	40-49	14	8.57	2.68	2.00	12.00	7	9.57	2.51	5.00	12.00
	50-59	3	8.00	2.00	6.00	10.00	1	7.00		7.00	7.00
	小计	65	9.11	2.05	2.00	12.00	47	8.81	1.80	5.00	12.00

表 3-5-32　广东省各城市肢体残疾人职业人格测验抗挫折能力维度数据资料表

城市	年龄(岁)	男					女				
		N	平均数	标准差	最小值	最大值	N	平均数	标准差	最小值	最大值
深圳	15-29	35	9.49	1.63	5.00	12.00	27	8.41	2.79	2.00	12.00
	30-39	49	9.14	2.19	3.00	12.00	38	9.24	1.97	3.00	12.00
	40-49	49	8.12	2.48	2.00	12.00	25	8.64	1.87	5.00	12.00
	50-59	2	5.00	1.41	4.00	6.00					
	小计	135	8.80	2.27	2.00	12.00	90	8.82	2.23	2.00	12.00
江门	15-29	27	7.15	3.40	2.00	12.00	11	6.27	3.50	2.00	12.00
	30-39	21	7.10	3.08	2.00	11.00	12	7.67	1.97	3.00	10.00
	40-49	2	7.50	4.95	4.00	11.00	4	6.00	3.46	3.00	9.00
	小计	50	7.14	3.25	2.00	12.00	27	6.85	2.88	2.00	12.00
佛山	15-29	34	8.50	2.57	3.00	12.00	22	7.73	2.41	3.00	11.00
	30-39	14	9.07	2.27	5.00	12.00	17	8.35	3.14	3.00	12.00
	40-49	14	8.29	2.81	4.00	12.00	7	7.57	1.27	6.00	9.00
	50-59	3	7.00	3.61	4.00	11.00	1	8.00		8.00	8.00
	小计	65	8.51	2.58	3.00	12.00	47	7.94	2.53	3.00	12.00

3. 广东省肢体残疾人职业兴趣状况

表 3-5-33　广东省肢体残疾人职业兴趣测验常规型数据资料表

常规型		男(岁)				女(岁)			
		15-29	30-39	40-49	50-59	15-29	30-39	40-49	50-54
N		317	201	148	45	214	142	82	17
平均数		6.16	6.34	6.19	6.11	6.15	6.10	6.66	6.71
标准差		1.72	1.88	1.77	1.77	1.62	1.89	1.63	1.76
最小值		1.00	1.00	1.00	2.00	1.00	1.00	2.00	2.00
最大值		10.00	10.00	9.00	10.00	9.00	10.00	10.00	9.00
百分位	5	3.00	3.00	3.00	3.30	3.00	2.15	4.00	2.00
	10	4.00	4.00	4.00	4.00	4.00	3.00	4.00	4.40
	25	5.00	5.00	5.00	5.00	5.00	5.00	6.00	5.50
	50	6.00	6.00	6.00	6.00	6.00	6.00	7.00	7.00
	75	7.00	8.00	7.00	7.00	7.00	7.00	8.00	8.00
	90	8.00	9.00	8.00	8.40	8.00	8.00	9.00	9.00
	95	9.00	9.00	9.00	9.00	9.00	9.00	9.00	

表 3-5-34　广东省肢体残疾人职业兴趣测验现实型数据资料表

现实型		男(岁)				女(岁)			
		15-29	30-39	40-49	50-59	15-29	30-39	40-49	50-54
N		317	201	148	45	214	142	82	17
平均数		6.58	6.90	6.73	6.24	6.47	6.31	6.65	7.24
标准差		1.65	1.79	1.74	1.82	1.51	1.82	1.69	1.92
最小值		2.00	2.00	2.00	2.00	2.00	1.00	3.00	2.00
最大值		10.00	11.00	10.00	10.00	11.00	11.00	11.00	10.00
百分位	5	4.00	4.00	4.00	2.30	4.00	3.15	4.00	2.00
	10	4.00	5.00	4.90	4.00	4.50	4.00	4.00	3.60
	25	6.00	6.00	5.25	5.00	6.00	5.00	5.00	6.00
	50	7.00	7.00	7.00	6.00	7.00	6.00	7.00	8.00
	75	8.00	8.00	8.00	7.00	7.00	8.00	8.00	8.00
	90	9.00	9.00	9.00	9.00	8.00	9.00	9.00	9.20
	95	9.00	10.00	10.00		9.00	9.00	9.85	

表 3-5-35　广东省肢体残疾人职业兴趣测验研究型数据资料表

研究型		男(岁)				女(岁)			
		15-29	30-39	40-49	50-59	15-29	30-39	40-49	50-54
N		317	201	148	45	214	142	82	17
平均数		6.12	6.69	6.18	5.80	5.85	5.42	5.48	5.82
标准差		1.94	1.70	1.90	2.01	2.01	2.02	1.90	1.70
最小值		0.00	2.00	1.00	0.00	0.00	1.00	0.00	2.00
最大值		10.00	10.00	10.00	9.00	10.00	10.00	9.00	9.00
百分位	5	2.00	4.00	3.00	2.30	2.00	2.00	2.00	2.00
	10	3.80	4.00	3.90	3.60	3.00	2.30	3.00	3.60
	25	5.00	6.00	5.00	5.00	4.00	4.00	4.00	4.50
	50	6.00	7.00	6.00	6.00	6.00	5.00	6.00	6.00
	75	7.00	8.00	8.00	7.00	7.00	7.00	7.00	7.00
	90	9.00	9.00	9.00	9.00	8.00	8.00	8.00	8.20
	95	9.00	9.00	9.00	9.00	9.00	9.00	9.00	

表 3-5-36　广东省肢体残疾人职业兴趣测验企业型数据资料表

企业型		男(岁)				女(岁)			
		15-29	30-39	40-49	50-59	15-29	30-39	40-49	50-54
N		317	201	148	45	214	142	82	17
平均数		6.01	5.86	5.74	5.71	5.81	5.11	5.06	4.88
标准差		1.69	1.76	1.73	1.73	1.93	1.79	1.87	2.15
最小值		1.00	1.00	0.00	2.00	0.00	1.00	0.00	2.00
最大值		10.00	9.00	9.00	9.00	10.00	9.00	9.00	9.00
百分位	5	3.00	3.00	2.45	2.00	2.00	2.00	2.00	2.00
	10	4.00	3.00	3.90	3.00	3.00	2.30	2.00	2.00
	25	5.00	5.00	5.00	4.50	4.00	4.00	4.00	4.00
	50	6.00	6.00	6.00	6.00	6.00	5.00	5.00	4.00
	75	7.00	7.00	7.00	7.00	7.00	6.00	6.00	6.50
	90	8.00	8.00	8.00	8.00	8.00	7.00	7.00	8.20
	95	8.00	9.00	8.00	8.00	9.00	8.00	8.00	

表 3-5-37 广东省肢体残疾人职业兴趣测验社会型数据资料表

社会型		男(岁)				女(岁)			
		15–29	30–39	40–49	50–59	15–29	30–39	40–49	50–54
N		317	201	148	45	214	142	82	17
平均数		5.90	6.32	6.29	5.31	6.12	6.51	6.50	4.88
标准差		1.82	1.77	1.83	1.64	1.77	1.80	1.66	1.76
最小值		1.00	2.00	2.00	2.00	0.00	2.00	2.00	2.00
最大值		10.00	10.00	10.00	8.00	10.00	10.00	10.00	7.00
百分位	5	3.00	3.00	3.00	3.00	3.00	3.15	3.15	2.00
	10	4.00	4.00	4.00	3.00	4.00	4.00	4.00	2.00
	25	5.00	5.00	5.00	4.00	5.00	5.00	5.00	3.00
	50	6.00	6.00	6.00	5.00	6.00	7.00	7.00	5.00
	75	7.00	8.00	8.00	7.00	7.00	8.00	8.00	6.50
	90	8.00	9.00	9.00	8.00	8.00	9.00	9.00	7.00
	95	9.00	9.00	9.00	8.00	9.00	9.00	9.00	

表 3-5-38 广东省肢体残疾人职业兴趣测验艺术型数据资料表

艺术型		男(岁)				女(岁)			
		15–29	30–39	40–49	50–59	15–29	30–39	40–49	50–54
N		317	201	148	45	214	142	82	17
平均数		4.97	4.53	4.67	4.22	5.50	4.74	5.11	4.29
标准差		1.99	2.08	1.95	1.76	1.78	2.03	1.85	1.99
最小值		0.00	0.00	0.00	1.00	0.00	1.00	1.00	0.00
最大值		10.00	0.00	9.00	9.00	10.00	10.00	9.00	9.00
百分位	5	2.00	1.00	2.00	1.30	2.75	2.00	2.00	0.00
	10	2.00	2.00	2.00	2.00	3.00	2.00	3.00	1.60
	25	4.00	3.00	3.00	3.00	4.00	3.00	4.00	3.00
	50	5.00	4.00	4.50	4.00	5.50	4.00	5.00	5.00
	75	6.00	6.00	6.00	5.50	7.00	6.00	6.00	5.00
	90	7.20	7.00	7.00	6.40	8.00	7.00	7.00	7.40
	95	8.00	8.00	8.00	7.00	8.00	8.00	8.00	

表 3-5-39　广东省各城市肢体残疾人职业兴趣测验常规型数据资料表

城市	年龄(岁)	男					女				
		N	平均数	标准差	最小值	最大值	N	平均数	标准差	最小值	最大值
深圳	15-29	35	5.57	1.93	1.00	8.00	27	5.70	2.11	1.00	9.00
	30-39	49	5.51	1.99	1.00	9.00	38	5.87	1.88	2.00	9.00
	40-49	49	5.61	1.64	1.00	8.00	25	6.48	1.36	4.00	9.00
	50-59	2	4.00	0.00	4.00	4.00					
	小计	135	5.54	1.84	1.00	9.00	90	5.99	1.83	1.00	9.00
江门	15-29	27	6.19	1.71	3.00	9.00	11	6.36	1.69	4.00	9.00
	30-39	21	5.86	1.49	3.00	9.00	13	5.46	2.03	1.00	9.00
	40-49	2	7.50	2.12	6.00	9.00	4	5.50	1.00	4.00	6.00
	小计	50	6.10	1.63	3.00	9.00	28	5.82	1.79	1.00	9.00
佛山	15-29	34	5.09	1.69	1.00	9.00	22	5.32	1.46	2.00	8.00
	30-39	14	6.57	1.95	2.00	9.00	17	6.06	1.75	3.00	9.00
	40-49	14	5.21	2.22	1.00	9.00	7	7.29	1.38	5.00	9.00
	50-59	3	6.00	1.73	5.00	8.00	1	7.00		7.00	7.00
	小计	65	5.48	1.93	1.00	9.00	47	5.91	1.67	2.00	9.00

表 3-5-40　广东省各城市肢体残疾人职业兴趣测验现实型数据资料表

城市	年龄(岁)	男					女				
		N	平均数	标准差	最小值	最大值	N	平均数	标准差	最小值	最大值
深圳	15-29	35	7.46	1.93	4.00	10.00	27	5.70	1.92	3.00	11.00
	30-39	49	7.92	1.81	3.00	11.00	38	5.55	2.10	1.00	9.00
	40-49	49	7.45	1.54	4.00	10.00	25	6.68	2.08	3.00	11.00
	50-59	2	7.00	2.83	5.00	9.00					
	小计	135	7.61	1.76	3.00	11.00	90	5.91	2.08	1.00	11.00
江门	15-29	27	7.48	1.99	3.00	10.00	11	6.36	1.69	3.00	8.00
	30-39	21	7.95	1.16	6.00	10.00	13	7.31	2.14	4.00	10.00
	40-49	2	8.50	0.71	8.00	9.00	4	7.50	1.00	6.00	8.00
	小计	50	7.72	1.65	3.00	10.00	28	6.96	1.86	3.00	10.00
佛山	15-29	34	6.59	2.27	3.00	10.00	22	6.14	2.08	2.00	11.00
	30-39	14	7.64	1.78	4.00	10.00	17	7.12	1.87	4.00	11.00
	40-49	14	7.00	2.32	2.00	10.00	7	6.71	2.36	3.00	10.00
	50-59	3	8.67	1.15	8.00	10.00	1	6.00		6.00	6.00
	小计	65	7.00	2.18	2.00	10.00	47	6.57	2.03	2.00	11.00

表 3-5-41　广东省各城市肢体残疾人职业兴趣测验研究型数据资料表

城市	年龄(岁)	男					女				
		N	平均数	标准差	最小值	最大值	N	平均数	标准差	最小值	最大值
深圳	15-29	35	6.80	1.89	3.00	10.00	27	4.67	2.25	0.00	9.00
	30-39	49	7.00	1.72	3.00	10.00	38	5.03	2.31	1.00	9.00
	40-49	49	6.45	1.93	2.00	10.00	25	5.32	2.36	0.00	9.00
	50-59	2	7.50	0.71	7.00	8.00					
	小计	135	6.76	1.83	2.00	10.00	90	5.00	2.29	0.00	9.00
江门	15-29	27	7.30	1.79	3.00	10.00	11	6.55	1.81	4.00	9.00
	30-39	21	6.38	1.83	3.00	9.00	13	6.08	1.89	3.00	9.00
	40-49	2	8.00	1.41	7.00	9.00	4	6.00	1.41	4.00	7.00
	小计	50	6.94	1.83	3.00	10.00	28	6.25	1.76	3.00	9.00
佛山	15-29	34	5.79	2.48	0.00	9.00	22	5.82	2.72	1.00	10.00
	30-39	14	7.21	1.63	4.00	9.00	17	5.71	2.20	2.00	10.00
	40-49	14	6.71	1.98	3.00	9.00	7	5.00	1.63	2.00	7.00
	50-59	3	7.00	2.00	5.00	9.00	1	6.00		6.00	6.00
	小计	65	6.35	2.24	0.00	9.00	47	5.66	2.34	1.00	10.00

表 3-5-42　广东省各城市肢体残疾人职业兴趣测验企业型数据资料表

城市	年龄(岁)	男					女				
		N	平均数	标准差	最小值	最大值	N	平均数	标准差	最小值	最大值
深圳	15-29	35	5.74	1.84	2.00	10.00	27	4.19	2.22	0.00	9.00
	30-39	49	5.69	1.86	2.00	9.00	38	4.47	2.05	1.00	8.00
	40-49	49	5.69	1.77	1.00	9.00	25	4.56	2.52	0.00	9.00
	50-59	2	7.50	0.71	7.00	8.00					
	小计	135	5.73	1.81	1.00	10.00	90	4.41	2.22	0.00	9.00
江门	15-29	27	6.41	1.91	3.00	9.00	11	5.82	1.47	4.00	8.00
	30-39	21	6.29	1.76	3.00	9.00	13	5.54	1.66	2.00	7.00
	40-49	2	7.00	0.00	7.00	7.00	4	5.50	2.38	2.00	7.00
	小计	50	6.38	1.79	3.00	9.00	28	5.64	1.64	2.00	8.00
佛山	15-29	34	5.79	1.67	2.00	9.00	22	5.36	1.76	2.00	9.00
	30-39	14	5.43	1.99	2.00	8.00	17	5.35	1.73	2.00	8.00
	40-49	14	6.36	1.65	3.00	8.00	7	5.29	2.36	1.00	7.00
	50-59	3	7.00	1.00	6.00	8.00	1	4.00		4.00	4.00
	小计	65	5.89	1.72	2.00	9.00	47	5.32	1.79	1.00	9.00

表 3-5-43 广东省各城市肢体残疾人职业兴趣测验社会型数据资料表

城市	年龄(岁)	男					女				
		N	平均数	标准差	最小值	最大值	N	平均数	标准差	最小值	最大值
深圳	15-29	35	7.77	1.52	4.00	10.00	27	7.56	1.19	6.00	10.00
	30-39	49	7.63	1.41	5.00	10.00	38	7.53	1.74	2.00	10.00
	40-49	49	7.57	1.50	3.00	10.00	25	7.64	1.19	5.00	10.00
	50-59	2	5.50	0.71	5.00	6.00					
	小计	135	7.61	1.48	3.00	10.00	90	7.57	1.43	2.00	10.00
江门	15-29	27	6.96	1.53	4.00	10.00	11	6.73	1.19	5.00	8.00
	30-39	21	6.76	1.37	4.00	10.00	13	6.69	1.25	5.00	9.00
	40-49	2	7.00	1.41	6.00	8.00	4	6.00	0.82	5.00	7.00
	小计	50	6.88	1.44	4.00	10.00	28	6.61	1.17	5.00	9.00
佛山	15-29	34	6.94	1.56	4.00	10.00	22	7.18	1.74	4.00	10.00
	30-39	14	7.57	1.65	4.00	9.00	17	7.24	1.71	4.00	10.00
	40-49	14	7.14	1.41	5.00	9.00	7	7.57	1.13	6.00	9.00
	50-59	3	6.33	0.58	6.00	7.00	1	7.00		7.00	7.00
	小计	65	7.09	1.52	4.00	10.00	47	7.26	1.61	4.00	10.00

表 3-5-44 广东省各城市肢体残疾人职业兴趣测验艺术型数据资料表

城市	年龄(岁)	男					女				
		N	平均数	标准差	最小值	最大值	N	平均数	标准差	最小值	最大值
深圳	15-29	35	5.49	2.47	1.00	9.00	27	5.74	1.91	2.00	10.00
	30-39	49	5.24	2.02	1.00	9.00	38	4.53	1.74	1.00	8.00
	40-49	49	5.29	2.00	1.00	9.00	25	5.76	1.90	1.00	9.00
	50-59	2	4.50	2.12	3.00	6.00					
	小计	135	5.31	2.12	1.00	9.00	90	5.23	1.91	1.00	10.00
江门	15-29	27	6.30	2.03	2.00	10.00	11	6.18	1.72	3.00	8.00
	30-39	21	5.95	2.33	0.00	10.00	13	5.92	2.14	2.00	10.00
	40-49	2	6.50	0.71	6.00	7.00	4	6.75	0.50	6.00	7.00
	小计	50	6.16	2.11	0.00	10.00	28	6.14	1.80	2.00	10.00
佛山	15-29	34	5.12	1.77	2.00	9.00	22	6.73	1.67	4.00	10.00
	30-39	14	4.50	1.99	1.00	8.00	17	5.29	2.23	2.00	10.00
	40-49	14	5.64	1.55	3.00	8.00	7	4.43	1.72	1.00	6.00
	50-59	3	6.00	1.73	4.00	7.00	1	3.00		3.00	3.00
	小计	65	5.14	1.78	1.00	9.00	47	5.79	2.08	1.00	10.00

(二)广东省听力残疾人职业适应性状况

1. 广东省听力残疾人职业能力状况

表 3-5-45　广东省听力残疾人职业能力测验言语能力分测验数据资料表

言语能力		男(岁)				女(岁)			
		15-29	30-39	40-49	50-59	15-29	30-39	40-49	50-54
N		371	107	63	22	312	92	54	6
平均数		9.64	9.48	7.27	6.85	10.46	9.04	7.72	2.33
标准差		4.03	4.49	5.15	5.95	4.23	5.49	5.96	2.62
最小值		0.00	0.67	0.00	0.00	0.00	0.00	0.00	0.00
最大值		20.00	20.00	19.33	19.33	20.00	20.00	20.00	7.33
百分位	5	3.33	2.00	0.00	0.10	3.10	0.00	0.00	0.00
	10	4.67	3.87	0.67	0.67	4.67	2.00	1.33	0.00
	25	6.67	6.67	3.33	2.33	8.00	4.67	2.67	0.50
	50	9.33	9.33	6.67	3.67	10.00	8.67	6.00	1.67
	75	12.00	12.67	10.67	11.33	13.33	13.17	14.00	3.83
	90	15.33	16.00	15.47	15.60	16.47	17.33	16.67	
	95	17.33	18.00	16.00	18.83	18.00	18.67	19.00	

表 3-5-45　广东省听力残疾人职业能力测验言语能力分测验数据资料表(续1)

言语能力		残疾等级				文化水平			
		一级	二级	三级	四级	小学及以下	初中	高中/中专	大专及以上
N		226	155	220	362	203	400	287	137
平均数		9.64	9.42	10.26	9.13	5.79	9.08	10.89	13.07
标准差		4.13	4.77	5.06	4.56	3.96	4.24	3.93	3.92
最小值		0.00	0.00	0.00	0.00	0.00	0.00	0.00	4.00
最大值		19.33	20.00	20.00	20.00	19.33	20.00	20.00	20.00
百分位	5	3.33	1.33	1.33	1.33	0.00	2.00	4.67	6.67
	10	4.67	2.67	3.33	2.67	0.67	3.33	6.00	8.67
	25	6.67	6.00	6.67	6.00	2.67	6.67	8.00	10.00
	50	9.33	9.33	10.00	9.33	5.33	8.67	10.67	12.67
	75	12.00	13.33	14.50	12.00	8.67	11.33	14.00	16.00
	90	15.33	15.33	16.67	15.33	10.67	15.33	16.00	18.67
	95	18.00	17.33	19.30	17.33	12.67	17.30	17.73	20.00

表3-5-45 广东省听力残疾人职业能力测验言语能力分测验数据资料表(续2)

言语能力		交流方式			
		手语	口语	手语&口语	其他
N		527	179	69	252
平均数		8.84	11.55	11.61	8.71
标准差		4.05	5.36	4.79	4.59
最小值		0.00	0.00	0.67	0.00
最大值		20.00	20.00	20.00	20.00
百分位	5	2.00	2.67	2.00	0.67
	10	3.33	4.00	4.67	1.53
	25	6.00	7.33	8.33	6.00
	50	8.67	12.00	12.00	9.33
	75	11.33	15.33	15.33	11.33
	90	14.67	18.67	17.33	14.67
	95	16.00	19.33	19.33	16.67

表3-5-46 广东省听力残疾人职业能力测验数理能力分测验数据资料表

数理能力		男(岁)				女(岁)			
		15-29	30-39	40-49	50-59	15-29	30-39	40-49	50-54
N		371	107	63	22	312	92	54	6
平均数		9.02	8.73	6.32	5.82	8.56	7.63	5.67	2.00
标准差		4.42	4.62	5.10	4.49	4.53	5.27	5.32	2.19
最小值		0.00	0.00	0.00	0.00	0.00	0.00	0.00	0.00
最大值		20.00	20.00	20.00	14.00	20.00	20.00	20.00	6.00
百分位	5	2.00	0.00	0.00	0.00	2.00	0.00	0.00	0.00
	10	4.00	2.00	0.00	0.00	2.60	0.60	0.00	0.00
	25	6.00	6.00	2.00	3.50	6.00	4.00	2.00	0.00
	50	8.00	8.00	6.00	4.00	8.00	6.00	4.00	2.00
	75	12.00	12.00	10.00	8.50	12.00	12.00	8.00	3.00
	90	16.00	14.00	14.00	14.00	14.00	16.00	13.00	
	95	16.00	18.00	16.00	14.00	18.00	18.00	20.00	

表 3-5-46　广东省听力残疾人职业能力测验数理能力分测验数据资料表(续1)

数理能力		残疾等级				文化水平			
		一级	二级	三级	四级	小学及以下	初中	高中/中专	大专及以上
N		226	155	220	362	203	400	287	137
平均数		8.27	8.37	8.49	8.38	5.21	7.46	9.97	11.64
标准差		4.37	4.96	4.83	4.97	3.80	4.27	4.35	4.75
最小值		0.00	0.00	0.00	0.00	0.00	0.00	0.00	0.00
最大值		20.00	20.00	20.00	20.00	20.00	20.00	20.00	20.00
百分位	5	2.00	0.00	0.10	0.00	0.00	2.00	2.00	4.00
	10	4.00	2.00	2.00	2.00	0.00	2.00	4.00	4.00
	25	6.00	4.00	6.00	4.00	2.00	4.00	6.00	8.00
	50	8.00	8.00	8.00	8.00	6.00	6.00	10.00	12.00
	75	10.00	12.00	12.00	12.00	8.00	10.00	14.00	15.00
	90	14.00	16.00	16.00	14.00	10.00	14.00	16.00	18.00
	95	18.00	18.00	18.00	16.00	10.00	16.00	18.00	20.00

表 3-5-46　广东省听力残疾人职业能力测验数理能力分测验数据资料表(续2)

数理能力		交流方式			
		手语	口语	手语＆口语	其他
N		527	179	69	252
平均数		7.91	9.60	9.68	7.70
标准差		4.47	5.24	5.07	4.66
最小值		0.00	0.00	0.00	0.00
最大值		20.00	20.00	20.00	18.00
百分位	5	2.00	0.00	1.00	0.00
	10	2.00	4.00	2.00	2.00
	25	4.00	6.00	6.00	4.00
	50	8.00	10.00	10.00	8.00
	75	10.00	14.00	14.00	10.00
	90	14.00	18.00	16.00	14.00
	95	16.00	20.00	19.00	16.00

表 3-5-47　广东听力残疾人职业能力测验空间知觉分测验数据资料表

空间知觉		男(岁)				女(岁)			
		15-29	30-39	40-49	50-59	15-29	30-39	40-49	50-54
N		371	107	63	22	312	92	54	6
平均数		8.80	7.76	7.24	6.27	8.04	7.20	6.15	3.33
标准差		4.24	4.66	5.11	4.33	4.11	4.90	5.11	2.07
最小值		0.00	0.00	0.00	0.00	0.00	0.00	0.00	0.00
最大值		20.00	20.00	20.00	14.00	20.00	20.00	20.00	6.00
百分位	5	2.00	2.00	0.00	0.00	2.00	0.00	0.00	0.00
	10	4.00	2.00	0.80	0.00	2.00	2.00	0.00	0.00
	25	6.00	4.00	4.00	2.00	6.00	4.00	2.00	1.50
	50	8.00	8.00	6.00	6.00	8.00	6.00	6.00	4.00
	75	12.00	10.00	10.00	8.50	10.00	10.00	8.00	4.50
	90	16.00	14.40	14.00	13.40	14.00	14.00	14.00	
	95	16.80	18.00	17.60	14.00	16.00	16.70	18.00	

表 3-5-47　广东省听力残疾人职业能力测验空间知觉分测验数据资料表(续1)

空间知觉		残疾等级				文化水平			
		一级	二级	三级	四级	小学及以下	初中	高中/中专	大专及以上
N		226	155	220	362	203	400	287	137
平均数		8.17	7.99	8.17	7.96	5.49	7.42	9.27	10.74
标准差		4.12	4.21	4.82	4.56	3.60	3.98	4.35	4.91
最小值		0.00	0.00	0.00	0.00	0.00	0.00	0.00	2.00
最大值		20.00	20.00	20.00	20.00	18.00	20.00	20.00	20.00
百分位	5	2.00	2.00	0.00	2.00	0.00	2.00	2.00	3.80
	10	4.00	3.20	2.00	2.00	0.00	2.00	4.00	4.00
	25	6.00	4.00	4.00	4.00	2.00	4.00	6.00	7.00
	50	8.00	8.00	8.00	8.00	6.00	8.00	10.00	10.00
	75	10.00	10.00	12.00	10.00	8.00	10.00	12.00	14.00
	90	14.00	14.00	14.00	14.00	10.00	12.00	16.00	18.00
	95	16.00	16.00	17.90	16.00	12.00	14.00	16.00	20.00

表3-5-47 广东省听力残疾人职业能力测验空间知觉分测验数据资料表（续2）

空间知觉		交流方式			
		手语	口语	手语&口语	其他
N		527	179	69	252
平均数		7.61	9.45	9.13	7.46
标准差		4.15	4.82	5.18	4.42
最小值		0.00	0.00	0.00	0.00
最大值		20.00	20.00	20.00	18.00
百分位	5	2.00	2.00	2.00	0.00
	10	2.00	2.00	2.00	2.00
	25	4.00	6.00	4.00	4.00
	50	8.00	8.00	8.00	8.00
	75	10.00	14.00	13.00	10.00
	90	14.00	16.00	16.00	14.00
	95	16.00	18.00	18.00	16.00

表3-5-48 广东省听力残疾人职业能力测验符号知觉分测验数据资料表

符号知觉		男(岁)				女(岁)			
		15-29	30-39	40-49	50-59	15-29	30-39	40-49	50-54
N		371	107	63	22	312	92	54	6
平均数		13.18	11.07	8.71	7.49	13.37	10.88	8.92	1.81
标准差		5.76	6.01	6.90	6.54	5.71	6.58	5.80	2.06
最小值		0.00	0.00	0.00	0.00	0.00	0.00	0.00	0.00
最大值		20.00	19.78	19.56	18.22	20.00	20.00	19.11	5.33
百分位	5	2.00	0.27	0.00	0.00	1.56	0.14	0.17	0.00
	10	3.56	1.33	0.00	0.00	3.11	1.40	1.11	0.00
	25	9.11	6.89	0.89	0.89	9.11	4.50	5.06	0.00
	50	14.67	10.67	7.56	7.22	15.44	12.56	8.44	1.44
	75	18.22	16.89	15.78	13.56	18.00	17.28	13.44	3.33
	90	19.11	18.93	18.13	16.49	19.11	18.82	17.89	
	95	19.56	19.56	19.02	18.02	19.33	19.41	19.11	

表3-5-48 广东省听力残疾人职业能力测验符号知觉分测验数据资料表(续1)

符号知觉		残疾等级				文化水平			
		一级	二级	三级	四级	小学及以下	初中	高中/中专	大专及以上
N		226	155	220	362	203	400	287	137
平均数		9.64	12.15	12.80	13.21	8.11	11.61	13.87	15.91
标准差		6.31	6.17	6.11	5.77	6.08	6.10	5.56	3.85
最小值		0.00	0.00	0.00	0.00	0.00	0.00	0.00	2.89
最大值		20.00	19.78	20.00	20.00	19.56	20.00	20.00	20.00
百分位	5	0.67	0.40	0.23	1.14	0.00	0.89	2.18	7.62
	10	1.56	1.73	2.71	4.07	0.00	2.00	4.22	9.51
	25	3.33	7.56	8.00	9.11	2.22	6.89	10.22	14.22
	50	9.00	13.56	14.67	14.78	7.56	12.89	16.00	17.11
	75	16.00	17.78	18.22	18.22	13.33	17.11	18.22	18.89
	90	18.00	19.11	19.11	19.11	17.24	18.89	19.11	19.56
	95	19.03	19.33	19.32	19.56	18.62	19.33	19.33	19.78

表3-5-48 广东省听力残疾人职业能力测验符号知觉分测验数据资料表(续2)

符号知觉		交流方式			
		手语	口语	手语&口语	其他
N		527	179	69	252
平均数		11.52	13.66	14.34	11.69
标准差		6.12	5.94	5.65	6.38
最小值		0.00	0.00	0.00	0.00
最大值		20.00	20.00	20.00	20.00
百分位	5	0.89	0.44	2.11	0.00
	10	2.00	2.44	3.33	1.18
	25	6.44	10.44	12.44	6.50
	50	13.11	15.56	16.67	13.11
	75	17.11	18.22	18.44	17.56
	90	18.89	19.33	19.33	19.11
	95	19.33	19.56	19.56	19.33

表3-5-49 广东省听力残疾人职业能力测验形状知觉分测验数据资料表

形状知觉		男(岁)				女(岁)			
		15-29	30-39	40-49	50-59	15-29	30-39	40-49	50-54
N		371	107	63	22	312	92	54	6
平均数		12.99	11.31	8.89	7.36	12.54	10.24	8.67	4.00
标准差		3.83	4.15	4.55	4.76	4.39	5.06	5.34	3.35
最小值		2.00	0.00	0.00	0.00	0.00	0.00	0.00	0.00
最大值		20.00	18.00	18.00	18.00	20.00	18.00	20.00	8.00
百分位	5	6.00	4.00	0.40	0.00	4.00	0.00	0.00	0.00
	10	8.00	6.00	2.00	0.60	8.00	2.00	0.00	0.00
	25	10.00	8.00	6.00	4.00	10.00	8.00	4.00	1.50
	50	14.00	12.00	10.00	6.00	12.00	12.00	8.00	3.00
	75	16.00	14.00	12.00	10.50	16.00	14.00	12.50	8.00
	90	18.00	16.00	14.00	14.00	18.00	16.00	15.00	
	95	18.00	16.00	16.00	17.40	20.00	18.00	18.00	

表3-5-49 广东省听力残疾人职业能力测验形状知觉分测验数据资料表(续1)

形状知觉		残疾等级				文化水平			
		一级	二级	三级	四级	小学及以下	初中	高中/中专	大专及以上
N		226	155	220	362	203	400	287	137
平均数		11.82	12.08	11.64	11.92	8.38	11.21	13.62	14.64
标准差		4.14	4.57	4.65	4.76	4.93	4.26	3.59	3.11
最小值		0.00	0.00	0.00	0.00	0.00	0.00	2.00	6.00
最大值		20.00	20.00	20.00	20.00	18.00	20.00	20.00	20.00
百分位	5	4.00	4.00	2.00	2.00	0.00	4.00	8.00	9.80
	10	6.00	6.00	6.00	6.00	0.00	6.00	10.00	10.00
	25	10.00	8.00	8.00	10.00	4.00	8.00	12.00	12.00
	50	12.00	12.00	12.00	12.00	8.00	12.00	14.00	16.00
	75	14.00	16.00	16.00	16.00	12.00	14.00	16.00	16.00
	90	16.00	18.00	16.00	18.00	14.00	16.00	18.00	18.00
	95	18.00	18.00	18.00	18.00	16.00	18.00	18.00	20.00

表 3-5-49 广东省听力残疾人职业能力测验形状知觉分测验数据资料表(续2)

形状知觉		交流方式			
		手语	口语	手语&口语	其他
N		527	179	69	252
平均数		11.70	12.18	13.59	11.17
标准差		4.45	4.30	4.86	4.90
最小值		0.00	0.00	0.00	0.00
最大值		20.00	20.00	20.00	20.00
百分位	5	4.00	4.00	4.00	0.00
	10	6.00	6.00	8.00	4.00
	25	8.00	10.00	10.00	8.00
	50	12.00	12.00	16.00	12.00
	75	14.00	16.00	18.00	14.00
	90	18.00	18.00	18.00	16.00
	95	18.00	18.00	20.00	18.00

表 3-5-50 广东省听力残疾人职业能力文档测验总分数据资料表

职业能力文档测验		男(岁)				女(岁)			
		15-29	30-39	40-49	50-59	15-29	30-39	40-49	50-54
N		371	107	63	22	312	92	54	6
平均数		53.63	48.34	38.42	33.80	52.98	44.99	37.12	13.48
标准差		16.95	18.40	21.47	21.84	17.39	22.59	23.23	7.49
最小值		6.00	1.33	0.00	4.67	0.00	0.00	0.00	6.00
最大值		91.56	93.56	88.00	73.56	99.56	92.67	90.22	26.67
百分位	5	26.27	17.87	2.53	5.57	24.73	6.83	2.06	6.00
	10	32.67	24.62	9.60	10.73	30.07	14.89	10.33	6.00
	25	41.56	36.67	20.44	16.56	40.72	27.61	18.83	8.50
	50	52.89	48.67	38.67	25.22	52.67	45.00	31.78	10.78
	75	64.89	58.22	51.11	58.39	65.94	63.44	54.72	19.67
	90	76.80	72.18	68.22	69.89	75.11	74.82	72.78	
	95	82.84	83.96	77.82	73.26	81.13	86.31	78.28	

表 3-5-50　广东省听力残疾人职业能力文档测验总分数据资料表(续1)

职业能力文档测验		残疾等级				文化水平			
		一级	二级	三级	四级	小学及以下	初中	高中/中专	大专及以上
	N	226	155	220	362	203	400	287	137
	平均数	47.53	50.01	51.36	50.60	32.99	46.78	57.62	66.00
	标准差	16.63	19.40	21.08	20.01	17.20	16.65	16.34	14.94
	最小值	2.00	0.22	0.00	0.00	0.00	0.00	2.00	26.22
	最大值	91.78	90.22	98.44	99.56	74.67	91.78	93.56	99.56
百分位	5	21.80	18.84	13.40	12.00	4.67	18.02	30.09	43.78
	10	27.64	24.71	19.07	23.40	8.84	25.38	37.24	49.07
	25	37.06	36.00	37.17	37.72	21.33	34.50	46.67	54.89
	50	46.56	50.67	53.44	51.56	33.56	46.78	57.78	66.22
	75	57.17	61.78	67.61	65.17	46.89	58.22	69.56	75.00
	90	70.20	75.87	76.42	74.67	52.80	68.62	78.71	87.64
	95	79.33	83.33	84.64	81.42	60.18	75.31	84.36	91.56

表 3-5-50　广东省听力残疾人职业能力文档测验总分数据资料表(续2)

职业能力文档测验		交流方式			
		手语	口语	手语&口语	其他
	N	527	179	69	252
	平均数	47.59	56.45	58.36	46.73
	标准差	17.66	21.11	20.70	20.07
	最小值	1.33	6.67	6.67	0.00
	最大值	93.56	98.44	99.56	91.56
百分位	5	18.76	18.00	17.22	8.72
	10	24.84	26.00	30.22	17.84
	25	35.33	39.78	45.11	35.56
	50	48.22	58.44	61.78	49.56
	75	58.89	73.33	72.78	62.56
	90	70.98	85.11	84.44	69.27
	95	77.69	88.67	87.33	75.63

表 3-5-51　广东省听力残疾人职业能力测验手眼协调能力分测验数据资料表

手眼协调		男(岁)				女(岁)			
		15-29	30-39	40-49	50-59	15-29	30-39	40-49	50-54
N		138	46	9	-	107	41	4	-
平均数		15.51	16.55	15.70		14.64	17.43	10.00	
标准差		7.09	6.36	6.59		7.43	4.61	11.55	
最小值		0.00	0.00	2.67		0.00	0.00	0.00	
最大值		20.00	20.00	20.00		20.00	20.00	20.00	
百分位	5	0.00	0.00	2.67		0.00	4.40	0.00	
	10	0.00	1.87	2.67		0.00	10.13	0.00	
	25	15.67	16.00	10.67		9.33	16.00	0.00	
	50	20.00	20.00	20.00		18.67	20.00	10.00	
	75	20.00	20.00	20.00		20.00	20.00	20.00	
	90	20.00	20.00			20.00	20.00		
	95	20.00	20.00			20.00	20.00		

表 3-5-51　广东省听力残疾人职业能力测验手眼协调能力分测验数据资料表(续1)

手眼协调		残疾等级				文化水平			
		一级	二级	三级	四级	小学及以下	初中	高中/中专	大专及以上
N		211	82	41	11	37	159	105	44
平均数		15.41	15.30	16.46	16.73	14.20	15.16	14.87	19.70
标准差		7.28	6.83	5.53	6.15	7.55	6.92	7.60	0.95
最小值		0.00	0.00	0.00	2.67	0.00	0.00	0.00	14.67
最大值		20.00	20.00	20.00	20.00	20.00	20.00	20.00	20.00
百分位	5	0.00	0.00	0.40	2.67	0.00	0.00	0.00	17.67
	10	0.00	0.40	8.27	3.47	0.00	0.00	0.00	18.67
	25	14.67	14.67	14.67	16.00	7.33	14.67	9.33	20.00
	50	20.00	18.67	20.00	20.00	17.33	18.67	20.00	20.00
	75	20.00	20.00	20.00	20.00	20.00	20.00	20.00	20.00
	90	20.00	20.00	20.00	20.00	20.00	20.00	20.00	20.00
	95	20.00	20.00	20.00		20.00	20.00	20.00	20.00

表 3-5-51　广东省听力残疾人职业能力测验手眼协调能力分测验数据资料表（续2）

手眼协调		交流方式			
		手语	口语	手语＆口语	其他
	N	218	56	18	53
	平均数	15.19	17.67	17.33	14.16
	标准差	6.93	5.51	5.27	8.26
	最小值	0.00	0.00	0.00	0.00
	最大值	20.00	20.00	20.00	20.00
百分位	5	0.00	0.00	0.00	0.00
	10	0.00	7.60	7.20	0.00
	25	14.67	19.00	16.00	4.67
	50	18.67	20.00	20.00	20.00
	75	20.00	20.00	20.00	20.00
	90	20.00	20.00	20.00	20.00
	95	20.00	20.00		20.00

表 3-5-52　广东省听力残疾人职业能力测验总分数据资料表

职业能力		男(岁)				女(岁)			
		15-29	30-39	40-49	50-59	15-29	30-39	40-49	50-54
	N	138	46	9		107	41	4	
	平均数	63.98	70.10	69.16		65.71	68.96	64.11	
	标准差	18.55	19.09	23.90		19.77	19.67	25.60	
	最小值	21.33	23.11	21.11		28.00	29.11	32.22	
	最大值	109.33	111.78	108.00		109.56	110.67	94.44	
百分位	5	31.82	37.44	21.11		37.56	40.13	32.22	
	10	39.11	49.24	21.11		40.80	43.96	32.22	
	25	51.44	54.17	58.78		48.89	50.44	39.44	
	50	64.67	69.33	72.67		64.89	72.44	64.89	
	75	74.67	85.67	82.67		76.89	86.00	88.00	
	90	90.78	98.09			96.18	91.87		
	95	98.29	107.13			103.60	102.49		

表 3-5-52　广东省听力残疾人职业能力测验总分数据资料表（续1）

职业能力		残疾等级				文化水平			
		一级	二级	三级	四级	小学及以下	初中	高中/中专	大专及以上
N		211	82	41	11	37	159	105	44
平均数		63.85	65.79	74.63	78.65	56.23	62.13	66.85	86.66
标准差		18.78	18.76	20.86	17.46	16.57	17.78	18.03	15.55
最小值		21.11	23.11	21.33	40.44	23.11	21.11	27.11	46.44
最大值		111.78	109.56	109.33	99.78	89.11	111.78	108.22	110.67
百分位	5	33.47	31.07	39.04	40.44	27.51	33.33	37.78	56.28
	10	40.89	42.04	46.80	45.24	31.60	39.78	45.07	68.33
	25	50.89	50.11	60.33	65.78	42.56	49.56	54.11	73.89
	50	62.22	66.44	74.89	82.44	55.56	62.89	66.44	88.67
	75	76.22	75.89	91.33	93.56	68.22	74.89	77.44	99.83
	90	89.82	90.60	105.02	98.71	77.91	84.22	93.64	107.00
	95	99.60	101.24	107.91		86.11	94.22	99.93	109.50

表 3-5-52　广东省听力残疾人职业能力测验总分数据资料表（续2）

职业能力		交流方式			
		手语	口语	手语&口语	其他
N		218	56	18	53
平均数		62.63	79.89	69.20	64.49
标准差		17.09	21.01	17.84	20.61
最小值		21.11	24.00	45.33	23.11
最大值		111.78	110.67	106.00	105.11
百分位	5	33.56	34.02	45.33	32.16
	10	41.49	51.62	49.73	39.64
	25	50.22	66.94	54.56	46.33
	50	63.22	80.33	66.67	67.33
	75	73.11	95.06	82.94	82.67
	90	84.29	107.07	103.60	89.29
	95	93.92	109.37		97.00

表 3-5-53 广东省各城市听力残疾人职业能力测验言语能力分测验数据资料表

城市	年龄(岁)	男					女				
		N	平均数	标准差	最小值	最大值	N	平均数	标准差	最小值	最大值
深圳	15-29	12	10.50	3.21	6.00	14.00	21	13.08	5.35	2.00	20.00
	30-39	14	14.24	3.40	6.67	20.00	15	12.27	4.08	6.00	18.67
	40-49	4	11.33	5.81	4.00	16.00	2	14.33	6.13	10.00	18.67
	小计	30	12.36	3.98	4.00	20.00	38	12.82	4.81	2.00	20.00
江门	15-29	59	9.80	4.34	0.00	20.00	47	11.04	3.82	0.00	19.33
	30-39	22	10.21	3.67	4.67	19.33	17	9.45	5.14	2.67	18.00
	40-49	3	9.78	4.44	6.00	14.67					
	小计	84	9.90	4.13	0.00	20.00	64	10.61	4.23	0.00	19.33
佛山	15-29	67	9.03	3.52	2.67	18.67	39	9.52	3.79	2.67	18.67
	30-39	10	8.80	3.99	4.67	18.67	9	10.00	3.46	6.00	15.33
	40-49	2	4.33	1.41	3.33	5.33	2	9.33	0.94	8.67	10.00
	小计	79	8.89	3.59	2.67	18.67	50	9.60	3.63	2.67	18.67

表 3-5-54 广东省各城市听力残疾人职业能力测验数理能力分测验数据资料表

城市	年龄(岁)	男					女				
		N	平均数	标准差	最小值	最大值	N	平均数	标准差	最小值	最大值
深圳	15-29	12	10.00	6.21	2.00	20.00	21	11.05	4.84	2.00	18.00
	30-39	14	12.14	3.96	6.00	18.00	15	9.60	4.29	0.00	16.00
	40-49	4	16.00	4.32	10.00	20.00	2	15.00	7.07	10.00	20.00
	小计	30	11.80	5.24	2.00	20.00	38	10.68	4.75	0.00	20.00
江门	15-29	59	7.86	4.59	0.00	20.00	47	8.94	4.06	4.00	20.00
	30-39	22	8.82	3.84	2.00	18.00	17	9.65	5.75	4.00	20.00
	40-49	3	7.33	4.16	4.00	12.00					
	小计	84	8.10	4.37	0.00	20.00	64	9.13	4.53	4.00	20.00
佛山	15-29	67	8.24	3.87	2.00	20.00	39	7.49	4.51	0.00	20.00
	30-39	10	7.80	4.57	0.00	14.00	9	9.33	4.58	2.00	16.00
	40-49	2	10.00	0.00	10.00	10.00	2	5.00	1.41	4.00	6.00
	小计	79	8.23	3.90	0.00	20.00	50	7.72	4.48	0.00	20.00

表 3-5-55 广东省各城市听力残疾人职业能力测验空间知觉分测验数据资料表

城市	年龄(岁)	男					女				
		N	平均数	标准差	最小值	最大值	N	平均数	标准差	最小值	最大值
深圳	15-29	12	10.17	4.47	4.00	20.00	21	9.81	4.00	2.00	16.00
	30-39	14	10.86	5.48	4.00	20.00	15	9.33	4.39	4.00	18.00
	40-49	4	13.50	5.74	6.00	20.00	2	7.00	1.41	6.00	8.00
	小计	30	10.93	5.06	4.00	20.00	38	9.47	4.05	2.00	18.00
江门	15-29	59	8.34	3.57	2.00	18.00	47	7.36	3.47	2.00	16.00
	30-39	22	7.27	2.86	4.00	12.00	17	6.94	4.19	2.00	16.00
	40-49	3	6.67	4.62	4.00	12.00					
	小计	84	8.00	3.43	2.00	18.00	64	7.25	3.64	2.00	16.00
佛山	15-29	67	8.18	4.04	2.00	18.00	39	8.46	4.12	0.00	16.00
	30-39	10	8.00	3.89	4.00	18.00	9	7.33	5.92	0.00	18.00
	40-49	2	4.00	2.83	2.00	6.00	2	11.00	1.41	10.00	12.00
	小计	79	8.05	4.01	2.00	18.00	50	8.36	4.40	0.00	18.00

表 3-5-56 广东省各城市听力残疾人职业能力测验符号知觉分测验数据资料表

城市	年龄(岁)	男					女				
		N	平均数	标准差	最小值	最大值	N	平均数	标准差	最小值	最大值
深圳	15-29	12	12.35	5.12	3.33	19.11	21	13.37	4.98	1.78	19.33
	30-39	14	14.44	5.54	2.00	19.78	15	12.10	6.14	2.00	20.00
	40-49	4	14.33	5.30	6.67	18.00	2	7.00	9.59	0.22	13.78
	小计	30	13.59	5.26	2.00	19.78	38	12.53	5.68	0.22	20.00
江门	15-29	59	11.00	6.00	0.00	20.00	47	11.02	6.50	0.44	19.33
	30-39	22	9.17	6.11	0.00	19.56	17	11.79	5.87	0.22	19.33
	40-49	3	12.59	10.56	0.44	19.56					
	小计	84	10.58	6.17	0.00	20.00	64	11.23	6.30	0.22	19.33
佛山	15-29	67	9.20	6.11	0.00	20.00	39	9.73	6.30	1.33	19.78
	30-39	10	11.91	6.63	2.44	19.56	9	9.11	8.08	0.67	19.56
	40-49	2	16.33	0.79	15.78	16.89	2	16.56	3.61	14.00	19.11
	小计	79	9.72	6.22	0.00	20.00	50	9.89	6.61	0.67	19.78

表 3-5-57　广东省各城市听力残疾人职业能力测验形状知觉分测验数据资料表

城市	年龄(岁)	男					女				
		N	平均数	标准差	最小值	最大值	N	平均数	标准差	最小值	最大值
深圳	15–29	12	12.67	4.54	2.00	18.00	21	13.33	4.07	4.00	20.00
	30–39	14	14.57	2.28	10.00	18.00	15	12.53	3.58	4.00	18.00
	40–49	4	12.00	1.63	10.00	14.00	2	10.00	5.66	6.00	14.00
	小计	30	13.47	3.40	2.00	18.00	38	12.84	3.91	4.00	20.00
江门	15–29	59	12.27	3.65	2.00	18.00	47	11.83	4.10	4.00	20.00
	30–39	22	12.09	3.68	4.00	18.00	17	12.24	4.05	2.00	18.00
	40–49	3	6.67	4.16	2.00	10.00					
	小计	84	12.02	3.77	2.00	18.00	64	11.94	4.06	2.00	64
佛山	15–29	67	11.82	3.63	4.00	20.00	39	11.79	4.72	2.00	20.00
	30–39	10	12.40	3.98	6.00	18.00	9	11.33	3.46	6.00	16.00
	40–49	2	7.00	7.07	2.00	12.00	2	13.00	1.41	12.00	14.00
	小计	79	11.77	3.78	2.00	20.00	50	11.76	4.40	2.00	20.00

表 3-5-58　广东省各城市听力残疾人职业能力文档测验数据资料表

城市	年龄(岁)	男					女				
		N	平均数	标准差	最小值	最大值	N	平均数	标准差	最小值	最大值
深圳	15–29	12	55.69	17.83	26.89	87.33	21	60.63	15.58	28.00	84.67
	30–39	14	66.25	14.05	39.33	91.78	15	55.84	16.87	25.11	90.67
	40–49	4	67.17	15.28	52.67	88.00	2	53.33	29.86	32.22	74.44
	小计	30	62.15	16.19	26.89	91.78	38	58.36	16.42	25.11	90.67
江门	15–29	59	49.27	15.77	6.67	83.78	47	50.18	15.40	25.33	86.67
	30–39	22	47.57	10.45	29.78	71.56	17	50.07	18.45	27.33	87.33
	40–49	3	43.04	24.89	18.44	68.22					
	小计	84	48.60	14.77	6.67	83.78	64	50.15	16.11	25.33	87.33
佛山	15–29	67	46.47	14.84	23.33	89.33	39	46.99	18.14	19.56	89.56
	30–39	10	48.91	18.88	23.11	88.22	9	47.11	19.82	24.67	74.89
	40–49	2	41.67	9.27	35.11	48.22	2	54.89	8.80	48.67	61.11
	小计	79	46.66	15.16	23.11	89.33	50	47.33	17.98	19.56	89.56

表3-5-59 广东省各城市听力残疾人职业能力测验手眼协调能力分测验数据资料表

城市	年龄(岁)	男					女				
		N	平均数	标准差	最小值	最大值	N	平均数	标准差	最小值	最大值
深圳	15-29	12	16.78	6.27	0.00	20.00	21	17.71	5.96	0.00	20.00
	30-39	14	19.81	0.48	18.67	20.00	15	16.44	6.75	0.00	20.00
	40-49	4	19.33	1.33	17.33	20.00	2	10.00	14.14	0.00	20.00
	小计	30	18.53	4.16	0.00	20.00	38	16.81	6.70	0.00	20.00
江门	15-29	59	15.64	6.52	0.00	20.00	59	47	14.78	6.50	0.00
	30-39	22	14.79	6.79	0.00	20.00	22	17	17.25	3.07	9.33
	40-49	3	9.78	9.08	2.67	20.00	3				
	小计	84	15.21	6.68	0.00	20.00	84	64	15.44	5.87	0.00
佛山	15-29	67	15.16	7.74	0.00	20.00	39	12.82	8.70	0.00	20.00
	30-39	10	15.87	8.37	0.00	20.00	9	19.41	1.18	17.33	20.00
	40-49	2	17.33	3.77	14.67	20.00	2	10.00	14.14	0.00	20.00
	小计	79	15.31	7.69	0.00	20.00	50	13.89	8.37	0.00	20.00

表3-5-60 广东省各城市听力残疾人职业能力测验总分数据资料表

城市	年龄(岁)	男					女				
		N	平均数	标准差	最小值	最大值	N	平均数	标准差	最小值	最大值
深圳	15-29	12	72.46	21.98	33.56	106.00	21	78.35	19.28	28.00	104.67
	30-39	14	86.06	14.19	59.33	111.78	15	72.28	21.50	29.11	110.67
	40-49	4	86.50	15.76	72.67	108.00	2	63.33	44.00	32.22	94.44
	小计	30	80.68	18.60	33.56	111.78	38	75.16	21.09	28.00	110.67
江门	15-29	59	64.91	17.90	21.33	101.33	47	64.96	16.64	33.56	106.67
	30-39	22	62.35	12.07	47.56	91.56	17	67.32	18.46	43.33	103.33
	40-49	3	52.81	28.15	21.11	74.89					
	小计	84	63.81	16.90	21.11	101.33	64	65.59	17.02	33.56	106.67
佛山	15-29	67	61.64	18.25	24.44	109.33	39	59.81	20.85	30.00	109.56
	30-39	10	64.78	24.82	23.11	108.22	9	66.52	20.25	44.67	94.89
	40-49	2	59.00	5.50	55.11	62.89	2	64.89	5.34	61.11	68.67
	小计	79	61.97	18.83	23.11	109.33	50	61.22	20.30	30.00	109.56

2. 广东省听力残疾人职业人格状况

表 3-5-61　广东省听力残疾人职业人格测验坚持性维度数据资料表

坚持性		男(岁)				女(岁)			
		15-29	30-39	40-49	50-59	15-29	30-39	40-49	50-54
N		369	103	55	20	308	84	48	2
平均数		7.46	7.86	7.47	8.55	7.76	7.85	7.04	4.50
标准差		2.15	2.36	2.58	2.84	2.21	2.58	2.32	0.71
最小值		1.00	3.00	4.00	3.00	2.00	1.00	1.00	4.00
最大值		12.00	12.00	12.00	12.00	12.00	12.00	12.00	5.00
百分位	5	4.00	4.00	4.00	3.10	4.00	4.00	3.00	4.00
	10	5.00	5.00	4.00	5.10	5.00	4.50	4.00	4.00
	25	6.00	6.00	5.00	6.00	6.00	6.00	6.00	4.00
	50	7.00	8.00	8.00	9.00	8.00	8.00	7.00	4.50
	75	9.00	10.00	10.00	11.00	9.00	10.00	8.75	
	90	11.00	11.00	11.00	12.00	11.00	11.00	10.10	
	95	11.00	12.00	11.20	12.00	11.00	12.00	11.55	

表 3-5-62　广东省听力残疾人职业人格测验严谨性维度数据资料表

严谨性		男(岁)				女(岁)			
		15-29	30-39	40-49	50-59	15-29	30-39	40-49	50-54
N		369	103	55	20	308	84	48	2
平均数		8.13	8.36	8.38	8.15	8.18	8.31	7.96	8.50
标准差		1.73	1.88	2.35	2.80	1.77	2.17	2.21	0.71
最小值		2.00	3.00	1.00	3.00	2.00	4.00	4.00	8.00
最大值		12.00	12.00	12.00	12.00	12.00	12.00	12.00	9.00
百分位	5	5.00	5.00	3.80	3.05	5.00	4.25	4.45	8.00
	10	6.00	6.00	5.00	4.00	6.00	5.00	5.00	8.00
	25	7.00	7.00	7.00	6.25	7.00	7.00	6.25	8.00
	50	8.00	9.00	9.00	8.50	8.00	8.00	8.00	8.50
	75	9.00	10.00	10.00	11.00	9.00	10.00	9.75	
	90	10.00	11.00	11.00	11.90	10.00	11.00	11.00	
	95	11.00	11.00	11.20	12.00	11.00	12.00	12.00	

表3-5-63 广东省听力残疾人职业人格测验情绪稳定性维度数据资料表

情绪稳定性		男(岁)				女(岁)			
		15-29	30-39	40-49	50-59	15-29	30-39	40-49	50-54
N		369	103	55	20	308	84	48	2
平均数		6.12	6.69	6.02	7.65	5.87	6.08	5.73	2.00
标准差		2.53	2.56	3.15	2.85	2.75	2.94	3.31	0.00
最小值		0.00	0.00	0.00	2.00	0.00	0.00	0.00	2.00
最大值		12.00	12.00	12.00	11.00	12.00	12.00	12.00	2.00
百分位	5	2.00	3.00	0.80	2.05	2.00	2.00	0.00	2.00
	10	3.00	3.40	1.00	3.00	2.00	2.00	1.00	2.00
	25	4.00	5.00	4.00	6.00	4.00	3.00	3.00	2.00
	50	6.00	6.00	6.00	8.00	6.00	6.00	6.00	2.00
	75	8.00	8.00	8.00	10.00	8.00	8.00	9.00	2.00
	90	10.00	10.60	10.00	11.00	10.00	10.00	10.00	2.00
	95	10.50	12.00	11.20	11.00	11.00	11.00	10.55	2.00

表3-5-64 广东省听力残疾人职业人格测验自信心维度数据资料表

自信心		男(岁)				女(岁)			
		15-29	30-39	40-49	50-59	15-29	30-39	40-49	50-54
N		369	103	55	20	308	84	48	2
平均数		8.29	8.51	8.64	6.95	8.06	8.51	7.88	9.00
标准差		2.02	2.40	2.19	2.39	2.02	2.11	2.10	0.00
最小值		1.00	1.00	2.00	3.00	1.00	3.00	1.00	9.00
最大值		13.00	13.00	12.00	11.00	13.00	13.00	10.00	9.00
百分位	5	5.00	4.00	4.00	3.00	5.00	4.00	3.00	9.00
	10	5.00	5.40	6.00	3.10	5.00	5.50	4.00	9.00
	25	7.00	7.00	7.00	5.25	7.00	8.00	7.00	9.00
	50	9.00	9.00	9.00	6.50	8.00	9.00	8.00	9.00
	75	10.00	10.00	10.00	9.00	10.00	10.00	9.75	9.00
	90	11.00	11.00	12.00	10.90	10.00	11.00	10.00	9.00
	95	11.00	12.00	12.00	11.00	11.00	11.75	10.00	9.00

表3-5-65　广东省听力残疾人职业人格测验责任心维度数据资料表

责任心		男(岁)				女(岁)			
		15-29	30-39	40-49	50-59	15-29	30-39	40-49	50-54
N		369	103	55	20	308	84	48	2
平均数		8.51	8.77	9.04	8.55	8.87	8.86	8.65	9.00
标准差		1.93	1.97	2.04	2.91	1.86	2.03	2.32	1.41
最小值		0.00	4.00	2.00	2.00	2.00	3.00	2.00	8.00
最大值		12.00	12.00	12.00	12.00	12.00	12.00	12.00	10.00
百分位	5	5.00	5.00	5.80	2.10	5.45	4.25	5.00	8.00
	10	6.00	6.00	7.00	4.00	6.90	6.00	5.00	8.00
	25	7.00	7.00	8.00	6.25	8.00	8.00	7.00	8.00
	50	9.00	9.00	9.00	9.50	9.00	9.00	8.00	9.00
	75	10.00	10.00	11.00	11.00	10.00	10.00	10.75	
	90	11.00	11.00	12.00	11.90	11.00	11.00	12.00	
	95	11.00	11.00	12.00	12.00	12.00	12.00	12.00	

表3-5-66　广东省听力残疾人职业人格测验交际能力维度数据资料表

交际能力		男(岁)				女(岁)			
		15-29	30-39	40-49	50-59	15-29	30-39	40-49	50-54
N		369	103	55	20	308	84	48	2
平均数		7.47	7.36	7.24	7.25	7.81	7.58	6.60	7.00
标准差		1.90	1.98	2.05	2.53	1.96	2.17	2.42	2.83
最小值		0.00	2.00	4.00	3.00	1.00	2.00	0.00	5.00
最大值		12.00	11.00	12.00	11.00	12.00	12.00	11.00	9.00
	5	4.00	3.00	4.00	3.05	4.00	4.00	2.45	5.00
	10	5.00	5.00	4.00	4.00	5.00	4.00	3.00	5.00
	25	6.00	6.00	5.00	4.25	7.00	6.00	5.00	5.00
百分位	50	8.00	7.00	8.00	8.00	8.00	8.00	7.00	7.00
	75	9.00	9.00	9.00	9.00	9.00	9.00	8.00	
	90	10.00	10.00	10.00	10.90	10.00	10.00	9.10	
	95	10.00	10.00	10.20	11.00	11.00	11.00	10.55	

表 3-5-67 广东省听力残疾人职业人格测验管理能力维度数据资料表

管理能力		男(岁)				女(岁)			
		15-29	30-39	40-49	50-59	15-29	30-39	40-49	50-54
N		369	103	55	20	308	84	48	2
平均数		8.33	8.94	9.22	7.60	8.33	8.44	8.44	11.50
标准差		2.23	2.24	2.32	4.07	2.14	2.47	2.87	0.71
最小值		0.00	0.00	1.00	1.00	0.00	1.00	1.00	11.00
最大值		12.00	12.00	12.00	12.00	12.00	12.00	12.00	12.00
百分位	5	4.00	4.20	2.80	1.00	4.45	3.00	2.45	11.00
	10	5.00	6.00	7.00	1.10	5.00	5.50	4.00	11.00
	25	7.00	8.00	8.00	3.00	7.00	7.00	7.00	11.00
	50	8.00	9.00	10.00	8.00	8.00	9.00	9.00	11.50
	75	10.00	11.00	11.00	11.00	10.00	10.00	11.00	
	90	11.00	11.00	11.00	12.00	11.00	12.00	11.10	
	95	12.00	12.00	12.00	12.00	11.00	12.00	12.00	

表 3-5-68 广东省听力残疾人职业人格测验抗挫折能力维度数据资料表

抗挫折能力		男(岁)				女(岁)			
		15-29	30-39	40-49	50-59	15-29	30-39	40-49	50-54
N		369	103	55	20	308	84	48	2
平均数		7.21	7.33	7.00	7.10	7.32	7.21	6.40	3.50
标准差		2.35	2.13	2.64	2.43	2.46	2.70	2.39	0.71
最小值		1.00	3.00	3.00	1.00	1.00	2.00	1.00	3.00
最大值		12.00	12.00	12.00	11.00	12.00	12.00	11.00	4.00
百分位	5	3.00	3.20	3.00	1.10	3.00	3.00	2.00	3.00
	10	4.00	5.00	3.60	3.10	4.00	3.00	3.00	3.00
	25	5.00	6.00	5.00	6.25	6.00	5.00	5.00	3.00
	50	7.00	7.00	7.00	7.00	7.00	7.00	6.00	3.50
	75	9.00	9.00	10.00	8.75	9.00	9.75	8.00	
	90	10.00	10.00	10.40	10.00	10.10	11.00	10.10	
	95	11.00	11.00	11.00	10.95	11.00	11.00	11.00	

表 3-5-69　广东省各城市听力残疾人职业人格测验坚持性维度数据资料表

城市	年龄(岁)	男					女				
		N	平均数	标准差	最小值	最大值	N	平均数	标准差	最小值	最大值
深圳	15-29	12	8.58	1.88	5.00	11.00	21	8.14	2.06	4.00	12.00
	30-39	14	9.93	2.40	3.00	12.00	15	9.00	2.04	5.00	12.00
	40-49	4	11.00	0.82	10.00	12.00	2	7.50	2.12	6.00	9.00
	小计	30	9.53	2.18	3.00	12.00	38	8.45	2.05	4.00	12.00
江门	15-29	59	6.61	1.75	4.00	11.00	47	7.11	1.96	5.00	12.00
	30-39	22	7.14	2.44	4.00	12.00	17	6.88	2.42	4.00	12.00
	40-49	3	6.33	3.21	4.00	10.00					
	小计	84	6.74	1.99	4.00	12.00	64	7.05	2.07	4.00	12.00
佛山	15-29	66	7.64	1.81	4.00	11.00	39	7.95	2.28	2.00	12.00
	30-39	10	7.30	1.77	4.00	10.00	9	8.44	2.13	5.00	11.00
	40-49	2	4.50	0.71	4.00	5.00	2	8.00	1.41	7.00	9.00
	小计	78	7.51	1.84	4.00	11.00	50	8.04	2.20	2.00	12.00

表 3-5-70　广东省各城市听力残疾人职业人格测验严谨性维度数据资料表

城市	年龄(岁)	男					女				
		N	平均数	标准差	最小值	最大值	N	平均数	标准差	最小值	最大值
深圳	15-29	12	9.08	1.31	7.00	11.00	21	8.67	1.28	6.00	11.00
	30-39	14	9.07	1.59	6.00	11.00	15	8.60	2.13	5.00	12.00
	40-49	4	10.25	0.96	9.00	11.00	2	9.50	2.12	8.00	11.00
	小计	30	9.23	1.43	6.00	11.00	38	8.68	1.66	5.00	12.00
江门	15-29	59	7.80	1.47	4.00	11.00	47	7.85	1.59	4.00	11.00
	30-39	22	8.55	1.53	5.00	11.00	17	8.24	1.20	6.00	10.00
	40-49	3	8.00	1.73	6.00	9.00					
	小计	84	8.00	1.51	4.00	11.00	64	7.95	1.50	4.00	11.00
佛山	15-29	66	8.15	1.46	5.00	11.00	39	8.05	1.89	4.00	11.00
	30-39	10	7.50	2.22	3.00	10.00	9	8.44	2.35	5.00	11.00
	40-49	2	6.00	1.41	5.00	7.00	2	7.50	0.71	7.00	8.00
	小计	78	8.01	1.60	3.00	11.00	50	8.10	1.93	4.00	11.00

表3-5-71 广东省各城市听力残疾人职业人格测验情绪稳定性维度数据资料表

城市	年龄(岁)	男					女				
		N	平均数	标准差	最小值	最大值	N	平均数	标准差	最小值	最大值
深圳	15-29	12	5.42	2.43	2.00	9.00	21	6.14	3.21	1.00	11.00
	30-39	14	7.14	2.07	3.00	11.00	15	6.07	2.40	3.00	10.00
	40-49	4	9.25	0.96	8.00	10.00	2	3.50	0.71	3.00	4.00
	小计	30	6.73	2.43	2.00	11.00	38	5.97	2.85	1.00	11.00
江门	15-29	59	4.58	2.04	0.00	10.00	47	4.70	2.22	1.00	11.00
	30-39	22	5.55	1.63	3.00	8.00	17	4.24	2.17	1.00	9.00
	40-49	3	4.67	2.31	2.00	6.00					
	小计	84	4.83	1.97	0.00	10.00	64	4.58	2.20	1.00	11.00
佛山	15-29	66	5.70	1.86	2.00	10.00	39	5.92	2.12	1.00	11.00
	30-39	10	5.80	1.48	3.00	8.00	9	6.33	2.24	3.00	9.00
	40-49	2	4.00	0.00	4.00	4.00	2	7.50	3.54	5.00	10.00
	小计	78	5.67	1.81	2.00	10.00	50	6.06	2.16	1.00	11.00

表3-5-72 广东省各城市听力残疾人职业人格测验自信心维度数据资料表

城市	年龄(岁)	男					女				
		N	平均数	标准差	最小值	最大值	N	平均数	标准差	最小值	最大值
深圳	15-29	12	7.42	2.68	1.00	11.00	21	9.67	2.42	2.00	13.00
	30-39	14	10.21	1.53	8.00	12.00	15	8.87	1.88	6.00	13.00
	40-49	4	12.00	0.00	12.00	12.00	2	8.50	0.71	8.00	9.00
	小计	30	9.33	2.58	1.00	12.00	38	9.29	2.17	2.00	13.00
江门	15-29	59	8.88	1.97	1.00	13.00	47	8.64	1.81	5.00	13.00
	30-39	22	8.55	2.22	4.00	13.00	17	9.41	1.46	7.00	12.00
	40-49	3	9.67	2.08	8.00	12.00					
	小计	84	8.82	2.03	1.00	13.00	64	8.84	1.75	5.00	13.00
佛山	15-29	66	8.80	1.71	3.00	12.00	39	7.21	1.84	2.00	10.00
	30-39	10	9.20	1.93	6.00	12.00	9	9.33	1.73	6.00	11.00
	40-49	2	6.00	5.66	2.00	10.00	2	8.00	0.00	8.00	8.00
	小计	78	8.78	1.88	2.00	12.00	50	7.62	1.95	2.00	11.00

表 3-5-73 广东省各城市听力残疾人职业能力测验责任心维度数据资料表

城市	年龄(岁)	男					女				
		N	平均数	标准差	最小值	最大值	N	平均数	标准差	最小值	最大值
深圳	15–29	12	8.58	1.62	6.00	11.00	21	9.38	1.77	5.00	11.00
	30–39	14	9.93	1.33	6.00	11.00	15	9.33	2.19	3.00	11.00
	40–49	4	10.75	0.50	10.00	11.00	2	9.00	1.41	8.00	10.00
	小计	30	9.50	1.57	6.00	11.00	38	9.34	1.89	3.00	11.00
江门	15–29	59	8.19	1.71	4.00	11.00	47	8.57	1.72	5.00	11.00
	30–39	22	8.50	2.09	4.00	11.00	17	8.41	1.23	7.00	11.00
	40–49	3	8.33	1.53	7.00	10.00					
	小计	84	8.27	1.79	4.00	11.00	64	8.53	1.59	5.00	11.00
佛山	15–29	66	8.88	1.53	4.00	11.00	39	8.59	1.83	4.00	11.00
	30–39	10	8.10	2.13	4.00	11.00	9	9.00	1.12	7.00	10.00
	40–49	2	7.50	0.71	7.00	8.00	2	9.50	2.12	8.00	11.00
	小计	78	8.74	1.62	4.00	11.00	50	8.70	1.72	4.00	11.00

表 3-5-74 广东省各城市听力残疾人职业人格测验交际能力维度数据资料表

城市	年龄(岁)	男					女				
		N	平均数	标准差	最小值	最大值	N	平均数	标准差	最小值	最大值
深圳	15–29	12	8.00	1.04	6.00	10.00	21	8.00	1.97	3.00	11.00
	30–39	14	8.29	1.33	6.00	11.00	15	8.00	1.77	4.00	10.00
	40–49	4	8.75	1.71	7.00	11.00	2	8.50	0.71	8.00	9.00
	小计	30	8.23	1.25	6.00	11.00	38	8.03	1.82	3.00	11.00
江门	15–29	59	7.71	1.57	4.00	11.00	47	7.60	1.62	4.00	11.00
	30–39	22	7.55	1.79	3.00	10.00	17	7.71	1.40	6.00	11.00
	40–49	3	6.67	2.31	4.00	8.00					
	小计	84	7.63	1.64	3.00	11.00	64	7.63	1.56	4.00	11.00
佛山	15–29	66	6.97	1.98	2.00	11.00	39	7.51	1.76	2.00	11.00
	30–39	10	7.40	1.35	6.00	10.00	9	8.44	1.51	6.00	10.00
	40–49	2	7.50	2.12	6.00	9.00	2	10.50	0.71	10.00	11.00
	小计	78	7.04	1.90	2.00	11.00	50	7.80	1.80	2.00	11.00

表 3-5-75　广东省各城市听力残疾人职业人格测验管理能力维度数据资料表

城市	年龄(岁)	男					女			
		N	平均数	标准差	最小值	最大值	N	平均数	标准差	最小值	最大值
深圳	15-29	12	7.00	1.60	4.00	9.00	21	8.71	1.23	6.00	11.00
	30-39	14	9.36	1.65	6.00	12.00	15	8.40	1.68	6.00	12.00
	40-49	4	9.75	1.26	8.00	11.00	2	8.00	0.00	8.00	8.00
	小计	30	8.47	1.96	4.00	12.00	38	8.55	1.39	6.00	12.00
江门	15-29	59	8.00	1.52	4.00	12.00	47	7.98	1.62	3.00	12.00
	30-39	22	8.55	1.63	5.00	12.00	17	7.71	1.31	6.00	10.00
	40-49	3	8.33	1.53	7.00	10.00					
	小计	84	8.15	1.55	4.00	12.00	64	7.91	1.54	3.00	12.00
佛山	15-29	66	7.95	1.56	3.00	11.00	39	7.90	1.48	5.00	11.00
	30-39	10	8.30	1.34	6.00	10.00	9	9.00	0.71	8.00	10.00
	40-49	2	8.00	0.00	8.00	8.00	2	9.00	1.41	8.00	10.00
	小计	78	8.00	1.51	3.00	11.00	50	8.14	1.43	5.00	11.00

表 3-5-76　广东省各城市听力残疾人职业人格测验抗挫折能力维度数据资料表

城市	年龄(岁)	男					女			
		N	平均数	标准差	最小值	最大值	N	平均数	标准差	最小值	最大值
深圳	15-29	12	7.00	2.92	1.00	10.00	21	7.62	2.69	3.00	12.00
	30-39	14	8.29	2.23	5.00	12.00	15	7.87	2.77	3.00	11.00
	40-49	4	9.75	2.63	6.00	12.00	2	7.50	2.12	6.00	9.00
	小计	30	7.97	2.66	1.00	12.00	38	7.71	2.64	3.00	12.00
江门	15-29	59	5.32	2.18	2.00	11.00	47	6.04	2.40	2.00	12.00
	30-39	22	6.18	1.89	3.00	9.00	17	5.82	2.46	2.00	11.00
	40-49	3	5.33	1.53	4.00	7.00					
	小计	84	5.55	2.11	2.00	11.00	64	5.98	2.40	2.00	12.00
佛山	15-29	66	7.24	2.13	2.00	12.00	39	7.18	2.21	3.00	11.00
	30-39	10	6.30	1.57	4.00	9.00	9	6.33	2.45	3.00	11.00
	40-49	2	7.50	4.95	4.00	11.00	2	7.50	2.12	6.00	9.00
	小计	78	7.13	2.13	2.00	12.00	50	7.04	2.23	3.00	11.00

3. 广东省听力残疾人职业兴趣状况

表 3-5-77　广东省听力残疾人职业兴趣测验常规型数据资料表

常规型		男(岁)				女(岁)			
		15-29	30-39	40-49	50-59	15-29	30-39	40-49	50-54
N		367	105	54	19	304	85	46	2
平均数		6.35	6.30	6.39	6.21	6.27	6.28	5.96	7.00
标准差		1.61	1.73	1.73	1.75	1.51	1.77	1.71	1.41
最小值		2.00	2.00	2.00	3.00	2.00	0.00	3.00	6.00
最大值		10.00	10.00	9.00	9.00	10.00	10.00	10.00	8.00
百分位	5	4.00	3.00	2.75	3.00	4.00	3.30	3.00	6.00
	10	4.00	4.00	4.00	4.00	4.00	4.00	4.00	6.00
	25	5.00	5.00	5.00	5.00	5.00	5.00	4.75	6.00
	50	6.00	6.00	7.00	7.00	6.00	7.00	6.00	7.00
	75	7.00	7.00	7.25	7.00	7.00	7.00	8.00	
	90	8.00	8.00	8.50	9.00	8.00	8.40	8.00	
	95	9.00	9.00	9.00		9.00	9.00	8.00	

表 3-5-78　广东省听力残疾人职业兴趣测验现实型数据资料表

现实型		男(岁)				女(岁)			
		15-29	30-39	40-49	50-59	15-29	30-39	40-49	50-54
N		367	105	54	19	304	85	46	2
平均数		6.62	6.97	6.52	6.11	6.46	6.41	6.61	6.00
标准差		1.59	1.53	1.53	1.70	1.53	1.64	1.68	2.83
最小值		1.00	4.00	3.00	3.00	2.00	2.00	3.00	4.00
最大值		10.00	10.00	9.00	9.00	10.00	10.00	10.00	8.00
百分位	5	4.00	5.00	4.00	3.00	4.00	3.00	3.35	4.00
	10	5.00	5.00	4.50	4.00	4.50	5.00	4.00	4.00
	25	6.00	6.00	5.00	5.00	6.00	5.00	5.00	4.00
	50	7.00	7.00	7.00	6.00	6.00	7.00	7.00	6.00
	75	8.00	8.00	8.00	7.00	7.00	7.00	8.00	
	90	9.00	9.00	9.00	9.00	8.00	8.40	8.30	
	95	9.00	9.00	9.00		9.00	9.70	9.00	

表 3-5-79　广东省听力残疾人职业兴趣测验研究型数据资料表

研究型		男(岁)				女(岁)			
		15-29	30-39	40-49	50-59	15-29	30-39	40-49	50-54
N		367	105	54	19	304	85	46	2
平均数		6.23	6.39	5.81	5.32	5.90	5.86	5.65	5.50
标准差		1.69	1.86	1.65	1.77	1.64	1.68	1.61	2.12
最小值		2.00	0.00	3.00	3.00	2.00	1.00	3.00	4.00
最大值		10.00	10.00	9.00	8.00	10.00	9.00	9.00	7.00
百分位	5	3.00	3.00	3.00	3.00	3.00	2.30	3.00	4.00
	10	4.00	4.00	4.00	3.00	4.00	4.00	3.70	4.00
	25	5.00	5.00	4.00	4.00	5.00	5.00	4.75	4.00
	50	6.00	7.00	6.00	6.00	6.00	6.00	5.50	5.50
	75	7.00	8.00	7.00	7.00	7.00	7.00	7.00	
	90	8.00	9.00	8.00	8.00	8.00	8.00	8.00	
	95	9.00	9.00	8.25		9.00	9.00	9.00	

表 3-5-80　广东省听力残疾人职业兴趣测验企业型数据资料表

企业型		男(岁)				女(岁)			
		15-29	30-39	40-49	50-59	15-29	30-39	40-49	50-54
N		367	105	54	19	304	85	46	2
平均数		6.04	5.78	5.67	5.26	6.07	5.73	5.15	5.00
标准差		1.58	1.62	1.58	1.73	1.59	1.76	1.94	1.41
最小值		1.00	1.00	1.00	3.00	1.00	1.00	1.00	4.00
最大值		10.00	9.00	8.00	8.00	10.00	9.00	9.00	6.00
百分位	5	3.00	3.00	2.00	3.00	3.00	2.00	1.35	4.00
	10	4.00	3.60	3.50	3.00	4.00	3.00	2.00	4.00
	25	5.00	5.00	5.00	4.00	5.00	4.50	3.75	4.00
	50	6.00	6.00	6.00	5.00	6.00	6.00	5.00	5.00
	75	7.00	7.00	7.00	7.00	7.00	7.00	7.00	
	90	8.00	8.00	7.00	7.00	8.00	8.00	7.30	
	95	8.00	8.00	8.00		8.00	8.00	8.00	

表3-5-81 广东省听力残疾人职业兴趣测验社会型数据资料表

社会型		男(岁)				女(岁)			
		15-29	30-39	40-49	50-59	15-29	30-39	40-49	50-54
N		367	105	54	19	304	85	46	2
平均数		5.49	5.62	5.28	5.05	5.40	5.73	4.72	4.00
标准差		1.66	1.78	1.52	1.78	1.58	1.51	1.26	0.00
最小值		2.00	2.00	3.00	2.00	1.00	2.00	2.00	4.00
最大值		10.00	10.00	9.00	9.00	9.00	9.00	8.00	4.00
百分位	5	3.00	3.00	3.00	2.00	3.00	3.00	2.35	4.00
	10	3.00	3.00	3.00	3.00	3.00	4.00	3.00	4.00
	25	4.00	4.00	4.00	4.00	4.00	5.00	4.00	4.00
	50	5.00	6.00	5.00	5.00	5.00	6.00	4.00	4.00
	75	7.00	7.00	6.00	7.00	6.00	7.00	6.00	4.00
	90	8.00	8.00	7.50	8.00	7.00	8.00	6.00	4.00
	95	8.00	9.00	8.25		8.00	8.00	6.65	4.00

表3-5-82 广东省听力残疾人职业兴趣测验艺术型数据资料表

艺术型		男(岁)				女(岁)			
		15-29	30-39	40-49	50-59	15-29	30-39	40-49	50-54
N		367	105	54	19	304	85	46	2
平均数		5.70	5.45	5.35	4.47	5.86	5.72	5.00	6.50
标准差		1.94	1.94	2.03	2.06	1.80	1.91	1.97	3.54
最小值		1.00	1.00	1.00	1.00	1.00	1.00	1.00	4.00
最大值		10.00	10.00	9.00	8.00	10.00	9.00	9.00	9.00
百分位	5	2.00	2.00	2.00	1.00	3.00	2.00	1.35	4.00
	10	3.00	3.00	2.50	2.00	3.50	3.00	2.00	4.00
	25	4.00	4.00	4.00	3.00	5.00	4.00	4.00	4.00
	50	6.00	6.00	6.00	4.00	6.00	6.00	5.00	6.50
	75	7.00	7.00	7.00	6.00	7.00	7.00	7.00	
	90	8.00	8.00	8.00	8.00	8.00	8.00	7.00	
	95	9.00	8.00	8.00		9.00	9.00	8.00	

表 3-5-83　广东省各城市听力残疾人职业兴趣测验常规型数据资料表

城市	年龄(岁)	男					女				
		N	平均数	标准差	最小值	最大值	N	平均数	标准差	最小值	最大值
深圳	15-29	12	7.25	1.48	5.00	9.00	21	6.76	1.48	4.00	9.00
	30-39	14	6.50	2.31	2.00	10.00	15	6.93	1.58	4.00	9.00
	40-49	4	7.25	1.26	6.00	9.00	2	6.00	2.83	4.00	8.00
	小计	30	6.90	1.88	2.00	10.00	38	6.79	1.54	4.00	9.00
江门	15-29	59	6.02	1.71	2.00	10.00	47	6.19	1.50	2.00	9.00
	30-39	22	6.50	1.63	2.00	10.00	17	6.24	0.97	3.00	7.00
	40-49	3	6.00	1.00	5.00	7.00					
	小计	84	6.14	1.67	2.00	10.00	64	6.20	1.37	2.00	9.00
佛山	15-29	67	6.55	1.69	3.00	10.00	39	6.18	1.79	2.00	9.00
	30-39	10	6.80	1.87	4.00	10.00	9	6.33	1.80	4.00	9.00
	40-49	2	5.00	1.41	4.00	6.00	2	5.00	0.00	5.00	5.00
	小计	79	6.54	1.71	3.00	10.00	50	6.16	1.75	2.00	9.00

表 3-5-84　广东省各城市听力残疾人职业兴趣测验现实型数据资料表

城市	年龄(岁)	男					女				
		N	平均数	标准差	最小值	最大值	N	平均数	标准差	最小值	最大值
深圳	15-29	12	6.92	1.16	5.00	9.00	21	6.43	1.80	4.00	10.00
	30-39	14	8.29	1.49	5.00	10.00	15	6.87	1.92	3.00	10.00
	40-49	4	6.50	1.91	5.00	9.00	2	6.50	2.12	5.00	8.00
	小计	30	7.50	1.57	5.00	10.00	38	6.61	1.82	3.00	10.00
江门	15-29	59	6.53	1.60	1.00	10.00	47	6.36	1.57	2.00	9.00
	30-39	22	7.32	1.43	5.00	10.00	17	6.18	1.13	3.00	7.00
	40-49	3	6.00	1.00	5.00	7.00					
	小计	84	6.71	1.57	1.00	10.00	64	6.31	1.46	2.00	9.00
佛山	15-29	67	6.93	1.75	3.00	10.00	39	6.46	1.64	3.00	10.00
	30-39	10	6.70	1.64	5.00	9.00	9	6.44	2.07	2.00	9.00
	40-49	2	6.50	0.71	6.00	7.00	2	6.50	2.12	5.00	8.00
	小计	79	6.89	1.71	3.00	10.00	50	6.46	1.69	2.00	10.00

表 3-5-85 广东省各城市听力残疾人职业兴趣测验研究型数据资料表

城市	年龄(岁)	男					女				
		N	平均数	标准差	最小值	最大值	N	平均数	标准差	最小值	最大值
深圳	15-29	12	6.83	2.44	3.00	10.00	21	6.10	1.64	3.00	10.00
	30-39	14	7.00	2.54	0.00	10.00	15	6.07	2.09	2.00	9.00
	40-49	4	7.00	1.15	6.00	8.00	2	4.00	0.00	4.00	4.00
	小计	30	6.93	2.30	0.00	10.00	38	5.97	1.82	2.00	10.00
江门	15-29	59	6.63	1.43	2.00	9.00	47	6.45	1.65	2.00	10.00
	30-39	22	6.50	1.68	3.00	9.00	17	5.94	1.39	2.00	7.00
	40-49	3	4.67	1.53	3.00	6.00					
	小计	84	6.52	1.52	2.00	9.00	64	6.31	1.59	2.00	10.00
佛山	15-29	67	6.63	1.98	2.00	10.00	39	6.41	1.79	2.00	10.00
	30-39	10	7.20	1.87	4.00	10.00	9	6.44	1.88	4.00	9.00
	40-49	2	7.00	0.00	7.00	7.00	2	5.50	3.54	3.00	8.00
	小计	79	6.71	1.94	2.00	10.00	50	6.38	1.83	2.00	10.00

表 3-5-86 广东省各城市听力残疾人职业兴趣测验企业型数据资料表

城市	年龄(岁)	男					女				
		N	平均数	标准差	最小值	最大值	N	平均数	标准差	最小值	最大值
深圳	15-29	12	6.25	1.66	3.00	9.00	21	5.52	1.78	2.00	8.00
	30-39	14	5.86	2.25	1.00	9.00	15	5.47	2.13	2.00	8.00
	40-49	4	4.50	2.52	2.00	8.00	2	3.50	3.54	1.00	6.00
	小计	30	5.83	2.07	1.00	9.00	38	5.39	1.99	1.00	8.00
江门	15-29	59	6.29	1.49	2.00	10.00	47	6.72	1.54	2.00	9.00
	30-39	22	6.14	1.61	1.00	9.00	17	6.00	1.54	3.00	8.00
	40-49	3	5.33	1.53	4.00	7.00					
	小计	84	6.21	1.51	1.00	10.00	64	6.53	1.56	2.00	9.00
佛山	15-29	67	6.39	1.65	2.00	10.00	39	6.05	1.57	2.00	9.00
	30-39	10	6.10	1.79	3.00	8.00	9	5.78	1.99	3.00	8.00
	40-49	2	6.50	0.71	6.00	7.00	2	7.00	0.00	7.00	7.00
	小计	79	6.35	1.64	2.00	10.00	50	6.04	1.62	2.00	9.00

表 3-5-87 广东省各城市听力残疾人职业兴趣测验社会型数据资料表

城市	年龄(岁)	男					女				
		N	平均数	标准差	最小值	最大值	N	平均数	标准差	最小值	最大值
深圳	15-29	12	6.58	1.38	4.00	9.00	21	6.86	0.85	5.00	8.00
	30-39	14	7.21	1.89	3.00	10.00	15	7.00	1.07	5.00	9.00
	40-49	4	8.00	1.15	7.00	9.00	2	6.00	1.41	5.00	7.00
	小计	30	7.07	1.64	3.00	10.00	38	6.87	0.96	5.00	9.00
江门	15-29	59	6.29	1.49	2.00	10.00	47	6.72	1.54	2.00	9.00
	30-39	22	6.14	1.61	1.00	9.00	17	6.00	1.54	3.00	8.00
	40-49	3	5.33	1.53	4.00	7.00					
	小计	84	6.21	1.51	1.00	10.00	64	6.53	1.56	2.00	9.00
佛山	15-29	67	6.73	1.52	3.00	10.00	39	6.79	1.47	4.00	9.00
	30-39	10	6.80	1.48	4.00	9.00	9	6.33	1.41	4.00	8.00
	40-49	2	7.00	1.41	6.00	8.00	2	5.50	0.71	5.00	6.00
	小计	79	6.75	1.50	3.00	10.00	50	6.66	1.45	4.00	9.00

表 3-5-88 广东省各城市听力残疾人职业兴趣测验艺术型数据资料表

城市	年龄(岁)	男					女				
		N	平均数	标准差	最小值	最大值	N	平均数	标准差	最小值	最大值
深圳	15-29	12	5.75	2.26	2.00	9.00	21	7.71	1.71	4.00	10.00
	30-39	14	6.00	2.11	2.00	9.00	15	6.67	1.68	3.00	9.00
	40-49	4	5.00	1.15	4.00	6.00	2	4.50	0.71	4.00	5.00
	小计	30	5.77	2.05	2.00	9.00	38	7.13	1.82	3.00	10.00
江门	15-29	59	6.73	1.60	3.00	10.00	47	6.72	1.61	2.00	10.00
	30-39	22	6.32	1.73	2.00	10.00	17	6.94	1.25	4.00	9.00
	40-49	3	5.33	2.08	3.00	7.00					
	小计	84	6.57	1.65	2.00	10.00	64	6.78	1.52	2.00	10.00
佛山	15-29	67	5.61	2.28	1.00	10.00	39	6.13	1.75	2.00	10.00
	30-39	10	5.70	1.95	3.00	9.00	9	6.11	1.27	4.00	8.00
	40-49	2	7.00	0.00	7.00	7.00	2	5.50	2.12	4.00	7.00
	小计	79	5.66	2.21	1.00	10.00	50	6.10	1.66	2.00	10.00

(三) 广东省言语残疾人职业适应性状况

1. 广东省言语残疾人职业能力状况

表3-5-89　广东省言语残疾人职业能力测验言语能力分测验数据资料表

言语能力		性别		年龄(岁)	
		男	女	15-39	40-59
N		162	107	220	49
平均数		8.92	8.98	9.50	6.44
标准差		4.88	5.46	4.76	5.89
最小值		0.00	0.00	0.00	0.00
最大值		20.00	19.33	20.00	18.00
百分位	5	0.67	0.00	1.37	0.00
	10	2.67	0.67	3.33	0.00
	25	5.33	5.33	6.00	0.67
	50	8.67	8.67	8.67	6.00
	75	12.00	13.33	12.67	10.33
	90	16.00	17.33	17.27	16.00
	95	17.33	17.73	17.97	17.33

表3-5-90　广东省言语残疾人职业能力测验数理能力分测验数据资料表

数理能力		性别		年龄(岁)	
		男	女	15-39	40-59
N		162	107	220	49
平均数		8.89	8.15	9.09	6.37
标准差		5.35	5.63	5.24	5.95
最小值		0.00	0.00	0.00	0.00
最大值		20.00	20.00	20.00	20.00
百分位	5	0.00	0.00	2.00	0.00
	10	2.00	0.00	2.00	0.00
	25	4.00	4.00	4.00	0.00
	50	9.00	8.00	9.00	4.00
	75	12.00	12.00	12.00	11.00
	90	16.00	16.00	16.00	16.00
	95	18.00	18.00	18.00	18.00

表 3-5-91　广东省言语残疾人职业能力测验空间知觉分测验数据资料表

空间知觉		性别		年龄（岁）	
		男	女	15~39	40~59
N		162	107	220	49
平均数		8.23	7.14	8.31	5.51
标准差		4.50	4.32	4.17	4.99
最小值		0.00	0.00	0.00	0.00
最大值		20.00	16.00	20.00	18.00
百分位	5	0.00	0.00	2.00	0.00
	10	2.00	2.00	4.00	0.00
	25	6.00	4.00	6.00	0.00
	50	8.00	6.00	8.00	4.00
	75	10.00	10.00	10.00	8.00
	90	14.00	14.00	14.00	12.00
	95	16.00	16.00	16.00	17.00

表 3-5-92　广东省言语残疾人职业能力测验符号知觉分测验数据资料表

符号知觉		性别		年龄（岁）	
		男	女	15~39	40~59
N		162	107	220	49
平均数		11.66	12.07	12.84	7.27
标准差		6.54	6.51	6.00	6.85
最小值		0.00	0.00	0.00	0.00
最大值		20.00	20.00	20.00	18.89
百分位	5	0.00	0.00	0.44	0.00
	10	1.40	1.07	3.13	0.00
	25	5.94	6.44	8.28	0.78
	50	13.44	14.44	14.56	5.11
	75	18.00	17.78	18.22	15.00
	90	19.11	19.33	19.33	17.33
	95	19.33	19.47	19.33	18.67

表 3-5-93　广东省言语残疾人职业能力测验形状知觉分测验数据资料表

形状知觉		性别		年龄（岁）	
		男	女	15~39	40~59
	N	162	107	220	49
	平均数	11.15	10.45	11.68	7.22
	标准差	5.15	5.31	4.63	6.09
	最小值	0.00	0.00	0.00	0.00
	最大值	20.00	20.00	20.00	20.00
百分位	5	0.00	0.00	2.00	0.00
	10	2.00	2.00	4.20	0.00
	25	8.00	6.00	8.00	0.00
	50	12.00	12.00	12.00	6.00
	75	16.00	14.00	16.00	12.00
	90	18.00	16.40	18.00	16.00
	95	18.00	18.00	18.00	17.00

表 3-5-94　广东省言语残疾人职业能力文档测验总分数据资料表

职业能力文档测验		性别		年龄（岁）	
		男	女	15~39	40~59
	N	162	107	220	49
	平均数	48.85	46.78	51.42	32.81
	标准差	21.26	21.80	19.34	24.00
	最小值	0.00	0.00	2.00	0.00
	最大值	94.67	89.33	94.67	82.67
百分位	5	5.93	7.73	20.46	0.00
	10	21.09	19.16	27.58	0.67
	25	36.17	30.89	37.22	15.44
	50	48.67	47.33	51.00	30.89
	75	64.72	61.33	65.33	52.78
	90	78.09	77.07	78.42	67.11
	95	84.18	83.60	84.87	79.11

表 3-5-95 广东省言语残疾人职业能力测验手眼协调能力分测验数据资料表

手眼协调能力		性别		年龄（岁）	
		男	女	15-39	40-59
N		52	35	76	11
平均数		16.00	15.31	15.86	14.79
标准差		5.99	6.45	6.02	7.24
最小值		0.00	0.00	0.00	0.00
最大值		20.00	20.00	20.00	20.00
百分位	5	0.87	0.00	1.13	0.00
	10	4.40	3.47	4.00	0.80
	25	14.67	12.00	14.67	8.00
	50	18.67	18.67	18.67	17.33
	75	20.00	20.00	20.00	20.00
	90	20.00	20.00	20.00	20.00
	95	20.00	20.00	20.00	

表 3-5-96 广东省言语残疾人职业能力测验总分数据资料表

职业能力		性别		年龄（岁）	
		男	女	15-39	40-59
N		52	76	220	11
平均数		68.38	70.77	9.09	64.55
标准差		21.33	22.18	5.24	26.39
最小值		27.56	20.67	0.00	20.67
最大值		109.78	109.78	20.00	102.67
百分位	5	34.88	34.77	2.00	20.67
	10	41.64	41.04	2.00	24.31
	25	53.06	55.78	4.00	44.67
	50	64.00	70.33	9.00	57.56
	75	82.11	88.83	12.00	95.11
	90	101.02	102.71	16.00	101.33
	95	108.23	106.30	18.00	

表 3-5-97 广东省深圳市言语残疾人职业能力测验数据资料表

（15-39岁）*	男（n=8）				女（n=9）			
	平均数	标准差	最小值	最大值	平均数	标准差	最小值	最大值
言语能力	14.08	5.27	6.67	19.33	15.19	2.15	12.00	18.67
数理能力	11.75	5.06	2.00	18.00	14.22	3.38	8.00	18.00

(续表)

(15-39岁)*	男(n=8)				女(n=9)			
	平均数	标准差	最小值	最大值	平均数	标准差	最小值	最大值
空间知觉	9.75	4.33	4.00	16.00	11.11	3.89	6.00	16.00
符号知觉	13.36	6.22	2.22	19.56	17.06	4.53	5.33	19.78
形状知觉	14.25	3.45	8.00	18.00	14.22	4.06	6.00	18.00
文档总分	63.19	19.70	28.89	88.67	71.80	14.63	41.33	86.44
手眼协调	14.83	7.79	0.00	20.00	17.63	2.65	12.00	20.00
职业能力总分	78.03	24.15	46.22	108.67	89.43	15.70	60.00	106.00

注:* 深圳市言语残疾人样本共17人,均属于15-39岁年龄段。

表3-5-98 广东省江门市言语残疾人职业能力测验数据资料表

	年龄(岁)	男					女				
		n	平均数	标准差	最小值	最大值	n	平均数	标准差	最小值	最大值
言语能力	15-39	18	12.48	3.30	8.00	18.67	8	16.33	2.71	10.67	19.33
	40-59	4	14.83	5.45	6.67	18.00					
	小计	22	12.91	3.73	6.67	18.67	8	16.33	2.71	10.67	19.33
数理能力	15-39	18	11.78	4.99	4.00	20.00	8	15.00	4.14	10.00	20.00
	40-59	4	15.50	4.43	10.00	20.00					
	小计	22	12.45	5.01	4.00	20.00	8	11.75	3.11	6.00	16.00
空间知觉	15-39	18	9.56	3.79	2.00	16.00	8	11.75	3.11	6.00	16.00
	40-59	4	12.50	6.19	4.00	18.00					
	小计	22	10.09	4.30	2.00	18.00	8	11.75	3.11	6.00	16.00
符号知觉	15-39	18	12.75	5.98	1.56	19.33	8	12.83	6.60	3.33	19.33
	40-59	4	6.89	7.39	0.00	17.33					
	小计	22	11.69	6.49	0.00	19.33	8	12.83	6.60	3.33	19.33
形状知觉	15-39	18	12.44	3.85	6.00	18.00	8	14.50	2.07	12.00	18.00
	40-59	4	12.00	5.89	4.00	18.00					
	小计	22	12.36	4.12	4.00	18.00	8	14.50	2.07	12.00	18.00
文档总分	15-39	18	59.01	16.10	37.11	89.78	8	70.42	11.82	55.56	85.33
	40-59	4	61.72	26.27	24.67	82.67					
	小计	22	59.51	17.59	24.67	89.78	8	70.42	11.82	55.56	85.33
手眼协调	15-39	18	17.04	4.65	2.67	20.00	8	17.50	3.22	10.67	20.00
	40-59	4	19.33	1.33	17.33	20.00					
	小计	22	17.45	4.31	2.67	20.00	8	17.50	3.22	10.67	20.00
职业能力总分	15-39	18	76.45	16.66	55.78	109.78	8	87.92	12.33	71.56	105.33
	40-59	4	81.06	25.75	44.67	102.67					
	小计	22	76.96	17.98	44.67	109.78	8	87.92	12.33	71.56	105.33

表 3-5-99 广东省佛山市言语残疾人职业能力测验数据资料表

	年龄(岁)	男					女				
		n	平均数	标准差	最小值	最大值	n	平均数	标准差	最小值	最大值
言语能力	15-39	19	7.47	3.86	0.67	17.33	14	8.10	6.10	0.00	17.33
	40-59	3	10.89	8.44	1.33	17.33	4	3.33	3.89	0.00	7.33
	小计	22	7.94	4.58	0.67	17.33	18	7.04	5.94	0.00	7.33
数理能力	15-39	19	7.47	3.45	2.00	16.00	14	8.00	5.26	0.00	16.00
	40-59	3	10.00	6.00	4.00	16.00	4	7.50	7.72	0.00	18.00
	小计	22	7.82	3.80	2.00	16.00	18	7.89	5.63	0.00	18.00
空间知觉	15-39	19	7.68	3.79	0.00	16.00	14	7.29	4.55	2.00	16.00
	40-59	3	8.67	3.06	6.00	12.00	4	6.00	5.16	0.00	12.00
	小计	22	7.82	3.65	0.00	16.00	18	7.00	4.56	0.00	16.00
符号知觉	15-39	19	7.51	6.57	0.00	19.33	14	12.30	6.39	0.00	20.00
	40-59	3	12.52	8.00	3.33	18.00	4	11.72	6.99	1.33	16.44
	小计	22	8.19	6.80	0.00	19.33	18	12.17	6.32	0.00	20.00
形状知觉	15-39	19	9.79	4.10	2.00	16.00	14	9.86	4.80	4.00	16.00
	40-59	3	8.00	7.21	0.00	14.00	4	9.00	8.87	0.00	20.00
	小计	22	9.55	4.45	0.00	16.00	18	9.67	5.63	0.00	20.00
文档总分	15-39	19	39.93	14.31	20.89	76.22	14	45.54	19.13	18.00	83.33
	40-59	3	50.07	23.63	35.33	77.33	4	37.56	15.60	20.67	58.44
	小计	22	41.31	15.53	20.89	77.33	18	43.77	18.29	18.00	83.33
手眼协调	15-39	19	14.39	6.99	0.00	20.00	14	14.86	7.72	0.00	20.00
	40-59	3	18.67	1.33	17.33	20.00	4	7.33	7.42	0.00	17.33
	小计	22	14.97	6.66	0.00	20.00	18	13.19	8.10	0.00	20.00
职业能力总分	15-39	19	54.32	16.81	27.56	90.89	14	60.40	23.03	20.67	103.33
	40-59	3	68.74	23.73	52.67	96.00	4	44.89	19.68	20.67	66.44
	小计	22	56.28	17.93	27.56	96.00	18	56.95	22.76	20.67	103.33

2. 广东省言语残疾人职业人格状况

表 3-5-100 广东省言语残疾人职业人格测验坚持性维度数据资料表

坚持性	性别		年龄(岁)	
	男	女	15-39	40-59
N	150	102	212	40
平均数	7.37	7.51	7.61	6.43
标准差	2.38	2.38	2.30	2.54
最小值	0.00	2.00	2.00	0.00
最大值	12.00	12.00	12.00	12.00

(续表)

坚持性		性别		年龄（岁）	
		男	女	15-39	40-59
百分位	5	3.00	4.00	4.00	2.05
	10	4.00	4.30	4.30	4.00
	25	6.00	6.00	6.00	5.00
	50	8.00	7.00	8.00	6.00
	75	9.00	10.00	9.75	8.00
	90	10.00	11.00	11.00	9.90
	95	11.00	11.85	11.00	11.00

表 3-5-101　广东省言语残疾人职业人格测验严谨性维度数据资料表

严谨性		性别		年龄（岁）	
		男	女	15-39	40-59
	N	150	102	212	40
	平均数	8.16	7.89	8.13	7.63
	标准差	1.90	1.90	1.86	2.11
	最小值	3.00	4.00	3.00	3.00
	最大值	12.00	12.00	12.00	11.00
百分位	5	5.00	5.00	5.00	3.10
	10	6.00	5.00	6.00	5.00
	25	7.00	6.00	7.00	6.00
	50	8.00	8.00	8.00	8.00
	75	10.00	9.00	9.00	9.00
	90	11.00	10.00	10.70	10.00
	95	11.00	11.00	11.00	11.00

表 3-5-102　广东省言语残疾人职业人格测验情绪稳定性维度数据资料表

情绪稳定性	性别		年龄（岁）	
	男	女	15-39	40-59
N	150	102	212	40
平均数	6.07	5.86	6.15	5.13
标准差	2.76	2.75	2.68	3.01
最小值	0.00	0.00	0.00	0.00
最大值	12.00	12.00	12.00	12.00

(续表)

情绪稳定性		性别		年龄(岁)	
		男	女	15-39	40-59
百分位	5	2.00	1.00	2.00	0.00
	10	3.00	2.00	3.00	0.20
	25	4.00	4.00	4.00	3.00
	50	6.00	6.00	6.00	5.00
	75	8.00	8.00	8.00	6.00
	90	10.00	9.70	10.00	10.00
	95	11.00	10.00	11.00	10.95

表 3-5-103　广东省言语残疾人职业人格测验自信心维度数据资料表

自信心		性别		年龄(岁)	
		男	女	15-39	40-59
	N	150	102	212	40
	平均数	8.22	7.88	8.11	7.93
	标准差	2.02	2.11	2.03	2.26
	最小值	1.00	1.00	1.00	2.00
	最大值	13.00	13.00	13.00	12.00
百分位	5	4.55	4.00	4.00	3.00
	10	6.00	5.00	5.30	4.00
	25	7.00	7.00	7.00	7.00
	50	8.00	8.00	8.00	8.50
	75	10.00	9.00	10.00	9.75
	90	11.00	10.00	10.00	10.00
	95	11.00	10.00	11.00	10.00

表 3-5-104　广东省言语残疾人职业人格测验责任心维度数据资料表

责任心	性别		年龄(岁)	
	男	女	15-39	40-59
N	150	102	212	40
平均数	8.51	8.35	8.54	7.98
标准差	1.98	2.00	1.95	2.14
最小值	1.00	3.00	3.00	1.00
最大值	12.00	12.00	12.00	12.00

(续表)

责任心		性别		年龄（岁）	
		男	女	15-39	40-59
百分位	5	5.00	4.15	5.00	4.05
	10	6.00	6.00	6.00	6.00
	25	7.00	7.00	7.00	7.00
	50	9.00	8.00	9.00	8.00
	75	10.00	10.00	10.00	9.00
	90	11.00	11.00	11.00	11.00
	95	12.00	11.00	12.00	11.95

表3-5-105　广东省言语残疾人职业人格测验交际能力维度数据资料表

交际能力		性别		年龄（岁）	
		男	女	15-39	40-59
	N	150	102	212	40
	平均数	7.56	7.36	7.60	6.85
	标准差	2.13	2.31	2.10	2.64
	最小值	0.00	1.00	1.00	0.00
	最大值	12.00	12.00	12.00	11.00
百分位	5	4.00	3.00	4.00	1.10
	10	5.00	4.30	5.00	3.00
	25	6.00	6.00	6.00	5.00
	50	8.00	8.00	8.00	7.00
	75	9.00	9.00	9.00	9.00
	90	10.00	10.00	10.00	10.00
	95	11.00	11.00	11.00	10.95

表3-5-106　广东省言语残疾人职业人格测验管理能力维度数据资料表

管理能力	性别		年龄（岁）	
	男	女	15-39	40-59
N	150	102	212	40
平均数	8.46	8.15	8.32	8.40
标准差	2.50	2.61	2.51	2.76
最小值	1.00	0.00	0.00	2.00
最大值	12.00	12.00	12.00	12.00

（续表）

(续表)

管理能力		性别		年龄(岁)	
		男	女	15-39	40-59
百分位	5	4.00	3.00	4.00	2.00
	10	5.00	4.30	5.00	5.00
	25	7.00	7.00	7.00	7.00
	50	9.00	8.00	9.00	9.00
	75	10.00	10.00	10.00	11.00
	90	12.00	11.00	11.00	12.00
	95	12.00	12.00	12.00	12.00

表3-5-107　广东省言语残疾人职业人格测验抗挫折能力维度数据资料表

抗挫折能力		性别		年龄(岁)	
		男	女	15-39	40-59
N		150	102	212	40
平均数		7.13	6.88	7.16	6.35
标准差		2.47	2.57	2.54	2.26
最小值		1.00	1.00	1.00	2.00
最大值		12.00	12.00	12.00	11.00
百分位	5	3.00	3.00	3.00	2.05
	10	4.00	3.30	4.00	3.00
	25	5.00	5.00	5.00	5.00
	50	7.00	7.00	7.00	7.00
	75	9.00	8.00	9.00	8.00
	90	10.90	11.00	11.00	9.00
	95	11.00	11.00	11.00	9.95

表3-5-108　广东省深圳市言语残疾人职业人格测验数据资料表

(15-39岁)*	男(n=8)				女(n=9)			
	平均数	标准差	最小值	最大值	平均数	标准差	最小值	最大值
言语能力	8.25	2.87	4.00	12.00	9.33	3.24	2.00	12.00
严谨性	8.38	1.85	6.00	12.00	8.56	1.94	6.00	11.00
情绪稳定性	6.38	3.46	.00	11.00	6.44	2.55	1.00	9.00
自信心	9.88	1.73	8.00	13.00	8.22	2.39	3.00	11.00
责任心	8.88	1.64	6.00	11.00	9.22	1.39	8.00	11.00
交际能力	6.75	1.75	5.00	9.00	7.11	1.76	5.00	10.00
管理能力	7.38	2.39	5.00	11.00	8.89	1.36	6.00	10.00
抗挫折能力	7.88	2.75	4.00	12.00	8.67	3.16	2.00	11.00

注：*深圳市言语残疾人样本共17人，均属于15-39岁年龄段。

表 3-5-109　广东省江门市言语残疾人职业人格测验数据资料表

	年龄(岁)	男					女				
		n	平均数	标准差	最小值	最大值	n	平均数	标准差	最小值	最大值
坚持性	15-39	18	7.83	2.38	3.00	11.00	8	7.75	2.31	5.00	12.00
	40-59	4	6.00	1.41	5.00	8.00					
	小计	22	7.50	2.32	3.00	11.00	8	7.75	2.31	5.00	12.00
严谨性	15-39	18	8.44	2.01	4.00	11.00	8	7.50	1.31	5.00	9.00
	40-59	4	9.00	1.15	8.00	10.00					
	小计	22	8.55	1.87	4.00	11.00	8	7.50	1.31	5.00	9.00
情绪稳定性	15-39	18	5.56	2.18	3.00	9.00	8	6.00	2.00	3.00	10.00
	40-59	4	4.50	4.20	0.00	10.00					
	小计	22	5.36	2.56	0.00	10.00	8	6.00	2.00	3.00	10.00
自信心	15-39	18	8.89	2.52	1.00	11.00	8	8.63	2.62	5.00	13.00
	40-59	4	8.75	1.89	6.00	10.00					
	小计	22	8.86	2.38	1.00	11.00	8	8.63	2.62	5.00	13.00
责任心	15-39	18	9.39	1.46	7.00	11.00	8	7.63	3.07	3.00	11.00
	40-59	4	8.25	1.71	6.00	10.00					
	小计	22	9.18	1.53	6.00	11.00	8	7.63	3.07	3.00	11.00
交际能力	15-39	18	8.28	1.71	5.00	10.00	8	7.38	1.92	5.00	10.00
	40-59	4	8.75	0.50	8.00	9.00					
	小计	22	8.36	1.56	5.00	10.00	8	7.38	1.92	5.00	10.00
管理能力	15-39	18	9.11	1.53	6.00	12.00	8	8.00	1.85	4.00	10.00
	40-59	4	8.50	1.29	7.00	10.00					
	小计	22	9.00	1.48	6.00	12.00	8	8.00	1.85	4.00	10.00
抗挫折能力	15-39	18	6.89	2.52	3.00	12.00	8	7.63	2.88	3.00	12.00
	40-59	4	6.50	2.65	3.00	9.00					
	小计	22	6.82	2.48	3.00	12.00	8	7.63	2.88	3.00	12.00

表 3-5-110　广东省佛山市言语残疾人职业人格测验数据资料表

	年龄(岁)	男					女				
		n	平均数	标准差	最小值	最大值	n	平均数	标准差	最小值	最大值
坚持性	15-39	19	6.21	1.90	3.00	10.00	14	6.64	2.31	4.00	11.00
	40-59	3	6.67	3.79	4.00	11.00	4	5.00	1.83	3.00	7.00
	小计	22	6.27	2.12	3.00	11.00	18	6.28	2.27	3.00	11.00
严谨性	15-39	19	7.84	1.46	5.00	10.00	14	7.43	2.17	4.00	10.00
	40-59	3	8.00	2.00	6.00	10.00	4	7.75	2.06	6.00	10.00
	小计	22	7.86	1.49	5.00	10.00	18	7.50	2.09	4.00	10.00

(续表)

年龄(岁)		男					女			
		n	平均数	标准差	最小值	最大值	n	平均数	标准差	最小值	最大值
情绪稳定性	15-39	19	5.00	1.91	2.00	9.00	14	4.71	2.46	1.00	8.00
	40-59	3	5.67	3.79	3.00	10.00	4	4.25	0.50	4.00	5.00
	小计	22	5.09	2.14	2.00	10.00	18	4.61	2.17	1.00	8.00
自信心	15-39	19	8.47	1.47	6.00	10.00	14	8.07	2.27	2.00	10.00
	40-59	3	8.67	3.06	6.00	12.00	4	8.25	1.50	6.00	9.00
	小计	22	8.50	1.65	6.00	12.00	18	8.11	2.08	2.00	10.00
责任心	15-39	19	7.68	1.92	4.00	11.00	14	7.79	2.04	4.00	11.00
	40-59	3	8.33	2.31	7.00	11.00	4	7.25	2.36	4.00	9.00
	小计	22	7.77	1.93	4.00	11.00	18	7.67	2.06	4.00	11.00
交际能力	15-39	19	7.32	1.57	5.00	11.00	14	7.29	1.86	4.00	10.00
	40-59	3	8.00	1.00	7.00	9.00	4	5.25	2.06	3.00	8.00
	小计	22	7.41	1.50	5.00	11.00	18	6.83	2.04	3.00	10.00
管理能力	15-39	19	7.74	1.24	5.00	10.00	14	7.79	1.81	4.00	11.00
	40-59	3	8.67	2.08	7.00	11.00	4	7.00	0.82	6.00	8.00
	小计	22	7.86	1.36	5.00	11.00	18	7.61	1.65	4.00	11.00
抗挫折能力	15-39	19	5.53	2.34	2.00	11.00	14	5.29	2.61	1.00	10.00
	40-59	3	6.33	4.16	3.00	11.00	4	6.00	2.16	3.00	8.00
	小计	22	5.64	2.54	2.00	11.00	18	5.44	2.48	1.00	10.00

3. 广东省言语残疾人职业兴趣状况

表 3-5-111　广东省言语残疾人职业人格测验常规型数据资料表

常规型		性别		年龄(岁)	
		男	女	15-39	40-59
N		151	103	210	44
平均数		6.10	6.15	6.20	5.75
标准差		1.53	1.56	1.52	1.57
最小值		2.00	2.00	2.00	3.00
最大值		10.00	9.00	10.00	9.00
百分位	5	3.00	3.00	3.00	3.00
	10	4.00	4.00	4.00	3.00
	25	5.00	5.00	5.00	5.00
	50	6.00	6.00	6.00	6.00
	75	7.00	7.00	7.00	7.00
	90	8.00	8.00	8.00	8.00
	95	8.00	8.00	8.00	8.00

表 3-5-112　广东省言语残疾人职业兴趣测验现实型数据资料表

现实型		性别		年龄(岁)	
		男	女	15-39	40-59
N		151	103	210	44
平均数		6.35	6.08	6.33	5.80
标准差		1.82	1.47	1.69	1.61
最小值		2.00	3.00	2.00	2.00
最大值		10.00	9.00	10.00	9.00
百分位	5	3.00	4.00	3.55	2.25
	10	4.00	4.00	4.00	3.50
	25	5.00	5.00	5.00	5.00
	50	7.00	6.00	6.00	6.00
	75	8.00	7.00	8.00	7.00
	90	8.80	8.00	8.00	8.00
	95	9.00	8.80	9.00	8.00

表 3-5-113　广东省言语残疾人职业兴趣测验研究型数据资料表

研究型		性别		年龄(岁)	
		男	女	15-39	40-59
N		151	103	210	44
平均数		6.02	5.62	5.89	5.70
标准差		1.82	1.80	1.83	1.76
最小值		1.00	0.00	0.00	2.00
最大值		10.00	10.00	10.00	9.00
百分位	5	3.00	3.00	3.00	3.00
	10	4.00	3.00	4.00	3.00
	25	5.00	5.00	5.00	4.00
	50	6.00	6.00	6.00	6.00
	75	7.00	7.00	7.00	7.00
	90	8.00	8.00	8.00	8.50
	95	9.00	8.80	9.00	9.00

表 3-5-114　广东省言语残疾人职业兴趣测验企业型数据资料表

企业型		性别		年龄(岁)	
		男	女	15-39	40-59
N		151	103	210	44
平均数		5.85	5.36	5.64	5.68
标准差		1.77	1.56	1.67	1.86
最小值		1.00	1.00	1.00	2.00
最大值		9.00	9.00	9.00	9.00
百分位	5	3.00	3.00	3.00	3.00
	10	3.00	3.00	3.00	3.00
	25	5.00	4.00	5.00	4.00
	50	6.00	5.00	6.00	6.00
	75	7.00	6.00	7.00	7.00
	90	8.00	7.00	8.00	8.00
	95	9.00	8.00	8.00	8.00

表 3-5-115　广东省言语残疾人职业兴趣测验社会型数据资料表

社会型		性别		年龄(岁)	
		男	女	15-39	40-59
N		151	103	210	44
平均数		5.45	5.48	5.53	5.14
标准差		1.70	1.59	1.70	1.36
最小值		2.00	2.00	2.00	3.00
最大值		10.00	10.00	10.00	8.00
百分位	5	3.00	3.00	3.00	3.00
	10	3.00	3.00	3.00	3.00
	25	4.00	4.00	4.00	4.00
	50	6.00	6.00	6.00	5.00
	75	7.00	6.00	7.00	6.00
	90	8.00	7.00	8.00	7.00
	95	8.00	8.80	8.45	7.00

表 3-5-116　广东省言语残疾人职业兴趣测验艺术型数据资料表

艺术型		性别		年龄（岁）	
		男	女	15~39	40~59
	N	151	103	210	44
	平均数	5.75	5.75	5.83	5.39
	标准差	2.02	1.82	1.86	2.28
	最小值	1.00	1.00	1.00	1.00
	最大值	10.00	9.00	10.00	9.00
百分位	5	2.00	3.00	3.00	1.25
	10	3.00	3.00	3.00	2.50
	25	4.00	4.00	5.00	3.00
	50	6.00	6.00	6.00	6.00
	75	7.00	7.00	7.00	7.00
	90	8.00	8.00	8.00	8.00
	95	9.00	9.00	9.00	8.75

表 3-5-117　广东省深圳市言语残疾人职业兴趣测验数据资料表

（15~39岁）*	男（n=8）				女（n=9）			
	平均数	标准差	最小值	最大值	平均数	标准差	最小值	最大值
常规型	5.13	0.83	4.00	6.00	6.67	1.00	5.00	8.00
现实型	6.63	1.60	5.00	9.00	6.00	1.73	4.00	9.00
研究型	5.38	2.13	2.00	8.00	5.78	2.33	2.00	9.00
企业型	5.63	1.69	3.00	8.00	5.56	1.81	3.00	9.00
社会型	6.13	1.73	4.00	9.00	7.78	1.72	5.00	10.00
艺术型	5.63	1.51	3.00	8.00	5.67	1.22	4.00	8.00

注：*深圳市言语残疾人样本共17人，均属于15~39岁年龄段。

表 3-5-118　广东省江门市言语残疾人职业兴趣测验数据资料表

	年龄（岁）	男					女				
		n	平均数	标准差	最小值	最大值	n	平均数	标准差	最小值	最大值
常规型	15~39	18	6.78	1.90	2.00	9.00	8	7.13	0.83	6.00	8.00
	40~59	4	6.00	0.00	6.00	6.00					
	小计	22	6.64	1.73	2.00	9.00	8	7.13	0.83	6.00	8.00
现实型	15~39	18	7.17	2.20	2.00	10.00	8	5.88	2.03	3.00	9.00
	40~59	4	6.00	2.94	2.00	9.00					
	小计	22	6.95	2.32	2.00	10.00	8	5.88	2.03	3.00	9.00
研究型	15~39	18	7.50	1.82	2.00	10.00	8	6.38	1.19	5.00	8.00
	40~59	4	5.75	1.26	4.00	7.00					
	小计	22	7.18	1.84	2.00	10.00	8	6.38	1.19	5.00	8.00

(续表)

	年龄(岁)	男					女				
		n	平均数	标准差	最小值	最大值	n	平均数	标准差	最小值	最大值
企业型	15-39	18	6.78	2.13	1.00	9.00	8	5.13	2.42	1.00	8.00
	40-59	4	5.50	3.00	3.00	9.00					
	小计	22	6.55	2.28	1.00	9.00	8	5.13	2.42	1.00	8.00
社会型	15-39	18	7.22	1.44	4.00	10.00	8	6.63	0.52	6.00	7.00
	40-59	4	6.25	0.50	6.00	7.00					
	小计	22	7.05	1.36	4.00	10.00	8	6.63	0.52	6.00	7.00
艺术型	15-39	18	6.83	1.95	3.00	10.00	8	7.00	1.51	4.00	9.00
	40-59	4	6.75	0.50	6.00	7.00					
	小计	22	6.82	1.76	3.00	10.00	8	7.00	1.51	4.00	9.00

表 3-5-119　广东省佛山市言语残疾人职业兴趣测验数据资料表

	年龄(岁)	男					女				
		n	平均数	标准差	最小值	最大值	n	平均数	标准差	最小值	最大值
常规型	15-39	19	6.32	1.89	2.00	10.00	14	5.86	1.88	3.00	9.00
	40-59	3	7.33	1.53	6.00	9.00	4	5.50	1.00	4.00	6.00
	小计	22	6.45	1.84	2.00	10.00	18	5.78	1.70	3.00	9.00
现实型	15-39	19	6.42	2.14	3.00	10.00	14	6.71	1.54	4.00	9.00
	40-59	3	5.67	1.53	4.00	7.00	4	5.50	1.73	3.00	7.00
	小计	22	6.32	2.06	3.00	10.00	18	6.44	1.62	3.00	9.00
研究型	15-39	19	6.26	2.23	1.00	9.00	14	5.71	2.23	0.00	10.00
	40-59	3	5.33	2.08	3.00	7.00	4	6.50	1.29	5.00	8.00
	小计	22	6.14	2.19	1.00	9.00	18	5.89	2.05	0.00	10.00
企业型	15-39	19	6.05	1.93	1.00	9.00	14	5.21	1.48	3.00	7.00
	40-59	3	6.00	1.73	4.00	7.00	4	6.50	1.00	5.00	7.00
	小计	22	6.05	1.86	1.00	9.00	18	5.50	1.47	3.00	7.00
社会型	15-39	19	6.68	1.20	4.00	9.00	14	6.50	1.22	4.00	9.00
	40-59	3	6.00	2.00	4.00	8.00	4	6.50	0.58	6.00	7.00
	小计	22	6.59	1.30	4.00	9.00	18	6.50	1.10	4.00	9.00
艺术型	15-39	19	6.47	1.90	3.00	10.00	14	6.71	1.73	4.00	9.00
	40-59	3	5.00	3.46	1.00	7.00	4	6.00	2.00	3.00	7.00
	小计	22	6.27	2.12	1.00	10.00	18	6.56	1.76	3.00	9.00

六、广西壮族自治区残疾人职业适应性状况

(一)广西壮族自治区肢体残疾人职业适应性状况

1. 广西壮族自治区肢体残疾人职业能力状况

表 3-6-1 广西壮族自治区肢体残疾人职业能力测验言语能力分测验数据资料表

言语能力		男(岁)				女(岁)			
		15-29	30-39	40-49	50-59	15-29	30-39	40-49	50-54
N		121	69	63	9	57	51	23	2
平均数		7.76	7.07	6.29	6.37	8.39	8.61	9.42	7.33
标准差		3.38	3.75	3.35	4.70	3.14	3.53	3.77	6.60
最小值		0.00	0.00	0.00	0.00	2.00	0.00	2.67	2.67
最大值		16.00	13.33	16.67	11.33	15.33	14.00	14.00	12.00
百分位	5	2.07	0.67	0.27	0.00	3.27	1.47	2.80	2.67
	10	3.33	1.33	2.00	0.00	3.33	3.33	3.33	2.67
	25	5.33	4.33	3.33	1.00	6.33	6.00	6.00	2.67
	50	8.00	7.33	6.67	7.33	8.67	9.33	10.67	7.33
	75	10.00	10.00	9.33	10.67	10.67	11.33	12.00	
	90	12.00	12.00	10.00		11.47	12.00	14.00	
	95	14.00	13.00	10.67		14.73	13.33	14.00	

(续表1)

言语能力		残疾等级				文化水平			
		一级	二级	三级	四级	小学及以下	初中	高中/中专	大专及以上
N		6	67	210	112	24	92	243	36
平均数		6.89	7.85	7.55	7.82	4.92	6.14	8.18	9.98
标准差		2.09	3.75	3.54	3.62	3.86	3.59	3.26	2.91
最小值		4.00	0.67	0.00	0.00	0.00	0.00	0.00	0.00
最大值		9.33	16.00	16.67	15.33	13.33	16.67	16.00	15.33
百分位	5	4.00	2.00	1.03	1.77	0.00	0.67	2.67	3.40
	10	4.00	2.53	2.67	2.87	0.00	2.00	3.33	6.00
	25	4.50	4.67	5.17	4.67	2.00	3.33	6.00	8.67
	50	7.67	8.00	8.00	8.67	4.00	6.00	8.67	10.67
	75	8.33	10.67	10.67	10.67	8.50	8.00	10.67	11.33
	90		12.80	12.00	12.00	11.00	11.33	12.00	13.33
	95		15.07	13.33	13.33	13.00	12.00	13.33	14.20

(续表2)

言语能力		残疾部位			
		上肢	下肢	上肢&下肢	躯干
N		56	324	12	3
平均数		7.00	7.79	7.67	6.67
标准差		3.62	3.58	2.53	6.11
最小值		0.00	0.00	4.00	0.00
最大值		15.33	16.67	11.33	12.00
百分位	5	0.67	2.00	4.00	0.00
	10	1.80	2.67	4.20	0.00
	25	4.67	4.83	5.50	0.00
	50	7.33	8.00	7.00	8.00
	75	9.83	10.67	10.50	
	90	12.00	12.00	11.13	
	95	12.20	13.33		

表3-6-2　广西壮族自治区肢体残疾人职业能力测验数理能力分测验数据资料表

数理能力		男(岁)				女(岁)			
		15-29	30-39	40-49	50-59	15-29	30-39	40-49	50-54
N		121	69	63	9	57	51	23	2
平均数		10.78	10.81	9.56	8.00	10.07	11.73	10.78	10.00
标准差		4.81	4.67	4.61	4.58	4.67	5.18	4.81	2.83
最小值		0.00	0.00	0.00	0.00	2.00	0.00	2.00	8.00
最大值		20.00	20.00	20.00	14.00	20.00	20.00	18.00	12.00
百分位	5	2.00	2.00	2.00	0.00	2.00	2.00	2.00	8.00
	10	6.00	4.00	4.00	0.00	4.00	4.00	2.80	8.00
	25	8.00	8.00	6.00	4.00	6.00	8.00	6.00	8.00
	50	10.00	10.00	10.00	10.00	10.00	12.00	12.00	10.00
	75	14.00	14.00	12.00	11.00	14.00	16.00	14.00	
	90	17.60	16.00	16.00		16.40	18.00	17.20	
	95	19.80	18.00	18.00		18.00	20.00	18.00	

(续表1)

数理能力		残疾等级				文化水平			
		一级	二级	三级	四级	小学及以下	初中	高中/中专	大专及以上
N		6	67	210	112	24	92	243	36
平均数		8.00	10.90	10.38	10.77	6.50	9.02	11.32	11.89
标准差		1.26	5.26	4.55	5.05	4.65	4.30	4.62	5.04
最小值		6.00	0.00	0.00	0.00	0.00	0.00	0.00	0.00
最大值		10.00	20.00	20.00	20.00	18.00	20.00	20.00	20.00
百分位	5	6.00	2.00	2.00	2.00	0.00	2.00	4.00	1.70
	10	6.00	4.00	4.00	4.00	1.00	4.00	6.00	5.40
	25	7.50	6.00	8.00	6.00	2.00	6.00	8.00	8.50
	50	8.00	10.00	10.00	10.00	6.00	10.00	10.00	12.00
	75	8.50	16.00	14.00	14.00	10.00	12.00	16.00	16.00
	90		18.00	16.00	18.00	13.00	16.00	18.00	18.60
	95		19.20	18.00	20.00	17.00	16.00	18.00	20.00

(续表2)

数理能力		残疾部位			
		上肢	下肢	上肢&下肢	躯干
N		56	324	12	3
平均数		9.43	10.74	9.83	12.67
标准差		5.13	4.68	4.63	9.45
最小值		0.00	0.00	2.00	2.00
最大值		18.00	20.00	16.00	20.00
百分位	5	0.00	2.00	2.00	2.00
	10	2.00	4.00	2.00	2.00
	25	6.00	8.00	7.00	2.00
	50	10.00	10.00	10.00	16.00
	75	14.00	14.00	13.50	
	90	16.00	18.00	16.00	
	95	18.00	18.00		

表 3-6-3　广西壮族自治区肢体残疾人职业能力测验空间知觉分测验数据资料表

空间知觉		男(岁)				女(岁)			
		15-29	30-39	40-49	50-59	15-29	30-39	40-49	50-54
N		121	69	63	9	57	51	23	2
平均数		9.70	9.42	8.48	6.00	9.33	10.27	9.57	9.00
标准差		4.51	4.33	4.42	4.69	4.15	3.92	3.91	1.41
最小值		0.00	0.00	0.00	0.00	2.00	2.00	2.00	8.00
最大值		20.00	18.00	20.00	14.00	18.00	20.00	16.00	10.00
百分位	5	2.00	2.00	2.00	0.00	2.00	4.00	2.40	8.00
	10	4.00	4.00	2.00	0.00	4.00	4.00	4.00	8.00
	25	6.00	6.00	6.00	2.00	6.00	8.00	8.00	8.00
	50	10.00	8.00	8.00	6.00	10.00	10.00	10.00	9.00
	75	14.00	12.00	10.00	10.00	12.00	14.00	12.00	
	90	16.00	16.00	14.00		14.40	16.00	16.00	
	95	18.00	17.00	16.00		16.00	16.00	16.00	

(续表1)

空间知觉		残疾等级				文化水平			
		一级	二级	三级	四级	小学及以下	初中	高中/中专	大专及以上
N		6	67	210	112	24	92	243	36
平均数		6.00	10.09	9.27	9.36	7.58	7.78	9.87	11.39
标准差		2.83	4.16	4.31	4.47	4.25	4.13	4.23	4.05
最小值		2.00	2.00	0.00	0.00	0.00	0.00	0.00	2.00
最大值		10.00	20.00	20.00	18.00	20.00	20.00	20.00	20.00
百分位	5	2.00	4.00	2.00	2.00	0.50	2.00	2.40	3.70
	10	2.00	4.00	4.00	4.00	2.00	2.00	4.00	6.00
	25	3.50	8.00	6.00	6.00	6.00	4.50	6.00	8.50
	50	6.00	10.00	9.00	10.00	7.00	8.00	10.00	10.00
	75	8.50	14.00	12.00	14.00	10.00	10.00	14.00	15.50
	90		16.00	16.00	16.00	13.00	14.00	16.00	16.00
	95		17.20	16.00	16.00	18.50	16.00	16.00	18.30

(续表2)

空间知觉		残疾部位			
		上肢	下肢	上肢&下肢	躯干
N		56	324	12	3
平均数		8.64	9.48	9.83	10.67
标准差		4.11	4.36	4.39	5.77
最小值		0.00	0.00	2.00	4.00
最大值		18.00	20.00	18.00	14.00
百分位	5	2.00	2.00	2.00	4.00
	10	4.00	4.00	2.60	4.00
	25	6.00	6.00	8.00	4.00
	50	8.00	10.00	10.00	14.00
	75	12.00	12.00	13.50	
	90	14.60	16.00	16.80	
	95	16.30	16.00		

表3-6-4 广西壮族自治区肢体残疾人职业能力测验符号知觉分测验数据资料表

符号知觉		男(岁)				女(岁)			
		15-29	30-39	40-49	50-59	15-29	30-39	40-49	50-54
N		121	69	63	9	57	51	23	2
平均数		10.79	9.28	7.65	7.31	12.38	11.72	10.07	18.33
标准差		6.16	5.78	5.69	6.13	5.84	5.92	5.39	0.00
最小值		0.00	0.00	0.00	0.00	2.50	1.67	1.67	18.33
最大值		20.00	20.00	20.00	17.50	20.00	20.00	20.00	18.33
百分位	5	1.67	0.42	0.83	0.00	2.50	2.17	1.83	18.33
	10	3.33	2.50	1.67	0.00	3.33	2.50	2.50	18.33
	25	5.83	5.00	2.50	3.33	6.67	6.67	5.83	18.33
	50	10.00	7.50	5.83	5.00	13.33	12.50	10.83	18.33
	75	16.67	13.75	11.67	13.33	18.33	17.50	14.17	18.33
	90	19.17	18.33	17.67		19.17	19.83	18.33	18.33
	95	20.00	19.58	19.17		19.25	20.00	19.67	18.33

(续表1)

符号知觉		残疾等级				文化水平			
		一级	二级	三级	四级	小学及以下	初中	高中/中专	大专及以上
N		6	67	210	112	24	92	243	36
平均数		8.75	10.42	9.87	11.07	6.42	7.82	11.19	13.13
标准差		5.74	6.61	5.96	5.97	5.55	5.22	6.02	5.82
最小值		4.17	0.83	0.00	0.83	0.00	0.00	0.00	1.67
最大值		19.17	20.00	20.00	20.00	20.00	20.00	20.00	20.00
百分位	5	4.17	1.67	0.83	2.50	0.21	1.38	2.50	1.67
	10	4.17	2.50	2.50	3.33	0.83	1.67	3.33	3.08
	25	4.79	4.17	5.00	5.83	1.88	3.33	5.83	10.21
	50	6.25	10.00	9.17	11.25	5.00	6.25	11.67	14.17
	75	13.54	17.50	15.00	16.67	10.00	11.67	16.67	18.33
	90		19.33	18.33	19.17	16.67	16.42	19.17	19.42
	95		20.00	19.17	20.00	19.58	18.33	20.00	20.00

(续表2)

符号知觉		残疾部位			
		上肢	下肢	上肢&下肢	躯干
N		56	324	12	3
平均数		8.30	10.55	11.81	12.78
标准差		5.80	6.01	6.85	10.35
最小值		0.00	0.00	0.00	0.83
最大值		20.00	20.00	20.00	19.17
百分位	5	0.83	1.67	0.00	0.83
	10	1.67	2.50	0.50	0.83
	25	3.33	5.21	5.83	0.83
	50	6.25	10.00	15.42	18.33
	75	13.96	16.67	16.67	
	90	17.75	19.17	19.50	
	95	19.17	20.00		

表3-6-5 广西壮族自治区肢体残疾人职业能力测验形状知觉分测验数据资料表

形状知觉		男(岁)				女(岁)			
		15-29	30-39	40-49	50-59	15-29	30-39	40-49	50-54
N		121	69	63	9	57	51	23	2
平均数		11.49	10.81	10.76	7.56	11.37	12.59	12.87	15.00
标准差		4.35	3.87	4.38	4.77	3.82	3.54	3.24	1.41
最小值		0.00	4.00	0.00	0.00	2.00	0.00	6.00	14.00
最大值		20.00	20.00	20.00	14.00	20.00	18.00	18.00	16.00
百分位	5	4.00	4.00	2.40	0.00	4.00	6.00	6.40	14.00
	10	6.00	6.00	4.80	0.00	6.00	8.00	8.00	14.00
	25	8.00	8.00	8.00	4.00	8.00	10.00	10.00	14.00
	50	12.00	12.00	10.00	8.00	12.00	12.00	14.00	15.00
	75	16.00	14.00	14.00	12.00	14.00	16.00	16.00	
	90	16.00	16.00	16.00		16.00	16.00	16.00	
	95	18.00	17.00	18.00		18.00	18.00	17.60	

(续表1)

形状知觉		残疾等级				文化水平			
		一级	二级	三级	四级	小学及以下	初中	高中/中专	大专及以上
N		6	67	210	112	24	92	243	36
平均数		9.33	11.70	11.10	11.84	8.33	10.02	12.01	12.72
标准差		5.61	3.85	4.12	4.15	4.59	4.12	3.79	4.14
最小值		0.00	2.00	0.00	0.00	0.00	0.00	2.00	0.00
最大值		16.00	20.00	20.00	20.00	18.00	20.00	20.00	20.00
百分位	5	0.00	6.00	4.00	4.00	0.00	1.30	6.00	3.40
	10	0.00	6.00	6.00	6.00	1.00	4.60	6.00	7.40
	25	6.00	10.00	8.00	10.00	6.00	8.00	10.00	10.00
	50	9.00	12.00	12.00	12.00	8.00	10.00	12.00	12.00
	75	14.50	16.00	14.00	14.00	11.50	13.50	16.00	16.00
	90		16.00	16.00	17.40	14.00	16.00	16.00	18.00
	95		18.00	18.00	18.00	17.00	16.00	18.00	20.00

(续表2)

形状知觉		残疾部位			
		上肢	下肢	上肢 & 下肢	躯干
N		56	324	12	3
平均数		10.89	11.57	9.67	7.33
标准差		4.19	4.06	4.42	5.03
最小值		0.00	0.00	0.00	2.00
最大值		20.00	20.00	16.00	12.00
百分位	5	4.00	4.00	0.00	2.00
	10	4.00	6.00	1.80	2.00
	25	8.00	8.50	6.50	2.00
	50	12.00	12.00	10.00	8.00
	75	14.00	14.00	12.00	
	90	16.00	16.00	16.00	
	95	16.30	18.00		

表3-6-6 广西壮族自治区肢体残疾人职业能力文档测验总分数据资料表

职业能力文档测验		男(岁)				女(岁)			
		15-29	30-39	40-49	50-59	15-29	30-39	40-49	50-54
N		121	69	63	9	57	51	23	2
平均数		50.52	47.39	42.72	35.24	51.54	54.92	52.71	59.67
标准差		17.84	16.94	16.85	22.34	16.33	17.37	15.36	9.43
最小值		11.33	14.67	8.83	0.00	20.50	11.67	24.67	53.00
最大值		93.33	85.33	87.00	69.33	82.50	86.00	73.67	66.33
百分位	5	22.82	21.67	18.20	0.00	24.02	25.97	25.97	53.00
	10	28.80	24.83	19.17	0.00	31.03	30.80	32.63	53.00
	25	36.75	33.08	32.17	18.67	39.67	40.00	38.83	53.00
	50	50.33	45.50	40.50	34.00	49.83	54.50	56.83	59.67
	75	64.50	62.50	55.67	53.25	66.17	66.17	66.83	
	90	75.00	71.17	66.13		76.47	79.73	70.80	
	95	79.27	75.50	71.60		79.53	83.47	73.40	

(续表1)

职业能力文档测验		残疾等级				文化水平			
		一级	二级	三级	四级	小学及以下	初中	高中/中专	大专及以上
N		6	67	210	112	24	92	243	36
平均数		38.97	50.96	48.18	50.86	33.76	40.79	52.56	59.11
标准差		12.71	18.40	17.01	18.24	18.18	14.97	16.50	16.51
最小值		22.17	20.83	0.00	14.50	0.00	11.67	11.33	11.67
最大值		59.17	93.33	91.33	86.00	85.33	87.00	93.33	91.33
百分位	5	22.17	25.43	18.52	22.03	2.21	17.58	25.57	19.46
	10	22.17	28.50	25.05	29.48	13.50	22.77	32.07	36.78
	25	29.29	34.50	36.08	34.13	21.79	31.46	39.83	48.58
	50	38.58	44.50	48.00	50.33	32.42	38.67	52.67	62.92
	75	47.54	68.00	62.38	65.38	39.13	49.58	65.33	69.33
	90		74.43	68.83	76.90	60.58	61.38	73.53	77.15
	95		81.73	74.24	80.58	80.58	71.27	79.20	82.83

(续表2)

职业能力文档测验		残疾部位			
		上肢	下肢	上肢&下肢	躯干
N		56	324	12	3
平均数		44.27	50.14	48.81	50.11
标准差		16.97	17.42	18.50	36.18
最小值		11.33	0.00	11.67	8.83
最大值		80.17	93.33	67.33	76.33
百分位	5	17.19	23.21	11.67	8.83
	10	20.48	28.75	15.52	8.83
	25	32.79	36.21	31.96	8.83
	50	42.58	49.08	55.00	65.17
	75	58.58	64.46	64.88	
	90	65.82	73.25	67.28	
	95	76.78	78.67		

表 3-6-7 广西壮族自治区肢体残疾人职业能力测验手眼协调能力分测验数据资料表

手眼协调		男(岁)				女(岁)			
		15-29	30-39	40-49	50-59	15-29	30-39	40-49	50-54
N		121	69	63	9	57	51	23	2
平均数		15.23	15.07	12.04	11.41	13.73	15.16	17.16	11.33
标准差		7.37	7.51	7.84	9.45	7.33	6.93	6.17	12.26
最小值		0.00	0.00	0.00	0.00	0.00	0.00	0.00	2.67
最大值		20.00	20.00	20.00	20.00	20.00	20.00	20.00	20.00
百分位	5	0.00	0.00	0.00	0.00	0.00	0.00	0.00	2.67
	10	1.33	0.00	0.00	0.00	1.33	0.53	2.67	2.67
	25	13.33	14.00	4.00	0.67	5.33	12.00	17.33	2.67
	50	20.00	18.67	16.00	16.00	17.33	18.67	20.00	11.33
	75	20.00	20.00	20.00	20.00	20.00	20.00	20.00	
	90	20.00	20.00	20.00		20.00	20.00	20.00	
	95	20.00	20.00	20.00		20.00	20.00	20.00	

(续表1)

手眼协调		残疾等级				文化水平			
		一级	二级	三级	四级	小学及以下	初中	高中/中专	大专及以上
N		6	67	210	112	24	92	243	36
平均数		12.67	15.28	13.81	15.33	9.72	11.72	15.70	16.37
标准差		8.03	7.01	7.85	6.96	8.62	7.98	6.74	7.23
最小值		0.00	0.00	0.00	0.00	0.00	0.00	0.00	0.00
最大值		20.00	20.00	20.00	20.00	20.00	20.00	20.00	20.00
百分位	5	0.00	0.00	0.00	0.00	0.00	0.00	0.00	0.00
	10	0.00	1.33	0.00	2.67	0.00	0.00	2.67	0.00
	25	4.00	14.67	5.33	13.67	0.33	2.67	14.67	17.67
	50	16.67	18.67	18.67	19.33	9.33	14.67	20.00	20.00
	75	18.00	20.00	20.00	20.00	18.67	20.00	20.00	20.00
	90		20.00	20.00	20.00	20.00	20.00	20.00	20.00
	95		20.00	20.00	20.00	20.00	20.00	20.00	20.00

(续表2)

手眼协调		残疾部位			
		上肢	下肢	上肢&下肢	躯干
N		56	324	12	3
平均数		12.86	14.91	12.00	7.11
标准差		8.41	7.20	8.55	10.10
最小值		0.00	0.00	0.00	0.00
最大值		20.00	20.00	20.00	18.67
百分位	5	0.00	0.00	0.00	0.00
	10	0.00	1.33	0.00	0.00
	25	1.67	11.00	2.67	0.00
	50	18.00	19.33	14.67	2.67
	75	20.00	20.00	20.00	
	90	20.00	20.00	20.00	
	95	20.00	20.00		

表3-6-8　广西壮族自治区肢体残疾人职业能力测验总分数据资料表

职业能力		男(岁)				女(岁)			
		15-29	30-39	40-49	50-59	15-29	30-39	40-49	50-54
N		121	69	63	9	57	51	23	2
平均数		61.94	58.70	51.76	43.80	61.84	66.29	65.58	68.17
标准差		21.08	19.36	20.21	28.18	18.12	19.89	17.23	0.24
最小值		11.67	20.33	10.83	1.00	27.83	13.67	34.83	68.00
最大值		108.33	100.33	99.00	84.33	97.50	101.00	88.67	68.33
百分位	5	28.28	26.58	19.90	1.00	33.40	28.97	35.43	68.00
	10	34.23	29.33	21.87	1.00	37.60	39.53	38.57	68.00
	25	46.08	44.00	39.00	18.67	46.75	50.00	52.00	68.00
	50	63.00	58.17	49.50	45.33	60.83	69.00	71.50	68.17
	75	78.75	77.08	67.17	68.25	77.92	79.17	81.83	
	90	89.20	84.33	81.07		85.50	92.93	85.80	
	95	94.27	90.17	86.20		92.12	98.47	88.40	

(续表1)

职业能力		残疾等级				文化水平			
		一级	二级	三级	四级	小学及以下	初中	高中/中专	大专及以上
N		6	67	210	112	24	92	243	36
平均数		48.47	62.42	58.53	62.36	41.05	49.58	64.33	71.38
标准差		16.82	20.84	20.17	20.81	21.97	17.34	18.91	18.98
最小值		22.17	21.83	1.00	15.50	1.00	11.67	12.33	13.67
最大值		74.17	108.33	106.33	101.00	100.33	99.00	108.33	106.33
百分位	5	22.17	32.97	22.49	25.97	3.46	22.09	33.23	20.61
	10	22.17	37.40	32.60	34.07	14.50	28.83	38.70	41.10
	25	39.04	44.00	43.63	47.04	21.79	38.54	50.67	63.58
	50	47.33	58.33	60.83	64.17	44.92	46.42	65.50	77.33
	75	59.92	81.67	74.96	79.33	52.75	61.88	79.33	82.29
	90		89.43	82.98	90.52	66.83	71.00	87.33	88.67
	95		96.73	87.71	94.41	92.33	84.34	93.57	93.73

(续表2)

职业能力		残疾部位			
		上肢	下肢	上肢 & 下肢	躯干
N		56	324	12	3
平均数		53.91	61.33	57.81	55.44
标准差		20.84	19.99	24.21	40.63
最小值		11.67	1.00	13.67	10.83
最大值		95.17	108.33	82.33	90.33
百分位	5	17.29	28.96	13.67	10.83
	10	21.78	35.42	17.52	10.83
	25	40.00	45.75	31.96	10.83
	50	52.33	61.67	65.00	65.17
	75	72.08	77.96	79.88	
	90	80.82	87.17	82.28	
	95	91.78	92.46		

表 3-6-9　广西壮族自治区各城市肢体残疾人职业能力测验言语能力分测验数据资料表

城市	年龄(岁)	男					女				
		N	平均数	标准差	最小值	最大值	N	平均数	标准差	最小值	最大值
南宁	15-29	50	7.89	3.94	0.67	16.00	25	8.11	3.34	2.00	15.33
	30-39	29	6.78	3.78	0.00	13.33	31	8.52	3.52	0.00	14.00
	40-49	27	7.73	2.66	1.33	11.33	13	9.18	4.00	3.33	14.00
	50-59	1	7.33		7.33	7.33					
	小计	107	7.55	3.59	0.00	16.00	69	8.49	3.52	0.00	15.33
柳州	15-29	31	8.73	2.60	3.33	14.67	23	8.96	2.62	2.67	15.33
	30-39	14	9.67	2.21	4.67	13.33	13	10.10	2.45	6.00	13.33
	40-49	14	7.95	3.23	2.67	16.67	6	9.44	2.84	4.00	11.33
	50-59	3	8.00	5.21	2.00	11.33					
	小计	62	8.73	2.80	2.00	16.67	42	9.38	2.59	2.67	15.33
钦州	15-29	40	6.85	2.95	0.00	12.00	9	7.70	3.89	3.33	12.00
	30-39	26	6.00	3.82	0.00	13.33	7	6.29	4.30	2.00	13.33
	40-49	22	3.45	2.22	0.00	8.00	4	10.17	5.09	2.67	13.33
	50-59	5	5.20	5.17	0.00	10.67	2	7.33	6.60	2.67	12.00
	小计	93	5.72	3.43	0.00	13.33	22	7.67	4.32	2.00	13.33

表 3-6-10　广西壮族自治区各城市肢体残疾人职业能力测验数理能力分测验数据资料表

城市	年龄(岁)	男					女				
		N	平均数	标准差	最小值	最大值	N	平均数	标准差	最小值	最大值
南宁	15-29	50	10.56	4.24	0.00	20.00	25	10.32	4.71	2.00	18.00
	30-39	29	10.69	4.42	2.00	20.00	31	11.61	5.15	0.00	20.00
	40-49	27	10.30	4.21	4.00	20.00	13	10.62	4.19	2.00	16.00
	50-59	1	10.00		10.00	10.00					
	小计	107	10.52	4.22	0.00	20.00	69	10.96	4.80	0.00	20.00
柳州	15-29	31	12.32	4.45	4.00	20.00	23	9.22	4.42	2.00	18.00
	30-39	14	14.14	4.19	6.00	20.00	13	13.69	5.09	2.00	20.00
	40-49	14	12.00	4.51	6.00	20.00	6	11.33	3.72	6.00	16.00
	50-59	3	9.33	3.06	6.00	12.00					
	小计	62	12.52	4.39	4.00	20.00	42	10.90	4.88	2.00	20.00
钦州	15-29	40	9.85	5.54	0.00	20.00	9	11.56	5.27	4.00	20.00
	30-39	26	9.15	4.39	0.00	16.00	7	8.57	4.43	2.00	12.00
	40-49	22	7.09	4.13	0.00	14.00	4	10.50	8.70	2.00	18.00
	50-59	5	6.80	5.76	0.00	14.00	2	10.00	2.83	8.00	12.00
	小计	93	8.84	5.00	0.00	20.00	22	10.27	5.39	2.00	20.00

表 3-6-11 广西壮族自治区各城市肢体残疾人职业能力测验空间知觉分测验数据资料表

城市	年龄(岁)	男					女				
		N	平均数	标准差	最小值	最大值	N	平均数	标准差	最小值	最大值
南宁	15-29	50	10.04	4.74	0.00	20.00	25	8.16	4.47	2.00	16.00
	30-39	29	9.17	4.26	2.00	18.00	31	10.58	3.47	4.00	16.00
	40-49	27	9.56	4.05	0.00	18.00	13	9.85	3.11	6.00	16.00
	50-59	1	8.00		8.00	8.00					
	小计	107	9.66	4.40	0.00	20.00	69	9.57	3.91	2.00	16.00
柳州	15-29	31	10.13	4.41	2.00	18.00	23	10.35	3.55	4.00	18.00
	30-39	14	11.57	4.31	2.00	18.00	13	10.62	5.06	2.00	20.00
	40-49	14	9.00	4.95	2.00	20.00	6	8.67	5.32	2.00	14.00
	50-59	3	6.00	5.29	2.00	12.00					
	小计	62	10.00	4.61	2.00	20.00	42	10.19	4.26	2.00	20.00
钦州	15-29	40	8.95	4.32	2.00	18.00	9	10.00	4.24	4.00	16.00
	30-39	26	8.54	4.18	0.00	18.00	7	8.29	3.35	4.00	12.00
	40-49	22	6.82	4.22	0.00	16.00	4	10.00	4.90	4.00	16.00
	50-59	5	5.60	5.37	0.00	14.00	2	9.00	1.41	8.00	10.00
	小计	93	8.15	4.37	0.00	18.00	22	9.36	3.77	4.00	16.00

表 3-6-12 广西壮族自治区各城市肢体残疾人职业能力测验符号知觉分测验数据资料表

城市	年龄(岁)	男					女				
		N	平均数	标准差	最小值	最大值	N	平均数	标准差	最小值	最大值
南宁	15-29	50	11.47	6.29	0.83	20.00	25	11.33	6.36	2.50	20.00
	30-39	29	9.11	5.35	0.00	20.00	31	11.94	5.67	2.50	20.00
	40-49	27	9.69	5.48	0.00	20.00	13	11.28	5.47	1.67	20.00
	50-59	1	3.33		3.33	3.33					
	小计	107	10.30	5.90	0.00	20.00	69	11.59	5.82	1.67	20.00
柳州	15-29	31	10.91	6.40	0.00	20.00	23	13.51	5.20	2.50	19.17
	30-39	14	12.44	6.21	3.33	20.00	13	14.04	5.79	1.67	20.00
	40-49	14	9.82	6.77	1.67	20.00	6	7.08	3.90	2.50	14.17
	50-59	3	8.89	7.47	4.17	17.50					
	小计	62	10.91	6.40	0.00	20.00	42	12.76	5.63	1.67	20.00
钦州	15-29	40	9.83	5.85	1.67	19.17	9	12.41	5.99	2.50	20.00
	30-39	26	7.76	5.53	0.00	18.33	7	6.43	4.45	1.67	12.50
	40-49	22	3.75	2.40	0.83	8.33	4	10.63	6.61	2.50	18.33
	50-59	5	7.17	6.44	0.00	16.67	2	18.33	0.00	18.33	18.33
	小计	93	7.67	5.63	0.00	19.17	22	10.72	6.20	1.67	20.00

表 3-6-13 广西壮族自治区各城市肢体残疾人职业能力测验形状知觉分测验数据资料表

城市	年龄(岁)	男					女				
		N	平均数	标准差	最小值	最大值	N	平均数	标准差	最小值	最大值
南宁	15-29	50	12.04	4.21	0.00	20.00	25	10.00	4.43	2.00	18.00
	30-39	29	10.76	3.52	4.00	20.00	31	12.45	2.95	6.00	18.00
	40-49	27	11.48	4.14	4.00	20.00	13	13.69	3.45	6.00	18.00
	50-59	1	8.00		8.00	8.00					
	小计	107	11.51	4.01	0.00	20.00	69	11.80	3.87	2.00	18.00
柳州	15-29	31	11.68	4.45	0.00	18.00	23	12.52	2.64	8.00	18.00
	30-39	14	12.71	3.47	8.00	18.00	13	14.31	3.45	6.00	18.00
	40-49	14	12.57	2.77	8.00	18.00	6	12.00	2.83	8.00	16.00
	50-59	3	8.67	6.11	2.00	14.00					
	小计	62	11.97	3.99	0.00	18.00	42	13.00	3.00	6.00	18.00
钦州	15-29	40	10.65	4.42	0.00	20.00	9	12.22	3.67	8.00	20.00
	30-39	26	9.85	4.19	4.00	20.00	7	10.00	4.76	0.00	14.00
	40-49	22	8.73	4.84	0.00	16.00	4	11.50	3.00	8.00	14.00
	50-59	5	6.80	5.02	0.00	14.00	2	15.00	1.41	14.00	16.00
	小计	93	9.76	4.54	0.00	20.00	22	11.64	3.89	0.00	20.00

表 3-6-14 广西壮族自治区各城市肢体残疾人职业能力文档测验数据资料表

城市	年龄(岁)	男					女				
		N	平均数	标准差	最小值	最大值	N	平均数	标准差	最小值	最大值
南宁	15-29	50	52.00	18.17	24.17	93.33	25	47.92	18.25	20.50	79.33
	30-39	29	46.51	16.12	14.67	74.67	31	55.10	16.15	23.17	83.33
	40-49	27	48.75	14.79	18.67	80.67	13	54.62	15.31	24.67	72.33
	50-59	1	36.67		36.67	36.67					
	小计	107	49.55	16.79	14.67	93.33	69	52.41	16.90	20.50	83.33
柳州	15-29	31	53.77	16.69	22.50	86.00	23	54.56	13.31	32.50	82.50
	30-39	14	60.54	14.92	32.83	85.33	13	62.76	15.90	39.67	86.00
	40-49	14	51.35	15.89	32.67	87.00	6	48.53	13.07	34.83	66.83
	50-59	3	40.89	25.36	16.17	66.83					
	小计	62	54.13	16.71	16.17	87.00	42	56.23	14.62	32.50	86.00
钦州	15-29	40	46.13	17.87	11.33	80.17	9	53.89	17.48	33.83	81.33
	30-39	26	41.29	15.42	18.83	76.33	7	39.57	17.27	11.67	59.83
	40-49	22	29.84	11.87	8.83	56.00	4	52.79	21.40	31.17	73.67
	50-59	5	31.57	25.20	0.00	69.33	2	59.67	9.43	53.00	66.33
	小计	93	40.14	17.47	0.00	80.17	22	49.66	18.01	11.67	81.33

表3-6-15　广西壮族自治区各城市肢体残疾人职业能力测验手眼协调能力分测验数据资料表

城市	年龄(岁)	男					女				
		N	平均数	标准差	最小值	最大值	N	平均数	标准差	最小值	最大值
南宁	15-29	50	16.32	6.20	0.00	20.00	25	12.21	7.54	0.00	20.00
	30-39	29	13.93	7.92	0.00	20.00	31	15.18	7.52	0.00	20.00
	40-49	27	14.62	7.25	0.00	20.00	13	16.62	6.27	0.00	20.00
	50-59	1	5.33		5.33	5.33					
	总计	107	15.14	7.02	0.00	20.00	69	14.38	7.41	0.00	20.00
柳州	15-29	31	16.43	6.87	0.00	20.00	23	16.12	6.46	0.00	20.00
	30-39	14	17.05	6.45	0.00	20.00	13	17.03	4.36	8.00	20.00
	40-49	14	15.71	5.05	4.00	20.00	6	16.67	8.16	0.00	20.00
	50-59	3	13.33	11.55	0.00	20.00					
	总计	62	16.26	6.52	0.00	20.00	42	16.48	6.02	0.00	20.00
钦州	15-29	40	12.93	8.64	0.00	20.00	9	11.85	7.96	0.00	20.00
	30-39	26	15.28	7.60	0.00	20.00	7	11.62	7.53	0.00	20.00
	40-49	22	6.55	7.16	0.00	20.00	4	19.67	0.67	18.67	20.00
	50-59	5	11.47	10.00	0.00	20.00	2	11.33	12.26	2.67	20.00
	总计	93	12.00	8.60	0.00	20.00	22	13.15	7.58	0.00	20.00

表3-6-16　广西壮族自治区各城市肢体残疾人职业能力测验总分数据资料表

城市	年龄(岁)	男					女				
		N	平均数	标准差	最小值	最大值	N	平均数	标准差	最小值	最大值
南宁	15-29	50	64.24	20.98	28.17	108.33	25	57.08	19.74	27.83	92.00
	30-39	29	56.96	17.92	20.33	89.67	31	66.48	18.29	23.17	9833
	40-49	27	59.72	16.72	29.67	95.67	13	67.08	17.07	37.83	87.33
	50-59	1	40.67		40.67	40.67					
	总计	107	60.90	19.25	20.33	108.33	69	63.19	18.92	23.17	98.33
柳州	15-29	31	66.10	19.20	22.50	101.00	23	66.64	15.33	41.50	97.50
	30-39	14	73.32	17.28	45.33	100.33	13	75.53	18.15	45.67	101.00
	40-49	14	63.13	17.35	39.00	99.00	6	61.03	17.04	34.83	81.83
	50-59	3	50.89	33.00	16.17	81.83					
	总计	62	66.32	19.24	16.17	101.00	42	68.59	16.85	34.83	101.00
钦州	15-29	40	55.83	21.71	11.67	95.17	9	62.78	18.55	41.50	90.33
	30-39	26	52.76	18.55	25.00	91.33	7	48.29	20.02	13.67	74.83
	40-49	22	34.75	14.25	10.83	71.00	4	67.54	21.74	45.17	88.67
	50-59	5	40.17	31.43	1.00	84.33	2	68.17	0.24	68.00	68.33
	总计	93	49.14	21.44	1.00	95.17	22	59.52	19.47	13.67	90.33

2. 广西壮族自治区肢体残疾人职业人格状况

表3-6-17 广西壮族自治区肢体残疾人职业人格测验坚持性维度数据资料表

坚持性		男(岁)				女(岁)			
		15-29	30-39	40-49	50-59	15-29	30-39	40-49	50-54
N		121	69	63	9	57	51	23	2
平均数		8.93	9.20	7.63	6.33	9.35	9.76	9.30	6.50
标准差		2.34	2.40	2.81	1.32	2.36	2.05	2.32	0.71
最小值		4.00	3.00	1.00	5.00	4.00	5.00	5.00	6.00
最大值		12.00	12.00	12.00	9.00	12.00	12.00	12.00	7.00
	5	5.00	5.00	4.00	5.00	5.00	5.00	5.20	6.00
	10	6.00	6.00	5.00	5.00	5.80	6.20	6.00	6.00
	25	7.00	7.00	5.00	5.00	7.00	9.00	7.00	6.00
百分位	50	10.00	10.00	7.00	6.00	10.00	10.00	9.00	6.50
	75	11.00	11.00	10.00	7.00	11.00	12.00	12.00	
	90	12.00	12.00	12.00		12.00	12.00	12.00	
	95	12.00	12.00	12.00		12.00	12.00	12.00	

表3-6-18 广西壮族自治区肢体残疾人职业人格测验严谨性维度数据资料表

严谨性		男(岁)				女(岁)			
		15-29	30-39	40-49	50-59	15-29	30-39	40-49	50-54
N		121	69	63	9	57	51	23	2
平均数		8.74	8.67	8.35	7.56	9.21	9.29	8.39	8.00
标准差		1.75	1.68	1.91	1.94	1.87	1.60	2.21	0.00
最小值		4.00	3.00	2.00	5.00	3.00	4.00	1.00	8.00
最大值		12.00	11.00	12.00	10.00	12.00	11.00	11.00	8.00
	5	5.00	5.00	5.00	5.00	4.90	6.00	1.60	8.00
	10	7.00	6.00	5.40	5.00	7.00	7.00	5.20	8.00
	25	8.00	8.00	8.00	5.50	8.00	9.00	8.00	8.00
百分位	50	9.00	9.00	8.00	8.00	9.00	10.00	9.00	8.00
	75	10.00	10.00	10.00	9.50	11.00	11.00	10.00	8.00
	90	11.00	11.00	11.00		11.00	11.00	10.00	8.00
	95	11.00	11.00	11.00		11.10	11.00	10.80	8.00

表 3-6-19 广西壮族自治区肢体残疾人职业人格测验情绪稳定性维度数据资料表

情绪稳定性		男(岁)				女(岁)			
		15-29	30-39	40-49	50-59	15-29	30-39	40-49	50-54
N		121	69	63	9	57	51	23	2
平均数		7.41	7.55	5.94	6.11	7.16	7.76	8.04	4.50
标准差		2.34	2.78	2.36	1.45	2.60	2.70	2.29	3.54
最小值		2.00	2.00	0.00	4.00	3.00	2.00	4.00	2.00
最大值		12.00	12.00	12.00	8.00	12.00	12.00	12.00	7.00
百分位	5	3.10	2.50	1.40	4.00	3.00	2.60	4.20	2.00
	10	4.00	4.00	4.00	4.00	4.00	4.00	5.00	2.00
	25	6.00	5.00	4.00	5.00	5.00	6.00	6.00	2.00
	50	7.00	8.00	6.00	6.00	6.00	8.00	8.00	4.50
	75	9.00	10.00	8.00	7.50	9.00	10.00	10.00	
	90	11.00	11.00	9.00		11.00	11.00	11.00	
	95	11.00	12.00	10.00		12.00	12.00	11.80	

表 3-6-20 广西壮族自治区肢体残疾人职业人格测验自信心维度数据资料表

自信心		男(岁)				女(岁)			
		15-29	30-39	40-49	50-59	15-29	30-39	40-49	50-54
N		121	69	63	9	57	51	23	2
平均数		8.56	9.03	8.94	8.33	9.00	9.57	10.00	8.00
标准差		2.14	2.29	1.97	3.12	2.23	1.78	1.83	0.00
最小值		4.00	2.00	2.00	2.00	2.00	5.00	6.00	8.00
最大值		12.00	12.00	12.00	11.00	12.00	12.00	12.00	8.00
百分位	5	5.00	4.00	5.00	2.00	4.90	6.00	6.20	8.00
	10	5.20	5.00	6.00	2.00	6.00	7.00	7.40	8.00
	25	7.00	8.00	8.00	6.50	7.50	8.00	8.00	8.00
	50	9.00	10.00	9.00	10.00	9.00	10.00	10.00	8.00
	75	10.00	11.00	10.00	10.00	11.00	11.00	12.00	8.00
	90	11.00	11.00	11.00		12.00	12.00	12.00	8.00
	95	12.00	12.00	12.00		12.00	12.00	12.00	8.00

表 3-6-21 广西壮族自治区肢体残疾人职业人格测验责任心维度数据资料表

责任心		男(岁)				女(岁)			
		15-29	30-39	40-49	50-59	15-29	30-39	40-49	50-54
N		121	69	63	9	57	51	23	2
平均数		9.67	9.22	8.75	7.56	10.12	10.08	10.04	7.00
标准差		1.73	2.15	1.69	2.07	1.42	1.64	1.52	0.00
最小值		5.00	3.00	2.00	5.00	6.00	5.00	5.00	7.00
最大值		12.00	12.00	11.00	11.00	12.00	12.00	12.00	7.00
百分位	5	6.00	5.00	5.20	5.00	7.90	6.00	5.60	7.00
	10	7.00	6.00	7.00	5.00	8.00	8.00	8.40	7.00
	25	9.00	8.00	8.00	5.50	9.50	10.00	9.00	7.00
	50	10.00	10.00	9.00	8.00	10.00	11.00	10.00	7.00
	75	11.00	11.00	10.00	9.00	11.00	11.00	11.00	7.00
	90	12.00	12.00	11.00		12.00	12.00	12.00	7.00
	95	12.00	12.00	11.00		12.00	12.00	12.00	7.00

表 3-6-22 广西壮族自治区肢体残疾人职业人格测验交际能力维度数据资料表

交际能力		男(岁)				女(岁)			
		15-29	30-39	40-49	50-59	15-29	30-39	40-49	50-54
N		121	69	63	9	57	51	23	2
平均数		9.09	8.97	8.54	7.00	9.16	9.31	8.96	8.00
标准差		2.13	2.00	1.91	2.12	2.33	1.91	1.92	4.24
最小值		3.00	3.00	5.00	3.00	2.00	5.00	5.00	5.00
最大值		12.00	12.00	12.00	10.00	12.00	12.00	11.00	11.00
百分位	5	5.00	6.00	5.00	3.00	4.80	5.00	5.00	5.00
	10	6.00	6.00	6.00	3.00	6.00	7.00	5.40	5.00
	25	7.50	8.00	7.00	5.50	8.00	8.00	8.00	5.00
	50	9.00	9.00	8.00	7.00	10.00	10.00	9.00	8.00
	75	11.00	11.00	10.00	8.50	11.00	11.00	11.00	
	90	12.00	12.00	11.00		12.00	11.80	11.00	
	95	12.00	12.00	12.00		12.00	12.00	11.00	

表3-6-23 广西壮族自治区肢体残疾人职业人格测验管理能力维度数据资料表

管理能力		男(岁)				女(岁)			
		15-29	30-39	40-49	50-59	15-29	30-39	40-49	50-54
N		121	69	63	9	57	51	23	2
平均数		8.88	8.90	8.35	7.22	9.16	9.88	9.00	7.50
标准差		1.76	2.01	1.82	1.86	1.87	1.49	1.51	0.71
最小值		4.00	4.00	2.00	4.00	5.00	4.00	6.00	7.00
最大值		12.00	12.00	11.00	9.00	12.00	12.00	11.00	8.00
百分位	5	5.10	4.50	4.20	4.00	5.00	7.00	6.00	7.00
	10	6.00	6.00	6.40	4.00	6.00	8.00	6.40	7.00
	25	8.00	8.00	8.00	5.50	8.00	9.00	8.00	7.00
	50	9.00	9.00	8.00	8.00	10.00	10.00	9.00	7.50
	75	10.00	10.50	10.00	9.00	10.50	11.00	10.00	
	90	11.00	11.00	10.60		11.00	11.00	11.00	
	95	11.00	12.00	11.00		11.10	12.00	11.00	

表3-6-24 广西壮族自治区肢体残疾人职业人格测验抗挫折能力维度数据资料表

抗挫折能力		男(岁)				女(岁)			
		15-29	30-39	40-49	50-59	15-29	30-39	40-49	50-54
N		121	69	63	9	57	51	23	2
平均数		8.21	7.86	6.44	5.22	8.82	8.47	8.48	5.50
标准差		2.51	2.55	2.83	2.11	2.13	2.34	2.37	2.12
最小值		3.00	3.00	1.00	3.00	4.00	3.00	3.00	4.00
最大值		12.00	12.00	12.00	9.00	12.00	12.00	12.00	7.00
百分位	5	3.00	3.00	3.00	3.00	4.00	3.60	3.20	4.00
	10	4.00	5.00	3.00	3.00	5.80	4.20	4.40	4.00
	25	7.00	6.00	4.00	3.50	7.50	7.00	7.00	4.00
	50	9.00	8.00	6.00	5.00	9.00	9.00	9.00	5.50
	75	10.00	10.00	9.00	7.00	10.00	10.00	10.00	
	90	11.00	11.00	10.00		11.00	11.00	11.60	
	95	11.00	12.00	10.00		12.00	11.00	12.00	

表 3-6-25　广西壮族自治区各城市肢体残疾人职业人格测验坚持性维度数据资料表

城市	年龄(岁)	男					女				
		N	平均数	标准差	最小值	最大值	N	平均数	标准差	最小值	最大值
南宁	15-29	50	9.14	2.29	5.00	12.00	25	8.92	2.63	4.00	12.00
	30-39	29	9.55	2.18	5.00	12.00	31	9.97	2.07	5.00	12.00
	40-49	27	8.07	2.84	1.00	12.00	13	9.38	2.10	6.00	12.00
	50-59	1	5.00		5.00	5.00					
	小计	107	8.94	2.47	1.00	12.00	69	9.48	2.31	4.00	12.00
柳州	15-29	31	9.26	2.21	4.00	12.00	23	9.39	2.13	5.00	12.00
	30-39	14	9.43	2.56	3.00	12.00	13	10.08	1.38	8.00	12.00
	40-49	14	8.21	3.40	4.00	12.00	6	8.83	2.93	5.00	12.00
	50-59	3	7.00	2.00	5.00	9.00					
	小计	62	8.95	2.61	3.00	12.00	42	9.52	2.05	5.00	12.00
钦州	15-29	40	8.43	2.48	4.00	12.00	9	10.44	1.94	6.00	12.00
	30-39	26	8.69	2.54	5.00	12.00	7	8.29	2.56	5.00	12.00
	40-49	22	6.73	2.19	4.00	12.00	4	9.75	2.63	6.00	12.00
	50-59	5	6.20	0.84	5.00	7.00	2	6.50	0.71	6.00	7.00
	小计	93	7.98	2.50	4.00	12.00	22	9.27	2.45	5.00	12.00

表 3-6-26　广西壮族自治区各城市肢体残疾人职业人格测验严谨性维度数据资料表

城市	年龄(岁)	男					女				
		N	平均数	标准差	最小值	最大值	N	平均数	标准差	最小值	最大值
南宁	15-29	50	8.82	1.67	5.00	12.00	25	8.96	2.01	3.00	12.00
	30-39	29	8.93	1.46	5.00	11.00	31	9.61	1.56	4.00	11.00
	40-49	27	8.70	1.56	5.00	12.00	13	8.46	2.47	1.00	11.00
	50-59	1	9.00		9.00	9.00					
	小计	107	8.82	1.57	5.00	12.00	69	9.16	1.95	1.00	12.00
柳州	15-29	31	9.10	1.78	4.00	11.00	23	9.22	1.51	6.00	12.00
	30-39	14	8.21	1.72	5.00	11.00	13	8.62	1.66	6.00	11.00
	40-49	14	8.29	1.98	5.00	11.00	6	8.50	2.35	4.00	10.00
	50-59	3	7.67	2.52	5.00	10.00					
	小计	62	8.65	1.86	4.00	11.00	42	8.93	1.67	4.00	12.00
钦州	15-29	40	8.38	1.79	4.00	11.00	9	9.89	2.32	4.00	11.00
	30-39	26	8.62	1.88	3.00	11.00	7	9.14	1.46	7.00	11.00
	40-49	22	7.95	2.24	2.00	11.00	4	8.00	1.41	7.00	10.00
	50-59	5	7.20	1.92	5.00	10.00	2	8.00	0.00	8.00	8.00
	小计	93	8.28	1.94	2.00	11.00	22	9.14	1.88	4.00	11.00

表 3-6-27　广西壮族自治区各城市肢体残疾人职业人格测验情绪稳定性维度数据资料表

城市	年龄(岁)	男					女			
		N	平均数	标准差	最小值	最大值	N	平均数	标准差	最小值	最大值
南宁	15-29	50	7.52	2.58	2.00	11.00	25	7.28	2.44	3.00	12.00
	30-39	29	7.83	2.73	2.00	12.00	31	8.29	2.55	3.00	12.00
	40-49	27	6.85	2.54	1.00	12.00	13	8.23	2.35	5.00	12.00
	50-59	1	5.00		5.00	5.00					
	小计	107	7.41	2.61	1.00	12.00	69	7.91	2.48	3.00	12.00
柳州	15-29	31	7.52	2.53	2.00	12.00	23	6.74	2.93	3.00	12.00
	30-39	14	8.64	2.87	2.00	12.00	13	7.77	2.35	4.00	11.00
	40-49	14	5.93	2.46	0.00	10.00	6	7.83	2.64	4.00	11.00
	50-59	3	6.33	2.08	4.00	8.00					
	小计	62	7.35	2.69	0.00	12.00	42	7.21	2.71	3.00	12.00
钦州	15-29	40	7.20	1.86	4.00	11.00	9	7.89	2.15	5.00	11.00
	30-39	26	6.65	2.61	2.00	11.00	7	5.43	3.05	2.00	11.00
	40-49	22	4.82	1.53	1.00	8.00	4	7.75	2.06	5.00	10.00
	50-59	5	6.20	1.30	5.00	8.00	2	4.50	3.54	2.00	7.00
	小计	93	6.43	2.19	1.00	11.00	22	6.77	2.72	2.00	11.00

表 3-6-28　广西壮族自治区各城市肢体残疾人职业人格测验自信心维度数据资料表

城市	年龄(岁)	男					女			
		N	平均数	标准差	最小值	最大值	N	平均数	标准差	最小值	最大值
南宁	15-29	50	8.70	2.31	4.00	12.00	25	9.36	1.80	5.00	12.00
	30-39	29	8.83	2.61	2.00	12.00	31	10.03	1.25	7.00	12.00
	40-49	27	9.30	1.66	5.00	12.00	13	10.31	1.97	6.00	12.00
	50-59	1	10.00		10.00	10.00					
	小计	107	8.90	2.24	2.00	12.00	69	9.84	1.63	5.00	12.00
柳州	15-29	31	8.74	2.07	5.00	12.00	23	8.52	2.29	4.00	12.00
	30-39	14	9.57	1.79	6.00	12.00	13	9.46	2.18	5.00	12.00
	40-49	14	8.79	2.36	5.00	12.00	6	9.83	1.83	8.00	12.00
	50-59	3	7.33	4.62	2.00	10.00					
	小计	62	8.87	2.21	2.00	12.00	42	9.00	2.22	4.00	12.00
钦州	15-29	40	8.25	1.98	4.00	12.00	9	9.22	3.07	2.00	12.00
	30-39	26	8.96	2.18	3.00	12.00	7	7.71	1.98	6.00	12.00
	40-49	22	8.59	2.06	2.00	11.00	4	9.25	1.50	8.00	11.00
	50-59	5	8.60	2.70	4.00	11.00	2	8.00	0.00	8.00	8.00
	小计	93	8.55	2.08	2.00	12.00	22	8.64	2.36	2.00	12.00

表 3-6-29　广西壮族自治区各城市肢体残疾人职业能力测验责任心维度数据资料表

城市	年龄(岁)	男					女				
		N	平均数	标准差	最小值	最大值	N	平均数	标准差	最小值	最大值
南宁	15-29	50	9.92	1.61	6.00	12.00	25	9.88	1.56	6.00	12.00
	30-39	29	9.52	2.01	4.00	12.00	31	10.35	1.31	7.00	12.00
	40-49	27	9.19	1.55	6.00	11.00	13	10.00	1.73	5.00	12.00
	50-59	1	8.00		8.00	8.00					
	小计	107	9.61	1.73	4.00	12.00	69	10.12	1.48	5.00	12.00
柳州	15-29	31	9.55	1.77	5.00	12.00	23	10.17	1.30	7.00	12.00
	30-39	14	8.93	2.20	6.00	12.00	13	10.15	1.72	5.00	12.00
	40-49	14	8.93	1.54	5.00	11.00	6	10.00	1.10	9.00	12.00
	50-59	3	8.00	3.00	5.00	11.00					
	小计	62	9.19	1.88	5.00	12.00	42	10.14	1.39	5.00	12.00
钦州	15-29	40	9.45	1.85	5.00	12.00	9	10.67	1.22	8.00	12.00
	30-39	26	9.04	2.32	3.00	12.00	7	8.71	2.29	6.00	11.00
	40-49	22	8.09	1.82	2.00	10.00	4	10.25	1.71	8.00	12.00
	50-59	5	7.20	1.92	5.00	10.00	2	7.00	0.00	7.00	7.00
	小计	93	8.89	2.07	2.00	12.00	22	9.64	1.99	6.00	12.00

表 3-6-30　广西壮族自治区各城市肢体残疾人职业人格测验交际能力维度数据资料表

城市	年龄(岁)	男					女				
		N	平均数	标准差	最小值	最大值	N	平均数	标准差	最小值	最大值
南宁	15-29	50	9.28	1.93	5.00	12.00	25	9.00	2.63	2.00	12.00
	30-39	29	9.10	1.84	5.00	12.00	31	9.55	1.82	5.00	12.00
	40-49	27	8.78	1.91	5.00	12.00	13	9.23	1.83	5.00	11.00
	50-59	1	6.00		6.00	6.00					
	小计	107	9.07	1.91	5.00	12.00	69	9.29	2.14	2.00	12.00
柳州	15-29	31	9.32	2.45	4.00	12.00	23	9.13	2.26	5.00	12.00
	30-39	14	9.29	2.05	6.00	12.00	13	9.38	1.89	5.00	11.00
	40-49	14	8.57	2.03	6.00	12.00	6	9.50	1.87	6.00	11.00
	50-59	3	7.00	3.61	3.00	10.00					
	小计	62	9.03	2.34	3.00	12.00	42	9.26	2.06	5.00	12.00
钦州	15-29	40	8.68	2.10	3.00	12.00	9	9.67	1.66	7.00	11.00
	30-39	26	8.65	2.17	3.00	12.00	7	8.14	2.19	5.00	11.00
	40-49	22	8.23	1.88	5.00	12.00	4	7.25	1.71	5.00	9.00
	50-59	5	7.20	1.48	5.00	9.00	2	8.00	4.24	5.00	11.00
	小计	93	8.48	2.05	3.00	12.00	22	8.59	2.15	5.00	11.00

表3-6-31 广西壮族自治区各城市肢体残疾人职业人格测验管理能力维度数据资料表

城市	年龄(岁)	男					女				
		N	平均数	标准差	最小值	最大值	N	平均数	标准差	最小值	最大值
南宁	15-29	50	8.88	1.64	4.00	11.00	25	9.00	2.10	5.00	12.00
	30-39	29	8.83	1.49	5.00	11.00	31	10.00	1.59	4.00	12.00
	40-49	27	8.74	1.43	5.00	11.00	13	8.69	1.44	6.00	10.00
	50-59	1	7.00		7.00	7.00					
	小计	107	8.81	1.54	4.00	11.00	69	9.39	1.83	4.00	12.00
柳州	15-29	31	9.19	2.12	4.00	12.00	23	9.04	1.69	5.00	11.00
	30-39	14	9.21	2.72	4.00	12.00	13	9.69	1.32	7.00	11.00
	40-49	14	8.50	2.14	4.00	11.00	6	10.00	1.26	8.00	11.00
	50-59	3	7.00	2.65	4.00	9.00					
	小计	62	8.94	2.30	4.00	12.00	42	9.38	1.55	5.00	11.00
钦州	15-29	40	8.65	1.59	4.00	11.00	9	9.89	1.62	6.00	12.00
	30-39	26	8.81	2.14	4.00	12.00	7	9.71	1.50	8.00	12.00
	40-49	22	7.77	1.97	2.00	10.00	4	8.50	1.73	7.00	11.00
	50-59	5	7.40	1.82	5.00	9.00	2	7.50	0.71	7.00	8.00
	小计	93	8.42	1.89	2.00	12.00	22	9.36	1.65	6.00	12.00

表3-6-32 广西壮族自治区各城市肢体残疾人职业人格测验抗挫折能力维度数据资料表

城市	年龄(岁)	男					女				
		N	平均数	标准差	最小值	最大值	N	平均数	标准差	最小值	最大值
南宁	15-29	50	8.60	2.23	3.00	12.00	25	8.48	2.45	4.00	12.00
	30-39	29	7.93	2.43	3.00	12.00	31	8.58	2.17	3.00	11.00
	40-49	27	7.07	2.81	3.00	12.00	13	8.15	2.12	3.00	11.00
	50-59	1	6.00		6.00	6.00					
	小计	107	8.01	2.50	3.00	12.00	69	8.46	2.24	3.00	12.00
柳州	15-29	31	8.84	2.63	3.00	12.00	23	9.00	1.81	4.00	12.00
	30-39	14	8.71	2.64	5.00	12.00	13	9.00	2.20	3.00	12.00
	40-49	14	6.64	2.95	3.00	10.00	6	8.83	2.14	5.00	11.00
	50-59	3	6.67	3.21	3.00	9.00					
	小计	62	8.21	2.84	3.00	12.00	42	8.98	1.93	3.00	12.00
钦州	15-29	40	8.65	1.59	4.00	11.00	9	9.89	1.62	6.00	12.00
	30-39	26	8.81	2.14	4.00	12.00	7	9.71	1.50	8.00	12.00
	40-49	22	7.77	1.97	2.00	10.00	4	8.50	1.73	7.00	11.00
	50-59	5	7.40	1.82	5.00	9.00	2	7.50	0.71	7.00	8.00
	小计	93	8.42	1.89	2.00	12.00	22	9.36	1.65	6.00	12.00

3. 广西壮族自治区肢体残疾人职业兴趣状况

表3-6-33 广西壮族自治区肢体残疾人职业兴趣测验常规型数据资料表

常规型		男(岁)				女(岁)			
		15-29	30-39	40-49	50-59	15-29	30-39	40-49	50-54
N		121	69	62	9	55	51	23	2
平均数		5.65	5.75	5.82	5.89	6.09	5.76	6.13	4.50
标准差		1.75	1.67	1.48	1.69	2.02	1.76	1.60	0.71
最小值		1.00	1.00	2.00	3.00	1.00	2.00	3.00	4.00
最大值		9.00	9.00	9.00	8.00	9.00	9.00	9.00	5.00
百分位	5	3.00	3.00	3.00	3.00	2.00	2.60	3.00	4.00
	10	3.20	3.00	4.00	3.00	3.60	3.00	3.40	4.00
	25	4.00	5.00	5.00	4.50	5.00	5.00	5.00	4.00
	50	6.00	6.00	6.00	6.00	6.00	6.00	6.00	4.50
	75	7.00	7.00	7.00	7.50	8.00	7.00	7.00	
	90	8.00	8.00	8.00		9.00	8.00	8.00	
	95	9.00	8.50	8.00		9.00	9.00	8.80	

表3-6-34 广西壮族自治区肢体残疾人职业兴趣测验现实型数据资料表

现实型		男(岁)				女(岁)			
		15-29	30-39	40-49	50-59	15-29	30-39	40-49	50-54
N		121	69	62	9	55	51	23	2
平均数		7.84	7.77	7.61	6.56	6.58	6.61	6.52	7.00
标准差		1.63	1.72	1.54	1.88	1.92	1.70	1.88	1.41
最小值		3.00	3.00	3.00	4.00	3.00	3.00	2.00	6.00
最大值		11.00	11.00	10.00	9.00	10.00	10.00	10.00	8.00
百分位	5	5.00	4.50	5.00	4.00	3.00	4.00	2.40	6.00
	10	6.00	5.00	5.00	4.00	4.00	4.00	4.40	6.00
	25	7.00	7.00	7.00	4.50	5.00	5.00	5.00	6.00
	50	8.00	8.00	8.00	7.00	7.00	6.00	6.00	7.00
	75	9.00	9.00	9.00	8.00	8.00	8.00	8.00	
	90	10.00	10.00	9.00		9.00	9.00	9.60	
	95	10.00	10.00	10.00		9.20	9.40	10.00	

表3-6-35 广西壮族自治区肢体残疾人职业兴趣测验研究型数据资料表

研究型		男(岁)				女(岁)			
		15-29	30-39	40-49	50-59	15-29	30-39	40-49	50-54
N		121	69	62	9	55	51	23	2
平均数		6.79	6.26	6.61	5.67	6.16	6.39	5.83	6.50
标准差		1.89	1.95	1.42	1.12	1.96	1.70	2.33	0.71
最小值		0.00	1.00	3.00	4.00	2.00	3.00	2.00	6.00
最大值		10.00	10.00	10.00	7.00	10.00	10.00	9.00	7.00
百分位	5	3.00	3.50	4.00	4.00	2.80	3.60	2.00	6.00
	10	4.00	4.00	4.00	4.00	3.00	4.00	2.40	6.00
	25	6.00	5.00	6.00	5.00	5.00	5.00	4.00	6.00
	50	7.00	7.00	7.00	5.00	6.00	7.00	6.00	6.50
	75	8.00	8.00	7.00	7.00	8.00	7.00	8.00	
	90	9.00	9.00	8.00		9.00	9.00	9.00	
	95	9.00	9.50	9.00		9.00	9.00	9.00	

表3-6-36 广西壮族自治区肢体残疾人职业兴趣测验企业型数据资料表

企业型		男(岁)				女(岁)			
		15-29	30-39	40-49	50-59	15-29	30-39	40-49	50-54
N		121	69	62	9	55	51	23	2
平均数		5.97	5.55	5.58	5.67	5.73	5.35	5.17	6.00
标准差		1.83	2.10	2.02	2.55	2.02	1.82	2.21	2.83
最小值		2.00	1.00	1.00	1.00	0.00	1.00	1.00	4.00
最大值		10.00	10.00	9.00	8.00	9.00	9.00	9.00	8.00
百分位	5	3.00	1.50	1.15	1.00	1.80	2.60	1.20	4.00
	10	3.00	2.00	2.00	1.00	2.60	3.00	2.00	4.00
	25	5.00	4.00	4.00	3.50	4.00	4.00	4.00	4.00
	50	6.00	6.00	6.00	7.00	6.00	5.00	5.00	6.00
	75	7.00	7.00	7.00	7.50	7.00	7.00	7.00	
	90	8.00	8.00	8.00		8.00	8.00	8.00	
	95	9.00	9.00	8.85		8.00	8.40	8.80	

表 3-6-37　广西壮族自治区肢体残疾人职业兴趣测验社会型数据资料表

社会型		男(岁)				女(岁)			
		15-29	30-39	40-49	50-59	15-29	30-39	40-49	50-54
N		121	69	62	9	55	51	23	2
平均数		7.01	6.97	6.73	6.11	7.40	7.51	7.48	6.50
标准差		1.68	1.93	1.34	1.36	1.66	1.60	1.27	2.12
最小值		2.00	1.00	3.00	3.00	4.00	3.00	5.00	5.00
最大值		10.00	10.00	10.00	7.00	10.00	10.00	10.00	8.00
百分位	5	4.10	3.00	5.00	3.00	4.00	4.60	5.00	5.00
	10	5.00	5.00	5.00	3.00	5.00	5.20	5.40	5.00
	25	6.00	6.00	6.00	5.50	6.00	6.00	7.00	5.00
	50	7.00	7.00	7.00	7.00	8.00	8.00	8.00	6.50
	75	8.00	8.00	7.25	7.00	9.00	9.00	8.00	
	90	9.00	9.00	9.00		9.40	9.80	9.00	
	95	10.00	10.00	9.00		10.00	10.00	9.80	

表 3-6-38　广西壮族自治区肢体残疾人职业兴趣测验艺术型数据资料表

艺术型		男(岁)				女(岁)			
		15-29	30-39	40-49	50-59	15-29	30-39	40-49	50-54
N		121	69	62	9	55	51	23	2
平均数		5.45	5.16	5.90	5.78	6.15	6.08	5.78	4.50
标准差		1.79	2.00	1.98	2.33	2.21	1.82	1.86	2.12
最小值		1.00	0.00	1.00	2.00	2.00	2.00	3.00	3.00
最大值		9.00	9.00	10.00	8.00	10.00	10.00	10.00	6.00
百分位	5	2.00	2.00	2.00	2.00	2.80	3.60	3.00	3.00
	10	3.00	2.00	3.00	2.00	3.00	4.00	3.40	3.00
	25	4.00	4.00	5.00	3.50	5.00	5.00	4.00	3.00
	50	6.00	5.00	6.00	7.00	6.00	6.00	6.00	4.50
	75	7.00	7.00	7.00	8.00	8.00	8.00	7.00	
	90	8.00	7.00	8.00		9.00	8.80	8.00	
	95	8.00	9.00	8.85		10.00	9.00	9.60	

表3-6-39 广西壮族自治区各城市肢体残疾人职业兴趣测验常规型数据资料表

城市	年龄(岁)	男					女				
		N	平均数	标准差	最小值	最大值	N	平均数	标准差	最小值	最大值
南宁	15-29	50	5.42	1.63	1.00	9.00	24	5.83	1.69	1.00	8.00
	30-39	29	6.03	1.84	1.00	9.00	31	5.84	1.98	2.00	9.00
	40-49	27	5.85	1.68	2.00	9.00	13	5.69	1.55	3.00	8.00
	50-59	1	6.00		6.00	6.00					
	小计	107	5.70	1.70	1.00	9.00	68	5.81	1.78	1.00	9.00
柳州	15-29	31	5.65	1.85	2.00	9.00	23	5.96	2.31	2.00	9.00
	30-39	14	5.86	1.70	3.00	9.00	13	5.54	1.05	3.00	7.00
	40-49	13	5.85	1.57	4.00	9.00	6	6.83	1.47	5.00	9.00
	50-59	3	6.00	2.00	4.00	8.00					
	小计	61	5.75	1.73	2.00	9.00	42	5.95	1.90	2.00	9.00
钦州	15-29	40	5.95	1.80	2.00	9.00	8	7.25	1.91	5.00	9.00
	30-39	26	5.38	1.42	3.00	9.00	7	5.86	1.95	4.00	9.00
	40-49	22	5.77	1.19	3.00	8.00	4	6.50	1.91	4.00	8.00
	50-59	5	5.80	1.92	3.00	8.00	2	4.50	0.71	4.00	5.00
	小计	93	5.74	1.57	2.00	9.00	21	6.38	1.94	4.00	9.00

表3-6-40 广西壮族自治区各城市肢体残疾人职业兴趣测验现实型数据资料表

城市	年龄(岁)	男					女				
		N	平均数	标准差	最小值	最大值	N	平均数	标准差	最小值	最大值
南宁	15-29	50	8.04	1.60	3.00	11.00	24	6.92	1.93	3.00	10.00
	30-39	29	8.28	1.28	5.00	11.00	31	6.48	1.82	3.00	10.00
	40-49	27	7.59	1.37	5.00	10.00	13	6.00	1.68	2.00	9.00
	50-59	1	7.00		7.00	7.00					
	小计	107	7.98	1.47	3.00	11.00	68	6.54	1.84	2.00	10.00
柳州	15-29	31	7.97	1.70	3.00	11.00	23	6.26	2.03	3.00	10.00
	30-39	14	7.93	2.16	3.00	11.00	13	6.77	1.54	4.00	10.00
	40-49	13	8.31	1.32	5.00	10.00	6	8.33	1.51	6.00	10.00
	50-59	3	6.00	2.00	4.00	8.00					
	小计	61	7.93	1.78	3.00	11.00	42	6.71	1.92	3.00	10.00
钦州	15-29	40	7.50	1.60	3.00	10.00	8	6.50	1.60	4.00	9.00
	30-39	26	7.12	1.75	4.00	10.00	7	6.86	1.57	4.00	9.00
	40-49	22	7.23	1.77	3.00	10.00	4	5.50	1.29	4.00	7.00
	50-59	5	6.80	2.17	4.00	9.00	2	7.00	1.41	6.00	8.00
	小计	93	7.29	1.70	3.00	10.00	21	6.48	1.50	4.00	9.00

表 3-6-41　广西壮族自治区各城市肢体残疾人职业兴趣测验研究型数据资料表

城市	年龄(岁)	男					女				
		N	平均数	标准差	最小值	最大值	N	平均数	标准差	最小值	最大值
南宁	15-29	50	6.64	2.06	0.00	10.00	24	6.25	1.51	3.00	9.00
	30-39	29	6.41	1.78	3.00	10.00	31	6.52	1.88	3.00	10.00
	40-49	27	6.74	1.32	3.00	9.00	13	5.31	2.63	2.00	9.00
	50-59	1	5.00		5.00	5.00					
	小计	107	6.59	1.81	0.00	10.00	68	6.19	1.95	2.00	10.00
柳州	15-29	31	7.16	1.92	1.00	10.00	23	6.30	2.14	3.00	10.00
	30-39	14	6.29	1.90	4.00	9.00	13	5.77	1.42	3.00	7.00
	40-49	13	7.15	1.68	4.00	10.00	6	7.33	1.51	5.00	9.00
	50-59	3	5.00	1.00	4.00	6.00					
	小计	61	6.85	1.88	1.00	10.00	42	6.29	1.89	3.00	10.00
钦州	15-29	40	6.68	1.65	3.00	10.00	8	5.50	2.67	2.00	9.00
	30-39	26	6.08	2.21	1.00	10.00	7	7.00	1.00	6.00	9.00
	40-49	22	6.14	1.28	3.00	8.00	4	5.25	1.50	4.00	7.00
	50-59	5	6.20	1.10	5.00	7.00	2	6.50	0.71	6.00	7.00
	小计	93	6.35	1.73	1.00	10.00	21	6.05	1.94	2.00	9.00

表 3-6-42　广西壮族自治区各城市肢体残疾人职业兴趣测验企业型数据资料表

城市	年龄(岁)	男					女				
		N	平均数	标准差	最小值	最大值	N	平均数	标准差	最小值	最大值
南宁	15-29	50	5.86	1.67	2.00	9.00	24	5.96	2.27	0.00	8.00
	30-39	29	5.24	1.84	1.00	8.00	31	5.45	1.69	1.00	9.00
	40-49	27	5.26	2.10	1.00	8.00	13	4.46	2.33	1.00	9.00
	50-59	1	7.00		7.00	7.00					
	小计	107	5.55	1.84	1.00	9.00	68	5.44	2.08	0.00	9.00
柳州	15-29	31	6.29	1.94	2.00	10.00	23	5.39	1.95	2.00	9.00
	30-39	14	6.00	2.66	2.00	10.00	13	4.92	2.10	2.00	9.00
	40-49	13	5.23	2.28	1.00	9.00	6	6.83	0.98	5.00	8.00
	50-59	3	3.33	3.21	1.00	7.00					
	小计	61	5.85	2.30	1.00	10.00	42	5.45	1.95	2.00	9.00
钦州	15-29	40	5.85	1.94	2.00	9.00	8	6.00	1.41	4.00	8.00
	30-39	26	5.65	2.08	1.00	9.00	7	5.71	1.98	3.00	8.00
	40-49	22	6.18	1.68	2.00	9.00	4	5.00	2.16	2.00	7.00
	50-59	5	6.80	1.30	5.00	8.00	2	6.00	2.83	4.00	8.00
	小计	93	5.92	1.89	1.00	9.00	21	5.71	1.76	2.00	8.00

表3-6-43　广西壮族自治区各城市肢体残疾人职业兴趣测验社会型数据资料表

城市	年龄(岁)	男					女				
		N	平均数	标准差	最小值	最大值	N	平均数	标准差	最小值	最大值
南宁	15-29	50	7.18	1.55	4.00	10.00	24	7.13	1.73	4.00	10.00
	30-39	29	6.86	1.90	2.00	10.00	31	7.74	1.50	4.00	10.00
	40-49	27	7.11	1.40	4.00	10.00	13	7.54	1.13	5.00	9.00
	50-59	1	7.00		7.00	7.00					
	小计	107	7.07	1.60	2.00	10.00	68	7.49	1.53	4.00	10.00
柳州	15-29	31	7.42	1.73	3.00	10.00	23	7.70	1.55	5.00	10.00
	30-39	14	7.64	1.39	5.00	10.00	13	7.23	2.01	3.00	10.00
	40-49	13	6.92	1.38	5.00	9.00	6	7.67	1.63	6.00	10.00
	50-59	3	5.33	2.08	3.00	7.00					
	小计	61	7.26	1.64	3.00	10.00	42	7.55	1.68	3.00	10.00
钦州	15-29	40	6.48	1.71	2.00	10.00	8	7.38	1.85	4.00	10.00
	30-39	26	6.73	2.18	1.00	10.00	7	7.00	1.15	6.00	9.00
	40-49	22	6.14	1.08	3.00	8.00	4	7.00	1.41	5.00	8.00
	50-59	5	6.40	0.89	5.00	7.00	2	6.50	2.12	5.00	8.00
	小计	93	6.46	1.70	1.00	10.00	21	7.10	1.48	4.00	10.00

表3-6-44　广西壮族自治区各城市肢体残疾人职业兴趣测验艺术型数据资料表

城市	年龄(岁)	男					女				
		N	平均数	标准差	最小值	最大值	N	平均数	标准差	最小值	最大值
南宁	15-29	50	5.06	1.72	2.00	8.00	24	6.25	2.33	2.00	10.00
	30-39	29	5.14	2.03	0.00	9.00	31	6.19	1.76	3.00	10.00
	40-49	27	5.19	1.98	1.00	8.00	13	5.69	2.14	3.00	10.00
	50-59	1	5.00		5.00	5.00					
	小计	107	5.11	1.85	0.00	9.00	68	6.12	2.03	2.00	10.00
柳州	15-29	31	5.68	1.90	1.00	8.00	23	6.57	2.02	3.00	10.00
	30-39	14	5.00	2.11	2.00	8.00	13	5.77	2.01	2.00	9.00
	40-49	13	5.54	2.03	2.00	8.00	6	6.50	1.05	5.00	8.00
	50-59	3	4.67	3.06	2.00	8.00					
	小计	61	5.44	2.00	1.00	8.00	42	6.31	1.91	2.00	10.00
钦州	15-29	40	5.75	1.74	2.00	9.00	8	4.63	2.00	2.00	8.00
	30-39	26	5.27	1.99	2.00	9.00	7	6.14	1.95	4.00	9.00
	40-49	22	7.00	1.48	4.00	10.00	4	5.00	1.83	3.00	7.00
	50-59	5	6.60	2.07	3.00	8.00	2	4.50	2.12	3.00	6.00
	小计	93	5.96	1.86	2.00	10.00	21	5.19	1.94	2.00	9.00

(二)广西壮族自治区听力残疾人职业适应性状况

1. 广西壮族自治区听力残疾人职业能力状况

表 3-6-45 广西壮族自治区听力残疾人职业能力测验言语能力分测验数据资料表

言语能力		男(岁)				女(岁)			
		15-29	30-39	40-49	50-59	15-29	30-39	40-49	50-54
N		89	22	8	-	55	12	7	-
平均数		8.94	11.55	8.67		9.44	8.89	11.81	
标准差		4.27	5.11	6.26		4.28	5.61	5.25	
最小值		1.33	2.67	1.33		1.33	2.67	2.67	
最大值		20.00	18.67	18.67		18.67	20.00	17.33	
百分位	5	2.67	2.67	1.33		3.20	2.67	2.67	
	10	4.00	2.87	1.33		4.67	2.87	2.67	
	25	6.00	8.33	5.33		6.67	3.83	7.33	
	50	8.00	11.67	6.33		8.67	7.33	13.33	
	75	11.33	15.33	15.50		12.00	12.50	16.67	
	90	15.33	18.47			17.60	19.20		
	95	17.67	18.67			18.13			

(续表1)

言语能力		残疾等级				文化水平			
		一级	二级	三级	四级	小学及以下	初中	高中/中专	大专及以上
N		108	53	19	13	52	58	78	5
平均数		8.83	9.94	9.96	12.15	8.27	8.16	10.80	16.27
标准差		4.20	5.24	3.79	5.52	3.61	4.34	4.82	2.52
最小值		1.33	1.33	3.33	1.33	2.67	1.33	1.33	12.67
最大值		18.67	20.00	16.67	18.00	18.67	20.00	20.00	18.67
百分位	5	2.67	2.67	3.33	1.33	2.67	1.97	3.30	12.67
	10	3.33	4.67	3.33	2.67	3.53	3.27	4.60	12.67
	25	5.33	6.00	6.67	7.33	6.00	5.17	6.50	13.67
	50	8.67	8.67	10.00	14.67	8.00	7.33	10.67	17.33
	75	11.33	13.67	12.67	17.33	10.50	10.17	14.67	18.33
	90	15.33	18.67	14.00	17.73	13.13	14.87	18.00	
	95	17.70	19.07			16.27	18.03	18.03	

(续表2)

言语能力		交流方式			
		手语	口语	手语 & 口语	其他
N		88	17	72	16
平均数		9.32	12.04	9.02	9.58
标准差		4.33	3.95	4.84	5.30
最小值		1.33	5.33	1.33	3.33
最大值		20.00	18.67	20.00	18.00
百分位	5	2.67	5.33	2.43	3.33
	10	3.33	5.87	2.87	4.27
	25	6.00	9.67	5.50	5.33
	50	9.33	12.00	7.67	7.00
	75	11.83	14.67	13.17	15.33
	90	16.73		17.13	18.00
	95				

表 3-6-46 广西壮族自治区听力残疾人职业能力测验数理能力分测验数据资料表

数理能力		男(岁)				女(岁)			
		15-29	30-39	40-49	50-59	15-29	30-39	40-49	50-54
N		89	22	8		55	12	7	
平均数		7.69	9.27	10.50		7.67	7.33	10.00	
标准差		4.49	4.88	7.23		4.38	4.29	4.00	
最小值		0.00	2.00	2.00		0.00	0.00	4.00	
最大值		20.00	20.00	18.00		20.00	14.00	16.00	
百分位	5	2.00	2.00	2.00		0.00	0.00	4.00	
	10	2.00	2.60	2.00	2.00	0.60	4.00		
	25	4.00	5.50	3.00		6.00	4.00	8.00	
	50	6.00	9.00	10.00		6.00	8.00	10.00	
	75	10.00	12.50	18.00		10.00	10.00	14.00	
	90	14.00	16.00			14.00	13.40		
	95	17.00	19.40			15.20			

(续表1)

数理能力		残疾等级				文化水平			
		一级	二级	三级	四级	小学及以下	初中	高中/中专	大专及以上
N		108	53	19	13	52	58	78	5
平均数		6.74	9.17	8.42	13.69	7.04	6.52	9.31	16.40
标准差		4.06	4.61	4.60	3.99	4.49	3.51	4.62	4.34
最小值		0.00	0.00	0.00	8.00	0.00	0.00	0.00	10.00
最大值		18.00	20.00	18.00	20.00	18.00	16.00	20.00	20.00
百分位	5	2.00	2.00	0.00	8.00	1.30	2.00	1.90	10.00
	10	2.00	4.00	2.00	8.80	2.00	2.00	4.00	10.00
	25	4.00	6.00	6.00	10.00	4.00	4.00	6.00	12.00
	50	6.00	8.00	8.00	14.00	6.00	6.00	10.00	18.00
	75	10.00	12.00	10.00	18.00	10.00	10.00	12.00	20.00
	90	12.20	16.00	16.00	19.20	14.00	12.00	16.00	
	95	14.00	20.00			16.00	14.00	18.00	

(续表2)

数理能力		交流方式			
		手语	口语	手语&口语	其他
N		88	17	72	16
平均数		7.50	11.29	7.58	9.63
标准差		4.48	4.79	4.39	4.96
最小值		0.00	2.00	0.00	2.00
最大值		20.00	20.00	20.00	20.00
百分位	5	2.00	2.00	1.30	2.00
	10	2.00	5.20	2.00	3.40
	25	4.00	8.00	4.00	4.50
	50	6.00	10.00	7.00	10.00
	75	10.00	16.00	10.00	12.00
	90	14.00	18.40	14.00	17.20
	95	17.10		16.70	

表 3-6-47 广西壮族自治区听力残疾人职业能力测验空间知觉分测验数据资料表

空间知觉		男(岁)				女(岁)			
		15-29	30-39	40-49	50-59	15-29	30-39	40-49	50-54
N		89	22	8		55	12	7	
平均数		6.90	8.18	9.00		7.93	7.00	8.29	
标准差		3.29	5.59	5.24		4.76	3.46	3.55	
最小值		0.00	2.00	2.00		0.00	2.00	2.00	
最大值		18.00	20.00	18.00		20.00	16.00	12.00	
百分位	5	2.00	2.00	2.00		1.60	2.00	2.00	
	10	4.00	2.60	2.00		2.00	2.60	2.00	
	25	4.00	4.00	6.00		4.00	4.50	6.00	
	50	6.00	6.00	7.00		8.00	7.00	8.00	
	75	8.00	12.50	13.50		10.00	8.00	12.00	
	90	12.00	18.00			16.80	13.60		
	95	13.00	19.70			18.40			

(续表1)

空间知觉		残疾等级				文化水平			
		一级	二级	三级	四级	小学及以下	初中	高中/中专	大专及以上
N		108	53	19	13	52	58	78	5
平均数		6.78	7.85	7.89	11.23	6.65	6.90	8.00	14.80
标准差		3.50	4.13	5.35	5.39	3.60	3.48	4.42	5.22
最小值		0.00	0.00	0.00	2.00	0.00	2.00	0.00	8.00
最大值		18.00	20.00	18.00	20.00	18.00	18.00	20.00	20.00
百分位	5	2.00	2.00	0.00	2.00	2.00	2.00	2.00	8.00
	10	4.00	4.00	2.00	3.60	2.00	4.00	2.00	8.00
	25	4.00	5.00	2.00	7.00	4.00	4.00	6.00	10.00
	50	6.00	8.00	8.00	10.00	6.00	6.00	8.00	14.00
	75	8.00	10.00	10.00	16.00	8.00	8.00	10.00	20.00
	90	12.00	13.20	18.00	19.20	11.40	12.00	16.00	
	95	15.10	17.20			16.00	14.20	18.00	

空间知觉		交流方式			
		手语	口语	手语&口语	其他
	N	88	17	72	16
	平均数	7.05	10.00	7.11	8.88
	标准差	3.74	5.43	3.34	6.65
	最小值	0.00	2.00	0.00	2.00
	最大值	20.00	20.00	14.00	20.00
百分位	5	2.00	2.00	2.00	2.00
	10	4.00	3.60	2.00	2.00
	25	4.00	6.00	4.50	4.00
	50	6.00	8.00	7.00	6.00
	75	8.00	16.00	9.50	17.50
	90	12.00	18.40	12.00	18.60
	95	17.10		14.00	

表3-6-48 广西壮族自治区听力残疾人职业能力测验符号知觉分测验数据资料表

符号知觉		男(岁)				女(岁)			
		15-29	30-39	40-49	50-59	15-29	30-39	40-49	50-54
	N	89	22	8		55	12	7	
	平均数	8.96	10.23	10.03		8.50	11.13	12.41	
	标准差	6.13	6.45	8.06		6.96	5.88	6.81	
	最小值	0.00	0.00	1.11		0.00	2.67	0.00	
	最大值	20.00	19.78	19.56		20.00	19.33	20.00	
百分位	5	1.33	0.13	1.11		0.40	2.67	0.00	
	10	2.00	0.96	1.11		0.89	3.60	0.00	
	25	3.22	4.17	1.83		2.89	6.06	8.00	
	50	8.44	10.78	9.67		6.22	10.33	15.11	
	75	15.11	16.11	18.22		15.33	17.00	16.67	
	90	18.22	18.91			19.11	19.13		
	95	18.78	19.68			19.64			

(续表1)

符号知觉		残疾等级				文化水平			
		一级	二级	三级	四级	小学及以下	初中	高中/中专	大专及以上
N		108	3	19	13	52	58	78	5
平均数		8.42	9.01	11.43	14.34	8.41	7.72	10.39	18.98
标准差		6.19	6.67	6.68	5.46	6.26	6.15	6.43	0.56
最小值		0.00	0.00	2.00	5.11	0.00	0.00	0.00	18.22
最大值		19.78	20.00	20.00	19.78	19.11	19.78	20.00	19.78
百分位	5	0.44	1.00	2.00	5.11	0.73	0.00	1.32	18.22
	10	1.09	1.42	2.67	5.64	1.18	0.84	2.67	18.22
	25	2.44	3.33	4.67	8.89	2.28	2.44	4.61	18.56
	50	7.44	6.22	12.00	17.56	6.89	6.11	8.89	18.89
	75	14.22	16.33	18.22	19.00	14.28	13.61	16.94	19.44
	90	17.78	19.11	20.00	19.60	17.87	17.78	19.36	
	95	18.79	19.84			18.67	18.46	20.00	

(续表2)

符号知觉		交流方式			
		手语	口语	手语&口语	其他
N		88	17	72	16
平均数		9.03	11.80	8.96	9.38
标准差		6.22	6.49	6.74	6.86
最小值		0.00	2.67	0.00	1.11
最大值		20.00	20.00	19.56	19.78
百分位	5	0.89	2.67	0.00	1.11
	10	1.56	3.56	1.02	1.11
	25	3.33	5.44	2.78	2.06
	50	7.56	12.89	6.78	9.78
	75	14.44	18.56	15.94	14.50
	90	18.67	19.29	18.38	19.78
	95	19.68		19.11	

表 3-6-49 广西壮族自治区听力残疾人职业能力测验形状知觉分测验数据资料表

形状知觉		男(岁)				女(岁)			
		15-29	30-39	40-49	50-59	15-29	30-39	40-49	50-54
N		89	22	8		55	12	7	
平均数		10.52	10.73	10.25		11.56	10.67	11.14	
标准差		3.84	4.43	5.06		4.61	4.21	3.98	
最小值		2.00	2.00	2.00		2.00	0.00	6.00	
最大值		20.00	18.00	16.00		20.00	14.00	16.00	
百分位	5	4.00	2.30	2.00		2.00	0.00	6.00	
	10	6.00	4.60	2.00		4.00	2.40	6.00	
	25	8.00	7.50	6.00		8.00	8.00	6.00	
	50	10.00	11.00	12.00		12.00	12.00	12.00	
	75	14.00	14.00	14.00		14.00	14.00	14.00	
	90	16.00	16.00			18.00	14.00		
	95	16.00	17.70			20.00			

(续表1)

形状知觉		残疾等级				文化水平			
		一级	二级	三级	四级	小学及以下	初中	高中/中专	大专及以上
N		108	53	19	13	52	58	78	5
平均数		10.26	11.32	10.84	14.00	9.19	10.79	11.67	16.40
标准差		4.29	4.06	3.85	2.94	3.87	4.07	4.04	3.85
最小值		2.00	0.00	4.00	10.00	2.00	0.00	2.00	10.00
最大值		20.00	20.00	16.00	20.00	18.00	20.00	20.00	20.00
百分位	5	2.00	3.40	4.00	10.00	2.00	3.90	5.90	10.00
	10	4.00	6.00	6.00	10.00	4.00	4.00	6.00	10.00
	25	8.00	8.00	6.00	12.00	6.00	8.00	8.00	13.00
	50	10.00	12.00	12.00	14.00	10.00	12.00	12.00	18.00
	75	14.00	14.00	14.00	16.00	12.00	14.00	14.00	19.00
	90	16.00	16.00	16.00	19.20	14.00	16.00	16.00	
	95	17.10	18.00			16.00	16.00	18.00	

(续表2)

形状知觉		交流方式			
		手语	口语	手语&口语	其他
	N	88	17	72	16
	平均数	10.20	11.65	11.56	10.50
	标准差	4.25	4.49	3.86	4.76
	最小值	2.00	2.00	2.00	0.00
	最大值	20.00	18.00	20.00	16.00
百分位	5	2.90	2.00	6.00	0.00
	10	4.00	5.20	6.00	1.40
	25	8.00	9.00	8.00	8.00
	50	10.00	12.00	12.00	12.00
	75	13.50	15.00	14.00	14.00
	90	16.00	18.00	16.00	16.00
	95	17.10		18.00	

表 3-6-50 广西壮族自治区听力残疾人职业能力文档测验总分数据资料表

职业能力文档测验		男(岁)				女(岁)			
		15-29	30-39	40-49	50-59	15-29	30-39	40-49	50-54
	N	89	22	8		55	12	7	
	平均数	43.00	49.96	48.44		45.10	45.02	53.65	
	标准差	15.63	19.37	26.24		19.55	16.33	20.37	
	最小值	11.56	21.11	16.44		15.33	19.56	22.67	
	最大值	88.89	93.11	89.56		98.00	68.67	76.00	
	5	22.89	22.08	16.44		16.98	19.56	22.67	
	10	26.89	27.89	16.44		23.24	22.29	22.67	
	25	33.11	37.61	25.33		28.89	31.61	35.78	
百分位	50	39.78	44.11	44.44		41.11	42.44	50.44	
	75	49.44	60.11	73.39		59.33	61.78	74.00	
	90	66.89	84.78			74.18	68.47		
	95	76.11	92.31			83.87			

(续表1)

职业能力文档测验		残疾等级				文化水平			
		一级	二级	三级	四级	小学及以下	初中	高中/中专	大专及以上
N		108	53	19	13	52	58	78	5
平均数		41.03	47.29	48.55	65.42	39.57	40.09	50.17	82.84
标准差		15.28	19.72	17.31	17.13	15.05	14.76	17.98	13.58
最小值		11.56	19.56	15.33	37.78	11.56	14.00	15.33	67.56
最大值		89.56	98.00	83.11	93.11	87.78	75.78	98.00	95.78
百分位	5	17.61	22.51	15.33	37.78	19.48	17.08	22.59	67.56
	10	23.11	26.67	23.33	38.49	23.60	23.07	27.93	67.56
	25	28.94	32.00	35.33	51.00	28.67	28.89	37.67	68.22
	50	39.56	42.00	45.78	68.67	37.00	39.56	47.11	88.89
	75	49.00	62.00	61.11	76.11	44.56	49.39	62.72	94.44
	90	63.20	76.36	76.00	91.42	62.93	62.71	76.24	
	95	72.00	90.18			70.64	73.79	81.00	

(续表2)

职业能力文档测验		交流方式			
		手语	口语	手语&口语	其他
N		88	17	72	16
平均数		43.10	56.78	44.23	47.96
标准差		16.99	21.05	16.28	22.91
最小值		11.56	26.67	14.00	16.44
最大值		98.00	95.78	88.89	93.11
百分位	5	21.81	26.67	17.60	16.44
	10	24.62	30.76	23.98	18.62
	25	31.56	36.56	31.78	27.22
	50	39.56	53.11	41.78	42.22
	75	50.44	73.33	56.00	65.83
	90	72.78	89.38	68.47	83.31
	95	76.12		75.93	

表 3-6-51 广西壮族自治区听力残疾人职业能力测验手眼协调能力分测验数据资料表

手眼协调		男(岁)				女(岁)			
		15-29	30-39	40-49	50-59	15-29	30-39	40-49	50-54
N		89	22	8		55	12	7	
平均数		14.74	13.82	12.50		11.61	17.00	13.14	
标准差		7.13	7.90	8.81		8.78	5.57	6.27	
最小值		0.00	0.00	0.00		0.00	0.00	2.67	
最大值		20.00	20.00	20.00		20.00	20.00	20.00	
百分位	5	0.00	0.20	0.00		0.00	0.00	2.67	
	10	0.00	1.73	0.00		0.00	4.80	2.67	
	25	12.67	5.00	2.33		0.00	16.33	6.67	
	50	18.67	19.33	16.67		13.33	18.67	14.67	
	75	20.00	20.00	20.00		20.00	20.00	17.33	
	90	20.00	20.00			20.00	20.00		
	95	20.00	20.00			20.00			

(续表1)

手眼协调		残疾等级				文化水平			
		一级	二级	三级	四级	小学及以下	初中	高中/中专	大专及以上
N		108	53	19	13	52	58	78	5
平均数		12.54	15.50	14.74	14.97	11.62	14.83	13.97	19.47
标准差		8.17	6.51	7.61	8.15	8.08	7.30	7.82	0.73
最小值		0.00	0.00	0.00	0.00	0.00	0.00	0.00	18.67
最大值		20.00	20.00	20.00	20.00	20.00	20.00	20.00	20.00
百分位	5	0.00	0.00	0.00	0.00	0.00	0.00	0.00	18.67
	10	0.00	1.87	0.00	0.00	0.00	1.33	0.00	18.67
	25	4.00	13.33	13.33	9.33	2.00	8.67	6.33	18.67
	50	17.33	18.67	18.67	20.00	14.67	18.67	18.67	20.00
	75	20.00	20.00	20.00	20.00	20.00	20.00	20.00	20.00
	90	20.00	20.00	20.00	20.00	20.00	20.00	20.00	
	95	20.00	20.00			20.00	20.00	20.00	

(续表2)

手眼协调		交流方式			
		手语	口语	手语&口语	其他
N		88	17	72	16
平均数		12.58	14.67	14.89	13.92
标准差		8.22	7.83	7.14	7.49
最小值		0.00	0.00	0.00	0.00
最大值		20.00	20.00	20.00	20.00
百分位	5	0.00	0.00	0.00	0.00
	10	0.00	0.00	0.40	0.93
	25	4.00	8.67	12.00	7.33
	50	16.00	18.67	18.67	17.33
	75	20.00	20.00	20.00	20.00
	90	20.00	20.00	20.00	20.00
	95	20.00		20.00	

表3-6-52 广西壮族自治区听力残疾人职业能力测验总分数据资料表

职业能力		男(岁)				女(岁)			
		15-29	30-39	40-49	50-59	15-29	30-39	40-49	50-54
N		89	22	8		55	12	7	
平均数		57.74	63.78	60.94		56.72	62.02	66.79	
标准差		18.33	21.59	31.24		24.41	19.32	20.86	
最小值		18.22	34.22	17.78		15.33	28.67	36.00	
最大值		107.56	113.11	109.56		118.00	86.67	93.33	
百分位	5	30.56	35.26	17.78		22.80	28.67	36.00	
	10	34.00	41.71	17.78		28.93	31.13	36.00	
	25	44.67	46.44	33.00		37.33	47.61	53.11	
	50	57.33	57.11	63.78		49.78	62.44	65.11	
	75	67.78	79.61	88.39		74.00	81.78	89.33	
	90	83.11	102.18			91.11	86.47		
	95	95.11	112.31			103.87			

(续表1)

职业能力		残疾等级				文化水平			
		一级	二级	三级	四级	小学及以下	初中	高中/中专	大专及以上
N		108	53	19	13	52	58	78	5
平均数		53.57	62.78	63.29	80.39	51.18	54.92	64.13	102.31
标准差		18.89	21.95	21.52	19.96	18.52	17.32	21.52	13.82
最小值		17.11	26.67	15.33	46.89	17.78	17.11	15.33	86.22
最大值		109.56	118.00	99.11	113.11	107.78	93.78	118.00	115.78
百分位	5	28.67	31.22	15.33	46.89	25.81	30.17	31.20	86.22
	10	30.82	36.76	31.78	50.36	28.89	33.73	34.42	86.22
	25	39.06	48.89	54.89	61.33	37.56	43.11	48.50	87.56
	50	50.78	58.67	64.44	81.78	49.33	50.67	63.33	107.56
	75	65.17	76.67	79.56	93.56	62.00	68.11	79.94	114.44
	90	81.78	96.36	93.33	110.89	78.73	81.87	96.22	
	95	88.11	110.18			87.03	86.36	99.20	

(续表2)

职业能力		交流方式			
		手语	口语	手语&口语	其他
N		88	17	72	16
平均数		55.67	71.45	59.12	61.88
标准差		20.43	22.73	19.21	28.36
最小值		17.11	31.78	15.33	17.78
最大值		118.00	115.78	107.56	113.11
百分位	5	28.67	31.78	31.13	17.78
	10	31.29	39.42	34.00	26.49
	25	41.72	55.22	46.44	37.33
	50	52.22	68.22	58.44	56.11
	75	68.11	86.44	69.61	85.83
	90	86.29	109.38	86.47	101.44
	95	95.12		95.07	

表 3-6-53　广西壮族自治区各城市听力残疾人职业能力测验言语能力分测验数据资料表

城市	年龄(岁)	男					女				
		N	平均数	标准差	最小值	最大值	N	平均数	标准差	最小值	最大值
南宁	15-29	29	8.30	4.02	2.00	18.00	29	7.79	2.82	1.33	12.67
	30-39	1	18.67		18.67	18.67	1	12.00		12.00	12.00
	40-49	2	12.33	8.96	6.00	18.67	2	15.67	2.36	14.00	17.33
	小计	32	8.88	4.62	2.00	18.67	32	8.42	3.39	1.33	17.33
柳州	15-29	24	10.19	4.19	3.33	17.33	14	11.90	4.96	3.33	18.67
	30-39	8	9.92	4.77	2.67	15.33	8	9.92	6.32	2.67	20.00
	40-49	4	8.50	6.96	1.33	18.00	3	10.89	7.31	2.67	16.67
	小计	36	9.94	4.53	1.33	18.00	25	11.15	5.50	2.67	20.00
钦州	15-29	36	8.61	4.45	1.33	20.00	12	10.56	4.93	3.33	18.67
	30-39	13	12.00	5.12	2.67	18.67	3	5.11	1.68	3.33	6.67
	40-49	2	5.33	0.00	5.33	5.33	2	9.33	2.83	7.33	11.33
	小计	51	9.35	4.80	1.33	20.00	17	9.45	4.69	3.33	18.67

表 3-6-54　广西壮族自治区各城市听力残疾人职业能力测验数理能力分测验数据资料表

城市	年龄(岁)	男					女				
		N	平均数	标准差	最小值	最大值	N	平均数	标准差	最小值	最大值
南宁	15-29	29	6.00	4.11	2.00	18.00	29	5.93	2.85	0.00	10.00
	30-39	1	16.00		16.00	16.00	1	6.00		6.00	6.00
	40-49	2	12.00	8.49	6.00	18.00	2	15.00	1.41	14.00	16.00
	小计	32	6.69	4.75	2.00	18.00	32	6.50	3.52	0.00	16.00
柳州	15-29	24	7.92	4.39	0.00	20.00	14	10.29	4.95	0.00	20.00
	30-39	8	7.75	2.49	4.00	10.00	8	8.00	4.78	0.00	14.00
	40-49	4	13.00	7.57	2.00	18.00	3	8.67	1.15	8.00	10.00
	小计	36	8.44	4.64	0.00	20.00	25	9.36	4.61	0.00	20.00
钦州	15-29	36	8.89	4.55	0.00	18.00	12	8.83	5.15	2.00	20.00
	30-39	13	9.69	5.71	2.00	20.00	3	6.00	4.00	2.00	10.00
	40-49	2	4.00	2.83	2.00	6.00	2	7.00	4.24	4.00	10.00
	小计	51	8.90	4.85	0.00	20.00	17	8.12	4.77	2.00	20.00

表 3-6-55　广西壮族自治区各城市听力残疾人职业能力测验空间知觉分测验数据资料表

城市	年龄(岁)	男					女				
		N	平均数	标准差	最小值	最大值	N	平均数	标准差	最小值	最大值
南宁	15-29	29	6.76	3.00	2.00	14.00	29	6.34	2.57	0.00	12.00
	30-39	1	16.00		16.00	16.00	1	4.00		4.00	4.00
	40-49	2	9.00	4.24	6.00	12.00	2	11.00	1.41	10.00	12.00
	小计	32	7.19	3.40	2.00	16.00	32	6.56	2.75	0.00	12.00
柳州	15-29	24	6.67	3.05	0.00	12.00	14	9.57	5.88	0.00	20.00
	30-39	8	5.75	3.28	2.00	12.00	8	6.75	1.49	4.00	8.00
	40-49	4	10.50	7.00	2.00	18.00	3	8.67	3.06	6.00	12.00
	小计	36	6.89	3.78	0.00	18.00	25	8.56	4.67	0.00	20.00
钦州	15-29	36	7.17	3.71	2.00	18.00	12	9.83	6.29	2.00	20.00
	30-39	13	9.08	6.20	4.00	20.00	3	8.67	7.02	2.00	16.00
	40-49	2	6.00	0.00	6.00	6.00	2	5.00	4.24	2.00	8.00
	小计	51	7.61	4.44	2.00	20.00	17	9.06	6.09	2.00	20.00

表 3-6-56　广西壮族自治区各城市听力残疾人职业能力测验符号知觉分测验数据资料表

城市	年龄(岁)	男					女				
		N	平均数	标准差	最小值	最大值	N	平均数	标准差	最小值	最大值
南宁	15-29	29	7.40	5.96	0.00	18.89	29	6.42	6.05	0.22	20.00
	30-39	1	19.11		19.11	19.11	1	14.44		14.44	14.44
	40-49	2	8.11	7.70	2.67	13.56	2	18.33	2.36	16.67	20.00
	小计	32	7.81	6.19	0.00	19.11	32	7.42	6.59	0.22	20.00
柳州	15-29	24	8.41	5.62	1.56	20.00	14	10.73	7.11	1.78	20.00
	30-39	8	13.14	5.53	3.33	18.44	8	10.72	6.33	2.67	19.33
	40-49	4	15.33	6.42	5.78	19.56	3	8.22	8.34	0.00	16.67
	小计	36	10.23	6.13	1.56	20.00	25	10.43	6.75	0.00	20.00
钦州	15-29	36	10.59	6.35	0.89	19.78	12	10.91	7.80	0.00	19.33
	30-39	13	7.76	6.01	0.00	19.78	3	11.11	6.60	6.44	18.67
	40-49	2	1.33	0.31	1.11	1.56	2	12.78	3.30	10.44	15.11
	小计	51	9.50	6.42	0.00	19.78	17	11.16	6.95	0.00	19.33

表3-6-57 广西壮族自治区各城市听力残疾人职业能力测验形状知觉分测验数据资料表

城市	年龄(岁)	男					女				
		N	平均数	标准差	最小值	最大值	N	平均数	标准差	最小值	最大值
南宁	15-29	29	11.59	3.98	4.00	20.00	29	11.03	4.43	2.00	20.00
	30-39	1	18.00		18.00	18.00	1	14.00		14.00	14.00
	40-49	2	10.00	5.66	6.00	14.00	2	15.00	1.41	14.00	16.00
	小计	32	11.69	4.10	4.00	20.00	32	11.38	4.35	2.00	20.00
柳州	15-29	24	10.83	4.04	2.00	18.00	14	12.86	4.94	4.00	20.00
	30-39	8	11.50	3.16	6.00	14.00	8	11.25	2.82	8.00	14.00
	40-49	4	13.50	2.52	10.00	16.00	3	10.00	4.00	6.00	14.00
	小计	36	11.28	3.74	2.00	18.00	25	12.00	4.24	4.00	20.00
钦州	15-29	36	9.44	3.40	2.00	16.00	12	11.33	4.77	2.00	18.00
	30-39	13	9.69	4.75	2.00	16.00	3	8.00	7.21	0.00	14.00
	40-49	2	4.00	2.83	2.00	6.00	2	9.00	4.24	6.00	12.00
	小计	51	9.29	3.85	2.00	16.00	17	10.47	5.03	0.00	18.00

表3-6-58 广西壮族自治区各城市听力残疾人职业能力文档测验数据资料表

城市	年龄(岁)	男					女				
		N	平均数	标准差	最小值	最大值	N	平均数	标准差	最小值	最大值
南宁	15-29	29	40.05	15.64	14.00	88.89	29	37.52	12.30	16.44	67.56
	30-39	1	87.78		87.78	87.78	1	50.44		50.44	50.44
	40-49	2	51.44	35.04	26.67	76.22	2	75.00	1.41	74.00	76.00
	小计	32	42.25	18.37	14.00	88.89	32	40.27	15.00	16.44	76.00
柳州	15-29	24	44.02	12.83	18.22	76.44	14	55.35	24.09	15.33	98.00
	30-39	8	48.06	11.15	30.67	61.11	8	46.64	15.73	28.67	68.67
	40-49	4	60.83	21.46	43.11	89.56	3	46.44	23.35	22.67	69.33
	小计	36	46.78	14.17	18.22	89.56	25	51.49	21.25	15.33	98.00
钦州	15-29	36	44.70	17.30	11.56	83.11	12	51.46	21.82	23.11	95.78
	30-39	13	48.22	21.43	21.11	93.11	3	38.89	22.78	19.56	64.00
	40-49	2	20.67	5.97	16.44	24.89	2	43.11	10.37	35.78	50.44
	小计	51	44.65	18.62	11.56	93.11	17	48.26	20.65	19.56	95.78

表 3-6-59 广西壮族自治区各城市听力残疾人职业能力测验手眼协调能力分测验数据资料表

城市	年龄(岁)	男					女				
		N	平均数	标准差	最小值	最大值	N	平均数	标准差	最小值	最大值
南宁	15-29	29	16.69	5.72	0.00	20.00	29	11.26	8.40	0.00	20.00
	30-39	1	20.00		20.00	20.00	1	20.00		20.00	20.00
	40-49	2	17.33	3.77	14.67	20.00	2	10.00	10.37	2.67	17.33
	小计	32	16.83	5.51	0.00	20.00	32	11.46	8.35	0.00	20.00
柳州	15-29	24	14.78	7.82	0.00	20.00	14	10.76	9.89	0.00	20.00
	30-39	8	13.00	8.43	0.00	20.00	8	16.33	6.75	0.00	20.00
	40-49	4	14.67	9.80	0.00	20.00	3	13.33	6.67	6.67	20.00
	小计	36	14.37	7.95	0.00	20.00	25	12.85	8.75	0.00	20.00
钦州	15-29	36	13.15	7.46	0.00	20.00	12	13.44	8.83	0.00	20.00
	30-39	13	13.85	8.01	1.33	20.00	3	17.78	2.04	16.00	20.00
	40-39	2	3.33	2.83	1.33	5.33	2	16.00	1.89	14.67	17.33
	小计	51	12.94	7.65	0.00	20.00	17	14.51	7.58	0.00	20.00

表 3-6-60 广西壮族自治区各城市听力残疾人职业能力测验总分数据资料表

城市	年龄(岁)	男					女				
		N	平均数	标准差	最小值	最大值	N	平均数	标准差	最小值	最大值
南宁	15-29	29	56.74	17.48	30.89	107.56	29	48.79	15.71	24.22	86.22
	30-39	1	107.78		107.78	107.78	1	70.44		70.44	70.44
	40-49	2	68.78	38.81	41.33	96.22	2	85.00	11.79	76.67	93.33
	小计	32	59.08	20.31	30.89	107.78	32	51.73	17.84	24.22	93.3
柳州	15-29	24	58.80	17.51	18.22	96.44	14	66.11	31.52	15.33	118.00
	30-39	8	61.06	13.49	46.44	79.78	8	62.97	19.81	28.67	86.67
	40-49	4	75.50	22.72	63.11	109.56	3	59.78	27.13	36.00	89.33
	小计	36	61.15	17.59	18.22	109.56	25	64.35	26.81	15.33	118.00
钦州	15-29	36	57.85	19.93	28.89	99.11	12	64.91	27.80	28.67	115.78
	30-39	13	62.07	23.25	34.22	113.11	3	56.67	24.45	36.89	84.00
	40-49	2	24.00	8.80	17.78	30.22	2	59.11	8.49	53.11	65.11
	小计	51	57.59	21.44	17.78	113.11	17	62.77	24.95	28.67	115.78

2. 广西壮族自治区听力残疾人职业人格状况

表3-6-61 广西壮族自治区听力残疾人职业人格测验坚持性维度数据资料表

坚持性		男(岁)			女(岁)		
		15-29	30-39	40-49	15-29	30-39	40-49
	N	88	22	7	55	12	7
	平均数	7.70	8.14	7.00	7.76	6.08	8.43
	标准差	2.02	2.44	2.83	2.05	2.19	2.44
	最小值	4.00	5.00	4.00	3.00	3.00	5.00
	最大值	12.00	12.00	11.00	11.00	10.00	11.00
	5	5.00	5.00	4.00	4.00	3.00	5.00
	10	5.00	5.00	4.00	5.00	3.00	5.00
	25	6.00	5.00	4.00	6.00	5.00	6.00
百分位	50	8.00	9.00	7.00	8.00	5.50	9.00
	75	9.00	10.00	10.00	9.00	7.75	11.00
	90	10.10	11.00		10.00	9.70	
	95	11.55	11.85		10.20		

表3-6-62 广西壮族自治区听力残疾人职业人格测验严谨性维度数据资料表

严谨性		男(岁)			女(岁)		
		15-29	30-39	40-49	15-29	30-39	40-49
	N	88	22	7	55	12	7
	平均数	7.64	7.77	8.57	8.73	7.67	8.29
	标准差	1.65	1.66	1.27	1.77	1.37	3.20
	最小值	4.00	4.00	7.00	4.00	4.00	3.00
	最大值	11.00	11.00	10.00	12.00	9.00	11.00
	5	4.45	4.15	7.00	5.80	4.00	3.00
	10	5.00	5.30	7.00	6.60	4.90	3.00
	25	7.00	6.75	7.00	7.00	7.00	5.00
百分位	50	8.00	8.00	9.00	9.00	8.00	9.00
	75	9.00	9.00	10.00	10.00	8.75	11.00
	90	10.00	9.70		11.00	9.00	
	95	10.00	10.85		12.00		

表 3-6-63　广西壮族自治区听力残疾人职业人格测验情绪稳定性维度数据资料表

情绪稳定性		男（岁）			女（岁）		
		15-29	30-39	40-49	15-29	30-39	40-49
N		88	22	7	55	12	7
平均数		5.41	5.95	4.86	5.84	4.75	7.00
标准差		2.15	2.66	2.19	2.07	2.26	2.65
最小值		2.00	2.00	3.00	2.00	2.00	3.00
最大值		11.00	11.00	8.00	10.00	10.00	11.00
百分位	5	2.45	2.15	3.00	2.80	2.00	3.00
	10	3.00	3.00	3.00	3.00	2.30	3.00
	25	4.00	4.00	3.00	4.00	3.25	5.00
	50	5.00	5.00	4.00	6.00	4.00	7.00
	75	7.00	9.00	8.00	8.00	5.75	9.00
	90	8.10	10.00		9.00	9.40	
	95	10.00	10.85		9.00		

表 3-6-64　广西壮族自治区听力残疾人职业人格测验自信心维度数据资料表

自信心		男（岁）			女（岁）		
		15-29	30-39	40-49	15-29	30-39	40-49
N		88	22	7	55	12	7
平均数		8.47	9.14	10.00	8.85	8.33	9.43
标准差		1.92	2.66	1.63	1.81	2.10	2.44
最小值		2.00	3.00	7.00	4.00	3.00	5.00
最大值		12.00	13.00	12.00	12.00	12.00	12.00
百分位	5	5.00	3.15	7.00	5.80	3.00	5.00
	10	6.00	4.60	7.00	6.00	4.20	5.00
	25	7.00	7.75	9.00	8.00	8.00	8.00
	50	9.00	10.00	10.00	9.00	8.50	10.00
	75	10.00	11.00	11.00	10.00	9.00	12.00
	90	11.00	12.00		11.00	11.40	
	95	11.00	12.85		11.20		

表 3-6-65　广西壮族自治区听力残疾人职业人格测验责任心维度数据资料表

责任心		男（岁）			女（岁）		
		15-29	30-39	40-49	15-29	30-39	40-49
	N	88	22	7	55	12	7
	平均数	8.15	8.41	9.29	8.89	8.08	8.86
	标准差	1.77	2.40	1.38	1.76	1.83	2.19
	最小值	4.00	3.00	8.00	4.00	4.00	6.00
	最大值	11.00	11.00	11.00	11.00	11.00	11.00
百分位	5	5.00	3.15	8.00	4.80	4.00	6.00
	10	6.00	4.00	8.00	6.60	4.60	6.00
	25	7.00	7.00	8.00	8.00	7.25	6.00
	50	8.00	8.50	9.00	9.00	8.00	10.00
	75	10.00	11.00	11.00	10.00	9.00	11.00
	90	10.00	11.00		11.00	10.70	
	95	11.00	11.00		11.00		

表 3-6-66　广西壮族自治区听力残疾人职业人格测验交际能力维度数据资料表

交际能力		男（岁）			女（岁）		
		15-29	30-39	40-49	15-29	30-39	40-49
	N	88	22	7	55	12	7
	平均数	7.07	7.45	8.86	7.44	7.08	9.00
	标准差	1.91	2.24	1.07	1.74	2.97	1.53
	最小值	3.00	1.00	8.00	4.00	0.00	7.00
	最大值	11.00	10.00	11.00	10.00	10.00	11.00
百分位	5	4.00	1.30	8.00	4.00	0.00	7.00
	10	4.00	3.60	8.00	5.00	0.90	7.00
	25	5.25	6.00	8.00	6.00	6.25	7.00
	50	7.00	8.00	9.00	7.00	7.50	9.00
	75	9.00	9.00	9.00	9.00	9.00	10.00
	90	9.00	9.00		10.00	10.00	
	95	10.00	9.85		10.00		

表 3-6-67　广西壮族自治区听力残疾人职业人格测验管理能力维度数据资料表

管理能力		男（岁）			女（岁）		
		15-29	30-39	40-49	15-29	30-39	40-49
N		88	22	7	55	12	7
平均数		7.60	8.14	8.86	8.31	6.92	9.71
标准差		1.79	1.83	1.21	1.71	1.44	2.06
最小值		3.00	5.00	7.00	4.00	4.00	7.00
最大值		11.00	11.00	10.00	11.00	9.00	12.00
百分位	5	4.45	5.00	7.00	4.80	4.00	7.00
	10	5.00	5.00	7.00	6.00	4.30	7.00
	25	6.00	7.00	8.00	7.00	6.00	8.00
	50	8.00	8.00	9.00	8.00	7.00	10.00
	75	9.00	10.00	10.00	10.00	8.00	12.00
	90	10.00	10.70		11.00	8.70	
	95	10.55	11.00		11.00		

表 3-6-68　广西壮族自治区听力残疾人职业人格测验抗挫折能力维度数据资料表

抗挫折能力		男（岁）			女（岁）		
		15-29	30-39	40-49	15-29	30-39	40-49
N		88	22	7	55	12	7
平均数		6.59	7.09	5.86	7.09	5.67	8.43
标准差		2.20	3.16	2.19	2.41	2.23	3.05
最小值		3.00	3.00	3.00	2.00	3.00	3.00
最大值		11.00	12.00	9.00	11.00	9.00	12.00
百分位	5	3.00	3.00	3.00	3.00	3.00	3.00
	10	4.00	3.00	3.00	4.00	3.30	3.00
	25	5.00	4.00	4.00	5.00	4.00	7.00
	50	6.50	8.50	5.00	8.00	5.00	9.00
	75	8.00	10.00	8.00	9.00	8.50	11.00
	90	10.00	11.00		10.00	9.00	
	95	11.00	11.85		10.20		

表 3-6-69　广西壮族自治区各城市听力残疾人职业人格测验坚持性维度数据资料表

城市	年龄(岁)	男					女				
		N	平均数	标准差	最小值	最大值	N	平均数	标准差	最小值	最大值
南宁	15-29	29	8.17	1.85	4.00	11.00	29	7.41	2.06	3.00	10.00
	30-39	1	11.00		11.00	11.00	1	10.00		10.00	10.00
	40-49	1	8.00		8.00	8.00	2	11.00	0.00	11.00	11.00
	小计	31	8.26	1.86	4.00	11.00	32	7.72	2.19	3.00	11.00
柳州	15-29	23	7.74	2.12	4.00	12.00	14	8.14	2.03	4.00	11.00
	30-39	8	8.13	1.81	5.00	10.00	8	5.88	1.81	3.00	9.00
	40-49	4	7.50	3.51	4.00	11.00	3	7.00	2.00	5.00	9.00
	小计	35	7.80	2.17	4.00	12.00	25	7.28	2.15	3.00	11.00
钦州	15-29	36	7.31	2.07	5.00	12.00	12	8.17	2.04	5.00	11.00
	30-39	13	7.92	2.78	5.00	12.00	3	5.33	2.52	3.00	8.00
	40-49	2	5.50	2.12	4.00	7.00	2	8.00	2.83	6.00	10.00
	小计	51	7.39	2.27	4.00	12.00	17	7.65	2.32	3.00	11.00

表 3-6-70　广西壮族自治区各城市听力残疾人职业人格测验严谨性维度数据资料表

城市	年龄(岁)	男					女				
		N	平均数	标准差	最小值	最大值	N	平均数	标准差	最小值	最大值
南宁	15-29	29	8.00	1.49	5.00	11.00	29	8.69	1.37	6.00	11.00
	30-39	1	11.00		11.00	11.00	1	9.00		9.00	9.00
	40-49	1	10.00		10.00	10.00	2	11.00	0.00	11.00	11.00
	小计	31	8.16	1.57	5.00	11.00	32	8.84	1.42	6.00	11.00
柳州	15-29	23	7.91	1.76	4.00	10.00	14	8.64	2.27	5.00	12.00
	30-39	8	8.00	1.51	6.00	10.00	8	8.00	0.76	7.00	9.00
	40-49	4	9.00	0.82	8.00	10.00	3	7.33	2.08	5.00	9.00
	小计	35	8.06	1.63	4.00	10.00	25	8.28	1.88	5.00	12.00
钦州	15-29	36	7.17	1.63	4.00	11.00	12	8.92	2.11	4.00	12.00
	30-39	13	7.38	1.56	4.00	9.00	3	6.33	2.08	4.00	8.00
	40-49	2	7.00	0.00	7.00	7.00	2	7.00	5.66	3.00	11.00
	小计	51	7.22	1.57	4.00	11.00	17	8.24	2.61	3.00	12.00

表 3-6-71　广西壮族自治区各城市听力残疾人职业人格测验情绪稳定性维度数据资料表

城市	年龄(岁)	男					女				
		N	平均数	标准差	最小值	最大值	N	平均数	标准差	最小值	最大值
南宁	15-29	29	5.72	1.98	3.00	11.00	29	6.03	2.10	2.00	10.00
	30-39	1	10.00		10.00	10.00	1	10.00		10.00	10.00
	40-49	1	3.00		3.00	3.00	2	10.00	1.41	9.00	11.00
	小计	31	5.77	2.12	3.00	11.00	32	6.41	2.33	2.00	11.00
柳州	15-29	23	5.17	2.19	2.00	9.00	14	5.57	1.99	3.00	9.00
	30-39	8	5.88	2.03	4.00	9.00	8	3.88	1.25	2.00	6.00
	40-49	4	6.00	2.31	4.00	8.00	3	5.33	2.08	3.00	7.00
	小计	35	5.43	2.13	2.00	9.00	25	5.00	1.89	2.00	9.00
钦州	15-29	36	5.31	2.29	2.00	11.00	12	5.67	2.23	3.00	9.00
	30-39	13	5.69	2.93	2.00	11.00	3	5.33	2.31	4.00	8.00
	40-49	2	3.50	0.71	3.00	4.00	2	6.50	2.12	5.00	8.00
	小计	51	5.33	2.43	2.00	11.00	17	5.71	2.11	3.00	9.00

表 3-6-72　广西壮族自治区各城市听力残疾人职业人格测验自信心维度数据资料表

城市	年龄(岁)	男					女				
		N	平均数	标准差	最小值	最大值	N	平均数	标准差	最小值	最大值
南宁	15-29	29	8.83	1.56	5.00	11.00	29	8.34	1.88	4.00	12.00
	30-39	1	12.00		12.00	12.00	1	9.00		9.00	9.00
	40-49	1	7.00		7.00	7.00	2	10.50	2.12	9.00	12.00
		31	8.87	1.65	5.00	12.00	32	8.50	1.90	4.00	12.00
柳州	15-29	23	7.74	2.26	2.00	12.00	14	9.43	1.60	6.00	12.00
	30-39	8	10.63	1.41	8.00	13.00	8	8.88	1.55	7.00	12.00
	40-49	4	10.50	1.29	9.00	12.00	3	9.00	3.61	5.00	12.00
		35	8.71	2.40	2.00	13.00	25	9.20	1.80	5.00	12.00
钦州	15-29	36	8.64	1.88	4.00	12.00	12	9.42	1.62	6.00	11.00
	30-39	13	8.00	2.77	3.00	12.00	3	6.67	3.21	3.00	9.00
	40-49	2	10.50	0.71	10.00	11.00	2	9.00	1.41	8.00	10.00
		51	8.55	2.14	3.00	12.00	17	8.88	2.09	3.00	11.00

表 3-6-73　广西壮族自治区各城市听力残疾人职业能力测验责任心维度数据资料表

城市	年龄(岁)	男					女				
		N	平均数	标准差	最小值	最大值	N	平均数	标准差	最小值	最大值
南宁	15-29	29	8.59	1.68	4.00	11.00	29	8.62	1.66	4.00	11.00
	30-39	1	11.00		11.00	11.00	1	11.00		11.00	11.00
	40-49	1	11.00		11.00	11.00	2	10.50	0.71	10.00	11.00
	小计	31	8.74	1.73	4.00	11.00	32	8.81	1.69	4.00	11.00
柳州	15-29	23	8.00	1.62	5.00	10.00	14	9.14	2.03	4.00	11.00
	30-39	8	9.25	1.04	8.00	11.00	8	8.25	1.16	6.00	10.00
	40-49	4	9.25	1.50	8.00	11.00	3	8.33	2.52	6.00	11.00
	小计	35	8.43	1.58	5.00	11.00	25	8.76	1.83	4.00	11.00
钦州	15-29	36	7.89	1.91	4.00	11.00	12	9.25	1.71	6.00	11.00
	30-39	13	7.69	2.81	3.00	11.00	3	6.67	2.52	4.00	9.00
	40-49	2	8.50	0.71	8.00	9.00	2	8.00	2.83	6.00	10.00
	小计	51	7.86	2.12	3.00	11.00	17	8.65	2.09	4.00	11.00

表 3-6-74　广西壮族自治区各城市听力残疾人职业人格测验交际能力维度数据资料表

城市	年龄(岁)	男					女				
		N	平均数	标准差	最小值	最大值	N	平均数	标准差	最小值	最大值
南宁	15-29	29	7.24	1.81	4.00	10.00	29	7.00	1.85	4.00	10.00
	30-39	1	9.00		9.00	9.00	1	10.00		10.00	10.00
	40-49	1	8.00		8.00	8.00	2	10.00	0.00	10.00	10.00
	小计	31	7.32	1.78	4.00	10.00	32	7.28	1.97	4.00	10.00
柳州	15-29	23	6.87	1.66	3.00	9.00	14	8.29	1.54	5.00	10.00
	30-39	8	7.38	2.62	1.00	9.00	8	6.88	3.00	0.00	9.00
	40-49	4	9.25	1.26	8.00	11.00	3	8.33	1.15	7.00	9.00
	小计	35	7.26	1.98	1.00	11.00	25	7.84	2.12	0.00	10.00
钦州	15-29	36	7.06	2.16	3.00	11.00	12	7.50	1.38	6.00	10.00
	30-39	13	7.38	2.14	3.00	10.00	3	6.67	3.51	3.00	10.00
	40-49	2	8.50	0.71	8.00	9.00	2	9.00	2.83	7.00	11.00
	小计	51	7.20	2.12	3.00	11.00	17	7.53	1.94	3.00	11.00

表 3-6-75 广西壮族自治区各城市听力残疾人职业人格测验管理能力维度数据资料表

城市	年龄(岁)	男					女				
		N	平均数	标准差	最小值	最大值	N	平均数	标准差	最小值	最大值
南宁	15-29	29	7.66	2.04	3.00	11.00	29	8.34	1.72	4.00	11.00
	30-39	1	11.00		11.00	11.00	1	9.00		9.00	9.00
	40-49	1	9.00		9.00	9.00	2	11.50	0.71	11.00	12.00
	小计	31	7.81	2.07	3.00	11.00	32	8.56	1.81	4.00	12.00
柳州	15-29	23	7.61	1.50	4.00	10.00	14	8.50	1.74	5.00	11.00
	30-39	8	8.75	1.28	7.00	11.00	8	7.00	1.07	5.00	8.00
	40-49	4	9.00	1.15	8.00	10.00	3	8.33	1.53	7.00	10.00
	小计	35	8.03	1.50	4.00	11.00	25	8.00	1.63	5.00	11.00
钦州	15-29	36	7.56	1.80	4.00	11.00	12	8.00	1.76	4.00	10.00
	30-39	13	7.54	1.90	5.00	10.00	3	6.00	2.00	4.00	8.00
	40-49	2	8.50	2.12	7.00	10.00	2	10.00	2.83	8.00	12.00
	小计	51	7.59	1.80	4.00	11.00	17	7.88	2.09	4.00	12.00

表 3-6-76 广西壮族自治区各城市听力残疾人职业人格测验抗挫折能力维度数据资料表

城市	年龄(岁)	男					女				
		N	平均数	标准差	最小值	最大值	N	平均数	标准差	最小值	最大值
南宁	15-29	29	7.07	1.94	4.00	11.00	29	6.72	2.34	2.00	10.00
	30-39	1	11.00		11.00	11.00	1	9.00		9.00	9.00
	40-49	1	4.00		4.00	4.00	2	11.50	0.71	11.00	12.00
	小计	31	7.10	2.09	4.00	11.00	32	7.09	2.54	2.00	12.00
柳州	15-29	23	6.57	2.11	3.00	11.00	14	7.50	2.88	3.00	11.00
	30-39	8	7.25	2.76	3.00	10.00	8	5.13	1.96	3.00	9.00
	40-49	4	6.75	2.06	5.00	9.00	3	6.33	3.06	3.00	9.00
	小计	35	6.74	2.21	3.00	11.00	25	6.60	2.75	3.00	11.00
钦州	15-29	36	6.22	2.43	3.00	11.00	12	7.50	1.98	5.00	10.00
	30-39	13	6.69	3.40	3.00	12.00	3	6.00	2.65	4.00	9.00
	40-49	2	5.00	2.83	3.00	7.00	2	8.50	2.12	7.00	10.00
	小计	51	6.29	2.68	3.00	12.00	17	7.35	2.09	4.00	10.00

3. 广西壮族自治区听力残疾人职业兴趣状况

表3-6-77 广西壮族自治区听力残疾人职业兴趣测验常规型数据资料表

常规型		男(岁)			女(岁)		
		15-29	30-39	40-49	15-29	30-39	40-49
N		89	22	8	55	12	7
平均数		6.57	6.18	6.88	6.60	6.17	6.86
标准差		1.46	1.59	1.13	1.58	1.64	2.19
最小值		2.00	4.00	6.00	3.00	3.00	5.00
最大值		9.00	9.00	9.00	10.00	9.00	10.00
百分位	5	4.00	4.00	6.00	3.80	3.00	5.00
	10	5.00	4.00	6.00	4.60	3.30	5.00
	25	6.00	5.00	6.00	6.00	5.25	5.00
	50	7.00	6.00	6.50	7.00	6.00	6.00
	75	8.00	7.25	7.75	8.00	7.00	10.00
	90	8.00	9.00		8.40	8.70	
	95	9.00	9.00		9.20		

表3-6-78 广西壮族自治区听力残疾人职业兴趣测验现实型数据资料表

现实型		男(岁)			女(岁)		
		15-29	30-39	40-49	15-29	30-39	40-49
N		89	22	8	55	12	7
平均数		6.53	7.14	6.63	6.69	6.42	6.57
标准差		1.67	1.58	0.92	1.79	2.15	1.90
最小值		1.00	4.00	5.00	3.00	3.00	4.00
最大值		10.00	10.00	8.00	10.00	9.00	9.00
百分位	5	4.00	4.00	5.00	3.80	3.00	4.00
	10	5.00	4.30	5.00	4.60	3.00	4.00
	25	5.00	6.00	6.00	5.00	4.25	4.00
	50	7.00	7.00	7.00	7.00	7.00	7.00
	75	7.50	8.25	7.00	8.00	8.00	8.00
	90	9.00	9.00		9.00	9.00	
	95	9.00	9.85		10.00		

表3-6-79 广西壮族自治区听力残疾人职业兴趣测验研究型数据资料表

研究型		男(岁)			女(岁)		
		15-29	30-39	40-49	15-29	30-39	40-49
	N	89	22	8	55	12	7
	平均数	6.52	6.91	7.00	6.58	6.50	7.00
	标准差	1.75	1.48	0.53	1.96	2.15	1.29
	最小值	2.00	2.00	6.00	2.00	3.00	5.00
	最大值	10.00	9.00	8.00	10.00	10.00	9.00
	5	3.00	2.60	6.00	2.80	3.00	5.00
	10	4.00	6.00	6.00	3.60	3.30	5.00
	25	5.00	6.00	7.00	5.00	4.25	6.00
百分位	50	7.00	7.00	7.00	7.00	7.00	7.00
	75	8.00	8.00	7.00	8.00	8.00	8.00
	90	9.00	9.00		9.00	9.70	
	95	9.00	9.00		10.00		

表3-6-80 广西壮族自治区听力残疾人职业兴趣测验企业型数据资料表

企业型		男(岁)			女(岁)		
		15-29	30-39	40-49	15-29	30-39	40-49
	N	89	22	8	55	12	7
	平均数	6.49	6.23	7.13	6.29	5.67	5.43
	标准差	1.59	1.23	1.13	1.82	1.67	1.51
	最小值	2.00	3.00	5.00	1.00	3.00	4.00
	最大值	10.00	8.00	9.00	10.00	8.00	7.00
	5	4.00	3.15	5.00	3.00	3.00	4.00
	10	4.00	4.30	5.00	3.60	3.30	4.00
	25	5.00	5.75	7.00	5.00	4.00	4.00
百分位	50	7.00	6.50	7.00	6.00	6.00	5.00
	75	8.00	7.00	7.75	8.00	7.00	7.00
	90	8.00	7.70		8.40	7.70	
	95	9.00	8.00		9.00		

表 3-6-81 广西壮族自治区听力残疾人职业兴趣测验社会型数据资料表

社会型		男(岁)			女(岁)		
		15~29	30~39	40~49	15~29	30~39	40~49
N		89	22	8	55	12	7
平均数		6.37	5.82	6.38	6.89	5.58	6.71
标准差		1.56	1.50	1.30	1.58	1.56	2.14
最小值		2.00	2.00	4.00	3.00	3.00	4.00
最大值		10.00	9.00	8.00	10.00	8.00	10.00
百分位	5	3.50	2.30	4.00	3.80	3.00	4.00
	10	4.00	4.00	4.00	5.00	3.30	4.00
	25	6.00	5.00	6.00	6.00	4.00	5.00
	50	6.00	6.00	6.00	7.00	6.00	6.00
	75	7.00	7.00	7.75	8.00	7.00	9.00
	90	8.00	7.70		9.00	7.70	
	95	8.50	8.85		9.00		

表 3-6-82 广西壮族自治区听力残疾人职业兴趣测验艺术型数据资料表

艺术型		男(岁)			女(岁)		
		15~29	30~39	40~49	15~29	30~39	40~49
N		89	22	8	55	12	7
平均数		6.10	5.86	7.00	6.91	7.25	6.86
标准差		1.70	1.81	1.31	1.31	1.71	1.46
最小值		2.00	3.00	4.00	4.00	3.00	5.00
最大值		9.00	10.00	8.00	10.00	10.00	9.00
百分位	5	3.00	3.00	4.00	4.80	3.00	5.00
	10	4.00	3.30	4.00	5.00	3.90	5.00
	25	5.00	4.75	7.00	6.00	7.00	5.00
	50	6.00	6.00	7.00	7.00	7.00	7.00
	75	7.00	7.00	8.00	8.00	8.00	8.00
	90	8.00	8.70		8.40	9.70	
	95	9.00	9.85		9.00		

表3-6-83 广西壮族自治区各城市听力残疾人职业兴趣测验常规型数据资料表

城市	年龄(岁)	男					女				
		N	平均数	标准差	最小值	最大值	N	平均数	标准差	最小值	最大值
南宁	15-29	29	6.69	1.42	4.00	9.00	29	6.48	1.40	3.00	8.00
	30-39	1	8.00		8.00	8.00	1	9.00		9.00	9.00
	40-49	2	6.00	0.00	6.00	6.00	2	10.00	0.00	10.00	10.00
	小计	32	6.69	1.38	4.00	9.00	32	6.78	1.64	3.00	10.00
柳州	15-29	24	6.58	1.53	2.00	9.00	14	6.93	1.69	4.00	10.00
	30-39	8	5.63	1.06	4.00	7.00	8	6.00	1.51	3.00	8.00
	40-49	4	6.75	0.96	6.00	8.00	3	5.67	0.58	5.00	6.00
	小计	36	6.39	1.42	2.00	9.00	25	6.48	1.58	3.00	10.00
钦州	15-29	36	6.47	1.48	2.00	9.00	12	6.50	1.93	3.00	9.00
	30-39	13	6.38	1.80	4.00	9.00	3	5.67	1.53	4.00	7.00
	40-49	2	8.00	1.41	7.00	9.00	2	5.50	0.71	5.00	6.00
	小计	51	6.51	1.57	2.00	9.00	17	6.24	1.75	3.00	9.00

表3-6-84 广西壮族自治区各城市听力残疾人职业兴趣测验现实型数据资料表

城市	年龄(岁)	男					女				
		N	平均数	标准差	最小值	最大值	N	平均数	标准差	最小值	最大值
南宁	15-29	29	6.45	1.96	1.00	10.00	29	6.72	1.58	3.00	10.00
	30-39	1	9.00		9.00	9.00	1	9.00		9.00	9.00
	40-49	2	7.00	0.00	7.00	7.00	2	8.50	0.71	8.00	9.00
	小计	32	6.56	1.92	1.00	10.00	32	6.91	1.61	3.00	10.00
柳州	15-29	24	6.38	1.17	4.00	8.00	14	6.57	2.28	3.00	10.00
	30-39	8	7.13	2.03	4.00	10.00	8	6.38	1.85	3.00	8.00
	40-49	4	6.75	1.26	5.00	8.00	3	6.00	1.73	4.00	7.00
	小计	36	6.58	1.40	4.00	10.00	25	6.44	2.02	3.00	10.00
钦州	15-29	36	6.69	1.72	3.00	10.00	12	6.75	1.82	4.00	10.00
	30-39	13	7.00	1.29	4.00	9.00	3	5.67	3.06	3.00	9.00
	40-49	2	6.00	0.00	6.00	6.00	2	5.50	2.12	4.00	7.00
	小计	51	6.75	1.59	3.00	10.00	17	6.41	2.00	3.00	10.00

表3-6-85 广西壮族自治区各城市听力残疾人职业兴趣测验研究型数据资料表

城市	年龄(岁)	男					女				
		N	平均数	标准差	最小值	最大值	N	平均数	标准差	最小值	最大值
南宁	15-29	29	7.21	1.42	5.00	9.00	29	6.62	1.93	2.00	10.00
	30-39	1	9.00		9.00	9.00	1	9.00		9.00	9.00
	40-49	2	7.00	0.00	7.00	7.00	2	8.50	0.71	8.00	9.00
	小计	32	7.25	1.39	5.00	9.00	32	6.81	1.94	2.00	10.00
柳州	15-29	24	5.71	1.78	2.00	9.00	14	6.00	2.22	2.00	9.00
	30-39	8	6.88	1.13	6.00	9.00	8	7.00	1.85	4.00	10.00
	40-49	4	6.75	0.50	6.00	7.00	3	7.00	0.00	7.00	7.00
	小计	36	6.08	1.63	2.00	9.00	25	6.44	1.98	2.00	10.00
钦州	15-29	36	6.50	1.78	3.00	10.00	12	7.17	1.64	4.00	9.00
	30-39	13	6.77	1.64	2.00	9.00	3	4.33	1.53	3.00	6.00
	40-49	2	7.50	0.71	7.00	8.00	2	5.50	0.71	5.00	6.00
	小计	51	6.61	1.71	2.00	10.00	17	6.47	1.87	3.00	9.00

表3-6-86 广西壮族自治区各城市听力残疾人职业兴趣测验企业型数据资料表

城市	年龄(岁)	男					女				
		N	平均数	标准差	最小值	最大值	N	平均数	标准差	最小值	最大值
南宁	15-29	29	7.03	1.52	4.00	10.00	29	6.59	1.97	1.00	9.00
	30-39	1	6.00		6.00	6.00	1	8.00		8.00	8.00
	40-49	2	7.50	0.71	7.00	8.00	2	5.50	2.12	4.00	7.00
	小计	32	7.03	1.47	4.00	10.00	32	6.56	1.95	1.00	9.00
柳州	15-29	24	6.17	1.63	3.00	9.00	14	5.93	1.49	3.00	8.00
	30-39	8	6.13	1.25	4.00	8.00	8	5.75	1.39	4.00	7.00
	40-49	4	7.00	0.00	7.00	7.00	3	6.00	1.73	4.00	7.00
	小计	36	6.25	1.46	3.00	9.00	25	5.88	1.42	3.00	8.00
钦州	15-29	36	6.28	1.54	2.00	9.00	12	6.00	1.81	3.00	10.00
	30-39	13	6.31	1.32	3.00	8.00	3	4.67	2.08	3.00	7.00
	40-49	2	7.00	2.83	5.00	9.00	2	4.50	0.71	4.00	5.00
	小计	51	6.31	1.50	2.00	9.00	17	5.59	1.80	3.00	10.00

表 3-6-87 广西壮族自治区各城市听力残疾人职业兴趣测验社会型数据资料表

城市	年龄(岁)	男					女				
		N	平均数	标准差	最小值	最大值	N	平均数	标准差	最小值	最大值
南宁	15-29	29	6.66	1.20	4.00	10.00	29	6.69	1.67	3.00	9.00
	30-39	1	9.00		9.00	9.00	1	8.00		8.00	8.00
	40-49	2	6.50	0.71	6.00	7.00	2	9.50	0.71	9.00	10.00
	小计	32	6.72	1.22	4.00	10.00	32	6.91	1.75	3.00	10.00
柳州	15-29	24	6.08	1.93	2.00	10.00	14	7.14	1.79	3.00	10.00
	30-39	8	5.88	1.25	4.00	8.00	8	5.50	1.41	3.00	7.00
	40-49	4	6.50	1.00	6.00	8.00	3	5.67	0.58	5.00	6.00
	小计	36	6.08	1.70	2.00	10.00	25	6.44	1.73	3.00	10.00
钦州	15-29	36	6.33	1.55	2.00	9.00	12	7.08	1.08	5.00	9.00
	30-39	13	5.54	1.45	2.00	7.00	3	5.00	1.73	4.00	7.00
	40-49	2	6.00	2.83	4.00	8.00	2	5.50	2.12	4.00	7.00
	小计	51	6.12	1.57	2.00	9.00	17	6.53	1.50	4.00	9.00

表 3-6-88 广西壮族自治区各城市听力残疾人职业兴趣测验艺术型数据资料表

城市	年龄(岁)	男					女				
		N	平均数	标准差	最小值	最大值	N	平均数	标准差	最小值	最大值
南宁	15-29	29	6.72	1.58	3.00	9.00	29	7.10	1.11	5.00	10.00
	30-39	1	8.00		8.00	8.00	1	10.00		10.00	10.00
	40-49	2	7.50	0.71	7.00	8.00	2	7.00	2.83	5.00	9.00
	小计	32	6.81	1.53	3.00	9.00	32	7.19	1.28	5.00	10.00
柳州	15-29	24	5.50	1.72	2.00	8.00	14	6.64	1.78	4.00	9.00
	30-39	8	6.00	2.51	3.00	10.00	8	7.50	0.93	6.00	9.00
	40-49	4	7.25	0.50	7.00	8.00	3	7.33	0.58	7.00	8.00
	小计	36	5.81	1.88	2.00	10.00	25	7.00	1.47	4.00	9.00
钦州	15-29	36	6.00	1.66	2.00	9.00	12	6.75	1.14	5.00	8.00
	30-39	13	5.62	1.26	3.00	7.00	3	5.67	2.31	3.00	7.00
	40-49	2	6.00	2.83	4.00	8.00	2	6.00	1.41	5.00	7.00
	小计	51	5.90	1.58	2.00	9.00	17	6.47	1.37	3.00	8.00

(三)广西壮族自治区言语残疾人职业适应性状况

1. 广西壮族自治区言语残疾人职业能力状况

表 3-6-89 广西壮族自治区言语残疾人职业能力测验言语能力分测验数据资料表

言语能力		性别		年龄(岁)	
		男	女	15-39	40-59
	N	57	45	94	8
	平均数	7.96	9.04	8.31	9.92
	标准差	4.10	4.19	4.01	5.67
	最小值	0.00	0.00	0.00	0.67
	最大值	18.00	16.67	18.00	16.67
	5	2.53	1.07	2.50	0.67
	10	3.33	3.73	3.67	0.67
	25	4.67	5.67	5.33	5.17
百分位	50	7.33	8.67	8.00	10.33
	75	10.00	12.00	10.67	15.50
	90	14.93	14.80	14.33	
	95	16.73	16.47	16.17	

表 3-6-90 广西壮族自治区言语残疾人职业能力测验数理能力分测验数据资料表

数理能力		性别		年龄(岁)	
		男	女	15-39	40-59
	N	57	45	94	8
	平均数	7.58	6.71	7.26	6.50
	标准差	4.37	3.82	4.25	2.56
	最小值	0.00	0.00	0.00	2.00
	最大值	20.00	14.00	20.00	10.00
	5	2.00	0.00	1.50	2.00
	10	2.00	2.00	2.00	2.00
	25	4.00	4.00	4.00	4.50
百分位	50	6.00	6.00	6.00	7.00
	75	10.00	8.00	10.00	8.00
	90	14.40	12.80	14.00	
	95	16.00	14.00	16.00	

表3-6-91　广西壮族自治区言语残疾人职业能力测验空间知觉分测验数据资料表

空间知觉		性别		年龄(岁)	
		男	女	15-39	40-59
N		57	45	94	8
平均数		7.19	6.98	6.94	9.00
标准差		3.93	2.65	3.42	2.83
最小值		0.00	2.00	0.00	6.00
最大值		18.00	12.00	18.00	14.00
百分位	5	0.00	2.60	2.00	6.00
	10	2.00	4.00	2.00	6.00
	25	6.00	5.00	4.00	6.50
	50	6.00	6.00	6.00	8.00
	75	9.00	8.00	8.00	11.50
	90	14.00	10.80	12.00	
	95	14.20	12.00	14.00	

表3-6-92　广西壮族自治区言语残疾人职业能力测验符号知觉分测验数据资料表

符号知觉		性别		年龄(岁)	
		男	女	15-39	40-59
N		57	45	94	8
平均数		7.11	8.75	7.25	14.72
标准差		5.82	6.21	5.79	4.24
最小值		0.00	0.00	0.00	6.22
最大值		19.33	19.33	19.33	19.33
百分位	5	0.20	0.00	0.00	6.22
	10	0.40	1.60	0.44	6.22
	25	2.44	2.78	2.44	12.33
	50	5.11	8.67	5.22	15.89
	75	11.89	15.89	11.56	18.00
	90	16.98	17.20	16.78	
	95	18.67	18.31	18.44	

表3-6-93 广西壮族自治区言语残疾人职业能力测验形状知觉分测验数据资料表

形状知觉		性别		年龄(岁)	
		男	女	15~39	40~59
N		57	45	94	8
平均数		10.77	10.44	10.72	9.50
标准差		4.44	2.95	3.94	2.07
最小值		0.00	4.00	0.00	6.00
最大值		20.00	18.00	20.00	12.00
百分位	5	3.60	4.60	4.00	6.00
	10	4.00	7.20	6.00	6.00
	25	8.00	8.00	8.00	8.00
	50	10.00	10.00	10.00	10.00
	75	14.00	12.00	12.50	11.50
	90	16.40	14.00	16.00	
	95	18.00	16.00	18.00	

表3-6-94 广西壮族自治区言语残疾人职业能力文档测验总分数据资料表

职业能力文档测验		性别		年龄(岁)	
		男	女	15~39	40~59
N		57	45	94	8
平均数		40.62	41.92	40.48	49.64
标准差		16.35	13.19	15.00	12.75
最小值		15.11	13.33	13.33	32.89
最大值		89.33	70.44	89.33	64.00
百分位	5	19.91	21.93	20.17	32.89
	10	24.22	25.07	24.56	32.89
	25	27.89	32.22	28.56	35.56
	50	34.22	39.33	36.78	54.89
	75	53.22	50.22	51.67	60.83
	90	62.76	61.96	61.78	
	95	70.58	65.71	67.33	

表 3-6-95　广西壮族自治区言语残疾人职业能力测验手眼协调能力分测验数据资料表

手眼协调		性别		年龄(岁)	
		男	女	15-39	40-59
N		57	45	94	8
平均数		13.92	13.51	13.86	12.33
标准差		7.78	8.16	7.90	8.46
最小值		0.00	0.00	0.00	0.00
最大值		20.00	20.00	20.00	20.00
百分位	5	0.00	0.00	0.00	0.00
	10	0.00	0.00	0.00	0.00
	25	7.33	3.33	6.33	2.00
	50	17.33	18.67	18.67	16.67
	75	20.00	20.00	20.00	18.67
	90	20.00	20.00	20.00	
	95	20.00	20.00	20.00	

表 3-6-96　广西壮族自治区言语残疾人职业能力测验总分数据资料表

职业能力		性别		年龄(岁)	
		男	女	15-39	40-59
N		57	45	94	8
平均数		54.54	55.43	54.33	61.97
标准差		19.94	17.91	19.04	17.96
最小值		19.11	16.00	16.00	36.22
最大值		109.33	90.44	109.33	80.00
百分位	5	22.96	22.93	22.72	36.22
	10	28.31	30.09	28.44	36.22
	25	40.56	44.56	41.28	44.06
	50	52.89	54.22	52.89	64.44
	75	70.22	68.00	67.61	78.83
	90	80.93	80.53	81.00	
	95	90.58	85.38	87.33	

表 3-6-97　广西壮族自治区南宁市言语残疾人职业能力测验数据资料表

(15-39 岁)*	男(N=8)				女(N=9)			
	平均数	标准差	最小值	最大值	平均数	标准差	最小值	最大值
言语能力	6.62	3.72	3.33	18.00	6.83	4.70	0.00	16.00
数理能力	6.15	3.31	2.00	14.00	5.75	5.28	0.00	14.00
空间知觉	7.38	2.22	4.00	12.00	7.00	2.62	4.00	12.00
符号知觉	6.17	4.79	0.44	16.00	7.69	6.51	0.00	18.44
形状知觉	12.46	4.33	4.00	20.00	9.75	3.77	4.00	16.00
文档总分	38.79	12.25	24.44	62.00	37.03	15.75	21.33	66.44
手眼协调	13.13	8.69	0.00	20.00	14.17	9.04	0.00	20.00
职业能力总分	51.91	16.61	24.44	81.11	51.19	19.57	21.33	86.44

注：*南宁市言语残疾人样本共21人，均属于15-39岁年龄段。

表 3-6-98　广西壮族自治区柳州市言语残疾人职业能力测验数据资料表

	年龄(岁)	男					女				
		N	平均数	标准差	最小值	最大值	N	平均数	标准差	最小值	最大值
言语能力	15-39	11	12.36	4.26	3.33	17.33	7	9.81	4.89	2.00	16.00
	40-59	2	10.33	8.01	4.67	16.00	2	15.33	1.89	14.00	16.67
	小计	13	12.05	4.59	3.33	17.33	9	11.04	4.93	2.00	16.67
数理能力	15-39	11	10.18	4.60	6.00	20.00	7	7.43	5.00	0.00	14.00
	40-59	2	7.00	1.41	6.00	8.00	2	7.00	1.41	6.00	8.00
	小计	13	9.69	4.39	6.00	20.00	9	7.33	4.36	0.00	14.00
空间知觉	15-39	11	8.55	3.91	4.00	18.00	7	6.29	2.93	2.00	10.00
	40-59	2	10.00	5.66	6.00	14.00	2	10.00	2.83	8.00	12.00
	小计	13	8.77	3.96	4.00	18.00	9	7.11	3.18	2.00	12.00
符号知觉	15-39	11	11.66	6.03	0.44	18.67	7	10.67	6.71	1.33	16.89
	40-59	2	12.44	0.31	12.22	12.67	2	16.78	0.79	16.22	17.33
	小计	13	11.78	5.51	0.44	18.67	9	12.02	6.41	1.33	17.33
形状知觉	15-39	11	13.09	3.94	6.00	18.00	7	12.00	3.83	8.00	18.00
	40-59	2	9.00	4.24	6.00	12.00	2	11.00	1.41	10.00	12.00
	小计	13	12.46	4.10	6.00	18.00	9	11.78	3.38	8.00	18.00
文档总分	15-39	11	55.84	16.62	31.11	89.33	7	46.19	18.43	13.33	70.44
	40-59	2	48.78	19.01	35.33	62.22	2	60.11	5.50	56.22	64.00
	小计	13	54.75	16.35	31.11	89.33	9	49.28	17.21	13.33	70.44
手眼协调	15-39	11	17.33	5.87	0.00	20.00	7	12.38	9.58	0.00	20.00
	40-59	2	18.00	0.94	17.33	18.67	2	17.33	1.89	16.00	18.67
	小计	13	17.44	5.37	0.00	20.00	9	13.48	8.60	0.00	20.00

(续表)

年龄(岁)		男				女			
		N	平均数	标准差	最小值	最大值	N	平均数	标准差	最小值	最大值
职业能力总分	15-39	11	73.17	17.90	48.44	109.33	7	58.57	26.18	16.00	90.44
	40-59	2	66.78	18.07	54.00	79.56	2	77.44	3.61	74.89	80.00
	小计	13	72.19	17.32	48.44	109.33	9	62.77	24.18	16.00	90.44

表 3-6-99　广西壮族自治区钦州市言语残疾人职业能力测验数据资料表

	年龄(岁)	男					女				
		N	平均数	标准差	最小值	最大值	N	平均数	标准差	最小值	最大值
言语能力	15-39	29	6.74	2.89	0.00	11.33	26	9.26	3.30	4.00	16.67
	40-59	2	8.00	1.89	6.67	9.33	2	6.00	7.54	0.67	11.33
	小计	31	6.82	2.83	0.00	11.33	28	9.02	3.59	0.67	16.67
数理能力	15-39	29	7.31	4.64	0.00	16.00	26	6.92	3.21	2.00	14.00
	40-59	2	7.00	4.24	4.00	10.00	2	5.00	4.24	2.00	8.00
	小计	29	7.31	4.64	0.00	16.00	28	6.79	3.24	2.00	14.00
空间知觉	15-39	29	6.41	4.48	0.00	16.00	26	6.77	2.60	2.00	12.00
	40-59	2	7.00	1.41	6.00	8.00	2	9.00	1.41	8.00	10.00
	小计	31	6.45	4.34	0.00	16.00	28	6.93	2.58	2.00	12.00
符号知觉	15-39	29	5.09	5.06	0.00	19.33	26	7.27	5.47	0.00	18.00
	40-59	2	12.22	8.49	6.22	18.22	2	17.44	2.67	15.56	19.33
	小计	31	5.55	5.43	0.00	19.33	28	8.00	5.93	0.00	19.33
形状知觉	15-39	29	9.38	4.38	0.00	18.00	26	10.31	2.57	4.00	14.00
	40-59	2	9.00	1.41	8.00	10.00	2	9.00	1.41	8.00	10.00
	小计	31	9.35	4.24	0.00	18.00	28	10.21	2.51	4.00	14.00
文档总分	15-39	29	34.93	14.84	15.11	70.00	26	40.53	10.14	25.33	61.33
	40-59	2	43.22	14.61	32.89	53.56	2	46.44	14.46	36.22	56.67
	小计	31	35.46	14.73	15.11	70.00	28	40.95	10.27	25.33	61.33
手眼协调	15-39	29	13.38	7.86	0.00	20.00	26	13.59	7.84	0.00	20.00
	40-59	2	4.00	5.66	0.00	8.00	2	10.00	14.14	0.00	20.00
	小计	31	12.77	8.01	0.00	20.00	28	13.33	8.07	0.00	20.00
职业能力总分	15-39	29	34.93	14.84	15.11	70.00	26	40.53	10.14	25.33	61.33
	40-59	2	43.22	14.61	32.89	53.56	2	46.44	14.46	36.22	56.67
	小计	31	35.46	14.73	15.11	70.00	28	40.95	10.27	25.33	61.33

2. 广西壮族自治区言语残疾人职业人格状况

表 3-6-100 广西壮族自治区言语残疾人职业人格测验坚持性维度数据资料表

坚持性		性别		年龄(岁)	
		男	女	15-39	40-59
N		57	45	94	8
平均数		7.28	7.78	7.43	8.38
标准差		2.50	2.02	2.24	3.02
最小值		2.00	5.00	2.00	5.00
最大值		12.00	12.00	12.00	12.00
百分位	5	3.00	5.00	3.00	5.00
	10	3.80	5.00	5.00	5.00
	25	5.00	6.00	6.00	5.00
	50	7.00	8.00	7.50	9.00
	75	9.00	9.00	9.00	11.50
	90	11.00	11.00	10.50	
	95	11.10	11.70	11.00	

表 3-6-101 广西壮族自治区言语残疾人职业人格测验严谨性维度数据资料表

严谨性		性别		年龄(岁)	
		男	女	15-39	40-59
N		57	45	94	8
平均数		7.79	8.24	7.93	8.75
标准差		1.58	1.97	1.79	1.39
最小值		4.00	2.00	2.00	8.00
最大值		11.00	12.00	11.00	12.00
百分位	5	5.00	5.00	5.00	8.00
	10	6.00	5.00	5.50	8.00
	25	7.00	8.00	7.00	8.00
	50	8.00	8.00	8.00	8.00
	75	9.00	9.00	9.00	9.00
	90	10.00	11.00	10.50	
	95	11.00	11.00	11.00	

表 3-6-102 广西壮族自治区言语残疾人职业人格测验情绪稳定性维度数据资料表

情绪稳定性		性别		年龄(岁)	
		男	女	15-39	40-59
	N	57	45	94	8
	平均数	5.72	5.76	5.72	5.88
	标准差	1.86	2.01	1.89	2.36
	最小值	2.00	3.00	2.00	3.00
	最大值	10.00	10.00	10.00	9.00
百分位	5	2.00	3.00	3.00	3.00
	10	3.80	3.00	3.50	3.00
	25	5.00	4.00	4.00	3.50
	50	5.00	5.00	5.00	5.50
	75	7.00	7.00	7.00	8.50
	90	8.20	9.00	8.50	
	95	9.00	9.70	9.00	

表 3-6-103 广西壮族自治区言语残疾人职业人格测验自信心维度数据资料表

自信心		性别		年龄(岁)	
		男	女	15-39	40-59
	N	57	45	94	8
	平均数	8.68	8.31	8.41	9.75
	标准差	2.10	1.99	2.01	2.25
	最小值	4.00	4.00	4.00	6.00
	最大值	12.00	13.00	12.00	13.00
百分位	5	4.00	5.00	4.75	6.00
	10	5.00	5.00	5.00	6.00
	25	8.00	7.00	7.00	7.75
	50	9.00	9.00	9.00	10.00
	75	10.00	10.00	10.00	11.00
	90	11.00	10.40	11.00	
	95	12.00	11.70	11.25	

表 3-6-104　广西壮族自治区言语残疾人职业人格测验责任心维度数据资料表

责任心		性别		年龄(岁)	
		男	女	15-39	40-59
N		57	45	94	8
平均数		8.58	8.93	8.73	8.75
标准差		1.67	1.75	1.75	1.16
最小值		5.00	5.00	5.00	7.00
最大值		11.00	11.00	11.00	10.00
百分位	5	5.90	6.00	6.00	7.00
	10	6.00	6.00	6.00	7.00
	25	7.00	8.00	7.00	8.00
	50	8.00	9.00	9.00	8.50
	75	10.00	10.00	10.00	10.00
	90	11.00	11.00	11.00	
	95	11.00	11.00	11.00	

表 3-6-105　广西壮族自治区言语残疾人职业人格测验交际能力维度数据资料表

交际能力		性别		年龄(岁)	
		男	女	15-39	40-59
N		57	45	94	8
平均数		7.77	7.76	7.67	8.88
标准差		1.71	1.84	1.73	1.89
最小值		3.00	3.00	3.00	6.00
最大值		11.00	11.00	11.00	11.00
百分位	5	3.90	4.30	4.00	6.00
	10	6.00	5.00	5.00	6.00
	25	7.00	7.00	7.00	6.75
	50	8.00	8.00	8.00	9.50
	75	9.00	9.00	9.00	10.00
	90	10.00	10.00	10.00	
	95	10.10	10.70	10.00	

表 3-6-106　广西壮族自治区言语残疾人职业人格测验管理能力维度数据资料表

管理能力		性别		年龄(岁)	
		男	女	15-39	40-59
N		57	45	94	8
平均数		7.95	7.78	7.84	8.25
标准差		1.79	1.72	1.70	2.38
最小值		4.00	3.00	3.00	5.00
最大值		12.00	11.00	12.00	11.00
百分位	5	4.00	4.30	4.00	5.00
	10	5.80	5.60	6.00	5.00
	25	7.00	7.00	7.00	5.75
	50	8.00	8.00	8.00	8.00
	75	9.00	9.00	9.00	10.75
	90	10.20	10.00	10.00	
	95	11.10	10.00	10.25	

表 3-6-107　广西壮族自治区言语残疾人职业人格测验抗挫折能力维度数据资料表

抗挫折能力		性别		年龄(岁)	
		男	女	15-39	40-59
N		57	45	94	8
平均数		6.77	6.51	6.70	6.13
标准差		2.26	2.65	2.44	2.42
最小值		3.00	2.00	2.00	3.00
最大值		11.00	12.00	12.00	9.00
百分位	5	3.00	2.00	3.00	3.00
	10	3.80	3.00	3.00	3.00
	25	5.00	4.00	5.00	3.25
	50	7.00	7.00	7.00	7.00
	75	8.00	9.00	9.00	8.00
	90	10.00	10.00	10.00	
	95	11.00	10.70	11.00	

表 3-6-108　广西壮族自治区南宁市言语残疾人职业人格测验数据资料表

(15-39岁)*	男(N=8)				女(N=9)			
	平均数	标准差	最小值	最大值	平均数	标准差	最小值	最大值
坚持性	8.46	2.26	5.00	12.00	7.50	2.07	5.00	10.00
严谨性	8.15	0.90	7.00	10.00	8.88	0.83	8.00	10.00
情绪稳定性	5.62	1.85	2.00	9.00	5.50	1.60	4.00	9.00
自信心	9.15	2.38	4.00	12.00	7.88	1.73	5.00	10.00
责任心	9.31	1.75	6.00	11.00	9.13	1.81	6.00	11.00
交际能力	8.08	1.38	6.00	11.00	7.63	1.51	5.00	10.00
管理能力	8.31	0.95	7.00	10.00	8.25	1.67	6.00	10.00
抗挫折能力	7.23	2.24	4.00	11.00	5.50	2.88	2.00	9.00

注：*南宁市言语残疾人样本共21人，均属于15-39岁年龄段。

表 3-6-109　广西壮族自治区柳州市言语残疾人职业人格测验数据资料表

	年龄(岁)	男					女				
		N	平均数	标准差	最小值	最大值	N	平均数	标准差	最小值	最大值
坚持性	15-39	11	8.36	2.20	5.00	11.00	7	7.29	2.21	5.00	11.00
	40-59	2	9.50	0.71	9.00	10.00	2	8.50	4.95	5.00	12.00
	小计	13	8.54	2.07	5.00	11.00	9	7.56	2.65	5.00	12.00
严谨性	15-39	11	8.18	1.72	6.00	11.00	7	8.00	1.00	7.00	10.00
	40-59	2	8.50	0.71	8.00	9.00	2	10.00	2.83	8.00	12.00
	小计	13	8.23	1.59	6.00	11.00	9	8.44	1.59	7.00	12.00
情绪稳定性	15-39	11	6.09	2.17	2.00	9.00	7	5.29	1.80	3.00	8.00
	40-59	2	6.50	0.71	6.00	7.00	2	6.00	4.24	3.00	9.00
	小计	13	6.15	1.99	2.00	9.00	9	5.44	2.19	3.00	9.00
自信心	15-39	11	9.27	2.10	4.00	12.00	7	9.43	0.98	8.00	11.00
	40-59	2	10.50	0.71	10.00	11.00	2	11.50	2.12	10.00	13.00
	小计	13	9.46	1.98	4.00	12.00	9	9.89	1.45	8.00	13.00
责任心	15-39	11	8.91	1.22	7.00	11.00	7	9.43	1.40	8.00	11.00
	40-59	2	9.00	1.41	8.00	10.00	2	9.00	1.41	8.00	10.00
	小计	13	8.92	1.19	7.00	11.00	9	9.33	1.32	8.00	11.00
交际能力	15-39	11	8.09	0.94	6.00	9.00	7	8.14	1.07	7.00	9.00
	40-59	2	10.00	0.00	10.00	10.00	2	10.00	1.41	9.00	11.00
	小计	13	8.38	1.12	6.00	10.00	9	8.56	1.33	7.00	11.00

(续表)

	年龄(岁)	男					女				
		N	平均数	标准差	最小值	最大值	N	平均数	标准差	最小值	最大值
管理能力	15~39	11	8.27	2.28	4.00	12.00	7	7.57	0.98	6.00	9.00
	40~59	2	10.50	0.71	10.00	11.00	2	9.50	2.12	8.00	11.00
	小计	13	8.62	2.26	4.00	12.00	9	8.00	1.41	6.00	11.00
抗挫折能力	15~39	11	7.36	2.50	3.00	11.00	7	6.29	2.98	3.00	11.00
	40~59	2	8.00	1.41	7.00	9.00	2	5.50	3.54	3.00	8.00
	小计	13	7.46	2.33	3.00	11.00	9	6.11	2.89	3.00	11.00

表3-6-110 广西壮族自治区钦州市言语残疾人职业人格测验数据资料表

	年龄(岁)	男					女				
		N	平均数	标准差	最小值	最大值	N	平均数	标准差	最小值	最大值
坚持性	15~39	29	6.10	2.16	2.00	10.00	26	8.00	1.81	5.00	12.00
	40~59	2	8.50	4.95	5.00	12.00	2	7.00	2.83	5.00	9.00
	小计	31	6.26	2.35	2.00	12.00	28	7.93	1.84	5.00	12.00
严谨性	15~39	29	7.41	1.80	4.00	11.00	26	7.96	2.36	2.00	11.00
	40~59	2	8.00	0.00	8.00	8.00	2	8.50	0.71	8.00	9.00
	小计	31	7.45	1.75	4.00	11.00	28	8.00	2.28	2.00	11.00
情绪稳定性	15~39	29	5.55	1.72	2.00	10.00	26	6.00	2.17	3.00	10.00
	40~59	2	6.00	4.24	3.00	9.00	2	5.00	0.00	5.00	5.00
	小计	31	5.58	1.84	2.00	10.00	28	5.93	2.11	3.00	10.00
自信心	15~39	29	8.14	1.96	4.00	12.00	26	7.88	1.95	4.00	12.00
	40~59	2	8.50	2.12	7.00	10.00	2	8.50	3.54	6.00	11.00
	小计	31	8.16	1.93	4.00	12.00	28	7.93	2.00	4.00	12.00
责任心	15~39	29	8.07	1.73	5.00	11.00	26	8.81	1.92	5.00	11.00
	40~59	2	9.00	1.41	8.00	10.00	2	8.00	1.41	7.00	9.00
	小计	31	8.13	1.71	5.00	11.00	28	8.75	1.88	5.00	11.00
交际能力	15~39	29	7.38	1.99	3.00	11.00	26	7.50	2.02	3.00	11.00
	40~59	2	7.50	2.12	6.00	9.00	2	8.00	2.83	6.00	10.00
	小计	31	7.39	1.96	3.00	11.00	28	7.54	2.03	3.00	11.00
管理能力	15~39	29	7.59	1.76	4.00	11.00	26	7.65	1.83	3.00	10.00
	40~59	2	6.50	2.12	5.00	8.00	2	6.50	2.12	5.00	8.00
	小计	31	7.52	1.77	4.00	11.00	28	7.57	1.83	3.00	10.00
抗挫折能力	15~39	29	6.34	2.16	3.00	11.00	26	7.04	2.54	2.00	12.00
	40~59	2	5.50	3.54	3.00	8.00	2	5.50	2.12	4.00	7.00
	小计	31	6.29	2.19	3.00	11.00	28	6.93	2.51	2.00	12.00

3. 广西壮族自治区言语残疾人职业兴趣状况

表 3-6-111　广西壮族自治区言语残疾人职业兴趣测验常规型数据资料表

常规型		性别		年龄（岁）	
		男	女	15-39	40-59
N		57	45	94	8
平均数		6.28	6.71	6.46	6.63
标准差		1.80	1.63	1.76	1.51
最小值		2.00	3.00	2.00	5.00
最大值		10.00	9.00	10.00	9.00
百分位	5	3.90	3.30	3.75	5.00
	10	4.00	4.60	4.00	5.00
	25	5.00	6.00	5.00	5.25
	50	6.00	7.00	6.00	6.00
	75	8.00	8.00	8.00	8.00
	90	9.00	9.00	9.00	9.00
	95	9.10	9.00	9.00	9.00

表 3-6-112　广西壮族自治区言语残疾人职业兴趣测验现实型数据资料表

现实型		性别		年龄（岁）	
		男	女	15-39	40-59
N		57	45	94	8
平均数		7.18	6.44	6.90	6.25
标准差		1.73	1.77	1.75	2.12
最小值		3.00	3.00	3.00	4.00
最大值		10.00	10.00	10.00	10.00
百分位	5	4.00	3.30	4.00	4.00
	10	5.00	4.00	5.00	4.00
	25	6.00	5.00	6.00	4.25
	50	7.00	7.00	7.00	6.00
	75	9.00	7.50	8.00	7.75
	90	10.00	9.00	9.00	
	95	10.00	9.70	10.00	

表3-6-113　广西壮族自治区言语残疾人职业兴趣测验研究型数据资料表

研究型		性别		年龄(岁)	
		男	女	15-39	40-59
N		57	45	94	8
平均数		7.04	6.27	6.79	5.63
标准差		1.71	1.94	1.85	1.41
最小值		3.00	2.00	2.00	3.00
最大值		10.00	10.00	10.00	7.00
百分位	5	4.00	2.30	3.00	3.00
	10	4.00	3.00	4.00	3.00
	25	6.00	5.00	6.00	5.00
	50	7.00	6.00	7.00	5.50
	75	8.00	7.50	8.00	7.00
	90	9.00	9.00	9.00	
	95	10.00	9.00	9.25	

表3-6-114　广西壮族自治区言语残疾人职业兴趣测验企业型数据资料表

企业型		性别		年龄(岁)	
		男	女	15-39	40-59
N		57	45	94	8
平均数		6.60	5.78	6.26	6.00
标准差		1.49	1.81	1.66	2.00
最小值		2.00	2.00	2.00	3.00
最大值		9.00	9.00	9.00	8.00
百分位	5	3.00	2.30	3.00	3.00
	10	4.80	3.00	4.00	3.00
	25	6.00	5.00	5.00	3.75
	50	7.00	6.00	7.00	6.50
	75	7.00	7.00	7.00	7.75
	90	8.20	8.00	8.00	
	95	9.00	8.00	9.00	

表 3-6-115 广西壮族自治区言语残疾人职业兴趣测验社会型数据资料表

社会型		性别		年龄(岁)	
		男	女	15-39	40-59
N		57	45	94	8
平均数		6.72	6.33	6.62	5.75
标准差		1.39	1.68	1.43	2.38
最小值		3.00	2.00	3.00	2.00
最大值		10.00	9.00	10.00	9.00
百分位	5	4.00	3.00	4.00	2.00
	10	5.00	4.00	5.00	2.00
	25	6.00	5.00	6.00	3.50
	50	7.00	6.00	6.00	6.00
	75	8.00	8.00	8.00	7.75
	90	9.00	8.40	8.50	
	95	9.00	9.00	9.00	

表 3-6-116 广西壮族自治区言语残疾人职业兴趣测验艺术型数据资料表

艺术型		性别		年龄(岁)	
		男	女	15-39	40-59
N		57	45	94	8
平均数		6.26	6.67	6.53	5.38
标准差		1.87	1.98	1.87	2.26
最小值		1.00	3.00	2.00	1.00
最大值		10.00	10.00	10.00	7.00
百分位	5	2.90	3.00	3.00	1.00
	10	3.00	4.00	4.00	1.00
	25	5.00	5.50	5.00	3.50
	50	7.00	7.00	7.00	6.50
	75	7.00	8.00	8.00	7.00
	90	8.20	10.00	9.00	
	95	9.00	10.00	10.00	

表 3-6-117　广西壮族自治区南宁市言语残疾人职业兴趣测验数据资料表

(15-39岁)*	男(N=8)				女(N=9)			
	平均数	标准差	最小值	最大值	平均数	标准差	最小值	最大值
常规型	7.54	1.90	4.00	10.00	6.63	1.92	4.00	9.00
现实型	7.08	2.02	3.00	9.00	6.50	1.07	5.00	8.00
研究型	7.31	1.49	4.00	9.00	5.88	1.96	3.00	8.00
企业型	7.38	1.12	6.00	9.00	5.75	1.49	3.00	8.00
社会型	7.46	1.20	6.00	10.00	6.50	1.69	4.00	9.00
艺术型	6.38	1.89	3.00	9.00	7.38	1.85	4.00	10.00

注：* 南宁市言语残疾人样本共22人，均属于15-39岁年龄段。

表 3-6-118　广西壮族自治区柳州市言语残疾人职业兴趣测验数据资料表

	年龄(岁)	男					女				
		N	平均数	标准差	最小值	最大值	N	平均数	标准差	最小值	最大值
常规型	15-39	11	6.27	1.56	4.00	9.00	7	6.29	1.70	3.00	8.00
	40-59	2	5.50	0.71	5.00	6.00	2	8.50	0.71	8.00	9.00
	小计	13	6.15	1.46	4.00	9.00	9	6.78	1.79	3.00	9.00
现实型	15-39	11	7.91	1.51	6.00	10.00	7	7.71	1.38	6.00	10.00
	40-59	2	8.50	2.12	7.00	10.00	2	4.00	0.00	4.00	4.00
	小计	13	8.00	1.53	6.00	10.00	9	6.89	2.03	4.00	10.00
研究型	15-39	11	7.73	1.79	4.00	10.00	7	6.86	1.86	4.00	10.00
	40-59	2	7.00	0.00	7.00	7.00	2	5.00	0.00	5.00	5.00
	小计	13	7.62	1.66	4.00	10.00	9	6.44	1.81	4.00	10.00
企业型	15-39	11	6.27	1.62	2.00	8.00	7	6.29	1.38	4.00	8.00
	40-59	2	6.50	0.71	6.00	7.00	2	6.50	0.71	6.00	7.00
	小计	13	6.31	1.49	2.00	8.00	9	6.33	1.22	4.00	8.00
社会型	15-39	11	6.45	1.29	4.00	9.00	7	6.00	1.53	3.00	8.00
	40-59	2	7.50	2.12	6.00	9.00	2	5.00	4.24	2.00	8.00
	小计	13	6.62	1.39	4.00	9.00	9	5.78	2.05	2.00	8.00
艺术型	15-39	11	6.09	1.70	3.00	9.00	7	7.57	2.07	4.00	10.00
	40-59	2	6.00	1.41	5.00	7.00	2	6.50	0.71	6.00	7.00
	小计	13	6.08	1.61	3.00	9.00	9	7.33	1.87	4.00	10.00

表 3-6-119　广西壮族自治区钦州市言语残疾人职业兴趣测验数据资料表

	年龄(岁)	男					女				
		N	平均数	标准差	最小值	最大值	N	平均数	标准差	最小值	最大值
常规型	15-39	29	5.83	1.73	2.00	9.00	26	6.69	1.59	3.00	9.00
	40-59	2	5.50	0.71	5.00	6.00	2	7.00	1.41	6.00	8.00
	小计	31	5.81	1.68	2.00	9.00	28	6.71	1.56	3.00	9.00
现实型	15-39	29	6.93	1.65	4.00	10.00	26	6.27	1.89	3.00	10.00
	40-59	2	6.00	1.41	5.00	7.00	2	6.50	2.12	5.00	8.00
	小计	31	6.87	1.63	4.00	10.00	28	6.29	1.86	3.00	10.00
研究型	15-39	29	6.83	1.69	4.00	10.00	26	6.35	2.08	2.00	9.00
	40-59	2	4.50	2.12	3.00	6.00	2	6.00	1.41	5.00	7.00
	小计	31	6.68	1.78	3.00	10.00	28	6.32	2.02	2.00	9.00
企业型	15-39	29	6.45	1.43	3.00	9.00	26	5.62	2.00	2.00	9.00
	40-59	2	5.50	3.54	3.00	8.00	2	5.50	3.54	3.00	8.00
	小计	31	6.39	1.54	3.00	9.00	28	5.61	2.04	2.00	9.00
社会型	15-39	29	6.62	1.24	4.00	9.00	26	6.46	1.63	3.00	9.00
	40-59	2	4.00	1.41	3.00	5.00	2	6.50	0.71	6.00	7.00
	小计	31	6.45	1.39	3.00	9.00	28	6.46	1.57	3.00	9.00
艺术型	15-39	29	6.45	1.80	2.00	10.00	26	6.35	1.96	3.00	10.00
	40-59	2	4.00	4.24	1.00	7.00	2	5.00	2.83	3.00	7.00
	小计	31	6.29	2.00	1.00	10.00	28	6.25	1.99	3.00	10.00

七、江苏省残疾人职业适应性状况

(一)江苏省肢体残疾人职业适应性状况

1. 江苏省肢体残疾人职业能力状况

表 3-7-1　江苏省肢体残疾人职业能力测验言语能力分测验数据资料表

言语能力	男(岁)			女(岁)		
	15-29	30-39	40-49	15-29	30-39	40-49
N	74	74	50	45	47	44
平均数	10.90	10.80	8.88	10.64	9.74	8.62
标准差	3.91	3.62	3.48	3.51	2.63	3.75
最小值	0.00	0.00	1.33	3.33	3.33	0.00
最大值	18.67	16.67	17.33	17.33	15.33	17.33

(续表)

言语能力		男(岁)			女(岁)		
		15-29	30-39	40-49	15-29	30-39	40-49
百分位	5	3.83	4.00	2.67	4.20	3.87	2.33
	10	5.33	5.00	4.67	6.00	6.53	3.67
	25	8.00	9.17	7.17	8.00	8.00	5.67
	50	10.67	11.33	8.33	10.00	10.00	8.67
	75	14.00	13.33	11.50	13.00	12.00	11.33
	90	15.33	14.67	13.33	16.00	12.80	13.67
	95	16.83	16.00	15.93	16.67	13.33	14.67

(续表1)

言语能力		残疾等级				文化水平			
		一级	二级	三级	四级	小学及以下	初中	高中/中专	大专及以上
	N	13	41	237	43	49	155	80	50
	平均数	12.41	10.47	9.93	9.80	8.99	9.66	10.59	11.63
	标准差	4.02	3.79	3.51	3.91	3.50	3.58	3.47	3.69
	最小值	6.00	0.00	0.00	0.00	0.00	0.00	0.00	3.33
	最大值	18.67	16.67	18.00	15.33	15.33	17.33	17.33	18.67
百分位	5	6.00	4.20	3.33	0.93	2.00	3.87	3.37	5.03
	10	6.53	6.13	4.67	4.67	4.00	4.67	6.07	6.07
	25	8.67	8.00	7.33	7.33	6.67	7.33	8.67	9.33
	50	13.33	10.00	10.00	10.00	9.33	10.00	10.67	12.00
	75	16.00	13.67	12.67	13.33	11.33	12.67	12.67	14.67
	90	18.13	15.87	14.13	14.67	13.33	14.27	14.67	16.60
	95		16.60	15.33	15.20	14.67	15.33	16.60	17.27

(续表2)

言语能力	残疾部位			
	上肢	下肢	上肢&下肢	躯干
N	92	186	43	13
平均数	9.85	10.04	10.11	12.21
标准差	3.78	3.51	3.57	4.31
最小值	0.00	0.00	3.33	4.67
最大值	17.33	18.00	18.67	17.33

(续表)

言语能力		残疾部位			
		上肢	下肢	上肢&下肢	躯干
百分位	5	4.00	3.33	4.13	4.67
	10	4.67	4.67	5.60	5.20
	25	6.83	8.00	7.33	8.67
	50	10.00	10.00	10.00	12.00
	75	12.67	12.67	13.33	16.00
	90	14.67	14.67	14.80	17.07
	95	16.00	15.33	15.87	

表 3-7-2 江苏省肢体残疾人职业能力测验数理能力分测验数据资料表

数理能力		男(岁)			女(岁)		
		15–29	30–39	40–49	15–29	30–39	40–49
N		74	74	50	45	47	44
平均数		14.57	14.11	11.92	12.98	13.02	11.59
标准差		4.65	4.68	5.47	4.91	5.12	4.81
最小值		4.00	4.00	0.00	6.00	2.00	2.00
最大值		20.00	20.00	20.00	20.00	20.00	20.00
百分位	5	6.00	4.00	2.00	6.00	2.80	2.00
	10	6.00	6.00	4.00	6.00	6.00	4.00
	25	11.50	12.00	8.00	8.00	8.00	8.50
	50	16.00	16.00	12.00	14.00	14.00	12.00
	75	18.00	18.00	16.50	18.00	18.00	16.00
	90	20.00	20.00	19.80	20.00	20.00	18.00
	95	20.00	20.00	20.00	20.00	20.00	18.00

(续表1)

数理能力	残疾等级				文化水平			
	一级	二级	三级	四级	小学及以下	初中	高中/中专	大专及以上
N	13	41	237	43	49	155	80	50
平均数	16.00	14.05	12.98	13.12	11.35	12.41	14.58	15.56
标准差	3.83	4.95	5.06	4.77	4.79	5.09	4.47	4.39
最小值	8.00	4.00	0.00	4.00	0.00	2.00	2.00	4.00
最大值	20.00	20.00	20.00	20.00	18.00	20.00	20.00	20.00

(续表)

数理能力		残疾等级				文化水平			
		一级	二级	三级	四级	小学及以下	初中	高中/中专	大专及以上
百分位	5	8.00	6.00	4.00	4.40	3.00	4.00	4.10	6.00
	10	8.80	6.40	6.00	6.00	4.00	6.00	8.00	8.00
	25	13.00	8.00	10.00	10.00	8.00	8.00	12.00	13.50
	50	18.00	16.00	14.00	14.00	12.00	12.00	16.00	17.00
	75	18.00	18.00	18.00	18.00	16.00	16.00	18.00	18.50
	90	20.00	20.00	20.00	19.20	18.00	18.80	20.00	20.00
	95		20.00	20.00	20.00	18.00	20.00	20.00	20.00

(续表2)

数理能力		残疾部位			
		上肢	下肢	上肢&下肢	躯干
N		92	186	43	13
平均数		12.41	13.37	13.49	16.62
标准差		4.98	5.03	4.56	4.86
最小值		0.00	2.00	4.00	6.00
最大值		20.00	20.00	20.00	20.00
百分位	5	4.00	4.00	6.40	6.00
	10	6.00	6.00	8.00	6.80
	25	8.00	10.00	10.00	14.00
	50	13.00	14.00	14.00	18.00
	75	16.00	18.00	18.00	20.00
	90	18.00	20.00	20.00	20.00
	95	20.00	20.00	20.00	

表 3-7-3 江苏省肢体残疾人职业能力测验空间知觉分测验数据资料表

空间知觉	男（岁）			女（岁）		
	15-29	30-39	40-49	15-29	30-39	40-49
N	74	74	50	45	47	44
平均数	12.51	13.32	10.60	11.87	11.45	11.09
标准差	5.05	4.27	4.72	5.37	4.66	3.38
最小值	0.00	2.00	0.00	0.00	2.00	4.00
最大值	20.00	20.00	20.00	20.00	20.00	18.00

(续表)

空间知觉		男(岁)			女(岁)		
		15-29	30-39	40-49	15-29	30-39	40-49
百分位	5	4.00	5.50	4.00	4.00	2.00	6.00
	10	6.00	7.00	4.00	4.00	5.60	6.00
	25	9.50	10.00	6.00	7.00	8.00	8.00
	50	13.00	14.00	11.00	12.00	12.00	12.00
	75	16.00	16.00	14.00	16.00	16.00	13.50
	90	19.00	18.00	16.00	18.80	18.00	16.00
	95	20.00	20.00	18.00	20.00	19.20	16.00

(续表1)

空间知觉		残疾等级				文化水平			
		一级	二级	三级	四级	小学及以下	初中	高中/中专	大专及以上
N		13	41	237	43	49	155	80	50
平均数		15.38	12.68	11.79	11.35	9.55	11.85	12.80	13.48
标准差		3.86	5.15	4.63	4.49	4.51	4.62	4.14	5.08
最小值		6.00	0.00	0.00	2.00	0.00	0.00	0.00	4.00
最大值		20.00	20.00	20.00	20.00	20.00	20.00	20.00	20.00
百分位	5	6.00	0.40	4.00	2.40	2.00	4.00	6.00	4.00
	10	7.60	6.00	6.00	6.00	4.00	6.00	8.00	6.00
	25	14.00	9.00	8.00	8.00	6.00	8.00	10.00	10.00
	50	16.00	14.00	12.00	12.00	10.00	12.00	14.00	14.00
	75	18.00	16.00	16.00	16.00	12.00	16.00	16.00	18.00
	90	20.00	19.60	18.00	17.20	16.00	18.00	18.00	20.00
	95	20.00	20.00	20.00	18.00	17.00	18.00	19.90	20.00

(续表2)

空间知觉	残疾部位			
	上肢	下肢	上肢&下肢	躯干
N	92	186	43	13
平均数	11.43	12.04	12.19	14.31
标准差	4.20	4.79	4.55	6.58
最小值	4.00	0.00	0.00	0.00
最大值	20.00	20.00	20.00	20.00

(续表)

空间知觉		残疾部位			
		上肢	下肢	上肢&下肢	躯干
百分位	5	4.00	4.00	4.40	0.00
	10	6.00	6.00	6.00	0.80
	25	8.00	8.00	8.00	12.00
	50	11.00	12.00	12.00	16.00
	75	14.00	16.00	16.00	20.00
	90	17.40	18.00	18.00	20.00
	95	20.00	18.00	20.00	

表3-7-4 江苏省肢体残疾人职业能力测验符号知觉分测验数据资料表

符号知觉		男(岁)			女(岁)		
		15-29	30-39	40-49	15-29	30-39	40-49
N		74	74	50	45	47	44
平均数		14.34	13.23	11.10	15.31	13.09	11.48
标准差		5.70	6.38	5.48	4.89	5.73	5.63
最小值		1.67	2.50	3.33	3.33	2.50	1.67
最大值		20.00	20.00	20.00	20.00	20.00	20.00
百分位	5	3.33	3.33	3.79	4.42	3.67	2.50
	10	5.00	4.17	5.00	5.50	4.83	3.33
	25	9.58	5.83	5.83	12.50	6.67	6.67
	50	17.08	15.00	10.42	17.50	15.00	12.92
	75	19.17	19.17	16.67	19.17	18.33	15.83
	90	20.00	20.00	19.17	20.00	19.33	18.75
	95	20.00	20.00	20.00	20.00	20.00	20.00

(续表1)

符号知觉	残疾等级				文化水平			
	一级	二级	三级	四级	小学及以下	初中	高中/中专	大专及以上
N	13	41	237	43	49	155	80	50
平均数	15.51	13.80	12.69	14.63	9.61	12.52	15.16	15.60
标准差	5.91	5.32	5.94	5.51	5.44	5.93	4.83	5.37
最小值	4.17	2.50	1.67	4.17	2.50	1.67	2.50	3.33
最大值	20.00	20.00	20.00	20.00	20.00	20.00	20.00	20.00

(续表)

符号知觉		残疾等级				文化水平			
		一级	二级	三级	四级	小学及以下	初中	高中/中专	大专及以上
百分位	5	4.17	3.50	3.33	5.00	2.50	3.33	5.04	3.79
	10	4.50	5.17	4.17	5.33	3.33	4.17	5.83	5.08
	25	11.25	10.42	6.67	10.83	5.00	5.83	12.50	12.92
	50	19.17	15.00	14.17	17.50	8.33	13.33	16.67	18.33
	75	20.00	19.17	18.33	19.17	14.17	18.33	19.17	19.17
	90	20.00	20.00	19.17	20.00	18.33	19.50	20.00	20.00
	95		20.00	20.00	20.00	19.17	20.00	20.00	20.00

(续表2)

符号知觉		残疾部位			
		上肢	下肢	上肢&下肢	躯干
N		92	186	43	13
平均数		12.29	13.58	12.54	15.96
标准差		5.98	5.82	5.67	4.98
最小值		2.50	1.67	3.33	5.00
最大值		20.00	20.00	20.00	20.00
百分位	5	3.33	3.33	3.50	5.00
	10	4.17	5.00	5.00	7.00
	25	5.83	7.50	6.67	11.67
	50	13.33	15.83	12.50	19.17
	75	18.33	19.17	18.33	19.58
	90	19.75	20.00	20.00	20.00
	95	20.00	20.00	20.00	

表3-7-5 江苏省肢体残疾人职业能力测验形状知觉分测验数据资料表

形状知觉	男(岁)			女(岁)		
	15-29	30-39	40-49	15-29	30-39	40-49
N	74	74	50	45	47	44
平均数	13.49	12.81	12.52	13.47	12.34	11.64
标准差	4.82	4.57	3.85	4.12	4.30	4.05
最小值	0.00	2.00	2.00	4.00	4.00	4.00
最大值	20.00	20.00	20.00	20.00	20.00	20.00

(续表)

形状知觉		男(岁)			女(岁)		
		15-29	30-39	40-49	15-29	30-39	40-49
百分位	5	5.00	4.00	4.00	6.00	4.00	4.50
	10	6.00	7.00	6.00	6.00	6.00	6.00
	25	10.00	10.00	11.50	12.00	8.00	8.00
	50	14.00	14.00	13.00	14.00	14.00	12.00
	75	18.00	16.00	16.00	16.00	16.00	14.00
	90	18.00	19.00	16.00	18.80	18.00	17.00
	95	20.00	20.00	18.00	20.00	18.00	19.50

(续表1)

形状知觉		残疾等级				文化水平			
		一级	二级	三级	四级	小学及以下	初中	高中/中专	大专及以上
N		13	41	237	43	49	155	80	50
平均数		15.54	13.66	12.45	12.98	11.14	12.18	14.18	14.04
标准差		3.18	4.47	4.37	4.33	4.81	4.40	3.69	4.01
最小值		10.00	0.00	0.00	4.00	0.00	0.00	6.00	2.00
最大值		20.00	20.00	20.00	20.00	20.00	20.00	20.00	20.00
百分位	5	10.00	2.60	4.00	4.40	3.00	4.00	6.00	6.00
	10	10.00	8.00	6.00	8.00	6.00	6.00	8.20	8.00
	25	14.00	11.00	10.00	10.00	8.00	10.00	12.00	12.00
	50	16.00	14.00	14.00	12.00	10.00	12.00	14.00	15.00
	75	18.00	16.00	16.00	18.00	14.00	16.00	18.00	16.00
	90	20.00	19.60	18.00	18.00	18.00	18.00	18.00	18.00
	95		20.00	20.00	20.00	20.00	18.40	20.00	20.00

表3-7-5 江苏省肢体残疾人职业能力测验形状知觉分测验数据资料表(续2)

形状知觉	残疾部位			
	上肢	下肢	上肢&下肢	躯干
N	92	186	43	13
平均数	11.91	12.88	13.21	16.15
标准差	4.54	4.36	3.47	4.65
最小值	0.00	0.00	2.00	4.00
最大值	20.00	20.00	18.00	20.00

(续表)

形状知觉		残疾部位			
		上肢	下肢	上肢&下肢	躯干
百分位	5	4.00	4.00	6.40	4.00
	10	6.00	6.00	8.00	6.40
	25	8.00	10.00	12.00	15.00
	50	12.00	14.00	14.00	18.00
	75	16.00	16.00	16.00	20.00
	90	18.00	18.00	18.00	20.00
	95	20.00	20.00	18.00	

表 3-7-6　江苏省肢体残疾人职业能力文档测验总分数据资料表

职业能力文档测验		男(岁)			女(岁)		
		15-29	30-39	40-49	15-29	30-39	40-49
N		74	74	50	45	47	44
平均数		65.80	64.28	55.02	64.26	59.64	54.42
标准差		21.05	19.04	17.41	18.28	17.22	15.59
最小值		8.50	21.00	20.50	27.50	18.67	22.50
最大值		95.33	93.83	92.67	96.50	91.67	93.33
百分位	5	26.25	26.08	22.10	34.42	29.50	23.58
	10	34.92	40.50	29.03	37.03	36.97	26.92
	25	48.29	47.00	42.96	49.00	45.50	45.58
	50	69.25	67.33	55.17	64.33	58.83	56.08
	75	82.54	81.42	66.42	82.00	74.00	65.42
	90	90.50	87.67	76.75	87.60	79.83	74.92
	95	92.54	90.38	89.86	91.82	86.80	76.71

(续表1)

职业能力文档测验	残疾等级				文化水平			
	一级	二级	三级	四级	小学及以下	初中	高中/中专	大专及以上
N	13	41	237	43	49	155	80	50
平均数	74.85	64.66	59.84	61.87	50.64	58.62	67.30	70.31
标准差	17.41	19.93	18.66	18.35	17.76	18.81	15.88	18.08
最小值	47.00	8.50	18.67	21.67	8.50	18.67	22.50	24.50
最大值	93.33	93.83	96.50	95.33	90.50	93.83	96.50	92.67

(续表)

职业能力文档测验		残疾等级				文化水平			
		一级	二级	三级	四级	小学及以下	初中	高中/中专	大专及以上
百分位	5	47.00	25.45	26.62	27.17	20.75	26.17	35.53	33.01
	10	47.27	38.13	35.77	35.57	26.67	35.30	43.33	43.42
	25	57.50	52.25	45.50	47.67	38.75	44.00	59.17	57.63
	50	83.33	68.33	58.83	66.00	51.00	57.00	68.33	73.83
	75	88.67	76.92	75.08	75.67	64.17	75.17	77.50	86.42
	90	93.07	90.33	84.10	83.47	72.33	83.47	87.25	92.00
	95		92.00	89.83	89.73	85.58	89.33	89.83	92.67

(续表2)

职业能力文档测验		残疾部位			
		上肢	下肢	上肢&下肢	躯干
N		92	186	43	13
平均数		57.90	61.91	61.53	75.24
标准差		18.62	18.61	17.85	23.27
最小值		21.00	8.50	24.50	21.67
最大值		93.33	93.83	92.67	96.50
百分位	5	26.05	26.78	29.43	21.67
	10	32.57	36.12	39.80	26.60
	25	44.17	48.63	46.83	69.00
	50	56.67	64.08	60.00	82.50
	75	73.50	76.33	76.00	91.25
	90	85.87	84.98	86.80	96.03
	95	90.56	88.43	91.70	

表3-7-7 江苏省肢体残疾人职业能力测验手眼协调能力分测验数据资料表

手眼协调	男(岁)			女(岁)		
	15-29	30-39	40-49	15-29	30-39	40-49
N	74	74	50	45	47	44
平均数	15.91	14.79	13.04	14.55	14.16	13.27
标准差	7.09	7.16	7.55	7.46	7.11	7.76
最小值	0.00	0.00	0.00	0.00	0.00	0.00
最大值	20.00	20.00	20.00	20.00	20.00	20.00

(续表)

手眼协调		男(岁)			女(岁)		
		15-29	30-39	40-49	15-29	30-39	40-49
百分位	5	0.00	0.00	0.00	0.00	0.00	0.00
	10	0.00	2.00	0.13	0.00	0.00	0.67
	25	15.67	10.33	5.33	10.67	10.67	4.00
	50	20.00	20.00	15.33	18.67	17.33	16.00
	75	20.00	20.00	20.00	20.00	20.00	20.00
	90	20.00	20.00	20.00	20.00	20.00	20.00
	95	20.00	20.00	20.00	20.00	20.00	20.00

(续表1)

手眼协调		残疾等级				文化水平			
		一级	二级	三级	四级	小学及以下	初中	高中/中专	大专及以上
N		13	41	237	43	49	155	80	50
平均数		16.31	14.18	14.45	14.17	11.56	14.21	15.92	15.71
标准差		7.47	7.45	7.31	7.49	8.20	7.23	6.51	7.29
最小值		0.00	0.00	0.00	0.00	0.00	0.00	0.00	0.00
最大值		20.00	20.00	20.00	20.00	20.00	20.00	20.00	20.00
百分位	5	0.00	0.00	0.00	0.00	0.00	0.00	0.00	0.00
	10	0.00	0.00	1.33	0.00	0.00	2.13	2.67	0.00
	25	16.00	10.67	8.00	8.00	2.00	8.00	14.67	15.67
	50	20.00	17.33	18.67	18.67	16.00	18.67	20.00	20.00
	75	20.00	20.00	20.00	20.00	20.00	20.00	20.00	20.00
	90	20.00	20.00	20.00	20.00	20.00	20.00	20.00	20.00
	95		20.00	20.00	20.00	20.00	20.00	20.00	20.00

(续表2)

手眼协调	残疾部位			
	上肢	下肢	上肢&下肢	躯干
N	92	186	43	13
平均数	15.25	14.21	13.36	16.00
标准差	6.68	7.59	7.58	7.18
最小值	0.00	0.00	0.00	1.33
最大值	20.00	20.00	20.00	20.00

(续表)

手眼协调		残疾部位			
		上肢	下肢	上肢&下肢	躯干
百分位	5	0.00	0.00	0.00	1.33
	10	1.73	0.00	0.00	2.40
	25	13.33	8.00	6.67	11.33
	50	18.67	18.67	16.00	20.00
	75	20.00	20.00	20.00	20.00
	90	20.00	20.00	20.00	20.00
	95	20.00	20.00	20.00	

表3-7-8 江苏省肢体残疾人职业能力测验总分数据资料表

职业能力		男(岁)			女(岁)		
		15-29	30-39	40-49	15-29	30-39	40-49
N		74	74	50	45	47	44
平均数		77.74	75.37	64.80	75.17	70.26	64.37
标准差		24.35	22.15	20.14	20.89	19.38	18.19
最小值		8.50	24.67	22.00	33.67	28.17	26.33
最大值		110.33	108.83	105.50	111.50	106.67	108.33
百分位	5	33.33	34.04	25.83	41.90	33.40	27.00
	10	40.92	45.33	29.23	45.40	44.27	38.08
	25	59.71	57.25	53.63	58.00	53.33	54.17
	50	82.75	81.17	65.42	76.00	69.00	68.25
	75	97.54	94.58	76.08	95.00	86.67	74.13
	90	105.50	102.33	91.75	102.60	93.73	88.42
	95	107.54	104.83	99.20	105.42	101.40	91.71

(续表1)

职业能力	残疾等级				文化水平			
	一级	二级	三级	四级	小学及以下	初中	高中/中专	大专及以上
N	13	41	237	43	49	155	80	50
平均数	87.08	75.30	70.68	72.50	59.32	69.27	79.24	82.09
标准差	21.76	23.86	21.34	21.25	20.10	21.95	18.02	20.76
最小值	47.67	8.50	22.00	24.67	8.50	24.67	26.33	24.50
最大值	108.33	108.83	111.50	110.33	105.50	108.83	111.50	107.67

(续表)

职业能力		残疾等级				文化水平			
		一级	二级	三级	四级	小学及以下	初中	高中/中专	大专及以上
百分位	5	47.67	25.55	32.30	29.43	24.17	33.47	45.65	36.31
	10	50.53	39.30	42.63	42.30	28.67	40.97	50.27	47.28
	25	66.08	59.25	55.00	57.33	47.50	51.50	69.00	71.29
	50	98.33	81.83	70.17	76.33	62.83	68.17	82.17	86.25
	75	103.58	91.92	89.17	87.83	71.83	89.00	91.29	98.50
	90	108.07	104.33	98.03	98.13	83.17	97.93	102.25	106.12
	95		106.85	104.83	104.73	94.92	104.33	104.83	107.23

(续表2)

职业能力 文档测验		残疾部位			
		上肢	下肢	上肢&下肢	躯干
N		92	186	43	13
平均数		69.34	72.57	71.55	87.24
标准差		21.07	21.75	20.57	27.85
最小值		22.00	8.50	24.50	24.67
最大值		108.33	108.83	107.67	111.50
百分位	5	33.58	30.28	42.23	24.67
	10	41.37	42.95	45.70	28.80
	25	53.54	57.67	56.17	78.50
	50	68.67	73.83	70.50	97.50
	75	87.63	90.50	90.67	105.25
	90	100.57	98.43	101.80	111.03
	95	105.56	102.83	105.00	

表3-7-9 江苏省各城市肢体残疾人职业能力测验言语能力分测验数据资料表

城市	年龄(岁)	男					女				
		N	平均数	标准差	最小值	最大值	N	平均数	标准差	最小值	最大值
无锡	15-29	27	9.28	3.22	3.33	15.33	20	10.63	3.86	4.00	17.33
	30-39	37	10.18	3.89	0.00	14.67	23	9.36	2.45	3.33	13.33
	40-59	29	8.64	3.37	1.33	16.67	22	9.24	3.52	3.33	14.67
	小计	93	9.44	3.57	0.00	16.67	65	9.71	3.31	3.33	17.33
苏州	15-29	47	11.83	3.99	0.00	18.67	25	10.64	3.29	3.33	16.00
	30-39	37	11.42	3.27	4.00	16.67	24	10.11	2.80	3.33	15.33
	40-59	21	9.21	3.70	2.67	17.33	22	8.00	3.94	0.00	17.33
	小计	105	11.16	3.79	0.00	18.67	71	9.64	3.49	0.00	17.33

表 3-7-10 江苏省各城市肢体残疾人职业能力测验数理能力分测验数据资料表

城市	年龄(岁)	男					女				
		N	平均数	标准差	最小值	最大值	N	平均数	标准差	最小值	最大值
无锡	15-29	27	12.59	5.32	4.00	20.00	20	13.00	5.37	6.00	20.00
	30-39	37	12.59	4.71	4.00	20.00	23	11.91	5.67	2.00	20.00
	40-59	29	10.34	5.45	0.00	20.00	22	10.91	4.17	2.00	16.00
	小计	93	11.89	5.18	0.00	20.00	65	11.91	5.10	2.00	20.00
苏州	15-29	47	15.70	3.84	6.00	20.00	25	12.96	4.62	6.00	20.00
	30-39	37	15.62	4.19	6.00	20.00	24	14.08	4.39	6.00	20.00
	40-59	21	14.10	4.79	2.00	20.00	22	12.27	5.39	2.00	20.00
	小计	105	15.35	4.17	2.00	20.00	71	13.13	4.79	2.00	20.00

表 3-7-11 江苏省各城市肢体残疾人职业能力测验空间知觉分测验数据资料表

城市	年龄(岁)	男					女				
		N	平均数	标准差	最小值	最大值	N	平均数	标准差	最小值	最大值
无锡	15-29	27	10.59	4.47	4.00	20.00	20	13.40	5.03	4.00	20.00
	30-39	37	12.43	4.00	4.00	20.00	23	10.70	4.58	2.00	20.00
	40-59	29	10.83	4.94	4.00	20.00	22	10.09	2.79	4.00	16.00
	小计	93	11.40	4.48	4.00	20.00	65	11.32	4.39	2.00	20.00
苏州	15-29	47	13.62	5.08	0.00	20.00	25	10.64	5.41	0.00	20.00
	30-39	37	14.22	4.39	2.00	20.00	24	12.17	4.72	2.00	20.00
	40-59	21	10.29	4.48	0.00	18.00	22	12.09	3.68	6.00	18.00
	小计	105	13.16	4.91	0.00	20.00	71	11.61	4.68	0.00	20.00

表 3-7-12 江苏省各城市肢体残疾人职业能力测验符号知觉分测验数据资料表

城市	年龄(岁)	男					女				
		N	平均数	标准差	最小值	最大值	N	平均数	标准差	最小值	最大值
无锡	15-29	27	11.23	6.01	1.67	19.17	20	15.79	5.23	3.33	20.00
	30-39	37	11.62	6.56	2.50	20.00	23	10.36	5.71	2.50	20.00
	40-59	29	10.89	5.59	3.33	20.00	22	9.47	5.45	1.67	18.33
	小计	93	11.28	6.06	1.67	20.00	65	11.73	6.05	1.67	20.00
苏州	15-29	47	16.12	4.72	2.50	20.00	25	14.93	4.67	4.17	20.00
	30-39	37	14.84	5.86	3.33	20.00	24	15.69	4.48	5.83	20.00
	40-59	21	11.39	5.44	3.33	20.00	22	13.48	5.18	2.50	20.00
	小计	105	14.72	5.53	2.50	20.00	71	14.74	4.79	2.50	20.00

表 3-7-13 江苏省各城市肢体残疾人职业能力测验形状知觉分测验数据资料表

城市	年龄(岁)	男					女				
		N	平均数	标准差	最小值	最大值	N	平均数	标准差	最小值	最大值
无锡	15~29	27	11.19	4.62	0.00	18.00	20	12.50	4.67	4.00	20.00
	30~39	37	10.97	4.15	2.00	18.00	23	10.52	4.60	4.00	18.00
	40~59	29	11.66	4.24	2.00	20.00	22	10.00	3.49	4.00	18.00
	小计	93	11.25	4.28	0.00	20.00	65	10.95	4.35	4.00	20.00
苏州	15~29	47	14.81	4.47	0.00	20.00	25	14.24	3.53	6.00	20.00
	30~39	37	14.65	4.27	4.00	20.00	24	14.08	3.20	8.00	20.00
	40~59	21	13.71	2.92	6.00	18.00	22	13.27	3.98	6.00	20.00
	小计	105	14.53	4.12	0.00	20.00	71	13.89	3.54	6.00	20.00

表 3-7-14 江苏省各城市肢体残疾人职业能力文档测验数据资料表

城市	年龄(岁)	男					女				
		N	平均数	标准差	最小值	最大值	N	平均数	标准差	最小值	最大值
无锡	15~29	27	54.89	19.77	24.50	90.50	20	65.33	19.79	33.67	96.50
	30~39	37	57.80	18.37	21.00	89.83	23	52.86	17.54	18.67	86.00
	40~59	29	52.36	18.45	21.00	92.67	22	49.71	13.11	23.33	75.33
	小计	93	55.26	18.75	21.00	92.67	65	55.63	17.96	18.67	96.50
苏州	15~29	47	72.07	19.29	8.50	95.33	25	63.41	17.36	27.50	88.00
	30~39	37	70.75	17.66	21.67	93.83	24	66.14	14.43	37.17	91.67
	40~59	21	58.69	15.54	20.50	89.33	22	59.12	16.71	22.50	93.33
	小计	105	68.93	18.59	8.50	95.33	71	63.00	16.24	22.50	93.33

表 3-7-15 江苏省各城市肢体残疾人职业能力测验手眼协调能力分测验数据资料表

城市	年龄(岁)	男					女				
		N	平均数	标准差	最小值	最大值	N	平均数	标准差	最小值	最大值
无锡	15~29	27	15.01	7.18	0.00	20.00	20	15.33	6.67	0.00	20.00
	30~39	37	14.45	7.18	0.00	20.00	23	13.57	6.16	0.00	20.00
	40~59	29	13.06	7.25	0.00	20.00	22	13.94	7.49	0.00	20.00
	小计	93	14.18	7.17	0.00	20.00	65	14.24	6.73	0.00	20.00
苏州	15~29	47	16.43	7.06	0.00	20.00	25	13.92	8.11	0.00	20.00
	30~39	37	15.14	7.22	0.00	20.00	24	14.72	8.01	0.00	20.00
	40~59	21	13.02	8.13	0.00	20.00	22	12.61	8.14	0.00	20.00
	小计	105	15.29	7.38	0.00	20.00	71	13.78	8.02	0.00	20.00

表3-7-16 江苏省各城市肢体残疾人职业能力测验总分数据资料表

城市	年龄(岁)	男					女				
		N	平均数	标准差	最小值	最大值	N	平均数	标准差	最小值	最大值
无锡	15-29	27	66.15	21.42	24.50	105.50	20	76.83	22.26	33.67	111.50
	30-39	37	68.64	20.88	25.83	104.83	23	63.03	19.71	28.17	100.00
	40-59	29	62.16	20.99	22.00	105.50	22	60.17	16.22	26.33	90.33
	小计	93	65.89	21.02	22.00	105.50	65	66.31	20.46	26.33	111.50
苏州	15-29	47	84.39	23.61	8.50	110.33	25	73.85	20.10	41.50	103.00
	30-39	37	82.10	21.58	24.67	108.83	24	77.18	16.64	48.50	106.67
	40-59	21	68.45	18.77	26.50	104.33	22	68.58	19.43	26.33	108.33
	小计	105	80.40	22.64	8.50	110.33	71	73.34	18.84	26.33	108.33

2. 江苏省肢体残疾人职业人格状况

表3-7-17 江苏省肢体残疾人职业人格测验坚持性维度数据资料表

坚持性		男(岁)			女(岁)		
		15-29	30-39	40-49	15-29	30-39	40-49
	N	74	73	50	45	47	44
	平均数	8.61	8.55	8.06	9.00	8.60	8.39
	标准差	2.55	2.83	2.66	2.83	2.98	2.96
	最小值	3.00	0.00	3.00	1.00	1.00	4.00
	最大值	12.00	12.00	12.00	12.00	12.00	12.00
百分位	5	4.75	4.00	3.55	2.60	3.40	4.00
	10	5.00	5.00	5.00	5.00	4.00	4.00
	25	6.00	6.50	6.00	7.00	7.00	5.00
	50	9.00	9.00	8.00	10.00	10.00	8.50
	75	11.00	11.00	10.25	11.00	11.00	11.00
	90	12.00	12.00	12.00	12.00	12.00	12.00
	95	12.00	12.00	12.00	12.00	12.00	12.00

表3-7-18 江苏省肢体残疾人职业人格测验严谨性维度数据资料表

严谨性	男(岁)			女(岁)		
	15-29	30-39	40-49	15-29	30-39	40-49
N	74	73	50	45	47	44
平均数	8.49	8.48	7.90	8.91	8.55	8.34
标准差	1.72	1.89	1.94	1.95	1.87	1.78
最小值	4.00	3.00	5.00	3.00	4.00	5.00
最大值	11.00	12.00	12.00	12.00	11.00	11.00

(续表)

严谨性		男（岁）			女（岁）		
		15~29	30~39	40~49	15~29	30~39	40~49
百分位	5	5.00	4.70	5.00	5.30	4.40	5.00
	10	6.00	5.40	5.00	6.00	5.80	5.50
	25	8.00	8.00	6.00	8.00	7.00	7.00
	50	8.00	9.00	8.00	9.00	9.00	8.50
	75	10.00	10.00	9.25	10.50	10.00	10.00
	90	11.00	11.00	10.00	11.00	11.00	11.00
	95	11.00	11.00	11.00	11.70	11.00	11.00

表3-7-19 江苏省肢体残疾人职业人格测验情绪稳定性维度数据资料表

情绪稳定性		男（岁）			女（岁）		
		15~29	30~39	40~49	15~29	30~39	40~49
N		74	73	50	45	47	44
平均数		7.07	6.97	6.74	6.73	6.79	6.80
标准差		2.72	3.23	2.42	2.95	2.90	2.96
最小值		2.00	0.00	1.00	1.00	1.00	1.00
最大值		12.00	12.00	12.00	12.00	12.00	12.00
百分位	5	3.00	2.00	3.00	3.00	1.40	2.25
	10	4.00	3.00	4.00	3.00	3.00	3.00
	25	4.75	4.00	5.00	5.00	5.00	4.25
	50	7.00	7.00	6.00	6.00	7.00	6.00
	75	10.00	10.00	9.00	9.00	10.00	9.75
	90	10.00	11.00	10.00	11.00	11.00	11.00
	95	11.25	12.00	11.00	12.00	11.00	11.75

表3-7-20 江苏省肢体残疾人职业人格测验自信心维度数据资料表

自信心	男（岁）			女（岁）		
	15~29	30~39	40~49	15~29	30~39	40~49
N	74	73	50	45	47	44
平均数	9.39	9.08	8.38	9.00	8.83	8.55
标准差	2.14	2.47	2.55	2.21	2.82	2.18
最小值	3.00	2.00	4.00	3.00	3.00	3.00
最大值	12.00	12.00	12.00	12.00	12.00	12.00

(续表)

自信心		男（岁）			女（岁）		
		15-29	30-39	40-49	15-29	30-39	40-49
百分位	5	4.75	3.70	4.00	5.00	3.00	4.00
	10	6.00	6.00	5.00	5.60	4.60	5.00
	25	9.00	7.50	6.00	7.00	7.00	7.00
	50	10.00	9.00	8.50	9.00	10.00	9.00
	75	11.00	11.00	10.00	10.50	11.00	10.00
	90	12.00	12.00	12.00	12.00	12.00	11.00
	95	12.00	12.00	12.00	12.00	12.00	11.75

表3-7-21 江苏省肢体残疾人职业人格测验责任心维度数据资料表

责任心		男（岁）			女（岁）		
		15-29	30-39	40-49	15-29	30-39	40-49
N		74	73	50	45	47	44
平均数		9.32	9.01	8.62	9.78	9.19	8.93
标准差		1.74	2.25	2.17	1.89	2.26	1.86
最小值		4.00	0.00	2.00	4.00	4.00	5.00
最大值		12.00	12.00	11.00	12.00	12.00	12.00
百分位	5	5.75	5.00	3.55	4.60	4.40	5.25
	10	7.00	6.00	6.00	8.00	5.00	6.00
	25	8.00	8.00	7.00	9.00	8.00	7.25
	50	10.00	9.00	9.00	10.00	10.00	9.00
	75	11.00	11.00	10.00	11.00	11.00	11.00
	90	11.00	11.00	11.00	12.00	11.20	11.00
	95	12.00	11.30	11.00	12.00	12.00	11.00

表3-7-22 江苏省肢体残疾人职业人格测验交际能力维度数据资料表

交际能力	男（岁）			女（岁）		
	15-29	30-39	40-49	15-29	30-39	40-49
N	74	73	50	45	47	44
平均数	8.66	8.42	8.34	8.11	8.40	8.05
标准差	2.30	2.52	2.26	2.53	2.65	2.32
最小值	2.00	0.00	2.00	0.00	1.00	2.00
最大值	12.00	12.00	12.00	12.00	12.00	12.00

(续表)

交际能力		男（岁）			女（岁）		
		15~29	30~39	40~49	15~29	30~39	40~49
百分位	5	4.00	3.70	4.55	2.60	3.40	3.25
	10	5.50	5.00	5.00	4.00	4.00	4.00
	25	7.75	7.00	7.00	7.00	6.00	7.00
	50	9.00	9.00	9.00	9.00	9.00	8.00
	75	11.00	10.00	10.00	10.00	11.00	10.00
	90	11.00	12.00	11.00	11.00	11.00	11.00
	95	12.00	12.00	12.00	11.00	11.00	11.00

表3-7-23　江苏省肢体残疾人职业人格测验管理能力维度数据资料表

管理能力		男（岁）			女（岁）		
		15~29	30~39	40~49	15~29	30~39	40~49
N		74	73	50	45	47	44
平均数		8.74	8.56	8.38	8.71	8.57	8.64
标准差		2.03	1.99	2.23	2.17	2.39	1.87
最小值		4.00	2.00	3.00	2.00	2.00	4.00
最大值		12.00	12.00	12.00	11.00	12.00	12.00
百分位	5	4.00	5.70	4.10	4.00	3.80	5.25
	10	6.00	6.00	5.00	5.00	5.80	6.00
	25	8.00	7.00	7.00	7.50	7.00	7.00
	50	9.00	8.00	8.00	9.00	9.00	9.00
	75	10.00	10.00	10.00	10.00	10.00	10.00
	90	11.00	11.00	11.00	11.00	11.20	11.00
	95	11.00	12.00	12.00	11.00	12.00	11.00

表3-7-24　江苏省肢体残疾人职业人格测验抗挫折能力维度数据资料表

抗挫折能力	男（岁）			女（岁）		
	15~29	30~39	40~49	15~29	30~39	40~49
N	74	73	50	45	47	44
平均数	7.85	7.52	6.96	7.98	7.23	7.30
标准差	2.86	3.01	2.53	2.86	2.69	2.52
最小值	2.00	0.00	2.00	2.00	1.00	2.00
最大值	12.00	12.00	12.00	12.00	11.00	12.00

(续表)

抗挫折能力		男(岁)			女(岁)		
		15-29	30-39	40-49	15-29	30-39	40-49
百分位	5	3.00	3.00	3.00	3.00	1.80	3.25
	10	3.00	3.00	3.10	4.00	3.80	4.00
	25	5.00	5.00	5.00	6.00	5.00	5.00
	50	8.00	8.00	7.00	8.00	8.00	8.00
	75	10.00	10.00	9.00	10.50	9.00	9.00
	90	11.00	11.00	10.90	11.00	11.00	10.50
	95	12.00	12.00	11.00	12.00	11.00	11.75

表 3-7-25　江苏省各城市肢体残疾人职业人格测验坚持性维度数据资料表

城市	年龄(岁)	男					女				
		N	平均数	标准差	最小值	最大值	N	平均数	标准差	最小值	最大值
无锡	15-29	27	8.33	2.69	4.00	12.00	20	9.50	2.52	4.00	12.00
	30-39	37	8.19	3.01	0.00	12.00	23	8.26	2.96	4.00	12.00
	40-59	29	7.86	2.95	3.00	12.00	22	7.91	3.12	4.00	12.00
	小计	93	8.13	2.88	0.00	12.00	65	8.52	2.92	4.00	12.00
苏州	15-29	47	8.77	2.49	3.00	12.00	25	8.60	3.04	1.00	12.00
	30-39	36	8.92	2.62	3.00	12.00	24	8.92	3.03	1.00	12.00
	40-59	21	8.33	2.24	5.00	12.00	22	8.86	2.78	4.00	12.00
	小计	104	8.73	2.47	3.00	12.00	71	8.79	2.92	1.00	12.00

表 3-7-26　江苏省各城市肢体残疾人职业人格测验严谨性维度数据资料表

城市	年龄(岁)	男					女				
		N	平均数	标准差	最小值	最大值	N	平均数	标准差	最小值	最大值
无锡	15-29	27	8.48	1.70	5.00	11.00	20	9.25	1.77	5.00	12.00
	30-39	37	8.30	2.04	3.00	11.00	23	8.35	2.06	4.00	11.00
	40-59	29	7.76	2.20	5.00	12.00	22	7.95	1.99	5.00	11.00
	小计	93	8.18	2.00	3.00	12.00	65	8.49	1.99	4.00	12.00
苏州	15-29	47	8.49	1.76	4.00	11.00	25	8.64	2.08	3.00	12.00
	30-39	36	8.67	1.74	4.00	12.00	24	8.75	1.70	5.00	11.00
	40-59	21	8.10	1.55	5.00	11.00	22	8.73	1.49	5.00	11.00
	小计	104	8.47	1.71	4.00	12.00	71	8.70	1.76	3.00	12.00

表 3-7-27　江苏省各城市肢体残疾人职业人格测验情绪稳定性维度数据资料表

城市	年龄（岁）	男					女				
		N	平均数	标准差	最小值	最大值	N	平均数	标准差	最小值	最大值
无锡	15-29	27	6.56	2.56	3.00	12.00	20	6.95	3.28	1.00	12.00
	30-39	37	6.51	3.25	0.00	12.00	23	6.43	2.87	2.00	11.00
	40-59	29	6.90	2.58	1.00	11.00	22	6.36	2.94	1.00	11.00
	小计	93	6.65	2.83	0.00	12.00	65	6.57	2.99	1.00	12.00
苏州	15-29	47	7.36	2.79	2.00	12.00	25	6.56	2.71	3.00	12.00
	30-39	36	7.44	3.18	1.00	12.00	24	7.13	2.94	1.00	12.00
	40-59	21	6.52	2.23	3.00	12.00	22	7.23	2.99	3.00	12.00
	小计	104	7.22	2.83	1.00	12.00	71	6.96	2.85	1.00	12.00

表 3-7-28　江苏省各城市肢体残疾人职业人格测验自信心维度数据资料表

城市	年龄（岁）	男					女				
		N	平均数	标准差	最小值	最大值	N	平均数	标准差	最小值	最大值
无锡	15-29	27	9.00	2.37	4.00	12.00	20	8.80	2.28	3.00	12.00
	30-39	37	8.89	2.56	2.00	12.00	23	8.22	2.91	3.00	12.00
	40-59	29	8.17	2.66	4.00	12.00	22	8.45	2.46	3.00	12.00
	小计	93	8.70	2.54	2.00	12.00	65	8.48	2.55	3.00	12.00
苏州	15-29	47	9.62	2.00	3.00	12.00	25	9.16	2.17	5.00	12.00
	30-39	36	9.28	2.40	2.00	12.00	24	9.42	2.67	3.00	12.00
	40-59	21	8.67	2.42	4.00	12.00	22	8.64	1.92	4.00	11.00
	小计	104	9.31	2.23	2.00	12.00	71	9.08	2.27	3.00	12.00

表 3-7-29　江苏省各城市肢体残疾人职业能力测验责任心维度数据资料表

城市	年龄（岁）	男					女				
		N	平均数	标准差	最小值	最大值	N	平均数	标准差	最小值	最大值
无锡	15-29	27	8.93	1.57	4.00	11.00	20	10.05	2.04	4.00	12.00
	30-39	37	8.65	2.51	0.00	12.00	23	8.87	2.46	4.00	12.00
	40-59	29	8.21	2.53	2.00	11.00	22	8.55	1.82	5.00	11.00
	小计	93	8.59	2.28	0.00	12.00	65	9.12	2.19	4.00	12.00
苏州	15-29	47	9.55	1.80	4.00	12.00	25	9.56	1.78	4.00	12.00
	30-39	36	9.39	1.92	4.00	12.00	24	9.50	2.06	4.00	12.00
	40-59	21	9.19	1.44	7.00	11.00	22	9.32	1.86	5.00	12.00
	小计	104	9.42	1.77	4.00	12.00	71	9.46	1.88	4.00	12.00

表 3-7-30　江苏省各城市肢体残疾人职业人格测验交际能力维度数据资料表

城市	年龄(岁)	男					女				
		N	平均数	标准差	最小值	最大值	N	平均数	标准差	最小值	最大值
无锡	15-29	27	8.48	2.53	2.00	12.00	20	8.65	2.62	0.00	12.00
	30-39	37	8.24	2.93	0.00	12.00	23	7.87	2.58	3.00	11.00
	40-59	29	8.14	2.55	2.00	12.00	22	7.77	1.97	4.00	11.00
	小计	93	8.28	2.68	0.00	12.00	65	8.08	2.40	0.00	12.00
苏州	15-29	47	8.77	2.18	3.00	12.00	25	7.68	2.43	2.00	11.00
	30-39	36	8.61	2.03	5.00	12.00	24	8.92	2.67	1.00	12.00
	40-59	21	8.62	1.80	5.00	11.00	22	8.32	2.64	2.00	12.00
	小计	104	8.68	2.04	3.00	12.00	71	8.30	2.59	1.00	12.00

表 3-7-31　江苏省各城市肢体残疾人职业人格测验管理能力维度数据资料表

城市	年龄(岁)	男					女				
		N	平均数	标准差	最小值	最大值	N	平均数	标准差	最小值	最大值
无锡	15-29	27	8.26	1.97	4.00	11.00	20	9.00	2.38	2.00	11.00
	30-39	37	8.30	2.16	2.00	12.00	23	8.26	2.73	2.00	12.00
	40-59	29	8.24	2.40	3.00	12.00	22	8.45	1.90	5.00	12.00
	小计	93	8.27	2.16	2.00	12.00	65	8.55	2.35	2.00	12.00
苏州	15-29	47	9.02	2.03	4.00	12.00	25	8.48	2.00	4.00	11.00
	30-39	36	8.83	1.80	5.00	12.00	24	8.88	2.03	5.00	12.00
	40-59	21	8.57	2.01	3.00	12.00	22	8.82	1.87	4.00	11.00
	小计	104	8.87	1.94	3.00	12.00	71	8.72	1.95	4.00	12.00

表 3-7-32　江苏省各城市肢体残疾人职业人格测验抗挫折能力维度数据资料表

城市	年龄(岁)	男					女				
		N	平均数	标准差	最小值	最大值	N	平均数	标准差	最小值	最大值
无锡	15-29	27	7.37	2.95	2.00	12.00	20	7.90	2.92	2.00	12.00
	30-39	37	6.95	3.10	0.00	12.00	23	7.09	2.71	1.00	11.00
	40-59	29	6.79	2.57	2.00	11.00	22	6.95	1.94	4.00	10.00
	小计	93	7.02	2.88	0.00	12.00	65	7.29	2.54	1.00	12.00
苏州	15-29	47	8.13	2.80	3.00	12.00	25	8.04	2.86	3.00	12.00
	30-39	36	8.11	2.83	2.00	12.00	24	7.38	2.72	1.00	11.00
	40-59	21	7.19	2.52	3.00	12.00	22	7.64	3.00	2.00	12.00
	小计	104	7.93	2.76	2.00	12.00	71	7.69	2.83	1.00	12.00

3. 江苏省肢体残疾人职业兴趣状况

表 3-7-33　江苏省肢体残疾人职业兴趣测验常规型数据资料表

常规型		男（岁）			女（岁）		
		15-29	30-39	40-49	15-29	30-39	40-49
	N	74	74	50	45	47	44
	平均数	5.54	5.22	5.52	6.53	5.98	5.50
	标准差	2.09	1.75	1.73	1.65	1.76	2.02
	最小值	0.00	0.00	2.00	2.00	1.00	1.00
	最大值	9.00	9.00	9.00	9.00	9.00	9.00
百分位	5	2.00	2.00	2.00	3.30	3.40	2.00
	10	2.50	3.00	3.00	4.00	4.00	2.00
	25	4.00	4.00	4.00	5.50	5.00	4.00
	50	6.00	5.50	6.00	7.00	6.00	6.00
	75	7.00	6.00	7.00	8.00	7.00	7.00
	90	8.00	7.50	8.00	8.40	9.00	8.00
	95	9.00	8.00	8.00	9.00	9.00	8.75

表 3-7-34　江苏省肢体残疾人职业兴趣测验现实型数据资料表

现实型		男（岁）			女（岁）		
		15-29	30-39	40-49	15-29	30-39	40-49
	N	74	74	50	45	47	44
	平均数	7.47	7.58	7.34	6.07	6.13	6.25
	标准差	1.98	1.89	1.80	1.92	2.24	1.63
	最小值	2.00	1.00	3.00	2.00	1.00	3.00
	最大值	11.00	11.00	10.00	10.00	11.00	9.00
百分位	5	3.00	4.00	4.00	3.00	2.00	3.00
	10	4.50	5.00	5.00	3.60	3.00	4.00
	25	6.00	7.00	6.00	4.00	5.00	5.00
	50	8.00	8.00	8.00	7.00	6.00	6.00
	75	9.00	9.00	9.00	7.00	8.00	8.00
	90	10.00	10.00	9.90	9.00	10.00	8.00
	95	10.25	10.00	10.00	9.70	10.00	8.00

表 3-7-35　江苏省肢体残疾人职业兴趣测验研究型数据资料表

研究型		男(岁)			女(岁)		
		15-29	30-39	40-49	15-29	30-39	40-49
	N	74	74	50	45	47	44
	平均数	6.93	6.54	5.90	5.89	5.66	5.61
	标准差	1.95	1.76	1.97	2.17	2.37	1.65
	最小值	2.00	2.00	2.00	0.00	1.00	3.00
	最大值	10.00	10.00	10.00	9.00	10.00	10.00
	5	3.00	3.75	2.55	1.00	2.00	3.00
	10	4.00	4.50	3.00	3.00	2.00	3.50
	25	6.00	5.00	4.00	5.00	4.00	4.00
百分位	50	7.00	7.00	6.00	6.00	6.00	6.00
	75	8.00	8.00	7.00	7.00	7.00	6.75
	90	9.50	9.00	8.90	9.00	9.00	7.50
	95	10.00	9.00	9.45	9.00	9.00	9.00

表 3-7-36　江苏省肢体残疾人职业兴趣测验企业型数据资料表

企业型		男(岁)			女(岁)		
		15-29	30-39	40-49	15-29	30-39	40-49
	N	74	74	50	45	47	44
	平均数	5.69	5.46	5.02	5.33	5.06	5.11
	标准差	1.85	1.99	2.11	2.06	1.83	2.01
	最小值	1.00	0.00	1.00	1.00	1.00	0.00
	最大值	10.00	10.00	10.00	9.00	9.00	9.00
	5	2.00	2.00	1.00	2.00	1.40	1.25
	10	3.00	3.00	2.00	2.00	2.00	3.00
	25	4.00	4.00	3.00	4.00	4.00	3.25
百分位	50	6.00	5.50	5.00	6.00	5.00	5.00
	75	7.00	7.00	6.25	7.00	6.00	7.00
	90	8.00	8.00	7.90	8.00	7.00	7.50
	95	8.25	9.00	8.45	8.00	8.00	8.00

表 3-7-37　江苏省肢体残疾人职业兴趣测验社会型数据资料表

社会型		男（岁）			女（岁）		
		15-29	30-39	40-49	15-29	30-39	40-49
	N	74	74	50	45	47	44
	平均数	6.74	6.64	6.44	7.16	6.96	6.48
	标准差	1.74	1.47	1.74	1.72	1.73	1.37
	最小值	1.00	2.00	2.00	2.00	2.00	3.00
	最大值	10.00	10.00	10.00	10.00	10.00	9.00
	5	4.00	4.00	3.55	4.30	4.40	4.00
	10	4.50	5.00	4.00	5.00	5.00	5.00
	25	6.00	6.00	5.00	6.00	5.00	6.00
百分位	50	6.50	7.00	6.50	8.00	7.00	6.00
	75	8.00	8.00	8.00	8.50	8.00	7.75
	90	9.00	8.00	8.90	9.00	9.00	8.00
	95	9.25	9.00	9.45	9.70	9.00	9.00

表 3-7-38　江苏省肢体残疾人职业兴趣测验艺术型数据资料表

艺术型		男（岁）			女（岁）		
		15-29	30-39	40-49	15-29	30-39	40-49
	N	74	74	50	45	47	44
	平均数	5.89	5.45	5.20	6.47	5.91	5.30
	标准差	2.20	1.75	2.06	1.79	1.75	1.95
	最小值	0.00	1.00	0.00	2.00	3.00	0.00
	最大值	9.00	9.00	9.00	10.00	9.00	9.00
	5	1.00	2.00	1.55	3.30	3.00	2.25
	10	2.50	3.00	3.00	4.60	3.00	3.00
	25	4.00	4.00	4.00	5.00	4.00	4.00
百分位	50	6.00	6.00	5.00	6.00	6.00	5.00
	75	8.00	7.00	7.00	8.00	7.00	7.00
	90	9.00	7.00	7.90	9.00	8.00	8.00
	95	9.00	8.00	9.00	9.00	8.00	9.00

表 3-7-39　江苏省各城市肢体残疾人职业兴趣测验常规型数据资料表

城市	年龄(岁)	男					女				
		N	平均数	标准差	最小值	最大值	N	平均数	标准差	最小值	最大值
无锡	15-29	27	5.70	2.18	0.00	9.00	20	6.50	1.73	3.00	9.00
	30-39	37	5.43	1.66	2.00	9.00	23	5.43	1.75	1.00	9.00
	40-59	29	5.72	1.56	3.00	8.00	22	5.59	1.74	1.00	9.00
	小计	93	5.60	1.78	0.00	9.00	65	5.82	1.78	1.00	9.00
苏州	15-29	47	5.45	2.05	1.00	9.00	25	6.56	1.61	2.00	9.00
	30-39	37	5.00	1.83	0.00	8.00	24	6.50	1.64	4.00	9.00
	40-59	21	5.24	1.95	2.00	9.00	22	5.41	2.30	2.00	9.00
	小计	105	5.25	1.95	0.00	9.00	71	6.18	1.91	2.00	9.00

表 3-7-40　江苏省各城市肢体残疾人职业兴趣测验现实型数据资料表

城市	年龄(岁)	男					女				
		N	平均数	标准差	最小值	最大值	N	平均数	标准差	最小值	最大值
无锡	15-29	27	7.19	1.82	3.00	10.00	20	6.15	1.81	3.00	9.00
	30-39	37	7.59	2.01	3.00	11.00	23	6.22	1.91	3.00	10.00
	40-59	29	7.14	1.98	3.00	10.00	22	6.45	1.57	4.00	8.00
	小计	93	7.33	1.94	3.00	11.00	65	6.28	1.75	3.00	10.00
苏州	15-29	47	7.64	2.07	2.00	11.00	25	6.00	2.04	2.00	10.00
	30-39	37	7.57	1.79	1.00	11.00	24	6.04	2.56	1.00	11.00
	40-59	21	7.62	1.53	5.00	10.00	22	6.05	1.70	3.00	9.00
	小计	105	7.61	1.86	1.00	11.00	71	6.03	2.11	1.00	11.00

表 3-7-41　江苏省各城市肢体残疾人职业兴趣测验研究型数据资料表

城市	年龄(岁)	男					女				
		N	平均数	标准差	最小值	最大值	N	平均数	标准差	最小值	最大值
无锡	15-29	27	6.74	1.72	3.00	10.00	20	5.85	2.21	1.00	9.00
	30-39	37	6.51	1.48	3.00	9.00	23	4.91	2.11	1.00	9.00
	40-59	29	5.55	1.94	2.00	10.00	22	5.64	1.59	3.00	9.00
	小计	93	6.28	1.76	2.00	10.00	65	5.45	1.99	1.00	9.00
苏州	15-29	47	7.64	2.07	2.00	11.00	25	6.00	2.04	2.00	10.00
	30-39	37	7.57	1.79	1.00	11.00	24	6.04	2.56	1.00	11.00
	40-59	21	7.62	1.53	5.00	10.00	22	6.05	1.70	3.00	9.00
	小计	105	7.61	1.86	1.00	11.00	71	6.03	2.11	1.00	11.00

表3-7-42 江苏省各城市肢体残疾人职业兴趣测验企业型数据资料表

城市	年龄(岁)	男					女				
		N	平均数	标准差	最小值	最大值	N	平均数	标准差	最小值	最大值
无锡	15-29	27	5.85	1.35	3.00	9.00	20	5.50	2.09	2.00	9.00
	30-39	37	5.57	1.63	3.00	9.00	23	5.30	1.77	1.00	9.00
	40-59	29	5.17	2.12	1.00	10.00	22	5.14	1.58	2.00	8.00
	小计	93	5.53	1.73	1.00	10.00	65	5.31	1.79	1.00	9.00
苏州	15-29	47	5.60	2.09	1.00	10.00	25	5.20	2.06	1.00	8.00
	30-39	37	5.35	2.31	0.00	10.00	24	4.83	1.90	1.00	8.00
	40-59	21	4.81	2.14	1.00	9.00	22	5.09	2.41	0.00	9.00
	小计	105	5.35	2.18	0.00	10.00	71	5.04	2.10	0.00	9.00

表3-7-43 江苏省各城市肢体残疾人职业兴趣测验社会型数据资料表

城市	年龄(岁)	男					女				
		N	平均数	标准差	最小值	最大值	N	平均数	标准差	最小值	最大值
无锡	15-29	27	6.33	1.47	4.00	9.00	20	7.30	1.72	4.00	10.00
	30-39	37	6.43	1.41	2.00	9.00	23	6.48	1.65	2.00	10.00
	40-59	29	6.07	1.85	2.00	10.00	22	6.32	1.32	4.00	9.00
	小计	93	6.29	1.56	2.00	10.00	65	6.68	1.60	2.00	10.00
苏州	15-29	47	6.98	1.85	1.00	10.00	25	7.04	1.74	2.00	10.00
	30-39	37	6.84	1.52	4.00	10.00	24	7.42	1.72	4.00	9.00
	40-59	21	6.95	1.47	4.00	10.00	22	6.64	1.43	3.00	9.00
	小计	105	6.92	1.65	1.00	10.00	71	7.04	1.65	2.00	10.00

表3-7-44 江苏省各城市肢体残疾人职业兴趣测验艺术型数据资料表

城市	年龄(岁)	男					女				
		N	平均数	标准差	最小值	最大值	N	平均数	标准差	最小值	最大值
无锡	15-29	27	5.78	2.14	1.00	9.00	20	6.20	1.88	2.00	10.00
	30-39	37	6.03	1.52	3.00	9.00	23	5.52	1.81	3.00	9.00
	40-59	29	5.31	2.14	0.00	9.00	22	5.23	1.66	2.00	8.00
	小计	93	5.73	1.92	0.00	9.00	65	5.63	1.80	2.00	10.00
苏州	15-29	47	5.96	2.26	0.00	9.00	25	6.68	1.73	3.00	9.00
	30-39	37	4.86	1.80	1.00	8.00	24	6.29	1.65	3.00	8.00
	40-59	21	5.05	1.99	2.00	9.00	22	5.36	2.24	0.00	9.00
	小计	105	5.39	2.10	0.00	9.00	71	6.14	1.93	0.00	9.00

(二)江苏省听力残疾人职业适应性状况

1. 江苏省听力残疾人职业能力状况

表 3-7-45 江苏省听力残疾人职业能力测验言语能力分测验数据资料表

言语能力		男(岁)			女(岁)		
		15-29	30-39	40-49	15-29	30-39	40-49
N		149	25	16	157	30	
平均数		12.40	13.63	12.71	13.39	13.24	11.92
标准差		3.56	4.35	4.75	3.63	4.56	4.81
最小值		0.00	5.33	4.67	0.00	3.33	6.00
最大值		20.00	20.00	20.00	20.00	20.00	17.33
百分位	5	6.33	5.53	4.67	7.27	4.43	6.00
	10	8.00	6.40	6.53	9.20	6.73	6.00
	25	10.00	10.00	8.33	11.33	10.00	6.67
	50	12.67	14.67	11.67	13.33	12.67	12.33
	75	14.67	17.33	17.33	16.00	17.50	16.83
	90	17.33	18.93	19.07	18.00	18.67	
	95	18.33	19.80		18.67	19.63	

(续表1)

言语能力		残疾等级				文化水平			
		一级	二级	三级	四级	小学及以下	初中	高中/中专	大专及以上
N		287	71	19	8	16	147	28	194
平均数		12.69	13.51	14.00	14.92	12.33	13.02	14.19	12.78
标准差		3.83	3.88	3.19	3.25	5.34	4.34	3.43	3.26
最小值		0.00	3.33	6.00	10.00	4.67	0.00	6.00	0.00
最大值		20.00	20.00	18.67	18.67	19.33	20.00	20.00	20.00
百分位	5	6.00	7.33	6.00	10.00	4.67	5.33	7.50	7.83
	10	8.00	8.00	10.00	10.00	5.13	6.67	9.93	8.67
	25	10.00	10.67	12.00	12.33	6.50	10.00	12.17	10.67
	50	12.67	13.33	14.00	14.33	12.67	13.33	13.33	12.67
	75	15.33	16.67	17.33	18.50	17.33	16.67	17.33	15.33
	90	17.33	18.67	17.33		18.87	18.67	18.73	16.67
	95	18.67	19.33				19.07	19.70	18.00

(续表2)

言语能力		交流方式			
		手语	口语	手语&口语	其他
N		273	54	7	51
平均数		12.54	14.67	14.29	13.15
标准差		3.89	3.39	2.82	3.49
最小值		0.00	7.33	11.33	0.00
最大值		20.00	20.00	18.67	20.00
百分位	5	6.00	7.83	11.33	8.40
	10	7.33	10.00	11.33	9.33
	25	10.00	12.00	12.00	11.33
	50	12.67	15.33	13.33	13.33
	75	15.33	17.33	16.67	15.33
	90	17.33	18.67		17.33
	95	18.67	18.83		19.20

表3-7-46 江苏省听力残疾人职业能力测验数理能力分测验数据资料表

数理能力		男(岁)			女(岁)		
		15-29	30-39	40-49	15-29	30-39	40-49
N		149	25	16	157	30	8
平均数		12.35	12.56	9.25	11.86	11.47	8.75
标准差		4.90	5.40	5.79	4.50	4.93	4.77
最小值		0.00	0.00	0.00	0.00	0.00	2.00
最大值		20.00	20.00	20.00	20.00	20.00	18.00
百分位	5	4.00	1.80	0.00	4.00	2.20	2.00
	10	6.00	6.00	1.40	6.00	4.20	2.00
	25	10.00	8.00	4.00	9.00	8.00	6.00
	50	14.00	12.00	8.00	12.00	12.00	8.00
	75	16.00	18.00	13.50	16.00	14.00	11.50
	90	18.00	20.00	18.60	18.00	18.00	
	95	20.00	20.00		20.00	20.00	

(续表1)

数理能力		残疾等级				文化水平			
		一级	二级	三级	四级	小学及以下	初中	高中/中专	大专及以上
N		287	71	19	8	16	147	28	194
平均数		11.63	12.56	12.21	14.50	11.50	12.35	11.64	11.61
标准差		4.84	4.76	5.41	3.66	5.82	5.00	6.14	4.42
最小值		0.00	0.00	0.00	8.00	2.00	0.00	0.00	0.00
最大值		20.00	20.00	20.00	18.00	20.00	20.00	20.00	20.00
百分位	5	4.00	4.00	0.00	8.00	2.00	4.00	0.00	4.00
	10	6.00	6.00	2.00	8.00	3.40	6.00	0.00	6.00
	25	8.00	8.00	8.00	12.00	6.50	8.00	6.50	8.00
	50	12.00	12.00	14.00	15.00	11.00	12.00	14.00	12.00
	75	14.00	16.00	16.00	18.00	17.00	16.00	16.00	14.50
	90	18.00	19.60	18.00		20.00	20.00	18.00	18.00
	95	20.00	20.00				20.00	19.10	18.00

(续表2)

数理能力		交流方式			
		手语	口语	手语&口语	其他
N		273	54	7	51
平均数		11.85	12.19	12.29	11.76
标准差		4.89	5.10	4.54	4.47
最小值		0.00	0.00	8.00	0.00
最大值		20.00	20.00	20.00	20.00
百分位	5	4.00	0.00	8.00	3.20
	10	6.00	5.00	8.00	6.00
	25	8.00	10.00	8.00	8.00
	50	12.00	12.00	10.00	12.00
	75	16.00	16.00	16.00	14.00
	90	18.00	18.00		18.00
	95	20.00	20.00		18.80

表 3-7-47　江苏省听力残疾人职业能力测验空间知觉分测验数据资料表

空间知觉		男(岁)			女(岁)		
		15~29	30~39	40~49	15~29	30~39	40~49
N		149	25	16	157	30	8
平均数		11.11	11.12	9.63	10.48	10.33	6.75
标准差		4.13	5.33	5.71	4.24	3.97	5.55
最小值		0.00	0.00	0.00	4.00	4.00	0.00
最大值		20.00	20.00	20.00	18.00	18.00	18.00
百分位	5	4.00	0.60	0.00	4.00	4.00	0.00
	10	6.00	4.40	2.80	5.60	4.20	0.00
	25	8.00	8.00	6.00	8.00	6.00	2.50
	50	10.00	10.00	8.00	10.00	10.00	6.00
	75	14.00	14.00	15.50	14.00	12.50	9.50
	90	16.00	20.00	18.60	16.00	16.00	
	95	18.00	20.00		18.00	16.90	

(续表1)

空间知觉		残疾等级				文化水平			
		一级	二级	三级	四级	小学及以下	初中	高中/中专	大专及以上
N		287	71	19	8	16	147	28	194
平均数		10.56	10.70	9.89	14.75	12.00	11.06	10.29	10.27
标准差		4.23	4.45	5.10	5.65	5.51	4.48	5.30	4.02
最小值		0.00	0.00	0.00	4.00	2.00	0.00	0.00	0.00
最大值		20.00	20.00	20.00	20.00	20.00	20.00	20.00	20.00
百分位	5	4.00	1.20	0.00	4.00	2.00	4.00	0.00	4.00
	10	6.00	4.40	2.00	4.00	3.40	6.00	0.00	6.00
	25	8.00	8.00	8.00	10.00	7.00	8.00	8.00	8.00
	50	10.00	12.00	8.00	17.00	12.00	10.00	10.00	10.00
	75	14.00	14.00	12.00	18.00	16.00	14.00	14.00	12.00
	90	16.00	16.00	18.00		20.00	18.00	18.00	16.00
	95	18.00	18.00				18.00	19.10	16.50

表 3-7-47 江苏省听力残疾人职业能力测验空间知觉分测验数据资料表(续 2)

空间知觉		交流方式			
		手语	口语	手语&口语	其他
N		273	54	7	51
平均数		10.56	10.41	13.14	10.98
标准差		4.34	5.01	3.24	3.93
最小值		0.00	0.00	8.00	4.00
最大值		20.00	20.00	16.00	20.00
百分位	5	4.00	3.00	8.00	4.00
	10	6.00	4.00	8.00	6.00
	25	8.00	6.00	10.00	8.00
	50	10.00	10.00	14.00	10.00
	75	14.00	14.00	16.00	14.00
	90	16.00	18.00		16.00
	95	18.00	20.00		18.00

表 3-7-48 江苏省听力残疾人职业能力测验符号知觉分测验数据资料表

符号知觉		男(岁)			女(岁)		
		15-29	30-39	40-49	15-29	30-39	40-49
N		149	25	16	157	30	8
平均数		13.74	13.48	12.25	14.74	14.08	10.22
标准差		5.99	7.24	5.84	5.43	5.86	8.24
最小值		0.44	0.22	0.00	1.78	0.00	0.22
最大值		20.00	20.00	19.11	20.00	20.00	18.00
百分位	5	2.89	0.36	0.00	2.89	0.49	0.22
	10	5.56	0.93	3.89	5.20	3.60	0.22
	25	8.22	6.44	6.50	11.11	11.44	1.50
	50	17.11	17.11	13.78	17.11	15.89	12.44
	75	18.89	19.22	17.17	18.89	18.94	17.72
	90	19.56	19.78	18.80	19.56	19.56	
	95	19.78	19.93		19.78	20.00	

(续表1)

符号知觉		残疾等级				文化水平			
		一级	二级	三级	四级	小学及以下	初中	高中/中专	大专及以上
N		287	71	19	8	16	147	28	194
平均数		13.82	14.67	13.72	16.53	11.44	14.65	14.24	13.74
标准差		5.91	5.92	6.30	4.90	7.43	5.77	5.01	5.97
最小值		0.00	0.89	0.22	5.56	0.00	0.00	3.33	0.44
最大值		20.00	20.00	20.00	19.56	20.00	20.00	19.56	20.00
百分位	5	2.67	2.44	0.22	5.56	0.00	2.27	3.83	2.89
	10	3.96	5.82	1.11	5.56	0.16	4.40	5.04	4.44
	25	8.89	8.44	7.78	14.33	2.89	11.11	12.06	8.22
	50	16.67	18.00	16.22	18.78	13.33	17.33	15.89	16.67
	75	18.89	19.33	18.67	19.39	17.67	18.89	18.33	18.94
	90	19.56	19.78	18.89		19.69	19.78	19.13	19.56
	95	19.78	20.00				19.78	19.46	19.78

(续表2)

符号知觉		交流方式			
		手语	口语	手语&口语	其他
N		273	54	7	51
平均数		13.75	15.00	13.65	14.51
标准差		6.02	5.14	7.35	5.91
最小值		0.00	1.11	0.00	1.11
最大值		20.00	20.00	18.67	20.00
百分位	5	2.60	3.33	0.00	2.44
	10	4.18	6.78	0.00	3.87
	25	8.44	12.50	6.89	8.67
	50	16.67	17.33	18.00	17.33
	75	18.89	18.94	18.44	19.11
	90	19.56	19.56		19.51
	95	19.78	20.00		19.78

表 3-7-49　江苏省听力残疾人职业能力测验形状知觉分测验数据资料表

形状知觉		男(岁)			女(岁)		
		15-29	30-39	40-49	15-29	30-39	40-49
N		149	25	16	157	30	8
平均数		14.21	14.48	11.50	14.43	14.07	10.50
标准差		3.01	3.84	4.35	3.19	3.58	3.66
最小值		6.00	4.00	4.00	2.00	6.00	6.00
最大值		20.00	20.00	18.00	20.00	20.00	16.00
百分位	5	9.00	5.20	4.00	8.00	6.00	6.00
	10	10.00	8.00	5.40	10.00	8.20	6.00
	25	12.00	13.00	8.00	12.00	12.00	6.50
	50	14.00	16.00	12.00	14.00	14.00	11.00
	75	16.00	17.00	15.50	16.00	16.50	13.50
	90	18.00	18.80	18.00	18.00	18.00	
	95	18.00	20.00		20.00	18.90	

(续表1)

形状知觉		残疾等级				文化水平			
		一级	二级	三级	四级	小学及以下	初中	高中/中专	大专及以上
N		287	71	19	8	16	147	28	194
平均数		14.32	13.55	13.37	13.75	13.13	13.73	13.71	14.56
标准差		3.14	3.64	4.52	3.77	4.50	3.72	2.97	2.90
最小值		6.00	2.00	4.00	8.00	6.00	2.00	6.00	6.00
最大值		20.00	20.00	20.00	18.00	20.00	20.00	18.00	20.00
百分位	5	8.00	7.20	4.00	8.00	6.00	6.00	6.90	10.00
	10	10.00	10.00	6.00	8.00	6.00	8.00	9.80	10.00
	25	12.00	12.00	10.00	10.00	8.50	12.00	12.00	12.00
	50	14.00	14.00	14.00	16.00	14.00	14.00	14.00	14.00
	75	16.00	16.00	18.00	16.00	17.50	16.00	16.00	16.00
	90	18.00	18.00	18.00		18.60	18.00	18.00	18.00
	95	18.00	18.80				19.20	18.00	18.00

(续表2)

形状知觉		交流方式			
		手语	口语	手语 & 口语	其他
N		273	54	7	51
平均数		14.01	14.22	13.43	14.71
标准差		3.22	3.88	4.28	3.20
最小值		2.00	4.00	8.00	6.00
最大值		20.00	20.00	20.00	20.00
百分位	5	8.00	5.50	8.00	8.00
	10	10.00	10.00	8.00	10.00
	25	12.00	12.00	10.00	12.00
	50	14.00	15.00	12.00	16.00
	75	16.00	16.00	18.00	18.00
	90	18.00	19.00		18.00
	95	18.00	20.00		18.00

表3-7-50 江苏省听力残疾人职业能力文档测验总分数据资料表

职业能力文档测验		男(岁)			女(岁)		
		15-29	30-39	40-49	15-29	30-39	40-49
N		149	25	16	157	30	8
平均数		63.83	65.26	55.33	64.91	63.19	48.14
标准差		15.54	22.03	18.38	14.82	17.12	23.23
最小值		29.33	21.11	35.78	25.56	28.22	22.22
最大值		96.00	96.00	91.78	93.33	92.67	80.67
百分位	5	37.89	21.84	35.78	36.56	29.20	22.22
	10	41.11	31.02	35.93	44.93	42.27	22.22
	25	52.89	49.89	38.33	54.78	51.11	26.83
	50	63.78	67.78	51.78	66.22	64.00	46.44
	75	75.67	83.56	65.44	75.11	77.17	70.28
	90	83.33	95.51	87.27	84.62	87.36	
	95	90.22	95.93		88.27	90.96	

(续表1)

职业能力文档测验		残疾等级				文化水平			
		一级	二级	三级	四级	小学及以下	初中	高中/中专	大专及以上
N		287	71	19	8	16	147	28	194
平均数		63.02	65.00	63.19	74.44	60.40	64.81	64.07	62.95
标准差		15.84	16.79	20.85	16.33	22.79	18.34	16.20	14.02
最小值		23.56	28.22	21.11	45.11	22.22	21.11	33.33	32.89
最大值		96.00	96.00	95.78	89.56	95.33	96.00	90.22	90.67
百分位	5	36.00	34.62	21.11	45.11	22.22	29.60	33.43	40.11
	10	40.93	40.53	22.22	45.11	26.42	37.42	40.36	42.44
	25	51.56	52.89	52.00	59.06	40.33	53.56	49.83	51.78
	50	63.11	67.11	67.33	80.44	58.22	66.22	67.33	63.78
	75	74.00	77.11	79.33	85.50	79.83	78.44	76.72	73.83
	90	83.60	87.20	84.89		92.84	90.00	84.13	81.22
	95	89.82	90.62				93.11	88.02	86.17

(续表2)

职业能力文档测验		交流方式			
		手语	口语	手语&口语	其他
N		273	54	7	51
平均数		62.71	66.48	66.79	65.12
标准差		16.60	16.86	17.17	13.97
最小值		22.22	21.11	49.33	36.44
最大值		96.00	96.00	92.67	93.11
百分位	5	34.18	36.44	49.33	40.58
	10	39.87	42.56	49.33	45.64
	25	51.22	56.89	51.11	53.56
	50	63.11	65.78	59.78	64.67
	75	74.89	79.50	82.67	76.22
	90	84.71	88.11		81.78
	95	89.24	93.94		90.00

表 3-7-51　江苏省听力残疾人职业能力测验手眼协调能力分测验数据资料表

手眼协调		男(岁)			女(岁)		
		15-29	30-39	40-49	15-29	30-39	40-49
N		149	25	16	157	30	8
平均数		15.55	15.89	12.67	15.27	10.98	14.83
标准差		7.48	6.42	7.61	7.39	8.85	7.66
最小值		0.00	0.00	0.00	0.00	0.00	0.00
最大值		20.00	20.00	20.00	20.00	20.00	20.00
百分位	5	0.00	0.00	0.00	0.00	0.00	0.00
	10	0.00	1.60	0.00	0.00	0.00	0.00
	25	15.33	14.67	5.00	13.33	1.00	8.33
	50	20.00	18.67	16.00	20.00	14.00	19.33
	75	20.00	20.00	20.00	20.00	20.00	20.00
	90	20.00	20.00	20.00	20.00	20.00	
	95	20.00	20.00		20.00	20.00	

(续表1)

手眼协调		残疾等级				文化水平			
		一级	二级	三级	四级	小学及以下	初中	高中/中专	大专及以上
N		287	71	19	8	16	147	28	194
平均数		15.21	13.86	14.11	18.33	15.67	14.57	15.76	15.10
标准差		7.39	8.27	8.69	1.85	6.07	7.44	6.71	7.91
最小值		0.00	0.00	0.00	16.00	4.00	0.00	0.00	0.00
最大值		20.00	20.00	20.00	20.00	20.00	20.00	20.00	20.00
百分位	5	0.00	0.00	0.00	16.00	4.00	0.00	0.00	0.00
	10	0.00	0.00	0.00	16.00	4.00	0.00	1.20	0.00
	25	13.33	4.00	2.67	16.33	15.00	10.67	16.00	13.00
	50	20.00	20.00	20.00	18.67	18.00	18.67	18.67	20.00
	75	20.00	20.00	20.00	20.00	20.00	20.00	20.00	20.00
	90	20.00	20.00	20.00		20.00	20.00	20.00	20.00
	95	20.00	20.00				20.00	20.00	20.00

(续表2)

手眼协调		交流方式			
		手语	口语	手语&口语	其他
N		273	54	7	51
平均数		14.81	15.26	17.33	15.19
标准差		7.63	7.51	3.85	7.77
最小值		0.00	0.00	9.33	0.00
最大值		20.00	20.00	20.00	20.00
百分位	5	0.00	0.00	9.33	0.00
	10	0.00	0.00	9.33	0.00
	25	10.67	12.67	16.00	12.00
	50	20.00	20.00	18.67	20.00
	75	20.00	20.00	20.00	20.00
	90	20.00	20.00		20.00
	95	20.00	20.00		20.00

表3-7-52 江苏省听力残疾人职业能力测验总分数据资料表

职业能力		男(岁)			女(岁)		
		15-29	30-39	40-49	15-29	30-39	40-49
N		149	25	16	157	30	8
平均数		79.38	81.16	68.00	80.18	74.17	62.97
标准差		19.60	24.01	22.74	18.69	22.27	27.74
最小值		29.33	21.11	40.00	26.89	30.00	26.67
最大值		116.00	116.00	111.78	110.67	112.67	100.67
百分位	5	42.22	27.84	40.00	43.76	31.22	26.67
	10	53.33	51.02	41.24	52.62	43.56	26.67
	25	65.22	65.44	46.67	67.22	60.61	36.06
	50	81.11	80.44	67.11	84.22	70.89	63.11
	75	94.67	98.67	81.50	93.89	91.61	89.28
	90	102.89	114.80	105.87	102.13	107.36	
	95	109.22	115.80		106.76	110.96	

(续表1)

职业能力		残疾等级				文化水平			
		一级	二级	三级	四级	小学及以下	初中	高中/中专	大专及以上
N		287	71	19	8	16	147	28	194
平均数		78.23	78.86	77.30	92.78	76.07	79.38	79.83	78.05
标准差		19.53	21.61	25.94	17.18	24.89	22.74	20.10	17.88
最小值		26.67	32.22	21.11	62.44	32.22	21.11	33.33	36.67
最大值		116.00	116.00	114.44	109.56	115.33	116.00	104.00	110.67
百分位	5	41.42	41.24	21.11	62.44	32.22	34.89	36.83	44.72
	10	53.69	43.78	42.22	62.44	39.22	43.96	44.31	53.67
	25	65.11	64.67	53.56	76.06	55.83	64.44	66.00	64.56
	50	80.00	82.44	87.33	99.11	74.89	81.33	86.00	80.33
	75	92.44	96.00	99.33	103.72	98.44	97.33	96.39	91.89
	90	102.71	104.40	104.89		112.84	108.67	102.07	100.11
	95	108.36	110.18				112.80	103.40	103.83

(续表2)

职业能力		交流方式			
		手语	口语	手语&口语	其他
N		273	54	7	51
平均数		77.52	81.74	84.13	80.31
标准差		20.70	21.41	19.44	16.37
最小值		26.67	21.11	60.44	50.44
最大值		116.00	116.00	112.67	111.78
百分位	5	40.38	40.33	60.44	52.98
	10	45.64	49.11	60.44	56.62
	25	62.56	67.17	65.33	64.89
	50	80.00	84.67	78.44	82.67
	75	92.89	99.50	100.00	93.56
	90	103.02	105.78		101.73
	95	108.29	111.61		105.47

表 3-7-53 江苏省各城市听力残疾人职业能力测验言语能力分测验数据资料表

城市	年龄(岁)	男					女				
		N	平均数	标准差	最小值	最大值	N	平均数	标准差	最小值	最大值
南京	15-29	91	11.85	3.11	0.00	20.00	83	12.85	3.04	4.67	20.00
	30-39						1	16.67		16.67	16.67
	小计	91	11.85	3.11	0.00	20.00	84	12.90	3.05	4.67	20.00
无锡	15-29	32	12.75	3.39	6.00	18.67	41	13.25	4.50	0.00	19.33
	30-39	8	10.92	5.22	5.33	20.00	6	13.56	4.78	5.33	19.33
	40-49	4	10.83	6.02	4.67	18.67	3	10.22	4.34	6.00	14.67
	小计	44	12.24	3.99	4.67	20.00	50	13.11	4.49	0.00	19.33
苏州	15-29	26	13.90	4.74	0.00	19.33	33	14.93	3.45	7.33	20.00
	30-39	17	14.90	3.32	9.33	19.33	23	13.01	4.64	3.33	20.00
	40-49	12	13.33	4.39	7.33	20.00	5	12.93	5.26	6.00	17.33
	小计	55	14.08	4.24	0.00	20.00	61	14.04	4.13	3.33	20.00

表 3-7-54 江苏省各城市听力残疾人职业能力测验数理能力分测验数据资料表

城市	年龄(岁)	男					女				
		N	平均数	标准差	最小值	最大值	N	平均数	标准差	最小值	最大值
南京	15-29	91	11.87	4.37	0.00	20.00	83	10.60	4.07	2.00	20.00
	30-39						1	14.00		14.00	14.00
	小计	91	11.87	4.37	0.00	20.00	84	10.64	4.06	2.00	20.00
无锡	15-29	32	13.37	5.43	2.00	20.00	41	13.17	3.87	6.00	20.00
	30-39	8	10.75	4.77	6.00	20.00	6	11.00	3.52	6.00	14.00
	40-49	4	13.00	8.08	2.00	20.00	3	5.33	3.06	2.00	8.00
	小计	43	13.16	5.22	2.00	20.00	50	12.44	4.20	2.00	20.00
苏州	15-29	26	12.77	5.85	0.00	20.00	33	13.39	5.35	0.00	20.00
	30-39	17	13.41	5.60	0.00	20.00	23	11.48	5.37	0.00	20.00
	40-49	12	8.00	4.59	0.00	16.00	5	10.80	4.60	6.00	18.00
	小计	55	11.93	5.82	0.00	20.00	61	12.46	5.32	0.00	20.00

表 3-7-55 江苏省各城市听力残疾人职业能力测验空间知觉分测验数据资料表

城市	年龄(岁)	男					女				
		N	平均数	标准差	最小值	最大值	N	平均数	标准差	最小值	最大值
南京	15-29	91	10.53	3.89	0.00	20.00	83	9.35	4.05	0.00	18.00
	30-39						1	14.00		14.00	14.00
	小计	91	10.53	3.89	0.00	20.00	84	9.40	4.06	0.00	18.00

(续表)

城市	年龄(岁)	男					女				
		N	平均数	标准差	最小值	最大值	N	平均数	标准差	最小值	最大值
无锡	15-29	32	11.19	4.18	2.00	20.00	41	11.61	3.67	0.00	16.00
	30-39	8	9.75	4.20	2.00	16.00	6	10.00	4.00	6.00	16.00
	40-49	4	13.00	6.83	4.00	20.00	3	4.00	5.29	0.00	10.00
	小计	44	11.09	4.41	2.00	20.00	50	10.96	4.15	0.00	16.00
苏州	15-29	26	13.08	4.43	6.00	20.00	33	11.94	4.65	0.00	18.00
	30-39	17	11.76	5.78	0.00	20.00	23	10.26	4.06	4.00	18.00
	40-49	12	8.50	5.13	0.00	18.00	5	8.40	5.55	4.00	18.00
	小计	55	11.67	5.25	0.00	20.00	61	11.02	4.57	0.00	18.00

表3-7-56　江苏省各城市听力残疾人职业能力测验符号知觉分测验数据资料表

城市	年龄(岁)	男					女				
		N	平均数	标准差	最小值	最大值	N	平均数	标准差	最小值	最大值
南京	15-29	91	12.76	6.12	0.44	19.78	83	13.89	5.87	1.78	20.00
	30-39						1	19.33		19.33	19.33
	小计	91	12.76	6.12	0.44	19.78	84	13.96	5.87	1.78	20.00
无锡	15-29	32	15.19	5.16	2.00	20.00	41	15.38	4.72	2.89	19.78
	30-39	8	8.36	7.91	0.22	19.11	6	14.41	6.85	0.89	19.11
	40-49	4	12.61	5.11	5.56	17.33	3	8.52	8.82	0.22	17.78
	小计	44	13.72	6.19	0.22	20.00	50	14.85	5.37	0.22	19.78
苏州	15-29	26	15.42	5.96	1.78	20.00	33	16.09	4.82	3.33	20.00
	30-39	17	15.88	5.65	1.11	20.00	23	13.77	5.76	0.00	20.00
	40-49	12	12.13	6.27	0.00	19.11	5	11.24	8.75	1.33	18.00
	小计	55	14.84	6.00	0.00	20.00	61	14.82	5.66	0.00	20.00

表3-7-57　江苏省各城市听力残疾人职业能力测验形状知觉分测验数据资料表

城市	年龄(岁)	男					女				
		N	平均数	标准差	最小值	最大值	N	平均数	标准差	最小值	最大值
南京	15-29	91	14.13	3.04	6.00	20.00	83	14.31	3.13	6.00	20.00
	30-39						1	14.00		14.00	14.00
	小计	91	14.13	3.04	6.00	20.00	84	14.31	3.11	6.00	20.00
无锡	15-29	32	14.38	2.98	8.00	18.00	41	14.34	2.82	6.00	20.00
	30-39	8	12.75	3.85	8.00	18.00	6	11.67	4.80	6.00	18.00
	40-49	4	10.50	5.26	6.00	18.00	3	11.33	3.06	8.00	14.00
	小计	44	13.73	3.49	6.00	18.00	50	13.84	3.23	6.00	20.00

（续表）

城市	年龄(岁)	男					女				
		N	平均数	标准差	最小值	最大值	N	平均数	标准差	最小值	最大值
苏州	15-29	26	14.31	3.08	8.00	20.00	33	14.85	3.78	2.00	20.00
	30-39	17	15.29	3.67	4.00	20.00	23	14.70	3.11	8.00	20.00
	40-49	12	11.83	4.22	4.00	18.00	5	10.00	4.24	6.00	16.00
	小计	55	14.07	3.69	4.00	20.00	61	14.39	3.76	2.00	20.00

表3-7-58　江苏省各城市听力残疾人职业能力文档测验数据资料表

城市	年龄(岁)	男					女				
		N	平均数	标准差	最小值	最大值	N	平均数	标准差	最小值	最大值
南京	15-29	91	61.14	13.76	34.44	88.22	83	61.01	13.97	25.56	89.56
	30-39						1	78.00		78.00	78.00
	小计	91	61.14	13.76	34.44	88.22	84	61.21	14.01	25.56	89.56
无锡	15-29	32	66.88	15.27	34.89	94.89	41	67.76	11.85	35.56	86.67
	30-39	8	52.53	21.92	23.56	93.11	6	60.63	18.19	28.22	77.33
	40-49	4	59.94	22.90	37.33	91.78	3	39.41	20.74	22.22	62.44
	小计	43	64.14	17.64	23.56	94.89	50	65.20	14.65	22.22	86.67
苏州	15-29	26	69.47	19.70	29.33	96.00	33	71.20	17.44	32.22	93.33
	30-39	17	71.25	19.97	21.11	96.00	23	63.22	17.31	30.00	92.67
	40-49	12	53.80	17.52	35.78	85.33	5	53.38	25.26	26.67	80.67
	小计	55	66.60	20.19	21.11	96.00	61	66.73	18.58	26.67	93.33

表3-7-59　江苏省各城市听力残疾人职业能力测验手眼协调能力分测验数据资料表

城市	年龄(岁)	男					女				
		N	平均数	标准差	最小值	最大值	N	平均数	标准差	最小值	最大值
南京	15-29	91	15.53	7.78	0.00	20.00	83	14.83	7.92	0.00	20.00
	30-39						1	4.00		4.00	4.00
	小计	91	15.53	7.78	0.00	20.00	84	14.70	7.97	0.00	20.00
无锡	15-29	32	15.38	6.38	0.00	20.00	41	17.04	5.13	0.00	20.00
	30-39	8	18.33	1.85	14.67	20.00	6	7.33	8.55	0.00	20.00
	40-49	4	17.00	2.28	14.67	20.00	3	20.00	0.00	20.00	20.00
	小计	44	16.06	5.63	0.00	20.00	50	16.05	6.32	0.00	20.00
苏州	15-29	26	15.85	7.94	0.00	20.00	33	14.18	8.16	0.00	20.00
	30-39	17	14.75	7.48	0.00	20.00	23	12.23	8.90	0.00	20.00
	40-49	12	11.22	8.27	0.00	20.00	5	11.73	8.40	0.00	20.00
	小计	55	14.50	7.93	0.00	20.00	61	13.25	8.38	0.00	20.00

表 3-7-60 江苏省各城市听力残疾人职业能力测验总分数据资料表

城市	年龄(岁)	男					女				
		N	平均数	标准差	最小值	最大值	N	平均数	标准差	最小值	最大值
南京	15-29	91	61.14	13.76	34.44	88.22	83	61.01	13.97	25.56	89.56
	30-39						1	78.00		78.00	78.00
	小计	91	61.14	13.76	34.44	88.22	84	61.21	14.01	25.56	89.56
无锡	15-29	32	82.26	20.17	34.89	114.89	41	84.80	15.24	43.78	106.67
	30-39	8	70.86	21.56	43.56	111.78	6	67.96	21.98	32.22	91.78
	40-49	4	76.94	24.43	54.67	111.78	3	59.41	20.74	42.22	82.44
	小计	43	80.52	20.27	34.89	114.89	50	81.25	17.83	32.22	106.67
苏州	15-29	26	85.32	23.38	29.33	116.00	33	85.38	22.75	33.33	110.67
	30-39	17	86.00	24.16	21.11	116.00	23	75.45	23.00	30.00	112.67
	40-49	12	65.02	22.44	40.00	103.33	5	65.11	33.42	26.67	100.67
	小计	55	81.10	24.54	21.11	116.00	61	79.97	24.22	26.67	112.67

2. 江苏省听力残疾人职业人格状况

表 3-7-61 江苏省听力残疾人职业人格测验坚持性维度数据资料表

坚持性		男(岁)			女(岁)		
		15-29	30-39	40-49	15-29	30-39	40-49
N		148	25	15	156	29	7
平均数		8.04	7.92	7.47	8.39	8.28	8.29
标准差		2.27	2.90	3.00	2.15	2.62	2.98
最小值		1.00	3.00	3.00	2.00	2.00	5.00
最大值		12.00	12.00	11.00	12.00	12.00	12.00
百分位	5	4.00	3.30	3.00	5.00	2.50	5.00
	10	5.00	4.00	3.00	5.00	3.00	5.00
	25	6.25	5.00	5.00	7.00	7.00	5.00
	50	8.00	8.00	7.00	9.00	9.00	7.00
	75	10.00	10.50	11.00	10.00	10.50	11.00
	90	11.00	12.00	11.00	11.00	11.00	
	95	11.00	12.00		12.00	12.00	

表 3-7-62 江苏省听力残疾人职业人格测验严谨性维度数据资料表

严谨性	男(岁)			女(岁)		
	15-29	30-39	40-49	15-29	30-39	40-49
N	148	25	15	156	29	7
平均数	8.31	8.76	8.80	8.40	8.83	8.29

(续表)

严谨性		男（岁）			女（岁）		
		15-29	30-39	40-49	15-29	30-39	40-49
标准差		1.88	1.79	1.70	1.92	1.69	1.89
最小值		2.00	4.00	5.00	2.00	5.00	6.00
最大值		11.00	11.00	11.00	12.00	12.00	11.00
百分位	5	5.00	4.60	5.00	5.00	5.50	6.00
	10	6.00	6.00	6.20	6.00	7.00	6.00
	25	7.00	8.00	8.00	7.00	7.50	6.00
	50	8.50	9.00	9.00	9.00	9.00	8.00
	75	10.00	10.00	10.00	10.00	10.00	10.00
	90	11.00	11.00	11.00	11.00	11.00	
	95	11.00	11.00		11.00	11.50	

表3-7-63　江苏省听力残疾人职业人格测验情绪稳定性维度数据资料表

情绪稳定性		男（岁）			女（岁）		
		15-29	30-39	40-49	15-29	30-39	40-49
N		148	25	15	156	29	7
平均数		5.55	6.16	5.27	5.90	6.07	4.43
标准差		2.28	2.59	2.40	2.36	2.30	2.15
最小值		0.00	3.00	1.00	1.00	2.00	3.00
最大值		11.00	11.00	11.00	11.00	10.00	9.00
百分位	5	2.00	3.00	1.00	2.00	2.00	3.00
	10	3.00	3.00	2.20	3.00	3.00	3.00
	25	4.00	4.00	4.00	4.00	4.00	3.00
	50	5.00	5.00	5.00	5.00	6.00	4.00
	75	7.00	9.00	7.00	8.00	8.00	5.00
	90	9.00	10.00	9.20	9.00	9.00	
	95	9.00	10.70		10.00	10.00	

表3-7-64　江苏省听力残疾人职业人格测验自信心维度数据资料表

自信心	男（岁）			女（岁）		
	15-29	30-39	40-49	15-29	30-39	40-49
N	148	25	15	156	29	7
平均数	8.41	9.20	9.20	8.04	8.59	8.00
标准差	2.15	2.29	2.21	2.33	2.18	2.00
最小值	2.00	4.00	5.00	3.00	5.00	5.00
最大值	13.00	13.00	12.00	13.00	12.00	10.00

(续表)

自信心		男(岁)			女(岁)		
		15-29	30-39	40-49	15-29	30-39	40-49
百分位	5	5.00	4.30	5.00	4.00	5.00	5.00
	10	6.00	5.60	5.60	5.00	6.00	5.00
	25	7.00	8.00	7.00	6.00	7.00	6.00
	50	8.00	10.00	10.00	8.00	9.00	9.00
	75	10.00	11.00	11.00	10.00	10.50	10.00
	90	12.00	12.00	12.00	11.00	11.00	
	95	12.00	12.70		12.00	12.00	

表 3-7-65 江苏省听力残疾人职业人格测验责任心维度数据资料表

责任心		男(岁)			女(岁)		
		15-29	30-39	40-49	15-29	30-39	40-49
	N	148	25	15	156	29	7
	平均数	8.99	8.72	8.73	9.47	9.34	8.43
	标准差	1.88	2.34	1.83	1.52	1.42	1.62
	最小值	2.00	3.00	6.00	4.00	6.00	6.00
	最大值	11.00	11.00	11.00	11.00	11.00	10.00
百分位	5	5.00	3.30	6.00	6.00	6.50	6.00
	10	6.00	4.60	6.00	7.00	7.00	6.00
	25	8.00	7.50	8.00	9.00	8.00	7.00
	50	10.00	9.00	8.00	10.00	10.00	8.00
	75	10.00	11.00	10.00	11.00	10.00	10.00
	90	11.00	11.00	11.00	11.00	11.00	
	95	11.00	11.00		11.00	11.00	

表 3-7-66 江苏省听力残疾人职业人格测验交际能力维度数据资料表

交际能力		男(岁)			女(岁)		
		15-29	30-39	40-49	15-29	30-39	40-49
	N	148	25	15	156	29	7
	平均数	7.88	7.28	7.53	7.75	8.03	8.57
	标准差	1.97	2.17	2.23	1.91	1.99	1.90
	最小值	3.00	3.00	4.00	2.00	4.00	5.00
	最大值	11.00	10.00	10.00	11.00	11.00	11.00

(续表)

交际能力		男(岁)			女(岁)		
		15-29	30-39	40-49	15-29	30-39	40-49
百分位	5	4.00	3.00	4.00	4.00	4.50	5.00
	10	5.00	3.60	4.00	5.00	5.00	5.00
	25	7.00	6.00	5.00	7.00	6.00	8.00
	50	8.00	7.00	8.00	8.00	8.00	9.00
	75	9.75	9.00	9.00	9.00	10.00	10.00
	90	10.00	10.00	10.00	10.00	10.00	
	95	11.00	10.00			10.00	11.00

表3-7-67 江苏省听力残疾人职业人格测验管理能力维度数据资料表

管理能力		男(岁)			女(岁)		
		15-29	30-39	40-49	15-29	30-39	40-49
	N	148	25	15	156	29	7
	平均数	8.34	8.36	8.13	7.91	8.17	8.29
	标准差	1.84	1.75	1.85	1.79	1.85	1.98
	最小值	3.00	3.00	4.00	3.00	4.00	5.00
	最大值	12.00	11.00	10.00	11.00	11.00	11.00
百分位	5	5.00	3.90	4.00	5.00	4.50	5.00
	10	6.00	6.00	4.60	5.70	6.00	5.00
	25	7.00	7.00	8.00	7.00	7.00	7.00
	50	8.00	9.00	8.00	8.00	8.00	8.00
	75	10.00	10.00	10.00	9.00	10.00	10.00
	90	10.00	10.00	10.00	10.00	10.00	
	95	11.00	10.70		11.00	11.00	

表3-7-68 江苏省听力残疾人职业人格测验抗挫折能力维度数据资料表

抗挫折能力	男(岁)			女(岁)		
	15-29	30-39	40-49	15-29	30-39	40-49
N	148	25	15	156	29	7
平均数	7.24	7.96	6.73	8.10	7.66	7.00
标准差	2.13	2.47	2.71	2.37	2.33	2.52
最小值	3.00	3.00	2.00	1.00	3.00	3.00
最大值	12.00	12.00	11.00	12.00	12.00	11.00

(续表)

抗挫折能力		男(岁)			女(岁)		
		15-29	30-39	40-49	15-29	30-39	40-49
百分位	5	3.00	3.30	2.00	3.00	3.00	3.00
	10	4.00	4.60	2.60	5.00	4.00	3.00
	25	6.00	6.00	4.00	7.00	6.00	5.00
	50	7.00	8.00	6.00	8.00	8.00	7.00
	75	9.00	10.00	9.00	10.00	9.00	8.00
	90	10.00	11.00	10.40	11.00	10.00	
	95	11.00	11.70		12.00	11.50	

表 3-7-69 江苏省各城市听力残疾人职业人格测验坚持性维度数据资料表

城市	年龄(岁)	男					女				
		N	平均数	标准差	最小值	最大值	N	平均数	标准差	最小值	最大值
南京	15-29	91	8.15	2.13	1.00	12.00	82	8.63	2.08	3.00	12.00
	30-39						1	9.00	.	9.00	9.00
	小计	91	8.15	2.13	1.00	12.00	83	8.64	2.06	3.00	12.00
无锡	15-29	32	8.47	2.55	4.00	12.00	41	7.95	2.00	2.00	12.00
	30-39	8	7.38	3.11	3.00	12.00	6	6.50	2.43	2.00	9.00
	40-49	4	6.25	3.40	3.00	11.00	3	7.67	3.06	5.00	11.00
	小计	44	8.07	2.76	3.00	12.00	50	7.76	2.11	2.00	12.00
苏州	15-29	25	7.08	2.18	2.00	11.00	33	8.33	2.47	2.00	12.00
	30-39	17	8.18	2.86	4.00	12.00	22	8.73	2.57	3.00	12.00
	40-49	11	7.91	2.88	3.00	11.00	4	8.75	3.30	5.00	12.00
	小计	53	7.60	2.56	2.00	12.00	59	8.51	2.52	2.00	12.00

表 3-7-70 江苏省各城市听力残疾人职业人格测验严谨性维度数据资料表

城市	年龄(岁)	男					女				
		N	平均数	标准差	最小值	最大值	N	平均数	标准差	最小值	最大值
南京	15-29	91	8.49	1.66	2.00	11.00	82	8.45	1.84	2.00	12.00
	30-39						1	10.00	.	10.00	10.00
	小计	91	8.49	1.66	2.00	11.00	83	8.47	1.84	2.00	12.00
无锡	15-29	32	8.31	2.16	3.00	11.00	41	8.22	1.85	4.00	11.00
	30-39	8	8.25	2.05	4.00	11.00	6	8.33	1.21	7.00	10.00
	40-49	4	8.25	1.89	7.00	11.00	3	7.00	1.73	6.00	9.00
	小计	44	8.30	2.08	3.00	11.00	50	8.16	1.78	4.00	11.00

(续表)

城市	年龄(岁)	男					女				
		N	平均数	标准差	最小值	最大值	N	平均数	标准差	最小值	最大值
苏州	15-29	25	7.64	2.14	4.00	11.00	33	8.52	2.22	3.00	11.00
	30-39	17	9.00	1.66	6.00	11.00	22	8.91	1.82	5.00	12.00
	40-49	11	9.00	1.67	5.00	11.00	4	9.25	1.50	8.00	11.00
	小计	53	8.36	1.99	4.00	11.00	59	8.71	2.03	3.00	12.00

表3-7-71 江苏省各城市听力残疾人职业人格测验情绪稳定性维度数据资料表

城市	年龄(岁)	男					女				
		N	平均数	标准差	最小值	最大值	N	平均数	标准差	最小值	最大值
南京	15-29	91	5.48	2.12	1.00	10.00	82	5.60	2.30	1.00	11.00
	30-39						1	8.00	.	8.00	8.00
	小计	91	5.48	2.12	1.00	10.00	83	5.63	2.30	1.00	11.00
无锡	15-29	32	6.19	2.46	0.00	11.00	41	5.68	2.21	2.00	10.00
	30-39	8	7.25	2.49	3.00	10.00	6	4.83	1.47	3.00	7.00
	40-49	4	4.75	1.71	3.00	7.00	3	5.00	3.46	3.00	9.00
	小计	44	6.25	2.44	0.00	11.00	50	5.54	2.19	2.00	10.00
苏州	15-29	25	4.96	2.52	2.00	9.00	33	6.94	2.47	2.00	11.00
	30-39	17	5.65	2.55	3.00	11.00	22	6.32	2.42	2.00	10.00
	40-49	11	5.45	2.66	1.00	11.00	4	4.00	0.82	3.00	5.00
	小计	53	5.28	2.53	1.00	11.00	59	6.51	2.47	2.00	11.00

表3-7-72 江苏省各城市听力残疾人职业人格测验自信心维度数据资料表

城市	年龄(岁)	男					女				
		N	平均数	标准差	最小值	最大值	N	平均数	标准差	最小值	最大值
南京	15-29	91	8.42	2.12	2.00	13.00	82	7.96	2.27	3.00	12.00
	30-39						1	7.00	.	7.00	7.00
	小计	91	8.42	2.12	2.00	13.00	83	7.95	2.26	3.00	12.00
无锡	15-29	32	8.41	1.98	5.00	13.00	41	7.29	2.05	3.00	12.00
	30-39	8	8.38	2.92	4.00	12.00	6	7.33	1.51	6.00	10.00
	40-49	4	7.75	3.10	5.00	12.00	3	8.33	1.15	7.00	9.00
	小计	44	8.34	2.22	4.00	13.00	50	7.36	1.95	3.00	12.00
苏州	15-29	25	8.40	2.52	3.00	13.00	33	9.18	2.43	3.00	13.00
	30-39	17	9.59	1.91	6.00	13.00	22	9.00	2.25	5.00	12.00
	40-49	11	9.73	1.68	7.00	12.00	4	7.75	2.63	5.00	10.00
	小计	53	9.06	2.23	3.00	13.00	59	9.02	2.36	3.00	13.00

表 3-7-73 江苏省各城市听力残疾人职业能力测验责任心维度数据资料表

城市	年龄(岁)	男					女				
		N	平均数	标准差	最小值	最大值	N	平均数	标准差	最小值	最大值
南京	15-29	91	9.18	1.80	3.00	11.00	82	9.62	1.49	5.00	11.00
	30-39						1	11.00	.	11.00	11.00
	小计	91	9.18	1.80	3.00	11.00	83	9.64	1.49	5.00	11.00
无锡	15-29	32	8.69	1.99	4.00	11.00	41	9.34	1.26	6.00	11.00
	30-39	8	7.88	2.80	3.00	11.00	6	8.33	1.63	6.00	11.00
	40-49	4	8.25	2.63	6.00	11.00	3	9.00	1.73	7.00	10.00
	小计	44	8.50	2.17	3.00	11.00	50	9.20	1.34	6.00	11.00
苏州	15-29	25	8.68	2.01	2.00	11.00	33	9.24	1.85	4.00	11.00
	30-39	17	9.12	2.06	4.00	11.00	22	9.55	1.26	7.00	11.00
	40-49	11	8.91	1.58	6.00	11.00	4	8.00	1.63	6.00	10.00
	小计	53	8.87	1.92	2.00	11.00	59	9.27	1.66	4.00	11.00

表 3-7-74 江苏省各城市听力残疾人职业人格测验交际能力维度数据资料表

城市	年龄(岁)	男					女				
		N	平均数	标准差	最小值	最大值	N	平均数	标准差	最小值	最大值
南京	15-29	91	8.16	1.83	3.00	11.00	82	7.78	1.71	4.00	11.00
	30-39						1	6.00	.	6.00	6.00
	小计	91	8.16	1.83	3.00	11.00	83	7.76	1.72	4.00	11.00
无锡	15-29	32	7.31	1.97	3.00	10.00	41	7.41	2.13	2.00	11.00
	30-39	8	6.63	2.07	3.00	9.00	6	7.17	2.14	5.00	10.00
	40-49	4	6.50	2.89	4.00	9.00	3	10.00	1.00	9.00	11.00
	小计	44	7.11	2.05	3.00	10.00	50	7.54	2.15	2.00	11.00
苏州	15-29	25	7.56	2.33	4.00	11.00	33	8.09	2.08	2.00	11.00
	30-39	17	7.59	2.21	3.00	10.00	22	8.36	1.92	4.00	11.00
	40-49	11	7.91	1.97	4.00	10.00	4	7.50	1.73	5.00	9.00
	小计	53	7.64	2.18	3.00	11.00	59	8.15	1.98	2.00	11.00

表 3-7-75 江苏省各城市听力残疾人职业人格测验管理能力维度数据资料表

城市	年龄(岁)	男					女				
		N	平均数	标准差	最小值	最大值	N	平均数	标准差	最小值	最大值
南京	15-29	91	8.53	1.54	3.00	12.00	82	7.65	1.79	3.00	11.00
	30-39						1	10.00		10.00	10.00
	小计	91	8.53	1.54	3.00	12.00	83	7.67	1.80	3.00	11.00

(续表)

城市	年龄(岁)	男					女				
		N	平均数	标准差	最小值	最大值	N	平均数	标准差	最小值	最大值
无锡	15-29	32	7.94	2.26	3.00	12.00	41	7.93	1.82	3.00	11.00
	30-39	8	7.88	2.53	3.00	11.00	6	7.17	1.47	6.00	9.00
	40-49	4	6.25	2.63	4.00	10.00	3	8.67	3.21	5.00	11.00
	小计	44	7.77	2.33	3.00	12.00	50	7.88	1.86	3.00	11.00
苏州	15-29	25	8.16	2.23	3.00	12.00	33	8.55	1.62	5.00	11.00
	30-39	17	8.59	1.28	6.00	10.00	22	8.36	1.89	4.00	11.00
	40-49	11	8.82	0.87	8.00	10.00	4	8.00	0.82	7.00	9.00
	小计	53	8.43	1.74	3.00	12.00	59	8.44	1.67	4.00	11.00

表3-7-76 江苏省各城市听力残疾人职业人格测验抗挫折能力维度数据资料表

城市	年龄(岁)	男					女				
		N	平均数	标准差	最小值	最大值	N	平均数	标准差	最小值	最大值
南京	15-29	91	7.16	2.00	3.00	12.00	82	8.22	1.95	3.00	12.00
	30-39						1	8.00	.	8.00	8.00
	小计	91	7.16	2.00	3.00	12.00	83	8.22	1.94	3.00	12.00
无锡	15-29	32	7.78	2.07	4.00	12.00	41	7.56	2.57	2.00	12.00
	30-39	8	8.00	2.51	4.00	11.00	6	6.67	2.25	3.00	9.00
	40-49	4	6.75	1.50	6.00	9.00	3	8.67	2.08	7.00	11.00
	小计	44	7.73	2.09	4.00	12.00	50	7.52	2.50	2.00	12.00
苏州	15-29	25	6.84	2.58	3.00	11.00	33	8.45	2.98	1.00	12.00
	30-39	17	7.94	2.54	3.00	12.00	22	7.91	2.39	3.00	12.00
	40-49	11	6.73	3.10	2.00	11.00	4	5.75	2.22	3.00	8.00
	小计	53	7.17	2.68	2.00	12.00	59	8.07	2.77	1.00	12.00

3. 江苏省听力残疾人职业兴趣状况

表3-7-77 江苏省听力残疾人职业兴趣测验常规型数据资料表

常规型	男(岁)			女(岁)		
	15-29	30-39	40-49	15-29	30-39	40-49
N	149	25	16	157	30	8
平均数	6.42	6.16	6.38	6.53	6.60	5.38
标准差	1.99	1.72	1.41	1.80	1.61	1.06
最小值	1.00	3.00	3.00	2.00	4.00	4.00
最大值	10.00	10.00	9.00	10.00	10.00	7.00

常规型		男（岁）			女（岁）		
		15-29	30-39	40-49	15-29	30-39	40-49
百分位	5	2.00	3.30	3.00	3.00	4.00	4.00
	10	4.00	4.00	4.40	4.00	5.00	4.00
	25	5.00	5.00	6.00	6.00	6.00	4.25
	50	7.00	6.00	6.00	7.00	6.00	5.50
	75	8.00	7.00	7.00	8.00	8.00	6.00
	90	9.00	9.40	8.30	9.00	9.00	
	95	9.00	10.00		9.00	10.00	

表 3-7-78　江苏省听力残疾人职业兴趣测验现实型数据资料表

现实型		男（岁）			女（岁）		
		15-29	30-39	40-49	15-29	30-39	40-49
	N	149	25	16	157	30	8
	平均数	7.43	7.40	7.06	6.83	7.00	5.75
	标准差	1.81	1.83	1.69	1.92	2.02	1.16
	最小值	2.00	4.00	4.00	1.00	1.00	4.00
	最大值	10.00	10.00	10.00	10.00	10.00	7.00
百分位	5	4.00	4.00	4.00	3.00	2.10	4.00
	10	5.00	4.60	4.70	4.00	5.00	4.00
	25	6.00	6.00	6.00	6.00	6.00	5.00
	50	8.00	8.00	7.00	7.00	7.00	5.50
	75	9.00	9.00	8.00	8.00	9.00	7.00
	90	10.00	10.00	10.00	9.00	9.00	
	95	10.00	10.00		10.00	10.00	

表 3-7-79　江苏省听力残疾人职业兴趣测验研究型数据资料表

研究型	男（岁）			女（岁）		
	15-29	30-39	40-49	15-29	30-39	40-49
N	149	25	16	157	30	8
平均数	7.32	6.40	7.00	6.00	6.23	4.50
标准差	1.76	2.10	1.55	2.07	2.16	2.51
最小值	3.00	2.00	4.00	1.00	2.00	1.00
最大值	10.00	10.00	10.00	10.00	10.00	7.00

(续表)

常规型		男（岁）			女（岁）		
		15-29	30-39	40-49	15-29	30-39	40-49
百分位	5	4.00	2.60	4.00	2.00	2.00	1.00
	10	5.00	4.00	4.70	3.00	3.00	1.00
	25	6.00	4.50	6.25	5.00	5.00	1.50
	50	7.00	6.00	7.00	6.00	6.00	5.50
	75	9.00	8.00	7.75	7.50	8.00	6.75
	90	10.00	9.40	9.30	9.00	9.00	
	95	10.00	10.00		9.00	9.45	

表3-7-80 江苏省听力残疾人职业兴趣测验企业型数据资料表

企业型		男（岁）			女（岁）		
		15-29	30-39	40-49	15-29	30-39	40-49
	N	149	25	16	157	30	8
	平均数	6.16	5.52	6.19	5.61	5.50	5.25
	标准差	1.87	1.53	1.64	2.03	2.11	1.49
	最小值	1.00	2.00	3.00	1.00	1.00	3.00
	最大值	9.00	8.00	9.00	10.00	9.00	7.00
百分位	5	3.00	2.30	3.00	2.00	1.55	3.00
	10	3.00	3.60	3.70	3.00	2.10	3.00
	25	5.00	4.00	5.00	4.00	4.00	4.00
	50	6.00	6.00	6.50	6.00	6.00	5.50
	75	8.00	7.00	7.00	7.00	7.00	6.75
	90	8.00	7.00	8.30	8.00	8.00	
	95	9.00	7.70		9.00	9.00	

表3-7-81 江苏省听力残疾人职业兴趣测验社会型数据资料表

社会型	男（岁）			女（岁）		
	15-29	30-39	40-49	15-29	30-39	40-49
N	149	25	16	157	30	8
平均数	6.80	6.60	6.63	6.89	6.77	6.00
标准差	1.53	1.08	1.20	1.24	1.41	1.07
最小值	2.00	4.00	5.00	3.00	4.00	4.00
最大值	10.00	8.00	9.00	10.00	9.00	7.00

(续表)

社会型		男(岁)			女(岁)		
		15-29	30-39	40-49	15-29	30-39	40-49
百分位	5	4.00	4.30	5.00	5.00	4.55	4.00
	10	5.00	5.00	5.00	5.00	5.00	4.00
	25	6.00	6.00	6.00	6.00	6.00	5.25
	50	7.00	7.00	6.50	7.00	7.00	6.00
	75	8.00	7.00	7.75	8.00	8.00	7.00
	90	9.00	8.00	8.30	9.00	9.00	
	95	9.00	8.00		9.00	9.00	

表3-7-82 江苏省听力残疾人职业兴趣测验艺术型数据资料表

艺术型		男(岁)			女(岁)		
		15-29	30-39	40-49	15-29	30-39	40-49
	N	149	25	16	157	30	8
	平均数	6.01	5.76	5.69	6.71	6.10	5.25
	标准差	1.99	1.83	1.89	1.76	1.99	1.83
	最小值	1.00	2.00	2.00	2.00	2.00	2.00
	最大值	10.00	9.00	8.00	10.00	9.00	7.00
百分位	5	2.50	2.30	2.00	4.00	2.55	2.00
	10	3.00	3.60	2.70	4.00	3.00	2.00
	25	5.00	4.50	4.25	6.00	4.75	3.50
	50	6.00	6.00	6.00	7.00	6.50	6.00
	75	7.50	7.00	7.00	8.00	7.25	6.75
	90	8.00	9.00	8.00	9.00	9.00	
	95	9.00	9.00		10.00	9.00	

表3-7-83 江苏省各城市听力残疾人职业兴趣测验常规型数据资料表

城市	年龄(岁)	男					女				
		N	平均数	标准差	最小值	最大值	N	平均数	标准差	最小值	最大值
南京	15-29	91	6.60	1.86	1.00	9.00	83	6.83	1.67	2.00	10.00
	30-39						1	10.00		10.00	10.00
	小计	91	6.60	1.86	1.00	9.00	84	6.87	1.69	2.00	10.00
无锡	15-29	32	6.56	2.24	1.00	10.00	41	6.20	1.95	2.00	10.00
	30-39	8	6.13	2.10	3.00	10.00	6	6.17	1.47	5.00	9.00
	40-49	4	5.50	1.91	3.00	7.00	3	4.33	0.58	4.00	5.00
	小计	44	6.39	2.17	1.00	10.00	50	6.08	1.88	2.00	10.00

(续表)

城市	年龄(岁)	男					女				
		N	平均数	标准差	最小值	最大值	N	平均数	标准差	最小值	最大值
苏州	15-29	26	5.62	1.96	1.00	10.00	33	6.18	1.83	2.00	9.00
	30-39	17	6.18	1.59	4.00	10.00	23	6.57	1.53	4.00	10.00
	40-49	12	6.67	1.15	5.00	9.00	5	6.00	0.71	5.00	7.00
	小计	55	6.02	1.73	1.00	10.00	61	6.31	1.65	2.00	10.00

表3-7-84 江苏省各城市听力残疾人职业兴趣测验现实型数据资料表

城市	年龄(岁)	男					女				
		N	平均数	标准差	最小值	最大值	N	平均数	标准差	最小值	最大值
南京	15-29	91	7.95	1.59	3.00	10.00	83	7.17	1.81	2.00	10.00
	30-39						1	6.00		6.00	6.00
	小计	91	7.95	1.59	3.00	10.00	84	7.15	1.81	2.00	10.00
无锡	15-29	32	6.75	2.13	2.00	10.00	41	6.32	2.04	3.00	10.00
	30-39	8	6.38	2.13	4.00	10.00	6	7.17	1.47	5.00	9.00
	40-49	4	5.00	0.82	4.00	6.00	3	5.33	1.53	4.00	7.00
	小计	44	6.52	2.07	2.00	10.00	50	6.36	1.97	3.00	10.00
苏州	15-29	26	6.46	1.50	4.00	10.00	33	6.64	1.92	1.00	10.00
	30-39	17	7.88	1.50	5.00	10.00	23	7.00	2.20	1.00	10.00
	40-49	12	7.75	1.29	6.00	10.00	5	6.00	1.00	5.00	7.00
	小计	55	7.18	1.59	4.00	10.00	61	6.72	1.97	1.00	10.00

表3-7-85 江苏省各城市听力残疾人职业兴趣测验研究型数据资料表

城市	年龄(岁)	男					女				
		N	平均数	标准差	最小值	最大值	N	平均数	标准差	最小值	最大值
南京	15-29	91	7.55	1.74	3.00	10.00	83	6.41	2.06	1.00	10.00
	30-39						1	3.00		3.00	3.00
	小计	91	7.55	1.74	3.00	10.00	84	6.37	2.08	1.00	10.00
无锡	15-29	32	7.31	1.82	4.00	10.00	41	5.29	1.97	2.00	9.00
	30-39	8	5.75	1.67	4.00	9.00	6	6.50	1.87	4.00	9.00
	40-49	4	5.75	0.96	5.00	7.00	3	3.33	2.52	1.00	6.00
	小计	44	6.89	1.85	4.00	10.00	50	5.32	2.04	1.00	9.00
苏州	15-29	26	6.50	1.53	3.00	10.00	33	5.85	2.03	1.00	10.00
	30-39	17	6.71	2.26	2.00	10.00	23	6.30	2.20	2.00	10.00
	40-49	12	7.42	1.51	4.00	10.00	5	5.20	2.49	1.00	7.00
	小计	55	6.76	1.78	2.00	10.00	61	5.97	2.12	1.00	10.00

表 3-7-86　江苏省各城市听力残疾人职业兴趣测验企业型数据资料表

城市	年龄(岁)	男					女				
		N	平均数	标准差	最小值	最大值	N	平均数	标准差	最小值	最大值
南京	15—29	91	6.42	1.75	2.00	9.00	83	5.96	1.80	1.00	10.00
	30—39						1	1.00		1.00	1.00
	小计	91	6.42	1.75	2.00	9.00	84	5.90	1.87	1.00	10.00
无锡	15—29	32	5.84	1.78	3.00	9.00	41	4.78	2.10	1.00	10.00
	30—39	8	5.38	1.60	3.00	7.00	6	6.00	2.61	2.00	9.00
	40—49	4	5.75	2.75	3.00	9.00	3	5.67	1.53	4.00	7.00
	小计	44	5.75	1.81	3.00	9.00	50	4.98	2.14	1.00	10.00
苏州	15—29	26	5.65	2.24	1.00	9.00	33	5.73	2.24	1.00	9.00
	30—39	17	5.59	1.54	2.00	8.00	23	5.57	1.83	2.00	9.00
	40—49	12	6.33	1.23	4.00	8.00	5	5.00	1.58	3.00	7.00
	小计	55	5.78	1.85	1.00	9.00	61	5.61	2.03	1.00	9.00

表 3-7-87　江苏省各城市听力残疾人职业兴趣测验社会型数据资料表

城市	年龄(岁)	男					女				
		N	平均数	标准差	最小值	最大值	N	平均数	标准差	最小值	最大值
南京	15—29	91	6.82	1.55	2.00	10.00	83	6.92	1.30	4.00	10.00
	30—39						1	9.00		9.00	9.00
	小计	91	6.82	1.55	2.00	10.00	84	6.94	1.31	4.00	10.00
无锡	15—29	32	7.13	1.54	4.00	10.00	41	6.68	1.17	3.00	8.00
	30—39	8	6.50	1.41	4.00	8.00	6	6.17	1.60	5.00	9.00
	40—49	4	6.25	0.96	5.00	7.00	3	6.33	1.15	5.00	7.00
	小计	44	6.93	1.48	4.00	10.00	50	6.60	1.21	3.00	9.00
苏州	15—29	26	6.31	1.41	4.00	9.00	33	7.06	1.17	5.00	9.00
	30—39	17	6.65	0.93	5.00	8.00	23	6.83	1.30	4.00	9.00
	40—49	12	6.75	1.29	5.00	9.00	5	5.80	1.10	4.00	7.00
	小计	55	6.51	1.25	4.00	9.00	61	6.87	1.24	4.00	9.00

表 3-7-88　江苏省各城市听力残疾人职业兴趣测验艺术型数据资料表

城市	年龄(岁)	男					女				
		N	平均数	标准差	最小值	最大值	N	平均数	标准差	最小值	最大值
南京	15—29	91	6.30	1.89	1.00	10.00	83	6.99	1.70	3.00	10.00
	30—39						1	3.00		3.00	3.00
	小计	91	6.30	1.89	1.00	10.00	84	6.94	1.74	3.00	10.00

(续表)

城市	年龄(岁)	男					女				
		N	平均数	标准差	最小值	最大值	N	平均数	标准差	最小值	最大值
无锡	15-29	32	5.16	2.08	2.00	8.00	41	6.54	1.55	2.00	9.00
	30-39	8	4.88	1.81	2.00	8.00	6	7.17	1.33	5.00	9.00
	40-49	4	5.50	2.08	3.00	8.00	3	4.33	2.08	2.00	6.00
	小计	44	5.14	2.00	2.00	8.00	50	6.48	1.63	2.00	9.00
苏州	15-29	26	6.04	1.99	2.00	10.00	33	6.21	2.04	3.00	10.00
	30-39	17	6.18	1.74	4.00	9.00	23	5.96	2.01	2.00	9.00
	40-49	12	5.75	1.91	2.00	8.00	5	5.80	1.64	3.00	7.00
	小计	55	6.02	1.87	2.00	10.00	61	6.08	1.98	2.00	10.00

(三)江苏省言语残疾人职业适应性状况

1.江苏省言语残疾人职业能力状况

表 3-7-89 江苏省言语残疾人职业能力测验数据资料表

职业能力		言语能力		数理能力		空间知觉		符号知觉	
		男	女	男	女	男	女	男	女
N		88	69	88	69	88	69	88	69
平均数		10.86	9.30	8.64	8.90	10.53	12.42	13.59	13.54
标准差		3.86	3.89	3.93	3.44	5.96	6.04	3.06	3.38
最小值		2.00	0.00	0.00	4.00	0.44	0.00	8.00	4.00
最大值		18.00	20.00	16.00	18.00	19.78	19.78	20.00	20.00
百分位	5	4.00	3.00	4.00	4.00	2.00	2.56	8.00	8.00
	10	5.80	4.00	4.00	4.00	3.07	3.56	9.80	10.00
	25	8.00	6.00	6.00	6.00	5.83	7.22	12.00	11.00
	50	10.00	10.00	8.00	8.00	8.56	14.00	14.00	14.00
	75	14.00	12.00	12.00	10.00	17.50	18.44	16.00	16.00
	90	16.00	14.00	14.00	14.00	18.69	19.33	18.00	18.00
	95	17.10	15.00	16.00	17.00	19.33	19.56	18.00	18.00

表 3-7-89 江苏省言语残疾人职业能力测验数据资料表(续)

职业能力	形状知觉		文档总分		手眼协调		职业能力总分	
	男	女	男	女	男	女	男	女
N	88	69	88	69	88	69	88	69
平均数	54.32	55.88	17.20	15.63	71.52	71.52	10.70	11.73
标准差	14.45	13.12	5.51	7.19	16.85	16.12	3.04	3.10
最小值	24.22	23.33	0.00	0.00	32.67	23.33	4.67	4.00

(续表)

职业能力		言语能力		数理能力		空间知觉		符号知觉	
		男	女	男	女	男	女	男	女
	最大值	86.44	89.11	20.00	20.00	103.78	109.11	18.67	20.00
百分位	5	33.17	35.33	0.60	0.00	44.54	44.33	6.00	6.00
	10	38.22	39.33	7.87	0.00	50.11	51.56	7.27	7.33
	25	43.17	45.67	17.33	15.33	58.67	61.33	8.67	10.00
	50	50.11	55.33	20.00	20.00	68.67	70.67	10.67	11.33
	75	65.56	66.00	20.00	20.00	84.89	82.22	12.67	13.67
	90	76.47	74.00	20.00	20.00	95.44	94.00	15.40	15.33
	95	79.92	78.67	20.00	20.00	99.92	98.67	16.67	17.67

表 3-7-90　江苏省南京市言语残疾人职业能力测验数据资料表

(15-39)*	男(n=78)				女(n=64)			
	平均数	标准差	最小值	最大值	平均数	标准差	最小值	最大值
言语能力	10.24	2.67	4.67	16.67	11.50	2.91	4.00	18.67
数理能力	10.74	3.88	2.00	18.00	9.19	3.45	2.00	16.00
空间知觉	8.23	3.65	.00	16.00	8.81	3.32	4.00	18.00
符号知觉	9.97	5.77	.44	19.78	12.16	6.02	.00	19.78
形状知觉	13.41	3.01	8.00	18.00	13.72	3.18	6.00	20.00
文档总分	52.60	13.31	24.22	82.44	55.38	11.72	34.44	81.78
手眼协调	17.18	5.45	.00	20.00	15.71	7.16	.00	20.00
职业能力总分	69.77	15.49	40.22	102.44	71.09	14.22	36.22	101.78

表 3-7-91　江苏省无锡市言语残疾人职业能力测验数据资料表

(15-39岁)*	男(n=3)				女(n=2)			
	平均数	标准差	最小值	最大值	平均数	标准差	最小值	最大值
言语能力	3	12.00	1.76	10.67	12.67	1.89	11.33	14.00
数理能力	3	11.33	1.15	10.00	8.00	0.00	8.00	8.00
空间知觉	3	11.33	6.43	4.00	9.00	1.41	8.00	10.00
符号知觉	3	14.52	6.62	6.89	17.44	1.10	16.67	18.22
形状知觉	3	12.00	2.00	10.00	10.00	2.83	8.00	12.00
文档总分	3	61.19	11.27	48.22	57.11	5.03	53.56	60.67
手眼协调	3	18.67	2.31	16.00	16.67	0.94	16.00	17.33
职业能力总分	3	79.85	10.12	68.22	73.78	5.97	69.56	78.00

表 3-7-92 江苏省苏州市言语残疾人职业能力测验数据资料表

(15-39岁)*	男(n=7)				女(n=3)			
	平均数	标准差	最小值	最大值	平均数	标准差	最小值	最大值
言语能力	15.33	3.59	8.67	18.67	16.00	5.29	10.00	20.00
数理能力	12.00	4.47	4.00	16.00	12.67	11.02	.00	20.00
空间知觉	12.00	4.47	4.00	16.00	10.67	7.02	4.00	18.00
符号知觉	15.02	6.08	2.00	18.89	14.52	7.95	5.33	19.11
形状知觉	16.29	2.93	12.00	20.00	12.00	6.93	4.00	16.00
文档总分	70.63	18.42	32.67	86.44	65.85	36.88	23.33	89.11
手眼协调	16.76	7.46	.00	20.00	13.33	11.55	.00	20.00
职业能力总分	87.40	25.18	32.67	103.78	79.19	48.41	23.33	109.11

2. 江苏省言语残疾人职业人格状况

表 3-7-93 江苏省言语残疾人职业人格测验数据资料表

职业人格		坚持性		严谨性		情绪稳定性		自信心	
		男	女	男	女	男	女	男	女
N		88	69	88	69	88	69	88	69
平均数		7.98	8.70	8.23	8.26	5.32	5.70	8.26	7.55
标准差		1.90	2.12	1.51	1.88	2.08	2.18	2.22	2.20
最小值		3.00	3.00	4.00	4.00	1.00	1.00	3.00	3.00
最大值		11.00	12.00	11.00	12.00	10.00	11.00	12.00	13.00
百分位	5.00	5.00	4.50	5.00	5.00	2.00	3.00	5.00	4.00
	5.00	5.00	6.00	6.00	5.00	2.90	3.00	5.00	5.00
	7.00	7.00	7.00	7.00	7.00	4.00	4.00	7.00	6.00
	8.00	8.00	9.00	8.00	8.00	5.00	5.00	8.50	7.00
	9.00	9.00	10.00	9.00	10.00	7.00	7.50	10.00	9.00
	11.00	11.00	11.00	10.00	11.00	8.00	9.00	11.00	10.00
	11.00	11.00	11.00	10.00	11.00	9.00	9.00	12.00	11.50

表 3-7-93 江苏省言语残疾人职业人格测验数据资料表(续)

职业人格	坚持性		严谨性		情绪稳定性		自信心	
	男	女	男	女	男	女	男	女
N	88	69	88	69	88	69	88	69
平均数	9.10	9.43	7.55	7.71	8.50	8.26	7.26	7.35
标准差	1.52	1.44	1.53	1.82	1.45	1.51	2.16	2.20
最小值	3.00	5.00	4.00	3.00	4.00	4.00	3.00	2.00
最大值	11.00	11.00	11.00	11.00	11.00	11.00	12.00	12.00

(续表)

职业人格		责任心		交际能力		管理能力		抗挫折能力	
		男	女	男	女	男	女	男	女
百分位	5	6.45	6.00	5.00	3.50	6.00	6.00	3.00	3.00
	10	7.00	8.00	5.00	6.00	6.00	6.00	4.00	4.00
	25	8.00	9.00	7.00	7.00	8.00	7.00	6.00	6.00
	50	9.00	10.00	8.00	8.00	9.00	8.00	7.00	7.00
	75	10.00	11.00	9.00	9.00	9.00	9.00	9.00	9.00
	90	11.00	11.00	9.00	10.00	10.00	10.00	10.00	10.00
	95	11.00	11.00	10.00	10.70	11.00	11.00	10.00	11.00

表 3-7-94　江苏省南京市言语残疾人职业人格测验数据资料表

(15-39岁)*	男(n=78)				女(n=64)			
	平均数	标准差	最小值	最大值	平均数	标准差	最小值	最大值
坚持性	8.17	1.83	3.00	11.00	8.69	2.05	3.00	12.00
严谨性	8.27	1.45	4.00	11.00	8.16	1.87	4.00	12.00
情绪稳定性	5.45	2.07	1.00	10.00	5.72	2.15	1.00	11.00
自信心	8.29	2.14	3.00	12.00	7.39	2.19	3.00	13.00
责任心	9.32	1.29	6.00	11.00	9.41	1.46	5.00	11.00
交际能力	7.64	1.51	4.00	11.00	7.66	1.84	3.00	11.00
管理能力	8.62	1.46	4.00	11.00	8.16	1.49	4.00	11.00
抗挫折能力	7.41	2.15	3.00	12.00	7.41	2.02	2.00	12.00

表 3-7-95　江苏省无锡市言语残疾人职业人格测验数据资料表

	男(n=7)				女(n=2)			
	平均数	标准差	最小值	最大值	平均数	标准差	最小值	最大值
坚持性	8.00	2.65	5.00	10.00	8.00	2.83	6.00	10.00
严谨性	9.00	1.00	8.00	10.00	9.00	1.41	8.00	10.00
情绪稳定性	6.00	1.73	4.00	7.00	3.50	0.71	3.00	4.00
自信心	9.67	1.15	9.00	11.00	9.00	1.41	8.00	10.00
责任心	8.67	1.53	7.00	10.00	9.50	0.71	9.00	10.00
交际能力	6.67	0.58	6.00	7.00	7.00	0.00	7.00	7.00
管理能力	8.33	0.58	8.00	9.00	10.00	1.41	9.00	11.00
抗挫折能力	7.00	1.00	6.00	8.00	4.00	1.41	3.00	5.00

表 3-7-96　江苏省苏州市言语残疾人职业人格测验数据资料表

	男（n=7）				女（n=2）			
	平均数	标准差	最小值	最大值	平均数	标准差	最小值	最大值
坚持性	5.86	1.21	5.00	8.00	9.33	3.79	5.00	12.00
严谨性	7.43	2.23	4.00	10.00	10.00	1.73	8.00	11.00
情绪稳定性	3.57	1.51	2.00	6.00	6.67	3.21	3.00	9.00
自信心	7.29	3.09	3.00	10.00	10.00	1.00	9.00	11.00
责任心	6.86	2.19	3.00	9.00	10.00	1.73	8.00	11.00
交际能力	6.86	1.86	4.00	9.00	9.33	1.53	8.00	11.00
管理能力	7.29	0.95	6.00	8.00	9.33	1.15	8.00	10.00
抗挫折能力	5.71	2.21	3.00	9.00	8.33	4.73	3.00	12.00

3. 江苏省言语残疾人职业兴趣状况

表 3-7-97　江苏省言语残疾人职业兴趣测验数据资料表

职业兴趣		常规型		现实型		研究型	
		男	女	男	女	男	女
N		88	69	88	69	88	69
平均数		6.77	6.70	7.66	7.19	7.32	6.09
标准差		1.71	1.53	1.67	1.68	1.96	1.77
最小值		2.00	3.00	3.00	3.00	2.00	2.00
最大值		10.00	10.00	10.00	10.00	10.00	10.00
百分位	5.00	3.00	3.50	4.00	4.00	3.00	3.00
	5.00	5.00	5.00	5.00	5.00	4.00	3.00
	7.00	6.00	6.00	7.00	6.00	6.00	5.00
	8.00	7.00	7.00	8.00	7.00	8.00	6.00
	9.00	8.00	8.00	9.00	8.00	9.00	7.00
	11.00	9.00	8.00	10.00	10.00	9.00	8.00
	11.00	9.00	9.00	10.00	10.00	10.00	8.50

表 3-7-97　江苏省言语残疾人职业兴趣测验数据资料表（续）

职业兴趣	常规型		现实型		研究型	
	男	女	男	女	男	女
N	88	69	88	69	88	69
平均数	6.51	5.90	6.61	7.12	6.85	6.83
标准差	1.60	1.90	1.39	1.28	1.64	1.63
最小值	2.00	2.00	3.00	4.00	3.00	3.00
最大值	9.00	10.00	10.00	10.00	10.00	10.00

(续表)

职业兴趣		常规型		现实型		研究型	
		男	女	男	女	男	女
百分位	5	3.45	3.00	4.00	5.00	4.00	4.00
	10	4.00	3.00	5.00	5.00	4.00	4.00
	25	6.00	4.00	6.00	6.00	6.00	6.00
	50	7.00	6.00	7.00	7.00	7.00	7.00
	75	8.00	7.00	7.00	8.00	8.00	8.00
	90	9.00	8.00	8.10	9.00	9.00	9.00
	95	9.00	9.00	9.00	9.00	9.55	9.00

表3-7-98 江苏省南京市言语残疾人职业兴趣测验数据资料表

	男(N=78)				女(N=64)			
	平均数	标准差	最小值	最大值	平均数	标准差	最小值	最大值
常规型	6.90	1.73	2.00	10.00	6.69	1.51	3.00	10.00
现实型	7.85	1.59	3.00	10.00	7.11	1.66	3.00	10.00
研究型	7.54	1.82	3.00	10.00	6.05	1.74	2.00	10.00
企业型	6.63	1.56	2.00	9.00	5.88	1.94	2.00	10.00
社会型	6.71	1.39	3.00	10.00	7.06	1.25	4.00	10.00
艺术型	6.96	1.62	3.00	10.00	6.83	1.64	3.00	10.00

表3-7-99 江苏省无锡市言语残疾人职业兴趣测验数据资料表

	男(N=3)				女(N=9)			
	平均数	标准差	最小值	最大值	平均数	标准差	最小值	最大值
常规型	6.00	1.73	5.00	8.00	6.00	2.83	4.00	8.00
现实型	6.33	1.15	5.00	7.00	7.00	1.41	6.00	8.00
研究型	4.33	0.58	4.00	5.00	4.50	2.12	3.00	6.00
企业型	5.33	2.31	4.00	8.00	5.00	1.41	4.00	6.00
社会型	5.67	1.53	4.00	7.00	8.00	1.41	7.00	9.00
艺术型	5.33	0.58	5.00	6.00	6.00	2.83	4.00	8.00

表3-7-100 江苏省苏州市言语残疾人职业兴趣测验数据资料表

	男(N=13)				女(N=9)			
	平均数	标准差	最小值	最大值	平均数	标准差	最小值	最大值
常规型	5.71	1.25	4.00	8.00	7.33	1.53	6.00	9.00
现实型	6.14	1.95	3.00	8.00	9.00	1.73	7.00	10.00

(续表)

	男(N=13)				女(N=9)			
	平均数	标准差	最小值	最大值	平均数	标准差	最小值	最大值
研究型	6.14	2.54	2.00	8.00	8.00	1.00	7.00	9.00
企业型	5.71	1.70	3.00	7.00	7.00	1.00	6.00	8.00
社会型	6.00	1.29	4.00	8.00	7.67	2.08	6.00	10.00
艺术型	6.29	1.80	4.00	9.00	7.33	0.58	7.00	8.00

八、山东省残疾人职业适应性状况

(一)山东省肢体残疾人职业适应性状况

1.山东省肢体残疾人职业能力状况

表3-8-1　山东省肢体残疾人职业能力测验数据资料表

职业能力		言语能力		数理能力		空间知觉		符号知觉	
		男	女	男	女	男	女	男	女
N		23	25	23	25	23	25	23	25
平均数		11.19	9.65	15.13	13.12	13.83	11.28	14.49	13.70
标准差		2.87	3.35	4.42	4.09	4.63	4.20	5.82	6.19
最小值		3.33	3.33	4.00	6.00	4.00	4.00	0.83	1.67
最大值		16.00	14.67	20.00	20.00	20.00	18.00	20.00	20.00
百分位	5	4.00	3.73	4.40	6.00	4.40	4.00	1.33	1.92
	10	6.93	4.67	6.00	7.20	6.80	5.20	4.00	3.00
	25	9.33	7.33	14.00	9.00	10.00	8.00	10.83	10.83
	50	11.33	10.00	16.00	14.00	14.00	12.00	16.67	14.17
	75	12.67	12.33	18.00	16.00	18.00	15.00	19.17	19.17
	90	15.20	14.67	19.20	18.00	19.20	16.80	19.67	20.00
	95	16.00	14.67	20.00	19.40	20.00	18.00	20.00	20.00

表3-8-1　山东省肢体残疾人职业能力测验数据资料表(续)

职业能力	形状知觉		文档总分		手眼协调		能力总分	
	男	女	男	女	男	女	男	女
N	23	25	23	25	23	25	23	25
平均数	13.13	11.60	67.77	59.35	10.78	10.99	78.55	70.34
标准差	4.38	3.42	18.04	17.09	8.78	8.80	22.17	21.44
最小值	2.00	4.00	28.00	27.17	0.00	0.00	29.33	29.00
最大值	20.00	18.00	94.00	86.67	20.00	20.00	114.00	105.33

（续表）

职业能力		形状知觉		文档总分		手眼协调		能力总分	
		男	女	男	女	男	女	男	女
百分位	5	2.80	4.60	28.83	27.72	0.00	0.00	31.33	31.70
	10	6.80	7.20	35.03	30.90	0.00	0.00	43.40	38.10
	25	10.00	10.00	59.00	47.08	0.00	0.00	60.33	53.75
	50	14.00	12.00	71.33	61.00	14.67	10.67	85.17	72.67
	75	16.00	14.00	79.83	72.83	20.00	20.00	98.00	86.83
	90	18.00	16.00	86.37	80.47	20.00	20.00	101.77	100.47
	95	19.60	17.40	92.63	85.02	20.00	20.00	111.57	104.08

2. 山东省肢体残疾人职业人格状况

表 3-8-2　山东省肢体残疾人职业人格测验数据资料表

职业人格		坚持性		严谨性		情绪稳定性		自信心	
		男	女	男	女	男	女	男	女
N		23	25	23	25	23	25	23	25
平均数		9.70	10.04	8.91	9.08	7.61	7.24	9.17	9.12
标准差		2.44	2.30	2.21	2.06	2.54	3.13	1.50	2.07
最小值		5.00	5.00	3.00	5.00	3.00	1.00	6.00	6.00
最大值		12.00	12.00	12.00	11.00	11.00	11.00	12.00	12.00
百分位	5	5.00	5.00	3.20	5.00	3.20	1.60	6.20	6.00
	10	5.40	5.60	4.40	5.00	4.00	3.00	7.00	6.00
	25	8.00	8.50	8.00	8.00	5.00	4.00	8.00	7.50
	50	11.00	11.00	10.00	10.00	8.00	7.00	9.00	10.00
	75	12.00	12.00	10.00	11.00	10.00	10.00	10.00	11.00
	90	12.00	12.00	11.00	11.00	11.00	11.00	11.00	12.00
	95	12.00	12.00	11.80	11.00	11.00	11.00	11.80	12.00

表 3-8-2　山东省肢体残疾人职业人格测验数据资料表（续）

职业人格	责任心		交际能力		管理能力		抗挫折能力	
	男	女	男	女	男	女	男	女
N	23	25	23	25	23	25	23	25
平均数	9.87	10.00	9.30	8.96	9.17	9.00	8.65	8.52
标准差	1.58	1.76	1.87	2.17	1.07	1.50	2.29	2.71
最小值	6.00	5.00	6.00	4.00	7.00	6.00	4.00	3.00
最大值	12.00	12.00	12.00	12.00	11.00	12.00	12.00	12.00

(续表)

职业人格		责任心		交际能力		管理能力		抗挫折能力	
		男	女	男	女	男	女	男	女
百分位	5	6.20	5.30	6.00	4.30	7.00	6.30	4.00	3.00
	10	7.40	7.20	6.40	5.60	7.40	7.00	4.00	3.60
	25	9.00	9.00	8.00	7.50	9.00	8.00	8.00	6.50
	50	10.00	11.00	9.00	9.00	9.00	9.00	9.00	9.00
	75	11.00	11.00	11.00	11.00	10.00	10.00	10.00	10.50
	90	12.00	12.00	12.00	11.40	10.60	11.00	11.00	11.40
	95	12.00	12.00	12.00	12.00	11.00	11.70	11.80	12.00

3. 山东省肢体残疾人职业兴趣状况

表3-8-3　山东省肢体残疾人职业人格测验数据资料表

职业人格		常规型		现实型		研究型		企业型		社会型		艺术型	
		男	女	男	女	男	女	男	女	男	女	男	女
N		23	25	23	25	23	25	23	25	23	25	23	25
平均数		6.74	6.20	6.61	6.32	5.00	5.68	6.43	7.08	5.09	4.40	4.70	6.44
标准差		2.03	1.87	1.92	1.77	2.35	1.73	1.59	1.80	1.90	1.96	2.36	1.69
最小值		2.00	4.00	3.00	2.00	2.00	2.00	2.00	3.00	1.00	2.00	1.00	3.00
最大值		10.00	10.00	10.00	10.00	10.00	9.00	9.00	10.00	8.00	8.00	9.00	9.00
百分位	5	2.20	4.00	3.20	2.60	2.00	2.30	2.40	3.60	1.20	2.00	1.00	3.30
	10	3.40	4.00	4.00	4.00	2.00	3.00	4.00	5.00	2.40	2.00	1.40	4.00
	25	5.00	5.00	5.00	5.50	3.00	5.00	6.00	5.50	4.00	3.00	2.00	5.00
	50	7.00	6.00	7.00	6.00	4.00	6.00	7.00	7.00	5.00	4.00	5.00	7.00
	75	8.00	7.50	8.00	7.00	7.00	7.00	7.00	8.50	7.00	6.50	6.00	8.00
	90	9.00	9.40	9.00	9.00	8.60	8.00	8.00	9.40	7.60	7.00	8.00	8.40
	95	9.80	10.00	9.80	9.70	9.80	8.70	8.80	10.00	8.00	7.70	8.80	9.00

(二)山东省听力与言语残疾人职业适应性状况

1. 山东省听力与言语残疾人职业能力状况

表3-8-4　山东省听力与言语残疾人职业能力测验数据资料表

职业能力	言语能力		数理能力		空间知觉		符号知觉	
	男	女	男	女	男	女	男	女
N	15	23	15	23	15	23	15	23
平均数	13.02	14.58	10.67	11.48	10.93	11.30	14.27	13.22
标准差	5.20	3.77	3.90	3.87	5.12	3.94	6.96	7.84
最小值	0.67	5.33	4.00	6.00	2.00	4.00	0.22	0.00
最大值	20.00	20.00	20.00	20.00	18.00	20.00	19.78	20.00

(续表)

职业能力		言语能力		数理能力		空间知觉		符号知觉	
		男	女	男	女	男	女	男	女
百分位	5	0.67	6.27	4.00	6.00	2.00	4.00	0.22	0.00
	10	3.07	10.00	5.20	6.00	3.20	4.80	1.56	0.18
	25	10.00	12.00	8.00	10.00	6.00	10.00	7.33	1.78
	50	14.67	15.33	10.00	12.00	12.00	10.00	18.44	17.56
	75	17.33	17.33	12.00	14.00	16.00	14.00	18.89	19.11
	90	18.80	19.33	17.60	17.20	16.80	16.00	19.64	19.91
	95		19.87		19.60		19.20		20.00

表 3-8-4 山东省听力与言语残疾人职业能力测验数据资料表(续)

职业能力		形状知觉		文档总分		手眼协调		能力总分	
		男	女	男	女	男	女	男	女
N		15	23	15	23	15	23	15	23
平均数		13.47	13.30	62.36	63.88	10.04	11.88	72.40	75.77
标准差		3.89	4.92	19.80	19.12	9.81	8.41	27.15	23.82
最小值		4.00	0.00	20.89	24.67	0.00	0.00	20.89	24.67
最大值		18.00	20.00	91.56	99.56	20.00	20.00	111.56	105.33
百分位	5	4.00	1.20	20.89	25.42	0.00	0.00	20.89	25.96
	10	6.40	6.80	27.02	30.93	0.00	0.00	27.02	35.20
	25	12.00	10.00	51.78	50.00	0.00	2.67	51.78	60.22
	50	14.00	12.00	67.11	69.11	6.67	13.33	74.89	77.56
	75	16.00	18.00	76.44	76.44	20.00	20.00	96.44	96.44
	90	18.00	19.20	90.49	85.60	20.00	20.00	110.49	104.89
	95		20.00		96.80		20.00		105.24

2. 山东省听力与言语残疾人职业人格状况

表 3-8-5 山东省听力与言语残疾人职业人格测验数据资料表

职业人格	坚持性		严谨性		情绪稳定性		自信心	
	男	女	男	女	男	女	男	女
N	13	23	13	23	13	23	13	23
平均数	7.54	9.17	8.08	9.13	5.92	6.74	9.38	9.52
标准差	3.71	2.57	2.63	1.89	3.07	2.07	2.40	1.90
最小值	2.00	2.00	4.00	4.00	0.00	3.00	4.00	6.00
最大值	12.00	12.00	12.00	12.00	11.00	11.00	13.00	12.00

(续表)

职业人格		坚持性		严谨性		情绪稳定性		自信心	
		男	女	男	女	男	女	男	女
百分位	5	2.00	2.40	4.00	4.40	0.00	3.20	4.00	6.00
	10	2.00	5.20	4.40	6.00	1.20	4.00	5.20	6.40
	25	4.00	8.00	5.50	8.00	3.00	5.00	8.00	8.00
	50	9.00	10.00	8.00	10.00	7.00	7.00	10.00	9.00
	75	10.50	11.00	11.00	10.00	7.50	8.00	11.00	11.00
	90	12.00	12.00	11.60	11.00	10.60	10.20	12.60	12.00
	95		12.00		11.80		11.00		12.00

表 3-8-5 山东省听力与言语残疾人职业人格测验数据资料表(续)

职业人格		责任心		交际能力		管理能力		抗挫折能力	
		男	女	男	女	男	女	男	女
	N	13	23	13	23	13	23	13	23
	平均数	9.23	9.74	8.31	7.43	8.85	8.74	7.62	8.39
	标准差	2.49	1.42	1.80	2.02	1.41	1.68	2.50	1.70
	最小值	2.00	6.00	4.00	4.00	6.00	5.00	3.00	5.00
	最大值	11.00	11.00	11.00	11.00	11.00	11.00	11.00	12.00
百分位	5	2.00	6.00	4.00	4.00	6.00	5.20	3.00	5.20
	10	4.40	6.80	5.20	4.40	6.40	6.40	3.00	6.00
	25	8.00	9.00	7.00	5.00	8.00	8.00	6.00	7.00
	50	10.00	10.00	9.00	8.00	9.00	9.00	8.00	9.00
	75	11.00	11.00	9.50	9.00	10.00	10.00	9.00	9.00
	90	11.00	11.00	10.60	10.00	10.60	11.00	10.60	10.60
	95		11.00		10.80		11.00		11.80

3. 山东省听力与言语残疾人职业兴趣状况

表 3-8-6 山东省听力与言语残疾人职业兴趣测验数据资料表

职业人格	常规型		现实型		研究型		企业型		社会型		艺术型	
	男	女	男	女	男	女	男	女	男	女	男	女
N	13	22	13	22	13	22	13	22	13	22	13	22
平均数	7.69	6.64	8.08	6.41	6.46	6.36	7.08	6.86	5.23	5.23	6.08	6.59
标准差	1.60	1.89	1.32	1.74	2.03	1.99	1.80	1.61	2.39	1.77	2.14	2.40
最小值	6.00	3.00	6.00	3.00	3.00	3.00	3.00	4.00	2.00	2.00	2.00	2.00
最大值	10.00	10.00	10.00	9.00	10.00	9.00	10.00	10.00	9.00	8.00	9.00	10.00

(续表)

职业人格		常规型		现实型		研究型		企业型		社会型		艺术型	
		男	女	男	女	男	女	男	女	男	女	男	女
百分位	5	6.00	3.15	6.00	3.00	3.00	3.00	3.00	4.15	2.00	2.00	2.00	2.00
	10	6.00	4.00	6.00	3.30	3.40	3.00	4.20	5.00	2.00	2.30	2.80	2.30
	25	6.00	5.75	7.00	5.00	5.00	5.00	6.00	5.00	3.00	4.00	5.00	5.00
	50	7.00	6.00	8.00	7.00	6.00	7.00	7.00	7.00	5.00	5.00	6.00	7.00
	75	9.50	8.00	9.00	7.25	8.00	8.00	8.50	8.00	7.50	7.00	8.50	8.25
	90	10.00	9.70	10.00	9.00	9.60	9.00	9.60	9.00	8.60	7.70	9.00	10.00
	95		10.00		9.00		9.00		9.85		8.00		10.00

九、湖南省残疾人职业适应性状况

湖南省肢体残疾人职业适应性状况

1. 湖南省肢体残疾人职业能力状况

表 3-9-1　湖南省肢体残疾人职业能力测验数据资料表

职业能力		言语能力		数理能力		空间知觉		符号知觉	
		男	女	男	女	男	女	男	女
N		41	22	41	22	41	22	41	22
平均数		10.47	10.42	14.68	13.55	12.54	11.18	13.70	13.56
标准差		4.00	3.85	4.21	5.16	3.92	4.31	5.33	6.46
最小值		2.67	2.67	6.00	4.00	4.00	4.00	0.83	1.67
最大值		17.33	16.67	20.00	20.00	18.00	20.00	20.00	20.00
百分位	5	2.80	2.87	6.20	4.00	6.00	4.30	4.25	1.79
	10	4.93	4.20	8.00	4.60	6.00	6.00	5.83	3.00
	25	7.33	8.00	12.00	10.50	10.00	8.00	9.17	7.08
	50	10.00	10.67	16.00	14.00	12.00	10.00	15.00	15.00
	75	13.00	14.00	18.00	18.00	16.00	14.00	17.92	20.00
	90	16.53	15.80	20.00	19.40	18.00	18.80	20.00	20.00
	95	17.33	16.57	20.00	20.00	18.00	20.00	20.00	20.00

表 3-9-1　湖南省肢体残疾人职业能力测验数据资料表（续）

职业能力	形状知觉		文档总分		手眼协调		能力总分	
	男	女	男	女	男	女	男	女
N	41	22	41	22	41	22	41	22
平均数	13.85	14.09	65.24	62.80	13.20	14.06	78.45	76.86
标准差	3.75	3.46	16.23	19.08	7.46	6.46	19.77	19.62
最小值	4.00	4.00	31.17	23.83	0.00	0.00	39.50	43.83

(续表)

职业能力		形状知觉		文档总分		手眼协调		能力总分	
		男	女	男	女	男	女	男	女
最大值		20.00	18.00	94.50	90.17	20.00	20.00	113.17	110.17
百分位	5	8.00	4.90	37.25	25.11	0.00	0.00	41.03	44.31
	10	8.40	10.60	41.37	32.73	0.00	1.20	47.80	48.20
	25	12.00	12.00	54.83	51.79	6.67	12.33	65.92	62.83
	50	14.00	15.00	62.83	64.42	17.33	16.00	79.67	77.17
	75	17.00	16.50	77.92	80.29	19.33	18.67	96.00	92.71
	90	19.60	18.00	88.80	86.93	20.00	20.00	103.63	105.00
	95	20.00	18.00	91.85	89.74	20.00	20.00	107.43	109.54

2. 湖南省肢体残疾人职业人格状况

表 3-9-2　湖南省肢体残疾人职业人格测验数据资料表

职业人格		坚持性		严谨性		情绪稳定性		自信心	
		男	女	男	女	男	女	男	女
N		41	22	41	22	41	22	41	22
平均数		9.37	8.59	9.22	8.59	8.00	7.05	9.10	8.82
标准差		2.49	2.48	1.77	1.89	2.84	3.00	2.11	2.28
最小值		4.00	4.00	5.00	5.00	1.00	2.00	4.00	4.00
最大值		12.00	12.00	12.00	12.00	12.00	12.00	12.00	12.00
百分位	5	4.10	4.15	6.10	5.00	3.10	2.00	4.10	4.15
	10	5.00	5.30	7.00	5.30	4.00	2.30	6.00	5.30
	25	8.00	6.75	8.00	7.00	5.50	4.75	8.00	7.00
	50	10.00	8.00	10.00	9.00	9.00	7.50	10.00	9.50
	75	12.00	11.00	11.00	10.00	10.00	9.00	11.00	11.00
	90	12.00	12.00	11.00	11.40	12.00	11.70	11.80	11.70
	95	12.00	12.00	12.00	12.00	12.00	12.00	12.00	12.00

表 3-9-2　湖南省肢体残疾人职业人格测验数据资料表(续)

职业人格	责任心		交际能力		管理能力		抗挫折能力	
	男	女	男	女	男	女	男	女
N	41	22	41	22	41	22	41	22
平均数	9.61	9.50	8.59	8.18	9.17	9.09	9.07	8.00
标准差	1.67	1.68	2.83	2.82	1.69	1.80	2.59	2.81
最小值	5.00	5.00	3.00	2.00	5.00	6.00	3.00	3.00
最大值	12.00	12.00	12.00	12.00	12.00	11.00	12.00	12.00

(续表)

职业人格		责任心		交际能力		管理能力		抗挫折能力	
		男	女	男	女	男	女	男	女
百分位	5	6.10	5.45	3.00	2.30	6.00	6.00	3.00	3.00
	10	7.00	8.00	4.20	4.30	7.00	6.00	5.00	3.30
	25	9.00	8.00	6.00	6.00	8.00	7.00	8.00	5.75
	50	10.00	10.00	10.00	8.00	9.00	9.50	10.00	9.00
	75	11.00	11.00	11.00	11.00	11.00	11.00	11.00	10.00
	90	11.00	11.70	12.00	11.70	11.00	11.00	12.00	11.00
	95	12.00	12.00	12.00	12.00	11.00	11.00	12.00	11.85

3. 湖南省肢体残疾人职业兴趣状况

表3-9-3 湖南省肢体残疾人职业兴趣测验数据资料表

职业兴趣		常规型		现实型		研究型		企业型		社会型		艺术型	
		男	女	男	女	男	女	男	女	男	女	男	女
N		41	22	41	22	41	22	41	22	41	22	41	22
平均数		5.34	5.73	7.24	5.82	6.83	5.77	5.59	5.00	7.46	6.45	4.78	5.86
标准差		1.91	1.80	2.36	1.62	1.82	1.85	1.95	2.09	1.60	2.04	1.70	1.67
最小值		0.00	1.00	2.00	2.00	4.00	2.00	2.00	1.00	4.00	3.00	1.00	3.00
最大值		9.00	9.00	10.00	8.00	10.00	9.00	10.00	8.00	10.00	10.00	7.00	9.00
百分位	5	2.00	1.30	3.00	2.15	4.00	2.30	2.00	1.15	4.10	3.00	2.00	3.00
	10	3.00	3.30	4.00	3.00	4.20	4.00	2.20	2.00	5.00	3.30	2.20	3.30
	25	4.00	5.00	5.50	5.00	5.00	4.00	5.00	3.75	7.00	5.00	4.00	4.00
	50	5.00	6.00	8.00	6.00	7.00	5.50	6.00	5.00	8.00	6.50	5.00	6.00
	75	7.00	7.00	9.00	7.00	8.00	7.25	7.00	7.00	9.00	8.00	6.00	7.00
	90	7.80	8.00	10.00	8.00	9.80	8.70	8.00	7.70	9.80	9.70	7.00	8.00
	95	8.90	8.85	10.00	8.00	10.00	9.00	9.00	8.00	10.00	10.00	7.00	8.85

附录

广州市中职中专残疾学生职业适应性的调查研究

北京师范大学特殊教育研究所　刘艳虹　罗薇　朱楠　王芳　王善峰　张石磊
广州市残疾人劳动就业服务中心　符大伟　石红明　陈忠琴

残疾人与健全人一样是社会的成员，享有生存权、受教育权和劳动权等公民的权利，而就业即是劳动权利的体现。通过就业来参加社会生产劳动，不仅能使残疾人改善其生活状况，重新认识自己的能力和价值，实现自立自强，同时能够消除社会对残疾人的歧视，帮助民众树立新的残疾人观，推动社会的和谐健康发展。

残疾人就业难，一方面是由于当前的就业压力，以及社会上对残疾人劳动能力的偏见，造成残疾人就业机会非常有限；另一方面，也与部分残疾人自身能力不足、职业价值观有偏差、就业愿望不高等因素有关。因此，要解决这一问题，不仅要使人们消除对残疾人的偏见，认识到残疾人就业的可能性和必要性，还要加强残疾人的职业教育，使他们能够顺利就业，并适应工作，真正能通过工作实现自身价值和创造社会财富。

学校是对残疾人进行职业教育的最重要的场所。近年来，随着我国特殊教育的发展，残疾人的职业教育也引起了有关部门和社会的广泛关注，很多地区建立了残疾人职业培训学校，特殊学校中对即将进入就业年龄段的学生的教育也多以职业教育为主。然而，经过在学校的学习，残疾学生是否具备了从事相应工作的能力？不同学生的能力构成是否存在差别？学校对残疾学生的培养是否符合学生的自身特点和兴趣需要？

本研究从职业能力、职业兴趣、职业人格三个方面了解残疾学生的职业适应性情况，同时探讨不同因素对学生职业适应性的影响，据此分析残疾学生能够做什么工作，适合做什么工作，喜欢做什么工作，以及哪些能力还需要培养和提高。通过测试的过程也是自我认识的过程，有助于个体更好地明确自己的职业目标；测试的结果有助于学校制定适宜的培养计划，构建合理的课程体系，对残疾学生进行有针对性的教育，从而帮助他们在未来顺利实现就业。

1. 研究设计

1.1 研究对象

广州市培英中专在校的187名残疾学生全部作为研究对象，样本构成见表1。

表1　残疾学生样本构成

残疾等级	性别	听力残疾学生人数	肢体残疾学生人数
一级	男	30	2
	女	33	1
二级	男	12	5
	女	17	6
三级	男	20	30
	女	6	16
四级	男	3	2
	女	1	3

1.2 研究工具

本次调查采用《听力残疾人职业适应性量表》和《肢体残疾人职业适应性量表》，分别对两类残疾学生进行团体测试。

1.3 研究方法

本研究运用标准化量表对被试进行团体施测,将测查结果与常模(北京、上海、广州)进行对比,从而确定被试的职业适应性水平。同时收集了被试的基本信息,探讨不同因素对被试职业适应性的影响。

1.4 研究程序

确定被试:采取整体抽样的方法,广州市培英中专在校的122名听力残疾学生和65名肢体残疾学生全部作为研究对象。

培训主试:选取培英中专十余名教师作为本次调查的主试。由研究者对主试进行培训,确保每位主试有能力准确高效地完成自己所负责的测试工作。

选择场地:在广州市培英中专学校选择部分教室作为测试场所,要求测试环境安静,以保证整个测试的顺利进行。

开展测试:由主试引导被试理解测试流程和测试要求后,按照量表各部分的要求,统一时间开始测试,统一时间结束测试。主试负责在测试结束后统一回收量表和测试结果。

1.5 数据处理

全部数据由 SPSS11.0 进行分析处理。

2. 结果分析

2.1 听力残疾学生职业适应性

2.1.1 职业能力

2.1.1.1 总体情况

通过对听力残疾被试职业能力测验各分测验得分的平均值与常模对比发现,被试的得分基本位于同年龄组百分等级的50%以下,其中言语能力、数理能力和符号知觉的得分位于同年龄组的25%以下。也就是说,听力残疾学生的职业能力处于中等偏下的水平,尤其是言语能力、数理能力和符号知觉能力水平较低(见表2)。

表2 听力残疾学生职业能力测验得分的平均值和标准差(N=122)

	平均值(常模 M)	标准差(常模 SD)
言语能力	8.49(11.65)	4.14(4.37)
数理能力	7.43(10.77)	4.32(5.01)
空间知觉	7.25(9.93)	4.04(4.72)
符号知觉	12.83(14.39)	5.86(5.70)
形状知觉	11.16(13.60)	4.40(4.14)
总分	47.16(60.34)	18.13(18.79)

2.1.1.2 性别差异检验

对不同性别的听力残疾学生职业能力各分测验的得分以及总分进行差异检验发现,男生和女生在形状知觉的得分上存在显著差异($p<0.05$),即男生的形状知觉能力优于女生。其他部分的得分不存在显著差异(见表3)。

表3 听力残疾学生职业能力各因素得分的性别差异检验

	名称	性别	人数	平均数	标准差	t	p
职业能力	言语能力	男	65	8.2256	4.02988	−741	.460
		女	57	8.7836	4.28753		
	数理能力	男	65	8.0923	4.23425	1.833	.069
		女	57	6.6667	4.33150		

(续表)

	名称	性别	人数	平均数	标准差	t	p
职业能力	空间知觉	男	65	7.5692	4.11540	.943	.348
		女	57	6.8772	3.96444		
	符号知觉	男	65	13.5453	5.48193	1.437	.153
		女	57	12.0234	6.21282		
	形状知觉	男	65	11.9385	4.25689	2.105*	.037
		女	57	10.2807	4.43104		
	总分	男	65	49.3709	17.28160	1.439	.153
		女	57	44.6316	18.88346		

2.1.1.3 残疾等级差异检验

依据听力损失的程度将被试分为四级～一级四个等级。对重听生和聋生职业能力各分测验的得分以及总分进行差异检验发现,不同残疾等级的听力残疾学生均不存在显著差异(p>0.05)(见表4)。

表4 听力残疾学生职业能力各因素得分残疾等级差异检验

	名称	性别	残疾等级	平均值	标准差	t	p
职业能力	言语能力	四级	4	5.8333	4.91031	1.465	.228
		三级	26	9.7436	4.73315		
		二级	29	8.2069	4.80444		
		一级	63	8.2646	3.41940		
	数理能力	四级	4	6.0000	3.65148	1.915	.131
		三级	26	9.1538	4.83894		
		二级	29	7.2414	4.61097		
		一级	63	6.8889	3.88177		
	空间知觉	四级	4	8.5000	4.43471	1.264	.290
		三级	26	8.0769	4.91466		
		二级	29	7.7931	4.15227		
		一级	63	6.5714	3.52738		
	符号知觉	四级	4	6.6667	6.99206	2.370	.074
		三级	26	14.5726	3.59048		
		二级	29	12.4751	7.37882		
		一级	63	12.6737	5.57301		
	形状知觉	四级	4	10.5000	6.80686	.901	.443
		三级	26	12.3846	3.48800		
		二级	29	11.1034	5.38745		
		一级	63	10.7302	4.08461		

(续表)

名称	性别	残疾等级	平均值	标准差	t	p
职业能力	总分	四级 4	37.5000	24.98815	1.896	.134
		三级 26	53.9316	17.19004		
		二级 29	46.8199	22.43864		
		一级 63	45.1287	15.33366		

2.1.1.4 交流方式差异检验

依据听力残疾者的主要交流方式,可以分为以手语为主要交流方式(简称手语),以口语为主要交流方式(简称口语),以及其他类型交流方式(简称其他)四种类型。

对使用不同交流方式的听力残疾生的职业能力各分测验的得分以及总分进行方差分析,结果发现,除了符号知觉以外,在职业能力测验的其他分测验的得分以及总分上均存在显著的差异(见表5)。

表5 听力残疾学生职业能力各因素得分的交流方式差异检验

名称		交流方式	人数	平均值	标准差	F	p	多重比较
职业能力	言语能力	手语	70	8.0286	3.52664	9.428**	.000	1<2 3<2 4<2
		口语	18	12.7037	4.84787			
		手语&口语	6	6.0000	3.06956			
		其他	28	7.4524	3.70986			
	数理能力	手语	70	6.6571	3.83306	3.985**	.010	1<2 4<2
		口语	18	10.4444	5.42567			
		手语&口语	6	8.0000	3.79473			
		其他	28	7.2857	4.15315			
	空间知觉	手语	70	6.6000	3.67285	5.310**	.002	1<2 3<2 4<2
		口语	18	10.4444	5.67992			
		手语&口语	6	5.3333	2.42212			
		其他	28	7.2143	2.94841			
	符号知觉	手语	70	12.2254	5.96303	1.769	.157	1<2 4<2
		口语	18	15.7160	3.51844			
		手语&口语	6	12.2222	7.59467			
		其他	28	12.6349	6.15862			
	形状知觉	手语	70	10.8857	4.30215	4.008**	.009	1<2 4<2
		口语	18	14.2222	3.55719			
		手语&口语	6	11.0000	5.17687			
		其他	28	9.9286	4.30270			
	总分	手语	70	44.3968	16.32800	6.557**	.000	1<2 3<2 4<2
		口语	18	63.5309	19.00455			
		手语&口语	6	42.5556	17.67121			
		其他	28	44.5159	17.19849			

注:1代表以手语做主要交流方式的听力残疾人,2代表以口语为主要交流方式的听力残疾人,3代表以手语&口语为主要交流方式的听力残疾人,4代表采用其他交流方式的听力残疾人。

进一步多重比较发现,这种差异只存在于以口语为主要交流方式与采用手语和其他交流方式的听力残疾学生之间,也就是说,采用口语为主要交流方式的听力残疾学生在职业能力各方面的表现都优于采用手语和/或其他交流方式的听力残疾学生。

2.1.2 职业人格

2.1.2.1 总体情况

从听力残疾学生职业人格测验得分的均值可以看出,职业人格各因素的得分相差不大,且基本处于中等偏高的水平(各因素的满分均为12分)。结合该量表职业人格测验的全国常模中同年龄段的平均值和标准差比较发现,听力残疾学生基本具备了一般职业所要求的各项人格特质,但职业人格的各方面表现比较平均,没有特别突出的某项特征(见表6)。

表6 听力残疾学生职业人格测验得分的平均值和标准差(N=122)

名称	平均值	标准差
坚持性	7.55(7.92)	2.58(2.24)
严谨性	8.05(8.33)	2.15(1.83)
情绪稳定性	6.24(6.17)	3.09(2.66)
自信心	7.77(6.22)	2.18(2.79)
责任心	8.11(8.32)	2.19(2.26)
交际能力	7.39(9.14)	2.21(2.61)
管理能力	8.00(7.64)	2.73(2.60)
抗挫折能力	6.96(9.42)	2.54(3.02)

2.1.2.2 性别差异检验

对不同性别的听力残疾学生在职业人格测验各分测验上的得分进行T检验发现,在情绪稳定性的得分上,男生高于女生,差异达到极其显著的水平($p<0.01$),也就是说,男生的情绪稳定性高于女生(见表7)。

表7 听力残疾学生职业人格各维度得分的性别差异显著性检验

	名称	性别	人数	平均值	标准差	t	p	多重比较
职业能力	坚持性	男	65	7.7385	2.34039	.863	.390	
		女	57	7.3333	2.84312			
	严谨性	男	65	8.2769	1.92441	1.250	.214	
		女	57	7.7895	2.38100			
	情绪稳定性	男	65	6.9538	2.75245	2.807**	.006	
		女	57	5.4211	3.27843			
	自信心	男	65	7.9846	1.89153	1.160	.248	
		女	57	7.5263	2.46479			
	责任心	男	65	8.1538	2.09337	.253	.800	
		女	57	8.0526	2.31780			

(续表)

名称		交流方式	人数	平均值	标准差	F	p	多重比较
职业能力	交际能力	男	65	7.5538	1.99241	.898	.371	
		女	57	7.1930	2.44539			
	管理能力	男	65	8.2462	2.76151	1.065	.289	
		女	57	7.7193	2.68431			
	抗挫折能力	男	65	7.2923	2.15583	1.559	.122	
		女	57	6.5789	2.88436			

2.1.2.3 残疾等级差异检验

对不同听力损失程度的听力残疾学生职业人格各因素的得分进行差异检验,结果显示,不同残疾等级的听力残疾学生之间均不存在显著差异(见表8)。

表8　听力残疾学生职业人格各维度得分的残疾等级差异检验

名称	残疾等级	人数	平均值	标准差	F	p
坚持性	四级	4	8.0000	1.82574	.601	.616
	三级	26	7.8077	3.00692		
	二级	29	7.0000	2.86606		
	一级	63	7.6667	2.30707		
严谨性	四级	4	8.0000	2.44949	.979	.405
	三级	26	8.6538	1.57334		
	二级	29	8.0690	2.01656		
	一级	63	7.7937	2.39056		
情绪稳定性	四级	4	6.2500	2.50000	.029	.993
	三级	26	6.3846	3.11226		
	二级	29	6.1379	3.62259		
	一级	63	6.2222	2.92070		
自信心	四级	4	6.7500	3.09570	1.583	.197
	三级	26	8.5385	1.65483		
	二级	29	7.6207	2.25854		
	一级	63	7.5873	2.24783		
责任心	四级	4	7.5000	3.31662	1.748	.161
	三级	26	8.9615	2.18139		
	二级	29	7.8966	2.19325		
	一级	63	7.8889	2.08768		
交际能力	四级	4	6.7500	1.70783	1.382	.252
	三级	26	8.0769	2.27900		
	二级	29	6.9310	2.47748		
	一级	63	7.3492	2.05692		

(续表)

名称	残疾等级	人数	平均值	标准差	F	p
管理能力	四级	4	8.2500	3.30404	.538	.657
	三级	26	8.5769	2.78816		
	二级	29	7.9310	2.89002		
	一级	63	7.7778	2.62399		
抗挫折能力	四级	4	7.7500	.95743	1.460	.229
	三级	26	7.7692	2.58159		
	二级	29	6.4828	3.05451		
	一级	63	6.7937	2.27297		

2.1.2.4 交流方式差异检验

对使用不同交流方式的听力残疾学生在职业人格测验各分测验上的得分进行方差分析,结果显示,使用不同交流方式的听力残疾学生在职业人格各维度均不存在显著差异(见表9)。

表9 听力残疾学生职业人格各维度得分的交流方式差异检验

名称	交流方式	人数	平均值	标准差	F	p
坚持性	手语	70	7.6143	2.64462	1.123	.343
	口语	18	8.2222	2.96163		
	手语&口语	6	6.1667	3.18852		
	其他	28	7.2500	1.95552		
严谨性	手语	70	7.7857	2.29614	1.412	.243
	口语	18	8.9444	2.43678		
	手语&口语	6	8.1667	.75277		
	其他	28	8.1071	1.66309		
情绪稳定性	手语	70	6.5857	3.14155	.723	.540
	口语	18	5.9444	3.36893		
	手语&口语	6	5.8333	2.63944		
	其他	28	5.6429	2.90866		
自信心	手语	70	7.5571	2.30711	1.139	.336
	口语	18	8.5000	1.94785		
	手语&口语	6	8.5000	1.04881		
	其他	28	7.6786	2.12661		
责任心	手语	70	7.8429	2.30082	1.827	.146
	口语	18	9.1111	2.13896		
	手语&口语	6	7.5000	1.87083		
	其他	28	8.2500	1.87824		

(续表)

名称	交流方式	人数	平均值	标准差	F	p
交际能力	手语	70	7.0286	2.07100	1.791	.153
	口语	18	8.0556	2.71103		
	手语 & 口语	6	8.5000	1.04881		
	其他	28	7.6071	2.28261		
管理能力	手语	70	7.6286	2.84463	1.390	.249
	口语	18	9.0000	2.67889		
	手语 & 口语	6	7.8333	1.60208		
	其他	28	8.3214	2.55392		
抗挫折能力	手语	70	7.0857	2.60847	1.727	.165
	口语	18	7.8333	2.61781		
	手语 & 口语	6	6.3333	3.44480		
	其他	28	6.2143	1.93136		

2.1.3 职业兴趣

2.1.3.1 总体情况

培英中专听力残疾学生在职业兴趣各因素上的得分均值从高到低依次为：现实型>常规型>企业型>研究型>艺术型>社会型。可见，听力残疾学生最喜欢的是现实型职业，最不喜欢的是社会型职业（见表10）。

表10 听力残疾学生职业兴趣测验得分的平均值和标准差（N=122）

名称	平均值	标准差
常规型	6.2623	1.83539
现实型	6.2787	1.87309
研究型	5.5738	1.89352
企业型	5.7623	1.72513
社会型	4.8770	1.60360
艺术型	5.5574	1.88973
总分	34.3115	7.20087

2.1.3.2 性别差异检验

对不同性别的听力残疾学生在职业兴趣各分测验上的得分进行T检验，结果显示，在常规型的得分上，男生与女生存在显著差异（$p<0.05$），男生的得分高于女生。也就是说在听力残疾学生中，男生比女生更喜欢常规型的工作（见表11）。

表11 听力残疾学生职业兴趣各类型得分的性别差异显著性检验

名称	性别	人数	平均数	标准差	t	p
常规型	男	65	6.5846	1.51958	2.100*	.038
	女	57	5.8947	2.09322		

(续表)

名称	性别	人数	平均数	标准差	t	p
现实型	男	65	6.4923	1.54235	1.350	.180
	女	57	6.0351	2.17916		
研究型	男	65	5.8154	1.73108	1.513	.133
	女	57	5.2982	2.04385		
企业型	男	65	5.9231	1.42859	1.100	.273
	女	57	5.5789	2.00844		
社会型	男	65	4.9538	1.50448	.563	.574
	女	57	4.7895	1.71898		
艺术型	男	65	5.6923	1.68563	.841	.402
	女	57	5.4035	2.10323		

2.1.3.3 残疾等级差异检验

对不同残疾等级的听力残疾学生在职业兴趣测验各分测验上的得分进行方差分析,结果显示,不同残疾等级的听力残疾学生均不存在显著差异(见表12)。

表12 听力残疾学生职业兴趣各类型得分的残疾等级差异检验

名称	残疾等级	人数	平均值	标准差	F	p
常规型	四级	4	5.7500	2.98608	.340	.796
	三级	26	6.3077	1.64364		
	二级	29	6.0345	1.86093		
	一级	63	6.3810	1.85288		
现实型	四级	4	5.2500	1.89297	1.715	.168
	三级	26	6.5000	1.27279		
	二级	29	5.7241	2.08561		
	一级	63	6.5079	1.94167		
研究型	四级	4	5.2500	2.50000	2.103	.104
	三级	26	6.2308	1.47804		
	二级	29	5.8276	1.81401		
	一级	63	5.2063	1.99320		
企业型	四级	4	5.7500	2.06155	.286	.835
	三级	26	6.0385	1.39945		
	二级	29	5.7241	1.75044		
	一级	63	5.6667	1.84041		

(续表)

名称	残疾等级	人数	平均值	标准差	F	p
社会型	四级	4	5.5000	1.91485	1.570	.200
	三级	26	5.3846	1.44435		
	二级	29	4.5517	1.74410		
	一级	63	4.7778	1.56003		
艺术型	四级	4	5.7500	1.50000	.133	.940
	三级	26	5.5385	1.85969		
	二级	29	5.3793	1.98950		
	一级	63	5.6349	1.91178		

2.1.3.4 交流方式差异检验

对使用不同交流方式的听力残疾学生在职业兴趣测验各分测验上的得分进行方差分析,结果显示,不同交流方式对听力残疾学生的职业兴趣影响均不存在显著差异(见表13)。

表13 听力残疾学生职业兴趣各类型得分的交流方式差异检验

名称	交流方式	人数	平均值	标准差	F	p
常规型	手语	70	6.2143	1.79284	2.274	.084
	口语	18	7.0000	1.49509		
	手语&口语	6	4.8333	3.12517		
	其他	28	6.2143	1.68561		
现实型	手语	70	6.3714	2.00124	.755	.522
	口语	18	6.0000	1.45521		
	手语&口语	6	5.3333	3.14113		
	其他	28	6.4286	1.42539		
研究型	手语	70	5.4286	1.86944	.580	.629
	口语	18	6.0556	1.89340		
	手语&口语	6	5.3333	2.80476		
	其他	28	5.6786	1.78582		
企业型	手语	70	5.6000	1.84469	.612	.609
	口语	18	5.7778	1.39560		
	手语&口语	6	6.0000	3.16228		
	其他	28	6.1071	1.16553		
社会型	手语	70	4.8286	1.58774	.438	.727
	口语	18	4.8889	1.45072		
	手语&口语	6	4.3333	2.65832		
	其他	28	5.1071	1.52362		

(续表)

名称	交流方式	人数	平均值	标准差	f	p
艺术型	手语	70	5.6000	1.82891	.577	.631
	口语	18	5.0556	1.62597		
	手语&口语	6	6.0000	3.46410		
	其他	28	5.6786	1.82683		

2.2 肢体残疾学生职业适应性

2.2.1 职业能力

2.2.1.1 总体情况

将肢体残疾学生在职业能力测验各因素上得分的平均值与该量表的全国常模进行对比,可以看出,肢体残疾学生的得分均位于同年龄常模组的25%到75%之间,其中空间知觉和形状知觉的得分比较低,位于同年龄常模组的50%以下。也就是说,肢体残疾学生的职业能力处于中等水平,但空间知觉和形状知觉能力相对较弱一些(见表14)。

表14 肢体残疾学生职业能力测验得分的平均值和标准差(N=65)

	平均值	标准差
言语能力	10.27(10.03)	3.67(3.76)
数理能力	13.26(13.05)	3.70(4.84)
空间知觉	11.88(11.79)	3.84(4.77)
符号知觉	13.79(13.52)	4.77(5.27)
形状知觉	13.17(13.32)	3.66(4.29)
总分	62.37(61.72)	13.43(18.52)

2.2.1.2 性别差异检验

对不同性别的肢体残疾学生职业能力各分测验的得分以及总分进行差异性检验,结果发现,在符号知觉的得分上,女生显著高于男生($p<0.05$),即女生的符号知觉能力要优于男生(见表15)。

表15 肢残学生职业能力各因素得分的性别差异检验

名称	性别	人数	平均数	标准差	t	p
言语能力	男	39	10.3248	4.14608	.155	.877
	女	26	10.1795	2.86935		
数理能力	男	39	13.7436	3.67580	1.293	.201
	女	26	12.5385	3.69032		
空间知觉	男	39	12.1026	3.97224	.577	.566
	女	26	11.5385	3.67946		
符号知觉	男	39	12.7137	5.53008	−2.628*	.011
	女	26	15.4167	2.66927		
形状知觉	男	39	13.0769	3.94291	−.248	.805
	女	26	13.3077	3.24677		

(续表)

名称	性别	人数	平均数	标准差	t	p
总分	男	39	61.9615	14.30201	-.298	.767
	女	26	62.9808	12.25283		

2.2.1.3 残疾程度差异检验

根据残疾程度,将肢体残疾划分为四级～一级四个等级。对不同残疾等级的肢体残疾学生职业能力各分测验的得分和总分进行方差分析,结果显示,在数理能力的得分上,不同残疾等级的肢体残疾学生存在显著差异($p<0.05$),得分的高低依次为二级＞三级＞一级＞四级(见表16)。

表16 肢残学生职业能力各因素得分的残疾等级差异检验

名称	残疾等级	人数	平均值	标准差	F	p	多重比较
言语能力	四级	5	9.7333	2.19089	.488	.692	
	三级	46	10.3478	3.64265			
	二级	11	10.7879	4.51977			
	一级	3	8.0000	3.05505			
数理能力	四级	5	9.6000	3.57771	3.028*	.036	1<2
	三级	46	13.6957	3.18238			1<3
	二级	11	14.0000	4.47214			
	一级	3	10.0000	5.29150			
空间知觉	四级	5	9.2000	1.78885	1.242	.302	
	三级	46	12.1304	3.68546			
	二级	11	12.5455	4.10764			
	一级	3	10.0000	6.92820			
符号知觉	四级	5	13.0000	5.41987	.060	.980	
	三级	46	13.8949	4.78892			
	二级	11	13.8636	5.15419			
	一级	3	13.3333	4.16667			
形状知觉	四级	5	12.4000	3.28634	.948	.423	
	三级	46	13.5652	3.26362			
	二级	11	11.6364	4.36515			
	一级	3	14.0000	7.21110			
总分	四级	5	53.9333	11.53052	1.076	.366	
	三级	46	63.6341	12.04593			
	二级	11	62.8333	16.17749			
	一级	3	55.3333	25.33169			

注:1代表四级肢体残疾者,2代表三级残疾者,3代表二级残疾者。

进一步进行多重比较发现,在数理能力的得分上,四级与三级、四级与二级肢残学生之间存在显著差异($p<0.05$),而一级、二级、三级肢残学生之间不存在显著差异。也就是说,二级和三级肢残学生的

数理能力明显优于四级肢残学生。

2.2.1.4 残疾部位差异检验

依据肢体残疾者的残疾部位,肢体残疾者可以分为单纯上肢残疾者(简称上肢),单纯下肢残疾者(简称下肢),以及躯干残疾或上下肢均残疾等其他类型肢体残疾者(简称其他)四种类型。对不同残疾部位的肢残学生职业能力各分测验的得分和总分进行方差分析,结果显示,残疾部位不同对肢残学生职业能力各分测验得分影响均不显著(见表17)。

表17 肢残学生职业能力各因素得分的残疾部位差异检验

名称	文化水平	人数	平均值	标准差	F	p
言语能力	上肢	11	9.8182	2.17237	.122	.947
	下肢	42	10.3016	4.24763		
	上肢和下肢	8	10.8333	2.99735		
	躯干	4	10.0000	1.21716		
数理能力	上肢	11	13.6364	3.98178	.196	.898
	下肢	42	13.2381	3.90003		
	上肢和下肢	8	12.5000	2.97610		
	躯干	4	14.0000	2.82843		
空间知觉	上肢	11	11.8182	3.62817	.108	.955
	下肢	42	12.0476	3.93826		
	上肢和下肢	8	11.2500	3.69362		
	躯干	4	11.5000	5.00000		
符号知觉	上肢	11	13.1818	5.99558	.506	.680
	下肢	42	13.5714	4.84267		
	上肢和下肢	8	14.5833	3.14970		
	躯干	4	16.2500	3.08070		
形状知觉	上肢	11	13.8182	3.15652	1.090	.360
	下肢	42	12.8095	3.87763		
	上肢和下肢	8	12.7500	2.81577		
	躯干	4	16.0000	3.65148		
总分	上肢	11	62.2727	14.72116	.221	.881
	下肢	42	61.9683	14.06264		
	上肢和下肢	8	61.9167	8.82187		
	躯干	4	67.7500	14.11887		

2.2.2 职业人格

2.2.2.1 总体情况

从肢体残疾学生职业人格测验得分的均值可以看出,责任心和管理能力的得分较高,情绪稳定性的得分最低,但总体来看,职业人格各因素的得分相差不大,且基本处于中等偏高的水平(各因素的满分均为12分)。将肢体残疾被试职业能力测验各分测验得分的平均值与常模对比发现,肢体残疾学生职业人格测验各分测验得分处于同年龄组百分等级的25%~75%之间。男生各分测验得分均值均处于同年龄组百分等级的25%~50%之间;女生只有自信心的分测验得分均值处于同年龄组百分等级的25%～50%之间,其余各分测验得分均值处于同年龄组百分等级的50%～70%之间(见表18)。

表18 肢体残疾学生职业人格各类型的平均得分与标准差(N=65)

名称	样本数	平均数	标准差
坚持性	65	8.55(8.72)	2.87(2.64)
严谨性	65	8.97(8.70)	2.51(2.12)
情绪稳定性	65	6.72(6.77)	3.32(3.03)
自信心	65	8.22(8.66)	2.50(2.26)
责任心	65	9.54(9.58)	2.55(2.02)
交际能力	65	8.46(8.59)	2.67(2.47)
管理能力	65	9.17(9.13)	2.77(2.20)
抗挫折能力	65	8.55(8.12)	2.80(2.60)

3.2.2.2 性别差异检验

对不同性别的肢残学生职业人格各分测验的得分进行T检验,结果发现,男生和女生在责任心和管理能力的得分上存在显著差异($p<0.05$),女生在这两个分测验上的得分都要高于男生。也就是说,女生在责任心和管理能力方面的表现要比男生更突出(见表19)。

表19 肢残学生职业人格各维度得分的性别差异显著性检验

名称	性别	人数	平均数	标准差	t	p
坚持性	男	39	8.0769	3.02954	−1.665	.101
	女	26	9.2692	2.49091		
严谨性	男	39	8.4872	2.77082	−1.940	.057
	女	26	9.6923	1.87124		
情绪稳定性	男	39	6.3590	3.26454	−1.085	.282
	女	26	7.2692	3.38890		
自信心	男	39	7.8462	2.62115	−1.470	.147
	女	26	8.7692	2.25047		
责任心	男	39	8.9487	2.94644	−2.678**	.010
	女	26	10.4231	1.44701		
交际能力	男	39	8.0513	2.78103	−1.533	.130
	女	26	9.0769	2.41534		
管理能力	男	39	8.5897	3.16825	−2.363*	.021
	女	26	10.0385	1.75455		
抗挫折能力	男	39	8.2051	2.85786	−1.234	.222
	女	26	9.0769	2.68213		

2.2.2.3 残疾等级差异检验

对不同残疾等级的肢残学生职业人格各分测验的得分进行方差分析,结果显示,残疾等级不同对肢残学生职业人格测验得分影响均不显著(见表20)。

表20 肢体残疾学生职业人格各维度得分的残疾等级差异检验

名称	残疾等级	人数	平均值	标准差	F	p
坚持性	四级	5	8.4000	2.88097	.268	.848
	三级	46	8.5217	2.85765		
	二级	11	8.3636	3.41388		
	一级	3	10.0000	1.00000		
严谨性	四级	5	9.2000	1.92354	.453	.716
	三级	46	8.9783	2.38969		
	二级	11	8.4545	3.41654		
	一级	3	10.3333	1.52753		
情绪稳定性	四级	5	7.0000	2.82843	.084	.968
	三级	46	6.6739	3.20454		
	二级	11	7.0000	4.53872		
	一级	3	6.0000	1.00000		
自信心	四级	5	8.4000	2.30217	.032	.992
	三级	46	8.1522	2.38484		
	二级	11	8.3636	3.47197		
	一级	3	8.3333	1.15470		
责任心	四级	5	9.0000	2.82843	.565	.640
	三级	46	9.5000	2.35466		
	二级	11	9.4545	3.50325		
	一级	3	11.3333	.57735		
交际能力	四级	5	9.6000	1.81659	.680	.567
	三级	46	8.1739	2.47929		
	二级	11	8.9091	3.78033		
	一级	3	9.3333	2.08167		
管理能力	四级	5	9.4000	1.81659	.027	.994
	三级	46	9.1739	2.65250		
	二级	11	9.0000	3.63318		
	一级	3	9.3333	3.78594		
抗挫折能力	四级	5	7.8000	3.19374	.307	.820
	三级	46	8.5000	2.77088		
	二级	11	8.8182	3.25017		
	一级	3	9.6667	1.15470		

2.2.2.4 残疾部位差异检验

对不同残疾部位的肢残学生职业人格各分测验的得分进行方差分析发现,不同残疾部位的肢残学生在交际能力的得分上存在显著差异($p<0.05$),得分从高到低依次为上肢>下肢>躯干>上肢和下肢(见表21)。

表21 肢体残疾学生职业人格各维度得分的残疾部位差异检验

名称	残疾部位	人数	平均值	标准差	F	p	多重比较
坚持性	上肢	11	9.5455	1.91644	1.259	.296	
	下肢	42	8.6190	2.97922			
	上肢和下肢	8	7.0000	3.38062			
	躯干	4	8.2500	2.21736			
严谨性	上肢	11	8.9091	2.07145	.710	.550	
	下肢	42	8.9762	2.40414			
	上肢和下肢	8	8.2500	3.77018			
	躯干	4	10.5000	1.73205			
情绪稳定性	上肢	11	7.6364	2.90767	2.423	.074	
	下肢	42	7.1190	3.32179			
	上肢和下肢	8	4.5000	3.42261			
	躯干	4	4.5000	1.91485			
自信心	上肢	11	8.7273	2.14900	1.499	.224	
	下肢	42	8.4524	2.26535			
	上肢和下肢	8	6.6250	3.92565			
	躯干	4	7.5000	1.73205			
责任心	上肢	11	10.0909	2.21154	.416	.742	
	下肢	42	9.5476	2.39106			
	上肢和下肢	8	8.7500	3.88219			
	躯干	4	9.5000	2.51661			
交际能力	上肢	11	9.4545	1.36848	5.848**	.001	1>2 2>3
	下肢	42	8.9286	2.55088			
	上肢和下肢	8	5.5000	3.11677			
	躯干	4	6.7500	.50000			
管理能力	上肢	11	10.0909	1.97254	1.561	.208	
	下肢	42	9.3333	2.61950			
	上肢和下肢	8	7.6250	3.96187			
	躯干	4	8.0000	2.94392			
抗挫折能力	上肢	11	8.8182	2.67650	1.047	.378	
	下肢	42	8.8333	2.54632			
	上肢和下肢	8	7.0000	4.37526			
	躯干	4	8.0000	1.41421			

注:1代表上肢残疾者,2代表下肢残疾者,3代表上肢&下肢残疾者,4代表躯干残疾者。

多重比较可以看出,上肢和下肢都残疾的学生与上肢残疾学生、下肢残疾学生在交际能力的得分上均存在显著差异($p<0.05$),也就是说,上肢和下肢都有残疾的学生在交际能力上的表现不如只有上肢残疾和只有下肢残疾的学生。

2.2.3 职业兴趣

2.2.3.1 总体情况

培英中专肢体残疾学生在职业兴趣各因素上的得分均值从高到低依次为,现实型>研究型>常规型>企业型>社会型>艺术型。可见,肢体残疾学生最喜欢的是现实型职业,最不喜欢的是艺术型职业(见表22)。

表22 肢残学生职业兴趣的平均得分与标准差(N=65)

名称	样本数	平均数	标准差
常规型	65	6.2000	1.83030
现实型	65	6.5077	1.49084
研究型	65	6.2923	1.87686
企业型	65	6.0923	1.57840
社会型	65	5.5077	1.71504
艺术型	65	4.3385	1.71644

2.2.3.2 性别差异检验

对不同性别的肢残学生在职业兴趣各分测验上的得分进行T检验,结果发现,男生和女生在现实型和研究型的得分上存在显著差异($p<0.05$),女生的得分比男生要高。也就是说,女生比男生更喜欢现实型和研究型的工作(见表23)。

表23 肢体残疾学生职业兴趣各类型得分性别差异显著性检验

名称	性别	人数	平均数	标准差	t	p
常规型	男	39	6.1026	1.94388	-.523	.603
	女	26	6.3462	1.67194		
现实型	男	39	6.2051	1.48996	-2.05*	.044
	女	26	6.9615	1.39945		
研究型	男	39	5.8205	1.78991	-2.591*	.012
	女	26	7.0000	1.81108		
企业型	男	39	6.0769	1.49358	-.095	.924
	女	26	6.1154	1.72805		
社会型	男	39	5.2821	1.55511	-1.306	.196
	女	26	5.8462	1.91191		
艺术型	男	39	4.0000	1.77705	-1.992	.051
	女	26	4.8462	1.51505		

2.2.3.3 残疾程度差异检验

对不同残疾程度的肢体残疾学生在职业兴趣各分测验上的得分进行方差分析,结果显示,不同残疾程度的肢体残疾学生均不存在显著差异(见表24)。

表24 肢残学生职业兴趣各类型得分的残疾等级差异检验

名称	残疾等级	人数	平均值	标准差	F	p
常规型	四级	5	7.4000	1.51658	.872	.460
	三级	46	6.0652	1.90207		
	二级	11	6.0909	1.75810		
	一级	3	6.6667	1.15470		
现实型	四级	5	5.8000	1.48324	.783	.508
	三级	46	6.6087	1.59831		
	二级	11	6.6364	.92442		
	一级	3	5.6667	1.52753		
研究型	四级	5	6.4000	1.94936	1.531	.215
	三级	46	6.0435	1.99952		
	二级	11	7.3636	1.12006		
	一级	3	6.0000	1.00000		
企业型	四级	5	6.4000	1.34164	.579	.631
	三级	46	6.0870	1.74898		
	二级	11	6.2727	1.00905		
	一级	3	5.0000	.00000		
社会型	四级	5	6.0000	1.87083	1.431	.243
	三级	46	5.2826	1.79707		
	二级	11	6.3636	1.20605		
	一级	3	5.0000	1.00000		
艺术型	四级	5	5.4000	.89443	1.635	.191
	三级	46	4.3261	1.83853		
	二级	11	4.3636	1.36182		
	一级	3	2.6667	.57735		

2.2.3.4 残疾部位差异检验

对不同残疾部位的肢体残疾学生职业兴趣各分测验的得分进行方差分析发现,在艺术型的得分上,差异达到了显著水平($p<0.05$),得分从高到低依次为上肢>下肢>上肢和下肢>躯干(见表25)。

表25 肢残学生职业兴趣各类型得分的残疾部位差异检验

名称	残疾部位	人数	平均值	标准差	F	p	多重比较
常规型	上肢	11	7.0909	1.37510	1.326	.274	
	下肢	42	6.0952	1.97311			
	上肢和下肢	8	5.5000	1.77281			
	躯干	4	6.2500	.50000			

(续表)

名称	残疾部位	人数	平均值	标准差	F	p	多重比较
现实型	上肢	11	6.6364	1.56670	.086	.967	
	下肢	42	6.5238	1.58096			
	上肢和下肢	8	6.3750	.91613			
	躯干	4	6.2500	1.70783			
研究型	上肢	11	6.1818	1.88776	1.183	.324	
	下肢	42	6.0714	2.01691			
	上肢和下肢	8	7.3750	1.18773			
	躯干	4	6.7500	.50000			
企业型	上肢	11	6.6364	1.43337	1.815	.154	
	下肢	42	6.1667	1.56044			
	上肢和下肢	8	5.0000	1.85164			
	躯干	4	6.0000	.81650			
社会型	上肢	11	5.5455	1.80907	1.393	.253	
	下肢	42	5.7143	1.64221			
	上肢和下肢	8	4.3750	2.06588			
	躯干	4	5.5000	1.00000			
艺术型	上肢	11	5.3636	.80904	3.182*	.030	1>2
	下肢	42	3.9048	1.73640			
	上肢和下肢	8	4.6250	1.40789			
	躯干	4	5.5000	2.51661			

注：1代表上肢残疾者，2代表下肢残疾者。

进一步多重比较可以看出，上肢残疾和下肢残疾的学生在艺术型得分上的差异达到了显著水平，也就是说，上肢残疾的学生比下肢残疾的学生更偏爱艺术型的工作。

3. 结论

3.1 听力残疾学生的职业适应性情况

（1）从总体来看，参与调查的听力残疾学生的职业能力处于同年龄段常模（北京、上海、广州）的中等偏下水平，特别是言语能力、数理能力和符号知觉能力较弱。

（2）男生比女生更善于知觉图形、辨别细微差异，对形状知觉能力有特殊要求的工作，如机械工、修理师、实验员、摄影家、画图员等，男生可能会比女生更容易适应。

（3）重听生对基本数学规律的掌握程度和利用数学规律解决应用问题的能力优于聋生。对于从事对数理能力有特殊要求的工作，如收款员、记账员、软件开发人员、理财师、财务人员等，重听生比聋生容易适应。

（4）交流方式影响着听力残疾学生的职业能力水平。以口语交流为主要交流方式的听力残疾学生，除符号知觉以外，其余各分测验得分比使用手语交流、手语和口语并用交流以及使用除口语外的其他交流方式者高。也就是说，口语交流更有利于听力残疾学生各方面能力的发展，从而更好地适应未来的工作。

（5）在情绪稳定性方面，男生的表现比女生要好。在未来的工作中，男生可能更善于情绪的自我调节,使自己在工作中保持积极乐观的态度。

(6) 在抗挫折能力方面,重听生得分显著高于聋生,即听力损失较低者的抗挫折能力较听力损失较高者强。

(7) 听力残疾学生普遍偏爱现实型(如手工编织、加工人员、电工等)和常规型(如办公室文员、图书管理员、收银员、打字员等)的工作,而对于社会型的工作(如教育工作者、居委会管理员、餐饮服务管理员等)兴趣不大。这可能与社会型工作需要更多地与人打交道,而听力残疾学生在言语交流方面存在一定程度的困难有关。

(8) 男生比女生更喜欢常规型的工作;相较于听力损失较高者,听力损失较低者对研究型和社会型职业更感兴趣。

3.2 肢体残疾学生的职业适应性情况

(1) 从总体来看,参与调查的肢体残疾学生的职业能力处于同年龄段的常模(北京、上海、广州)的中等水平。但是,他们的空间知觉和形状知觉能力比同龄肢体残疾者要低一些,在从事某些对这两项能力要求较高的工作时,他们可能会面临一定的困难。

(2) 女生符号知觉比男生能力更强,表明女生处理基本信息的速度与准确性比男生要高。在从事常规型职业(如办公室文员、打字员、图书管理员、收款员等)、企业型职业(如个体经营者、广告设计师、市场管理员、财务人员等)以及部分艺术型职业(如作家、文字编辑、翻译等)时,女生会比男生适应得更好。

(3) 残疾程度对肢体残疾学生职业适应性(职业能力、职业人格、职业兴趣)没有明显影响。

(4) 女生的责任心和管理能力高于男生。表明女生做事更加认真负责,计划性更强,在自觉遵守规章制度和调动他人工作积极性方面表现更为突出。

(5) 在交际能力和情绪稳定性方面,单纯上肢体残疾和单纯下肢体残疾的学生表现均优于上肢和下肢都残疾以及躯干残疾的学生。

(6) 肢体残疾学生对现实型的工作表现出最高的兴趣,这类工作包括加工人员、电工、面包师、手工编织者、机械工、修理师等等。而对于艺术型的工作表现得兴趣不大,例如作家、文字编辑、翻译、摄影家、漫画家、画图员等。

(7) 相比而言,女生比男生更愿意从事研究型的工作,如营养师、软件开发人员、科学报刊编辑等。

(8) 不同残疾部位的肢体残疾学生职业兴趣也有所不同。总体上来看,单纯上肢体残疾的学生职业兴趣比较广泛,单纯下肢体残疾的学生次之,而上、下肢残疾以及躯干残疾的学生职业兴趣则相对局限。

4. 建议

4.1 有针对性地提高残疾学生的职业能力水平

对个体而言,能力是就业的基础,只有具备了相应的能力水平,才能胜任一定的工作,而各方面的能力水平越高,在择业时可选择的范围就越大,就业的机率也就越高。然而,从本次调查的结果来看,无论是听力残疾学生还是肢体残疾学生,其职业能力在某些方面都存在一定程度的不足,这就限制了残疾学生的就业范围,给他们的职业选择和职业适应带来一定的困难。因此,学校和老师需要采取措施进一步提高他们的能力水平,例如加强某些课程的学习和训练、定期组织各种形式的能力竞赛等,从而帮助他们更好地适应未来的工作。

由于残疾学生的职业能力水平存在着差异,因此,学校的职业能力教育需要有针对性地进行,才能收到良好的效果。从本次调查的结果来看,对于听力残疾学生而言,各方面的职业能力都有待于提高,尤其是言语能力、数理能力和符号知觉能力,是需要重点培养的方面。另外,与男生相比,女生的形状知觉能力更弱,教师在对听力残疾学生实施与形状知觉能力有关的课程和活动时,要对女生给予更多的关注。而对于肢体残疾学生来说,则主要是促进他们的空间关系和形状知觉两种能力的发展。

4.2 在尊重残疾学生的基础上拓展其兴趣范围

能力、人格和兴趣是决定个体职业选择的三个重要因素,能力决定着个体能够做什么,人格预示着个体适合做什么,而兴趣则代表个体喜欢做什么。如果从事的职业符合个体的兴趣特点,个体就会在工作中有愉快的体验,从而保持最佳的工作状态,最大限度地发挥自己的潜能和优势,实现个人价值。这就提示我们,在对残疾学生进行职业教育时,要充分了解和尊重学生的职业兴趣特点和就业愿望,根据他们兴趣的不同,进行有针对性的、有重点的职业培养,这样将有助于他们在未来选择和从事自己喜欢的职业。

在尊重学生职业兴趣的基础上,学校和教师还要注重适当地拓展残疾学生的兴趣范围。因为目前整个社会的就业压力都比较大,而残疾人的就业机会又比健全人要少很多,如果兴趣范围过于狭窄,就很有可能使有限的就业机会变得更少,从而降低残疾学生的就业率。而且处于少年期和青年期的学生兴趣特点还不稳定,有很大的扩展空间。学校和教师可以采取多种方式,帮助学生了解各种职业的工作内容和特点,例如带领学生去工作场所参观、邀请各行各业的工作人员尤其是残疾人来校进行讲座或职业交流活动、为学生创造条件亲身体验各种工作等等,并引导学生对更多的职业产生兴趣,拓宽他们的择业范围。本次调查就发现,在听力残疾学生中,女生的职业兴趣不如男生宽泛;在肢体残疾学生中,男生的职业兴趣不如女生宽泛,上下肢都残疾的学生职业兴趣更为狭窄。因此,在教育过程中,教师要特别注意这些学生的职业兴趣的拓展。

4.3 在听力残疾学生的教育过程中重视口语教学

在国际聋教育界,"口语教学"和"手语教学"的争论长期存在,究竟哪种教学方法更具优势,目前尚无定论。但口语是社会主流的沟通方式,采用口语交流,无疑能够增加聋人选择职业的机会,并更好地进行工作,融入社会。本次调查的结果也显示,采用口语交流的听力残疾学生,各方面的职业能力都比采用其他交流方式的听力残疾学生更高,这说明口语交流有利于听力残疾学生各方面能力的发展,从而更好地适应未来的工作。

但是,注重口语教学,并不是说要放弃其他交流方式的教学。根据听力损失程度的不同,借助一定的手语,可以帮助听力残疾学生理解和运用口语以及书面语言,从而有效地学习各项知识和技能,提高各方面能力。因此,在强调口语教学重要性的同时,也应根据听力残疾学生自身的特点,灵活采取合适的教育方式,提高学习效果,发展更具职业适应性的能力结构。

4.4 对所有残疾等级的学生进行平等的职业教育

目前社会上还有不少人对残疾人就业的可能性持怀疑态度,并存在这样一种偏见,即残疾的程度越严重,就业的可能性就越小。然而本次调查的结果发现,对于听力残疾学生来说,不同残疾等级的学生在职业能力、职业人格和职业兴趣三个维度只有个别方面存在差异,总体来说,听力损失的严重程度对个体职业适应性的发展影响不大;在肢体残疾学生中,职业能力、职业人格和职业兴趣均不存在着残疾等级差异。这说明,残疾等级并不是影响学生职业准备的关键因素。不可否认,由于身体条件的限制,某些残疾学生无法从事一些特定的工作。实际上,每个人权利的实现和能力的发挥都离不开社会的补偿条件。有了汽车、轮船、飞机等交通工具的补偿条件,人们消除了距离的障碍;有了电灯照明的补偿条件,人们消除夜晚看不见障碍,可以进行各种各样的活动。不管残疾的程度如何,经过适当的职业教育,残疾学生都有可能具备从事某种工作的能力,只要提供相应的辅助器具和环境改造等补偿条件,他们就有从事多种职业的可能性。因此,学校要平等对待所有的残疾学生,使他们都有机会接受到适合自己的职业教育,拥有从事自己适应的和喜爱的工作的权利。

4.5 劳动技能的培训要兼顾生活与工作适应的训练

通常的职业培训多以劳动技能为着眼点,未能配合残疾人身心特点,兼顾生活与工作适应的训练。对于残疾人而言,职业训练的方案应该是多样化的,包括:①生活适应训练。生活适应与职业适应息息相关,如体能、自我控制、人际沟通、价值澄清、目标设定、自我肯定、时间安排等内容的训练。②工作适应训练。工作适应训练旨在协助当事人克服工作行为的缺陷,如社交技能缺陷、行为异常、耐力缺乏、无法遵从工作的指示与督导等,以表现适当的工作角色;从职业行为规范角度,进行团队合作、敬业、遵守职业行为规范等职业道德的培养。③职业技能训练。职业训练是根据职业评量的结果,选择适合残疾人从事的职业种类而作专项的工作技能训练。对缺乏职前技能的人,先从基础技能开始,然后才谈得上专业技能的训练。有针对性地模拟工作情境,加强实用技术的培训。④求职技能训练(求职辅导)。新中国成立后,我国建立了当时与计划经济体制相适应的集中就业型的残疾人福利企业,为解决广大残疾人就业作出了极大的贡献。进入改革开放时代,残疾人就业向多渠道、多层次、多种形式演进。对于职业学校而言,自行求职是学生就业的主渠道。求职辅导包括求职策略辅导、面试技巧辅导、简历写作辅导以及用人单位信息搜集和分析方法辅导等。麦可思的一项调查发现,求职辅导对高职/专科毕业生就业的影响显著,没有接受求职辅导的人群其失业率为41%,就业率为32%;求职辅导方式对就业提高的影响大小依序是辅导求职策略(就业机会提高25%)、辅导面试技巧(就业机会提高23%)、参加招聘会(就业机会提高21%)、辅导简历写作(就业机会提高14%)。因此,求职辅导对自行求职当事人是很重要的,通过行为面试演练可帮助学生树立自信。